U0906949

杭州年鑑

HANGZHOU YEARBOOK

2020

中共杭州市委党史研究室
（杭州市人民政府地方志办公室） 编

方志出版社
Publishing House of Local Records

杭州市地方志编纂委员会

杭州年鉴编辑部

编辑说明

一、《杭州年鉴》是中国共产党杭州市委员会、杭州市人民政府主办的地方综合年鉴，逐年记载杭州经济建设、政治建设、文化建设、社会建设、生态文明建设基本情况，为各级党政机关、研究机构，以及社会各界人士和中外投资者了解、研究杭州提供丰富、翔实的地情资料。

二、《杭州年鉴（2020）》是1987年创刊以来的第34卷。本卷年鉴坚持以马克思列宁主义、毛泽东思想、邓小平理论、“三个代表”重要思想、科学发展观、习近平新时代中国特色社会主义思想为指导，坚持辩证唯物主义和历史唯物主义的立场、观点和方法，全面反映新时代中国特色社会主义在杭州的生动实践，客观记述杭州建设独特韵味别样精彩世界名城的奋斗历程。

三、《杭州年鉴（2020）》按分类法编辑，主体内容分为类目、分目、条目三个层次。设类目49个、分目326个。全书框架结构在上年基础上，结合杭州实际情况，对部分类目名称、排列顺序、所辖分目做了适当调整。卷首彩页根据年度热点和杭州地方特色设置分类主题。本卷年鉴资料以2019年度为主，部分内容适当突破年度时限，以保持资料的完整性。

四、全书主要数据由杭州市统计局提供，入鉴内容资料及保密问题经各供稿单位审核。文中数据比较除特别说明外，均为2019年与2018年相比，“上年”指“2018年”，其他年份之间数据的比较写明年份。因统计范围、统计口径的调整，部分数据与往年不具可比性，以统计部门公布的为准。

五、文中“党”或“党的”特指中国共产党，其他党派名称用全称或规范化简称。市直属各单位和相关单位名称根据有关文件规定使用规范化简称。因党政机构改革或机构调整前后名称不一致的，据文中具体时间使用实际名称。供稿单位署名按党政机构改革后确定的新名称。“主城区”指上城区、下城区、江干区、拱墅区、西湖区、滨江区。

六、“特载”类目、“附录”类目中的“重要文献”“组织机构名录”“2019年杭州市国民经济和社会发展统计公报”分目内容照原文登载，不做编辑规范方面的处理。

七、《杭州年鉴》历年资料载入“中国杭州”政府门户网站和杭州地情网（hzfzw.hz.gov.cn）“数字方志馆”数据库。本卷年鉴电子书可通过扫封底“杭州年鉴”微信小程序码阅读。

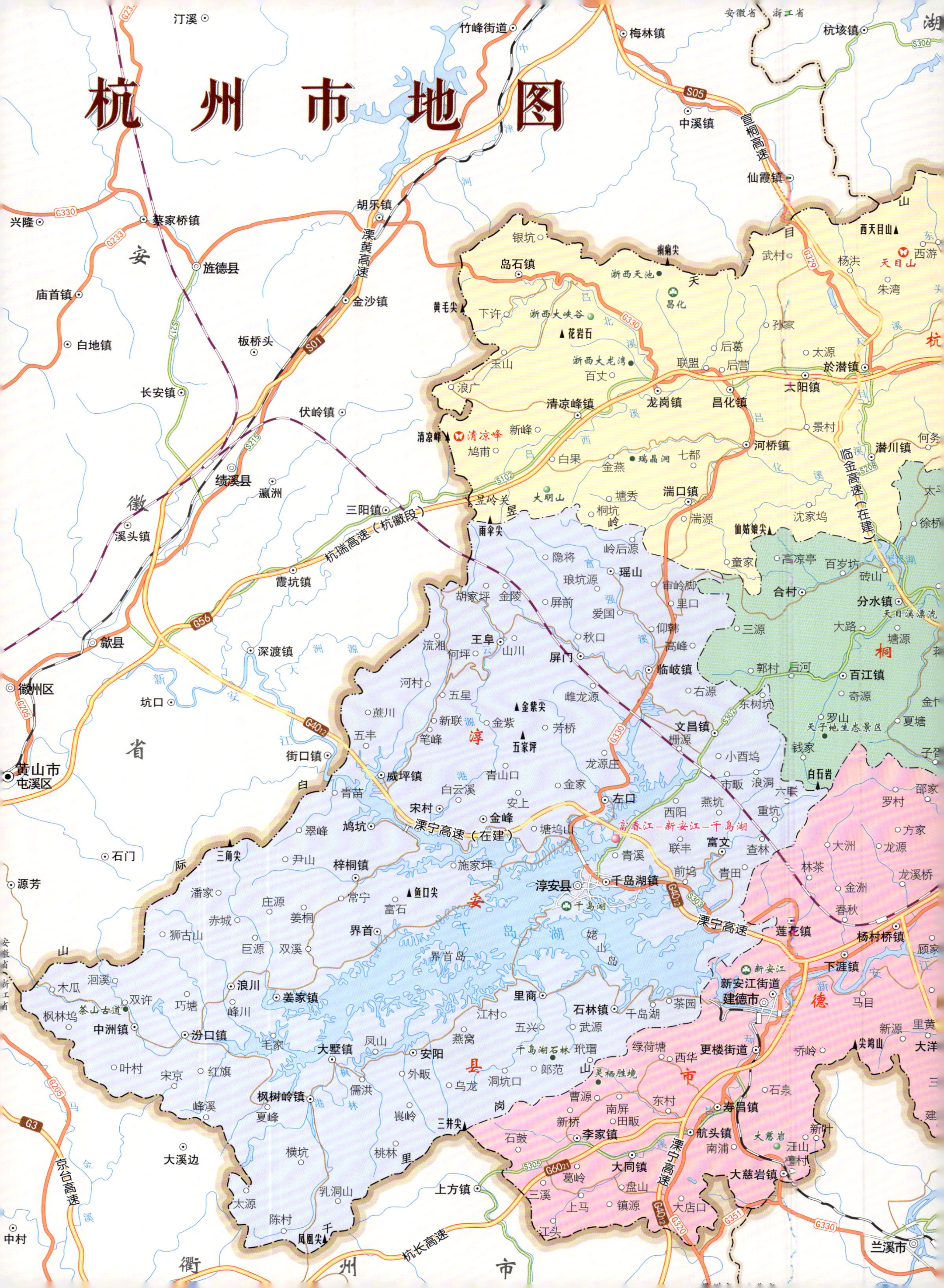

杭州市地图
汀溪
竹峰街道
梅林镇
安徽省
浙江省
杭垓镇
中溪镇
宣桐高速
仙霞镇
兴隆
蔡家桥镇
旌德县
胡乐镇
庙首镇
金沙镇
白地镇
板桥头
黄毛尖
长安镇
伏岭镇
绩溪县
瀛洲
三阳镇
溪头镇
霞坑镇
歙县
深渡镇
徽州区
坑口
黄山市
屯溪区
街口镇
石门
源芳
杭瑞高速（杭徽段）
银坑
岛石镇
浙西天池
昌化
天目山
西天目山
武村
杨洪
朱湾
西游
下许
浙西大峡谷
花岩石
孙家
后葛
后营
太源
於潜镇
玉山
浙西大龙湾
联盟
浪广
百丈
清凉峰镇
龙岗镇
昌化镇
太阳镇
清凉峰
新峰
景村
鸠甫
白果
河桥镇
潜川镇
何务
金燕
瑞晶洞
七都
临金高速（在建）
昱岭关
大明山
塘秀
湍口镇
桐坑
湍源
沈家坞
雨伞尖
仙姑娘尖
徐村
岭后源
隐将
童家
高凉亭
百岁坊
瑶山
琅坑源
砖山
胡家坪
金陵
宙岭脚
合村
分水镇
屏前
里口
天目溪漂流
爱国
三源
大路
塘源
秋口
仰韩
王阜
山川
高峰
流湘
何坪
屏门
桐
郭村
后河
百江镇
临岐镇
河村
奇源
五星
雌龙源
右源
东树坑
金紫尖
罗山
天子地生态景区
夏塘
蔗川
新联
金紫
芳桥
文昌镇
五丰
笔峰
淳
五家坪
栅源
钱家
小西坞
龙源庄
威坪镇
青山口
白石岩
市畈
浪洞
邵家
白云溪
金家
左口
六联
青苗
安上
燕坑
罗村
宋村
西阳
重坑
金峰
翠峰
鸠坑
淳宁高速（在建）
塘坞山
富春江—新安江—千岛湖
方家
三角尖
大洲
龙源
联丰
富文
青溪
查林
尹山
梓桐镇
施家坪
林茶
前坞
青田
龙溪桥
潘家
庄源
常宁
鱼口尖
淳安县
千岛湖镇
金洲
春秋
姜桐
富石
千岛湖
赤城
狮古山
界首
安
淳宁高速
莲花镇
杨村桥镇
巨源
双溪
千
岛
湖
界首岛
姥
山
岛
下涯镇
顾家
新安江
木瓜
洄溪
新安江街道
浪川
建德市
双许
茶山古道
巧塘
姜家镇
里商
石林镇
千岛湖
茶园
德
马目
枫林坞
峰川
中洲镇
汾口镇
江村
五兴
武源
新源
里黄
毛家
凤山
燕窝
大墅镇
千岛湖石林
玳瑁
绿荷塘
西华
更楼街道
乔岭
尖鸡山
大洋
叶村
宋京
红旗
安阳
郎范
灵栖胜境
外畈
县
洞坑口
市
儒洪
乌龙
曹源
东村
石泉
枫树岭镇
峰溪
南屏
田畈
寿昌镇
夏峰
冀岭
三井尖
新叶
石鼓
新桥
李家镇
航头镇
大慈岩
京台高速
大溪边
横坑
桃林
南浦
汪山
檀村
大同镇
葛岭
大慈岩镇
太源
乳洞山
上方镇
三溪
盘山
陈村
上马
镇源
大店口
凤凰尖
江头
兰溪市
中村
杭长高速
衢
州
市
安
徽
省

嘉兴市
湖州市
德清
海宁市
长深高速（杭宁段）
绕杭高速
沪昆高速（沪杭段）
杭州湾环线高速（杭浦段）
杭州湾环线高速（杭甬段）
杭州绕城高速
杭州绕城高速西复线（在建）
杭瑞高速（杭徽段）
长深高速（杭新景段）
杭长（宜）高速
杭甬高速
机场公路
苏绍高速
绍诸高速
诸永高速
杭绍台高速
沪昆高速
杭金衢高速
甬金高速
杭州市
余杭区
临平区
拱墅区
下城区
上城区
江干区
西湖区
滨江区
萧山区
钱塘新区
富阳区
临安区
桐庐县
浦江县
义乌市
诸暨市
绍兴市
柯桥区
越城区
杭州萧山国际机场
西湖
西溪国家湿地公园
杭州城西科创产业集聚区
杭州野生动物世界
富春江—新安江
良渚文化遗址
双溪竹海漂流
径山寺
钱江观潮
东方文化园
天龙九瀑
严子陵钓台
百丈镇
鸬鸟镇
黄湖镇
径山镇
瓶窑镇
良渚街道
仁和街道
塘栖镇
运河街道
东湖街道
星桥街道
崇贤街道
半山街道
丁兰街道
乔司街道
彭埠街道
下沙街道
三墩镇
仓前街道
五常街道
余杭街道
青山湖街道
闲林街道
中泰街道
留下街道
转塘街道
玲珑街道
锦南街道
板桥镇
高虹镇
万市镇
洞桥镇
永昌镇
胥口镇
新登镇
渌渚镇
春建乡
银湖街道
东洲街道
春江街道
灵桥镇
鹿山街道
大源镇
环山
场口镇
常安镇
龙门镇
常绿镇
双浦镇
渔山
里山镇
戴村镇
临浦镇
义桥镇
进化镇
浦阳镇
河上镇
楼塔镇
浦沿街道
闻堰街道
新塘街道
宁围街道
衙前镇
瓜沥镇
靖江街道
党湾镇
益农镇
临江街道
新湾街道
河庄街道
前进街道
江南镇
横村镇
凤川街道
旧县街道
富春江镇
山下湖镇
赵家镇
东和
暨南街道
浬浦镇
马剑镇
五泄镇
平水镇
王坛镇
谷来镇
崇仁镇
甘霖镇
白马镇
杭坪镇
前吴
大畈
梅江镇
后宅街道
源东
曹宅镇
傅村镇
三都镇
图例
设区市
县（市、区）
镇（乡）、街道
行政村、社区
省界
设区市界
县（市、区）界
铁路及车站
客运专线及车站
高速公路及编号
国道及编号
省道及编号
县乡道
隧道、桥梁
河流、湖泊
运河
机场
国家重点风景名胜区
国家级自然保护区
森林公园
省级景点（区）
其他旅游景点
山峰
比例尺 1：580 000
杭州市勘测设计研究院 编制
地图审核号：浙杭S（2020）049号
注：底图资料由杭州市规划和自然资源局提供
行政界线不作划界依据，仅供参考

杭州城区图
崇化
瓶窑镇
瓶窑
崇福
G104
西塘河
东塘河
康桥街道
吴家墩
良渚
大观山
杜甫
运河
平安桥
半山
半山街道
超山景区
连具塘
S14
杭长(宜)高速
好运街
谢村
宁杭甬铁路客运专线
石桥
东莲
大陆
绕城
山联
紫金港枢纽
五常
瓜山
祥符街道
三墩镇
双桥
吴山前
高桥
拱墅区
汽车北站
上塘街道
东新街道
苕溪
杭州西站(在建)
湖杭铁路客运专线(在建)
塘河
三墩
浙大紫金港校区
紫金港隧道
灵源
梦想小镇
杭州师范大学仓前校区
G235
仓前街道
蒋村街道
文晖
杭州城西科创产业集聚区
阿里巴巴
五常
永乐
未来科技城
金星
西溪国家湿地公园
文新街道
翠苑街道
北山街道
老和山
浙大玉泉校区
黄龙体育中心
余杭街道
仓南
顾家桥
汽车西站
灵峰山
宝石山
保俶塔
西湖区
何母桥
宋家山
横板桥
五常街道
西溪
杨家牌楼
西湖街道
上文山
华丰
荆丰
留下街道
留下
西穆坞
北高峰
灵隐寺
西湖
瀛洲
老余杭
沈家店
竹韵
民丰
杭瑞高速(杭徽段)
G56
S102
杭州西
闲林街道
荆山
玉屏山
石人岭
吉庆山隧道
茅家埠
雷峰塔
净慈寺
汽车南站
闲林
北山
横街
屏峰
东穆坞
西湖风景名胜区
梅灵隧道
龙井
南高峰
五老峰隧道
凤凰山
联荣
孙家坞
小和山
狮峰
玉皇山
里项
石马
屏峰山
杭州绕城高速
大清
丁家山
外桐坞
梅家坞
白塔
钱塘江
六和塔
浙大之江校区
五云山
钱塘江大桥
万丈山隧道
龙门坎
龙坞
杭州高新技术
午潮山
慈母桥
梓树
午潮山国家森林公园
葛衙庄
叶埠桥
梵村
上城埭
西湖茶场
宋城
鸡笼顶
西山国家森林公园
长埭
沈家弄
珊瑚沙
之江大桥
浦沿街道
冠一
转塘街道
东坞山
白岩山
横桥
龙王沙
杭州野生动物世界
之江国家旅游度假区
中国美术学院象山校区
望江山
狮子
梓树
G320
转塘
柏联
长安
村口
金家岭
中村
前山
麦岭沙
凌家桥
贤家庄
黄山
小江
新沙
缪家
杭州南
西湖
回龙
闻家
铜鉴湖
何家埠
老沙
袁家浦
小叔房
G25
袁富
袁浦
外张
双浦镇
夏家桥
龙池
东江嘴
长深高速
新浦沿
长安沙
周家埭
板桥
三阳
杭汪
桑园地
五丰
杭州市区缩略图
余杭区
放大图
拱墅区
上城区
西湖区
江干区
临安区
滨江区
萧山区
富阳区

临平
杭州北
乔司枢纽
乔司东
乔司街道
丁兰街道
笕桥街道
九堡街道
杭州汽车客运中心
下沙街道
白杨街道
下沙
下沙东
下沙南
杭州绕城高速
G2504
钱塘新区
江东大桥
浙江理工大学
杭州师范大学
良山东路隧道（在建）
九堡大桥
下沙大桥
彭埠大桥
杭州东站
彭埠街道
凯旋街道
德胜
亚运村（在建）
钱江世纪城
杭州国际博览中心
市心路
通惠路
萧山
杭甬高速
S2
萧山经济技术开发区
桥南区块
机场公路
S4
红垦枢纽
新街
机场
杭州萧山国际机场
G92
杭州湾环线高速
西兴
滨江区
盈丰街道
宁围街道
新街街道
西兴街道
萧山区
北干街道
萧山车西站
北干山
萧山汽车总站
杭州南站
萧山东
G104
衙前镇
城厢街道
萧山汽车东站
新塘街道
杨汛桥街道
杭州乐园
湘湖旅游度假区
蜀山街道
所前镇
杨汛桥
杭州绕城高速
沪昆铁路客运专线
萧山南
张家畈枢纽
G2504
钱塘江
图例
市政府
区政府
镇、街道
行政村、社区
铁路及火车站
铁路客运专线
高速公路及编号
互通及服务区
国道及编号
省道及编号
城市高架
地铁沿途站点
线路终点
道路
隧道　桥梁
河流、湖泊
汽车站　机场
旅游景点　山峰
比例尺　1：115 000
杭州市勘测设计研究院　编制
地图审核号：浙杭S（2020）049号
注：底图资料由杭州市规划和自然资源局提供
地铁站点位置仅供参考

西湖全景

（孙小明 摄）

钱江新城远眺

（王　苗摄）

运河拱宸桥夜景

钱塘新区

（余文华 供稿）

（李　忠摄）

“一村万树”示范村——余杭区良渚街道新港村 （市林水局 供稿）

临安区青山湖环湖绿道 （李 忠摄）

小城镇整治后的富阳区常绿镇　（富阳区常绿镇政府 供稿）

小城镇整治后的建德市寿昌镇西湖水街　（建德市志办 供稿）

淳安县下姜村

（市文化广电旅游局 供稿）

2019 年 9 月 8 日，杭州市庆祝中华人民共和国成立 70 周年交响合唱晚会在杭州国际博览中心举行

（市委宣传部 供稿）

2019年5月11日，庆祝中华人民共和国成立70周年活动在市民中心南广场举行，万人同跳大型排舞

（市体育局 供稿）

2019 年 9 月 26 日，“国旗下的诵读——杭州市庆祝中华人民共和国成立 70 周年诵读活动”在钱江新城城市阳台举行

（李　忠 摄）

2019 年 9 月 26 日，武林广场设置百花园，营造庆祝中华人民共和国成立 70 周年的喜庆氛围

（李　忠 摄）

2019 年 9 月 28 日，庆祝中华人民共和国成立 70 周年主题灯光秀在钱江新城开启

（市钱江新城管委会 供稿）

2019 年 10 月 1 日，市民群众在良渚古城遗址公园同举巨幅中华人民共和国国旗　　　　（市委宣传部 供稿）

良渚古城遗址出土的玉璧
（良渚遗址管委会 供稿）

良渚古城遗址出土的玉钺
（良渚遗址管委会 供稿）

良渚古城遗址出土的“玉琮王”
（良渚遗址管委会 供稿）

2019 年 7 月 6 日，第 43 届联合国教科文组织世界遗产委员会会议（世界遗产大会）在阿塞拜疆巴库会议中心举行，良渚古城遗址正式被列入“世界遗产名录” （良渚遗址管委会 供稿）

2019 年 7 月 6 日，市民群众在杭州观看世界遗产大会良渚古城遗址申遗直播 （市委宣传部 供稿）

2019 年 7 月 7 日，良渚古城遗址公园有限开园仪式举行，良渚古城遗址公园网上预约系统对外开放

（市委宣传部 供稿）

2019 年 7 月 16 日，“良渚与古代中国——玉器显示的五千年文明”展览在故宫博物院举行

（良渚遗址管委会 供稿）

2019 年 11 月 5 日，第二届中国国际进口博览会在上海开幕，良渚古城遗址展项在中国馆“美丽中国”单元展出

（良渚遗址管委会 供稿）

心心相融,@未来

Heart to Heart, @Future

杭州亚运会主题口号视觉呈现图（杭州亚组委 供稿）

2019 年 5 月 18 日，杭州亚组委给北京 2022 年冬奥会和冬残奥会组委会寄出贴有个性化专用邮票的杭州亚运会纪念明信片（杭州亚组委 供稿）

2019 年 5 月 18 日，杭州 2022 年第 19 届亚运会首套个性化专用邮票发布仪式在西湖涌金公园举行（李　忠 摄）

2019 年 7 月，杭州 2022 年第 19 届亚运会重点配套工程——杭州绕城西复线杭绍段工程项目奇坑隧道右洞贯通

（李　忠摄）

2019 年 12 月 15 日，杭州 2022 年第 19 届亚运会倒计时 1000 天活动举行　　（杭州亚组委 供稿）

2019 年 12 月 15 日，首批杭州亚运会特许商品零售店同步开启。图为清河坊店内景　（杭州亚组委 供稿）

位于武林广场的杭州 2022 年第 19 届亚运会倒计时牌（摄于 2019 年 12 月 16 日） （李 忠 摄）

湖滨步行街开街

2019 年 9 月 27 日，改造提升后的湖滨步行街开街　　（市商务局 供稿）

湖滨步行街街景 （上城区政府湖滨街道办事处 供稿）

湖滨步行街街景 （上城区政府湖滨街道办事处 供稿）

市民和游客游览湖滨步行街　　　　（李　忠摄）

湖滨步行街远景　　　　　　　　　　　　　　　　　　　　　　　　　　　　　　　　　（胡　鉴 摄）

2019 年 2 月 23 日，杭州首个智能化人才市场——高新区（滨江）人才市场举行首场智能招聘会，实现全程无纸化应聘　（李　忠 摄）

2019 年 4 月 11—13 日，中国（杭州）国际社会公共安全产品与技术博览会暨杭州智慧安防大会在白马湖国际会展中心举行　　（市公安局 供稿）

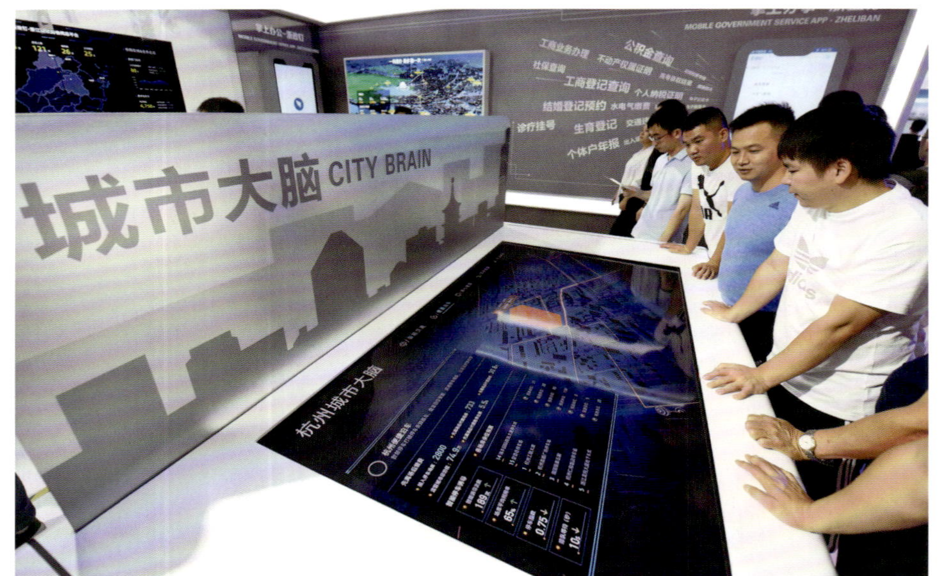

2019 年 9 月 25—27 日，“2019 杭州·云栖大会”在西湖区云栖小镇举行（李 忠摄）

2019 年 10 月 18—20 日，首届中国（杭州）国际智能产品博览会在杭州国际博览中心举行（李 忠摄）

2019 年 11 月 22 日，两辆 L4 级别的自动驾驶小巴士在拱墅汽车互联网小镇园区内成功试驾（李 忠摄）

2019 年 11 月 28 日，杭州建设“国家新一代人工智能创新发展试验区”动员大会举行　（市科技局 供稿）

2019 年 12 月 18 日，“2019 空天信息大会”在西湖区云栖小镇举行　（西湖区志办 供稿）

萧山·机器人博展中心
XIAOSHAN ROBOT EXPO CENTER

中国杭

杭州湾信息港

（左图）萧山·机器人博展中心
（萧山区委宣传部 供稿）

（右图）中国（杭州）5G 创新园
（杭州城西科创产业集聚区管委会 供稿）

信息港小镇
（萧山经济技术开发区管委会 供稿）

2019 年 4 月 30 日至 5 月 5 日，第十五届中国国际动漫节在杭州举行　　（李　忠 摄）

2019 年 5 月 4 日，第十五届中国国际动漫节彩车巡游活动在中山北路创意街区举行　　（李　忠 摄）

2019年9月19—23日，第十三届（2019）杭州文化创意产业博览会在白马湖国际会展中心举行

（李 忠摄）

2019 年 10 月 12 日，“经典南宋·韵味杭州——2019 南宋文化节”开幕　　（李　忠摄）

2019 年 1 月 28 日，临安博物馆开馆。图为航拍的临安博物馆　　（市园文局 供稿）

2019 年 9 月，位于拱墅区的杭州运河文化艺术中心启用　　（李　忠摄）

2019 年 4 月 29 日，杭州市举办“打赢杭临线通车硬仗誓师大会暨首列车接车活动”　（李　忠摄）

2019 年 8 月 2 日，330 国道（临安段）改建工程通过验收，与淳安段同步通车　（李　忠摄）

2019 年 12 月 13 日，经过 4 年建设的望江隧道工程完工， 12 月 15 日 12 时起，分阶段开通试运行

（李　忠 摄）

2019 年，艮山路提升改造工程东湖路以西段高架桥主体全线贯通　　（市城投集团 供稿）

数字杭州 2019

- 土地面积 16850 平方千米
- 年末全市常住人口 1036.0 万人
  户籍人口 795.37 万人

- 地区生产总值 15373.05 亿元，增长 6.8%
- 财政总收入 3650.04 亿元，增长 5.6%
  一般公共预算收入 1965.97 亿元，增长 7.7%
- 社会消费品零售总额 6187.70 亿元，增长 8.8%
- 固定资产投资增长 11.6%
  基础设施投资增长 5.2%
- 三次产业结构 2.1 ： 31.7 ： 66.2

- 全市居民人均可支配收入 59261 元，增长 9.0%
  扣除价格因素实际增长 5.7%
- 城镇居民人均可支配收入 66068 元，增长 8.0%
  扣除价格因素实际增长 4.8%
- 农村居民人均可支配收入 36255 元，增长 9.2%
  扣除价格因素实际增长 5.9%
- 全市居民人均消费支出 40016 元，增长 7.1 %

- 货物进出口总额 5597 亿元，增长 6.7%
  出口 3613 亿元，增长 5.7%
  进口 1984 亿元，增长 8.5%
- 服务贸易出口 124.9 亿美元，增长 19.0%
- 新引进外商投资企业 736 个
  实际利用外资 61.3 亿美元，增长 14.0%

- 研究与试验发展经费支出占地区生产总值比重 3.45%
- 发明专利申请量 43357 件，增长 18.7%
  发明专利授权量 11748 件，增长 14.4%
- 国家技术创新示范企业 11 个
  省级技术创新示范企业 11 个
  市级以上企业技术中心 749 个

- 境内公路总里程 16667 千米
  高速公路 632 千米
- 主城区公共交通运营线路 402 条
- 地铁运营里程 135.4 千米
  在建里程 381 千米
- 新建成停车泊位 10.0 万个

- 一般公共预算支出中民生支出 1535.3 亿元
  占一般公共预算支出的 78.6%
- 年末职工基本养老保险参保人数 704.69 万人，增长 5.0%
  城镇职工基本医疗保险参保人数 671.12 万人，增长 6.1%
- 城乡社区居家养老服务照料中心 2898 个
  各类福利院、敬老院 328 个

- 森林覆盖率 66.84%
- 市区空气优良天数 287 天，优良率 78.6%
  市控以上断面水质达标率 98.1%，提高 1.9 个百分点

目录

2020 杭州年鉴

Contents

1 特载

Special Report

2 专记

Exclusive Chronicle

3 年度聚焦

Highlights of the Year

4 大事记

Chronicles of Major Events

5 市情综览

City Overview

6　中国共产党杭州市委员会

Hangzhou Municipal Committee of the Communist Party of China

11 民主党派
Democratic Parties

13 外事·侨务·港澳台事务

Foreign Affairs; Overseas Chinese Affairs; Hong Kong, Macao and Taiwan Affairs

14 法 治

Rule of Law

16 经济管理

Economic Management

17 西湖风景名胜
The West Lake Historic & Scenic Area

18 旅游业

Tourism Industry

19 文化产业

Cultural and Creative Industry

20 数字经济
Digital Economy

21 农 业
Agriculture

23 建筑业

Construction Industry

24 商贸服务业

Commerce Service

25 会展业
Exhibition Industry

26 金融业
Finance Industry

27 房地产业
Real Estate Industry

28 交通运输·邮政
Transportation & Postal Service

29 投资促进
Investment Promotion

30 对外经贸
Foreign Trade

32 开发区·产业平台

Development Zones & Industrial Platform

33 民营经济

Private Economy

34 城乡建设

Urban-Rural Development

35 环境保护
Environmental Protection

36 科学技术
Science & Technology

37 教 育
Education

38 文化遗产保护
Cultural Heritage Protection

39 公共文化

Public Culture

40 社会科学
Social Science

41 大众传媒

Mass Media

42 卫生健康

Health and Wellness

43 体 育
Sports

44 人力资源
Human Resources

45 社会生活
Social Life

46 区县（市）

Districts & Counties (Cities)

47 人 物
Figures

48 附　录
Appendix

49 索　引
Index

中共杭州市委　杭州市人民政府
关于实施"新制造业计划"推进高质量发展的若干意见

（2019年9月30日）

为认真贯彻习近平总书记关于推动制造业高质量发展重要指示精神和党中央、国务院关于加快制造强国建设的决策部署，深入实施长三角一体化发展国家战略，持续推进杭州新时代高质量发展，现就实施杭州"新制造业计划"提出如下意见。

一、总体要求和主要目标

（一）总体要求。抢抓新一轮科技革命和产业变革机遇，坚定"高端化、智能化、绿色化、服务化"发展目标，坚持创新驱动，坚持增总量、优存量、促增量、提质量，形成数字经济与制造业"双引擎"，推进杭州新时代制造业高质量发展。

（二）主要目标。到2025年，全市工业总产值达到25000亿元，规上工业增加值达到6800亿元，年均增长10%；工业固定资产投资达到1500亿元，年均增长15%，其中工业技改投资达到750亿元，新引进项目投资达到750亿元；实现主营业务收入千亿元以上企业5家，百亿元以上企业30家，十亿元以上企业400家，规上工业企业8000家，制造业国家级高新技术企业2000家；全市企业进入中国企业500强30家、中国制造业企业500强40家；全社会研发经费（R&D经费）支出占GDP比重达到4%，创建国家重点实验室3家、国家技术创新中心（国家工程技术研究中心）5家、国家企业技术中心45家。

二、明确制造业发展重点

（三）培育引进战略性新兴产业。每年招引战略性新兴产业和未来产业项目100个以上。通过5年左右时间，战略性新兴产业增加值占比达到50%以上，形成新一代信息技术及应用万亿级产业集群1个，高端装备、生物医药、节能环保、数字安防、新能源新材料等千亿级主导产业集群5个，人工智能、工业互联网、5G应用、智能网联汽车、航空航天、机器人、增材制造、工业设计等百亿级产业集群10个以上。

（四）改造提升传统制造业。改造提升机械、化纤、化工、橡胶、纺织、服装等传统制造业，发展质量和效益达到国内先进水平，"两化"融合发展水平指数保持全国领先，纺织化纤、精细化工、电气机械、食品饮料等4个千亿级产业发展质效得到全面提升。

（五）保护传承经典产业。保护传承丝绸、茶叶、工艺美术、中药等特色产业，推进时尚产业发展，打造一批历久弥新的历史经典产业。建立老字号品牌保护、传承、发展机制。

（六）全面整治"低散乱"企业和淘汰落后产能。深化"亩均论英雄"改革，亩均工业增加值、亩均税收年均增长7%以上。单位工业增加值能耗、污染物排放量、用水量明显下降，节能减排主要指标优于全省全国同行业平均水平。

三、鼓励企业做优做强

（七）发挥企业主体作用。大力弘扬"企业家精神"和"工匠精神"，鼓励企业坚守主业、专注实业。推动土地、资金、人才、技术等各类要素资源向实业主业集中。引导企业树立"以质取胜"的战略意识，打响"杭州制造""杭州创造"品牌。

（八）支持企业上规模。深入实施"鲲鹏计划"，建立千亿级龙头企业、百亿级骨干企业培育库。对制造业年营收首次达到5亿元以上的企业，给予分档定额奖励。支持小微企业上规升级。对国家级制造业"单项冠军"示范企业、省级制造业"隐形冠军"企业给予相应奖励。深入实施企业上市和兼并重组"凤凰行动"计划，引导企业充分利用多层次资本市场，支持科技型制造业企业通过"科创板”上市融资。

（九）助推企业科技创新。大力支持国家重点实验室、国家技术创新中心、国家企业技术中心创建。将“市高企”纳入“雏鹰计划”培育工程体系，支持企业申请“市高企”“国高企”认定。实施科技型企业研发补助政策，鼓励市科技型中小微企业和“先进制造与自动化”领域的高新技术企业加大研发投入。对填补国内自主产业链空白的高新技术研发项目，并列入市重大科技创新计划项目的，按政策给予奖励。在杭高校院所及新型研发机构牵头完成科技成果获国家科技进步一等奖、二等奖（或省科技进步一等奖），在杭产业化并对杭州发展数字经济、实施新制造业计划等作出重大贡献的，给予相应奖励。

（十）推动企业技术改造。鼓励企业以数字化、网络化、智能化改造为主线实施重大技术改造。对实际完成投资额1000万元（设备、外购技术及软件投入）以上的技术改造项目，给予分类分档支持。推进数字化改造“百千万”工程。鼓励和支持企业购置工业机器人。对经国家或省相关部门认定的工业互联网平台，给予一定资助。组织开展智能制造应用项目试点示范，对经认定的示范项目给予资助。

（十一）全面提升品质标准。实施新一轮质量提升行动计划。到2025年，制造业产品质量合格率达到96%，实现中国质量奖零突破，获得浙江省人民政府质量奖10家以上，制定实施“浙江制造”标准500个。对获得中国质量奖（提名奖）、浙江省人民政府质量奖（提名奖）、杭州市人民政府质量奖（提名奖）的单位，分别给予相应奖励。支持企业主导和参与标准制（修）订。加强知识产权强企建设，提高知识产权创造质量，开展知识产权贯标，培育知识产权优势（示范）企业。实施商标品牌战略，提升制造业企业商标品牌培育、保护、运用意识和能力。以工业设计赋能制造业，对获认定的国家级工业设计研究院、省级重点企业设计院，按照资助额度给予同比例资助；对获认定的国家级、省级工业设计中心，给予相应资助。

（十二）鼓励杭产品在地应用。发布“杭州市创新产品推荐目录”“优质杭产品推荐目录”。对符合条件的创新产品实施政府首购政策，加大对首购首用新产品新技术的支持力度。建立首台（套）产品应用激励机制，完善首台（套）产品扶持和保险补偿机制，对省级认定的国内、省内重大技术装备首台（套）项目，给予资助。组建优质制造业企业联盟，搭建“杭州制造”展示平台，加大杭产品应用推广力度，鼓励总承包企业采购优质杭产品。鼓励支持制造业企业和优质电商平台联动提质，让更多杭州制造业企业成为优质电商平台供应商。

（十三）支持企业开拓国际市场。引导企业加大“一带一路”新兴市场开拓，支持企业参加“一带一路”重点展。进一步扩大出口信保额度和覆盖率，加大信保支持力度。对制造业企业有计划地开展出口退税、品牌申报、海关业务等专业培训，每年培训企业1500家次以上。

四、高效配置要素资源

（十四）加强土地要素保障。严守全市工业用地规模300平方公里底线，每年新出让的工业用地（不含创新型产业用地）占年度出让土地比例不低于30%。每年盘活的低效用地，优先支持工业发展。支持企业“零土地”技术改造，对提高现有工业用地（不含创新型产业用地）土地利用率的给予一定支持。按照不高于同类城市平均地价水平，对工业用地出让价格实行动态管控。以招拍挂方式出让的工业用地，鼓励采用弹性年期出让、先租后让、租让结合的方式供地，鼓励各类园区采用先租后售方式提供工业标准厂房。

（十五）提升金融服务水平。组建市创新投资有限公司。做强市高科技投资有限公司。完善在杭金融机构评价激励机制。大力实施“融资畅通工程”，促进增量、扩面、降本、保质。支持大型商业银行增加制造业企业中长期贷款，帮助优质制造业企业发债融资。切实发挥金融综合服务平台作用，重点加大对信用评价优良、市场前景好、科技含量高、经济效益好的制造业企业信贷投放力度。建立担保机构风险补偿机制，鼓励担保机构加大对制造业企业的支持。

（十六）加大人才引育力度。落实“人才生态37条”，加强人才政策精准供给。实施青年企业家培育计划，遴选20名领军型青年企业家、100名新锐型青年企业家，建立杭州市青年企业家英才库。对制造业企业专业技术及管理人才实施支持政策。对在杭年度缴纳税收达到一定规模的制造业企业，给予若干技术及管理岗位的人才名额。对在杭年度缴纳税收5亿元（含）以上制造业企业，允许按照相关规定自建人才租赁房，其经营管理及技术人才，可认定为相应类别的高层次人才。支持符合条件的制造业企业利用自有存量工业用地建设职工租赁房（含行政办公和生活服务设施）。

（十七）优化环保和用能准入。根据产业需求，科学布局工业表面处理等必备工艺环节的集中区域。探索在区、县（市）级产业平台、小微企业园开展“区域环评+环境标准”改革（试点）工作，对已完成区域规划环评及审查的平台，其负面清单外的项目环评可降低一个等级管理。进一步优化固定资产节能评估流程，全面推行“区域能评+区块能耗标准”改革，对负面清单外的项目实行承诺备案管理；属杭州市级权限的其他项目，委托区、县（市）进行节能审查。

五、营造良好发展环境

（十八）落实深化减税降费举措。落实国家增值税改革措施。抓好小微企业普惠性减税政策落实。降低企业社保缴费负担，鼓励促进就业。执行国家、省降低电价有关政策，对煤改气企业继续实施优惠气价政策。

（十九）加强平台建设与提升。推进全市35个重大产业平台高质量发展。聚焦重点产业链，建成5个以上“万亩千亿”新产业平台。按照特色小镇理念整合提升原有产业园，建设15个升级示范园，经认定给予奖励。鼓励市场主体新建制造类小微企业园，全面实施小微企业园绩效评价。加快公共服务平台建设与共享，布局4—5个共性技术研发平台。规划建设高新技术孵化成果转化园20个。对经认定的国家级、省级制造业创新中心，给予资助。鼓励园区、龙头企业、产业联盟、行业协会等建设公共检测检验中心、公共资讯服务中心。进一步促进科研仪器等科技资源开放共享，推进科技创新券在长三角范围内通用通兑。

（二十）统筹产业招商与产业转移。建立招商信息共享平台，完善项目首报首谈制，推进产业招商和重大项目全市统筹。按照“谋划一批、盯引一批、推进一批”的要求，每年招引战略性新兴产业和未来产业项目100个以上。构建市域产业转移机制，鼓励产业溢出区和龙头企业与县（市）合作共建产业化基地，支持转移产业优先在市域内落地。因城市化需要搬迁、征迁的企业，不属于必须淘汰的落后产能，属地政府要落实新的发展空间，资金补差应与项目落地挂钩。制定全市“‘走出去’发展企业清单”并实施动态服务管理，强化各区、县（市）党委、政府安商稳商富商责任。

（二十一）完善企业服务机制。推进“走亲连心”企业服务常态化，完善制造业企业联络员制度。对市、区县（市）龙头骨干企业，由市本级和各区、县（市）领导负责联络。抽调优秀干部服务重点企业，服务时间认定为基层任职经历。深化放管服改革，优化营商环境，对照世界银行营商环境指标，以企业开办全流程“一日办结”改革为突破口，为制造业企业在投资落户、开办经营、工程项目审批、资本市场对接等环节提供优质高效、便利化的政务服务。

（二十二）营造氛围提振企业信心。每年召开制造业发展大会。完善先进企业、优秀企业家激励机制，持续开展“杭州工匠”选树，大力进行褒奖。加强舆论宣传引导，凝聚全社会支持制造业高质量发展的合力，营造制造业高质量发展的浓厚氛围。

（二十三）加强政策整合与资金统筹。对现有产业扶持政策予以整合，合理界定职责，原则上一类事项由一个部门负责。建立项目扶持会商机制，形成政策扶持合力，提高资金使用效率。建立市委、市政府制造业发展专题例会制度。在资金安排上，坚持“市区共担、突出重点”原则，推动市区共同发力。

本意见自印发之日起实施，有效期至2025年12月31日。对市委、市政府已出台的涉及制造业发展的政策意见作全面梳理、整合，原意见与本意见不一致的条款，以本意见为准。本意见由市委、市政府负责解释，具体工作由市委办公厅、市政府办公厅承担。

中共杭州市委关于高水平推进杭州城市治理现代化的决定

（2019年12月27日中国共产党杭州市第十二届委员会第八次全体会议通过）

中国共产党杭州市第十二届委员会第八次全体会议，认真学习贯彻党的十九届四中全会和省委十四届六次全会精神，紧密结合杭州实际，研究了高水平推进城市治理现代化问题，作出如下决定。

一、坚决贯彻中央全会和省委全会精神，高水平推进城市治理现代化

1.深刻领会中央全会和省委全会精神。党的十九届四中全会深刻回答了中国特色社会主义制度和国家治理体系需要“坚持和巩固什么、完善和发展什么”，为实现我们党长期执政和国家长治久安、实现中华民族伟大复兴中国梦提供了根本制度保障。省委十四届六次全会学习贯彻党的十九届四中全会精神，作出高水平推进省域治理现代化的重大部署。全市各级党组织和广大党员干部要把学习贯彻中央全会和省委全会精神作为重大政治任务，坚决扛起浙江“三个地”省会城市的责任担当，模范践行中国特色社会主义制度，高水平推进城市治理现代化。

2.总体要求。坚持以习近平新时代中国特色社会主义思想为指导，坚定不移沿着“八八战略”指引的路子阔步前进，把“最多跑一次”改革的理念方法作风贯穿到城市治理各方面全过程，紧紧围绕“干好一一六、当好排头兵”，固根基、扬优势、补短板、强弱项，建设高能级的城市、数字化的城市、知敬畏的城市、老百姓的城市、有情怀的城市、国际范的城市，把中国特色社会主义的制度优势转化为城市治理效能，奋力开创具有杭州特点的大城市治理现代化新路。

3.主要目标。到我们党成立一百年时，城市综合能级和核心竞争力全面提升，城市数字化转型全面突破，经济、政治、文化、社会和生态文明各领域治理全面增效，为高水平全面建成小康社会提供强有力制度保障；到2035年，基本实现城市治理现代化，发展质量和治理效能显著提高；到新中国成立一百年时，高水平实现城市治理现代化，形成与独特韵味别样精彩世界名城相匹配的治理体系和治理能力。

二、完善党的领导机制，不断提升城市治理的政治引领水平

4.完善“两个维护”的保障机制。全面落实坚定维护党中央权威和集中统一领导的各项制度，构建不忘初心、牢记使命的长效机制，完善中央重大决策部署和习近平总书记重要指示贯彻落实机制，自觉在思想上行动上同以习近平同志为核心的党中央保持高度一致，坚决把维护习近平总书记党中央的核心、全党的核心地位落到实处。

5.健全加强党的全面领导制度。坚持党政军民学、东西南北中，党是领导一切的。加强党对城市治理各领域各方面各环节的全面领导，完善党领导人大、政府、政协、监察机关、审判机关、检察机关、武装力量、人民团体、企事业单位、基层群众自治组织、社会组织等制度，把党的领导落实到统筹推进“五位一体”总体布局、协调推进“四个全面”战略布局，改进党的领导方式和执政方式，增强各级党组织政治功能和组织力。

6. 完善全面从严治党制度。贯彻新时代党的建设总要求，健全以党的政治建设为统领，全面推进党的各方面建设的体制机制。坚持新时代党的组织路线，健全党管干部、选贤任能制度，推进基层党建全面进步全面过硬。严格落实全面从严治党的责任制度，完善“四责协同”机制。健全权力运行制约和监督机制，完善纪律监督、监察监督、派驻监督、巡察监督“四个全覆盖”的监督网络和统筹衔接工作机制。深化标本兼治，完善一体推进不敢腐、不能腐、不想腐的体制机制。健全作风建设长效机制，完善首问负责、“红黄黑榜”等工作机制，持续纠治形式主义、官僚主义。

三、完善民主政治建设的机制，不断提升城市治理的法治保障水平

7. 全面落实人民当家作主的各项制度。坚持和完善人民代表大会制度，支持和保证人大及其常委会依法行使职权，落实人大对“一府一委两院”监督制度、各级政府重大决策出台前向本级人大报告制度，健全代表联络机制。坚持和完善中国共产党领导的多党合作和政治协商制度，完善民主党派市委会直接向市委提出建议制度，健全人民政协专门协商机构制度和围绕落实市委决策部署开展专项民主监督制度，构建程序合理、环节完整的协商民主体系。完善大统战工作格局，健全同党外知识分子、非公有制经济人士、新的社会阶层人士沟通联络机制，完善港澳台交流合作机制。

8. 健全推进法治建设的体制机制。完善党委领导、人大主导、政府依托、各方参与的立法工作机制，探索建立政协参与立法协商机制和程序，加强重点领域立法，不断提高立法质量和效率，以良法保障善治。构建优化协同高效的依法行政体制，严格执行部门“三定”规定，加快推进政府数字化转型，深化市场监管、文化市场、交通运输、环保、农业等行政执法体制改革，强化综合行政执法统筹协调，探索完善跨领域跨部门综合行政执法体系。深化司法体制综合配套改革，持续推进杭州互联网法院实践探索，深化杭州互联网公证处、杭州互联网仲裁院建设，切实加强律师队伍建设。充分发挥“五四宪法”历史资料陈列馆的独特作用，构建社会大普法格局。

四、完善经济高质量发展的机制，不断提升城市治理的动能接续水平

9. 加快构建现代化经济体系。全面落实社会主义基本经济制度，促进有效市场和有为政府完美结合，深化国企国资改革，健全支持民营经济、外商投资企业发展的法治环境，建设民营经济高质量发展示范区。深化供给侧结构性改革，打造“全国数字经济第一城”，加快建设国家新一代人工智能创新发展试验区，创建国家数字经济示范城市，深入实施“新制造业计划”，形成数字经济与制造业高质量发展“双引擎”的长效机制。大力提升新消费，争创国际消费中心城市试点，促进制造业与现代服务业融合发展。发挥国家自主创新示范区引领作用，做强做优钱塘新区、城西科创大走廊和国家高新区、开发区等创新平台，加快建设西湖大学、之江实验室、浙大国际科创中心、阿里达摩院等科创重器，深入推进特色小镇建设，争创国家“双创”示范城。实施全球英才杭聚、专项人才引育、青年人才弄潮、人才西进工程，打造人才生态最优城市。主动参与和服务“一带一路”建设，推进临空经济示范区建设和跨境电商综试区优化升级，加快世界电子贸易平台杭州实验区和浙江自贸试验区杭州联动创新区建设，推进投资贸易自由化便利化。

10. 全力营造国际一流营商环境。以争创世界银行营商环境评价样本城市为契机，全面贯彻“最多跑一次”改革理念，持续深化“多证合一、证照联办、一网通办”商事登记制度改革，推行“标准地 + 承诺制”投资审批制度改革，实现常态化企业开办全流程“一日办结”和地方设置涉企事项“零许可”，实现一般企业投资项目全过程审批“最多80天”并持续提速，推动更多“一件事”全流程“最多跑一次”，着力打造移动办事之城。健全知识产权保护制度，推进全门类知识产权综合服务中心建设，争创国家知识产权示范城市。完善信用体系，推进信用杭州建设。保持涉企政策连续性稳定性，确保政策执行实事求是、不搞“一刀切”。

11. 健全市域统筹的空间治理格局。贯彻实施长三角一体化发展国家战略，做大做强都市圈，服务借力大上海，深度融入长三角，全面提升城市综合能级和核心竞争力。完善市域发展空间布局，提高市域经济和人口整体承载能力。实施财政、土地、招商等市域统筹发展体制机制改革，积极推进“多规合一”，促进市域范围内资源要素和产业有序转移，加快跨区域重大基础设施建设，健全地下空间开发利用管理制度，探索形成“宽视野决策、大区域统筹、小单元作战”的新型城市发展模式。深入推进拥江发展，统筹城乡区域发展，着力打造“山海协作”工程升级版，深化区县（市）协作、“联乡结村”等工作。加快推进乡村振兴，健全消薄增收长效机制。完善对口支援和东西部扶贫协作机制，提高工作精准度和实效性。

五、完善文化繁荣兴盛的机制，不断提升城市治理的凝心聚力水平

12. 完善社会主义先进文化引领机制。全面落实马克思主义在意识形态领域指导地位的根本制度，坚决贯彻习近平新时代中国特色社会主义思想。完善弘扬社会主义核心价值观的制度和机制，贯彻落实《新时代公民道德建设实施纲要》《新时代爱国主义教育实施纲要》，推进新时代文明实践中心试点，深化“我们的价值观”主题实践和“最美杭州人”选树工作，巩固拓展“礼让斑马线”等成果，推动“最美现象”成为社会风尚。

13. 完善文化遗产保护传承利用机制。高水平推进良渚古城遗址保护，精心守护实证中华5000多年文明史的圣地。全面实施西湖景区全域优化提升，加快推进大运河文化带和大运河文化公园建设，有序推进南宋临安城遗址综合保护和南宋皇城遗址申遗，高质量打造世界遗产群落。大力实施“城市记忆”工程，有效推进非遗活态传承，挖掘整理传承老字号、古村镇、古建筑、古书等优秀传统文化资源。强化基层档案工作。

14. 健全文化事业和文化产业发展体制机制。全面提升博物馆发展水平，持续推进农村文化礼堂、社区文化家园、“杭州书房”等文化设施建设，深入开展乡村文化走亲活动，推动基本公共文化服务标准化均等化智慧化。加快文化旅游深度融合发展，推进国家文化消费试点城市、全国数字内容产业中心和国际文化创意中心建设，构建之江文化产业带联动发展机制。推动传统媒体与新兴媒体融合发展，全面推进县级融媒体中心建设。实施文化精品工程，加强“文艺杭军”建设，持续打响“中国国际网络文学周”品牌。

六、完善社会建设的机制，不断提升城市治理的共建共治水平

15. 健全为民办实事长效机制。全面提高公共服务质量，高水平打造“幸福示范标杆城市”。完善“双创”生态系统，促进以创业带动就业，对就业困难人员实行托底帮扶。大力发展“美好教育”，全面提升基础教育、职业教育、高等教育水平，构建治理中小学生负担重等长效机制，加大对“择校热”、校外培训乱象等问题的治理和监督力度。着力打造健康中国示范区，全面推进城市医联体和县域医共体建设，加快发展“舒心就医”，促进 3 岁以下婴幼儿照护服务发展，以筹办亚运会为契机提高基层体育场馆设施建设和使用水平、推进全民健身活动，积极发展养老服务业，构建全生命周期的大健康管理服务体系。完善社会保障体系，健全养老、医疗保险制度，持续开展“春风行动”，发展慈善等社会公益事业。深化住房租赁改革试点，确保房地产市场平稳健康发展。全面深化民生实事项目人大代表票决制，深入推进垃圾分类、既有住宅加装电梯、老旧小区改造、停车场和口袋公园建设等，确保民生“关键小事”落到实处。

16. 加强和创新社会治理。健全社会治理“六和塔”工作体系，推进党建领和、政府主和、社会协和、智慧促和、法治守和、文化育和，全面打造平安中国示范城市和市域社会治理现代化标杆城市。加强市、区县（市）、乡镇（街道）、村（社区）社会矛盾纠纷调处化解中心（站）建设，建立诉源治理机制，实现矛盾纠纷化解“最多跑一地”。完善社会治安、公共安全隐患排查和风险防范化解机制，保障城市基础设施安全运行，健全重大舆情和突发事件舆论引导机制，推进应急管理体系和能力现代化，争创国家安全发展示范城市。加快推进城市大脑建设，健全数据整合共享机制，提升数字驾驶舱功能，拓展深化便民惠企的场景应用，充分发挥城市大脑科技支撑作用，全面提升城市治理数字化水平。建立健全网络综合治理体系，加强互联网内容建设，强化隐私保护和数据安全管理。

七、完善生态文明建设的机制，不断提升城市治理的环境友好水平

17. 落实最严格的生态环境保护制度。制定新一轮美丽杭州建设实施纲要，完善生态空间管制制度，健全生态环境监测和评价制度，实施生态补偿和生态环境损害赔偿制度、领导干部自然资源资产离任审计制度。持续推进“三江两岸”生态保护与流域治理，强化生物多样性保护，扎实开展乡村全域土地综合整治与生态修复。深化美丽城镇、美丽乡村建设，加快完善市域绿道网。巩固千岛湖临湖地带综合整治成果，推进淳安特别生态功能区建设，完善新安江流域生态补偿机制，落实城市饮用水源地保护制度，探索特大湖泊治理新模式，保护好千岛湖一湖秀水。

18. 健全污染防治长效机制。深入实施“五水共治”“五气共治”“五废共治”，持续推进国Ⅲ柴油货车和燃油公交车、区域性恶臭异味污染、建设工地扬尘、市域污水直排、集中式饮用水源风险、农业农村污染增量、固废处置设施欠账、用地土壤环境风险“八项清零”行动。完善河长制、湖长制、湾（滩）长制、林长制，落实生态环境保护督察制度，打造环境监管最严格城市。

八、完善基层治理的机制，不断提升城市治理的强基固本水平

19. 完善基层治理体制机制。强化基层党建对基层治理的引领作用，加强和改进乡镇（街道）党（工）委对基层组织的领导，做实做强街道“大工委”、社区“大党委”区域化党建体制机制。深化乡镇（街道）管理体制改革，整合基层审批服务执法力量，强化“基层治理四平台”运行管理，组建统一的综合行政执法机构，加快实现一枚印章管审批、一支队伍管执法。建立基层职责事项准入清单制度，减轻基层负担。建立“走亲连心三服务”网格员机制，健全为民服务网格员和助企服务网格员队伍，实现服务对象和服务范围全覆盖。健全街道居民议事制度，推进政协“请你来协商”平台建设，充分发挥人大代表联络站、“我们圆桌会”等载体作用，形成“民意直通车”长效机制。推进群团组织深度参与基层社会治理。

20. 完善自治法治德治融合的基层治理方式。健全基层党组织领导下的基层群众自治制度，推进基层协商民主制度化规范化程序化。健全民主恳谈会、民主听证会、民情沟通日、百姓议事日、社区“网上协商”等工作机制。深入推进社区居委会、业委会、物业公司三方协同治理，探索城市小区治理新模式，积极创建未来社区。完善乡村治理体系，加快数字乡村建设。打造枫桥式派出所、司法所，加强基层法庭、“微法庭”建设。深入实施公民道德建设工程，深化群众性精神文明创建活动。发挥社会组织、志愿者的积极作用，推广“物联会”“武林大妈”等做法，构建基层治理共同体。

九、完善治理能力建设的机制，不断提升城市治理的谋划执行水平

21. 加强城市治理现代化工作的组织领导。各级党委要强化牵头抓总推进区域治理现代化的政治责任，扎实推进区域治理现代化各项工作。发挥市、区县（市）全面深化改革委员会统筹作用，积极谋划深化改革和推进治理现代化的重大举措，及时推动改革和治理成熟经验上升为制度规范。各级人大、政府、政协和监委、法院、检察院要履职尽责，形成推动城市治理现代化的合力。

22. 全面提升干部队伍治理能力。加强新时代干部队伍治理能力建设，强化思想淬炼、政治历练、实践锻炼、专业训练，不断提高政治领导能力、数字应用能力、接轨国际能力、依法办事能力、精准施策能力、风险管控能力。广大干部特别是领导干部要切实强化制度意识，带头尊崇制度，带头执行制度，带头维护制度，自觉做城市治理现代化的推动者和实践者。

责任编辑 章月影

专记 02

综述

【杭州亚运会业务领域运行计划(第一版)编制】2018年末,亚组委在“一办十九部”的组织架构下初步确定杭州亚运会筹办的74个业务领域。2019年,综合参考国际奥委会、东京2020年奥运会、南京2014年青奥会等国内外不同标准和经验,亚组委对74个筹办业务领域进行整合,确定50个业务领域。

2019年3月26日,亚组委办公室(总体策划部)印发《杭州亚运会筹办业务领域运行计划编制工作方案》的通知,明确编制要求、编制分工、编制安排、编制模板等。9月,编制通过《业务领域运行计划》(第一版),内容包括:总结工作进展;分析业务领域工作目标和界定工作范围;确立场馆化前、场馆化后业务领域组织架构和工作机制;确定业务领域客户服务的内容和水平;制定业务领域运行策略和运行方案;梳理业务领域所需的各种资源;测试方案与风险管理等。

【客户群服务计划编制】2019年6月,客户群服务计划编制工作启动,亚组委办公室(总体策划部)在参考学习奥运会等其他国际综合性赛事客户群分类的基础上,结合杭州亚运会、亚残运会实际情况,将客户群分为运动员、技术官员、亚奥理事会大家庭、媒体、转播商、市场合作伙伴、观众和工作人员八大类,由组委会内部各客户群主责业务领域负责编写各客户群服务计划。

2019年11月,编制形成八大客户群《客户群服务计划(第一版)》初稿,内容包括:客户群概述;客户群服务愿景;客户群构成和预估人数;客户群流线和服务需求;业务领域提供的客户群服务及服务水平等。

【杭州“亚运记忆”战略计划编制与发布】亚运遗产是奥林匹克运动与主办城市融合发展的重要载体,是杭州亚运会成功举办的重要标志。为弘扬奥林匹克精神,统筹亚运遗产管理,促进城市可持续发展,为杭州留下珍贵“亚运记忆”,在亚组委成立之初就决定制定亚运遗产战略计划。2019年7月,杭州“亚运记忆”战略计划编制工作启动。8月,亚组委办公室(总体策划部)组织召开“亚运记忆”专家研讨会,经过为期3个月的编写,形成《杭州“亚运记忆”战略计划(送审稿)》。12月5日,《杭州“亚运记忆”战略计划(送审稿)》讨论通过。12月24日,亚组委印发《杭州“亚运记忆”战略计划》。

《杭州“亚运记忆”战略计划》旨在通过筹办杭州亚运会,达到“四提升、一助力”5个方面的目标,即赛事之城水平进一步提升、市民生活品质进一步提升、赛会产业规模进一步提升、城市文明程度进一步提升,助力“一带一路”和区域一体化发展,为推动城市国际化和奥林匹克运动在中国的传承贡献力量。根据杭州亚运会筹办工作实际,将5个方面的目标分解为19个领域的主要任务,如城市基础设施、体育场馆、赛事管理人才、社会助残意识、城市绿色行动、智能赛会产业、亚运知识传承、长三角一体化、“一带一路”等。

【亚组委执行委员会会议和全体委员会议】2019年2月15日上午,亚组委第三次执行委员会会议暨第三次全体委员会议在浙江西湖山庄召开。会议审议通过《2022年第19届亚运会组委会第三次执行委员会会议暨第三次全体委员会议工作报告》《2022年第19届亚运会组委会组成名单(修订稿)》《2022年第19届亚运会竞赛场馆安排(修订稿)》《2022年第19届亚运会竞赛项目训练场馆安排(送审稿)》。

2019年12月15日下午,亚组委第四次执行委员会会议暨第四次全体委员会议在杭州黄龙饭店召开。亚残组委成立大会、亚残组委第一次执行委员会会议暨第一次全体委员会议与亚组委第四次执行委员会会议暨第四次全体委员会议一并召开。会议审议通过《杭州亚运会、亚残运会筹办工作报告》《2022年第19届亚运会项目设置方案(修订稿)》《2022年第19届亚运会场馆和设施总体布局(修订稿)》《2022年第19届亚运会总赛程(第一版)》《2022年第4届亚残运会组委会工作规则》《2022年第4届亚残运会竞赛项目设置及场馆安排》。

【亚组委机构与人员】2019年2月

22日，因机构改革和人事变动，经亚组委第三次执行委员会会议审议通过，亚组委印发《2022年第19届亚运会组委会组成名单》，对亚组委组成人员进行调整。其中，国家体育总局原副局长蔡振华不再担任亚组委副主席，国家体育总局办公厅主任李辉担任亚组委副秘书长，国家体育总局竞体司司长刘国永接替刘晓农担任亚组委副秘书长，中国奥委会委员倪会忠不再担任亚组委副秘书长；浙江省政府副秘书长蔡晓春接替浙江省政府副秘书长李云林担任亚组委副秘书长，杭州市副市长陈卫强接替杭州市副市长陈国妖担任亚组委副秘书长，杭州市副市长陈红英、杭州市副市长王宏不再担任亚组委副秘书长。

2019年4月，亚组委法律事务部、后勤保障部、大型活动部正式成立。2019年9月，亚组委印发法律事务部、后勤保障部、大型活动部"三定"方案。法律事务部设2个处室、后勤保障部设4个处室、大型活动部设4个处室。2019年9月，亚组委广播电视和信息技术部正式成立。2019年12月，亚组委安全保卫部正式成立。

2019年，共选派77名处级及以下专职人员到亚组委工作，招聘27名事业单位工作人员和83名社会专业人士。

【纪检监察与审计】2019年，由亚组委纪检监察和审计部牵头，通过开展亚组委机关制度建立健全及执行情况审计调查、亚组委机关2018年度"三公经费"管理使用情况专项审计调查等内审工作，对制度遵守情况进行监督。同时，配合省市审计机关完成亚运场馆建设项目及亚组委年度财务收支状况审计监督及审计意见整改落实。

推进各地监督机构组建。至2019年末，各杭外办赛城市、杭州市已明确竞赛项目的区县（市）已基本组建亚运筹办监督工作领导小组，高校等权属场馆建设监督工作逐步启动，初步形成"各负其责、分级管理、上下联动"的监督工作网络。

【税收政策申请】2019年1月，杭州亚运会和亚残运会税收政策由浙江省政府上报国务院审批，国务院转签至财政部、国家税务总局和海关总署办理。

2019年7月31日，亚组委根据政策审批情况与财政部税政司进行对接。9月25日，与国家税务总局总审计师及所得税司、货物和劳务税司、法规司等相关司局进行对接。财政部在完成第一轮意见征求，并已收到国家税务总局和海关总署正式函复建议平移广州亚运会税收政策的情况下，重新确定杭州亚运会和亚残运会重点诉求，并再次发起意见征求。

2019年12月11日，国家税务总局复函财政部，同意杭州亚运会和亚残运会税收政策有关诉求。亚组委与财政部反复对接报批政策条款，确定最终提交国务院审议稿。

【知识产权保护】2019年4月，亚组委启动《杭州2022年第19届亚运会知识产权保护方案》拟制工作。6月，亚组委向亚奥理事会正式提交《杭州2022年第19届亚运会知识产权保护方案》。7月，由亚组委法律事务部牵头，编制《关于对杭州亚运会相关名称进行特殊标志登记保护的工作计划》，正式启动名称特殊标志申请登记工作。9月，正式向国家知识产权局提出特殊标志登记申请。至2019年末，亚组委法律事务部收集完成亚运会、亚组委相关名称特殊标志申请的补充材料。

【对外联络与交流】2019年2月19—20日，亚奥理事会协调委员会第一次会议在杭州召开，这是亚运会进入"杭州时间、浙江时间、中国时间"后，亚奥理事会协调委员会与杭州亚组委的一次重要会晤。会议听取亚组委关于竞赛项目设置、场馆建设、市场开发和信息技术等议题的汇报，对亚运会2019年重点工作达成初步共识。

2019年3月2—3日，亚奥理事会第38次全体代表大会在泰国曼谷举行。亚组委副秘书长、副市长陈卫强率亚组委官方代表团应邀出席会议并从杭州亚运会筹备情况、赛事举办日期和竞赛项目设置3个方面对筹办工作进行陈述。同月，亚组委官方代表团拜访泰国奥委会主席披猜。

2019年3月5日，杭州亚组委官方代表团拜访东京奥运会和残奥会组委会，双方就奥运村、主体育场等场馆建设内容进行深入交流。

2019年3月7日，杭州亚组委官方代表团一行拜访日本爱知县政府、名古屋市政府及日本爱知名古屋亚运会筹委会。5月15—16日，日本爱知县知事大村秀章率爱知县政府代表团访问杭州。

2019年8月19—23日，亚组委外联部出访日本，观摩学习东京奥运会代表团团长大会组织筹办工作。

2019年9月10—11日，在杭州亚运会开幕倒计时三周年之际，亚奥理事会协调委员会第二次会议在杭州召开。会议听取亚组委关于亚运会总体筹办进展情况汇报，就竞赛项目、市场开发、国际联络、信息技术、人力资源、亚运村和场馆建设、主新闻中心和国际广播中心选址、吉祥物和口号等重要内容进行讨论和审议。

2019年9月12日，亚组委以日本爱知名古屋亚组委到杭州参加亚奥理事会协调委员会第二次会议为契机，召开与日本爱知名古屋亚组委工作交流会，双方就第19届和20届亚运会总体工作计划、共同宣传片制作、竞赛项目、市场开发等内容展开探讨。

2019年9月26—30日，第73届亚奥理事会执委会会议在卡塔尔多哈举行。亚组委副秘书长、办公室（总体策划部）主任、市政府副秘书长毛根洪率亚组委官方代表团参加会议，并就杭州亚运会筹备情况、杭州亚运会协调委员会有关情况和下一步工作安排3个方面进行陈述。

2019年11月3—14日，国际奥委会团结基金和亚奥理事会在泰国曼谷举办2019年NOC地区论坛。亚洲各国（地区）奥委会代表参加论坛活动。杭州亚组委代表团应邀参加，在论坛上专题陈述杭州亚运会筹办进展情况，并与各国（地区）奥委会加强交流联系。（杭州亚组委）

竞赛组织

【概况】2019年，杭州亚运会竞赛项目（大项）设置方案工作动态推进，经过与亚奥理事会的多轮商谈，至2019年末，亚运会设立的竞赛项目（大项）达到40项，包括游泳、射箭、田径、羽毛球、棒垒球、篮球、拳击、皮划艇、棋类、板球、自行车、马术、击剑、足球、高尔夫、体操、手球、曲棍球、柔术、柔道、卡巴迪、空手道、克柔术、现代五项、赛艇、轮滑、橄榄球、帆船、藤球、射击、竞技攀岩、壁球、乒乓球、跆拳道、网球、铁人三项、排球、举重、摔跤、武术。

【大洋洲国家（地区）参赛方案提出】2019年3月3日，在曼谷召开的亚奥理事会第38次全体代表大会上，亚奥理事会主席艾哈迈德亲王宣布将邀请大洋洲国家（地区）参加杭州亚运会。同月，亚组委就大洋洲国家（地区）参加杭州亚运会事项向国家体育总局行文请示。6月19日，亚组委办公室收悉《国家体育总局关于邀请大洋洲国家/地区奥委会参加杭州2022年亚运会的函》，明确有关要求。之后，亚组委根据国家体育总局意见，初步形成《关于邀请大洋洲参加杭州亚运会比赛的方案汇报》。7月26日，亚组委向国家体育总局提交《关于大洋洲国家/地区奥委会参加杭州亚运会比赛方案的请示》，并建议由中国奥委会向亚奥理事会提交大洋洲国家（地区）参加杭州亚运会比赛的方案。

【马术无疫区建设启动】杭州亚运会马术比赛将在杭州市桐庐县举行。届时，将有来自20余个国家和地区的超过180名运动员和近200匹赛马参加比赛。2018年11月5日，市政府办公厅发文，成立2022年第19届亚运会无规定马属动物疫病区建设工作领导小组。2019年3月20日，无规定马属动物疫病区建设工作领导小组第一次专题会议召开，会议审议通过《杭州桐庐无规定马属动物疫病区建设方案》和《杭州桐庐无规定马属动物疫病区建设工作方案》，标志着杭州亚运会无规定马属动物疫病区建设工作全面启动。

2019年3月28日，无规定马属动物疫病区建设工作领导小组正式印发《杭州桐庐无规定马属动物疫病区建设工作方案》，对下一步无疫区建设工作进行安排。8月31日，桐庐县4个公路动物卫生监督检查站启动运行，对输入或过境无疫区的易感动物及动物产品实施监督检查，标志着无疫区实质性管控正式启动。8月30日，市政府发布《杭州市人民政府关于实施杭州桐庐无规定马属动物疫病区管理的通告》，明确建立杭州桐庐无规定马属动物疫病区，实施动物疫病区域化管理。9月30日，无疫区建设工作领导小组印发《杭州桐庐无规定马属动物疫病区建设资金保障方案》。

【反兴奋剂工作进展】2019年6月15日，亚组委竞赛部到国家体育总局反兴奋剂中心就制定杭州亚运会反兴奋剂工作方案及预算编制工作进行调研。8月13日，亚组委竞赛部到山西太原参加大型综合性运动会反兴奋剂工作交流会。参会代表就反兴奋剂工作开展交流讨论，并到青运村反兴奋剂教育拓展基地、赛艇兴奋剂检查站实地观摩考察。12月19日，亚奥理事会医疗与反兴奋剂委员会一行到杭州考察亚运村、奥体中心主体育场、浙江大学附属第二医院滨江院区和杭州市急救中心。之后，亚组委召开座谈会，向委员会一行介绍杭州市医疗卫生资源供给和急救能力、亚运村内医疗功能设置和设施设备配置等情况。12月20日，亚组委竞赛部同亚奥理事会医疗与反兴奋剂委员会主席苏尔丹·艾尔·卜赛迪博士一行就杭州亚运会反兴奋剂筹备工作进行会商，双方就反兴奋剂合作机构、场馆流线和兴奋剂检查站的场馆布局达成初步共识，商讨反兴奋剂事项清单，明确双方联系人和下一步工作计划。（杭州亚组委竞赛部）

场馆建设

【概况】杭州亚运会场馆及设施建设工作按照"新建场馆抓进度、改造场馆抓开工、续建场馆抓提升、临建场馆抓准备"的总体要求有序推进。至2019年末，杭州亚运会在建8个新建场馆及设施完成总工程量的51.92%，超额完成40%的年度目标任务。25个要求在2019年开工的场馆已全部开工。

浙江省共有52个场馆及设施用于杭州亚运会，其中杭外办赛城市和省部属办赛单位共19个，主要分布在宁波、温州、"金华—义乌"三大都市圈和黄龙体育中心，以及部分高校场馆。

【场馆建设标准编制与技术审查】亚组委加强技术审查工作，研究编制标准规范、建设要求，健全杭州亚运会场馆及设施建设的标准体系，及时对场馆方案、初步设计、施工图等技术文件开展符合性审查，确保场馆建设项目有序推进。至2019年末，亚组委共完成74项技术审查并出具审查意见书，组织并参加临安文体会展中心、滨江区体育馆、黄龙体育中心、浙江工商大学文体中心、浙江师范大学体育场等多个项目的建筑方案专家评审工作，邀请协会专家约50人次，召开32场专家评审会，为项目的正常推进提供有力的技术支撑。

【竞赛场馆建设】2019年4月，杭州市江干区体育中心体育场、杭州市余杭区体育中心体育场及体育馆、杭州市萧山区体育中心体育场及体育馆5个第一批改造场馆开工；9月，杭州市富阳区体育馆开工；10月，杭州市体育馆开工；11月，杭州市临安文体中心体育馆开工；12月，浙江省黄龙体育中心体育场、体育馆、游泳跳水馆，浙江大学紫金港校区体育馆，浙江师范大学体育场，浙江师范大学萧山校区体育馆，杭州电子科技大学体育馆，浙江工商大学文体中心、杭州师范大学仓前校区体育场，温州体育中心体育场，绍兴奥体中心体育馆，金华体育中心体育场及体育馆、宁波象山沙滩排球场馆，中国轻纺城体育中心体育馆，德清体育中心体育馆，杭州市萧山区临浦体育馆17个竞赛场馆开工。其中，除浙江师范大学萧山校区体育馆、宁波象山沙滩排球场馆是新建场馆外，其余全部是改造场馆。

（杭州亚组委场馆建设部）

【杭外办赛城市和省部属办赛单位场馆建设】2019年，按照亚运会"杭州为主、全省共享"和"以运动员为中心、以赛事为主体"的原则，各杭外办赛城市和省部属办赛单位场馆建设和改造工作扎实推进。

宁波市场馆。2019年8月,《第19届亚运会宁波分赛区(象山)亚运分村设置的请示》获得复函同意。12月20日,浙江海洋运动中心(亚帆中心)陆上主体建筑结顶。12月26日,杭州亚运会沙滩排球场馆一期工程开工建设。

温州市场馆。2019年8月19日,温州体育中心体育场提升改造工程通过温州市发改委立项审批。12月25日,温州体育中心体育场提升改造工程开工仪式举行。

金华市场馆。2019年1月14日,金华市亚筹办印发《2018—2022年亚运会金华分赛区筹办重点工作安排》。10月30日,金华市第七届人大常委会第二十三次会议审议通过《关于亚运会金华分赛区体育中心比赛场馆改造提升工程的报告》。

绍兴市场馆。2019年12月17日,亚组委杭外工作部会同场馆建设部向绍兴市人民政府下达亚运会棒垒球和攀岩场馆及设施建设任务书。12月24日,绍兴奥体中心体育会展馆改造招标工作完成。12月30日,施工单位进场。

德清县场馆。2019年3月14日,德清县发改局批复同意德清县体育中心亚运场馆改造项目可行性研究报告。12月28日,德清县体育中心亚运场馆提升改造工程开工典礼举行。

浙江大学场馆。2019年5月21日,省发改委批复浙江大学紫金港校区体育馆(亚运篮球比赛馆)改造提升工程项目建议书。9月5日,省发改委批复浙江大学紫金港校区体育馆(亚运篮球比赛馆)改造提升工程可行性研究报告。10月18日,省发改委批复浙江大学紫金港校区体育馆(亚运篮球比赛馆)改造提升工程初步设计方案。

浙江工业大学场馆。2019年6月28日,亚组委向浙江工业大学颁发场馆及设施建设任务书。9—11月,浙江工业大学相关负责人先后到广州市、上海市等开展实地调研考察,着手概念性方案设计工作。11月3日,亚组委和亚板联专家在浙江工业大学屏峰校区召开板球项目场馆概念设计论证会,形成论证成果。

浙江师范大学场馆。2019年3—11月,浙江师范大学相关负责人先后到上海市、广州市、滁州市、天津市、大连市进行调研,围绕场馆建设学习相关工作经验。12月30日,浙江师范大学萧山校区手球馆举行开工奠基仪式。

杭州电子科技大学场馆。2019年4月17日,亚组委明确杭州电子科技大学体育馆篮球项目调整为击剑项目。6月25日,亚组委下达杭州电子科技大学足球训练场建设任务。7月19日,亚组委明确增加击剑热身馆建设任务。10月18日,省发改委批复杭州电子科技大学亚运击剑比赛馆改造提升工程初步设计。12月30日,完成杭州电子科技大学亚运击剑比赛馆改造提升工程EPC工程总承包招标。

浙江工商大学场馆。2019年2月20日,亚组委向浙江工商大学颁发场馆及设施建设任务书。12月31日,项目临时设施开工建设。

浙江省黄龙体育中心。2019年9月30日,浙江省黄龙体育中心亚运会场馆改造项目正式立项。12月18日,浙江省黄龙体育中心亚运场馆改造项目开工、奠基仪式举行。

(杭州亚组委杭外工作部)

【训练场馆建设】2019年2月15日,亚组委第三次执行委员会会议暨第三次全体委员会议审议通过《2022年第19届亚运会竞赛项目训练场馆安排》,明确针对大部分竞赛项目的训练可安排在对应的竞赛场馆的副馆或副场,还有15个竞赛项目需要另外安排31个独立训练馆。3—5月,鉴于部分项目竞赛场馆设计调整,对训练场馆安排进行调整。6月,亚组委编制下发《2022年第19届亚运会训练场馆建设要求》。浙江省共部署15个竞赛大项31个独立训练场馆,涉及杭内场馆22个,杭外场馆8个。31个训练场馆均为现有场馆的改造提升项目,预计于2022年5月前全面竣工交付。

2019年6月25日,亚组委下发《2022年第19届亚运会组委会关于做好2022年第19届亚运会训练场馆建设工作的通知》,明确杭州亚运会训练场馆建设任务和建设要求。9月27日,亚组委在省人民大会堂召开杭州亚运会训练场馆建设任务部署会,标志着杭州亚运会训练场馆建设正式启动。10月15日,亚组委编制形成《2022年第19届亚运会训练场馆建设管理办法》,明确亚运会训练场馆的管理原则,为训练场馆的技术管理和进度管理提供指引。10月16日,亚组委组织召开亚运会训练场馆建设工作推进会,会议明确了训练场馆建设标准、技术审查及工程验收等有关事项。10月下旬,对训练场馆进行现场评估。11月,完成所有训练场馆的现场评估工作,形成评估报告。(杭州亚组委场馆建设部)

信息技术

【概况】2019年,亚组委成立智能亚运建设工作领导小组,加强“智能亚运”整体谋划,广泛动员社会力量参与“智能亚运”工作,围绕智能办赛、智能参赛、智能观赛,编制《“智能亚运”总体规划》,与高校、企业及科研机构加强互动交流,形成《“智能亚运”应用场景选编》,向全球征集“智能亚运”重点项目解决方案。推进信息技术基础工作,全面梳理需求,形成涵盖信息系统、通信保障、网络安全三大分项的《杭州2022年第19届亚运会信息技术总体规划》。编制《信息技术和通信基础设施建设设计指南》,进一步明确场馆信息技术建设要求。

【智能亚运】2019年8月,亚组委办公室(总体策划部)和中国电信浙江公司合作,启动《智能亚运总体规划》编制工作,聚焦智能指挥、智能安防、智能安检、智能生活、智能表演、智能场馆、智能语言服务、智能出行、智能观赛九大领域,构建“安全、便捷、精彩”的智能化应用体系,以智能亚运建设为牵引,全面提升杭州数字经济发展水平。9月末,《智能亚运总体规划》形成初稿。9月25日,亚组委发布《关于征集杭州2022年第19届亚运会“智能亚运”重点项目解决方案的公告》,启动公开征集智能亚运重点项目解决方案工作。截至2019年12月25日,智能亚运重点项目征集活动共征集到解决方案187份。其中:智能表演项目5份,智能安检项目11份，智能观赛项目14份，智能生活项目15份，智能出行项目15份，智能语言项目16份，智能安防项目23份，智能场馆项目26份，智能指挥项目27份，创新应用展示项目35份。

2019年9月28日，杭州亚运会智能亚运建设工作领导小组成立，领导小组下设办公室（设在广播电视和信息技术部）。12月21日，亚组委与浙江大学联合在浙江大学紫金港校区举办2019年"智慧体育·智能亚运"论坛，就"如何利用5G、物联网、人工智能、大数据等新技术助力智能亚运"展开圆桌对话，为"智能亚运"建设提出新见解、新理念、新建议。

【信息技术总体规划编制】《杭州2022年第19届亚运会信息技术总体规划》是杭州亚运会筹办过程中支撑信息技术领域的总体构想，是亚运会信息技术建设工作的纲领性文件。

2019年8月2日，亚组委召开杭州亚运会信息技术总体规划启动会，会上成立信息技术工作组，统筹推进各业务领域的信息化建设工作。9月20日，亚组委召开杭州亚运会信息技术总体规划推进会，下发总体规划推进工作方案并布置总体规划工作任务。11月18日，杭州亚运会信息技术总体规划初稿形成，经专家指导和多轮修改完善。12月31日，亚组委正式印发《杭州2022年第19届亚运会信息技术总体规划》。

【亚奥理事会广播电视和信息技术（TV&IT）审计】2019年9月4—6日，亚组委召开亚奥理事会第一次广播电视和信息技术（TV&IT）审计会议。亚奥理事会信息技术审计官员曼努埃洛·冈萨雷斯博士（Dr. Manuelo Gonz ά les）、广播电视审计官员丹·胡步普（Dan Hupb）和传媒经理周健一行6人到杭州指导交流。亚奥理事会审计官员对杭州亚运会前期各项筹办工作表示充分肯定，双方围绕杭州亚运会广播电视和信息技术相关情况展开深入交流与探讨。之后，针对审计官员提出的建议，亚组委拟订广播电视领域和信息技术领域下一步工作计划。

（杭州亚组委广播电视和信息技术部）

市场开发

【概况】2019年，亚组委充分发挥大企业大集团的引领作用，吉利汽车集团、中国电信集团有限公司和中国移动通信集团有限公司、中国工商银行、浙江长龙航空有限公司、阿里巴巴（中国）有限公司、支付宝（中国）网络技术有限公司相继成为杭州亚运会官方合作伙伴。征集特许生产企业、零售企业37个，开设首批7家杭州亚运会第一批线下特许零售店（点）。杭州亚运会首套个性化专用邮票和系列邮品、中国体育彩票亚运主题即开票市场反响热烈。先后在北京、香港和省内多地举行市场开发推介会。

【官方合作伙伴征集与签约】2019年，经一系列征集程序，杭州亚运会官方汽车服务、通信服务、银行服务、航空客运服务、信息技术集成和云服务、官方金融科技服务6个类别、7个官方合作伙伴正式产生。

2019年4月13日，杭州2022年第19届亚运会汽车服务官方合作伙伴签约仪式暨吉利汽车亚运战略启动新闻发布会在杭州国际博览中心举行。吉利汽车集团与亚组委正式签约，成为杭州亚运会官方汽车服务合作伙伴，并启动以"科技吉利，悦行亚运"为主题的亚运战略。

2019年7月11日，杭州2022年第19届亚运会官方通信服务合作伙伴签约发布会在杭州举行，中国电信集团有限公司和中国移动通信集团有限公司联合成为杭州亚运会官方通信服务合作伙伴。

2019年9月12日上午，杭州2022年第19届亚运会官方银行服务合作伙伴签约发布会在杭州举行，中国工商银行正式成为杭州亚运会官方银行服务合作伙伴。

2019年10月16日晚，杭州2022年第19届亚运会官方航空客运服务合作伙伴签约发布会在杭州国际博览中心举行，浙江长龙航空有限公司正式成为杭州亚运会航空客运服务合作伙伴。

2019年12月10日下午，杭州亚运会官方信息技术集成和云服务合作伙伴、官方金融科技服务合作伙伴签约发布会在阿里巴巴西溪园区举行，阿里巴巴（中国）有限公司与支付宝（中国）网络技术有限公司成为杭州亚运会官方合作伙伴。

【杭州亚运会市场开发推介会举行】2019年4月15日，杭州亚运会市场开发推介会在香港国际会展中心举行，推介会宣布设立杭州亚运会市场开发联络站（香港），为推进香港与杭州、与亚运的合作提供平台。4月29日，杭州亚运会市场开发推介会在北京国家会议中心举行，推介会以

2019年12月15日，第一批线下特许零售店（点）于杭州亚运会倒计时1000天之际开业（李 忠 摄）

斯迈夫大会暨国际体育消费展为契机，搭建起杭州亚运会与北京乃至全国各地体育产业从业者沟通交流的平台。7月18日，杭州亚运会市场开发推介会在浙江省金华市浙江师范大学国际交流中心举行。10月16—18日，2019中国国际品牌授权展览会（CLE）在上海新国际博览中心举行，亚组委作为展商参展，在现场开展特许经营相关业务洽谈，并与相关参展企业进行交流。10月21日，杭州亚运会赞助推介专场座谈会在广州举行，会上，亚组委与当地企业就杭州亚运会赞助和招商工作进行交流。11月27—28日，杭州亚运会市场开发推介会先后在温州市、宁波市召开，推介会对杭州亚运会的市场开发赞助、特许经营、市场运营、公益捐赠等工作进行全面深入的介绍，并与各意向赞助企业代表就相关事宜进行面对面沟通，为双方商务合作奠定基础。

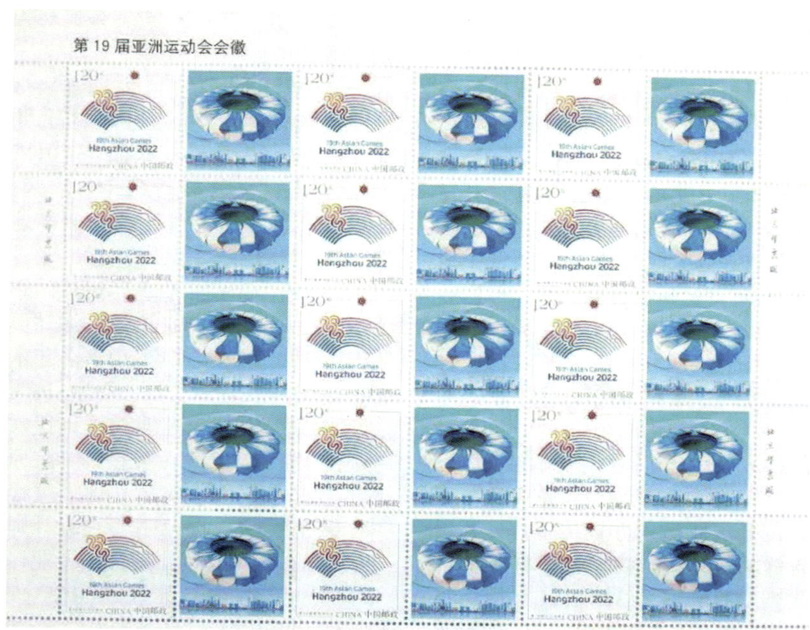

2019年5月18日，杭州亚运会首套个性化专用邮票发布

（杭州亚组委 供稿）

【杭州亚运会特许生产企业、零售企业征集】2019年6月28日，亚组委面向社会公开征集参与特许经营计划的特许生产企业。8月26日，杭州亚运会首批特许生产企业产生，包括徽章及非贵金属类、贵金属类、丝绸类、文具类、家居生活类、工艺品类等6个类别，共22个企业。7月23日，亚组委面向社会公开征集特许零售企业。9月9日，杭州亚运会首批特许零售企业产生，共10个企业。11月27日，亚组委面向社会公开征集第二批参与特许经营计划的特许生产企业。

【杭州亚运会天猫旗舰店和线下特许零售店开业】2019年12月10日，在阿里巴巴（中国）有限公司与支付宝（中国）网络技术有限公司签约成为杭州亚运会官方合作伙伴当天，杭州亚运会官方旗舰店正式上线。杭州亚运会官方旗舰店首批上架商品涉及徽章及非贵金属类、贵金属类、丝绸类、文具类、家居生活类、工艺品类、邮票衍生品类等共60余款特许商品。

2019年12月15日，在杭州亚运会倒计时1000天之际，杭州亚运会第一批线下特许零售店（点）正式开业。第一批开业的线下店（点）包括杭州大厦店、市民中心店、清河坊店、孤山店、武林店、庆春路购书中心店和万事利展厅店7家门店。12月15日上午，第一批线下特许零售店（点）开业仪式在清河坊历史文化街区举行。亚奥理事会终身名誉副主席、亚奥理事会协调委员会主席拉贾·兰德·辛格，亚组委副秘书长、副市长陈卫强，亚组委副秘书长、办公室（总体策划部）主任、市政府副秘书长毛根洪，上城区委书记陈瑾等出席开业仪式。

2019年12月18日，好易购亚运特许零售商启动仪式举行，杭州亚运会特许商品正式开启电视购物平台渠道。

【杭州亚运会首套个性化专用邮票发布】2019年5月18日，杭州亚运会首套个性化专用邮票在杭州涌金广场正式发布，标志着杭州亚运会纪念邮票计划正式启动。杭州亚运会首套个性化专用邮票也是全国首套搭载AR技术的个性化专用邮票，公众通过赋能亚运App或者支付宝“扫一扫”，便能将虚拟场景与手机摄像头实景完美结合。此次发行的个性化专用邮票为1套1枚，另发行小本票1本。

【中国体育彩票亚运主题即开票正式发行】2019年12月9日起，浙江体彩中心对首批印制的“杭州·2022”亚运会主题即开票进行预售。12月15日，在杭州亚运会倒计时1000天活动上，“杭州·2022”亚运会主题即开票首发仪式正式举行。至2019年末，亚运主题即开票销售额达1082万元，日均销售72万元。

杭州亚运主题即开票将西湖的景色与运动理念结合，票面聚焦亚运主题。杭州亚运主题即开票的发行，有利于弘扬亚运精神、传播亚运文化，是亚运宝贵遗产和珍贵回忆的重要载体，是体育文化宣传的重要窗口。亚运主题即开票所产生的公益金将全部支持中国体育公益事业。

【杭州亚运会票务】杭州亚运会票务工作贯穿赛前、赛时、赛后的各个阶段，涉及开幕式、闭幕式和体育比赛全部门票的分配、定价、设计、制作、营销宣传、销售、配送、查验等工作。

2019年6—7月，亚组委开展杭州亚运会票务市场公众调研。7—8月，亚组委开展线下实地调研、召开专题座谈会，对杭州市区居民和部分企业进行走访，对票务运营组织构架、票务工作总体规划进行研讨座谈。10月，编制形成《2022年第19届亚运会票务工作总体规划方案》。11月28日，亚组委成立杭州亚运会票务工作协调小组，负责协调推进杭州亚运会票务总体规划、票务政策制定、票务运营商征集、票务运营和管理等工作。协调小组下设办公室（设在市场开发部）。12月27日，亚组委通过官网发布公告，面向社会公开征集票务主运营商，负责杭州亚运会全套票务服务工作。 （杭州亚组委市场开发部）

亚运宣传与庆典活动

【概况】2019年，亚组委围绕“体育亚运”“城市亚运”“品牌亚运”，全方位开展亚运筹办宣传工作。开展吉祥物、口号全球征集，吉祥物征集收到应征作品4633件，口号征集吸引2.6万人次参与。开展开幕式、闭幕式方案征集，组织开展亚运会倒计时三周年活动和开幕式、闭幕式创意方案征集。依托中央、省市主流媒体推进亚运宣传，开展亚运会海外宣传推广，在“学习强国”学习平台开设“亚运荣光”栏目，构建形成官网、双微、官方抖音号、今日头条号宣传矩阵，扩大亚运宣传声量。

【亚运会、亚残运会吉祥物征集】2019年4月16日上午，杭州2022年亚运会、亚残运会吉祥物征集启动仪式在杭州举行。亚组委副主席、省委常委、市委书记周江勇宣布杭州亚运会、亚残运会吉祥物征集活动启动，向全球发出参与亚运会、亚残运会吉祥物征集的邀约。

2019年7月15日，为期3个月的吉祥物征集期截止。征集期间，共收到来自海内外应征作品4633件，应征者来自全国31个省（自治区、直辖市）及香港特别行政区、台湾地区，以及英国、美国等欧美国家。8月中旬，亚组委邀请来自艺术、设计、影视动画、人文等领域的专家和运动员代表等组成评审委员会，由著名艺术家韩美林担任评审委员会主席，杭州亚运会设计总监宋建明教授担任常务副主席，中央美术学院设计学院原院长王敏担任副主席。在评审过程中，专门邀请中残联委托专业设计师参与，从残疾人运动角度提出专业评审意见。经过多轮评审，从4633件到100件，再到50件，最终形成10件入围方案和4件重点推荐方案。10月1日，亚组委机关召开专题会议，从4件获选作品中选出3件作为重点深化修改方案，委托中国美术学院组织3个专家组分别进行修改，中央美院、清华大学、同济大学等高校也参加修改指导和论证。

2019年11月19日、12月6日，亚组委副主席、省委常委、市委书记周江勇和亚组委主席、省委副书记、省长袁家军分别专题听取有关工作汇报，对吉祥物形象、动作、寓意等提出优化完善意见。12月15日，亚残组委成立大会、亚组委第四次执行委员会会议暨第四次全体委员会议、亚残组委第一次执行委员会会议暨第一次全体委员会议召开。对亚运会、亚残运会吉祥物推荐方案予以充分认可。随后，国家体育总局正式批复同意吉祥物设计方案。

【亚运会主题口号与愿景发布】2019年9月10日，亚运会倒计时三周年主题活动在杭州良渚古城遗址隆重举行。亚组委以倒计时三周年主题活动为契机，向全球发出亚运会主题口号征集邀约。

2019年10月10日，为期1个月的亚运会主题口号征集期截止。来自全球26536人次参与线上线下征集活动。经规范性审查和初步筛选，从460条初评入围作品中逐轮评选出20条推荐作品。11月28日、12月6日，亚组委副主席、省委常委、市委书记周江勇和亚组委主席、省委副书记、省长袁家军分别听取有关工作汇报，提出修改完善意见。根据省市领导的重要意见和指示，经过集中攻坚和深化提炼，形成报批方案，先后上报国家体育总局和亚奥理事会，最终得到亚奥理事会允准。亚奥理事会主席艾哈迈德亲王为口号发布发来贺信，他表示：“口号非常具有未来感，相信所有人都会喜欢这个口号，它定义了杭州亚运会的精神。”

2019年12月15日，杭州亚运会倒计时1000天活动现场，亚运会主题口号——Heart to Heart，@Future（心心相融，@未来）正式

2019年4月16日，亚组委副主席、省委常委、市委书记周江勇宣布2022年杭州亚运会、亚残运会吉祥物征集活动启动
（杭州亚组委 供稿）

2019 年 12 月 15 日，杭州亚运会倒计时 1000 天主题活动当晚，1000 架无人机在钱塘江江面上拼出亚运会愿景 （杭州亚组委 供稿）

发布。

亚运会主题口号评审和深化修改过程中，亚组委与各界评审专家集思广益，酝酿形成亚运会愿景。2019 年 12 月 15 日，杭州亚运会倒计时 1000 天主题活动当晚，1000 架无人机在钱塘江宽阔的江面上定格出亚运会愿景——“让生命温暖生命，让力量激发力量”。

【亚运会倒计时三周年暨开闭幕式创意文案、主题口号征集启动仪式】2019 年 9 月 10 日下午，杭州 2022 年第 19 届亚运会倒计时三周年暨开闭幕式创意文案、主题口号征集启动仪式在杭州良渚古城遗址公园举行。启动仪式现场，国家体育总局副局长、中国奥委会副主席李建明，亚组委副主席、省委常委、市委书记周江勇，亚奥理事会终身名誉副主席拉贾·兰德·辛格共同启动杭州亚运会开闭幕式创意文案征集活动。亚组委官网同步公布 2022 年第 19 届亚运会开幕式、闭幕式创意文案征集公告。周江勇和拉贾·兰德·辛格分别致辞，亚组委副秘书长、副市长陈卫强介绍杭州亚运会开闭幕式创意文案、主题口号征集的相关安排。

杭州亚运会开闭幕式创意文案征集时间从 2019 年 9 月 10 日开始至 2020 年 1 月 31 日结束。参与征集的创意文案需要围绕“中国新时代·杭州新亚运”定位，体现“绿色、智能、节俭、文明”办会理念和“中国风范、浙江特色、杭州韵味、共建共享”要求，弘扬奥林匹克和亚运精神；体现人类命运共同体和亚洲命运共同体内涵，展示亚洲各国文明开放包容、交流互鉴的生机活力，营造庄重、热烈、欢乐、友好的亚运庆典氛围；富于人文气质。表现中华民族灿烂文化和浙江、杭州优秀地方文化与创新活力，使历史、现实与美好未来交相辉映，传统、时尚与当代生活深度融合；突出智能特色，将高科技手段融入艺术表现手法，通过智能表演，打造视觉盛宴，营造独特审美体验，为世界留下别样精彩的杭州记忆。

【杭州亚运会倒计时 1000 天活动】2019 年 12 月 15 日晚，杭州亚运会倒计时 1000 天活动在杭州奥体中心网球决赛馆（小莲花）主会场和宁波、温州、金华、绍兴、湖州德清 5 个分会场隆重举行。

杭州亚运会倒计时 1000 天活动在群体歌舞《杭州地图》中拉开序幕，活动中发布杭州亚运会主题口号，启动“寻找 2022 个亚运梦想”公益行动。国家体育总局局长、中国奥委会主席苟仲文，亚组委主席、省委副书记、省长袁家军，中国残联副主席、理事长周长奎出席，亚组委副主席、省委常委、市委书记周江勇，亚组委副主席、副省长成岳冲，副省长王文序，亚奥理事会终身名誉副主席拉贾·兰德·辛格等出席活动。市委、市政府有关领导，省级相关部门和高校负责人，杭州市相关部门和各区县（市）负责人，协办城市相关部门负责人，亚组委各工作部室负责人，杭州亚运会监督委员会委员，杭州亚运会官方合作伙伴代表，文艺界、新闻界、市民、运动员、学生代表等共 1400 余人参加活动。

2019 年 12 月 15 日，在杭州亚运会倒计时 1000 天活动上，杭州亚运会主题口号发布 （杭州亚组委 供稿）

2019 年 9 月 10 日，2022 年杭州亚运会倒计时三周年暨开闭幕式创意文案、主题口号征集启动仪式在杭州良渚古城遗址公园举行　（杭州亚组委 供稿）

当晚，宁波、温州、金华、绍兴、德清 5 个杭外办赛城市同步举行庆祝活动，与主会场“小莲花”进行实时互动。

【杭州亚运会海外宣传推广】亚组委根据亚奥理事会公共关系管理及赛事宣传计划，结合亚运筹办宣传工作实际，制订以“亚洲一家亲（We Are Family）”为主题的杭州亚运会海外宣传推广计划。2019 年 7 月 27 日，亚奥理事会总干事侯赛因·穆萨拉姆在广州听取推广计划汇报，并对方案表示肯定和认可。11 月，杭州亚组委与亚奥理事会正式签订海外宣传推广备忘录。

“亚洲一家亲（We Are Family）”，意为在亚奥理事会大家庭的引领下，以杭州亚运会为契机和平台，弘扬奥林匹克精神，推动亚洲文明与力量同行，共建共享亚洲文明成果。主要内容包括迎杭州亚运会“趣味跑”活动、国际奥林匹克日活动、中外媒体“走出去”和“请进来”、国际友好城市宣传推广、亚奥理事会官方矩阵和海外社交平台宣传等。

2019 年，亚组委围绕吉祥物征集等重要里程碑事件开展海外宣传推广项目，积极联系和争取美国有线电视新闻网（Cable News Network，CNN）、英国广播公司（British Broadcasting Corporation，BBC）、新加坡《联合早报》、日本《朝日新闻》等 100 多家全球影响力媒体对杭州亚运会进行宣传推广，向全球发布杭州亚运会国际宣传通稿。

为推进杭州亚运会海外宣传推广，亚组委与新华社、中国日报社等媒体开展宣传合作项目，充分发挥媒体境外宣传传播影响力，根据杭州亚运会推广需求，对杭州亚运会筹办情况进行专题境外推广，覆盖亚太、欧洲、北美等地区的主流媒体和网站。积极通过亚组委英文版官网和杭州对外传播官方社交账号“hangzhoufeel”及新华社、中新社等账号在脸书、推特、图享等海外主流社交平台开展海外宣传。

【亚组委官网和社交媒体宣传矩阵建设】2019 年，亚组委围绕“将官网打造成亚组委信息发布第一平台”目标，不断提升官网水平和用户体验，先后在版面设计、栏目设置上完成 4 次官网版本升级。设计建设官网手机版，适应移动端阅读习惯。持续强化官网信息发布第一平台的权威性，加强对官网信息报送的考核通报，丰富官网信息内容。2019 年 10 月 30 日，亚组委开通官方抖音号和官方今日头条号。应用官方微信公众号、微博、抖音号、今日头条号等新媒体平台，进行杭州亚运会集中报道、专题报道、视频直播和海报宣传。

【主媒体中心选址确定】杭州亚运会主新闻中心（MPC）和国际广播中心（IBC）［统称“主媒体中心”（MMC）］作为杭州亚运会重要的非竞赛场馆，是亚运会举办期间各个国家和地区媒体记者、持权转播商、主转播机构工作人员等开展工作的大本营，也是展示杭州独特韵味别样精彩世界名城、国际赛事之城形象的重要窗口。

2019 年 2 月 19 日，杭州亚运会第一次协调委员会期间，亚奥理事会终身名誉副主席、亚奥理事会协调委员会主席拉贾·兰德·辛格、总干事侯赛因等官员对杭州国际博览中心进行实地考察，对场地条件予以充分肯定，希望杭州亚运会主媒体中心选址于此。7—8 月，亚组委多次组织召开专家论证会和专题会议，向萧山区委、区政府建议。9 月，萧山区委、区政府原则同意杭州亚组委的选址意见和在杭州国际博览中心设立杭州亚运会主媒体中心。12 月 15 日，亚组委第四次执行委员会会议暨第四次全体委员会议审议通过主媒体中心选址方案，正式确定杭州亚运会主媒体中心选址在杭州国际博览中心。

根据主媒体中心初步规划，主新闻中心（MPC）计划放在 1C 展厅，共 9000 平方米；国际广播中心（IBC）计划放在 1D 展厅，共 9600 平方米。媒体餐厅计划放在地下一层，共 3500 平方米，能同时满足 2000 人就餐。

【亚运宣传活动】2019 年 5 月 15—22 日，作为“亚洲文明大会”配套活动的“知味杭州”亚洲美食节在杭州隆重举行。亚组委先后组织和呈现“2022 相约杭州 相约亚运”主题展、亚运主题青少年书画展、“美食、运动与健康主题论坛”暨“味与道”跨界创意秀等系列展会和活动，吸引大量中外参观者，为“知味杭州”亚洲美食节增添亚运特色元素，同时借势借力宣传推广杭州亚运会。

2019 年 6 月 13 日下午，以“科技创新 共享亚运”为主题的杭州（香港）科技创新恳谈会在香港举行，亚组委以现场推介和展陈等多种形式，向香港各界人士介绍杭州亚运会筹办进展，推介亚运品牌和主办城市形象。

2019年6月16日，2019年国际奥林匹克日活动在泰国曼谷苏帕查拉赛国家体育场举行。泰国国际奥林匹克日活动由泰国奥委会主办，活动吸引超万名来自泰国以及东南亚国家的参赛者参加。杭州亚组委应邀参与活动并于体育场核心区域举办杭州亚运会主题展。（杭州亚组委）

后勤服务

【概况】2019年，亚组委扎实推进后勤保障工作，建立亚运村运行筹备协调小组，开展亚运村功能布局方案研究，启动杭州亚运会交通工作总体方案、杭州亚运会餐饮工作总体方案、杭州亚运会住宿工作总体方案编制工作，为亚运会、亚残运会做好全面服务保障工作。

【杭州亚运会交通工作总体方案编制】2019年12月，杭州亚运会交通工作总体方案编制工作启动。亚组委通过学习借鉴国内外大型赛事交通运输服务的先进经验，解读亚运标准与要求，分析赛时交通需求，研判交通保障形势，从交通设施、交通政策、交通组织、交通服务等方面开展杭州亚运会交通工作总体方案研究。力求通过方案编制，全面梳理亚运会交通运输服务相关工作要求，明确赛事运行阶段的交通工作任务和工作流程，确保为参与亚运会各方提供高水准的交通服务，保障城市交通顺利运行，打造亚运良好道路通行环境。

【杭州亚运会餐饮工作总体方案编制】2019年9月，首次杭州亚运会餐饮（食品）保障业务专题研究会召开，杭州亚运会餐饮工作总体方案编制工作启动。会议邀请大型赛会餐饮监理和食品安全监管专家，省市场监管局和市市场监管、农业、海关、民宗、商务等部门相关负责人和部分企业代表，围绕杭州亚运会餐饮工作总体方案和组织机构框架、食材专仓设置的必要性和可行性、工作经费预算等议题进行交流。会议初步明确杭州亚运会餐饮运行模式、专仓设置思路、组织工作架构和经费预算模式，提出建立筹备工作联席会议机制和安全保障研究等工作建议。

【杭州亚运会住宿工作总体方案编制】2019年12月，亚组委启动杭州亚运会住宿工作总体方案编制工作，明确住宿服务的工作目标、职责、机制，以及所需的各类资源、政策和程序等。

【亚运村运行筹备协调小组组建】2019年9月17日，亚组委机关召开亚运村运行筹备协调小组会议，会上成立亚运村运行筹备协调小组。在筹备协调小组的统筹和协调下，亚组委在综合考虑赛时功能保障、城市总体建设及赛后利用的基础上，重点围绕运动员村、技术官员村、媒体村进行开发建设。至2019年末，亚运村运行筹备协调小组已确定运动员村的国际区、公共区和居住区三大功能区域。其中：国际区包含行政中心、NOC中心（代表团服务中心）、SIC中心（竞赛信息中心）、多功能服务中心、村长院、升旗广场，涵盖行政官员服务接待、运动员服务及休闲娱乐等功能；运动员村欢迎中心在赛时将提供抵离办证、访客接待、媒体接待等服务；运动员村居住区赛时将为运动员及随队官员提供住宿、餐厅、体能恢复等服务。

（杭州亚组委后勤保障部）

城市行动与公众参与

【概况】2019年，亚组委编制《杭州市亚运城市行动计划纲要》，落实"办好一个会，提升一座城"要求，寻求亚运会办会需求与城市发展需求的紧密对接点，促进赛事筹办和城市发展联动，统筹做好杭州亚运会筹办

2019年5月20日，亚洲美食节"香约亚运+"系列活动之"美食、运动与健康主题论坛"暨"味与道"跨界创意秀在杭州大剧院可变剧场上演

（杭州亚组委 供稿）

各项工作，联动城市各领域、各层面来“提升一座城”。丰富“我为亚运赋能”系列主题活动，广泛开展社会参与和氛围营造活动，创新公益捐赠模式，“亚运足球梦想”学校已遍布全国29个省（自治区、直辖市）。

【《杭州市亚运城市行动计划纲要》编制】为贯彻落实市委、市政府“办好一个会，提升一座城”的战略考量，促进赛事筹办和城市发展联动，统筹做好筹办各项工作，按照市委、市政府要求，由亚组委办公室（总体策划部）代拟《杭州市亚运城市行动计划纲要》（简称《行动计划纲要》）。

2019年6月，亚组委办公室（总体策划部）多次组织各方面座谈，并实地调研，在此基础上形成初稿。杭州市委主要领导对《行动计划纲要》高度重视，三次做出重要批示。根据批示要求，亚组委办公室（总体策划部）对《行动计划纲要》进行修改完善。

《行动计划纲要》包括八大行动：健康城市打造行动、城市国际化推进行动、基础设施提升行动、绿水青山守护行动、数字治理赋能行动、产业发展提质行动、文化名城传播行动、城市文明共建行动。《行动计划纲要》突出三个特色：一是坚持可持续发展；二是多方协同，社会参与；三是细节入手，从老百姓关注的身边小事做起，增强人民群众的幸福感、获得感。

【“2022个亚运梦想”大型公益行动正式启动】2019年12月15日，在杭州亚运会倒计时1000天活动上，“寻找2022个亚运梦想”大型公益行动正式启动。公益圆梦大使郭晶晶、刘建宏、刘成和四组亚运追梦人进行现场互动，并连同吉利汽车、中国电信、中国移动、工商银行、长龙航空、支付宝、阿里集团等在内的15家“联合助梦方”共同点亮杭州亚运会的“公益梦想星空”。活动现场同步推出“寻找2022个亚运梦想”公益概念片，并联合浙江省青少年发展基金会在支付宝公益平台上线“杭州亚运圆梦行动”公募项目，开启网站、电台、微信公众号、微博及手机App端在内的15条“寻梦通道”，在全球范围内进行线上线下“寻梦”。杭州亚运梦想公益林在支付宝蚂蚁森林平台也正式上线，数百棵樟子松将被种植在荒漠化地区，成为杭州亚运会为世界留下的宝贵绿色遗产。

至2019年末，亚组委通过制作“寻找2022个亚运梦想”主题海报及公益圆梦大使配套宣传海报，面向北京、上海、杭州等楼宇、机场及地铁等线下广告资源进行投放，推广覆盖人群累计超过亿万人次。“寻找2022个亚运梦想”推广片在各大平台的播放量超过340万人次。微博平台“寻找2022个亚运梦想”话题的阅读量超5000万人次，总讨论量超过2万次，登上微博热搜榜单。“寻找2022个亚运梦想”大型公益行动的互动参与总人次超过1亿人次，烘托出浓厚的亚运公益活动氛围，相关赞助企业美誉度得到提升。

【“亚运足球梦想”公益项目持续开展】2019年5月，“亚运足球梦想”

2019年8月10日，“亚运足球梦想”公益夏令营暨“迷你亚运会”在杭州对口帮扶地区——贵州省黔东南州麻江县贤昌中心学校举行，作为“亚运足球梦想”公益捐赠项目的集中成果展示（杭州亚组委 供稿）

2019 年 9 月 2 日，亚运会进入“杭州时间”一周年之际，第一批“亚运景观公交”推出
（杭州亚组委 供稿）

公益项目在 2018 年的基础上，面向全球招募“亚运足球梦想”学校。在 3 个月内，收到超过 600 所来自全国 29 个省（自治区、直辖市）的学校报名申请。7 月，共挑选出 25 所学校开展“亚运足球梦想”公益夏令营活动，范围覆盖全国 10 个省（自治区、直辖市）的 16 个地市，包括北京大学、哈尔滨工程大学、兰州大学等国内 45 所高校 400 多名大学生提供志愿服务。通过“亚运足球梦想”公益夏令营让超过 2300 名乡村孩子感受到足球的魅力。

2019 年 11 月，经过严格筛选评选出 500 所“亚运足球梦想”学校，并陆续启动“亚运足球梦想”学校的捐赠工作，圆更多孩子的亚运足球梦想。至 2019 年末，“亚运足球梦想”公益项目支付宝爱心捐赠平台共收到超过 391 万人次的爱心捐赠，并得到包括吉利汽车集团、金陵体育有限公司、万事利集团等多个企业的大力支持。

【“我为亚运赋能”主题活动】 2019 年 5 月 19 日，“我为亚运赋能”品牌发布会在杭州白马湖国际会展中心举行，发布会介绍“我为亚运赋能”品牌理念、主题品牌以及“赋能亚运”App。发布会线下参与人数近 2000 人次，线上参与人数近 1 万人次。

“我为亚运赋能——争当火炬手”主题营销活动依托“赋能亚运”App，从 2018 年 9 月 2 日启动到 2019 年末，共吸引线上线下近 700 万人次参与。其中，“我为亚运赋能——争当火炬手”主题营销活动的首个任务“为杭州亚运加油点亮‘我’字”活动参与人数 18075 人。

【亚运社会参与和氛围营造】 2019 年，杭州亚组委继续与市文明办、市公交集团合作开展“开往亚运的公交”系列主题活动。2019 年 9 月 2 日，在亚运会进入“杭州时间”一周年之际，第一批“亚运景观公交”正式推出。亚运景观公交以杭州亚运会会徽图形、色彩、元素、宣传口号等统一标识装饰公交车身，体现杭州人文意蕴、城市特色和体育精神，倡导绿色出行、文明出行的理念，彰显主办城市精神。亚组委与拱墅区、萧山区等合作开展“杭州城市乐跑赛”、环河健身绿道启用仪式、湘湖半程马拉松等共建共享亚运主题活动，支持市体育局开展“首届中国—新西兰青少年高尔夫球团体对抗赛”、“迎亚运 展风采 万人同跳排舞”、2019 年“舞动中国——排舞联赛”总决赛、西湖赛艇挑战赛、杭州青春毅行大会等群众性体育活动，营造浓厚的迎亚运氛围。

2019 年，亚组委与各杭外办赛城市联动，在浙江省范围内开展各类亚运主题活动。2019 年 5—6 月，亚组委联合省少工委、省青少年宫协会举行“我是亚运小主人”之“我是亚运小画家”活动，组织发动全省 94 家青少年宫和 200 多万名少年儿童参加活动。六一节期间，有 7.7 万名少年儿童现场绘制万米长卷描绘心中的吉祥物，收到以“我心中的吉祥物”为主题的作品 2700 多份。

2019 年 9 月 7 日，由亚组委和省体育局联合主办的“迎亚运·绿色行”杭州亚运会骑行大联动活动拉开帷幕。数千名骑手由杭州奥体中心主体育场及 5 个杭外办赛城市同步出发，共同宣传亚运会。10 月 26 日至 11 月 30 日，亚组委举行“我是亚运小主人”之“小记者、小主播”特训营活动。通过网络选拔，选出的 56 名小记者、小主播走进高水平运动队和亚运比赛场馆，用少年视角和新闻技能展开主题创作，讲述亚运故事。

2019 年 12 月 1—2 日，亚组委举办浙江省高校“三对三”篮球赛。其间，全网直播篮球赛启动仪式、开幕式（揭幕战）及闭幕式（决赛），共吸引 145 万人次观看。12 月 7 日，亚组委举行“亚运加速度·骑迹满浙江”启动仪式，来自全国和全省 11 个地市的摩托车发烧友参加活动。

（杭州亚组委）

第 4 届亚洲残疾人运动会筹办

【概况】 杭州亚残运会将于 2022 年 10 月 9 日开幕，10 月 15 日闭幕，会期 7 天。2019 年，按照杭州亚运会、亚残运会两个运动会同步筹办和“两块牌子、一套班子”的要求，亚残运会各项筹备工作有序开展。

【主办城市合同签署】 2019 年 7 月 5—8 日，亚残工作组一行 5 人到阿联酋迪拜出席亚残奥委会第 22 届执行委员会会议，向大会陈述杭州亚残运会筹备工作情况，与亚残奥委会就市场开发、竞赛安排、服务合同等事项进行谈判，并交换由亚洲残奥委会和中国残奥委会、杭州市三方签署的《杭州 2022 年亚洲残疾人运动会主办城市合同》，标志着杭州亚残运会筹办工作正式启动。

【亚残组委成立】 2019 年 3 月，《杭州市人民政府关于报批 2022 年第 4 届亚残运会组委会建议名单的请示》获批同意。9 月，浙江省政府向国务院上报《关于 2022 年第 4 届亚残运会组委会人员名单的请示》。之后，国务院办公厅批复同意成立 2022 年第 4

届亚残运会组委会（简称亚残组委）。亚残组委主席由中国残联主席张海迪、国家体育总局局长苟仲文、浙江省省长袁家军担任，执行主席由中国残联理事长周长奎、国家体育总局副局长李建明、浙江省副省长冯飞担任。12月15日，亚残运会组委会成立大会召开，亚残组委正式成立。

【亚残运会竞赛项目设置】2019年5月，参照历届亚残运会设项情况，编制形成杭州亚残运会18个竞赛项目的设置方案，具体为射箭、田径、羽毛球、硬地滚球、自行车、盲人门球、盲人柔道、举重、射击、游泳、乒乓球、坐式排球、轮椅篮球、轮椅击剑、轮椅网球、五人制足球（盲人足球）、跆拳道、围棋。之后，经7月6日召开的亚洲残疾人奥林匹克委员会第22届执行委员会会议审议形成杭州亚残运会将举办22个竞赛项目的意见，增设国际象棋（作为分项并入棋类）、赛艇、皮划艇、草地掷球竞赛项目。8月28日，亚组委竞赛部等在天津与亚洲残奥委会行政执行总裁泰硕克、亚洲残奥委会执委会竞赛主任冯秀娟商谈杭州亚残运会设项事宜。10月1日，亚残奥委会正式确认22个亚残运会竞赛项目，征求各国参赛意愿。11月11日，亚组委机关党组原则通过《关于杭州亚残运会项目设置及场馆布局有关变化情况的汇报》，正式明确22个竞赛项目。

【亚残运会场馆布局】亚组委在制定杭州亚残运会竞赛项目设置方案过程中，同步开展杭州亚残运会场馆布局方案制定工作。杭州亚残运会赛事举办地拟在杭州市域范围内，按残疾人特点及项目特定要求，明确杭州亚残运会场馆布局原则：优先选择与亚残运会项目匹配的亚运竞赛场馆。优先选择场馆设施条件较好的场馆。优先选择杭州市域内场馆。参照历届亚残运会做法，采用“一馆一项目”模式。

2019年5月，根据杭州亚残运会场馆布局原则，基于18个竞赛项目的设置方案，初步形成杭州亚残运会场馆布局方案。11月，基于调整后的22个竞赛项目的设置方案，对新增4个项目的场馆安排予以明确，对盲人足球、盲人门球原定竞赛场馆，因项目场地特殊要求、改造成本等因素，进行竞赛场馆调整。12月16日，杭州亚运会组委会第四次执行委员会会议审议通过关于《2022年第4届亚洲残疾人运动会竞赛项目设置及场馆安排（审议稿）》，明确22个竞赛项目和19个竞赛场馆。

【亚残运会会徽征集】亚残运会会徽委托中国美术学院设计艺术学院副院长、亚运会会徽深化修改专家组成员陈正达，中国美术学院教授、杭州亚运会会徽设计者袁由敏，分别领衔设计亚残运会会徽方案。

2019年10月，亚组委副秘书长、副市长陈卫强召开专题会议，研究亚残运会会徽设计相关情况，同意将陈正达设计的作品作为亚残运会会徽候选方案。12月25日，亚组委向中国残联上报《2022年第19届亚运会组委会关于上报杭州亚残运会会徽、吉祥物和主题口号方案的函》。之后，亚组委根据中国残联意见，组织亚残运会会徽方案修改完善工作。

【亚残运会主题口号征集】2019年9月10日起，亚残组委围绕杭州亚残运会“阳光、自强、和谐、共享”的筹办理念，从彰显残疾人体育精神的角度，对于亚残运会口号进行深化提炼。最后，江苏省无锡市热心市民周文忠投稿的作品成为亚残运会口号候选方案。12月，经省委、省政府和市委、市政府主要领导同意，报中国残联同意和允准，杭州亚残组委将“Hearts Meet, Dreams Shine（心相约，梦闪耀）”作为杭州2022年第4届亚残运会主题口号推荐方案。

【杭州亚残运会理念、目标和方针提出】杭州亚残运会办会理念采用申办阶段已明确的“阳光、和谐、自强、共享”：“阳光”意味着每一位残疾人拥有阳光的外在和内心，杭州这座如同阳光般的城市，让每个人感受到温暖，谱写精彩人生。“和谐”意味着每一位残疾人与健全人一样被尊重与赞赏，杭州将以有爱无碍的氛围欢迎来自亚洲各地的朋友。“自强”意味着每一位残疾人在不同的人生舞台上，展现自强不息、奋发有为、勇于攀登的精神风貌。“共享”意味着所有人都拥有同样的机会，杭州将以包容开放的姿态，使残疾人与健全人一起享受社会文明发展成果和体育运动带来的成就感、获得感。

办会目标从亚残运会办赛定位，赛事对城市文明发展，以及对促进亚洲残疾人组织交流和提升残疾人体育运动水平3个层面进行确立：凸显中国风范、浙江特色、杭州韵味，办成一届精彩、独特、难忘的残疾人体育盛会；通过“办好一个会，提升一座城”，弘扬扶残助残、残健融合的社会氛围，培育平等、包容、关爱的城市精神，让更多的残疾人共建共享社会发展成果；促进亚洲残疾人组织的团结、合作、交流及亚洲残疾人体育运动水平的提高。

指导方针主要从办赛遵守的规程及与各类亚洲残疾人组织合作关系、赛事组织、社会参与和办赛原则4个方面进行界定。

【亚残运会总体工作计划和工作规则编制】2019年4月，亚残工作组着手编制亚残运会总体工作计划。4月25日，亚组委就亚残运会总体工作计划编制工作组织召开专家咨询会和动员培训会。11月，编制形成《2022年第4届亚残运会总体工作计划》。年末，拟订形成《2022年第4届亚残运会组委会工作规则》，报第四次亚组委执行委员会暨全体委员会审议通过。（杭州亚组委亚残工作组）

责任编辑 金利权

年度聚焦 03

“不忘初心、牢记使命”主题教育

根据中央和省委统一部署，2019年6—12月，杭州市聚焦“不忘初心、牢记使命”主题，紧扣学习贯彻习近平新时代中国特色社会主义思想主线，分两批开展主题教育。相关做法得到中央巡回督导组的肯定，人民日报社、新华社、中央广播电视总台（《新闻联播》《焦点访谈》等栏目）等中央主流媒体报道杭州主题教育相关做法150多篇（次），省委主题教育办通过《专报》《简报》70多次刊发推介杭州主题教育相关经验做法。活动期间，全市共有1384名市管以上领导干部、4万余个基层党组织、72万余名党员参加。主题教育开展以后，中央和省委高度关注杭州工作，中央第二巡回督导组先后4次实地调研指导，浙江省委书记车俊，浙江省委常委、组织部部长黄建发深入一线、有力指导，浙江省委第一巡回指导组全程把关、精心指导，为全市主题教育高质量开展提供有力保证。杭州市委坚决扛起“三个地”省会城市政治责任，始终聚焦主题主线，以“三学三促建名城”为总载体，坚持“四个注重”“四个到位”相结合，坚持学习党的创新理论、学习红色文化传承、学习先进典型与促“走亲连心”、促“攻坚克难”、促“顽疾整饬”相结合，坚持“头雁”标准抓好各项任务落实，高质量推动主题教育走深走实、走在前列，富有浓郁的“杭州味”“基层味”。

学习教育方面，各地各单位领导班子共举办专题读书班269场，累计开展8个方面专题集中研讨3456次，县处级以上领导干部全部完成通读“两书一章”。调查研究方面，1.5万名党员干部赴基层开展走访调研5.3万次，发现并解决问题3.9万个，形成调研报告8142份；全面完成调研成果交流会1250场次，专题党课1.1万场次。检视问题方面，各级领导班子共征求各方面意见建议2.7万条次，检视查摆问题1.5万个，全面高质量召开对照党章党规找差距专题会议、专题民主生活会。

整改落实方面，各地各单位共查找问题4.4万个，整改完成3.8万个。其中，对照“8+1”专项整治重点任务排查问题9571个，整改完成8231个。基层支部方面，全市共完成4万余名基层党组织书记轮训工作，所有支部书记都讲了专题党课或学习体会；组织党员开展志愿服务86.3万人次，为民办实事30.6万件。杭州市采取上级评价、单位自评、党员群众测评等方式，通过实地察看、入户走访、召开座谈会等形式，深入听取300余名“两代表一委员”和各个层面党员群众代表的意见建议，对主题教育开展情况进行全方位评估，客观反映主题教育成效。从总体情况看，广大党员干部群众和社会各界对主题教育认可度、满意度较高。第一批主题教育，市委主题教育办公室发放的2777份调查问卷中，党员群众对全市主题教育总体评价“好”的占98.3%，对党员领导干部担当作为、转变作风评价“好”的占97%，对解决群众反映强烈问题评价“好”的占96.7%。第二批主题教育，市委主题教育办公室发放的2984份调查问卷中，党员群众对全市主题教育总体评价“好”的占99.3%，对党员领导干部担当作为、转变作风评价“好”的占98.66%，对解决群众反映强烈问题评价“好”的占98.59%。与第一批主题教育相比，好评率持续提升。浙江省委主题教育办公室《专报》《简报》77次刊发杭州市的经验做法，千岛湖临湖地带综合整治、老旧小区改造提升、公民“人生一件事”改革、火车东站“地铁免检换乘”4个整改案例被省委主题教育办公室推荐上报，占全省推荐数的1/3。桐庐县作为全市代表在中央主题教育专项整治工作推进会上交流发言。

市委常委会带头开展“不忘初心、牢记使命”主题教育 市委切实把主体责任扛在肩上，紧紧抓住“关键少数”，压实以上率下、齐抓共管责任链条，引领全市主题教育向纵深推进。通过召开市委常委会、市委主题教育领导小组会议和工作会议等，第一时间学习贯彻中央关于主题教育各项部署精神，特别是习近平总书记重要讲话和指示批示精神，研究部署推进主题教育各项工作。省委常委、市委书记周江勇先后主持召开动员部署会、工作汇报会等17次，深入一线调研指导，重要部署亲自谋划、关键节点直接把关、突出问题经常过问，用心用情用力抓好主题教育。其他市委领导切实履行“一岗双责”，经常沉到基层一线督促指导，抓好分管领域主题教育。每位市委常委还参加指导1个市直单位、1个区县（市）专题民主生活会。省委常委、市委书记周江勇代表市委常委会做出“五个坚定不移”集体承诺，市委常委会第一时间传达学习中央新部署新要求，带头通读精读规定书目。市委理论学习中心组以“初心·担当·奋进”为主题，先后3次共6天举办专题读书会，进一步坚定理想信念、砥砺初心使命。带头抓整改、促落实，聚焦全局性根本性关键性问题、党的建设突出问题和群众关心的热点难点问题，市领导领衔39项重点课题攻坚破难。区县（市）和市直各单位党委（党组）书记每月主持召开理论学习中心组学习会，扎实开展“走亲连心三服务”，破解发展难题，办好民生实事，讲好专题党课，以身作则示范引领主题教育。各级党委（党组）书记切实履行第一责任人职责，挂帅出征、靠前指挥，不仅带头学、带头干，而且带着学、领着干，形成一把手负总责、一级抓一级、层层抓落实的良好局面。

学习贯彻习近平新时代中国特色社会主义思想 全市各级党组织紧紧围绕学习贯彻习近平新时代中国特色社会主义思想，结合习近平总书记对杭州的殷切期望，引导党员干部深刻体悟伟大思想，筑牢思想根基。市委分3期组织全市1225名市管领导干部开展为期3天的集中轮训，并对应知应会内容进行测试，提升理论学习效果。各地各单位聚焦主题主线，采取个人自学、集中自学、交流研讨等方式，逐章逐节、逐字逐句研读规定书目和党章，县处级以上领导班子普遍开展5天以上的集中学习，平均达8天。用好习近平总书记赋予杭州的宝贵精神财富，系统梳理编印《殷切的期望——习近平同志对杭州工作重要指示摘编》并开展专题辅导，激励党员干部以昂扬向上的精神状态和一往无前的奋斗姿态贯彻总书记“四个杭州”“四个一流”要求。第一时间学习领会习近平总书记在内蒙古等地调研指导最新重要讲话精神，为杭州市深入开展主题教育指明前进方向、提供重要遵循。党的十九届四中全会闭幕的第二天，市委就召开全市领导干部会议，传达学习党的十九届四中全会精神，围绕深化中国特色社会主义制度和国家治理体系在杭州的具体实践进行专题部署，确保全会精神落地见效。全市各级党组织共开展专题研讨4万余场次，党员领导干部宣讲1万余场次。大力实施红色资源调查建库、红色场馆纪念设施展陈提升、红色旅游促进等五大工程，整合全市386处红色资源，制定7条红色精品路线和32个红色博物馆联盟地图，推出“1+10经典线路之旅”，把“读学悟”课堂搬到红色教育现场。举办“不忘初心、牢记使命”档案文献展，全市5万余人参观展览。评选表彰101名“担当作为好干部”、149个“防台救灾”、200个“党建双强”等先进典型，发掘陈立群、金健勇、王丰华等一大批身边典型，先后组织金健勇、王丰华、陈立群先进事迹报告会，以身边事教育身边人。一些地方还组建宣讲团，用土话、大白话讲好新思想，让主题教育“活起来”“接地气”。

开展新时代解放思想大讨论 在全市范围部署开展新时代解放思想大讨论，作为推动前后两批次主题教育无缝衔接、压茬推进的重要抓手。杭州市委对照习近平总书记对杭州的殷切期望，围绕“八八战略”再深化、改革开放再出发，聚焦事关新时代杭州发展的“十个如何”重大问题开展大讨论，进一步把广大党员干部的思想认识从不合时宜的观念、做法和体制的束缚中解放出来，以思想大解放推动行动大担当、事业大发展。在《杭州日报》、杭州电视台、杭州广播电台等市级主要媒体开设“解放思想我来谈”“我为杭州献一策”等专题专栏，各地各单位广泛开展“微建议”征集活动，深入探讨未来发展的新思路、改革开放的新举措、各项工作的新抓手。两批次单位以支部为单位开展专题讨论11万余场次，查摆问题13.5万个，形成“微建议”6.3万条。市级层面先后开展“六大行动”大比武活动5场，在互看互比中互学互鉴、在你追我赶中奋力超越，把比学赶超的“势能”转换为改革发展的“效能”，充分展现一流施工队的风采。各地各单位自觉在本地区先进、本行业典型、全省领先、全国一流“四个坐标系”中找差距、补短板、强弱项，着力营造“单项争冠军、整体争一流”的干事氛围。

“走亲连心三服务”活动 结合主题教育调查研究，杭州市全面开展“走亲连心三服务”，第一批单位到联系的乡镇（街道）、村（社区）和企业开展蹲点调研，党员领导干部带着责任带着感情深入基层，调查研究，破解难题。全市6.1万名干部组建6108个调研小组下沉一线听取意见、查摆问题、把脉问诊，累计走访农居户135万户、企业18.4万个（次），共收集问题5万余个，办结4.9万个，办结率97.49%。聚焦破解乡村振兴、企业发展、社会民生、基层治理、基层组织建设等方面难题，以区县（市）领导班子为重点，带头深入基层、沉到一线，开展集中走访、组团帮扶。市委主题教育办公室开展包乡走村工作专项调度，压紧压实包干责任，转变作风、走出感情，确保实打实解决问题。全市397名区县（市）领导共包联走访190个乡镇（街道）、3165个村（社区），走访企业2564个，破解民生难题2655个，解决企业问题1373个。坚持边调研边总结，积极做好调查研究“后半篇”文章。市委书记周江勇以“牢记嘱托、担当有为”为主题带头讲专题党课，号召全市党员干部坚定不移沿着习近平总书记指引的方向接续奋斗、开创新局。32名党员市领导通过市委理论学习中心组交流调研情况，并将调研成果逐一分解为190条建议对策，及时做好交办落实工作。各地各单位认真梳理调研情况，召开调研成果交流会。

专题民主生活会和组织生活会 杭州市委把召开专题民主生活会和组织生活会作为自我检视的重要契机，引导广大党员干部把自己摆进去，把职责摆进去，把工作摆进去，找准找实存在的问题。注重广泛征求意见。市级层面通过“我们圆桌会”“民情热线”“杭网议事厅”等民意直通车途径听民声察民情，有效拓宽征求意见的广度和深度。不少地方坚持请进来与走出去相结合，把自己找、上级点、群众提相贯通，通过蹲点调研大走访、下发征求意见表、召开座谈会等形式把各层面意见建议充分收集起来，全市县处级以上领导班子共征集意见建议2.7万条。注重深入检视剖析。按照习近平总书记关于“四个对照”“四个找一找”的要求，围绕市委书记周江勇指出的“五个反差”，从事关全局的根本性、关键性问题，社会关注度高、人民群众呼声高的热点难点问题，党的建设特别是党员干部队伍建设的薄弱环节切入，针对巡视巡察、扫黑除恶、环保督导以及干部考察考核等渠道反馈的问题，县处级以上领导班子共查摆问题1.5万个。注重开好专题会议。各级领导班子紧扣党章党规和“18个是否”逐一进行对照检查，全市召开对照党章党规找差距会议1225场次。高质量开好专题民主生活会和组织生活会，抓好谈心谈话、问题梳理、批评和自我批评、问题整改等关键环节，严格落实“五不开”和“喊停”机制，真正开出高质量新气象。

“8+1”专项整治　杭州市委坚持以问题为导向，聚焦领导干部不担当不作为、基层党建突出问题等8个方面问题和基层选人用人与干部因私出国（境）违规违纪问题，以“改”为关键，以“实”为重点，边学边改、边查边改。紧盯贯彻落实习近平总书记重要指示批示精神和党中央决策部署，建立台账目录近800条，一项一项抓好落实。特别是把对照习近平总书记对淳安千岛湖临湖违建做出的重要指示精神，作为“两个维护”的具体实践，全力以赴推进整改，需整治的217个项目全面完成，得到中办督查室和中央第二巡回督导组充分肯定。先后4次召开整改落实推进会、专项整治调度会，拉单列项、公开承诺、挂牌销号，两批次单位同步部署、同步推进9项专项整治，全市累计查处违反中央“八项规定”精神的问题204起，处理235人。其中：党纪政务处分158人；处置涉黑涉恶腐败和“保护伞”问题线索1706件，立案228件，采取留置措施41人，给予党纪政务处分186人，组织处理375人，移送司法机关37人。梳理出不担当不作为问题681个，制订整改措施860条，查实“三不”问题261件，问责处理342人次，推进干部“下”157名（含市管干部10名），营造风清气正的政治生态。4个牵头单位梳理114项主要工作子项，实行清单式管理、项目化推进。各地各单位普遍采取专班专抓，领导干部带头攻坚，集中解决一批热点难点问题。在整治软弱涣散基层党组织中，完成65个软弱后进村（社区）党组织整转，清理108名曾受过刑事处罚的村干部。杭州市还把群众满意作为检验整改成效的标尺，及时在主要媒体上公布整改项目名称、工作举措、牵头单位、责任领导和投诉电话，接受广大群众监督。上下联动、合力破难第一批254个、第二批243个主题教育期间需重点整改项目。市委构建“1+5+6+13”全覆盖正风肃纪监督体系，建立领导抄报单、问题交办单、进度催告单的“三单机制”，开展点题督查、交叉检查、机动暗访，全市明察暗访单位8746个（次），督促整改问题2682个，市本级印发“三单”240份，推动整改落实工作见人见事见效。在整改落实工作推进过程中，既注重当前，聚焦解决存在突出问题，又着眼长远，督促各单位对相关问题举一反三，认真剖析根源，通过制订有效管用的制度确保问题真解决、不反弹。各市直单位制定长效管理制度240多项。

围绕中心服务大局　杭州市紧扣中央和省、市委正在做的事，把开展主题教育同完成改革发展稳定各项任务结合起来。市委十二届七次全会做出贯彻实施长三角区域一体化发展国家战略总动员，编制实施《杭州市落实长三角区域一体化发展国家战略行动计划》，推动杭州全面融入长三角、高层次对外开放、全方位提升城市能级。启动推进“新制造业计划”，持续打造“全国数字经济第一城”，加快形成杭州高质量发展的“双引擎”，抽调100名机关干部到阿里巴巴集团、吉利控股集团、娃哈哈集团等第一批100个重点企业服务，为企业协调解决各类政府事务、开展信息沟通交流、政策解答和项目落地推进等提供保障。坚决打好防范化解重大风险攻坚战、精准脱贫攻坚战、污染防治攻坚战“杭州战役”。紧扣市委“六大行动”目标任务，大力推进亚运奋进、一跑四改、城市大脑等“十大攻坚工程”，推行“红黄黑榜”晾晒机制，开展比学赶超系列活动，有效助推重大项目提速增效，亚运村、竞赛场馆建设和改造提升进展顺利。妥善应对中美贸易摩擦，累计落实减税降费700多亿元。持续深化“最多跑一次”改革，推动公民8个生命阶段129个事项“人生一件事”办理，实现企业“一件事”一网联办，工程建设项目全流程审批时间压缩至71个工作日以内。各民主党派对标对表主题教育，深入开展“不忘合作初心，继续携手前进”主题教育活动，提升参政议政和社会服务质量水平，凝心聚力推动杭州高质量发展。召开市委十二届八次全会，深入学习贯彻党的十九届四中全会和省委十四届六次全会精神，全面实施“善治六策”，完善8个方面机制、提升8个方面水平。依托党建引领基层治理和“全国数字经济第一城”技术优势，城市大脑建成涵盖公共交通、城市管理、卫生健康、基层治理等11个大系统48个应用场景，完成从“治堵”到“治城”的转变，开创具有杭州特点的大城市治理现代化新路。2019年，杭州各类平安顽疾均明显下降，人民群众安全感满意度上升至97.19%。

强化领导严督实导　市委先后召开巡回指导组交流会、工作汇报会等，对主题教育各项工作进行研究部署。市委主题教育办公室每周召开工作调度会，为主题教育把脉纠偏。督促各地各单位以刀刃向内的勇气、抓铁有痕的实招促整改。在两批次主题教育中分别派出10个和6个巡回指导组，从严从实对各单位进行点对点指导，做到每周有计划、阶段有重点、节点有把关，对可能出现的问题重点关注、及时指正。落实“一切工作到支部”要求，以党支部为基本单元，按照“五个一”要求，利用主题党日、“三会一课”组织党员原原本本通读《习近平关于“不忘初心、牢记使命”论述摘编》。立足第二批主题教育层级下移的实际，通过网络学习、返乡“补课”、送学上门、错时学习等方式，抓好在职党员、流动党员、年老体弱党员的主题教育，确保覆盖全员、一贯到底。依托联村（社区）干

部、第一书记等力量，全程指导帮助村（社区）、两新组织等党组织开展好主题教育。（市委组织部）

杭州实施“新制造业计划”

2019年9月20日，杭州市全面实施“新制造业计划”动员大会举行。省委常委、市委书记周江勇在会上强调，要深入学习贯彻习近平总书记关于制造业发展的重要指示精神，坚决落实省委、省政府有关工作部署和市委十二届七次全会精神，全面实施“新制造业计划”，以功成不必在我的胸怀和功成必定有我的气魄，咬定目标、持续用力、久久为功，大力推进新时代制造业高质量发展，形成杭州发展“双引擎”的强大动能。于跃敏等市四套班子领导出席，张仲灿主持。会上播放《杭州制造新征程》视频短片，发布“新制造业计划”，颁发向百家重点企业派驻“政府事务代表”文件，萧山区、市经信局、娃哈哈集团、巨星控股集团、新华三集团等负责人及派驻企业“政府事务代表”做交流发言。

周江勇指出，要全面实施“新制造业计划”，实现数字经济和制造业高质量发展“两个引擎一起转”，为杭州发展提供源源不断的动能支撑。重点要推进“三提两改一创”：推进产业提档，实施新兴产业培育工程、传统产业提升工程、经典产业传承工程、落后产能淘汰工程，构建新兴产业、传统产业和经典产业相得益彰的现代产业体系；推进企业提效，实施“鲲鹏计划”、“凤凰计划”、规模以上企业扶持计划、高新企业培育计划、“小巨人计划”，形成顶天立地与铺天盖地有机结合的企业生态体系；推进平台提能，做强做优工业主平台，探索建设跨区域合作平台，全面提升小微企业园，形成科学有序、支撑有力的制造业空间布局。实施大规模技术改造，推进制造业企业数字化改造“百千万”工程，鼓励企业开展“零土地”技术改造，实施新一轮质量提升行动，推动企业数字化水平整体提升一个等级；实施大规模绿色改造，坚持“亩均论英雄”“降耗论英雄”“减排论英雄”，积极创建环境友好型企业。争创“全国数字经济第一城”，加快突破一批关键核心技术，加快发展一批特色优势产业，加快集聚一批领军人才团队，持续擦亮杭州最鲜明的产业地标。周江勇强调，要坚持有为政府与有效市场完美结合，集成政策、集合资源、集聚力量，进一步强化组织、土地、人才、资金、舆论保障，并鼓励企业家传承好老一辈优良传统，弘扬企业家精神，履行社会责任，努力成为具有现代化、市场化素质的企业家群体。

9月30日，《中共杭州市委 杭州市人民政府关于实施“新制造业计划”推进高质量发展的若干意见》印发，明确制造业发展重点：（一）培育引进战略性新兴产业。每年招引战略性新兴产业和未来产业项目100个以上。通过5年左右时间，战略性新兴产业增加值占比达50%以上，形成新一代信息技术及应用万亿级产业集群1个，高端装备、生物医药、节能环保、数字安防、新能源新材料等千亿级主导产业集群5个，人工智能、工业互联网、5G应用、智能网联汽车、航空航天、机器人、增材制造、工业设计等百亿级产业集群10个以上。（二）改造提升传统制造业。改造提升机械、化纤、化工、橡胶、纺织、服装等传统制造业，发展质量和效益达到国内先进水平，“两化”融合发展水平指数保持全国领先，纺织化纤、精细化工、电气机械、食品饮料4个千亿级产业发展质效得到全面提升。（三）保护传承经典产业。保护传承丝绸、茶叶、工艺美术、中药等特色产业，推进时尚产业发展，打造一批历久弥新的历史经典产业。建立老字号品牌保护、传承、发展机制。（四）全面整治“低散乱”企业和淘汰落后产能。深化“亩均论英雄”改革，亩均工业增加值、亩均税收年均增长7%以上。单位工业增加值能耗、污染物排放量、用水量明显下降，节能减排主要指标优于全省全国同行业平均水平。

杭州“新制造业计划”总体目标是：到2025年，全市工业总产值达到2.5万亿元，规模以上工业企业增加值达到6800亿元，年均增长10%；工业固定资产投资达到1500亿元，年均增长15%，其中工业技改投资达到750亿元，新引进项目投资达到750亿元；实现主营业务收入1000亿元以上企业5个，100亿元以上企业30个，10亿元以上企业400个，规模以上工业企业8000个，制造业国家级高新技术企业2000个；全市企业进入中国企业500强30个、中国制造业企业500强40个；全社会研发经费（R&D经费）支出占GDP比重达到4%，创建国家重点实验室3个、国家技术创新中心（国家工程技术研究中心）5个、国家企业技术中心45个。

2019年，杭州市规模以上工业企业增加值3530.8亿元，比上年增长5.1%。高新技术产业、装备制造业、战略性新兴产业占规模以上工业增加值的比重分别为61.7%、46.46%和37.63%。其中，装备制造业规模以上企业增加值1640.5亿元，增长7.9%。战略性新兴产业规模以上企业增加值1328.6亿元，增长13.1%。新产品产值增长14.2%，新产品产值率42.8%，提高4.04个百分点。杭州规模以上工业企业亩均增加值181.3万元，居全省第一位；亩均税收43.4万元，居全省第二位。（舒 俊）

杭州建设国家新一代人工智能创新发展试验区

2019年10月17日，科技部函复浙江省人民政府：根据《国务院关于印发新一代人工智能发展规划的通知》的部署，按照《科技部关于印发国家新一代人工智能创新发展试验区建设工作指引的通知》，支持杭州市建设国家新一代人工智能创新发展试验区。

建设国家新一代人工智能创新发展试验区（以下简称试验区）是深入贯彻习近平总书记关于人工智能系列重要讲话精神、落实新一代人工智能发展规划的重大举措。据科技部复函，试验区建设要围绕国家重大战略和杭州市经济社会发展需求，探索新一代人工智能发展的新路径新机制，形成可复制、可推广经验，发挥在引领浙江数字化转型、全方位融入长三角一体化发展中的重要作用。

为具体推进试验区建设工作，成立省委常委、市委书记周江勇担任组长的国家新一代人工智能创新发展试验区建设领导小组及由中国工程院院士潘云鹤领衔的国家新一代人工智能战略咨询专家委员会，市科技局成立国家新一代人工智能创新发展试验区建设工作专班。

11月22—24日，2019年中国自动化大会（CAC2019）在杭州召开。11月23日，杭州国家新一代人工智能创新发展试验区建设工作正式启动。11月28日，杭州召开建设国家新一代人工智能创新发展试验区动员大会，提出要充分发挥杭州在学科建设、平台布局、人才集聚、产业发展、融合应用、双创生态等方面的领先优势，坚持创新驱动、人才驱动，强化特色、主动作为，努力把杭州建成新一代人工智能技术创新策源地、产业发展主阵地、场景应用先行地、高端人才集聚地，为国家新一代人工智能创新发展当好先锋、提供样板。阿里巴巴集团、杭州海康威视数字技术股份有限公司等企业进行人工智能重大创新平台发布及成果介绍。

动员大会上，杭州国家新一代人工智能创新发展试验区建设行动方案和“若干政策”发布，明确奋斗目标，分解具体任务，部署要素保障。根据行动方案，杭州瞄准“技术创新、产业培育、融合应用”三大重点，力争用5年时间，到2023年，在关键核心技术创新、重点产业领域智能化转型、社会治理智能化应用等方面领先全国。

——打造新一代人工智能的技术创新策源地。人工智能基础研究平台初步建立，开放协同的人工智能科技创新体系基本成型，形成具有标志性的重大科技成果10项以上，核心发明专利300项以上，基础理论研究取得重大进展，以数据、算法、硬件为核心的关键共性技术实现新突破。

——打造新一代人工智能的产业发展主阵地。人工智能产业层次和发展能级持续提升，培育有影响力的人工智能骨干企业10个以上，人工智能细分领域专精特中小企业300个以上、高新技术企业500个以上，人工智能产业总规模2000亿元以上，在智能安防、智能汽车、智能机器人和智能软硬件等产业上形成一批具有核心竞争力的产业集群。

——打造新一代人工智能的场景应用先行地。以城市大脑、阿里AI为先导，逐步实现城市治理的智能化、集约化和现代化。打造20个以上人工智能行业应用场景示范项目，培育80个以上行业标杆企业，产业经济、市民生活、智慧城市等领域应用规模不断拓展。

——打造新一代人工智能的高端人才集聚地。人工智能学科不断完善，人才培养机制不断创新，引进培育40名以上人工智能领域全球顶尖科技人才、1000名以上高端研发人才以及5000名以上高级技术人员。

（俞　钧）

杭州钱塘新区成立

2019年4月2日，浙江省政府批复同意设立杭州钱塘新区，明确新区规划控制总面积531.7平方千米，空间范围包括杭州大江东产业集聚区和杭州经济技术开发区，托管管理范围包括江干区的下沙、白杨2个街道，萧山区的河庄、义蓬、新湾、临江、前进5个街道，以及杭州大江东产业集聚区规划控制范围内的其他区域（不含党湾镇所辖接壤区域的行政村）。杭州钱塘新区按照“一个平台、一个主体、一套班子、多块牌子”的体制架构，保持原有的杭州经济技术开发区、浙江杭州出口加工区、萧山临江高新技术产业开发区3个国家级牌子，同步撤销区域内省级以下产业平台牌子。杭州钱塘新区管理机构设置和人员编制遵循精简、统一、高效的原则，严格控制总量，依法依规设置。

根据省政府的批复，杭州钱塘新区全面落实省委、省政府“四大建设”决策部署，高效发挥杭州经济技术开发区等国家级平台的带动作用，优化资源配置，强化科技创新，加快转型升级，着力打造世界级智能制造产业集群、长三角地区产城融合发展示范区、全省标志性战略性改革开放大平台、杭州湾数字经济与高端制造融合创新发展引领区。4月16日，市委、市政府印发《关于加快钱塘新区高质量发展的意见》，明确杭州钱塘新区发展的主要目标、托管区域范围、管理体制、重点任务、组织保障等问题。4月18日，杭州钱塘新区推进高质量发展大会召开，省委副书记、省长袁家军参加大会并讲话。“中国共产党杭州钱塘新区工作委员会”“杭州钱塘新区管理委员会”挂牌。

杭州钱塘新区制定新区高质量发展三年行动计划，发布新区“新制造业计划”。战略规划明确“一江双城四组团”空间格局，产业规划明确构建“515”现代产业体系，综合交通规划突出“四港”联动。2019年，杭州钱塘新区实现地区生产总值1100亿元，其中农业增加值13.54亿元、规模以上工业企业增加值632亿元、服务业增加值325亿元。固定资产投资357亿元。社会消费品零售总额312亿元。货物进出口总额846亿元。一般公共预算收入105.8亿元。

（张红丹）

杭州湖滨步行街入选全国首批步行街改造提升试点

2019年，杭州湖滨步行街成为浙江省唯一被纳入商务部首批步行街改造提升试点及11个试点中唯一由车行道变步行道的街区。杭州湖滨步行街提升改造工程围绕“建成最时尚、最智慧、最人文的新消费示范街区”，从步行街道路铺装、绿化有机更新、景观亮灯提升、城市家具更新、城市立面改造、节点景观提升六大方面对街区进行改造提升。改造提升后，杭州湖滨步行街紧靠西湖东侧，依托湖滨路、东坡路和平海路西段（延安路以西）形成“千”字形步行街区格局，总长1760米，占地面积41万平方米。北至庆春路、南至解百新元华、东至延安路、西至湖滨路，包括长生路、学士路、平海路、邮电路、仁和路等部分路段，打破原有以道路、大型商业体进行空间区隔的方式，植入“湖滨九里”街区概念，即以解放路为界，按照从南到北、从东到西的命名顺序，整个街区分为9个里（泗水里、将军里、东坡里、仁和里、龙翔里、学士里、长生里、劝业里、钱塘里），把商业与自然、文化、历史及艺术巧妙融合，彰显中华传统文化，体现杭州特色、西湖元素，以此提升湖滨整体内涵体系，引导业态分布和商业聚集。

9月27日，由省商务厅和市政府主办的杭州湖滨步行街开街仪式在湖滨街区举行。该项目由湖滨街道、上城区投资发展有限公司联合开发建设，杭州湖滨南山商业发展有限公司（湖滨指挥部）具体实施，总投资3.5亿元。项目分为一期和二期工程，按照商务部当年启动、当年建成、当年验收要求，项目邀请上海波城建筑设计事务有限公司、中国美术学院全程参与设计，实施线上线下融合、休闲体验、业态提升、文化感知、环境提升五大工程。提升后，步行街以湖滨步行街智慧街区综合管理平台为核心，接入数字城管、市场监管、智慧消防、公安4个部门综合平台，设有智慧灯杆、智能导视牌、广告牌系统及无障碍地图服务4个智慧终端与服务系统。

年内，省、市、区为湖滨步行街制订品牌促进、免税退税、文化旅游、市场监管等方面的支持政策。街区有11个企业申请离境退税点。制定《湖滨步行街放心消费无假货商业街区建设实施方案》，引导街区商户投入"无理由退货""诚信经营无假货"建设，推进步行街区域全域化放心消费。加强安全监管，建设"阳光厨房食安天眼""智慧电梯"等在线监管系统，全面保障市民、游客安全。围绕浙江省"最多跑一次"改革向公共场所延伸的试点契机，设置24小时政务办事综合自助机，207项事项可在自助机上办理。探索管委会牵头下的部门"派驻制"、部门联审制和为企服务代办制，形成科学高效的街区日常管理与运营体系。

2019年，湖滨步行街实现零售额（营业额）82.05亿元，比上年增长9.2%。社会消费品零售额增长8.9%。街区内国内外知名品牌集聚，累计入驻品牌1600多个，其中国际品牌160多个、新零售品牌66个、老字号品牌25个。步行街开街后，人流量增长9%。综合体内业态调整体量1.35万平方米，新增公共空间3.5万平方米。街区同步启动业态提升和品牌升级，新引进品牌400多个，先后落地"网易严选""寺库""微店Park"等10多个品牌线下首个店铺，引进华为浙江旗舰店、"无印良品"、"松下生活空间"、"哈姆雷斯"等20多个品牌旗舰店。新建成杭州书房、"时间"等10多个文化节点。街区不定时举办音乐、街舞、行为艺术、阳台艺术节等活动，形成"湖上市集""睡前练会琴""城市漫步"等湖滨步行街特色IP。通过步行街改造提升，东坡大剧院同步回归，引进新零售品牌联华鲸选；推动周边及区域内危旧房改善。

（上城区委史志编研室）

良渚古城遗址成功入选"世界遗产名录"

2019年7月6日，在阿塞拜疆首都巴库举行的联合国教科文组织第43届世界遗产委员会会议上通过决议，将中国世界文化遗产提名项目"良渚古城遗址"列入"世界遗产名录"。

世界遗产委员会认为，良渚古城遗址展现了一个存在于中国新石器时代晚期的以稻作农业为经济支撑、存在社会分化和统一信仰体系的早期区域性国家形态，印证了长江流域对中国文明起源的杰出贡献。城址的格局与功能性分区，以及良渚文化和外城台地上的居住遗址分布特征，都高度体现了遗产的突出普遍价值。良渚古城遗址为中国以及该地区在新石器晚期到青铜时代早期的文化认同、社会政治组织以及社会文化的发展提供了无可替代的证据，同时揭示了从小规模新石器时代社会向具有等级制度、礼仪制度和玉器制作工艺的大型综合政治单元的过渡，代表了中国在5000多年前伟大史前稻作文明的成就，是杰出的早期城市文明代表。遗址真实地展现了新石器时代长江下游稻作文明的发展程度，揭示了良渚古城遗址作为新石器时期早期区域城市文明的全景，符合世界遗产真实性和完整性要求。

在大会审议阶段，世界遗产委员会21个委员国中，乌干达、澳大利亚、挪威、坦桑尼亚、阿塞拜疆、突尼斯、津巴布韦、巴西等众多国家代表先后发言，对"良渚古城遗址"的突出普遍价值、真实性和完整性给予高度评价，对其入选"世界遗产名录"表示积极支持。整个审议过程历时约13分钟，世界遗产委员会委员国代表对良渚古城遗址突出普遍价值及真实性、完整性给予高度评价，良渚古城遗址获得一致通过。

文化和旅游部党组成员、国家文物局党组书记、局长刘玉珠代表中国政府发言，表示良渚古城遗址是中国20世纪的重大考古发现，是实证中华5000年文明史的圣地，是全人类共同的宝贵财富。中国加入《世界遗产公约》以后，世界遗产从无到有，类型不断丰富，成为中国向世界展现悠久历史和多元文化的生动窗口，在推动不同文明交流互鉴方面，发挥了不可替代的作用。中国将一如既往地做好世界遗产的保护管理工作，同时进一步加强与相关国际组织的深度合作，在世界文化遗产领域承担更多的责任，与各国人民一道，共同守护好人类共同的文化家园。浙江省委常委、杭州市委书记周江勇代表遗产地政府表态发言，表示将严格遵守《世界遗产公约》，以世界的眼光、科学的精神，把这一厚重的文化遗产保护好、传承好、利用好。

同日，省委、省政府向第43届世界遗产大会浙江代表团发出贺电。杭州市委、市政府发出《致全市人民的感谢信》，指出：做好良渚古城遗址保护、研究、利用和申遗工作，是习近平总书记和党中央、省委省政府交给杭州的一项光荣任务。杭州将认真贯彻落实习近平总书记重要指示精神和中央重大决策部署，严格按照世界遗产保护的要求，全力做好良渚古城遗址的保护、传承、研究和利用工作，努力打造中华文明"朝圣地"和中国文化"展示地"。

良渚古城遗址位于浙江省杭州市，地处中国东南沿海长江流域天目山东麓河网纵横的平原地带，是太湖流域一个早期区域性国家的权力与信仰中心。世界遗产申报范围包括14.33平方千米的遗产区和99.8平方千米的缓冲区，其中遗产区由瑶山片区、城址片区、谷口高坝片区和平原低坝—山前长堤片区四部分组成。遗产构成要素包括公元前3300年—公元前2300年的城址、功能复杂的外围水利工程和分等级的墓地（含祭坛）等，同时一系列以象征其信仰体系的玉器为代表的出土文物也为其内涵及价值提供有力佐证。

良渚古城遗址申遗成功后，良渚文化宣传与推广活动陆续举行。7月7日，良渚古城遗址公园有限开园。良渚古城遗址公园面积约14.33平方千米，其中，有限开放的是城址区的核心部分，面积3.66平方千米。良渚古城遗址公园集考古遗址本体及其环境的保护展示、教育、科研、游览、休闲等多项功能于一体。

11月5日，良渚古城遗址展陈精彩亮相第二届中国国际进口博览会，习近平总书记向各国元首介绍中华第一城——良渚古城，并对良渚古城遗址保护、研究、传承、利用工作给予勉励。（年鉴编辑部）

淳安特别生态功能区建设启动

淳安是习近平总书记在浙江工作时的基层联系点。党的十八大以后，习近平总书记先后4次就千岛湖生态环境保护问题做出重要指示批示。9月29日，淳安特别生态功能区建设推进大会暨千岛湖配供水工程通水活动举行。省委常委、市委书记周江勇和副省长彭佳学共同推动通水启动杆并讲话。省政府副秘书长蒋珍贵在会上宣读《浙江省人民政府关于同意设立淳安特别生态功能区的批复》。

淳安是74个国家重点生态功能区建设试点示范县之一，也是全省26个加快发展县之一。千岛湖是长江三角洲最大人工淡水湖，流域涵盖浙江、安徽两省七地市。淳安特别生态功能区的区域范围是淳安县全域，建设工作按照省委全面深化改革委员会第五次会议审议通过的《淳安特别生态功能区建设框架方案》实施，由杭州市统筹，淳安县履行属地主体责任。

根据《淳安特别生态功能区建设框架方案》，淳安特别生态功能区建设坚持以习近平生态文明思想为指导，推动生产生活生态融合发展，目标定位是努力建设人与自然和谐共生的饮用水源保护区、“两山”理念的实践区、城乡融合生态富民的示范区、生态文明制度改革创新的先行区，打造生态更优、发展更好、生活更幸福的美丽浙江大花园样本地，成为新时代中国特大城市湖泊保护的实践范例。12月28日，杭州市政府出台《杭州市淳安特别生态功能区管理办法》，自2020年2月1日起施行。

年内，淳安县加大千岛湖水质保护工作力度。编制《淳安县水质保护生活污染防治实施方案》，完成48个污水零直排小区建设，城市污水处理率96.1%。《淳安县水功能区水环境功能区优化调整方案》获省政府批复。开展《千岛湖环境质量管理规范》《淳安县工业企业污染防治实施方案》《千岛湖生态缓冲带划分工作方案》修编工作。每月与安徽省黄山市联合开展一次监测，开展千岛湖水质敏感期巡测，启用“千岛湖水质水华预测预警系统”，全面做好水质监测工作。（年鉴编辑部）

县级社会矛盾纠纷调处化解中心市域全覆盖

2019年，杭州市按照信访和矛盾纠纷调处化解、社会治理事件处置、社会风险研判“三大平台”的基本定位，推进县级社会矛盾纠纷调处化解中心（“信访超市”）建设。5月29日，全省信访局局长会议在杭州召开，参加会议的全体人员参观考察杭州市首批试点的拱墅区、余杭区社会矛盾纠纷调处化解中心（“信访超市”）。6月27日，杭州市县级社会矛盾纠纷调处化解中心（“信访超市”）建设现场推进会在余杭区举行。会前，拱墅区、余杭区综治中心（“信访超市”）举行现场揭牌仪式，参会人员实地考察两区综治中心（“信访超市”）运行情况。会上，播放余杭区、拱墅区视频宣传片，余杭区、拱墅区、桐庐县分别交流推进综治中心（“信访超市”）建设的做法和体会。余杭区按照全域创新策源地、全域美丽大花园、全域治理现代化“三个全域”建设部署，建立以区级为中枢、镇街为主体、村社（网格）为基石的三级联动治理架构，有力推动矛盾纠纷及时就地化解。拱墅区打造运河“信访超市”，建设集约型、紧密型、枢纽型“三型”信访矛盾联调中心，以最快速度、最实效果，着力解决群众最怨最烦的问题。桐庐县依托信访代办服务和“信访超市”建设，实现多网融合、多措并举、多元化解，全面提升信访事项办理的质量和时效。

至10月末，13个区县（市）及2个管委会建成并启用“信访超市”，在全省率先实现县级“信访超市”建设全覆盖。全市按照《进一步完善区、县（市）社会治理综合服务中心（信访矛盾联合调处中心）工作机制的指导意见》，将“信访超市”建设深度嵌入市域社会治理现代化工作，建立县级一中心、镇街四平台、村居若干网格工作体系，畅通群众诉求渠道，推动区县、镇街、村居矛盾纠纷联合调处化解。

9月至年末，各中心接收法院引调案件7637件，引调率24.7%，调解成功率34.6%，有效减少进入诉讼程序案件2600余件。全年各地排查矛盾纠纷77917起，调处率99.5%，调处成功77934件（次），调处成功率99.87%；民商事立案数比上年下降17.51%。（年鉴编辑部）

责任编辑 金利权

2020 杭州年鉴

Chronicles of Major Events

大事记 04

1月

1日 新版《杭州市公共场所控制吸烟条例》实施，杭州全面步入无烟时代。

△ 由市政府主办的中国（杭州）新年祈福走运大会暨拱墅区第十三届新年走运·香积祈福活动在运河天地举行，主题为“杭州与世界同走运共圆梦”，1000多人参加。

△ 2018年中国（杭州）COSPLAY文化节在白马湖会展中心闭幕（2018年12月30日开幕）。

3日 全市机构改革动员大会召开，杭州市机构改革全面实施，设置市级党政机构54个。

4日 杭州市代表团到安徽省黄山市考察对接区域合作工作，召开两市区域合作工作交流座谈会，签署推进区域一体化发展、打造杭州都市圈合作示范区等“1+9”合作协议。

△ 杭州市举行优秀律师调解员表彰大会，并为首批设立律师调解工作室的15个律师事务所授牌。

△ 由市文明办、团市委、市交投集团、网易（杭州）网络有限公司主办的青春建功文化兴盛行动暨“青春悦读·满城书香”活动启动。从2019年开始，每年建设不少于1000个线下“悦读益站”或“悦读角”。

5日 新塘路艮山西路口南口100米处机动车非机动车隔离绿化带发生沉降，相关部门第一时间派人前往现场勘察并启动抢修。

8日 2018年度国家科学技术奖励大会在北京召开，杭州水处理技术研究开发中心有限公司参与的“均相离子膜制备关键技术及应用”获国家技术发明奖二等奖，杭州汽轮机股份有限公司参与的“汽轮机系列化减振阻尼叶片设计关键技术及应用”和杭州中美华东制药有限公司参与的“泮托拉唑钠及制剂关键技术研究与产业化”2个项目获国家科学技术进步奖二等奖。

9日 省委书记车俊到江干区接待群众来访、调研信访工作。

△ 市委书记周江勇会见德中卫生组织主席、德国科学院院士曼弗雷德·迪特及代表团。

13日 杭州城市管理数据资源中心完成建设，并对接城市大脑，实现数据目录共享。城市大脑停车系统同时发布。

15日 市政府发文批复《杭州市大运河世界文化遗产保护规划》。该规划是实施杭州市大运河保护工作的重要法律依据，由市运河综保委委托杭州市城市规划设计研究院和中国建筑设计院有限公司联合编制。

16日 浙江省“千村示范万村整治”工作协调小组办公室公布2018年度浙江省美丽乡村示范乡镇等名单，杭州市11个镇入选浙江省美丽乡村示范乡镇，24个村入选浙江省美丽乡村特色精品村，20个村入选浙江省高标准农村生活垃圾分类示范村，2个村入选浙江省历史文化（传统）村落保护利用示范村。

17日 第十四届杭州市道德模范（平民英雄）、第六届“最美杭州人”举行颁奖仪式。获评第十四届杭州市道德模范（平民英雄）的是“5·22”勇救坠楼幼儿群体、干丽君、金健勇、俞柏堂、桐庐县老干部“校门爷爷”志愿服务队、秦维、徐沙、徐遂（已故）、陶长夫、蒋臻。获评第六届“最美杭州人”的是杨一青、宋忠赤（已故）、何嘉琳、席传喜、刘世华、章叔岩、蒋彩庭、吴光潮、明刚、徐海蛟。

19—23日 中国人民政治协商会议第十一届杭州市委员会第三次会议召开，选举谢双成为政协第十一届杭州市委员会副主席，金翔为政协第十一届杭州市委员会秘书长，王新宇、汤建新、杜国忠、李逢萍、杨建华、沈昱、陈键、卓超、周旭一、郑利敏、唐龙尧、龚勤芳、廖杰远为政协第十一届杭州市委员会常务委员；审议通过政协第十一届杭州市委员会提案委员会关于市政协十一届三次会议提案审查情况的报告、政协第十一届杭州市委员会第三次会议建议案、政协第十一届杭州市委员会第三次会议决议。

20日 中国（杭州）5G创新园开园。创新园位于杭州未来科技城核心区块，计划到2020年，建成5G测试评估的网络环境，规划优先发展的5G产业领域，推动5G应用创新和产业孵化，形成重点领域的5G产业集聚效应；到2025年，全面建成全国著名的5G未来演进技术及业务应用的策源地、孵化地和集聚地。

21—24日 杭州市第十三届人民代表大会第四次会议召开，选举陈红英为市十三届人大常委会副主任，马利阳、王木刚、陈伟民、楼倻捷、裘建平为市十三届人大常委会委员；投票决定杭州市人民政府2019年度十件民生实事项目；决定市十三届人大有关专门委员会的设立、更名；通过市十三届人大部分专门委员会组成人员名单、市十三届人大四次会议关于政府工作报告、杭州市2018年国民经济和社会发展计划执行情况与2019年国民经济和社会发展计划、杭州市及市本级2018年预算执行情况和2019年预算、市人大常委会工作报告、市中级人民法院工作报告、市人民检察院工作报告的决议。

28日 钱江海关揭牌成立。钱江海关是隶属于杭州海关的副厅级机构，为国家进出关境的监督管理机关，依法承担对杭州市（除杭州萧山国际机场）进出境的运输工具、货物、物品进行征税、监管、缉私、统计、卫生检疫、动植物检疫、商品检验、进出口食品安全监管等工作。

30日 市委书记周江勇督查调研"大棚房"问题专项清理整治工作，考察西湖区双浦镇老沙村杭州绿洲美术培训中心、富阳区富春街道兄弟农庄和笑迎客农庄。

△ 市长徐立毅到桐庐县调研民生实事推进工作，考察环溪村养老服务中心、桐君街道南门社区养老服务中心、江南镇深澳村、环溪村和中航环卫生态微站等。

31日 国家税务总局、财政部、海关总署联合发出公告，赋予包括杭州综合保税区在内的24个综合保税区企业增值税一般纳税人资格试点，于2月1日起施行。

2月

2日 由省委宣传部等主办的农村文化礼堂"我们的村晚"在富阳区场口村举行，省、市领导和800多名村民观看演出。

△ 省发改委、省交通运输厅发布《关于调整浙江省综合交通运输发展"十三五"规划的通知》，杭衢（建衢段）、沪嘉甬、杭绍台铁路（温岭至玉环段）、铁路萧山机场站及接线工程4条铁路被纳入"十三五"规划。

△ 富阳区工贸集团与中国水稻研究所试验农场签订阳陂湖田园综合体建设合作协议，《富阳分区规划（2017—2020）》中的阳陂湖田园综合体规划落地有了实质性进展，千年古湿地阳陂湖将恢复。

9—10日 市文化广电旅游局在洛杉矶好莱坞环球影城举办"盛放杭州"文旅盛典。环球影城中的杭州专属路线分西湖、运河书画社和环球广场主舞台杭州秀三大板块，展现杭州特色文化，美国CNBC电视台、纽约时代广场纳斯达克同步投放杭州活动宣传片。

11日 浙大·一知人工智能联合研究中心在萧山信息港小镇人工智能谷揭牌，围绕人机语音交互语音识别、语音合成、语义理解三大核心技术，结合大数据分析，聚焦算法在公司探意机器人产品上的应用落地情况，让平台积累的数据产生价值。

12—13日 市委书记周江勇到临安区开展"走亲连心三服务"活动，考察龙岗镇、板桥镇、浙江宇鑫光学科技有限公司、福斯特研究院、清凉峰管理局龙塘山保护站、临安博物馆等。

13日 市长徐立毅到蚂蚁金服集团开展"走亲连心三服务"活动，了解企业发展诉求，共商杭州金融创新发展大计。

△ 市政府任命的国家工作人员首场宪法宣誓仪式举行，149位市政府任命的国家工作人员共同宣誓。

15日 杭州市召开红色博物馆联盟工作推进会，12个博物馆（纪念馆）成为杭州红色博物馆联盟第二批成员单位。

18日 2018年度杭州市精神文明建设十件大事揭晓：文明创建助力"最多跑一次"，青少年文明礼仪接力棒传递城市新风尚，文明排队乘公交让礼让互敬成常态，第十二届杭州文化创意产业博览会再创新纪录，"建筑工地融媒体"打造网上精神文化家园升级版，杭州地铁发布"文明乘车日"，"爱心驿家"成为城市中的"温馨港湾"，余杭区在杭城率先推行文明积分工作，桐庐县被列入全国50个新时代文明实践中心试点建设县，建德市建设"德文化"地域品牌强化道德引领。

19日 市长徐立毅会见由亚奥理事会终身名誉副主席拉贾·兰德·辛格率领的亚奥理事会协调委员会委员一行。

20日 市长徐立毅到滨江区、萧山区的企业专题开展"走亲连心三服务"活动，考察新华三集团、杭州海康威视数字技术股份有限公司、杭州凯尔达机器人科技股份有限公司等，了解企业经营发展动态，协调解决企业困难与诉求。

22日 市长徐立毅到杭州大江东产业集聚区（杭州经济技术开发区）走访调研，考察杭州海仓科技有限公司、柔性电子与智能技术全球研究中心、辉瑞生物制药（杭州）有限公司、杭州百草味食品有限公司等，召开企业座谈会。

23日 市委书记周江勇到中国美术学院调研，了解教学情况并召开座谈会。

△ 杭州首个智能化人才市场——高新区（滨江）人才市场举行首场招聘会，求职者线上即时投递、手机扫码入场，全程无纸化应聘。

25日 市委书记周江勇专题调研社区治理工作，召开城市大脑社区治理应用工作推进会。

27日 省长袁家军到萧山经济技术开发区、杭州大江东产业集聚区（杭州经济技术开发区）走访企业，考察项目，了解和检查"三服务"活动情况，就创新推动高质量发展进行专题调研。

△ 市委书记周江勇到企业开展"走亲连心三服务"活动，考察松下杭州工业园、史陶比尔（杭州）精密机械电子有限公司等。

△ 中国网络作家村召开第一次妇女代表大会，通过"远程网选"选举产生第一届妇联执委班子。

28日 全国爱卫会公布2018年国家卫生城市（区）和国家卫生县城（乡镇）的复审结果，杭州市通过复审，并获通报表扬。

△ 市政府与浙江大学签署合作协议，共建浙江大学杭州国际科创中心，中心落户萧山科技城。

3月

1日《杭州市城市轨道交通管理条例》施行，是杭州市第一部规范城市轨道交通管理的地方性法规，涵盖城市轨道交通规划、建设、运营等阶段，明确规定规划衔接、建设管理、保护区管理、运营秩序、运营安全、应急管理等事项。

△ 钱塘江干流首次实行禁渔。根据农业农村部要求，从2019年开始，钱塘江流域全面实施禁渔期制度，钱塘江干流统一禁渔时间为每年3月1日0时至6月30日24时。

△ 由市妇联联合每日商报社举办的寻找魅力女杭商暨首届杭商女性论坛“Lady Talk”举行，主题为“新时代，她力量”，论坛上公布16位入围“寻找魅力女性杭商”的女企业家。

4日 市委书记周江勇接待群众来访并调研信访工作，召开信访工作座谈会。

△ 杭州市和区县（市）两级即日起集中开展“走亲连心三服务”蹲点调研活动。

5日 杭州志愿服务市校合作推进行动暨下城区全民志愿智慧伙伴街开街仪式在下城区长庆街道举行，团市委启动志愿服务市校合作推进行动，相关街道与高校代表签订市校合作协议，15个深化志愿服务市校合作试点街道授牌。

7日 市委书记周江勇到淳安县开展“走亲连心三服务”蹲点调研活动，督查千岛湖临湖综合整治工作，召开座谈会。

7—8日 市委书记周江勇到建德市开展“走亲连心三服务”蹲点调研活动，考察梅城美丽城镇建设，召开座谈会。

11日 市委书记周江勇到上城区调研湖滨步行街改造提升工作，召开座谈会听取情况汇报。

△ 省文化和旅游厅与建德市政府签约，将以梅城规划为起点，把严州古城纳入钱塘江诗路文化带规划重要节点，在12个方面开展合作，力争通过3年～5年时间的打造，使梅城创建成为浙江省旅游风情小镇样板镇、浙江省大花园建设典型、浙江文旅融合金名片。

12日 由杭州市政府、中国投资发展促进会主办的第三届万物生长大会举行，主题为“相信未来”，梳理2018年度杭州的创业创新生态，评选出2018年度创业人物、新锐创业之星、投资人物、新锐投资之星和创业服务机构5个奖项，创投界、金融界等领域2000多人参加。

△ “云上公益大脑”在杭州上线，同步启动公益“植数”计划，号召公益慈善组织、企业、民众一起，通过云上公益平台发起、协同、参与公益活动。

13日 市委书记周江勇到西湖区调研，考察三墩镇、铜鉴湖防洪排涝调蓄工程现场、象山艺术公社、农夫山泉股份有限公司等。

14日 市委书记周江勇到杭州大江东产业集聚区（杭州经济技术开发区）调研，考察柔性电子与智能技术全球研究中心、医药港小镇、费列罗食品（杭州）有限公司等，召开座谈会。

△ 浙江省药品上市许可持有人转化平台在医药港小镇揭牌成立。平台旨在实现供需双方的精准对接，为省内外、国内外生物医药机构提供专业化、品牌化、系统化的药品上市许可持有人转化服务。

15日 市监委召开特约监察员聘请会，21名各界代表被市监委聘任为第一届特约监察员，聘期至2022年1月。

△ 由市妇联主办的寻找杭城“最美民宿女主人、最美返乡女创客、最美创业带头人”的“三最”系列活动暨杭州市民宿女主人联盟成立大会在西湖区转塘街道上城埭村文化礼堂举行，100名“民宿女主人”“创业带头人”“返乡女创客”代表参加，系列活动持续至5月底。

19日 省委书记车俊在杭州调研教育工作，考察中国计量大学、浙江传媒学院的部分实验室，了解教学、教研、科研情况及师生创新创业项目孵化情况，召开教育工作座谈会。

△ 市委书记周江勇会见由美国国会众议院“美中工作小组”共同主席里克·拉森和达林·拉胡德率领的代表团一行。

△ 市委书记周江勇专题调研中国（杭州）跨境电子商务综合试验区建设工作，考察连连银通电子支付有限公司、杭州同富日用品有限公司，召开座谈会听取情况汇报。

20日 省长袁家军到西湖大学调研，召开会议专题研究支持西湖大学建设和发展工作。

21—22日 全国政协副主席、农工党中央常务副主席何维率农工党中央调研组到杭州考察调研，出席农工党中央在杭州召开的组织建设座谈会，考察富通集团通信技术有限公司、桐庐县江南养生文化村和农工党桐庐县基层委员会“农工党党员之家”等。

22日 市长徐立毅专题调研杭州市5G工作，考察杭州汽轮动力集团公司、中国移动杭州研发中心等，召开座谈会听取情况汇报。

23日 世界旅游联盟总部暨博物馆项目启动仪式在萧山湘湖国家旅游度假区举行。世界旅游联盟是由中国发起的全球第一个综合性、非政府、非营利国际旅游组织，于2017年9月成立，11月确定总部选址湘湖压湖山岛。

24日 由中国日报社、杭州市政府主办的“一带一路”国家青少年演讲比赛总决赛暨“21世纪杯”全国英语演讲比赛颁奖活动在杭州国际博览中心举行。比赛自2018年9月启动，30多个国家和地区的100多万名学生参加，500名选手参加总决赛。

24—31日 全国人大常委会副委员长、九三学社中央主席武维华率社内专家及科技部、工业和信息化部、财政部、中国人民银行等有关单位人员组成调研组，到杭州就“促进科技型民营企业高质量发展”课题开展调研。

25日 市商务局联合市财政局出台《杭州市加快服务贸易创新发展实施意见》，明确市、区两级财政将按比例每年统筹安排资金对服务贸易企业和机构进行补助，从资金层面对优秀市场主体和重点领域企业给予实质性支持。

△ 由市教育局、市科技局、市科协、团市委、杭州青少年活动中心、华数传媒集团、杭报集团联合举办的2019年杭州市第十一届中小学生科技节启动，主题为“科技创造美好生活”，设立8项“科普主题活动”和13项“专项科技竞赛活动”，活动贯穿全年。

25—29日 全国人大常委会副委员长、民革中央主席万鄂湘率领调研组，就“完善法治建设，优化营商环境”课题到杭州调研并召开座谈会。

26 日 中芬科技产业园落户杭州钱塘智慧城，园区依托浙江海邦创智投资管理有限公司和芬兰 FinC 平台，聚焦人工智能、生物医疗、环保和清洁能源等高精尖领域，将在 3 年内至少引进 23 个高层次人才和 60 个科技项目。

27 日 省委书记车俊在杭州大江东产业集聚区（杭州经济技术开发区）调研，考察下沙城市核心区、大江东产业集聚区的规划功能布局、重大项目建设、产业平台建设和企业发展等情况，召开座谈会听取相关汇报。

29 日 由市政府主办的“智涌钱塘”2019 年 AI Cloud 生态大会在白马湖国际会展中心举行，主题为“数据智理，AI 赋能”，国内外专家、政府机构和产业界人士探讨人工智能、大数据在各行各业的应用和发展趋势。

△ 首届阿里巴巴全球数学竞赛颁奖典礼举行，大赛历时 6 个月，3 万余人参加，51 人获奖。

△ 建设平安浙江工作会议召开，余杭区被授予“平安金鼎”。

30 日 由杭州市政府、中国国际茶文化研究会、中国茶产业联盟、中国茶叶学会、杭州市茶文化研究会主办的 2019 年杭州茶文化博览会暨西湖龙井开茶节在龙坞茶镇九街开幕，主题为“品茗龙坞畔·茶享新生活”。开幕式现场对龙坞茶镇进行国家 AAAA 级旅游景区授牌。

△ 2019 年中国杭州·西溪花朝节在西溪国家湿地公园绿堤景区开幕，主题为“花开杭城·情定西溪”，展出 890 多个花卉品种，共 100 多万盆花卉，5 月 12 日闭幕。

△ 杭州轨道交通和宁波轨道交通实现二维码互联互通，实现沪杭甬城市轨道交通 App 通用。

4 月

1 日 由市科技局印发的《杭州市科研诚信管理办法（试行）》实施，将科研信用等级划分为 A、B、C、D 四级，管理对象包括杭州市科技计划项目、科技奖励、科技创新活动的申请者、执行者、评价者和管理者，建立针对申报指南、立项评审、过程管理、验收评估、科技奖励等全过程的监督系统。

2 日 浙江省发布关于同意设立杭州钱塘新区的批复，整合后的钱塘新区规划控制总面积 531.7 平方千米，空间范围包括现杭州大江东产业集聚区和现杭州经济技术开发区，保留杭州经济技术开发区、浙江杭州出口加工区、萧山临江高新技术产业开发区 3 个国家级牌子。

△ 杭州 11 个市属医院上线“先看病后付费”信用就医服务，信用就医与杭州城市信用“钱江分”衔接，实行多档分级授信额度。

3 日 省长袁家军在杭州调研 5G 商用和 5G 产业发展情况，考察 5G 远程 B 超及远程急救、“5G+ 数字职教”、5G 自动微公交、5G 低时延智能制造应用、工业大脑等项目。

△ 杭州市第十三届人民代表大会常务委员会第十八次会议审议决定，自 2019 年起将每年的 9 月 26 日设立为“工匠日”。

△ 位于西湖区紫金港科技城板块的西湖大学主校区（云谷校区）全面开工建设，预计 2021 年末建成。

7—9 日 第二届中国（浙江）民族服饰设计展演活动暨第十届“三月三”畲族文化节在桐庐县莪山畲族乡举行。9 日，中国（浙江）民族服饰文化展示馆暨中国（浙江）民族服饰设计展演永久会场——畲乡文创中心开工奠基。

8 日 2022 年第 19 届亚运会举办时间和竞赛项目设置发布，杭州亚运会将于 2022 年 9 月 10—25 日举行，已确定竞赛大项增至 37 个，将根据巴黎奥组委提议的新增项目以及亚奥理事会在杭州亚运会协调委员会第一次会议时提议的竞赛项目商议后续项目的设置。

△ 杭州市中国特色社会主义理论体系研究中心揭牌，为第一批特聘专家代表发放聘书。

△ 市建委、市小城镇环境综合整治行动领导小组联合印发《美丽城镇建设试点工作方案》，27 个小城镇被列入第一批美丽城镇示范创建的试点乡镇。

9 日 省长袁家军专题调研高考综合改革工作，走访杭州学军中学、杭州市长征中学，了解教师教学、教研和考生学考、选考等情况，召开座谈会。

△ 市委书记周江勇到余杭区督查调研千岛湖配供水工程推进情况，考察闲林水库、配水井、闲林水厂等项目进展情况，召开座谈会听取情况汇报。

10 日 市民政局、市财政局印发《杭州市困难老年人家庭适老化改造项目试点实施方案》，首批试点改造困难老年人家庭 200 户，在上城区、拱墅区、西湖区、临安区具体实施推进。

10—12 日 杭州市代表团到湖北省恩施州对接落实扶贫协作工作，考察扶贫协作项目，看望慰问贫困户，召开扶贫协作联席会议，举行鹤峰行知民族幼儿园捐赠仪式。

11 日 中国（杭州）5G 创新谷签约仪式举行，5G 创新谷落户萧山，将按照“一院一园一基金，专业机构运营”模式，设立浙江 5G 研究院和总规模 20 亿元的浙江 5G 产业基金。

11—12 日 市长徐立毅到建德市、淳安县开展“走亲连心三服务”活动，走访建德市寿昌镇山峰村、杭州千岛湖康诺邦健康产品有限公司、杭州千岛湖啤酒有限公司，考察民生工程，检查“大棚房”整改、千岛湖临湖地带综合整治的推进落实情况。

11—13 日 由市政府主办的 2019 年中国（杭州）国际社会公共安全产品与技术博览会暨杭州智慧安防大会在白马湖国际会展中心举行，主题为“智汇安防，共赢未来”，聚焦推进数字产业化、产业数字化、城市数字化“三化融合”，国内人工智能、城市大脑领域专家，国家相关部委领导和市委、市政府相关领导参加。

12—14 日 由国家新闻出版署、浙江省政府指导举办的第五届中国数字阅读大会在西湖区文体中心举行，主题为“e 阅读，让生活更美好”，设置 13 个主题展区，展示数字阅读的新产品、新服务。

18 日 国家林业和草原局森林旅游管理办公室公布 100 个森林体验和森林养生国家重点建设基地名单，杭州长乐森林体验国家重点建设基地和桐庐瑶琳森林体验国家重点建设基地上榜。

20—21日 杭州市代表团到贵州省黔东南州对接落实东西部扶贫协作工作，考察协作项目，走访慰问贫困户，出席扶贫协作电商消费项目——网易严选雷山体验馆开馆仪式。

22日 杭州市代表团到重庆市涪陵区对接落实对口支援工作，考察对口支援项目，向浙涪友谊学校捐资200万元，考察两江新区、国际物流枢纽、弹子石老街等区块和项目。

23日 杭州市劳模工匠协会第一次会员代表大会召开，审议通过杭州市劳模工匠协会章程和杭州市劳模工匠协会第一次会员代表大会选举办法，选举产生理事会理事35名，孔胜东担任杭州市劳模工匠协会第一届理事会会长。杭州市劳模工匠协会成立。

△ 富春江船闸扩建改造工程通过竣工验收，进入正式运行阶段。扩建后船闸通行能力提高到500吨级（兼顾1000吨级），年吞吐量近期达2500万吨、远期可达3200万吨，比老闸增长50多倍。

△ 2022年杭州亚运会淳安亚运分村项目开工建设，选址在千岛湖西南湖区界首乡，主要包括1个新建场地自行车馆、5个临建设施和运动员村、媒体村、技术官员村等。

24日 高新区（滨江）获国家知识产权局批复，成为国家知识产权服务业集聚发展示范区，示范期3年。

25日 杭州市纪念五四运动100周年主题团日活动举行，500多名在杭各基层团组织、高校、系统、行业的青年代表参加。现场表彰"新时代杭州十大杰出青年""新时代杭州十大青年英才""新时代十佳来杭创业创新青年""新时代杭州十佳农村青年致富带头人"。

△ 杭州先进技术与产业创新发展国际论坛暨杭州中科先进技术研究院揭牌仪式在大创小镇举行，国内外知名院校及科研院所代表约100人参加。研究院是由中国科学院深圳先进技术研究院和杭州钱塘新区管理委员会共同设立的新型研发机构，将努力建设成国际化高水平研发、教育及技术转化机构。

26日 浙江（杭州）知识产权诉调中心成立暨揭牌系列活动在杭州未来科技城举行。该中心是一个专业调解知识产权纠纷的独立的第三方平台，可自行受理案件，调解成功后由法院司法确认，如调解不成功，可再进入诉讼程序。

26—28日 由杭州市云栖科技创新基金会与志愿者共同发起的第二届"2050"大会在杭州云栖小镇举行，主题为"年轻人因科技而团聚"，设置10个内容板块，组织100场青年团聚、100场新生论坛、1万平方米探索空间以及候鸟计划、热带雨林、青春舞台、星空露营等活动。"2050"全球唯一永久营地在桐庐启用。

30日 第十五届中国国际动漫节在白马湖动漫广场开幕，5月5日闭幕，设立12个分会场，开展五大板块50多项活动，86个国家和地区参与，2645个中外企业机构、5770多名客商展商和专业人士参展参会，实际成交及达成签约交易、意向合作项目1368项，涉及金额139.84亿元。

5月

3日 2019年"天眼杯"中国（杭州）国际少儿漫画大赛颁奖仪式在杭州青少年活动中心举行。大赛于2018年10月启动，收到4.38万件参赛作品，评选出特等奖10个、金奖481个、银奖790个、铜奖1384个。

4日 杭州启动养老服务"时间银行"，在拱墅区、滨江区开展为期一年的试点工作，开发"时间银行"线上信息化管理系统和移动客户App终端，探索构建"区运营管理中心—镇（街）服务站—村（居）服务点"的三级实体服务网络。

5—11日 由省委宣传部、省文化和旅游厅、市政府、省文化产业促进会主办的2019年中国大运河国际钢琴艺术节在杭州举行，开展"郎朗杯"钢琴大赛、钢琴大师课、大师音乐会、大师讲座、青年教师钢琴音乐会、大运河社区钢琴艺术周、"运河之夜"钢琴弹唱会等活动。

6日 市长徐立毅专题调研未来社区建设试点工作，考察下城区华丰社区和拱墅区瓜山社区试点建设项目。

7日 由浙江省经济和信息化厅、中国信息通信研究院、工业互联网产业联盟、萧山区政府主办的第四届中国工业大数据大会·钱塘峰会在杭州国际博览中心举行，中国（杭州）工业互联网产业园亮相并计划在萧山启动共建，工业互联网实验室揭牌。

7—8日 杭州市代表团到北京市学习考察，走访北京城市副中心规划展示厅、大运河森林公园、环球影城主题公园项目现场等。7日，中共中央政治局委员、北京市委书记蔡奇与浙江省委常委、市委书记周江勇座谈。

9日 中国科学院与杭州召开工作交流座谈会，就推进中国科学院大学杭州高等研究院建设、深化校地共同发展进行对接和交流。

△ 市长徐立毅到富阳区调研指导，考察富阳区行政服务中心、杭州鸿世电器有限公司、永昌镇长盘村、新登古城等。

9—10日 市长徐立毅专题调研老旧小区改造和住宅小区物业管理工作，考察景昙社区、金都华庭小区、和睦新村、小天竺社区等。

10日 位于高新区（滨江）"生物医药"产业带核心位置的中澳生物医药产业科技园启动，由国家科技部火炬中心与杭州高新区（滨江）联合共建，将协同海内外生物医药核心关键技术资源，引进海外高层次人才，培育全球领先的具有自主知识产权的创新药，研发高端医疗器械和精准诊断技术，打造国际级生物医药产业高能级创新平台。

11日 由中国作家协会、浙江省委宣传部、杭州市委宣传部主办的第二届中国网络文学周在杭州白马湖畔开幕，主题为"守正道、创新局、出精品"。首届网络文学博览会同时开幕。

13日《杭州国际金融科技中心建设专项规划》印发，包括总则、背景和条件、定位和目标、聚力开发金融科技核心技术、着力构建金融科技基础设施、倾力发展金融科技重点产业、全力打造金融科技创新生态、整合优化金融科技空间布局、保障措施9个方面内容。

14日 省委书记车俊在余杭区调研“大众创业、万众创新”工作，考察杭州未来科技城学术交流中心、同盾科技公司、暖芯迦电子科技公司等。

15日 市长徐立毅会见由日本爱知县知事大村秀章率领的代表团一行。

△ 由市委宣传部、市文化广电旅游局主办的2019年“西湖之春”艺术节在杭州大剧院开幕，30日闭幕，设置4场文艺演出、2场艺术展览、2个艺术讲座、2项艺术赛事。

15—19日 由农业农村部、浙江省政府主办的第三届中国国际茶叶博览会在杭州国际博览中心举行，主题为“茶和世界，共享发展”，展示展销总面积7万平方米，展位3139个，举办中国—中东欧国家农业部长会议暨农业经贸论坛、第三届中国茶业国际高峰论坛等活动。博览会实现现场茶叶交易222.9吨，交易额1.86亿元；达成意向交易量5032吨，意向交易额54亿元。

15—22日 “知味杭州”亚洲美食节在杭州举行，设置六大版块22项活动。

16日 墨西哥蒙特雷科技大学中国创新中心在江干区启动。该中心是由墨西哥蒙特雷科技大学、墨西哥新莱昂州政府共同出资设立的中墨跨境人才和科技创新加速平台，主要为墨西哥学者寻找技术和商业合作伙伴，把其优势技术和专利技术引入中国市场进行产业化。

17日 第四届中国—中东欧国家农业部长会议暨第十四届农业经贸合作论坛在杭州举行，主题为“农业数字化——乡村振兴的动力引擎”，来自中东欧国家和各省（自治区、直辖市）农业农村主管部门负责人，农业协会和企业界代表参加。会议审议通过《中国—中东欧国家农业部长会议杭州共同宣言》。

△ 由市政府主办的“茶传五洲”国际茶文化交流对话活动在中国茶叶博物馆（双峰馆区）举行，主题为“一盏茶的文明之旅”，开展圆桌对话、“茶·颜暨中国茶人”人物图片展等活动。

18日 杭州2022年第19届亚运会首套个性化专用邮票发布，为1套1枚，另发行小本票1本。杭州亚运会纪念明信片、纪念封、纪念邮折、纪念册等系列邮品同步发行。

20日 第三届“5·20”世界蜜蜂日中国主会场活动在富阳区分水镇分阳广场举行，中国养蜂学会授予桐庐县“中国蜜蜂小镇”牌匾，桐庐县政府与中国养蜂学会签署共建中国品牌蜂产品之乡、共建蜜蜂小镇协议，与福建农林大学蜂学学院签订战略合作协议。

21日 市委书记周江勇到余杭区调研良渚遗址保护和申遗工作，考察瑶山祭坛、反山王陵遗址、良渚遗址遗产监测管理中心等。

△ 市长徐立毅到萧山区调研美丽城镇和美丽乡村建设工作，考察瓜沥镇七彩小镇综合体、航民村田园广场、新街街道、市心中路口碑街等。

△ 钱塘江金融港湾金融科技实验室、长三角金融人才高校联盟在钱江世纪城揭牌成立。钱塘江金融港湾金融科技实验室位于广孚联合国际中心，由浙江省金融人才协会和浙江工业大学共建，以金融和科技为主要研究方向。长三角金融人才高校联盟是由浙江工业大学和浙江省金融人才协会倡议，长三角地区各知名大学共同发起的非营利性、开放式、非法人的联合体。

22日 市委书记周江勇到富阳区、高新区（滨江）调研特色小镇建设，考察富春硅谷小镇、物联网小镇规划建设情况，召开座谈会听取情况汇报。

△ 长三角地区政务服务“一网通办”开通运行，首批51个政务服务事项均在14个城市实现“一网通办”。

△ 由浙江大学倡议，联合复旦大学、上海交通大学、南京大学、中国科学技术大学等高校共同发起的长三角研究型大学联盟签约。联盟采取“联合、共建、协同、开放、共享”的运行机制，每年拟举办一次联盟校长峰会。

23日 由市政协港澳台侨和外事委、杭州公共外交协会等主办的2019年杭州民营企业牵手“一带一路”国家（地区）对接洽谈会举行，来自19个“一带一路”国家（地区）的44位驻沪外交官、商务官员及商务机构代表参会，与115名杭州民营企业代表对接交流。

△ 浙江首个女性融媒体联盟在杭州成立，联盟成员联合发出《杭州女性融媒体联盟宣言》，并签署《杭州女性融媒体联盟公约》。现场举行第二届“lady talk”主题论坛。

23—24日 市委书记周江勇专题调研工业经济，考察中亚机械有限公司、杭州华东医药集团、浙江中烟工业有限公司等企业，召开工业经济部门座谈会。

23—25日 由杭州市政府主办的2019年中国（土耳其）贸易博览会在伊斯坦布尔世贸中心举行，展会成交金额近2700万美元。

24日 杭州市—黄山市政法领域合作共建座谈会在杭州召开，交流政法工作经验，签订政法领域合作共建框架协议。

△ 由省文联、市委宣传部、中国美术学院、浙江音乐学院、西湖区政府主办的“青春·观·世界”首届之江国际青年艺术周开幕，主题为“观照世界的青春宣言、高度开放的创想时空、山水公社的游戏剧场、多种未来的汇聚之地”，开展“展、演、坊、论、市”五大板块活动，持续至6月10日。

25日 由杭州市政府、中国证券投资基金业协会、浙江省地方金融监管局主办的第五届全球私募基金西湖峰会举行，主题为“金融供给侧结构性改革与私募基金发展”，开展1场主论坛、5场分论坛、3场闭门会议、基金小镇实地考察等活动，国内外行业领袖、专家、机构代表等1000多人参加，探讨金融供给侧结构性改革背景下的私募基金创新与发展。活动现场举行国企改革“双百行动”发展基金、赋能“双百基金”助力“凤凰腾飞”战略合作备忘录、深圳证券交易所杭州基地落地签约仪式，以及浙江省长三角资本研究院筹建启动仪式。

△ 由省经济和信息化厅、萧山区政府、省5G产业联盟主办的5G产业峰会暨中国（杭州）5G创新谷开园仪式在萧山区举行，浙江5G研究院揭牌仪式、中国移动5G联合创新中心浙江5G研究中心揭牌仪式和

"5G+" 亚运先行先试区签约仪式同时举行。

△ 由市文明办、市教育局、市文联、团市委主办的杭州市第十四届"天堂儿歌"演唱和创作大赛总决赛暨颁奖典礼在杭州市青少年发展中心举行。大赛于3月下旬启动，10万余名少年儿童参加。

26日 由市文明办、市民政局、市妇联、钱江晚报社等主办的杭州市第十六届邻居节在西湖区留下街道杨家牌楼社区举行，主题为"文化家园，德润邻里"，主场活动设置12个环节和板块。

27日 市委书记周江勇督查调研大城北建设工作，考察杭钢云计算数据中心运营情况、瓜山保留农居点计划等，召开座谈会听取情况汇报。

28日 浙江"5G加速度"活动暨中国（杭州）5G创新园重大项目进驻仪式在杭州未来科技城举行，5G领域专家、学者、企业家和投资人等500多人参加，32个项目和平台集中进驻中国（杭州）5G创新园，中国信息通信研究院5G（杭州）研究中心、智能网联驾驶测试与评价工业和信息化部重点实验室（浙江中心）、中国移动5G联合创新中心、杭州未来科技城5G开放实验平台揭牌。

△ 由市政府主办的第六届中国杭州大学生创业大赛总决赛在白马湖国际会展中心闭幕。大赛于2018年11月启动，国内外436所高校的3708个项目团队参加。

△ 由市政府主办的2019年中国·杭州医药港健康产业峰会（首届抗体药大会）暨长三角G60科创走廊生物医药产业联盟成立大会在钱塘新区举行。上海松江，浙江嘉兴、湖州、杭州、金华，江苏苏州，安徽宣城、芜湖、合肥，三省一市九城市将以产业联盟的方式抱团发展，做大做强生物医药产业万亿市场，打造成为长三角地区贯彻落实新发展理念引领示范区的重要引擎。

29—31日 由杭州市政府主办的2019年中国（波兰）贸易博览会在波兰华沙PTAK展览中心举行。展览面积2.1万平方米，设展位1060个，550个企业参展，12个国家的专业采购商到场采购。

6月

2—5日 由联合国环境署、中国生态环境部主办的2019年世界环境日全球主场活动在杭州举行，国家主席习近平致贺信，中共中央政治局常委、国务院副总理韩正出席主场活动。活动主题为"Beat Air Pollution"，开展1场全球主场活动、6场主题论坛、2场全体会议、1场浙江生态文明建设成就展、5条实地考察线路等活动，国内外政府部门、企业、社会组织和公众代表1100多人参加。

4日 联合国助理秘书长、联合国环境署代理执行主任乔伊斯·姆苏亚带领的联合国环境署代表团考察"绿色杭州"，走访杭州西溪湿地博物馆、三基鱼塘、杭州市竞舟小学等体验点。

5—7日 由法国瑞德集团主办的第三届法国戛纳电视节中国（杭州）国际影视内容高峰论坛举行，开展专业会议论坛、一对一合作洽谈和内容品鉴会，19个国家和地区170多个影视公司的320位代表参加，现场达成合作意向166个，意向金额超过1450万美元。

6日 由中国服装设计师协会、余杭区政府主办的中国时尚行业双创大会在余杭区临平新城艺尚小镇举行，国内各大专业院校、时尚企业的300多名大学生和企业家参加，探讨"双创"政策落地生根、完善孵化平台建设等问题，展示27所院校的时尚服装设计作品。

12—13日 中共中央政治局常委、国务院总理李克强到杭州考察，走访拱墅区和睦新村、中国（杭州）跨境电子商务综合试验区、梦想小镇、杭州市行政服务中心等。

13—14日 中共中央政治局委员、国务院副总理刘鹤到杭州调研中小银行服务实体经济情况和加强基础研究工作，召开座谈会听取情况汇报。

13—15日 杭州市代表团到香港和澳门开展考察访问和交流活动。其间，举办杭州（香港）创新合作恳谈会、"知味杭州·美食文化品鉴"活动。

13—19日 2019年全国大众创业万众创新活动周举行，设杭州主会场和北京会场，全国各省（自治区、直辖市）、计划单列市和新疆生产建设兵团同步举办系列活动，主题为"汇聚双创活力，澎湃发展动力"，9000多人参加杭州主会场活动。

18日 市委书记周江勇调研督查老旧小区综合改造提升和垃圾分类工作，考察圣奥领寓小区、景昙社区和小天竺社区等。

19日 市委书记周江勇到钱塘新区开展"调研解难题、深化'三服务'"活动，考察杭州医药港、围垦大街、艮山东路过江隧道施工现场、白杨街道邻里中心等。

21日 位于西湖区双浦镇西北的铜鉴湖防洪排涝调蓄工程项目开工，项目总投资14.44亿元，由铜鉴湖调蓄区及周边水闸、铜鉴湖隧洞、配水泵站等构成。恢复后的铜鉴湖调蓄库容320万立方米。

22日 由中国通信学会主办的第二届中国人工智能创新峰会在萧山机器人小镇举行，主题为"筑梦人工智能，引领科技创新"，从教育、科研、产业三方面进行探讨。

24日 市委书记周江勇调研地铁建设运行管理工作，考察5号线大运河站、3号线沈半路站施工现场、江北综合应急救援基地、市地铁集团等。

△ 地铁5号线首通段开通试运营，首通段设12座车站，约17.76千米，连接余杭区、西湖区、拱墅区。

25日 省委书记车俊在杭州专题调研科技企业生产经营情况，考察杭州汽轮动力集团有限公司、杭州国芯科技股份有限公司、浙江大华技术股份有限公司、华为技术有限公司杭州研究所、杭州海康威视数字技术股份有限公司等。

26日 市委书记周江勇督查城市大脑建设工作，考察市公安局与杭州海康威视数字技术股份有限公司联合实验室、云栖小镇便捷泊车等，召开座谈会听取情况汇报。

27日 由中国（杭州）跨境电商综合试验区主办的"潮起钱塘·数字丝路"第四届全球跨境电商峰会在杭州举行，主题为"数字赋能·产业互融"，国内外产、学、研、政界人士探讨产业数字化为全球经贸合作中平台创新、品牌戎长、产业升级以及全球价值链协作带来的新机遇和新挑战。

29—30 日 杭州市代表团到文莱访问，拜会中国驻文莱大使于红、文莱首相署部长兼第二财政和经济部长拿督刘光明，考察大摩拉岛石化项目，召开座谈会。

30 日 杭州市代表团到越南考察访问（持续至 7 月 3 日），拜会越南文化、体育和旅游部副部长黎光松，胡志明市委副书记武氏榕，中国驻越南大使熊波及中国驻胡志明市总领事吴骏，考察龙江工业园、海亮（越南）铜业有限公司等，召开座谈会，出席杭州文化旅游（越南）推介会。

7 月

1 日 杭州市 245 个公立医疗机构全部提供“舒心就医”服务，患者就诊结束后可通过手机支付医药费。

△ 备塘路（良山西路—德胜路）地下综合管廊主体结构施工完成，全线贯通，是浙江省首条穿越地铁的综合管廊，也是杭州首条兼具人防功能的综合管廊。

1—2 日 省委书记车俊围绕“不忘初心、牢记使命”主题教育在淳安县蹲点调研，走访多个村落和千岛湖临湖综合整治项目现场，乘船考察新安江流域水质情况，召开座谈会。

3—5 日 由中国交通运输协会主办的第十九届中国国际运输与物流博览会暨 2019 年世界科技物流大会在萧山区举行，主题为“科技改变物流”，设置 5 个板块、9 个专业特色展区。

4—8 日 杭州市代表团到阿塞拜疆考察访问。其间，代表团成员参加第 43 届联合国教科文组织世界遗产委员会会议（世界遗产大会）。6 日，良渚古城遗址被列入“世界遗产名录”。

5 日 由市委宣传部、杭州文广集团主办的 2019 年杭州国际音乐节在杭州大剧院开幕，20 日闭幕，开展驻节演出、公益普及演出、大师班、音乐讲堂、城市灯光秀、中国乐团艺术管理论坛等 45 场（项）演出及活动。

6—7 日 亚洲残疾人奥林匹克委员会第 22 届执行委员会会议召开，确认杭州 2022 年亚洲第 4 届残疾人运动会的开闭幕时间，于 10 月 9 日开幕，10 月 15 日闭幕。

9 日 省委书记车俊在杭州考察杭州萧山国际机场、杭州亚运会奥体中心、省综合交通智慧云平台，出席第一批单位主题教育工作座谈会暨省委主题教育领导小组第三次会议。

△ 中国·杭州湘湖国际生命健康产业协同创新先行试验区启动仪式在萧山区举行。试验区由国家发展改革委国际合作中心、萧山区政府、杭州三江控股集团有限公司合作共建，选址湘湖国家旅游度假区，计划建设以“再生医学精准抗衰（核）辐射细胞药物研发 + 中医药康养旅游”为主导的全产业链产业基地，打造国家首个（核）辐射干细胞应急储备（制备）中心及（核）辐射干细胞治疗中心。

11 日 由中国音像与数字出版协会音乐产业促进工作委员会、杭州市委宣传部、萧山区政府主办的 2019 年中国数字音乐产业发展峰会在杭州国际博览中心举行，主题为“预见·音乐未来”，200 多位专家、学者和音乐企业领军人物参加。中国数字音乐产业研究院和中国音乐音频报备中心（备创）成立。

12 日 第六届两岸亲子文创作品联展在杭州连横纪念馆开幕，主题为“梦开始的地方”，展示杭州和台湾南投县的 266 件少儿书画作品，展览持续至 8 月 18 日。

18 日 浙江省康养体系建设试点落地西湖区启动仪式在三墩镇社区卫生服务中心举行，在西溪街道和三墩镇具体落地开展。

21—22 日 2019 年亚太经合组织工商领导人中国论坛在杭州举行，国内外知名工商界人士围绕“创造新产业繁荣的时代”，探索经济与创新发展的动力与路径。

22 日 杭州市代表团到湖州市学习考察，走访美欣达大健康产业研究中心项目、太湖龙之梦乐园项目、湖州影视城项目等，召开两地工作交流座谈会。

22—25 日 由中国国际贸易促进委员会主办的 2019 年亚太经合组织工商咨询理事会第三次会议在杭州召开，亚太地区 21 个经济体的 250 多名工商界代表参加，探讨支持多边贸易体制、应对气候变化、发展数字经济等议题。

24 日 杭州市代表团到嘉兴市、绍兴市学习考察，对接贯彻实施长三角区域一体化发展国家战略的具体工作，分别召开工作交流座谈会，签订一体化发展战略合作框架协议和公共服务、综合交通、文化旅游一体化以及政务服务“一网通办”等合作协议。

△ 世界休闲组织主席罗杰·科尔斯一行到杭州考察。

26—29 日 市委书记周江勇到企业开展“走亲连心三服务”活动，考察浙江零跑科技有限公司、万向集团等，召开座谈会。

28 日 全国乡村旅游（民宿）工作现场会在四川召开，第一批全国

良渚古城遗址公园　　（良渚遗址管委会 供稿）

乡村旅游重点村在会上进行授牌，杭州淳安县枫树岭镇下姜村入选。

30日 中共杭州市委十二届七次全体（扩大）会议召开，审议通过《关于贯彻实施长三角一体化发展国家战略，全面提升城市综合能级和核心竞争力的决定》。

△ 由市民政局、市文明办、市支援合作局、杭报集团主办的杭州市第三届“钱塘善潮”论坛在艺尚小镇举行，主题为“新公益”，通过展望公益事业未来的新变化，提升杭州在慈善理念传播、公益项目实践的区域集聚力、辐射力和带动力，探讨公益事业如何参与精准扶贫。

31日 杭州市代表团到上海市学习考察，中共中央政治局委员、上海市委书记李强，上海市委副书记、市长应勇会见由浙江省委常委、杭州市委书记周江勇率领的代表团。代表团考察长宁区中华别墅小区、华丽家族古北花园垃圾分类情况，及张江科学城展示厅、张江人工智能岛。

8月

5日 浙江省家庭建设综合平台行动计划在萧山区启动，家庭建设综合平台，涵盖家庭文明创建、家庭教育推进、家庭平安保障、家庭发展共促、家庭服务提升5个方面。“家家幸福安康工程”和“守护童年”大学生暑期牵手共成长行动同步启动。

5—7日 杭州市代表团到吉林省长春市对接落实对口合作工作，考察长影旧址博物馆、农安县滨水生态治理项目、农安县博物馆、长光卫星公司、传化公路港物流项目、阿里云创新中心等，召开两地对口合作工作座谈会。

6日 个人守信激励城市合作机制（城市信用联盟）在郑州举行上线仪式，杭州、南京、武汉、苏州、郑州5个城市代表签署合作框架协议，计划实现跨区域信用分互认和应用场景互通。

7—9日 杭州市代表团到新疆维吾尔自治区阿克苏市对接落实对口支援工作。中共中央政治局委员、新疆维吾尔自治区党委书记陈全国在乌鲁木齐会见由浙江省委常委、杭州市委书记周江勇率领的代表团。代表团考察柯柯牙绿化工程纪念馆、柯柯牙生态园经济林、阿克苏市电子商务产业园、阿克苏市人民医院等。

8日 省市场监管局、省工商联、省民营企业发展联合会联合公布“2019浙江省民营企业100强”名单，杭州33个企业上榜。

10日 凌晨1时45分，2019年第9号超强台风“利奇马”在浙江省温岭市城南镇登陆，16—19时，“利奇马”穿经杭州地区，给杭州市造成普遍暴雨和大风天气。

11日 省长袁家军、市委书记周江勇等到临安区检查指导抢险救灾，实地查看水势，了解灾情，听取失联人员搜救和抢险救灾情况汇报，会商抢险救灾方案。

12日 市委书记周江勇会见法国尼斯市市长克里斯蒂安·埃斯特罗西一行。

14日 由浙江省经济和信息化厅、杭州市政府、中国信息通信研究院、浙江省科学技术协会主办的中国（杭州）工业互联网大会在余杭区举行，主题为“聚焦工业互联新生态”，国内相关领域专家、企业精英和政府领导参加，探讨与分享工业互联网政策、技术动态、产业方向及最佳实践，全面展示工业互联网最新动态、关键技术及产业方向。中国（杭州）工业互联网小镇举行发布仪式，入驻临平新城的阿里云SupET工业互联网创新中心同步启动。

17日 由中华文化学院、中国新闻社、杭州灵隐寺主办的第五届中华慈孝文化节开幕式暨慈孝人物颁奖盛典在杭州举行，文化节主题为“大慈大孝家国天下，文化弘扬传承慈孝”，开展慈孝人物颁奖盛典、第五届中华慈孝文化论坛和2019年中华慈孝感恩音乐会等活动。

22日 央企名企走进“四大”建设·携手共建未来社区专题活动在杭州举行，30多个央企名企参加。省长袁家军为未来社区产业联盟、未来社区发展研究中心授牌并讲话。

△ 市委书记周江勇到桐庐县、萧山区督查调研环保督察问题整改落实工作，了解企业废水、废气、固废处置措施及效果。

28日 市委书记周江勇到上城区调研湖滨步行街改造提升工作，考察湖滨步行街南入口提升改造、“公共美学艺术空间”方案实施、红泥花园立面整治和业态调整、智慧街区建设等，听取情况介绍。

△ 10时左右，杭州地铁5号线宝善桥站至建国北路站联络通道施工发生渗漏水，相关部门落实救援工作，无人员伤亡。

△ 杭州高新区（滨江）富阳特别合作区挂牌。特别合作区选址富春湾新城灵桥镇，计划培育信息技术、生命健康、高端装备制造、人工智能、新能源、新材料等产业，合力建设成为区域合作发展示范区、自主创新拓展区、产业有序转移承载区。

△ 第45届世界技能大赛在俄罗斯喀山闭幕，杭州市萧山区职业高级中学美发专业教师石丹获美发项目金牌。

30日 上海、杭州、嘉兴、金华、苏州、湖州、宣城、芜湖、合肥长三角地区9个城市在湖州成立长三角G60科创走廊智能装备产业联盟，由9个城市高端智能物流装备、智能电梯、新能源汽车、智能停车设备、机器人等相关的企事业单位、科研机构、检测机构等155个单位组成。

△ 浙江省人才企业上市服务联盟成立大会在杭州未来科技城（海创园）举行。联盟由省委人才办、省地方金融监管局作为指导单位，浙江股权服务集团、浙江省海外高层次人才联谊会作为主办单位，聘请12个上市企业作为导师单位。

9月

2日 全国工商联公布“2019中国民营企业500强”榜单，杭州36个企业上榜，入围“中国民营企业500强”企业数蝉联全国城市第一位。

3日 市委书记周江勇会见意大利维罗纳市市长费德里科·斯博阿里纳一行，为杭州中意文化交流中心揭牌。

4日 省委书记车俊在杭州走访慰问在革命、建设、改革各时期做出突出贡献的8人，送上“庆祝中华人民共和国成立70周年”纪念章。

4—5日 由中国法学会指导的

第三十一届全国副省级城市法治论坛暨2019年杭州国际友城市长论坛在杭州举行，主题为“市域社会治理现代化的理论与实践”，15个副省级城市的200多名法学专家学者和杭州国际友城代表参加。

5日 2019年杭州国际日活动启动，主题为“杭州联通世界”，来自38个国家和地区的驻沪领事、国际友人、国际高端人才等外籍人士参加。开幕式上，举行杭州首份英文报*Hangzhoufeel*（《韵味杭州》）出版仪式，发布《创新型城市杭州倡议》。

6日 省委书记车俊在建德市调研并出席全省美丽城镇建设工作会议，考察新安江、兰江、富春江交汇的三江口，梅城镇古城墙，清邮局，建德县委旧址，考古展示点等。

6—8日 2019年中国（杭州）健康生活节暨杭州市第七届老年生活博览会在浙江展览馆举行，主题为“幸福杭州·健康生活·品质养老”，展会面积1万平方米，开展大健康黑科技展、为老健康公益讲座、互动推介会、“杭州市中小商贸流通企业服务节”和“壮丽七十年·我身边的供销社”展等活动。

7日 由浙江省科技厅、科技部火炬高技术产业开发中心主办的第八届中国创新创业大赛（浙江赛区）暨第六届浙江省“火炬杯”创新创业大赛互联网行业决赛在杭州举行。大赛于4月启动，300多个企业参赛，30个项目进入决赛。

10日 杭州市第十五届“美德少年”（新时代好少年）颁奖活动在杭州文广集团举行，徐子琪、王子悦、周昱媛、王泽昊、项马城、蒋一闻、毛绎如、张娜、高思远、李念谣10名学生获评“美德少年”。

11日 由市委宣传部、市教育局、杭报集团、杭州文广集团、团市委等主办的第九届杭州学习节启动，主题为“礼赞新中国·书香润名城”，开展“学习型城市建设十件大事”推选、第九届杭州学习节分享会、“三分钟理论快讲”第三季、杭州市首届朗诵大赛、庆祝中华人民共和国成立70周年征文活动、“走心的思政课”、诵读进校园、咪咕全民阅读公益推广等活动，持续至10月。

12—25日 由市政府、省商务厅主办的2019年浙江国际进口（武林洋淘）博览会在浙江展览馆举行，主题为“在杭州遇见全世界”，展出面积5.5万平方米，分跨境电商馆、优享生活馆、海外直邮馆、国际名品馆四大展馆，以及汽车展、欧洲古董展、空调篷房展区和多个国家特色馆等。

17日 省委书记车俊到良渚古城遗址调研，考察老虎岭水坝遗址和良渚博物院，了解良渚古城遗址历史和保护利用等情况。

△ 杭州西站枢纽暨湖杭铁路工程开工，计划2022年杭州亚运会前具备通车条件。杭州西站枢纽选址余杭区仓前街道，站场规模为11台、20线，汇集高铁、地铁、公交、大巴、网约车、出租车、社会车辆等多种交通方式于一体，规划引入沪乍杭（沪杭城际）、商合杭、杭临绩、杭温、杭黄5条高铁。

18日 由市文化广电旅游局、市教育局、团市委、淳安县政府主办的“2019中国杭州大学生旅游节”在淳安县下姜村开幕，主题为“放飞激情·礼赞祖国”，开展“辉煌70年杭州记忆”摄影和短片征集大赛、“讲好杭州故事”抖音App短视频征集和传播大赛、“爱的手信”旅游文创产品设计大赛等活动。

19日 市委书记周江勇一行到深圳、珠海与在粤企业家座谈交流，考察格力电器有限公司、华为技术有限公司、优必选科技有限公司，会见恒基兆业集团负责人。

△ 杭州工匠学院成立仪式在杭州第一技师学院举行，6位国家级技能大师受聘为特聘教授，4位世界技能大赛金牌选手受聘为客座教授。

△ 由世界旅游联盟主办的第二届“世界旅游联盟·湘湖对话”在萧山区举行，主题为“旅行的增长与产业的变化”，来自相关政府机构、驻华使领馆、驻华旅游机构、联盟全球会员、旅游业界和学界、旅游城市、媒体等嘉宾600多人参加。

19—20日 由市农业农村局、桐庐县政府、中国新闻社浙江分社主办的第三届中国（桐庐）国际民宿发展论坛暨中日民宿与乡创旅居产业大会在桐庐县举行，主题为“美好生活”，开展主旨演讲、展会交流、考察座谈等活动。

19—23日 由市政府、浙江大学、中国美术学院主办的第十三届（2019）杭州文化创意产业博览会在白马湖国际会展中心举行，主会场面积7万平方米，53个国家和地区的2000多个文创企业参展，开展23场高峰论坛和行业指数发布活动，完成现场成交及签约项目金额167.5亿元，28.6万人次参观和参加各项活动。

20日 市委召开人大工作会议，研究部署新时代杭州人大工作，出台《中共杭州市委关于高水平推进新时代人大工作和建设的意见》。

20—22日 由中国饭店协会、杭州市政府主办的第二十届中国（杭州）美食节、首届中国（杭州）国际美食博览会在杭州国际博览中心举行，主题为“数字经济下的美食更美好”，设置论坛、展览、活动三大板块，探索数字经济下的美食餐饮行业的未来趋势。

23日 杭州认定12个服务贸易示范园区、46个示范企业，以及31个成长型企业，并在示范园区代表——浙大网新软件园举行揭牌仪式。

24日 市委书记周江勇专题调研卫生健康工作，考察市红会医院、凯旋街道社区卫生服务中心、市公共卫生中心等。

25日 市委书记周江勇到钱塘新区开展“走亲连心三服务”活动，考察临江环境能源公司、浙江巴陵恒逸己内酰胺有限责任公司、格力电器智能产业园、临江江海湿地等。

25—27日 由阿里巴巴集团主办的“2019杭州·云栖大会”在云栖小镇举行，主题为“数·智”，开展第五届中间件性能挑战赛、蚂蚁区块链创新大赛、第二届阿里巴巴大数据智能云上编程大赛、台风图像时间序列预测大赛等活动，国内外1000多名科学家、首席技术官、企业家，及6万余名从业者和爱好者参加。

26—28日 由商务部、杭州市政府主办的第十届中国国际服务外包交易博览会主论坛在杭州举行，开展16项活动，全球服务外包、服务贸易领域的专家、机构和企业代表参加，探讨新形势下服务外包高质量发展的新路径。

27日 杭州亚组委召开亚运会训练场馆建设任务部署会，标志着杭州亚运会31个训练场馆建设启动，计划于2022年5月前竣工交付。

△ 杭州湖滨步行街开街。年初，杭州湖滨步行街等11条步行街被商务部纳入改造提升试点，目标是培育"具有国际国内领先水平的高品位步行街"。改造提升后的湖滨步行街呈"千"字形，北至庆春路、南至解百新元华、东至延安路、西至湖滨路。

28日 留石快速路北延（世纪大道段）开通试运行。该路段位于余杭区临平副城，南起石大线，北至望梅路，全长7.14千米。

29日 淳安特别生态功能区建设推进大会暨千岛湖配供水工程通水活动举行，千岛湖配供水工程通水运行，规划年配水量9.78亿立方米。

△ 杭州青年运动史馆开馆。该馆位于上城区思鑫坊石库门建筑群萱寿里17号，展厅面积1344平方米，展出文物资料210多件、珍贵历史照片600多幅，展览分"杭州青年为建立新中国而斗争""杭州青年积极参与社会主义建设""杭州青年在建设中国特色社会主义中建功立业"三个单元。

30日 省长袁家军在杭州检查国庆期间安保、市场供应和安全生产工作，到省防汛抗旱指挥部检查指导防御第18号台风"米娜"工作。

10月

2日 杭州市人力社保及医保信息系统全市集中项目上线，临安区、桐庐县、淳安县、建德市等地的社会保险数据、业务经办系统与杭州市区实现融合。

8日 市委书记周江勇与全国人大常委会副委员长、中科院副院长、中科院院士丁仲礼一行座谈，就谋划推进重大合作项目、推进杭州创新型城市建设进行交流。

9日 市委书记周江勇到高新区（滨江）检查调研第二批"不忘初心、牢记使命"主题教育、"新制造业计划"推进情况并开展"走亲连心三服务"活动，召开工作座谈会听取情况汇报。

10—11日 市委书记周江勇到桐庐县检查指导第二批主题教育、"新制造业计划"推进，并开展"走亲连心三服务"活动。

11日 杭州市城市河道生态文明建设促进会揭牌仪式在西湖区举行。该会是由从事和支持城市河道生态文明建设的单位及个人，自愿结成的专业性、地方性、非营利性的社会组织，市城管局为指导单位。揭牌仪式后，首届城市河道生态文明建设论坛举行。

12日 由国家体育总局棋牌运动管理中心、浙江省体育局等主办的第七届中国国际棋文化博览会在杭州天元大厦开幕，开展三大类别16个子项目，持续至11月9日。开幕式上，杭州智力运动研究院、杭州电子竞技研究院、杭州市电子竞技协会、杭州市智力文化产业协会揭牌。

△"经典南宋·韵味杭州——2019南宋文化节"启动，开展中国民间艺人节、第四届"大宋108"国际越野赛等活动，持续至11月底。

12—15日 由教育部、中央统战部、中央网络安全和信息化委员会办公室、国家发展改革委、工业和信息化部、人力资源社会保障部、农业农村部、中国科学院、中国工程院等举办的第五届中国"互联网+"大学生创新创业大赛总决赛在浙江大学举行。大赛于3月启动，开展主体赛事和6项同期活动，124个国家和地区4093所学校的457万名大学生和109万个团队报名参加。

14—15日 中共中央政治局委员、国务院副总理孙春兰到浙江调研高等教育情况，到浙江大学和西湖大学考察学校建设、科研创新和人才培养工作，出席中国"互联网+"大学生创新创业大赛有关活动。

14—16日 中国少年先锋队杭州市第十次代表大会、杭州市第十三次学生代表大会召开，表彰杭州市"十佳"少先队员、"十佳"少先队辅导员和"星星火炬"事业功臣。

16日 市委书记周江勇到浙江大学城市学院调研，走访校史馆、浙江大学工程师学院等。

△ 市委书记周江勇到杭州临空经济示范区调研，考察杭州湾生物科技谷、浙江长龙航空有限公司、圆通速递华东分拣中心自动化分拣流水线、杭州圆通货运航空有限公司等，召开座谈会听取情况汇报。

△"中国畲族第一乡"授牌暨"民族乡村振兴示范建设"启动仪式在桐庐县莪山畲族乡举行。

17日 由国家广电总局、浙江省政府等主办的第四届中国—阿拉伯国家广电电视合作论坛在杭州举行，19个国家和地区的300多名中外嘉宾参加。

△ 科技部函复浙江省政府，根据《国务院关于印发新一代人工智能发展规划的通知》的部署，按照《科技部关于印发国家新一代人工智能创新发展试验区建设工作指引的通知》，支持杭州市建设国家新一代人工智能创新发展试验区。

△ 浙江省长三角生物医药国际合作产业园在杭州开园。产业园分孵化区块和加速区块，孵化区块位于杭州湾信息港内，有3500平方米，承接生物医药研发办公、智慧医疗、配套服务等功能；加速区块有2.5万平方米，承接生物医药实验室建设、创新药物和医疗器械中试、产业化场地需求以及孵化器专业公共平台建设等。

△ 由之江实验室、中国人工智能产业发展联盟、中国通信学会、杭州市政府主办的"2019之江杯全球人工智能大赛"决赛举行。大赛于7月启动，主题为"之识无界，AI无限"，设置创新赛和技术挑战赛两大赛道，41支队伍、120多名选手进入决赛。

18—20日 由杭州市政府、世界休闲组织主办的第四届世界休闲博览会和第二十一届中国杭州西湖国际博览会市民休闲节在杭州举行，主题为"休闲城市与美好生活"，主题展设置国际休闲展区、特色休闲产品展区、汉服国潮展区和户外休闲展区。

△ 由杭州市政府、世界休闲组织、浙江大学主办的2019年世界休闲发展高峰论坛在杭州国际博览中心举行，主题为"休闲城市，美好生活"，世界休闲组织成员、国内外休闲产业的专家学者和休闲产业企业家等300多人参加。

△ 由市政府、省商务厅主办的

第六届中国（杭州）国际电子商务博览会、第二届浙江数字贸易交易会在杭州国际博览中心举行，主题为“新零售、新商业、新消费、新赋能”，举办展示展现、交流分享、合作对接、互动体验、权威发布等活动。

18—21日 由中国民间文艺家协会、杭州市委宣传部、杭州市文联等主办的第八届中国民间艺人节在杭州举行，开展中国民间手工技艺精品博览会（含展览和展销）、第十四届中国民间文艺山花奖·优秀民间工艺美术作品初评活动、“中国民间十佳艺人”推荐评选活动。

19日 由工业和信息化部、中国通信工业协会、上城区文化和广电旅游体育局主办的首届全球爱情产业数字经济峰会暨“爱情一带一路”旅游城市论坛在杭州举行，主题为“爱情赋能经济，数字驱动创新”，专家、学者及20个国家的商务或旅游部门官员、全国400多位相关行业协会代表和企业家代表参加，探讨全球爱情产业、人文体验创新、数字爱情体验赋能传统经济等内容。“数字爱情一带一路”城市旅游项目启动。

21—22日 日本岐阜市市长柴桥正直率代表团访问杭州，出席两市结好40周年纪念活动。

23日 杭州钱塘新区与嘉兴海宁市签订全面战略合作协议，同意海宁“杭海新区”纳入钱塘新区战略规划范围，双方将以建设杭嘉一体化合作先行区为基础，打造浙江省跨行政区一体化发展的示范区、领率区、样板区和长三角区域一体化高质量发展的标志性大平台。

24日 杭州市劳模工匠学院成立仪式在杭州市职工文化中心举行，10位劳模工匠代表成为学院首批客座教授。

△ 由省人力社保厅主办的2019年中国（浙江）人力资源服务博览会在杭州举行，主题为“大变局下中国人力资源变革”，设置软件服务展区、猎头引才展区和综合服务展区等7个展区，130个人力资源服务机构设展，300多个上市公司参展。

25日 由市农办、市农业农村局、杭州文广集团主办的2019年中国（杭州）美丽乡村丰收节“数字丰收大会@登丰造集”举行，主题为“数字庆丰收”，开展论坛互动、产业对接、产品展示等活动，约150个农业企业、家庭农场、专业合作社和农创客参展。

△ 杭州市党群服务中心启用，位于城市阳台东南侧，总面积7500多平方米，设综合服务大厅、党建宣传展厅、党群共享服务区、组织生活馆、智慧党建馆、党群悦享活动区6个功能区，为市民提供就业指导、困难帮扶、法律援助、教育咨询、先锋贷、健康顾问、民情恳谈、党代表接待、志愿服务、公益项目等服务，开设十大品牌系列课程。

25—26日 中共中央政治局常委、全国政协主席汪洋到浙江调研政协工作，到杭州、嘉兴的农村、社区、企业园区，了解“委员会客厅”“民生议事堂”等基层政协协商民主实践，召开住浙全国政协委员座谈会。

26日 由市政协教育科技卫生体育委员会、市体育局、市商务局、市建委主办的2019年国际（杭州）毅行大会在奥体中心启动，1.8万人参加。

26—28日 由浙江省贸促会、中国教育发展战略学会、杭州市商务局、杭报集团、杭州未来科技城管委会主办的2019年国际数字教育展在杭州未来科技城举行，主题为“遇见·无限·未来”，开展专业展览、论坛会议、竞技赛事等活动，国内外教育专家参加。

27日 杭州湾生物科技谷在萧山开园，项目围绕建设“世界知名、国内领先、长三角一流”的生命健康产业集群，构建“药、医、器”三位一体产业发展体系。

28日 杭州首批民营企业构建和谐劳动关系现场教学点挂牌，10个企业成为杭州市首批现场教学点。

△ 由原杭州医学院和浙江省医学科学院合并组建的新的杭州医学院揭牌。

29日 由中国互联网金融协会、世界银行集团、杭州市政府主办的2019年全球数字金融发展和治理研讨会暨全球数字金融中心启动仪式在杭州举行。研讨会主题为“全球数字金融发展和治理”；全球数字金融中心致力于增进数字金融发展国际共识，促进数字金融良好实践、标准和经验的传播运用，为发展中国家和新兴市场数字金融发展提供技术援助支持。

△ 杭州市代表团到丽水市对接落实山海协作工作，考察缙云—富阳山海协作生态旅游文化产业园、网营物联（缙云）智慧供应链产业园等项目，召开两地工作座谈会。

29—30日 杭州市代表团到衢州市对接落实山海协作工程，考察航埠镇时尚低碳小镇、长山源村、枫石村、江山中学学军班等协作项目，召开工作座谈会，举行江干—江山“科创飞地”签约仪式。

29—31日 由浙江省中小企业协会、中国扶贫开发协会、中国亚洲经济发展协会、杭报集团主办的第四届杭州全球企业家论坛暨“一带一路”国际投资与贸易合作峰会在杭州国际博览中心举行，主题为“携手共进，开创未来”，设置10场分论坛、5场政府企业家对话大会，20多个国家的近3000名企业家参加。

△ 由中国海关主办的亚欧会议“单一窗口”国际合作研讨会在杭州举行，30个国家和地区海关及有关政府部门、国际组织、商界和学术界等120多位代表参加，探讨“单一窗口”建设与发展、能力建设和新技术应用、互联互通和互操作性等议题。

31日 由中国侨联、浙江省侨联、杭州市政府主办的“创业中华——2019侨界精英创新创业（中国·杭州）峰会”在杭州开幕，主题为“侨聚科技创新英才，助力生物经济发展”，开展主题报告、专题学术论坛、项目对接洽谈等活动，11月2日闭幕。

11月

1—3日 由浙江省金融业发展促进会、浙江钱塘江金融研修院主办的第三届钱塘江论坛在杭州举行，主题为“长三角一体化：金融、科技、产业的新使命”，开展论坛、主场峰会、平行峰会、发布会、交流会、闭门会、专题展览等14场活动，国内外政要、政府领导、国际组织高管及金融、科技等领域代表等近200位嘉宾参加。

△ 由之江实验室牵头，联合浙

江大学、北京一流科技有限公司、中国信息通信研究院、阿里巴巴集团等研发打造的人工智能平台——“天枢人工智能开源开放平台”发布。平台将构建自研高性能核心计算框架、一站式全功能AI开发套件、AI模型集成和端边云自由部署、智能化协同运行四大核心优势。

5日 省委书记车俊到浙江农林大学调研，指导“不忘初心、牢记使命”主题教育。

8—9日 由中国国际茶文化研究会、浙江大学、中华全国供销合作总社杭州茶叶研究院、中华茶人联谊会、杭州市政府主办的第六届中华茶奥会在龙坞茶镇举行，主题为“科技茶奥、品质茶奥、人文茶奥、活力茶奥、时尚茶奥”，开展茶艺大赛、仿宋茗战等赛事项目和高峰论坛活动。

9—24日 由省委、省政府主办的2019年杭州国际人才交流与项目合作大会在杭州国际博览中心举行，主题为“开放、合作、创新、创业”，举办海外人才项目与技术合作洽谈大会、国际数字经济人才论坛等10多项活动。

11日 市委书记周江勇到阿里巴巴集团考察调研，考察天猫“双十一”指挥中心、达摩院量子实验室、安全中心、媒体中心。

△ 天猫“双十一”购物狂欢节总成交额2684亿元，比2018年“双十一”增长25.7%。

12日 由市委、市政府主办的“创客天下·2019杭州市海外高层次人才创新创业大赛”总决赛举行。大赛于3月启动，20多个国家和地区的1684个项目参赛，8个留学人员项目和4个外国人项目进入决赛。

13日 市委书记周江勇专题督导全国文明城市创建工作，考察南肖埠社区文化家园、南肖埠农贸市场等。

13—14日 由省委、省政府主办的第五届世界浙商大会在杭州国际博览中心举行，主题为“聚力高质量，共筑中国梦”，会上举行“四大建设”重大项目签约仪式，共40个项目签约，总投资1764亿元。

15—18日 由共青团中央、人力资源社会保障部主办的第十五届“振兴杯”全国青年职业技能大赛学生组决赛在杭州举行。大赛于6月启动，设置计算机程序设计员、电工、车工、钳工4个职业（工种）竞赛，来自全国30个省（自治区、直辖市）的263名选手参加。

18日 国家重大科技基础设施——超重力离心模拟与实验装置项目在余杭区开工建设。该项目用地面积5.93公顷，总建筑面积3.46万平方米，概算总投资21.008亿元，建设周期5年。

19日 由市农业农村局、余杭区政府、团市委主办的杭州市首届海内外农创客大赛决赛暨颁奖仪式在艺尚小镇举行。大赛于6月启动，主题为“智汇农创客·引杭新时代”，征集到396个农创项目，14个国家和国内29个省（自治区、直辖市）的农创客参加。颁奖仪式现场，杭州市农创客联盟揭牌。

20日 省长袁家军在杭州专题调研人才工作，考察之江实验室高级人才公寓项目现场、之江实验室智能感知研究院、未来网络研究院、人工智能研究院。

△ 大运河（浙江）城市博物馆联盟在杭州博物馆揭牌成立，旨在挖掘、整合大运河浙江段沿线各城市博物馆在馆藏文物、陈列展览、宣传教育活动、文创产品等方面的资源优势，促进馆际交流，加快协调发展。

23—24日 由中国自动化学会主办的中国自动化大会在杭州国际博览中心举行，主题为“智能自动化承载未来”。开幕式上举行杭州国家新一代人工智能创新发展试验区启动仪式。

25日 “2019年中国幸福城市论坛”在广州举行，杭州再获“中国最具幸福感城市”称号。

26日 省委书记车俊在余杭区调研，考察余杭区社会矛盾纠纷调处化解中心（信访超市），出席全省县级社会矛盾纠纷调处化解中心建设现场推进会。

28日 杭州建设“国家新一代人工智能创新发展试验区”动员大会举行，发布《杭州市建设国家新一代人工智能创新发展试验区行动方案》和《杭州市建设国家新一代人工智能创新发展试验区的若干政策》，进行人工智能重大创新平台发布及成果介绍。

28—29日 由浙江省教育厅、上海市教委、江苏省教育厅、安徽省教育厅主办的第一届长三角基础教育年度峰会暨中国长三角新劳动教育二十校联盟成立仪式在富阳举行，来自上海、江苏、安徽及浙江的教育行政代表，教育报刊社主流媒体，二十校联盟学校校长及富阳区劳动教育联盟学校代表100多人参加。

29日 由中国纪检监察杂志社、浙江省纪委省监委、浙报集团、杭州市纪委市监委、余杭区委主办的全国首届“玉琮杯”清廉微电影大赛在余杭区颁奖。大赛于7月启动，主题为“清廉”，收到参赛作品340多件。

12月

1日 由国家信息中心主办的首届区块链服务网络合作伙伴大会在杭州举行。会上，举行区块链服务网络BSN助力社会治理和城市大脑下城平台试点启动仪式、区块链服务网络BSN全球运维中心和全球合作伙伴大会永久会址落户杭州仪式，区块链服务网络孵化基地001号基地在下城区挂牌。

△ 中国工业设计知识产权服务平台在余杭区梦栖小镇启动。全国工业设计知识产权服务中心、中国人民大学知识产权学院、工业设计知识产权研究基地等揭牌（授牌）。

3日 全国人大常委会委员、全国人大宪法和法律委员会副主任委员徐辉，全国人大常委会委员、法制工作委员会副主任、全国人大宪法和法律委员会委员许安标率调研组到杭州，就《中华人民共和国固体废物污染环境防治法（修订草案）》进行立法调研。

4—6日 第十二届中国会议产业大会在北京举行，杭州被评为“MICE STARS 会奖之星——2019中国最具创新力国际会奖目的地”。

5日 市委书记周江勇到淳安县开展“联乡结村”活动，考察丰家源酒厂、敬老院、消薄园等，看望慰问困难户，召开“联乡结村”工作座谈会。

△ 杭州市、黄山市全国和省人大代表对新安江流域生态保护及区域一体化发展情况开展联合视察，实

地考察黄山市西溪南村农村生活垃圾PPP项目、琶村农药集中配送网点、淳安县浙皖交接断面水质监测站、“金山鱼湾”生态放流基地等。

6—8日 由商务部、杭州市政府主办的第二十届中国国际丝绸博览会在杭州白马湖国际会展中心举行，全国各省（自治区、直辖市）近100个企业参展，来自多个国家和地区的约150位国际丝绸联盟成员企业代表、行业专家等参加。

△ 由省交通运输厅、省经济和信息化厅、萧山区政府主办的第二届浙江国际智慧交通产业博览会·未来交通大会在杭州国际博览中心举行，主题为“交通新时代产业大格局”，设置近20场会议论坛和10多场主题论坛，206个企业参展，现场签约23个项目，总金额374亿元，初步达成签约意向350亿元。

△ 由浙江省大学生科技竞赛委员会主办的浙江省首届智能机器人创意大赛在浙江大学举行，39个高校的283支队伍参赛。

7—8日 由北京市政府新闻办、浙江省政府新闻办、杭州市政府、中国新闻社主办的中国大运河文化带京杭对话活动在杭州举行，“大运河文化带京杭对话合作机制框架协议”签署。对话活动主题为“文化与科技推动大运河复兴”，京杭两地嘉宾就“大运河文化与杭州”“大运河文化带北京实践”的话题发表主旨演讲。

9日 市委书记周江勇专题调研西湖南线景区及南宋皇城遗址，考察南宋德寿宫遗址考古现场、杭州师范大学美术学院、南宋皇城遗址核心区块等。

△ 由市委统战部、团市委、市民政局主办的第五届全国品质公益峰会在杭州举行，主题为“公益社会组织助力社会治理，志愿服务弘扬城市正能量”，300多个公益组织的代表参加，探讨公益事业与社会治理融合发展的广阔前景。

10日 市委书记周江勇调研地铁及TOD规划建设运营情况，考察杭州地铁七堡杨柳郡、五常天空之城项目现场，召开座谈会听取情况汇报。

11日 由市人力社保局、市科技局、杭州钱塘新区管委会、杭州文投创业投资有限公司主办的2019年杭州国际众创大会在钱塘新区大创小镇开幕，创业企业、青年创业者以及投资机构等1500多人探讨“创新创业”话题。主会场结束后，开展为期13天的创业交流活动。

12日 由市政府主办的2019年“市长杯”杭州高价值知识产权智能产品创新与数字创意大赛决赛暨颁奖典礼在杭州举行。大赛于8月启动，主题为“知创杭州”，103个创新团队参加，征集到139项创新项目，16个项目进行决赛项目路演。

△ 由马来西亚国际战略研究院、中国贸促会主办的世界华人经济论坛在杭州举行，主题为“实现共同发展的愿景，创造更美好的世界”，28个国家和地区的约1000名工商界代表参加，探讨“一带一路”建设、新一代科技革命与产业变革、全球贸易的未来等议题。

13日 长三角特色小镇产业联盟成立大会在玉皇山南基金小镇举行。联盟由浙江、安徽、江苏等地60多个特色小镇共同组建，涉及3个省10多个地市，涵盖金融、高新技术、互联网等领域。

15日 望江隧道试通车。隧道全长3.6千米，设计双向四车道、时速60千米。

18日 省长袁家军在杭州调研，考察拱墅区小河街道董家新村、杭州九峰垃圾焚烧发电项目、养生堂有限公司等。

△ 由市政府主办的2019年空天信息大会在云栖小镇举行，主题为“新制造、新生态、新数据、新融合”，设置主论坛、创新产业对接会等活动。

23日 位于美国加州圣何塞市的硅谷钱塘中心启用，总面积超过1万平方米，是杭州海外中心公司在美国硅谷地区建立的实体化创新创业平台，聚焦生物、医疗等高科技现代化产业，重点扶持和培育相关产业的早期初创团队。

25日 市人大常委会召开2020年度预算草案代表预审专题会议，杭州市首次实行人大代表预审、财经委员会初审和人民代表大会审查的预算草案“三审”制。

△ 世界电子贸易平台（eWTP）秘书处在杭州开工挂牌，首个eWTP公共服务平台上线。秘书处选址西溪湿地洪园，是eWTP独立常设机构。

27日 中共杭州市委十二届八次全体（扩大）会议召开，研究部署高水平推进杭州城市治理现代化，审议通过《中共杭州市委关于高水平推进杭州城市治理现代化的决定》。

31日 杭州破产法庭在杭州市中级人民法院揭牌成立，是最高人民法院批准设立的全国第二批破产法庭、浙江省首批破产法庭。

△ 杭州2020跨年祈福活动在净慈寺举行，主题为“奋进新时代全面奔小康”。

（市委办公厅 市政府办公厅 年鉴编辑部）

责任编辑 郦 晶

市情综览 05

自然环境

【地理位置和面积】杭州市地处东南沿海的长江三角洲南翼。市区地处钱塘江下游，中国大运河南端，是中国东南部的重要交通枢纽。市域界于北纬29°11′~30°34′和东经118°20′~120°37′之间。全市土地面积16850平方千米（根据第二次土地利用调查），其中市区土地面积8289平方千米。全市土地面积构成中，山地丘陵占65.6%，平原占26.4%，江、河、湖、荡、水库占8%。杭州森林资源集中在临安、淳安、建德、桐庐、富阳等地，以临安、淳安森林资源最为丰富。至2019年末，全市森林面积112.61万公顷，森林覆盖率66.84%，居全国省会城市、副省级城市第一位。

【地貌】杭州境域地貌类别多样，大地构造处于扬子准地台钱塘台褶带。近期现代构造运动趋向缓和，地震活动显得微弱，自公元2世纪以后，有记载的4级以上地震6次，多为弱震（3级~5级）和微震（1级~3级）。杭州有记载的最强地震为5级（929年）。杭州西北部和西部系浙西中山丘陵区，主要山脉有天目山、白际山、千里岗山等，全市最高点是海拔1787米的清凉峰。它是天目山的主峰，为华东地区仅次于黄山各主峰高度的另一座高峰。市区丘陵分布在城区西南部向北东—南西向延伸。主城区主要有吴山、紫阳山、玉皇山、北高峰、云居山、三台山、翁家山、将台山、老和山、月轮山、五云山、狮峰、半山、天马山、二龙头、屏风山、凤凰山、青龙山、老焦山、龙门山、玉泉山等。杭州东北部和东南部属浙北平原地区，地势低平，海拔3米~6米，地表江河纵横，湖泊密布。

【湖泊河流】杭州市境内主要河流有钱塘江、京杭运河（浙江段）、浦阳江。钱塘江按北源新安江算，以安徽省休宁县六股尖东坡起算，至海盐澉浦—余姚西三闸连线，河流长度589千米。其中，流经杭州长度319千米。京杭运河（浙江段）以嘉兴市秀洲区王江泾镇史家村起算，至杭州三堡船闸，河流长度为129千米。其中，流经杭州长度37.13千米。浦阳江以绍兴安华水库大坝起算，至钱塘江、浦阳江汇合口，总长度98千米。其中，流经杭州长度30千米。新安江水库又名千岛湖，正常水位时水域面积573平方千米，蓄水量178亿立方米，湖内大小岛屿1078个，是中国东南部沿海地区最大的水库。西湖水面面积6.38平方千米。杭州湾以钱塘潮著称，是中国沿海潮差最大的海湾。

【水资源】2019年，杭州市水资源总量188.12亿立方米，比上年增长29.7%。其中，地下水资源量34.64亿立方米，地表水资源量186.06亿立方米。产水系数0.62。地表水资源空间分布与降水量空间分布基本相似，总体趋势由西部山区向东部平原递减。全年杭州市用水总量30.96亿立方米，按常住人口计算，人均水资源量1815.8立方米。用水总量、万元地区生产总值用水量和万元工业增加值用水量分别下降4.7%、13.9%和20.5%。

【矿产资源】杭州市矿产资源中，金属矿产资源有限，具矿床规模的黑色金属、有色金属、贵金属矿产15种，矿产地20处，达到中型规模的矿床3处。非金属矿和建筑石料蕴藏量丰富，有矿产18种，矿产地42处，探明大中型矿床12个。其中，石灰岩资源在浙江省有优势，方解石和石材资源量大。历史上蕴藏丰富的膨润土资源，经多年开采，已无资源优势。

【土壤】根据1979—1985年的第二次土壤普查，杭州市土壤总面积15027平方千米。全市成土环境复杂多变，土壤性质差异较大，共有9个土类、18个亚类、59个土属及149个土种。土壤分布主要受地貌因素制约，随地貌类型和海拔高度的不同而变化。全市土壤中，红壤分布最广，占土壤面积的一半以上。水稻土次之，约占14%。

【植物】杭州市植物种类繁多。据不完全统计，全市有维管植物214科1000余属2800种，仅西湖山区和西天目山等地就有高等植物246科974属2160种。其中：苔藓植物291种，隶属60科142属；蕨类植物151种，隶属35科68属；种子植物1718种，隶属151科764属。总体上，杭州市的植物温带、亚热带区系成分特征显著，热带区系成分占有一定比例，特有、珍稀植物丰富。据1999年国务院公布的第一批国家重点野生植物名录（共264种），杭州市有国家重点保护野生植物31种，其中一级保护的有中华水韭、银杏、南方红豆杉、天目铁木、银缕梅、莼菜6种，天目铁木为杭州特有种。

【野生动物】杭州多样的自然环境和温湿的气候孕育了丰富的野生动物资源。鱼类区系由北方平原、北方山区、江河平原、上第三纪、热带平原、中印山区、海水7个鱼类区系复合体组成。陆生脊椎动物主要分布于西南山区和临安北部山区。无脊椎动物以昆虫类繁盛。根据杭州市湿地资源调查（2005年）及历史记载，全市有鱼类178种，其中国家一级保护动物1种、二级保护动物3种。根据杭州市陆生野生动物资源调查（2005—2007年）及历史记载，全市有陆生野生动物506种，属于国家级重点保护动物74种，其中国家一级重点保护动物有10种、国家二级重点保护动物有64种。

【气候特征】杭州地处亚热带季风气候带，温和湿润，雨量充沛，光照充足，四季分明，春秋较短，冬夏较长。春季一般始于3月上旬至中旬，春季回暖早，冷暖转换快，气温日较差大。夏季平均始于5月中旬至下旬，初夏常为梅雨季节，高湿闷热；盛夏晴热少雨，也是台风影响最频繁时期。秋季多开始于9月下旬至10月初，多秋高气爽的天气。冬季多开始于11月底至12月初，多晴冷天气。由于受冬夏季风的影响以及山脉、海洋的共同作用，杭州气象要素和气候资源分布呈现明显的地带性差异和地形小气候特征。

气候温和，呈变暖趋势。21世纪以后杭州主城区年平均气温都在17℃以上。雨量充沛，年际变化大，年降水量最多年约为最少年的2.5倍；年内降水分布不均，主要集中在3—9月的汛期，约占全年降水量的75%。雨日较多，占全年40%以上。日照充足，但年日照时数最多年和最少年差异较大，属于太阳能资源不稳定地区。盛行风随冬夏季风的交替而变化，冬半年盛行西北风，夏半年盛行偏东风和西南风。受地形影响，杭州西部丘陵山地普遍存在山谷风资源，东部沿杭州湾的平原地区存在海陆风资源，可改善区域小气候环境。受丘陵山区地形分布影响，气候因子垂直分布差异大，小气候资源十分多样。降水一般在海拔千米以下随高度上升而递增，千米以上又随高度上升而减少。

2019年全市年平均气温17.7℃，较常年偏高0.9℃，是2000年以后，第20个连续偏暖年份，气候变暖趋势持续。主城区年平均气温18.1℃，较常年偏高1.1℃。全市平均年降水量1684.7毫米，雨日数160天。其中主城区降水量1649.9毫米，较常年偏多211.9毫米；年雨日数160天，较常年偏多12.6天。全市平均年日照时数1636.4小时，其中主城区年日照时数1649.6小时，较常年偏少59.8小时。年内极端天气气候事件偏多，对经济、社会和人民生命财产安全造成明显影响。（麻碧华 张玉静）

历史文化

【建置沿革】杭州是华夏文明发祥地、中国七大古都之一。考古发现，大约10万年前，在杭州市所辖建德市李家镇一带有智人"建德人"活动。良渚文化距今5300年～4000年，被称为"中华文明的曙光"。随着跨湖桥遗址的发现和"跨湖桥文化"被正式命名，杭州乃至浙江文明史推前到距今8000年新石器时代的早期。秦王政二十五年（前222年）置钱唐县、余杭县，属会稽郡。隋开皇九年（589年）废钱唐郡，置杭州，杭州之名首次在历史上出现。五代吴越国（907—978年）在杭州建都。南宋建炎三年（1129年），高宗赵构南渡至杭州，升杭州为临安府。绍兴八年（1138年），南宋正式定都临安，历时140多年。元至元十四年（1277年），改临安府为杭州。至元二十一年（1284年），自扬州迁江淮行省治于杭州，次年改称江浙行省。至正二十六年（1366年），朱元璋攻占杭州，置浙江等处行中书省，治杭州府。明洪武九年（1376年），改浙江行中书省为浙江承宣布政使司。清康熙元年（1662年），改浙江承宣布政使司为浙江行省。1912年2月，废杭州府，以钱塘、仁和县并置杭县，直属浙江省，并为省会所在地；1927年5月，划杭县城区等地设杭州市，杭州置市始此。1949年5月3日，杭州解放。10月1日，中华人民共和国成立，杭州市为浙江省直辖市、浙江省省会。1958年，萧山县、富阳县改属杭州市。1960年，桐庐县、临安县改属杭州市。1963年，建德县、淳安县改属杭州市。杭州市境域和行政区划框架基本确定。1987年11月，萧山撤县设市。1992年4月，建德撤县设市。1994年1月，富阳撤县设市。1994年4月，余杭撤县设市。1996年10月，临安撤县设市；同年12月，设立滨江区。2001年2月，萧山、余杭撤市设区。2014年12月，富阳撤市设区。2017年9月，临安撤市设区。至此，杭州市辖上城、下城、江干、拱墅、西湖、滨江、萧山、余杭、富阳、临安10区和桐庐、淳安、建德3县（市）。

【市树、市花、城标】杭州市的市树为香樟，市花为桂花。香樟即樟树，樟科常绿乔木，广布于中国长江以南各地。全株有樟脑香气，是杭州常见的绿化树和行道树。桂花又名"木樨"，木樨科常绿灌木或小乔木。秋季开花，花簇生于叶腋，黄色或黄白色。桂花在杭州已经有近千年的栽培历史，尤其是满觉陇桂花最为著名，南宋时期《（咸淳）临安志》已有记载。常见的有金桂（丹桂，花橙黄色）、银桂（花黄白色）和四季桂等。杭州城标于2008年3月28日确定，城标以篆书汉字"杭"演变而来，将航船、城郭、园林、拱桥等元素融入其中。标志用特别设计出来的字体表现杭州的城市名称，强调字体的独特性，字体与图形相结合，浑然一体。

【跨湖桥文化】浙江地区最早的新石器时代文化分布于浙中山区，跨湖桥文化是山地文化向平原文化发展的早期一支，距今8000年。跨湖桥人以农业、采集、渔猎为生，已经会制作骨器、木器、石器作为生产工具。木作技术已经十分发达，榫卯技术已经出现，懂得用生漆涂饰木器、用动物或植物的胶汁粘补陶器，在他们的精神世界里，已经出现拜火崇日的宗教观念。据考古发现，跨湖桥人已经学会栽培水稻、驯养家猪。跨湖桥遗址自1990年6月首次发掘以后，经过三次考古发掘，其中2002年发掘出土的独木舟及相关遗迹，对研究中国造船史、交通史以及世界造船史，产生重大而深远的影响。2004年12月，“跨湖桥文化”正式命名。2006年5月，跨湖桥遗址被国务院公布为第六批全国重点文物保护单位。跨湖桥遗址的发现，打破了河姆渡文化、马家浜文化对浙江新石器时代文化的两分体系，建立起区域文化的多元格局，为长江流域新石器时代文化研究中整体观念的形成树立新的坐标。

【良渚文化】良渚文化是中国长江下游环太湖流域新石器时代晚期文化，发生于距今5300年～4000年，是长江中下游太湖地区文化序列中的一个阶段，即由马家浜文化—崧泽文化—良渚文化的发展序列。良渚遗址群是良渚文化遗存分布最集中、规模最大、等级最高的中心遗址，主要分布在余杭区境内，分布着135个遗址点，包括宫殿、墓地、祭坛、村落、大型礼制性建筑基址等各类遗存。1936年，良渚文化被发现；1959年，被命名为“良渚文化”。1994年初，国务院将“良渚遗址群的保护、开发的多位研究”项目列入中国21世纪议程优先项目计划，列入中国政府向联合国教科文组织推荐“世界遗产名录”的预备清单。1996年，良渚遗址群被国务院列为全国重点文物保护单位。2006年12月，良渚遗址名列“中国世界文化遗产预备名单”第13项（共35项）。2017年9月22日，经中国联合国教科文组织全国委员会署名推荐后，国家文物局将两套良渚古城遗址申遗英文版预审材料寄往联合国教科文组织世界遗产中心预审。2019年7月6日，在阿塞拜疆首都巴库举行的联合国教科文组织第43届世界遗产委员会会议通过决议，将中国世界文化遗产提名项目“良渚古城遗址”列入“世界遗产名录”。

【杭州西湖文化景观】2011年6月24日，在法国巴黎召开的第35届世界遗产委员会审议会上，“杭州西湖文化景观”通过国际古迹遗址理事会21个成员代表组成的世界遗产委员会主席团审议，正式列入“世界遗产名录”。杭州西湖文化景观由分布于4235.76公顷范围内的西湖自然山水、三面云山一面城的城湖空间特征、两堤三岛景观格局、“西湖十景”题名景观、西湖文化史迹、西湖特色植物六大要素组成。杭州西湖文化景观是中国历代文化精英秉承“天人合一”哲理，在深厚的中国古典文学、绘画美学、造园艺术和技巧传统背景下，持续性创造的“中国山水美学”景观设计最经典作品，展现东方景观设计自南宋（13世纪）以后讲求“诗情画意”的艺术风格，具有显著的景观持续性和文化关联性。在9—20世纪世界景观设计史和东方文化交流史上拥有杰出、重要的地位和持久、广泛的影响，在10个多世纪的持续演变中日臻完善，并真实、完整地保存至今，成为景观元素特别丰富、设计手法极为独特、历史发展特别悠久、文化含量特别厚重的“东方文化名湖”，是世界独具一格的文化景观。

【中国大运河（杭州段）】2014年6月22日，北京时间22∶15（多哈当地时间10∶19），在卡塔尔首都多哈召开的第38届世界遗产委员会会议同意将中国大运河列入“世界遗产名录”，中国大运河成为中国第32项世界文化遗产。世界遗产委员会认为，中国大运河是世界上最长的、最古老的人工水道，也是工业革命前规模最大、范围最广的土木工程项目。中国大运河由隋唐大运河、京杭大运河和浙东运河组成，包括十大河段，地跨北京、天津、河北、山东、江苏、浙江、河南和安徽8个省级行政区，沟通海河、黄河、淮河、长江、钱塘江五大水系。杭州是京杭大运河的最南端和浙东运河的起点，是中国大运河的重要节点。京杭大运河（杭州段）列入遗产河道总长110千米。杭州市列入京杭大运河首批申遗点段共有11个：富义仓、凤山水城门遗址、桥西历史街区、西兴过塘行码头、拱宸桥、广济桥6个遗产点，杭州塘段、江南运河杭州段、上塘河段、杭州中河—龙山河、浙东运河主线5段河道。申遗点段的数量在全国各城市中位于前列。

【南宋临安城遗址】南宋皇城遗址位于杭州凤凰山东麓。经历年考古勘探、调查，探明皇城遗址四至范围，东抵馒头山东麓，西至凤凰山麓，北起万松岭路南，南达宋城路，依山就势，平面呈不规则方形，皇城区块面积约85万平方米。陆续发现南宋太庙遗址、三省六部遗址、德寿宫遗址、御道遗址等南宋时期重要遗址。2001年，以南宋皇城遗址为核心的南宋

西湖十景之花港观鱼　（孙小明 摄）

临安城遗址被国务院确定为全国重点文物保护单位，2006年被国家列入“十一五”100处重点保护遗址名录。2013年，南宋皇城遗址被确定为浙江省第一批省级考古遗址公园。2009年，市委、市政府制订《南宋皇城大遗址综合保护工程五年行动计划》。2011年，启动全国重点文物保护单位南宋临安城遗址保护规划编制工作。2013年6月，南宋临安城遗址保护规划由省政府公布实施。

（年鉴编辑部）

行政区划

【概况】2019年，上城区政府、淳安县王阜乡政府、西湖区翠苑街道办事处驻地进行迁移。全市街道、乡、镇建制数目不变。增加36个社区，减少4个行政村。至年末，在市行政区域范围内，有市辖区10个、县级市1个、县2个，街道92个、乡23个、镇75个，社区1185个、居民区21个、行政村2011个。

【行政区域界线联合检查】2019年，杭州市完成1条市级界线（杭州湖

2019年杭州市行政区划

表1　　单位：个

地域名称	街　道	乡	镇	社　区	居民区	行政村
上城区	6	—	—	54	—	—
下城区	8	—	—	74	—	—
江干区	10	—	—	187	—	4
拱墅区	10	—	—	99	—	—
西湖区	10	—	2	169	—	41
滨江区	3	—	—	60	—	—
萧山区	14	—	12	199	—	411
余杭区	14	—	6	193	—	176
富阳区	5	6	13	50	3	276
临安区	5	—	13	36	2	270
市区小计	85	6	46	1 121	5	1 178
桐庐县	4	4	6	22	—	181
淳安县	—	12	11	15	1	423
建德市	3	1	12	27	15	229
合　计	**92**	**23**	**75**	**1 185**	**21**	**2 011**

说明：
1.“合计”数中包括“市区小计”数
2.西湖区的西湖街道（下辖6个社区、9个村）委托杭州西湖风景名胜区管委会管理
3.江干区的下沙街道（下辖19个社区）、白杨街道（下辖25个社区）委托杭州钱塘新区管委会管理
4.萧山区的河庄街道（下辖3个社区、20个村）、义蓬街道（下辖4个社区、22个村）、新湾街道（下辖1个社区、12个村）、临江街道（下辖1个社区、2个村）、前进街道（下辖1个社区、3个村）委托杭州钱塘新区管委会管理

2019年杭州市社区、居民区、行政村调整情况

表2

地域名称	撤销、新建社区、行政村
萧山区	萧山经济技术开发区新建青茵社区、市心社区，调整市北社区范围；宁围街道新建立涛园社区、和美社区，调整佳境社区范围；河庄街道新建东沙湖社区、知行社区
余杭区	星桥街道新建星仪社区，调整隆昌社区、香榭社区范围；良渚街道撤销吴家厍村、建立吴家厍社区，撤销谢村村、建立昌运社区，撤销长桥村、建立长桥社区；闲林街道里项村更名为西溪源村；仓前街道新建龙潭社区、向往社区；塘栖镇撤销龙船坞村，建立龙船坞社区
富阳区	富春街道的22个社区调整成35个社区：城东社区、鹳山社区、城西社区、盘龙山社区、后亭子社区、苋浦社区、春晖社区、春秋社区、春南社区、秋月社区、太平桥社区、虎山社区、后周社区、凤浦社区、金桥社区、秦望社区、鹿山社区、江滨社区、镬子山社区、金秋社区、东山社区、巨利社区、新民社区、恩波社区、东兴社区、新汇社区、蒋家桥社区、戴家墩社区、文采社区、金苑社区、百合社区、金家桥社区、香槟社区、大盘山社区、桃源社区；东洲街道新建逸城社区、华墅社区、公望社区、横山社区；鹿山街道新建山水社区；银湖街道新建九龙社区、香山社区、硅谷社区、彩虹社区
桐庐县	凤川街道新建凤栖社区

州线）、4 条县级界线（西湖余杭线、西湖萧山线、临安淳安线、余杭临安线）的联检工作。重点检查行政区域界线管理法律法规的贯彻落实情况、毗邻双方人民政府签署的行政区域界线协议书及其附图的执行情况、界桩及其方位物变化和界桩维护管理情况、指示行政区域界线走向的其他标志物及行政区域界线实地位置有关的地物、地貌的变化等情况。各条界线走向明确，界桩完好无损，档案资料完整规范。开展行政区域界线领域风险防范化解工作，对全市 5 条市级界线、28 条县级界线开展争议纠纷隐患排查专项行动。将平安边界建设纳入年度综合考核目标，实行"一票否决制"。建立健全党委领导、政府负责、民政牵头、部门协同、公众参与的平安边界共建共治机制，完善"平安边界"创建长效机制。2019 年没有因行政区域界线实地认定不一致而引发集体上访、群体性械斗等重大群体性事件。（尹飞艳）

人口变迁

【户籍人口年增长 2.71%】至 2019 年 11 月 30 日 24 时，杭州市户籍数有 2481448 户、7953740 人，较上年同期增加 63040 户、212724 人，平均每户 3.2 人，人口年增长 2.71%，增幅较上年上升 0.03%。其中，男性 3942625 人，女性 4011115 人，分别占总人口的 49.57% 和 50.43%。性别比（女 =100，下同）98.29，比上年下降 0.25，男性比例持续减少，经分析主要由于市外迁入人员女性多于男性，以及死亡人口男性多于女性造成。市区总户数 2010114 户，比上年同期增加 61696 户；总人口 6565571 人，比上年增加 212566 人，其中，男性 3243886 人、占市区总人口的 49.41%，女性 3321685 人、占总人口的 50.59%；性别比为 97.66。

通过户口管理专项清理整顿工作，注销重复户口 637 个，其中通过人像比对核实注销 393 人；注销死亡未销户口 7633 人、出国（境）定居或入籍户口 177 人。

【地区间户籍人口增长趋势总体稳定】2019 年，杭州市 13 个区县（市）中，有 11 个区县（市）的户籍人口不同程度增长。从绝对数看，萧山区、余杭区和西湖区位列前三，户籍人口总数分别为 1348413 人、1161786 人和 768457 人。从增长率看，江干区、滨江区和余杭区居前三，分别为 6.66%、6.45%、5.75%。从增加数看，余杭区增量最大，较上年增加 63183 人，大于上年增量；其次是江干区，较上年增加 40077 人。建德市、淳安县户籍人口出现负增长，分别减少 487 人和 984 人，主要原因是：县域城镇及农村人口为了获得更多更好的就业机会，享受更好的教育、医疗、社会保障、基础设施等社会公共服务及公共资源从而向市区汇集，造成户籍人口净流出；淳安县开展特别生态功能区建设，户籍人口将保持长期持续流出。

【人才引进政策助推人口机械增长】2019 年，杭州市迁移人口 218154 人，其中迁入 188582 人、迁出 29572 人，人口机械增长 159010 人，比上年增加 3566 人。其中有 72040 名原办理流动人口居住登记的人员转为户籍人口，占总迁入人口的 38.20%；市区迁入 183228 人，迁出 20379 人，机械增长 162849 人，比上年增加 4859 人。杭州市的户口迁移为净迁入，全市省外净迁入 100914 人，较上年同期上升；省内净迁入 58096 人，省外迁入人数大于省内迁入人数，杭州市对省外人员的吸引力仍然较强，杭州市的机械增长量占到全省的 80%。

从迁出地看，省内迁入 71249 人，迁入前三位城市仍为温州、金华、绍兴，分别为 16873 人、8601 人、8138 人。省外迁入 117333 人，较上年增加 5688 人。从迁入地看，迁入市区 183228 人，占总迁入人数的 97.16%。其中，市区省外迁入 113569 人、省内迁入 69659 人（余杭区、江干区和西湖区是全市迁入人数最多的三个区，分别是 45461 人、32751 人和 28820 人，分别占了全市迁入人数的 24.11%、17.37% 和 15.28%）。从迁入途径看，人才引进、"三投靠"、积分落户、购房落户、在杭高校新生入学为杭州市主要落户途径，合计数占总量的 97.48%，其中人才引进及家属落户 103408 人、"三投靠" 38367 人、积分落户 16523 人、购房落户 16009 人、大中专院校新生落户 9514 人。从年龄结构看，以迁入时点统计迁移人员年龄，迁入人员平均年龄为 25.42 岁。

【人口城市化比例持续增高】全市城镇人口 5359609 人，乡村人口 2594131 人，城镇人口是乡村人口的 2.07 倍，占总人口的 69.24%，比上年上升 2.71%；市区城镇人口 4881621 人，乡村人口 1683950 人，城镇人口是乡村人口的 2.90 倍，占市区总人口的 74.35%，比上年上升 0.48%。市区的上城区、下城区城镇化率已经达到 100%。

全市有农业转移人口落户城镇 71230 人。其中：按迁入原因分，因录（聘）用迁入的 4675 人，务工经商迁入 25151 人，购（租）房迁入 11109 人，投靠亲属迁入 25123 人；按重点迁移对象分，农村籍大中专院校毕业生 2810 人，在城镇就业和居住五年以上的农业转移人口 1595 人，举家迁徙的农业转移人口 2491 人。在杭稳定就业、稳定居住人群成为主要农业转移人口落户城镇人群，说明现行人才引进政策和积分落户政策积极鼓励乡村人口向城镇范围聚拢转移。

【人口出生率略微下降】2019 年，杭州市出生人口 91450 人，比上年减少 3263 人，人口出生率 11.65‰，比上年的 12.40‰下降 0.75 个千分点；出生人口中男性 47311 人，女性 44139 人，出生人口（按户籍人口登记）性别比为 107.19，比上年的 106.54 略升，略高于正常范围（正常值 103 ~ 107）。全市死亡注销人口 36774 人，比上年减少 9751 人，死亡率 4.69‰，比上年下降 1.4 个千分点。全市自然增长 54676 人，人口自然增长率 6.97‰，比上年上升 0.66 个千分点。人口增长率持续提高。市区自然增长 50485 人，年自然增长率 7.82‰，比上年 7.02‰上升 0.8 个千分点。

【人口持续缓慢老龄化】2019 年，杭州市人口按年龄段构成情况如下：18 岁以下 1398979 人，占总人口的 17.59%，占总人口比例比上年增加 0.43%；18 岁～34 岁 1737756 人，占总人口的 21.85%，占总人口比例比上年减少 0.12%；35 岁～60 岁 3012714 人，占总人口的 37.88%，占总人口比例比上年减少 0.45%；60 岁以上 1804291 人，占总人口的 22.68%，占总人口比例比上年上升 0.14 个百分点，上升比例有所放缓，其中百岁以上老人 684 人，最高年龄 109 岁 5 人。从人口年龄结构看，18 周岁以下未成年人口占总人口比例呈上升趋势，18 岁～60 周岁有效劳动力年龄段人口占总人口比例从上年的 60.30% 下降至 59.73%，下降 0.57 个百分点，60 周岁以上老龄人口占比仍呈上升趋势。其中，上城区、下城区、萧山区 3 个城区的老龄化程度最高，分别为 32.23%、27.13%、24.93%。

【四区并轨融合吸引主城区户口转移明显】2019 年度主城区迁往萧山区、余杭区户籍人口数为 19263 人，萧山区、余杭区迁往主城区为 9482 人，迁出迁入比为 2.03。主城区户口转移新现象表明，随着萧山区、余杭区新经济圈的高速发展，大量新建楼盘交付，生活配套市政基础设施的完善，过江隧道、轨道交通等立体交通网络的逐步形成，原六城区集中的户籍人口开始逐步向新发展城区转移。富阳区、临安区纳入杭州市区范围后，户籍迁移政策正逐步向主城区并轨。继之前对在主城区拥有不动产权住房的富阳区、临安区户籍人口放开户口迁移后，于 2019 年 5 月底进一步放宽至三代内（包括公婆、岳父母、女婿、儿媳关系）可自由投靠迁移。2019 年，富阳区、临安区迁入主城区 2995 人，是主城区迁往富阳、临安两地 1089 人的 2.75 倍。（蒋筱莲）

经济建设

【经济总体稳中有进】2019 年，杭州实现地区生产总值 15373 亿元，增长 6.8%，高于全国 0.7 个百分点。常住人口人均生产总值 15.2 万元，按年均汇率折算，为 22102 美元，按世界银行最新标准，达到高收入国家水平。杭州产业转型深入推进。一、二、三产分别实现增加值 326 亿元、4875 亿元、10172 亿元，增长 1.9%、5%、8%。三次产业结构为 2.1 ∶ 31.7 ∶ 66.2，第三产业比重比上年提高 1.1 个百分点，占比居副省级以上城市第四位（次于北京、上海、广州）。

【数字经济在杭州经济中的战略地位进一步提高】2019 年，杭州市数字经济核心产业主营业务收入 11296 亿元，比上年增长 19.4%；增加值 3795 亿元，增长 15.1%，占全市生产总值的 24.7%。信息软件、云计算大数据、电子商务、数字内容等产业保持 15% 以上增长。阿里巴巴集团等 8 个企业入选 2019 年中国软件和信息技术服务综合竞争力百强名单，杭州海康威视数字技术股份有限公司等 7 个企业入选 2019 年全国电子信息百强名单。阿里云计算有限公司的市场占有率居全国第一位、全球第三位，杭州海康威视数字技术股份有限公司、浙江大华技术股份有限公司等数字安防产业全国市场占有率超过 50%、全球市场占有率超过 30%。根据《2019 浙江省数字经济发展综合评价报告》，杭州市综合得分蝉联全省第一名。

杭州市全年新增上市公司 22 个（其中科创板 5 个），上市公司总数 192 个，居全国第四位。新增上市公司中，虹软科技股份有限公司、杭州安恒信息技术股份有限公司、杭州鸿泉物联网技术股份有限公等数字经济相关企业占 50% 以上。杭州鸿泉物联网技术股份有限公司在纳斯达克上市。

【民营经济高质量发展】至 2019 年末，杭州市有民营企业（含下属分支机构）63.23 万个，注册资本（金）5.48 万亿元，比上年分别增长 14% 和 10.9%。其中：第一产业 7380 个，注册资本（金）352.21 亿元，分别增长 3.5% 和 14.8%；第二产业 8.61 万个，注册资本（金）5894.96 亿元，分别增长 8.5% 和 20.8%；第三产业 53.88 万个，注册资本（金）4.86 万亿元，分别增长 15.1% 和 9.7%。个体工商户 61.01 万个，资金总额 751.73 亿元，分别增长 19.6% 和 38.9%。年内，杭州市新设民营企业 12.20 万个，增长 12.6%，注册资本（金）6548.06 亿元，下降 8.7%，分别占全市新增内资企业的 93.8% 和 79.1%。杭州市有 36 个企业入围 2019 年“中国民营企业 500 强”，入围企业数连续第 16 次蝉联全国城市首位。

【房地产业发展平稳】2019 年，杭州着力构建房地产平稳健康发展长效机制，房地产市场交易量、交易价格平稳，房地产市场保持有序发展。全年房地产开发投资 3397 亿元，比上年增长 10.7%。其中，住宅投资 2199 亿元，增长 12.6%。全市商品住宅新开工面积 1347 万平方米，下降 15.3%。全年全市商品房成交 147932 套，成交面积 1582.3 万平方米，成交金额 4073.9 亿元，分别下降 10.5%、9% 和 2.2%。全市商品住房成交 112851 套，成交面积 1306.5 万平方米，成交金额 3455.6 亿元，分别下降 0.7%、2.5% 和增长 5.7%。杭州市做好住房和城乡建设部确定的构建房地产市场平稳健康发展长效机制试点城市创建工作，4 月 12 日，《杭州市房地产市场平稳健康发展长效机制工作方案》经国务院同意并由住房和城乡建设部正式批复。

【财政收支平衡】2019 年，杭州市财政总收入 3650.04 亿元，比上年增长 5.6%。全市一般公共预算收入 1965.97 亿元，增长 7.7%；全市一般公共预算支出 1952.85 亿元，增长 13.7%。市区财政总收入 3500.61 亿元，增长 5.4%。市区一般公共预算收入 1880.02 亿元，增长 7.6%；市区一般公共预算支出 1779.64 亿元，增长 14.3%。市本级财政总收入 562.67 亿元，下降 7.2%。市本级一般公共预算收入 262.76 亿元，下降 5.4%；市本级一般公共预算支出 385.36 亿元，增长 8.5%。全市各级财政收支平衡，预算执行情况良好。杭州市一般公共预算用于民生保障支出 1535.32 亿元，占一般公共预算支出的 78.6%。全年投入市政府为民办十件实事经费 81.78 亿元。

全年财政投入 37.40 亿元扶持工业科技、现代服务业、商务发展等产业发展，投入 9.58 亿元建设人才生态最优城市，投入10亿元扩大创业投资引导基金、天使投资引导基金和担保基金规模。杭州市财政透明度连续第3年在全国地级及以上市政府中列前三位。9月，建立市级对钱塘新区统一财政体制。富阳区新一轮财政体制完善。探索淳安特别生态功能区省、市、县三级共同投入机制。

【“订单＋清单”预警预判监测系统有效降低外贸风险】2019年，杭州市积极应对中美经贸摩擦对外贸出口的负面影响，建立应对中美贸易摩擦稳外贸专班，明确专班“订单＋清单”工作职责，实施市本级、区县（市）和乡镇（街道）三级工作联系制度。财政部门安排专项资金300多万元，对企业填报给予政策支持和鼓励。市、区县（市）两级联合，对全市出口超500万美元的涉美企业，实现走访全覆盖。分行业、分层次调研座谈企业近1000个，收集问题300多项，协调和现场解决问题200多项。

至年末，杭州市上线并填报订单信息企业6543个，填报率、上线率和预警响应率均达到100%，萧山区、建德市成为省级首批预警示范点，以“红黄蓝绿黑”五色清单预警企业为重点，开展专项监测服务。

【杭州金融综合服务平台上线运行】2019年5月30日，全市金融工作会议暨打造杭州国际金融科技中心推进大会在杭州召开。会上，杭州金融综合服务平台——“杭州e融”正式发布，上线税银贷、民企循环贷、民企全额贷、科创贷、创业贷、民宿贷等6小微信贷产品。杭州金融综合服务平台是贯彻落实全省“金融畅通工程”的创新举措，通过该平台可以实现企业信用信息、融资需求信息、金融机构产品信息和政策信息的交互，有效撮合线上企业与金融机构双向选择、自主对接，助力银行等金融机构产品创新，降低融资风险。企业在“杭州e融”完成注册认证后，即可快速有效发布自己的定向或公开融资需求，通过数字技术，“杭州e融”会进行智能撮合，为企业匹配到相应的金融产品，并在线“一键申办”，让企业得到及时有效的金融支持。“杭州e融”金融综合服务平台是杭州市大力扶持中小微企业，推广实施“融资通畅工程”的重要举措，由杭州市人民政府金融工作办公室牵头主办，杭州市金融投资集团有限公司建设和运营。杭州金融综合服务平台立足从供给侧引导金融资源支持实体经济发展，健全优化金融机构与在杭中小微企业融资信息对接机制。平台为杭州市中小微企业提供融资需求发布渠道，并与金融机构端各类型金融产品智能撮合匹配，综合运用政府部门、公共事业单位等数据，配套提供企业社会信用查询、信用评分、贷后监控、投融资政策支撑等一站式服务，力求化解中小微企业融资难融资贵、金融供求双方信息不对称等问题。（年鉴编辑部）

政治建设

【杭州高水平落实长三角区域一体化发展国家战略】2019年，杭州市印发《关于贯彻实施长三角一体化发展国家战略全面提升城市综合能级和核心竞争力的决定》《杭州市落实长三角区域一体化发展国家战略行动计划》，梳理形成300个重大项目269项具体任务，通过项目化、清单化办法，推进与长三角城市合作交流。杭州、黄山两市签订“1+9”合作协议，召开杭州支持黄山加入长三角城市经济协调会。杭州与上海合作，在营商环境、产业发展、科技创新、金融服务等11个领域达成合作共识。杭州都市圈城市协同发展水平提高，召开都市圈第10次市长联席会议，通过新一轮都市圈发展规划大纲。杭州与湖州、嘉兴、绍兴签署“1+4”系列协议，共同推进杭绍、杭嘉、杭湖一体化建设。杭州与合肥签订战略合作框架协议，杭州余杭区与南京溧水区共同打造宁杭合作桥头堡和宁杭生态经济带先行示范区。

杭州都市圈积极融入长三角区域一体化发展国家战略，全力打造长三角南翼核心增长极。年末，杭州都市圈常住人口2692万人，比上年增长2.7%，城镇化率70.1%。全年实现地区生产总值32038亿元，增长7%。其中：第一产业增加值937亿元，增长2.2%；第二产业增加值13068亿元，增长6.1%；第三产业增加值18032亿元，增长8.1%。三次产业结构比例由上年的3.1∶41.8∶55.1调整为2.9∶40.8∶56.3，第三产业比重提高1.2个百分点。

【制定修改3部重点领域地方性法规】2019年，市人大常委会加强重点领域立法工作。修改《杭州市生活垃圾管理条例》，完善生活垃圾分类标准，规定大件垃圾定点收集运输，加大行政处罚和信用惩戒力度，用法治力量推动垃圾分类成为“新时尚”。制定《杭州市居家养老服务条例》，在配建服务设施、推进医养结合、保障特殊困难老年人需求等方面做出规定，让杭州“老有所依”更有温度。制定《杭州市电梯安全管理条例》，通过鼓励推行电梯“全生命周期”保险、支持既有住宅加装电梯、鼓励安装智慧电梯系统等措施，保障群众生命财产安全。

【民生实事项目全面完成】2019年，杭州市全面完成市第十三届人大第四次会议确定的2019年度民生实事项目。农村饮用水达标覆盖453个行政村，新增受益人口58.6万人；提升改造农村生活污水终端设施，覆盖730个行政村，新增受益人口56.6万人。建成高品质“四好农村路”2035千米，所有建制村实现“村村通客车”。“护校安园”专项行动覆盖全市744个小学（校区）。建成镇街级示范型居家养老服务中心81家。新建和提升改造健身绿道517千米，新建公共健身中心、广场、公园18处。高品质推进城中村改造，安置房开工2612万平方米、竣工511万平方米，回迁安置1.85万户。创建农村家宴放心厨房100家、名特优食品作坊121家、放心农贸市场55家。新生儿先心病早期筛查覆盖率90.2%。既有住宅加装电梯完工553处，累计完工809处、受益9000余住户。市区生活垃圾分类实现全覆盖。

【APEC工商领导人中国论坛在杭州召开】2019年7月21—22日，APEC工商领导人中国论坛在杭州召开。论坛围绕“创造新产业繁荣的时代”，探索经济与创新发展的动力与路径。该论坛由中国贸促会、中国国际商会、杭州市人民政府和 APEC 工商咨询理事会等共同主办，旨在加强工商界在经济、科技、创新等领域的对话和沟通，打造一个互联互通、共商未来的国际交流与合作平台。论坛着眼当下创新带来的巨变，围绕新经济、新科技发展趋势相关的九大议题进行，包括“数字化的新产业时代”“制造业的进化”“‘一带一路’上的产业合作机遇”“5G 开启，智联万物”“科技驱动新金融生态”“新文化产业：技术、平台与 IP”等。

【“三大攻坚战”取得明显成效】2019 年，杭州市聚焦打赢“三大攻坚战”。金融风险防范化解有力有效。坚持以退出为主，网贷风险出清加快。企业“两链”风险平稳下降。非法集资、金融诈骗等违法活动处置及时，追赃挽损力度不断加大。防范化解政府隐性债务风险成效明显。精准脱贫有力有效，扎实做好与贵州黔东南州、湖北恩施州对口帮扶工作，21 个县脱贫出列。全市所有行政村总收入均达到 30 万元、经营性收入均达到 10 万元，经营性收入人均达到 20 万元以上村占比 70% 以上。污染防治有力有效。新建改造污水处理配套管网 150 千米，创建美丽河湖 30 条（段），地表水省考断面达到或优于Ⅲ类水质比例为 96.9%。淘汰（含转出）国Ⅲ柴油车 3.75 万辆，PM2.5 达标天数同比增加 7 天。新增城市绿地 415 万平方米。阿里巴巴“蚂蚁森林”项目获联合国最高环保荣誉“地球卫士奖”。

【杭州城市大脑助力城市治理】2019 年 9 月 30 日，城市大脑数字驾驶舱发布，实现“用一部手机治理一座城市”。城市大脑覆盖 11 个大应用、48 个场景，接入全市部门和区县（市）的 148 个数字驾驶舱，提升城市治理、民生服务和政府决策能力，并向全国输出“杭州经验”和“杭州方案”。其中，“数字治堵”使三年来杭州净增近 120 万人口和 40 万辆汽车、总路面通行面积因地铁施工减少 20% 的情况下，道路平均通行速度反而提升 15%。

【杭州创新互联网领域法治】2019 年，杭州加快互联网司法领域探索创新，深化杭州互联网法院建设，上线全国首个区块链智能合约司法应用，从源头上构建网络行为“留痕可溯”的治理体系。审结涉“比特币”“挖矿机”“微信小程序”等全国首例案件，为互联网行为提供指引。严惩侵犯个人信息、破坏计算机信息系统等犯罪案 22 件。与华东政法大学共建互联网法治研究院（杭州），发布首个互联网发展“司法指数”，承办全国首届互联网法治论坛。

【杭州制定负面清单为基层减负】根据中共中央办公厅《关于持续解决困扰基层的形式主义问题为决胜全面建成小康社会提供坚强作风保证的通知》和浙江省委办公厅、浙江省政府办公厅《关于持续解决形式主义突出问题为基层减负的若干措施》，2019 年 6 月 13 日，市委办公厅、市政府办公厅印发《杭州市持续解决形式主义突出问题为基层减负重点任务责任分解》，包括精简文件、提高会议质量、增加“无会周”、深化“三服务”、规范“属地责任”等方面，形成清单式“持续减负 49 条”，明确职责分工，落实牵头单位。杭州还把基层减负工作纳入综合考评专项考核，6 月 15 日，市委办公厅制定印发《整饬“六大顽疾”为基层减负工作考核办法》，考核结果计入大党建考核。考核办法以更细化的负面清单形式为基层减负划出红线，筑起“责任”堤坝，明确“减负”重点任务的边界规范。

【高新区（滨江）富阳特别合作区成立】2019 年 8 月 28 日，杭州高新区（滨江）富阳特别合作区挂牌成立。特别合作区位于杭州富春湾新城灵桥镇行政区划范围，北起富春江，西至小源溪和杨元坎村，东、南至杭新景高速，总面积 5.8 平方千米，合作期暂定 20 年，后续视需要经两区协商一致可扩展至富阳区其他区域。采用“富阳区交净地、高新区做产业”运行模式，由特别合作区管委会实行独立管理、单独核算、封闭运行。特别合作区叠加杭州高新区（滨江）产业优势和富阳土地空间优势，围绕“一年内全面启动、三年内一批项目建成”工作目标，建立合作发展示范区、自主创新拓展区、新制造业承载区。兼采两区体制机制长处，为企业提供“一门受理 + 专员服务 + 联合会审”服务，加快建设一流高科技园区。11 月 15 日，特别合作区签约“宏华数码”“东方通信”和“模拟芯片 IDM”3 个新制造业项目。同月 27 日，杭州宏华软件有限公司完成营业执照登记业务，成为杭州高新区（滨江）富阳特别合作区的第一本营业执照。

【千岛湖配供水工程通水】2019 年 9 月 29 日，杭州千岛湖配供水工程正式通水运行，标志着杭州城市供水格局从以钱塘江为主的单一水源供水，转变为千岛湖、钱塘江等多水源供水。千岛湖配供水工程于 2014 年 12 月开工建设。工程由配水工程和供水工程组成。其中，配水工程西起淳安县千岛湖，东至余杭区闲林水库，途径淳安县、建德市、桐庐县、富阳区和余杭区，全长 113.22 千米，洞径 6.7 米。千岛湖水通过配水工程的全封闭输水隧洞，从淳安县金竹牌村输送至闲林水库后，再通过供水工程线路流入杭城千家万户，规划年配水量 9.78 亿立方米。供水工程为闲林水库向下游的输水线路，主要规划建设闲林水厂、九溪线、城北线、江南线等工程，线路总长 73.04 千米，其中九溪线（闲林水库配水井至九溪水厂和珊瑚沙水库稳压池）全长 18.24 千米，已于 2018 年 10 月全线贯通。

（年鉴编辑部）

社会建设

【杭州连续 13 年上榜中国最具幸福感城市】2019 年 11 月 25 日，“2019 中国幸福城市论坛”在广州举行，揭晓“2019 中国最具幸福感城市”榜单。杭州再获“中国最具幸福感城市”称号，成为全国唯一的连续 13 年获此殊荣的城市，并获组委会特别奖——“幸福示范标杆城市”。省委常委、市委书记周江勇出席论坛并做主旨发言。

“中国最具幸福感城市”调查推选活动由新华社《瞭望·东方周刊》、

瞭望智库联合主办，自2007年首次举办以后，已经连续成功举办13年，主要从推选城市的教育、医疗、收入、环境、公共服务、安全、未来预期等16项指标，通过大数据采集、问卷调查、材料申报、专家评选等多个环节和程序的严格遴选进行综合评定，是中国极具影响力和公信力的城市调查推选活动。

“2019中国最具幸福感城市”调查推选值逢中华人民共和国成立70周年，以“壮丽70年·幸福新时代”为主题。四川成都、浙江杭州、浙江宁波、陕西西安、广东广州、湖南长沙、浙江温州、浙江台州、陕西铜川、江苏徐州等10个城市被推选为“2019中国最具幸福感城市”。

【“人人享有社会保障”目标基本实现】至2019年末，杭州市职工基本养老保险、工伤保险、失业保险参保人数分别达658.46万人、556.67万人、486.65万人，比上年末分别新增32.97万人、36.55万人、27.28万人。全市基本养老保险参保率99.13%，基本实现“人人享有社会保障”。社保全市一体化进程加快，10月，上线全市集中人力社保信息系统，实现市域内社保权益互查互认、信息互联互通。临安区社保融杭计划有序实施，至年末，临安区各项社保待遇90%与主城区保持一致。提高全市企业退休人员145.8万人养老金待遇，调整城乡居民基本养老保险基础养老金标准。

【“人才强市”政策体系进一步完善】2019年2月，出台《杭州市人民政府关于做好当前和今后一个时期促进就业工作的实施意见》。6月，市委办公厅、市政府办公厅出台《关于服务“六大行动”打造人才生态最优城市的意见》。7月，市委人才办、市人力社保局、市财政局出台《关于印发〈关于服务“六大行动”打造人才生态最优城市意见的实施细则〉的通知》，明确博士后倍增计划、“钱江特聘专家”计划、“杭州工匠”培养计划、应届高学历毕业生生活补贴、大学生创业项目资助、海外人才工作顾问等实施细则。同月，市委人才办、市人力社保局印发《杭州市高层次人才分类目录（2019年修订版）》，把年薪、作家版税等市场化要素纳入评价条件，进一步增加人文社科、教育卫生、科技创新等领域目录。12月，市人力社保局、市财政局、市税务局印发《关于调整杭州市工伤保险费率有关问题的通知》，完善全市工伤保险费率政策。

实施中青年人才培养计划等重大人才工程，出台《关于进一步加强“名城工匠”培养生态建设的实施意见》，培养高技能人才4.15万人。举办2019年杭州国际人才交流与项目合作大会。

【全球引才计划吸引海外人才大量流入】2019年，杭州市实施全球引才计划，引入第三方机构等市场化评价方式，开展计划人选遴选工作。开展国家、省、市三级项目资助，评审资助留学人员在杭创新创业项目51个、资金3135万元。

3—11月，举办“创客天下·2019杭州市海外高层次人才创新创业大赛”，分设留学人员项目和外国人项目两个专场，遴选引进世界各地创新创业人才项目，1545个项目参赛，比上届增长99%，其中外国（非华裔）人才项目416个，14个项目在杭签约落户。11月9—24日，举办2019年杭州国际人才交流与项目合作大会，组织中德生物经济大会、海外高层次人才项目洽谈等活动38项，58个国家和地区的867名留学人员1200多个高质量项目参会，与会人员7.2万人。杭州市签约人才项目391个、金额60.8亿元，比上届分别增长48.7%、39.8%。2019年，杭州人才净流入率和海外人才净流入率均居全国城市榜首。

【就业创业环境优化】2019年，杭州市城镇新增就业33.95万人，城镇失业人员再就业6.37万人，年末城镇登记失业率1.8%，就业形势总体保持稳定。市政府印发《关于做好当前和今后一个时期促进就业工作的实施意见》及配套政策，实施“2019杭州就业援助精准服务计划”，持续开展失业保险援企稳岗“护航行动”和“展翅行动”，做好困难企业社保费返还工作。

杭州市推进高校毕业生就业引领工程，实施高校毕业生就业质量行动、大学生创业三年行动计划（2017—2019年）。应届高校毕业生就业8.81万人，比上年增长8.16%（其中研究生学历毕业生1.83万人，增长57.07%）。实施杭州市新引进应届高学历毕业生本科1万元、硕士3万元、博士5万元的一次性生活补贴政策，全年发放补贴7.14万人、金额10.42亿元。

【和谐劳动关系构建】2019年，杭州市实施《构建和谐劳动关系三年行动计划（2018—2020年）》，开展区域性（园区）和谐劳动关系创建活动，发布2019年杭州市劳动力市场工资指导价位，公布2018年杭州市区全社会单位在岗职工（含劳务派遣）年平均工资为73678元，全市企业劳动合同签订率99.42%。在杭州经济技术开发区企业和全市外商投资企业中继续开展特殊工时岗位清单式管理省级试点。推进建立全市改革国有企业工资决定机制，深化国有企业工资分配制度改革。实施“杭州无欠薪”专项治理行动，推动根治农民工欠薪工作。深化基层劳动纠纷多元化解机制建设，实现60%以上劳动纠纷就近就地在基层化解。

（骆椿美）

文化建设

【庆祝中华人民共和国成立70周年系列文化活动】2019年，杭州市先后举办“祖国华诞·唱响钱塘”、“盛世钱塘·韵味杭州”、“千年大运河 美好新家园”、红色电影海报展、“不忘初心，光影同行”70周年电影展映、庆祝中华人民共和国成立70周年农村公益电影展映等系列文化文艺活动，充分反映70年来祖国大地发生的沧桑巨变、杭州改革发展的辉煌成就和人民群众的幸福美好生活。特别是“祖国华诞·唱响钱塘”活动采取“一主六十九副、七十地联动”模式，在杭州国际博览中心设立主场，同时在各区县（市）设立69个分场，70个演出场地联动演出、唱响全城，7万名观众共庆中华人民共和国70华诞。

（市委宣传部文艺处）

【学习型城市建设】2019年10月1—3日，联合国教科文组织（UNESCO）在哥伦比亚麦德林市召开第四届国际学习型城市大会。杭州代表团参会并推广学习型城市建设的杭州经验。举办“礼赞新中国·书香润名城”第九届杭州学习节，组织学习节分享会、杭州学习型城市建设十件大事评选、杭州市首届朗诵大赛、庆祝中华人民共和国成立70周年征文活动等系列活动。开展杭州学习型城市建设调研，向联合国教科文组织终身研究所提交两年来杭州全球学习型城市建设工作报告。推动全民阅读，加强数字阅读平台建设，“书香名城”公众号强化学习型城市建设动态宣传，发布消息236期。

（市委宣传部理论处）

【“9·26”工匠日设立】经杭州市第十三届人民代表大会常务委员会第十八次会议审议决定，自2019年起将每年的9月26日设立为“工匠日”，以此尊重工匠、关爱工匠、学习工匠，弘扬工匠精神。1937年9月26日，中国自行设计、建造的第一座双层铁路、公路两用桥——钱塘江大桥建成通车，这是杭州跨时代的杰作，更是工匠精神的结晶，至今依然是巍然耸立在钱塘江上的标志性建筑。因此，9月26日被确定为工匠日。工匠日标识以“工匠日”三个字形为原型，整体以印章篆刻效果为主，阐述杭州工匠精神历史文化的传承与积淀。印章中隐含字母“H”表示“杭”字首写字母，代表魅力之城杭州。图形中既有“9·26”的形体又有工匠日的字形，突出工匠精益求精、精雕细琢，追求完美、力争极致的品质精神。

【杭产文艺精品再攀“高峰”】2019年，图书《心无百姓莫为官——精准脱贫的下姜模式》、电视剧《麦香》入选全国精神文明建设“五个一工程”。舞剧《平潭映象》等13部作品入选浙江省精神文明建设“五个一工程”，入选数量接近全省总量的20%。多部作品入选国家艺术基金扶持项目、中宣部重点主题出版物选题目录和文旅部“国家艺术院团演出季”。电视剧《鸡毛飞上天》获上海电视节国际传播奖，电视剧《麦香》在中央电视台综合频道黄金时段播出，电视剧《在远方》《外交风云》在全国各大电视台播出。杭产影片《老师·好》总票房达到3.48亿元。

【杭州出版首份英文报 *Hangzhoufeel*】2019年9月5日，杭州出版首份英文报纸 *Hangzhoufeel*（《韵味杭州》），成为内地继广州、上海、深圳后第四座拥有地方英文报纸的城市。英文报由杭州外宣厨房团队采编制作，旨在向更多海内外友人动态展示杭州打造国际名城的进程与成果，全方位传递杭州的独特韵味与别样精彩。杭州英文报每半月一期，设四个彩版，随《都市快报》在杭州地区发行，同时在杭州涉外酒店、学校、市公安出入境大厅、杭州图书馆等对外交流窗口单位定点投放，重点服务在杭近3万名常驻外籍人士、100余万名临时到杭州的外籍人士和其他英语使用人群。（市委宣传部对外交流处）

【第五届中国数字阅读大会】2019年4月12日，由中国音像与数字出版协会、省委宣传部、市委宣传部共同主办的2019第五届中国数字阅读大会在西湖文体中心开幕。大会以庆祝中华人民共和国成立70周年为主线，以“e阅读，让生活更美好”为主题，共同探讨新时代数字阅读理念创新、方式创新与实践创新，扩大数字阅读的传播力、影响力、覆盖面。大会设置媒体融合、5G让生活更美好、聆听经典、文化扶贫等13个主题展区，庆祝中华人民共和国成立70周年百种优秀电子书集中上线，全面展示中国数字阅读的新产品、新服务。（孙立波）

【“孝心车位”成为新时代文明实践新品牌】2019年，杭州市着力培育好家风、弘扬中华优秀传统文化、推进新时代文明实践，打造社区“敬亲”“养亲”“悦亲”新载体——“孝心车位”。制定以“探亲优先、规范停放、服从管理、文明谦让”为内容的孝心车位公约，设计便于识别的“孝心车位”标志标识，做好车位预约、车位协调、车位开放时段管理等工作，大力整合社会车位资源，提高“孝心车位”供需匹配。至年末，400多个小区建成2100多个“孝心车位”，倡导“孝行传递”的价值导向。

（沈　欢）

【农村文化礼堂建设】2019年，杭州市农村文化礼堂建设投入大、任务重、成效显著，列入全市“文化兴盛行动”考核、市政府重点工作、市重点改革任务和乡村振兴重点工作任务。全年市本级财政投入资金5440万元，全市新建成农村文化礼堂356个，累计建成1431个，村级覆盖率达到71.3%。

4月19日，市委办公厅、市政府办公厅印发《关于进一步加强农村文化礼堂建设的实施意见》，明确“建有规范、管有制度、用有载体、育有主题、融有实效”的总体工作要求，强调农村文化礼堂建设与新时代文明实践中心建设相结合，与实施乡村振兴战略相融合，与乡村文旅融合发展相契合，着力深化“建、管、用、育、融”一体化长效机制建设。5月9日，市委宣传部、市卫健委等5个单位联合印发《杭州市健康素养进农村文化礼堂三年行动计划》，推动“健康素养进礼堂”，年内覆盖50%以上已建农村文化礼堂。市文礼办与市教育局携手开展“高校师生进礼堂”活动，全年市属高校送服务进农村文化礼堂活动达300场次；联合市民政局推进居家养老服务照料中心建设，覆盖60%已建农村文化礼堂的村；联合市农业农村局推进精品村建设，70%以上精品村已建有农村文化礼堂。

市文礼办印发《杭州市新建农村文化礼堂考察评估办法》《关于启动杭州市新建农村文化礼堂智慧化远程管理系统试运行的通知》等文件，实现新建农村文化礼堂的网络远程管理和审核验收。农村文化礼堂“四星级评定”工作也被纳入机关内部“最多跑一次”协同办事平台并上线运行。

全市农村文化礼堂以“践行移风易俗、弘扬文明乡风”为主题，持续推动社会主义核心价值观在农村落细落小落实，累计举办各类文化活动47161场次，惠及群众495万人次。其中，围绕庆祝中华人民共和国成立70周年，以“我和我的祖国”为主题，举办“千堂共庆·盛世华诞”“唱响村歌献祖国”“同品国庆面·礼赞新中国”等系列活动2049场次，参与群众73万余人；元旦、春节期间，各地农村文化礼堂共举办“我们的村晚”1116场，其中浙江省第五届农村文化礼堂“我们的村晚”于2月2日在富阳区场口镇举行。市文礼办还与“学习强国”杭州学习平台联合发起“歌颂祖国、秀我村歌”网络拉歌活动。

富阳区、建德市被评为浙江省农村文化礼堂建设示范县（市、区），西湖区转塘街道等10个乡镇（街道）被评为浙江省农村文化礼堂建设示范乡镇（街道）。全市评定五星级农村文化礼堂30个，四星级农村文化礼堂91个，选树产生“十佳文化礼堂人”10人、“十佳农村文化礼堂”10个。（方　波）

生态文明建设

【杭州践行“绿水青山就是金山银山”理念】2019年，杭州市以习近平生态文明思想和系列重要指示精神为指引，践行“绿水青山就是金山银山”的理念，推进“八项清零”（推进国Ⅲ柴油货车和燃油公交车、区域性恶臭异味污染、建设工地扬尘、市域污水直排、集中式饮用水源风险、农业农村污染增量、固废处置设施欠账、用地土壤环境风险八个方面“全面清零”），举办联合国世界环境日全球主场活动和中国环境与发展国际合作委员会年会，推动第一轮中央环保督察和省生态环境保护督察反馈问题整改落实，打好污染防治攻坚战，改善生态环境质量。化学需氧量、氨氮、二氧化硫、氮氧化物等主要污染物排放量均顺利完成省下达的减排目标任务。全市94.2%的地表水市控以上断面水质达到或优于Ⅲ类标准。西湖、千岛湖、钱塘江、苕溪、西溪湿地等重要生态环境功能区得到较好保护。全市声、辐射、固废等环境质量总体稳定。

【生态环境保护区域合作】2019年，杭州市加强长三角区域、杭州都市圈生态环境合作。增补衢州市、黄山市进入杭州都市经济圈环保专业委员会。推进《杭州市推进长三角区域一体化发展生态环境专项行动计划》编制，启动《杭州都市经济圈生态环境共保规划》编制。探索建立跨界流域生态环境保护新机制。杭州黄山两市签订《打造杭州都市圈生态环保合作示范区的战略合作协议》，完成《杭州—黄山边界区域市级环境污染纠纷处置和应急联动工作机制》修订。建立健全杭湖嘉绍边界环境联合执法、杭嘉环境信访联动等机制，进一步完善联席会议、应急预警、联合执法和信息共享等制度。

【生态文明体制改革】2019年，杭州市有序推进生态环境保护领域机构改革。1月，市级和各区县（市）生态环境部门完成更名挂牌。6月，组建美丽杭州建设领导小组，下设生态文明示范创建办公室、“五水共治”（河长制）办公室、大气污染防治办公室、土壤和固体废物污染防治办公室。10月16日，成立市生态环境保护综合行政执法队。做好基层整合审批服务执法力量改革涉及环保内容的指导，下放35项执法权限并在部分镇街开展试点。

探索开展特别生态功能区试点。9月25日，省政府批复同意设立淳安特别生态功能区。淳安特别生态功能区建设工作按照《淳安特别生态功能区建设框架方案》实施。先后出台《杭州市淳安特别生态功能区管理办法》《淳安特别生态功能区考核办法》和《关于杭州市支持淳安特别生态功能区建设考核奖补实施方案》等法规文件，推进40项改革任务落地。

完善生态环境损害赔偿制度。4月22日，印发《杭州市生态环境损害赔偿制度改革实施方案》。成立由分管副市长任组长的杭州市生态环境损害赔偿制度改革工作领导小组。全年完成生态环境损害赔偿案例6例，赔偿金额234.42万元，均由环境损害的加害方承担。

【生态文明建设示范区创建】2019年2月1日，市政府印发《杭州市加快生态文明示范创建深化“美丽杭州”建设行动方案》，加强对国家级生态文明建设示范区创建的指导。至年末，西湖区成功创建国家级生态文明建设示范区、建德市成功创建省级生态文明建设示范县（市）。全市累计创建国家生态文明建设示范区2个，省级示范县（市、区）9个。

根据全省生态文明建设年度评价结果，杭州市在全省11个设区市中位列第四，余杭区、临安区、滨江区和西湖区在全省89个县（市、区）中分别位列前四。

【环境质量总体稳中向好】2019年，杭州市水环境质量状况为优，各项指标稳中有升。全市跨行政区域河流交接断面达标率为88.9%，较上年上升11.1个百分点；优于Ⅲ类占比94.4%，上升16.7百分点。全市“十三五”期间52个市控以上断面，水环境功能区达标率98.1%，上升1.9个百分点；达到或优于Ⅲ类标准比例96.9%，上升1.9个百分点。

按照《环境空气质量标准（GB 3095—2012）》评价，杭州市八城区（包括上城区、下城区、江干区、拱墅区、西湖区、滨江区、萧山区、余杭区）环境空气优良天数为287天，优良率为78.6%。PM2.5浓度年均值38微克/立方米，PM2.5达标天数344天，PM2.5达标率95%。富阳区、临安区、桐庐县、淳安县和建德市的环境空气质量优良天数分别为336天、341天、348天、334天和350天，优良率分别为93.9%、93.4%、95.3%、92.3%和95.9%，PM2.5浓度年均值分别为35微克/立方米、37微克/立方米、34微克/立方米、23微克/立方米、30微克/立方米。

全市工业固体废物产生量677.23万吨，综合利用量635.60万吨，处置量39.27万吨，处置利用率98.71%，综合利用率93.40%。（陈鸣渊）

责任编辑　金利权

2020 杭州年鉴

06 中国共产党杭州市委员会

Hangzhou Municipal Committee of the Communist Party of China

综 述

【概况】2019 年，市委常委会全面贯彻中央和省委重大决策部署，围绕“干好一一六、当好排头兵”，聚力改革开放、动能转换、协调发展、美好生活等，攻坚克难，推进“十大攻坚工程”和“十件民生实事”，保持经济持续健康发展和社会和谐稳定。全年地区生产总值 15373 亿元，比上年增长 6.8%，其中数字经济核心产业增加值 3795 亿元，增长 15.1%，高于 GDP 增速 8.3 个百分点；一般公共预算收入 1965.97 亿元，增长 7.7%；城镇、农村居民人均可支配收入分别为 66068 元和 36255 元，增长 8% 和 9.2%。

市委常委会精心谋划、系统部署、攻坚克难，重点抓好五件大事：举全市之力组织中华人民共和国成立 70 周年系列庆祝活动，推出丰富多彩的主题宣传活动，全方位展现杭州改革发展成果，唱响奋进新时代的主旋律。高标准开展“不忘初心、牢记使命”主题教育，以“三学三促建名城”为总载体，全市 72 万余名党员思想得到大洗礼、党性得到大锻炼、作风得到大提升。坚决贯彻习近平总书记重要指示特别是关于良渚古城遗址和千岛湖保护的重要批示精神，良渚古城遗址这一实证中华 5000 年文明史的圣地成功申遗，高质量完成千岛湖临湖地带综合整治，设立并启动建设淳安特别生态功能区，千岛湖配供水工程实现杭州主城区通水。全面推进城区功能平台“东整、南启、西优、北建、中塑”，整合设立钱塘新区并推进高质量发展，高品质推进大城北地区规划建设，铁路西站站城一体综合枢纽正式开工建设。不失时机地启动推进“新制造业计划”，成功获批并推动建设国家新一代人工智能创新发展试验区，持续打造“全国数字经济第一城”，加快形成杭州高质量发展“双引擎”。

【长三角区域一体化发展国家战略贯彻实施】2019 年 7 月 30 日，市委十二届七次全体（扩大）会议召开，围绕推进长三角更高质量一体化发展，部署和实施 10 个方面重大攻坚举措和 111 个跨区域合作项目。服务借力大上海不断深化，主动对接服务第二届中国国际进口博览会，在科技创新、金融服务等 11 个领域加强合作，协同加快 G60 科创走廊建设，上海交大科技园汽车产业孵化器等合作载体先后设立，“天境生物”抗体研发及产业化等重大项目落地实施。杭州都市圈建设持续推进，与嘉兴、湖州、绍兴签署“1+4”系列协议，与衢州“山海协作”取得新进展，与黄山“1+9”合作协议加快实施。市域统筹力度不断加大，区县（市）协作持续深化，探索建立高新区（滨江）富阳特别合作区。

【新旧动能转换加快推进】2019 年，市委制定实施“新制造业计划”推进高质量发展的意见、稳企业稳增长促进实体经济发展的意见等政策，累计减税降费 1606 亿元。深入开展产业链精准招商，持续加大重大产业项目招引力度，推进集成电路、人工智能、生物医药等产业创新发展。深化“机器换人”“企业上云”“工业互联网”等示范项目建设，加快传统产业改造提升，全市超过 70% 的规模以上企业实现数字化改造。推进国家文化旅游消费试点工作，完成湖滨步行街改造提升，成为新消费样板。制定实施打造人才生态最优城市“37 条”，推进“名校名院名所”工程，中法航空大学（暂名）、浙大国际科创中心等一批高水平科研院所签约落户，杭州院士专家中心正式设立。加大人才引进力度，人才、互联网人才和海外人才净流入率继续位居全国第一，在中美年轻态城市排名中居第四位。扶持企业做优做强，新增上市企业 22 个，累计 192 个，居全国第四位。完善“双创”体制机制，举办全国“双创”活动周、大学生“互联网 +”创新创业大赛、“振兴杯”全国青年职业技能大赛、杭州国际人才交流与项目合作大会等重大活动，努力打造全国“双创”示范城。有效应对中美经贸摩擦，外贸出口保持平稳增长，其中跨境电商出口增长势头强劲。

【民主法治建设推进】2019 年，市委坚持总揽全局、协调各方，支持市人大、政府、政协和监委、法院、检察院依法依章程履职。召开市委人大工作会议，制定出台高水平推进新时代人大工作和建设的意见。“五四宪法”历史资料陈列馆参观人数超过 100 万。召开市委政协工作专题会议,研究制定新时代加强和改进人民政协工作的实施意见,有力解决区县(市)政协"两个薄弱"问题。做好新形势下统战工作,支持市各民主党派开展"建设国际一流营商环境和争创民营经济高质量发展示范区"专项民主监督。全面推进法治政府建设,深化行政执法体制改革。做好党管武装、群团改革等工作,不断提升统筹全局的能力和水平。

【"最多跑一次"改革撬动各领域改革】 2019年,市委推动1358项事项"一证通办""刷脸可办""移动能办",75项"一件事"实现"一窗办",工程建设项目全流程审批时间压缩至71个工作日以内,97.2%的机关内部办事事项实现"最多跑一次",在全国营商环境评价中名列前茅。"最多跑一次"改革拓展到杭州火车东站等公共服务领域取得明显成效。高质量完成党政机构、经营类事业单位等改革。积极创建民营经济高质量发展示范区,上榜中国民营企业500强的企业数量连续17年蝉联全国城市第一。加快推进城市大脑建设,形成全市部门和区县(市)的148个数字驾驶舱和48个应用场景,相关产业孕育成长,城市大脑成为杭州实现城市治理现代化的重要支撑和"金名片"。

【城市文化软实力进一步提升】 2019年,"我们的价值观"主题实践和"最美杭州人"主题宣传等活动持续深化,桐庐县全国新时代文明实践中心建设试点成效明显,推行"孝心车位"、爱国主义公交专线等文明新风尚,全国文明城市专项测评列28个省会及副省级城市第二位。新建农村文化礼堂356个、社区文化家园170个,两部作品获全国"五个一"工程奖、数量占全省一半。做好2022年亚运会和亚残运会筹办工作,全面提升基础设施、城市文明和全民健身水平。推进大运河文化带和之江文化产业带建设,举办亚洲美食节、世界环境日主场活动、第四届中阿广播电视合作论坛、APEC工商领导人中国论坛以及中国国际茶叶博览会、西湖国际博览会、杭州文化创意产业博览会、中国国际动漫节、杭州国际日、杭州工匠日、西湖文化景观与意大利维罗纳老城文化交流、大运河文化带京杭对话等文化会展活动,杭州在全球会议目的地城市排行榜中居全国第三位,城市知名度和国际影响力持续提高。

【打造"幸福示范标杆城市"】 2019年,市委始终坚持以人民为中心的发展思想,大力发展"美好教育",积极推进健康杭州建设,不断完善就业社保体系,办实办好"四好农村路"、农村饮用水达标提质、既有住宅加装电梯、老旧小区改造提升、垃圾分类、护校安园等民生实事,不断完善居家养老、幼儿托育、残疾人康复等公共服务。城中村改造回迁安置全面提速,提前完成149个小城镇三年整治任务,梅城等10个美丽城镇亮相,桐庐莪山畲族乡被授予"中国畲族第一乡"称号。打好"5433"交通大会战,杭黄铁路开通并入全国铁路网,杭州地铁5号线首通段、望江路过江隧道开通运行。坚持和发展新时代"枫桥经验",推进诉源治理,实现县级矛盾纠纷调处化解中心全覆盖,信访总量比上年下降18.9%。深入推进"扫黑除恶"专项斗争,严格落实安全生产主体责任,全面提升消防、交通、环境食品药品、市政公用设施等安全水平,杭州成为全国唯一连续13年入选的"中国最具幸福感城市",并获评全国唯一的"幸福示范标杆城市"。

2019年3月30日,爱国主义公交专线开通运营 (市城投集团 供稿)

【打好三大攻坚战的"杭州战役"】 2019年,市委严密防范、积极处置互联网借贷等金融风险,严禁增量、严打违法,全力追赃挽损。有序推进政府隐性债务化解工作。全力做好超强台风"利奇马"抢险救灾和灾后重建工作,把灾害损失降到最低程度,安全生产形势总体稳定。持续推进东西部扶贫协作、对口支援、对口合作、"山海协作"等工作,对口帮扶的贵州黔东南、湖北恩施两州23个贫困县中有21个实现脱贫摘帽。深入实施低收入农户、低收入产业工人增收计划,巩固和发展消薄增收成果,全市2059个行政村全部实现"3010"目标。推进环保督察问题整改,持续打好蓝天、碧水、净土、清废保卫战,96.9%以上的地表水省级考核断面达到或优于Ⅲ类水质,固废处置能力不断提升,在人口净增的情况下生活垃圾总量增幅由上年的3.73%下降到0.85%。

【全面加强党的建设】 2019年,市委坚持全面从严治党,完善"大党建"工作机制,深入实施"党建双强"工程,深化"走亲连心三服务"活动,不断提高党的建设质量。巩固意识形态领域领导权,成立杭州中国特色社会主义理论体系研究中心,推进各类阵地建设和管理。组织广大干部群众向陈立群、金健勇、王丰华等先进典型学习,整合全市386处红色资源,制定7条红色精品路线和32个

2019 年中共杭州市委重要文件

表 3

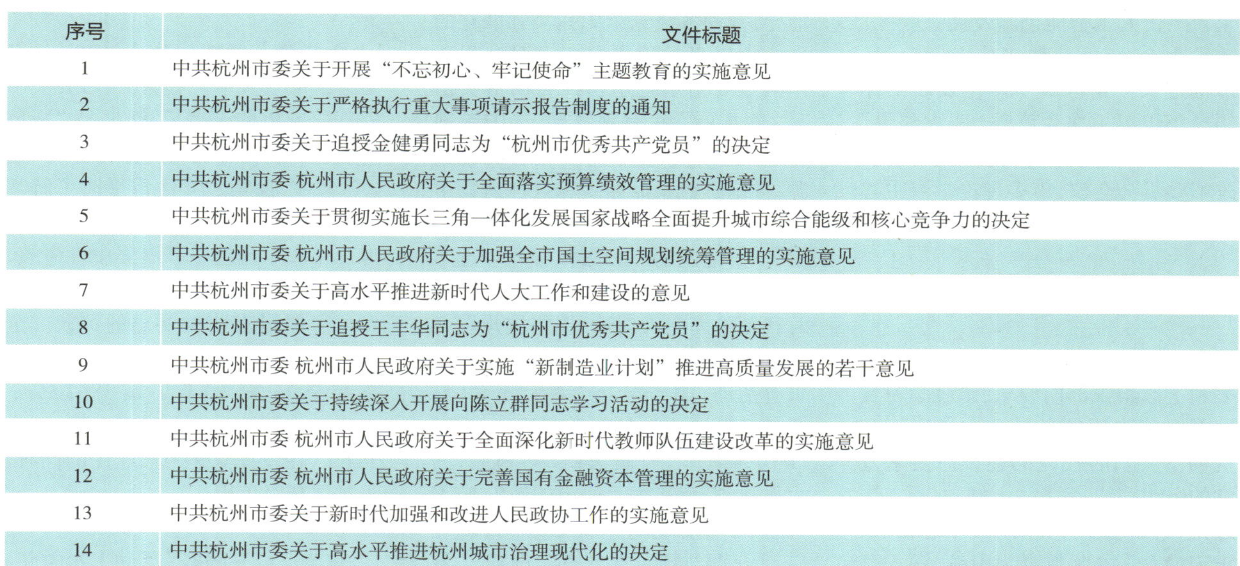

序号	文件标题
1	中共杭州市委关于开展“不忘初心、牢记使命”主题教育的实施意见
2	中共杭州市委关于严格执行重大事项请示报告制度的通知
3	中共杭州市委关于追授金健勇同志为“杭州市优秀共产党员”的决定
4	中共杭州市委 杭州市人民政府关于全面落实预算绩效管理的实施意见
5	中共杭州市委关于贯彻实施长三角一体化发展国家战略全面提升城市综合能级和核心竞争力的决定
6	中共杭州市委 杭州市人民政府关于加强全市国土空间规划统筹管理的实施意见
7	中共杭州市委关于高水平推进新时代人大工作和建设的意见
8	中共杭州市委关于追授王丰华同志为“杭州市优秀共产党员”的决定
9	中共杭州市委 杭州市人民政府关于实施“新制造业计划”推进高质量发展的若干意见
10	中共杭州市委关于持续深入开展向陈立群同志学习活动的决定
11	中共杭州市委 杭州市人民政府关于全面深化新时代教师队伍建设改革的实施意见
12	中共杭州市委 杭州市人民政府关于完善国有金融资本管理的实施意见
13	中共杭州市委关于新时代加强和改进人民政协工作的实施意见
14	中共杭州市委关于高水平推进杭州城市治理现代化的决定

红色博物馆联盟地图，建设市党群服务中心，推动广大党员干部悟初心、守初心。选树“担当作为好干部”，开展优秀年轻干部综合比选、中层干部跨部门跨条块竞岗和交流工作，探索聘任制公务员机制。建立推进“六大行动”的“一二三四”工作机制，深入整饬“六大顽疾”，发布乡镇（街道）“减负清单”，全面落实社区（村）“3+1+8”挂牌规定，完善督查考核和综合考评体系。统筹推进清廉杭州建设，完成 4 轮 21 个市直单位的巡察，深化“三不”问题专项治理，全市保持惩治腐败的高压态势。

（市委办公厅）

市委重要会议

【市委全委会】市委十二届六次全体（扩大）会议于 2019 年 1 月 10 日召开。会议高举习近平新时代中国特色社会主义思想伟大旗帜，深入贯彻落实党的十九大、庆祝改革开放 40 周年大会、中央和省委经济工作会议精神，回顾总结 2018 年工作所取得的成绩，研究部署 2019 年工作思路和任务举措。省委常委、市委书记周江勇代表市委常委会做题为《坚定不移“干好一一六 当好排头兵”，以优异成绩庆祝新中国成立 70 周年》的报告。

市委十二届七次全体（扩大）会议于 2019 年 7 月 30 日召开。会议高举习近平新时代中国特色社会主义思想伟大旗帜，认真学习贯彻习近平总书记关于长三角一体化发展的重要指示精神，全面落实全省推进长三角一体化发展大会精神，进一步解放思想，持续深化“不忘初心、牢记使命”主题教育，研究部署杭州贯彻实施长三角一体化发展国家战略、全面提升城市综合能级和核心竞争力、全力打造长三角南翼强劲增长极工作，为“干好一一六、当好排头兵”努力奋斗。省委常委、市委书记周江勇代表市委常委会做题为《贯彻实施长三角一体化发展国家战略，全面提升城市综合能级和核心竞争力》的报告。

市委十二届八次全体（扩大）会议于 2019 年 12 月 27 日召开。会议以习近平新时代中国特色社会主义思想为指导，深入学习贯彻党的十九届四中全会和省委十四届六次全会精神，研究部署创新治理机制、提升治理能力、奋力开创具有杭州特点的大城市治理现代化新路的各项任务。省委常委、市委书记周江勇代表市委常委会做题为《创新治理机制，提升治理能力，奋力开创具有杭州特点的大城市治理现代化新路》的报告。

【市委常委会会议】2019 年，市委常委会召开会议 36 次。市委常委会以习近平新时代中国特色社会主义思想为指导，全面贯彻党的十九大精神，按照党委“总揽全局、协调各方”原则，议大事、把方向、掌全局、用干部，充分发挥在同级党组织中的领导核心作用，就事关杭州经济社会发展的重大问题进行研究。

【市委重要专题会议】2019 年，市委召开的重要会议有：全市机构改革动员大会，全市深化作风建设暨“干好一一六、当好排头兵”推进大会，市委政法工作会议，全市扩大有效投资暨“5433”工程推进大会，全市建设平安杭州暨推进市域社会治理现代化动员大会，推进杭州钱塘新区高质量发展大会，杭州市文明委全体（扩大）会议，全市教育大会暨高水平建设“美好教育”推进会，“六大行动”比学赶超推进会，全市金融工作会议暨打造杭州国际金融科技中心推进大会，全市“不忘初心、牢记使命”主题教育工作会议，新时代杭州市和浙江大学深化全面合作工作会议，市委“不忘初心、牢记使命”主题教育专题党课暨担当作为好干部表彰会议，市委常委会“牢记嘱托、实干担当”专题读书会，全市招商引资、招才引智工作推进会，全市生活垃圾分类和老旧小区综合改造提升工作推进会，杭州市全面实施“新制造业计划”动员大会，市委人大工作会议，淳安特别生态功能区建设推进大会暨千岛湖配供水工程通水活动，杭州建设“国家新一代人工智能创新发展试验区”动员大会，市委政协工作专题会议，市推进长三角区域一体化发展工作领导小组第一次会议暨“四大建设”推进会，市委财经委员会会议，市委改革委员会会议，市委理论学习中心组专题学习会等。（市委办公厅）

组织工作

【概况】2019年，市委组织部落实市委和上级组织部门要求，围绕学习贯彻新时代中国特色社会主义思想和贯彻落实新时代党的建设总要求及党的组织路线，紧扣“干好一一六、当好排头兵”主线，突出以“不忘初心、牢记使命”主题教育为引领，深入落实组织工作高质量发展规划纲要，聚焦重点、继承创新、求真务实，全面落实组织工作主责主业。以“三学三促建名城”为总载体推进“不忘初心、牢记使命”主题教育，持续深化“走亲连心三服务”活动。认真落实全国党政领导班子建设规划纲要，破立并举推进年轻干部综合比选和中层干部跨部门跨条块竞岗交流。严格落实干部经常性管理监督，深化干部专业化能力建设，大力加强公务员队伍建设，推动“干部为事业担当、组织为干部担当”良性互动，激励干部新时代新担当新作为。深化“党建双强”工程建设，统筹推进农村基层党建整固升级、党建引领城市治理、两新组织党建、党群服务体系建设和党员教育监管等，推动基层党建全面进步全面过硬。升级完善人才政策体系，放大招才引智集聚效应，提升人才平台载体能级，全力打造人才生态最优城市。全市组织系统获得车俊、黄建发等省领导批示6次，在中央和省级会议介绍经验2次。全省2019年度基层党建工作述职评议中，杭州的评分居首位，省人才工作目标责任制考核获评优秀等次。

【“不忘初心、牢记使命”主题教育推进】2019年，市委组织部认真落实市委部署，充分发挥“三个地”省会城市优势，突出“三学三促建名城”总载体，坚持读原著、学原文、悟原理，用好《殷切的期望——习近平同志对杭州工作重要指示摘编》并做专题辅导，推动各级党组织扎实开展党的十八大以来习近平总书记对杭州工作的重要指示批示精神贯彻落实情况“回头看”和专题辅导，集中轮训1225名市管领导干部。整合红色资源，推出红色精品路线和红色博物馆联盟地图，推行“线上学习”“方言讲学”“书记领学”等载体，强化理论学习“杭州味”“基层味”。全面开展新时代解放思想大讨论，聚焦杭州发展“十问”，精心组织专题研讨、意见征求等活动。围绕市委“六大行动”目标任务开展比学赶超系列活动，推行“晒单亮绩”“红黄黑榜”等机制，助力推进亚运奋进、“一跑四改”、城市大脑、十镇百村等“十大攻坚行动”。广泛开展“最强党支部”创建、“最强领头雁”培育工作，逐级遴选“月度之星”“季度之星”，选树“防台救灾先进集体和优秀党员干部”“担当作为好干部”“党建双强”等先进典型，发掘陈立群、金健勇、王丰华等党员干部先进事迹。紧盯贯彻落实习近平总书记重要指示批示精神和党中央决策部署，全力以赴推进淳安千岛湖临湖违建整治等工作。高质量开好专题民主生活会和组织生活会，县处级领导班子检视剖析问题1.5万个。对照“8+1”专项整治重点任务，排查整改问题9571个，市县联动全力推进整改落实。

【“党建双强”工程】2019年，市委组织部认真落实市委《关于进一步聚力“六大行动”全面深化“党建双强”工程建设的实施意见》，按照引领发展、融入发展、推动发展、发展检验四大原则，广泛开展比学赶超、“积分管理”等活动，把推进各项中心工作作为检验“党建双强”工程成效的主赛场，市级层面围绕“三化融合”、回迁安置、美丽城乡、改革攻坚、文化兴盛等重点工作开展5次比学赶超活动，各地各单位结合实际设置乡村振兴、民生福祉、改革攻坚、项目建设、强基固本等项目，开展“打擂比武”活动1991场。广泛开展“最强党支部”创建、“最强领头雁”培育工作，逐级遴选“月度之星”“季度之星”，坚持“好中选优”确定市级季度之星600个，最终产生年度“党建双强”200个。

【“大党建”考核优化】2019年，市委组织部落实中央和省委、市委关于为基层减负的部署要求，坚持“减负担、破难点、促发展”，优化完善“大党建”考核，探索建立注重平时了解掌握的党建考核新模式，明确“三个不再”：年底不再统一开展集中性考核，不再统一组织党建报表填报，不再保留上级没有明确要求的评议。全市“大党建”考核指标由上年的80条减至26条，比上年减少67.5%；党建工作评议由7项减至5项，减少28.6%，在发挥党建考核作用的同时，为基层减轻负担。

【“走亲连心三服务”活动】2019年，市委组织部按照市委部署，持续深化“走亲连心三服务”“包乡走村”等活动，推动各级党员干部深入基层、调查研究、改进作风，市领导带头领衔重点课题下沉一线开展调研破难，组建调研小组下沉一线，走访农（居）民户、企业，收集梳理问题，解决率达97.49%。积极助力办好既有住宅加装电梯、垃圾分类、老旧小区改造提升、回迁安置等“关键小事”，新增“最多付一次”、便捷泊车等城市大脑九大惠民应用场景，得到群众广泛好评，李克强总理在杭调研期间给予高度肯定。全市组织系统围绕党的建设和组织工作重点任务，推进调查研究工作，全市组织系统调研课题获全国全省各类奖项9个，《习近平总书记关于党的建设重要思想在浙江的萌发与实践研究》首次获得中组部一等奖。

【市管领导班子建设】2019年，市委组织部认真落实新一轮全国党政领导班子建设规划纲要，切实加强机构改革后领导班子和领导干部建设。结合贯彻落实新修订《中华人民共和国公务员法》《党政领导干部选拔任用工作条例》等“一法三条例”，制定出台《市管领导干部政治素质考察实施办法（试行）》《市属企业领导人员管理办法（试行）》《市管领导干部任前公示操作办法》等相关配套制度，认真执行省委组织部干部选拔任用工作“五个办法”，进一步优化干部选拔任用操作流程。结合“月报季访”“季报五访”干部考察、专题调研、谈心谈话、日常沟通等工作，多渠道、多层次、多侧面考察干部。用好年度考核、市委巡察等成果，对市直单位、区县（市）、国有企业、高校领导班子和领导干部全面走访调研，深入综合分析研判，提出“两头”班子、“两头”干部和有关意见建议。注重以事择人、人岗相适、树优导向，做好市直单位机构改革后领导班子调整充实和领导干部职级晋升等工作，完成22批334人次干部调配，其中提拔或进一步使用114人、晋升市管职级公务员82人、接收安置副师级军转干部13人。

【优秀年轻干部培养选拔】2019年，市委组织部按照中央、省委关于大力发现培养选拔优秀年轻干部的部署，将有发展潜力、需要递进培养的年轻干部提拔到关键岗位、吃劲岗位，全年新提拔和进一步使用45岁以下市管干部54名，40岁以下19名，“80后”12名，破格提拔2名。突出理想信念教育、能力素养提升、实践考验历练，举办中青年干部主体班次9期，培训中青年干部449人。深化上挂下派锻炼，市本级选派261名干部参加“六大行动”专项督查、亚运会筹备等工作，安排99名选调生、211名市级机关新招录公务员到基层一线锻炼。

【年轻干部综合比选】2019年，市委组织部按照市委提出的干部队伍建设“六破六立”重点任务，推动破解全市干部队伍结构性短板。着力打破论资排辈和干部成长隐性台阶，注重市县联动，创新开展优秀年轻干部综合比选，提拔市管副职年轻干部8名、市直单位中层和区县（市）管年轻干部102名（其中“84后”乡镇街道党政正职17名），优化全市干部队伍结构。

【中层干部跨部门跨条块竞岗交流】2019年，市委组织部按照市委部署，坚持全市干部队伍一盘棋，开展中层干部跨部门竞岗交流。放眼各条线各领域各行业，突出政治标准和专业能力，全方位、多角度、立体式识人选人，实现跨部门跨条块竞岗交流52人、跨条块上下交流26人、跨部门平职交流58人、政法系统交流50人，优化干部资源配置，激活全市干部队伍“一池水”。

【机关和优秀民营企业互派干部挂职】2019年，市委组织部贯彻落实市委、市政府决策部署，会同市经信局，开展机关、事业单位与优秀民企干部双向挂职岗位需求排摸工作。向民营企业选派100名“助企服务网格员”，接收10名民营企业业务骨干到市直单位挂职，明确和规范职责任务、工作机制、日常管理、考核评价等，推动驻企服务各项工作规范高效开展。

【干部专业化能力建设深化】2019年，市委组织部进一步强化干部素质培养，制定下发《杭州市干部教育培训规划（2019—2022）》，深化习近平新时代中国特色社会主义思想教育培训，优化主体班次办学，强化理论学习和政治训练，全年举办市委党校主体班次15期。紧扣“六大行动”任务目标，结合各领域干部实际，选派70多名区县（市）党政领导干部、经济部门和国企部门负责人参与“杭商学堂”培训，举办领导干部专业化能力专题培训班16期、境外专题培训2期，培训880多人次。全面落实援派干部人才选派任务，抓好挂职干部日常管理，完成第10批31名援疆干部人才选派工作，选派16名干部人才赴西藏色尼区和青海德令哈市挂职锻炼，选派620多人次长短期专技人才赴贵州黔东南州、湖北恩施州开展对口帮扶。

【“两个担当”良性互动机制健全】2019年，市委组织部认真贯彻落实激励干部新时代新担当新作为部署要求，健全“干部为事业担当、组织为干部担当”良性互动机制。落实激励干部担当作为实施意见，细化制定《关于进一步激励干部担当作为相关具体举措》，配套出台关心关爱干部、不实信访举报澄清等机制办法，指导各地各单位研究制定适合行业特点和本地实际的具体措施。紧扣“最多跑一次”改革等重点项目、重点工作，开展一线专项考核，在乡语口碑中评价识别干部。落实乡镇书记交流会、“互看互学互比”等制度，26名省市“担当作为好干部”得到提拔使用，带动全市选树先进干部典型548名。扎实开展“不担当不作为问题”专项整治工作，对照7个方面27项重点整治内容，查处“不担当不作为不落实”典型827起，问责处理1100余人。

【组织工作薄弱环节集中整治】2019年，市委组织部聚力打造全程监督、立体覆盖、高效运行的干部监督工作新常态。扎实开展薄弱环节集中整治，聚焦议事决策、选人用人、个人有关事项查核、出国（境）管理、干部人事档案5项重点整治内容，组建8个督查组开展集中督查，梳理5个重点方面85条检查问题清单，督促指导各地各单位出台规章制度121项，修订完善326项，进一步提高组织工作规范化水平。持续深化选人用人监督，对16个市属国有企业和5个市直单位开展选人用人工作专项检查，组织机构改革后首次“一报告两评议”工作，督促做好整改提升。严把选任关口，开展“凡提必核”，完成11批次209名拟提拔或转重要岗位市管领导干部及晋升市管职级公务员的查核工作。从严抓实日常监督，开展领导干部个人有关事项报告随机抽查和重点抽查，抽查干部3331人，不一致率比上年下降23%。综合运用提醒函询诫勉举措，累计对574名干部（市本级43名）实施提醒，对188名干部（市本级28名）进行函询，对120名干部（市本级8名）进行诫勉。强化干部人事档案管理，在全省率先将档案专项审核工作向企事业单位中层管理人员、专业技术人员延伸。探索干部人事档案分级集中管理，积极推进干部档案数字化，完成1831卷档案数字化录入。

【公务员队伍建设加强】2019年，市委组织部深入贯彻落实新修订的《中华人民共和国公务员法》，健全完善公务员制度，推动高素质专业化公务员队伍建设。畅通党政人才来源渠道，扎实做好公务员考录，统筹推进四级联考等相关工作，全市新招录公务员724名、“双一流”选调生128

名。大力推进改革攻坚，有序推进职务与职级并行改革，出台我市职务与职级并行实施方案和政策问答，合理设置各层次比例要求，基本完成市直机关“一套两升”，指导区县（市）稳慎推进职务职级并行工作，督促建立健全长效激励机制。完成公务员管理“最多跑一次”改革事项，积极推进公安机关专业技术和执法勤务警员职务序列改革、司法监狱劳教单位警员职务序列改革和法官、检察官员额制度改革等工作。规范公务员日常管理，进一步规范公务员调转任审核审批、辞去公职和提前退休审核备案等程序，积极推进网上办事流程，完成调转任448人、机构改革转隶347人的审批工作。巩固提升公务员考核工作质量，推动平时考核与定期考核、定性与定量考核有机结合。加大关心关爱力度，兑现公务员职务职级并行后职级序列工资津补贴和执法勤务警员职务序列改革工资。落实公务员带薪休假和优秀公务员疗休养制度，推荐4名公务员分别获全国、省“人民满意公务员”称号，3个集体获省“人民满意的公务员集体”荣誉，表彰市直单位、基层站（所）和区县（市）三个层面各10名“十佳公务员”。

【聘任制公务员和特聘雇员招聘工作首次开展】2019年，杭州首次面向全球，推出聘任制公务员岗位5个和市级机关特聘雇员岗位14个，市委组织部（人才办）精心组织，吸引包括阿里、华为、百度、埃森哲等国际知名企业的910名高端人才报名应聘，清华大学、北京大学、哈佛大学、哥伦比亚大学等世界名校毕业生占53.8%，35岁以下青年人才占58.1%。创新选拔评价方法，经专业测试和面试面谈两轮遴选产生优秀人才15名。

【农村基层党建整固提升】2019年，市委组织部全面贯彻落实《中国共产党农村基层组织工作条例》，大力加强农村基层组织和队伍建设。从严落实“十二条底线”标准，定期进行分析研判，坚持“一村一策”，实行“四个一”帮转机制，召开后进村党组织整转现场推进会，常态化抓好软弱后进村整顿转化，完成58个后进村党组织整转工作，群众满意度达94%。从严加强村干部教育管理，完善村干部资格条件县级常态化联审机制，撤换涉黑涉恶村干部35名，清理108名曾受过刑事处罚村干部，83名不称职村干部被歇职教育。全面加强村级权力运行监督，建立村党组织书记县级党委备案管理制度，完成1990名村党组织书记备案建档工作。深入开展村干部分层培训，安排村社书记参加县级以上集中轮训3314人次，基层干部队伍能力素质显著提升。选树推荐省级兴村治社名师6名，推动兴村名师、“千名好支书”开展传帮带。召开市派村第一书记和农村工作指导员总结动员暨党建引领乡村振兴培训会，选派新一轮市派第一书记42名。深入实施“雏雁计划”，调整优化村（社）后备干部库，全市确定村（社）主职后备干部8065人。探索推进农村党建联盟建设，健全以网格党支部为基础、功能型党支部为补充的农村基层组织体系，试点开展以龙头企业带建、村企联建等方式建立区域党建联盟，推动全市村经营性收入达10万元以上。

【党建引领城市基层治理】2019年，市委组织部聚焦基层治理重点任务，大力推进城市基层党建工作。深化推进镇街体制改革，坚持市域社会治理“1+5”文件、城市基层党建“1+3”文件一体推进，优化完善街道“六办三中心”机构设置，积极稳妥推进基层审批服务执法力量整合，77个城区街道全部完成机构挂牌和人员调配等工作。围绕便民服务、行政执法、综合治理、市场监管等相关领域，全覆盖、分层次开展基层干部履职能力专题培训600多场。研究制定《关于进一步加强网格化管理和网格员队伍建设的指导意见》，推进社区网格党支部优化调整，动员支持群众团体、各类社会组织、企事业单位和广大群众参与网格服务管理。联合市民政局出台《关于新形势下深化社区（村）减负增效工作的若干意见》，严格落实社区工作事项准入制度，清理规范社区机构牌子。制定出台《杭州市专职社区工作者管理实施办法》，进一步规范招聘调任、挂职锻炼、培训考核等工作，大力推动“全科社工”建设。出台《优秀社区党组织书记纳入专项周转事业编制管理实施细则》，完成纳编33人，落实专职社区工作者三岗十八级薪酬待遇，拓宽优秀社区工作者上升渠道。探索深化物业党建工作，研究制定《杭州市加强住宅小区物业综合管理三年行动计划（2019—2021年）》，健全完善社区党组织领导下小区党支部、业委会、物业企业三级联动机制，推动478名业委会主任、物业负责人进入社区“两委”兼职，实现1619个业委会和2554个物业项目“双覆盖”。推动环境整治、老旧小区加装电梯、物业管理服务等民生“关键小事”及时有效解决，党建引领业委会和物业企业党建，“城管驿站”党建被评为全国城市基层党建最佳创新案例。

【两新组织党建统筹推进】2019年，市委组织部、市委两新工委扎实推进党的组织和工作在新兴领域的有效覆盖。聚焦互联网企业党建，在全省率先制定出台《关于进一步深化互联网企业党的建设工作的意见》，探索成立全国首个数字经济综合党委，实施数字引擎党建“139行动计划”。推广10%党建绩效考核机制，建强35个互联网集聚区党委，新建互联网企业党组织233个。结合互联网企业和青年群体实际，运用“杭派三味”“党建+社团”等举措，创新开放式组织生活。聚力推进“三整一全”建设，围绕有形有效覆盖，深入实施“双覆盖百日攻坚”和“组织力提升工程”，新建两新党组织1432个，占全省总数1/3以上。推动全市391幢1万平方米以上商务楼宇商业场所、110个产业园区和53个省市级特色小镇实现党组织全覆盖，打造余杭人工智能小镇等10个产业园区示范群。在社会组织党建领域，印发《关于进一步加强行业协会商会党建工作的通知》，压实行业主管部门双重职责，推动12家单位进一步理顺管理体制。突出民办学校医院、“三师”事务所等重点，推进社会组织党建示范点建设。依托属地镇街、村社力量，积极打造以凯益荟“一领四双五强”工作法为模板的枢纽型社会组织综合党委和党群服务双孵化中心。出台组织工作聚力赋能民营经济高质量发展八项举措，专题召开党建引领服务民营经济高质量发展部署推进会，扎实开展“攻坚克难当先锋”活动，深化党员先锋岗、技能比武、建言献策等机制，办好“新领计划”新生代企业家示范培训班，选派党建指导员4171名，帮助企业应对风险挑战、增强发展活力。

【党员教育监督管理加强】2019年，市委组织部对标“四个合格”，注重源头把关，深化分类管理，大力锻造高素质党员队伍。认真落实发展党员结构性要求，采取发展指标单列、重点联系培养、发展程序优化等方式，加大从产业工人、青年农民、高知识群体、在校大学生和两新组织中发展党员力度，全年新发展党员10033名。结合主题教育常态化推进党员春训冬训，完成3.2万名党支部书记轮训，培训党员70.5万人次。着眼“互联网+党员教育”大格局，开发上线“西湖先锋”App，合并“西湖先锋”“杭州组工”两大微信公众号，同步加入“省党建公众号微矩阵”和“省党建融媒体联盟”。持续抓好基层远教站点建设，综合开发微视频、纪录片等党员学习教育资源，6部电教片获全国优秀奖。加强党员分类管理，扎实推进人才市场党员属地化管理，接收省级人才市场挂靠党员5689名，稳妥有序做好市县两级人才市场党员转接工作，处置失联党员318名。开设“线下+线上”党代表工作室等党代表履职平台，组织市级党代表参加公述民评、电视问政、“六大提升”现场观摩评比、列席重要会议等活动。举办履职能力提升培训班，累计培训党代表1100多人次。

【线上线下联动党群服务体系打造】2019年，市委组织部统筹推进党群服务中心阵地建设和智慧党建系统平台开发运用，形成党群服务线上线下联动格局。建成启用集“展示宣传、政治引领、综合服务、活动休闲、智慧党建”五大功能的市级党群服务中心，布局构建“两厅两区两馆”，设计十项党群服务、十大精品课程、十项打卡活动、“1+10”经典线路等“四个十”品牌项目。开馆以后累计接待各类参观考察11万余人次，举办各类活动1200多场次。召开全市党群服务中心现场推进会，将党群服务中心建设纳入大党建考核和书记抓基层党建工作的重要内容，全力打造全市党群服务矩阵。有序推进全市11个区级党群服务中心建设，建成街道党群服务中心89个，全面建成重点两新集聚区党群服务中心70个，全部完成社区党群服务中心改造提升，15分钟城市党群服务圈基本形成。主动融入城市大脑建设，推进智慧党建系统开发应用。以党建智能云平台为中枢，覆盖基层组织、人才工作、干部教育等主责主业，通过监督预警、决策分析、AI智能等技术手段，实现业务管理、党群服务、互动交流、智慧研判、成果展示五大功能。上线23个应用场景和71项具体功能，累计访问123万人次，手机端App下载量56万余次，各级党组织发布活动9万余个。

【人才政策体系升级完善】2019年，市委组织部（市人才办）坚持党管人才原则，完善人才领导小组议事协调机制，进一步理顺机构职能，改进年度人才工作目标责任制考核，优化人才工作述职评议，压实“一把手”抓人才工作责任。深入开展“弘扬爱国奋斗精神、建功立业新时代”活动，完善市领导联系服务高层次人才制度，全年新发展高级知识分子党员1139名，加强对人才的政治引领和政治吸纳。研究制定《关于服务“六大行动”打造人才生态最优城市的意见》，牵头相关部门围绕实施新制造业计划出台关于稳企业稳增长促进实体经济发展有关人才政策举措，推出加大博士后人才引育力度等29项实施细则，探索完善余杭区“人才特区”试点支持政策，形成以“人才生态37条”为总纲，各类政策为支撑的人才生态政策体系。深入实施“人才西进”工程，加大对西部地区人才培养的支持，制定《关于加强杭州市乡村人才振兴的实施意见》提出创新乡村人才评价机制等4方面17项政策举措。组织西部区县（市）39名教师医生赴主城区学校和医院锻炼培养。加大对贵州黔东南州人才合作开发的帮扶力度，制订《全面推进东西部扶贫协作人力资源开发合作协议》。

【招才引智集聚效应放大】2019年，市委组织部（市人才办）加大招才引智力度，做大做强全市人才基本盘，全市人才总量达269.8万名，累计引进海外归国留学人员5.5万名、外国人才3万名。聚焦数字经济、新制造业、生命健康等重点领域，开展新一轮引进国（境）外智力计划，在海内外布局一批“人才飞地”，首批挂牌6家海外孵化中心和10家海外人才工作站。充分激发市场主体活力，调动企业、高校、协会等各类市场主体积极性，建立以市场为导向的数字经济人才、金融人才等行业人才分类认定标准。

【三支人才队伍建设】2019年，市委组织部（市人才办）大力培育创新型科技人才，在整合5项市级人才计划基础上研究出台新人才计划。完善市领军型创新创业团队实施意见，新评定市领军型创新创业团队9个。加强企业家人才队伍建设，对重点企业建立“一企一档”，继续办好“杭商学堂”“杭商大学”、新生代企业家示范班等，全年培训企业家1800多人次。推进“杭州工匠”培育计划，新培养高技能人才3.2万人，新建成省级技能大师工作室4个，认定市首席技师20名，杭州选手连续三届获世界技能大赛冠军。

【办好“一会一赛”】2019年，市委组织部（市人才办）举办杭州国际人才交流与项目合作大会，组织中德生物经济大会、项目洽谈大会、长三角高层次人才招聘会、“创客天下”大赛等九大版块38项活动，吸引来自58个国家和地区的867名人才携1200多个高质量项目参加大会，签约人才项目391个，金额60.8亿元，达成初步就业意向1.1万人次，比上年增长48.67%、39.81%和84.24%，省委书记车俊予以批示肯定。举办第十五届“振兴杯”全国青年职业技能大赛学生组决赛、第六届中国杭州大学生创业大赛总决赛，服务全国“双创周”活动、“2050大会”等活动。全市人才活动氛围浓厚，全年日均举办创新创业活动8.5场。

【服务2019年全国大众创业万众创新活动周】2019年，市委组织部（市人才办）围绕“汇聚双创活力、澎湃发展动力”主题，聚焦“中国互联网+大学生”创新创业大赛优秀项目成果展、科技创新创业高峰论坛等15项国家部委活动，中国制造业双创高峰论坛等一批杭州市重点活动和271场区县（市）地方特色活动，抓好人才与项目对接服务。活动周期间，市、区县（市）两级干部联动，组织各类创新创业主题活动106场、主场馆展示项目170多个，参加各类活动人数超过5万人次，组织105个市直单位5300多名党员干部到现场参观学习。

【“名校名院名所”工程推进】2019年，市委组织部（市人才办）深入对接中科院等高端科研单位，深化“名校名院名所”工程。国科大杭州高等研究院正式挂牌。西湖大学人才吸附效应凸显，面向全球引进100多名高水平学术人才，培养博士生334人。新签约引进中法航空大学、浙江大学杭州国际科创中心、中国空间技术研究院杭州中心等一批科研院所。重视发挥在杭高校和科研院所作用，服务推进之江实验室、阿里达摩院、浙大超重力实验装置等重大科技平台落地建设。

【高端创新人才平台打造】2019年，市委组织部（市人才办）实施“高峰人才引育计划”，聚力打造数字经济、生命健康等人才高峰，阿里云创始人王坚增选为中国工程院院士，实现杭州首次自主培养中国“两院”院士。成立杭州院士专家服务中心，推进院士专家工作站和博士后工作站建设，全年新增国家、省、市院士专家工作站36家，博士后工作站26家，总数均位居全省第一。精心举办“杭州院士家乡行”活动，邀请19位杭籍两院院士回家乡，为杭州发展出谋划策。加大院士专家等高层次人才服务保障平台建设力度，萧山区“院士岛”入围全省首批8个浙江院士之家试点单位。深入推进国际人才创业创新园建设，累计引进高层次外国人才项目149个，签约金额11.8亿元。全面提升特色小镇、孵化器、众创空间等建设，全市拥有国家级众创空间55个、国家级孵化器32个，均居副省级城市首位；有省级特色小镇18个，入选数全省第一。全面深化与浙江大学人才战略合作，不断拓展合作的广度和深度，明确具体合作项目两年计划和五年计划。

【青年人才弄潮工程深化】2019年，市委组织部（市人才办）推出万名大学生创业培育工程，加大对青年人才到杭州实习、就业创业、落户安居等方面的支持力度，全市引进大学生21.9万人，其中应届硕博研究生比上年增长45%。启动实施博士后倍增计划，加大对博士后流动站、工作站和博士后科研人员支持力度，全年新增博士后工作站26个，新引进博士后增长83%。

【全省人才高地打造】2019年，市委组织部（市人才办）主动发挥省会城市公共资源优势，服务全省人才引进、培育和发展。制定出台《关于杭州市服务全省人才发展的意见》，完善配套制度和操作细则，明确省内其他设区市人才可在杭享受落户、购房、子女教育、医疗服务等待遇，让各类人才安心、安身、安业。对在杭省部属单位高层次人才实行“同城同待遇”，全市办理居留落户、子女教育、住房申购资格、留学生车辆上牌等服务需求1047件。积极筹建浙江人才大厦，推进“人才飞地”落地，支持省内各市在杭州建设企业研发总部、创新中心，推动杭州公共服务资源优势向省内其他区域人才延伸覆盖，向省内9个设区市和桐庐、淳安、建德3县市开放，挂牌入驻创新型人才企业50个。

【人才服务保障优化】2019年，市委组织部（市人才办）细化完善人才服务举措，不断提升人才服务水平。市领导带头走访联系高层次人才，赴相关企业上门服务80多次，带头协调解决有关人才工作问题。深入推进人才领域“最多跑一次”改革，优化人才认定、人才政策申请、人才中介许可事项等人才项目办事流程，构建“一窗受理、联动办理”的人才政策兑现服务机制，市本级人才奖励、补助资金无须申请、给予一次性拨付，为7115名外国人才办理来华工作许可、2623名留学回国人员办理工作证。精心打造杭州人才之家，整合政府、企业、协会、创投机构等各类资源，为人才服务、学习培训、交流研讨、推介展示、项目洽谈、联谊联欢等提供活动空间，累计开展各类人才活动47场。开展杰出人才和杰出青年人才评选，阿里巴巴集团董事局主席、首席执行官张勇，网易公司创始人兼首席执行官丁磊、西湖大学讲席教授许田等20名人才获奖。组织专家人才政治理论研修、疗养休假和体检活动300人次。发现培育一批“最美教师”“最美医师”等行业优秀人才。讲好杭州“人才故事”，全市人才政策知晓度和美誉度持续提升，连续9年入选“外籍人才眼中最具吸引力的中国城市”，杭州人才净流入率、互联网人才净流入率保持全国城市第一位。2019年，杭州以55.4万人的人口增量首次超过深圳，居全国第一位。

【组工干部队伍建设加强】2019年，市委组织部制定下发《2019—2022年全市组工干部教育培训实施意见》。大力推进机关干部选拔和交流轮岗。组织部机关处级干部分三批参加市管领导干部专题读书班跟班学习，开展“重温革命传统、强化信念宗旨”专题集中研讨交流。建立部务会集体学习制度，持续深化“杭组论坛”“杭组悦读”“杭组夜学”等活动，统筹抓好日常教育培训和实践锻炼。深入开展全市组工干部业务知识大比武，组织108个市直单位和13个区县（市）委组织部814名组工干部开展自学、集训和现场比武。制定落实组织工作力戒形式主义减轻基层负担8条举措，改进“大党建”考核工作，调整聘请新一轮组织工作监督员。深入推进部机关内部“最多跑一次”改革，取消办事4项，纳入改革事项目录20项，精简办事材料30.34%，压减办事时间50.26%，所有涉改事项100%实现“最多跑一次”。在2019年度市直单位和区县（市）综合考评中，市委组织部在62个市直参评单位中居第一位，被评为优胜（满意）单位。（程建全）

宣传工作

【概况】 2019年，市委宣传部精心策划庆祝中华人民共和国成立70周年系列活动。组织市属媒体开设"壮丽70年、奋斗新时代""我的祖国我的城""爱国情、奋斗者"等专题专栏。全年推出新闻报道3520篇、主题特刊420多个、广播电视专题节目140多期，主办线上线下主题活动85场，推送新媒体图文视频内容3700多条，累计网络点击量2.6亿次。

聚焦市委市政府中心工作。深入做好"不忘初心、牢记使命"主题宣传，中央、省级和市级媒体刊播相关稿件1142篇。加强与新华社等媒体合作，做好"最具幸福感城市"评选和宣传工作。协助中央电视台财经频道《对话》栏目，录制"打造数字经济第一城"专题节目，展示杭州市数字经济发展成就。围绕"新制造业计划"，加强会议报道、政策解读和典型宣传。做好"比学赶超"活动宣传，及时、准确报道全年5轮比学赶超活动。组织市属媒体全过程报道良渚古城遗址申遗。申遗成功后，中央、省、市、区多级媒体联动，推出报道1.45万篇，省市纸媒推出特刊100多个版面，电视、电台播出特别节目20多个，总阅读量超过14亿人次。

创新大型会展活动报道。组织2019年全国大众创业万众创新活动周宣传，刊播原创稿件4800多篇，中央和省市主流媒体、网络媒体刊播转发"双创周"活动稿件1.4万条。围绕世界环境日、亚洲美食节、国际人才大会、"互联网+"大学生创业创新大赛、"振兴杯"职业技能大赛、APEC工商峰会等重大活动，组织各级媒体开展报道，形成浓厚舆论氛围。

坚持正确舆论导向。市委宣传部印发加强重大主题新媒体宣传报道工作的实施方案，在杭州文广集团、杭报集团开展媒体工作者提升"四力"（脚力、眼力、脑力、笔力）实践活动，举办第20个记者节表彰活动。杭州电视台综合频道《我们圆桌会》栏目获中国新闻奖名专栏（一等奖）。

杭州文化品牌影响力继续扩大。举办杭州新年音乐会、西湖之春艺术节、杭州国际音乐节、杭州国际戏剧节、西湖合唱节、中国网络文学周、钱塘江文化节、南宋文化节等文化品牌活动，推出中国大运河国际钢琴艺术节暨"郎朗杯"钢琴大赛、之江国际青年艺术周、大运河戏曲节等文艺品牌活动。良渚申遗文化庆祝活动采取"一主三副、四地联动"模式，在良渚主场和西湖、运河、钱塘江分场同时进行，为良渚成功申遗宣传造势。

【理论学习】 2019年，市委宣传部制订实施《2019年杭州市委理论学习中心组学习计划》，以市委中心组理论学习为龙头，指导推动各级中心组以多种形式深化习近平新时代中国特色社会主义思想学习工作。市委中心组组织专题学习会、读书会17次，先后邀请中国工程院院士潘云鹤、陈纯等著名学者做主题辅导报告。结合学习贯彻党的十九届四中全会精神、庆祝中华人民共和国成立70周年和"不忘初心、牢记使命"主题教育等重大主题开展学习教育，推动党员干部深入学习领会中央和省、市委重大决策部署。组织开展《习近平新时代中国特色社会主义思想学习纲要》学习，运用各类讲堂（论坛）、基层党校、学校等教育平台，推动党的创新理论深入人心。推动中心组学习制度化规范化建设，开展两级中心组学习情况督查工作，发布两级中心组学习情况通报。

【理论研究】 2019年，市委宣传部充分发挥习近平新时代中国特色社会主义思想重要萌发地省会城市的优势，成立杭州中国特色社会主义体系研究中心，加强社科智库平台建设，组织开展打造展示新时代中国特色社会主义的重要窗口、"八八战略"杭州实践、"中国之治的杭州样本"等重大课题研究，形成一批研究成果。与求是杂志社共同开展"美丽中国的杭州篇章"课题调研，开展"浙江精神与新时代新使命"理论研讨会征文活动。组织编写《榜样的力量》《学习型城市建设的杭州实践（2019）》等理论书籍。

【理论宣讲】 2019年，市委宣传部聚焦庆祝中华人民共和国成立70周年，以"我与新中国共芳华"为主题推出《三分钟理论快讲》第三季，邀请麦家、李书福、陈立群、潘云鹤、宗庆后、叶诗文、石丹、姜浩强等名人名家以短视频形式开展宣讲。视频在人民网、"浙江在线"、浙江新闻App、"网易"浙江频道、凤凰网、"喜马拉雅"网站和App、"杭+新闻"客户端、《都市快报》、"咪咕阅读"网站和App推出后反响热烈。按照中央和省委宣传部统一部署，精心组织重大主题宣讲。组织开展党的十九届四中全会精神和省、市委全会精神宣讲。组织开展"百支宣讲团、千名宣讲员"赴基层宣讲活动，"堂前燕宣讲""理论走亲""好声音宣讲""新农村大喇叭"等理论潮课不断涌现。"三分钟理论快讲"宣讲团获中宣部"基层理论宣讲先进集体"荣誉，工作经验入选中宣部宣传思想工作案例选编，并获"2019年浙江省基层理论宣讲成绩突出的集体"称号。"三分钟理论快讲"宣讲团、建德市"堂前燕"宣讲队入选全省基层理论宣讲成绩突出的集体。加强理论宣讲师资库建设，为全市各地各单位提供"菜单"宣讲。

【"我们的价值观"主题实践活动】 2019年，市委宣传部深化"我们的价值观""进三堂"主题实践活动，深化开展每月讲座、讨论（论坛）"3+X"系列活动，推出"'我们的价值观'·大型报网互动思辨论坛"、研讨会等22期。（市委宣传部理论处）

【杭州"最美"品牌建设】 2019年，市委宣传部挖掘"凡人善举"，广泛开展"最美人物"宣传。市属媒体宣传报道城乡群众、一线职工、公安干警、基层干部、教师、医务人员等各行各业"最美人物"145人。组织发动市属媒体深入宣传报道"时代模范"陈立群先进事迹，11月中旬组织召开陈立群先进事迹系列报告会。开展第七届"最美杭州人"选树活动，经基层推荐、评委评选，评出20名第七届"最美杭州人"和10名"最美杭州人提名奖"。选树第二届20个"最美办事窗口""最美办事员"和20名"优秀退役军人"。杭州《打造"最美"品牌弘扬"最美"精神》经验材料入选中组部编写的《在改革发展稳定中克难攻坚案例》，成为“不忘初心、牢记使命”主题教育全国党员干部学习材料。

【庆祝中华人民共和国成立70周年系列宣传活动】自2019年3月起，由市委宣传部主办、杭州文广集团承办的“国旗下的诵读”活动，陆续走进杭城大街小巷，先后举办“童声琅琅校园行”“建功新时代、上城再扬帆”“不忘初心、信念追梦”“中国梦想、美丽杭州”“青山湖畔诵初心”“追梦富春”“读中国诵淳安”8个专场活动，各机关、学校、企业、农村等开展形式多样的诵读活动200多场，直接参加的干部群众3万余人次，通过线上、线下以及新媒体广泛传播，活动覆盖受众近100万人次。开展“五星红旗升起来”活动，全市升挂国旗12.57万面，印制并张贴“伟大历程、光辉成就”主题宣传挂图6万多张，视频版在办公大楼、户外等500多个电子屏幕进行播放，布置宣传标语口号22万余条。

（市委宣传部宣传处）

【区县（市）融媒体中心全覆盖】2019年，印发《关于进一步加强县级融媒体中心建设的实施方案》《关于建立区县（市）融媒体中心建设与应用推进工作机制的通知》等，实行融媒体中心建设月报制、月度抽查及通报制、双月例会制，将融媒体中心建设纳入“大党建”考核。至6月底，全市13个区县（市）均完成融媒体中心建设、挂牌并投入使用。建成后，各区县（市）融媒体中心根据自身实际，围绕中心大局做好重大主题宣传，与上级媒体平台形成多级联动，开发App应用实施移动优先战略，探索“新闻+政务+服务”模式提高传播力、经营力。（市委宣传部新闻处）

【杭州市社会舆情信息工作再获全国第一名】2019年3月，在天津召开的中宣部舆情信息工作会议上，市委宣传部连续第二年获得中宣部舆情信息社会直报点第一名。市委宣传部围绕载体建设、队伍培训、考核机制加大工作创新力度，不断完善社会舆情信息工作运行机制。全市有由市直单位、市属高校及市辖13个区县（市）街道、社区构成的全市舆情信息工作室30余个，形成广角度、多领域、全覆盖的社会舆情信息收集网络。12月25日，反映杭州市社会舆情信息工作成效的“湖滨晴雨工作室成立十周年研讨会”举行，中宣部、省委宣传部相关领导出席，来自中央党校、复旦大学、浙江大学、浙江省社科院的知名专家及全省各设区市代表参加交流。（潘　林）

【《我们圆桌会》栏目获中国新闻奖名专栏（一等奖）】2019年11月1日，中华全国新闻工作者协会公布第29届中国新闻奖评选结果，杭州电视台综合频道的《我们圆桌会》栏目获得中国新闻奖名专栏（一等奖）。创建于2010年的《我们圆桌会》，是一档定位于城市民主协商的谈话专栏节目。栏目始终坚持与杭州城市发展和市民民生休戚与共、同频共振，汇聚社会各界于一“桌”，就城市公共民生热点问题，本着理性交流和建设性原则进行协商讨论，促进交流沟通，达成共识理解，充分做到“大家的事情，大家商量着做”，形成正向合力。截至2019年末，杭州有各界专家学者、热心市民、政府官员、行业代表及媒体人士等1万人次坐上“圆桌”参与讨论，先后关注700多个城市公共话题，对政府工作提出3000多条建议，推动40多项政府公共政策的制定完善。栏目成为杭州市党委、政府部门了解民情、听取民意、吸纳民智、推动工作的重要渠道，被写入杭州市委全会报告，成为杭城百姓参与城市治理、反映意见诉求、积极建言献策的交流沟通平台。

【对外交流协同工作机制建立】2019年9月，市委印发《关于建立全市对外交流协同工作机制的通知》，由市委宣传部牵头，市发改委、市商务局、市文化广电旅游局、市外办等24个市直部门和13个区县（市）委宣传部作为协同工作机制成员单位，并邀请10多个涉外媒体单位参与，构建全市对外交流协同工作机制。协同工作机制包括国际传播联席会议机制、国际传播要点提示机制、国际传播平台共享机制和国际传播信息报送机制，着力构建对外传播新格局。

【国际英语教育中国大会】2019年7月26—28日，杭州市委宣传部和中国日报社联合举办国际英语教育中国大会。会议以“中国英语教育：立足时代、融通中外”为主题，来自20多个国家和地区的近3000名海内外英语教育专家和教育工作者齐聚杭州，共谱新时代中国英语教育现代化新篇章。7月28日闭幕式上，旨在总结大会成果的《2019国际英语教育大会杭州宣言》发布，倡议中国英语教育工作者“扎根中国、融通中外、立足时代、面向未来”，形成共同推进中国英语教育现代化进程的共识。

【新版《杭州》外宣画册出版】2019年5月，市政府新闻办公室编辑的新版《杭州》外宣画册由商务印书馆出版发行。画册包含16K大小两种开本（口袋书和珍藏版），通过中英双语向读者传递杭州的自然之美、人文之美、科学发展之美。新版画册精选136幅摄影佳作和部分插画作品，图文并茂，注重杭州元素的国际表达，风格简约、精致、时尚。（祝景宁）

【“学习强国”杭州学习平台正式上线】2019年4月23日，“学习强国”杭州学习平台正式上线。“学习强国”学习平台是以学习宣传习近平新时代中国特色社会主义思想和党的十九大精神为主要内容，立足全党、面向全社会的思想文化聚合平台，旨在通过构建学习组织体系，实现有组织、有指导、有管理、有服务的学习，推动建设马克思主义政党，引领和带动学习型社会和学习大国建设。该平台由PC端、手机客户端两大终端组成，设“习近平与杭州”“八八战略再深化”“杭州展示窗口”“学习进行时”“钱塘微课堂”“我们的学霸”六大栏目，创建“1(市)+13[区县(市)供稿中心]+16（市级特色内容供稿中心）+N（供稿单位）”供稿集群。

【杭州“学习强国”注册学员突破100万人】2019年10月15日，杭州市“学习强国”学习平台注册学员达100.83万人，其中党外注册学员43.05万名，当日学员参与度43.28%。

数据显示，全市各地各级学习组织管理员达1.8万人，党外学员组织27个，覆盖社区居民、高校学生、创客群体、两新组织等各领域人群，成为杭州人民最关注、最常用、最喜爱的思想文化聚合平台。（潘韶京）

统战工作

【概况】2019年，市委统战部深入学习贯彻习近平总书记关于加强和改进统一战线工作的重要思想，高标准开展"不忘初心、牢记使命"主题教育，高质量完成统战系统机构改革任务，全面贯彻落实中央关于新时代统战工作新部署新要求，着力促进"五大关系"和谐，为加快建设"一城一窗"广泛凝聚智慧和力量。

增强多党合作制度效能。协助市委召开新春座谈会、专项民主监督协商会、情况通报会等政党协商会议9次，市各民主党派、工商联和无党派人士提出意见建议179项，通过"建言直通车"向市领导直接报送意见建议14项，提交重点调研课题成果9项。建立健全民主党派领导班子民主生活会、述职和民主评议、规范组织发展等制度，全面加强中国特色社会主义参政党建设。

提升民族宗教工作水平。实施民族乡村振兴"双百村结对行动"，累计落实帮扶资金304万元。1个企业获评全国民族团结进步模范集体、2人获全国民族团结进步模范个人；桐庐莪山畲族乡获"中国畲族第一乡"称号。落实宗教工作整改任务，取得明显成效。指导市天主教爱国会、市伊斯兰教协会完成换届。

加强和改进民营经济统战工作。开展民营经济人士理想信念教育实践活动，会同有关部门制订《杭州市新时代企业家培育工程三年行动计划（2019—2021年）》，全年培训民营经济人士1800多人。36个企业进入"中国民营企业500强"行列，连续17年蝉联全国、全省第一；鲁伟鼎、丁磊、何军获第五届全国非公有制经济人士优秀中国特色社会主义事业建设者称号。

推进党外知识分子和新的社会阶层人士统战工作实践创新。加强新的社会阶层人士"同心荟"示范点培育，运河·同心荟、浜河部落同心"HE"、山湖·同心荟被列为全国第三批重点项目。全市累计建设"同心荟"88个，其中全国重点项目7个、全省重点项目9个。

深化港澳台及海外联谊联络。制订《杭州市深化杭港澳青年交流三年计划（2019—2021年）》，赴港澳参加杭州旅港同乡会第二十届换届典礼、香港杭州商会成立一周年大会、澳门杭州联谊会成立大会等活动，组织或接待港澳来访团组29批1250人次。举办"筑梦杭州"香港大学生实习活动、海外中青年侨领研习班、港澳台青年企业家杭州发展论坛、海外华文媒体杭州行活动，成立市侨商协会青年委员会。

【"同心同行七十年·凝心聚力新时代"主题宣传教育活动】2019年，为深入学习贯彻习近平新时代中国特色社会主义思想，营造统一战线庆祝中华人民共和国成立70周年的浓厚氛围，市委统战部在全市统一战线部署"同心同行七十年·凝心聚力新时代"主题宣传教育活动，各级统战部门开展各类活动280多场次。市委统战部先后组织党外知识分子、新的社会阶层人士、港澳乡贤、海外侨领等各领域代表人士座谈、交流、培训活动；编印《同心同行七十年·杭州统战人物志》，收录37位为经济社会发展和统战事业做出突出贡献的旗帜性人物；举办"同心同行七十年·凝心聚力新时代"文艺会演；在《杭州日报》连续推出4期专版，集中讲好统一战线服务杭州改革开放和现代化建设的故事，展示新时代统一战线新风貌。

【"不忘合作初心，继续携手前进"主题教育活动】2019年8—12月底，市各民主党派、无党派人士开展"不忘合作初心，继续携手前进"主题教育活动。市委统战部印发工作方案，召开工作交流会，做好引导推动、宣传交流、支持保障工作。主题教育活动将学习教育、履职尽责、查找不足、整改提高贯穿全过程，旨在通过深入学习贯彻习近平新时代中国特色社会主义思想和中共十九大精神，深刻学习领会习近平总书记关于多党合作的重要论述等，传承弘扬优良传统，切实加强中国特色社会主义参政党建设。全市民主党派各级组织开展集中学习207次，主题研讨107次，专题宣讲74次，特色活动109场次。

【市委统战工作领导小组调整优化】2019年4月2日，市委统战工作领导小组全体会议召开，审议通过《市委统战工作领导小组2019年重点工作任务》《杭州市加强和改进乡镇（街道）统战工作三年行动计划（2019—2021年）》，省委常委、市委书记周江勇主持并讲话。结合机构改革后实际需要，优化统战工作领导小组组织架构和运行机制，新增市发改委、市卫健委为成员单位，调整宗教工作领导小组、侨务工作联席会议、港澳统战工作领导小组、非公有制经济人士综合评价工作领导小组为下设机构，新成立推进乡贤统战工作协调小组。

【民主党派专项民主监督】2019年，市各民主党派开展"建设国际一流营商环境和争创民营经济高质量发展示范区"专项民主监督工作，组织实地调研92次，走访企业336个，收集各类意见建议261条，向对口区县（市）提出意见162条。11月27日，市委召开专项民主监督协商会，省委常委、市委书记周江勇主持会议并讲话，市各民主党派主要负责人围绕专项民主监督工作，交流成果、协商建言。12月20日，市委办公厅、市政府办公厅印发《建设国际一流营商环境和争创民营经济高质量发展示范区协商建议的办理分解方案》，对21项意见建议进行分解督办。

【助推梅城镇建设美丽城镇】2019年4月，市委统战部制订《杭州市统一战线助推建德梅城美丽城镇建设实施方案》，部署开展集智建言、帮扶惠民、文化扶植、社会服务、招商引资、规范提升"六大行动"。3次组团赴梅城镇开展"走亲连心三服务"、联乡结村等工作，投入帮扶资金220万元。市网络作家协会与梅城镇签署战略合作协议，负责梅城相关文学作品的采写、编撰和发行。杭州中华职教社发挥团体社员单位作用，开展“堂门文化”挖掘、村社美化、职业教育讲座等活动，助推美丽城镇建设和乡村振兴。

【新乡贤统战工作】2019年，市委统战部全面推进新乡贤统战工作，建立新乡贤统战工作协调机制，支持有条件的区县（市）召开乡贤大会，在乡镇（街道）、村（社区）建设乡贤联谊组织，形成四级工作体系。至年末，全市建有乡贤联谊会、参事会858个，其中乡镇（街道）级98个；建成乡贤馆、乡贤工作室等新乡贤工作阵地120个；形成8024人的乡贤数据库，有效发挥乡贤在助推乡村振兴和城市治理现代化中的积极作用。

【首批市级基层统战工作典型范例推介】2019年11—12月，市委统战部组织开展首次市级基层统战工作典型范例遴选推介工作，建立典型范例的申报、认定、推介、跟踪评价和退出等工作机制，推进基层统战工作规范化、标准化、特色化建设。经过申报、筛选、核实、评估，确定乡镇（街道）统战工作典型范例24项、单项特色项目典型范例22项。

【党外代表人士队伍建设】2019年4月9日，市委办公厅印发《2019—2023年杭州市党外干部队伍建设规划》，明确未来五年党外干部队伍建设的指导思想、目标任务和主要措施，进一步健全发现、培养、使用、管理各项机制。市委统战部组织开展优秀党外代表人士“双走访”工作，赴13个区县（市）和重点市直部门、高校走访党外代表人士120人。加强党外代表人士教育培训，在市社会主义学院举办党外人士主体培训班7期，在各高等院校举办研修班4期，累计培训480多人。（邓　丽）

机构编制

【概况】2019年，市委编办坚持以习近平新时代中国特色社会主义思想为指导，认真贯彻落实中央和省市委决策部署，紧紧围绕全市“干好一一六、当好排头兵”中心大局，扎实推进党政职能调整和机构改革、综合行政执法改革、经营类事业单位改革、机构编制资源配置改革等重大改革，精细做好机构编制调整、编制使用管理、实名制管理、事业法人登记管理、机构编制督查等日常工作，切实履行市委编委常设办事机构和市深化机构改革协调小组、市事业单位改革领导小组办公室职责，加快机构编制工作转型升级，服务保障全市高质量发展。

全面实施机构改革方案及完善工作，稳妥有序推进市、区县（市）、乡镇（街道）三级党政机构改革实施工作。市级新组建部门和更名部门全部完成挂牌，39个市级部门的881名行政人员、2488名事业人员全部按期完成转隶，54个市级党政部门“三定”规定全部印发。全面完成市本级82家行政类事业单位“还政予政”改革。适时推进机构改革“回头看”，全面梳理党政部门运行情况、存在问题和意见建议。对规划与自然资源垂直管理、消防设计审查、绿化管理等上下职责边界不清问题，以及部门间协同配合机制不完善等问题，加大具体协调力度，促进机构职能优化调整到位、顺畅有序运行。

稳妥实施五大领域综合行政执法改革，会同市有关主管部门制定市场监管、生态环境保护、文化市场、交通运输、农业五大领域综合行政执法改革实施意见，研究形成具有杭州特色的市、区县（市）两级五大领域执法管理体制和机构设置方案，市本级和区县（市）综合执法队伍整合组建完成。

坚持“从严从紧”和“控总量、保重点、优结构”用编原则，优化市级机关事业单位用编管理，加大全市中心工作、重点领域、民生事业的编制保障力度。及时核定公务员公开招考、“双一流”高校选调生、全市中层干部跨条块跨部门竞岗交流所需用编。全面升级改造市级机制编制实名制系统，引入电子签章技术，实现市级机关事业单位公务用车补贴审核发放、市本级机关事业单位进人进编办理等高频办理事项“跑零次”。

【经营类事业单位改革完成】2019年，市委编办起草制定《杭州市从事生产经营活动事业单位改革的实施意见》和相关配套文件，并会同市有关职能部门、主管部门和有关区县（市）协同发力。至年末，市属26个和区县（市）31个经营类事业单位全部完成改革（以省定“撤销事业机构、退出事业单位序列或正式批复改革方案”为完成标准）。26个市属单位416名事业编制全部收回，381名在职事业人员全部按规定提前退休或直接转为企业职工身份，原有的930名离退休人员、1282名合同制人员、358名劳务派遣人员以及4000多名子公司人员得到妥善分流和安置，13亿元提留费用等改革费用来源全部落实，资产全部纳入市国有经营性资产统一监管体系。

【重点领域体制改革】2019年，市委编办落实市委市政府重大决策部署，做好大江东产业集聚区与杭州经济开发区“两区”体制调整、钱塘新区“三定”规定制定等工作。创新杭州钱江经济开发区、杭州高新区（滨江）富阳特别合作区等园区管理体制。稳妥推进规划和自然资源、国税地税、纪检派驻等体制改革。试点推进基层整合审批服务执法力量改革。牵头推进“属地管理”清单梳理工作，针对基层发生频率高、反映集中的事项，印发全市第一批“减负清单”，切实为基层减负。牵头实施乡镇（街道）工作人员专题培训，全市累计开展600多场，涵盖便民服务、行政执法、综合治理、市场监管、安全生产、生态环境、应急管理等领域，参训人员5万多人次，确保下放的行政权力和公共服务事项在基层接得住、管得好。

【事业单位统一登记管理】2019年，市事业单位登记管理局围绕市委市政府“名校名院名所”建设工程和打造人才生态最优城市的战略部署，创新事业单位登记管理机制，积极做好西湖大学、中国国防科技大学杭州高研院、中法航空大学、中国空间技术研究院杭州中心等研究型机构法人资格登记管理服务，指导区县（市）登记设立“中国科学院计算技术研究所数字经济产业研究院”等单位5家。至年末，全市有12个研究型机构登记设立为其他组织利用国有资产举办的事业单位。认真落实市政府更高水平医疗联合体建设三年行动计划，积极探索城乡医联体、县域医共体不同设置模式下的法人登记工作，全市登记设立的县域医疗服务共同体25个。

【机关事业单位网站标识管理】2019年，市委编办会同市政府办公厅、市公安局、市网信办、市经信委在全市开展党政机关、事业单位和国有企业互联网网站安全专项整治行动。开展党政机关、事业单位网站开办资格审核和资格复核工作，规范网站域名和网站名称，推进完善网站标识规范使用工作。至年末，全市党政机关、事业单位完成门户网站标识挂标945个，注册政务和公益中文域名5923个。（市委编办）

2019年11月26日，全省县级社会矛盾纠纷调处化解中心（“信访超市”）建设现场推进会在余杭召开。图为省委书记、省人大常委会主任车俊（前排右二）考察余杭区社会矛盾纠纷调处化解中心（市信访局 供稿）

信访工作

【概况】2019年，杭州市信访部门认真学习习近平总书记关于加强和改进人民信访工作的重要思想，深入推进信访突出问题专项攻坚、无信访积案县（市、区）创建、县级社会矛盾纠纷调处化解中心（“信访超市”）建设、领导接访下访和领衔包案等工作。

全年市级“12345”统一平台受理信访693.6万件，比上年增长10.18%，其中：人工受理各类群众诉求403.8万件，“杭州办事”App、微信公众号、短信受理5.2万件，智能语音服务284.6万次。区县（市）7个分平台受理102.3万件，增长58.51%。市级“12345”统一平台人工受理各类群众诉求403.8万件中，即时解答335.1万件，交办处理68.7万件，平均办理时长3.3个工作日，按期办结率99.55%，群众对办理质量评价满意率为86.28%。

全市四级信访总量比上年下降28.7%，下降幅度全省第二。进京走访登记人次下降64%，下降幅度全省第一，人次总数首次退出全省首位列全省第三。其中，上城区、下城区、江干区、拱墅区、西湖区、滨江区、萧山区、余杭区及西湖景区进京走访人次下降65%。到省走访批次下降3.1%，人次下降50.7%。进京走访占0.6%，赴省走访占8.7%，到市走访占10.6%，县级走访占80.1%，信访结构呈正“金字塔”正态分布。加大依法处置违规和违法信访行为力度。8月，市委政法委、市法院、市检察院、市公安局、市司法局、市信访局六部门联合发布《关于进一步规范信访秩序依法处置违规和违法犯罪行为的通告》，依法处置异常访1034件，依法打击违法信访行为115人次，其中，刑事处罚56人，治安处罚59人。

10月末，13个县（市、区）及2个管委会“信访超市”全部建成并实体化运行，实现“无信访积案县（市、区）”创建达标全覆盖。临安区、滨江区被国家信访局评为“三无县”（无进京越级走访、无大规模以上集体走访、无因信访问题引发的极端恶性事件和舆论负面炒作）。“人民网书记留言”办理获评省内唯一的全国“2019年人民网网民留言办理活动奋进单位”。

【杭州市“12345”市长公开电话开通20周年】2019年是杭州市“12345”市长公开电话受理中心（统一政务咨询投诉举报平台）开通20周年，市“12345”紧紧围绕以“人民为中心”“民有所呼、我有所应”的工作理念，牢记初心使命，主动担当作为，获评2019年度《客户世界》“中国最佳政府服务热线”，蝉联“‘金耳唛杯’中国最佳呼叫中心”，入选杭州市“最具品质体验点”。全年市“12345”受理群众诉求693.6万件，比上年增长10.18%。其中，当场答复占82.91%，交办处理占17.01%。平均办理时长3.3个工作日，按期办结率99.55%，群众受话质量评价满意率98.12%，办理质量评价满意率86.28%。

全年编报群众诉求热点、舆论分析等各类简报、专报、月报、重要信息441篇，省市领导批示40件（次）。

【长三角“12345”政务服务“一号通办”】2019年4月，国务院办公厅秘书局印发《长三角地区政务服务“一网通办”试点工作方案》，“实现跨省‘12345’政务服务热线互通”是其中五大任务之一。5月13日，习近平总书记主持中共中央政治局会议，审议通过《长江三角洲区域一体化发展规划纲要》。浙江“12345”与上海、江苏、安徽政务服务热线正式联通，并建立长三角区域“12345”热线一体化服务联动工作机制，三省一市均设立“12345”24小时全天候转接受理来电事项，实现“一号都能办，群众不用跑”。当天上海转至“浙江12345”工单数量合计8个（综合服务），内容主要涉及车辆异地违章处理、公积金及人力社保业务咨询。杭州市全面贯彻落实党中央、国务院和浙江省部署，推动长三角"12345"政务热线"一网通办、异地可办",至年末,全市累计跨区域双向流转信访1682件。

【领导接访和领衔包案制度】2019年,市信访部门按照省委书记车俊提出的"一切都要以保障老百姓的利益、维护好党委政府的公信力的原则",切实把信访工作作为了解民情、集中民智、维护民利、凝聚民心的一项重要工作,与开展"三服务"活动、"不忘初心、牢记使命"主题教育活动紧密结合。3月4日,省委常委、市委书记周江勇在市人民来访接待中心接待来访群众,协调化解信访问题。全市各地以省市主要领导接访群众、化解信访积案为示范,以全市"县级接访工作大比武"活动为载体,全面开展市、县(市、区)、乡(镇、街)三级领导接访下访和领衔包案等活动。全年市县两级党委政府听取信访汇报和研究信访问题223次,各级领导阅批群众来信2168件、接听群众电话475个、接访群众3068批次14143人次,召开信访联席会议222次,有效解决一大批群众反映强烈的民生诉求问题。桐庐县建立"县委书记大接访"机制,做实县领导"365"坐班接访制度,县领导接访群众200批357人,积极化解一大批信访积案。

【信访突出问题集中攻坚】2019年,杭州市信访部门按照市委常委会提出的"以点带面、举一反三,全力推动一批带有普遍性、趋势性政策制度问题破解"的工作要求,充分发挥联席会议和10个专项组牵头抓总功能,将信访占比大、问题相对集中的"网贷平台、土地征迁安置、市场搬迁及经营纠纷、欠薪、教育、房产及危旧房改善办证"六类信访突出问题纳入10个专项工作组攻坚范畴,4名市委常委轮流牵头召开信访联席会议月度分析会,对六类信访突出问题进行分析研判,推动化解攻坚。市级层面全年召开信访联席会议10次,征地拆迁安置房及危改房办证问题在牵头部门推动下,出台相关政策文件,并完成一大批危旧房办证;列入全市装修问题清单的70个信访项目,基本化解56个,装修交付商品房投诉等问题的高发势头得到遏制。

【县级"信访超市"实现全覆盖】2019年,市信访局按照省、市委统一部署,突出"建好平台、完善机制、系统推进、注重实效"工作要求,全力推进全市县级社会矛盾纠纷调处化解中心("信访超市")建设。6月27日,杭州市县级社会矛盾纠纷调处化解中心("信访超市")建设现场推进会在余杭举行。至10月末,13个区县(市)及2个管委会因地制宜,完成"信访超市"建设并启用,在全省率先实现县级"信访超市"建设全覆盖。出台《进一步完善区县(市)社会治理综合服务中心(信访矛盾联合调处中心)工作机制的指导意见》,将"信访超市"建设深度嵌入市域社会治理现代化工作,通过信访代办延伸"信访超市"触角,发挥上下联动、部门联合的聚合效应,建立县级一中心、镇街四平台、村居若干网格工作体系,畅通群众诉求渠道,推动区县、镇街、村居矛盾纠纷联合调处化解。至年末,各中心接收法院引调案件7637件,引调率24.7%,调解成功率34.6%,有效减少进入诉讼程序案件2600多件。全年各地排查矛盾纠纷77917起,调处率99.5%以上,调处成功77934件(次),调处成功率99.87%;民商事立案数比上年下降17.5%。 (孙国兴)

党校教育

【概况】2019年,杭州市委党校(杭州行政学院)坚持高举习近平新时代中国特色社会主义思想伟大旗帜,深入开展"不忘初心、牢记使命"主题教育,围绕市委"干好一一六、当好排头兵"工作部署,认真贯彻落实市委全会精神,按照"打造'一流施工队'"要求,重点提升服务市委中心工作能力、"用学术讲政治"能力和智库影响力,发挥党校干部培训、思想引领、理论建设、决策咨询等四大作用。首创"六大行动"专题全员调研模式;深化"用学术讲政治"教学改革,首次由本校教师担任授课主力完成全市最大规模、最高层次的轮训任务;深入推进科研咨政,获国家社科基金立项课题创历史新高,《学报》学术影响力继续位列全国副省级城市党校学报前列。

【"六大行动"专题调研】2019年,市委党校围绕市委"六大行动"开展全员专题调研,实地走访35个部门单位和比学赶超调研点,开展座谈26次、访谈600多人次,形成16个习近平新时代中国特色社会主义思想杭州生动实践的典型案例,孵化2个现场教学基地。组织13个主体班次650多名学员,围绕"打造国际一流营商环境""全面从严治党,推进强基固本"等七大主题,深入基层一线破解难题,形成调研报告35篇。

【干部教育培训】2019年,市委党校完成各类干部教育培训班次314期、3.21万人次。其中:计划内班次67期,学员7140人次;计划外247期,学员2.5万人次。做强做优干部培训主业,党的理论教育和党性教育占总课时比例75.6%。以习近平新时代中国特色社会主义思想为教学中心内容,优化专题教学、实践教学、名家大讲堂3个教学模块设置,将"市管领导干部进修班"调整为"习近平新时代中国特色社会主义思想进修班",学制由2个月调整为1.5个月,每年举办2期调整为3期,教学布局调整为习近平新时代中国特色社会主义思想理论渊源、思想内涵、杭州实践及党性教育与党性修养4个教学单元,自主开发"习近平总书记对杭州的殷切期望"等新课21堂。落实"领导干部到党校讲课制度",市领导12人次到校授课22课次,邀请刘伟等10位专家走进党校课堂。实施"用学术讲政治"教学改革,邀请中央党校(国家行院)副校长王东京、浙江大学副校长罗卫东到校做动员辅导,印发《关于打造"用学术讲政治"样板课的实施办法》,形成"1+3"的新教学评价体系。《以高度的文化自信建世界名城》《"最多跑一次"改革:政管服改革的杭州实践》分别获评全国社会主义学院特色课程和浙江省习近平新时代中国特色社会主义思想精品课程。教育长高国舫、教授沈小勇受邀赴中央党校(国家行政学院)为中青班讲授案例教学课程《浙江杭州"最美现象"的创新实践》《杭州城市文化建设启示》,教学工作获全国党校系统第四届教学管理优秀奖。

【科研咨政和理论研究成果】2019年，市委党校围绕习近平新时代中国特色社会主义思想，深入开展理论研究，在党报党刊发表理论文章24篇，公开发表论文78篇（副省级以上），其中核心以上刊物（含核心刊物）23篇，提交全国党校（行政学院）系统庆祝中华人民共和国成立70周年理论研讨会征文5篇，提交省委宣传部、省社科联“浙江精神与新时代新使命”理论研讨会征文2篇，提交全省党校系统庆祝中华人民共和国成立70周年暨党校建校70周年理论研讨会论文24篇。举办“数字化转型与社会治理创新的杭州实践”青年论坛，联合中国社科院主办第四届习近平新时代中国特色社会主义思想高层论坛。《中共杭州市委党校学报》入选“复印报刊资料重要转载来源机构（2018年版）”，被《中国人民大学复印报刊资料》全文转载11篇、《新华文摘》全文转载1篇，位列全国副省级城市党校学报前列。中标省级以上课题立项29项，其中国家社科基金6项，在全国党校系统中排名并列第六，全国副省级党校中排名第一。著作《五大发展理念在浙江杭州的实践》被评为杭州市第十四届精神文明建设“五个一工程”图书奖。推进一流红色智库建设，聚焦市委“一城”“一窗”建设开展重大现实问题研究，全年完成各类市情研究课题49项，23个决策咨询报告获省市领导肯定性批示，其中《通过八个结合建设美丽城镇——推进梅城美丽城镇示范区建设的八条建议》分别获省长袁家军、副省长彭佳学批示，2项成果建议被相关政策文件采纳。5项成果在全省党校（行政学院）系统优秀决策咨询成果奖评选中全部获奖，位居市级党校第一。

【社会宣讲】2019年，市委党校大力探索基层理论宣讲新路径，全力打通理论宣讲的“最后一公里”，40多位教师进入杭州市中国特色社会主义理论体系宣传普及讲师团师资库，8位教师进入杭州市党的十九届四中全会精神宣讲团，组织教师赴市党群服务中心送教25课次。建立全市首批3家“学习强国”杭州学习平台市级供稿中心之一，全年开展社会宣讲300场次，受众4.17万人次，培训基层宣讲骨干140多人，编印《社会宣讲·参考阅读》5期。（方德瑞）

党史编研

【概况】2019年，市委党史研究室注重围绕中心、服务大局，在“存史、资政、育人”上下功夫，积极推进新时代党史工作。始终紧抓基础业务，全面推进党史三卷编撰；全面进行全市红色资源普查，摸清红色资源家底；服务“不忘初心、牢记使命”主题教育，各类红色遗址和纪念设施成为党员教育的主阵地；深挖红色经典故事题材创作，积极做好党史宣教工作，《东方欲晓天将明：网络作家杭州党史故事》一书获杭州市第十四届精神文明建设“五个一工程”图书类优秀作品奖；积极发挥“学习强国”供稿中心作用，10多篇稿件被全国和省“学习强国”录用或转发；中国共产党杭州历史馆发挥窗口和阵地作用，接待观众超过100万人次；红色博物馆联盟工作影响力美誉度持续扩大。

【杭州红色资源普查取得阶段性成果】2019年，根据市委领导要求，市委党史研究室牵头开展全市红色资源普查工作，普查内容分为事件发生地、人物纪念地、信息展示物、精神承载物、纪念类设施和其他六大类，时间涵盖革命、建设和改革开放三大历史时期。这是杭州历史上首次全面对红色资源进行普查。根据普查和汇总统计，全市红色资源计386处，包括事件发生地、人物纪念地、信息展示物、精神承载物、纪念类设施等类别。按保护级别分，国家级文物保护单位4个，省级文物保护单位20个，市级文物保护单位42个，县级文物保护单位57个，未定263个。按利用级别分，国家级爱国主义教育基地3个，省级爱国主义教育基地16个，市级爱国主义教育基地30个，县级爱国主义教育基地44个，党史教育基地47个，未定246个。

【《青春无悔奔革命——网络作家杭州党史故事（二）》出版】2019年12月，由杭州市网络作家协会作家集体创作的《青春无悔奔革命——网络作家杭州党史故事（二）》由杭州出版社出版。全书汇集18位网络作家创作的22篇杭州党史经典故事，对杭州新民主主义革命时期（1921—1949）和社会主义建设时期头七年（1949—1956）的经典党史故事（包括重要历史事件和重要历史人物等），进行深入的挖掘和创作，做到真实性、深刻性、思想性、完整性和可读性相统一，传承弘扬革命传统，是杭州红色文化建设与弘扬社会主义核心价值的精品力作。

【“重大的转折·伟大的胜利——庆祝南京杭州上海解放70周年史料展”举行】2019年4月28日至7月8日，“重大的转折·伟大的胜利——庆祝南京杭州上海解放70周年史料展”在杭州博物馆举行。展览活动由中国共产党杭州历史馆与杭州博物馆、南京市博物总馆（渡江胜利纪念馆）、中共一大会址纪念馆、上海市历史博物馆（上海革命历史博物馆）合作举办，围绕“庆祝南京杭州上海解放70周年”共同主题，在三地解放日期间推出。此次展览分“人间正道”“解放杭州”“沧桑巨变”3个部分，通过670多件（幅）珍贵史料和图片以及文字解说，全面介绍人民解放军解放南京、杭州、上海三座重要城市的历程和广大人民群众支前、接管城市等史实。

4月28日开幕式上，南京、杭州、上海5个展览馆签订《长三角地区“红色文化服务示范合作”协议》。

【《惊鸿巨变40年——杭州改革开放访谈录》出版】2019年1月，市委党史研究室编撰的《惊鸿巨变40年——杭州改革开放访谈录》由浙江人民出版社出版。全书总计28万字，辑录原杭州市委书记李金明、原浙江大学校长潘云鹤、原杭州市市长张鸿铭、杭州娃哈哈集团有限公司董事长宗庆后等30多位省市领导、著名企业家、科技专家、部门干部及群众的访谈录，从决策者、执行者、创新创业者、实践者、亲历者、见证者口述历史的角度，再现杭州改革开放重大历史事件，揭示杭州改革开放40年光辉历程、伟大成就和宝贵经验。

【红色记忆——杭州市革命文物保护利用成果展】 2019年9月23日，红色记忆——杭州市革命文物保护利用成果展在临安博物馆开展。展览由市委党史研究室和市园林文物局、临安区委区政府共同主办，旨在保护革命文物、传承红色基因，充分发挥杭州红色博物馆联盟"以史鉴今、资政育人、服务社会"作用。展览汇集全市25个文博单位及社会团体的130多件藏品，全面展示历年来杭州市对革命文物保护修缮、活化利用、收藏研究的成果，以及浙江新文化运动的摇篮——浙江省第一师范，杭州农村第一个党支部——中共鸭兰村支部，中国空军的摇篮——笕桥中央航校，爱国抗日进步报纸社——《民族日报》社旧址等一系列见证杭州重要革命历史事件的革命旧址修缮保护利用情况。 （俞晓娴）

机关党建

【概况】 2019年末，市委直属机关工委直属机关党组织96个，下辖基层党组织2610个，党员39961名。市直机关党建工作坚持以习近平新时代中国特色社会主义思想和党的十九大精神为指导，深入学习贯彻习近平总书记在中央和国家机关党的建设工作会议上的重要讲话精神，聚焦围绕中心、建设队伍、服务群众根本职责，对标"走在前、作表率"要求，以建设"清廉机关、创建模范机关"为抓手，加强政治建设，深化理论武装，狠抓基层基础，严格正风肃纪，机关党建工作呈现全面提质、全面过硬的良好态势。

【机关党员干部思想政治建设】 2019年，市委直属机关工委始终坚持把政治建设摆在机关党的建设首位，强化政治引领和理论武装，把学习贯彻习近平新时代中国特色社会主义思想作为首要政治任务，不断提高机关党员干部理论素养和党性修养，促进广大党员干部提高政治站位，坚定"四个自信"，增强"四个意识"，做到"两个维护"。

扎实开展"不忘初心、牢记使命"主题教育。按照市委主题教育办公室要求，组织市直机关党组织和广大党员开展好"五个一"活动，即组织一场主题读书会、上好一堂专题党课、宣讲分享一批初心故事、选树一批先进典型、开好一次高质量专题组织生活会。工委成立5个指导组，采取巡回指导、随机抽查、调研访谈等方式，加强对工委所属基层党组织和党员重点是处以下党员干部学习教育的督促指导，推动各项工作落实，确保主题教育质量。

加强市直机关党员干部政治理论学习，突出党的科学理论、全面深化改革、党的初心使命、党章党规党纪、形势时事政策、争当先锋"头雁"6个专题教育。推进"学习强国"App应用，按照省、市委工作部署要求和市委领导的批示精神，组织市直机关完成主管理员认证、构建学习管理组织、党员下载安装应用程序等工作，实现市直机关下载、安装、学习"三个全覆盖"。杭州市直机关"学习强国"平台学习推广走在全省前列。组织开展机关党员春训，450多名处级党员干部分4期到市委党校参加集中轮训班，深入学习习近平新时代中国特色社会主义思想；举办1期机关党组织书记素质提升班，80多人参加；举办2期360多名党员发展对象培训班和1期机关妇女干部培训班。

【机关党支部组织力提升】 2019年，市委直属机关工委组织开展机关党支部质量提升工程，实施三年行动计划；深化机关党支部"五好建设"，以加强机关党支部"领头雁"和党务干部业务能力提升为重点，组织开展机关党务干部理论大培训、业务大规范、技能大比武；开展"党建双强双优"和创树机关党建赛场赛绩试点，推进党建工作与业务工作深度融合，激励市直机关各级基层党组织和广大党员担当作为、对标争先、比学赶超。

健全完善机关党建工作责任体系，借助机构改革契机，理顺机关工委、部门党组（党委）和机关党组织之间的关系，健全完善组织、制度、责任、考核等体系。制定市直单位党组和机关党委抓机关党建有关责任及工作规范，明确部门党组、机关党委的抓机关党建的相关责任，机关党委委员配备要求，党组织换届选举、设置调整，党费的收缴使用和管理，发展党员的审批，违纪党员处分等具体工作规范。确立党组（党委）书记履行第一责任、班子成员"一岗双责"、机关党委直接责任、党支部具体落实责任的机关党建协同工作机制。

实施"党建双强双优"工程。在市直机关实施"党建双强双优"（即深化"最强党支部"创建、加强"最强领头雁"培育、选树"最优排头兵"典型、推广"最优工作法"经验）工程，通过创建培育、总结提炼、逐级遴选、打擂比武等举措，评选产生50个市直机关"最强党支部"、50名市直机关"最强领头雁"、100名市直机关"最优排头兵"、20个市直机关党建"最优工作法"。深化"一单位一品牌"创建活动，39个机关党建品牌通过认定，市纪委"小莲清风"、市委党校"'1+1'师生携手红色行"等机关品牌发挥出引领、示范、带动作用。杭州市财政局"党建双强双优"获第二届全国党建创新成功展示银奖。

【服务中心大局】 2019年，市委直属机关工委聚焦"围绕中心、建设队伍、服务群众"三大核心任务和市委"干好一一六、当好排头兵"决策部署，主动服务、强化作为。深化"走亲连心三服务"活动，深入企业、深入群众、深入基层开展蹲点调研。助力机关内部"最多跑一次"改革，以机关党员组织关系转接作为试点"突破口"，加速"网上办"，实行"一门办"，推广"零审批"，多措并举破解党员组织关系转接长久存在的"来回跑""多头跑""办理慢"等顽症，切实推进机关党员组织关系转接效益最大化。"双千结对"助力城市治理现代化，组织1021个机关党支部与713个城市社区党支部和308个行业系统基层党支部结对，开展形式多样的联建活动3000多次，有力助推城市基层党建和社区的综合治理。"双万帮扶"助力消薄增收攻坚战，持续开展万名机关党员干部结对帮扶万户城乡困难家庭活动，在"消薄增收"攻坚战中进一步发挥机关党组织和机关党员干部"结对帮扶"工作引领助推作用。元旦、春节期间，全市2万余名机关党员干部走访慰问

2万多户城乡困难家庭，送去慰问金1800多万元，帮助解决老人就医、子女上学就业等实际困难3000多人次。“红色钱潮”党员志愿服务助力为民排忧解难。以“为党旗添光彩、建名城当先锋”为主题，推进机关党员志愿服务常态长效，组织1.8万名机关党员志愿者开展文明出行等主题实践活动，累计服务20多万小时。“机关文明创建”助力全国文明城市测评迎检。结合机关作风建设新要求和新情况，强化日常管理，改进暗访方式，坚持每月暗访、情况抄告反馈，每季度暗访工作例会和情况通报等机制，提高创建实效，提升机关文明形象，不断深化机关文明建设，为“全国文明城市”测评迎检工作做出贡献。

【机关作风建设】2019年，市委直属机关工委印发《关于深入学习贯彻市委全会精神在全面推进“六大行动”中走前头当先锋作表率的意见》，在市直机关党组织中开展“一学三找两提”的学习宣传活动。按照市委关于主题教育紧抓问题整改和围绕9项专项整治开展正风肃纪的工作要求，工委牵头负责对70多个市直机关开展正风肃纪工作。认真贯彻市委《关于贯彻落实省委决定扎实推进清廉杭州建设的实施意见》，工委及时制发《关于强化机关党建引领建设清廉机关创建模范机关的实施意见》，各单位党组织及时制定贯彻落实的具体举措，持续推进机关党风廉政建设和模范机关创建。抓好文明机关建设，每月对全市110个市级单位进行实地暗访、电话暗访，开展1次市直机关控烟工作专项暗访，对63个（次）暗访中发现问题的单位进行书面抄告和电话、网络告知，督促相关单位抓好问题整改落实和文明机关创建提升工作；将机关控烟工作专项暗访情况形成书面报告，向市委督查室汇报。

【机关“含氧量”提升系列工程】2019年，市委直属机关工委以“含氧量”提升系列工程为重点组织开展系列文体活动，进一步提升机关党员干部精气神。举办市直机关气排球和7人制足球赛两个大型赛事，气排球比赛共有61支代表队600多名运动员参加，比赛167场次；七人制足球比赛32支代表队600多名干部职工参加，比赛68场次。举办“杭州市直机关庆祝新中国成立70周年”主题文艺演出。发挥机关群团组织作用，机关工会组织1000多名机关干部职工赴贵州黔东南州和湖北恩施州等地疗休养活动。组织2019年元旦春节市级机关职工和劳模先进的慰问工作，向省市推荐市直机关4个劳动模范集体、7个劳动模范个人。妇工委推荐1个“全国巾帼文明岗”和1个“全国巾帼建功先进集体”，选树市级机关“最美家庭”31个，培育西子嘉和公益服务队。推进妇女之家活动室、“巾帼学堂”和市直机关心理健康促进基地市民中心工作室建设，开展“幸福梦工厂”建设，启动“12345”心理健康志愿服务活动。团工委开展“我和我的祖国”快闪活动、“不忘初心、‘青’近民生等”大型志愿服务活动、“传承经典——一把手荐书”活动、“青春心向党 建功新时代”主题团日活动等。（市直机关工委）

老干部工作

【概况】至2019年末，杭州市有离休干部2115人，比上年减少220人。按区域划分，市直单位1305人，区县（市）810人；按革命时期划分，红军时期3人，抗日战争时期289人，解放战争时期1823人；按机构性质划分，机关单位576人，事业单位605人，企业单位934人；按享受待遇划分，享受省部级（含单项）4人，享受地专级待遇75人，享受县处级待遇1104人、乡科级及以下932人。

【老干部学习教育】2019年，杭州市老干部工作以政治建设为统领，坚持用习近平新时代中国特色社会主义思想武装头脑，以“标准不降，质量不减”的要求组织广大老干部开展“不忘初心、牢记使命”主题教育活动，引导老干部增强“四个意识”、坚定“四个自信”、做到“两个维护”。全年召开情况通报会44场，学习庆祝中华人民共和国成立70周年讲话41场，党的十九届四中全会精神学习座谈会38场，举办离退休干部党支部书记培训班23期，老干部理论读书会51场。全市建成27个老党员驿站，命名党建共享基地14处，老干部工作精品带3条，为离退休干部党支部就近学习、就近活动、就近发挥作用提供阵地。

【老干部文化活动】2019年，杭州市老干部工作以传承红色基因作为“不忘初心、牢记使命”主题教育的主线，引领老干部当好在职党员的“初心辅导员”。策划“我看新中国成立70周年新成就”系列专题调研、“走基层、看变化、促发展”参观考察和“我爱祖国·我爱杭州”主题征文等活动，引导老干部说发展、谈变化、献良策。全年组织专题调研20次，召开各类座谈会150场次，4000多名老干部参加，形成调研报告39篇，建言献策1500条。开展巡回吟诵、书画摄影、专题访谈等系列活动，组织老干部“红色芳华·致敬信仰”吟诵小分队进高校、进机关、进农村、进社区、进假日学校50场次。举办全市老干部“壮丽七十年·奋进新时代”大型演出活动，播放红色电影100余场。依托各级党群服务中心、开放式组织生活基地、所居住的社区、各类志愿团队（工作室），组织老干部参与城市治理，助力乡村振兴，助推社会新风尚。全年全市220个老干部志愿服务团队（室）开展志愿活动1341场次，3万余人次参与。

【老干部服务保障】2019年，杭州市继续全面做好离休干部社区签约服务工作，打通医疗服务最后100米，省市区离休干部共签约466人。杭州老干部大学进一步深化“最多跑一次”招生工作，是全省第一家开发使用微信报名平台的老年大学，实现老干部“足不出户”就能办理入学手续。持续推进设立城区分校和教学点建设，打造“家门口的老年大学”，累计开设35个教学班，老干部共1.4万人次参加学习。杭州市老干部活动中心老党员驿站提升服务功能，为12个市直机关单位离退休干部党支部提供服务，接待省内外参观活动20批次，参观、活动总人数1000多人次。在下城区天水街道灯芯巷社区建成全省首个“银尚之家”，以点带面，在全市范围内探索居家养老新路径。（黄士亮）

责任编辑 金利权

杭州市人民代表大会 07

2020 杭州年鉴

Hangzhou Municipal People's Congress

综述

【概况】至2019年末，杭州市有各级人民代表大会112个，包括杭州市人民代表大会和13个区县（市）人民代表大会、98个乡镇人民代表大会。各级人大代表9541人（不含在杭全国人大代表10人、省人大代表97人），其中市人大代表504人，区县（市）人大代表3021人、乡镇人大代表6016人。市十三届人大常委会有组成人员45人，其中主任1人、副主任5人、秘书长1人、委员38人。市十三届人大设法制、监察和司法、财政经济、城乡建设环境保护、教育科学文化卫生、农业和农村、民族宗教华侨、外事、社会建设9个专门委员会（民族宗教华侨委员会与外事委员会合署办公）。市十三届人大常委会设法制、监察和司法、财政经济、城乡建设环境保护、教育科学文化卫生、农业和农村、民族宗教华侨、外事、社会建设9个工作委员会以及办公厅、研究室、人事代表工作委员会等工作机构。

2019年，市人大常委会高举习近平新时代中国特色社会主义思想伟大旗帜，深入学习贯彻习近平总书记关于坚持和完善人民代表大会制度的重要思想，坚持党的领导、人民当家做主、依法治国有机统一，紧紧围绕“干好一一六、当好排头兵”总要求，履行宪法法律赋予的职责。全年召开常委会会议8次，制定和修改地方性法规6件，听取审议专项工作报告19项，开展执法检查、专题询问、专题调研9项，向“一府两院”发出审议意见书、意见建议函25件，做出决议、决定8项，任免国家机关工作人员202人次，组织37名新任命的国家工作人员进行宪法宣誓。

2019年6月6日，市人大常委会召开“不忘初心、牢记使命”主题教育工作会议

（市人大常委会办公厅 供稿）

【“不忘初心、牢记使命”主题教育开展】2019年，市人大常委会按照中央和省、市委统一部署，紧扣“三学三促建名城”总载体，开展“不忘初心、牢记使命”主题教育，突出主题教育的“人大味”。深入学习领会习近平总书记关于坚持和完善人民代表大会制度的重要思想，机关全体党员干部认真参加专题读书班和4次专题研讨活动，围绕“十个坚持”开展学习交流，96名党员干部做交流发言。坚持把服务企业重点放在推动民营经济高质量发展审议意见落实上，把服务群众重点放在推动民生实事项目落地上，把服务基层重点放在代表联络站规范化建设上，做深做实“走亲连心三服务”。对分析查摆出的22个问题，制定59条整改措施，一一抓好落实，推动主题教育取得实效。

【推进新时代人大工作高质量发展】2019年9月20日，市委召开一届一次的人大工作会议，出台《中共杭州市委关于高水平推进新时代人大工作和建设的意见》。会议高举习近平新时代中国特色社会主义思想伟大旗帜，认真学习贯彻习近平总书记关于坚持和完善人民代表大会制度的重要思想，特别是习近平总书记关于地方人大及其常委会的重要指示精神，全面落实省委人大工作会议精神，研究部署新时代杭州人大工作，为坚定不移“干好一一六、当好排头兵”做出积极贡献。省委常委、市委书记周江勇出席会议并讲话。市人大常委会党组书记、主任于跃敏做总结讲话，市委副书记张仲灿主持会议，市委常委、市人大常委会副主任、市政协有关领导、市检察院检察长等出席会议。会上，萧山区、余杭区、西湖区、富阳区、桐庐县党委或人大常委会主要负责人做交流发言。各区县（市）党委相继召开人大工作会议，合力推进全市人大工作高质量高水平发展。

【街道居民议事制度实施】2019 年，市人大常委会贯彻落实市委《关于建立和完善街道居民议事制度的指导意见》，在全市各街道全面推行街道居民议事制度，推动街道民生实事项目票选全覆盖。全市 92 个街道全部开展此项工作，产生街道居民议事会议成员 5693 人，票选确定 2019 年度街道民生实事项目 591 件。

【民生实事项目人大代表票决制深化】2019 年，市本级和 13 个区县（市）票决产生民生实事项目 141 件。市人大常委会组成由市人大机关部门牵头、区县（市）人大常委会协助的 10 个代表监督小组，建立“一事一小组”“一月一通报”“一季一督查”“半年一报告”“一年一测评”等工作机制，对市政府 10 件民生实事项目开展专项监督。5 月，开展“代表监督周”活动，有 243 名市人大代表、129 名区县（市）人大代表参加，提出建议意见 219 条。8 月，举行“一府两院”工作报告会，对民生实事项目实施情况进行代表问政。12 月 23 日，市十三届人大常委会第二十三次会议对市政府 2019 年度 10 件民生实事项目 11 个子项目进行满意度测评，结果均为满意。

【助力长三角区域一体化发展等国家战略实施】2019 年，市人大常委会围绕推进长三角更高质量一体化发展，参与共建杭州都市圈合作示范区，与黄山市人大常委会签订合作交流协议，建立立法协同、监督协作、代表联动、信息共享等合作机制。12 月 5 日，首次组织杭州、黄山两市 34 名全国和省人大代表联合视察，为新安江流域生态保护及区域一体化发展建言献策。参加首届长三角 G60 科创走廊九城市人大工作交流会。开展落实长三角区域一体化发展国家战略、推进杭州都市圈建设专题调研。贯彻落实东西部扶贫协作重大战略部署，支持贵州黔东南州、湖北恩施州人大在杭举办“新时代人大工作创新”研修班，两州 375 名人大代表和人大干部参加培训。

【县乡人大工作指导】2019 年，市人大常委会密切与区县（市）人大常委会和乡镇（街道）人大的联系，开展上下联动监督工作。举办全市基层人大干部培训班，全市 13 个区县（市）人大常委会领导及辖区乡镇人大主席、街道人大工委主任 221 人参加。指导西湖区及西溪、转塘街道开展街道人大工作和建设试点，试点工作入选 2019 年浙江省改革创新最佳实践案例。支持各地创造性开展人大工作，首次组织开展“杭州人大工作与时俱进案例”推荐工作。宣传推广建德人大推行政府投资项目票决制、滨江人大设立网上代表联络站、下城人大监督推进安置房建设、富阳人大创设“三维”考评机制、桐庐人大依法行使重大事项决定权、淳安人大推出农家式代表联络点等典型经验和创新做法。召开现场会，总结推广余杭区小古城村等“三治融合”经验。临安人大信息化建设做法得到全国人大常委会宣传推广，上城人大审计意见整改监督、江干人大垃圾分类专项监督、拱墅人大重大投资项目监督、萧山人大宣传工作创新等做法被省人大常委会推广。

【市人大常委会自身建设】2019 年，市人大常委会加强政治建设，首次召开人大机关党建工作座谈会，出台强化人大机关党建具体措施，常态化开展机关干部谈心谈话，完成机关党支部换届。加强能力建设，举办 12 期机关系列讲座，在厦门大学开展人大系统领导干部依法履职能力培训，首次举办人大办公室系统综合能力提升、宣传信息工作等专题培训。开展机关内部“最多跑一次”改革，加快“智慧人大”建设，上线运行数字人大云平台。加强作风建设，制定改进作风为基层减负十条措施，建立常委会文件、审议意见落实情况跟踪监督等机制，修订机关党组“三重一大”事项议事规则，完善机关财务管理办法、资产管理办法。加强和改进调查研究，主任会议成员带头深入一线调研，4 篇调研成果获省人大工作研究会理论研讨会优秀论文奖。

【“五四宪法”历史资料陈列馆】2019 年，市人大常委会贯彻落实习近平总书记对“五四宪法”历史资料陈列馆做出的重要指示精神，举办第六个国家宪法日和第二个“宪法宣传周”系列活动、青少年宪法教育主题展、12 期“法治大讲堂”，开展宪法修正案专题巡回展览。全年接待观众 65 万多人次，累计接待观众超过 100 万人次，接待宣誓活动 1070 多批次 4.33 万人次。“五四宪法”历史资料陈列馆获得第八批全国重点文物保护单位、全国关心下一代党史国史教育基地、全国革命文物保护利用优秀案例等荣誉。（余　巍）

市人大重要会议

【市十三届人民代表大会】2019 年，杭州市第十三届人民代表大会举行 1 次会议。市十三届人大四次会议于 1 月 20—24 日举行。市十三届人大代表名额 515 人，实有代表 506 人，出席会议代表 486 人。1 月 20 日下午召开预备会议，选举产生由 79 名成员组成的会议主席团，选举会议秘书长，表决会议议程。会议期间，举行 3 次全体会议、5 次主席团会议和 1 次财政经济委员会会议。

会议听取和审查杭州市人民政府工作报告；审查和批准杭州市 2018 年国民经济和社会发展计划执行情况与 2019 年国民经济和社会发展计划草案的报告，批准杭州市 2019 年国民经济和社会发展计划；审查和批准杭州市及市本级 2018 年预算执行情况和 2019 年预算草案的报告，

2019 年 1 月 21 日，杭州市第十三届人民代表大会第四次会议在省人民大会堂开幕　（市人大常委会办公厅 供稿）

批准市本级 2019 年预算；听取和审查杭州市人民代表大会常务委员会工作报告；听取和审查杭州市中级人民法院工作报告；听取和审查杭州市人民检察院工作报告；决定杭州市第十三届人民代表大会有关专门委员会的设立、更名；选举；通过杭州市第十三届人民代表大会部分专门委员会组成人员人选名单；票决杭州市人民政府 2019 年度民生实事项目。

会议收到代表提出的议案、建议、批评和意见 455 件。其中，10 人以上代表联名提出的议事原案 7 件，代表建议、批评和意见 448 件。大会主席团决定，将 7 件议事原案交由市十三届人大有关专门委员会审议，提出审议结果的报告，经市人大常委会审议通过后答复代表，并在下次市人民代表大会时印发全体代表。448 件代表建议中，涉及工业、交通的 52 件，财政、农业、旅贸的 49 件，城建、城管的 135 件，科技、教育、文化、卫生、体育、宗教的 187 件，政治、法律、党群及其他方面的 25 件。市人大常委会建议、批评和意见分别交市政府和其他有关机关、组织研究处理，并负责答复代表，同时将答复内容向市人大常委会办事机构反馈。

【市人大常委会会议】2019 年，杭州市第十三届人民代表大会常务委员会举行 8 次会议，即市十三届人大常委会第十六次会议至第二十三次会议。

1 月 8 日，市十三届人大常委会第十六次会议举行。会议审议并表决关于设立社会建设工作委员会及内务司法工作委员会更名的决定（草案）；审议并表决关于市人民政府机构改革涉及市的地方性法规规定的行政机关职责调整问题的决定（草案）；审议并表决关于接受汪宏儿、金翔请求辞去浙江省第十三届人民代表大会代表职务的决议（草案）；审议并表决市人大常委会主任会议关于提请补选浙江省第十三届人民代表大会代表的议案；审议并表决有关人事任免事项。

1 月 14 日，市十三届人大常委会第十七次会议举行。会议审议市政府关于提请审议《2018 年政府重大投资项目计划执行情况和 2019 年第一批政府重大投资项目计划（草案）》的议案；听取和审议关于市十三届人大四次会议筹备工作情况的报告；审议并通过市十三届人大四次会议议程、日程和有关名单草案，以及关于代表提交议案截止时间的决定草案；审议并通过《杭州市第十三届人民代表大会第四次会议民生实事项目人大代表票决办法（草案）》；审议并通过《杭州市第十三届人民代表大会第四次会议关于设立杭州市第十三届人民代表大会社会建设委员会及内务司法委员会更名的决定（草案）》；审议并通过《杭州市第十三届人民代表大会第四次会议关于杭州市第十三届人民代表大会专门委员会组成人员人选通过办法（草案）》；审议并通过杭州市第十三届人民代表大会部分专门委员会组成人员建议名单（草案）；讨论并原则通过市人大常委会工作报告（稿）征求对政府工作报告（征求意见稿）、市中级人民法院工作报告（征求意见稿）、市人民检察院工作报告（征求意见稿）的意见；审议并表决市人大常委会2019年工作要点（稿）；审议并表决市十三届人大常委会代表资格审查委员会关于个别代表的代表资格审查报告；审议并表决有关人事免职事项。

4月3日，市十三届人大常委会第十八次会议举行。会议审议并表决《杭州市人民代表大会常务委员会关于修改〈杭州市第二水源千岛湖配水供水工程管理条例〉的决定（草案）》；听取和审议市公安局关于杭州市扫黑除恶专项斗争工作的报告，审议市法院、市检察院、市司法局关于杭州市扫黑除恶专项斗争工作的报告；审议并表决市人大常委会主任会议关于提请审议设立"工匠日"的议案；审议市十三届人大常委会代表资格审查委员会关于个别代表的代表资格终止的报告；审议并表决有关人事任免事项。

5月13日，市十三届人大常委会第十九次会议举行。会议听取市监委关于贯彻落实《中华人民共和国监察法》情况的专项工作报告；听取和审议市政府关于促进民营经济高质量发展情况的报告，对促进民营经济高质量发展工作开展专题询问；听取市税务局关于杭州市2019年减税降费工作情况的报告。

6月21日，市十三届人大常委会第二十次会议举行。会议审议并表决《杭州市人民代表大会常务委员会关于修改〈杭州市生活垃圾管理条例〉的决定（草案）》；审议并表决《杭州市人民代表大会常务委员会关于修改〈杭州市机动车排气污染防治条例〉的决定（草案）》；审议《杭州市电梯安全管理条例（草案）》；审议并表决《杭州市人民代表大会常务委员会关于修改〈杭州市人民代表大会常务委员会任免国家机关工作人员办法〉〈杭州市人民代表大会常务委员会任命国家机关工作人员法律知识考试办法〉〈杭州市人民代表大会常务委员会法官检察官法律职务任职资格审查办法〉的决定（草案）》；听取和审议市人大常委会执法检查组关于《浙江省学前教育条例》执法检查情况的报告；听取和审议市政府关于杭州市城乡规划执行情况的报告；听取和审议市政府关于杭州市医联体建设工作情况的报告；听取和审议市政府关于杭州市宗教工作情况的报告；审议并表决市十三届人大常委会代表资格审查委员会关于个别代表的代表资格审查报告；审议并表决有关人事任免事项。

8月29—30日，市十三届人大常委会第二十一次会议举行。会议审议《杭州市电梯安全管理条例（草案）》；审议《杭州市居家养老服务条例（草案）》；听取和审议市人大常委会执法检查组关于大气污染防治"一法一条例一规定"（《中华人民共和国大气污染防治法》《浙江省大气污染防治条例》《杭州市大气污染防治规定》）执法检查情况的报告，对大气污染防治工作开展专题询问；审议市政府关于提请审议《2019年第一批政府重大投资项目计划执行情况和2019年第二批政府重大投资项目计划（草案）》的议案；听取和审议市政府关于杭州市本级2018年决算草案和2019年上半年预算执行情况的报告；听取和审议市政府关于2018年度杭州市本级预算执行和全市其他财政收支的审计工作报告；听取和审议市政府关于2019年地方政府债务限额和新增地方政府债券预算调整的报告；审议市政府关于2019年上半年国民经济和社会发展计划执行情况的报告；审议市人大财经委《关于进一步规范政府重大投资项目的请示》有关情况的报告；审议并表决有关人事任免事项。

10月29日，市十三届人大常委会第二十二次会议举行。会议表决《杭州市电梯安全管理条例（草案）》；审议《杭州市居家养老服务条例（草案）》；审议《杭州市钱塘江综合保护与发展条例（草案）》；听取和审议市检察院关于全市检察机关公益诉讼工作情况的报告和2名检察官履职情况的报告；审议并表决《杭州市人民代表大会常务委员会关于加强检察公益诉讼工作的决定（草案）》；听取和审议市人大常委会执法检查组关于《杭州市旅游条例》执法检查情况的报告；听取和审议市政府关于2018年度全市企业类国有资产管理情况的专项报告和关于2018年度全市国有资产管理情况的综合报告；听取和审议市政府关于杭州市本级2019年预算调整的报告；听取和审议市政府关于杭州市乡村振兴战略专项工作（产业兴旺和治理有效）实施情况的报告；审议并表决市十三届人大四次会议主席团交付市人大有关专门委员会审议的代表议案审议结果的报告；听取和审议市政府关于市十三届人大四次会议代表建议、批评和意见办理情况的报告，审议市法院、市检察院关于市十三届人大四次会议代表建议、批评和意见办理情况的报告，审议市人大常委会主任会议关于市十三届人大四次会议代表建议、批评和意见处理情况的报告；审议并表决有关人事任免事项。

12月23日，市十三届人大常委会第二十三次会议举行。会议表决《杭州市居家养老服务条例（草案）》；审议《杭州市钱塘江综合保护与发展条例（草案）》；审议关于终止审议《杭州市畜禽屠宰管理条例（草案）》的报告；听取和审议市人大常委会执法检查组关于《杭州市公共场所控制吸烟条例》执法检查情况的报告；听取和审议市政府关于民生实事项目实施情况的报告，并开展满意度测评；听取和审议市政府关于2019年度环境状况和环境保护目标完成情况及生态文明建设规划执行情况的报告；审议《杭州市物业管理条例》的立法后评估报告；审议并表决杭州市人民代表大会常务委员会关于接受陈月亮请求辞去浙江省第十三届人民代表大会代表职务的决议（草案）；审议并表决市人大常委会主任会议关于提请补选浙江省第十三届人民代表大会代表的议案；审议并表决市十三届人大常委会代表资格审查委员会关于个别代表的代表资格审查报告；审议并表决有关人事任免事项。
（余　巍）

立法工作

【重点领域立法】2019年，市人大常委会坚持科学立法、民主立法、依法立法，不断提高立法质量。修改《杭州市生活垃圾管理条例》《杭州市第二水源千岛湖配水供水工程管理条例》《杭州市机动车排气污染防治条例》，制定《杭州市居家养老服务条例》《杭州市电梯安全管理条例》，审议《杭州市钱塘江流域保护与发展条例》。

【立法工作机制完善】2019年,市人大常委会发挥人大及其常委会在立法工作中的主导作用,探索实行重点立法项目"双组长"制,立法领导小组由市人大常委会和市政府分管领导共同担任组长,领导法规草案起草工作,协调解决重大问题。制定地方性法规采用"两审三表决"程序,地方性法规案需经2次市人大常委会会议审议后提交下一次市人大常委会会议表决。发挥立法咨询委员会作用,开展立法重大问题论证。调整设立21个基层立法联系点,扩大社会各方有序参与。

【法规清理评估和备案审查】2019年,市人大常委会落实全国人大立法工作新要求,开展五年(2017—2021年)立法规划中期调整。终止审议《杭州市畜禽屠宰管理条例》。对《杭州市物业管理条例》进行立法后评估。审查各方面报送备案的规范性文件53件,首次公开规范性文件审查建议"受理信箱",支持市民群众在线提交审查建议。 (余 巍)

人大监督

【市人大常委会助推"六大行动"】2019年,市人大常委会围绕推进拥江发展行动,开展千岛湖保护专题调研,听取审议城乡规划实施情况报告。围绕推进"三化融合"行动,开展城市大脑建设立法调研,组织省人大代表杭州中心组集中视察并提出意见建议,开展城西科创大走廊建设专题调研。围绕推进文化兴盛行动,开展旅游条例、公共场所控制吸烟条例执法检查,主任会议成员11次专题调研良渚申遗工作,主任会议听取城市文明行为促进条例实施情况报告。围绕推进改革攻坚行动,开展台湾同胞投资保障、营商环境司法保障、大城北区块开发等专题调研,主任会议听取跨境电商促进条例实施情况报告。围绕推进民生福祉行动,开展民生实事项目专项监督,市人大常委会办公厅牵头做好民生福祉行动指挥部办公室工作。

【促进民营经济高质量发展专项监督】2019年,市人大常委会采取上下联动方式开展促进民营经济高质量发展专项监督。3—4月,进行专题调研,走访民营企业1150个,召开座谈会258场,各级人大代表参与1259人次。5月13日,市十三届人大常委会第十九次会议听取和审议市政府关于促进民营经济高质量发展情况的报告,并进行专题询问,14位常委会组成人员和人大代表就落实减税降费政策、提升小微企业金融服务、推进蓝领公寓建设、支持企业科技创新等提出询问,形成4个方面12条审议意见以及166个具体问题。12月,组织开展专项监督工作"回头看",督促发现问题整改和审议意见落实,166个问题均有沟通、有反馈,企业回访满意度100%。

2019年12月5日,杭州市、黄山市全国和省人大代表联合视察新安江流域生态保护及区域一体化发展座谈会召开 (市人大常委会办公厅 供稿)

【大气污染防治专项监督】2019年,市人大常委会首次采取执法检查与专题询问相结合的方式,上下联动开展大气污染防治"一法一条例一规定"专项监督。3—6月,进行专题调研,组织开展网络征集意见、赴有关部门调研、对信访投诉和社会评价意见进行梳理,先后汇总整理意见建议850多条。7月,采取实地检查和随机抽查相结合的方式开展执法检查,邀请相关领域市人大代表、市人大常委会咨询专家、检察公益诉讼工作人员参加,听取市政府和有关部门关于贯彻执行大气污染防治法律法规情况的汇报,并组织开展问卷调查。8月30日,召开专题询问会,13位常委会组成人员和人大代表围绕大气扬尘治理、新能源汽车推广、工业污染治理等提出询问,并开展满意度测评。市政府及相关部门对6个方面17个具体问题进行整改落实,着力提升大气环境质量。

【财政经济工作监督推进】2019年,市人大常委会听取审议计划执行、财政决算和预算执行、预算调整、政府重大投资项目计划及执行、地方政府债务限额、审计工作等报告。首次实行预算草案"三审"制,主任会议成员和66名市人大代表分小组对6个市直部门2020年度预算草案开展"一对一"审查,提出意见建议116条。持续深化预算联网监督,提高财政预算执行和资金使用绩效。首次听取审议全市企业国有资产管理情况专项报告,促进市属国有企业健康发展。主任会议听取市政府隐性债务化解、审计发现问题整改等情况报告,对审计发现问题整改实行清单制和销号制管理。

【生态环境保护工作监督推进】2019年,市人大常委会听取审议环境状况和环境保护目标完成、生态文明规划执行等情况报告,助力打赢大气污染防治攻坚战。开展海洋环境保护“一法一条例”（《中华人民共和国海洋环境保护法》《浙江省海洋环境保护条例》）和《中华人民共和国水污染防治法》执法检查，采取实地调研、定点检查和随机抽查的方式，对杭州湾钱塘江河口入海排污口和千岛湖临湖地带综合整治情况进行检查，并发放调查问卷。依托“杭州贴心城管”App，开展代表监督垃圾分类工作，全市2100多名人大代表就近监督，累计发现问题6033个。

【司法工作监督推进】2019年，市人大常委会听取审议公检法司关于扫黑除恶专项斗争工作的报告，营造平安稳定的社会环境。开展行政机关负责人出庭应诉工作专项监督，推动全市行政机关负责人出庭应诉率从42%提高到86.3%，市政府常务副市长出庭应诉，67名市人大代表旁听庭审。市和区县（市）人大常委会上下联动，通过走访调研、案卷查阅、听取专项工作报告、满意度测评等方式，对全市检察机关公益诉讼工作情况和2名检察官履职情况进行监督，并在全省率先做出关于加强检察公益诉讼工作的决定，为推动检察公益诉讼工作提供制度保障。

【民生工作监督推进】2019年，市人大常委会采取上下联动方式开展《浙江省学前教育条例》执法检查，跟踪督查2018年审议意见整改落实情况。听取审议医联体建设工作情况报告，促进优质医疗资源更好惠及群众。以产业兴旺、治理有效为重点，听取审议乡村振兴战略专项工作实施情况报告，跟踪监督2018年消薄增收审议意见落实情况，助力打造乡村振兴示范区。听取审议宗教工作报告，推进全面依法管理宗教事务。（余　巍）

人事任免

【概况】2019年，市人大常委会坚持党管干部原则依法开展选举任免。修改《杭州市人民代表大会常务委员会任免国家机关工作人员办法》《杭州市人民代表大会常务委员会任命国家机关工作人员法律知识考试办法》《杭州市人民代表大会常务委员会法官检察官法律职务任职资格审查办法》，落实法律知识考试、颁发任命书、任后表态、宪法宣誓等制度。全年任免国家机关工作人员202人次，组织37名新任命的国家工作人员进行宪法宣誓。

【市十三届人大常委会第十六次会议人事任免事项】2019年1月9日，市十三届人大常委会第十六次会议决定任命胡伟为杭州市人民政府副市长。马杭军为杭州市人民政府办公厅主任，夏积亮为杭州市经济和信息化局局长，阳作军为杭州市科学技术局局长，谢建华为杭州市财政局局长，陈祥荣为杭州市规划和自然资源局局长，劳新祥为杭州市生态环境局局长，高小辉为杭州市园林文物局局长，郑翰献为杭州市交通运输局局长，钱美仙为杭州市林业水利局局长，赵国钦为杭州市农业农村局局长，孙璧庆为杭州市商务局局长，张鸿斌为杭州市文化广电旅游局局长，孙雍容为杭州市卫生健康委员会主任，郑洪彪为杭州市退役军人事务局局长，孙国方为杭州市应急管理局局长，王进为杭州市人民政府外事办公室（杭州市人民政府港澳事务办公室）主任，范建军为杭州市市场监督管理局局长，冯伟为杭州市人民政府金融工作办公室主任，宦金元为杭州市统计局局长，石连忠为杭州市医疗保障局局长，李磊为杭州市城市管理局（杭州市综合行政执法局）局长，裘新谷为杭州市人民防空办公室（杭州市民防局）主任（局长），鲍一飞为杭州市人民政府研究室（杭州市人民政府参事室）主任，王翀为杭州市投资促进局局长，杨钊为杭州市对口支援和区域合作局局长。决定免去高国飞的杭州市人民政府办公厅主任职务，金翔的杭州市财政局局长职务，杜国忠的杭州市统计局局长职务，石连忠的杭州市物价局局长职务，夏积亮的杭州市经济和信息化委员会主任职务，范建军的杭州市交通运输局局长职务，郑洪彪的杭州市安全生产监督管理局（杭州市安全生产委员会办公室）局长（主任）职务，谢建华的杭州市国土资源局局长职务，张勤的杭州市规划局（杭州市测绘与地理信息局）局长职务，李磊的杭州市城市管理委员会（杭州市综合行政执法局、杭州市综合行政执法支队）主任（局长、支队长）职务，赵国钦的杭州市农业局（杭州市水产局）局长职务，华德法的杭州市林业水利局局长职务，张鸿斌的杭州市旅游委员会主任职务，翁文杰的杭州市园林文物局局长职务，陈祥荣的杭州市市场监督管理局（杭州市工商行政管理局、杭州市食品药品监督管理局）局长职务，胡伟的杭州市环境保护局局长职务，孙雍容的杭州市文化广电新闻出版局（杭州市版权局）

2019年5月22日，市人大常委会主任于跃敏（右二）参加市人大代表第七监督小组对实施食品安全放心工程项目的监督活动　（市人大常委会办公厅 供稿）

局长职务，滕建荣的杭州市卫生和计划生育委员会主任职务，何利松的杭州市人民政府研究室（杭州市人民政府参事室）主任职务，王越剑的杭州市人民政府金融工作办公室主任职务，阳作军的杭州市科学技术委员会（杭州市知识产权局、杭州市地震局）主任（局长）职务，孙璧庆的杭州市商务委员会（杭州市粮食局）主任（局长）职务，董祖德的杭州市人民政府外事侨务办公室（杭州市人民政府港澳事务办公室）主任职务，涂冬山的杭州市人民政府法制办公室主任职务。任命陈伟民为杭州市人大常委会研究室主任，王木刚为杭州市人大常委会监察和司法工作委员会主任，王辉为杭州市人大常委会社会建设工作委员会主任，徐燕敏为杭州市人大常委会人事代表工作委员会副主任，曾福明为杭州市人大常委会监察和司法工作委员会副主任。免去丁忠芳的杭州市人大常委会研究室主任职务，王辉的杭州市人大常委会内务司法工作委员会主任职务，陈伟民的杭州市人大常委会办公厅副主任职务，徐燕敏的杭州市人大常委会研究室副主任职务，韩勇的杭州市人大常委会人事代表工作委员会副主任职务，曾福明的杭州市人大常委会内务司法工作委员会副主任职务。

【市十三届人大常委会第十七次会议人事免职事项】2019年1月14日，市十三届人大常委会第十七次会议决定免去陈红英的杭州市人民政府副市长职务。免去瞿静的杭州市中级人民法院民事审判第二庭副庭长、审判员职务，申正权的杭州市中级人民法院审判员职务。

【市十三届人大常委会第十八次会议人事任免事项】2019年4月3日，市十三届人大常委会第十八次会议决定任命柯吉欣为杭州市人民政府副市长。决定免去谢双成的杭州市人民政府副市长职务。任命钱建中为杭州市人大常委会社会建设工作委员会副主任。郭志平为杭州市中级人民法院副院长、审判委员会委员、审判员，官家辉为杭州互联网法院（杭州铁路运输法院）副院长、审判委员会委员、审判员，赵溪为杭州互联网法院（杭州铁路运输法院）审判员，向宇为杭州互联网法院（杭州铁路运输法院）审判员。沈建光为杭州市人民检察院副检察长、检察委员会委员、检察员。免去沈建光的杭州市中级人民法院副院长、审判委员会委员、审判员职务，王莉的杭州互联网法院（杭州铁路运输法院）副院长、审判委员会委员、审判员职务。郭志平的杭州市人民检察院副检察长、检察委员会委员、检察员职务。

【市十三届人大常委会第二十次会议人事任免事项】2019年6月21日，市十三届人大常委会第二十会议决定任命邵立春为杭州市科学技术局局长。决定免去阳作军的杭州市科学技术局局长职务。任命聂江为杭州市人大常委会办公厅副主任，王剑瑛为杭州市人大常委会财政经济工作委员会副主任，严伟明为杭州市人大常委会农业和农村工作委员会副主任，徐文霞为杭州市人大常委会民族宗教华侨、外事工作委员会副主任。王伦为杭州市监察委员会委员。免去郑蓉的杭州市人大常委会办公厅信访办主任职务，管军的杭州市人大常委会农业和农村工作委员会副主任职务，吴锡根的杭州市人大常委会民族宗教华侨、外事工作委员会副主任职务，聂江的杭州市人大常委会民族宗教华侨、外事工作委员会副主任职务。胡绍平的杭州市监察委员会委员职务。陈国良的杭州市中级人民法院刑事审判第二庭庭长职务。钟发根的杭州市人民检察院检察员职务，王伦的杭州市人民检察院检察员职务，周平的杭州市人民检察院检察员职务，黄胜贤的杭州市人民检察院检察员职务，来利明的杭州市人民检察院检察员职务，吴震操的杭州市人民检察院检察员职务，翁俊的杭州市人民检察院检察员职务，张璟的杭州市人民检察院检察员职务，陈皿的杭州市人民检察院检察员职务，陈覃的杭州市人民检察院检察员职务，张伟的杭州市人民检察院检察员职务，华丽娜的杭州市人民检察院检察员职务，刘宁的杭州市人民检察院检察员职务，陈建阳的杭州市人民检察院检察员职务，李逸勉的杭州市人民检察院检察员职务，徐建国的杭州市人民检察院检察员职务，杜蓉的杭州市人民检察院检察员职务，程天旺的杭州市人民检察院检察员职务，郑东亚的杭州市人民检察院检察员职务，李君的杭州市人民检察院检察员职务，刘晓的杭州经济技术开发区人民检察院检察员职务。

【市十三届人大常委会第二十一次会议人事任免事项】2019年8月30日，市十三届人大常委会第二十一次会议任命韩骏为杭州市中级人民法院刑事审判第一庭副庭长，沈励为杭州市中级人民法院刑事审判第一庭副庭长，钱安定为杭州市中级人民法院刑事审判第二庭副庭长，刘宏水为杭州市中级人民法院刑事审判第二庭副庭长，黄江平为杭州市中级人民法院民事审判第一庭副庭长，徐丹为杭州市中级人民法院民事审判第二庭副庭长，陈剑为杭州市中级人民法院民事审判第二庭副庭长，张棉为杭州市中级人民法院知识产权审判庭（杭州知识产权法庭）副庭长，王亮为杭州市中级人民法院民事审判第五庭副庭长，危薇为杭州市中级人民法院立案一庭副庭长，盛峰为杭州市中级人民法院立案二庭副庭长，沙丽为杭州互联网法院（杭州铁路运输法院）互联网审判第二庭庭长，何淼为杭州互联网法院（杭州铁路运输法院）综合审判第一庭庭长，郭彤为杭州互联网法院（杭州铁路运输法院）立案庭副庭长，叶胜男为杭州互联网法院（杭州铁路运输法院）互联网审判第二庭副庭长，肖芃为杭州互联网法院（杭州铁路运输法院）审判监督庭副庭长，吴巍为杭州互联网法院（杭州铁路运输法院）审判员，陈慧军为杭州经济技术开发区人民法院民事审判庭庭长，邱洁健为杭州经济技术开发区人民法院立案庭庭长，陈云祺为杭州经济技术开发区人民法院行政审判庭（综合审判庭）副庭长，吕瑜岚为杭州经济技术开发区人民法院立案庭副庭长。免去沈兵的杭州市中级人民法院刑事审判第三庭庭长职务，韩骏的杭州市中级人民法院刑事审判第二庭副庭长、未成年人审判庭副庭长职务，戴家永的杭州铁路运输法院审判监督庭庭长

2019年市十三届人大四次会议代表议案

表4

议案号	提议案人	案 由	主办部门
1	李国平	关于尽快制定与拥江发展保障配套的地方法规的议案	市人大城建环保委
2	杨一青	关于加快制定《杭州市居家养老服务促进条例》的议案	市人大社会委
3	边桂虎	关于加快修订《杭州市物业管理条例》的议案	市人大法委
4	俞建午	关于建议加快修改物业管理条例的议案	市人大法委
5	卢红梅	关于修改《杭州市殡葬管理条例》的议案	市人大法委
6	王 征	关于将钱塘江大桥建成纪念日9月26日设为“杭州工匠日”的议案	市人大社会委
7	马建萍	关于尽快修订《杭州市限制养犬规定》的议案	市人大城建环保委

2019年杭州市人大常委会重要文件

表5

文件号	发文日期	标 题
杭人大常〔2019〕1号	2019-01-03	关于推荐阮文静、谢建华为浙江省第十三届人民代表大会代表候选人的请示
杭人大常〔2019〕2号	2019-01-10	关于补选阮文静、谢建华为浙江省第十三届人民代表大会代表的报告
杭人大常〔2019〕3号	2019-01-10	关于接受汪宏儿、金翔请求辞去浙江省第十三届人民代表大会代表职务的报告
杭人大常〔2019〕4号	2019-01-14	关于召开杭州市第十三届人民代表大会第四次会议有关事项的通知
杭人大常〔2019〕5号	2019-01-14	关于出席杭州市第十三届人民代表大会第四次会议的通知
杭人大常〔2019〕6号	2019-01-14	关于列席杭州市第十三届人民代表大会第四次会议的通知
杭人大常〔2019〕7号	2019-01-14	关于听会人员参加杭州市第十三届人民代表大会第四次会议的通知
杭人大常〔2019〕8号	2019-01-14	杭州市人大常委会2019年工作要点
杭人大常〔2019〕9号	2019-01-15	杭州市人民代表大会常务委员会关于市人民政府机构改革涉及市的地方性法规规定的行政机关职责调整问题的决定
杭人大常〔2019〕10号	2019-01-15	杭州市人民代表大会常务委员会关于接受汪宏儿、金翔请求辞去浙江省第十三届人民代表大会代表职务的决议
杭人大常〔2019〕11号	2019-01-17	杭州市人民代表大会常务委员会关于设立社会建设工作委员会及内务司法工作委员会更名的决定
杭人大常〔2019〕12号	2019-04-08	关于提请批准《杭州市人民代表大会常务委员会关于修改〈杭州市第二水源千岛湖配水供水工程管理条例〉的决定》的报告
杭人大常〔2019〕13号	2019-04-08	杭州市人民代表大会常务委员会关于设立“工匠日”的决定
杭人大常〔2019〕14号	2019-02-26	关于调整市人大常委会主任会议成员工作分工和联系区县（市）人大分工的通知
杭人大常〔2019〕15号	2019-06-27	杭州市人民代表大会常务委员会关于修改《杭州市人民代表大会常务委员会任免国家机关工作人员办法》《杭州市人民代表大会常务委员会任命国家机关工作人员法律知识考试办法》《杭州市人民代表大会常务委员会法官检察官法律职务任职资格审查办法》的决定
杭人大常〔2019〕16号	2019-07-01	关于报请批准《杭州市人民代表大会常务委员会关于修改〈杭州市生活垃圾管理条例〉的决定》的报告
杭人大常〔2019〕17号	2019-07-01	关于报请批准《杭州市人民代表大会常务委员会关于修改〈杭州市机动车排气污染防治条例〉的决定》的报告
杭人大常〔2019〕18号	2019-09-03	杭州市人民代表大会常务委员会关于许可对杭州市第十三届人民代表大会代表傅正杰依法采取强制措施的决定
杭人大常〔2019〕19号	2019-09-06	杭州市人民代表大会常务委员会关于批准杭州市本级2018年决算的决议
杭人大常〔2019〕20号	2019-09-06	杭州市人民代表大会常务委员会关于批准杭州市本级2019年地方政府债务限额的决议
杭人大常〔2019〕21号	2019-11-01	杭州市人民代表大会常务委员会关于批准2019年杭州市本级收支预算调整方案的决议
杭人大常〔2019〕22号	2019-11-04	关于报请批准《杭州市电梯安全管理条例》的报告
杭人大常〔2019〕23号	2019-11-05	杭州市人民代表大会常务委员会关于加强检察公益诉讼工作的决定
杭人大常〔2019〕24号	2019-12-25	杭州市人民代表大会常务委员会关于接受陈月亮请求辞去浙江省第十三届人民代表大会代表职务的决议
杭人大常〔2019〕25号	2019-12-25	关于接受陈月亮请求辞去浙江省第十三届人民代表大会代表职务的报告
杭人大常〔2019〕26号	2019-12-25	关于补选林健东为浙江省第十三届人民代表大会代表的报告
杭人大常〔2019〕27号	2019-12-31	关于报请批准《杭州市居家养老服务条例》的报告

职务，倪孟彪的杭州铁路运输法院执行庭副庭长职务，沙丽的杭州互联网法院（杭州铁路运输法院）互联网审判第二庭副庭长职务，何森的杭州互联网法院（杭州铁路运输法院）综合审判第一庭副庭长职务，陈慧军的杭州经济技术开发区人民法院民事审判第一庭庭长职务，邱洁健的杭州经济技术开发区人民法院民事审判第二庭庭长职务，张清华的杭州经济技术开发区人民法院执行庭庭长职务，李启明的杭州经济技术开发区人民法院行政审判庭庭长职务，李亚军的杭州经济技术开发区人民法院立案庭庭长职务。

【市十三届人大常委会第二十二次会议人事任免事项】2019年10月29日，市十三届人大常委会第二十二次会议决定免去姚峰的杭州市人民政府副市长职务，刘国洪的杭州市人民政府副市长职务。任命张鹏为杭州市人大常委会研究室副主任。吴献平为杭州市中级人民法院审判员，丁晔为杭州市中级人民法院审判员，梁琨为杭州市中级人民法院审判员，曹姝隽为杭州市中级人民法院审判员，孔文超为杭州市中级人民法院审判员，张娃为杭州市中级人民法院审判员，秦海龙为杭州市中级人民法院审判员，沈堃为杭州互联网法院（杭州铁路运输法院）审判员，姚秋娉为杭州互联网法院（杭州铁路运输法院）审判员，潘丽红为杭州互联网法院（杭州铁路运输法院）审判员，陈蓦为杭州互联网法院（杭州铁路运输法院）审判员，陈腾峰为杭州互联网法院（杭州铁路运输法院）审判员，柯敏杰为杭州互联网法院（杭州铁路运输法院）审判员，章岳龙为杭州经济技术开发区人民法院审判员。徐剑锋为杭州市人民检察院副检察长、检察委员会委员、检察员，董彬为杭州市人民检察院检察员，詹春美为杭州市人民检察院检察员，周光耀为杭州市人民检察院检察员，赵梅梅为杭州市人民检察院检察员，王丽华为杭州市人民检察院检察员，王安峰为杭州市人民检察院检察员，沈颖为杭州经济技术开发区人民检察院检察员。免去陈莹的杭州互联网法院（杭州铁路运输法院）审判员职务，程震的杭州互联网法院（杭州铁路运输法院）审判员职务。梁军的杭州市人民检察院检察员职务。

【市十三届人大常委会第二十三次会议人事任免事项】2019年12月23日，市十三届人大常委会第二十三次会议任命朱敏明为杭州市中级人民法院刑事审判第二庭庭长，杨逸强为杭州市中级人民法院刑事审判第三庭庭长，陆俊杰为杭州市中级人民法院审判监督庭庭长、审判员，陈辽敏为杭州市中级人民法院立案一庭庭长、审判员，刘小兵为杭州市中级人民法院刑事审判第二庭副庭长、审判员，孙伟为杭州市中级人民法院刑事审判第三庭副庭长，姚炜强为杭州市中级人民法院民事审判第一庭副庭长、审判员，鲍常兰为杭州市中级人民法院行政审判庭副庭长、审判员。李军为杭州市人民检察院检察员，张海峰为杭州市人民检察院检察员，陈覃为杭州市人民检察院检察员，傅东红为杭州市人民检察院检察员，栗旭峰为杭州市人民检察院检察员，毕克来为杭州市人民检察院检察员。免去杨逸强的杭州市中级人民法院审判监督庭庭长职务，徐彦的杭州市中级人民法院立案一庭庭长职务，朱敏明的杭州市中级人民法院刑事审判第一庭副庭长职务，鲍一鹏的杭州市中级人民法院刑事审判第一庭副庭长、审判员职务，孙伟的杭州市中级人民法院刑事审判第二庭副庭长职务，傅东红的杭州市中级人民法院民事审判第一庭副庭长、审判员职务，刘晓辉的杭州市中级人民法院行政审判庭副庭长、审判员职务，武胜的杭州市中级人民法院审判员职务，毕克来的杭州市中级人民法院审判员职务，丁英奇的杭州市中级人民法院审判员职务，李希芝的杭州市中级人民法院审判员职务。刘小兵的杭州市人民检察院检察员职务，吴小婷的杭州市人民检察院检察员职务，陆俊杰的杭州市人民检察院检察员职务，余才忠的杭州市人民检察院检察员职务，龚赟燕的杭州市人民检察院检察员职务，俞亦群的杭州市人民检察院检察员职务，鲍常兰的杭州市人民检察院检察员职务，周琳的杭州市人民检察院检察员职务。（余　巍）

人大代表工作

【概况】2019年，市人大常委会强化代表履职服务保障，举办全市人大代表履职能力提升专题培训班2期，279名基层市人大代表参加。启动市十三届人大代表小组第二轮定向视察活动，32个市人大代表小组与32个市级行政、司法机关一一结对，进行定向视察。做好全国人大代表浙江第一小组、省十三届人大代表杭州中心组履职的服务保障工作。出台《关于杭州市人大代表活动经费管理使用的意见》，加强和规范市人大代表活动经费管理。

【人大代表议案建议办理】2019年，市人大常委会采取重点督办、每月通报、走访承办重点部门、代表小组集体评议等举措，加强议案建议办理和督办工作。市十三届人大四次会议主席团交付审议的7件议案、代表提出的448件建议全部办理完毕，代表建议所提问题解决254件，占总数的56.7%。与市委办公厅、市政府办公厅建立"三办联动"全程跟踪督办机制，对市十三届人大四次会议期间市人大代表在审议时提出的693条意见建议进行任务分解和跟踪督办。

【与人大代表和人民群众的联系加强】2019年，市人大常委会坚持领导干部人大代表带头进联络站接待代表和群众常态化制度化，全市30名市级领导干部人大代表赴13个区县（市）的29个代表联络站，接待基层代表和群众357人。落实主任会议成员接待代表、主任会议成员和专职委员走访联系代表制度，主任会议成员走访市人大代表160多人次。建立与列席常委会会议代表座谈机制，召开5次座谈会，听取40名基层代表的意见建议。出台《关于深化全市人大代表联络站工作和建设的指导意见》，发布代表联络站专属标识，首次选树20个"最美人大代表联络站"。（余　巍）

责任编辑　金利权

08 杭州市人民政府

2020 杭州年鉴

Hangzhou Municipal People's Government

综述

【经济高质量发展】2019年，杭州市稳企惠企组合拳持续发力。全面落实减税降费政策，为企业减负585亿元。实施“融资畅通工程”，面向中小微企业的金融综合服务平台上线。新引进20亿元以上产业项目69个，“152”项目工程落地率72.5%。固定资产投资比上年增长11.6%。“新零售示范之城”建设加快，社会消费品零售总额增长8.8%，网络零售额增长16%。接待中外游客2亿多人次，增长15.1%，实现旅游总收入4005亿元，增长18.3%。积极应对国际经贸摩擦，建立“订单+清单”预警预判监测系统，在全国首创“杭信贷”外贸融资新模式，“一带一路”市场出口份额提高到32.6%。服贸出口124.9亿美元，增长19%。成功举办第五届中国“互联网+”大学生创新创业大赛，新增大学生创业企业2390个。加大市场主体培育，新设29.8万个。阿里巴巴集团、吉利控股集团、海亮集团进入2019年“世界500强”。

【“全国数字经济第一城”建设提速】2019年，杭州市数字产业化保持全国领先。集成电路产业取得突破，阿里巴巴集团投资设立的平头哥半导体有限公司发布AI芯片，中欣晶圆大尺寸半导体硅片项目投产。海康威视获批国家视频感知新一代人工智能开放创新平台。国家（杭州）新型互联网交换中心揭牌。5G商用和产业化进度加快，建成基站数居国内城市首位。组织开展制造业数字化改造行动，实施智能制造攻关项目139个、推广项目1093个，新增“上云”企业超过1.5万个，23个企业被认定为全省数字化车间或智能工厂。深入推进城市大脑建设，加快从治堵向治城拓展，148个数字驾驶舱和48个应用场景同步推进。“便捷泊车”“舒心就医”“畅快出行”应用上线，基本实现“先离场后付费”“先看病后付费”“20秒入园”。

【营商环境优化】2019年，杭州市推行“一窗通办、一网通办、同城通办”模式，实现企业开办“一日办结”“零费用”。企业简易注销登记审批时间缩短至20天。一般企业投资项目从备案到验收“最多90天”。585项公民个人事项实现“一证通办”。“杭州办事服务”App上线即办事项310项。81项“一件事”全面实现多部门联办、“网上办”和“掌上办”。省级以上平台新增工业用地全部实现“标准地”出让，盘活批而未供、供而未用、低效利用土地9066.67公顷。7个社区入选全省首批未来社区试点。中国（浙江）自由贸易试验区杭州联动创新区获批。杭州综合保税区获批运行。杭港高端服务业示范区落户。世界旅游联盟总部项目启动建设。阿里巴巴eWTP秘书处挂牌。与意大利维罗纳市、萨尔瓦多首都圣萨尔瓦多市签署友好合作备忘录。

【城乡面貌改善】2019年，杭州市启动全市国土空间总体规划编制，出台《杭州市关于加强钱塘江两岸规划统筹管理的实施意见》。钱塘新区产城融合加速，湘湖与三江汇流区规划管控加强，城西科创大走廊引领科技创新作用日益增强，大城北规划建设全面实施，西湖景区品质进一步提升，杭州富春湾新城、临安滨湖新城、桐庐富春未来城、建德高铁新区、淳安高铁新区建设加快。杭州萧山国际机场三期工程加快推进。铁路杭州西站枢纽暨湖杭铁路开工建设，地铁5号线、16号线和铁路杭州南站建成。望江路过江隧道、留石快速路北延、之浦路三期等建成通车。绕城高速公路西复线、金建高速公路、千黄高速公路、沪杭甬高速公路杭州段改建提升等项目加快推进。亚运村全面建设，主体育馆、游泳馆、综合训练馆主体结构封顶。地下综合管廊国家试点项目投用。4个“飞灰”处置项目投运，天子岭餐厨垃圾处置项目二期建成。部省共建乡村振兴示范市建设稳步实施。产业振兴行动计划启动，余杭现代农业产业园列入国家级创建名单。新启动建设精品村72个、风情小镇7个、精品示范线8条，新打造AAA级村落景区59个，美丽乡村覆盖面达46.2%。小城镇三年整治提前完成，梅城等27个美丽城镇建设全面开展。农村土地流转率突破60%，大下姜乡村振兴联合体发展态势良好。

【群众获得感增强】2019年，杭州市圆满完成十件民生实事项目。落实稳就业举措，城镇新增就业33.95万人。全面实施“美好教育”行动，制定出台“教育现代化2035行动纲要”，公办民办小学同步招生。杭州市之江医院建成启用，杭州康复医院开工建设，在全国率先推行医保电子病历。成功申办2021年国际足联俱乐部世界杯赛（杭州赛区）。完善多元住房保障体系，推出公共租赁房5369套，实施货币补贴保障家庭2.1万户，新开工蓝领公寓1.9万套、人才专项租赁房6604套。市域社会治理“六和塔”工作体系加快构建，15个县级社会矛盾纠纷调处化解暨综治中心建成运行。全国街道服务管理创新实验区建设取得新成果。基层整合审批服务执法力量改革试点积极推进。全市法院受理一审物业纠纷案件比上年下降42%。强化安全风险管控，安全生产事故、道路交通事故、火灾死亡人数分别下降38.5%、21.9%和62.5%。全力应对超强台风“利奇马”，灾后重建顺利进行。推进平安杭州建设，深化扫黑除恶专项斗争，打击电信网络诈骗等突出违法犯罪，人民安全感更有保障。

【政府自身建设加强】2019年，市政府认真贯彻《中华人民共和国监督法》，制定政府规章3件、修改16件、废止7件，提请市人大常委会审议法规议案3项，对市人大常委会审议意见建议复函20件，办理市人大代表建议460件，办理市政协提案524件。严格执行新《中华人民共和国行政诉讼法》，行政机关负责人出庭应诉率达86.3%。“互联网+政务服务”“跑零次”等指标提前完成，全国重点城市网上政务服务能力排名第三。机关内部“最多跑一次”改革协同办事平台上线。作风建设不断深化。市政府重点精简的“三类文件”发文数比上年下降35%，全市性会议数量下降50%。坚持过“紧日子”，“三公”经费压减3.3%。保持反腐败高压态势，政治生态更加风清气正。

（年鉴编辑部）

【公文处理】2019年，以市政府及市政府办公厅名义制发公文457件，按照市委精简文件有关精神，发文数量比上年下降13%。其中，市政府令6件、杭政72件、杭政函119件、杭政干35件，杭政办2件、杭政办函109件、杭政办发电1件、杭政办通报7件，杭府党组9件、杭府党组纪要11件、杭府党组通报1件，杭府纪要28件，市政府常务会议纪要23件和厅字34件。收到批办性公文2173件、阅知性公文3217件。批办性公文平均办文天数8.94天，办结率98.4%。

（市政府办公厅）

市政府重要会议

【市政府全体会议】2019年2月13日，杭州市十三届人民政府举行第五次全体（扩大）会议，市长徐立毅讲话，会议由常务副市长戴建平主持。会议深刻领会习近平总书记系列重要讲话精神，深入贯彻省市委决策部署，聚焦重点抓好落实。徐立毅强调新的一年，全市政府系统要坚持实干至上、行动至上，坚持察实情、讲实话、出实招、办实事，力戒形式主义、官僚主义，力戒不担当、不作为、慢作为，紧紧围绕实际、实质、实践、实效、实干，坚决做到“实打实”，以更实作风、更快行动、更高标准完成好全年经济社会发展目标任务，努力向全市人民交出满意答卷。

2019年8月12日，杭州市十三届人民政府举行第六次全体（扩大）会议，常务副市长戴建平讲话，会议由副市长柯吉欣主持。会议认真总结上半年工作，提出下半年任务。会议强调要围绕党中央、国务院、省委、省政府决策部署，深入贯彻市委十二届七次全会精神，以“不忘初心、牢记使命”主题教育激发政府系统干事创业动力，切实抓好长三角一体化发展、稳企业稳增长、营商环境优化、城市能级提升、民生服务保障等重点工作，确保交出出色的全年答卷。

【市政府常务会议】2019年，杭州市政府常务会议召开19次，即十三届市政府第三十一次常务会议至四十九次常务会议。

十三届市政府第三十一次常务会议于1月8日召开。研究讨论《2019年政府工作报告（审议稿）》、2019年市政府民生实事候选项目、《关于杭州市2018年国民经济和社会发展计划执行情况与2019年国民经济和社会发展计划草案的报告（审议稿）》及2019年全市固定资产投资、重点建设项目和市本级政府投资项目计划、《关于杭州市及市本级2018年财政预算执行情况和2019年财政预算草案的报告（审议稿）》及2019年市本级财政预算安排建议、市政府月度重点工作等事项。

十三届市政府第三十二次常务会议于1月14日召开。研究讨论富阳区重点产业链打造及重大产业项目盯引、《农村饮用水达标提标行动计划（2018—2020年）》、国有融资平台转型等事项。

十三届市政府第三十三次常务会议于2月25日召开。研究讨论“大棚房”问题专项清理整治、《深化我市工程建设领域招标投标改革创新的指导意见（送审稿）》、《杭州市工程建设项目招标投标管理暂行办法（送审稿）》、淳安县水功能区水环境功能区优化调整方案、良渚遗址保护利用和申遗、市政府月度重点工作等事项。

十三届市政府第三十四次常务会议于3月25日召开。研究讨论贯彻落实稳企业稳增长促进实体经济发展政策举措、落实困难企业社保费返还政策、《深化“最多跑一次”改革推进政府数字化转型实施方案（送审稿）》、招引世界银行全球数字金融中心项目、2019年度行政奖励计划、申办2023年亚洲杯分赛区足球赛、市政府月度重点工作等事项。

十三届市政府第三十五次常务会议于4月4日召开。研究讨论《全市“一盘棋”产业链精准招商工作制度》、市本级财政对全市铁路建设政策、深度推进富阳区一体化财政体制等事项。

十三届市政府第三十六次常务会议于4月25日召开。研究讨论工程建设项目审批制度改革试点、《杭州市城市地下综合管廊有偿使用指导意见（送审稿）》、加快5G产业发展若干政策、市政府月度重点工作等事项。

十三届市政府第三十七次常务会议于5月13日召开。研究讨论稳企业稳增长促进实体经济发展政策举措的实施细则、5—6月全市重大活动筹备等事项。

十三届市政府第三十八次常务会议于6月13日召开。研究讨论《杭州市电梯安全管理条例》（审议稿）、《市政府重大决策出台前向市人大报告的工作制度（审议稿）》、《杭州市产业发展导向目录与空间布局指引（2019年）（审议稿）》、《关于全面落实预算绩效管理的实施意见（审议稿）》、市政府月度重点工作等事项。

十三届市政府第三十九次常务会议于7月8日召开。研究讨论《杭州市加强住宅小区物业综合管理三年行动计划（2019—2021年）（审议稿）》、贯彻落实《地方党政领导干部食品安全责任制规定》和深化杭州市食品安全党政同责一岗双责、拟新增列入前期计划的市本级财政出资建设项目和部分项目投资概算调整、杭州西站枢纽建设推进、杭州市参与国家制造业转型升级基金出资、2019年APEC工商咨询理事会第三次会议和APEC工商领导人中国论坛筹备、西湖大学建设运行资金保障、市政府月度重点工作等事项。

十三届市政府第四十次常务会议于7月26日召开。研究讨论省政府第四次全体会议精神、杭州市推动长江经济带发展、《关于进一步规范全市创新型产业用地管理的意见（送审稿）》、《关于开展杭州市老旧小区综合改造提升工作的实施意见（送审稿）》、《杭州市医疗服务价格改革方案（送审稿）》、市政府与中国空间技术研究院共建空研院杭州分院项目、申报家政服务业提质扩容"领跑者"行动试点城市和示范企业、建德市职工基本养老保险基金进行补助等事项。

十三届市政府第四十一次常务会议于8月13日召开。研究讨论《杭州市居家养老服务条例（草案）》、《关于全面深化新时代教师队伍建设改革的实施意见》、《杭州市关于加强综合防控儿童青少年近视的实施方案》、《杭州市城镇小区配套幼儿园治理工作方案（送审稿）》、《杭州市推进更高水平气象现代化建设实施方案（2019—2022年）（送审稿）》、2019年度居住证积分落户总量指标、支持阿里巴巴集团创建"国家先进系统芯片产业创新中心"、落实香格里拉饭店东楼降层工作资金等事项。

十三届市政府第四十二次常务会议于8月26日召开。研究讨论《关于推动创新创业高质量发展打造全国"双创"示范城的实施意见（送审稿）》、农村生活污水处理设施提升改造专项资金、市域绿道建设专项预算资金、2019年第一批政府重大投资项目计划执行情况和2019年第二批政府重大投资项目计划、新坝与三堡船闸过闸费不再按经营服务性收费收取、市区教育和卫生系统专项公租房配租、临安区灾后重建、市政府月度重点工作等事宜。

十三届市政府第四十三次常务会议于9月1日召开。研究讨论研究集成电路高端制程生产线项目事宜。

十三届市政府第四十四次常务会议于9月9日召开。研究讨论中华人民共和国成立70周年大庆维稳安保、《关于实施"新制造业计划"推动高质量发展的若干意见（审议稿）》、生猪增产保供、贯彻落实全国禁毒示范城市创建推进会议精神加快杭州市创建攻坚冲刺、《杭州金融综合服务平台小微企业贷款补助办法（试行）（审议稿）》、势必锐航空项目资金方案、市政府规范性文件清理等事宜。

十三届市政府第四十五次常务会议于10月17日召开。研究讨论《杭州市公共政策健康影响评价试点实施方案（试行）（审议稿）》、第五届世界浙商大会杭州活动筹备、出资组建浙江5G产业基金、全省应对中美经贸摩擦工作会议精神及相关政策、《中央生态环境保护督察工作规定》精神及第二轮中央生态环境保护督察迎检、《关于加快推进跨境电子商务发展的实施意见（修订）（送审稿）》、《杭州市钱塘江综合保护与发展条例（草案）（审议稿）》、杭州市承担杭黄铁路征地拆迁费用超省方资本金部分、市区巡游出租车运价调整、给予高原等6名同志见义勇为行为记二等功、市政府重点月度工作等事宜。

十三届市政府第四十六次常务会议于11月12日召开。研究讨论省政府务虚会议精神、《杭州市深化职业教育改革实施意见（审议稿）》、《杭州市教育现代化2035行动纲要（审议稿）》、《加快推进杭州教育现代化实施方案（2019—2022年）（审议稿）》、《杭州市建设国家新一代人工智能创新发展试验区的若干政策（审议稿）》、《杭州市建设国家新一代人工智能创新发展试验区的行动方案（审议稿）》、《大运河（杭州段）文化保护传承利用规划（审议稿）》、《杭州市高质量建设美丽城镇实施方案（审议稿）》、划定禁止使用高排放非道路移动机械区域、国家（杭州）短视频基地开发建设、市政府与国网浙江省电力有限公司战略合作、《市级国有资本经营预算管理办法（审议稿）》、市政府重点月度工作等事宜。

十三届市政府第四十七次常务会议于11月29日召开。研究讨论《关于高质量推进未来社区试点项目建设的实施意见》、《杭州市国家产教融合型城市试点建设方案》、《杭州市新零售发展五年行动计划（审议稿）》、市政府与浙江大华技术股份公司战略合作、将《杭州市淳安特别生态功能区管理办法》列入2019年立法工作计划、市政府月度重点工作等事宜。

十三届市政府第四十八次常务会议于12月20日召开。研究讨论全市"菜篮子"产品保供稳价、全市永久基本农田储备区划定、《关于促进杭州市住房租赁市场平稳健康有序发展的意见（审议稿）》、将《杭州市机动车停车场（库）建设和管理办法（修订）》列入2019年立法工作计划、《杭州市淳安特别生态功能区管理办法（草案）》、2019年机构改革相关政府规章专项清理、市属经营类事业单位改革工作和《市属经营类事业单位改革有关国有资产管理和人员安置提留费用处理意见（审议稿）》、《杭州市政策性融资担保业务风险补偿管理办法（审议稿）》等事宜。

十三届市政府第四十九次常务会议于12月26日召开。研究讨论2019年杭州市政府质量奖评审、良渚古城遗址申遗工作申请行政奖励、习近平总书记关于统计工作重要讲话精神和中央三个重要文件精神、市统计工作情况、杭州市对标世行优化营商环境改革方案、《杭州市城市地下综合管廊管理办法》、《杭州市机动车停车场（库）建设和管理办法（修订）》、市政府月度重点工作等事宜。

（市政府办公厅）

政务公开

【概况】2019 年，杭州市以人民为中心推进新时代政务公开，完善信息公开链条，持续深入推进决策、执行、管理、服务、结果“五公开”，推进政务阳光运行。公开政府规章 12 件、行政规范性文件 550 件、行政许可 189.1 万件、其他对外管理服务事项 459.5 万件、行政处罚 25.2 万件、行政强制 1.5 万件、行政事业性收费项目 725 项。《杭州市人民政府公报》出刊 14 期，全年投放 21 万余份。7 月，在第一期浙江省政务公开指数报告中，杭州市以总分 88.83 排名全省第一。

【政府信息依申请公开】2019 年，杭州市各级行政机关受理政府信息公开申请件 7446 件，比上年下降 23.9%，受理的申请件按规定在法定期限内予以答复。因政府信息公开引起的行政复议和行政诉讼 746 件，复议诉讼率 10%，增加 2.5 个百分点；被纠错 92 件，纠错率 12.3%，比上年下降 0.3 个百分点。

（市政府办公厅）

政务督查

【概况】2019 年，市政府办公厅围绕中心、服务大局，扎实贯彻落实市委、市政府重大决策部署，高质量完成政府督查各项工作任务。全年督办省领导批示 687 件、市长徐立毅批示 477 件、常务副市长戴建平批示 1057 件，编辑《批示反馈》71 期，实现领导批示交办和办理两个“100%”，批示办理平均办结天数 10 天。

【重点工作督查】2019 年，市政府办公厅分解细化《政府工作报告》重点工作，印发《2019 年市政府工作报告重点工作责任分解》和《2019 年市政府重点工作任务清单》，每季度对《政府工作报告》137 项重点工作和省政府工作报告涉及杭州重点工作（4 项牵头、9 项配合）的完成情况进行自查、抽查和明察暗访，确保年度任务圆满完成。针对地铁渣土处置、政府数字化转型、重大产业项目招引落地、双稳政策落实、整饬“六大顽疾”为基层减负、网络借贷风险处置等开展专项督查，编辑《督查专报》25 期，受到市长徐立毅、常务副市长戴建平等领导批示 15 次。作为市主题教育办整改落实组组长单位，衔接督促全市九项专项整治行动方案，制定出台并细化子方案，牵头梳理形成《市政府党组“不忘初心、牢记使命”主题教育专项整治工作方案》；分解省委第一巡回指导组区县调研收集 23 条意见建议、基层座谈会收集 30 个问题、“民意直通车”收集 32 个问题、民三党派座谈会收集 37 个问题、市领导调研课题建议等方面工作责任，并督促问题整改，确保问题顺利解决落实。在主题教育活动中，梳理上报“五件群众有获得感项目”，《杭州日报》连续刊登此 5 件项目，《杭州新闻联播》持续深入采访报道项目 13 次；7 月 27 日《人民日报》开创中央媒体单篇报道市级主题教育先进做法先例，专题报道杭州市主题教育活动中居家养老项目，得到省市领导肯定。开展“走亲连心三服务”活动，梳理汇总市政府领导收集问题 134 个，解决 134 个，及时上报和录入“三服务”小管家办理平台，各项问题反映单位（反映人）对问题解决进展情况均表示满意或非常满意。

【民生实事项目推进】2019 年，市政府办公厅认真落实“党领导、群众提、政协议、人大定、政府办”民生实事项目实施机制，广泛征集社会各界意见建议，票决产生 10 件民生实事后，印发《关于对 2019 年市政府为民办实事项目进行绩效考核的通知》，逐月跟踪，抓好落实，每季度组织实地督查，并对“民生实事项目”进度进行“红黄黑”张榜公布、擂台晒绩，营造比学赶超浓厚氛围。至年末，市政府 10 件民生实事全面完成。

（市政府督查室）

2019 年杭州市主动公开政府信息情况

表 6

第二十条第（一）项			
信息内容	新制作数量（件）	新公开数量（件）	对外公开总数量(件)
规章	12	12	110
规范性文件	550	550	3 710
第二十条第（五）项			
信息内容	上年项目数量（件）	2019 年增 / 减（件）	处理决定数量（件）
行政许可	7 173	+2 097	1 891 316
其他对外管理服务事项	7 341	+1 407	4 594 812
第二十条第（六）项			
信息内容	上年项目数量（件）	2019 年增 / 减（件）	处理决定数量（件）
行政处罚	28 898	+844	252 102
行政强制	1 599	–61	15 459
第二十条第（八）项			
信息内容	上年项目数量（件）	2019 年增 / 减（件）	
行政事业性收费	686	+39	
第二十条第（九）项			
信息内容	采购项目数量（项）	采购总金额（亿元）	
政府集中采购	18 255	54.94	

建议提案办理

【概况】2019 年，市政府办公厅积极组织协调、综合指导，加大建议提案办理工作力度，规范办理程序，完善信息公开，强化督办考核，提高办理实效。全年办理省“两会”建议提案 55 件，市“两会”建议提案926件，其中市人大建议448件、市政协委员提案478件，当年全部办结，办结率、面商率、上网率均为100%，满意率为99.5%。

【建议提案办理质量和效率明显提升】2019年，市政府办公厅强化建议提案办理落实力度，高质量完成12件市领导领衔的重点建议提案办理。完善建议提案办理机制。5月，出台新的《杭州市人民政府办理人大代表建议和政协提案工作规则》，制定《市政府办公厅办理全国、省、市“两会”建议提案工作流程》《市政府办公厅市“两会”建议提案指导协调督办工作流程》《市政府办公厅市政府领导领办市“两会”重点建议提案工作流程》3个工作流程，进一步完善和规范办理程序，为提高办理实效奠定良好制度基础。简化办理考评办法，采取负面清单方式列入市直部门综合考评，重点对承办单位“未按时限完成办理工作”“未达到办理质效”“因办理工作不力、推诿，能解决落实而未解决落实，造成建议人、提案者对办理答复不满意的”三方面情况进行扣分。通过完善工作机制，建议提案办理质量和效率明显提升。

【建议提案办理推进会议】2019年2月25日，市十三届人大四次会议代表建议和市政协十一届三次会议提案交办会议召开。会议回顾总结上年度建议提案办理工作，交办和部署2019年办理工作。会上，10个优秀等次单位和24名先进个人受到通报表彰。会议要求各承办单位要提高思想认识，从加强制度自信、有效推进工作、加强政府自身建设的层面进一步增强办理工作责任；要讲求工作方法，进一步做好统筹结合，注重沟通协调，勇于探索创新，把建议提案办理工作做实做细；要狠抓落实，进一步提升办理工作实效，通过集中精力抓好办理、加强全程监督、严格考核评比，确保办理工作按时、优质、全面完成，使建议提案办理真正成为回应民生诉求、不断改进工作、强化作风建设、主动接受监督的过程，切实解决好人民群众关心的热点难点问题。 （市政府办公厅）

2019年杭州市收到和处理政府信息公开申请情况

表7

单位：件

项目			申请人情况						
			自然人	法人或其他组织					总计
				商业企业	科研机构	社会公益组织	法律服务机构	其他	
一、2019年新收政府信息公开申请数量			6 930	344	4	14	14	140	7 446
二、上年结转政府信息公开申请数量			145	6	0	0	0	1	152
三、2019年度办理结果	（一）予以公开		3 124	157	4	5	5	111	3 406
	（二）部分公开（区分处理的，只计这一情形，不计其他情形）		411	16	0	5	5	0	437
	（三）不予公开	1. 属于国家秘密	3	0	0	0	0	0	3
		2. 其他法律行政法规禁止公开	33	3	0	0	0	2	38
		3. 危及“三安全一稳定”	3	0	0	0	0	0	3
		4. 保护第三方合法权益	45	2	0	0	0	0	47
		5. 属于三类内部事务信息	44	2	0	0	0	0	46
		6. 属于四类过程性信息	104	2	0	0	0	0	106
		7. 属于行政执法案卷	74	0	0	0	0	0	74
		8. 属于行政查询事项	60	1	0	0	0	0	61
	（四）无法提供	1. 本机关不掌握相关政府信息	1 573	98	0	3	2	8	1 684
		2. 没有现成信息需要另行制作	105	1	0	0	0	1	107
		3. 补正后申请内容仍不明确	88	1	0	0	0	0	89
	（五）不予处理	1. 信访举报投诉类申请	121	0	0	0	0	0	121
		2. 重复申请	78	0	0	1	0	0	79
		3. 要求提供公开出版物	1	0	0	0	0	0	1
		4. 无正当理由大量反复申请	39	0	0	0	0	0	39
		5. 要求行政机关确认或重新出具已获取信息	9	0	0	0	0	0	9
	（六）其他处理		741	61	0	0	2	17	821
	（七）总计		6 656	344	4	14	14	139	7 171
四、结转下年度继续办理			419	6	0	0	0	2	427

说明：表中最后一列“总计”数据的钩稽关系为“第一项加第二项之和等于第三项”

数据资源管理

【概况】2019年，市数据资源管理局贯彻落实市委、市政府的决策部署，聚焦政府数字化转型、城市大脑建设、智慧电子政务等重点工作，推进全市数据资源管理工作。

加快推进城市大脑建设。构建城市大脑顶层架构体系，城市大脑的总体架构、技术架构全面成型。通过统一架构、统一标准，确保数据无障碍流动，支撑城市大脑的数据资源需求、算力算法支持。批量上线“畅快出行”“舒心就医”特色场景。数字驾驶舱初步成型，全市接入指数总量1798个，并向市四套班子领导、区县（市）党政领导推广试用，为每一位城市管理者实时提供其职责范围内的数据。

统筹推进政府数字化转型。以“最多跑一次”改革引领政府数字化转型，实现从信息孤岛到数据共享、从单兵作战到集成服务、从流程简化到业务协同、从线下窗口到移动服务的转变。市本级政务服务事项数3373项，“跑零次”实现率95.4%，即办事项比例83.01%，承诺期限压缩比94.63%，网上办事实现率98.34%，“掌上办”办事实现率97.61%，市本级依申请服务事项从上年的1279项增加到2429项。“跑零次”“网上办”“掌上办”3个指标除去不适宜事项、全市可控事项，已达到100%目标。

稳步推进数据归集共享。建设“一张网”“一朵云”“一个库”“一个中枢”。编制《杭州市政务数据资源目录（2020版）》，汇总57个市级单位、13个区县（市）、市级及以下自建系统共计1814个数据表、634个数据接口、45219个字段。市大数据资源中心累计汇聚1528.96亿条数据，比上年增加382.17亿条；共享平台累计发布接口1558个，增加352个；累计接口调用次数达29.88亿次，增加21.94亿次；全年调用省大数据中心数据接口12.25亿次，其中健康码接口累计调用8.59亿次。6个公共数据开放应用，包括杭州停车数据应用、杭州城市个人诚信分“钱江分”等。分三批公开27个部门77个电子证照，全年被调用共享1296万次，占历年累计调用共享量的37%。运用区块链技术搭建政务服务链，用于电子证照认证存证。政务服务链上链证照种类25种，区块存证总数55万，区块数量为280.54万个。围绕提升办事体验，统筹协调可信身份认证工作，扩大试点推广至综合办事大厅。全市布点182个，配置相关认证读取设备378台，全市可信身份认证应用事项197项，可信身份认证读取和认证应用量达27.4万人次，刷脸办事应用总量135万次。

规范信息化项目管理，着力解决信息化项目建设投入产出比不高和重复建设问题，探索新的管理方法与模式。依托第三方独立法人，组织专家组，对25家单位申报的71个项目实施方案进行评审。市数据资源管理局与市发改委、市财政局组成项目评审组，对全市38个单位申报的139个“智慧电子政务”项目进行质询评分，对项目实施进度、效益开展督查、抽查。统筹整合基础设施建设，加快电子政务外网升级改造，全面推进全市信息化建设项目和城市大脑云资源统一购买服务，推进全市县三级视频共享总平台建设。

筑牢数据安全防线。开展数据安全管控平台课题研究，探索建立全市域基于物理、网络、平台、数据、应用、管理的六层立体安全防护体系和基于数据全生命周期的安全监督管理体系，完成数据安全管控平台项目公开招标工作。组织开展政务数据安全检查，范围覆盖全市各部门、区县（市）、城市大脑工作专班，消除安全隐患。

【浙江省一体化政务服务2.0平台试点】2019年，市数据资源管理局根据全省一体化政务服务2.0平台杭州试点工作要求，组建试点工作领导小组，抽调25名干部组成工作专班集中办公，实现“四级四端四用户”一体化政务服务。第一阶段从9月至10月底，接入事项50个；第二阶段从11月至12月底，接入事项130个。

【政府部门间工作整体协同】2019年，“浙政钉”App政府机构激活率100%，人员信息完整率100%，日均活跃率70%以上。掌上执法应用率96.02%。市本级机关内部事项“最多跑一次”工作稳步推进，事项总数560（主项39 ），实现“最多跑一次”事项比例96.03%，“跑零次”事项275个，高频事项106个，材料精简32.69%，时间压缩42.47%，非涉密事项网上办比例达79.36%。

【城市大脑中枢系统3.0发布】杭州城市大脑首创“中枢协议”，实现跨层级、跨地域、跨系统、跨部门、跨业务的数据协同。中枢系统的开源和可扩展将使未来不同城市大脑的互联互通变得容易，也是较为集约和节

杭州城市大脑产业发展协同创新基地　　（市数据资源局 供稿）

杭州城市大脑建设指挥部 （市数据资源局 供稿）

约的新型智慧城市建设路径。杭州城市大脑3.0版本开发，接入4500个API和3200个数据指标，日均API接口调用760万次以上，日均协同数据1.2亿条。探索区块链技术在中枢系统的应用，建立6个组织和12个节点的分布式信任，实现接入方API目录及元数据共享，确保全程可追溯与不可篡改。

【城市大脑“30秒入住”等便民服务场景上线】城市大脑文旅系统解决“慢”的痛点，开通35条数字旅游专线，“20秒入园”服务游客248.1万人次，“30秒入住”服务旅客16.3万人次；停车系统解决“等”的痛点，接入84.8万个停车泊位实时数据，33.5万个停车位实现“先离场后付费”，累计服务143.9万车次；医疗系统解决“烦”的痛点，上线“先看病后付费”应用场景，累计服务2352万人次，履约金额10多亿元。

【个人诚信“钱江分”公共数据开放应用】2019年，完成6个公共数据开放应用，包括杭州停车数据应用、杭州城市个人诚信分“钱江分”等。其中“钱江分”有126.2万人主动授权开通，查询及使用人次达900.3万人次。“钱江分”已实现舒心就医“先看病后付费（仅限市民卡支付）”、“先离场后付费”、校园健身免审核、公交地铁扫码乘车信用付等10多项“信易+”创新应用场景。 （张 颖）

应急管理

【概况】2019年，杭州市以创建国家安全发展示范城市为载体，打好防范化解重大风险攻坚战，全力抓好各项工作落实。全市发生各类生产安全事故229起，比上年下降27.3%，死亡190人，下降38.5%。其中：工矿商贸领域发生事故37起、死亡30人，分别下降31.5%、44.4%；道路运输发生事故192起、死亡160人，分别下降26.2%、37%；水上运输未发生人员伤亡事故；渔业船舶未发生人员伤亡事故。未发生较大以上生产安全事故。全市亿元地区生产总值安全事故死亡率0.0145（按2018年统计数13059亿元），下降40.82%。全市安全生产形势持续向好，自然灾害防治工作有序推进。

【应急管理基层基础建设强化】2019年，全市投入消防业务经费4.59亿元（市本级1.78亿元），比上年增长41%。市应急管理局出台《杭州市级福彩公益金资助防灾减灾项目资金使用管理办法》。建成306个标准化避灾场所。推广安责险“保险+服务”模式，有参保单位1549家，保额591亿元，高危行业企业基本实现100%覆盖。推进企业安全生产标准化提质增效、动态管理，全市累计三级达标5652个，小微企业达标2901个。建设智慧式用电安全隐患监管服务系统，全市工贸企业和人员密集场所安装设备4万余套。

推进应急管理领域“最多跑一次改革”，审批事项全程网办率、掌上办率、材料电子化率均为100%，办事事项即办件比率75%。开发全省首套安全生产实操考试系统，在全省率先完成特种作业新证更新升级和首张即考即领的新版特种作业操作证颁发。特种作业人员、高危行业企业主要负责人和安管员参加安全生产考试领证实现“即考即领”。

【应急管理机构改革】2019年1月9日，杭州市应急管理局挂牌成立。3月31日，市委办公厅、市政府办公厅印发《杭州市应急管理局职能配置、内设机构和人员编制规定》，核定行政编制48个，内设处室10个。市应急管理局划入6个部门（市安全生产监督管理局职责，市政府办公厅应急管理职责，市公安局消防管理职责、市民政局救灾减灾职责，市国土资源局地质灾害防治相关职责，市林业水利局水旱灾害防治、森林防火相关职责）的部分职责和6个指挥部（市政府防汛抗旱指挥部、市减灾委员会、市森林消防指挥部、市防震减灾工作领导小组、市城区防汛防台指挥部、市城区抗雪防冻指挥部）的全部职责。4月30日，杭州市安全生产监察支队更名为杭州市安全生产综合行政执法队，杭州市安全生产宣传教育中心更名为杭州市应急管理宣传教育中心。13个区县（市）于1月20日前全部挂牌组建应急管理局，钱塘新区应急管理局于4月19日挂牌组建，西湖风景名胜区应急管理局于11月26日组建。杭州市应急管理体系机制进一步理顺并健全。

【国家安全发展示范城市创建】2019年，杭州市围绕率先创成首批安全发展示范城市目标，投入财政资金635万元，开展城市安全风险评估，对象从8个建成区扩大到全市范围内30多个行业领域。持续推进城市安全统筹管理平台、城市风险管控专业支撑平台、城市安全运行智能监测平台、城市安全宣传教育平台、城市安全应急救援平台“五大平台”建设和建设施工、地铁建设营运、道路交通、消防、危化矿山、特种设备、商贸旅游、城市运行八大重点领域综合治理。制定镇街创建标准和村社“十有十无”创建要求，层层推进基层创建任务落实。余杭区打造南苑街道和塘栖村等示范典型，366个村社中开展创建336个；西湖区形成“1个应急管理服务中心+25个应急管理服务站+186个微型消防”基层安全管理和应急处置网络。杭州创建国家安全发展示范城市基础进一步夯实。12月12—13日，首届中国国际城市安全发展研讨会在杭州国际博览中心成功举办，主题为“安全城市，美好生活”，内容涵盖城市安全管理、韧性城市建设、安全科技和安全文化等多个方面。

【应急管理数字化】2019年，杭州市依托城市大脑建设杭州市应急指挥“智慧中枢”——应急管理“数字驾驶舱”，改变数据传递“逐级报送”传统模式，将市区两级应急管理业务数据进行打通、融合，实现横向贯通、纵向比较、在线监测和智能预警，为应急管理部门提供科学精准的决策参考。防汛防台应急指挥平台汇集多部门的雨情、水情、台风、地质灾害实时数据，形成全市防汛防台“一张图”。防汛防台应急指挥平台接入视频监控8.2万路、水雨监测站点2275个、物资储备库17个、物资装备9.8万套、避难场所2295个、应急救援队伍209支、地质灾害点数据135条。危化品事故防控工作实现实时远程监控，实现全市危化品企业基础信息的梳理、地图定位，重点企业和区域的风险评分，接入监测监控企业145个、监测点位538个、监控视频837个，在全省率先完成一、二级重大危险源监测监控数据的接入管控。

【重点领域安全生产监管】2019年，杭州市推进危险化学品安全专项治理。建立涉危企业“大清单”和重点危化企业“小清单”，集中挂牌曝光一批危化品安全重大隐患，实行线上线下动态检查，严格落实整改闭环。推进危险化学品企业搬迁，11月底提前完成省下达搬迁改造任务。开展危化物流安全及危化运输区域风险评估，完成119处油气管道高后果区评估整治。77个相关企业、145个重大危险源按国家标准完成重新辨析、评估、备案。8000多个各类危化品单位登记入库，严格落实危化品生产、带储存经营、重点使用单位每日风险研判、承诺、公示，全市危险化学品重点企业上网承诺率基本达100%。组织开展钱塘新区国家危化重点县、建德市省级危化品重点县专家指导服务活动，帮扶14个企业查改一般隐患700多项、重大安全隐患10多项，并以点带面做好化工园区风险评估管控和隐患排查治理。钱塘新区、建德高铁新区单独设置机构配备专门安全监管人员，通过专业社会化服务、建立信息化监管平台等强化对危化企业重点安全监管。

推进尾矿库、露天矿山高陡边坡在线监测预警信息系统应用，全市4个矿山试点运行在线监测预警。深化矿山安全综合治理，督促富阳、建德和临安等矿山数量多、任务重的重点地区推进“机械化、标准化、规模化、科技化”，督促区县和矿山企业严格落实安全生产。围绕地下矿山斜坡道运输安全、重大事故隐患排查、外包工程安全管理、采掘施工企业安全管理等重点领域进行执法检查，检查矿山133个（次），发现隐患238处，处罚矿山企业5个。

全面落实《杭州市禁止销售燃放烟花爆竹管理规定》，严厉查处各类非法违法生产、销售、存储、运输烟花爆竹行为。春节期间，全市检查各类烟花爆竹批发经营单位696个（次），行政处罚110次。针对高温天气和国庆庆典活动，加大对烟花爆竹批发、零售集中执法检查，联合公安开展双随机执法检查，防止烟花爆竹非法违法行为出现反弹。结合主题教育活动和三服务活动，对烟花爆竹批发经营企业开展走访调研和《浙江省烟花爆竹安全管理办法》立法评估工作，有针对性解决烟花爆竹经营安全问题困难。

【安全生产隐患整治】2019年，杭州市应急管理部门对道路交通、消防、建设施工、工矿商贸等领域进行暗访检查，涉及所有区县（市）和交通、建设、地铁等部门（单位），累计暗访单位（项目）341个，发放交办单293份，曝光各类隐患1165处。至年末，250份交办单1020处隐患整改验收完毕，整改完成率达88%。6个工矿商贸企业、17个道路交通、1个消防领域省级重大隐患挂牌督办项目全部完成整改。危化领域建立涉危企业“大小清单”；交通领域推出工程运输车安全治理、“百吨王”治超专项整治、绕城高速公路挂牌整治等行动；消防领域深化推进城市居住小区、出租房、高层建筑消防专项整治；地铁建设领域组建重大风险督查队伍，对重点项目、部位、工序等进行24小时轮班盯防。杭州做法获应急管理部肯定。

【防汛抗台应急救援】2019年，杭州市梅汛期防汛形势严峻。市防指派出检查组检查重点部位2255次，整改隐患333个，处置积水点377处，北湖滞洪区时隔6年再次实施分洪，抢险救援及时有效，未发生人员伤亡情况。超强台风“利奇马”影响杭州期间，市防指会商研判、协调指挥，竭力降低各类灾害损失。全市启动响应540次，发出防御通知2449份，会商4387次，发布各类预警信息237万条，出动人员20万人，检查重点部位7.9万处，动用沙包麻袋17万只，出动抢险车辆9544辆次，动用抽水泵4619台，紧急转移人员59万人次，将台风灾害影响降到最低。

【应急救援能力提升】2019年，市应急管理局编制《杭州市台风洪涝灾害科学防控能力提升任务落实工作方案》，细化分解67项工作任务，督促市级相关部门落实。加快应急队伍建设，新组建市级民兵应急营。培育15支社会化救援队伍。高标准打造高层、地下、大跨度厂房、化工等8支灭火救援专业队和山岳、水域、重型机械、机器人等7支应急救援专业队。将22支民间救援力量、51支政府专职队、21支企业专职队、6535个微型消防站纳入统一调度体系，打通119接处警系统、“指尖战勤”和高德地图“一路护航”，实现“一张图”智能化指挥和可视化协同作战。10月22—24日，杭州市代表队在“海正杯”全省安全生产应急救援技能竞赛中，杭州市代表队获得一线员工队参赛队伍团体第二名。11月26—27日，杭州市代表队在全省森林防火技能竞赛中获三等奖。

全市有登记培训机构28个，其中特种作业和高危行业培训机构16个。全年特种作业和高危行业安全考试合格42888人，其中特种作业考试合格发证38167人、高危行业主要负责人和安全管理员考试合格发证4721人。一般性生产经营单位主要负责人和安全管理员考试合格22303人。“杭州市安全生产培训云平台”网络培训学员7595人。（钟思思）

【各类火灾下降22.57%】2019年，全市发生各类火灾1938起，比上年下降22.57%；死亡3人，下降62.50%；伤27人，上升35%；直接经济损失2709.53万元，下降30.31%。未发生较大以上亡人火灾。全市消防救援队伍接处警16479起，出动车辆27062辆次，出动指战员167631人次；其中火警出动8425起（占总数的51.1%）、抢险救援出动6255起（占总数的38%）、社会救助出动1799起（占总数的10.9%），成功处置“3·12”余杭区杭州伟雅植绒有限公司火灾、“3·17”大江东百合花集团厂房火灾、“8·10”抗击台风“利奇马”临安区岛石镇银坑村救援、“8·14”增援安吉西苕溪水域救援等各类灭火救援任务。受理“96119”热线11821起，一天平均32起。

【参加“火焰蓝”消防救援技能对抗比武】2019年10月30日至11月2日，应急管理部消防救援局在浙江消防救援总队培训基地举办全国首届“火焰蓝”消防救援技能对抗比武。比武设8个项目，其中应用体能项目4个，分别为背负空气呼吸器5000米跑、400米救人疏散物资、60米肩梯登楼、负重上10楼；技能操法项目4个，分别为百米障碍救助、枪炮协同灭火、楼层火灾内攻、纵深灭火救人。经过4天激烈角逐，浙江、吉林、江苏、山东、湖南、上海、广东、重庆、海南、辽宁10个省（市）消防救援总队荣获团体总分前10名。杭州支队12名队员代表总队参赛，为总队取得团体总分第一做出重要贡献。

2019年5月10日，位于杭州市滨江区青少年活动中心一楼的“笑笑橙”青少年消防应急安全体验馆开启 （市消防救援支队 供稿）

【政府消防安全责任夯实】2019年年初，市政府下发安全生产和消防工作目标管理任务书，明确工作目标和考核指标。全年市委、市政府主要领导43次对消防工作做出批示，市委、市政府召开各类消防安全工作会议或研究消防工作20多次，省委常委、市委书记周江勇，市委副书记、政法委书记张仲灿，市委常委、常务副市长戴建平等领导多次带队检查消防工作。市委、市政府制发市域社会治理“1+5”系列文件，全面构建市域社会治理“六和塔”工作体系，建立“市级统筹指导、区县组织落实、乡村执行到位”的三级治理架构。市委平安办将消防安全纳入“平安创建”重点攻坚内容，增设专项分值。市安委会制定《创建国家安全发展示范城市重点领域安全治理三年攻坚行动方案》，将消防安全作为重点领域开展专项治理。全年，全市组织开展综合性和专项性消防安全督导检查7次，下发警示告知函和督办函18次。对10起火灾启动追责程序，对11名党政工作人员进行问责，对10名火灾事故责任人采取强制措施。

【消防安全专项整治】2019年，杭州市依托消防安全三年翻身仗行动，开展高层建筑、居住出租房、电气火灾、电动自行车、厂房仓库、“防风险保平安迎大庆”、小微企业、冬春火灾防控等专项整治行动。制定出台《全市消防领域重大安全隐患暗访交办整改督办闭环机制实施方案》，开展8期“隐患暗访曝光督办”，实现16个区域、八类场所全覆盖，累计曝光单位65家、火灾隐患256处，有效整改重大隐患。强化重点区域的风险管控，确定省、市级22个消防安全重点乡镇（街道）名单；针对重大突出隐患，挂牌督办13个市级重大火灾隐患单位及3处重大火灾隐患区域。召开全市重点乡镇（街道）及重大火灾隐患单位区域约谈会，提升消防安全管理水平。部署开展“防风险保平安迎大庆”消防安全执法检查专项行动，结合杭州实际新增厂房（仓库）作为重点对象，将用火用电不规范作为突出风险，细化出台《十类消防安全突出风险自查方法和自改措施》，开展“大检查、大约谈、大曝光、大宣传”活动，为中华人民共和国成立70周年营造良好的消防安全环境。

【“笑笑橙”青少年消防应急安全体验馆开启】2019年5月10日，位于杭州市滨江区青少年活动中心的“笑笑橙”青少年消防应急安全体验馆正式开启。“笑笑橙”青少年消防应急安全体验馆，由杭州青少年活动中心、杭州市消防救援支队合作共建，面向3周岁~16周岁的少年儿童开放。项目依托“Do都城”体验教育经验与成果，以真实的社会生活为模板，具备基础的城市系统，再现真实的灾难及消防场景，让少年儿童身临其境，在消防员与市民角色的代入与转换中，获得一站式消防安全体验，从而掌握防火灭火、灾难逃生、自护自救等生存技能。

【“VR 家庭消防安全教育”上线华为 VR 应用平台】2019 年，为提高居民消防安全意识和自救逃生技能，市消防救援支队联合杭州露电科技有限公司共同研发“VR 家庭消防安全教育”系列应用 App，通过模拟虚拟“家庭”环境，让市民在沉浸式体验中学习消防安全知识，了解家庭常见消防安全隐患。7 月，VR 家庭消防教育应用 App 已上线华为 VR 应用平台。“VR 家庭消防安全教育”包含灭火器的使用、低层卧室着火、煤气着火、骨折急救、低层客厅着火、高层客厅着火、防火知识、煤气泄漏 8 个应用 App。 （市消防救援支队）

气　象

【概况】2019 年，杭州天气、气候复杂多变，有 21 次重大天气过程，年内降水分布不均，与常年平均差异较大；低温日数创最少记录，极端最低气温明显偏高；夏季 38℃以上的高温日数明显偏少。年初持续阴雨寡照，雨日数和降水量均为历史之最；春、夏两季强对流天气频发；梅汛期暴雨多发，雨量显著偏多，气温明显偏低，为典型冷黄梅；影响台风明显偏多，第 9 号台风“利奇马”穿杭而过，危害较重；入秋偏迟，秋季出现较重气象干旱；12 月气温异常偏高，偏高幅度达 1.9℃～2.3℃。

【主要天气气候事件】2019 年初，持续阴雨寡照，雨量、雨日、日照时数破纪录。至 3 月 7 日，杭州主城区雨日 58 天，较常年（35 天）偏多近 7 成，为 1951 年建站以来历史同期最大值。累积降水量 520.8 毫米，是常年（231.9 毫米）的 2.2 倍，为历史同期极大值。日照时数为 136.0 小时，较常年（343.5 小时）偏少 60%，为历史同期最小值；日均日照时数仅 1.4 小时，不到常年平均的 1/3。

低温日数创最少记录，高温日数偏少。根据杭州国家基准气候站数据，杭州主城区仅有 1 天最低气温在 0℃以下，是 1951 年建站以来历史同期低温日数最少的一年。极端最低气温出现在 1 月 27 日，为 -0.9℃，是近 17 年来的最高值，也是 1951 年建站以来第 2 高值，仅次于 2002 年的 -0.8℃，极端最低气温较常年明显偏高。主城区夏季大于 38℃的高温日数 3 天，较 2000 年以来的平均值少 4 天；较近 5 年（2014—2018 年）平均值少 5 天。

梅汛期偏迟，暴雨多发，气温偏低，为典型冷黄梅。梅汛期入梅和出梅时间均偏迟，梅雨量显著偏多，全市梅雨量 469 毫米，较常年平均（261 毫米）偏多近 80%；强降雨过程多，一个月时间内出现 7 次大范围暴雨天气，次数比常年偏多一倍以上；过程雨量集中，多地中小水库泄洪；梅雨期气温明显偏低，平均气温 24.5℃，比常年同期（26.8℃）偏低 2.3℃，呈冷黄梅特性。

雷雨大风强，局地灾情重。4 月 9 日，杭州全市自西向东普遍出现 8 级以上大风、强雷电和短时强降水等剧烈天气，淳安、建德、临安等地局部还出现了冰雹。5 月 14 日夜至 15 日出现区域性暴雨，淳安、建德出现大暴雨，最大淳安千岛湖镇梅峰雨量达 155.7 毫米，其中淳安本站 151.6 毫米，破 5 月以前日降水历史纪录。5 月 25—26 日临安、余杭、淳安等地再次出现暴雨，临安、淳安局部大暴雨，最大临安姚家山村雨量超过 180 毫米，出现小流域山洪、山体滑坡、塌方等次生灾害。8 月 18 日，受冷空气影响，午后全市出现大范围雷雨大风、短时暴雨和局地（临安、萧山、主城区等）小冰雹天气。

影响台风偏多，“利奇马”危害重。第 9 号台风“利奇马”于 8 月 10 日 16—19 时穿经杭州，前后持续影响杭州市时间在 50 小时以上，带来严重的风雨影响。全市普降暴雨到大暴雨，全市降雨量 152 毫米，80% 区域超过 100 毫米，其中临安降雨量 219 毫米，临安区龙岗镇照君岩累计雨量达 560 毫米，创台风过程降水历史纪录。经评估，全市大部地区风雨致灾强度等级在三级（较重）以上，临安等地部分乡镇为一级（特重）。除“利奇马”以外，还有 3 个台风影响杭州，分别是第 13 号台风“玲玲”、第 17 号台风“塔巴”和第 18 号台风“米娜”，较常年 1.5 个影响台风明显偏多。

入秋迟，为有气象记录以来最晚的一年。按照入秋的标准“连续 5 天滑动平均气温小于 22℃”统计，杭州常年入秋时间在 9 月下旬，明显偏迟，10 月 12 日才完成夏秋转换，是有气象记录以来最迟的一年。

秋季遭遇严重气象干旱，降雨日数明显偏少。9 月 7 日至 11 月 23 日，杭州雨日数仅 15 天，是历史同期最少的一年。建德、淳安等地降水量比历史同期偏少 90%，破历史同期最少记录。不少地方出现严重的气象干旱，部分农作物受旱，局部山区人畜饮水困难，气象部门开展多次人工增雨作业。

【气象防灾减灾】2019 年，杭州市气象部门做好重大灾害性、高影响天气等的预报预警服务工作。全年累计发布预警 677 次，其中暴雨红色预警 5 次。围绕重大气象灾害和“双创周”等重大活动，启动气象应急响应 7 次，持续 532 小时。启动杭州市突发事件预警信息全媒体发布 13 次，信息发布覆盖面平均超过 900 万人次。针对罕见的秋冬连旱，市气象局组织人工增雨作业 [illegible] 次。

从 1 月 1 日起，智能网格预报业务替代原有的城镇天气预报业务，形成短期、中期公众预报产品体系，智能网格雨量预报在梅汛期暴雨洪涝和“利奇马”台风防御中发挥重要作用。市气象局建立“重大灾害性天气主动叫应”等 6 项服务制度。杭州市气象局参赛队在全省天气预报技能竞赛获团体三等奖（第三名），为历史最好成绩。

【气象服务乡村振兴】2019 年，市气象局编制《杭州市特色农产品气象服务指标集》，提高为农气象服务水平。在全国率先制定民宿气象服务标准，推出全国首个农家乐（民宿）气象灾害防御组合保险，桐庐县溪山深渡精品民宿获得全省首例理赔。建德市气象局编制建德苞茶种植精细化气候区划，萧山区气象局为大洋水产养殖公司推出定制式农业气象服务。全市气象部门完成全市549个气象旅游景观资源普查，《杭州天气导游》微信小程序上线运行。依托中国气象局公共服务中心，完成临安“全域旅游气象服务示范项目”建设，制定《村落景区气象安全保障技术规范》。富阳、桐庐建成“中国天然氧吧”，10个风景点列入全省100个气候避暑胜地。市气象局协助办好全国首届天然氧吧交流会（临安）、全省气候避暑胜地发布会（淳安）。

【气象证明服务改革】2019年，杭州市气象部门贯彻落实国务院“放管服”改革精神及省委“最多跑一次改革”要求，整合保险、城管、水利、气象等多部门有效资源，建立查询规则，搭建气象资料查询服务系统。自5月1日起，杭州在全国率先实施气象证明服务改革。在杭州办理气象灾害类保险理赔不再需要当事人申请开具气象证明，直接由各保险公司通过气象资料查询服务系统查询并进行相应保险理赔。7月1日起，省气象局总结杭州经验，气象证明改革在全省推广。至年末，杭州提供气象资料查询报告2249件，其中保险用户查询2011件，占89%。改革实现气象证明“变群众跑为数据跑”、“变群众办为部门办”、“变等待办为即时办”、特殊天气气象证明“变办不了到可以办”。杭州气象证明改革工作被评为全省气象部门创新工作案例。

【气象现代化】2019年，市政府常务会议审议通过《杭州市推进更高水平气象现代化实施方案（2019—2022年）》，富阳、临安、余杭等地现代化项目通过政府常务会议审议。继全国超大城市气象综合观测试验试点后，杭州又被列为全国智慧城市气象观测和服务试点市。推进气象立体观测站网建设，6部X波段天气雷达通过选址论证，新建2部毫米波云观测雷达、1部边界层激光风廓线雷达。视频人工智能天气现象识别（“天脸识别”）取得阶段性进展，雪深、结霜、能见度、云状、云量、雨等天气现象实现自动识别。建成多旋翼无人机垂直气象探测系统并获得6项技术专利。社区气象风险管理、气候监测及诊断、城市大脑驾驶舱等项目持续推进。开展区域自动站探测环境专项整治行动，整改站点153个。推进亚运气象保障筹备工作，市气象局会同省气象局编制《2022年亚运会气象服务筹备工作方案》。

【气象基层治理体系建设】2019年，针对机构改革后新形势，市气象局与相关部门签订合作协议或重构联动机制，重新明确城区气象工作机构“三定”方案。与应急部门联合修订《杭州市气象灾害应急预案》，构建“1+6+3”总体框架。富阳气象防灾减灾纳入全科网格基层治理体系，将气象防灾减灾职能延伸至最小单元。全市创建省级气象防灾减灾标准化村748个，完成22个省级以上平台（开发区、特色小镇、未来科技城等）的区域雷电灾害评估，列全省首位。桐庐试点将22项气象行政处罚事项纳入乡镇（街道）综合执法目录库。全市气象部门有25个政务服务事项实现“网上办、掌上办”，依托浙江省气象行政执法监督掌上执法平台，实现执法全过程数字化管理。推进气象标准建设与应用，新立标准7项，预研究1项，颁布实施3项。

【气象科普宣传】2019年，杭州市气象部门做好气象科普和宣传工作，围绕台风、暴雨、干旱等气象服务制作专题短视频33个，通过“杭州发布”、“腾讯视频”、微信公众号等载体发布，点击量超过100万次。《不畏浮云遮天脸——胡德云的三十年气象创新之梦》在中国气象报社组织的全国“华云杯”气象短视频创作大赛中获二等奖。推出农村文化大礼堂气象科普包，42个农村文化礼堂融入气象元素。创建“杭州气象科普体验馆”微信公众号，实现科普参观网上预约，年预约量达1.05万人次。提升气象科普队伍素质，市气象局选送的《春夜喜雨》获得全省气象部门科普讲解大赛一等奖，1人获得全国科普讲解大赛优秀讲解员称号。编制《杭州气象科普规划（2019—2025年）》，校园气象科普服务预研究获中国气象标准委员会立项。

（麻碧华 张玉静）

地方志事业

【概况】2019年，杭州市地方志系统以习近平新时代中国特色社会主义思想为指导，深入开展“不忘初心、牢记使命”主题教育，贯彻落实国务院办公厅《全国地方志事业发展规划纲要（2015—2020年）》精神，推动完善和巩固志、鉴、书、刊、馆、库、网、研（理论研究）、会（方志学会）、用（方志资源开发利用）“十位一体”的工作体系，志鉴“两全目标”推进、地情资料编纂、方志馆建设、方志数字化、理论研究等方面成绩显著。杭州市志办被中国地方志指导小组办公室评为“全国地方志工作先进集体”。

强优势、补短板，“两全目标”中心工作扎实推进。继续推行学习交流、业务培训、结对帮扶、市级专家库、定期督查通报5项机制，推进主城区志鉴“两全目标”任务落实。充实“杭州市志鉴专家库”力量，加强对区志年鉴编纂工作指导。联合复旦大学举办全市地方志业务培训班，组织召开主城区志鉴“两全目标”工作推进会，对“两全目标”任务落实情况进行督促检查。印发《2019年杭州市主城区区志编纂工作推进方案》《杭州市主城区区志编纂攻坚计划及复审方案》《杭州市年鉴“质量提升年”活动实施方案》。至年末，6个主城区区志进入复审阶段，全市13个区县（市）综合年鉴均实现公开出版。《杭州年鉴》的示范引领带动作用更加突出，区县（市）综合年鉴和部分专业年鉴编纂工作取得佳绩。2月，《杭州年鉴（2018）》被中国地方志指导小组评为“中国精品年鉴”。10月，《杭州年鉴（2018）》再获第六届全国地方志优秀成果（年鉴类）特等奖荣誉，成为浙江省唯一获得特等奖的年鉴。《下城年鉴（2018）》获得县级综合年鉴一等奖荣誉。

方志馆（展览馆、纪念馆）多点成网，成为地情宣传教育主阵地。杭州市方志馆着力打造“杭州市民共同的精神家园”，全年接待参观者8.5万人次，团队278批次、7300多人次，重要团组包括泰国教育部访问团、意大利维罗纳市长考察团、参加第二届海峡两岸青年发展论坛的台湾青年访问团等。组织开展元宵节系列活动（猜灯谜、蹴鞠、高跷）、上巳节传统文化活动、尺八音乐会、中秋传统相亲活动、浙大留学生体验“非遗”活动等。与浙江工业大学、杭州职业技术学院、南星街道等单位签订共建协议，继续实施方志文化“六进”（进机关、进社区、进学校、进农村、进企业、进军营）工程。开展“重读杭州·山水天城”“重读杭州·人文荟萃”两个系列的学术沙龙系列活动。杭州市方志馆连续4年参加全国方志馆建设经验交流会并做典型发言。中共余杭历史馆建成并对外开放。临安区配合区党群服务中心建设开辟临安方志展厅。淳安县王阜乡板桥村中共淳安县委旧址、威坪镇茶合村革命历史纪念馆建成并于国庆期间开放。各区县（市）开展红色资源普查、推出特色红色旅游线路，余杭区成立全域红色资源联盟。

资政服务开拓新领域，“日记—月志—年鉴—市志”工作链不断完善。编纂出版《杭州日记（2018）》，“记录杭州每一天”；《杭州月志》全年出版12期，连续3年被评为全市“双十佳内刊”；继续开展“最忆杭州”丛书编纂工作，围绕市委市政府“拥江发展”战略，组织13个区县（市）共同完成《“拥江发展”战略视野下的“三江两岸”历史文化调查及发展研究》课题。围绕乡村振兴战略，指导推动镇村志编纂出版。萧山区通过地情研究留住乡愁，“探寻”富裕起来的农民在想什么，编辑出版《富裕起来的农民在想什么——凤凰村农民访谈录》。《凤凰村志》、《桐庐微村志》（第三辑）、《富阳微村志》、《桃花溪村志》等一批村志出版。

方志典籍整理保护并重，古为今用、与时为新。杭州市志办影印出版《岳庙志略》和《云栖志》。萧山区《清代萧山朱卷汇编》《萧山传胪钟宝华》问世，《萧山丛书》第四辑、第五辑定稿（丛书累计出版50册）。临安区影印出版光绪《於潜县志》《天目山志》《西天目祖山志》《大涤洞天记》《东天目昭明禅寺志》等旧志，点校出版康熙《於潜县志》，数字化整理民国《於潜县志》手稿残卷和清代《龙塘山志》残卷。

创新地情资源普及利用方式，数字化引领新方向。“方志杭州”微信公众号，全年发布115期，阅读量78万人次。“杭州地情网”发布市情综合信息和地方志工作动态信息360多篇，网站访问量近5万人次。“杭州数字方志馆”新加载30部书籍，访问量19万人次。“掌上杭州”微信小程序实现《杭州年鉴》《杭州日记》《杭州精览》等地情资料掌上阅读、全文检索。

【“最忆杭州”系列丛书首批成果出版】2019年10月，市政府地方志办公室编撰的“最忆杭州”系列丛书首批成果《钱塘风雅》《北山梦寻》《十里建国路》《百人口中的百年杭州（上、下）》由杭州出版社出版。

《钱塘风雅》选取汉朝至近代，各时期各领域在杭州生活过的且具一定代表性的43个（组）风雅人物，包括白居易、苏轼、黄公望、王蒙、吴昌硕、李清照、朱淑真、柳如是等。全书40万字，以人物活动为主线，文史结合、以文释史，传递和彰显杭州精致和谐的人文精神和历史文脉。

《北山梦寻》对北山景区中的自然人文景观重做梳理，包括慕才亭、岳王庙、西湖博览会工业馆、秋水山庄、菩提精舍、静逸别墅、穗庐、新新饭店等。全书35万字，在前人著述的基础上，通过文献查阅、实地走访、口述座谈等方式，挖掘更多北山景区鲜为人知的人文轶事。

《十里建国路》以杭州唯一以“建国”命名的城市道路——建国路的各个路段为经，以历史变迁为维，从现存道路走向、城垣和建筑物遗迹、物流商贸和手工业兴衰过程、市民聚居、重要历史人物事迹、周边街区变化等入手，全书14万字，借助文字记载和实地寻访，展示建国路的前身在杭州城市发展过程中所扮演的角色，叙述建国路及其周边的历史人文底蕴。

《百人口中的百年杭州（上、下）》约70万字，收录文章107篇，尽量保持口述的文字美感和真实性，保持口述人对历史的表述，突出亲历、亲为者对城市和时代变迁的阐述，特别展现改革开放以后，杭州政治、经济、社会与个人的变化关系。

【《岳庙志略》《云栖志》影印出版】2019年12月，《岳庙志略》《云栖志》由浙江古籍出版社出版。

《岳庙志略》，清代元和冯培撰，十卷，首一卷。卷首为宸章，卷一为祠墓（画像、铜爵附），卷二为敕告，卷三为典礼（祭产附），卷四为行实（上），卷五为行实（中），卷六为行实（下、考证附），卷七为诗词（上），卷八为诗词（下），卷九为序记（赋、论、祭文附），卷十为轶事。据浙江省图书馆藏本影印出版，一函四册。

《云栖志》，临海项士元纂，十卷，首一卷。卷首为屈（映光）序、自序、例言、云栖山图、云栖寺图等，卷一为沿革、山川，卷二为梵刹、胜迹，卷三为塔墓、古物，卷四为规制，卷五为禅德，卷六为名贤，卷七为物产，卷八为艺文（上），卷九为艺文（下），卷十为志余，后附“跋”。据民国23年（1934）铅印本影印出版，一函两册。

【杭州市地方志业务培训班在复旦大学举办】2019年6月10—14日，为期5天的杭州市地方志业务培训班在复旦大学举办。复旦大学是全国唯一设有方志学硕士点和博士点的高校，方志学科综合研究能力和成果数量均居全国前列。此次培训邀请复旦大学巴兆祥教授、刘豪兴教授、戴鞍钢教授、王德耀教授以及《苏州年鉴》编辑部主任哈幸凌等专家学者授课。各位专家学者围绕“志稿初稿分纂总纂规范要点”“镇村志编纂实务”“方志文化建设”“图书出版实务及操作流程”“地方综合年鉴的编写与创新”等主题以理论研究结合编纂实务进行授课，授课内容深入浅出、生动有趣。培训期间，学员们到中共一大会址、朱家角镇进行现场教学。全市13个区县（市）及杭州市钱塘新区的地方志机构近70名学员参加培训。

【杭州市方志馆接待泰国和意大利外宾】2019年6月6日，泰国教育部副部长卡鲁（KaroonSaKulpradit）携泰国教育部、商务部、农业部和泰国高校相关负责人等一行32人到杭州市方志馆参观考察。卡鲁一行依次参观方志馆序厅和8个展厅，对古老璀璨的中华文明赞叹不已，对绵延不绝的地方志编修工作感到由衷敬佩。参观过程中，卡鲁一行驻足观看方志馆正在彩排的端午节系列活动之琴箫雅集和汉舞表演，体验雕版印刷和皮影戏等中国传统技艺。

9月3日，意大利维罗纳市市长费德里科·斯博阿里先生率参观团一行，在中共杭州市委常委、宣传部部长戚哮虎和杭州市副市长陈国妹的陪同下，专程参观杭州市方志馆，由此拉开杭州市与维罗纳市文化交流的序幕。维罗纳市与杭州市在保护世界遗产、推进文旅融合、促进经贸往来等领域有着良好的交流合作基础。3月，习近平总书记和意大利总理孔特见证杭州与维罗纳签署《友好关系协议》。费德里科·斯博阿里一行参观杭州市方志馆各个展厅，高度评价《南宋京城图》地雕反映的历史文化、方志古籍雕版印刷和“杭州三绝”之一的杭扇制作技艺。参观团一行还在梁山伯和祝英台结拜之地——方志馆附近望江门（古称新开门、草桥门）外草桥亭合影留念。

【“重读杭州”系列活动】2019年5月19日至年末，杭州市方志馆与杭州西湖世界文化遗产监测管理中心、艺旅文化（杭州）有限公司联合举办“重读杭州”第二季、第三季系列活动，活动采取讲座、论坛、读书会和游学活动多元互动的形式。第二季“重读杭州之山水天城”主要活动包括“南山：沙滨之城的臂弯”“钱塘江：人地抗争的摇篮”“运河：东南名郡的繁荣”“西湖：文化景观的典范”“北山：文人士大夫的家园”等课程。第三季“重读杭州之人文荟萃”主要活动包括“透过他们，我们读懂杭州”“听历代文臣如何理湖治城”“西湖三杰以何留给西湖”“古代文青张岱、袁枚”“南宋四家话杭州”等课程。杭州当地文化爱好者约450人参加活动。

【《杭州年鉴（2018）》获评特等年鉴】2019年10月29日，中国地方志指导小组公布第六届全国地方志优秀成果（年鉴类）评审结果，《杭州年鉴（2018）》获特等奖。《杭州年鉴（2018）》由杭州市政府地方志办公室编纂，是1987年创刊以来的第32卷，记录2017年杭州市自然、政治、经济、文化、社会和生态建设等方面的基本情况。全书设类目46个、分目323个，收录条目2411个、随文照片213幅、表格106张，总字数约140万字。该卷年鉴还被中国地方志指导小组授予“中国精品年鉴”称号。

【《下城年鉴》创刊卷获评一等年鉴】2019年10月29日，中国地方志指导小组公布第六届全国地方志优秀成果（年鉴类）评审结果，《下城年鉴（2018）》被评为县区级综合类年鉴一等年鉴。《下城年鉴（2018）》由下城区地方志办公室编纂，60多个单位、近130名作者参与供稿。该卷年鉴为大16开精装，全彩印刷，设类目34个、分目207个，收录条目1086条、随文图照202幅、表格24张，总字数约61万字，记录2017年下城区经济社会发展变化的基本情况，突出反映深化全域中央商务区建设取得的成就。

【《凤凰村志》发行暨凤凰村史馆开馆仪式举行】2019年7月24日，《凤凰村志》发行暨凤凰村史馆开馆仪式在衙前农民运动纪念馆举行。

《凤凰村志》分上、下册，全彩印刷，总计231万字。上册包括村庄、姓氏、人物、村民访谈、凤凰村民未来期待调查等篇章，下册包括衙前农民运动、村政、村区建设、农业、工业、商业、村级经济、村民生活等篇章。《凤凰村志》编纂工作历时5年多，采取“群众口述、专家记录、全民参与”方式。其中：“村民访谈”编收录20多万字口述史；“姓氏”编每户配基本情况表、一幅全家照、手写一句最想说的话，反映民情民意民愿；“凤凰村民未来期待调查”编，由萧山区委史志编研室与杭州师范大学政治与社会学院师生合作开展。《凤凰村志》二维码“掌上村志”同步发行。

凤凰村史馆2层，建筑面积435平方米，布展面积395平方米，分“衙前的金凤凰”“中国红色农民运动的缔造者”“改革开放富民政策的践行者”“乡村振兴美好生活的创造者”“中国梦美丽乡村的探索者”5个展区，呈现衙前凤凰村在改革开放以来的发展历程。

【《桃花溪村志》出版】2019年12月，临安区《桃花溪村志》由浙江人民出版社出版发行。《桃花溪村志》采用述、志、记、传、图、表等体裁，以志为主。全志卷首设概述、大事记，正文设自然环境、动植物资源、历史沿革等18章、72节、208目，卷尾设附录、后记，共31.78万字。记述详今明古，上溯事物发端，下迄2016年末，个别重大事项适当延伸至2018年。复旦大学教授、中央文史研究馆馆员、第十二届全国政协常委葛剑雄，临安区委常委、副区长王翔分别为该志作序。桃花溪村位于浙江省清凉峰国家级自然保护区内，动植物资源丰富，特别是境内有国家一级保护动物——野生梅花鹿；同时该村也是临安区省级革命老区，中国工农红军曾在此建立工农会，红色文化底蕴深厚。该志在全面记述桃花溪村历史的同时，突出自然资源和红色文化两个特点，以专记形式记载野生梅花鹿和红色文化。（年鉴编辑部）

责任编辑 金利权

中国人民政治协商会议杭州市委员会

09

2020 杭州年鉴

Hangzhou Committee of the Chinese People's Political Consultative Conference

综　述

【市政协组织机构】2019年,杭州市有政协组织机构14个,即中国人民政治协商会议杭州市委员会(简称市政协)和13个区县(市)政协。各级政协委员3465人,其中市政协委员500人、区县(市)政协委员2965人。市政协常务委员会组成人员97名,由主席1名、副主席8名、秘书长1名和常委87名组成。市政协设办公厅、研究室和提案委员会、委员工作委员会、经济委员会、农业和农村委员会、城市建设和人口资源环境委员会、教育科技卫生体育委员会、社会法制和民族宗教委员会、港澳台侨和外事委员会、文化文史和学习委员会9个专门委员会。

【市政协坚持思想政治引领】2019年,市政协深入学习贯彻习近平新时代中国特色社会主义思想,巩固拓展习近平总书记关于加强和改进人民政协工作的重要思想学习研讨成果,认真学习十九届四中全会和省市委全会精神,坚持学思用贯通、知信行统一,切实增强"四个意识"、坚定"四个自信"、做到"两个维护"。完善以政协党组理论学习中心组学习为引领的学习制度体系,建立习近平新时代中国特色社会主义思想学习座谈会制度并出台学习办法,健全常委会、专委会和界别小组学习机制,制订实施年度学习计划,召开市和区县(市)政协主席专题学习会。分两批在市委党校组织市政协委员全员培训,举办委员工作站领衔委员专题培训,组织政协委员、机关干部参加全国政协培训。市政协全年举办理论学习中心组、党组会议、主席会议、常委会会议学习和讲座37次,专委会分党组学习35次。

全市政协组织把学习贯彻中央政协工作会议精神特别是习近平总书记重要讲话作为重大政治任务,市政协党组带头学、主席会议和常委会专题学,组织全市政协组织和政协委员层层学,努力在学懂弄通、走深走实上下功夫。协助做好市委政协工作专题会议筹备以及市委关于新时代加强和改进人民政协工作的实施意见起草工作,根据会议和文件精神提出重点任务责任分解方案,推动中央、省、市委政协工作会议任务和举措落实落地。

扎实开展"不忘初心、牢记使命"主题教育。按照中央和省、市委统一部署,把牢"守初心、担使命,找差距、抓落实"总要求,高标准推进主题教育各项工作。把"学习教育、调查研究、检视问题、整改落实"贯穿全过程,分专题开展集中研讨,党组成员带头讲好专题党课,深入基层调研,采取多种方式广泛征集意见建议,推进"六大顽疾"整饬、"十大专项"整治。认真对照检视,高质量开好专题民主生活会,制订检视剖析问题清单,明确整改举措和责任部门,确保各项整改任务落到实处。

扎实开展全市政协系统"新时代人民政协的新样子"专题讨论。结合"不忘初心、牢记使命"主题教育,明确提出"强化五大树样子"的要求,围绕维护核心强定力、服务中心强助力、守正创新强活力、凝聚人心强合力、党建引领强能力五个方面认真组织新样子专题讨论,市和区县(市)两级政协开展"政协人新时代新风貌"笔谈、"新样子 金点子"征集、机关干部演讲比赛等系列活动,在全市政协系统形成了奋发有为、干出新样子的鲜明导向。

【政协系统党的建设加强】2019年,市政协深入贯彻中共中央、全国政协和省、市委部署要求,召开全市政协系统党的建设推进会,以党的政治建设为统领推进党建各项工作,加强政协党组、机关党组、专委会分党组建设。市政协建立8个专委会分党组,180名中共党员委员全部参加专委会分党组活动,推动13个区县(市)政协建立机关党组,进一步健全政协党的组织体系和工作机制,加快推进"两个全覆盖"。(王展霞)

市政协重要会议

【市委政协工作专题会议】2019年12月10日举行。省委常委、市委书记周江勇在会上强调,要深入学习贯彻习近平总书记关于加强和改进人民政协工作的重要思想,全面落实党的十九届四中全会和中央政协工作会议、浙江省委政协工作会议精神,牢牢把握人民政协新方位新使命,不断提高政治协商、民主监督、参政议

2019年市政协十一届三次会议重点提案

表 8

编号	提案者	案 由
407	民革市委会	关于提升新一代人工智能研究与产业发展的建议
412	民革市委会	关于推进居民参与社区治理，实现共建共治共享格局的建议
370	民盟市委会	关于推进县域医疗服务共同体建设的建议
373	民盟市委会	关于推进“产业社区”建设，提升杭州城市投资环境竞争力的建议
343	民建市委会	关于加快打造智慧农贸市场的建议
316	民建市委会	关于抓住重要战略机遇期，支持民营企业创办高质量小微企业园的建议
74	民进市委会	关于加快“新零售示范区”建设，助推杭州争创全国数字经济第一城的建议
72	民进市委会	关于组建智能亚运会机器人服务队，展示本土科技成果，助力“智慧杭州”建设的建议
276	农工党市委会	关于升级全域土地综合整治“杭州样本”，促进乡村有机更新的建议
275	农工党市委会	关于深化县域“医共体”联建模式，加快推进“健康杭州”升级的建议
470	致公党市委会	关于借亚运东风，围绕“拥江发展”，打造钱塘江沿线生态体育公园的建议
314	致公党市委会	关于蕴藉杭州文脉，传承杭州文脉，用匠心精神打造独具韵味的博物馆之城的建议
191	九三学社市委会	关于推动我市“名校名院名所”建设的若干建议
192	九三学社市委会	关于打造龙坞茶镇美丽乡村“升级版”的相关建议
197	九三学社市委会	突破数字经济发展瓶颈，培育杭州发展新动能
184	市工商联	关于科学制定产业扶持政策，促进民营企业高质量发展的建议
185	市工商联	关于进一步减轻杭州市民营企业税负的建议
328	市政协城建和人口资源环境委员会	关于推进生活垃圾资源产业化的建议
495	市政协文化文史和学习委员会	关于加强笕桥近代“航空报国”史料挖掘和展示的建议
517	市政协港澳台侨和外事委员会	关于建设杭港高端服务业集聚区，提升服务业国际化水平的建议
308	工会界别小组	关于围绕打造全国数字经济第一城目标，大力培育知识型技能型创新型高技能人才队伍的建议
209	妇联界别小组	关于二胎背景下，高龄妈妈优生问题的分析与建议
474	科协界别小组	关于建设具有创新力、体验感和文化性的可持续发展滨河景观城市带的建议
85	经济界别小组	关于助力亚运安全，打造领先全国的杭州市智能绿色安全公交系统的建议
515	医卫界别小组	关于提高医疗废弃物处置能力，助力美丽杭州建设的建议
402	钱雪慧委员	关于推进家政服务业合理有序发展的建议
111	何鲁伟委员	关于中小学校园应配备 AED（自动体外除颤器）的建议
234	张 钎委员	关于优化文创政策，提升杭州文创产业发展内生力的建议
156	周恺秉委员	关于大力加强全球化创新中心布局的建议
339	周旭霞委员	关于加快杭州拆迁安置房建设的建议
228	吴江达委员	关于进一步深化老年食堂发展的建议
59	王曜君委员	关于加强城乡学校优质教育教学资源共享的建议
418	释戒兴委员	关于光大径山茶文化品牌，助力杭州区域经济发展的建议
498	周旭一委员	关于提升基层卫生机构标准化建设，实现慢病患者“就近跑一次”的建议
341	黄 飞委员	关于重视城区再生资源回收利用的建议
442	庄凌云委员	关于杭州餐饮业应大力提倡使用公筷的建议
290	朱雪嵘委员	关于建设社区综合服务体，大力推进新型社区建设的建议

政水平，更好凝聚共识，担负政治责任，干出新时代人民政协的新样子，努力在全省政协工作中作示范、当表率。市政协主席潘家玮主持会议，张仲灿、佟桂莉、许明、戴建平、毛溪浩、陈新华、张振丰、罗卫红、胡伟、汪小玫、叶鉴铭、谢双成、陈永良、王立华、周智林出席。上城区、余杭区、桐庐县党委，西湖区、萧山区政协，市经信局等负责人做交流发言。

【**市政协十一届三次会议**】2019年1月19—23日，市政协十一届三次会议举行。全体政协委员以强烈的政治责任感，聚焦“干好一一六、当好排头兵”决策部署和新时代人民政协事业发展中的重大问题，通过大会发言、专题会议、界别小组讨论、提案和

2019年1月19日，市政协十一届三次会议开幕，市政协主席潘家玮做政协第十一届杭州市委员会常务委员会工作报告

（市政协办公厅 供稿）

社情民意等形式，深入协商议政，积极建言献策，广泛增进共识。委员们听取并赞同市长徐立毅所做的政府工作报告，赞同市中级人民法院工作报告、市人民检察院工作报告及其他报告。会议审议批准市政协主席潘家玮代表政协第十一届杭州市委员会常务委员会所做的工作报告，审议批准副主席冯仁强代表政协第十一届杭州市委员会常务委员会所做的提案工作情况报告，大会选举谢双成同志为市政协副主席、金翔同志为市政协秘书长，审议通过《全面建设颐养社区，构筑幸福养老家园》为全体会议建议案。收到大会发言材料63份，15位委员做大会发言。收到以提案形式提出的意见建议537件，编印会议简报52期。

【市政协常务委员会会议】2019年，政协第十一届杭州市委员会常务委员会召开4次会议，就有关问题进行协商。

1月11日，市政协十一届十次常委会议召开。会议传达学习习近平总书记关于人民政协工作的重要讲话精神、全国政协十三届四次常委会议精神，学习贯彻市委十二届六次全会精神和市委有关部署要求，协商审议市政协十一届三次会议有关事项。根据市机构改革方案，对市政协相关专委会设置进行调整。会议通过有关人事事项，免去胡伟同志市政协副主席职务，免去陈晨同志市政协秘书长职务，市政协主席潘家玮主持会议并讲话，市政协副主席翁卫军、汪小玫、叶鉴铭、陈永良、王立华、周智林、冯仁强等出席。

1月22日，市政协十一届十一次常委会议召开。会议听取各组讨论情况汇报，审议通过政协第十一届杭州市委员会提案委员会关于十一届三次会议提案审查情况的报告（草案），审议通过政协第十一届杭州市委员会第三次会议决议（草案），审议通过政协第十一届杭州市委员会副主席、秘书长和常务委员候选人名单，审议通过大会选举办法（草案），审议通过总监票人、副总监票人、监票人名单（草案）。市政协主席潘家玮主持会议。市委常委、常务副市长戴建平到会听取对政府工作报告和政府工作的意见建议。市政协副主席翁卫军、汪小玫、叶鉴铭、陈永良、王立华、周智林、冯仁强等出席。

8月22日，市政协十一届十二次常委会议暨全市经济社会发展情况通报会召开。会议重点围绕“促进跨境电商与实体经济深度融合发展”开展协商议政。市政协主席潘家玮主持会议并讲话。市委常委、常务副市长戴建平到会听取意见并通报杭州市经济社会发展情况。市政协副主席翁卫军、汪小玫、叶鉴铭、谢双成、陈永良、王立华、冯仁强等出席。

10月24日，市政协十一届十三次常委会议召开。会议学习贯彻中央政协工作会议特别是习近平总书记在中央政协工作会议暨庆祝中国人民政治协商会议成立70周年大会上的重要讲话精神和省委政协工作会议精神，围绕“做强杭州都市圈，主动接轨大上海，深度融入长三角一体化发展”协商建言，并举行“杭州政协·求是讲堂”专题讲座。省委常委、市委书记周江勇出席会议并讲话。市政协主席潘家玮主持会议并讲话。市委常委、秘书长许明，市政府副市长王宏，市政协副主席翁卫军、汪小玫、叶鉴铭、陈永良、王立华、周智林、冯仁强等出席。（王展霞）

协商议政

【概况】2019年，市政协坚持围绕中心、服务大局，切实发挥专门协商机构作用，积极助推高质量发展。全年紧扣贯彻实施长三角一体化发展国家战略、打造数字经济和新制造业发展"双引擎"、打赢"三大攻坚战"、民生实事项目等重要议题，组织2次专题议政性常委会议协商、4次主席会议协商、5次专题协商、4次民生提案办理双月协商。

《全面建设颐养社区，构筑幸福养老家园》作为市政协十一届三次会议全会建议案，直接推动全市社区居家养老服务发展和完善。市政协十一届三次会议确定重点提案37件，其中各民主党派和工商联提交的17件、市政协各专委会提交的3件、各界别小组提交的5件、政协委员提交的12件。市委、市政府领导领办政协重点提案12件。

【贯彻实施长三角区域一体化发展国家战略专题议政】2019年10月24日，市政协围绕"做强杭州都市圈，主动接轨大上海，深度融入长三角一体化发展"，深入开展调研，召开专题议政性常委会会议协商建言，提出优化杭州都市圈区域空间布局、提升区域性交通枢纽地位等17条建议，市委主要领导到会听取意见并给予充分肯定，会后批示相关部门牵头落实政协建议。12月11—12日，举办九地市政协共商G60科创走廊更高质量发展论坛，就"优化营商环境、促进民营经济发展"积极建言。市政协发起建立杭州都市圈六市政协协商交流机制，推动杭州都市圈融合发展。

【打造数字经济和新制造业发展"双引擎"专题议政】2019年8月22日，市政协围绕"促进跨境电商与实体经济深度融合发展"，组织委员走访企业和园区（平台），召开专题议政性常委会会议协商建言，提出加快实体经济数字化转型、大力培育本市电商品牌等建议，市政府负责常务工作的领导到会听取意见。会后市政府高度重视政协协商建议，制定出台相关意见和举措，并向政协反馈落实情况。11月1日，组织开展"推进制造业与数字经济深度融合，推动制造业高质量发展"主席会议协商，围绕"加快'三化融合'，推动杭州经济创新发展""推进城市大脑全面应用"等提出意见建议。

【市县两级政协建言打赢"三大攻坚战"的杭州战役】2019年，市政协围绕"加强淳安特别生态功能区建设，探索淳安绿色发展新机制和路径"开展市县两级政协联动履职，283名市、县政协委员参与，召开主席会议协商建言，市委关于淳安特别生态功能区建设框架方案充分吸纳政协建议，对启动淳安特别生态功能区建设起到积极作用。围绕"深化'千万工程'，助推美丽乡村和美丽城镇建设"开展主席会议协商，组织开展农村集体经济消薄增收专项集体民主监督、培育壮大新型农业经营主体专题协商，相关建议转化为市委、市政府政策措施和工作部署。赴湖北恩施州开展东西部扶贫协作，组织委员捐款捐物1300多万元，帮助恩施、贵州黔东南两地政协培训委员400人。

【民生领域建议征集和专题协商】2019年，市政协按照市委"党领导、群众提、政协议、人大定、政府办"的要求，首次开展寻找民生领域短板和民生实事项目建议征集活动，举行2020年市政府民生实事项目专题协商会，提出关于老旧小区消防安全设施改造和管理等20项具体建议，为市政府遴选形成民生实事候选项目提供重要参考。提出《全面建设颐养社区，构筑幸福养老家园》全会建议案，市政府就建议案办理做专题部署，17个市直部门参与，推动全市社区居家养老服务。开展加快县域医共体建设主席会议协商和加强网络餐饮食品安全管理、推进3岁以下幼儿托育服务管理等民生提案办理协商，围绕落实粮食"三藏"举措、完善境外人士在杭就业生活公共服务、校外培训机构治理等开展专题调研和视察监督。持续组织开展两级政协"六送"服务基层和群众活动。

【杭州"文化兴盛"助力】2019年，市政协围绕之江文化产业带和京杭大运河（杭州段）文化带建设、完善杭州文艺人才政策等开展专题调研，组织委员视察良渚古城遗址保护、梅城古镇保护和历史文化挖掘、南宋德寿宫遗址保护等工作。12月6日，举行"杭州工业遗产保护利用工作"专题协商会。11月16—17日，举办"江南忆，最忆是杭州——千年以来东南地区文化区位重构与杭州的崛起"学术研讨会，汇聚国内100多位文史领域知名专家学者为历史文化名城建设建言献策。做好政协文史工作，编撰出版各类"三亲"史料和文史图书8册140多万字。支持杭州茶文化研究会举办全民饮茶日暨万人品茶大会、中华茶奥会、径山茶文化座谈会等活动。（王展霞）

民主监督

【概况】2019年，市政协注重发挥协商式监督特色优势，两级政协联动调研监督，积极发现问题提出建议。全年开展4项专项集体民主监督、6次视察监督，并委派8个民主监督小组到9个部门开展工作监督。

连续三年对杭州市深化"最多跑一次"改革开展跟踪监督，聚焦深入打造移动办事之城，形成一个总报告和14个分报告，促进"最多跑一次"改革举措的落细落实。开展"推动支持民营企业各项政策落实，打造国际一流营商环境""深化基础教育改革，建设'美好教育'"专项集体民主监督，针对发现的问题提出建议，积极推动营商环境建设和基础教育优质均衡发展。开展"城乡生活垃圾分类处理"专项集体民主监督，发现反映问题968个，提出意见建议479条。

组织创新乡村社会治理、渣土处置能力建设专题协商和加强自然保护区管理视察监督。举行公安、法院、检察院工作通报协商会，安排互动交流环节，促进平安杭州、法治杭州建设。按照全国政协对调研基地的要求，完成网络环境下知识产权司法保护工作创新课题的调研任务。

【深化"最多跑一次"改革专项集体民主监督】为进一步助推"最多跑一次"改革措施的全面落实，市政协自2017年以来，连续三年开展助推深化"最多跑一次"改革专项集体民主监督。2019年10月，市政协主席会议成员分别带领各调研监督组在前期委员暗访的基础上，分赴13个区县（市）和钱塘新区开展监督调研，查问题、提建议、促落实。全市有110

2019 年 4 月 17 日，市政协主席潘家玮（前排左二）在萧山区、高新区（滨江）走访企业、座谈交流，开展“推动支持民营企业各项政策落实，打造国际一流营商环境”专项集体民主监督 （市政协办公厅 供稿）

多名委员参加民主监督活动，实地考察区县（市）行政服务中心和街道（乡镇）便民服务中心 26 处，召开监督调研座谈会 14 次，形成民主监督分报告 14 篇，为助推全市“最多跑一次”改革全面发力、多点突破、纵深推进贡献政协力量。

【民营经济发展和营商环境优化专项集体民主监督】2019 年 4 月，市政协围绕“推动支持民营企业各项政策落实，打造国际一流营商环境”开展专项集体民主监督。市政协主席会议成员带队、两级政协 93 名委员参与，组成 5 个民主监督组，分赴 13 个区县（市）和钱塘新区开展监督调研，实地走访企业 93 家，召开座谈会 17 次，听取属地政府工作汇报和 110 多位企业主、商会组织负责人和政协企业家委员的意见建议。民主监督坚持掌握情况与服务企业相结合、征求意见与解决问题相结合，收集意见建议 81 条，企业反映问题 69 个，其中现场与所在区县（市）部门协商解决或达成解决意向 61 个、向市级部门转送 6 个、向全国政协报送信息 2 条，为全市建设国际一流营商环境、争创民营经济高质量发展示范区提供有力支撑。

【“美好教育”专项集体民主监督】2019 年 10 月，市政协就市委、市政府《关于深化基础教育改革建设“美好教育”的实施意见》的贯彻落实情况进行专项集体民主监督。市政协主席会议成员分别带领 9 个组，赴 13 个区县（市）和钱塘新区，重点围绕学校党建与社会主义核心价值观教育、教育均衡发展、教育布局规划、教师队伍建设、学生全面发展、教育经费投入和教师收入待遇保障、清理规范事业编制教师在民办学校任职任教等热点难点问题破解进行专项集体民主监督。监督组实地调研 22 所幼儿园、小学、初中、普高和职高，召开 15 个座谈会，广泛听取区县（市）政府、相关部门、基层学校（幼儿园）负责人、教师代表等关于建设“美好教育”的情况介绍和意见建议。103 名市、区县（市）政协委员参加监督活动。

【“城乡生活垃圾分类处理”专项集体民主监督】“城乡生活垃圾分类处理”民主监督是省、市、区县（市）三级政协联动连续第二年开展的专项集体民主监督。2019 年 4—8 月，市、区县（市）政协组建 14 个专项集体民主监督组、171 个监督调研组，深入场站、社区、农村、企业进行监督、调研和访查，在建言资政、监督助推中、身体力行，不断凝聚共识，共同助推“垃圾革命”、助推建设全国垃圾分类示范城市。两级政协委员 2105 人次参加民主监督，实地查看社区（村庄）761 个、小区 823 个、垃圾收集运输站房 682 个，查看末端处理设施 120 个、垃圾分类企业 68 个，发现并反映问题 910 个、提出意见建议 434 条。

【民主监督小组派驻市直部门】2019 年 5 月 14 日，市政协召开第二轮委派民主监督小组工作会议，着力提升委派民主监督工作组织化规范化水平，省委常委、市委书记周江勇出席会议并讲话，市委常委、秘书长许明参加。年内，8 个民主监督小组到 9 个部门开展工作监督，围绕改进提升物业管理工作、村级集体经济消薄增收、校外培训机构治理、提高居家养老服务水平等重点工作落实情况，加强与委派单位的联系沟通，及时反馈监督情况和群众意见建议，推动委派单位改进工作。认真组织委员担任特邀监督员、参加全市公述民评电视问政、城市文明督导等活动，充分发挥委员的民主监督作用。（王展霞）

凝聚共识

【概况】2019 年，市政协充分发挥统一战线组织功能，积极面向社会凝聚和传播共识，不断加强港澳台侨交流和对外交往，着力促进各党派团体和社会各界大团结大联合。

精心组织庆祝中华人民共和国和人民政协成立 70 周年系列活动。精心谋划开展“九个一”系列活动，召开庆祝人民政协成立 70 周年座谈会，举办“同心圆梦”主题文艺晚会和“不忘初心，同心筑梦”杭州市政协发展历程图片书画展，创作《人民政协旗帜高高飘扬》主题歌曲，组织主题宣传报道，进一步激发广大委员的爱国热情和团结奋斗精神。

围绕年度协商议政和民主监督重点，组织党派团体开展联合调研，在大会发言、专题协商、视察调研中优先安排发表意见，积极为各民主党派、工商联和无党派人士履职建言搭建平台、创造条件。深入开展“政协走亲”活动，加强同党外知识分子、非公有制经济人士、新的社会阶层人士等沟通联系，注重发挥少数民族界委员作用，坚持走访宗教团体和宗教界代表人士。继续支持和帮扶桐庐县莪山乡加快发展，2019年莪山乡被授予“中国畲族第一乡”称号。

建立委员讲堂制度，组织政协委员讲好担当尽责的精彩故事。利用互联网新媒体有效凝聚共识，建立市政协微信公众号，办好政协网站、“政协视点”、“政协之声”等载体。完成市政协理论研究会换届，支持政协之友联谊会、企业家联谊会、文史研究会、公共外交协会、杭州中华文化促进会等社团开展团结联谊活动。

以迎接澳门回归祖国20周年为契机，赴澳门开展团结联谊活动，举行澳门杭州政协之友联谊会换届大会，举办“2019杭港澳发展论坛暨杭港澳智慧旅游高峰论坛”。召开港澳政协委员座谈会，支持港区市政协委员积极发声和参加“依法施政、止暴制乱、恢复秩序”的活动，在深圳召开香港杭州政协之友联谊会年会。参与举办“杭州民营企业牵手‘一带一路’国家”对接洽谈会、“2019侨界创业投资高峰论坛”等活动。

积极参与立法协商工作，围绕居家养老服务、电梯安全管理、民办培训机构管理等地方立法项目草案提出修改意见。开展远程协商、网络议政，打造“智慧政协”升级版。组建市政协应用型智库，以专委会为依托建立15个小组，全年开展活动54次。

【建好协商平台】认真贯彻省市委部署，召开全市政协“请你来协商”平台建设工作推进会，全面开展“请你来协商”活动。各区县（市）政协聚焦党政要事、民生实事、社会难事，开展“请你来协商”94场，党政主要领导参加31次。注重开门协商，会场与现场、线上与线下结合，推动政协协商与基层协商相互衔接，增强了协商的针对性和实效性。

【履职阵地拓展】依托界别小组和区县（市）政协委员联络组建立委员工作站，共建立委员工作站31个，覆盖18个界别小组和11个区县（市）联络组。按照“五新”定位和“六个一”要求，把学习交流、界别协商、服务民生、团结联谊等纳入工作站履职内容，全年工作站组织开展各类活动319次，1170人次委员参与。新申报创建5家省政协委员会客厅，推动区县（市）政协加强委员工作站（室）、社情民意联系点、镇街委员联络组和委员之家建设。

【政协求是讲堂举办5期】2019年，市政协结合中央和省市委重要会议文件、重大决策部署以及市政协专题常委会议等年度履职重点，组织5期求是讲堂。传达学习全国“两会”精神、中央政协工作会议和省委政协工作会议精神、全国政协主席汪洋在浙江调研政协工作时的讲话精神，梳理人民政协70年发展历程，结合市政协专题议政性常委会议学习“促进跨境电商与实体经济深度融合发展”相关知识，为委员知情明政助力。（王展霞）

文史研究

【概况】2019年，市政协依托杭州文史研究会，发挥自身特色优势，借助多方力量，坚持谱好学术交流、成果展示、传播普及文史研究“三部曲”，继续办好文史论坛、文史小讲堂和文史沙龙。编辑出版《杭州70年》《我们一起走过——杭州市政协发展历程史料》。组织编辑《杭州文史第17—20辑》和“杭州文史小丛书”。2019年启动编纂第五辑“杭州文史小丛书”10种。编辑《杭州南宋史和都城临安研究论文集》。

推出“15世纪以来的长三角地区社会变迁与转型”专项课题，收到国内30多份申报材料，最终立项的课题主要有“长三角地区的区域互动与社会变迁”“杭州与长三角地区的联系与互动”“近代化转型进程中的杭州城市发展”3个研究方向。

【杭州文史论坛】2019年11月16日，杭州文史论坛暨“江南忆，最忆是杭州——千年以来东南地区文化区位重构与杭州的崛起”学术研讨会召开。来自北京大学、中国人民大学、复旦大学、浙江大学、南京大学、中国社科院、上海市社科院等国内知名高校和研究机构的文史领域专家与会，在杭州市深入贯彻实施长三角一体化发展国家战略、大力推进文化兴盛行动的背景下，探讨杭州城市历史和地位。

【杭州文史小讲堂】2019年，杭州文史小讲堂举办4期，清华大学人文社会科学高等研究所教授沈卫荣、南开大学历史学院研究员何孝荣、华东师范大学历史学系教授黄纯艳、中国社科院中国历史研究院研究员楼劲先后主讲“全球史视野中的‘大元史’与‘新清史’”“故宫、故宫宝藏与故宫学”“宋元海洋知识中的‘海’与‘洋’”“六朝浙东人文与‘浙东唐诗之路’”等专题报告。

【文史沙龙】2019年，市政协文化文史和学习委结合学术热点和杭州文化建设需要，先后组织文史专家举办多次文史沙龙，主题有“五四运动与杭州”“首届西湖博览会”“南宋德寿宫遗址保护与利用”“严州文化及严子陵沿江景区历史文化保护与利用”，深化委员对本土文化的了解和认识，推进文史资料的征集和整理工作。（王展霞）

责任编辑 金利权

中国共产党杭州市纪律检查委员会 杭州市监察委员会

10

2020 杭州年鉴

Hangzhou Commission for Discipline Inspection of CPC, Supervision Commission of Hangzhou

综　述

【市纪委市监委组织机构】中国共产党杭州市纪律检查委员会（简称市纪委）由中国共产党杭州市代表大会选举产生，是党的纪律检查机关；杭州市监察委员会（简称市监委）由杭州市人民代表大会产生，是国家监察机关。市纪委与市监委合署办公，实行一套工作机构、两个机关名称，履行党的纪律检查和国家监察两项职责。至2019年末，市纪委市监委机关设办公厅、组织部、宣传部、研究室（法规室）、党风政风监督室、信访室、案件监督管理室（追逃追赃室）、第一至第六监督检查室、第七至第九审查调查室、信息技术保障室、案件审理室、申诉复查室、纪检监察干部监督室等20个内设机构和机关党委。派驻（出）机构是市纪委市监委的重要组成部分，由市纪委市监委直接领导、统一管理。年末，市纪委市监委设派驻（出）机构31个，其中综合派驻20个、单独派驻（出）7个、市属金融企业派驻机构2个、委托管理2个，经市纪委市监委授权，履行党的纪律检查和国家监察两项职责。市纪委市监委下属杭州市廉政教育中心、纪检监察网络中心、纪检监察事务服务中心3个事业单位，负责做好执纪监督的服务保障工作。

【政治监督和纪律保障】2019年，杭州市各级纪检监察机关紧紧围绕贯彻落实习近平总书记重要指示批示精神和党中央、省市委重大决策部署，具体化、常态化开展政治监督，督促推动"不忘初心、牢记使命"主题教育、"三大攻坚战"、服务民营经济发展、"最多跑一次"改革、"六大行动"等落地见效。紧盯千岛湖临湖地带综合整治，督促推动如期完成整改。按照"三还于民"要求，持续巩固西湖周边会所整治成效。加强对违建"大棚房"和违建别墅清查整治、减税降费政策落实情况、市级财政专项资金清理规范等工作的监督检查，督促推动责任部门堵塞漏洞、强化管理。加强对党的政治纪律和政治规矩执行情况的监督，立案审查违反政治纪律案件37件，处分32人。

【专项整治行动】2019年，根据中央和省市委统一部署，在"不忘初心、牢记使命"主题教育期间，全市各级纪检监察机关扎实开展违反中央"八项规定"及其实施细则精神和省市委相关规定问题、扶贫民生领域不正之风和侵害群众利益问题专项整治行动，集中开展领导干部利用名贵特产类特殊资源谋取私利问题、"景观亮化工程"过度化等"政绩工程""面子工程"问题整治。全市对14898名领导干部开展违规个人出书、印发讲话汇编和违规收送礼卡礼品礼金问题自查自纠，对发现的问题落实整改。组织开展违规发放津贴补贴和福利问题全面自查和监督抽查，查纠一批违规违纪问题。协调市区两级相关职能部门确定扶贫民生领域与群众利益密切相关的集中整治项目260个，着力解决一批群众身边的操心事、烦心事、揪心事，并分两批公布市本级23个集中整治项目的阶段性成果。

【廉政风险排查防控】2019年，市委出台《关于深入开展廉政风险排查防控工作的意见》，要求聚焦腐败现象易发多发的重点领域、重要岗位、关键环节，通过落实落细主体责任和监督责任，抓紧抓实廉政风险排查评定、预警防范、动态处置、监督问责、考核评估等工作。6月13日，召开动员部署会议，在全市范围内全面启动廉政风险排查防控工作。通过制订实施三年工作计划，配套制订《廉政风险排查防控工作流程图》，以廉政风险排查防控为有效抓手，督促推动各级党组织和党员领导干部切实担负起全面从严治党政治责任，推动各地各单位深入排查廉政风险，梳理风险清单，完善防控举措。

【"两个责任"落实】2019年，市纪委深化主体责任报告评议工作，采取"请上来"与"走下去"相结合的方式，实现13个区县（市）2018年度主体责任报告评议全覆盖，市纪委常委会集中听取2个区县和2个市直单位党委（党组）"一把手"履责汇报，形成年度问题反馈意见53条，并实行书面反馈、问题抄告、整改跟踪。优化党风廉政建设考核办法，制定出台《2019年度党风廉政建设责任制考核细则》，实施指标简化、考核量化、扣分细化，加强过程考核管理，倒逼“两个责任”落实。深入贯彻新修订的问责条例，起草制订问责工作流程图，加大“一案双查”和通报曝光力度，全市对55起落实“两个责任”不力问题进行追责，问责处理64人。

【“四种形态”深化运用】2019年，杭州市各级纪检监察机关深化运用“四种形态”（党内关系要正常化，批评和自我批评要经常开展，让咬耳扯袖、红脸出汗成为常态；党纪轻处分和组织处理要成为大多数；对严重违纪的重处分、做出重大职务调整应当是少数；而严重违纪涉嫌违法立案审查的只能是极少数），特别是第一种形态，处置问题线索9966件，比上年上升11.7%；运用“四种形态”处理10123人次，上升20.2%，其中第一至第四种形态分别占73.6%、16.8%、4.5%和5.1%。

【澄清正名专项活动】2019年，按照省纪委工作部署，市纪委制订出台《市纪委关于开展“及时澄清问题、支持干部干事创业”活动方案》，召开动员部署会，在全市组织开展“及时澄清问题、支持干部干事创业”工作，优先选取工作在一线、大局观念强、能干事肯干事、工作作风扎实、工作业绩明显的党员干部，对其遭受的不实举报查否案予以公开澄清正名，先后为136名敢于担当的党员干部澄清正名。

【清廉乡村建设】2019年，市纪委会同杭州市清廉乡村建设工作推进小组各成员单位，通过开展专项整治、抓实日常监督和基层巡察等方式，不断强化监督执纪问责，深入推进清廉乡村建设各项工作。聚焦村社集体“三资”管理领域腐败和不正之风问题易发多发问题，制定出台《关于建立健全村级“三小”监督体系深入推进清廉乡村建设的指导意见》，召开全市清廉乡村暨“三小”体系建设现场推进会，全面推行村级小微权力清单、规范小型工程项目管理、强化小额资金拨付监管。各地积极探索实践，形成小微权力运行“掌上公开”、村级工程“扫码监管”、村社支出“非现金化”等务实管用举措。

【纪检监察干部队伍建设】2019年，市纪委高标准开展“不忘初心、牢记使命”主题教育，深入学习习近平新时代中国特色社会主义思想，开展“走亲连心三服务”活动，从严从实抓好问题查摆和整改落实。扎实推进全员培训，认真学习贯彻监督执纪工作规则和监督执法工作规定，全市组织各类培训40期，培训5293人次。持续开展“金钉子”夜学，建立导师带徒机制，开展“锻钢铸魂大比武”活动，杭州市代表队获全省纪检监察系统“大比武”第一名。强化机关党的建设，实施“党建双强双优”工程，成功创建“全国巾帼文明岗”。建立特约监察员队伍，主动接受各方面监督。强化内部监督管理，出台打听、干预办案和请托违规办事责任追究办法，带头开展廉政风险排查防控和警示教育系列活动，严防“灯下黑”。全年全市受理反映纪检监察干部问题线索73件，谈话函询33人，立案查处3人，党纪政务处分3人，组织处理15人。（连寿福）

2019年12月10日，杭州市“家门口的监委”建设现场会在富阳召开

（市纪委市监委 供稿）

市纪委市监委重要会议

【市纪委十二届四次全体会议】2019年1月25日，市纪委十二届四次全体会议召开。会议回顾总结2018年纪检监察工作，部署2019年任务。省委常委、市委书记周江勇出席并讲话，强调要深入学习贯彻习近平总书记重要讲话精神，以“永远在路上”“一刻不停歇”的坚韧和执着，坚定不移将全面从严治党进行到底，不断巩固发展反腐败斗争压倒性胜利，着力推动清廉杭州建设取得更大成果。全会审议通过市委常委、市纪委书记陈擎苍代表市纪委常委会所做的《聚焦清廉杭州建设、忠实履行职责使命，奋力推进纪检监察工作高质量发展》工作报告。全会指出，做好2019年工作，要以习近平新时代中国特色社会主义思想为指导，深入学习贯彻党的十九大和十九届二中、三中全会精神，按照中央、省市委和上级纪委全会部署，以党的政治建设为统领，以推进清廉杭州建设为主线，一体推进不敢腐、不能腐、不想腐，巩固发展反腐败斗争压倒性胜利，努力实现新时代纪检监察工作高质量发展，为加快建设独特韵味别样精彩世界名城，努力打造展示新时代中国特色社会主义的重要窗口提供坚强保证，以优异成绩庆祝中华人民共和国成立70周年。全市各级纪检监察机关要坚持和发展改革开放40年来纪检监察工作的宝贵经验，始终坚持和加强党的全面领导，保证纪检监察工作沿着正确方向前进；始终坚持以人民为中心，切实维护人民群众根本利益；始终坚持标本兼治，一体推进不敢腐、不能腐、不

想腐；始终坚持务实求实，自觉遵循客观规律推进工作；始终坚持依规依纪依法，规范精准履行纪检监察职责；始终坚持改革创新，不断推进纪检监察工作与时俱进。

【市纪委常委会、市监委委务会】2019年，市纪委市监委召开常委会27次、委务会11次。市纪委常委会、市监委委务会坚持以习近平新时代中国特色社会主义思想为指导，准确把握纪检监察机关作为政治机关的定位，按照决策科学化、民主化、制度化要求，就全面从严治党、党风廉政建设和反腐败工作重大问题进行研究。（连寿福）

监察体制改革

【概况】2019年，市纪委市监委深入学习贯彻中央、省市委和上级纪委监委工作部署，坚持目标导向、问题导向，一体推进党的纪律检查体制改革、国家监察体制改革、纪检监察机构改革，在新的起点上推动改革向更深层次深化、向更高水平迈进。制订《杭州市纪委市监委机构改革组织实施工作方案》，全面完成新一轮市县派驻机构改革、委机关内设机构优化调整和市属企业、高校、金融企业纪检监察体制改革，监督有效全覆盖格局进一步完善。深入贯彻实施《中华人民共和国监察法》《中国共产党纪律检查机关监督执纪工作规则》《监察机关监督执法工作规定》，进一步贯通纪法、衔接司法，纪检监察工作规范化、法治化水平不断提升。国家监察体制改革的不断深化，体制改革形成的制度优势日益转化为治理效能。

【派驻机构改革深化】2019年，市纪委深化派驻机构改革，全面完成新一轮市县派驻机构调整和人员调配，市级派驻（出）机构从46个调整到27个，其中综合派驻20个、单独派驻（出）7个、委托管理2个；在区县（市）层面，派驻机构数量从183个减少到131个，监督单位从711个增加到772个，单独派驻机构从85个减少到43个。扎实推进国企、高校纪检监察体制改革，向杭州市金融投资集团有限公司、杭州银行股份有限公司派驻纪检监察组，向杭实集团等11个市属国企派出监察专员，改革后市属国企纪检监察机构编制比改革前增长82%。出台《派驻（出）机构工作办法（试行）》和派驻机构及其主要负责人年度考核办法，建立派驻机构与驻在部门、综合监督单位协调机制，以及审查调查、案件审理、党员处分等工作协调机制，促进精准履职。组织开展全员大培训、岗位大练兵和实战大比武，培训派驻机构干部和国企高校干部240多人。

【监委运行机制完善】2019年，根据《中华人民共和国监察法》《中国共产党纪律检查机关监督执纪工作规则》《监察机关监督执法工作规定》等法律规定，市纪委市监委印发《关于进一步调整完善问题线索分办和处置会商机制的通知》，进一步规范问题线索分办处置流程，体现依规依纪依法、集中高效处置。印发《杭州市纪委市监委执行〈监察机关监督执法工作规定〉审批权限一览表》，进一步规范监督检查和审查调查过程中各个程序环节的审批权限。规范党风廉政意见回复工作，优化廉政鉴定流程，细化回复工作要求，规范意见回复格式，有效提升党风廉政意见回复质量。

【监委协作机制完善】2019年，市纪委市监委深化外部协作机制贯彻执行，加强与公安、检察、审计等部门的衔接，与公安、检察机关建立健全互涉案件办理机制，出台《扫黑除恶"打伞破网"攻坚行动实施方案》，印发《关于建立查处涉黑涉恶腐败和"保护伞"问题相关工作制度的通知》《杭州市纪检监察机关与公安机关在扫黑除恶专项斗争中办理互涉案件的操作办法》等，明确案件管辖、措施使用、协调配合等，强化职能互补、措施衔接、信息共享。贯彻落实中央纪委国家监委、公安部下发的《关于纪检监察机关提请公安机关协助采取搜查、留置、通缉措施的规定（试行）》，加强与市公安局协作，研究制定细化的操作规范。进一步加强与审计机关协作配合，建立工作例会制度和沟通联络机制，规范审计项目商讨、线索移送及办理、重要情况通报等事项，形成双向协作、合力反腐的长效化、规范化运行机制。

【监察留置管理】2019年，市纪委市监委充分发挥监察留置措施在审查调查工作中发挥核心作用，制订出台《杭州市监察留置管理办法》《关于加强留置措施执行情况监督检查的暂行规定》《留置巡护监控负面行为清单》等制度，进一步完善留置措施审批把关、呈报备案、组织协调、实施运用、监督管理和服务保障工作。在审批程序上，拓展应急审批机制，探索实行附条件批准留置机制；在管理模式上，探索多人集中留置方式及多种留置管理模式；在常态监管上，创新建立留置执行流程、留置全程监管、案件督促办理，牢牢把住谈话、陪护、监控和应急处置四道防线，严把留置安全关；在场所建设上，完成西溪留置点改扩建工程，运溪留置点综合楼建设有序推进。全年采取留置措施139人，其中市监委采取留置措施24人、区县（市）监委采取留置措施115人。

【派出乡镇（街道）监察办公室规范化建设】2019年，市纪委市监委以打造"百姓家门口的监委"为目标，扎实推进派出乡镇（街道）监察办公室规范化建设，持续深化监察职能向基层延伸，并在富阳召开专题现场会，着力在配强队伍、完善制度、创新机制上下功夫，推动基层监察从"有形覆盖"向"有效覆盖"转化。全年全市派出乡镇（街道）监察办公室运用第一种形态处理问题2689人次，诫勉244人次，政务处分26人次，提出监察建议244条，初步实现了"形塑神铸"目标。（郭文瑞）

执纪审查和监察调查

【概况】2019年，杭州市各级纪检监察机关始终保持惩治腐败高压态势，受理检举控告441[illegible]件（次），立案2616件，党纪政务处分2475人，其中厅局级干部9人、县处级干部160人、乡科级干部194人，移送司法机关129人。通过监督检查和审查调查，为国家和集体挽回直接经济损失6.04亿元。

【重复越级信访治理大比武活动】2019年，杭州市各级纪检监察机关围绕整治信访举报工作形式主义、官僚主义问题，深入开展重复越级信访大比武活动，以进京赴省到杭越级访数量、存量重复举报化解率和初信重复信访转化率三项关键数据为重点，在全市起底存量重复信访308件，通过挂图上墙、跟踪督办、工作对账、每月通报、晾晒成绩，督促各地扎实推进重复越级信访治理，形成比学赶超的良好氛围，全年集中化解重复信访180件，其中化解省纪委重点治理件21件。

【纪检监察检举举报平台部署应用】2019年，市纪委市监委开展纪检监察检举举报平台部署应用试点工作，严格按照来访接待系统、“12388”电话举报系统、处置子平台、基层版综合业务应用系统4个子系统入网设备标准，加强纪检监察内网和电子政务外网建设，实现网络布局“横向到边、纵向到底”。结合杭州实际制订《杭州市纪检监察信访举报分级采集录入试点实施方案》，围绕“谁接收谁录入、谁主管谁负责、应录尽录、兜底录入”四项工作原则，强化统筹监管，创新“简录直转”录入模式，同步优化信访举报件处置流程，采取“当日信、当日毕”的办信模式，实现信访举报流转可查询、可追溯，实现工作全流程闭环。

【反腐败斗争成果不断巩固】2019年，杭州市各级纪检监察机关立案查办同级党委管理干部要案151件，比上年上升37.3%，其中市本级立案20件，上升42.9%，涉及“一把手”案件7件。严肃查处权力集中、资金密集、资源富集的重点领域和关键环节的腐败问题，全市查办涉及工程建设、项目招标、土地出让、征地拆迁、房地产开发等领域的要案32件，占21%；查办资本和权力相互勾结、政治和经济问题相互交织的腐败案件30件，其中要案11件。坚决查处不收敛、不收手问题，查办的案件中发生在或延续到党的十八大之后的占92.5%，发生在或延续到党的十九大之后的占68.2%；要案中发生在或延续到十八大之后的占83.9%，发生在或延续到十九大之后的占54.7%。全市查办发生在农村（社区）的案件1522件，占办案总数的58.2%，其中：村社干部案件433件，处分404人；镇街干部案件140件，处分95人。严肃查处与群众利益密切相关的征地拆迁、土地管理、工程建设、“三资”管理等领域的腐败案件636件，占案件总数的24.3%，处分521件，其中贪污贿赂案件中涉及上述领域的占49.8%。

【反腐败追逃追赃工作】2019年，市纪委市监委坚持把反腐败追逃防逃纳入总体工作部署，市委反腐败协调小组集中统一领导，市追逃办全面统筹协调，努力削减存量、遏制增量，追逃追赃工作取得重大历史性突破，全年追回职务犯罪外逃人员4人。其中，市本级成功从美国劝返追回外逃近6年的“百名红通”人员莫某，这是2019年全国追回的“百名红通”第一人、党的十九大以来归案的“百名红通”第九人、“天网”行动以来追回的“百名红通”第57人，实现杭州“百名红通”人员“清零”目标。上城区从罗马尼亚劝返追回外逃25年的“红通”对象、涉金融职务犯罪嫌疑人袁某，这是“天网”行动以来杭州从境外追回的第一人、全省县级监委境外追回的“红通”第一人、浙江追回的外逃时间最长的“红通”人员。拱墅区在云南大理将潜逃9年的原浙江省交通厅道路运输管理局城市客运管理处处长王某缉捕归案。江干区从老挝万象缉捕追回新增监察对象、涉嫌生产销售假药外逃的杭州某医院管理咨询公司员工李某。

【涉黑涉恶腐败和“保护伞”问题查处】2019年，市纪委市监委坚决贯彻落实中央、省、市及上级纪委监委扫黑除恶专项斗争决策部署，以中央扫黑除恶专项督导为契机，制定扫黑除恶“打伞破网”攻坚行动实施方案，全力推进“打伞破网”工作向纵深发展，严肃查处“11·5”“3·28”专案等一批涉黑涉恶腐败及“保护伞”问题。至2019年末，全市累计立案涉黑涉恶腐败和保护伞264起，处理632人，其中党纪政务处分231人、组织处理394人、移送司法机关46人，查处充当保护伞的党员干部403人，全市涉腐涉伞问题线索数量和处理人数位居全省第一。

【法法衔接机制完善】2019年，市纪委市监委会同市法院、市检察院出台《杭州市监察机关与司法机关办理职务犯罪案件有关工作操作办法（试行）》，为规范法法衔接（监察法与刑事诉讼法及相关行政法等部门法的衔接）工作，为职务犯罪案件优质、高效、协同办理提供依据。该操作办法进一步明确监察体制改革以后，由案件审理部门承担法法衔接的工作任务，进一步畅通审查调查、案件审理、审查起诉和审理审判过程中的沟通协商渠道，形成反腐败工作合力。

（郭文瑞）

作风建设

【概况】2019年，杭州市各级纪检监察机关贯彻落实习近平总书记重要批示精神和中央纪委、省纪委相关工作要求，坚守重要节点，紧盯薄弱环节，强化明察暗访，巩固拓展落实中央“八项规定”精神成果。围绕违规收送礼品礼金礼卡、违规利用名贵特产特殊资源谋取私利等重点问题开展集中整治，持续加大隐形变异“四风”问题治理力度。构建“1+5+6+13”全覆盖正风肃纪监督体系，全面开展主题教育正风肃纪，督促相关责任单位抓实问题整改。全年累计查处违反中央“八项规定”精神问题244起，问责处理279人，其中党纪政务处分188人。市本级通报曝光违反中央“八项规定”精神典型案例3批17起，涉及18人。

【基层减负工作监督】2019年，杭州市各级纪检监察机关认真贯彻落实中央关于深入整治形式主义突出问题切实减轻基层负担的要求，将基层减负工作中的形式主义问题纳入监督执纪重点任务清单，围绕市委整饬“六大顽疾”部署要求，在全市各层级建立8个减负监测点，对会议文件、评比创建、签订“责任状”及“一票否决”等情况进行动态监督和统计分析，并组织开展专项监督，及时发现存在问题并督促整改，推进以解决问题、服务基层为导向的务实作风更加彰显。

【“三不”问题整治】2019年，杭州市各级纪检监察机关紧紧围绕贯彻落实习近平总书记重要指示批示精神和党中央、省市委重大决策部署，重点查纠贯彻落实中的不担当、不作为、不落实问题。全年累计查处“三不”问题827起1100人，其中，党纪政务处分102人，通报曝光典型案例14批42起，涉及74人。

【重点领域专项治理】2019年，杭州市各级纪检监察机关坚持问题导向，针对不正之风和腐败问题易发多发领域，采取有力措施推进治理工作。开展违规享受集体所有土地征迁安置政策专项治理，全市自查23.39万人，退缴安置房7800多平方米，退缴或补缴各类违规款项2.48亿元。持续深化领导干部参与违规借贷和违规房产交易专项治理，纠正违规违纪问题41个，组织处理23人，党纪政务处分11人。全面启动人防系统腐败问题专项治理，组织开展对全省生态环保督察整改责任落实情况、拟改制事业单位资产运营情况专项审计调查整改情况等工作的专项监督。

【群众身边不正之风和腐败问题整治】2019年，杭州市各级纪检监察机关认真贯彻扶贫领域专项治理三年工作方案，聚焦帮扶惠民、低收入农户救助、消除集体经济相对薄弱村和助力对口帮扶地区脱贫攻坚等工作，深入开展监督检查，压实主体责任，从严问责曝光，督促推进问题整改。开展村级报账员集中专项治理，强化对村级报账员队伍的管理和监督。持续加大教育、医疗、环保等民生领域不正之风和腐败问题的查处力度，严查小官大贪和“微腐败”，坚决查纠基层干部贪污侵占、虚报冒领、截留挪用、优亲厚友等问题。全市累计查处群众身边腐败问题211起，处理239人，其中，移送司法机关69人，通报曝光典型案例16批47起，涉及54人。（李书扬）

巡察工作

【概况】2019年，市委巡察机构认真贯彻落实中央和省、市委部署要求，坚持巡视巡察工作方针，坚定不移深化政治巡察，积极探索上下联动，制定出台《关于被巡察党组织准备工作的操作办法（试行）》《关于抽调干部帮助巡察工作的操作办法（试行）》等制度，修订完善《巡察工作手册》，持续推进巡察工作高质量发展。1月，市委巡察工作领导小组办公室申领统一社会信用代码证书。3月，市直单位机构改革明确市委巡察办为计入机构限额的市委工作机关，并设置市委巡察机构独立办公场所。

【市本级巡察】2019年，市委巡察工作领导小组认真履职，深入贯彻执行中央巡视工作方针和省市委巡视巡察工作部署精神，坚持“六围绕一加强”“三个聚焦”开展政治巡察，全年完成4轮21个单位常规巡察，实现对市属国有企业巡察的全覆盖，发现问题562个，提出整改意见建议92条，移交问题线索51条。积极推动巡视巡察上下联动实践与创新，市本级对桐庐县公安局、建德市高铁新区开展提级交叉巡察，开展全市人防系统腐败问题联动巡察。

【基层巡察】2019年，市委巡察机构加强对区县（市）巡察工作的领导和指导，通过上下联动、协同配合，着力破解巡察难题，有效提高全市巡察工作一盘棋的质量和效果。各区县（市）紧密结合地方实际，突出征迁、“三资”管理、民生等重点领域，以常规巡、延伸巡、交叉巡、“巡乡带村”、“整乡推进”等形式，推动巡察向基层延伸。全年县级巡察所辖单位217家，发现问题13179个，累计完成巡察单位680个，覆盖率71.1%；巡察村（社）726个，发现问题10160个，累计完成巡察村（社）1974个，覆盖率65%。

【回访检查工作】2019年，市委巡察机构通过探索协同审核整改方案和报告、协同督促巡察整改落实等“六个协同”监督工作机制，推进巡察监督与其他监督贯通融合。探索回访检查“十步工作法”，采取巡察监督、纪律监督、监察监督、派驻监督四支监督力量协同配合，盯紧巡察整改闭环，提高整改质效。全市完成十二届市委第5—8轮巡察的24个单位的回访检查，延伸检查下属单位37个，巡察反馈的473个问题，有431个基本整改到位，整改完成率91.1%，制定完善各类制度138项，问责处理345人，清退上缴各类资金2.17亿元。

【巡察成果运用】2019年，市委巡察机构聚焦“十个方面典型问题”，推动多方监督同向发力，加强督促指导，建立长效机制，促进巡察成果转化。针对上一轮中央、省委巡视反馈意见和“十大整改行动”落实进展情况，推动有关单位完善党组织核心作用、工程建设管理等5个方面9项制度。针对巡察发现的问题，围绕市属文化企业国有资产管理改革等方面，向市委、市政府有关部门提出意见建议2条。针对市属国有企业存在的共性问题，向市国资委提出加强和规范市属国有企业管理和改革方面的建议4条。

【巡察干部队伍建设】2019年，市委重视巡察干部队伍建设，增配巡察组副组长4人，选拔副组长1人，提拔副局级巡察专员1人，晋升一级调研员2人。开展巡察机构干部选任工作，提拔处级巡察专员8名，并协调部分帮助工作期满的人员回原单位任职，协调落实巡察组联络员固定编制5名，新选调6名优秀年轻干部到巡察机构帮助工作。市本级加强巡察队伍建设的经验和做法被省委巡视办作为工作案例上报中央巡视办。（李书扬）

党风廉政宣传教育

【概况】2019年，市纪委市监委以迎接中华人民共和国成立70周年为主线，围绕全市深入推进全面从严治党、履行监督首要职责、着力破除形式主义官僚主义、保持惩治腐败高压态势、一体推进“三不”等方面的新进展新成效开展系列宣传，创新开展集中警示教育活动，高质量推进清廉文化建设，为全面从严治党、推进清廉杭州建设营造良好舆论环境。市本级在市级以上主流媒体发稿339篇，其中《人民日报》、中央电视台、《中国纪检监察报》等中央级媒体发稿135篇，发稿数位居全省各设区市第一。中国纪检监察报社杭州记者站获2019年度“先进工作”奖。

【主题宣传立体化】2019年，市纪委市监委围绕中心，统筹“一站两微三端四平台”全媒体宣传阵地，联动上级主流媒体，主动发声、正面引导，形成立体有效的宣传声势。围绕迎接中华人民共和国成立70周年，在“杭州廉政网”“清廉杭州”微信微博开设“精彩实践”“纪检风采”“祝福祖国”等专题专栏专页，组织“礼赞70年·记者眼中的清廉杭州”采风活动，广泛宣传杭州正风肃纪反腐的生动实践，集中展示近年来杭州市深入推进全面从严治党、加快推进清廉杭州建设的丰硕成果。围绕监察职能向基层延伸，在中央和省纪委媒体平台推出“家门口的监委”综合报道，全面反映杭州市基层派出乡镇（街道）监察办公室全覆盖以来的工作进展、典型经验，在自有媒体平台刊发“监察办这一年”图文报道，以图片记录各地派出乡镇（街道）监察办公室的特色典型做法。围绕扫黑除恶专项斗争攻坚年，在市纪委市监委官网、官微、华数电视教育平台等开设专栏，及时准确做好权威信息发布和系列宣传报道，通过“小莲说纪”进行以案说纪释法，广泛宣传全市纪检监察机关深挖彻查涉黑涉恶腐败和“保护伞”的经验成效，广泛运用宣传栏、电子屏、板报墙等宣传阵地和平台渠道，大力开展扫黑除恶相关内容宣传。全年分别被中央纪委、省纪委网站（含微信公众号）录用280条、518条；“杭州廉政网”发布信息4500多条，网站访问量276万次；“清廉杭州”官方微博编发信息2600条，阅读数431.52万次；微信公众号推送消息452期676条；华数数字电视平台共发布信息252条，点击量357万次。

【公职人员廉政教育全覆盖】2019年，市纪委市监委进一步深化落实《关于推进全市公职人员廉政教育全覆盖的意见》，突出“关键少数”，将理想信念、道德要求、党章党规党纪和法律法规专题教育等内容纳入全市各级党委（党组）理论中心组学习的重要内容，作为全市各级党校、行政学院的必修课。借助“小莲说纪”“廉政经纬”“清风窗”等栏目或平台，深入宣传解读《中国共产党纪律处分条例》和《中华人民共和国监察法》。提升浙江省法纪教育基地功能，并于5月重新对外开放。组织清廉杭州法纪宣讲团赴基层宣讲，开展399场专题宣讲，2.6万名党员干部参加宣讲会。

【警示教育活动】2019年，市纪委市监委创新开展集中警示教育活动，集中开展“十四个一”系列活动，即组织一次警示教育参观活动、召开一场警示教育专题会议、召开一次党委（党组）分析研判会、剖析一批严重违纪违法典型案例、开展一次警示教育专题片集中展播、出台一个廉政风险排查防控工作意见、组织一次专题民主生活会、组织一次新任市管领导干部培训、开展一次廉戏下乡巡演活动、开辟一批警示教育集中宣传专栏、组织一次百人法纪宣讲团专题宣讲、开展一次警示教育专项监督、开展一次巡察问题自查自纠立行立改活动、建立完善一批警示教育长效机制。集中剖析一批党的十八大以后杭州市纪检监察系统查处的严重违纪违法案例，拍摄制作警示教育专题片《镜鉴》，编写警示教育读本《忏悔与警示》。集中警示教育活动期间，组织全市5.3万名党员干部参观法纪教育基地；召开1945场警示教育专题会，11.8万名党员干部参加专题会；组织563批次3.8万名党员干部集中观看《以案为鉴警钟长鸣》警示教育片，2219批次11万余人观看自制警示教育片。

【清廉文化建设】2019年，市纪委市监委高质量推进清廉文化建设，组织开展系列文化活动，厚植风清气正的政治生态和敬廉崇洁的社会土壤。举办“清廉杭州、你我同行”廉戏下乡巡演活动，赴13个区县（市）和西湖风景名胜区、钱塘新区等巡演30多场。摄制清廉杭州主题曲《清气满钱塘》MTV宣传片，发布当天即在新华社客户端、浙江视界等平台播放量100万次以上，中央纪委国家监委网站、“学习强国”平台、央视新闻客户端等平台在首页头条进行推介。联合中国纪检监察杂志社举办首届“玉琮杯”清廉微电影大赛，收到来自全国各地的影视作品340多件，其中，建德市报送的微电影《澄清门》、阿里巴巴（中国）有限公司报送的微电影《廉正风云1》等一批讲述杭州清廉故事、展示杭州清廉风尚的作品展现杭州清廉文化建设的丰硕成果。首次举办的“清气满钱塘”主题交响音乐会，以网络视频直播、图片直播、杭州电视台录播、华数电视平台刊播等形式展播，受到广大干部群众好评。（连寿福）

责任编辑 金利权

民主党派 11

Democratic Parties

民革杭州市委会

【概况】至2019年末，民革杭州市委会（简称民革市委会）下辖建德市委会1个地方委员会，上城区、下城区、江干区、拱墅区、西湖区、萧山区、余杭区7个基层委员会，杭师大、市卫生局、市教育局3个总支部和53个支部。全市有党员1147人。全年发展新党员80人，平均年龄37.5岁。

2019年，民革市委会以庆祝中华人民共和国成立70周年、人民政协成立70周年为契机，贯彻民革“思想政治建设年”总体部署，开展“不忘合作初心，继续携手前进”主题教育活动，加强自身建设，履行参政党职能。在市政协十一届三次会议上，民革市委会提交大会发言材料6篇、集体提案11件，其中中共杭州市委领导领办1件、被作为大会口头发言材料1篇、获评2018年度优秀提案4件、获评2018年度杭州市人民好建议3件。全年向市政协专题常委会、主席协商会、专题协商会提交调研文章8篇，向市委统战部提交重点调研课题成果1篇，向民革省委会提交调研文章17篇。收到党员报送的社情民意438篇，整理报送188篇，被中央、省、市等各部门录用95篇（次），获省、市领导批示15篇（次）。民革市委会获2018—2019年民革省委会参政议政先进集体一等奖、2018年度民革省委会社情民意信息报送工作先进集体一等奖、中共杭州市委信息工作先进集体。

【庆祝两个70周年系列活动】2019年，民革市委会开展或参与庆祝中华人民共和国成立70周年和人民政协成立70周年系列活动。9月，举办“不忘初心、砥砺前行”庆祝中华人民共和国成立70周年暨庆中秋迎国庆朗诵会，在连横纪念馆举办“光辉的岁月”——庆祝中华人民共和国成立70周年书画作品展。9月，市委会领导走访慰问中华人民共和国成立前和成立初期参加革命工作的民革老党员，向他们赠送“庆祝中华人民共和国成立70周年”纪念章。11月，举办庆祝人民政协成立

2019年9月，“不忘初心、砥砺前行”民革杭州市委会庆祝中华人民共和国成立70周年暨庆中秋迎国庆朗诵会举行
（民革市委会 供稿）

70周年参政议政演讲比赛。全年征集刊载庆祝两个70周年主题征文作品30篇，3名党员事迹被编入《同心同行七十年·杭州统战人物志》，4篇文章被编入《我们一起走过——杭州市政协发展历程史料》，1篇文章被编入省政协《70年·70人——庆祝中华人民共和国、人民政协70华诞史料专辑》，12幅书画摄影作品入选民革省委会“同心同行70年”全省书画摄影展。

【思想政治建设加强】2019年，民革市委会以“不忘合作初心，继续携手前进”主题教育活动为主线，加强思想政治建设。4月、7月，分别组织市委会理论学习中心组成员、骨干党员和机关干部参观考察陈绍宽、张治中、朱蕴山、张钫等民革前辈纪念馆、党员党史教育基地。8月，召开市委会理论学习中心组（扩大）暑期读书会，集中学习关于加强参政党建设的三个文件精神和民革中央、民革省委会关于主题教育活动的部署要求。9月，召开民革市委会庆祝多党合作制度确立70周年暨主题教育学习推进会，印发《民革杭州市委会“不忘合作初心，继续携手前进”主题教育活动实施方案》。12月，举办民革市委会主题教育专题讲座暨工作务虚会，召开主题教育活动领导班子民主生活会。全年民革市委会领导班子成员带头开展主题教育宣讲，面向全体党员开展通读《民革与新中国的建立》《民革前辈与新中国》两本图书活动。

【调研成果入选市政协全会建议案】2019年1月，民革市委会提交的调研成果《全面建设颐养社区，构筑幸福养老家园》获选市政协十一届三次会议唯一建议案。中共浙江省委常委、杭州市委书记周江勇签批提案办理工作，市政府成立由市长徐立毅担任组长的办理工作组并制订《建议案工作责任分解表》，市政协召开主席会议并形成协商建议报送中共杭州市委、市政府。建议案中提出的相关对策和举措建议被吸收到10月印发的《杭州市共建颐养社区、共享幸福养老行动方案》和12月通过的《杭州市居家养老服务条例》中。

【集体提案被中共杭州市委主要领导领办】2019年，民革市委会提交市政协十一届三次全会的集体提案《关于提升新一代人工智能研究与产业发展的建议》，被中共浙江省委常委、杭州市委书记周江勇和市委常委、秘书长许明领办，市委政研室会同市发改委、市经信局、市科技局、市数据资源局等单位共同办理。提案中提出的相关对策和举措建议被采纳并纳入中共杭州市委、市政府重大决策部署。12月，民革市委会编印《市委书记、秘书长领办民革集体提案十年成果汇编》。

【优化营商环境专项民主监督】2019年，民革市委会按照市委统战部统一安排部署，对口余杭区开展“建设国际一流营商环境和争创民营经济高质量发展示范区”专项民主监督，制订实施方案，成立专项民主监督工作小组。5月，市委会专项民主监督工作小组部分成员参加民革省委会组织的赴省公安厅、省税务局、省市场监管局开展的“民营经济高质量发展”专项民主监督。6月、10月，市委会领导两次带队到余杭区走访调研、协商座谈，听取企业意见建议，收集并报送社情民意信息10多条。11月，市委会主委叶鉴铭参加市各民主党派专项民主监督协商会并结合监督调研中发现的问题提出意见建议。

【市政协民革界别委员工作站授牌成立】2019年4月30日，位于杭州民革党员之家的市政协民革界别委员工作站授牌成立，有省、市、区三级46名政协委员入站。4月，市政协副主席汪小玫走访杭州民革党员之家，调研指导工作站建设。7月，市政协党组副书记、副主席翁卫军参观调研工作站，推动工作站建设工作。8月，市委会召开市政协民革界别委员工作站建设座谈会，讨论完善工作站工作规则和年度工作计划。

【社情民意信息报送】2019年，民革市委会收到党员报送的社情民意438篇，整理报送188篇。其中：95篇（次）被中央、省、市等各部门录用，15篇（次）获省、市领导批示。《基层建议我省企业投资项目2.0平台增加项目备案预审环节》《关于法律援助审批不宜按最多跑一次评价的建议》等14篇信息获省级领导批示。《医共体改革背景下乡镇卫生院发展的若干思考》《发展新一代人工智能产业的杭州对策》等4篇信息在市社科联主办的《创意城市学刊》发表。

【民革市委会助力脱贫攻坚】2019年，民革市委会根据民革中央、民革省委会和中共杭州市委脱贫攻坚工作要求，开展“走亲连心三服务”和联乡结村、对口帮扶活动。4月，民革市委会选派党员参加民革省委会教育帮扶团，到贵州省纳雍县董地乡开展对口帮扶活动。6月，联合杭州市中华职教社、杭州职业技术学院，承办民革省委会结对贵州省纳雍县董地乡精准扶贫计划项目之电梯技能培训班。7月，组织党员到淳安县文昌镇开展“三服务”活动，民革党员企业家连续两年资助10万元助力王家源村集体增收，市委会划拨经费5万元助力结对的桐庐县百江镇金塘坞畲族村基础设施建设。全年市委会各服务团和各级组织开展“同心·博爱”送医送药、法律咨询、公益理发、文化服务等活动97次，服务群众1万余人次。

【对台交流交往活动】2019年1—3月，民革市委会与市台办联合举办“铭记历史，情系两岸”庆祝杭州市台胞台属联谊会成立30周年主题作品征集评选活动。4月，民革市委会主委、市台联会会长叶鉴铭出席2019年浙台邻里节·杭州分场开幕式并致辞。9月，市委会主委叶鉴铭先后接待到杭州访问的台湾政界人士李哲华和台湾文创产业代表人士，市委会副主委方方接待到杭州访问的台湾中小企业总会监事长林坤荣一行。9月，钱塘书画研究社联合台湾花莲县书法学会在台湾花莲举办书法作品交流展。12月，市委会组织党员参加两岸关系杂志社主办的海峡两岸青年企业家座谈会。全年市委会提交《台胞反映“居住证”功能不全使用受限亟待完善》等涉台信息10篇，1名党员被评为民革全国祖国统一工作先进个人。

【基层组织规范化建设】2019年,民革市委会以示范支部创建为抓手,完善基层组织架构,推进基层组织"四个平台"建设。1月,杭职院支部完成换届。4月、5月、8月,先后在萧山、余杭、拱墅区总支部的基础上成立基层委员会,新建余杭三支部、拱墅三支部。12月,余杭二支部、江干二支部获首批全国"民革示范支部"表彰,西湖二支部、新安江五支部获首批全省"民革示范支部"表彰,10个基层组织获民革全省组织、思想宣传、祖国统一、社会服务等项工作先进集体称号。

【下属团体实体基础夯实】2019年1月,杭州民革企业家联谊会召开成立大会,通过《杭州民革企业家联谊会章程》,王麒诚、肖尚略、吴佳、陈金良、程力栋受聘为企业家联谊会顾问,程江鸿被选为企业家联谊会会长,选出常务理事26名,吸收理事44名。11月,钱塘书画研究社召开社员代表大会,蔡云超被选为钱塘书画社第七届社长,一批民革党员书画家进入新一届理事会,常务理事中党员比例占50%以上,更加体现民革特色。

【人才队伍建设】2019年,民革市委会坚持"以质为先",以党务干部、参政议政骨干、行业翘楚"三支队伍"建设为抓手,提高组织发展质量,加强人才队伍建设。8月、11月,举办基层骨干培训班、新党员培训班,培训党员91人。全年推荐27名党员参加中央、省、市各级各类党外中青年骨干培训。党员吉正龙率队的美发项目获第45届世界技能大赛冠军,沈醒杭获"浙江省道德模范"称号,尹世强被浙江省政府记一等功,吴牧野、卓永岳获评"浙江民革骄傲人物",另有16名党员获民革全省各项工作先进个人称号。 (李亦丹)

民盟杭州市委会

【概况】至2019年末,民盟杭州市委会(简称民盟市委会)下辖萧山区、建德市2个地方委员会,杭师大、上城区、下城区、江干区、西湖区、滨江区、余杭区、富阳区、综合、直属教育10个基层委员会,拱墅区、科职院、淳安县3个总支,92个支部。全市有盟员2027人。全年新发展盟员87人,平均年龄37.1岁。

2019年,民盟市委会开展"不忘合作初心,继续携手前进"主题教育,完成基层换届,立足精准实效提高参政水平,获民盟中央"思想政治建设和宣传工作先进集体"等荣誉。

【"不忘合作初心,继续携手前进"主题教育活动】2019年,民盟市委会开展"不忘合作初心,继续携手前进"主题教育活动,按照将"学习教育、履职尽责、查找不足、整改提高"贯穿始终的总要求,推进主题教育各项工作。第一时间成立领导小组,研究制订活动方案,谋划四大类21项主要活动,召开以全市各级民盟组织领导班子成员和代表性人士为重点的主题教育动员部署会。全市各级民盟组织结合自身实际,推进主题教育活动开展。全市各级民盟组织开展主题教育活动近100次。其中:举办学习培训、报告会、专题讲座32场,参与盟员900多人次;开展现场教育活动43场,参与盟员800多人次。民盟市委会领导班子通过主委会议、常委会议进行集中学习和自学,开展研讨。领导班子成员分别为所联系的基层组织做主题宣讲。全市各级民盟组织领导班子成员开展宣讲14次,参与盟员400多人次。市委会机关定期开展理论学习和宣讲活动,组织盟员和机关干部开展现场教学。全年发布主题教育相关宣传报道100多篇,发放相关学习资料4200多份。市委会领导班子就重点立项课题调研、"建设国际一流营商环境"等开展专项民主监督,征求意见建议,汇总形成问题清单。开展问题检视剖析,根据问题清单逐条制订整改措施,坚持立查立改,即知即改。

【系列庆祝活动】2019年,民盟市委会组织庆祝中华人民共和国成立70周年、人民政协成立70周年系列活动。5月14日,举行庆祝杭州解放70周年主题报告会。5月25日,开展庆祝中华人民共和国成立70周年趣味运动会暨羽毛球比赛,25支代表队近160名盟员参加。6月28日,举办"同心·追梦"迎七一主题活动暨刘坚群音乐书籍捐赠仪式。9月27日,举办庆祝中华人民共和国成立70周年座谈会暨"同心颂歌"盟员书画作品集首发式。拍摄"我和我的祖国"献礼中华人民共和国成立70周年活动视频,在民盟中央微信公众号和"学习强国"平台推送。开展主题征文、摄影作品和祝福语征集等活动,收到各类作品200多件。

【宣传阵地作用发挥】2019年1月18日,杭州市盟员传统教育基地揭牌仪式在杭州科技职业技术学院陶行知研究馆举行,2月28日,基地升格为浙江省盟员传统教育基地。12月13日,民盟市委会在抗日战争胜利浙江受降纪念馆举行盟员传统教育基地揭牌仪式暨现场教育活动。杭州民盟网站、微信公众号阅读量、点击量提升,其中:网站录用各类稿件609篇,公众号推送信息857条。全市各级民盟组织外发稿件被《团结报》《浙江日报》《联谊报》等报刊及中央统战部、民盟中央网站等媒体采用90多篇。强化统一战线和参政党理论研究,完成理论课题4项、市政协组织的"三亲史料"2篇、市委统战部组织的《人物志》3篇。

【协商议政】2019年,民盟市委会领导班子参加中共杭州市委、市委统战部等组织的政党协商20次,围绕长三角区域一体化、城市治理现代化等议题建言献策,并加强与对口联系单位的沟通与交流。在市政协十一届三次会议上,民盟市委会提交大会发言材料6篇、团体提案10件。其中:《迎接高铁时代,进一步加快杭州西部县(市)发展的建议》被列为大会口头发言材料并获市长徐立毅批示,《关于推进"县域医疗服务共同体"建设的建议》等2件团体提案被评为重点提案,《迎接高铁时代,进一步加快杭州西部县市发展的建议》等3件团体提案被评为优秀提案。《关于优化空港通关环境,促进跨境电商和实体经济融合发展的建议》等10篇调研报告被作为市政协各类会议的发言材料。《关于打造梅城古镇动态文化博物馆的建议》被列为市委政研室、市委统战部重点课题。参与中央、省级各类协商议政论坛，13 篇文章被评为优秀论文或作为大会发言材料。

【参政履职】2019 年，民盟市委会开展“打造一流营商环境、建设数字经济第一城、构建城乡一体新格局、提升人民群众获得感”课题招标活动，收到申报课题 129 项，确定立项课题 33 项、“全面打造国际一流营商环境”研讨会课题 33 项。通过召开立项课题中期成果汇报会等措施加强课题管理，至年末，完成全部立项课题。加强社情民意信息工作，全年参与盟员 448 人，参与率提高至 22.4%。收到信息 918 篇，上报各级各部门 546 篇，被采用 224 篇，其中：2 篇信息被中央统战部《零讯》刊物采用，1 篇信息转化为全国政协会议提案，4 篇信息获省领导批示。

【改善营商环境专题监督研讨】2019 年，民盟市委会对口拱墅区开展“建设国际一流营商环境和争创民营经济高质量发展示范区”专项民主监督，分 6 组到相关部门、企业开展走访调研，64 人次参与，走访企业 22 个，并形成监督报告。将专项民主监督与民盟省委会“进百企、访百家、解百困”调研活动相结合，分 9 组到 110 多个企业调研，了解民营企业在经营中遇到的困难和问题，为民盟省委会民主监督报告提供资料。11 月，举行“助力国际一流营商环境建设”研讨会，相关部门负责人、盟员代表和课题负责人 100 多人参加，通过交流发言和沙龙研讨，为改善营商环境贡献民盟智慧。

【自身建设强化】2019 年，民盟市委会开展基层委员会（总支）年度先进考核及星级支部评选活动，评选出五星级支部 23 个、四星级支部 15 个、三星级支部 15 个。增设示范性支部评选，11 个支部获首批示范性支部称号。开展“五星级支部谈建设”活动，宣传推广 2016—2018 年连续 3 年被评为五星级支部的经验做法。实行工作委员会、基层委员会（总支）工作汇报制度，定期向常委会议汇报工作情况。开展新一轮以非主界别代表性盟员为主角的大走访活动，对 49 名盟员进行走访。继续实行新盟员“六个一”培养计划（在新盟员一年的培养期内，至少召开一次座谈会、举办一个学习班、指导一次调研活动、组织一次盟史盟章知识竞赛、每个新盟员撰写一篇社情民意信息）。5 月 20 日，市政协民盟界别小组委员工作站在杭州龙源专修学校揭牌，至年末，开展座谈研讨、课题调研等活动近 30 次。

【基层组织换届】2019 年，民盟市委会下辖 7 个基层委员会、78 个支部完成换届。做好前期换届准备工作，印发换届工作意见及工作程序，规范指导换届工作。走访相关区委统战部、基层委员会领导班子，召开机关联络员工作会议，听取意见。完善基层组织架构，以换届为契机，将杭州科技职业技术学院支部、淳安县支部升格为总支，并对部分支部进行拆分整合调整。加强换届后工作指导，结合主题教育活动对换届后的基层组织领导班子进行盟史教育、履职教育。

2019 年 5 月 20 日，市政协民盟界别小组委员工作站在杭州龙源专修学校揭牌

（民盟市委会 供稿）

【社会服务品牌提升】2019 年，民盟市委会推进贵州省黔东南州榕江县第三高级中学培英图书室建设工作，投入培英公益基金近 19 万元，添置图书 8000 多册，配备空调等办公设备。杭师大基层委员会为图书室捐赠各类期刊 7000 多册；萧山区委会在培英公益基金设立黔东南州学生研学专项资金，开展黔东南州从江县学生到杭州研学活动。深化“培英红烛计划”，举办两期甘肃定西教师培训班，培训管理干部和骨干教师 89 人。组织教育专家到定西为 200 多名中小学校长开展专题讲座 3 场，针对定西教育发展问题进行调研。开展杭衢“山海协作”工作，达成框架性合作协议。发挥培英公益基金作用，全年安排基金 39 万元，立项 11 个。提升淳安县安阳乡基地，持续开展“奖教奖学”活动，联合江干区青少年活动中心和杭州低碳科技馆开展流动少年宫进校园、科技嘉年华等活动，助推学校特色化建设。巩固新安江中学基地，联合直属教育基层委员会开展 4 次“同心·名师服务站”支教活动。延伸“黄丝带帮教行动”，下城区基层委员会在乔司监狱开设技能培训班，培训 360 人次。（袁　路）

民建杭州市委会

【概况】至 2019 年末，民建杭州市委会（简称民建市委会）下辖建德市委会 1 个地方委员会，上城区、下城区、江干区、拱墅区、西湖区、滨江区、萧山区、余杭区 8 个基层委员会，80 个支部，6 个专委会，3 个横向组织。全市有会员 2237 人。全年发展新会员 105 人，平均年龄 36.8 岁。

2019 年，民建市委会被民建中央评为“民建脱贫攻坚奖先进集

体”，获民建省委会《浙江民建》会刊先进集体一等奖、浙江民建网站先进集体一等奖、民建省委会参政议政先进集体奖、民建省委会信息工作先进集体一等奖、民建省委会对外新闻宣传先进集体一等奖、民建省委会理论研究先进集体一等奖、民建省委会“庆祝中华人民共和国成立70周年主题征文优秀组织奖”一等奖等荣誉。

【参政议政】2019年，民建市委会组织撰写、提交大会发言材料、议案、建议和提案77件（篇），包括大会发言材料6篇、集体提案10件。其中：2件提案被市政协确定为重点提案，3件提案被评为优秀提案。民建市委会在政协全会上发言获市长徐立毅批示。继“智慧电梯”“智慧消防”提案之后，作为“智慧系列”最新提案《加快打造智慧农贸市场的建议》入选市长领办提案。5篇调研报告分别转化为2019年省“两会”民建团体提案、省“两会”党派领导情况反映以及全国政协全会委员个人提案。5篇调研文章分别获省、市领导批示。编发各类专报和信息262篇，195篇被全国政协、民建中央以及省、市相关部门采用，其中被全国政协采用9篇、民建中央采用43篇，10篇调研报告被民建省委会评为参政议政优秀成果，8名会员被民建省委会评为信息工作先进个人。举办杭州民建2019年民营小微园区发展议政会和未来社区发展议政会，着力建设参政议政新平台。召开全市参政议政工作会议，评选表彰2018年参政议政各类先进成果、集体和个人71个（人）。开展调研课题招投标，收到申报课题71个，评选立项课题38个。

【民主监督和政治协商】2019年，民建市委会对口西湖区开展“建设国际一流营商环境和争创民营经济高质量发展示范区”专项民主监督工作。召开市、区两级专项民主监督工作座谈会，实地走访近10次，100多名会员参与，形成意见建议65条，提交专题监督报告和24篇信息专报。参加中共杭州市委征求意见座谈会、市多党合作工作联席会议等，书面提出近10篇修改意见和专项建议；参加市政协专题常委会，提交4篇相关材料，其中1篇被推荐为口头发言材料。

【市政协民建界别小组委员工作站成立】2019年4月30日，民建界别小组委员工作站获市政协授牌，各项工作正式启动，成为服务社区居民的重要工作平台和履职窗口。9月29日，市政协民建界别小组委员工作站在景芳社区举行成立仪式。工作站位于江干区凯旋街道景芳社区党群服务中心二楼，由市政协民建界别14名政协委员和1名江干区政协委员组成。

【参政党理论研究】2019年，民建市委会以“70年来在中国共产党领导下民建发挥的历史作用和取得的宝贵经验”“工匠精神与创新发展”“施复亮生平学术思想”等为主题开展理论研究，形成22篇理论研究成果。其中：《新时代加强民建思想政治建设的思考》获民建中央理论研究优秀成果二等奖，《环卫工匠培育与制度保障》获民建中央优秀征文三等奖，6篇文章获民建省委会理论研究优秀成果一、二等奖，6篇文章被收入民建省委会联合浙江师范大学主编的《纪念施复亮先生120周年诞辰论文集》并分别获二、三等奖。

【主题教育活动】2019年，民建市委会开展“不忘合作初心，继续携手前进”主题教育活动。以主委会、常委会、全委会、中心组学习等形式，开展集中学习和宣讲7次、交流发言2轮；主委、副主委、秘书长到建德市委会、城区基层委员会、富阳区和临安区支部等基层组织，收集意见建议80多条，梳理汇总33条，制订举措进行整改。各级组织以开展“三个一”活动（开展一次主题读书会、一次专题民主生活会、一次主题座谈会或走访活动）为主抓手，开展学习、研讨120多次，参与会员2500多人次。

民建市委会将庆祝中华人民共和国成立70周年、多党合作制度确立70周年等系列活动作为主题教育

2019年8月31日，“歌唱祖国，咏诵初心”民建杭州市委会庆祝中华人民共和国成立70周年歌咏会举行

（民建市委会 供稿）

活动的重要内容。3月，启动庆祝中华人民共和国成立70周年等主题征文活动，收到征文90篇，其中16篇被民建省委会评为优秀征文。5月12日，召开庆祝中华人民共和国成立70周年座谈会，邀请市委委员和会员代表忆历史、谈感想、话未来。5月11—15日，举办市委委员、骨干会员培训班，到四川省雅安市夹金山干部学院接受革命历史教育。8月，举办“歌唱祖国，咏诵初心”歌咏会和“画好同心圆，凝聚正能量”同心故事会，组织建德市委会、城区基层委员会、富阳区支部、临安区支部等分别拍摄“我和我的祖国”快闪视频并进行轮播。9月，举办纪念施复亮、施光南“父子双杰”剪纸艺术展，组织新会员和部分骨干会员到施复亮故居、冷遹纪念馆参观学习。

【承办民建直辖市、副省级城市会员思想动态座谈会】2019年4月22日，民建市委会承办民建直辖市、副省级城市会员思想动态座谈会。民建中央副主席吴晓青出席会议。民建各直辖市、副省级城市、副省级城市所在省的宣传部门负责人以及民建中央宣传部干部40多人参加会议。会上，民建市委会做题为《健全思想动态收集机制，扎实推进思想政治建设》的交流发言，介绍杭州民建会员思想动态分析工作，获得民建中央的肯定。

【基层组织和会员队伍建设】2019年1月4日，民建市委会印发《民建杭州市委会基层委员会全面加强自身建设的工作规定》，完善基层组织管理制度体系。完成下城区、西湖区、滨江区基层委员会换届和所属支部调整换届工作，下城区基层委员会由6个支部拆分为8个支部，滨江区基层委员会由4个支部拆分为5个支部；完成萧山区基层委员会班子届中调整工作；新建7个特色行业支部。11月26日，印发《民建杭州市委会基层组织活动经费管理办法（修订版）》，规范基层组织经费使用。12月，开展“先进支部”评选，优化“互联网＋支部工作”模式，64个支部参与评选，占全市支部总数的80%。经考核，30个支部获“杭州市先进支部”称号，10个支部获“杭州市表扬支部”称号，7个支部获“杭州市鼓励支部”称号。

民建市委会抓好会员入会前后的教育工作，举办5期“民建之友”学习座谈会和2期新会员读书班，103名拟发展对象和97名新会员参加。举办骨干信息员培训班、举办下城区、西湖区、滨江区3个基层委员会及所属支部委员培训班，部分市直支部主委培训班等5个班次，近250名骨干会员参加培训。推荐7名会员参加市委统战部党外干部中青班、2名会员参加民建中央骨干会员培训班。

【“民建之家”建设】2019年11月22日，民建市委会召开全市“民建之家”建设现场交流会，总结交流经验成果，部署推进相关工作。12月25日，民建市委会“民建之家”揭牌仪式在市委会机关举行。至年末，民建市委会及建德市委会、城区基层委员会及部分支部共建成“民建之家”10个。

【专委会和横向组织工作】2019年，民建市委会各专委会和横向组织发挥自身优势，开展特色活动。参政议政工作委员会联合青年工作委员会召开“建设国际一流营商环境”专题议政会，为杭州市如何继续全面深化改革、打造国际一流营商环境提出意见建议。理论研究工作委员会到浙江师范大学、杭州高级中学等处，开展施复亮思想理论专题调研。对外联络工作委员会联合青年工作委员会、参政议政工作委员会到安徽省合肥市三瓜公社小镇，调研“互联网＋三农、一二三产融合发展”运营模式。妇女工作委员会联合省民建妇工委举办“庆‘三八’——走进新时代，全面提升女性素质”主题报告会。乐龄工作委员会开展养老主题调研，与市民政局交流座谈，到拱墅区和睦社区及金华市、衢州市开展考察调研。会员企业家联谊会完成换届工作，选举产生新一届理事会领导班子。会员律师联谊会举办“工程地产领域热点问题与法律实务”专题讲座，促进会员律师间业务学习和交流。艺术院联合拱墅区基层委员会开展“关爱老年会员，迎春送福拱墅行”活动。

【助力脱贫攻坚】2019年，民建市委会助力河北省丰宁县脱贫攻坚，向丰宁县捐赠爱心扶贫款5万元，以消费扶贫方式认购丰宁县电商产品近3万元。联合会员企业千年舟新材料科技集团有限公司开展“绿色健康＋扶贫”公益项目系列活动，在山东省临沂市郯城县红花镇开展生态扶贫公益活动，捐资30万元栽植扶贫防护林，所获收益用于帮助当地困难群众脱贫致富。会员周颖、陆铜华、孙丙华获“民建中央脱贫攻坚奖先进个人”称号。

【“思源工程”社会服务】2019年，民建市委会依托思源·彩虹人生公益基金平台，推进“思源·彩虹人生”社会服务品牌建设。在超强台风“利奇马”灾害发生之际，发动各级组织为临安区龙岗镇捐款赈灾，26个支部、412名会员捐款18万余元。深化“送光明”社会服务活动，联合相关部门对富阳区白内障眼疾患者提供医疗救助，实施白内障眼疾筛查4834人，救治一类特困人群15人，为困难患者减免医疗费用63万余元。开展“民建·思源救护千年舟绿色通道”捐赠活动，向新疆昌吉回族自治州捐赠救护车3辆，改善当地乡镇卫生院医疗服务条件。走访慰问原工商业者和老会员，发放原工商业者补助8万元，对290名75岁以上的老会员进行生日慰问。联合民建省委会青企委开展暖心慰问活动，为生活困难老会员送去慰问金1.8万元。在民建全省社会服务工作交流研讨会上，杭州民建思源·送光明社会服务活动获浙江民建“思源工程”社会服务品牌优秀奖，杭州“绿色健康＋扶贫”公益项目、杭州市临安区民建志愿消防救援队、杭州市紫荆花学校公益资助活动获浙江民建“思源工程”社会服务品牌鼓励奖，“米乐小站”公益助学项目、垃圾分类志愿宣传服务、思源·彩虹人生公益基金获浙江民建“思源工程”社会服务品牌提名奖。

【促进“两个健康”发展】2019年，民建市委会开展“走亲连心三服务”

活动，走访调研会员企业60多个，了解会员企业发展现状和难题，鼓励企业专注主业、增强创新能力和核心竞争力。成立杭州民建“两个健康”法律服务团，走进米果·东部首座产业园区举办法律专题讲座，助力营造法治营商环境。密切与政府有关部门的联系，与市贸促会签署友好合作备忘录，为会员企业“走出去”提供支持。组织会员企业家到捷克、波兰开展经贸考察活动，参与“一带一路”经贸合作。组织会员企业家参加中国（甘肃）非公有制经济发展论坛、中国风险投资论坛和“2019共创未来香港青年内地交流计划”活动，组织与南京、雅安及黄山等地民建企业家协会进行交流合作，助力会员企业抢抓贸易投资机遇。（穆盈秀）

民进杭州市委会

【概况】至2019年末，民进杭州市委会（简称民进市委会）下辖萧山、临安、建德3个区（市）级委员会，杭师大、上城区、下城区、江干区、拱墅区、西湖区、滨江区、余杭区8个基层委员会，97个基层支部，设有参政议政、团结联谊、学习研究和社会服务四大类19个工作机构。全市有会员2245人。全年发展新会员110人，平均年龄36.5岁。

2019年，民进市委会开展“不忘合作初心，继续携手前进”主题教育活动，落实基层组织建设主题年工作，发挥特色优势提升履职实效，加强宣传平台建设，持续推进社会服务。

【主题教育活动】2019年，民进市委会贯彻落实民进中央、民进省委会关于深入开展主题教育活动的部署要求，成立领导小组和办公室，制订实施方案，召开部署推进会，编印《杭州民进主题教育学习读本》。领导班子成员到各自联系的地方组织、基层委员会和支部进行辅导宣讲，走访当地统战部门和老领导老会员，听取意见建议。民进市委会组织会员参观中国共产党杭州历史馆、中国共产党杭州小组纪念馆等教育基地，举办“我向民进话初心”、主题座谈研讨、主题理论征文等系列活动。召开专题民主生活会，开展批评与自我批评，推进整改落实。

【民进优良传统弘扬】2019年，民进市委会推进会史教育基地建设。11月1日，马叙伦历史资料陈列馆在杭州师范大学开馆，民进中央主席蔡达峰参加开馆仪式。会同西湖区委统战部完成市级文保点马叙伦墓地修缮工作。12月18日，民进中央副主席王刚到墓地缅怀民进先辈并走访中共西湖区委及民进西湖区基层委员会。持续抢救、挖掘会史资料，访谈整理马叙伦亲属口述史，开展马叙伦在教育学、文字学、书法领域思想成就研究，完成“章太炎、马叙伦书法比较研究”“说文解字六书利用古文字材料平议”等课题。推进杭州民进前辈录、民进简史和杭州民进大事记编撰工作。

2019年11月1日，马叙伦历史资料陈列馆在杭州师范大学开馆

（民进市委会 供稿）

【宣传思想工作】2019年，民进市委会加强“一刊一网一微一讲堂”会内宣传平台建设。《杭州民进》杂志编辑发行4期，刊登各类文章520篇、约60多万字，其中被民进中央、民进省委会和市委统战部分别录用50篇、190篇、43篇。5月23日，市委会机关“民进之家”建成。“开明讲堂”举办4期名师会员专题讲座，基层组织“开明微课堂”举办主题讲座15场次，受益人数600多人次。加大先进会员事迹宣传力度，开展“我身边的先进”宣讲，采编优秀会员履职风采、学习心得40多篇，在各级平台上宣传先进典型72人次。

【基层组织建设主题年】2019年，民进市委会结合庆祝中华人民共和国成立70周年活动，以“弘扬爱国奋斗精神、建功立业新时代”为主题，开展“我和我的祖国”歌咏会、“我与祖国共成长”主题座谈、“庆国庆、迎亚运”趣味运动会、老年会员茶话会等系列活动。开展市直属支部与区县（市）支部结对共建活动，首批30对支部完成对接并联合举行活动。组织市直属支部负责人到建德市委会学习观摩支部委员轮值制度，加强基层组织机制建设。推进活动场所建设，新建成6个“开明嘉苑·民进之家”，基层组织与街道、社区举办交流合作活动200多场次。总结基层组织建设创新工作经验，征集案例11件，其中：5件获全省基层组织建设优秀创新案例“金点子”奖，1件被上报民进中央。新成立农业农村工作委员会、科创支部、长河高级中学支部。民进市委会被民进中央授予“民进全国组织建设先进地方组织”称号，被民进省委会评为组织工作先进单位；上城区、江干区、余杭区基层委员会和萧山区临浦支部、临安区文卫支部被授予“民进全国先进基层组织”称号；会员叶虹、顾余丹、贾安琪、张清宏、吴宗方被授予“民进全国组织建设先进个人”称号。

【基层组织建设加强】2019年，民进市委会修订完善《常委联系基层制度》《市委会委员职责若干规定》，市委会常委到滨江、富阳、临安、建德等地开展"走亲连心三服务"活动，走访会员企业36个，服务人员1000多人次。对滨江区、余杭区等基层委员会领导班子进行调整充实，对工作机构进行届中调整。举办青年骨干会员、新会员学习班，200多人参加。选派1人参加全国基层组织负责人培训班，20多人次参加全省基层组织负责人培训。

【提案建议】2019年，民进市委会参政议政季度例会升级为省、市、区三级联动"开明沙龙"，举办社情民意等专题培训，为基层组织提供针对性业务指导。持续充实优化智库队伍，召开开明智库专家座谈会，新聘任第三批开明智库专家。在市"两会"上，民进界别组提交集体提案10件，委员个人提案36件、代表建议意见11件。民进市委会提交的《打造国际一流的全域花园式城市，加快世界名城建设步伐》被选为市政协全会建议案，6篇调研报告被作为大会书面发言材料，1篇调研报告被作为大会口头发言材料，3件集体提案被评为优秀提案。参与民进省委会大调研专题研讨和专题论坛征文，完成省委会、市政协以及与市委统战部、市委政研室联合重点课题。民进市委会24个立项课题结题。全年上报各类信息293篇，4篇信息被全国政协采用，12篇信息被民进中央录用，17篇信息获省、市领导批示，3篇信息分别获民进省委会年度参政议政优秀成果一、二、三等奖表彰，3篇集体建议被评为"年度人民好建议"。民进市委会获全市统战系统信息工作一等奖，被民进省委会评为社情民意工作先进单位。

【履职实效提升】2019年，民进市委会参加中共杭州市委全会决定和报告、政府工作报告征求意见座谈会，中共杭州市委常委会、市政协（机关）党组民主生活会，党风廉政建设和反腐败工作、市"两院"工作情况通报会，以及新春座谈会等高层协商，提出意见建议。推进政协协商，在市政协主席专题协商会上提交书面发言材料6篇，2篇被作为大会口头发言材料。在市政协专题常委会上提交书面发言材料4篇，2篇被作为大会口头发言材料。落实对口联系政府部门工作制度，与6个对口联系政府部门开展"迎两会献良策"主题座谈会，组织会员参加教育系统基层统战工作学习培训，参与市商务局《杭州市新零售发展的实施意见》意见征求及调研活动，联合市文化广电旅游局、市商务局开展《建议杭州市加快打造国际消费中心城市》专题现场调研答办活动，与市人力社保局共同走访慰问民进会员，就全市财政工作开展情况向市财政局反馈意见建议。

【专项民主监督】2019年，民进市委会发挥开明智库专家和社会法制工委、经济科技工委、企业家联谊会以及人大代表、政协委员的智力优势作用，到高新区（滨江）开展"建设国际一流营商环境和争创民营经济高质量发展示范区"专项民主监督活动。市、区两级民进组织到民营企业走访调研，与企业、政府部门等各相关方召开专题座谈会。全年实地监督调研8次，参与人数160多人次，通过建言直通车等渠道上报各类专题信息43篇，其中《基层反映高端人才个税负担重值得关注》《建议〈完善杭州市高质量发展指标考核办法〉》等信息得到省、市领导批示，市考评办、市发改委等部门就完善优化相关指标体系与民进市委会进行协商。

【社会服务深化】2019年，民进市委会深化民进中央"同心·彩虹行动"。11月1日，"民进深化'同心·彩虹行动'西部幼儿教师教学实践基地"在余杭小博士艺术幼儿园揭牌。参与扶贫工作，杭州妇产科医院支部等10多个基层组织和陈音、金海清等40多名会员到贵州省黔东南州、湖北省恩施州开展教育、医卫、产业等精准帮扶工作，"山凤凰"女生关爱计划实施并取得成效，得到中共浙江省委领导批示。参与"联乡结村"活动，为建德市航头镇航川村捐赠价值2.5万元的办公设备，联合建德市委会邀请多批次专家为航头镇提供现场咨询和专业技术指导。在富阳城中中西医结合医院打造同心医疗服务基地升级版，在多地举办大型公益爱心义诊活动和"服务进社区""春联进万家""书画进大学""爱国拥军"等社会服务活动。参与民进中央及省、市庆祝中华人民共和国和人民政协成立70周年各类书画展览、文艺演出。（钱　凯）

农工党杭州市委会

【概况】至2019年末，农工党杭州市委会（简称农工党市委会）下辖临安区委会1个区级委员会，杭师大、上城区、下城区、江干区、西湖区、余杭区、萧山区、富阳区、桐庐县9个基层委员会，市一医院、市三医院、市红会医院、市中医院、拱墅区、滨江区、淳安县7个总支部，83个支部。全市有党员1896人。全年发展新党员102人，平均年龄38.8岁。

2019年，农工党市委会深入开展"不忘合作初心，继续携手前进"主题教育活动，学习贯彻中共十九大和十九届二中、三中、四中全会精神，落实农工党中央提出的"政治建党、人才强党、履职兴党、作风固党、制度治党"五大战略。完成23个基层组织换届、调整，推选20人参加农工党中央、农工党省委会、市委组织部和市委统战部举办的各类培训班。农工党市委会获"中国红十字奉献奖章"，被农工党中央评为"2019年定点扶贫大方县先进集体"，被农工党省委会评为"宣传工作先进集体""参政议政先进集体""反映社情民意信息工作先进集体"和"社会服务工作先进单位"等。

【中华人民共和国成立70周年系列庆祝活动】2019年，农工党市委会组织1000多人次党员参加农工党中央、省、市等各级各部门举办的中华人民共和国成立70周年系列庆祝活动。8月14日，农工党市委会联合滨江区委统战部在滨江区文化中心举办"风雨七十年，肝胆长相照"——庆祝中华人民共和国成立、多党合作制度确立70周年文艺会演。农工党十届市委委员，基层组织负责人，各工作委员会正、副主任，全国、省、市

2019 年 8 月 14 日，农工党市委会举办“风雨七十年，肝胆长相照”——庆祝中华人民共和国成立、多党合作制度确立 70 周年文艺会演（农工党市委会 供稿）

人大代表和政协委员，部分骨干党员和新党员，专职干部等 400 多人观看演出。9 月 23 日，农工党市委会举办“庆国庆，迎重阳，话祖国 70 年变化”茶话会，100 多名退休党员参加活动，老党员代表接受访谈，讲述农工党故事，分享见证祖国发展的经历。纪实文章《建议案里诞生的新名词：钱塘江城市新核心》《高墙内的美容美发技能培训班》入编《我们一起走过——杭州市政协发展历程史料》；党员卢伟的摄影作品《立交风采》获农工党中央“同心共祝祖国好”随手拍摄影活动优秀奖，多名党员作品入选各级各部门组织的书画展、征文选登。9 名党员获中共中央、国务院、中央军委颁发的“庆祝中华人民共和国成立 70 周年纪念章”。

【主题教育活动强化】2019 年，农工党市委会深入开展“不忘合作初心，继续携手前进”主题教育活动，制订工作计划和活动方案。4 月，农工党市委会举办“不忘合作初心，继续携手前进”微视频大赛，发动各级组织及党员通过微电影、动漫、公益广告、纪录片、“随手拍”摄影作品等形式讲好农工党故事。其中市委会制作的《你的名字叫农工党党员》在农工党中央微视频大赛中获特别奖。9 月 9 日，农工党市委会召开十届三十一次主委会议和十届十五次常委（扩大）会议，审议通过《中国农工民主党杭州市委员会深入开展“不忘合作初心，继续携手前进”主题教育活动方案》，对开展主题教育活动进行再动员、再部署。农工党市委会组织机关干部及部分党员参观中国共产党杭州历史馆和中共杭州小组纪念馆、江西宜春湘鄂赣革命纪念馆和诸暨市“农工党中央党史教育基地”，到杭州市革命烈士陵园祭扫革命先烈，开展现场学习实践活动。市委会领导班子分批走访基层组织，宣讲农工党党史、革命传统，引导党员牢记使命担当。先后在市委会网站、杂志及微信公众号上开辟专栏、专题，集中宣传主题教育活动的好经验、好做法，为主题教育活动营造良好氛围。

【农工党自身建设】2019 年，农工党市委会对 23 个基层组织开展换届和届中调整工作，完成 68 个基层组织的星级支部考核。召开市委会领导班子民主生活会，剖析存在问题，开展批评与自我批评，落实整改措施。举办基层组织负责人培训班、新党员培训班、培养教育期党员座谈会、退休老党员形势报告会、国际妇女节专题讲座，600 多人次参加培训。市委会领导班子成员和机关工作人员分组走访全市 75 个基层组织，上门慰问中华人民共和国成立前参加革命工作的老党员、80 周岁以上老党员及生病住院党员 180 多人次。19 位党员被农工党省委会评为 2018—2019 年度“优秀党员”和“优秀党务工作者”。

【咨政建言】2019 年，农工党市委会领导参加中共杭州市委召开的政党协商会、民主协商会、意见征求会、情况通报会等各类会议[illegible]次，分别就中共杭州市委全会、中共杭州市委和市政府重点工作、政府工作报告、专项民主监督、重要人事安排等工作提出意见建议。加强与对口联系单位沟通，就推进县域“医共体”建设、升级全域土地综合整治杭州样本等开展调研，由市委会提出的意见建议得到中共杭州市委、市政府主要领导批示肯定，并在市委全会决定中得到体现。结合“走亲连心三服务”等调研实践，选派党员开展“建设国际一流营商环境和争创民营经济高质量发展示范区”专项民主监督工作，开展 18 次实地调研，走访大中小型民营企业 40 个，召开 15 次座谈会，167 人次参与，发现梳理问题 42 条（次），征集相关意见和建议 12 条（次），针对性反馈对策建议 39 条（次），其中需提交市级层面协调解决 4 条（次）。

【调研和提案】2019 年，农工党市委会重点围绕打造数字经济第一城、推动杭州实体经济发展、完善营商环境、民生实事等方面开展调研，形成一批调研报告。市委会全年完成16篇调研报告，其中：1篇被选为农工党省委会在省政协全会上的大会发言材料，5篇得到中共杭州市委、市政府领导批示肯定。《关于加快推动智能汽车与智慧交通数字化应用的建议》等6篇调研报告在市政协主席会议和常委会议上被作为书面或口头发言材料，《厚植智能集群优势，吸纳长三角一体化新动能，推动杭州高端制造业国际化发展再升级》被列为市委政研室、市委统战部重点调研课题。向市级以上人大、政协提交议案、建议、提案69件，其中：1件集体提案被选为农工党省委会团体提案，2件集体提案被市政协列为重点提案并由市领导领办或督办，《全面推进土地综合整治促进乡村有机更新》在市政协十一届三次会议被作为大会发言材料。党员吴谦执笔的《关于推动杭州生物医药产业创新智慧化发展的建议》获农工党中央2017—2018年优秀调研报告二等奖，党员仲秀芳执笔的《关于加快"两网融合"建设，助推循环经济发展的建议》获首届农工党中央青年提案及征文比赛提案类优秀奖。10名党员被农工党省委会评为"2019年度参政议政先进个人"。农工党界别小组被市政协评为优秀界别小组，3件提案被评为市政协优秀提案，3名党员被评为2017—2018年度杭州市政协优秀委员；2名党员的个人建议案被评为市人大优秀建议，4名党员获2018年度"市人大代表履职积极分子"称号。

【社情民意信息】2019年，农工党市委会开展助推民营经济高质量发展"金点子"征集活动，为全市经济社会高质量发展出谋划策。举办3期社情民意信息沙龙，召开1期党内经济金融领域专家座谈会，采取"微言妙语"微信群征集"金点子"等线上线下实操锻炼方式，对市委会信息员进行培训，提高党员捕捉信息的针对性和有效性。全年向有关部门报送信息190多篇，其中：80篇（次）信息分别被全国政协、中共中央办公厅、中央统战部等各级各部门录用；3篇信息分别得到中共浙江省委常委、常务副省长冯飞，中共浙江省委常委、杭州市委书记周江勇等领导批示肯定。5名党员被农工党省委会评为"2019年度反映社情民意信息工作先进个人"，1名党员撰写的建议被评为"杭州市2018年度人民好建议"。

【市政协农工党界别小组委员工作站成立】2019年6月27日，杭州市政协农工党界别小组委员工作站举行揭牌仪式。工作站立足农工党界别医药卫生特色，以萧山经济技术开发区医院新院区和国际颐养中心、萧山经济技术开发区医院老院区等地为重要基站，完善委员工作站各项制度，扩大工作站社会影响力，推动工作站规范化、制度化建设。站内工作与市委会专项调研、民主监督、社会服务、工作会议等工作相结合，在考察调研、学习交流中集思广益，听取各方面意见和建议，重点在专项调研和民主监督方面做好成果转化。年内，工作站开展中小学生视力检查，为萧山区14万名中小学生做视力健康档案；开展"心肺复苏"培训进校园进企业活动，对学校、企业人员进行相关培训；到萧山区临浦镇开展"六送进基层"服务，为当地群众送医疗、送演出、送温暖；筹备成立"市农工党界别委员工作站健康桥讲师团"，发挥医疗等领域委员专业技术特长，开展送健康到社区、进企业活动。

【对口帮扶】2019年4月13—17日，农工党市委会主委周智林率医疗、经济界党员专家团队到农工党中央定点帮扶的贵州省毕节市大方县开展精准帮扶工作。市委会联合杭州市红十字会、大方县政府开展"让微笑不再残缺——救助贵州大方县唇腭裂儿童大型公益活动"，筹资15万元为30名唇腭裂患者实施免费唇腭裂整形修复手术；市委会主要领导分别带领医疗团队进大山上门慰问、巡诊20名建档立卡贫困户，送上1万元慰问金；组织党员专家为三元乡卫生院和村卫生室医护人员开展慢性病管理专题培训，向三元乡捐赠帮扶资金10万元；实地调研大方县文旅资源，就开发利用提出意见建议；与大方县同心农工职业技术学校探讨"职业培训+就业脱贫"模式事宜。市委会动员全市党员以消费帮扶形式购买大方县农特产品7万元，3名党员被农工党中央评为"2019年定点扶贫大方县先进个人"。市委会结合"联乡结村"活动，向淳安县王阜乡捐赠10万元帮扶资金，用于改善乡、村两级基础设施建设。借助党员专家力量，推进"山海协作"共建，每月到衢州市开展专家门诊和助力学科建设，两次到衢州开展大型义诊及科普讲座。

【社会服务显实效】2019年，农工党市委会组织滨江区总支部、杭师大附属医院2个支部深化"爱心工程"进"高墙"、进强制戒毒所、进市儿童福利院、进市社会福利中心活动，为1800多人次提供职业培训、免费理发、健康咨询和医疗义诊等服务。5月31日，市委会会同江干区基层委员会至建德李家镇世哲希望小学开展"欢乐六一·浓情端午"主题活动，捐赠价值5000元的体育用品和1万元爱心款。7月31日，市委会到余杭区某雷达站开展军民共建暑期慰问，送去价值7000元的清凉饮品和价值1000元的防暑药品。9月8日，市委会联合桐庐江南养生文化村举办"亚太康复与医养结合"第二届（杭州）论坛，以"精准康复，医养融合"为主题，聚焦中国康养医疗体系建设、康养医学事业发展等，搭建国际化的学术交流平台，传播共享与创新互联先进思想，促进康养事业国际合作与融合发展。结合"走亲连心三服务"活动，组织机关干部和党员100多人次，走访临安区板桥镇企业、农户和在杭农工党党员企业，帮助企业、群众、基层发现问题20多条，助推解决问题14条；派出农工党医疗专家到板桥镇开展义诊活动，送去价值1.2万元的"三农"类科技书籍和体育健身用品。配合市委统战部在建德梅城开展"三服务"健康义诊活动，赠送价值1800元的药品。据不完全统计，年内，全市各级组织开展社会服务200多场次，全市11个组织和13名党员分别被农工党省委会评为2019年度社会服务工作"先进单位""先进集体"和"先进个人"。

（张忆慈）

致公党杭州市委会

【概况】至2019年末，致公党杭州市委会（简称致公党市委会）下辖上城区、下城区、西湖区、江干区、萧山区5个基层委员会，拱墅区、滨江区、余杭区3个总支部，富阳区、杭师大、市一医院、文艺4个支部。全市有党员588人。全年发展新党员34人，平均年龄38.03岁。

2019年，致公党市委会发挥“侨海”特色优势，提升参政履职质效，深化对外联络内涵，精耕社会服务品牌，各项工作取得新进展。致公党市委会被致公党中央评为“致公党先进集体”“对外联络工作先进集体”，萧山区基层委员会被确立为“致公党中央基层组织联系点”。

【主题教育活动推进】2019年，致公党市委会结合杭州实际，突出致公元素，制订“不忘合作初心，继续携手前进”主题教育活动方案，将主题教育活动贯穿自身建设和履职实践全过程。市级层面开展集中学习15次，295人次参与；开展专题研讨7次、常委以上专题宣讲27次。开展各类特色活动18次，开展参政议政、民主监督、“三服务”等活动43次，开展社会服务16次。收集意见建议10多条，检视剖析自身问题4个方面，召开领导班子民主生活会，对照检查，细化问题清单，及时启动整改。

【“我和我的祖国”系列庆祝活动】2019年，致公党市委会开展庆祝中华人民共和国成立70周年、人民政协成立70周年“六个一”系列活动。在3—8月，开展“我和我的祖国”主题征文活动，收到征文46篇。3—6月，组织“重温历史，回望初心”红色教育系列活动，领导班子成员和党员代表参观嘉兴南湖革命纪念馆、“五四宪法”历史资料陈列馆以及“庆祝南京杭州上海解放70周年”展览等。8月1日，举办“品经典诗文，话家国情怀”——庆祝中华人民共和国成立70周年经典雅集活动，各基层组织选送11个节目参演。经典雅集活动期间，举办“璀璨七十年，我们见证”——“我和我的祖国”访谈活动。8月18—21日，开展“重走致公路”活动，到广州、深圳、惠州、汕尾等地追寻先贤足迹，重温合作初心，传承优良传统。9月23日，举办“庆祝中华人民共和国成立70周年”书画作品展，13名书画家党员的60多幅作品参展。

【宣教载体优化】2019年，致公党市委会发挥“一网一刊一微”宣传主渠道作用，开设《主题教育活动》《走亲连心集智聚力》《参政议政提质增效年》《党员风采》等专栏，体现党派履职特色。市委会微信公众号刊发主题教育活动专题报道32期78篇（次）、“参政议政提质增效年”活动报道23篇（次）、党员相关事迹报道19篇，累计阅读量3.2万人次。全年发布网站宣传报道314件，刊发《杭州致公》杂志4期，推送微信公众号新闻153期200篇，其中：被中央统战部网站采用7篇、“中国致公”微信公众号采用2篇、“浙江致公”微信公众号采用13篇、“杭州统一战线”微信公众号采用29篇，被《联谊报》《美术报》《杭州日报》等媒体转载15篇（次）。

【参政议政效能提高】2019年，致公党市委会提交的《关于优化服刑人员医疗管理机制的建议》和《关于尽快健全数据资源管理法律体系的提案》被致公党中央选为全国政协团体提案。《加强钱塘江流域生态建设，保护浙江“母亲河”》提案被选为省政协重点提案由副省长彭佳学领办，并作为大会口头发言材料。市“两会”期间，人大建议立项3件，政协集体提案立项10件，委员个人提案立项30件；《借亚运东风围绕“拥江发展”战略，打造钱塘江沿线生态体育公园的建议》被选为中共杭州市委常委领办的重点提案并由市委常委金志领办，《蕴藉杭州文韵，传承杭州文脉，用匠心精神打造独具韵味的博物馆之城》获市长徐立毅批示肯定并被选为市政协领导督办的重点提案；《关于做强数据资源管理倾力打造“指尖上的杭州”政务品牌的建议》等3件集体提案被评为2018年度优秀提案。致公党界别小组被评为“2017—2018年度杭州市政协优秀界别小组”，5名市委会党员被评为“2017—2018年度杭州市政协优秀委员”。市政协致公党界别委员工作站领衔承办杭州“双创周”环保科创主题活动，工作站建设得到省、市政协领导认可，以王其作为牵头委员申报成功省政协“委员会客厅”。加强对立项课题的指导，联合战略合作院士工作站以及对口联系的市生态环境局、市司法局等力量，汇聚市委会党员履职合力，开展专题调研。联合致公党省委会撰写的《创新垃圾处理模式，树立垃圾减量浙江样板——赴杭

2019年8月1日，致公党市委会举办庆祝中华人民共和国成立70周年经典雅集活动
（致公党市委会 供稿）

州“垃圾零增长”民主监督报告》得到副省长陈伟俊和省政协副主席周国辉的批示肯定。

【联络工作品牌效应增强】2019年，致公党市委会加强对外联络。5月16日，增设“汇峰国际·杭州致公之家”，为党员联络交流提供新平台。5月29—30日，致公党市委会承办中国致公党第九届副省级城市暨第六届省会城市党务工作联席会议，深化“一联盟一论坛六基地”联络平台建设。6月，依托“‘同心·国际社区’基地”，滨江总支与街道统战建立“侨海”共建制度，在外籍居民中宣传“最多跑一次”改革成效，深化“就是这个中国味儿”传统文化品牌建设。8月9日，“中非友好杭州致公驿站”参与举办中非文化艺术交流周、影像非洲——中非电影创投大会等活动，在中非民间商会杭州办事处新设市委会“‘一带一路’文化交流基地”。10月13日，承办迎亚运“一带一路·梦想小镇杯”2019年国际乒乓球友谊赛，来自15个“一带一路”沿线国家的57名教练员和运动员组成的外方代表队参加。10月26日，明志海创联盟联合杭州市海创会举办读书分享会，60多人参加。11月16日，“‘同心·海创’基地”协助承办滨江统一战线庆祝中华人民共和国成立70周年主题宣传活动，联合明志海创联盟举办“和合文化”论坛。“‘同心·传承’文化基地”接待以色列、日本、加拿大、新加坡等外国来宾，联合市区学校开展探寻历史文化故事活动。

【明志系列特色品牌拓展】2019年，致公党市委会拓展“明志·悦读”活动范围。到浙江工业大学附属实验学校、重庆市酉阳土家族苗族自治县、湖北省宣恩县以及建德市航头镇、淳安县安阳乡开展“明志·悦读”活动8次，新设“‘明志·悦读’杭州致公图书角”7个，党员累计捐赠各类书籍2.9万册。联合西湖基层委员会、浙江工业大学附属实验学校开展“璀璨七十年，筑梦新时代”活动，印发《“明志·悦读”——浙江工业大学附属实验学校文化特刊》，汇总连续6年的“明志·悦读”活动成果。深化“致公明志讲堂”建设，编印讲堂课程菜单，增设“汇峰国际·致公明志讲堂”和“蜗牛读书馆·致公明志讲堂”。联合明志海创联盟，上城、江干、西湖基层委员会和滨江总支，依托6个讲堂因地制宜举办未来科学家训练营、“企业家法商培养”公益讲座、法律知识辅导、读书分享等活动26次，服务周边企业和居民群众超过1200人次。强化“明志法律服务团”功能，服务团成员开展法律服务援助20多次。结合“尚法云直播”网络直播等新渠道，开展消费者权益保护、社区治理中的法律实务等普法公益活动2次，每次线上人数超过1000人。“12·4”国家宪法日，服务团成员到浙江工业大学附属实验学校开展以宪法和校园安全为主题的讲座，助力“平安杭州”建设。

（袁靖雯）

九三学社杭州市委会

【概况】至2019年末，九三学社杭州市委会（简称九三学社市委会）下辖上城区、下城区、江干区、拱墅区、西湖区、滨江区、萧山区、余杭区、杭师大、市一医院10个基层委员会，78个支社。全市有社员2011人。全年发展新社员97人，平均年龄37岁。

2019年，九三学社市委会开展“不忘合作初心，继续携手前进”主题教育活动，以建设“思想更加坚定、履职更加坚实、组织更加坚强”的参政党优秀地方组织为目标，履职尽责，被九三学社中央评为全国组织建设先进集体，被九三学社省委会评为参政议政、信息、新闻宣传、社会服务先进市级组织。

【思想政治理论学习】2019年，九三学社市委会把思想政治建设摆在首位，以庆祝三个“70周年”活动为契机，凝聚思想共识。部署“不忘合作初心，继续携手前进”主题教育活动，印发实施方案，将学习教育、履职尽责、查找不足、整改提高工作内容和要求贯穿主题教育活动全过程。把学习习近平新时代中国特色社会主义思想作为主题教育活动的首要任务，采用网上学和网下学相结合、学原文和谈体会相结合等方式，在“杭州九三”微信公众号开辟《学习园地》《学习感悟》等专栏，编发10多篇习近平总书记重要讲话精神、《之江新语》短文、学习感悟。

【系列主题活动】2019年5月26日，九三学社市委会举办“同心杯”第九届科学健身运动会，400多名社员参与。9月3日为九三学社创建纪念日，举办“中国心·九三情”快闪活动，被10多个媒体报道，快闪视频被九三学社中央微信公众号“九三学社之声”转发，登上“学习强国”平台。9月26日全国首个工匠日当天，举办“追忆先贤·擦亮匠心”主题活动。九三学社市委会参加省委统战部、九三学社省委会、市政协、市委统战部举办的系列庆祝活动，组织社员和机关干部参与文艺演出和演讲比赛，报送征文和摄影作品30多件，多篇文章在《杭州政协》《杭州统战》及“杭州统一战线”微信公众号发表。基层组织举办特色主题教育活动，上城区、江干区、西湖区基层委员会承办九三学社市委会活动；拱墅区、杭师大基层委员会，青年工作委员会、社会法制工作委员会、教育卫生工作委员会、妇女工作委员会、老年工作委员会等策划“我和国旗合个影”“聆听良渚故事，传承中华文脉”等主题活动。

【媒体宣传加强】2019年4月26日，九三学社市委会召开第二次省市九三学社宣传工作媒体对接会，促进自媒体和主流媒体有效互动，放大宣传效应。全年编印《杭州九三》4期，被评为“综合质量十佳内刊”“编校质量十佳内刊”“出版规范十佳内刊”。九三学社市委会在主流媒体刊登宣传报道40篇，被九三学社省委会评为2019年度新闻宣传工作先进集体一等奖。“杭州九三”微信公众号推送微文近150篇，总点击量22万余次。据《团结报》统计，九三学社市委会微信公众号数月在全国地市级所有党派微信公众号中影响力排名居榜首。4月13日，拱墅区基层委员会建立“拱墅九三同心网络联盟”，举办“新时代舆论传播工作研究”讲座。

【参政议政课题成果】2019年，九三学社市委会聚焦中共杭州市委、市政府中心工作，确定以优化城西科创大走廊建设、民营经济高质量发展、乡村产业振兴等为主题，由市委会领导班子成员领衔的重点课题13个，立项并完成招投标课题成果43项。《关于优化城西科创大走廊建设工作的若干建议》被列为市委政研室政党协商课题，调研报告获中共杭州市委书记周江勇，省人大常委会副主任、九三学社省委会主委姒健敏和中共杭州市委副书记张仲灿批示，被《浙江人大信息（调查研究·专报）》录用，专报中共浙江省委常委、常务副省长冯飞。《关于推动我市“名校名院名所”建设的若干建议》获杭州市党政系统优秀调研成果二等奖。《推进产业数字化，增强我省创新发展驱动力》被九三学社省委会课题招投标活动立项，《借助大城北开发机遇，深入保护挖掘传播大运河历史文化》等课题成果被推荐作为市政协全会集体提案和大会发言材料。市委会配合九三学社中央主席武维华带队在杭州开展的“促进科技型民营企业高质量发展”党派大调研，完成调研组对10多个民营企业实地调研的服务保障任务。

【“两会”平台建言献策】2019年市“两会”期间，九三学社市委会向市政协全会提交大会发言材料7篇、集体提案8件，其中，《突破数字经济发展瓶颈，培育杭州发展新动能》等3件集体提案被列为市政协重点提案，分别由中共杭州市委常委、常务副市长戴建平领办，市政协副主席翁卫军、周智林督办。市委会提交的《关于借助亚运会契机，打造运动特色城市的建议》等3件集体提案和社员张望等提交的《关于构建无缝公交体系，以解民忧，缓解主城区交通压力的建议》被评为优秀提案。《关于利用地铁建设契机加快我市城市地下管线提升改造的建议》等2篇集体提案被评为“人民好建议”。社员章卫萍提交的《关于联通“数据孤岛”，数据流转推进“最多跑一次”审批制度改革的建议》被评为优秀建议。社内各级人大代表和政协委员提交全国人大建议7件，省人大建议2件、政协提案4件，市人大建议23件、政协提案41件，区人大建议和政协提案123件。发挥界别小组委员工作站作用，与所在地转塘街道强化交流对接，在走访调研基础上撰写并提交的集体提案《关于打造龙坞茶镇美丽乡村“升级版”的相关建议》被市政协列为重点提案，并借助提案办理，搭建协商议政、为民服务新平台；依托委员工作站参与市政协“推进社区居家养老”民生提案办理网络议政远程协商会。九三学社界别小组获“杭州市政协优秀界别小组”称号。

【信息工作水平提升】2019年，九三学社市委会加强信息员队伍建设，建立信息工作导师制，聘请14位省、市九三学社组织领导和信息先进社员担任导师，发挥“传帮带”作用，加快信息骨干成长。全年围绕“网络拍卖”“新能源产业”等主题开展议政活动11次，开展信息培训3场，提升信息工作水平。报送各部门信息224篇，其中：《建议加大医疗行业数据安全监管力度》《关于促进民间票据贴现行为合法化的建议》被全国政协录用，《关于防范城市视频监控系统光污染的建议》等3篇信息被九三学社中央录用，33篇信息被省级部门录用，21篇信息被市级部门录用。《建议在我市知识产权案件审理中引入技术调查官制度》《建议在医联体内部实现医师护士注册互认》获中共杭州市委书记周江勇批示，《建议浙江取消医疗器械产品变更和延续注册费用》获副省长王文序批示，《关于建立房地产开发企业信用评价机制的建议》获副市长缪承潮批示。

【对口联系工作加强】2019年，九三学社市委会领导班子成员分头走访市建委、市科技局、市住保房管局、市城管局、市人防办5个对口联

2019年9月3日，九三学社市委会举办“中国心·九三情”快闪活动（九三学社市委会 供稿）

系部门，在协商沟通的基础上制订工作方案，明确工作任务。与市建委、市科技局、市城管局就“农房建设管理”“优化城西科创大走廊建设”“垃圾分类与资源化处理”等主题开展课题共研。与市人防办就“物业管理条例中增加人防相关内容”开展议政交流。与市住保房管局就杭州市蓝领公寓、公租房和长租公寓现状进行联合调研。联合市建委到建德梅城镇开展美丽城镇工作调研，组织社员专家参加全市建设工程文明施工民主恳谈会、城管开放日等活动。召开社内市人大代表、政协委员、骨干社员与对口联系部门座谈会，为代表委员履职搭建平台。

【专项民主监督新成效】2019年，九三学社市委会贯彻落实中共浙江省委、杭州市委“三服务”工作要求，根据中共杭州市委部署安排，对口钱塘新区开展“建设国际一流营商环境和争创民营经济高质量发展示范区”专项民主监督。九三学社市委会成立由主委任组长、副主委任副组长的专项民主监督领导小组，汇聚人大代表、政协委员、社内企业家及相关领域专家40多人组建5个监督小组，就“最多跑一次”改革、产学研合作等主题，分组到钱塘新区开展民主监督13次。班子成员在钱塘新区与40多个企业和10多个相关部门负责人座谈交流，社员专家103人次参与。面向企业发放100多份调查问卷，就民主监督中发现的问题和企业反馈的情况，形成社情民意稿件24篇，完成《优化营商环境，促进科技型民营企业高质量发展——以杭州市钱塘新区为例》调研报告，并在中共杭州市委书记周江勇主持召开的座谈会上进行交流发言。市委会针对调研中企业反映的有关法律法规问题，举办《民营企业的法律之困》《初创及拟上市科技型企业的知识产权规划建议》等专题讲座，为钱塘新区50多个企业现场答疑解惑。

【基层组织和阵地建设】2019年，九三学社市委会强化基层组织建设，8个基层组织完成换届改选，4个基层组织进行届中调整，完成桐庐支社划归工作。深化星级支社评选活动，修订完善基层组织年度工作测评表，规范基层社务工作。城区工作委员会进一步加强城区基层工作经验交流，增强组织动员力。建筑支社等8个基层组织被九三学社省委会评为组织建设先进集体。生态环境支社等10个支社被九三学社市委会评为五星级支社。各城区“九三之家”全年接待九三学社中央、各地市九三学社组织、兄弟党派、有关部门交流学习50多批次，共1500多人次。通过建立委员工作站“家站合一”平台、社会服务基地，发挥社员人才优势，服务地方。九三学社中央主席武维华、副主席赖明在杭州调研期间考察桐庐县莪山畲族乡“九三之家”。

【“人才强社”战略】2019年，九三学社市委会贯彻“人才强社”战略，实施入社对象基层培养计划，完善入社对象前置培训机制，通过征求相关党委意见、举办入社积极分子交流座谈会、约谈发展对象、引入社会信用综合评价等方式，严把组织入口关。全面梳理社员信息，系统掌握社内人才情况，全年推荐25名社员参加市党外中青班和九三学社省委会、市委统战部举办的相关培训班。举办基层工作培训班、骨干读书班、新社员培训班，200多人次社员参加学习培训。重视后备干部队伍建设，让青年社员充实到支社领导班子中。王善华、卢士青、徐志忠被九三学社中央评为2019年度组织工作先进个人；王尚侃等20人被九三学社省委会评为2019年度优秀社员，于淑娟等10人被九三学社省委会评为优秀社务工作者。

【社会服务坚持民生导向】2019年，九三学社市委会社会服务活动坚持民生导向，实现从常规咨询向助推地方经济社会发展服务的拓展，呈现多区域多点开花的新态势。建德市杨村桥镇社会服务基地、桐庐县莪山畲族乡“九三之家”、江干区基层委员会“江智汇18534”基地获评九三学社首批省级社会服务示范基地，临安区一都村成为九三学社省市区三级共建社会服务基地。九三学社市委会以服务杨村桥镇乡村振兴为重点，联合市建委助推黄盛村、岭源村美丽宜居示范村项目和长宁溪绿道提标改造项目落地，助力开展黄盛村新村建设农居房设计方案社会公开征集活动，推进美丽乡村建设；走访浙江农林大学和省、市农科院，邀请院所和农科支社的专家调研杨村桥镇产业发展，指导“草莓+”农作新模式，提升当地产学研结合水平；举办留守儿童夏令营，为学生进行健康体检、护眼讲座、捐款捐物，受益学生130多名；多次组织社内外专家为杨村桥镇村民开展文化、法律、医疗等各种服务；为龙源村进行第二轮墙绘美化。市委会与桐庐县科技局签订《九桐合作企业法律支持合作》意向书，由社内法律专家为当地提供法律文书诊断服务；法律服务顾问团、科技专家联谊会携手医疗专家为当地开展咨询和义诊；桐庐支社承办“着力乡村振兴，推动产业兴旺”高峰论坛，专家、企业家探讨乡村产业振兴之路，并建立“九桐合作莪山稻渔共生科技服务基地”和“九桐合作产业振兴科技服务基地”。九三学社杭州市委会与九三学社衢州市委会签订山海协作备忘录，以“优势互补、互惠互利、加强合作、共同发展”为原则，打造山海协作工程升级版。全年举办30多场高层次科普、人文讲座，邀请百家讲坛主讲人、国务院特殊津贴专家、乘坐“蛟龙”号下潜次数最多的科学家、国家天文台研究员等知名人士参加“九三科技讲堂”“九三人文讲堂”，《红楼梦的悲剧精神与影视传播》《2019诺奖浅析：宇宙起源和人类未来》等讲座受到社员和群众欢迎；《传统核心价值观的传承——孔子喜欢的人和事》首试线上直播，听众近1万人次；联合市科协邀请中科院院士举办《航空发动机关键战略材料研发》讲座；选派专家服务普法工作，主讲省委统战部“阳光大讲堂”，为杭州市社区工作者进行法律培训。

（付蔚东）

责任编辑 郦 晶

杭州市总工会

【概况】2019年末，市总工会下辖13个区县（市）总工会、1个钱塘新区总工会、10个产业工会和8个直属事企业单位。全市有工会会员443.72万名，基层工会2.6万个，涵盖单位10.7万个。

市总工会贯彻落实习近平总书记关于工人阶级和工会工作的重要论述精神，围绕市委“干好一一六、当好排头兵”工作部署，聚焦主责主业，强化责任担当，各项工作取得新进展。全市100个以上项目开展“三重一新”（重大项目、重要产业、重点区域、新经济组织中）劳动竞赛，在15个亚运场馆建设项目和12个总包单位开展亚运场馆建设立功竞赛活动。全年累计举办市级技能竞赛41场，对1.3万名获得高技能人才职业资格证书的职工进行奖励。全市职工医疗互助参保人数总计185万人，4.4万人次共获得医疗互助金5086万元。市总工会高温慰问市本级一线职工4万名，组织15.5万名职工开展疗休养；新建“爱心驿家”50个、“妈咪暖心小屋”230个，帮助解决户外劳动者与哺乳期女职工实际困难。市总工会“杭工e家”App下载量超过100万次，443万人次工会会员享受到“优惠乘车”“e周优惠”等“互联网+”工会普惠服务。

【杭州设立全国首个“9·26”工匠日】2019年4月3日，在市总工会的大力推动下，杭州市第十三届人民代表大会常务委员会第十八次会议全票通过，自2019年起将每年的9月26日设立为“工匠日”。这也是全国首个工匠日。9月，市总工会围绕全国首个“9·26”工匠日开展系列活动，举办长三角工匠论坛、工匠作品展示义卖、第三届“杭州工匠”评选等活动，还在全国率先成立首个市级劳模工匠协会和劳模工匠学院，组建劳模工匠宣讲团，开设“劳模工匠大讲堂”，推出工匠主题地铁专列，建立全国首条劳模工匠文化绿道等，大力弘扬工匠精神，培育工匠文化，打造杭州的“名城工匠”品牌。

【长三角工匠论坛】2019年9月23日，市总工会在杭州国际博览中心举办以“匠心筑梦、实干兴邦”为主题的全国首个“9·26”工匠日暨长三角工匠论坛。会议设主论坛和高端制造业、数字经济、现代服务业、传统手工业4个分论坛。主论坛上，2018年“大国工匠年度人物”的3位工匠代表高凤林、李万君、夏立做主旨发言，分享成长经历，诠释“工匠精神”。来自长三角地区15个城市各行各业的71名工匠，分别参与高端制造业、数字经济、现代服务业、传统手工业分论坛，进行交流分享。中国劳动关系学院的专家学者、长三角地区15个城市的党政领导、工会干部等参加论坛活动。

【首届杭州职工文化节】2019年5月17日，市总工会在德意控股集团有限公司举办首届杭州职工文化节开幕式诵读活动暨职工思想引领工程现场会。首届杭州职工文化节以“干好一一六、奋斗新时代”为主题，历时130天，包括“我们都是追梦人”经典诵读会、“信念追梦”职工讲习会、“劳动筑梦”职工情景剧小品、“美好圆梦”职工书画摄影、“舞动中国梦”职工舞蹈艺术和“咱们工人有力量”职工短视频大赛6项活动，50多万名职工参与各项活动。

【工会组织建设“百日攻坚”行动】2019年2月中旬至5月末，市总工会开展工会组织建设“百日攻坚”行动，重点抓好100人以上企事业单位和“两新”组织普遍建会工作，突出抓好长期未建工会企业的攻坚克难，持续抓好对小微企业的工会组织覆盖，大力推动工会组织建设和会员发展向新领域、新阶层、新群体延伸覆盖。“百日攻坚”行动期间，全市共新建基层工会2353个，新发展会员20万余名。

【“春风行动”实施20周年】从2000年开始，杭州市总工会开展以“社会各界送温暖、困难群众沐春风”为主题的“春风行动”，在市委、市政府领导重视和有关部门及社会各界的支持下，实现由“一阵春风”向“春风常驻”的跨越，帮扶救助对象不断扩大，帮扶救助内容不断丰富，帮扶救助活动历久弥新，逐步发展为着力保障和改善困难群众生活，帮扶救助困难群众的"杭州模式"。20年来，"春风行动"累计募集社会资金22.25亿元，向194.91万户次困难家庭发放助困、助医、助学、反哺、应急等各类救助金28.2亿元，其中2019年市本级捐款总额为6019.52万元，再创历史新高。

【城市大脑数字尖兵技能比武】2019年6—11月，市总工会联合市数据资源局举办2019年杭州城市大脑数字尖兵技能比武。竞赛主题为"争当数字尖兵，建好城市大脑，推进城市治理"，旨在通过技术交流和技能比武，培育更多数字工匠、数字尖兵等城市数字化建设优秀人才，加快城市大脑在基层社会治理中的应用，推进杭州智能城市建设工作。涉及治安、交通、旅游、应急管理、医疗救助等民生领域的14个项目列为预赛，最后10个项目入围决赛。由市文广旅游局、西湖区云栖小镇管委会、市卫生健康委等部门组建的10个城市大脑数字专班参赛，通过路演和专家提问，现场比武秀艺，角逐出一等奖1个、二等奖2个、三等奖3个，优胜奖4个。市总工会对获一、二、三等奖的各专班授予"杭州市工人先锋号"荣誉称号；对1名三要牵头人且符合条件的，授予市"五一劳动奖章"；对其他符合条件的参赛选手授予"杭州市数字技术创新能手"荣誉称号。

【区域性（园区）和谐劳动关系创建】2019年2月28日，杭州市企业社会责任建设暨发展和谐劳动关系工作领导小组出台《关于深入开展区域性（园区）和谐劳动关系创建活动的实施意见》，为杭州市区域性（园区）和谐劳动关系构建质量和层次的提升提出指导意见。8月13日，市总工会联合市人力社保局、市企业联合会、市工商联印发《关于培育2019年杭州市和谐劳动关系建设标杆园区的通知》，全面启动杭州市和谐劳动关系建设标杆园区培育工作。10月28日，市总工会在临安召开全市企业社会责任建设暨发展和谐劳动关系工作现场推进会，认定首批10个全市和谐劳动关系建设标杆园区。至年末，全市有6.8万个企业参与活动，5.4万个单位达到创建标准；认定市级先进企业913个，推荐省级先进企业118个、全国模范劳动关系和谐企业9个。全市有7468个规模以上和谐劳动关系达标企业参与企业社会责任建设，其中：311个企业达到A级标准，5083个企业达到C级以上标准。（刘　娜）

共青团杭州市委员会

【概况】2019年末，团市委有基层团委1019个、基层团工委198个、基层团总支458个、基层团支部2.1万个。全市有团员40.7万人。

团市委按照"守初心、担使命、找差距、抓落实"的总要求，教育引导团干部牢固树立"四个意识"，坚定"四个自信"，坚决做到"两个维护"。开展2016—2019年团市委问题清单"回头看"整改，制定出台《团市委系统领导班子议事决策操作办法》《团市委系统干部职工因私出国（境）管理操作办法》《杭州市共青

2019年9月23日，以"匠心筑梦、实干兴邦"为主题的全国首个"9·26"工匠日暨长三角工匠论坛在杭州国际博览中心举行（市总工会 供稿）

团员“三亮三比”亮分制管理实施意见（试行）》等制度规定。建立完善领导干部个人有关事项月报制度，实施团干部互学互比“赛马”行动。开展“走亲连心三服务”活动，加强作风建设。

【市第十次少代会和第十三次学代会】2019年10月14—15日，中国少年先锋队杭州市第十次代表大会、杭州市第十三次学生代表大会在杭州召开，少先队员、少先队辅导员、少年儿童工作者代表、青年学生、学生工作者代表600多人齐聚一堂，迎接五年一次的青春盛会。市领导周江勇、张仲灿，许明、罗卫红、王宏、陈永良等出席开幕式，团省委书记朱林森到会祝贺并讲话。五年来，杭州少先队紧跟党团步伐，团结、教育、引导、服务杭城68万名少年儿童。深入开展主题教育，践行核心价值观，弘扬光荣传统，选树先进典型，五年累计评选出“美德少年”市级341名、省级43名、全国级1名；“优秀少先队员”市级37名、省级24名、全国级3名。

大会选举李莲萍、郑利敏为第十届市少工委主任，孙瑜彤为第十三届市学联主席。大会表彰杭州市“十佳”少先队员、“十佳”少先队辅导员和“星星火炬”事业功臣。

【青少年思想引领】2019年，团市委以庆祝中华人民共和国成立70周年和纪念五四运动100周年为契机，开展“笔绘我心中的祖国”“弘扬五四精神、争当时代先锋”等主题活动，青少年参与70万人次。举办“青春心向党、建功新时代”杭州市庆祝五四青年节优秀青年代表座谈会，市委书记周江勇出席并讲话。围绕习近平新时代中国特色社会主义思想，开展“青年大学习”活动，团员青年累计参与23万人次。深化“青春杭州”全媒体中心建设，组建全市新媒体矩阵，“粉丝”总数超过100万人，有核心网评员和骨干网宣员2560人、网络文明志愿者5.2万人。开展“争做新时代青年好网民”活动，推出“杭州故事青年说”系列专题，加强网络舆论引导，传播主流价值观。

9月29日，历时三年建成的杭州青年运动史馆开馆，展出实物210件、照片600多幅，填补杭州市团属红色教育基地的空白，走在全国前列。举办第9期杭州市西子青年人才学院和第5期中学生青苗学院，开展萧山区、富阳区试点工作，逐步向基层延伸。解决杭州青少年活动中心历史遗留问题，启动二期改扩建工程，巩固“红领巾e站1013阵地”，建成社区青少年俱乐部730个，青少年参与16.5万人次。

【团工作服务中心大局】2019年，团市委按照市委“干好一一六、当好排头兵”决策部署，围绕杭州“新制造业计划”和首个“工匠日”，成功争取国家一类大赛——第十五届“振兴杯”全国青年职业技能大赛到杭举办学生组决赛。来自全国30个省（自治区、直辖市）的263名选手参赛，杭州选手夺得电工和计算机程序设计员赛项前3名。赛后有112名参赛选手与在杭企业签订就业意向书。

实施“青年职业导航计划”和“青春领航”青年技能人才培养工程，开展青工技能比武303场，评选市杰出青年岗位能手15名。围绕杭州打造“全国数字经济第一城”目标，组织“创新创业在云栖”论坛，举办“数字赋能、青创未来”杭台青年数字经济创业圆桌会，组建市青企协数字经济专业委员会。选聘第5批杭州市青年人才大使32名，举办招才引智活动134场，引进人才900多人。助力杭州打造全国市域社会治理标杆城市，印发《关于深入开展青春助力市域社会治理现代化的通知》，启动万名青年志愿者服务基层社会治理三年行动计划，确定15个校地合作试点街道，21所高校志愿者赴79个社区开展活动540多场，常态化提供扶弱帮困、文明培育、便民利民、平安巡防等服务内容。组建垃圾分类志愿服务队100支，发起“青分达”垃圾分类知识学习7天打卡活动，参与人数20多万人次。实施“青春悦读·满城书香”三年行动计划，建成“悦读益站”825个，开通数字阅读站点50个，开展“青春·领读”及荐书评书等活动1000多场，捐书2.6万册，获评杭州学习型城市十大事件之一。举办“迎亚运”杭州青春毅行大会，开展“我和我的祖国”青春快闪活动，实施最美社区志愿服务课堂和文化培育三年行动。

【团工作对口帮扶】2019年，团市委落实市委对口帮扶工作部署，赴湖北恩施、贵州黔东南、青海海西等地深入开展“希望助学”“希望书屋”“青年志愿者脱贫攻坚夜校”等帮扶活动，组织大学生暑期社会实践专项实践团10支，捐赠物资价值117万余元。组织动员青联委员与杭州市淳安县、建德市等地10所贫困学校留守儿童结对，落实联乡结村帮扶

2019年10月14日，中国少年先锋队杭州市第十次代表大会、杭州市第十三次学生代表大会开幕（团市委 供稿）

资金15万元。举办对口帮扶地区团干部和少先队辅导员培训班和“杭阿青少年民族团结手拉手”、“圆梦蒲公英”夏令营等活动。

【青少年权益维护】2019年，团市委联合市社科院，组建编撰专家组，围绕青年教育、青年婚恋、青年文化、青年与杭州世界名城建设等10个重点领域，出台杭州青年蓝皮书《杭州青年发展报告（2019）》和《杭州市中长期青年发展规划（2020—2025年）》，为杭州青年发展提供更好政策保障。围绕服务青年创新创业，优化“住创1215”项目，打造创业青年安居示范楼。深化文创企业家孵化工程，举办大学生创客集训营、跨境电子商务人才培训班、新业态农业培训班等，培训大学生创客和涉农创业青年400多名。开展就业精准帮扶，发动市青联和市青企协等会员单位提供见习就业岗位1400多个。维护青少年权益，联合市检察院出台《构建未成年人检察工作社会支持体系实施意见》，为涉罪未成年人帮扶提供制度保障。联合开展精准助学，落实帮扶资金38.5万元，帮扶家庭困难大学生77人。依托“亲青帮”平台，帮扶低保户留守儿童学生263人。实施少年儿童爱眼护眼三年行动，少年儿童参与4.5万人次。市青少年活动中心开设各类兴趣班2.2万个，培训36.5万人次。

【青年志愿服务】2019年，团市委完成第十四届中国国际动漫节、第三届中国国际茶叶博览会、2019年联合国世界环境日主场活动和中国环境与发展国际合作委员会年会、2019年全国“双创”活动周等大型会议活动的志愿服务保障任务。实施“最美”社区志愿服务课堂和文化培育三年行动，累计培训1万余人次。启动亚组委志愿者部筹建工作，制定第一版志愿者客户群计划和第一版志愿者管理业务领域运行计划。发掘培育清波社区的张能庆、九溪社区的赵奔阳、湖滨花园社区的孙晟等志愿者先进人物和案例。开展志愿服务课程进校园行动，在浙江外国语学院、杭州师范大学、浙江科技学院、浙江传媒学院等高校开设志愿服务必修课、选修课，普及志愿服务理念，推动杭州“志愿名城”建设。

2019年9月29日，历时三年建成的杭州青年运动史馆开馆，成为杭州团属红色教育基地 （团市委 供稿）

【团基层组织建设】2019年，团市委确立“大抓基层”导向，对省、市、县三级44个群团改革试点单位开展常态化联系指导和实地调研，推进市青联、中学、少先队等领域改革。规范基层组织团建，印发基层团建“三张清单”和《杭州共青团基础团务工作手册》，完善五四红旗团委、团支部的三级联创机制及评审答辩机制。开发“入团第一考”测试平台，试用“团青汇”平台，推进团内基础信息资源共享。加大精品团课开发力度，以“线下+线上”“集中培训+送课下乡”等方式，全年培训团干部3000多人次。开展非公企业团建“百日攻坚行动”，完成西湖大学和网易（杭州）网络有限公司建团。年末，在杭州的41个全国500强民营企业已建团37个；1571个符合建团条件的规模以上非公企业已建团852个；31个符合建团条件的省市级特色小镇已建团27个。指导暂不符合建团条件的市发改委、市审计局、市退役军人事务管理局等单位创新组织形态，成立青年工作委员会。 （郭德智）

杭州市妇女联合会

【概况】2019年末，杭州市妇联有2个直属事业单位，辖13个区县（市）妇联，3个直属妇工委。全市乡镇（街道）、村（社区）妇女组织3342个。市本级妇联团体会员及民主党派（工商联）妇委会（联谊会）18个。

市妇联围绕增强政治性、先进性、群众性，构建妇女思想政治引领体系、女性创业创新体系、家风文明提升体系、巾帼建功成才体系、妇儿民生关爱体系，巩固深化基层组织建设。全国人大常委会副委员长、全国妇联主席沈跃跃，浙江省委书记车俊等领导对弘扬“千鹤妇女”精神做出重要批示。全国妇联领导多次到杭调研女性思想政治引领等工作。市妇联在全省妇联工作评价体系中名列第一，获2019年度全国“七五”普法中期先进集体、中国妇女报社2019年度全国妇女宣传舆论阵地建设突出贡献奖。

【“千鹤妇女”精神弘扬】2019年，市妇联多次会同建德市委专题商议、协调，推进“千鹤妇女”教育基地建设。中华人民共和国成立初期，建德千鹤村妇女打破传统旧俗，走入田间地头，执行男女同工同酬政策，投身农业生产劳动，劈山拦河改田，孕育了不等不靠、敢想敢干、团结协作、艰苦创业的“千鹤妇女”精神。市妇联邀请省、市党史专家和妇女工作专家以及《中国妇女报》等媒体，深入建德市梅城镇千鹤村挖掘史料、座谈研

2019 年 5 月 14 日，市委副书记张仲灿（前右二）赴建德市梅城镇调研千鹤妇女纪念馆建设情况 （市妇联 供稿）

讨，将新时代“千鹤妇女”精神提炼为“自强奋斗撑起半边天，创新创业敢为天下先，忠诚奉献共圆家国梦”，成立由 46 位各界妇女代表组成的“千鹤巾帼宣讲团”开展宣讲。市妇联结合中华人民共和国成立 70 周年及“不忘初心、牢记使命”主题教育，举办“芳华七十载、奋斗新时代”市妇联建会 70 周年暨杭州妇女运动百年成就展，宣传杭州是“妇女能顶半边天”思想的重要萌发地、重要实践地和重要创新地。

【女性思想政治引领】 2019 年 2 月 24 日，市妇联成立全国首个互联网作家领域妇联组织——中国网络作家村妇联，通过远程网络投票选举产生第一届中国网络作家村妇联执委班子。3 月 8 日，浙江省暨杭州市三八国际妇女节纪念活动举行，市妇联邀请杰出女性和优秀团队代表讲述中华人民共和国成立 70 年来浙江各界妇女的奋斗历程，先后举办展演、宣讲、女杭商主题论坛等活动 28 场。5 月 23 日，市妇联成立杭州女性融媒体联盟，覆盖网民超过 8000 万人，首批吸纳省网络作家协会副主席蒋胜男、全国三八红旗手李小方等互联网领域知名人物，以及知名公众号、知名微博、杭州网、杭州移动电视等媒体加盟。市公安局江干区分局出入境管理大队获 2018 年度“全国三八红旗集体”称号，杭州阿优文化科技有限公司联合创始人李小方获 2018 年度“全国三八红旗手”称号，余杭区阿里巴巴集团客户体验事业群等 5 个单位获“浙江省三八红旗集体”称号，网易（杭州）网络有限公司集团副总裁陶剑琴等 13 人获“浙江省三八红旗手”称号。

【“平安家庭”建设】 2019 年 4 月，市妇联出台《关于以“平安家庭”助力“平安杭州”助推市域社会治理现代化的三年行动计划》，构建“一中心三网五平台”，开发“e 起学”家事调解培训微学院、“e 家和”反家暴服务平台和家庭智慧治理网。8 月 9 日，市妇联会同市中级人民法院、市司法局印发《关于杭州市推进家事纠纷诉源治理的实施意见》，组建家事辅导员、家事调查员、家事调解员、家事观察员、危机干预员、案件回访员队伍，召开全市家事纠纷诉源治理现场推进会，建立由 1513 名妇女干部和维权志愿者组成的专业调解队伍，参与家事纠纷调解。推广“家事半月谈”工作法，及时介入辖区内排查到的婚姻家庭纠纷隐患，将纠纷化解在基层。市妇联动员区县（市）妇联将广大文艺健身爱好者转化为平安宣传志愿者，努力使“平安三率”家喻户晓。至年末，平安宣传志愿队覆盖全市 3000 多个村（社区），辐射近 10 万个家庭。

【反家暴服务平台】 2019 年，依托“e 家和”反家暴服务平台，杭州市和区县（市）两级妇联案件联动，采集信息建立家暴家庭档案表，开展大数据分析、预测预警，按照发生频次、伤害程度等关键信息建立家暴家庭分级管理机制，及时上报有可能引发恶性事件的家庭隐患，减少因家庭纠纷引起的“民转刑”案件。全年市妇联系统婚姻家庭纠纷排查化解案件 6843 起，与“110”联动调处家暴投诉案件 6432 起。开展家暴受害人互助小组团体辅导活动，为家暴受害人提供法律和心理帮扶。市妇联联合市检察院举办“橙色旋风·橙光护航零暴力童年”关爱未成年人系列活动，服务学生、家长、教师近 2000 人次。

【“最美家庭”创建】 2019 年，市妇联启动杭州市家庭综合服务平台建设，整合全市妇联系统及卫生健康、教育、文化旅游等部门的资源，于 11 月 21 日推出杭州“伊家通”家庭综合服务平台，涵盖家庭教育、婚姻家庭、家庭健康、诚信家政、家庭金融理财、艺术旅游 6 个服务领域，“一键”直达 24 个类目、50 多项家庭服务。开展最美家庭创建推荐工作，推荐产生全国最美家庭 1 户、省级最美家庭 22 户，创建市级最美家庭 39 户。打造美丽庭院升级版，即“美丽庭院 + 好家风”“美丽庭院 + 美丽经济”“美丽庭院 + 社会治理”，推进家庭建设的“内外兼修”。各级妇联深化家庭、家教、家风实践，开展千场家庭教育知识进家庭送教活动，促进《浙江省家庭教育促进条例》有效落实。

【女性创业创新】 2019 年 11 月 18 日，市妇联举办杭州市第三届女性创业创新大赛，327 个海内外女性创业项目角逐 30 强。30 个项目总估值超过 200 亿元，其中 7 个是估值超过 10 亿元的“独角兽”和“准独角兽”项目。大赛决出“杭州市十大女性创业项目”和“杭州市十大女性新锐项目”。市妇联与金融机构联合推出“巾帼贷”“民宿贷”等，为女性创业贷款开辟绿色通道。推动临安区、淳安县、建德市的伊创联盟基地建设，完成各区县（市）全覆盖。召开全市女性创业创新工作推进会，交流分享创业女性的经验。举办杭州市第四届“伊创节”活动，线上展示女性创业风采，线下举办“伊创市集”。举办第六届女大学生就业专场招聘会，412个企事业单位提供7100多个工作岗位，1600多人达成初步就业意向。组织女企业家参加助力长三角G60科创走廊产业发展主题集会。

2019年10月15日，市妇联联合市总工会举办“不忘初心再出发·巾帼建功新时代”杭州市巾帼文明岗创新成果展示活动 （市妇联 供稿）

【巾帼建功活动】2019年10月15日，市妇联联合市总工会举办“不忘初心再出发·巾帼建功新时代”杭州市巾帼文明岗创新成果展示活动，窗口服务单位的巾帼文明岗岗员以文艺表演的形式，展示助力“最多跑一次”改革的故事。7月17日，市妇联在建德市举办杭州市乡村振兴巾帼行动推进会，命名一批杭州“最美民宿女主人”“最美创业带头人”“最美返乡女创客”，发布十大“最美乡村旅游线路”。举办“民间美厨娘秀”“民间手工达人秀”活动，表彰40位“民间美厨娘”和“民间手工达人”。杭州市12户“巾帼示范民宿（农家）”、12名“最美民宿女主人”获省级表彰。市妇联命名197个杭州市巾帼文明岗（其中乡村旅游巾帼文明岗27个）、100名杭州市巾帼建功标兵。全市获评全国巾帼文明岗7个、全国巾帼建功标兵3人、全国巾帼建功先进集体2个。

【妇联东西部对口帮扶】2019年，市妇联创新“苗绣+扶贫”的订单式扶贫模式，帮助有一技之长的贵州省黔东南州妇女脱贫致富，并在黔东南州雷山县西江千户苗寨体验馆设立工作联络站。在“西子女性”网上商城开辟“地方特色馆”，展销贵州省黔东南州、湖北省恩施州女性创业产品和农特产品。推进“女性助飞”项目，为恩施州女大学生举办创业训练营，为有从事电子商务、微商创业意愿的女性举办妇女电子商务培训，开展初创型女创客远程创业培训辅导。发动市女企业家协会开展“情系黔东南、衾被添温暖”爱心捐棉被活动，为黔东南州从江县的贫困寄宿生募资11万余元制作爱心棉被，向恩施州“妇女儿童之家”援建项目捐赠围裙、手套、图书等物资。

2019年10月28日，杭州市妇女联合会建会70周年暨杭州妇女运动百年成就展开展 （市妇联 供稿）

【妇联基层组织建设】2019年，市妇联聚焦区域化妇建，解决组织覆盖盲点，在已建立党组织的“两新”组织中，全部建立妇女组织，在楼宇商圈、产业园区、特色小镇、专业市场全部实现妇女组织覆盖。市妇联、市教育局联合指导杭州师范大学、杭州职业技术学院成立妇联。成立杭州市民宿女主人联盟及联盟妇联，助力乡村旅游发展。至年末，全市已建妇女组织的新经济组织1.5万个、新社会组织1641个，楼宇商圈46个、产业园区57个、特色小镇32个、专业市场44个。全市“四新”领域已建“妇女之家”1838个、“妇女微家”1279个，村（社区）已建“妇女之家”2724个、“妇女微家”1609个。全市有示范性“妇女之家”100个，示范性“妇女微家”100个。全市命名杭州市基层优秀妇女干部100名、杭州市基层妇女工作先进集体50个。

【妇女儿童发展规划推进】2019年，市妇联向社会公布《2018年度杭州市妇女发展规划监测报告》和《2018年度杭州市儿童发展规划监测报告》，全市妇女儿童发展总体态势良好，妇女发展规划和儿童发展规划分别有87.7%和82.8%的指标达到或超过预定目标。开展妇女儿童发展“十三五”规划重点难点问题专题调研，先后举办杭州市妇女儿童发展“十三五”规划业务培训班、领导干部推动妇女儿童事业与经济社会协调发展专题培训班，推动实事项目、示范项目及“儿童之家”建设，全市有7个儿童之家被列为省“儿童之家”规范化建设试点单位。市妇联连续第7年实施“美丽基金——扬帆起航女大学生助学行动”，发动女企业家与48名女大学生结对，筹集助学资金56.7万元。实施“贫困妇女‘两癌’援助行动”“温暖晚秋关爱行动”，参与3岁以下婴幼儿托育服务专题调研等。

【市妇女活动中心优化公益服务】2019年，市妇女活动中心深入基层，服务妇女儿童家庭。西子大讲堂在余杭区、富阳区、淳安县、建德市等地开设女性健康、法律维权、素质提升、品质生活、幸福家庭等公益讲座36场，服务3788人次。西子艺术社团开设95个班，培训1307场，服务2万余人次。统筹推进“精彩人生女性终身学习计划”项目，注册学员1.9万人，位列全国第八。“一缘一会”婚恋服务新增“周末公益红娘一对一牵线”活动，联谊活动服务单身青年2000多人次。增设杭州市妇女健身培训示范基地和杭州市文艺健身推广基地，培训骨干1.5万人。三八国际妇女节期间，举办女性艺术节、西子女声合唱团音乐会、“追梦亚运”健身嘉年华等活动。（张韵韵）

杭州市科学技术协会

【概况】2019年，市科协贯彻落实中央和省市委关于群团工作的部署和科协系统深化改革的要求，顺利完成换届，自身建设水平和创新发展能力得到提升。全年市科协组织专家评审立项决策咨询课题28个，梳理提炼《关于优化杭州水污染治理河长制的对策建议》《从源头抓起减少渣土产生量缓解城市渣土处理压力》等6篇科技工作者建议，其中市科协起草的《抢救保护杭州工业遗产华丰造纸厂的建议》被评为市“年度好建议”。全年市政协科协界别提交政协委员提案26件、调研报告3份，参与市政协“深度融入长三角一体化发展”“建设高质量特别生态功能区”等专题调研并在政协主席协商会等会议上做交流发言。

首次举办杭州院士家乡行活动，全年邀请到杭开展企业行和学术活动的院士120多人次。市委、市政府向市科协授牌设立杭州院士专家中心。服务保障全国双创活动周，举办乡村振兴论坛和市科协学术年会。探索学会治理模式，推动学会科技社团等级评估，分类支持学会，实现优胜劣汰的学会进出机制。29个学会组建成乡村振兴学会联合体。强化部门联动、传播手段创新、师资建设，将“科普中国”权威优质的科普资源推广到基层，向群众传播人工智能、健康生活、科学辟谣、减灾防灾、家庭教育、急救常识等科普知识。全市“科普中国”注册科普员13.66万人，分享文章450.5万篇，注册与分享数居全省首位和全国同类城市前列。

【杭州市科协第十一次代表大会】2019年12月10—11日，杭州市科学技术协会第十一次代表大会召开，参会代表400名。市委书记周江勇出席开幕式并讲话，省科协主席姚克出席开幕式，市领导潘家玮、张仲灿等出席大会。大会听取并审议市科协主席郑健波代表市科协第十届委员会做的《深化改革服务发展，团结动员广大科技工作者为建设独特韵味别样精彩世界名城、打造展示新时代中国特色社会主义的重要窗口做出新贡献》的工作报告。大会按照章程选举产生市科协第十一届委员会。郑健波当选市科协第十一届委员会主席，汤建新等13人当选副主席。

【“杭州院士家乡行”活动】2019年5月16—21日，市科协举办“杭州院士家乡行”系列活动，邀请潘云鹤、都有为、董石麟、邱爱慈、闻邦椿、汪集旸、李兰娟、韩大匡、陈纯、励建书、杨树锋、龚晓南、杨经绥、黄荷凤、朱位秋、程书钧、朱静、郑裕国、戴民汉等20位院士参观调研西湖大学及相关企业，赴滨江区、萧山区、淳安县、建德市等地实地考察，走进杭州高级中学等学校举办科普讲座。5月17日，活动推出杭州经济社会发展座谈会，院士们与市委、市政府主要领导座谈交流、建言咨政，围绕杭州经济社会发展趋势各抒己见、坦诚建言。

【院士专家工作站建设】2019年，杭州市新建院士工作站17个、专家工作站15个，累计建设院士工作站146个、专家工作站34个。全年柔性引进两院院士132位，柔性引进B类国家级领军人才20位，入驻工作站团队专家1200多位。39个院士专家工作站获省级认定，10个院士专家工作站获全国示范认定。萧山湘湖“院士岛”入选省“浙江院士之家”首批试点单位。11月9日，市委、市政府在杭州国际人才交流与项目合作

2019年5月17日，市科协举办“杭州院士家乡行”系列活动之杭州经济社会发展座谈会，市领导与20位院士进行座谈交流（市科协 供稿）

大会上向市科协授牌，设立杭州院士专家中心。

【基层科协改革】2019年，市科协出台《强基固本推进基层科协组织建设的实施意见》《加强杭州市科协所属科技社团党建工作的实施意见》等科协改革配套方案。加强基层科协组织建设，萧山、富阳、西湖、江干、拱墅5个区出台科协改革方案，梦想小镇和云栖小镇建立科协。开展以吸纳“三长”（乡镇卫生院院长、中小学校校长、农技站站长）为重点的“3+1”试点工作，全市吸纳“三长”进入县、乡两级科协555人。全市特色小镇建立科协5个，市级园区企业建立科协24个，余杭实验中学建立全市首个中学科协。推进学会治理和创新发展，29个市级学会组建起乡村振兴学会联合体。开设年轻干部论坛，全年开展“展青春风采，助科协发展”“担当——我为科协献计策”“初心——科协在我心中”等主题活动4期。

【海外引智工作】2019年，市科协以城西科创大走廊为核心，推进国家（杭州）海外人才离岸创新创业基地建设，与海外科技社团、科研学术机构和科学家建立常态化联系机制。7月，在乌克兰基辅新建海外联络站1个，与中法青年企业家协会、加拿大蒙特利尔中国学者联合会签订人才互访和科技交流合作协议。9月25—27日，以“汇聚海外智力、助力杭州发展”为主题，连续第14年举办海外英才杭州项目对接会，从237位海外科技工作者申报的256个项目中优选69个大健康类、生物医药类、大数据和人工智能类、智能制造类项目到杭州对接，企事业单位、离岸基地共建区负责人等220多人与会共商项目合作事宜。

【科技学术交流】2019年6月25日，市科协举办杭州市乡村振兴论坛暨杭州市科协年会，中国工程院院士陈剑平做主旨报告，举办“科技+人才”服务乡村振兴沙龙和10个分会场活动。10月17日，市数字经济联合会、市科技合作促进会等科技社团举办“中国（长三角·杭州）国际

2019年6月13—19日，全国大众创业万众创新活动周在杭州举行

（市科协 供稿）

嵌入式大会暨首届中国长三角数字经济大会”“首届智能制造高峰论坛”“人工智能西溪论坛”，组织数字经济大讲堂20多场。11月22日，市科协举办第十六届京沪杭高科技产业化合作交流活动，助力科技成果产业化和企业科技创新。全年市科协立项资助重点学会学术活动项目105项，为科技工作者深化学术交流、提高学术水平服务。

【主题科普活动】2019年9月14—20日，杭州市举办以“礼赞共和国·智慧新生活”为主题的全国科普日暨杭州市第三十三届科普宣传周活动，开展科普活动670项，其中重点活动180项。参与科技人员、科普工作者、科普志愿者9000多人、公众近60万人次。开展涉农地区农村科普工作调研，举办全市科普服务乡村振兴暨农民科学素质培训班，邀请北京大学教授黄季焜做“乡村振兴：农业农村转型和政府职能”专题讲座。组织开展文化、科技、卫生“三下乡”活动，邀请专家赴建德市杨村桥镇等地，就实施乡村振兴战略、垦造耕地“旱改水”项目等进行现场指导。

【科普能力建设】2019年，市科协以项目化参与社会治理。“科普中国”落地应用提升公民科学素质入选城市大脑基层社会治理应用项目和市域社会治理现代化建设“社会协和”工程。开展“科普中国”百场万人培训，提高杭州科普信息化水平，全市有“科普中国”注册科普员13.66万人，分享文章450.5万篇。市科协社会科普责任评估工作在全国科普理论研讨会做经验分享。与浙江民生广播电台（FM99.6）合作录制健康主题日节目，在“喜马拉雅FM”等主流内容音频App上线。邀请沈昌祥、朱进等13位国内外著名科学家走进“科学大讲堂”授课。邀请白武明等老科学家开展“老科学家杭州巡讲”活动，累计赴67个单位举办科普报告69场。联合杭州电视台等9个媒体单位成立杭州市科普全媒体联盟。与市气象局签约气象科普合作。中国杭州低碳科技馆接待参观105万人次。主办“中国—巴基斯坦科学传播研讨交流会”，构建中巴科学普及协作机制，助推“中巴经济走廊”建设。

【科技工作者服务】2019年，市科协以“青科汇”杭州青年科技工作者创新社区为平台，开展科创加油站、科创读书会、大众创新讲堂、青年科创人员经验交流、创业培训等活动64场，合作路演活动6场，杭州电视台专题录制活动3场，为科技工作者和创业者提供创业经验。与市老干部大学联合开办杭州老干部大学科技分校。开展“健康文化医疗下乡”活动，为科技工作者免费提供心理咨询

2019 年 4 月 9—10 日，市侨联举办"2019 年海外侨领杭州行——走进鸬鸟"活动
（市侨联 供稿）

服务。慰问杭州籍院士和在杭工作、建站的院士 228 人次。在《杭州日报》《青年时报》分别开设《走进院士专家工作站》和《杭州青年科技英才》专栏，宣传科技工作者先进事迹。

（王砚青）

杭州市归国华侨联合会

【概况】2019 年，市侨联履行服务经济发展、依法维护侨益、拓展海外联谊、积极参政议政、弘扬中华文化、参与社会建设职能。市委办公厅印发《杭州市侨联深化改革实施方案》，对侨联改革方向、具体目标、改革举措、实施保障等进行明确规定并优化职能和内设机构，在机构改革中将原市外侨办的"指导、服务海外华人华侨社团联谊"等职责划归市侨联，市华侨服务中心划归市侨联管理。成立钱塘新区侨联，全年新建基层侨联组织 171 个，累计 711 个，区县（市）侨联 13 个。市侨联内设 3 个部室，有直属事业单位 2 个、团体协会 4 个、海外联络处 112 个，13 个区县（市）侨联列入机构编制管理，10 个县级侨联与区县（市）委统战部合署，萧山区、富阳区、临安区侨联单设。

市政协侨联界别组当好"智囊团"，组织侨界政协委员参与民主监督；建立富阳区银湖科技城侨台界别小组委员工作站，开展经济、科技、人才、文化交流和引智引资等调研工作；组织助推"一带一路"杭州企业走出去专题调研活动；撰写杭州加强海外高层次人才和侨界事务的建议等并在市政协全会上发言；围绕"做强杭州都市圈，主动接轨大上海，深度融入长三角一体化发展"等市政协专题常委会议，组织委员履职调研，提交发言材料。全年侨联界别委员提交提案 11 件，获评优秀提案 1 件。全年开展界别小组各类活动 30 多次、提案相关活动 4 次。

市侨联坚持为侨服务与为大局服务的统一，持续推进"双创"基地建设。钱塘新区医药港小镇被中国侨联授予"中国侨联新侨创新创业基地"称号，杭州高新区（滨江）海外高层次人才创新创业基地、新禾联创数字时尚产业园、杭州青山湖科技城管委会、杭州湾信息港、浙江乐富智汇园投资管理有限公司 5 个单位被省侨联授予"浙江省侨联侨界创新创业基地"称号。杭州市侨界"双创"基地建设工作走在全省侨联系统前列。

市侨联发挥自身优势，承办市政协港澳海外委员、列席代表联谊活动；协办"浙江—伦敦科技与创新合作交流会"；落实全国主要大中城市基层侨联建设经验交流暨业务培训会在杭召开；推动"创业中华"品牌活动的杭州经验在中国侨联经济科技工作暨新侨创新创业联盟理事交流会上做重点发言；深化海外联谊合作机制，举办"海外侨领走进杭州"活动，"智慧杭侨"平台建设加快推进；举办庆祝中华人民共和国成立 70 周年等凝聚侨界群众的系列文化活动。

【市侨联九届五次全委（扩大）会议】2019 年 1 月 14 日，市侨联九届五次全委（扩大）会议在杭州召开。会议总结 2018 年工作，部署 2019 年任务，审议有关事项。省侨联党组书记、主席连小敏出席会议并讲话。市政协副主席、市侨联主席王立华做工作报告，市侨联党组书记裘建平主持会议。会议进行人事选举，选举裘建平为市侨联委员、常委、副主席，范方军、陈水英为委员、常委，娄炜等 8 人为委员，同时卸免相关委员、常委、副主席。会议表彰全市侨联系统"最具活力基层侨联组织"和"最美侨联工作者"，为萧山区南宋官窑艺术馆等 4 个"杭州市华侨国际文化交流基地"授牌。

【海外侨领杭州行】2019 年 4 月 9—10 日，市侨联、市政协港澳台侨和外事委、余杭区侨联、鸬鸟镇政府联合举办以"聚力海外侨领、共建美丽乡村"为主题的 2019 年海外侨领杭州行活动。10 月 31 日，市侨联组织海外侨领走进下城区活动。两场活动组织来自海外 26 个国家的 43 个海外联络处（侨团）近百名侨领，实地考察余杭区径山镇和鸬鸟镇的美丽乡村建设示范点、民宿示范区和中国（杭州）电竞数娱小镇 LGD 联盟电竞馆、小镇党群服务中心，召开招商推介会和座谈交流会。活动整合侨界力量精准对接乡村振兴需求，受到海内外主流媒体的广泛关注和报道。

【侨企参与"一带一路"国家（地区）对接会】2019 年 5 月 23 日，由市政协港澳台侨和外事委、市外办、市商务局、市工商联、市贸促会、市侨联和香港贸易发展局主办，杭州公共外交协会、香港杭州政协之友联谊会、澳门杭州政协之友联谊会协办的杭州民营企业牵手"一带一路"国家（地区）对接洽谈会在杭举行。来自"一带一路"沿线 19 个国家（地区）

的44位驻沪外交官、商务官员及商务机构代表应邀参加会议，与115名杭州民营企业代表开展对接交流，市侨联组织40个侨企参加洽谈会。

【侨界创业投资高峰论坛】2019年7月9日，由市侨联、上城区政府、市政协港澳台侨和外事委、市金融办主办的侨界创业投资高峰论坛在杭州举行，常务副市长戴建平，中国侨联副秘书长赵红英出席论坛并致辞。市委统战部部长陈新华为上城区杭港高端服务集聚区"杭港驿站"授牌。杭州市相关部门负责人、香港企业家代表、海外侨领、优秀企业家等260人出席论坛。论坛以"聚焦资智融通、赋能杭港合作"为主题，搭建杭州和香港两地企业家及专业机构面对面交流的平台。

【侨界精英创新创业峰会】2019年10月31日至11月2日，由中国侨联、浙江省侨联、杭州市政府和浙江大学共同主办，杭州市侨联、杭州钱塘新区管委会、国家纳米科学中心、浙江大学药学院承办的"创业中华——2019侨界精英创新创业峰会"在杭州举行。中国侨联副主席李卓彬为"中国侨联新侨创新创业基地——杭州医药港"授牌。会议为新成立的中国生物物理学会材料生物学与智能诊疗技术分会授牌，为钱塘新区医药港聘请的5位海内外院士颁发聘书，并做杭州创投环境推介。峰会吸引国内外生物医药领域的102个项目参与洽谈对接，共签约10个生物医药产业项目、10个生物医药高层次人才项目，总投资80亿元。市侨联、市投资促进局、杭州医药港小镇、大创小镇有关负责人，以及46位海外高层次人才、投融资机构代表、生物医药企业负责人等参加，6个项目进行路演。

【市侨联第九次海外协作会议】2019年11月1日，市侨联第九次海外协作会议召开。市侨联、市出入境管理局、市跨境电商综试办的代表，以及来自26个国家、43个海外联络处（侨团）的48位侨领等参加会议。会议为新加入市侨联海外协作机制的2个侨团授牌，累计增至112个；为"中国心·四海情"中华人民共和国成立70周年十大海外优秀短视频颁奖；邀请市出入境管理局和市跨境电商综试办分别做政策宣讲和主题报告；海外联络处负责人围绕深化海外协作机制运行和作用发挥等话题交流发言。

【杭州市留学生创新创业大赛】2019年8月16日，由市侨联、萧山区政府和萧山经济技术开发区管委会主办的"智联四海学子、赋能数字杭州"杭州市留学生创新创业大赛在萧山区举办，旨在为海外留学生、投资机构代表以及各级政府搭建展示和交流平台，推动全市创新创业迈上新台阶。大赛于6月启动，面向海内外留学生创业者征集到优秀海归创业项目50多个，最终6个项目晋级总决赛并产生一等奖1名、二等奖2名、三等奖3名，现场多个项目受到投资人的青睐并举行项目签约仪式。省侨联、萧山区委、市委统战部、市侨联的领导出席活动并为获奖项目颁奖。

【全国城市基层侨联建设经验交流暨培训活动在杭州举办】2019年11月13—15日，中国侨联在杭州市举办全国主要大中城市基层侨联建设经验交流暨业务培训活动。省委常委、市委书记周江勇会见中国侨联主席万立骏一行。来自全国各省侨联基层组织负责人200多人参加，万立骏讲话，杭州市侨联做典型经验发言。会议组织考察未来科技城侨联分会海创园侨联工作站、杭州师范大学弘丰研究中心（中国侨联华侨国际文化交流基地）、西湖区翠苑一区和德加社区侨联、拱墅区米市巷街道侨胞之家"侨聚堂"等地。会议开展全国组织机构统一社会信用代码专题培训活动，为部分基层侨联组织颁发第一批统一社会信用代码证书。

【华侨华人新生代跨境电商培训】2019年11月19—22日，市侨联会同市跨境电商综试办、市出入境管理局、阿里巴巴"速卖通"网站等单位联合举办为期4天的华侨华人新生代跨境电商培训活动，为来自17个国家和地区的约50位海外华侨华人

2019年8月16日，"2019杭州市留学生创新创业大赛"在萧山区举行

（市侨联 供稿）

2019 年 11 月 19—22 日，杭州市举办华侨华人新生代跨境电商培训活动
（市侨联 供稿）

新生代进行集中专业辅导。活动邀请跨境电商行业实战领域的资深专家和企业家现场教学，为学员带来 14 节不同内容的课程。活动组织学员走进“阿里巴巴”“亚马逊”“贝贝网”3 个优质电商园区，安排现场教学和答疑解惑，穿插学员互动和圆桌会等交流活动。

【华侨国际文化交流基地创建】2019 年，为丰富杭州对外交流文化活动载体，市侨联制定《杭州市华侨国际文化交流基地管理办法》，并于 12 月启动第二批“杭州市华侨国际文化交流基地”确认工作，市国际博览中心等 5 个单位获授牌。12 月，市侨联推荐的南宋官窑艺术馆和临安钱王陵园被省侨联确认为第一批“浙江省华侨国际文化交流基地”。

【侨史编纂】2019 年 3 月 22 日，市侨联与市档案局启动侨史编纂工作。制定工作方案，发动区县（市）侨联收集资料，组织力量编纂《侨联志》，挖掘、整理、推荐一批侨胞、侨企的故事以及侨史上的重要事件，展示 40 年来侨联工作“干在实处、走在前列”的发展历程。至年末，《侨联志》已形成 16 万字初稿。（谢唯宜）

杭州市青年联合会

【概况】2019 年，市青联学习贯彻习近平总书记关于青年工作和关于加强改进统一战线工作的重要思想，把握各族各界青年大团结大联合的主题，切实履行青联职责，推进青联改革，各项工作取得新进展。

市青联实行会员团体制，由所辖区县（市）、杭州钱塘新区等 14 个青联会员团体以及共青团杭州市委、杭州市学生联合会、杭州市志愿者协会、杭州市青年企业家协会、杭州市农村青年致富带头人协会、杭州市青年研究会、杭州大学生创业联盟、杭州市校外教育协会等青年社团组成。辖管杭州青少年活动中心、杭州青年学院、今日青年杂志社等社会服务机构。市青联开展“不忘初心、奋斗新时代”迎国庆音乐会、下姜村红色之旅、青年技能人才成长论坛、八一拥军慰问、“我与亚运同行”世界冠军公益林植树、“非遗”文化研学、农业新业态考察等主题活动，提升青联组织活力。开展“面对面”委员走访活动，及时了解委员最新动态及对青联和青年工作的意见建议。推进青联委员所在非公企业的建团工作。

【市青联助力脱贫攻坚】2019 年 7 月 31 日至 8 月 3 日，市青联组织市青联委员赴湖北省恩施州开展实地帮扶，为 40 名贫困大学生捐赠助学金 20 万元，为鹤峰县、利川市、宣恩县、恩施市捐赠“希望小屋”建设资金 8 万元，在鹤峰县走马镇白果小学设立奖学金 10 万元。8 月 5—8 日，组织市青联委员赴贵州省黔东南州开展实地帮扶，为全州 16 所“青年志愿者脱贫攻坚夜校”捐赠建设资金 8 万元，为雷山县大塘镇乔江小学 266 名贫困学生捐赠助学金 13.3 万元，向大塘镇也耶村 20 户贫困户发放慰问金 2 万元。

【国内国际青年交流】2019 年 6 月 9—16 日，市青联组织杭州青年友好代表团访问香港和澳门特别行政区，促进杭港澳青年交流。6 月 23—30 日，组织杭州青年友好代表团访问俄

2019 年 7 月 31 日，杭州市青年联合会赴湖北省恩施州开展实地帮扶
（市青联 供稿）

罗斯和意大利，宣传杭州经济社会发展成就。全年市青联接待韩国丽水青年会议所代表团、日本福井青年会议所代表团、香港“未来之星”大学生代表团、日本创价协会、日本内阁府等青年团体到访。5月29—31日，在杭州举办第十一届中韩青少年住家交流营活动。9月17日，举办“数字赋能、青创未来”杭台青年数字经济创业圆桌会，共商青年数字经济创业，推动杭台青年交流合作与共赢。

【新兴青年组织服务】2019年4月23日，市青联在中国网络作家村承办团中央“新时代·新悦读”2019年世界读书日系列活动启动仪式，活动以响应党中央“倡导全民阅读、建设书香社会”的号召为主题，旨在鼓励引导广大青年养成良好的阅读习惯，多读书、读好书、听好书、写好书，提升当代青年的文化自信。市青联走访杭州邮政管理局和杭州街舞联盟，调研杭城“快递小哥”及街舞联盟成员工作、生活、思想状况，助力新兴青年群体的“筑梦计划”。

【市青联自身建设】2019年4月1日，市青联召开十二届二次常委（扩大）会议暨首场“区县行”活动，改选李莲萍为市青联主席，改选陈龙宁为市青联副主席，审议通过有关制度，表彰2018年度市青联优秀集体和个人。12月27日，召开市青联十二届三次常委（扩大）会议，调整部分市青联界别组组长、副组长，增补15名市青联委员，表彰2019年度市青联优秀集体和个人。8月22日，实施市青联之友联谊会换届，设立6个组，吸收会员205名。
（王　亮）

杭州市工商业联合会

【概况】2019年末，市工商联有会员4.07万个、市直属商会128个、团体会员25个，比上年会员数和商会数分别增长3.7%和16.9%。全年新发展团体会员6个，批准成立异地商会23个。

全市13个区县（市）工商联均被认定为全国“五好”县级工商联。修订《杭州市工商业联合会团体会员管理办法》和《杭州市工商业联合会商会管理办法》，设立“安企联盟”，推进“平安工商联（商会）”创建。

2019年10月16日，市工商联参与承办的“助力脱贫攻坚，杭州在行动”主题论坛在之江饭店举行
（市工商联 供稿）

市工商联学习贯彻习近平总书记在民营企业座谈会上的重要讲话，落实全国工商联、省工商联工作部署，发挥桥梁纽带和助手作用，团结广大民营企业和企业家完成年度各项目标任务。组织会员企业参加杭州民营企业牵手“一带一路”国家（地区）对接洽谈、“西澳——浙江投资贸易论坛”推介等经贸活动40多次。与市仲裁委联合印发《关于提升仲裁服务民营企业能力的若干意见》。设立市人大立法联系点，为杭州市有关政策出台提供企业的视角观点。市工商联法律服务工作站全年为会员企业、商会提供法律咨询和援助25次。开展民营企业军民两用高新技术及产品研发生产情况专项调查，将符合条件的企业及产品编入推荐目录。会同市人力社保局、市总工会举办杭州市民营企业专场招聘会，170多个优质民营企业提供岗位5000个。做好香港大学生暑期到杭州实习、“一带一路”相关金融扶持政策解读等工作。举办市工商联企业家主席会长“思享汇”活动2期。

【工商联界别委员参政议政】2019年，市政协工商联界别提交提案22件，2件提案被列为重点提案，由市领导领办。参与市政协常委会议和主席会议主题协商，围绕“长三角一体化发展”“促进跨境电商与实体经济深度融合发展”等专题进行调研，由委员代表工商联界别进行大会发言，提出建设性建议。深化委员工作站工作，探索符合界别特点开展工作的新方式。朱明虬委员工作站申报省政协“委员会客厅”，汇集市、区政协委员共同议政协商。组织界别委员参加党委政府和有关职能部门活动，发挥政协委员的主体作用，体现工商联界别委员的良好风貌。

【民企重点课题联合调研】2019年，市工商联做好上年度全国上规模民营企业调研工作，上报调研表184份。杭州市36个企业入围“2019年中国民营企业500强”，入围企业数连续17年蝉联全国城市第一位。借助高校资源，开展12个重点课题的联合调研，其中7个课题由会领导领办。配合中央统战部、全国工商联、省工商联等开展调研工作。及时向全国工商联、市委、市政府上报课题调研成果，促进调研成果的应用转化。市工商联本级被评为全国工商联2019年民营企业调查点工作示范单位和信息直报点先进单位。上城区、江干区、西湖区、拱墅区、萧山区、余杭区、富阳区、临安区8个工商联被评为全国工商联调研平台先进单位。

2019年11月13日，市工商联承办世界浙商大会专题活动——打造全国数字经济第一城项目推介会

（市工商联 供稿）

【打造全国数字经济第一城项目推介会】2019年11月13日，市工商联在市委、市政府的领导和省工商联的指导下，完成第五届世界浙商大会的服务保障任务。其中联合承办的打造全国数字经济第一城项目推介会作为世界浙商大会专题活动之一，旨在展示杭州市全面推进数字产业化、产业数字化、城市数字化“三化融合”，打造“全国数字经济第一城”的最新成果，向来自世界各地的与会嘉宾介绍杭州在数字产业化发展、产业数字化转型和城市数字化治理等方面的特色企业、优秀项目，促进交流合作。推介会吸引部分外国驻华使领馆官员、国内外浙商杭商企业家等400多人参加。会议围绕“三化融合”解决方案主线，在城市大脑、“5G+”、云计算、人工智能、集成电路、信息安全、工业互联网、金融科技、跨境电子商务、数字政府、智慧城市等领域，邀请9个企业进行优秀项目推介。

【新生代企业家培育】2019年，市工商联坚持党建引领，指导成立市新生代企业家联谊会党支部，发挥党建带会建、会建促企建“双引擎”作用。与网易平台联合举办“浙商领读人”活动，推荐新生代企业家分享读书心得，展现杭商经营之道。通过公益搭台，引导新生代企业家承担社会责任，有7个企业以购买农产品方式参与淳安县威坪镇茶合村帮扶，价值30多万元。以“新时代·新数智·新制造”为主题，举办新生代企业家论坛，来自港澳台的青年企业家和杭州市新生代企业家共400多人参会。

【工商界参与东西部扶贫协作】2019年，市工商联落实中央和省委、市委关于对口帮扶工作部署，发挥商会和民营企业家在扶贫工作中的重要作用，开展多形式多渠道的东西部扶贫协作、对口帮扶和对口合作。72个企业参加“联乡结村”帮扶集团，开展乡村振兴活动。组织商会和企业家赴湖北恩施、贵州黔东南、吉林长白山等地考察，探寻合作商机，帮助当地发展经济和改善民生。全年，市工商联带领或组织民营企业家随同市、区两级领导前往恩施和黔东南等地考察74批次、591人次。落实对口帮扶产业投资项目46个，计划投资64.9亿元，实际到位资金12.49亿元。民营企业家为黔东南和恩施两地捐款8947.8万元，捐物价值4317.06万元。10月，市工商联向64个“热心参与东西部扶贫民营企业（商会）”授牌。

【跨地域“消薄”任务完成】2019年，杭州市、区两级工商联对口扶持衢州的54个集体经济薄弱村，分别采取“一企帮一村”等方式抓好帮扶项目落地。有82个杭州企业参与跨地域结对工作，通过共建项目、农产品消费扶贫、直接捐款等方式落实“消薄”任务，累计到位资金1281.5万元，其中落实项目资金1103.5万元、购买农产品178万元。跨地域结对54个村的年度“消薄”任务全部完成。10月，市工商联向10个“热心参与跨地域消薄民营企业”授牌，对民营企业参与扶贫“消薄”进行再动员。（吴　炜）

责任编辑　汤　峻

2020 杭州年鉴

Foreign Affairs; Overseas Chinese Affairs; Hong Kong, Macao and Taiwan Affairs

13 外事·侨务·港澳台事务

外　事

【概况】2019年初，杭州市贯彻党中央关于党管外事工作的要求，成立中共杭州市委外事工作委员会及其办公室，并于4月4日召开市委外事工作委员会第一次会议。

2019年，杭州市外事部门做好外事活动服务保障工作。全年接待各国到访外宾202批、1800人次；安排保障市领导参与重要外事活动礼宾84批次、722人次；为大型涉外活动提供礼宾保障和礼宾工作21批次。全年审批、审核因公出国（境）团组1528批、5255人次，其中，党政机关、参公事业单位因公出国302批、1377人次，批次和人员分别占总量19.7%和26%（党政机关、参公事业单位专项任务54批、229人次）。全年办理因公出国（境）团组证照1642批、6192人次，申办签证940批次、3864人次。新颁因公护照3520本，其中S类护照611本、P类护照2909本。为全市企业申办APEC商务旅行卡198批、342张；邀请外国人到华邀请核实单1443批次、2247人次。

【国际人才创业主题交流会】2019年6月14日，国际人才创业主题交流会在杭州梦想小镇举行，会上发起成立"杭州国际创业者俱乐部"。俱乐部由Nihub创始人、杭州博如网络科技公司创始人兼CEO鸿志远、杭州梦路科技咨询总裁（创始人）唐明、中国InnoBridge有限公司CEO（联合创始人）福岭君等5人发起成立，来自瑞士、芬兰、墨西哥、瑞典、印度等28个国家的45个外国公司成为首批加入成员。该活动由"一带一路"地方合作委员会秘书处、市委人才办、市外办、团市委联合主办。市委常委、组织部部长毛溪浩出席活动并致辞。活动旨在搭建开放共享的国际化创新创业平台，吸引全球创新资源到杭聚集，促进海外创业人才与在杭创业者结成"国际创新共同体"，助推杭州城市国际化与人才国际化。

【杭州国际友城市长论坛】2019年9月3—6日，以"数字经济与智慧城市"为主题的"2019年杭州国际友城市长论坛"在杭州国际日期间举办。论坛旨在促进杭州市与各参会城市在数字经济领域的合作，学习分享数字经济国际发展经验，助推杭州"数字经济第一城"建设。来自20个国家的22个国际城市市长代表团、6个国内城市市长代表团参会。其间，8个"一带一路"地方合作委员会理事会成员代表、26个驻华使领馆代表团、1个国际组织代表团及世界知名企业代表观摩参会。国内外政府领导、专家学者和企业高管围绕"数字经济与创新创业""5G背景下的智慧城市""人工智能应用"三大议题进行交流，并走访阿里巴巴集团、良渚遗址公园考察，参加友谊林植树、品鉴"知味杭州"美食、观看国际日灯光秀，直观了解杭州"一城一窗"生动形象，为推动国际地方政府间务实交流奠定合作基础。

【"一带一路"地方合作委员会理事会会议】2019年9月4日，"一带一路"地方合作委员会第一次理事会会议在杭州举行。市委常委、常务副市长戴建平，全国对外友协欧亚部主任沈昕代表委员会主席召集会议并致辞。会议由委员会执行主席、副市长陈卫强主持。来自芬兰、意大利、老挝、德国、爱尔兰、马来西亚、尼泊尔7个国家和中国武汉、长春、长沙、义乌4个城市的11个理事会成员，以及英国利兹市、乌克兰克罗斯腾市、菲律宾碧瑶市等新会员参加大会。大会明确委员会主席、秘书长增补人选，审议通过会员增补、副秘书长人选等事项，同意吸纳英国利兹市、乌克兰克罗斯腾市、乌克兰日托米尔市为委员会会员。会议通报委员会一年的工作成果和下一步工作思路。

【"杭州国际日"活动】2019年9月4—8日，杭州市举办以"杭州联通世界"为主题的"2019杭州国际日"系列活动，展示杭州市城市国际化、数字经济发展和对外交流成果。来自22个杭州国际友城市长代表团、8个"一带一路"地方合作委员会理事会成员代表团、6个国内友城市长代表团、26个驻华使领馆代表团、部分国际组织和世界知名企业代表逾300位海外嘉宾参与国际日开幕式、杭州国际友城市长论坛、"一带一路"地方合作委员会理事会会议和主题馆展示等活动。“杭州国际日”活动期间，杭州市与意大利维罗纳市、乌克兰克罗斯腾市签署友好合作备忘录。

【“一带一路”地方合作委员会电商培训班】2019年10月29日，“一带一路”地方合作委员会电商培训班在杭州开班。副市长陈卫强出席开班仪式并致辞。来自芬兰、意大利、泰国、马来西亚、印度尼西亚、尼泊尔、印度7个国外会员和中国西安、郑州、厦门、吉林、四平、义乌6个国内会员的40名主管电商政府官员及电商企业代表参加为期3天的培训。阿里巴巴集团从政策、机制、平台、企业、创业者等多个角度制定课程规划，帮助不同国家学员明晰电子商务发展的奥秘，为学员们从阿里巴巴跨境电商平台及杭州跨境电商试验区获取经验与思路。培训期间，学员们深入了解阿里巴巴集团的电商业务、文化与全球化战略，赴梦想小镇、云栖小镇、下沙“菜鸟仓”、“亲橙里”、“盒马鲜生”、“未来酒店”等地考察，学习杭州在电商产业生态系统方面的优势经验。

2019年杭州市部分市领导出访团组情况

表9

出访时间	代表团团长职务及姓名	出访地点
1月	副市长　陈卫强	韩国
3月	副市长　缪承潮	意大利
3月	副市长　陈卫强	日本、泰国
4月	市人大常委会副主任　许勤华	泰国、印度
5月	市委常委、秘书长　许　明	波兰、芬兰
5月	副市长　胡　伟	俄罗斯、土耳其
5月	市人大常委会副主任　郑荣胜	秘鲁、牙买加
6月	市政协副主席、市工商联主席　冯仁强	新加坡
6月	市委常委、萧山区委书记　佟桂莉	文莱、以色列
7月	市人大常委会副主任　张建庭	阿塞拜疆、乌克兰
9月	市委副书记、政法委书记　张仲灿	阿根廷、墨西哥
9月	副市长　陈卫强	格林纳达、苏里南、萨尔瓦多
9月	市委常委、常务副市长　戴建平	日本、新加坡
9月	副市长　胡　伟	英国
9月	市政协副主席　翁卫军	塞尔维亚、匈牙利
10月	副市长　陈卫强	丹麦
10月	市政协副主席　周智林	阿根廷、巴西
10月	市政协副主席、市工商联主席　冯仁强	法国
11月	副市长　柯吉欣	俄罗斯、瑞典
12月	市委常委、常务副市长　戴建平	瑞士

2019年6月30日，浙江省委常委、杭州市委书记周江勇（右三）率团出访文莱（市外办 供稿）

【市友协群团改革推进】2019年，杭州市推进市友协群团改革工作。根据《中国人民对外友好协会深化改革方案》《浙江省人民对外友好协会改革实施方案》《杭州市群团改革总体方案》，重新谋划市级友协定位、职能、特色、优势。组建由市外办领导牵头的班子，着手改革方案起草工作，在多方征求有关部门和基层组织意见建议的基础上，制定市友协改革实施方案，经报市群改办审核通过。

【主要出访活动】周江勇率团访问文莱、越南、阿塞拜疆　2019年6月29日至7月8日，应文莱财政部投资促进局、越南国家旅游总局、联合国教科文组织邀请，浙江省委常委、杭州市委书记周江勇率杭州市代表团赴文莱、越南、阿塞拜疆考察访问，走访各类企业和平台3个，参观考察7次。在文莱、越南期间，代表团与旅文中资企业家代表座谈，出席“丝路记忆·最忆杭州”杭州文化旅游越南推介活动，与旅越浙商浙侨代表座谈。在阿塞拜疆期间，代表团参加第四十三届世界遗产大会，见证良渚古城遗址申遗成功。周江勇拜会联合国教科文组织文化助理总干事奥托内·拉米雷斯、联合国教科文组织世界遗产中心亚太部主任景峰、中国常驻联合国教科文组织代表沈阳。

潘家玮率团访问以色列、土耳其　2019年9月2—9日，应以色列创新署和土耳其安塔利亚市政府的邀请，市政协主席潘家玮率杭州代表团访问以色列、土耳其，主要目的是邀请以色列特拉维夫、以色列创新署和土耳其安塔利亚、伊斯坦布尔参加“一带一路”地方合作委员会，与杭州一起参与“一带一路”建设；深化与以色列、土耳其在经贸、科技、旅游、文化等领域的交流合作，并与土耳其安塔利亚开展友好城市建设；考察当地科技创新、营商环境、历史文化遗产保护等情况，走访当地的杭州企业以及与杭州合作的企业。

【主要到访活动】 德中卫生组织主席访问杭州　2019年1月9日，浙江省委常委、杭州市委书记周江勇会见德中卫生组织主席曼弗雷德·迪特一行13人。周江勇说，杭州正建设国际一流营商环境，德方生物医药等领域的高质量项目与杭州未来产业发展方向高度契合，选择杭州一定能赢得未来。希望德中卫生组织继续推动更多引领科技创新、助力产业转型、造福社会群众的好项目、好技术、好人才落户杭州。曼弗雷德·迪特表示愿加强合作交流，推进医疗产业和信息产业有机结合，助力杭州提升城市国际化水平。

亚奥理事会终身名誉副主席访问杭州　2019年2月19日，市委副书记、市长徐立毅会见亚奥理事会终身名誉副主席拉贾·兰德·辛格一行。徐立毅说，杭州正以亚运会筹办为重大牵引性工程，加快推进场馆及配套基础设施建设，细化完善竞赛组织方案，全面启动市场开发，做好亚运宣传和社会动员，统筹推动亚运会筹办与城市发展紧密结合，努力实现“办好一次会，提升一座城”。拉贾·兰德·辛格对杭州积极筹备亚运会表示赞赏，对杭州成功举办亚运会有充分的信心。他表示将加强与杭州亚组委的沟通对接、协调联动，合力办成一届精彩、圆满、成功的体育盛会。

美国国会众议院“美中工作小组”访问杭州　2019年3月19日，浙江省委常委、杭州市委书记周江勇会见美国国会众议院“美中工作小组”共同主席里克·拉森和达林·拉胡德率领的代表团一行。全国人大外事委员会副主任委员陈国民、中国驻美国使馆公参许东会见时在座。周江勇介绍杭州社会经济发展情况，他说，杭州与美国友好往来密切，美方代表团到访必将进一步加深对杭州的了解，加强双方在经济、人文等领域的交流合作。里克·拉森和达林·拉胡德表示，愿不断加强交流合作，共创美好未来。

芬兰赫尔辛基·乌西玛大区议会主席访问杭州　2019年3月26日，市人大常委会主任于跃敏会见芬兰赫尔辛基·乌西玛大区议会主席马尔库·马库拉一行。于跃敏表示，希望以浙江与赫尔辛基·乌西玛大区签署两省区友好合作协议为契机，以中芬科技产业园项目启动为动力，抓住发展机遇，拓展交流合作平台，深化科技、工业、经贸等领域的合作，开创中芬两国合作新格局。

日本爱知县知事访问杭州　2019年5月15日，市委副书记、市长徐立毅会见日本爱知县知事大村秀章率领的爱知县政府代表团一行12人。双方就加强“2026爱知·名古屋亚组委”与“2022杭州亚组委”合作，以及浙江与爱知省县友好交流等事宜进行商谈。

世界遗产委员会委员国大使访问杭州　2019年5月17日，市委副书记、市长徐立毅接待世界遗产委员会委员国大使一行5人，就联合国教科文组织第四十三届世界遗产委员会会议期间审议中国申报的“良渚古城遗址”项目等事宜进行商谈。大使一行于5月16—18日访问杭州，拜会市领导及有关部门，参观世界遗产——杭州西湖景观，考察良渚文化遗址。

土耳其航空公司华东区总经理访问杭州　2019年7月15日，市政协主席潘家玮会见土耳其航空公司华东区总经理赛哈特·高克一行。潘家玮说，杭州正在加快建设世界名城，打造展示新时代中国特色社会主义的重要窗口，希望双方进一步拓宽合作领域，共享发展机遇，实现互利共赢。赛哈特·高克说，土耳其航空公司将加强与杭州合作，不断拓展合作空间。

瑞士aiCTX公司CEO访问杭州　2019年9月3日，浙江省委常委、杭州市委书记周江勇会见瑞士aiCTX公司CEO乔宁、深圳优必选公司创始人兼CEO周剑一行。周江勇说，杭州持续加快新旧动能接续转换，大力培育引进人工智能、集成电路、生物医药等新兴产业，建设“全国数字经济第一城”，打造国际一流营商环境，诚挚欢迎海内外创新创业人才和高新技术企业前来投资兴业、共谋发展。乔宁、周剑表示，杭州宜居宜业，愿加强更深层次合作，把更多的企业、人才、技术带到杭州，与杭州共赢美好未来。

美国Kateeva公司首席执行官访问杭州　2019年11月14日，浙江省委常委、杭州市委书记周江勇会见美国Kateeva公司首席执行官艾伦·哈

2019年5月17日，杭州市委副书记、市长徐立毅（右四）接待世界遗产委员会委员国大使一行5人　（市外办 供稿）

2019年杭州市接待的其他到访团组情况

表10

到访时间	代表团团长职务及姓名	会见领导
3月13日	新西兰驻沪总领事　罗安竺	陈卫强
5月6日	蒙特雷科技大学董事会主席　何塞·安东尼奥·费尔南德斯	毛溪浩
5月16日	匈牙利驻沪总领事　博岚	陈卫强
6月1日	匈牙利驻沪总领事　博岚	陈卫强
8月3日	以色列莫迪因市市长　哈依姆·比巴斯	陈卫强
10月22日	日本福井县日中友协会长　酒井哲夫	王金财
10月30日	德国杜伊斯堡市市长　索伦·林克	陈卫强
11月8日	日本驻上海总领事　矶俣秋男	陈国妹
11月8日	美国华盛顿州商务厅厅长　莉莎·布朗	胡　伟
11月20日	美国驻沪总领事　谭森	胡　伟

瑞斯博士一行。周江勇说，杭州是宜居宜游又宜业的城市，正着力打造人才生态最优城市，建设“全国数字经济第一城”。市委、市政府将努力为企业在杭发展创造良好条件，以更加开放的姿态欢迎包括Kateeva在内的广大客商到杭投资兴业。艾伦·哈瑞斯表示，十分看好在杭投资前景，愿深化与杭州的务实合作，实现互利共赢。

【友好城市交流】杭州市友好城市签约　2019年9月4日，杭州市分别与意大利维罗纳市、乌克兰科罗斯腾市在杭州签署两市友好合作备忘录。9月20日，杭州市与马来西亚哥打基纳巴卢市在杭州签署两市建立友好城市关系协议。至年末，杭州市共有国际友好城市31个，国际友好交流城市36个。

日本松江市市长访问杭州　2019年4月23日，副市长陈卫强会见日本全国市长会顾问、岛根县松江市市长松浦正敬一行3人。松浦正敬主要应全国对外友协邀请，赴北京出席第二届“一带一路”国际合作高峰论坛相关活动。杭州市与松江市自2003年结为友好交流城市以来，双方在经济、文化、教育、旅游等领域开展交流合作，取得积极成果。

法国尼斯市市长访问杭州　2019年8月12日，浙江省委常委、杭州市委书记周江勇会见法国尼斯市市长克里斯蒂安·埃斯特罗西。周江勇说，杭州市与尼斯市结为友好城市超过20年，乘着“一带一路”东风，希望继续加强数字经济、生物医药、旅游业等领域的交流合作，携手推动双方友好关系不断登上新台阶。克里斯蒂安·埃斯特罗西说，杭州城市建设和经济发展成就令人瞩目，与尼斯市有着广阔合作空间，愿促进更广泛、多层次的合作共赢。

意大利维罗纳市市长访问杭州　2019年9月3日，浙江省委常委、杭州市委书记周江勇会见意大利维罗纳市市长费德里科·斯博阿里纳一行10人。周江勇说，中国国家主席习近平3月访问意大利，在中意两国元首的见证下，杭州市和维罗纳市签署《中国杭州市与意大利维罗纳市在各自被列入联合国教科文组织世界遗产地名录的遗产地进行推广、开发和共享的友好关系协议》，希望两市落实协议，深化在文化遗产保护、旅游产业交流、城市品牌宣传等领域的务实合作，为建设“一带一路”、推动中意关系迈上新台阶做出新贡献。斯博阿里纳表示，以到访杭州为新起点，进一步深化全方位、多领域交流合作，与杭州共谋进步与发展。

马来西亚沙巴州首席副部长访问杭州　2019年9月20日，副市长王宏会见马来西亚沙巴州首席副部长刘静芝和哥打基纳巴卢市市长诺丁西曼一行。双方通过三年的接触，在中马全面战略伙伴关系框架下签署友好城市协议书。双方将加强在经济、文化、艺术、教育、体育等领域的合作，实现共赢发展。

杭州与岐阜结好40周年庆祝活动　2019年10月21—22日，日本岐阜市市长柴桥正直率代表团访问杭州，出席两市结好40周年纪念活动。常务副市长戴建平、副市长陈卫强、市人大常委会副主任于建庭参加。自1979年2月结为友好城市以来，杭州和岐阜在经贸、文化和民生等领域持续开展富有成效的交流。双方希望两市与时俱进，在人工智能、大数据应用和移动支付等方面开展新合作。其间，代表团参观位于柳浪闻莺公园的“日中不再战”纪念碑、中国美术学院南山校区、河坊街和南宋御街，考察阿里巴巴西溪园区展厅等。

杭州医疗专家赴利兹访问　2019年11月3—9日，受英国利兹市邀请，杭州市4名医疗健康领域的专家赴利兹市进行短期研修，主要了解英国智慧医疗发展水平，学习利兹市在医疗保健和医疗技术方面的前沿经验。4名专家在利兹市参观考察众多医疗研发机构和智慧医疗器材企业，了解利兹市政府、大学、公司之间独特的合作方式和医疗技术发展生态系统，为寻求两市在医疗领域的合作机会奠定基础。　（杨礼丰）

侨　务

【概况】2019年杭州市机构改革后，市委统战部挂市政府侨务办公室牌子，统一管理全市侨务工作。为加强党对海外统战工作的集中统一领导，突出“向中心聚焦、为大局聚力”的工作定位，市侨办履行“统一领导海外统战工作、统一管理侨务工作”的重要职责，坚持围绕中心服务大局，为侨服务凝心聚力，加强整体谋划、制度建设和机制创新，不断增进与海内外侨胞的联系交往，提升“大统战”格局下侨务工作的服务能力和水平。市侨办全年举办重要侨务活动3场，元旦、春节慰问困难归侨侨眷15户，发放慰问金1.5万元。为18名因孤、寡、病、残、无退休金收入等原因的困难归侨进行补助，发放补助金6.48万元。开展“三侨生”身份认定工作，全市认定“三侨生”高考生53名、中考生66名。办理审批华侨回国定居3人、归侨证3人，办理和转办涉侨信访件5件。

【引导侨胞参与“一带一路”建设】2019年5月，市委统战部（市侨办）

与桐庐县委统战部联合举办"一带一路"建设专题讲座，邀请中央党校国际战略研究院教授孙建杭做"一带一路"建设与构建人类命运共同体的专题报告。100多位侨商和全市30多名侨务工作者参加讲座。7月，以统一战线庆祝中华人民共和国成立70周年主题宣传教育为契机，举办海外中青年侨领和侨商"一带一路"建设研讨会，引导和支持海外侨胞特别是"一带一路"沿线国家华侨、华人参与"一带一路"建设，助推中国企业走出去参与当地经济社会建设与发展。100多位海外中青年侨领和侨商参与研讨。

【侨务工作新机制形成】2019年6月，为加强对海外统战工作的统一领导和对侨务工作的统一管理，推动形成大侨务工作新格局，根据市委办公厅、市政府办公厅《进一步加强全市涉侨工作统筹协调的通知》，市委统战部（市侨办）在深入调研、广泛征求意见的基础上，制定《杭州市涉侨重大事项和海外涉侨突发事件统筹协调工作制度（试行）》，完善涉侨工作统筹协调制度和机制，推动建立统筹有序、各负其责、协同有力的侨务工作新格局。7月，召开杭州市侨务工作联席会议第一次会议。市人大外事委、市政协民宗侨委、致公党市委会、市侨联领导参加会议，研究部署涉侨事项统筹协调事宜，健全侨务工作联席会议机制，加强涉侨部门之间的横向联系和协调配合。

【海外中青年侨领研习班】2019年7月10—14日，杭州市举办海外中青年侨领研习班，旨在进一步加强与新华侨华人、华裔新生代、社团新力量的联络联谊。来自19个国家的36名海外中青年侨领汇聚杭州，聆听专家、教授对国家经济发展状况以及浙江和杭州经济社会发展状况的讲座。其间，研习班成员赴建德市、淳安县参观考察并与企业家进行互动交流。

【市侨商协会青年发展委员会成立】2019年10月，经过7个月的筹备，杭州市侨商协会成立青年发展委员会。大会选举市侨商协会副会长林孝爽为首届青年发展委员会会长。青年发展委员会以搭建平台为己任，广泛联系和团结全市侨界青年开展交流合作，服务创新型城市建设。新成立的青年发展委员会吸收70多位青年侨商加入，为市侨商协会的发展输送"新鲜血液"。

【海外华文媒体杭州行】2019年11月4—7日，海外华文媒体杭州行采访活动在杭州举行。活动以"讲好杭州故事、展示杭州美丽形象"为主题，13个国家的50名海外华文媒体到杭州进行4天采访活动。活动期间，各华文媒体赴杭州阿里巴巴集团、梦想小镇、建德市梅城镇、淳安县枫树岭镇下姜村进行深度采访活动，并先后在海外重要媒体、杂志、自媒体等平台刊登宣传杭州的图片、文章100篇（幅），为讲好"杭州故事"，助推杭州城市国际化发挥积极作用。

（孙云新）

港澳事务

【概况】2019年，杭州市外事部门积极服务"一国两制"基本国策，加强杭港澳交流合作，增强国家认同、人心回归。全年接待港澳代表团13批、216人次；审批赴港澳82批、335人次。新颁赴港澳通行证492本，签注香港613人次、澳门155人次；受理赴港澳通行证申请191批次、764人。

举办香港贸易发展局杭州代表处新址启用暨杭港合作工作座谈会；举办以"孤山游艺、西湖梦寻"为主题的香港"西泠学堂"2019年暑期游学班。协助市贸促会走访香港贸易发展局，推介杭州市举办的2020年AIPPI杭州世界知识产权大会，参加12月在香港举办的亚洲知识产权营商论坛。指导开展"童路知音杯"杭港情·中国心文创大赛，协助香港特区政府驻浙联络处举办"看·见香港"摄影展和第八届香港影展"师徒传承·前辈后生"开幕式。通过文化项目合作，推进杭港两地民众相互了解。根据对澳门加强合作的工作思路，强化与澳门驻杭机构的联络与沟通。

【潘家玮率市政协代表团访问澳门】2019年9月26—30日，市政协主席潘家玮率市政协代表团赴澳门开展团结联谊活动，并拜访全国政协副主席何厚铧和澳门中联办，走访澳门中华总商会副理事长贺定一、澳门浙商联合会会长廖春荣、澳区浙江省政协常委王世民和澳门旅游从业员协会等。其间，代表团举办杭港澳发展论坛暨杭港澳智慧旅游高峰论坛，潘家玮致辞，澳门中联办经济部副部长徐俊参加。阿里巴巴集团技术委员会主席王坚做大会主旨演讲，澳门旅游学院李刚、香港理工大学肖曲、市文广旅游局局长张鸿斌发言。16个杭港、杭澳旅游业行业协会及企业代表签署合作协议。代表团举行澳门杭州政协之友联谊会第二届理监事会就职典礼，潘家玮致辞。代表团出席澳门杭州政协之友联谊会年会，座谈听取澳门委员对杭州发展、市政协工作和联谊会工作的意见建议。

【香港恒隆地产董事长访问杭州】2019年9月16日，浙江省委常委、杭州市委书记周江勇会见香港恒隆地产董事长陈启宗一行。周江勇说，恒隆地产在商业综合体开发运营方面具有丰富经验，希望双方加强合作，同时拓展科技创新等领域的对接与交流。市委、市政府将全力为企业发展提供优质高效服务。陈启宗表示，杭州良好的营商环境坚定了恒隆地产进一步发展的信心，将继续加大在杭投资，为杭州的繁荣发展做出更大贡献。

【港澳青年企业家代表访问杭州】2019年11月12日，浙江省委常委、杭州市委书记周江勇会见到杭州参加2019年国情研修班的港澳青年企业家代表。周江勇说，杭州与港澳渊源深厚，杭州正处于"后峰会、亚运会、现代化"重要窗口期，实施长三角一体化发展国家战略，提升城市综合能级和核心竞争力，打造长三角南翼强劲增长极，这将为广大企业家带来丰富的投资机会和广阔的发展空间，期待广大港澳青年企业家共享发展机遇。周江勇希望青年企业家更全面地了解历史、认知国情，更客观地向港澳青年宣传祖国发展的成就，不断增进港澳青年对祖国的民族认同、文化认同和情感认同，以实际行动拥护"一国两制"，凝心聚力确保香港、澳门长治久安，为实现中华民族伟大复兴做出更大的贡献。

（杨礼丰）

台湾事务

【概况】2019年，杭州市全年因公赴台团组219批、806人次，其中：经贸文化团组45批、448人次，商务考察团组174批、358人次。全年接待台湾地区政界人士萧万长、中国国民党前副主席蒋孝严、南投县政界人士林明溱、南投市政界人士宋怀琳以及中国国民党籍知名人士马文君、许淑华、孔文吉等台湾嘉宾89批、1922人次到杭参访交流。杭州市全年接待台湾同胞到杭旅游17.6万人次，杭州市民赴台湾旅游8.4万人次。鉴于自8月1日起暂停47个城市大陆居民赴台个人游，杭台两地旅游人数有所下降。全年新批各类涉台企业89个，注册资金2亿美元。

杭州市全年举办2019年“浙江·台湾合作周”（杭州）主场活动、第十一届“西湖—日月潭”两湖论坛、杭州市台胞台属联谊会成立30周年暨“浙台邻里节·杭州分场”、第六届“两岸亲子文创联展”、第七届“两岸少儿幸福音乐会”、第二十一届“中国西湖情两岸亲”杭台两地新人集体婚礼等17场涉台活动。推进全市涉台教育进机关、进基层、进学校辅导16场。全年受理各类涉台信访件28件，结案率95%。稳慎处置涉台投诉案36件、涉台突发事件3起。

2019年9月18日，两岸电商协作联盟在杭州宣告成立　（市台办 供稿）

【“浙江·台湾合作周”（杭州）主会场活动】2019年9月17日，“浙江·台湾合作周”在杭州开幕。活动由国务院台办、浙江省政府共同主办，1500多位两岸嘉宾齐聚一堂，共谋融合发展。浙江省委副书记、省长袁家军，国务院台办副主任裴金佳，中国国民党前副主席蒋孝严，两岸企业家峰会大陆方理事长郭金龙，两岸企业家峰会台湾方理事长萧万长，全国台湾同胞投资企业联谊会会长李政宏出席开幕式并致辞，省领导车俊、熊建平出席，省委常委、杭州市委书记周江勇主持。杭州作为主会场，以“共享机遇·融合发展”为主题，结合两岸电商协作高峰论坛和第十三届文博会，成功主办“一次培训班、一场圆桌会、两场对接会、三场会展、四个主题论坛”共11项专场活动，涵盖经贸、文创、青年创业、美丽乡村建设等多个领域。开幕式上，杭州与富士康科技集团的工业富联签订“华东运营总部”项目，与新竹交大校友会签订“竹铭研究院”项目，与茂宇电子化学有限公司签订杭台两岸生物医药合作项目，总投资5亿美元。近300个欧美、亚太、港台媒体及网络媒体，发布各类信息报道约6000篇，网络点击量近4亿次。

2019年9月17日，“2019浙江·台湾合作周”在杭州开幕　（市台办 供稿）

【第十一届“西湖—日月潭”两湖论坛】2019年7月3日，第十一届“西湖—日月潭”两湖论坛在台湾南投县开幕。杭州市副市长陈国妹率队，组织主团、文化交流团、民宿交流团、环保交流团、跨境电商团“一主四副”5个团组、53人出席。开幕式由杭州市副市长陈国妹和南投县政界人士林明溱共同主持。南投县政界人士陈正昇、前政界人士林源朗，知名人士马文君、许淑华等出席活动。论坛以“融合发展”为主题，围绕民宿、文化、环保和跨境电商4个议题进行研讨，杭州市代表团加强与南投县当局的良好互动，直接参与人数2000多人。台湾《联合报》《中时电子报》等媒体报道活动情况。

【惠台政策落实落细】2019年，市台办以落实“杭州惠台60条”、台湾居民居住证“三六九”政策为重点，完善各类实施细则，加强政策解读宣传和跟踪服务，推动台胞市民卡升级、支付宝金融业务和台胞银行卡办理等服务，在投资认定、减税降费、资金补助等方面给予政策扶持，为台胞到杭州生活、创业、就业享受杭州市民同等待遇提供更多便利。3月，经杭州市人大常委会审议通过，台胞谢义鸿被任命为人民陪审员。这是《中华人民共和国陪审员法》于2018年4月颁布实施后浙江省首位台胞陪审员，成为台胞在杭州享受杭州市民同等待遇的具体法律实践。台湾居民居住证是台胞享受相关惠台措施的基本证件，也是享受同等待遇的载体，杭州市全年办理台湾居民居住证2000多本，居全省首位。

【杭台经济贸易互动】2019年，杭州市多渠道、多平台推动台湾南投县土特产在杭销售，设立南投特产馆，在农博会、茶博会等展会设置南投县专区，销售农特产品100多万元。为南投县农民举办电商培训，帮助他们与“网易考拉”“云集”“天猫国际”等知名电商开展合作，注重利益导向，持续红利分享，成立两岸电商协作联盟。9月20日，“天猫国际”等平台同步推出“就爱你”两岸电商台湾精品购物活动，实现年内在大陆电商平台销售10亿元台湾商品的目标，打造台湾优质特色产品的购物狂欢节。

【杭台基层交流】2019年是杭州市首创“邻里节”两岸基层交流模式10周年。4月3日，以“和乐亲邻杭台缘、美丽乡村携手行”为主题的杭州市台胞台属联谊会成立30周年暨“浙台邻里节·杭州分场”举行。杭州依托“村村结对”活动，开展与南投13个乡镇的交流互动、举办市台联会30周年作品征集评选和“梅花缘两地情”书画展。6月20日，市政协副主席周智林率团赴台湾开展教育领域的交流活动。8月30日，市政协副主席冯仁强率团赴台湾南投县参加第三十七届“日月潭万人泳渡”活动。10月6日，第二十一届“中国西湖情两岸亲”杭台两地新人集体婚礼在杭州举行，包括南投县的10对新人在内的110对新人参加西子湖畔集体婚礼。10月9日，市政协副主席王立华率团赴台湾参加南投茶博会等交流活动。

2019年10月6日，第二十一届（2019）“中国西湖情两岸亲”杭州和台湾两地110对新人集体婚礼在西子湖畔举行　　（市台办 供稿）

【台湾青年到杭州创业就业实习】2019年，杭州市邀请130多名台湾青年到杭实习。借助云栖小镇、智新泽地等海峡两岸青年创业基地和创业园区优势，完善以“岗位提供、生源推荐、按责保障、统筹协调”为特色的台湾青年实习工作机制，为台湾大学生提供相关服务和保障。打造杭州“台青创业天堂”，促成台湾青年周百祥与杭州玄机科技公司（中国首部3D武侠动漫系列剧《秦时明月》的制作公司）成功签约，并成为杭州“中国网络作家村”第一位台籍青年作家。

【杭台文化交流】2019年6月1日，公望富春文化周暨“二十年·一幅画”富春江雅集20周年纪念活动在杭举办。活动以“共同发展共同圆梦”为主题，两岸艺术家齐聚一堂，共绘新《富春山居图》，共享20年的美好记忆。杭州市发挥国字号涉台交流基地品牌作用，为两岸文化交流搭建好平台。海峡两岸文化交流基地——连横纪念馆举办两岸书画作品展和“第六届两岸亲子文创作品展”等活动。第十五届中国（杭州）国际动漫节期间，台湾著名漫画家朱德庸、蔡志忠到杭参加活动。举办台湾画家余素政油画作品展、两岸青年书画家作品联展等，传承弘扬优秀文化艺术，增进两岸同胞感情融合。

【对台宣传】2019年，杭州市邀请台湾“大汉之音”广播电台、“旺旺”中时文化传媒等媒体到杭州采访拍摄“两岸媒体魅力杭州行”、杭州智慧城市“文化C游记”、“我的奋斗故事”和“落实惠台政策·促进融合发展”4个专题节目，用网红直播等新媒体形式，展示杭州的美丽风光和风土人情，分享在杭台商和台湾青年“业有所精、干有所成”的创业奋斗故事，营造“两岸关系好、台湾才能好”的社会共识。在全市统一战线庆祝中华人民共和国成立70周年文艺会演上，市台办主任陆献德与台湾青年一起深情演奏《我爱你，中国》，杭州电视台专题栏目播出《携手两岸情，共圆中国梦》节目。全年邀请台湾媒体11批、85人次到杭州采访，杭州《每日商报》与台湾《旺报》合作栏目《两岸连线》全年刊发63期，100多篇信息被两岸主流媒体转发。中央电视台《海峡两岸》栏目播出《双城双生，当南投遇上杭州》专题纪录片，从电子商务、文化交流等多领域推介杭台交流成果，彰显两岸同胞血脉相连的浓厚情谊。　（颜君芝）

责任编辑　汤　峻

地方立法

【概况】2019年，杭州市人大常委会始终秉持地方立法是国家治理方式的重大制度安排理念，紧扣良法善治，体现杭州特色，扎实推进地方立法工作。全年共制定地方性法规3件，修改3件，对15件地方性法规开展立法调研论证。

【《杭州市第二水源千岛湖配水供水工程管理条例》修改】2019年4月3日，杭州市第十三届人大常委会第十八次会议通过关于修改《杭州市第二水源千岛湖配水供水工程管理条例》的决定。该决定经5月31日浙江省第十三届人大常委会第十二次会议批准后，公布施行。条例做相应修改后重新公布。

【《杭州市生活垃圾管理条例》修改】2019年6月21日，杭州市第十三届人大常委会第二十次会议通过关于修改《杭州市生活垃圾管理条例》的决定。该决定经8月1日浙江省第十三届人大常委会第十三次会议批准后，公布施行。条例做相应修改后重新公布。

【《杭州市机动车排气污染防治条例》修改】2019年6月21日，杭州市第十三届人大常委会第二十次会议通过关于修改《杭州市机动车排气污染防治条例》的决定。该决定经8月1日浙江省第十三届人大常委会第十三次会议批准后，公布施行。条例做相应修改后重新公布。

【《杭州市电梯安全管理条例》制定】2019年10月29日，杭州市第十三届人大常委会第二十二次会议通过《杭州市电梯安全管理条例》。该条例经11月29日浙江省第十三届人大常委会第十五次会议批准，自2020年5月1日起施行。条例共8章45条，对电梯生产和经营、使用、维护保养、检验、检测、监督管理、法律责任等做出规定。

【《杭州市居家养老服务条例》制定】2019年，杭州市人大常委会将《杭州市居家养老服务条例》列入年度重点立法项目，草案起草实行“双组长制”。根据杭州市人大常委会关于制定地方性法规采用“两审三表决”程序的工作安排，条例于12月23日经杭州市第十三届人大常委会第二十三次会议通过，报请浙江省人大常委会批准。

【《杭州市钱塘江流域保护与发展条例》制定】2019年，杭州市人大常委会将《杭州市钱塘江流域保护与发展条例》列入年度重点立法项目，草案起草实行“双组长制”。根据杭州市人大常委会关于制定地方性法规采用“两审三表决”程序的工作安排，条例于12月23日经杭州市第十三届人大常委会第二十三次会议第二次审议，提交下一次杭州市人大常委会会议表决。 （余　巍）

依法治市

【概况】2019年2月26日，根据中央和省委的决策部署要求，市委全面依法治市委员会正式成立。依法治市委员会学习贯彻习近平总书记全面依法治国新理念、新思想、新战略，落实中央全面依法治国委员会第一次、第二次会议和省委全面依法治省委员会第一次会议精神，统筹推进科学立法、严格执法、公正司法、全民守法，全力开创良法善治新局面，为提升城市治理现代化提供有力法治保障。

3月28日，市委全面依法治市委员会第一次会议召开。省委常委、市委书记、市委全面依法治市委员会主任周江勇肯定上年法治杭州建设取得的成绩，提出要加快打造法治建设示范城市，努力推动新时代法治杭州建设走在全省全国前列。会议举行市委法律顾问聘任仪式，审议通过依法治市委员会、协调小组工作规则和办公室工作细则等，明确依法治市委员会工作职责和工作机制，统筹谋划2019年及今后一个时期法治杭州建设主要任务。

【依法治市有序推进】2019年，市委全面依法治市委员会组建办公室及立法、执法、司法、守法普法4个协调小组，13个区县（市）组建全面依法治区县（市）委员会及其办公室，成立各协调小组。构建“1+4+N”工作机制，即在市委全面依法治市委员会统筹领导下，市委全面依法治市委员会办公室牵头抓总，4个协调小组督促推动，各部门各司其职的工作机制。筹备召开市委全面依法治市委员会第一次会议，同步推动各区县（市）党委全面依法治区县（市）委员会召开第一次会议。召开市委依法治市委员会办公室第一次会议，推动依法治市工作部署落实到位。立法、执法、守法普法3个协调小组分别召开第一次会议，并制定小组工作细则。全面推行党委政府法律顾问制度，加强公职律师队伍建设。完善党内规范性文件备案审查制度，全面推进乡镇党内规范性文件备案工作。

【党政第一责任人职责强化】2019年9月，市委办公厅制定《杭州市党政主要负责人履行推进法治建设第一责任人职责实施细则》，明确第一责任人法治建设职责清单，发挥“关键少数”的关键作用。根据《浙江省党政主要负责人履行推进法治建设第一责任人职责情况列入年终述职内容试点工作实施方案》要求，开展党政主要负责人履行推进法治建设第一责任人职责情况列入年终述职内容试点，市委组织部在年度市管领导班子和领导干部考核中，将班子和领导干部述法列为一项重点内容。

【法治杭州建设重点工作落实】2019年4月，市委办公厅制定《2019年法治杭州建设工作要点》，细化112项年度工作任务，涵盖立法、执法、司法、守法普法等方面，并明确各项任务的责任部门。把法治杭州建设重点工作分解成5张清单、17项重点任务，包括制定《杭州市钱塘江流域保护与发展条例》《杭州市居家养老服务条例》等重点立法项目，实施重点立法项目“双组长”制，推进行政复议体制改革，推进五大领域综合行政执法体制改革，探索互联网司法新模式，健全知识产权案件审判规则，构建市域社会治理“六和塔”工作体系，开展“参观五四馆、观众超百万”活动等，由市委全面依法治市委员会4个协调小组和市委全面依法治市委员会办公室分头推进，全年对重点工作任务落实情况进行督查。

2019年1月17日，杭州市召开基层社会治理“一体两翼”工作体系建设现场推进会
（市委政法委 供稿）

【法治示范创建】2019年，市委全面依法治市委员会办公室开展争创2018年度省级法治县（市、区）示范单位、先进单位，以及创建2018年度市级法治乡镇（街道）示范单位、先进单位活动。下城区、拱墅区等5个区县（市）被评为省级法治县（市、区）工作示范单位；余杭区等3个区县（市）被评为省级法治县（市、区）工作先进单位；长庆街道、北山街道等6个街道被评为市级法治乡镇（街道）示范单位。推荐桐庐县参评全国法治政府建设示范县。

【法治政府建设督察考核】2019年，市委全面依法治市委员会办公室对2018年度法治政府建设考核排名靠后的区县（市）和市级部门开展重点督察，抓好中央依法治国委员会办公室关于食品药品领域执法司法、法治化营商环境、法治政府建设3项督察工作。分解落实法治浙江考评任务，2019年度杭州市在法治浙江考评中获得优秀。将法治杭州建设纳入全市综合考评，实行内部考核、第三方评估、满意度调查3个方面相结合，对各区县（市）和32个市直部门开展考核并逐一反馈考核结果，督促各地、各部门补短板、强弱项。推动萧山区、桐庐县探索将法治建设工作情况纳入党委巡察内容，为全市做出示范。开展法治杭州建设宣传，创作《法治，让杭州城市更美》微视频等。

【基层法治建设指导服务】2019年2月，市委全面依法治市委员会办公室召开区县（市）党委法治建设议事协调机构负责人会议，推动各区县（市）党委法治建设议事协调机构全面运行。加强市县两级联络机制建设，形成全市上下联动、整体推进的工作格局。对区县（市）党委法治建设议事协调机构、办事机构工作情况进行全面调研，指导和帮助开展工作。举办法治建设业务培训班，对区县（市）党委法治建设议事协调机构、办事机构工作人员和市级行政执法机关负责人进行培训。

【法治杭州建设调查研究】2019年，市委全面依法治市委员会办公室组织各地、各部门开展法治杭州建设调查研究，形成法治杭州建设调研报告55篇、全市司法行政系统调研报告78篇，涵盖地方立法、规范性文件管理、行政执法、司法、基层依法治理、矛盾纠纷预防化解、法治化营商环境、公共法律服务等，并汇编成册印发各地、各部门参考学习。依法治市办撰写《新时代法治杭州建设若干问题研究》的调研报告，总结法治杭州建设经验，查找短板不足，提出对策措施，被评为2019年度杭州市党政系统优秀调研成果；撰写《聚焦六大重点破解法治难题筑牢市域治理现代化的法治基石》的调研报告，提交省委依法治省办，受到充分肯定。（彭志芳）

2019 年 4 月 4 日，杭州市召开建设平安杭州暨推进市域社会治理现代化动员大会并为先进集体颁奖（市委政法委 供稿）

政法委与综治

【概况】2019 年，杭州市政法（平安）部门紧紧围绕“平安创建全省进前三”目标，坚持问题导向，补齐工作短板，努力克服诸多不利因素给城市治理和平安创建造成的冲击，取得平安考核成绩全省第一的历史性突破，是自 2005 年平安浙江考评以来杭州市取得的最好成绩。其中，临安、余杭、下城、西湖、富阳、桐庐、建德 7 个区县（市）进入全省县（市、区）前 20 名，桐庐、临安、滨江、建德、拱墅、萧山、西湖、余杭 8 个区县（市）的排名比上年有较大提升。全年命案、火灾、安全生产事故、全口径交通事故等发生数量和死亡人数明显下降，人民群众对杭州市总体的安全感满意率为 97.53%，上升 0.34%，高于全省平均数 0.39%。

【市域社会治理“六和塔”工作体系建设】2019 年，市委政法委制定杭州市域社会治理“六和塔”工作体系“1+5”系列文件，成立工作专班，推进市域社会治理现代化工作。设立“党建领和”“政府主和”“社会协和”“智慧促和”“法治守和”“文化育和”6 个专项组，以“六和工程”为载体提升“六大能力”。各地有关部门结合实际大胆探索，形成拱墅区“平安运河管理”、余杭区“预警 + 预防”提升“智慧治理”、桐庐县“四全”模式推进社会治理中心建设等经验做法。通过近一年的探索与实践，市域社会治理现代化工作助推全市形成良好的社会治理生态，为平安创建奠定坚实基础，并在中央政法委新时代政法工作创新交流会、全国市域社会治理现代化工作会议上进行经验交流，中央、省、市主流媒体先后报道杭州市的探索与实践。

【维护社会大局稳定】2019 年，市委政法委完成全国“两会”、中华人民共和国成立 70 周年大庆、党的十九届四中全会、世界互联网乌镇峰会、中国国际进口博览会等重大活动与重要节点期间的维稳安保工作，全年未发生重大安全稳定事故，确保社会大局稳定。全年累计排查矛盾纠纷 7.79 万件，调处成功率 99.9%。全市列入项目化监管的重大涉稳问题 245 件，化解 234 件，化解率 95.5%，其中省级监管（省级挂牌督办重大矛盾纠纷）15 件全部化解。建立市重大决策社会稳定风险评估工作评审专家组成员库，全年完成稳定风险评估 927 项，同意实施 926 项，暂缓实施 1 项；完成市本级重大政策类风险评估 6 项，为社会稳定打下良好基础。按照市委关于打赢防范化解重大风险攻坚战的要求，牵头制定工作方案，梳理排查出 351 项风险点，化解 331 项，化解率 94.3%。坚持领导包案、专班运作、整合力量、合成作战，推进涉众型投资平台风险应对化解工作，全市存量机构、未兑付金额、投资和借款者人数大幅下降。

【扫黑除恶专项斗争】2019 年，市委政法委采取专班核查、包片督导、责任捆绑、全环节签名背书等方式，严厉打击黑社会性质组织犯罪、恶势力犯罪集团及涉恶团伙。制定《杭州市关于办理黑恶势力刑事案件中财产处置工作规范指引》，应用资金资产“穿透式”查控、异常账户大数据分析等手段，提高“打财断血”力度。制定《关于在扫黑除恶专项斗争中构建“大控方”工作格局的实施意见》等文件，构建“大控方”格局，明确重大案件证据收集合法性审查操作流程，强化程序性检查督导。突出对招投标、建筑工程及非法借贷、征地拆迁、娱乐休闲等重点行业和城乡接合部、工业园区等重点区域开展专项治理，有效堵塞管理漏洞。全市扫黑除恶各项工作实绩位居全国省会城市及计划单列市前列，得到中央督导组高度评价。

【基层社会治理综合服务中心建设】2019 年，市委政法委整合社会治理管理服务中心、人民来访（联合）接待中心、社会治理综合指挥中心、“12345”统一政务咨询投诉举报平台等多个单位功能，引入行政调解、人民调解、司法调解、专业调解、劳动仲裁、法律服务、心理咨询、诉讼服务等多种服务类型，组建基层社会治理综合服务中心，为群众办事提供“一站式”服务。至年末，各县级中心全部建成投入使用，在全省率先实现县级全覆盖，全省现场会在余杭区召开。延伸镇街和村社中心建设，推动基层社会治理向末端扩展。推进“基层治理四平台”与中心平台对接，提升乡镇（街道）解决社会矛盾纠纷和信访问题的能力。完善镇街基层社会治理框架体系，做到审批服务、综合执法、矛盾化解“三位一体”运行。采取“网格 + 党建”模式推进“全科网格”建设，对网格定位、职责作用、网格划分原则、网格事务准入管理、网格党群建设和管理、网格员职责分工和选配、网格员考核激励和保障做出明确规定。突出网格员信息采集职能，以采集信息有效率、事件流转率、事件办结率、问题倒查率、工作抽查率为目标，将网格化管理纳入平安考核工作推进。至年末，全市划分网格9946个，配备专兼职网格员3.3万人。

【打造全国数字治理第一城】2019年，市委政法委制定《关于加快推进城市大脑在基层社会治理中应用的意见》，推进5个领域、20个大类、30个平台、100多个智能化项目建设，对13个区县（市）、钱塘新区和106个市直单位"一对一"下达城市大脑建设任务书，明确目标和推进要求。在余杭区开展社会治理要素统一地址库建设与应用试点，至年末，统一地址库的数据覆盖13个区县（市）及西湖风景名胜区、钱塘新区的195个镇街9946个网格，核查采集楼栋、户室地址730多万条，统一地址服务调用3400多万次。印发《杭州市"雪亮工程"2019年推进计划》，建成"一总两分"平台市级1个、区县级14个，视频联网17万余路，市、区两级公共安全视频图像信息共享体系全面形成，社会化运作建设模式形成并固化。印发《智慧安防小区建设三年行动计划》，明确2019年建成智安小区500个。年末，全市建成783个，超额完成任务目标。

【政法领域全面深化改革】2019年，杭州市贯彻落实全国政法领域全面深化改革推进会精神，以"最多跑一次"改革理念推进全市政法领域改革走向深入。强化"诉源治理"，确定萧山区、富阳区等4个重点先行地区，努力形成"和解优先、非诉为主、诉讼兜底"的纠纷解决"漏斗"效应，全市法院一审收案比上年下降11.7%，诉讼案件高位增长势头得到有效遏制。推进一体化办案系统，开展立案监督协同、涉案财物管理协同、换押协同、刑罚执行送达及交付执行协同、数字卷宗单轨制协同的办案模式试点工作，开发"随案组卷"的数字卷宗制作模型，全市6个协同率全部达到100%。推动刑事诉讼涉案财物跨部门统一管理，在滨江区、富阳区先行先试的基础上向全市推开，滨江、萧山、余杭、富阳、临安、建德、桐庐和淳安8个区县（市）建成涉案财物管理中心；市本级和上城、下城、西湖、拱墅、江干5个区以及西湖风景名胜区、钱塘新区纳入市公安局统建，完成2020年经费预算申报和选址工作。

【政法铁军排头兵建设】2019年，市委政法委全面实施"八个排头兵"指标体系，印发《杭州市政法系统当好学懂弄通做实习近平新时代中国特色社会主义思想"八个排头兵"指标体系》，召开全市政法队伍建设经验交流暨"八个排头兵"双十佳表彰大会，评选出先进集体10个、先进个人10名。杭州市"八个排头兵"指标体系评估位列全省第二名，相关经验在全省推广。市委政法委在全市率先开展"最强党支部"创建活动，涌现一批"政法机关党建品牌"，市公安局"最强党支部"建设经验获公安部、省委政法委、省公安厅领导的批示肯定。开展杭州市第三届"平安卫士"评选表彰活动，表彰杭州市"平安卫士"20人。

【政法舆论宣传】2019年，杭州市围绕打造平安中国示范城市和市域社会治理标杆城市总目标，科学谋划主题，融合各种资源，创新宣传方式，完善评价体系，取得积极成效。新华社《国内动态清样》和《瞭望》新闻周刊、新华社客户端（要闻频道）、央视新闻、中新社客户端、《法制日报》、《长安》杂志、《浙江日报》、《浙江法制报》、《杭州日报》等主流媒体均以重要版面，大篇幅、高频次报道杭州市域社会治理现代化"六和塔"工作体系运行一年的成效，全网报道200多篇。全市构建起"全程参与、全息存在、全员动员、全效传播"的政法宣传舆论工作格局，为推进更高质量更高水平的平安浙江、法治浙江建设提供思想保证和舆论支持。

【法学研究】2019年，杭州市法学会制定深化改革方案，加强区县（市）法学会建设。市法学会和杭州师范大学沈钧儒法学院联合承办第三十一届全国副省级城市法治论坛暨2019年杭州国际友城市长论坛，全国15个副省级城市的260多名法学法律工作者和杭州国际友城代表200多人参加会议。围绕纪念平安浙江建设15周年，开展青年普法志愿者法治文化基层行活动，参与基层矛盾纠纷多元化解、信访积案调处、平安（法治）创意及法律援助、法律培训等活动。全年累计开展各类普法宣讲60多场，受众7000多人，发放普法宣传资料4200多份。编辑《杭州法学》杂志4期，发放6000多册。汇编《第三十一届全国副省级城市法治论坛优秀论文集》，为推进市域社会治理现代化提供理论研究和智力支撑。全年组织、推荐杭州市会员参加全国性、区域性、全省性的征文活动8次，报送参评论文近200篇，市法学会获优秀组织奖2个，21篇论文获得各类奖项。（李 良）

法治政府建设

【概况】2019年，市政府把法治政府建设作为一年工作的主线，狠抓改革创新和任务落实，为全市加快建设"一城一窗"提供坚强的法治保障。印发《杭州市2019年法治政府建设工作要点》，明确年度工作目标和任务要求。制定《2019年度全市法治政府建设（依法行政）考核评价指标及评分标准》，做好年度法治政府建设考评工作，并把考评结果纳入党委、政府对部门和区县（市）年度综合目标考核体系。召开全市法治政府建设推进会暨府院联席会议，通报全市法治政府建设和行政审判工作情况，研究推进法治政府建设的方案和举措。严格法治政府建设情况报告制度，使法治政府建设由"软任务"变成"硬指标"。通过"两高一低"（行政发案率高、行政败诉纠错率高、行政负责人出庭率低）专项整治，突出抓好法治政府建设的关键环节。

【地方性法规起草调研和政府规章调整】2019年，市政府坚持党对立法工作的领导，及时向市委报告年度立法计划和重大立法等事项。探索重点法规项目"双组长"制，由市人大常委会和市政府分管领导共同担任组长。坚持科学民主依法立法，注重听取行政相对人和利益相关方意见，确定14个政府立法工作联系点作为听民意、纳民智平台，全市立法草案公开征求意见率100%。完成《杭州市钱塘江综合保护与发展条例》等3件地方性法规草案和《杭州市城市地下综合管廊管理办法》等4件市政府规章的起草审查工作。对《杭州市城市“数据大脑”建设和管理条例》等2件地方性法规、规章开展立法预备和调研工作。出台市政府机构改革中涉及原有规章规定的职责调整的决定，并根据机构改革推进、营商环境打造、国家法律法规清理情况，对全市政府规章开展专项清理，完成清理规章89件，其中修改16件、废止7件。

【依法决策机制优化】2019年，市政府制定重大决策出台前向市人大报告的工作制度，全面实施重大行政决策目录化管理，制定《杭州市重大行政决策能力提升专项行动实施方案（2019年）》。有序推进《杭州市网络预约出租汽车经营服务管理实施细则》等决策执行情况第三方评估。编制公布《杭州市本级行政规范性文件制定主体清单》，确定58个市本级行政规范性文件制定主体。加强合法性审核和备案审查，全年审核市政府及市政府办公厅制发的行政规范性文件54件。对市政府部门、区县（市）政府制发的269件及区县（市）政府部门、乡镇（街道）制发的187件行政规范性文件进行备案审查。办理人大、复议机关、法院和公民等提出的行政规范性文件书面审查建议7件。对全市11075件行政规范性文件进行全面清理。对涉及民营经济发展、对外开放政策、机构改革等行政规范性文件进行专项清理。重视和防范行政机关合同法律风险，对全年市政府签订的27份、市政府部门签订的2092份合同、区县（市）政府签订的302份合同、区县（市）政府部门签订的6440份合同、乡镇（街道）签订的4713份合同全部进行合法性审核。全市838个党政机关事业单位聘请法律顾问，从“有形覆盖”向“有效覆盖”转变。全面推行公职律师制度，增强公职律师履职能力。

【行政执法规范化建设】2019年，杭州市推进“部门专业执法＋综合行政执法＋联合执法”的执法体系建设，统筹配置行政处罚职能和执法资源。开展市场监管、生态环保、文化市场、交通运输、农业农村五大领域综合执法体制改革，完成市县两级综合执法队挂牌。推进基层综合行政执法改革，在上城区南星街道、下城区长庆街道、桐庐县分水镇开展试点工作。健全完善行政裁量基准动态调整制度。优化执法方式，实现“浙政钉·掌上执法”系统市县两级全贯通，部门应用全覆盖（垂直系统除外）。制定《杭州市行政执法公示办法》《杭州市行政执法全过程记录办法》《杭州市重大执法决定法制审核办法》等，推进行政执法“三项制度”全覆盖。严格执行行政执法主体资格审核制度，确认公布第一批行政执法主体683个。加强执法人员资格动态管理，全市新申（换）领“浙江省行政执法证”4000多本。对行政执法“三项制度”实施情况、落实《浙江省重大行政决策程序规定》情况、“双随机、一公开”监管情况、《浙江省企业权益保护规定》实施情况、食品药品监管执法司法情况等开展专项执法监督。集中评查市县两级行政执法机关执法案卷123件。

【行政复议】2019年，杭州市完成行政复议体制改革，全市两级政府14个行政复议局全部运行，市本级37个市直部门的复议权集中到市行政复议局。抓好行政复议规范化建设，建立行政复议案件请示报告制、重大案件集体讨论制、责任追究制、通报排名制等工作机制，为改革落地见效提供保障。研发“智慧复议”平台，实现“移动式”复议申请和“一站式”复议办案。加大对前端行政执法的指导和调解力度，有效遏制行政案件快速增长势头。建立行政争议调解中心，开展行政复议调解。全年收到行政复议申请3936件，其中：立案前协调处置874件，正式受理2489件，不予受理等其他处理573件。做出复议决定2478件，其中：维持1185件，驳回262件，经复议调解后申请人撤回申请终止613件，撤销、责令履行、变更、确认违法等418件。以市人大对行政机关负责人出庭应诉专项督查为契机，推动行政机关负责人出庭应诉率提升至85.4%。全年组织市级部门领导和相关负责人、市和区县（市）两级人大代表400多人参加行政案件审理旁听活动。

（叶建丰）

【市领导出庭应诉行政诉讼】2019年11月12日，市中级人民法院院长斯金锦担任审判长，公开开庭审理马某诉杭州市政府劳动和社会保障行政复议一案。市委常委、常务副市长戴建平作为行政机关负责人出庭应诉，60多名市人大代表和200多名具有行政执法权的市级有关单位负责人到场旁听庭审。这是新《中华人民共和国行政诉讼法》颁布实施以来，杭州市首例常务副市长出庭应诉的行政诉讼案件。庭审中，双方当事人围绕法庭归纳的争议焦点进行举证、质证，充分发表辩论意见。戴建平在答辩中表示，该案的实质争议发生，说明相关部门工作还存在不仔细、不到位的地方，值得深入反思、举一反三。群众提起行政复议、行政诉讼既是行使法律赋予的权利，也能对法治政府建设、提升依法行政水平起到积极的推动作用。整个庭审过程持续近2个小时。经当事人同意，合议庭在庭审辩论结束后组织双方协调化解，并最终达成合议，原告当庭申请撤回起诉。合议庭经合议后，当庭宣判裁定准予撤诉。（胡育萍）

【法治政府建设基础工作】2019年，市政府高度重视作为“关键少数”的领导干部法治观念和法治素养培育，推动领导干部学法制度化、经常化。加大对行政执法人员通用法律知识、专门法律知识、新法律法规的培训力度。突出抓好依法行政基层基础建设，滨江区推动公共法律服务实体平台建设，萧山区推进第一责任人依法履职“四化”建设，临安区打造综合行政执法“一张网”，桐庐县探索“预防发现、联合调处、依法化解、分析反馈”的矛盾纠纷预防化解新路子，为全市乃至全省法治政府建设提供实践经验。实施“谁执法谁普法”责任制，发布并落实重点单位普法责任清单。完善社会普法领导机制、政府购买服务机制、媒体公益普法机制等，推动完善社会大普法工作格局，推进“民主法治村（社区）”建设三年行动计划。整合律师、公证、司法鉴定、仲裁、法律援助、司法所、人民调解等法律服务资源，加快建成覆盖全业务、全时空的公共法律服务网络。

（叶建丰）

公 安

【概况】2019年，杭州市公安机关围绕中华人民共和国成立70周年大庆维稳工作主线，把大庆维稳工作作为首要政治任务，开展“践行新使命·忠诚保大庆”主题活动。6月起启动“忠诚保大庆·百日攻坚战”。大庆期间，全市刑事、治安类警情同比分别下降19.8%、12.5%，实现维稳安保的工作目标。

杭州市公安机关实施风险防控、扫黑除恶、基层基础、智慧警务、改革攻坚、规范执法“六大工程”建设，创造安全稳定的社会治安环境。全年全市刑事立案比上年上升3.3%，移送起诉下降2.6%。全市查处各类交通违法行为1499.2万起。全年道路交通事故死亡人数减少199人，下降21.9%。国务院总理李克强对杭州“双创”活动周安保工作予以肯定；国务委员、公安部部长赵克志两次回信勉励长庆派出所；车俊、袁家军、周江勇等省市领导55次批示肯定，中央级媒体宣传报道杭州公安工作1700多次。在中国城市论坛公布的“2019年中国具幸福感城市”中，杭州作为全国唯一连续13年入选城市，被授予“幸福示范标杆城市”称号。杭州市公安机关全年有2个集体、5名个人立一等功，15个集体、40名个人立二等功，163个集体、768名个人立三等功。8月6日，杭州市公安局经济技术开发区分局和大江东产业集聚区分局撤销，整合设立杭州市公安局钱塘新区分局。

【新时代公安工作实施意见出台】2019年9月6日，《中共杭州市委关于加强新时代杭州公安工作的实施意见》出台，推出涵盖加强党的领导、全面改革强警、强化警务保障等10个方面、28项事关杭州公安长远发展的政策举措。杭州13个区县（市）、西湖风景名胜区、钱塘新区的党委、政府均召开公安工作会议进行贯彻部署，分别出台实施意见，累计推出具体措施360多项。

【公安机关警务辅助人员管理意见出台】2019年6月13日，《杭州市人民政府办公厅关于规范公安机关警务辅助人员管理工作的实施意见》出台，首次明确辅警员额标准，探索辅警立法工作。全市公安机关实施辅警优化提升工程，按照优化标准招聘辅警5096人，推出辅警层级化管理模式，推动辅警规范化管理迈出实质性步伐。

【命案等重特大案件攻坚成果】2019年，杭州市公安机关紧盯刑事犯罪趋势特点，依托重特大案件攻坚机制，建好建强最小作战单元，提高应急处突能力。发挥合成作战、同步上案优势，快侦快破现行命案，连续6年实现现行命案全破。组织开展命案积案攻坚专项行动，命案积案总数持续下降，全年成功侦破历史命案积案11起，抓获潜逃20年之久的命案逃犯2名。命案积案攻坚成绩居全省首位、全国同类城市前列。

【“猎狐2019”行动】2019年，市公安局把“猎狐行动”与网贷平台案件逃犯缉捕工作、“云剑”联合追逃工作同部署、同推进，坚持缉捕与劝投同步，境内与境外协同，分类明确任务目标，项目化推进缉捕工作。全年缉捕或劝返境外逃犯52名（其中在册逃犯9名），追缴赃款1200多万元。5月28日，潜逃美国5年的“百名红通人员”莫佩芬回国自首，实现杭州市“百名红通人员”任务“清零”。

【“城市大脑警务操作系统V2.0”试运行】2019年9月1日，市公安局与阿里巴巴集团等企业合作的“城市大脑警务操作系统V2.0”上线试运行。系统首次实现警务资源“一云汇聚”、警务信息“一屏集中”、警务应用“一端共享”、警务运行“一网统管”；新建“多图合一、警情分析、AI警情”等15个二级系统，涵盖基层基础、执法监管、民生服务、治安防控、指挥安保、情报研判等公安主业，以数据流助推业务流，提高警情处置效率，降低警力使用成本；涵盖基层基础、犯罪预防、市域治理、民生服务四大服务领域，助力推进社会治理能力和治理体系现代化。

【中国（杭州）智慧安防大会在滨江区召开】2019年4月11—13日，市公安局联合市经信委、滨江区政府举办中国（杭州）国际社会公共安全产品与技术博览会暨杭州智慧安

2019年9月12日，杭州市公安局钱塘新区分局正式揭牌成立

（市公安局 供稿）

2019年8月20日起，杭州警方在全市范围内开展"雷霆12号"暨"飓风13号"集中统一行动。图为民警在路口值守（市公安局 供稿）

防大会。来自全国公安机关、杭州市政府相关部门的600多人参加会议。大会以"智汇安防、共赢未来"为主题，举办主论坛1场、分论坛4场、多场企业产品发布会及技术座谈会，以及涵盖七大主题的展会等活动，正式启动杭州市公安局"一院带多室"警企合作项目。

市公安局与8个知名企业建立战略合作关系，建立"一院带多室"警企合作机制，围绕公安工作中遇到的关键性技术难题，分领域开展新科技支撑下的新警务研究，助力智慧警务建设。建成"海康""云深""移动""安恒"4个实验室。分领域开展课题研究，以杭州智能警务技术研究院为核心，带动7个联合实验室围绕智慧警务，聚焦大数据、人工智能、物联网、5G等技术，组织开展13项课题研究。"一院带多室"专刊《华光35》完成创刊，报送公安部、省市主管部门，分发全市公安机关及警企合作企业。

【"智慧车管"建设】 2019年，市公安局突出城市交通管理数字化、智能化方向，将车驾管"放管服"改革纳入城市大脑整体规划，启动"智慧车管"建设。建成全国首个自带查验区的"车管流动服务车"和全省首个24小时值勤"无人车管所"，推行车辆上牌"全流程管家式"服务新模式。车辆登记单笔业务办理时间缩短50%，全年网上受办业务71万余笔，加速提升车驾管办事便利化、服务优质化水平。

【反欺诈成果】 2019年，杭州市反欺诈中心牵头全市宣讲师团队，开展650多场的反欺诈宣讲活动，受众21.8万人次。7月，市反欺诈中心组织开展被骗资金集中返还暨首批反欺诈代言人聘请仪式，向11个被骗企业和个人返还资金8586万余元，"钱塘老娘舅"等5位反欺诈代言人接受中央电视台、《人民公安报》等40多家媒体的专题采访。11月，市反欺诈中心协助省联席办在杭州举行浙江省"最美反诈人"揭晓暨防范电信网络诈骗集中宣传月启动仪式，市公安局钱塘新区分局民警何可南获年度"全省十大最美反诈人"称号，农业银行驻点员工方欣获"全省十大最美反诈人"提名奖。

【重点企业联络警官工作机制】 2019年9月，市公安局出台《在杭重点企业联络警官工作机制（试行）》，成立在杭重点企业联络警官工作领导小组，确定57个重点企业，选派市公安局17个部门（警种）的负责人（高级警官）26人担任警企联络官。明确联络警官定期开展联络、全面收集信息、广泛宣传政策、解决企业问题、助推警企合作5项工作职责，明晰工作流程，打造工作闭环。制定"联络警官首次入企工作口径要点"，赴企业宣传联络警官的工作机制，调研听取企业安全需求，领衔开展警企合作等。全年通过走访收集企业反映的问题、难点和意见建议75条，完成57个重点企业首轮次走访对接任务。

【出入境与往来港澳台证件全国通办】 2019年4月1日，杭州市公安机关17个出入境窗口及10个派出所延伸点正式实施"普通护照""往来港澳通行证""往来台湾通行证"等证件全国通办的政策举措。实施出入境证件全国通办后，杭州市每年近

2019年杭州市交通事故统计情况

表11

月份	次数（起）	死亡（人）	受伤（人）	经济损失（万元）
1月	243	43	207	51.94
2月	112	21	89	55.65
3月	215	36	194	47.76
4月	204	32	193	43.10
5月	249	36	240	49.50
6月	232	24	218	40.54
7月	263	33	223	53.16
8月	254	43	228	42.10
9月	247	44	218	42.10
10月	240	31	219	55.52
11月	234	33	211	33.50
12月	237	37	197	134.36
合计	**2 730**	**413**	**2 437**	**649.23**

10 万申请人"回老家办证"的历史宣告结束。

【"枫桥式公安派出所"创建】2019年4月3日,市公安局围绕"多元化化解矛盾、全时空守护平安、零距离服务群众"的标准,开展"枫桥式公安派出所"创建活动。全市确定创建15个"枫桥式示范派出所"和46个"枫桥式优秀派出所",同步建立市局24个机关单位与重点培育示范（优秀）派出所的结对帮扶制度,实行重点培育和提升。至年末,上城区湖滨派出所、下城区长庆派出所、江干区四季青派出所、萧山区钱江世纪城派出所、淳安县大市派出所等形成创建品牌和亮点。11月,下城区长庆派出所被评为全国首批"枫桥式公安派出所"。

【户籍制度改革】2019年,市公安局针对群众关注的热点问题,推进户籍制度改革。4月,市级户籍办事大厅撤销,所有审批事项下放至派出所受理。5月,应届毕业生审批权限下放至派出所,往届大学生落户审批时限从7个工作日缩短至5个工作日。9月,率先在省会城市推出户籍业务"全城通办",包括"外省籍居民身份证换领、补领""边境管理区通行证申领""个人户籍类证明查询"在内的46个事项"一证通办"。至年末,全市通过互联网申报累计受理8661件,办结4355件。10月,开展户籍管理领域证明事项告知承诺制试点,推出居民户口簿、户口迁移证件2类证明事项告知承诺,以及社保和不动产权（房产）证等证明电子共享免提交、取消居民身份证异地受理条件审核证明等便民服务举措。

【公安"最多跑一次"改革深化】2019年,全市公安机关以"网上办、就近办、简化办、突破办、规范办"为重点,全面推进公安机关"放管服"改革。217个服务事项实现"最多跑一次",144个公安政务服务实现"一证通办",73个民生事项可全流程"网上办"。"互联网+可信身份认证"技术在公安机关一线窗口全覆盖,实现197项公安政务服务"刷脸可办",成为全省公安和全市改革创新优秀实践案例。启动"人生一件事"改革,实现28类、168个联办事项"一站式"全流程办理,成为2019年浙江省改革创新优秀实践案例。建成47个基层综合办事窗口,实现户籍、流动人口、出入境、交通管理等业务一站受理、集成服务。《人民日报》《公安内参》报道杭州市公安局"最多跑一次"改革典型经验,改革成效居全省一类地区并列第一名。

【"猎手"资金智能分析研判工具研发】2019年,杭州市公安机关聚焦侦查办案资金研判的痛点难点问题,以P2P网贷平台案件为切入点,利用大数据技术和模型算法开展关系挖掘分析,研发集资金流、人员流、信息流于一体的资金智能分析研判工具。公安部副部长孟庆丰对该平台的研发应用给予充分肯定并命名为"猎手"。至年末,"猎手"资金智能分析研判工具已在全省公安机关推广,部署至公安部经侦云平台,并在公安部"智慧公安我先行"技术革新评比中获一等奖。全年全市累计上传分析案件91起,涉及银行账户3149个,流水信息650万余条,人均上传12.5万条数据,总资金接近1万亿元,起到为基层办案减负提能的作用。

【环境食品药品实验室投入运作】2019年8月19日,市公安局按照"一次规划、分步建设"的方针,率先在全省建立环境食品药品实验室。实验室对杭州大宗食品集散地、农贸市场中常见的78个品种、186批次"菜篮子"产品进行抽检,发现一批违法添加禁限用物质案,破获一起生产销售不符合安全标准的食品（豆芽）案,查获涉案豆芽及半成品10多吨,刑拘犯罪嫌疑人6名,有效保障市民"餐桌上的安全"。 （蒋筱莲）

检 察

【概况】2019年是杭州市检察机关刑事、民事、行政、检察公益诉讼"四大检察"法律监督工作新格局初步形成的关键一年。全市检察机关紧抓"绿色引领、品质检察、突出主业、争创一流"工作主线,依法履职,开拓创新,推进杭州检察工作实现稳步发展。

全市检察机关维护大局稳定和社会秩序,关注特定时期发生的敏感案件,对冒用他人姓名发表"港独"言论的寻衅滋事案提前介入,对国庆期间发生的侮辱国旗案依法批捕,维护国家利益和国旗尊严。惩治严重暴力和黄赌毒犯罪,全年批捕1786人,起诉2820人。依法起诉飞来峰景区女大学生遇害案、"三三"系公司非法集资案等典型案件,及时发布案件情况,回应社会关切。谋划和落实保障"长三角一体化发展国家战略"的检察举措,与黄山市检察院建立公益诉讼协作机制,推动新安江流域生态保护与综合治理。立足数字经济"一号工程",起诉全省首例网络"套路贷"案、微信订阅号侵犯电影著作权案、批量套取微博红包网络诈骗案等新型网络犯罪案件。发挥互联网检察教育培训基地、网络犯罪研究中心等平台作用,研究网络犯罪治理问题。立足防范和化解金融风险,依法起诉"牛板金""人人爱家金融""有理树"等非法集资案件260件、835人。与塞尔维亚共和国检察长一行就打击网络犯罪等工作交流探讨。助力市域治理,全市检察机关发出的检察建议回复率、采纳率100%。助力诉源治理,设置"12309"检察热线专人接听岗,制定群众信访工作暂行规定,做到群众信访7日内回复。践行"枫桥经验",在全市推行信访代办制,并获评2019年度全省检察机关创新成果。

2019年,全市检察机关有24个集体、33名个人获得省级以上荣誉。余杭区检察院获评"全省人民满意的公务员集体",市检察院在省检察院绩效评价中综合业绩列全省第一位。33件案（事）例获评省级精品和优秀案（事）例,87篇调研论文在省级以上刊物发表,承办第19期"案例大讲坛"。

【刑事检察】2019年,杭州市检察机关批捕8682人,起诉16284人。贯彻"少捕慎诉"办案理念,对轻微刑事犯罪,做出不批捕决定3204人、不起诉决定3197人。坚持办案质量的生命线,建立刑事类案专人专办和对下指导机制,完善员额检察官联席会议、检察委员会决策程序，实现刑事案件办理政治效果、法律效果和社会效果有机统一。在办理侯某、盛某两起故意伤害案中，认定侵害行为属正当防卫，依法对二人做出不起诉决定，侯某案被最高人民检察院选定为指导性案例。加强对刑事立案、侦查和审判活动的监督，监督立案 244 人，监督撤案 51 人，追捕、追诉漏犯 251 人，提起刑事抗诉 48 件，法院再审改判、发回重审 18 件。加强刑事执行监督，办理减刑、假释、暂予监外执行监督案件 9009 件，推行“巡回 + 派驻”检察监督新模式，对部分服刑罪犯特赦开展监督。依法履行职务犯罪检察职能，查办司法工作人员 14 类罪名职务犯罪案件。建立侦查人才库，组建一体化办案组，立案侦查 4 件。加强与市监察委协作，依法起诉丽水市政府原副市长林某受贿案、“百名红通人员”袁国方贪污案等职务犯罪案件 65 件、74 人，共同推进反腐败斗争。

【民事检察】 2019 年，杭州市检察机关办结民事生效裁判监督案件 1344 件，主要涉及民间借贷债务纠纷、民营企业股权纠纷、知识产权纠纷等领域。坚持以惩治虚假诉讼为重点，加强与公安局、法院的协作，合力惩治虚假诉讼，受理各类虚假诉讼线索 853 件，向法院发出再审检察建议 568 件，提出抗诉 21 件。开展“涉企虚假诉讼监督、助力优化营商环境”专项行动，与市中级人民法院、市公安局、市司法局建立惩治虚假诉讼联动机制，市检察院《深化虚假诉讼监督做强民事检察》的经验报道，在《检察日报》刊发。

【行政检察】 2019 年，杭州市检察机关受理行政生效裁判监督案件 91 件。以行政非诉执行监督为切入点，强化双重监督。在依法监督法院行政执行的同时，加大对行政行为合法性的审查，规范司法和依法行政。做实行政争议实质性化解专项行动，发挥行政检察在加强诉源治理机制建设中的职能作用。探索行政争议化解工作，下城区检察院在区法院支持下，介入一起行政诉讼案件，运用调查核实权，查明当事人被冒用身份信息注册公司的事实，通过检察建议，免除当事人枉背 8 年的 118 万元“债务”，化解当事人与相关部门的行政争议。该案入选最高人民检察院全国首批行政争议实质性化解典型案例。

【公益诉讼】 2019 年，杭州市检察机关启动行政公益诉讼诉前程序 1065 件，提起民事公益诉讼 25 件。依法办理全省首例英烈保护领域民事公益诉讼和全国首例互联网领域民事公益诉讼，实现案件类型法定领域全覆盖。坚持民生导向，在全市集中开展扬尘污染防治、网络餐饮安全、农贸市场管理、城市污水治理等专项公益诉讼行动，以公益诉讼职能保障舌尖安全、守护碧水蓝天、营造公益氛围。市检察院与市政府法制办、市环保局、市市场监管局等部门共同出台《关于加强行政公益诉讼工作的若干意见》，与林业、渔业等部门探索“增殖放流”“补植复绿”等多元化生态修复补偿机制。

2019 年 10 月 24 日，塞尔维亚共和国检察长扎戈尔卡·多洛瓦茨（左）一行 4 人到杭州市检察院访问（市检察院 供稿）

【涉黑涉恶案件】 2019 年，杭州市检察机关围绕扫黑除恶攻坚年的各项要求，推进“破网打伞”“打财断血”等行动，依法重点惩处涉黑涉恶案件。全年依法起诉涉黑犯罪 302 人、涉恶犯罪 609 人、涉“保护伞”犯罪 10 人。案件主要集中在运输物流“欺行霸市”、“套路贷”虚假诉讼、“校园贷”暴力催讨等领域。设立市检察院扫黑办，制定办案标准，实行个案全程跟踪指导，严把案件质量关。加强司法协作，在市公安局专案基地设立检察官办公室，构建扫黑除恶刑事案件“大控方”格局，该做法被最高人民检察院转发并推广。签订全省首个跨省域的民事和行政检察部门扫黑除恶协议，打击黑恶势力背后的涉“保护伞”犯罪。

【涉企案件】 2019 年，杭州市检察机关依法起诉涉企犯罪 1[illegible]73 人，案件涉及流通领域的强迫交易、融资领域的非法集资、企业内部人员侵吞企业财物，以及内外勾结窃取知识产权、商业秘密等。检察机关坚持突出“平等”二字，出台涉企犯罪办案标准，开展涉企案件立案监督、羁押必要性审查、虚假诉讼监督等专项行动，为相关企业挽回经济损失近 3700 万元。加强检企交流，开展“服务保障民营经济杭检在行动”主题开放日活动，邀请杭州、温州两地企业界人大代表，共商企业法律风险防控问题，优化检察保障举措。

【未成年人犯罪惩戒帮教】 2019 年，杭州市检察机关倡导人文司法理念，对涉罪未成年人坚持依法惩戒、用心帮教，全年对涉罪未成年人适用附条件不起诉 75 人，做出不起诉决定 30 人，注重案后跟踪帮教、心理矫治，杜绝一味“宽”而不教。立足“儿童利益最大化”原则，落实侵害未成年人案件强制报告制度，滨江区检察院与相关部门出台《规范童模活动的意见》，入选最高人民检察院“未成年人保护社会治理十大典型案（事）例”。开展关护留守儿童系列活动，排查安全隐患，开展安全教育，相关做法被中央电视台《新闻1+1》栏目报道。落实因案致贫返贫的司法救助，通过上门走访、远程视频等方式，对32名符合条件的被害人发放司法救助金19.2万元。

2019年7月，中央电视台《新闻1+1》栏目委托临安电视台采访、拍摄杭州市检察机关关护留守儿童系列活动（市检察院 供稿）

【检察改革】2019年，杭州市检察机关深化各项检察改革，坚持员额检察官依法独立办案，推进领导干部带头办案、检察长列席法院审判委员会会议。顺应内设机构改革和“捕诉一体”办案模式改革，制定办案内部监督办法、办案组织组建运行办法、检察官联席会议工作细则，确保案件质效。推进认罪认罚从宽制度，办结认罪认罚案件8900件、11974人，制度适用率64.2%，量刑建议采纳率90%。推进检察机关诉前会议制度，发挥检察官主导作用，将争议焦点协调在诉前、疑难问题沟通在诉前。与市公安局、市司法局联合制定《刑事案件“诉前会议”实施办法》，累计对773件、1208人启动刑事案件诉前会议。制定《杭州市检察机关智慧检务建设规划方案（2019—2021年）》，以“智慧公诉”等辅助办案系统为基础，推进信息化向办案终端延伸。研发应用检察区块链取证技术、公益诉讼大数据平台、毒品案件庭审示证系统等，获最高人民检察院认可并推广。

【检务公开】2019年，市检察院配合市人大常委会开展检察公益诉讼专项审议、检察官履职评议，推动市人大常委会出台《关于加强检察公益诉讼工作的决定》。加强与人大代表、政协委员的联系沟通，倾听意见建议，改进工作方法；通过举办主题开放日、庭审观摩、个案公开听证等活动，让代表、委员近距离感受办案、监督办案。主动向工商联代表、无党派人士等统战条线通报工作情况。依法保障律师执业权利，主动走访市律师协会及律师事务所，增进职业互信，构建良性互动关系。依托“12309”中国检察网，公开程序性信息2.61万条，文书1.25万份；坚持向各媒体推送工作动态，开展以案释法，讲好杭州检察故事。“杭州检察”在浙江政法微信排行榜十强评选中列第一名；全年宣传稿件被各级媒体采用220多篇次。（陈 赟）

法 院

【概况】2019年，杭州市各级法院以司法为民、公正司法为主线，忠实履行宪法和法律赋予的职责。全市法院收案31.63万件，办结32.54万件，收结案数均居全省首位。其中，市中级人民法院收案3.38万件，办结3.39万件。全市法官人均结案395.5件，超全省平均数60件。互联网法院法官人均结案1181件，居全省第一位。

全市法院通过举办庭审、裁判文书竞赛，对全市法院进行各类培训2196人次，推进队伍正规化、专业化、职业化建设。强化理论指导实践，全市法院有152篇论文、案例在省级以上刊物发表或获奖。加大人才储备，选拔敢于负责、勇于担当、善于作为的年轻优秀干部，干部队伍结构进一步优化。发挥先进典型引领作用，全市法院有17个集体、24名个人受到省级以上表彰奖励。其中：西湖区法院获评全国模范法院，萧山区法院获评全国“基本解决执行难”工作先进单位，余杭区、富阳区法院获评全国刑事案件认罪认罚从宽制度试点先进集体，市法院朱敏明获评全国法院办案标兵。

【黑恶势力犯罪案件】2019年，杭州市各级法院牢固树立“铁案”意识，聚焦“打伞破网”“打财断血”，纵深推进扫黑除恶专项斗争。全市共审结涉黑恶案件270件、1639人，判处五年以上有期徒刑469人、财产刑1.2亿元，摧毁再犯能力；从建设工程、交通运输、民间借贷等案件中发现并移送涉黑恶线索412条，涉“保护伞”线索30条；严惩涉“套路贷”“校园贷”诈骗、敲诈勒索等犯罪，坚持除恶务尽。

【职务犯罪案件】2019年，杭州市各级法院坚持铁腕反腐，审结贪污、贿赂等职务犯罪案件72件、93人，其中被告人原为县处级14人、厅局级以上3人。依法审结陕西省政府原副省长冯某受贿案、丽水市政府原副市长林某受贿案等一批社会关注度高的重大职务犯罪案件，彰显党中央“有腐必反、有贪必肃”的坚强决心。

【刑事犯罪案件】2019年，杭州市各级法院审结一审刑事案件1.05万件、16279人。严惩杀人、抢劫、强奸、绑架等暴力犯罪，审结304件、348人，其中判处十年以上有期徒刑直至死刑62人。参与禁毒斗争，审结毒品犯罪案件602件，审结省内首起跨国走私新类型毒品犯罪案，判处被告人有期徒刑十五年。严惩危害食品药品安全等涉民生领域犯罪案件22件、32人，保障老百姓“舌尖上的安全”。严惩金融犯罪，审结集资诈骗、非法吸收公众存款等犯罪案件133件。依法开庭审理参与者近50万人、涉嫌集资额500亿元的“三三宝利来非法集资”案，全力维护社会稳定。

【行政案件】2019年，杭州市各级法院坚持监督与保护并重，审结一审行政案件2878件，行政机关败诉率14.6%。妥善解决行政相对人实际诉求，经法院协调和解撤诉390件。推进全市行政争议调解中心建设，委托化解率55%。推进“告官能见官”“出庭又出声”常态化，市政府负责人带头出庭应诉，全市行政机关负责人出庭应诉率86.4%，比上年增长15个百分点。深化司法与行政良性互动，发送营商环境行政审判白皮书和司法建议77份。

【涉企案件合法权益保护】2019年，杭州市各级法院支持民营企业改革发展，审结各类涉企案件14.26万件，标的1268亿元。加强产权司法保护，审结涉物权、股权等财产权案件3578件，增强企业家财富安全感。审结全国首例大数据产品不正当竞争案，入选全国法院产权保护十大案例。与中国人民银行杭州中心支行联合建立重整企业信用修复机制等，鼓励诚实守信。加强与劳动人事仲裁机构衔接，统一新业态劳企关系认定尺度，劳动争议案件比上年下降1/3，帮助企业降低管理成本。出台“财产保全指引25条”，灵活运用“活封活扣”等手段，杜绝出现“办一个案子，垮一个企业”现象。

【金融领域案件】2019年，杭州市各级法院审结金融借款、票据、保险等金融纠纷及民间借贷案件3.82万件，标的500多亿元。深化民间借贷协同治理，发布职业放贷人名录，对222名职业放贷人利息收入补征个人所得税2400多万元，民间借贷案件比上年下降31.8%。加强资本市场司法保障，与省证监局联合打造全国首个证券期货纠纷在线化解平台，为投资者提供“一站式”、低成本、多渠道维权救济服务。该平台妥善处理的浙江祥源文化股份有限公司及赵某证券虚假陈述系列案件，入选2019年度全国十大商事审判案件，为中小投资者保护树立标杆。

【企业破产案件】2019年12月31日，杭州市中级人民法院成立杭州破产法庭，提升专业化审判能力。全年全市法院审结破产案件184件，释放土地资源266.67公顷，出清房产143万平方米，盘活账面资产180多亿元，安置职工4746人。充分运用破产重整，帮扶有市场前景的涉困企业转型升级，20个企业重获新生。对产能落后、资不抵债的企业，依法进行破产清算，164个企业有序退出市场。优化“执转破”衔接机制，受理执行转破产案件246件，标的86.6亿元。

2019年12月31日，杭州市中级人民法院杭州破产法庭揭牌成立，省委常委、市委书记周江勇（左），省高级人民法院党组书记、院长李占国（右）共同揭牌　（市法院 供稿）

【环境保护案件】2019年，杭州市各级法院围绕打赢污染防治攻坚战，加强环境资源审判。全年审结乱砍滥伐、污染水源等破坏环境犯罪案件50件、88人，筑牢生态安全司法屏障。广泛适用补植令、增殖放流等替代修复方式，促进绿色发展。审结中国生物多样性保护与绿色发展基金会诉深圳速美公司“年检神器”环保公益诉讼案，判决被告赔付大气污染环境修复费350万元。该案入选2019年度中国十大影响性诉讼案例。

【涉外与涉港澳台商事案件】2019年，杭州市各级法院在跨境电商综试区、外资集聚区设立涉外纠纷诉讼服务专窗，保障对外开放。发挥涉外商事审判职能，审结涉及25个国家和地区的商事案件1589件，比上年上升46.3%；办理涉外、涉港澳台等司法协助案件183件，营造平等、开放、有序的国际、国内民商事法律环境。杭州互联网法院审结涉意大利博浦盟银行网络域名案，打击恶意抢注国际域名行为，增强中国国际治理规则引领力。强化司法靠前应对能力，全力保障杭州市亚运场馆、机场快线等重大项目建设，助推提升城市现代化水平。

【宽严相济刑事政策】2019年，杭州市各级法院落实宽严相济刑事政策，推进认罪认罚从宽制度改革，对6963名轻刑犯适用缓刑等非监禁刑。确保律师辩护全覆盖，为1144名无力聘请律师的被告人通知援助律师到庭辩护。对127名未成年人封存犯罪记录，促使其早日回归社会。对9685名罪犯依法裁决减刑、假释，促进其改过自新。认真做好特赦实施工作,发挥特赦感召效应。

【知识产权保护】2019 年,杭州市各级法院强化司法对“数字经济第一城”建设的保障职能,合理界定平台责任,大型平台被诉纠纷比上年下降 15%。发挥杭州知识产权法庭司法保护主导和辐射带动作用,先后在金华、湖州、嘉兴等地设立 8 个巡回审判庭,受理全省六地市知识产权案件 4070 件。在全国率先创新“先行判决 + 临时禁令”模式,为权利人提供及时、有力司法救济。加大对驰名商标和老字号保护,审结“奥普”“小天鹅”“苏泊尔”“胡庆余堂”“三替”等知名品牌案,其中“奥普”商标案入选 2019 年度全国十大知识产权案例。审理支付宝“花呗”平台诉辽宁“支呗”平台不正当竞争案,维护市场有序竞争。

【民生权益保障】2019 年,杭州市各级法院审结抚养、赡养、婚姻等家事案件 1.92 万件。深化家事审判方式改革,建立家事诉调“六大员”机制,宣传下城区法院“武林大妈”、临安区法院“山花帮帮团”等家事调解品牌,用司法柔性助力社会和谐。依法审理首例劳动者“地域歧视”案,维护杭州市包容开放的良好形象。开展涉欠薪案件专项行动,追回劳动报酬 2135.8 万元。依法审结房屋买卖、租赁等涉不动产案件 5391 件,促进房地产市场健康发展。依法维护军人、军属合法权益,巩固国防和军队改革成果。为确有困难的当事人发放司法救助金 700 多万元,展示社会主义司法制度的温暖。

【诉讼服务】2019 年,杭州市各级法院深化司法领域“最多跑一次”改革,打造全新诉讼服务中心,实现“一站通办、一网通办、一号通办、一次通办”,切实解决老百姓“问累、诉累、跑累”。强化“网上诉讼平台”“移动微法院”等深度应用,引导当事人在线完成各类诉讼 15.6 万次。成立律师驿站,为律师履职提供便利。在全国率先上线涉众案件案款发放平台,稳步推进在线鉴定平台试点,为当事人节省时间和经济成本。改革优化基层法庭布局,在西湖景区、萧山宁围(亚运村)、余杭未来科技城、淳安千岛湖增设 4 个专业法庭,满足基层差异化司法需求。

2019 年 11 月 21 日,临安区法院承办法官通过上田“微法庭”成功协调一起相邻权纠纷案件 (市法院 供稿)

【非诉讼纠纷解决机制】2019 年,杭州市各级法院发展新时代“枫桥经验”,主动把法院调解工作置于党委、政府大治理格局之中,选派员额法官、法官助理入驻社会矛盾纠纷调处化解中心,开展诉前调解、司法确认工作。培育律师调解工作室与特邀调解组织,发挥律师调解专业优势。推广临安区法院“微法庭”模式,不增编、不建房,利用“一屏一线一终端”为群众诉讼、调解、咨询提供最大便利。强化“办案与治理并重”职能定位,全市 34 个基层法庭审结案件 3.88 万件,指导诉前化解纠纷 1.05 万件。矛盾纠纷源头治理效应日益显现,全市民商事诉讼收案比上年下降 12.5%。

【“执行难”综合治理】2019 年,杭州市各级法院落实“史上最严执行措施”,巩固深化“基本解决执行难”成果。执结案件 10.92 万件,执行到位资金 206.3 亿元,平均执行天数减少 56 天。创新采取执前督促、微信朋友圈悬赏等制度,最高悬赏金超 1300 万元,促进诚信社会建设。加大失信惩处力度,罚款 2.3 万件(次)、拘留 2.5 万人次;以拒执罪追究 45 件、55 人刑责。着力解决财产变现难,通过淘宝直播等新形式进行财产拍卖,拍卖成交率 95.9%,溢价率 205.6%,为当事人节省佣金 3.9 亿元。

【互联网司法领先全国】2019 年,杭州市各级法院继续发挥互联网司法领跑优势,深化杭州互联网法院建设,上线全国首个区块链智能合约司法应用,从源头上构建网络行为“留痕可溯”的治理体系。审结涉“比特币”“挖矿机”“微信小程序”等全国首例案件,为互联网行为提供指引。严惩侵犯个人信息、破坏计算机信息系统等犯罪案 22 件。与华东政法大学共建互联网法治研究院(杭州),发布首个互联网发展“司法指数”,承办全国首届互联网法治论坛。

【侵害英烈荣誉案】2019 年 5 月 21 日,市中级人民法院审结全省首例“侵害烈士陵园烈士荣誉”公益诉讼案。该案是《中华人民共和国英雄烈士保护法》颁行后,浙江省英烈保护领域民事公益诉讼第一案。11 月 20 日,审结全国首例“侵害黄继光、董存瑞名誉权”互联网公益诉讼案,让“尊崇英烈、守护英烈”成为社会共识。坚持“刑民并重”,深入推进防范和打击虚假诉讼,全市发现、识别虚假诉讼案件 370 件,定罪 109 件,弘扬诚实守信价值观。 (胡育萍)

司法行政

【概况】2019 年,杭州市司法行政机关按照“一个统筹、四大职能”的工作布局,推进全市司法行政工作高质量发展。市司法局和各区县(市)

司法局进行机构重组，完成政府法制和司法行政的职能整合，增挂市和区县（市）委全面依法治市、区县（市）委员会办公室的牌子，并完成工作衔接、人员转隶、国有资产处置等工作。

市司法局印发《杭州市司法行政系统2019年法治政府建设（依法行政）工作要点》。严格落实行政规范性文件“三统一”制度，制定行政规范性文件2件。对行政规范性文件进行全面清理，审定继续有效的23件，决定废止的3件。全年完成行政机关合同审查66件，切实防范法律风险。贯彻重大执法决定法制审核制度，全年对17件行政处罚案件、3件提请撤销假释案件、1件提请减刑案件进行审核。推行行政执法公示制度，在市司法局门户网站开设“行政执法公开”专栏，依法依规公布行政执法信息。

市司法局全年办理行政许可审批27件；办理法律职业资格申领审核1990件，办理法律职业资格证书年度备案1331件，档案迁移579件；完成对498个律师事务所、66个基层法律服务所、18个司法鉴定机构、12个公证机构的年度考核，完成对7576名律师年度考核结果的备案审查和388名基层法律服务工作者的年度注册。全年受理相关投诉352件。其中：对3个律师事务所、16名律师予以行政处罚；市律师协会对4个律师事务所、30名律师予以行业处分；市司法局对1名公证员移送省司法厅予以吊销执照处罚；对10名司法鉴定人立案，对2人做出警告处罚，4人移送省司法厅予以停止执业处罚。完成中华人民共和国成立70周年大庆各时段的维稳安保工作，开展“重塑新生，与祖国同行”爱国主义系列教育活动，认真高效完成罪犯特赦工作。

【监所监管】2019年，市属监所树立总体国家安全观，继续推进“五大改造”“科学戒毒”“修心教育”三大项目，保障监狱戒毒场所持续安全稳定。全市监狱做好司法部驻在式检查反馈问题的整改落实。监狱开展“执法规范化建设年”活动，重点规范10个执法环节，统一执法标准。出台《杭州市属监狱罪犯收监工作规定》，推动罪犯收监工作从“纸质人工审批”向“定点投送与特殊审批相结合”的模式转变，做好特殊罪犯收押、管控工作。巩固“5+1+1”教育基础，加大罪犯心理健康教育、心理矫治和社会帮教力度，制定重点罪犯“一人一策”教育改造方案。市富春戒毒所探索科学戒毒新方法，加大社会合作和毒瘾戒治研究力度，《重复经颅磁刺激对戒断期的男性成瘾者睡眠和情绪的影响》研究报告被国际著名SCI杂志刊登。推进“智慧戒毒所”建设，建成启动新指挥中心，投入使用“戒毒人员在线学习平台”。加强戒毒社会化协作，形成场所、家庭、社会“三位一体”回归管控模式。该所通过二星级戒毒所认证达标考核验收。

【社区矫正安置帮教】2019年，市司法局深化“修心教育”，实施“智慧矫正”，全面推广应用“易帮矫”平台，并纳入城市大脑建设。促进优质教育资源共享，实施社区矫正对象个性化导学和精准化施教，实现教育进度、社区服务实时监控和积分制管理。引导社会力量深度参与社区矫正对象教育管理、社区服务、心理矫治等工作。加强“智慧矫正中心”试点建设，研究制定《县级社区矫正中心规范运行指导意见》。贯彻落实《浙江省社区矫正执法质量考核评议办法（试行）》，修订完善《杭州市社区矫正管理标准》，完善执法监督管理机制。开展社区矫正执法规范化示范区县（市）创建活动。依法有序推进特赦工作，圆满完成特赦任务。加强刑释人员安置帮教工作，帮教率、重点人员衔接率均为100%，安置率99.9%。

【诉源治理显效】2019年，市司法局落实中央、省委关于加强诉源治理工作的要求，统筹推进“四大调解”，做到源头预防、多元化解纠纷，有效助力法院收案量的下降。完善人民调解组织网络，深入实施发展“枫桥经验”实现矛盾纠纷不上交三年行动，开展“民营企业矛盾纠纷排查化解”等专项活动。至年末，全市有人民调解组织3517个、人民调解员1.46万名；全年排查纠纷1.57万次，调解纠纷9.9万件，成功率99%；指导人民调解组织参与老旧小区加装电梯和信访矛盾化解工作，排查调处加装电梯纠纷51件，梳理化解信访矛盾1493件。

规范行政调解。全面梳理市、县、乡政府及行政部门的行政调解权利义务，明确行政调解职责。在土地征用、拆迁安置等民事纠纷案件多发领域，加强专职调解员配备，及时有效化解矛盾纠纷。指导公安、民政、规划与自然资源等7个部门成立行政调解委员会。落实调解优先原则，对行政复议案件均进行案前协调。全市有行政调解机构502个、调解员3255名。全年受理纠纷27.6万件，调解成功率67%。

加强行业调解。推进重点行业领域调解组织建设，与市委政法委等部门联合印发《关于进一步加强行业调解组织建设的意见》，在市、县两级建立劳动、消费、医疗等8个行业性调解组织，探索在环保、证券、物流等领域建立行业性专业性调解组织。全市有行业性专业性人民调解组织128个，全年调解纠纷3.4万件，成功率96%。

扩大律师调解试点工作，联合市法院在15个律师事务所设立首批律师调解工作室。举办全市律师调解工作会议，开展律师调解工作调研，明确调解定位，做好培训和经费保障，建立诉调对接工作机制，推进律师参与专项领域调解工作。杭州市律师调解工作经验在全国会议上交流发言。杭州律谐调解中心驻省、市、区有关法院工作室律师调解员有722名，全年累计调解纠纷457件，成功率45.2%。发挥公正、仲裁调解在诉源治理中的作用，全年调解纠纷8172件。

【法律服务业发展】2019年，市司法局大力发展涉外法律服务，联合市人力社保局、市商务局等部门出台《关于发展涉外法律服务业的实施意见》，推动律师服务地方党委政府重大涉外决策、涉外事务，助推律所“走出去”，服务“一带一路”、亚运会等国际化发展项目。至年末，全市有律所545个、律师9274人。市司法局举办杭州市首届涉外律师领航工程研修班，2名律师入选全国律师协会“一带一路”战略建设项目跨境律师人才库，39 名律师入选浙江省百名涉外律师人才库。推进法律顾问和公职公司律师工作，全市律师担任 700 多个党政机关法律顾问。8 个律所、20 名律师分别被评为省、市打造"最佳营商法律服务环境"先进集体和个人。开展律师助力脱贫攻坚专项行动，组建 14 个服务团，服务 26 个省级扶贫重点帮扶村，结对帮扶农户 300 多户、400 多人，捐资捐物 30 多万元。招募律师参加"1+1"中国法律援助志愿行动、司法部首批援藏律师团志愿服务工作等。开展市规范化基层法律服务所评选工作，全市有基层法律服务所 67 个，基层法律服务工作者 392 名。

杭州互联网公证处完成"空中办证大厅""在线取证存证"2 个平台、"知识产权服务""区块链摇号抽奖"等 4 个系统、"知识产权、家事、金融"等 6 个专业服务中心的打造。全市公证机构"最多跑一次"事项范围扩大到 25 类、116 项。推进司法鉴定机构资质认定和能力验证工作，全市司法鉴定机构全部完成资质认定，参加能力验证的 123 个项目通过率 98.4%、满意率 82%。市司法局推动司法鉴定融入公共法律服务，推进"在线鉴定"，全市司法鉴定机构均通过"12348"法网在线受理个人和法院委托鉴定事项的预约登记。

【公共法律服务体系建设】2019 年，市司法局实施公共法律服务体系建设提升工程，完善"实体、网络、热线"三大平台一体化建设。推进仲裁、行政复议窗口进驻市公共法律服务中心。结合城市大脑建设，开展人工智能项目升级，新增"智能找律师""情景咨询"等服务功能，并在全省公共法律服务网推广运用。完成"12345"数据平台与浙江省法律援助统一服务平台数据对接。推动公共法律服务中心入驻社会矛盾纠纷调处化解中心（信访超市）。全市有公共法律服务中心 15 个、乡镇（街道）服务站 191 个，全年累计提供公共法律服务 11.6 万件、12.2 万人次。全年办理 70 岁以上老人预约免费办理遗嘱公证 1744 件，免费办理 1 万元以下小额继承 1683 件，提供各类公证公益服务 1.24 万件。市公共法律服务中心获评"省级规范化中心"。

【普法宣传】2019 年，市司法局落实"谁执法谁普法"普法责任制，将 59 个市直单位列为重点单位，完善责任清单，加强业务培训。加强宪法学习宣传教育，组织第二个宪法宣传周暨"12·4"国家宪法日系列宣传活动，开展"宪法宣讲杭州行""宪法十进"等主题宣传。"五四宪法"历史资料陈列馆参观人数超过 100 万人次。全市开展宪法宣传咨询活动 120 多场，宪法宣讲 340 多场，听众 1.5 万人。依托"网上学法"等载体，落实重点人群学法机制。开展普法服务基层、服务民生十大专项行动，举办社会热点领域法治宣讲、法治文艺进村（社区）等活动。《杭州普法》杂志获评 2019 年杭州市出版规范"十佳"内刊。推进"民主法治村（社区）"建设三年行动计划，全市 55 个村（社区）申报省级"民主法治村（社区）"。8 个单位被评为浙江省法治宣传教育基地。

【法律援助】2019 年，市司法局推行法律援助受理审批全市通办。推进全国法律援助大数据试点工作，开发大数据分析平台，建立实时动态数据模型和法律援助服务指数，实现法律援助精准服务和管理。开展"防欠薪"等法律援助专项行动，加大对农民工等弱势群体的援助力度。加强法律援助质量管理，应用"浙江省法律援助统一服务平台"做好案件质量评估，健全法律援助服务同步评价机制。加强法律援助工作站规范化建设，建立全市首家退役军人法律援助工作站。推进刑事辩护全覆盖试点工作，畅通刑事法律援助案件办理渠道，健全志愿律师资源库。全年全市办理各类法律援助案件 1.87 万件，提

2019 年 7 月 1 日，杭州市司法行政系统举行庆祝中国共产党建党 98 周年暨"最美"事迹报告会 （市司法局 供稿）

供法律咨询10.3万人次，挽回经济损失1.74亿元。市法律援助中心被评为“2019年杭州市模范集体”。

【律师制度恢复重建40周年活动】2019年，市司法局开展纪念中国律师制度恢复重建40周年系列主题活动。举办杭州市律师制度恢复重建40周年展，开展市律师行业“不忘初心、牢记使命”主题教育，举办律师行业回顾与展望征文活动和青年律师演讲比赛，举办第三届“十大律师先锋”之“人民满意律师”评选活动，举办首届钱塘法律峰会暨第五届杭州律师论坛和律师事务所主任论坛等。12月4日，杭州市召开“12·4”国家宪法日暨律师制度恢复重建40周年纪念大会，大会为执业满30年律师代表颁发行业奉献纪念章，揭晓杭州市第三届“十大律师先锋”之“人民满意律师”获奖名单，发布《杭州市律师行业发展报告（1979—2019）》。

（顾婷婷）

仲裁

【概况】2019年，杭州仲裁委员会贯彻中共中央办公厅、国务院办公厅印发的《关于完善仲裁制度提高仲裁公信力的若干意见》，坚持“规模化、规范化、智能化、国际化”的工作方针，努力提升仲裁工作水平。全年累计受理案件1.03万件，受案标的126.02亿元。

杭州仲裁委员会落实事业单位改革和仲裁改革发展任务，推进杭州仲裁委员会办公室整体退出事业单位序列。修订杭州仲裁委员会章程，实现杭州仲裁委员会实体化运行，探索全国仲裁机构体制机制改革的“杭州经验”。

【互联网仲裁】2019年，杭州仲裁委员会启动互联网仲裁工作。7月5日，杭州互联网仲裁院揭牌成立。在全国率先推出《杭州仲裁委员会智慧仲裁平台简易案件电子书面审理仲裁规则》，并以此为依托进行线上案件审理。开发建设拥有自主知识产权的“中国杭州智慧仲裁平台”，实现全流程线上书面审理功能。组建涉网案件专业仲裁员队伍。杭州互联网仲裁院全年审理案件28件，其中结案8件，均在30日内结案。

【仲裁国际化建设】2019年，杭州国际仲裁院推动仲裁国际化建设，扩大与国际仲裁机构交流合作。储备涉外法律服务人才，新聘28名国际仲裁员。起草《关于加强仲裁国际化建设、积极参与国际仲裁事务的规定》。联合市工商联、省律师协会等，构建共商、共享、共建的法律共同体。与省商务厅、新加坡企业发展局、新加坡国际仲裁中心聚焦“一带一路”背景下浙江和新加坡的对话合作。联合国际商会仲裁院编撰国际仲裁案例及国际仲裁程序教材，并联合举办杭州国际仲裁全景式研习会。参与东盟仲裁联盟，为企业参与东盟国家的商务活动提供法律服务保障。参加《“一带一路”仲裁机构北京联合宣言》签订。与巴基斯坦仲裁机构合作，助推“一带一路”与“中巴经济走廊”项目对接。加强与涉外企业和园区合作，打造新型企业交流服务平台。全年受理国际仲裁案件402件，受案标的11.41亿元。

2019年7月5日，杭州互联网仲裁院揭牌成立　　（市司法局 供稿）

【专业仲裁和区域仲裁】2019年，杭州仲裁委员会拓展仲裁专业领域，推进专业仲裁发展。市司法局、市金融办与杭州仲裁委员会联合印发《关于加强金融领域案件资源合理建立科学合理多元纠纷解决机制的若干意见》，深化诉源治理工作，推进金融领域仲裁覆盖面。与律师事务所加强合作，做好房地产仲裁工作；拓展股权交易领域仲裁，促进以仲裁方式解决股权纠纷。探索以仲裁方式解决知识产权纠纷，与市中级人民法院、省市场监督管理局签订《关于建立仲裁参与知识产权多元化纠纷解决机制的会议纪要》。

发挥区域仲裁作用，萧山区政府印发《关于聘任第一届萧山仲裁分会组成人员的通知》，实现萧山区政府与杭州仲裁委员会管理的有机结合。

【仲裁参与多元化纠纷解决机制】2019年，杭州仲裁委员会在省司法厅、市司法局的指导下，融入多元化纠纷解决机制。派员进驻市公共法律服务中心仲裁服务窗口；与市中级人民法院签订《杭州市中级人民法院 杭州仲裁委员会关于仲裁参与多元化解纷机制会议纪要》，加强驻法院调解中心各项工作；按照省高级人民法院的统一部署，运用ODR平台，开展纠纷线上仲裁调解工作。贯彻市司法局整合人民调解和仲裁市场调解资源要求，制定《关于充分发挥人民调解和仲裁调解优势建立交通事故赔偿纠纷科学治理机制的意见》，加强交通事故赔偿调解中心建设；加强保险商事仲裁调解工作，协调中国人民财产保险股份有限公司新增大江东受理处。全年杭州仲裁委员会仲裁参与调处案件742件，解决争议标的1.51亿元。

【仲裁队伍和能力建设】2019年，杭州仲裁委员会加强仲裁业务规范化建设，努力实现“案结事了”。加强仲裁员分类管理，制定组庭全记录制度。培养仲裁员队伍和办案储备力量，全年仲裁员参与办案率提升至80%。加强仲裁员执业纪律和职业道德建设，实行仲裁员考核及诫勉谈话制度，全年诫勉谈话17人次。加强审限管理，提高30日内结案比率，年度结案率95%。建立秘书长、分管副秘书长调度案件制度，针对超期（延期）案件等4类案件实行两级调度管理。规范专家论证程序，建立专家库，全年进行专家论证36次。开展仲裁案件案卷评审，规范仲裁案件案卷管理。加强仲裁论坛建设，以国际形势和热点为主题，全年开展论坛28次，受众2800多人次。（顾婷婷）

案　例

【“百名红通人员”莫佩芬归案】2019年5月28日，潜逃6年之久的“百名红通人员”莫佩芬从美国洛杉矶飞抵杭州萧山国际机场，回国向杭州市公安局主动投案。莫佩芬是2019年度全国第一个归案的“百名红通人员”，也是开展“天网行动”以来第57个归案的“百名红通人员”。经侦查发现，2007—2011年，莫佩芬在担任杭州西溪阳光实业有限公司项目负责人期间，利用职务便利，伙同该公司财务人员，在未经其他股东同意的情况下，采用虚假发票充账及多支付设计费等手段，非法占有该公司资金500多万元。归案后，莫佩芬涉嫌职务侵占案件已被检察机关依法起诉。

【生产销售假烟、假酒系列案】2019年1月3日，市公安局联合市烟草局出动200多名警力，兵分10组，分别在福建厦门、漳州、云霄和杭州及周边区域，对毛某等涉嫌生产、销售假烟犯罪团伙进行打击，抓获涉案嫌疑人22人，刑事强制措施18人，查获各类假冒卷烟6000多条，涉案价值1000多万元。该案侦办中还发现以张某等人为首的销售假烟和以梁某等人为首的销售假酒犯罪团伙。12月17日，公安机关实施集中收网行动，抓获犯罪嫌疑人77人，采取刑事强制措施66人，查获涉及销售假冒烟酒高档门店45家、仓库23个，假冒“中华”“利群”等品牌香烟2万多条，假冒“茅台”“五粮液”“剑南春”等高档白酒3700多瓶，涉案价值2000多万元。

【金诚财富集团非法集资案】2019年4月28日，杭州市公安局拱墅分局对金诚财富集团有限公司涉嫌非法吸收公众存款案开展立案侦查，先后抓获犯罪嫌疑人52名。经查，自2009年5月至2018年4月期间，犯罪嫌疑人韦某、徐某等人以浙江诚泽金开投资管理有限公司等关联公司名义和私募基金的模式线下募集资金。募集的资金除部分用于项目外，其余用于归还投资人的本息、公司高额运营成本以及韦某个人购买飞机和游船挥霍等。截至案发，该公司非法募集资金456.18亿元，未兑付金额190多亿元，涉及投资人4600多人。12月27日，该案移送市检察院审查起诉。（蒋筱莲）

【保护革命英烈名誉民事公益诉讼案】2019年9月，西湖区检察院接到举报，在某网络平台上有人销售侮辱和诋毁英烈董存瑞、黄继光的贴画。经调查发现，在该平台经营“某某画坊”的瞿某，发布、销售的“董存瑞舍身炸碉堡”画像上，配有“连长，你骗我，两面都有胶”，在“黄继光舍身堵枪眼”画像上，配有“为了妹子，哥愿意往火坑里跳”等不雅文字。上述贴画有6种规格及尺寸，且剩余库存数量巨大，经网络销售后传播扩散，造成恶劣的社会影响。

经依法履行诉前程序，10月28日，西湖区检察院依法向杭州互联网法院提起保护两位英烈名誉的民事公益诉讼，依法追究瞿某的民事责任。11月19日，杭州互联网法院对该案开庭审理并当庭判决：被告瞿某停止侵害革命英烈名誉行为；在全国有影响力的媒体平台上公开赔礼道歉、消除影响。浙江省委书记车俊、浙江省检察院检察长贾宇均对该起英烈保护公益诉讼案做出肯定性批示，中央电视台、《人民日报》、人民网、新华社等多家国家级媒体进行报道，对营造尊崇英烈、敬畏法律的良好氛围具有重要意义。（陈　赟）

【英烈保护领域民事公益诉讼案】2019年5月21日，市中级人民法院组成7人合议庭，公开开庭审理《中华人民共和国英雄烈士保护法》实施以来浙江省首例英雄烈士保护领域民事公益诉讼案，并当庭宣判。被告李某（男，2000年出生，河南夏邑县人）和被告吴某（男，1990年出生，贵州黎平人）因“侵害萧山烈士陵园烈士荣誉”行为被判令在浙江省省级（以上）媒体公开赔礼道歉、消除影响。两被告对其违法行为表示悔过并道歉。

经审理查明，萧山烈士陵园是萧山区“褒扬烈士、教育后人”的重要公共场所，陵园纪念馆内陈列展示246名烈士的生平事迹和遗物实物。两被告李某、吴某于2018年12月30日晚上10时许，前往萧山烈士陵园拍照，后李某将身着仿纳粹军服的照片在其个人QQ空间发布，被群内多人阅见并转发扩散，社会影响恶劣。2019年1月8日，公安机关调查后根据情节严重程度，对李某、吴某分别处于行政拘留14日和7日的行政处罚。1月10日，萧山烈士陵园的部分烈士亲属出具书面声明，希望杭州市检察院提起民事公益诉讼。4月4日，市中级人民法院正式受理该案。

法院认为，英雄烈士的事迹和精神，是中华民族的共同历史记忆，也是社会主义核心价值观的重要体现。被告李某、吴某蔑视法律尊严，侮辱和亵渎英雄烈士的荣誉，伤害烈士亲属及社会公众的情感，损害社会公共利益和社会道德评价秩序，情节严重，依法应当承担相应的民事法律责任。遂做出上述判决。

（胡育萍）

责任编辑　汤　峻

军事 15

杭州警备区

【概况】 2019年，杭州警备区贯彻军委国防动员部和省军区党委以及杭州市委决策部署，完成年度各项任务。紧扣学习贯彻习近平新时代中国特色社会主义思想和习近平强军思想的主线，组织4轮专题学习，组织13名师团职干部参加省军区理论轮训，分层次组织营职以下干部跟学跟训，35名师团职干部形成课题调研成果。贯彻落实军委主席负责制，学习习近平总书记最新讲话、指示、精神，要讯工作在省军区排名第一位。推进“不忘初心、牢记使命”和“传承红色基因、担当强军重任”主题教育，安排19次集中辅导和2次体会交流，组织3次现地参观见学，开展“百名专武干部、千名民兵连长、万民普通民兵”走进杭州红色博物馆活动。抓好庆祝中华人民共和国成立70周年系列活动，会同市委宣传部、市退役军人事务局开展“军队为你骄傲”和“每月一星”主题宣传活动，八一建军节前举行退役军人先进典型发布仪式；总结推广“家乡为你骄傲”主题宣传活动做法和桐庐县党管武装工作及“全过程、全链条、全覆盖”服务军人一件事改革经验，被《中国国防报》头版头条刊发。

严格党委议战议训，坚持人力、物力、财力等各类资源向战斗力建设倾斜，70%以上的表彰奖励指标用于备战练兵。持续规范战备秩序，动态更新修订警备区战备方案，完成国防动员方案修订，更新非战争军事行动抢险救灾预案，警备区本级完成指挥方舱建设，人武部配备指挥箱组和应急装备器材工作有序推进，拱墅区人武部战备“三化”建设被《中国国防报》报道。组织全市专武干部和民兵骨干集训，开展全省网络专业民兵干部骨干跨区协作线下集训，完成军委国防动员部赋予的集中轮训备勤试点任务；警备区本级和淳安县人武部备战岗位练兵比武，分别在省、市取得较好成绩。组织参加全军战略实兵演习，完成各项支援保障任务；联合市应急管理局开展“抗洪抢险行动”演练。

加强在高新企业、科研院所和新社会组织编兵力度，首次依托行业系统和国有企业独立组建民兵应急营，警备区机关和西湖区、余杭区人武部接受省军区检查考评，成绩居全省第一位；代表全省接受军委国防动员部深化民兵调整改革工作检查考评，江干区民兵新质分队抽检“零扣分”，杭州警备区居全国市级第五位；滨江区、下城区人武部推进民营企业民兵工作试点，取得初步成效。开展征兵宣传“进地铁”、“首检日”、“首运式”、大学生征兵宣传启动仪式等主题活动，推进履行兵役义务领域联合惩戒试点，全市征集新兵大学生、大学毕业生比例分别为78%、18%，“五率”（报名率、上站率、合格率、择优率、退兵率）量化考评居全省第二位。

【规范化建设】 2019年，杭州警备区修订完善《杭州警备区人武部量化考评细则》，规范下发师团经常性工作清单，对基层反映的具体问题逐一解决或答复。按照“巩固老典型、抓好新样板”思路，开展后备力量基层规范化建设“达标创建、评星挂牌”活动，全市30%的乡镇（街道）武装部和村（社区）民兵连达到“五星”建设标准。开展“条令学习月”“百日安全竞赛”等活动，创新开展安全工作讲评暨安全管理业务培训，每季组织党委议管、检查评估，常态开展检查，先后接受军委国防动员部抽查、省军区交叉互评，部队保持安全稳定。持续加强保障领域规范化建设，加强预算执行管控力度，制定《警备区经费结算报销暂行办法》，逐单位组织财经管理检查和审计整改；做好全面停止有偿服务后续工作，警备区35个停偿项目均通过全军停偿办和军委国防动员部停偿检查组现地检查验收；完成军车新式号牌换发和退役报废武器弹药销毁处理工作。贯彻干休系统建设“宁波会议”精神，组织驻地人武部与干休所结对帮难解困，推进干休所住房改造和营院综合整治，第六、七、八干休所软硬件建设成效明显，老干部服务保障水平得到提升。

【党委建设加强】 2019年，杭州警备区对表军委国防动员部《关于加强新时代省军区（警备区）团以上党委建设的意见》和省军区相关措施，修订党委班子自身建设措施和常委会议事规则。抓好反馈问题整改，专题召开任务部署会、整改推进会，组织机关党支部、纪委成员履职能力培训。召开主题教育民主生活会，开展专项整治。坚定不移正风肃纪，学习文件法规、通令通报，组织各级党委、纪委书记上纪律党课，集中观看警示教育片，增强党员干部党规党纪意识。运用监督执纪“四种形态”，常态化开展明察暗访，集中开展易发问题清查整治，纪律处分3人，诫勉谈话12人。

【省军区司令员一行在杭州调研】2019年1月4日，省委常委、省军区司令员冯文平一行到江干区浙江长三角军民融合产业园调研指导。冯文平参观企业，了解企业自主研发的产品，并鼓励企业加快研发步伐、实现列装部队。召开座谈会，了解江干区党管武装工作和军民融合发展取得的成绩，以及浙江长三角军民融合产业园基本情况。

8月14日，冯文平一行到杭州警备区调研“不忘初心、牢记使命”主题教育。警备区司令员任明龙、政委徐建国和其他常委及部分人武部主官参加汇报会。任明龙围绕杭州警备区全年开展的主要工作、存在矛盾困难、下步打算及意见建议四个方面向冯文平及工作组做专题汇报，业务机关、各人武部主官围绕新体制运行以来凸显的主要矛盾问题及意见建议分别进行汇报。冯文平对警备区工作给予肯定，并对警备区下步工作做指导，要求工作组对调研期间收集的问题建议尽快分类梳理，给予协调解决。

【杭州警备区党委八届三次全体（扩大）会议】2019年1月15日，杭州警备区党委八届三次全体（扩大）会议召开。省委常委、市委书记、杭州警备区党委第一书记周江勇出席会议并讲话。市委常委、杭州警备区司令员任明龙讲话，警备区党委书记、政委徐建国代表警备区党委常委会做工作报告。会议回顾2018年军事工作情况，部署2019年军事工作任务，审议警备区纪委工作报告，表彰2018年度先进单位和先进个人。警备区党委常委吴仿根、钟孚、朱涛，警备区党委委员参加会议。

【开训动员大会】2019年1月2日，杭州警备区开训动员大会在临安区举行，参训民兵举行宣誓仪式。现场的民兵分队根据各自任务开展现地训练演练。河桥镇和太湖源镇的民兵分队进行应对雨雪冰冻灾害演练，锦城街道和玲珑街道民兵分队分别进行队列训练以及警棍盾牌等基础科目演练。开训动员结束后，民兵分队投入“实战”，帮助当地百姓抢通道路，保障群众出行安全。没有抗雪救灾任务的镇街，在动员大会结束后，组织民兵开展雪地拉练，到各个红色教育基地参观。

【民兵整组工作任务部署会】2019年1月29日，杭州市召开全市民兵整组工作任务部署电视电话会议。杭州警备区政委徐建国传达军委国防动员部和省军区关于民兵整组指示精神，警备区司令员任明龙部署全市2019年民兵整组任务，市委常委、常务副市长戴建平围绕高标准、高质量落实年度整组任务做讲话。市政府、警备区和13个区县（市）有关领导等共570人参加会议。

【“走亲连心”活动】2019年1月7日，市委常委、杭州警备区司令员任明龙一行到腾讯大浙网开展“走亲连心”活动，江干区人武部、闸弄口街道负责人参加。任明龙走访公司办公场所和企业党员活动室，了解企业经营情况和党建工作开展情况，并召开座谈会，了解企业基本情况和未来发展方向，与企业负责人就当前企业党建和大数据应用等话题进行交流。

【市委议军会暨四套班子领导过军事日活动】2019年12月13日，省委常委、市委书记、警备区党委第一书记周江勇，市人大常委会主任于跃敏，市政协主席潘家玮等四套班子领导，警备区党委常委及机关领导，各区县（市）人武部党委第一书记及人武部主官到余杭区民兵训练基地，集体过军事日并出席市委议军会。周江勇、于跃敏、潘家玮等四套班子领导和警备区领导观摩应急指挥方舱和指挥箱组展示，了解部队战备建设情况。随后，周江勇主持召开市委议军会。会上传达学习省委议军会议主要精神，警备区司令员任明龙宣读新任区县（市）人武部党委第一书记任职命令并颁发任命状，区县（市）人武部党委第一书记述职，警备区政委徐建国汇报全市党管武装工作情况。周江勇对做好杭州市2020年武装工作提出要求。

【大学生兵员征集工作座谈会】2019年8月14日，杭州市大学生兵员征集工作座谈会在浙江大学召开。省军区副司令员刘建伟、动员局局长武春辉，浙江大学党委副书记邬小撑，杭州警备区副司令员吴仿根出席会议，相关人武部领导和各高校征兵工作负责人参加会议。吴仿根汇报2019年杭州市高校大学生征集情况，浙江大学武装部、浙江金融职业学院武装部等高校人武部交流大学生征集中存在的问题，提出进一步健全完善征兵工作机制、完善大学生应征政策、完善相关兵役法规、加强教育系统和部队的协调对接、增强对新时代大学生的国防教育、更加合理地调整兵员征集指标等方面意见建议。

【油料保障专业跨区联训】2019年5月3日，杭州警备区油料保障专业跨区联训在临安区民兵训练基地举行。集训队邀请综合管理部的专业教员授课辅导，重点围绕国内现用油品识别、油品的物化特性、油品的危害及防护等方面进行授课辅导；邀请武警杭州士官学校油料教研室教授野战油料供应的专业知识；开展现地操作训练；组织全体人员到临安博物馆参观中华人民共和国成立70周年纪念展览。来自上城、下城、临安、桐庐、淳安、建德6个区县（市）的民兵油料保障分队参加集训。

【杭州民兵抗击台风“利奇马”】2019年9月10日，超强台风“利奇马”在浙江台州温岭登陆，引发短时局部地区暴雨。在半小时内肆虐杭州，临安区龙岗、岛石两镇电力中断，道路受损严重，房屋被淹。杭州警备区接到报告后，司令员任明龙带领前线指挥部人员到龙岗镇救援，调度3架救援直升机，飞行17架（次），向道路中断村庄投送技

2019 年 7 月 29 日，“军队为你骄傲”杭州市优秀退役军人发布仪式举行

（杭州警备区 供稿）

术专家和救援人员 33 人次，以及发电设备 14 台、燃油 12 桶。龙岗镇人武部部长余华峰带领民兵为应急救援队伍引导目标。玲珑街道民兵向岛石镇送发电设备。经过紧张抢险，第二天，40 个受灾村庄、1.55 万户村民恢复用电。

【“军队为你骄傲”主题宣传活动】 2019 年 7 月 29 日，由杭州警备区、市委宣传部、市退役军人事务局联合举办的“军队为你骄傲”杭州市优秀退役军人发布仪式在杭州电视台举行。孔少华、马仁爱、马啸天、孙明、李灯东、刘世华、陈全江、汪彬华、汪宁、杨章耀、张新福、俞洁、赵海军、赵义国、夏国柱、徐旭明、黄常新、梁月会、赖新明、魏钧 20 位优秀退役军人代表受到表彰。发布仪式现场，播放 20 位优秀退役军人的先进事迹，颁发荣誉证书。

（周子荣）

武警杭州支队

【概况】 2019 年，武警杭州支队学习党的十九大和十九届四中全会精神，统筹抓好中心组学习、理论武装动员大会、理论走基层和“五个一”机制落实，融合推进“不忘初心、牢记使命”“传承红色基因、担当强军重任”主题教育和“四讲一守”“四知”“一墙之隔、两个世界”等专题教育。

推进“两看”安全会议精神落地，开展军地对接“六个一”“小哨位连着大使命”教育实践等活动。围绕三年规划，开展季考季帮、勤训轮换、极限训练、群众性练兵、比武考核，全年完成抗击“利奇马”台风、互联网大会安保等任务。武警杭州支队被武警浙江省总队评为执勤工作先进支队，参谋部被武警部队和总队评为先进参谋机关。

贯彻三级基层建设会议精神，统筹推进“五不一有”“五抓”活动，制定“三长”队伍培养机制，解决官兵“三后”问题。落实武警浙江省总队正规化试点，开展“条令年”“百日安全竞赛”“六查六治”“清机、净网、查卡”等活动，常态落实“八个规范”“六个过一遍”“发现问题不过夜、安全隐患不隔周”。武警杭州支队被武警部队评为“暑期百日安全竞赛”先进集体。

做好三级党建会议“下篇文章”，围绕“四个带头”“五个检视”“四个讲清”召开民主生活会。开展党的纪律、正确行使民主权利教育和经常性教育。

【专题教育培训】 2019 年，武警杭州支队开展多项主题教育和专题业务培训。1 月 10—11 日，组织党员干部参加“牢记训词、践行使命”专题学习教育。3 月 4 日，召开“传承红色基因、担当强军重任”主题教育先行试点预备会。3 月 7 日，召开年度科学理论武装动员大会。5 月 9 日，开展“一墙之隔、两个世界”经常性法纪警示教育计划。5 月 23—24 日，组织“四会”政治教员考评。7 月 5 日，组织“不忘初心、牢记使命”主题党日活动。9 月 5 日，召开“不忘初心、牢记使命”主题教育动员部署会。10 月 11—13 日，武警部队“祖国，我用忠诚祝福您”网络新媒体主题宣传活动采访团到武警杭州支队采访。

【军事训练考评】 2019 年，武警杭州支队常态化开展军事训练与考评考核。1 月 2 日，组织首长机关实弹射击训练。1 月 29 日，举行联勤武装巡逻勤务试点观摩会。4 月 1 日，对基层大队进行冬季大练兵会操考核，检验冬季大练兵活动效果。8 月 26—27 日，组织 2019 年度群众性大练兵会操考核。9 月 13 日，召开维稳行动总结暨“迎大庆、保大庆”任务动员部署会。11 月 7 日，组织首长机关年度军事考核。12 月 24—26 日，组织新兵野营拉练，围绕“拉一路、演一路、抗一路、考一路”总体思路，负重前行，完成徒步行军、战术基础、心理行为和战地救护等课目训练。

【武警安保执勤】 2019 年，武警杭州支队担负多次安保执勤。1 月 26—31 日，担负浙江省第十三届人民代表大会第二次会议和政协第十二届浙江省委员会第二次会议临时警卫及反恐备勤任务。2 月 4—11 日，担负杭州火车站和火车东站春运执勤任务。5 月 15—22 日，完成“知味杭州”亚洲美食节活动现场联勤武装巡逻和机动应急反恐备勤任务。

【退役士兵就业招聘会】 2019 年 8 月 31 日，武警杭州支队举办退役士兵就业招聘会。招聘会吸引驻地企业报名，通过信誉资质筛选和全面评估，8 个知名企事业单位参加招聘。部分退伍老兵当场签订就业意向书。

（金苏民）

人民防空

【概况】 2019 年，市人防办（市民防局）坚持规划牵引，全面推进防护设施建设，逐步形成以结建人防工程为主、兼顾人防设施为辅、普通地下空间为支撑的城市地下防护体系。在地铁、综合管廊和城市单建掘开式地下空间建设中兼顾人防要求，杭州地铁地下部分全部按照兼顾人防要求设防。

市人防办坚持实训联训，提高训练实战化水平。修订指挥部成员单位平时职责，配置指挥终端，建立通信网。落实区县（市）人防指挥部工作纳入杭州市考评办考核活动许可，三大项52个子项工作列入年度考核。全市建成三级联动的指挥通信保障体系，完善地下与地面、固定与移动互为补充的场所，形成市、县、镇三级互联互通的指挥体系。警报建设完好率、鸣响率和主城区覆盖率均达100%。组织“杭州金盾—2019”演习、“5·12”防灾减灾日全市防空防灾警报试鸣和人口疏散演练、“9·18”警报试鸣、城区和县（市）人口临战对口疏散接收安置演练、移动指挥车拉练等演练活动。

人防项目审批融入工程项目审批改革，实现群众和企业到政府办事事项100%“最多跑一次”，群众和企业申报事项100%网上受理。人防项目审批从“跟着项目走”转向“跟着规划走”，逐步落实人防设施建设由规划牵引。

利用“3·1”国际民防日、“5·12”防空防灾宣传周、全市第十八个“人（民）防宣传月”活动、暑期大学生“人防宣传进千县百区”开展人防防护技能宣传，落实全市人防专兼职教师参加人防师资专业培训，在200多所初级中学开设人防知识教育课，年受教育学生超过10万名，市人防办领导和业务骨干受邀参加党校、军转干部培训班进行授课10次。

3月31日，市委办公厅、市政府办公厅印发《杭州市人民防空办公室职能配置、内设机构和人员编制规定》，内设秘书处、指挥通信处、工程管理处、平战结合处（挂政策法规处牌子）、计划财务处、机关党委，行政编制23名，完成机构改革各项任务。

【人防设施战略合作协议签署】2019年2月26日，市人防办（市民防局）与杭州铁塔公司签订战略合作协议，加强双方全方位交流合作，共同提升基础设施共建共享水平。杭州铁塔公司将提供全方位技术支持，全面提高人防抢险救灾、应急救援等公共服务的能力，提升人防设施的信息化水平。

【人防工程战略合作框架协议签署】2019年7月16日，市人防办（市民防局）与浙大滨海和城市岩土工程研究中心、浙大设计院签署战略合作框架协议，加强地下空间利用规划与建设研究。以工程全生命周期为理念打造“地下杭州”，提高人防工程开发利用水平、提高工程抗毁能力、提升城市整体防护能力和地下空间承载能力。

【国家人防办调研杭州人防工程建设】2019年9月4日，国家人防政策制度改革专班副组长、国家人防办主任殷勇一行6人，调研杭州市人防工程建设。调研组实地考察人防建设情况，对杭州市在人防设施与城市基础设施建设融合发展、人防设施互联互通联网成片方面取得的成绩给予肯定。

【“杭州金盾—2019”演习】2019年11月27日，“杭州金盾—2019”演习举行。演习将设定程序的演和随机导调的练相结合。重点演练指挥所开设的时机、内容、方法和程序，探索指挥所各要素的工作职能、组织保障的特点规律，研究战时多种情况的处置方法，熟悉方案和作战筹划，更贴近实战要求。

【长三角一体化人防机动通信保障演练】2019年12月2—5日，杭州市人防办（市民防局）牵头组织长三角一体化人防机动通信保障演练。上海市青浦区民防办、苏州市人防办、嘉兴市人防办、湖州市人防办、嘉善县人防办，以及杭州市13个区县（市）人防办参加。该演练是落实长三角区域一体化国家战略和沪苏浙皖三省一市人防系统一体化发展协议的重要内容，推进人防指挥通信保障行动向纵深发展。

【人防设施专项控制规划通过市政府评审】2019年12月19日，市政府召开专题评审会，人防设施专项控制规划通过评审。报批的人防设施专项控规涵盖上城区、下城区、江干区、拱墅区、西湖区、滨江区6个城区，每个单元的人防设施专项控规均对应相应的规划单元，将人防设施结合地块情况进行布局。

【人防服务民生】2019年，在“3·1”国际民防日、“5·12”防空防灾宣传周等重要时点，市人防办（市民防局）与城区联合开展宣传活动。在100多个社区开展人防法律法规和相关的防空防灾知识、技能宣传活动，发放宣传手册1万余份，悬挂宣传横幅100多条，摆放知识展板180多块，通过短信平台向公众发送“国际民防日”相关知识短信1万余条。“5·12”“9·18”防空警报试鸣期间，开展以人民防空预案为蓝本的人员疏散演习，全市13个区县（市），31个街道（人防重点镇），109个社区，232所学校，16.65万人参加演习活动。开展“走亲连心三服务”活动，全年组织94人次走访富阳区龙门镇4个村农户近1000户、企业23个。市人防办（市民防局）主要领导带队到龙门镇走访3次，班子其他成员多次带队开展“三服务”调研走访活动，各调研组共召开双向交流会5次，收集并解决问题6个。继续开展“让洞于民，避暑纳凉”工作，开放时间77天，接待纳凉群众3.9万人次。2019年是市人防办第16年走进杭州新闻广播电台《民情热线》直播室，针对推进人防行政审批、服务经济民生以及市民关注的人防工程的平时利用和防空洞避暑纳凉等问题与听众进行现场交流。城市应急救援指挥中心（96110）坚持24小时值班制度，全年受理各类信息4000多件。

（骆翡樱）

责任编辑 郦 晶

经济管理 16

综合经济管理

【概况】2019年，杭州市地区生产总值15373亿元，比上年增长6.8%。其中第一产业、第二产业和第三产业增加值分别增长1.9%、5%和8%。经济结构继续优化，三次产业结构调整为2.1 ∶ 31.7 ∶ 66.2。全市人均地区生产总值15.25万元。固定资产投资增长11.6%，其中交通投资增长16.9%、基础设施投资增长5.2%、高新技术产业投资增长8.4%。杭州市出台实施“新制造业计划”，打造数字经济和制造业发展“双引擎”。数字经济核心产业增加值3795亿元，增长15.1%，占全市地区生产总值的24.7%。推动数字经济与制造业深度融合，实施制造业数字化改造“百千万”行动，规模以上工业企业数字化改造覆盖率84.6%。高能级产业平台加快建设，高新区（滨江）富阳特别合作区成立。10月17日，杭州市建设国家新一代人工智能创新发展试验区获批。信息技术服务、生物医药等两大产业集群入选首批国家战略性新兴产业集群名单。之江实验室、阿里达摩院、西湖大学、中国科学院大学杭州高等研究院建设推进。

【综合配套改革】2019年，杭州市以“最多跑一次”改革为引领，打造国际一流营商环境。制订《2019年杭州市建设国际一流营商环境攻坚计划》，提出70项工作，清单式分解目标任务。完成国家和浙江省营商环境评价，在全省营商环境评价中列第一位。杭州推进融入长三角一体化发展，制订出台《杭州市落实长三角区域一体化发展国家战略行动计划》，提出8个方面、36项重点任务和十大标志性工程。杭州市与上海市达成营商环境、科创产业、金融服务等9个方面务实合作共识。7月，浙江杭可科技股份有限公司、虹软科技股份有限公司2个杭州企业在上海证券交易所科创板上市。参与“一带一路”建设，推动中国（杭州）跨境电子商务综合试验区优化升级。6月，电子商务平台Shopee在杭州设立孵化中心和物流中心。4月10日，亚马逊全球开店“杭州跨境电商园”落成并投入使用。统筹推进市、区财政体制一体化和均衡化，杭州市研究制订《构建集中财力办大事财政政策体系方案（2019—2022年）》，进一步理顺市、区财政体制。

【重点项目建设】2019年，杭州市确定重点建设项目561个，其中实施类项目438个、预备类项目123个，完成投资2112亿元。杭州地铁5号线一期工程、桐庐县千岛湖配水配套引水工程、城西（蒋村）污水处理厂二期工程、香积寺路西延（莫干山路西侧—上塘路东侧）工程、330国道淳安临岐至临安湍口段改建工程（淳安段）、奥体单元小学及幼儿园项目、杭师大仓前校区迁建项目、西子智慧产业园项目、淳安县第一人民医院二期项目、杭州高级中学大江东分校项目等67个重点项目建成。之江实验室一期工程、杭州地铁3号线北延工程、杭州机场轨道快线工程、杭州绕城高速公路留下互通改建工程、风情大道快速路（金城路—湘湖路）工程、良睦路（文二西路至绿汀路以南）工程、秦望通道与广场地下空间开发及配套工程、“连堡丰城”项目、淳安至江山公路淳安板对岭至界牌段改建工程、临安区新建双溪口水库项目、杭州体育馆改造提升工程、杭州云谷学校项目、建德市第二人民医院迁建工程、阿里巴巴浙江云计算数据中心余杭经济技术开发区项目等97个重点项目开工建设。

【特色小镇建设】2019年，杭州市以将特色小镇打造成为具有产业属性的创新创业大平台为目标，持续推进特色小镇高质量发展。至年末，全市有省政府验收命名小镇8个，省级创建对象21个、省级培育对象11个。全年各特色小镇完成固定资产投资（不包含房地产和商业综合体）364亿元，其中特色产业投资284亿元，占投资总额的78%。特色产业总收入超过1.3万亿元。新建续建项目近300个，“杭州镓谷”射频集成电路产业园项目、菜鸟供应链金融总部项目、天煌科技园等重点项目建设有序推进。6月5—11日，梦想小镇成功承办全国大众创业万众创新活动周主会场活动。6月14日，第七届中国创业投资行业峰会在杭州钱塘新区大创小镇举行。杭州市有西湖大学、之江实验室、北京航空航天大学杭州创新研究院等创新创业平台140多个，其中国家级孵化器17个，与全国522个高校和科研院所建立合作关系。特色小镇吸收各类股权投资基金340.7亿元，集聚并孵化各类企业4.4万个，以及创新团队5000多个。投入科技研发费用467亿元，形成各类专利3.23万件，形成国家或行业标准115个。

【社会民生保障】2019年，杭州市一般公共预算用于民生支出1535.3亿元，占一般公共预算支出的78.6%。至年末，全市有城乡社区居家养老服务照料中心2898个，各类福利院、敬老院328个，床位7.47万张，收养人员3.55万人，城区15分钟、农村20分钟的养老服务步行圈基本形成。至年末，职工基本养老保险、职工基本医疗保险参保人数分别为704.7万人和671.1万人，分别比上年增长5%和6.1%；失业保险、生育保险参保人数分别为486.6万人和457.0万人，分别增长5.9%和7%。全市新增城镇就业人员34.0万人，安置失业人员再就业6.4万人。城镇登记失业率1.8%。全市居民人均可支配收入59261元，增长9%。按常住地分，城镇、农村居民人均可支配收入分别为66068元和36255元，增长8%和9.2%。主城区居民最低生活保障标准调整至每人每月1041元，增长9%。至年末，全市最低生活保障对象10.25万人，发放困难家庭救助金8.88亿元，增长3.6%。

【循环经济发展】2019年，杭州市整体推进全市园区循环化改造工作，印发《杭州市2019年度园区循环化改造实施计划》。深入推进园区循环化改造试点，余杭经济开发区、桐庐经济开发区和杭州经济技术开发区分别实施重点循环化改造项目13个、18个和29个，项目总投资分别为11.66亿元、17.17亿元和30.55亿元，全年分别完成投资4.75亿元、7.94亿元和12.88亿元。推进环境污染第三方治理试点工作，杭州市环境集团股份制改革计划采用集团整体上市路径，将清洁直运、固废填埋、沼气发电、焚烧发电、厨余（餐厨）垃圾处理业务和循环经济产业园区新项目纳入上市主体。杭州九峰垃圾焚烧发电、临江垃圾焚烧发电、萧山区餐厨垃圾处理、余杭区垃圾分类减量综合体等项目开展投资合作。

【“信用杭州”建设】2019年，杭州市通过国家发展和改革委员会对首批社会信用体系建设示范城市的评测复核。推动浙江省信用“531X”工程，对杭州市业务系统进行信用应用改造。全市24个系统的1976个事项均正式上线运行。《2019年杭州联合奖惩目录清单》编制出台，实现财政专项资金拨付和评优评先使用信用记录的全覆盖，守信激励名单和失信惩戒名单公示率列全省第一位，联合奖惩成效和案例反馈总量列全国第一位。11月26日，杭州都市圈信用专委会信用建设合作机制框架协议签约仪式举行，约定各成员城市未来信用合作方向。8月6日，杭州、南京、武汉、苏州、郑州5个城市成立城市信用联盟，杭州城市个人信用分——“钱江分”可以跨城市使用。“钱江分”项目在全国信用App观摩评审中获“试点推广项目”称号；获全国大众创业万众创新活动周AIoT创新成果二等奖。杭州市将信用分与公共服务、社会生活相结合，推广“舒心就医”杭州模式。

【价格管理和价格监测】2019年，杭州市居民消费价格上升3.1%，比上年提高0.8个百分点。清费减负力度进一步加大，全年减轻企业负担约18亿元。涉及企业的证照类行政事业性收费实现“零收费”。降低企业用电和用气成本，全年分两次降低一般工商业及其他用电目录电价，总计降幅约10%，分三次降低杭州市区非居民气价，总计降幅约16.2%。加强涉及企业的收费管理，更新《杭州市行政事业性收费目录清单》《杭州市涉企行政事业性收费目录清单》《杭州市实行政府定价的涉企经营服务收费目录清单》，编制公布《杭州市投资项目审批相关中介服务事项收费目录清单》。4—12月，杭州市启动9次价格补贴机制，累计向126.7万人次困难群众发放8837.46万元、向531.12万人次企业退休人员发放9262.12万元价格补贴（浮动）。

【小城市培育试点】2019年，杭州市9个试点镇各项指标完成良好。全年试点镇地区生产总值679.24亿元，比上年增长11.5%；固定资产投资331.11亿元，增长22.6%。社会消费品零售总额155.78亿元，电子商务交易额75.63亿元，分别增长8.2%和14.5%。试点镇城镇居民人均可支配收入和农村常住居民人均可支配收入分别增长9.3%和8.7%。等级幼儿园在园幼儿覆盖面实现100%，具有中高级职称资格教师占比增加7.6个百分点。全社会基本养老保险参保率98.1%。9个试点镇建成区污水集中处理率、建成区绿化覆盖率分别为92.7%、37.3%，提高12个百分点和6.9个百分点。审批权事项占下放事项比例85.5%，农村承包耕地流转率超过70%，全部建立“最多跑一次”改革事项清单，事项数量平均超过200个。6个试点镇入选省级环境综合整治样板小城镇。（彭　赋）

国有资产监督管理

【概况】杭州市人民政府国有资产监督管理委员会（简称市国资委）直接监管企业13个，分别为杭州市实业投资集团有限公司、杭州市商贸旅游集团有限公司、杭州市城市建设投资集团有限公司、杭州市交通投资集团有限公司、杭州市钱江新城投资集团有限公司、杭州市地铁集团有限责任公司、杭州市运河综合保护开发建设集团有限责任公司、杭州市金融投资集团有限公司、杭州银行股份有限公司、杭州市国有资本投资运营有限公司、西湖电子集团有限公司、杭州汽轮动力集团有限公司和杭州种业集团有限公司。

市国资委转变监管理念与思路，优化监管职能与模式。转变监管模式，将杭州杭氧股份有限公司、杭州华东医药集团有限公司、杭州汽轮动力集团有限公司、西湖电子集团有限公司股权划转至杭州市国有资本投资运营有限公司，由其统一管理，推动监管模式由“管资产”向“管资本”转变。突出国企经营业绩、制度执行、市委和市政府任务落实三类指标考核，引导国有企业围绕市委、市政府决策部署和重大任务优化发展、实施改革。突出“管投向、管程序、管

2019 年杭州市市属国有企业情况

表 12 单位:亿元

企业名称	资产总额	负债总额	所有者权益总额	营业总收入	利润总额	净利润
杭州市实业投资集团有限公司	557.36	382.63	174.73	1 334.33	29.2[illegible]	23.14
杭州市商贸旅游集团有限公司	257.82	135.20	122.62	134.16	15.75	12.67
杭州市城市建设投资集团有限公司	1 389.42	862.91	526.51	280.78	23.44	18.78
杭州市交通投资集团有限公司	573.70	284.91	288.79	76.27	10.7[illegible]	7.97
杭州汽轮动力集团有限公司	187.69	97.97	89.72	146.96	3.38	3.06
杭州市国有资本投资运营有限公司	199.15	75.22	123.93	122.41	18.87	16.41
西湖电子集团有限公司	87.01	54.05	32.97	54.64	1.55	1.18
杭州市金融投资集团有限公司	560.13	358.64	201.49	176.98	22.7[illegible]	17.91
杭州市地铁集团有限责任公司	1 790.75	951.65	839.10	66.99	15.95	12.65
杭州市运河综合保护开发建设集团有限责任公司	439.00	249.83	189.18	34.83	4.47	4.35
杭州市钱江新城投资集团有限公司	511.29	335.28	176.01	13.35	6.02	4.56
杭州种业集团有限公司	2.33	0.32	2.01	0.60	0.0[illegible]	0.01
杭州银行股份有限公司	10 240.70	9 615.26	625.45	906.97	73.15	66.02

风险、管回报”监管重点，建立风险评估机制，实施房地产投资、非主业投资等专项检查。对 17 个企业金融投资业务开展风险评估检查，提出整改意见 70 多条。

市国资委贯彻执行《杭州市国有企业投资监督管理暂行办法》等制度。建立监管问询机制，对企业对外投资、担保等高风险领域实施重点监管，向企业发出监管问询函 7 份。做好市属经营性事业单位改革脱钩划转和接收工作，8 个涉及改革的单位转企改制后纳入市国资委统一监管，涉及资产规模 9.6 亿元。市国资委将企业巡察、审计问题整改落实情况列为监管的重中之重，督促企业夯实举措、完善机制，把巡察、审计中发现的股权转让、产权交易、资金出借、房产出租、房产确权等问题整改落实到位。全年市属国有企业新完成房产确权 1.79 万平方米，完成率 90%。

全年 13 个市属国有企业营业收入 3349.27 亿元、利润总额 225.20 亿元，分别比上年增长 9.6% 和 19.8%。至年末，资产总额 1.68 万亿元，所有者权益 3392.51 亿元，分别增长 11.3% 和 14.5%。

【国有资本布局结构优化】2019 年，市国资委实现“大资本、大平台、大企业”协同发展。设立总规模 300 亿元、首期规模 100 亿元的产业投资基金，协议出资 34 亿元参与国家集成电路产业基金（二期）和国家制造业转型升级基金建设，围绕打造“全国数字经济第一城”和“新制造业计划”进行投资布局，加速先进制造、生物医药、5G 网络、人工智能等战略性新兴产业的重点培育与发展。

杭州城市大脑有限公司、钱塘航空产业投资公司、战略新兴产业投资公司等产业投资平台设立，并承诺出资 58.4 亿元，助推杭州城市大脑、浙江西子势必锐航空工业有限公司、5G 产业投资基金等全市“双招双引”重大项目落地实施。

整合杭州热联集团股份有限公司与杭实国贸投资（杭州）有限公司大宗交易资源。整合杭州市水务集团有限公司与杭州市千岛湖原水股份有限公司的水务资源，成立新的水务集团，打造成为配水、供水一体化的综合水务公司。整合杭州杭氧股份有限公司的特种气体技术与产能资源，设立控股子公司——青岛杭氧电子气体有限公司。

【国有企业改革】2019 年，杭州市持续深化国有企业改革，破解阻碍企业发展的体制、机制障碍和瓶颈，提升国有企业活力和竞争力。9 月，市国资委制定《改革市属国有企业工资决定机制实施办法》，建立健全经济效益和劳动生产率相挂钩的工资总额决定机制，对 13 个集团的 720 个企业工资总额预算实行分类管理，赋予企业更充分的工资分配自主权。杭州市深入实施《市属国有二三级企业职业经理人制度的指导意见（试行）》，坚持市场化配置、契约化管理的原则，建立健全业绩与薪酬挂钩、激励与约束并举的制度机制，在 4 个企业开展试点，选聘职业经理人 14 名。

市国资委推进杭州王星记扇业有限公司混合所有制改革和战略投资者引进工作，通过经营体制转换注入发展新动力。破解杭州饮食服务集团有限公司的职工持股会历史遗留问题，推动杭州知味观食品有限公司产业链延伸，打造食品与餐饮一体化的企业。开展国有房地产企业整合、重组、转型、清退工作，促进国有房地产企业规范、有序、健康发展。

杭州市实施“凤凰行动”三年行动计划，制订上市培育企业证券化任务清单，项目化推动国有企业上市。杭州交通建设管理公司收购杭州市交通工程集团有限公司股权。杭州金通科技集团股份有限公司解决同业竞争问题。杭州杭氧股份有限公司主业资产注入上市公司完成，资产证券化率进一步提高。

市交投集团、市运河集团、市钱投集团 3 个融资平台市场化转型完成。杭州市金融投资集团设立 3 个上市公司稳健发展基金和子基金，为

8 个上市公司提供帮扶资金 35 亿元。25 亿元专项纾困公司债获中国证监会批准，发行两期共 16 亿元。

【国有企业服务保障全市发展大局能力增强】2019 年，市属国有企业贯彻执行市委市政府决策部署，主动承担重大战略任务，推进重点工程建设，持续提升城市发展能级。推进亚运村、地铁、西站枢纽、大城北开发等重大项目建设，千岛湖配水工程提前建成供水，全年累计完成投资 930 亿元。市属国有企业筹集帮扶资金 3900 万元，对口帮扶湖北恩施土家族苗族自治州、贵州黔东南苗族侗族自治州、青海德令哈市等地。开展“走亲连心三服务”，投资 600 万元成立淳安县华屏药材加工有限公司，计划年产值 1000 多万元。开展国有企业清理拖欠民营企业、中小企业账款工作，累计清偿欠款 1082.27 万元。推进 5 个企业的 10% 国有股划转工作，充实社保基金。

（朱静帆）

土地资源管理

【概况】2019 年，杭州市贯彻落实房地产调控工作要求，围绕“稳地价、稳房价、稳预期”调控目标，有序组织土地供应。全市成交经营性用地 360 宗、1053.01 公顷，成交额 2754.80 亿元；市区成交经营性用地 280 宗、905.93 公顷，成交额 2688.15 亿元。市区通过商品住宅用地配建公租房 77 万平方米；出让人才租赁住房用地 20 宗、44.75 公顷，建筑面积 94 万平方米；通过竞价产生自持商品房屋 29 万平方米。

全市批而未供、供而未用和低效利用“三块地”盘活利用和闲置土地清查行动开展，消化批而未供土地 2746.67 公顷、开工供而未用土地 3860 公顷、再开发低效用地 2453.33 公顷，合计盘活存量“三块地”约 9060 公顷。杭州市获 2018 年度存量盘活“增存挂钩”奖励指标 349.67 公顷。余杭区创建为全省首批 10 个节地模范县（市、区）之一，江干区、西湖区被评为全省 10 个节约集约利用土地、批而未供土地消化利用、闲置土地处置等工作较好的县（市、区）之一，并被省政府发文通报激励，给予新增建设用地计划指标奖励。

8 月，《杭州市人民政府办公厅关于进一步规范全市创新型产业用地管理的意见》出台。该意见统筹工业用地，确保稳中有增，规范全市创新型产业用地管理，明确创新型产业及用地准入标准，深化市场化配置，落实全过程履约监管，构建部门协同管理机制，助推高端制造业高质量发展。

推进垦造水田专项行动，完成垦造水田 546.67 公顷。深入开展山海协作，强化异地指标调剂，与衢州市签订《规划资源专项合作协议》。全年共计跨市调入耕地占补平衡指标 1066.67 公顷，比上年增长 20%。按照“县级自核、市级论证、省级验收”的工作程序，杭州市划定永久基本农田储备区 6920 公顷。

杭州市以违建别墅问题清查整治、扫黑除恶专项斗争、“大棚房”问题专项清理整治、卫星遥感影像图片执法监督检查等工作为重点，开展自然资源执法监察。全市共立案查处违法用地 636 宗，拆除建（构）筑物面积 100.98 万平方米，恢复土地原状面积 115.14 公顷。杭州市不动产登记机构完成主城区危改项目办证 154 宗、安置房小区首次登记 104 宗。9 月 12 日，在望江街道婺江家园启动“安置一套、办证一套”试点，对集体土地回迁安置后办证，实行按“户”核查、按“套”扣减，有效破解办证难引发的落户难、入托入学难等民生问题，试点的上城区受益 1.5 万户、近 10 万人。

全市 84 个重点项目完成征迁“清零”，拆迁住宅 7881 户、非住宅 378 个，交地 324 公顷。完成回迁安置 5.01 万人，其中 5 年以上长期在外过渡人员 2.51 万人。8 月 7 日，市政府印发《杭州市区被征地人员参加社会保障实行“人地对应”的实施办法》，进一步规范和完善参保指标确定、参保人员名单确定、参保程序等内容。

全市 12 个绿色矿山通过自然资源部遴选纳入全国绿色矿山名录库。12 月，富阳区全域绿色矿业发展示范区作为全省唯一一个县级绿色矿业发展示范区建设项目，通过省自然资源厅批复并启动建设。全年基本消除重大地质灾害隐患点 14 处和核销地质灾害隐患点 120 处，项目信息全部录入浙江省地质灾害管理信息系统。

9 月，自然资源部启动土地储备负债表试点编制工作，杭州成为 9 个试点城市之一。杭州市印发实施方案，拟定编制体系框架，启动近三年土地储备清查，形成初步成果，为进一步完善全民所有储备土地资产管理奠定基础。杭州市完成国家下发的 2018 年度土地变更调查遥感监测图斑 8786 个、土地面积 5696.53 公顷，土地变更调查图斑数及调查面积分别增长 9.9%、33.8%。

【《加强空间要素保障助推“新制造业计划”实施办法》出台】2019 年 12 月，杭州市出台《加强空间要素保障助推“新制造业计划”实施办法》，加强工业用地空间要素保障，建立存量工业用地严管制度，对全市 280 平方千米工业土地实行规划严控、使用严管。落实工业用地空间规划，到 2025 年前，确保全市工业用地面积不少于 300 平方千米。建立新增工业用地保障机制，补足存量缺口，完成增量供应。降低企业用地成本，鼓励工业用地提高土地利用率，强化工业用地全流程闭合管理。

【工业项目“标准地”出让推进】2019 年，杭州市推行分阶段供地、规划预留分期供地、组团式供地等土地供应新模式，严格执行项目准入指标，推进园区主导产业培育和土地供应良性互动。全年除省里明确的负面清单项目外，全市出让工业用地 298 宗、637.87 公顷，均为标准地出让，占土地出让总量的 30% 以上。

【降低企业职工住宿成本政策出台】2019 年 5 月，《关于杭州市降低企业职工住宿成本和建立“退二进三”调节平衡机制实施细则的通知》出台。通知明确允许企业利用自有存量土地，在配套设施用地上自建职工租赁房；允许产业园区政府利用工业用地集中建设职工租赁房；允许突出贡献企业利用住宅用地自建人才租赁房；允许产业园区多个企业利用工业用地集中建设职工租赁房等 4 条土地要素保障措施。

【轨道交通空间综合开发】2019 年，杭州市以轨道交通地上地下空间综合开发利用国家试点为契机，打造杭州地上地下空间开发节地样板。推进地铁车辆段、站点上盖项目落地。杭州地铁5号线五常车辆段上盖物业按计划进行建设。10月，地铁1号线和5号线打铁关换乘站上盖项目正式开工。4月，未来科技城核心区块内全市首条地下环路主体结构完工，串联起15个地下空间。临平净水厂项目污水处理采用全地埋式技术，95%的建筑面积建于地下。

【主城区高质量做地施工年专项行动】2019年，杭州市围绕“一组高质量做地项目，一个高质量做地施工方案、一个挂图作战施工形象表、一个做地项目施工攻坚组，一套做地施工考核机制”的目标，组织开展主城区高质量做地施工年专项行动。全年主城区完成经营性用地收储267.4公顷，为年度目标的134%。完成国家（杭州）短视频基地、人才专项租赁用房、轨道交通用地等重点项目地块做地收储。

【主城区6个土地储备分中心成立】2019年，杭州市在上城、下城、拱墅、江干、西湖和滨江6个城区挂牌成立区级做地整治中心（土地储备分中心）。土地储备分中心承担本区域城市有机更新做地工作的协调、做地资金的使用管理、储备地块验收初审等工作。分中心隶属各区政府管理，由各区规划和自然资源分局代管。

【全域土地综合整治】2019年，杭州市推进全域整治立项项目54个，涉及48个乡镇、350个行政村，总投资约190亿元。项目竣工后预计新增高标准农田4700公顷、耕地质量提升1600公顷、垦造耕地1500公顷、“旱改水”800公顷、建设用地复垦400公顷、农村低效用地盘活160公顷、废弃矿山整治110公顷。经过全域土地综合整治的垦造耕地和建设用地复垦量占全市总量60%以上。全年报省级立项的15个项目共消除碎片化耕地1185块，调整永久基本农田176.53公顷。

【严守耕地保护红线】2019年，杭州市确保全市耕地保有量不少于20.65万公顷，永久基本农田保护面积不少于16.97万公顷。8月，《县级耕地保护责任目标考核办法》启动修订，细化和完善考核内容。组织签订市、县、乡三级耕地保护责任书并履行备案手续。推行余杭区永久基本农田“田长制”和临安区周云村耕地保护协会试点经验，发挥基层保护和监督耕地的积极性。打破“省管县”模式，筹措并下发各区县（市）1.01亿元耕地保护市级补助资金，连续3年对全市耕地和永久基本农田予以市级资金补助。

2019年8月28日，杭州市不动产登记服务中心驻国立公证处便民服务窗口揭牌（市规划和自然资源局 供稿）

【建设项目用地审批“两书合一”】2019年4月1日起，杭州市将建设项目选址意见书和用地预审意见书合并办理，实现“两书合一”。通过“两书合一”，原本需要5个工作日完成的流程缩减为3个工作日。只需在综合窗口提交一次材料，项目完成赋码后，即可实现“一窗受理、一次申请、一网通办、一窗出件”。

【不动产登记数字化转型】2019年11月，杭州市政府印发《杭州市加快不动产登记数字化转型引领政务服务创一流实施方案》。该方案明确将以企业、群众办好“一件事”为标准，以数字化转型为依托，全面加强信息共享、业务协同、流程优化、平台贯通，推动不动产登记领域减环节、简流程、增效能。至年末，累计共享调用相关数据24项、135[illegible]万次（条），异议登记、抵押注销登记等11个登记事项实现“一证通办”。登记事项100%开通“网上办”“掌上办”申请。杭州市主城区抵押登记“全程网办”政银战略合作银行增至28个，其中预告抵押登记、抵押注销登记、抵押设立登记3个事项列“浙政钉”全市部门网上办理量前三名。抵押登记受理机、宗地图查询打印机、不动产权证自助打证机等智能终端在办事大厅投入应用。

【不动产登记服务中心驻公证处便民服务窗口揭牌】2019年8月28日，杭州市不动产登记服务中心驻国立公证处便民服务窗口揭牌。该窗口是实行公证、登记“一件事”联办的窗口。个人和企业在办理继承公证、赠予公证时，即可同步申请不动产登记，一次性提交全部材料，实现“一窗进、一窗出、一站办”。至年末，驻公证便民服务窗口办结不动产登记业务1.02万件，平均每个工作日办理约120件。

【《杭州多要素城市地质调查总体实施方案》出台】2019年，杭州市编制完成《支撑服务杭州拥江发展规划建设与绿色发展地质调查报告》及相关图集，对拥江发展重点规划区工程地质条件、地质资源可利用情况等内容进行评价。4月18日，《杭州多要素城市地质调查总体实施方案》通过由中国地质调查局、省自然资源厅和杭州市政府组织的评审。根据总体目标和主体任务要求，该调查具体分解为城市三维地质结构调查、地下空间三维地质结构精细探测与评价、多门类自然资源综合调查、生态地质环境调查与监测预警、城市地质大数据信息服务与决策支撑平台建设五大方面、18个专题。计划时限为2019年1月至2021年12月。根据工作内容，将工作阶段划分为可行性研究、工作方案编制、项目实施和成果编写4个阶段。（市规划和自然资源局）

财　政

【概况】2019年，杭州市财政总收入3650.04亿元，比上年增长5.6%。全市一般公共预算收入1965.97亿元，增长7.7%；全市一般公共预算支出1952.85亿元，增长13.7%。市区财政总收入3500.61亿元，增长5.4%。市区一般公共预算收入1880.02亿元，增长7.6%；市区一般公共预算支出1779.64亿元，增长14.3%。市本级财政总收入562.67亿元，下降7.2%。市本级一般公共预算收入262.76亿元，下降5.4%；市本级一般公共预算支出385.36亿元，增长8.5%。全市各级财政收支平衡，预算执行情况良好。

【财政收入稳步增长】2019年，杭州市一般公共预算收入1965.97亿元，比上年增长7.7%。一般公共预算收入占地区生产总值的12.8%，占财政总收入的53.9%。税收收入占一般公共预算收入的91.1%。市财政局分析测算全市全年收入目标控制数，及时分解到各区县（市）。建立健全收支月报制度，与税务部门建立常态化沟通协调机制，加强收入监控和分析研判。公共支付平台与多种支付方式对接，完善公共支付渠道供给，实现全市各级行政服务中心、缴款集中点公共自助机全覆盖。全市公共支付和电子票据实现跨部门、跨层级、跨地域一站式24小时服务。全年通过全市公共支付平台非税收入缴款1676万笔，金额472.71亿元。

【财政改革完善】2019年，杭州市财政透明度连续3年在全国地级及以

2019年杭州市区公共财政收支情况

表13

公共财政收入			公共财政支出		
收入项目	发生额（万元）	为上年（%）	支出项目	发生额（万元）	为上年（%）
一般公共预算收入	18 800 198	107.6	一般公共预算支出	17 796 386	114.3
一、税收收入	17 129 242	108.4	一、一般公共服务	1 546 219	114.7
增值税	6 136 868	98.0	二、外交	0	—
企业所得税	3 613 849	116.2	三、国防	9 435	100.4
个人所得税	1 762 274	97.2	四、公共安全	1 100 968	115.0
资源税	11 038	131.6	五、教育	3 327 779	115.9
城市维护建设税	1 079 269	99.0	六、科学技术	1 417 913	125.7
房产税	555 916	87.3	七、文化旅游体育与传媒	353 701	118.9
印花税	282 484	107.5	八、社会保障和就业	2 104 157	113.6
城镇土地使用税	92 603	58.3	九、卫生健康	1 118 496	116.1
土地增值税	1 593 486	179.1	十、节能环保	429 717	138.3
车船税	102 470	89.0	十一、城乡社区	3 186 113	112.7
耕地占用税	112 683	385.2	十二、农林水	844 681	113.1
契税	1 775 405	124.5	十三、交通运输	602 972	97.4
烟叶税	—	—	十四、资源勘探信息等	525 538	100.9
其他税收收入	10 897	—	十五、商业服务业等	342 773	102.7
二、非税收入	1 670 956	100.6	十六、金融	15 820	64.9
专项收入	1 124 980	90.7	十七、援助其他地区	124 381	126.7
行政事业性收费收入	94 977	90.1	十八、自然资源海洋气象等	122 497	155.1
罚没收入	257 972	81.2	十九、住房保障	193 303	103.9
国有资本经营收入	-193 306	86.9	二十、粮油物资储备	18 508	64.7
国有资源（资产）有偿使用收入	287 887	212.4	二十一、灾害防治及应急管理	42 066	—
其他收入	98 446	116.4	二十二、其他	62 053	58.4
			二十三、债务付息	306 089	116.5
			二十四、债务发行费用	1 207	63.9

2019年10月25日，市财政局与杭州银行举行政府采购信用融资合作签约仪式（市财政局 供稿）

上市政府中列前三位。市财政局推动财政事权和支出责任划分改革，明确各级财政保障责任，推进城乡基本公共服务均等化。9月，建立市级对钱塘新区统一财政体制。富阳区新一轮财政体制完善。探索淳安特别生态功能区省、市、县三级共同投入机制。按照“盘活存量、优用增量、鼓励流量、提高质量”原则，杭州市构建以绩效为核心的集中财力办大事财政政策体系。深化专项资金改革，对无政策期限、执行到期、小而散、绩效不明显的政策通过整合或取消的方式及时退出。建立沉淀资金清理盘活长效机制，清理存量资金28.6亿元，推进财政资金向市委、市政府重大决策部署集中。打造“一门受理、一人跟办、一网通办、一次办成”的“四个一”工作模式，提升办事服务效能。在首批公布的41个办事事项中，取消5个，整合归并3个，精简材料45%以上，压缩办理时限68%，所有事项均实现“最多跑一次”，其中“跑零次”事项占61%。

【财政数字化转型】2019年9月，市财政局整合预算编制、执行、资产处置等七大业务领域，推出“杭州财政办事E平台”，实现一站登录、一网办理、一次办成，加强数据联通、业务协同和流程优化。4月，市财政局推出基于“浙政钉”App的移动办公应用，推进办事提效、办文提速、办会提质和管理革新。对接杭州城市大脑项目，启动财政管理“驾驶舱”建设。9月，在杭州城市大脑部署财政系统电脑端和移动端应用，并启动土地出让金和电子票据应用场景建设。深化资金支付电子化改革，加快公共支付平台电子票据改革，推进政府采购“数字见证”管理。

【重点产业财政资金扶持】2019年，市财政局推动降低社保费率等政策落地，杭州市新增减税降费544.90亿元。加大困难企业社保费返还和稳岗补贴力度。落实城市基础设施配套费等行政事业性收费减免政策。统筹财政资金近50亿元，保障“新制造业计划”实施。加强政策整合资金统筹，助推科技创新和技术改造。设立专项资金加大对数字经济投入力度，推进数字产业化、产业数字化融合发展。投入37.40亿元扶持工业科技、现代服务业等产业发展。投入9.58亿元建设人才生态最优城市。投入10亿元扩大创业投资引导基金、天使投资引导基金和担保基金规模。开展政策性融资担保，缓解企业融资难和融资贵的问题。推进政府采购信用融资数字化转型，实施中小微企业政府采购优惠政策。

【重点项目投入加大】2019年，杭州市加快重大基础设施建设。投入126.35亿元，加快绕城高速公路留下互通、沪杭甬高速公路彭埠互通等基础设施改建，推进秋石快速路三期等城市快速路网，以及地铁、运河二通道等重大项目建设。完成第二批国家管廊试点项目，33.47千米地下综合管廊投入运行。支持八堡排涝、沿江绿道、美丽乡村精品村、“四好”农村路等建设，提升钱塘江流域生态环境。投入26.3亿元支持治水、治气、治废。保障燃煤锅炉清洁化改造、老旧柴油车淘汰等项目，打好“蓝天保卫战”。坚持实施乡村振兴战略。投入10亿元，创新“大专项+任务清单”管理，增强区县（市）统筹能力，支持农业产业重点项目发展和国家级现代农业园区创建。投入10.6亿元，推进农村人居环境综合整治，保障美丽乡村建设、饮水达标提标等重点项目。投入27.54亿元，加快推进智慧城市建设，拓展城市大脑应用领域；加强城市河道、路灯及高层住宅二次供水设施改造，提升城市绿化水平；保障政府购买公交服务，推进市区公交一体化。投入33.47亿元，推进国家安全发展示范城市建设。投入5.8亿元，加快公租房（廉租房）建设，落实货币补贴政策，扶持住房租赁行业，引导、培育和规范住房租赁市场健康发展。7月，杭州市入选国家住房租赁市场发展试点示范城市，获中央财政3年共24亿元资金支持。

【民生保障支出占一般公共预算支出的78.6%】2019年，杭州市一般公共预算用于民生保障支出1535.32亿元，占一般公共预算支出的78.6%。全年投入市政府为民办十件实事经费81.78亿元。投入教育经费58.29亿元，推进学前教育、普通教育、民办教育、职业教育、高等教育、特殊教育优质均衡发展。保障杭州中策职业学校康桥校区和杭州第二中学钱江学校建设资金。推进西湖大学、中国科学院大学杭州高等研究院、中法航空大学等“三名工程”建设。支持公共文化体育事业，全年投入经费16.57亿元。完善公共文化服务体系，提升全民体育设施建设水平，推进公共文化服务标准化均等化。完善社会保障体系，全年投入经费79.07亿元。落实新一轮就业创业政策，推动大学生创业三年行动计划，促进高校毕业生等重点群体就业。加快杭州市第一社会福利院、老年活动中心等项目建设。推进萧山区、余杭区、富阳区社会保障一体化，临安与主城区社会保障待遇逐步接轨。全年投入卫生服务经费24.49亿元，优化医疗资源布局，推进医联体建设，推动智慧医疗全面升级。逐步缩小城乡居民医保筹资和待遇差距，推进城乡居民医保市级统筹。支持新医院建设，推动院前急救体系、重大疫情防控等工作。加大对口帮扶力度，全市筹措资金17.04亿元，支持湖北恩施土家族苗族自治州、贵州黔东南苗族侗族自治州扶贫协作，对口支援新疆阿克苏市等。深化"山海协作"，扶持省内欠发达地区，助力精准脱贫攻坚战。

【财政监管强化】 2019年，杭州市强化全口径债务监测，开展防范化解隐性债务风险专项行动，建立化解债务通报制度。加大政府债务限额、余额、使用安排、还本付息等信息公开力度。推进融资平台市场化转型。构建全方位、全过程、全覆盖预算绩效管理体系。4—12月，开展专项资金清理和沉淀资金盘活专项行动，探索专项资金全生命周期管理。从严从紧编制部门预算，全市一般性支出压减5.7%，"三公"经费压减5.4%。完善预算管理标准体系和项目库建设，细化预算编制，强化预算刚性，加快执行进度。深化人大预算联网监督平台数据实时共享机制，试行部门预算草案"三审"制，服务人大审查监督重点向支出预算和政策拓展。

（刘　淮）

税　务

【概况】 2019年，杭州市税务部门组织税费收入4645亿元，比上年增长8.5%。其中：税收收入3459亿元，增长7.9%；社会保险费收入1082亿元，增长11.7%；非税收入104亿元，下降0.7%。税收总量居省会城市第二位、副省级城市第三位。税收收入占一般公共预算收入的91.1%。

【减税降费】 2019年，杭州市减税降费575.8亿元，其中减税480.7亿元、社会保险费减费92.4亿元、非税收入减免2.7亿元。在全国减税降费专项满意度调查中列省会城市第一位。6月，杭州市政府成立专班落实减税降费政策。全市税务部门开展宣传辅导，对年纳税50万元以上的近3万户重点纳税人上门测算帮扶，在282块户外电子屏上集中投放减税降费公益广告。工作人员调研走访纳税人4.3万户，通过电话、座谈等方式辅导纳税人6.8万户，重点对减负不明显的企业开展7.4万户（次）"一对一"专项调查辅导。落实小微企业普惠性税收优惠政策，完成追溯退税。深化增值税改革，全面落实全行业留抵退税和先进制造业留抵退税政策。落实制造业、交通运输业和建筑业3个行业企业的社会保险费阶段性降费政策，创新增设补偿机制。开展纳税人个人所得税专项附加扣除信息核验。12月，全国个人所得税综合所得汇算清缴模拟运行实施，完成包含100户扣缴单位和1.2万名纳税人的模拟运行任务。

【税收营商环境提升】 2019年，杭州市在全国纳税人满意度调查中获省会城市第一名。全面对接世界银行税收营商环境标准，制订《提升世界银行营商环境纳税指标成绩工作方案》和3个细化责任方案，明确16项重点工作内容和22项具体任务，持续优化税收营商环境，提升杭州市营商环境纳税指标。着眼于"四个办"，切实提升纳税人、缴费人的办事体验。常规事"移动办"：在10个主项、140个子项实现"最多跑一次"全覆盖的基础上，依托电子税务局、"杭州办事服务"App、杭州市"综合自助办事服务机"三大终端，实现"网上可办"全覆盖，所有事项"零上门"，网上办税（含自助办税）比例近90%。一件事"一体办"：将税务发票申领环节、清税注销环节融入企业生命周期"一件事"，依托"智能一网通"平台，打造"一件事"全流程跨部门一体化办理新模式。企业开办的8个环节实现实时自动办理，税务事项平均耗时1分钟以内。高频事"智慧办"：打造智能客服机器人"税小蜜"，建立涵盖全国、地方1.2万条标准化智能问答库，并通过"数据饲养"提高智能化程度，问答解决率80%左右。民生事"便利办"：在实现不动产登记"一件事"跨部门联办的基础上进行"二次提速"，实现30分钟办证，税务事项不超过5分钟。实现车购税自助机全程全天候无纸化申报，办税时间压缩至3分钟。

【税收治理】 2019年，杭州市税务部门结合杭州税源经济特点，创新税收治理实践，提升税收治理能力和水平。12月，构建增值税发票全链条防控模式，出台10个方面16条举措，开发增值税发票全链条防控系统，实现新办首次领购、增量发售、发票开具等关键环节自动防控或阻断。

杭州西湖天幕播放"减税降费"公益广告　　（市税务局 供稿）

针对“营改增”行业、“平台经济”等开展专项整治。加强数字管税运用,在股权转让涉税风险管理工作中,运用互联网技术整合内外数据资源,打破跨省交易信息壁垒,辅导纳税人补申报税款3.14亿元。通过“定制数据”方式加强出口退税风险管理。深化各税种和费种管理,开发增值税优惠政策管理平台,实现优惠政策执行集成管理。将企业所得税后续管理贯穿于预缴、汇缴、事项管理等环节,推进后续管理常态化、制度化,提升管理质效。城乡居民基本养老保险费和基本医疗保险费“现金改卡”实现全覆盖。完成六省联查暨全省首例转让定价协商。对13个拟上市公司进行税务风险内控测评。推行“互联网+便捷退税”,实施容缺审核,出口退税办理提速近70%。开展“扫黑除恶”涉税案件研判9次,立案检查12户。加强税收社会共治,以“职业放贷人”整治为契机,推动税务部门和法院常态化合作,强化税收工作与财政工作的有机衔接。

(万文文)

行政审批服务(公共资源交易)

【概况】2019年,市行政服务中心共受理各类审批事项46.12万个,办结45.92万个。市公共资源交易中心共成交项目5.16万个(笔、宗、次),成交额1534.37亿元,平均资金节约率15.7%。其中:土地成交118宗,成交额1186.65亿元,溢价率15%;产权成交项目756个,成交额33.74亿元,溢价率19.4%;建设工程项目622个,成交额283.49亿元,中标价平均下浮率16.5%;政府采购(含电子卖场)项目4.99万个(次、笔),成交额16.47亿元,预算资金节约率2.4%;综合交易项目225个,成交额14.02亿元,平均资金节约率10.9%。杭州“市民之家”日均接待市民群众4123人次,日均受理各类事项8609个,办结率100%。

市行政审批服务管理办公室依托“一家两中心”三大平台,推动“最多跑一次”改革从重点攻坚向系统集成转变、从审批管理向公共服务拓展、从行政审批向公共资源交易延伸、从传统审批模式向数字化管理转型、从属地办理向区域通办跨越、从标准化服务向精细化服务迭代,推进“最多跑一次”改革向纵深发展。6月13日,中共中央政治局常委、国务院总理李克强视察市行政服务中心。杭州市打造“移动办事之城”入选浙江省“最多跑一次”改革地方最佳实践案例。杭州市以市、区县(市)两级行政服务中心为依托,设立20个长三角一体化“一网通办”综合服务窗口,30个企业事项、21个个人事项在长三角城市群实现线上“全网通办”、线下“异地可办”。

【“一件事”联办推进】2019年,杭州市围绕企业法人和公民个人两个全生命周期,整合75个事项来实施多部门“一件事”联办,并接入浙江政务服务网和“浙里办”App,实现“网上办”“掌上办”“一窗办”,办理量200万件。围绕企业法人全生命周期,整合实施企业开办、项目投资、员工招聘等40个事项的“一件事”联办,重点在商事登记和工程建设项目审批两大领域推进改革。围绕公民个人全生命周期,整合实施出生、上学、就医、就业、养老等35个事项的“一件事”联办。

【公民个人事项“一证通办”】2019年,杭州市累计实现585个公民个人事项仅凭身份证“一证通办”,其中344个事项通过窗口端、电脑端、手机端均可办理。杭州市推进市级部门权限下放,打造“15分钟办事服务圈”,80%的公民个人事项可在驻地附近的镇(街道)和有条件的村委会(社区),以及银行、邮局等公共场所就近办理。

【企业开办“一日办结”服务】2019年,杭州市按照“实体整合、线上保证、流程再造、常态压缩”的原则,将企业开办涉及的企业设立登记、公章刻制、银行开户、税务发票申请等相关环节整合为“一件事”。4月底,市、区县(市)两级行政服务中心全部开设常态化企业开办窗口,实现“一日办结”和“全市通办”。全部申请材料压缩到5件以内,办理环节压缩到2个以内。

【工程建设项目审批改革推进】2019年,杭州市深化完善工程建设项目审批制度“1+9”改革政策,实现工程建设项目政府审批时间最长71个工作日、最短27个工作日,一般企业投资项目开工前审批时间压缩至60天以内。改造升级投资项目审批自助服务区。6月,投资项目在线监管平台3.0版启用。完善区域评估制度,全市13个区县(市)和西湖风景名胜区实施园区、开发区、特色小镇等区域评估。水、电、天然气报装等公用事业服务事项统一进驻市、区县(市)两级行政服务中心,实现市政公用事业服务“一窗受理”“最多跑一次”。10月25日,“杭州网上中介超市”优选(竞价)系统投入试运行。项目业主从网上直接或以竞争方式选取中介机构。

【“杭州办事服务”App上线事项310个】至2019年末,“杭州办事服务”App共上线310个可办事项和276个预约事项,范围涵盖公共支付、社会保障、违章处理、出入境管理等领域,具备预约、查询、受理、支付、办结、评价等功能。“杭州办事服务”App累计用户量139.88万人,累计服务4663万人次。

【综合自助机上线事项345个】至2019年末,综合自助机共上线可办事项345个,可进行跨部门、交叉事项的业务流转和办理。累计办件量163.05万件,累计服务次数441万件。在全市1603个网点部署综合自助机1660台,覆盖各区县(市)行政服务中心、各镇(街道)便民服务中心以及部分村(社区),并逐步向杭州火车东站等人流密集场所延伸,为市民提供24小时办事服务。

【工程建设项目电子招标投标实施】2019年7月,杭州市第一个工程建设项目实施电子招标投标。9月,市本级房建类、市政类、绿化类施工和监理及养护项目电子招标投标系统上线。至年末,市本级开展2[illegible]3个电子招投标项目,涉及企业1.41万个(次),超过90%的项目在60分钟内完成全部开标流程,节约时间2/3以上。12月底,房建类、市政类、绿化类、交通类、林水类电子招投标系统实现全市覆盖。9 月底，公共资源交易大数据分析系统建成上线，提升对围标、串标等违法行为的防范预警能力。

【政府采购“杭州模式”完善】2019 年，杭州市推进“政采云”电子交易平台建设，启用“网上服务市场”，实施“项目电子采购系统”，实现采购单位“零上门”。推进公共资源交易领域“移动办事”。在地铁采购领域试行简化综合交易投标保证金退付流程，实现中标单位保证金退付“一次不用跑”。市公共资源交易中心获评“2019 年度全国十佳公共资源交易中心”，并连续 8 年获中国政府采购“年度创新奖”。

【窗口服务督查加强】2019 年，杭州市加强窗口考核管理，开展每日一巡查、每月一检查、每季一考核，落实窗口首问责任制、一次性告知制、预约服务制、延时服务制、代办服务制、午间值守制等便民服务举措。建立“领导坐班”制度，组织相关职能部门领导每月到一线窗口“坐班”服务半天以上，与办事群众面对面交流。制订并实施《杭州市建立政务服务“好差评”制度工作方案》，召开市“好差评”系统对接工作会议，拓宽“好差评”渠道，公开“好差评”结果，建设全覆盖的一体化评价中心。

（王坚武）

市场监督管理

【概况】2019 年 1 月 9 日，新组建的杭州市市场监督管理局（市知识产权局）挂牌成立，划入原市市场监管局、原市质监局的全部职责，划入原市科委（市知识产权局）的知识产权保护协调、专利行政执法相关职责，划入原物价局的价格监督检查与反垄断相关职责，划入原市商务委的商务执法有关职责、打击侵犯知识产权和假冒伪劣商品、经营者集中反垄断、农贸市场、专业市场的管理职责。10 月 16 日，杭州市市场监管综合行政执法队挂牌成立，整合原工商管理、质量监督管理、食品、药品、物价、专利、商务、盐业等领域执法职能，负责全市范围内涉及市场监督管理的各类违法行为的行政执法工作。

全年杭州市新设市场主体 29.76 万个，比上年增长 31.9%。其中，新设企业 13.15 万个，增长 10%。市场主体总量 129.78 万个，增长 16.4%，其中企业 68.38 万个，增长 14%。注销市场主体 10.14 万个，增长 6.4%，其中企业注销 3.98 万个，增长 16.6%。4—8 月，市场监管部门开展全市涉企收费专项检查，走访不同行业领域、不同规模的企业 700 多个，检查单位 518 个（次），查处违规案件 43 件，查明违规涉案金额 1.2 亿元，督促完成退费 9069.39 万元，其余违规收费全部上缴国库，清退率 100%。

市场监管部门通过面上巡查与驻点监管相结合，组织开展省“两会”和市“两会”、春节假期、中国国际动漫节、亚洲美食节等重大节日和会展活动餐饮食品安全的专项监督保障 87 次，保障 1350 多万人次安全用餐，未发生群体性食物中毒事件。创建农村家宴放心厨房 90 个、名特优食品作坊 100 个、放心农贸市场 50 个列入市政府民生实事项目。市市场监管局牵头，各地通过整合文化礼堂、居家养老中心和村（社区）活动室等资源，全年新增农村家宴放心厨房 100 个。通过分类整治等措施，创建名特优食品作坊 121 个。4 月 17—20 日，国家市场监督管理总局在富阳区召开全国食品小作坊监管现场会。投入 1.79 亿元完成 55 个放心农贸市场的软件和硬件提升改造。全市放心农贸市场增至 211 个。

【商事制度改革】2019 年，杭州市市场监管部门对标世界银行营商环境评价标准，实现常态化企业开办一日办结。深化“一网通”平台应用，30 个生产经营“一件事”高频事项实现自由组合的“套餐式”服务，全程线上或线上线下融合办理占比超过 99.7%，为 7.2 万户企业提供便捷服务 7.9 万件（次）。以“同城同标”“同城同质”为标准，2877 个企业享受跨登记机关、跨行政区划的“同城通办”。企业简易注销实行容错二次申请，办理时限缩短至 20 天，1.7 万个企业办理简易注销，占注销总量的 51.2%。推行个体工商户“多表合一”“一证通办”“口述登记”等简化登记举措，当场即办 4.14 万个，“口述登记”服务 2.65 万个。推行代办人员人脸实名认证，634 个中介机构的 3.71 万名代办（中介）人员纳入正面库管理。11 月 28 日，全国压缩企业开办时间工作推进会在杭州召开。

【质量强市建设】2019 年 8 月 6 日，市政府办公厅印发重新修订的《杭州市人民政府质量奖评审管理办法》。12 月 31 日，《杭州市人民政府办公厅关于 2019 年杭州市政府质量奖评审结果的通报》印发。杭州钱江电气

2019 年 12 月 2 日，杭州市人民政府质量奖评审管理办法修订发布会暨质量奖颁奖活动举行

（市市场监管局 供稿）

2019 年 11 月 5 日，国际标准化组织电子商务交易保障技术委员会成立大会暨第一次全体会议在杭州举行　（市市场监管局 供稿）

集团股份有限公司、贝达药业股份有限公司、杭州锅炉集团股份有限公司（母公司）被授予杭州市人民政府质量奖，浙江万马高分子材料有限公司、珀莱雅化妆品股份有限公司、杭州远大生物制药有限公司被授予杭州市人民政府质量奖提名奖。全市新增“品字标”浙江制造认证企业 44 个，资助 2018 年获“品字标”浙江制造认证证书的 35 个企业、700 万元。建成省级质量基础服务平台 6 个、省级产业创新服务综合体 6 个。

【标准强市建设】2019 年，杭州市新增国际标准 14 个、国家标准 70 个、“浙江制造”标准 79 个、市地方标准 20 个。累计制定发布国际标准 58 个、国家标准 773 个、“浙江制造”标准 249 个、市地方标准 299 个。新建高端装备制造等重点领域社会公用计量标准 10 个，新增计量校准机构 9 个，企业和事业单位新建计量标准 237 个。

【电子商务交易保障国际标准化技术委员会落户杭州】为满足全球电子商务快速规范发展的需要，国际标准化组织 ISO 正式成立电子商务交易保障技术委员会（ISO/TC321），并落户杭州。2019 年 11 月 5—7 日，委员会成立大会暨第一次全体会议在杭州举行。中国、法国、美国、日本等 32 个成员国代表、国内外标准化管理人员和技术专家，以及阿里巴巴集团、网易公司等电子商务企业负责人等 200 多人出席会议。委员会秘书处工作由市市场监管局下属的杭州国家电子商务产品质量监测处置中心承担。

【杭州标准化国际会议基地】2019 年 4 月，国际标准化会议基地 2000 平方米常驻场馆正式投入使用，承办国家标准化管理委员会和浙江省政府联合主办的 2019 年省部标准化工作联席会议，以及联合国汽车法规标准、海洋国际标准、安全生产防护、茶叶国际标准等相关领域国际标准化论坛（会议）16 个。共有来自近 50 个国家和地区的 873 名标准化专家、企业代表到访会议基地，研讨交流产生中国主导国际标准提案 18 个（包含杭州企业国际标准立项 2 个），国家层面多边和双边标准互认 232 个。

【消费者权益保护】2019 年，市市场监管局推进“12315”“12330”“12365”“12331”“12358”市场监管热线“五线合一”。“12315”投诉举报咨询平台登记消费者投诉举报咨询 68.99 万件，比上年增长 5.5%。其中：投诉 34.43 万件，增长 23.2%；举报 8.61 万件，增长 36.6%；咨询 25.95 万件，下降 8.7%。涉及网购消费的投诉举报 30.71 万个，增长 8.5%。市消费者权益保护委员会在全国率先推出消费纠纷“大众评审”制度，与法院建立“诉调对接、结果互认”机制，发挥专家技术团队作用，提升重点纠纷问题调解处理的满意率。全年市场监管部门和市消费者权益保护委员会为消费者挽回经济损失 2.06 亿元。在中国消费者协会开展的 2019 年全国 100 个大、中城市消费环境综合指数评测中，杭州市列第二位。

【2 个专业调解委员会成立】2019 年 11 月 20 日，市市场监管局成立行政调解委员会和消费纠纷调解委员会、知识产权纠纷调解委员会 2 个专业调解委员会，推进矛盾纠纷诉源治理。全年办结行政调解案件 35 件，调解成功率 100%。市消费者权益保护委员会办结行业调解案件 1552 件，调解成功率 98.1%。

【保健品市场整治】2019 年，市市场监管局组织开展以规范保健品生产经营秩序，严厉打击欺诈营销、虚假宣传等违法行为为重点的保健品市场整治行动。全年采用进社区、上网络等形式，发放保健食品科普宣传资料 12.84 万份（篇），开展各类科普活动 1510 场次，各类媒体报道 540 多篇。查处违法违规问题 2364 起，其中立案 891 起、办结 698 起、移送公安机关 74 起，罚没款 4480 万元。

【格式合同监管】2019 年 1—8 月，市市场监管局对利用合同格式条款侵害消费者权益的违法行为开展专项检查督查，重点整治房屋买卖、预付式消费、教育培训、物业管理、汽车销售保养维修等民生热点领域的“霸王条款”。通过合同备案、行政约谈、执法办案等方式，检查格式合同 1257 份，发现问题合同 306 份，发放行政建议书 [illegible] 份，处理消费者投诉举报 1099 件，行政约谈企业 110 个（次）。12 月，市市场监管局联合市体育局、市消费者权益保护委员会联合出台《杭州市健身服务市场合同（示范文本）》，规范健身行业合同签订和履行行为。市市场监管局全年核发八大类格式合同备案 1944 份，查处合同违法案件 53 起，罚没款 41.96 万元。

【民生计量监管】2019 年，市场监管部门完成 112 个加油站的 2448 把加油枪、151 个农贸市场的 9348 台电子秤、1499 个医疗机构的 1.91

万台件医疗计量器具、374个眼镜店的1146台配镜用计量器具、1.06万台出租车计价器、17.43万只水表、9.16万只燃气表的强制检定，监督抽查电能表2.43万只，总体合格率99.7%。受理计量投诉189个，其中投诉出租车计价器问题134个、加油（气）机问题46个、其他问题9个，处理及时率100%，处理满意率98.9%。

【市场监管领域案件查办】2019年，全市市场监管部门查处违法案件1.11万起（大案、要案2715起），罚没款1.79亿元，移送司法机关案件69起。其中，涉及食品安全案件3184起、制售假冒伪劣商品案件2619起、虚假宣传案件952起、药品医疗器械和化妆品案件361起、侵害消费者权益案103起、商业贿赂案件12起；联合公安机关查处涉及传销案件33起，罚没款1306.08万元，移送司法机关案件3起。

【市场主体年度报告和信息公示监管】2019年，完成2018年度报告的企业51.53万个，年报率91.8%；个体工商户47.44个，年报率88.7%；农民专业合作社3350个，年报率84.4%。全市列入经营异常名录市场主体8.43万个，其中4.72万个因未按时申报年度报告、3.7万个因通过住所无法联系而被列入经营异常名录；2226个市场主体被列入严重违法失信名单。

【“守合同重信用”企业公示】2019年，市市场监管局为2000多个（次）企业开展培训。按照合同信用状况测评、企业实地核查、信用状况查询、违法失信情况核实等程序开展“守合同重信用”企业公示。杭州市首次获浙江省AAA级“守合同重信用”企业公示107个（其中小微企业10个）、继续公示企业153个；首次获浙江省AA级“守合同重信用”企业公示126个（其中小微企业33个）、继续公示企业135个，撤销公示2个。全市有效期内“守合同重信用”企业3135个。

【信用管理示范企业】2019年11月13日，市市场监管局、市委宣传部、市发改委、市文明办联合发文，公布2019年度杭州市信用管理示范企业名单。英飞特电子（杭州）股份有限公司、川山甲供应链管理股份有限公司、浙江大华技术股份有限公司等84个企业入选，有效期3年。至年末，有效期内的杭州市信用管理示范企业共287个。

2019年7月15日，市消费者权益保护委员会推出“消费契约节”
（市市场监管局 供稿）

【“浙政钉·掌上执法”应用】2019年，市市场监管局牵头推进全市“浙政钉·掌上执法”应用。至年末，全市33个部门的1.12万名执法人员激活“浙政钉·掌上执法”应用，激活率99.98%。利用“浙政钉·掌上执法”应用开展执法检查37.15万次，掌上执法检查率96.1%，开展双随机抽查5264次，抽查企业5.38万个，企业抽查覆盖率8.9%。

【公平竞争审查】2019年3—11月，市市场监管局、市司法局联合开展滥用行政权力、限制市场准入行为专项整治。公平竞争审查工作部门联席会议成员单位从24个增至28个。6月28日，全市公平竞争审查联席会议成员单位第一次全体会议召开。全市共审查增量文件2782个，清查存量文件1.17万个，其中废止文件266个、修改文件86个。

【食品药品和特种设备安全监管】2019年，市市场监管局推动落实党政领导干部食品安全责任制8项举措，开展专项行动20多次，排查消除食品药品、特种设备风险隐患9900多个。全市完成食品抽检5.11万批次、药品医疗器械抽检2227批次、化妆品抽检498批次，合格率分别为98%、99.6%、94.7%。抽检线上和线下产品1.14万批次，处置不合格产品2024批次，监测药品医疗器械和化妆品不良反应（事件）2.05万例。

【浙江省食品安全县（市、区）创建】2019年，滨江区、萧山区、拱墅区、建德市、淳安县等5个区县（市）通过浙江省食品安全委员会评价验收，杭州市实现食品安全县（市、区）全覆盖。食品安全状况民意调查群众食品安全总体满意度81.1%，比创建前提高6.1个百分点，创建知晓率88.7%、支持率91.8%。2016—2019年，杭州市食品安全考评连续4年获全省优秀等级。

【食品安全监督抽检】2019年，市场监管部门完成食品安全抽检4.61万批次，完成年度目标的118.2%，检出不合格食品1188批次，不合格率2.6%。其中：全市生产环节抽检7442批次，检出不合格食品88批次，不合格率1.2%；流通环节抽检2.25万批次，检出不合格411批次，不合格率1.8%；餐饮环节抽检1.62万批次，检出不合格689批次，不合格率4.3%。

【食品安全宣传活动】2019年，市场监管部门开展食品安全宣传活动597场，发放资料24万余册，在“杭州网”“腾讯大浙网”分别开设食品安全科普与检验检测信息专栏和《天天快报》栏目。推进食品安全诚信体系建设，全年共采集食品生产经营单位信息18.0万个，做出提示警示4.34万个，列入经营异常名录3568个，列入违法失信限制名录392个，12个食品企业被降低授信额度，1个企业被提高贷款利率。

【“阳光厨房食安慧眼”列入城市大脑应用场景】2019年，市市场监管局主导的“阳光厨房食安慧眼”列入市政府城市大脑应用场景，通过物联网、AI视频分析等技术的应用，实现食材来源可追溯、从业人员底数清、仓储条件可监测、操作环节全监督，后厨违规操作“可识别、可抓拍、可感测、可远程、可示警”。至年末，全市建成该应用场景1510个，实现学校食堂和大型餐饮单位全覆盖。

【网络订餐和小餐饮整治】2019年，市市场监管局利用信息化系统定期对网络订餐平台开展巡查，督促下架违法、违规餐饮店铺，并开展线下无证小餐饮店的排查整治。7月25日，杭州市网络订餐食品安全整治提升现场会召开。全年共开展线上巡查1.03万个（次），排查线下餐饮店1.85万个，取缔关停1247个。立案查处无证照餐饮店从事网络外卖案件578起，罚没款141.9万元。11月26—27日，全省落实餐饮食品安全企业主体责任暨餐饮业质量安全水平提升现场会在临安区召开。

【杭州地产重点食品风险隐患治理攻坚行动】至2019年末，杭州市共有食品及食品添加剂生产企业1795个（约占全省食品生产企业总量的22%），保健食品生产企业52个，食品生产加工小作坊1250个，食用盐生产企业3个。8—10月，市市场监管局对婴幼儿配方及辅助食品、乳制品、白酒、蜂产品、肉制品、茶叶、食盐、包装饮用水等12类杭州地产重点食品开展风险隐患治理攻坚行动。出动执法人员2108人次，抽检相关产品996批次，检查市场主体986个，发现问题112个，责令整改112个，立案查处41起。

【电子商务领域产品质量专项执法】2019年，市市场监管局以儿童服装、儿童玩具、小家电产品、女装产品为重点开展电子商务领域的产品质量专项执法。抽样检测儿童服装26批次，不合格15批次，其中产品质量不合格11批次、标识不合格4批次。抽样检测儿童玩具17批次，全部合格。抽样检测3C小家电产品13批次，不合格1批次。抽样检测女装产品222批次，产品质量不合格83批次。所有不合格产品均依法处置。

【产品质量监督抽查】2019年，市市场监管局在生产领域抽查七大行业2697个企业生产的279种、3737批次产品，发现不合格产品156批次，批次不合格率4.2%。在流通领域抽查20种、421批次产品，发现不合格产品39批次，批次不合格率9.3%。抽查结果显示，开关插座、儿童玩具、电动自行车配件等8种产品质量稳定，合格率100%；成人服装、电动自行车、化肥、数字移动电话机4种产品问题较多，批次不合格率超过15%。

【工业产品许可证监督管理】2019年，市市场监管局在全市范围内推进工业产品许可证“一企一证”改革。工业产品许可证从24类缩减到10类。除危险化学品外，其他工业产品许可证实现全域办理、网上办理、当日办理。至年末，全市共有工业产品许可证企业542个，新增持证企业22个。

【电梯安全管理】2019年10月29日，《杭州市电梯安全管理条例》经杭州市第十三届人民代表大会常务委员会第二十二次会议通过。11月29日，条例经浙江省第十三届人民代表大会常务委员会第十五次会议批准，将于2020年5月1日起实施。2019年，“城市大脑·电梯智管”应用场景入选杭州市十大数字化治理典型应用案例，14.32万台电梯纳入智慧监管，困人救援速度提升15%以上。12月15日，拱墅区电梯“养老”综合保险获评第二届全国市场监管领域社会共治优秀案例。

【特种设备法定检验检测】2019年，杭州市特种设备检测研究院共完成特种设备检验15.17万台，其中锅炉3493台、压力容器1.25万台、电梯9.79万台、起重机械1.54万台、场内机动车辆2.26万台。特种设备综合定检率96.4%，其中锅炉96.2%、压力容器90.1%、电梯97.5%、起重机械91.8%、场内机动车辆95.2%。重点监控设备定检率100%，共发现存在重大安全隐患设备522台，完成整改293台。完成加装电梯监督检验548台、气瓶监督检验171.07万只、压力管道监督检验328千米。举办特种设备安全培训93期，组织特种设备作业人员考试139场，1.25万人取得合格证书。

【机械式停车设备专项检查】至2019年末，杭州市登记在用的2层及以上机械式停车设备1.21万台。全年市市场监管局出动执法人员94人次，检查机械式停车设备制造企业2个，机械式停车设备使用单位28个，检查设备1200台，立案查处违法案件2起，罚没款23.8万元，责令整改2个，发出安全监察指令书5份。

【检验检测机构规范管理】2019年，市市场监管局加强检验检测机构资质认定审批，共受理新增、扩项、复查271个（次），审查标准变更1265个、地址名称变更101个、主要人员变更424个、授权签字人变更503个、检验检测能力取消192个。对147个检验检测机构实施专项监督检查，开展风险排查252个（次），注销6个检验检测机构的资质证书，暂停26个检验检测机构的相关服务。对28个检验检测机构开展食品接触材料总迁移量测定能力比对，对87个检验检测机构的136人进行水泥项目检验机构授权签字人能力比对考核。

【互联网广告治理】2019年，市市场监管局持续加强互联网广告监测和监管执法，全市134个网站、App、微信公众号纳入国家互联网广告监测，处置广告违法线索1.40万条次。7月，杭州市互联网广告监测平台试运行。全年监测广告21.32万条（次），发现涉嫌违法广告518[illegible]条次；查处虚假违法互联网广告案件943起，罚没款766.89万元，分别占广告案件总量的81.2%和45.9%。公开发布互联网广告违法案例11个。

【“创意杭州”金水滴奖广告大赛】2019年3月，第十届“创意杭州”金水滴奖广告大赛启动。征集参赛作品1049件，其中平面类作品397件（846幅）、影视类作品162件、广播类作品358件、网络类作品132件。评选获奖作品198件，其中《不要让善如此苍白》等9件作品获金奖、《新中国成立70周年人物系列》等15件作品获银奖、《责任在心，担当于行》等19件作品获铜奖、155件作品获优秀奖。12月26日，第十届“创意杭州”金水滴奖广告大赛颁奖仪式暨广告产业发展交流会举行。颁奖仪式上，9件金奖作品依次进行展播，获奖选手分别上台领奖并介绍各自获奖作品的创意来源和创作思路。颁奖仪式后，杭州国家广告产业园运河园区、西湖园区，杭州经纬国际创意产业园等单位分别介绍园区在推动广告产业发展方面的经验。（方国平）

知识产权保护

【概况】2019年，杭州市新增专利申请11.36万件，专利授权6.16万件，分别比上年增长15.4%和11.2%。其中，发明专利申请、授权4.34万件、1.17万件，比上年增长18.7%和14.4%。有效发明专利5.86万件，万人发明专利拥有量59.72件，PCT专利国际申请1106件，增长44%。获第二十一届中国专利奖17个，其中银奖3个、优秀奖14个。

【知识产权运营服务】2019年5月30日，市政府办公厅印发《杭州市知识产权运营服务体系建设实施方案》。市场监管部门统筹推进知识产权区域产业布局，完成第三代半导体等产业专利预警数据库建设，指导327个企业通过《企业知识产权管理规范》认证。在众创空间、产业园区等建立知识产权托管园区47个，托管小微企业5822个；开展企业知识产权培训11次，培训人员1200多人次。6月4日，全国首家知识产权综合服务中心在滨江区正式启用。12月1日，CIDIPP工业设计知识产权公共服务平台启动仪式在余杭区良渚街道梦栖小镇举行。

【知识产权金融服务】2019年，市市场监管局陆续出台《杭州市知识产权运营服务体系建设专项资金管理办法》《杭州市专利保险补贴资金管理办法》《杭州市专利专项资金管理办法》《杭州市专利质押融资风险补偿基金管理办法》等制度，设立重点产业知识产权运营和专利质押融资风险补偿基金。对2000个（次）企业落实奖补资金4200万元。全市通过专利质押融资38.1亿元，商标质押融资5.86亿元。

【知识产权优势示范建设】2019年，杭州市新增国家知识产权优势、国家知识产权示范企业28个，市级专利试点、示范企业174个。累计有国家级优势企业44个、示范企业29个，省级示范企业171个，市级试点企业280个、示范企业272个。3月29日，国家知识产权局批复同意杭州高新技术产业开发区建设国家知识产权服务业集聚发展示范区，示范期3年。

【知识产权纠纷诉调】2019年4月26日，市市场监管局与市中级人民法院在未来科技城（海创园）联合举行浙江（杭州）知识产权纠纷诉调中心挂牌仪式，进一步完善知识产权纠纷多元化解机制。9月5日，浙江（杭州）知识产权纠纷诉调中心线上平台试运行。市场监管部门开展“4·26”世界知识产权日等宣传活动，发布《2018年杭州市知识产权保护状况》白皮书。协助开展知识产权海外维权援助2次。进驻杭州文化创意产业博览会、中国国际动漫节等展会开展执法检查。对全市30多个专利代理机构的经营状况和代理行为开展“双随机”抽查。全年查办专利案件1501起，结案率100%。

【中国知识产权年会】2019年9月1—8日，以“知识产权与时代同行”为主题的2019年中国知识产权年会在杭州国际博览中心开幕，共有40多个国家和地区的1万余名代表参会。超过120位全球知识产权精英做主旨演讲。年会期间，中国—东盟知识产权局局长会议举行。

【“市长杯”高价值知识产权智能产品与数字创意大赛】2019年8月31日，“市长杯”高价值知识产权智能产品与数字创意大赛启动。大赛以“知创杭州”为主题，吸引国内103个创新团队参加，征集创新项目139个，参评专利926个。12月12日，决赛举行。杭州福斯特应用材料股份有限公司的“高可靠性PID free光伏封装材料”获智能产品创新组金奖，出门问问信息科技有限公司的“AI交互真无线耳机”获数字创新组金奖。大赛产生智能产品创新组银奖2个、铜奖3个、优秀奖10个和数字创新组银奖2个、铜奖2个、优秀奖11个。

【商标品牌培育】2019年，杭州市新增注册商标17.72万个，有效注册商标66.81万个，增长31.5%，居全国省会城市、副省级城市第三位，每百户市场主体拥有商标量51.48个。新增地理标志证明商标5个，累计33个；新增集体商标24个，累计89个；新增马德里商标国际注册168个，累计938个。

【商标品牌示范建设】2019年，杭州市西湖区转塘街道、滨江区西兴街道、余杭区仓前街道、富阳区场口镇被认定为浙江省商标品牌示范乡镇（街道）；奥普家居股份有限公司、华东医药股份有限公司等19个企业被认定为浙江省商标品牌示范企业。全市共有浙江省商标品牌示范县（市、区）4个，示范乡镇(街道)12个，浙江省商标品牌示范企业57个。

【西湖龙井茶品牌管理和保护】2019年4—5月，市市场监管局组织春茶地理标志保护、西湖龙井地理标志证明商标使用专项检查和综合执法整治行动，共出动执法人员1892人次，检查市场主体2037个。查处西湖龙井茶商标侵权和质量不合格案件53起，查处擅自印制、销售西湖龙井茶包装物企业4个，查获擅自印制、销售西湖龙井茶包装物数量8.44万个，责令限期整改36个，罚没款10.4万元，维护西

湖龙井品牌，规范区域特色经济及相关产业链发展。（方国平）

统 计

【概况】2019年，杭州市统计部门实施《杭州市关于深化统计管理体制改革加强统计工作的实施意见》，围绕服务保障经济高质量发展目标，贯彻落实新发展理念，制订五大类37项年度重点工作、27个重点调研课题、19个处室创新目标。持续推进统计调查、统计分析、统计监督工作，完成第四次全国经济普查等重点工作。第四次全国经济普查全过程综合考核获全省第一名。市经济普查办公室被评为国家级先进集体。市统计局开展全市统计系统第四届"最美统计人"评选活动，组织统计系统先进典型事迹演讲会。举办统计专业能力提升培训班。持续推动统计网上继续教育工作，全年新增注册学员2851人，参训1.80万人次。

【数据质量管理】2019年，市统计局进一步明确数据质量管理责任和岗位责任，规范数据收集、审核和评估流程，加强数据横向、纵向的关联审核，严格质量抽查、数据联审、关键数据评查。抓好村（社区）统计规范化建设和统计诚信单位创建活动。强化名录库日常维护，全年完成749个规模以上单位审批入库工作，其中工业74个、建筑业128个、贸易95个、房地产开发经营业150个、服务业35个，5000万元以上投资项目单位268个。推进统计造假专项整治，对工业、投资、贸易、服务业、科技投入、劳动工资、特色小镇等领域2293个单位（项目）开展数据质量核查。按照"双随机"要求，推行行政执法公示、行政执法全过程记录、重大执法决定法制审核"三项制度"，全年共检查企业（单位）762个。将《中华人民共和国统计法》《防范和惩治统计造假弄虚作假督察工作规定》等法律法规列入《2019年杭州市直机关党员干部政治理论学习意见》，纳入"干部学习新干线"的全市市管干部和公务员网上学法用法课程。市统计局编印《统计违纪违法案例警示手册》《统计以案释法读本》，制作统计普法动漫视频，举办"统计法的修正与统计法治体系完善"专题讲座，14.62万人次参加统计普法教育。

【统计服务提升】2019年，杭州市统计部门建立面向市委、市政府，以及区县（市）和企业的分层服务体系。开展区县（市）"成绩单"服务，对13个区县（市）经济运行亮点和短板进行"一对一"反馈，破解高质量发展进程中共性、个性问题。建立重点企业"风向标"制度，按月对各行业总量大、贡献率高、成长性好的前30个大企业开展实时监测。围绕全市年度发展目标，加强前瞻预判，服务科学决策，开展节后复工、中美贸易摩擦对企业用工影响等专题调查，及时发现风险隐患，主动预警预报。加强数字经济、营商环境、制造业高质量发展、城市国际化、有效投资、乡村振兴等方面的监测分析。组织"最多跑一次"、市直机关及区县（市）满意度、民营企业发展环境、法治政府、食品安全、小区管理等民意调查，撰写《杭州经济转向高质量发展新阶段》《新旧动能转换之传统制造业分析报告》《强省会市域下杭州首位度现状及对策》《迭代期下打造数字经济新引擎的思考》等统计分析材料150多篇，获市委、市政府领导批示66次。

【统计调查加强】2019年，杭州市完成第四次全国经济普查工作。市统计局组织实施现场登记，完成一套表单位的联网直报、非一套表单位的PAD数据采集及个体经营户的抽样调查。坚持"抓大不放小"原则，强化全过程质量管控。11月，杭州市启动第七次全国人口普查工作。根据浙江省试点要求，完成桐庐县流动人口调查专项试点方案设计、实地勘察、划区绘图、数据采集分析等工作。加强工业统计，围绕推动制造业高质量发展和"新制造业计划"的要求，强化高端制造、传统产业改造提升、工业主导产业的统计监测工作。加强固定资产投资统计，掌握投资项目开工建设情况，确保项目及时入库。强化消费品市场统计，加大新能源汽车、智能家电、农村网络购物等消费市场运行态势的监测。加强农业统计，做好低收入农户监测，开展低收入农户精准扶贫现状调研。优化《杭州乡村振兴评价指标体系》，完成初步评价。全年市统计局完成企业科技研发、创新调查、紧缺人才、企业用工、5‰人口变动等方面的统计调查。

【统计改革】2019年，杭州市根据浙江省季度生产总值核算调整方案，优化全市核算数据交换平台。市、区两级上下联动，开展预警预判。在原有"1+6"产业核算制度基础上，加强高质量发展监测体系中金融、健康、文化创意、旅游休闲等核心产业季度数据测算，进一步完善数字经济及其细分行业统计监测制度。研究数字经济季度增加值测算方案，加强各区县（市）增加值等主要经济指标监测。开展民营经济统计制度研究，研究民营经济所有制构成。承接国家统计局统计设计管理司民营经济统计监测创新试点任务，撰写《民营经济统计范围界定研究》专题报告。开展"金样本"试点，建立之江文化产业带统计监测制度。

【统计宣传】2019年，市统计局围绕第十届中国统计开放日"坚守统计初心，践行时代使命"主题，通过公交车载视频、地铁灯箱广告、商圈户外LED屏幕等载体，开展统计宣传。撰写中华人民共和国成立70周年系列报道《光辉70年·数据杭州》，在《杭州日报》连续8天专版刊发，并被国家档案馆、国家图书馆收藏。加强新媒体宣传，全年微信公众号推送信息164篇，微博2890篇。

（许剑峻 吴 晶）

审 计

【概况】2019年，杭州市审计机关完成审计项目258个，其中专项审计调查项目63个，查出主要问题金额537.57亿元，其中违规金额2.44亿元、损失浪费金额0.49亿元、管理不规范金额534.64亿元。通过审计发现非金额计量问题4082个，损益（收支）不实金额7.99亿元。出具审计报告和专项审计调查报告345篇，被批示、采用27篇。审计处理处罚金额106.66亿元，其中应上缴财政1.57亿元、应减少财政拨款或补贴4.8亿元、应归还原渠道资金54.81亿元、应缴纳其他资金0.79亿元、应调账处理金额44.69亿元。移送司法机关、纪检监察机关和有关部门处理案件136起，移送处理人员73人，移送处理金额4.73亿元。审计促进整改落实有关问题金额82.06亿元，促进拨付资金到位1200万元。审计后挽回（避免）损失4.8亿元，核减投资额4.8亿元，移送处理落实事项33个。审计提出建议1104条，被采纳903条，推动被审计单位制订整改措施442个，促进被审计单位制定、完善规章制度114个。提交审计信息1019篇，被批示、采用711篇，向社会公告审计结果234篇。2个项目获浙江省审计厅“2019年度优秀审计项目”称号。

【财政资金审计】2019年，市审计局统筹推进财政大格局审计，组织对13个区县（市）的审计工作报告进行审核，提升预算执行和其他财政收支的审计结果报告、审计工作报告质量，首次向市委审计委员会汇报年度审计报告。各区县（市）审计局在开展本级预算执行审计的同时，对财政资金多个领域进行专项审计。江干区审计局对10个部门的政府采购服务和3个部门的信息化建设使用情况开展专项审计。富阳区审计局对公务用车定点加油情况开展专项审计。

【政策措施落实情况跟踪审计】2019年，市审计局对优化营商环境、数字经济财政扶持、“亩均论英雄”等12个领域开展政策跟踪审计，及时反映政策执行过程中的痛点、难点、堵点。通过“亩均论英雄”政策专项审计调查，推动省政府出台政策、完善评价指标体系。拱墅区审计局开展残疾人专项资金管理和使用情况专项审计调查。余杭区审计局对良渚遗址申遗和良渚文化国家公园建设项目实施全过程跟踪审计。淳安县审计局开展扶贫专项审计。

【经济责任审计】2019年，全市审计机关对100个单位的147名各级领导干部开展经济责任审计，查出主要问题金额85.34亿元，其中违规金额8276万元、损失浪费金额9万元、管理不规范金额84.51亿元；增收节支1466万元，其中上缴财政253万元、归还原渠道资金1213万元。提交审计报告和审计结果报告187篇，被批示、采用7篇；审计提出建议432条，被采纳332条；提交审计信息13篇，被批示、采用2篇；向社会公告审计结果19篇。移送各类案件线索73件，比上年增长24%。市审计局贯彻“三个区分开来”要求，开展“容错纠错免责”运用，制定出台《审计容错纠错免责机制实施意见（试行）》，提出“容纠并举、错则可分”处置方式，在全市审计系统征集审计容错免责案例近30例。桐庐县审计局构建“任前有告知、任中有检查、任期有联审”的领导干部履职监督管理体系。建德市审计局深化经济责任审计“责任链”认定工作。

【重大项目审计】2019年，市审计局对轨道交通工程、亚运会场馆建设、沪杭甬高速公路改建等重点建设工程持续开展跟踪审计监督，通过即审即改消除各类问题隐患68个。上城区审计局对湖滨步行街、2014—2018年望江地块拆迁安置资金管理使用情况等重点领域开展“嵌入式”跟踪审计。萧山区审计局对“22688”交通工程、城中村改造等重大项目开展审计。

【“大数据审计”工作模式探索】2019年，市审计局探索“大数据审计+领域”工作模式，实施“三大攻坚战”、民生保障、重大改革措施落实情况和重点政府投资工程等重点领域的大数据审计。探索“大数据审计+平台”工作模式，启动“智慧审计”二期项目建设，构建杭州审计数据仓库和大数据审计综合分析平台，将72个信息系统的112个数据纳入智慧审计平台，同时结合城市大脑体系建设，采集全市65个部门的135个审计电子数据，建成财政、社保等27个重点行业审计数据库，为业务审计提供数据支撑。12月，市审计局承担完成审计署重点科研课题《大数据审计研究》。下城区和西湖区审计局在财政同级审计中运用大数据审计技术，推进预算执行审计全覆盖。

【内部审计】2019年，全市内审机构完成审计项目1.26万个，其中财务收支审计1623个、效益审计525个、经济责任审计1284个、内部控制评审700个、信息系统审计89个、基本建设审计6608个、其他1749个。审计总金额1.15万亿元，增收节支18.59亿元，提出建议意见被采纳1.42万条，建议给予行政处分305人，实际给予行政处分73人，向司法机关移送案件8起，移送人员13人。市审计局持续加强国家审计与内部审计协作配合，编制16个协同审计项目计划，起草并印发《杭州市审计局关于对内部审计工作进行业务指导和监督暂行办法》，建立国家审计对内部审计指导监督工作长效机制。滨江区审计局每季度以“审计例会”形式，指导企业内审人员开展内审工作。

【审计整改督查】2019年9月，市审计局组织召开全市审计整改工作会议，加强整改督查体系建设，对2018年度审计工作报告反映的六大类、108个整改事项进行部署，并向区县（市）政府和市直有关单位下发问题整改明细清单，向整改进度缓慢的4个单位发出审计整改督查催办单，上缴资金1.2亿元，调账、追回2.4亿元，处理处分相关责任人121人，促进各级政府及相关部门出台完善制度办法69个。市审计局创新联合督查工作机制，推动重点审计整改事项纳入市委、市政府督查督办计划，完成审计整改督促督查管理系统升级改造，并建立审计反映常见问题清单。临安区审计局建立现场整改、跟踪整改、督办整改“三改合一”的审计问题整改机制。

【中共杭州市委审计委员会成立】2019年2月，杭州市成立中共杭州市委审计委员会。3月和8月，市委审计委员会第一次会议和第二次会议召开。市委审计委员会办公室建立报送、执行和联络机制，履行职能。构建“统+融”的审计项目与组织方式“两统筹”杭州模式，开展审计对象查重筛选，探索开展“经济责任+”“政策跟踪+”等“1+N”组织方式，避免多次进点、重复审计。（张静婷）

责任编辑 秦文蔚

17 西湖风景名胜

The West Lake Historic & Scenic Area

综 述

【**西湖风景名胜布局与特点**】杭州之美，美在西湖。西湖傍杭州而盛，杭州因西湖而名。以西湖为中心的西湖风景名胜区总面积约60平方千米，其中西湖水面6.38平方千米，由杭州西湖风景名胜区管理委员会（简称杭州西湖风景名胜区管委会）统一规划、保护、管理，是世界文化遗产、首批国家重点风景名胜区、首批全国十大文明风景旅游区和国家AAAAA级旅游景区。2019年，西湖景区通过省A级旅游景区复查，被小康杂志社评为“2019年中国十大休闲湖泊”。

地理区位优越，城景交融。西湖风景名胜区位于杭州市中心，中涵秀丽的西湖，东临市中心城区，南、西、北三面不超过400米的内外两圈群山环绕，内圈有飞来峰、南高峰、玉皇山、凤凰山、吴山、葛岭、宝石山等，外圈有北高峰、天马山、天竺山、五云山等，呈现出“三面云山、一面城”的空间格局。杭州西湖风景名胜区管委会受委托管理西湖街道及其所辖的9个行政村、6个社区、3个经济合作社，常住人口6300户、约3万人。

自然景观精致，湖光山色如诗如画。西湖湖中被孤山、白堤、苏堤、杨公堤分隔，按面积大小分别为外西湖、西里湖、北里湖、小南湖及岳湖等五片水面，其中外西湖面积最大。2019年，西湖常水位水面面积6.38平方千米，平均水深2.27米，库容量约1450万立方米，年引水量1.2亿立方米，建成沉水植物“水下森林”31.7万平方米，西湖水体全年透明度保持在80厘米以上，水质指标年均值保持在Ⅲ类标准。环湖四周，绿荫环抱，山色葱茏，画桥烟柳，云树笼纱，名胜众多。有三秋桂子、六桥烟柳、九里云松、十里荷花等100多处公园景点，其中苏堤春晓、曲院风荷、平湖秋月、断桥残雪、柳浪闻莺、花港观鱼、雷峰夕照、双峰插云、南屏晚钟、三潭印月等“西湖十景”，云栖竹径、满陇桂雨、虎跑梦泉、龙井问茶、九溪烟树、吴山天风、阮墩环碧、黄龙吐翠、玉皇飞云、宝石流霞等“新西湖十景”，以及灵隐禅踪、六和听涛、岳墓栖霞、湖滨晴雨、钱祠表忠、万松书缘、杨堤景行、三台云水、梅坞春早、北街梦寻等“三评西湖十景”最为著名。

花港观鱼　（金　菁　摄）

历史文化厚重，人文景观浑然相融。西湖在近千年的自然与人文历史的演变过程中，融汇和吸附了中国传统的佛教文化、儒家文化、道教文化。西湖周边，文物荟萃，古迹遍布，有国家级重点文物保护单位16处、省级24处、市级51处，还有20多座博物馆（纪念馆）。全年西湖风景名胜区接待游客2807万人次，比上年减少0.2%。其中收费公园接待1760万人次，下降0.3%；门票收入3.5亿元，增长3.5%。

《西湖风景名胜区总体规划（2021—2035）》通过专家与省、市部门评审。《西湖景区公厕提升改造规划》《杭州西湖风景名胜区指示牌标识牌规划》完成编制。《西湖风景名胜区“拥江”发展行动规划》《杭州西湖风景名胜区地下空间研究和利用规划》通过评审。《杭州西湖风景名胜区美丽乡村规划》《杭州西湖风景名胜区未来社区配套设施增补需求调查与规划建议》《西湖风景名胜区地下管网规划》编制工作加快推进。新一轮景区详规编制基础调查工作启动，为建设现代化景区进一步做优规划框架。

【西湖景区经济质效提升】2019年，杭州西湖风景名胜区财政总收入16.27亿元，比上年增长12.2%。一般公共预算收入8.42亿元，增长6.7%；一般公共预算支出16.15亿元，减少6%。3月，杭州西湖风景名胜区国有资本投资运营公司成立。

文旅融合发展更加多元。杭州西湖风景名胜区管委会下属的杭州西湖风景名胜区资产经营集团有限公司以授权形式在上海、杭州推出西子猫猫主题房近20间。联合开发IP产品200多款，培育“醉西湖”、“雪岩杯”、“姬缘”青瓷、祈福系列等西湖文化创意新IP。西子猫猫祈福手链获“2019浙江省特色旅游商品”称号，祈福系列产品获2019年中国特色旅游商品大赛入围奖。提升改造苏堤、西湖博物馆、湖滨路步行街等“西湖礼物”门店，形成沿湖零售线。充实“西湖旅游”平台产品，开通“爱国主义教育公交专线”，打造“红色栖霞”“红色记忆血园”等市级“红色线路”。杭州西湖风景名胜区管委会参加西安国际旅游博览会等旅游推介活动10多次。与杭州亚朵酒店、杭州市民宿行业协会等合作推出休闲游、亲子游、茶文化游等旅游线路。与杭州市民卡公司、上海市民卡公司合作打造“长三角PASS”旅游年卡，包括杭州旅游卡、沪杭欢享卡、沪杭悠享卡、沪杭宁臻享卡4个版本。在六和塔、吴山城隍阁、杭州动物园、虎跑等景点推出智能望远镜。郭庄景点夜游文化和经营业态提升方案获批复。环西湖夜游电瓶车项目开通。发展会展经济，策划、承办各类节庆会展活动。重点举办首届中国（西湖）花园节、“玩啤潮人”白塔公园啤酒节、淘宝造物节、西湖非物质文化遗产文化创意展等活动。

【杭州西湖风景名胜区管委会机构改革完成】2019年1月，杭州西湖风景名胜区管委会与杭州市园林文物局［杭州市京杭大运河（杭州段）综合保护委员会］分设，机构挂牌、人员转隶、职能职责调整等工作完成。11月，杭州西湖风景名胜区管委会作为市政府派出机构，内设机构改革完成，干部选拔任用和人员调整平稳有序，进一步确立重实绩、年轻化、专业化导向。受委托管理的西湖街道完成机构改革。杭州园林机械厂、杭州市雕塑院2个经营性事业单位完成转企改制。

【西湖综合保护工程】2019年，杭州西湖风景名胜区管委会持续推进西湖综合保护工程。万松书院及周边区域整治提升（一期）项目、九溪环境整治、梅坞溪游步道建设、白塔公园C区块环境整治等工程完成。白塔公园景观亮灯提升工程、白塔公园至六和塔亮灯工程、八卦田景区亮灯工程完工。西湖湖西拆迁安置房项目建成。肖峰艺术馆建设工程项目完成土建施工招投标、监理招标等前期工作。真际院整治及环境提升工程概念方案的设计、专家审查、优化调整等工作完成。苏东坡文化公园项目启动方案设计、展陈更新等工作。

【南宋皇城遗址综合保护工程】2019年，杭州西湖风景名胜管委会推进南宋皇城遗址综合保护工程。完成圣果寺遗址地质灾害治理、排衙石周边环境整治工程（一期）、界桩及山林指路牌制作安装工程、千佛阁遗址周边环境整治工程、南宋皇城遗址区域安防监控系统建设（一期）电力扩容工程等5个工程。圣果寺区域“十八罗汉”造像文物保护罩及御莲桥周边环境整治工程开工。开展圣果寺—千佛阁周边考古工作，完成千佛阁区块、十八罗汉区块、忠实亭区块考古。南宋皇城遗址公园后苑景区综合整治工程概念性方案编制完成。

【景中村整治提升】2019年，西湖风景名胜区内的阔石板、黄泥岭、双峰新村及里鸡笼山“三个区块”景中村整治通过验收，累计拆除各类违法建筑2.9万平方米，实施农居整治280户，外迁安置85户，腾空土地1.8万平方米，并引入社区化物业管理，达到完善基础设施、提升公建配套、修缮农居房屋、优化人文环境、提升区域业态的效果，形成以产业导入带动综合整治的景中村整治新模式。实施龙井村、梅家坞村综合整治，完成两个村的设计方案编制和前期调查工作，并同步开展拆除违章建筑。12月，龙井村文化旅游精品线路提升完善工程开工建设，龙井1号立体停车库建设完成。

【“杭州园”获中国（南宁）国际园林博览会大奖】2019年6月28日，第十二届中国（南宁）国际园林博览会正式闭幕。闭幕式上，由杭州西湖风景名胜区管委会代表杭州市参加布展的“杭州园”获“室外最佳展园”“最佳设计展园”“最佳施工奖”“最佳植物配置园”“最佳建筑小品”“最佳创新项目”等奖项。“杭州园”占地面积约4100平方米，其中建筑面积1179平方米、绿化面积2921平方米，总投资1459万元。“杭州园”以万松书院景点为主题，突出展示“梁祝”文化。设计理念上围绕“万松书缘”，精心布置亭台楼阁与花草树木，采用“最小干预”方式，既讲述杭州故事，又展现杭州园林风貌。

【杭州西湖文化景观与意大利维罗纳老城文化交流】2019年3月23日，杭州市和维罗纳市共同签署《中国杭州市与意大利维罗纳市在各自被列入联合国教科文组织世界遗产地名录的遗产地进行推广、开发和共享的友好关系协议》。杭州市组建中意文化交流工作小组并下设“一办五组”，由杭州西湖风景名胜区管委会牵头，重点围绕中意爱情文化主题，理清两市文化交流工作思路，并制定《杭州西湖文化景观与意大利维罗纳老城文化交流工作实施方案》，统筹推进各项工作。9月3—6日，意大利维罗纳市市长费德里科·斯博阿里纳一行到杭州参加为期4天的访问活动。

其间，维罗纳市访问团先后参观杭州市方志馆和草桥亭、搭乘爱情公交专线“1314路中意巴士”、游览万松书院、观赏《遇见梁祝》演出等。浙江省委常委、杭州市委书记周江勇与意大利维罗纳市长费德里科·斯博阿里纳共同为坐落在万松书院的中意文化交流中心揭牌。

（杭州西湖风景名胜区管委会）

西湖文化景观保护

【“吴山清风”廉政文化教育专线提升完善】2019年3—5月，杭州西湖风景名胜区管委会实施“吴山清风”廉政文化教育专线提升完善工程。工程内容包括：通过历史文化内容挖掘，扩充“名人大观”；新增的净心池、状元廊、魁星点斗图等景点增添新的参观内容；在仪门（周新纪念室）为参观者提供古代官服体验；开放二通道并增设林下集市；优化绿化配置，新修园路，完善各类标识牌和说明牌。提升后，位于城隍阁景区的“吴山清风”廉政文化教育专线实现顺时针闭环游览。

【吴山四宜亭维修整治工程】2019年3月4日至4月3日，杭州西湖风景名胜区管委会对杭州市级文物保护单位四宜亭进行维修整治。先后完成加固整修四宜亭预制梁、檩条；针对漏水，重新铺设防水设施和亭顶瓦片；清洗石柱并对周边环境进行整治。

【吴山宝成寺造像数字化保护调查记录完成】2019年3月15日，杭州西湖风景名胜区管委会委托浙江大学文化遗产研究院，完成吴山宝成寺造像三维数字化保护调查记录。内容包括宝成寺岩壁三龛造像原始数据采集，宝成寺三龛内造像遗迹、题记遗迹、残损病害等的文字记录和图版记录，前期数据采集和后期数据计算及调查资料整理，并制作造像3D打印模型以及宝成寺整体区域360度全景数据。

【景区国有文物文化资产摸底】2019年4月，杭州西湖风景名胜区管委会启动景区国有文物文化资产摸底工作。通过对直属的32个企业和事业单位的摸底调查，景区有国有文物文化资产3986件（套）。8月，《杭州西湖风景名胜区国有文物文化资产登记管理办法（试行）》印发。建立文物文化资产登记管理机制，明确将所属各行政企事业单位对外交往和运营过程中获得的具有一定历史、科学、艺术价值的书画作品、文献、手稿、图书资料、家具、动物和植物标本、化石、珍贵艺术品等带有文化属性的资产纳入国有资产管理系统，并严格入库登记、每年报备、保管保护、调借移交、追责问责等规定，纳入巡察和廉政督查范畴，避免国有资产损失。

【茅家埠区域改造提升工程】2019年6月27日，茅家埠区域改造提升工程完工。工程包括为砖砌雨水沟并新建污水管道，新建化粪池、污水井、雨水井，铺设雨污管道至配水井；对原有树木移栽修剪，增加地被植物；铺设菠萝格木地板，完善休憩空间等。

【都锦生故居保养维护工程】2019年9月16日至12月2日，杭州西湖风景名胜区管委会投入约300万元，对都锦生故居进行保养维护。工程包括故居屋面翻修、木结构架构更换、地面铺装整修、电路改造、墙面涂料、门窗整修，以及陈设、监控、绿化、消防提升等。

【“双峰插云”景观修复工程】2019年10月10日，杭州西湖风景名胜区管委会根据国家文物局及专家意见，基本确立先南高峰塔修复再促进北高峰塔修复的“以南促北”、有序推进“双峰插云”景观修复工程的思路。对南高峰塔修复工程方案进行深化完善，对北高峰塔考古工作加速推进，并同步启动南高峰周边环境整治工程。

【珍稀濒危植物保护项目】2019年，杭州西湖风景名胜区管委会以杭州植物园为主要阵地，联合国际植物保护组织（BGCI），推进浙江特有珍稀濒危植物天目铁木综合保护项目。获浙江省林业部门支持，开展羊角槭、普陀鹅耳枥、舟山新木姜子、珙桐、闽楠、伯乐树、天目玉兰、秤锤树等珍稀濒危保护繁殖。成功引种植物约370种，其中珍稀濒危植物50多种。至年末，杭州植物园内保育珍稀濒危植物180多种，隶属于65科、105属。

【“新优特”植物研发】2019年，杭州西湖风景名胜区管委会组建12个“新优特”植物研发创新团队，制定研发平台管理办法，筛选月季、石蒜等新品种70多个。其中：“月季1号”获浙江省科技兴林奖；石蒜属“新优特”品种在中国（北京）世界园艺博览会上获专项品种竞赛特等奖、金奖等10项大奖，获浙江省科技兴林奖二等奖、三等奖各1个。

（杭州西湖风景名胜区管委会）

太子湾公园（孙小明 摄）

景区综合管理

【白塔安全教育基地启用】2019年1月19日，杭州西湖风景名胜区管委会与省公羊会合作组建的白塔安全教育基地启用，并启动首个“超级救生员”安全自救特训营。该基地重点推出山林防火、水域救援、灾害抗险、突发性城市应急救援等培训，并建立西湖景区应急救援志愿者服务队，每年为景区培训120多人次。

【“西湖一键智慧游”上线】2019年3月19日，杭州西湖风景名胜区管委会联合高德软件有限公司（高德地图）推出的“西湖一键智慧游”正式上线。通过梳理、整合，新增1万余条旅游设施和服务信息，突出标示游客最为关心的停车场、厕所、路线、景点等要素，为市民游客“吃、住、行、游、购、娱”全过程提供“贴身管家式”精准服务。依托高德地图的数据积淀和动态数据，提供实时路况监测、游客洞察、行业洞察、智能预警等信息，让西湖景区管理服务越来越数字化、智能化。“西湖一键智慧游”利用全域覆盖的实景手绘地图实现数字化旅游体验。实现对200多千米山林游步道的全量离线测绘，实现“一键导航、一键导览、一键导游、一键求援”。

【西湖景区与黄山风景区缔结为“友好景区”】2019年4月15日，杭州西湖风景名胜区管委会与黄山风景区管委会签订友好合作协议，正式缔结为“友好景区”。两地在深化文化旅游融合、完善基础设施、打造交通“微循环”、加快智慧建设、提升旅游品质、突出遗产保护、加大品牌塑造、拓展国际交流、用心做好民生等方面开展互惠互利合作。

【灵隐绿叶国际服务队组建】2019年5月1日，杭州西湖风景名胜区管委会组建的灵隐绿叶国际服务队（Lingyin Green Leaf International Volunteers Team）成立仪式在杭州灵隐飞来峰景区举行。该国际服务队由杭州西湖风景名胜区灵隐管理处“网红”保安吴亮亮带队，不同国籍的留学生志愿者参与。志愿者徒步或平衡车代步，为前来杭州灵隐飞来峰景区的中外游客提供各类服务，如指路引导、游线咨询、景点介绍、救助联络、文明劝导、外文旅游宣传册发放等。该国际服务队有专属的绿叶国际服务标识，统一着装，配专业装备，并在灵隐飞来峰景区设有固定“绿叶益站”及可移动的“志愿服务益站”。其中，“绿叶益站”是24小时智能游客服务点，可为游客提供免费电子地图、免费开水、免费纸巾、免费充电、免费应急药品及配套补给服务。

【西湖景区山林游步道指示牌升级】2019年，杭州西湖风景名胜区管委会开展山林游步道指示牌人性化、智能化、国际化升级行动。5月，十里琅珰山林游步道指示牌建设完成，从形式上全面更新，并配以便民化、智能化、网络化等功能。启动宝石山山林游步道指示牌建设。8月，对景区内景点介绍牌、标识牌、指路牌等进行排查整改，共勘误整改景区公共外语指示牌700多块，并于10月通过市外事办公室验收。

【粮道山提升改造】2019年6月，位于吴山景区的粮道山道路整修工程主体施工完成。工程共铺设路面约3000平方米、更换窨井13座、增改人行道约500米、更换侧石约700米、增加花岗岩地雕68块、增加铜版挂图5块、改换排水沟盖板约400米、增设隔油池2个。

【西湖水域应急搜救演习】2019年6月21日，杭州西湖风景名胜区管委会开展西湖水域应急搜救演习。演习有来自西湖水域管理处、水上派出所、消防大队、西湖游船有限公司、浙江外事游船公司及相关船舶单位、“120”救护单位的近100人参加，通过险情报警、事故报告、应急响应、水上搜救、船舶消防、医疗急救、人员疏散等情景模拟，熟练掌握应急处置流程，磨炼实战技能。

【景区旅游样板公厕打造】2019年，杭州西湖风景名胜区管委会致力打造新一代景区旅游样板公厕。样板公厕强调“功能的人性化、技术的智能化、建筑的景观化、文化的特色化”等4个方面的新标准，着力打造并推出苏堤三桥公厕等新一代景区旅游样板公厕，让市民游客感受到西湖景区的贴心服务。苏堤三桥公厕是整条苏堤上唯一公厕，于7月启动改造，国庆期间完成并启用。改造后的公厕采用光触媒板材、赛乐板等防臭新型材料和自动感应冲水、远程操控管理等智能采集系统，并在公厕外部设置新零售“无人超市”。

【“数字公园卡”推出】2019年7月10日，杭州西湖风景名胜区管委会推出“数字公园卡”，杭州市民办理公园年卡不用再去窗口。“数字公园卡”以原有票务系统为基础，融合公安、市民卡、支付宝、景区数据中心等数据。市民只要通过手机关注支付宝“杭州公园年卡”生活号，或在西湖景区各景点扫描二维码“一部手机游西湖”进入办理页面，录入姓名、身份证等信息，并完成缴费，就实现线上开卡。杭州城市大脑系统同步自动完成信息比对和身份证关联。

【风景名胜区环境卫生作业管理标准出台】2019年8月21日，由杭州市西湖风景名胜区管理委员会编制，经浙江省住房和城乡建设厅批准的《风景名胜区环境卫生作业管理标准》（DB33/T1174—2019）发布，将于2020年3月1日起施行。该标准主要围绕景区道路、绿地、水体、山体、公厕等保洁对象，以及果壳箱、垃圾收集点、环卫取水栓等配套设施设备的配置及保养，从保洁力量配备、保洁工序流程、旅游淡季和旺季保洁调整、安全应急等全链条各环节进行规范，统一标准。

【湖滨景区改造升级】2019年9月27日，杭州西湖风景名胜区管委会按照杭州湖滨步行街改造提升要求，完成湖滨景区整体改造升级，与杭州湖滨步行街同步亮相。湖滨景区改造升级包括湖滨一公园至六公园安全护栏、广场设施、人流导引出入口、公交站点、业态配套、花坛花境、园林绿化、湖滨圣塘景区木结构设施等全面提升，以及西湖音乐喷泉灯光、喷头、音响等设施设备的检修更换及控制系统升级等内容。

【西湖引水玉皇预处理系统提升完善工程投产】2019年12月6日，西湖引水玉皇预处理系统提升完善工程通过竣工验收并移交投产。该工程于2018年7月12日开工，主要通过新建泥沙贮存池（综合池）1座、泥沙水浓缩罐6套、泥沙料仓2套并利用现有建筑设置加药装置及离心脱水机，对西湖引水玉皇预处理系统的排泥水进行处理，并对原吸泥桁车控制系统等进行提升完善。该工程投入运行后，实现沉淀泥沙水脱水、外运处置，在缓解泥沙回排产生的环境问题方面取得突破。

【西湖景区污水治理】2019年，杭州西湖风景名胜区管委会围绕“污水零直排区”建设，投入1400万元，完成7个截污纳管改善工程项目、4个污染源治理项目建设，清疏排水管网约200千米。

【西湖景区山林防火】2019年，杭州西湖风景名胜区管委会组织30多次林业专项检查和200多次日常巡查，发现整改问题500多条。为7个联防片单位配备高扬程森林消防泵10台、风力灭火机20台，新建消防蓄水池12只，蓄水池总数突破300只。景区4333.33公顷林地连续32年未发生火灾。

【西湖景区秩序治理】2019年，杭州西湖风景名胜区管委会开展各类联动执法134次，及时查处“野导”、“黑车”、“偷钓”、手划船违规经营、出租车违规营运等问题1787起。重点推进交通治堵，开展景区动态、静态交通研究，完善景区道路治堵规划方案。新增莲花峰路、三台山路2处公交站点，完成北山街、虎跑路2处交通堵点治理。在旅游旺季推行总量控制、单循环、公交优先等优化措施，进一步缓解景区双休日和节假日拥堵现象。

【“数字景区”建设】2019年，杭州西湖风景名胜区管委会加速“数字景区”建设，并提出打造“中国数字第一景”的目标。景区数字框架基本成形。景区云数据中心建设和“数字指挥中心”改造完成，建成“数字驾驶舱”并实时展示73类数据，为“市长驾驶舱”提供6项数据。全部收费景点扫码入园升级完成，16个景点实现“20秒入园”，12家酒店实现“30秒入住”。景区开通5G基站230个，实现环湖区域全覆盖，无现金支付、语音讲解、景区二维码布设应用提速扩面，旅游智慧化程度提高。

【“无忧西湖”品牌打造】2019年，杭州西湖风景名胜区被列入全省首批13个放心消费建设工作重点县（市、区）。12月24日，杭州西湖风景名胜区管委会、市市场监管局在西湖景区举行“放心消费——无忧西湖”启动仪式。杭州西湖风景名胜区管委会推出“无忧购、无忧宿、无忧游、无忧吃”四位一体的“无忧西湖”品牌，旨在提升西湖风景名胜区消费环境安全度、经营者诚信度、消费者满意度，营造和谐有序的旅游消费环境。湖畔放心消费示范街区亮相，所有参与创建的商家悬挂特制“放心消费单位”标牌，营业员使用带有“无忧西湖”元素工号牌。街区商家承诺“无理由退货”，并从7天延伸至15天。依托互联网、数字化技术打造智慧平台，实现“智慧监管、智慧导购、智慧支付”三大功能。通过扫码实现景区放心消费示范单位基本情况、相关证照线上可看。点击“一键投诉”可以直连“12345”电话，进行投诉维权。

【园林绿化垃圾资源化利用】2019年，杭州西湖风景名胜区管委会以政企合作等形式，联合浙江大学专家工作站平台，合作建立微生物菌剂研发中心。该中心重点开展园林绿化垃圾资源化技术攻关，探索园林垃圾堆肥化并用于改良土壤、增加土壤肥力、复育生态的再生利用，实现路径和商业化可行性。

【西湖景区停车改革】2019年，杭州西湖风景名胜区管委会下属的杭州西湖风景名胜区资产经营集团有限公司成立西湖智慧出行公司，推动景区停车市场化、一体化和智慧化管理改革工作。景区59个停车场（含村级4个、社会停车场1个）3000多个泊位实现统一运营、统一形象、统一监管。“景区智慧停车管控平台”建成，实现景区停车一张网监管。“西湖智慧出行”微信小程序上线运行，提供一键导航、阳光收费、泊位动态更新、交管措施提醒、行车停车方案推荐等服务。景区47个停车场完成智慧化改造，实现自动识别、移动支付，同步推行“无人值守+先离场后缴费”的无感支付。在白塔公园A区、丁家山两个停车场开通ETC停车缴费服务，停车通行效率提升5倍以上。

【西湖龙井茶保护管理】2019年，杭州西湖风景名胜区管委会加强西湖龙井茶核心产区和一级保护区的保护管理。全年西湖龙井茶产量124.4吨，产值15亿元。出台补贴政策，免费有机肥发放全覆盖，加强群体种种质资源保护。探索西湖龙井茶统一管理试点。由杭州湖畔居茶楼联合景区内5个优质茶叶企业参与到西湖龙井茶种植、采制、包装、品控、营销等全流程，并创新应用区块链技术，从茶鲜叶源头到茶成品炒制实施第三方全过程监制。试点推出“西湖龙井定制群体种”500公斤，进行统一推介、统一营销。开展茶地承包经营权流转试点。通过召开茶村、茶农、茶企座谈会，广泛征求意见，遵循依法、自愿、有偿等原则，制定《西湖风景名胜区农村土地承包经营权流转试点工作方案》。出台《西湖风景名胜区农村土地承包经营权流转扶持办法》，建立区、街道、村三级土地流转服务体系。持续开展铅含量研究。连续8年进行西湖龙井茶铅含量跟踪监测，年均值0.85毫克/千克，低于国家限量5毫克/千克标准。

（杭州西湖风景名胜区管委会）

特色活动

【“己亥年元宵钱王祭”活动】2019年2月22日，“己亥年元宵钱王祭”活动在钱王祠举行。祭祀活动由杭州西湖风景名胜区管委会主办，杭州西湖风景名胜区湖滨管理处、杭州钱镠研究会承办。来自海内外的钱氏后裔代表、特邀嘉宾、新闻媒体以及杭州市民600多人参加。祭祀仪式包括上礼香、献花篮、诵祭文、齐唱《钱王颂》、献祭舞《楼塔细十番》、恭读《钱氏家训》、敬香等环节。“元宵钱王祭”于2009年被列入浙江省非物质文化遗产名录,连续举办12次。

2019年2月22日,“己亥元宵钱王祭”活动在杭州钱王祠举行(李 忠 摄)

【纪念岳飞916周年诞辰系列活动】 2019年3月24日,岳王庙重修开放四十周年暨纪念岳飞916周年诞辰系列活动在杭州岳王庙开幕。全国各地岳氏后裔代表参加,共同缅怀英烈先魂。“与历史对话重返1979”岳王庙重修开放四十周年典藏精品展同日开幕。精品展展出沙孟海、王个簃等当代书画名家的作品19幅。4月11日,“岳经典岳传颂”岳飞诗词朗诵会在岳王庙内举行。6月20日至9月20日,“不忘初心”岳庙壁画艺术传承展在岳王庙内展出。

【迎新春系列文化旅游体验活动】 2019年春节期间,杭州西湖风景名胜区管委会在各公园景点、博物馆推出传统文化、民俗文化、年文化三大系列60多种文化旅游体验活动。其中:传统文化有雕版印刷、宫灯制作、汉服游园、仿宋制发饰、戏曲、布袋戏、生肖书画展、楚国玉器展等活动;民俗文化有烧头香、敲头钟、吴山庙会、灯谜会等活动;年文化有剪金猪、写春联、送福字、发暖心年糕等活动。以“看展、听曲、手作、游玩、体验”等形式,供市民游客过文化年,体验杭州春节习俗、宋人风雅、市井风情。

【中国(西湖)花园节】 2019年4月13—21日,首届中国(西湖)花园节暨2019年淘宝·长城花园盛典在杭州花圃举办。盛典以“未来”为主题,包含创意花园展示、橱窗布置大赛、先锋花艺大赛、新品种大赏、园艺品牌商展、互动沙龙等子版块。近100位国内外花园艺术家、先锋花艺师和知名品牌共同打造一场“未来花世界”。其中创意花园展示板块推出海内外花园风格作品50多个,包括中式、欧式、日式、田园式、现代式等10多种风格。

【“中国茶人之家”评选活动】 2019年4月20日,第十一届“中国茶人之家”评选活动在中国茶叶博物馆举办。活动期间,112组中外参赛家庭“交流”茶心,互相取经。其中,日本、斯里兰卡、乌克兰、印度、波兰等17个国家的茶友参赛。经过专家评委商讨,活动最终选出10组最佳“中国茶人之家”奖,20个优秀“中国茶人之家”奖,另有最佳茶席奖、国际交流奖等6个单项奖。

【杭州西湖荷花展】 2019年6月12日,“荷红莲碧”——第七届杭州西湖荷花展在郭庄开幕。荷展由浙江省花卉协会、杭州市风景园林学会、杭州市林学会等单位共同举办。荷花展共汇集和展示荷花、睡莲和水湿生植物1000多种。展览期间,展售与荷花有关的文化创意产品,并举办2019年杭州中小学生扇面绘画成果作品展等主题活动。

【白塔公园啤酒节】 2019年6月14—16日,首届“玩啤潮人”白塔公园啤酒节在白塔公园举办。活动由西湖景区会展有限公司筹办。从每天上午10点至夜间12点,主要结合白塔公园原有铁路工业遗存、旧厂房、复古工业风,融合精酿啤酒、美食、音乐、电子竞技、创意市集等元素,为市民游客呈现集吃、喝、娱、游、购为一体的啤酒节。活动社交媒体阅读人次突破10万次。

【章太炎150周年诞辰活动】 2019年6月15日至8月15日,杭州名人纪念馆举办“世人眼中的章太炎——纪念章太炎先生150周年诞辰文物展”。展览展出杭州名人纪念馆馆藏章太炎文物60多件,其中珍贵文物40多件。通过“切换角度”的方式表现章太炎一生中革命家、教育家、国学大师、丈夫、父亲等多种身份,并以文物说话,通过文物链接人物,回顾章太炎生平事迹。6月15—16日,由杭州名人纪念馆(唐云艺术馆)和复旦大学亚洲研究中心、上海人民出版社、复旦大学历史系联合举办的“章太炎与近代东亚思想”——纪念章太炎150周年诞辰学术研讨会在上海、杭州两地举行。来自北京、东京、上海等地研究章太炎的学者和章太炎后裔参加研讨会,分享近年来在章太炎研究中取得的新成果。

【第六届“两岸亲子文创作品联展”】 2019年7月12日,第六届“两岸亲子文创作品联展”在杭州连横纪念馆开幕。市台办、市教育局、杭州西湖风景名胜区管委会、连横纪念馆等单位负责人及参展的亲子家庭代表参加开幕式。在开幕式现场,亲子家庭通过艺术共创的方式,运用书法、绘画、茶道、陶艺等中华传统文化艺术表现方式展现“童言说梦、童心筑梦、携手圆梦”。展览以“梦开始的地方”为主题,吸引杭州和台湾南投县两地200多位小朋友参加,共展出亲子文创作品266件。

作品于7月12日至8月18日在杭州连横纪念馆展出，9月在台湾南投县展出。

【“我心相印湖山间”系列展览】2019年7月21日至10月18日，“我心相印湖山间”系列展览在西湖博物馆举行。其中，7月21日至8月26日为“西湖佛教艺术展”，展览分为佛教壁画区、佛教艺术造像区、石色山水艺术绘画区3个陈列区，展出体现东南佛国佛教文化艺术真谛的作品，引领参展市民探寻独具韵味的西湖佛教艺术。9月1日至10月18日，“西湖文物及摩崖碑碣展”举行。展览围绕湖山之境、佛意染心、风雅生活、石载丹青等主题，展出西湖博物馆馆藏文物、西湖周边碑碣实物及拓片、摩崖造像临摹精品等展品。

【免费凉茶服务】2019年7月22日至10月7日，第八届免费凉茶服务在西湖周边开展。服务覆盖6个西湖边志愿服务微笑亭和西湖景区6个社区及茅家埠村的志愿服务微笑点，共推出龙井茶、寿眉、荷叶茶、花茶、菊花茶、柠檬茶、清凉消暑茶等7种受游客欢迎且适合夏季饮用的茶品。在免费凉茶服务启动仪式上，志愿者通过“长嘴壶”“龙井问茶”茶艺展示和汉服文化展示等表演，传递西湖温情，弘扬茶文化。

【杭州西湖桂花节】2019年9月21日至10月15日，2019年杭州西湖桂花节在杭州少年儿童公园举行。活动期间，桂花亲子露营、寻“桂”人、主题COSPLAY、“制桂茶、学茶礼”、桂花科普讲解、穿着汉服打桂花、“遇见满陇桂雨”创意KITS、“龙猫带你去寻桂”、桂花手作嘉年华等特色活动举行。

【“相约西湖”文化系列活动】2019年9月29日，由杭州市政府主办、杭州西湖风景名胜区管委会承办的第十八届“相约西湖”文化系列活动在唐云艺术馆开幕。“相约西湖”文化系列活动围绕献礼中华人民共和国成立70周年，以“奋进未来再创辉煌”为主题，通过主题展览、开幕式、文化研讨、西湖雅集等形式宣传中国传统文化，展示杭州西湖文化独特魅力。“艺德可风——唐云艺术精品展”同时开展，展示唐云的收藏品和画作。展览持续到11月15日。

【花事活动】2019年国庆节期间，杭州西湖风景名胜区管委会共举办3场花事活动。9月26日至10月20日，江洋畈秋季山花节在江洋畈生态公园举行。通过将保护地球、垃圾分类、变废为宝的环保创意融入环境，并利用生活中随处可见的废弃材料打造“美好家园”“蝶变”“荷塘”“拯救海洋”等8处小品。9月27日至10月10日，“西湖夏秋花展——盛世牡丹展”在钱王祠举行。展览分小品区和精品展棚区两大区块，展出牡丹花品种500多盆，包括洛阳红、雪映桃花、银红巧对、卷叶红、凌花湛露、鲁荷红、乌金耀辉、西瓜瓤、腰带红等特色品种。9月30日至11月3日，“西湖秋韵——2019浙江省园林艺术精品展”在杭州植物园举行。精品展分为插花艺术精品展、摄影作品展、新优园林植物品种展、室外环境小品等5个部分，展出室内插花作品110件、摄影作品100件、新优园林植物品种约100个、室外环境小品13个。

【青少年鼠生肖邮票绘画大赛】2019年11月3日，2019年青少年鼠生肖邮票绘画大赛启动。大赛由韩美林艺术馆与中国邮政杭州分公司、杭州市美术家协会青少年分会共同举办。启动当天，“时空穿梭”邮票展在韩美林艺术馆开幕。展览展出国内外珍贵邮票近200枚，包括世界上第一枚邮票“黑便士”和中国第一枚邮票“小龙票”等。大赛共收到来自全国参赛作品4752幅。经过三轮专家评选，最终40名选手进入决赛。决赛当天，韩美林现场连线出题“老鼠和丰收”，由参赛选手现场创作角逐奖项。大赛前100名参赛选手的优秀作品在韩美林艺术馆“方寸小天地，艺术大世界’——2019年青少年鼠生肖邮票优秀作品展上进行展出。

【六和祈福主题文化活动】2019年11月12日，由杭州西湖风景名胜区管委会主办的2020年六和祈福主题文化活动启动。活动除延续以往“集福”“书福”“拈福”“送福”“祈福”五个主要环节外，还增加“舞福”环节。“拍福”环节也有创新，2020年的六和头钟慈善义拍在线上和线下同步进行，市民游客和网友共同为庚子鼠年祈福、送福。

【西湖名人讲堂】2019年，西湖名人讲堂共举办六场讲座、一场展览特别讲座，内容涉及“一带一路”、章太炎研究、南宋史、杭州城市史等方面。西湖名人讲堂以邀请社会各界专家、学者、名人后裔、艺术家讲述杭州、宣传西湖的方式，为学者与公众之间搭建文化交流桥梁。2019年西湖名人讲堂主要聚焦“南宋记忆”和“文物故事”两个板块。其中：“南宋记忆”板块围绕杭州作为南宋古都在政治、经济、文化、社会生活等方面历史，邀请南宋史研究学者带领公众追溯“南宋记忆”；“文物故事”板块重点围绕名人馆馆藏文物，讲述革命历史文物背后的故事，传承“红色记忆”。西湖名人讲堂通过与网易蜗牛读书馆、杭州文史研究会等机构合作，进一步扩大讲座覆盖面。

【自然嘉年华杭州站活动】2019年10月26—27日，第五届自然嘉年华杭州站活动开幕式在杭州植物园举行。自然嘉年华由杭州植物园、阿里巴巴公益基金会、桃花源生态保护基金会联合发起，旨在通过嘉年华让更多公众进入自然、了解自然，进而保护自然。活动设立精品课程体验、自然音乐会、自然运动三大板块，以大冒险、旅行、微观、创作等形式举行，吸引200多个全国自然教育机构参与。

（杭州西湖风景名胜区管委会）

责任编辑 秦文蔚

2020 杭州年鉴

Tourism Industry

旅游业 18

综述

【旅游经济运行总体良好】2019年，杭州市接待境内外游客20813.7万人次，比上年增长15.1%。其中，国内旅游者20700.3万人次，增长15.1%。旅游总收入4005亿元，增长18.3%。其中，国内旅游收入3954.72亿元，增长18.5%。旅游休闲产业增加值1191.3亿元，增长12.1%，占全市生产总值的7.7%。国际大会与会议协会（ICCA）发布的2019年度全球会议目的地城市国际会议数量排行榜中，杭州列中国内地城市第3位、亚太地区第17位、全球第74位。3月12日，杭州在“2018年度奇迹之夜——中国商旅MICE行业奇迹奖颁奖礼”上获“年度最佳MICE目的地”奖项。

【入境及中国港澳台地区旅游者113.31万人次】2019年，杭州市接待入境旅游者及中国港澳台地区旅游者113.31万人次，比上年增长5.7%。旅游外汇收入7.4亿美元，下降0.6%。到杭州的外国人83.95万人次，增长8.7%。其中：亚洲36.62万人次，美洲18.28万人次，欧洲15.21万人次，大洋洲3.69万人次，非洲及其他地区10.14万人次。到杭州旅游十大客源国分别是美国、韩国、日本、马来西亚、越南、新加坡、澳大利亚、德国、加拿大和英国。以上客源国占全年接待外国人总数的62.8%。中国港澳台旅游者29.36万人次，下降1.9%。

【出国及赴中国港澳台地区旅游218.7万人次】2019年，杭州市旅行社组织出国及赴中国港澳台地区旅游218.7万人次，比上年增长1.8%。其中：出国游203.13万人次，增长1.2%；中国港澳台游15.5万人次，增长11.1%。出国游到达主要目的地依次为越南、日本、泰国、印度尼西亚、新加坡、马来西亚、菲律宾、韩国、美国、柬埔寨等。

【杭州市文化广电旅游局挂牌成立】2019年1月9日，杭州市文化广电旅游局正式挂牌成立。市文化广电

2019年杭州旅游人数及旅游收入

表14

地　区	总人数（万人次）	比上年（%）	总收入（亿元）	比上年（%）
全市	20 813.70	15.1	4 004.61	18.3
主城区	6 669.49	7.2	2 374.32	6.5
萧山区	2 518.12	8.1	333.79	10.2
余杭区	2 535.66	18.8	283.47	20.8
富阳区	1 854.34	22.8	173.10	24.5
临安区	1 982.29	19.0	238.51	23.8
桐庐县	2 063.01	19.9	234.92	23.3
淳安县	1 884.59	10.5	231.93	21.1
建德市	1 306.20	16.9	134.57	23.5

2019年杭州市接待入境及中国港澳台旅游者人数与外汇收入

表15

地　区	人数（万人次）	比上年（%）	外汇收入（万美元）	比上年（%）
全市	113.31	5.7	73 659.47	−0.6
主城区	94.27	6.4	63 577.79	−0.1
萧山区	5.52	−16.9	2 158.21	−31.2
余杭区	3.88	−29.0	2 293.42	−37.9
富阳区	0.79	13.5	382.47	−12.9
临安区	1.06	48.6	859.40	44.7
桐庐县	1.13	−26.2	828.91	−34.9
淳安县	6.21	22.8	3 328.81	25.1
建德市	0.43	44.5	230.46	11.8

2019 年杭州市入境游十大客源国及旅游人数

表 16

国　家	接待人数（万人次）	比上年（%）
美国	14.08	17.1
韩国	11.12	14.1
日本	6.26	1.5
马来西亚	3.65	20.5
越南	3.61	-0.8
新加坡	3.16	5.6
澳大利亚	2.91	16.3
德国	2.84	10.5
加拿大	2.74	-3.9
英国	2.36	11.4

2019 年杭州市出国游十大主要目的地及旅游人数

表 17

出境目的地	人数（万人次）	比上年（%）
越南	47.93	-14.0
日本	46.87	3.3
泰国	36.37	-1.2
印度尼西亚	12.90	1.2
新加坡	11.68	-2.6
马来西亚	10.41	7.0
菲律宾	9.86	62.9
韩国	7.78	163.2
美国	5.16	-9.0
柬埔寨	4.82	-19.4

2019 年杭州市接待国内旅游者人数及旅游收入

表 18

地　区	人数（万人次）	比上年（%）	收入（亿元）	比上年（%）
杭州市	20 700.3	15.1	3 953.72	18.5
主城区	6 586.8	12.3	2 336.77	17.4
萧山区	2 511.1	9.7	325.36	11.1
余杭区	2 520.2	19.0	280.55	21.0
富阳区	1 853.1	22.8	172.85	24.5
临安区	1 982.0	19.0	238.37	23.9
桐庐县	2 060.8	20.0	234.37	23.4
淳安县	1 880.7	10.5	231.04	21.1
建德市	1 305.6	16.9	134.41	23.5

新闻出版局（市版权局）的文化和广播电视管理职责与市旅委的职责整合，组建市文化广电旅游局，作为市政府工作部门。人员转隶、“三定”编制、处室调整等各项任务完成，并按照新机制运行。市文化广电旅游局内设处室 15 个，有杭州市文化市场行政执法总队、杭州市旅游质量监督所、杭州图书馆、杭州少年儿童图书馆、杭州市文化馆、杭州艺术学校、杭州市艺术创作研究中心、杭州市非物质文化遗产保护中心、杭州市广播电视监测中心、杭州市旅游信息咨询中心、杭州市旅游形象推广中心、杭州市特色潜力行业发展中心（杭州旅游经济实验室）12 个直属单位。

【旅游重大项目完成投资 397 亿元】2019 年，杭州市纳入文化和旅游部旅游项目库的在建项目 392 个，总投资 2630.7 亿元，其中超过 10 亿元的项目 67 个。实际完成投资 397 亿元。各区县（市）年度投资超过 10 亿元的项目有 8 个，其中临安区和余杭区超过 50 亿元。临安区推进旅游大项目建设，完成投资额和项目数量均居全市首位。吴越文化考古遗址公园项目年度实际投入 10.3 亿元。余杭区和建德市推进全域旅游示范区建设，实施浙江省“百城千镇万村”景区化。余杭在建项目 104 个，实际完成投资 79.2 亿元。建德在建项目 24 个，实际完成投资 28.2 亿元，其中梅城镇美丽城镇建设项目投资 13 亿元。

【“杭州会议大使”座谈会】2019 年 7 月 26 日，市文化广电旅游局牵头召开 2019 年“杭州会议大使”座谈会，并公布 14 项协同“会议大使”竞标国际会议的服务举措。“杭州会议大使”计划于 2011 年启动，每年挖掘符合杭州重点发展行业内的领军人物，以杭州市政府的名义聘任其为“杭州会议大使”。先后聘任 9 批 58 位来自教育、医疗、文化等领域的行业人士担任“杭州会议大使”。

（市文化广电旅游局）

旅游资源

【A 级景区建设】至 2019 年末，杭州有 A 级旅游景区 104 个，比上年减少 5 个。其中，AAAAA 级景区 3 个、AAAA 级景区 41 个、AAA 级景区 49 个、AA 级 11 个。全年杭州公园、景区（点）共接待游客 16942.8 万人次，增长 6.3%，门票收入 33.80 亿元，下降 0.8%。其中 A 级景区接待 12704.78 万人次，增长 5.3%；门票收入 29.0 亿元，减少 1.4%。全市纳入统计监测的公园、景区（点）营业收入 51.03 亿元，增长 9.2%。

2019 年杭州市 AAAA 级以上景区（景点）接待人数及门票收入

表 19

景区（景点）名称	星级	旅游人数（万人次）	比上年（%）	门票收入（万元）	比上年（%）
杭州西湖风景区	AAAAA	2 807.35	-0.2	35 038.91	3.5
西溪国家湿地公园	AAAAA	577.58	23.8	6 377.91	-7.3
淳安千岛湖风景名胜区	AAAAA	933.20	-19.3	34 141.18	-25.3
杭州柳溪江景区	AAAA	0.15	-94.9	9.26	-91.1
桐庐浪石金滩景区	AAAA	9.72	13.1	233.76	16.4
建德七里扬帆景区	AAAA	10.85	-0.9	221.94	-22.5
杭州山沟沟景区	AAAA	12.38	20.7	1 458.27	135.1
临安东天目山景区	AAAA	12.47	-31.4	454.80	-27.2
桐庐天子地生态风景旅游区	AAAA	12.69	16.1	440.92	7.0
浙江富春江小三峡分景区	AAAA	22.18	-6.1	1 686.45	-7.7
浙江天目山景区	AAAA	20.10	-15.5	1 085.82	-14.5
余杭双溪竹海漂流景区	AAAA	21.47	-17.9	1 822.63	-10.6
浙西大峡谷景区	AAAA	25.34	-57.9	639.31	-74.5
大慈岩景区	AAAA	27.34	37.2	1 046.62	39.0
灵栖洞景区	AAAA	27.49	61.2	749.85	8.8
千岛湖乐水小镇·文渊狮城	AAAA	29.04	29.2	184.47	-48.1
临安太湖源景区	AAAA	32.94	-0.3	1 154.53	6.6
杭州东方文化园	AAAA	40.70	1.5	1 030.21	-1.4
临安大明山景区	AAAA	45.78	-4.1	2 539.00	-7.4
玉皇山南基金小镇	AAAA	52.00	23.1	—	—
桐庐垂云通天河景区	AAAA	52.69	18.5	2 911.00	31.5
浙江旅游职业学院	AAAA	52.84	2.7	—	—
富阳富春桃源风景区	AAAA	56.70	0.6	955.31	2.8
皋亭山景区	AAAA	60.79	4.8	—	—
瑶琳仙境景区	AAAA	69.79	4.4	5 396.12	4.1
杭州龙门古镇	AAAA	82.58	11.7	828.35	-4.3
杭州极地海洋公园	AAAA	89.23	43.9	18 450.93	11.3
余杭梦想小镇	AAAA	99.67	129.4	—	—
良渚博物院	AAAA	129.74	71.0	—	—
航空小镇	AAAA	132.41	27.4	2 914.93	101.1
杭州野生动物世界	AAAA	162.43	9.4	13 881.64	10.3
杭州余杭超山风景名胜区	AAAA	176.00	0.3	724.51	-4.1
桐庐江南古村落	AAAA	177.95	19.6	—	—
余杭塘栖古镇（水北街）	AAAA	231.13	-3.6	—	—
萧山湘湖景区	AAAA	243.40	-6.4	—	—
杭州乐园有限公司	AAAA	367.60	2.5	19 835.35	3.6
杭州雷峰塔景区	AAAA	493.60	4.9	17 607.00	10.7
杭州宋城旅游景区	AAAA	1241.10	-6.1	105 496.21	-1.2
杭州市清河坊历史街区	AAAA	2 118.61	3.9	—	—

说明：门票收入标示“—”的为不收费景区

2019 年杭州市公园景区接待人数及门票收入

表 20

地　区	接待总人数（万人次）	比上年（%）	收费景区接待（万人次）	比上年（%）	门票收入（万元）	比上年（%）
杭州市	16 942.78	6.3	7 627.89	−4.2	338 028.23	−0.8
主城区	9 871.34	5.5	4 295.81	−2.2	178 570.71	1.3
萧山区	1 158.86	0.6	680.51	8.5	52 671.27	15.1
余杭区	1 947.49	12.4	592.45	−15.6	13 584.47	−16.4
富阳区	471.45	8.5	261.89	8.6	17 289.93	9.4
临安区	577.22	−0.8	274.97	−13.3	14 453.63	−7.8
桐庐县	922.99	70.7	294.60	6.4	16 290.40	7.8
淳安县	1 396.19	−11.4	1 007.40	−19.9	37 224.67	−25.7
建德市	597.24	5.9	220.26	51.1	7 943.15	41.4

【旅行社增至 895 家】 至 2019 年末，杭州有旅行社 895 家，比上年增加 47 家。其中经营出境旅游业务的旅行社 123 家，减少 1 家。全市共有星级品质旅行社 107 家，其中五星级 13 家、四星级 41 家、三星级 45 家、二星级 5 家、一星级 3 家。全市旅行社营业收入 169.58 亿元，减少 15.2%。

【星级饭店累计 123 家】 至 2019 年末，杭州有星级饭店 123 家（五星级 23 家、四星级 42 家、三星级 39 家、二星级 19 家），比上年减少 20 家。星级饭店有客房 2.55 万间、床位 4.22 万张。平均客房出租率 59.7%，下降 4.9 个百分点；平均客房价格 430.13 元/间，下降 2%。全市纳入统计监测的宾馆饭店营业收入 167.26 亿元，下降 0.58%。

【“互联网 + 文旅消费”新模式推进】 2019 年，围绕国家文化消费试点城市创建，杭州市发挥数字经济优势，持续推进“互联网 + 文旅消费”新模式。“互联网 + 文旅消费”的“杭州模式”受到文化和旅游部肯定。在 2019 年全国产业发展工作会议上，杭州市做典型经验交流。8—10 月，市文化广电旅游局举办第二届文化旅游消费季。消费季围绕“喜迎华诞乐消费，文旅融合美生活”的主题，推出数字文旅、演艺文旅、节庆文旅、主题文旅、阅读娱乐和区县（市）联动等六大促消费板块、36 项活动，为居民和游客提供优质文旅产品及服务。消费季深化与阿里巴巴集团等互联网企业的战略合作，依托大麦网、淘宝网、“飞猪”等电子商务平台，推出大麦网文娱演出抢票、淘票票影票惠市民、咪咕阅读 60 万册好书畅读等活动。引入数字文化旅游技术，运用高德地图 App 的“西湖一键智慧游”服务，引导游客在西湖景区吃、住、行、游、购、娱。

【《杭州市全域旅游发展规划》编制】 2019 年，根据国家全域旅游示范区创建要求，杭州市文化广电旅游局编制《杭州市全域旅游发展规划》，并于 12 月通过专家论证。通过对全市旅游资源的挖掘、梳理，提出杭州旅游业近期和远期的全域化发展目标、实施路径和体制机制等方面的模式。2 月，桐庐县、淳安县成功创建省级首批全域旅游示范县，河上镇、龙门镇、乾潭镇入选省级旅游风情小镇。杭州市有省级全域旅游示范县 2 个、省级旅游风情小镇 5 个。

【“百城千镇万村”景区化工程推进】 2019 年，杭州市推进“百城千镇万村”景区化工程，并启动景区城和景区镇的创建工作。全市共创建 A 级景区村庄 305 个，其中 AAA 级景区村庄 59 个。建德市、淳安县被评为 AAAA 级景区城。西湖区转塘街道等 9 个乡镇被评为 A 级景区镇，其中 AAAA 级 8 个、AAA 级 1 个。

【智慧文化旅游建设】 2019 年，杭州市加强城市大脑文化旅游系统顶层设计，围绕“多游一小时”的目标，推出“10 秒找空房”“20 秒景点入园”“30 秒酒店入住”“数字旅游专线”四大便民服务。全市 94 个景区完成“10 秒入园”改造，239 家酒店完成“30 秒入住”改造。开通数字旅游专线 40 条，累计接待游客超过 500 万人次。全市创建“智慧旅游”示范企业（单位）10 个。做好多语种旅游网站、官方微信和微博等自媒体的维护与推广。

【杭州特色休闲示范点推广季】 2019 年 12 月，2019 年度杭州特色休闲示范点推广季启动，45 个企业、商户获授牌。全市特色休闲示范点企业商户累计 193 个。杭州特色休闲示范点创建活动围绕美食、茶楼、康体养生、美发美容、文化娱乐、运动休闲、特色购物和特色民宿等八大类，挖掘出主题突出、特色鲜明、品质优良、服务规范、行业内具有典型性和引领示范效应的休闲服务经营场所。通过对申报参与创建的近 150 个企业进行初审、暗访、专家评审、公示，最终评定杭州湖畔居茶楼等 15 个企业获“杭州最佳特色休闲示范点”称号，侨治美容美发中心等 10 个企业获“杭州优秀特色休闲示范点”称号，钱运茶馆等 20 个企业获“杭州标准特色休闲示范点”称号。在启动仪式上，发放近 70 万元消费优惠券，公开征集“休闲体验使者”进行免费杭州特色休闲示范点门店体验活动。全年杭州市被认定为省级运动休闲旅游优秀项目 4 个、省级运动休闲旅游精品线路 3 条、省级运动休闲旅游示范基地 2 个、省级中医药养生文化旅游示范基地 2 个。

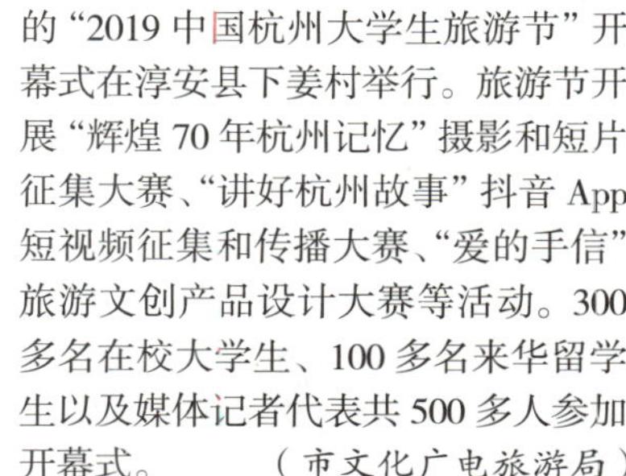

【乡村旅游助推乡村振兴】2019年，杭州市乡村旅游共接待9803.86万人次，比上年增长32.7%；经营总收入82.71亿元，增长33.72%。其中：西湖区373.62万人次，经营收入2.62亿元，分别增长32.6%和24.2%；西湖风景名胜区498.05万人次，经营收入3.50亿元，分别增长2.8%和下降11.1%；余杭区1081.0万人次，经营收入7.67亿元，分别增长30.3%和42.8%；富阳区1532.91万人次，经营收入9.89亿元，分别增长43.3%和49.1%；临安区2072.10万人次，经营收入20.68亿元，分别增长57.1%和62.6%；桐庐县1395.44万人次，经营收入12.02亿元，分别增长18.7%和25.6%；淳安县1459.58万人次，经营收入14.34亿元，分别增长12%和15.6%；建德市1362.78万人次，经营收入11.84亿元，分别增长57%和34.5%。

（市文化广电旅游局）

【桐庐合村项目】桐庐合村项目由市商旅集团下属杭州宏逸投资集团有限公司建设运营，总投资2亿元，其中滑雪场、漂流、滑翔基地、水上乐园等子项目建成运营。2019年1月31日，杭州桐庐国际滑雪场举行开幕式暨首滑仪式。6月15日，漂流二期项目试营业。7月，滑翔伞项目进行试飞，并推进极限运动公园项目蹦极设计方案。桐庐合村项目被评为省"中小学生研学教育基地""桐庐县模范集体"，并获省"乡村振兴贡献奖"。

（梁　之）

旅游节庆活动

【杭州茶文化博览会系列活动】2019年3—6月，以"香约杭州、茶润天下"为主题的杭州茶文化博览会系列活动举行。茶博会设主体项目、茶文化、区县（市）三大版块。其间，2019年杭州茶文化博览会开幕式暨西湖龙井开茶节、清河坊民间茶会、"茶诵礼乐"青少年创艺传播活动、第六届三清茶文化活动、第十八届茶圣活动等18个项目举行。

【"中国旅游日"活动】2019年5月19日，以"文旅融合，美好生活"为主题的2019年"中国旅游日"杭州旅游服务进社区暨法制宣传启动仪式在涌金广场举行。启动仪式现场，有非物质文化遗产制笔技艺展示，仿宋点茶和分茶、非物质文化遗产栀子染体验、樱花绿豆糕体验制作等互动活动。市民和游客代表、先进人物代表以及来自俄罗斯、韩国、爱尔兰等11个国家在杭州工作的外国友人，共200名体验者赴桐庐、淳安、临安等地进行免费游览，体验红色之旅、研学之旅、生态之旅与文化之旅4条主题线路。杭州6个主城区的社区同步开展文明旅游大讲堂、红色文化摄影展、旅游产品推介会、文明旅游咨询服务等活动。

【中国杭州大学生旅游节】2019年9月18日，由市文化广电旅游局、市教育局、团市委和淳安县政府联合主办的"2019中国杭州大学生旅游节"开幕式在淳安县下姜村举行。旅游节开展"辉煌70年杭州记忆"摄影和短片征集大赛、"讲好杭州故事"抖音App短视频征集和传播大赛、"爱的手信"旅游文创产品设计大赛等活动。300多名在校大学生、100多名来华留学生以及媒体记者代表共500多人参加开幕式。

（市文化广电旅游局）

桐庐合村水上乐园　　（市商旅集团 供稿）

旅游市场营销

【国内市场旅游营销活动】2019年1月17日，市文化广电旅游局整合各区县（市）及杭州都市圈优质旅游资源，组织开展2019年杭州都市圈新春旅游惠民大联展活动。推出旅游产品280多个和惠民举措160多个，其中新开发的节庆活动60个、新整合的旅游线路8条和惠民举措41个，并发布《2019杭州新春旅游惠民大联展旅游资讯》手册。

4月14—19日，杭州市赴北京、天津、石家庄开展"最忆是杭州"旅游推介活动。以"跟着城市大脑游"为主线，展现杭州"独特韵味，别样精彩"的城市形象。达成意向合作企业110多个，意向组团1111个。

8月27日，由市文化广电旅游局主办的"杭州PLUS——杭州新经济会议目的地推介活动"在北京举行。活动吸引60个全国性的协（学）会及30个会议服务商（PCO）代表参加。该推荐活动从杭州新经济会议目的地实现优势产业新融合、学术研究新高地、办会场地新突破、专业服务新体验、政府支持新举措、会奖产品新玩法、便捷交通新台阶等"七大升级"角度进行介绍，展现"升级版"杭州会奖的优势。

9月16—21日，市文化广电旅游局促销团赴深圳、汕头、福州开展杭州文旅休闲产品促销活动，全面推介、展示杭州特色休闲产品。在促销活动中，举行2019年杭州文旅休闲产品（深圳）推介会、2019年杭州文旅产业发展（汕头）交流座谈会、2019年杭州文旅休闲产品（福州）推介会。

【杭州都市圈文化旅游促销活动】2019年10月，杭州都市圈6个

2019 年 9 月 18 日，“2019 中国杭州大学生旅游节”开幕式在淳安县下姜村举行　（市文化广电旅游局 供稿）

城市共同赴广西南宁、柳州两市举行 2019 年杭州都市圈文化旅游推介会。围绕“江南绝色·吴越经典”主题，将杭州都市圈 6 个城市的景点景区、最新文旅产品和优惠政策带给当地文化旅游业界、媒体和市民。12 月 1—8 日，杭州市文化广电旅游局和湖州市文化广电旅游局又联合赴俄罗斯和克罗地亚进行“江南绝色·吴越经典”杭州都市圈文化旅游海外促销活动。

【组团参加旅游展览会、高峰论坛等活动】2019 年 8 月，市文化广电旅游局组织杭州市会议与奖励旅游业协会、杭州国际博览中心、浙江省中国旅行社集团有限公司等 11 个单位参加第十四届北京国际商务及会奖旅游展览会，完成现场洽谈 390 人次，达成合作意向 64 个。9 月，组团 150 人参加杭港澳发展论坛暨杭港澳智慧旅游高峰论坛。12 月，组织 8 个单位参加第十二届中国会议产业大会。会上，杭州市介绍新经济会议目的地的优势和实践，并获“MICE STARS 会奖之星——2019 中国最具创新力国际会奖目的地”奖项。

【“杭州·领创未来会议”活动】2019 年 11 月 6 日，由市文化广电旅游局主办的“杭州·领创未来会议”活动在云栖小镇国际会展中心举行。活动通过“未来产业风向前瞻”“未来会议生态众创”“未来先锋集聚释能”篇章的解读，展现杭州作为“新经济会议目的地”的产业实力、创新动力、发展潜力等独特优势，打造“大型沉浸式会议场景体验”。现场同期举行第九批“杭州会议大使”聘任仪式、首批“杭州市会议服务示范机构”授牌仪式和十大“杭州新经济会议小镇”授牌仪式。活动期间，杭州正式发布“杭州·新经济会议目的地”报告。报告梳理杭州会议产业、优势产业发展现状，研究二者相互成就的经验，并借鉴国内外其他会议名城的发展模式，提出“新经济会议目的地”的提升建议。

【“杭式生活主题屋”活动】2019 年 1—6 月，杭州市文化广电旅游局选址美国洛杉矶帕萨迪纳一幢特色民宅，通过专业设计、大众投票、装修改造、房东评选、房客征集、入住体验、媒体推广等环节，开展“杭式生活主题屋”活动。主题屋“全景式、多维度、沉浸化、长时间”展现杭州特色文化内涵和旅游资源。通过 Facebook、Twitter 等海外社交媒体发布活动信息，征集到 15 组不同文化背景的体验房客。每组一天，房客们在主题屋内体验“住杭派民宿、品西湖龙井、着杭式旗袍、尝杭帮美食、听越剧曲艺、书杭州诗篇、赏杭州美景”的生活。

【“盛放杭州”文旅盛典】2019 年 2 月 9—10 日，杭州市文化广电旅游局在洛杉矶好莱坞环球影城举行“盛放杭州”文旅盛典。杭州专属路线分为“西湖、运河书画社和环球广场主舞台杭州秀”三大板块。依照中国新年的传统习俗，在园区内赠送杭州特色红包和“福”字。同步开展“杭州文化故事”AR 互动、“我的盛放时刻”等线上活动，并投放大屏幕广告。7 月，在良渚古城遗址申遗成功后，杭州市文化广电旅游局邀请职业旅行家乔丹·泰勒实地探访环球影城活动中所呈现的西湖、中国大运河（杭州段）、良渚古城遗址等非物质文化遗产景点。总曝光量 4.5 亿次，海外互动数超过 243 万次，受到《今日美国》、新华社等媒体报道。

【亚洲市场文化旅游营销活动】2019 年 3 月 20 日，“会在风景中——杭州·新经济会议目的地”新加坡路演推广活动举行。“杭州会议大使”和优质会议服务企业向 28 个新加坡会议采购商介绍杭州。

3 月 26 日至 4 月 1 日，杭州文化旅游推广团赴日本东京和大阪专场推介杭州文化旅游资源，与全日本空输株式会社等单位商谈杭州西湖友好徒步大会事宜，并拜访相关旅游机构和企业，做好亚洲美食节预热宣传。8—11 月，面向日本客源市场，市文化广电旅游局开展“杭州旅游创意大师评选”“最佳杭州创意旅游线

2019 年 8 月 27 日，“2019 杭州全球旗袍日”活动在英国伦敦塔桥前举行
（市商旅集团 供稿）

路评选”“杭州文化旅游嘉年华”等活动。

7 月 3 日，由杭州市政府主办的“丝路记忆、最忆杭州”文化旅游推介会在越南首都河内举行。推介会以“生态杭州、文化杭州、数字杭州、现代杭州”为重点内容，通过旅游推介、虚拟激光换装秀、VR 游杭州现场体验、丝绸华服秀、戏剧演唱等形式展示杭州的文化底蕴和现代化发展水平。

【欧洲市场文化旅游营销活动】2019 年，杭州在英国《卫报》和《泰晤士报》，法国国家电视 2 台、5 台和 24 台，德国专业旅游杂志《悦游》及《国家地理（欧洲版）》等欧洲媒体上发布以“东方文明曙光、现代精致生活”为主题的杭州文化旅游专题宣传。

11 月 18 日，由市文化广电旅游局牵头，杭州西湖风景名胜区管委会、市文联等单位组成的杭州文化旅游推广团赴意大利，开展系列文化旅游推广活动。推介会围绕“最忆是杭州”的主题，重点介绍杭州在文化旅游融合后的平台和资源，用多元化的表达方式向与会嘉宾介绍世界文化遗产资源，自然、人文品牌以及以“杭州城市记忆工坊”“杭州全球旗袍日”等为代表的活动。在推介会现场，有杭州韵味的非物质文化遗产项目展示及互动体验区。11 月 20 日，推广团到佛罗伦萨会议观光旅游局进行交流学习。代表团就世界文化遗产保护中对于历史保护和城市推广之间的平衡、利用世界遗产进行旅游产品开发、旅游城市的国际营销及会奖旅游推广等方面进行互动交流，借鉴学习佛罗伦萨的成功经验。

【杭州全球旗袍日】2019 年 8 月 27 日，以“锦绣杭州 · 全球共舞”为主题的“2019 杭州全球旗袍日”活动在英国伦敦塔桥前举行。活动通过杭州织锦旗袍秀、旗袍换装和丝绸作画互动体验等内容，向伦敦市民展示中国旗袍文化和杭州城市魅力。在旗袍试穿体验区，不同式样的旗袍供参与者试穿拍照。意大利舞蹈家身着红色刺绣旗袍跳起杭州旗袍舞。在旗袍、团扇绘画体验区，设计师在旗袍上绘出写意的杭州山水，向活动参与者讲解在丝织品上作画的技术要点和中国风图案的基本特征。在设计师指导下，参与者在丝质团扇上绘出断桥、荷花、伦敦桥、伦敦眼等创意作品。活动中，杭州市歌《梦想天堂》音乐响起，来自中国和英国的芭蕾舞演员身着旗袍起舞。来自伦敦大学亚非学院的竹林七贤乐队在中国民乐伴奏中，演唱中国和英国的民歌。

【杭州旅游服务、展示中心设立】2019 年 6 月 9 日杭州旅游（台北）服务中心在台北挂牌成立。台湾的旅游协会和企业代表出席揭幕仪式。中心的主要功能是展示和推介杭州的文化旅游资源，为台湾居民赴杭州旅游提供“资讯、预定、投诉”。中心由杭州市文化广电旅游局主办、台湾雄狮旅行社协办，计划在全台湾地区打造一系列门店。10 月 7 日，位于日本大阪市中央区常磐町 2-1-15 大松大厦 1 楼的杭州旅游（日本）展示中心揭幕仪式举行，并开展杭州文化旅游推广活动。

【“城市记忆工坊”项目】2019 年 8 月 22 日，杭州市文化广电旅游局发布杭州“城市记忆工坊”项目。选取、整合全市 130 多个社会资源国际旅游访问点、博物馆和旅行社等资源，推出 30 多期内容涵盖中国古琴艺术、中国篆刻、中国蚕桑丝织技艺 3 项非物质文化遗产，以及微型风筝制作、王星记制扇技艺、梅家坞茶文化村茶道、胡庆余堂中药鉴别、手工艺活态馆油纸伞体验等文化旅游体验课程。至年末，来自西班牙、俄罗斯、美国、德国等 18 个国家、150 多名国内外游客和超过 1000 人次杭州市民参与。

【杭州新经济会议小镇推广交流会】2019 年 12 月 13 日，市文化广电旅游局召开杭州新经济会议小镇推广交流会。云栖小镇、梦想小镇、大创小镇、运河财富小镇、龙坞茶镇、艺创小镇、医药港小镇、萧山机器人小镇、青山湖微纳智造小镇等新经济会议小镇和在杭州的主要会议服务企业代表参加。会议旨在搭建供需交流平台，实现会议小镇与会议服务企业双方的需求互补、智慧碰撞、业务合作。会上，杭州新经济会议小镇代表介绍各自小镇的办会设施、商务考察资源，分享小镇办会经验、引会政策等情况。借助会议平台，杭州会奖企业代表们介绍各自的业务板块、特色服务、办会经验等。11 月，市文化广电旅游局推出首批十大“杭州新经济会议小镇”，并梳理各小镇内的特色会场和品牌会议，编印成册。

（市文化广电旅游局）

旅游管理与服务

【旅游市场综合监管】2019 年，市文

西溪国家湿地公园 （李 忠摄）

化广电旅游局开展春季、秋季旅游旺季集中整治行动，组织开展购物市场、一日游、“两黑”等专项治理。市、区两级出动旅游联合执法人员2.17万人次，依法处置“野导”82人次；检查各类旅游企业444个（次）、旅游团队1033个，实施行政处罚20起；及时妥善处置涉旅纠纷，共接到投诉案件1753起，处理率、结案率100%。

【杭州市文化旅游行业投融资体系建设】2019年12月12日，杭州市文化旅游行业投融资体系建设暨2020年杭州文化旅游年卡发布活动举行。市文化广电旅游局分别与中国工商银行、中国农业银行、中国银行、中国建设银行及杭州银行代表签订战略合作协议书，共同建设投融资平台、大数据平台、文化旅游产业数据库，推进杭州数字文旅和智慧文旅建设。双方将以《杭州市文化产业和旅游产业发展规划》为指引，五大银行将为杭州市文旅产业提供3000亿元授信额度，加快推进文旅产业转型升级与创新发展。在活动现场，2020年杭州文化旅游卡（市民版）正式发布。

【《杭州旅游指南》总印制222万册】2019年，《杭州旅游指南》（简称《指南》）总印制222万册，有568个派送网点。线上咨询依托微信公众号，提供交通导览、现实搜索、多语种电子书等服务。自2004年以来，《指南》累计发行3288.5万册，是涵盖中文（繁体和简体）、英文、日文、韩文、德文、法文、西班牙文等多种文字、多主题的杭州旅游基础服务手册。为纪念《指南》发行15周年，市文化广电旅游局举办“我为《指南》绘封面”、杭州旅游小讲堂、杭州旅游小小“宣传员”等系列宣传活动。其中，“我为《指南》绘封面”活动共征集到来自20多所学校近300幅作品。

【“旅游厕所革命”】2019年，杭州市以“一建设、二标注、三评级”为抓手，推进“旅游厕所革命”行动。至年末，新建成旅游厕所90座、第三卫生间45座。旅游厕所在百度地图上的标注率在全省名列前茅。12月，40座AAA级旅游厕所质量等级评定完成。 （市文化广电旅游局）

【旅游换乘服务】2019年，杭州旅游集散中心继续实行全年双休日及法定节假日期间小型车辆的换乘工作。7月，由于场地原因，黄龙体育中心旅游换乘点停运，保留西溪天堂旅游换乘点，增设尚城“1157”旅游换乘点。全年杭州市旅游集散中心换乘车辆18.2万车次、换乘人数36.3万人次。集散中心旅游客运13条旅游班车线全部分流至长运公司所属各车站。

【旅游公共咨询服务】2019年，杭州旅游集散中心做好旅游咨询公益服务。由于场地原因，游客服务中心搬迁至西溪天堂游客服务中心，“96123”旅游服务热线搬迁至西溪天堂咨询点。全年咨询中心共接待中外游客各类咨询服务约16.8万人次，各咨询点发放咨询宣传资料9.24万份，并于“十一”国庆节前完成延安南路咨询点（原市旅委信息中心）的开通运营工作。“96123”旅游服务热线共接听电话1.74万个。“96123”旅游服务热线一体化项目加快推进，对接杭州各区县（市）旅游咨询点，提升服务覆盖范围。加强与“96345”便民服务热线合作，开展旅游咨询服务进社区等公益活动，为市民游客提供便利的旅游咨询服务。 （梁 之）

责任编辑 秦文蔚

19 文化产业

综 述

【文化产业增加值 2105 亿元】2019 年,杭州市文化及相关特色产业实现增加值约 2105 亿元,比上年增长 13%,占 GDP 比重 13.7%,全市文化产业保持持续健康发展,产业综合实力增强。按照《浙江省文化及相关产业统计分类》统计口径测算, 2019 年,杭州市规模以上文化企业实现主营业务收入 7157 亿元,增长 16.2%,实现利润 1530 亿元,增长 17.4%。

【之江文化产业带建设】2019 年,杭州市落实《之江文化产业带建设规划》和《杭州市之江文化产业带建设推进计划(2018—2022 年)》,将建设之江文化产业带列入全市十大攻坚工程和"文化兴盛"专项行动。象山艺术公社、中国(浙江)影视产业国际合作区、杭州电魂网络科技股份有限公司游戏软件生产基地等项目建设完成,之江文化中心、夏衍影视文化特色街区、世欣万豪文创等项目开工建设,白马湖生态创意城国家文化产业示范园、浙江国家音乐产业基地萧山园区积极创建,重点项目建设完成开工率达 72%。推进之江文化产业带建设融入长三角一体化发展,先后赴上海、南京、宁波等长三角区域重点城市开展推介交流,吸引优质文化企业(项目)来杭发展,寻求区域合作机会。年内,招引国家(杭州)短视频基地、放刺电音制作学院、北京开心麻花文化发展有限公司、喜马拉雅浙江公司、天脉聚源"中国广电融媒云"等十余个行业龙头企业(项目)落地。至年末,之江文化产业带重点项目产业增加值超 700 亿元。

【动漫产业营业收入 198.2 亿元】2019 年,杭州动漫游戏产业实现产值 198.2 亿元,上缴税金 7.1 亿元。全市生产原创动画片 8683 集、时长 10.8 万分钟,制作动画电影 6 部,创作漫画作品 474 部、发行总量 165.5 万册,开发游戏产品 575 款,在电视、网络等平台累计播出杭产动画片 1.38 万集,时长超过 16.9 万分钟。杭州网易雷火科技有限公司、杭州电魂网络科技股份有限公司、浙江中南卡通股份有限公司、杭州阿优文化科技有限公司等 4 个企业入选杭州市 2019 年度文化旅游领军企业。

【杭产动漫优秀作品居全国城市前列】2019 年,杭产动画获推优数量占全国总数的五分之一,位居全国各城市第一。杭州玄机科技信息技术有限公司《天行九歌(21—60 集)》、杭州天雷动漫有限公司《小鸡彩虹》音乐小剧场第五季等电视动画片被国家广电总局列入推优目录;杭州娃娃鱼动画设计有限公司的《领风者》是纪念卡尔·马克思 200 周年诞辰而制作的网络动画,在《人民日报》等主流媒体被多次"点赞";浙江中南卡通股份有限公司《浙水千秋》入选国家广电总局 2019 年"弘扬社会主义核心价值观、共筑中国梦"主题原创网络视听优秀节目;杭州友诺动漫有限公司《乌龙院之活宝传奇》第三季、杭州幕星科技有限公司《北方的雁和南方的雀》、杭州籍火文化创意有限公司《伞少女梦谈》等漫画作品获 2019 年中宣部"原动力"中国原创动漫出版扶持计划;《昆塔:反转星球》《天眼归来》等获杭州市"五个一工程"优秀作品奖;杭州电魂网络科技股份有限公司、杭州网易雷火科技有限公司等本地龙头游戏企业获批中宣部出版局国内游戏版号。

【杭产动漫产业国际化】2019 年,杭州动漫响应国家"一带一路"倡议和中国文化"走出去"战略,境外销售收入达 5.8 亿元,足迹遍布五大洲 10 个国家和地区。中国国际动漫节作为国家展团的重要成员亮相法国昂纳西国际动画节、法国戛纳秋季电视节(MIPCOM)、新加坡 ATF 亚洲电视论坛等境外知名展会。浙江中南卡通股份有限公司、杭州电魂网络科技股份有限公司、杭州网易雷火科技有限公司、杭州绝地科技股份有限公司等企业获评国家文化出口重点企业。中国国际动漫节首次登陆非洲,将中国的动漫文化带到摩洛哥。杭州动漫作品和人才在国际舞台上崭露头角,浙江博采传媒创始人李炼受邀成为出任墨西哥瓜达拉哈拉国际电影节动画评委的首位亚洲电影人;入选奥斯卡评委的杭州动画导演、中国美院教授刘健, 2019 年动画作品《大世界》入选奥斯卡 25 部最佳长片动画电影的初选名单。

【文创产业创业投资引导基金投资99个项目】杭州市文化创意产业创业投资引导基金组建于2016年5月，系文创产业领域的政策性引导基金，通过与社会资本合作成立子基金的形式，鼓励引导社会各类资本投资杭州市文化创意产业领域，加大对中小微文创企业的投资力度，引导、助推杭州市文化创意产业健康发展。2019年，由文创引导基金参股设立的子基金已投资99个项目；引导基金放大规模19.89亿元，投资项目80个，投资额7.6亿元。（李 寒）

文化产业园区（文化创意街区）

【概况】2019年，杭州市文化产业园区（街区）保持稳步发展趋势。认定之江文化创意产业园等40个文化产业园区为"杭州市文化产业园区"，认定凤凰山影视文化街区等12个街区为"杭州市文化创意街区"。40个市级文化产业园区规划建筑总面积达588.06万平方米，集聚各类文化企业5341个。文化创意街区规划建筑总面积140.6万平方米，集聚各类文化企业1244个。

【中国（浙江）影视产业国际合作区】中国（浙江）影视产业国际合作区位于之江文化产业带——之江国际影视产业集聚区核心，由国家广电总局批复成立的国内唯一一个以文化出口为导向的国家级影视产业园区，2012年投入运营，总建筑面积12万平方米。园区以打造影视国际交流平台、国际影视人才培养平台、影视译制公共服务平台、海外大数据研究平台、文化企业海外发展服务平台、影视文化创意创作平台等六大产业平台为主，为入驻企业提供人才招聘、工商注册、税务代办、商标注册、法律顾问、项目申报、落实优惠政策等一站式服务。园区入驻企业40个，当年营业收入25.77亿元，利税0.35亿元。2019年被评为全国首批国家文化出口基地。

【杭州创意设计中心】杭州创意设计中心位于江干区艮山西路102号，是由国台办正式命名的全国唯一"两岸文化创意产业合作实验区"核心区块，2015年投入运营，总建筑面积4.76万平方米。园区以"设计"为主导业态，重点培育发展文化与科技融合、创意设计、广告会展等业态，集聚国内外优秀设计企业、文创企业，搭建创意设计成果转化平台、文创品牌推广营销平台、文创企业投融资平台、文化产权交易平台、文创人才培育实践平台、文创产业链配套平台等一系列服务平台，为入驻文创企业提供综合性产业链服务，培育文创品牌。园区入驻企业304个，当年实现产值近10亿元，利税4000万元。2019年被评为国家级广告业创新创业示范基地、浙江省重点文化产业园区（2017—2018年度）。

【经纬天地创意产业园】经纬天地创意产业园位于下城区石桥路279号，2010年投入运营，总建筑面积10万平方米。园区以设计服务、文化传媒、信息服务为主导产业，设立经纬创客基金、天隆投资基金，搭建广告摄影制作平台、工业设计公共服务平台、创业导师平台、新品发布会展平台等，形成浙江省工业设计、文化创意及科技孵化的中心。园区公共服务配套完善，建有国家级科技孵化器——天盛科创孵化器、国家级众创空间——经纬创造社，培育240多个企业。园区入驻企业250个，当年实现营业收入约20亿元，利税超1亿元。2019年被评为国家级广告业创新创业示范基地、浙江省重点文化产业园区（2017—2018年度）。

【凤凰御元艺术基地】凤凰御元艺术基地位于南宋皇城遗址腹地，2013年投入运营，总建筑面积6万平方米，入驻企业50个。园区以"续文脉、微更新、丰创意、美生活"为运营方针，为入驻企业提供金融服务、政策申报、宣传推广、资源对接、物业服务等科学规范管理和温情服务，打造健康、高效、可持续发展的企业生态系统。同时深耕南宋文化，每年举办南宋文化系列活动，引导园区内的文创企业做好南宋文创衍生品的开发，形成园区独特的文化标识。2019年被评为浙江省重点文化产业园区（2017—2018年度）。

【梦栖小镇设计中心】梦栖小镇设计中心位于余杭区良渚街道，紧邻良渚国家遗址公园和AAAA级景区良渚博物院，2016年投入运营，总建筑面积7万平方米。园区紧盯高端装备制造前端的工业设计，兼顾智能设计和商业设计，重点实施"科技、人才、文化、金融"战略，全力打造中国工业设计圣地、世界工业设计高地和全球资源聚合平台，世界工业设计大会会址永久落户园区。至年末，园区入驻企业63个，实现营收[illegible].83亿元，利税676.4万元。2019年被评为浙江省重点文化产业园区（2017—2018年度）、浙江省大众创业万众创新示范基地。

【艺尚小镇时尚文化、历史街区】艺尚小镇时尚文化、历史街区位于汀兰路，该街区由时尚文化街区和时尚历史街区组成，2016年投入运营，总面积43.9万平方米，入驻企业482个。主要园区3个，涉及楼宇74个，集聚国内外顶尖服装设计师24名。其中时尚文化街区以余杭文化艺术中心为轴心，主要分布于汀兰路两侧，打造一条研发时尚创意办公与时尚创客的文化创意街区。时尚历史街区保留29幢农村自建房原有的田园特色，以江南水乡风格打造一个创新创意汇聚、时尚电商企业、青年创业孵化一体综合文创板块。2019年被评为浙江省文化创意街区（2018年度）。

【之江文化创意园】之江文化创意园由西湖区、之江国家旅游度假区共同建设，是全国首个由水泥厂工业厂房改造的文化创意园，2008年投入运营，总建筑面积19.6万平方米。2013年被评为国内首个文化与科技融合的文创类国家级科技孵化器。园区有设计服务、现代传媒、动漫游戏、信息科技、文化旅游等主导产业，设有数字摄影棚、5.1电影数字混合录音棚、数字审片厅等设施，拥有完整的影视产业链和设计产业链，为入驻企业提供后勤配套、投融资、政策申报、品牌推广等多方面专业服务。园区入驻企业489个，当年实现营业收入12.1亿元，利税2.1亿元。

【东信和创园】东信和创园位于西湖区留和路，由东信集团老厂区改造而成，2011年投入运营，总建筑面积5.25万平方米。园区以文化创意和设计服务产业为主导，注重文化生活生态环境、服务环境和体验环境的建设，配套知名设计师打造的咖啡厅、书屋、茶书院等。高新科技产业融合发展，集聚浙江绿城联合设计有限公司等多个国内顶级设计企业。全年举办70多场活动与产品推广，"31Space艺术空间""LINE PAPK线形公园""泊空间"等设计理念成为文创设计界的典范。园区入驻企业76个，当年实现营业收入2.6亿元，利税0.2亿元。

【西溪乐谷创意产业园】西溪乐谷创意产业园以影视产业、互联网产业为主导，2014年投入运营，总建筑面积2.28万平方米。园区引进国家级众创空间腾讯众创空间项目（含文创加速器），以创孵体系为支撑，累计孵化项目127个，其中，84个项目获得融资，完成C轮和B轮融资项目各1个，完成A轮融资项目20个。短期迅速成长为腾讯平台体系内高速发展的样板，年内扩展为"腾讯杭州""腾讯义乌""腾讯安吉"多点空间。园区入驻企业34个，当年实现营业收入约11.5亿元，利税0.5亿元。

【丝联166文化创意产业园】丝联166文化创意产业园位于拱墅区丽水路166号，由杭州市历史建筑——杭丝联老厂房改造而成，2007年投入运营，总建筑面积3万平方米。园区以创意设计、文化艺术、丝绸及衍生品设计制作等主导产业，按照"保留、改造、创新"的原则规划，展现杭州旧工业建筑文化和丝绸产业文化，引进以创意设计类、文化艺术类、丝绸及衍生品设计制作展示等文化企业，打造集办公、展示、文化交流及相应的商业配套等多功能于一体，独具特色的文化产业园区。园区入驻企业101个，当年实现产值4.5亿元，利税1320.24万元。

【新青年演艺产业园】新青年演艺产业园位于萧山区闻堰街道湘湖路，2015年投入运营，总建筑面积5万平方米。园区以文化演艺、影视表演、艺术培训、舞美设计等"立足湘湖，引领浙江，辐射全国"的理念，聚力打造湘湖演艺品牌，通过"演艺+旅游""演艺+科技""演艺+商务""演艺+金融"打造文化演艺产业链、构建文化演艺生态圈、支撑文化演艺全服务的综合性艺术平台，形成集演艺产业、艺术培训、会议中心、演艺人才公寓及相关商业配套等功能为一体的文化演艺综合体。园区入驻企业65个，当年实现营业收入1.82亿元，利税746万元。

【新加坡杭州科技园·文化与科技融合创新中心】新加坡杭州科技园·文化与科技融合创新中心位于钱塘新区白杨街道，由新加坡星桥腾飞集团和杭州经济技术开发区共同投资建设，2009年投入运营，总建筑面积3.7万平方米。园区紧盯文化创意、软件研发、电子商务（跨境电商）、生物医药研发、数字经济及现代服务业等产业方向，引入国际一流的规划、设计和管理理念，汇集产业发展、综合服务与生态景观三大功能，打造集生活、工作、休闲、学习于一体的"国际化、市场化、人文化、生态化"的一流综合性高品质国际产业合作园和国际社区。至年末，园区入驻企业45个，实现营业收入13亿元，利税1亿元。

【杭州市大学生创业园（临安）】杭州市大学生创业园（临安）位于临安区锦北街道，园区毗邻浙江农林大学，2010年投入运营，总建筑面积3万平方米。园区以培育大学生、留学生文化创业项目为特色，依托自身发展定位和区域资源优势，搭建以产学研、人才优惠政策、创意文化、专业服务为一体的创业服务平台，通过引进的各类外部战略合作伙伴，为园内企业提供全方位的成长服务，每年大学生创业企业基本以年均30%～40%的速度增长，涵盖文化创意、新材料、智能科技、电子信息、生物医药等行业。至年末，园区入驻企业79个，实现营业收入5835万元，利税547万元。

【建德洋溪文化创意产业园】建德洋溪文化创意产业园位于建德市洋溪街道，是建德首个文化创意产业集聚区，2014年投入运营，总建筑面积19万平方米，年内被评为国家文化产业示范基地拓展区。园区由逸龙文化创意产业园、科技工业园、洋溪历史风情老街和休闲旅游产业集聚区组成，打造完善的硬件配套以及人力资源服务平台、信息交流服务平台、业务对接服务平台、政策对接服务平台、生活社交服务平台、公共配套服务平台、第三方服务平台等平台，为创业企业、创业者提供全方位的创业服务。园区入驻企业110个，销售额1.5亿元。

【凤凰山南影视文化街区】凤凰山南影视文化街区位于上城区大资福庙前路，街区总面积2.28万平方米，入驻企业27个。街区以影视文化为主

新加坡杭州科技园·文化与科技融合创新中心 （市文创办 供稿）

导，集聚电影频道杭州基地、杭州佳平影业有限公司、浙江睿宸影视制作有限公司等文化企业，由浙江省文化产业促进会牵头组建的影视浙军新力量发展联盟落户街区。街区内企业出品的电视剧《东方》《鸡毛飞上天》《麦香》分别入选第12届、14届、15届中宣部精神文明建设“五个一工程”奖。通过影视街区，将馒头山文化街区和玉皇山南基金小镇有机串联，使资本与影视产业实现有机衔接，让影视产业成为“有源之水”，实现资金、IP、制作一体化的影视产业链，打造杭州市影视文化产业主阵地。

【杭州新天地文化创意街区】杭州新天地文化创意街区位于下城区东文街90号，以工业主题文化为核心，占地面积56.67公顷，建筑总面积180万平方米，入驻企业40个，集演艺、会展、休闲、旅游、灯光秀等于一体的新概念文化综合体。街区共分为新天地艺术中心、新天地露天剧场、星光文化广场、新天地新远影城、新天地工业遗存保护展示中心、中国·武林美术馆、新天地太阳马戏秀场等七大板块，其中新天地太阳马戏秀场是国际著名演艺品牌加拿大太阳马戏在全球硬件投入最大的剧院，是亚洲唯一驻场秀，2019年8月9日开街。

（李　寒）

文化品牌活动

【第十三届（2019）杭州文化创意产业博览会】2019年9月19—23日，由市政府、浙江大学、中国美院共同主办，市委宣传部、市文创产业发展中心承办的第十三届杭州文化创意产业博览会（简称文博会）举行。本届文博会以“创意城市，连结世界”为主题，以白马湖国际会展中心为主会场，展示规模达7万平方米，设置国家主题展区、创意生活展区、文化科技展区等八大展区，先后举办23场专业活动，53个国家和地区的2000多个文创企业、机构参展或参加活动。展会期间，有28.6万人次观众参与，现场成交及签约项目总金额达167.5亿元，其中项目融资逾150亿元。澳联社、韩联社、日本共同社、德新社、意大利adn kronos通讯社、西班牙埃菲社、马新社、美国广播公司等欧美、亚太地区的520多个海外主流媒体和网站刊发转载报道，新华社、中新社、中国日报等100多个中央及省市主流媒体、网络媒体刊发相关报道近5000篇，网络转发文博会相关信息49万余条，新浪微博、抖音等新媒体平台网民关注点击量达2.2亿次。本届文博会参展机构满意率达97%，观众满意率达99%，已有73%的文创机构预定了下届文博会展位。

凤凰山南影视文化街区　（市文创办 供稿）

【杭州—台湾“创意对话创意”暨两岸文化创意产业交流对接会】2019年9月17日，由两岸企业家峰会现代服务业及文化创意产业合作推进小组、两岸企业家峰会中小企业合作及青年创业推进小组、市政府、省台办主办，市台办、市文创产业发展中心、江干区委、江干区政府承办的2019杭州—台湾“创意对话创意”暨两岸文化创意产业交流对接会，作为2019浙江—台湾合作周和第十三届（2019）杭州文化创意产业博览会的重点项目，在杭州文博会分会场——杭州创意设计中心的微立方发布厅举行。本届创意对话创意活动以“两岸青年创新创业”为主题，旨在深入探讨和推动两岸青年的创新创业交流对接，加强两岸青年文创人才的持续交流，促进两岸文创人才资源对接整合深入发展。

【中国数字阅读大会】2019年4月12—14日，由中国音像与数字出版协会、省委宣传部、市委宣传部主办的第五届中国数字阅读大会在杭州举办。本届大会以“e阅读，让生活更美好”为主题，围绕“新中国成立70周年”，从行业纵深、转型发展、跨界合作等方面全方位探讨数字阅读领域的巨大潜能，助力全民阅读推广，为杭州市的文创产业发展提供良好的展示窗口。大会开展“新中国成立70周年·2019数字阅读发展与技术博览会”，设置“媒体融合”“5G让生活更美好”等中华人民共和国成立70周年专题展区，举办“出版融合发展峰会”等六大专业领域主题峰会，同时创新举办“学习强国”专场互动、“青年作家创作大讲堂”和“阅见未来知识盛典”等活动。

【动漫产业高峰论坛】2019年4月30日至5月2日，第十五届中国国际动漫节动漫产业高峰论坛在滨江区白马湖建国饭店举行。主论坛以“新时代的动漫传承与发展”为主题，由中国国际动漫节执委会和中央电视台财经频道联合主办，《对话》栏目全程录制，奥斯卡最佳动画长片出品方、索尼动画影业制作总监帕姆·马斯登、美国迪士尼幼儿原创动画频道高级副总裁乔·达布罗西亚等国际专家及年度热门作品主创人员莅临现场，发表演讲、分享心得。大师班、新锐班等系列论坛分别围绕“新动漫新表达”“经典是如何诞生的”“动漫的现在与未来”“新动漫新语言”等主题，从创意实现、创新经验、技术使用、表现手法、行业趋势等多个层面帮助动漫从业人员提升原创能力。2019“漫创中国”通过嘉宾讲演、项目路演和圆桌会议等专业活动，展示一批优秀动漫游戏项目，分享国内外最前沿的动漫游戏资讯，探讨科幻与动漫融合发展的前景与方向。

【戛纳电视节中国（杭州）国际影视内容高峰论坛】 2019年6月5—7日，第三届法国戛纳电视节中国（杭州）国际影视内容高峰论坛（MIPCHINA）在杭州成功举办。本届论坛来自中国、美国、英国、日本、俄罗斯、意大利等22个国家和地区170多个影视公司的320位中外代表，国际影视巨头派拉蒙、美国PBS、法国高蒙、韩国SBS、马来西亚iFlix等首次参会。活动期间，共进行919场一对一洽谈，比上年增加15%；现场达成合作意向166个，意向金额超1450万美元，增加20.8%，参加国家数增加15%。

【杭州国际工艺周】 2019年10月24—27日，以“匠兴钱江·独一无二”为主题的杭州国际工艺周在杭州举办。本次活动为第十三届杭州文化创意博览会和第三届杭州钱塘江文化节系列活动之一，由江干区委、江干区政府、市文化创意产业发展中心主办，江干区委宣传部、江干区文化创意产业发展中心承办，杭州创意设计中心主会场展示及活动面积达4500平方米，设置展览、体验、分享、秀场和展中展5个板块。本届杭州国际工艺周以法国为主宾国，并邀请意大利、英国、日本、美国、瑞士等6个国家，来自法国工业设计署、法国Observeur设计奖、法国阿拉格设计奖、E-Art Design法国设计师联盟、瑞士设计师联盟、创意双城、台湾BAHC艺术机构、MOXI Studio、台北市工业设计发展协会等国际机构和地区的1000多位嘉宾齐聚杭州，接待观众3.68万人次，意向成交2600万元。（李　寒）

文化企业

【概况】 2019年，杭州市紧紧围绕之江文化产业带建设，培育龙头领军企业、着力引进大企业（集团），重点扶持中小微文创企业发展，企业整体经济效益持续向好。全市规模以上文化企业实现主营业务收入1.01万亿元，比上年增长20.5%；利税1858亿元，增长18.6%；利润1640亿元，增长19.5%。宋城演艺发展股份有限公司、浙江华策影视股份有限公司再次入选全国“文化企业30强”，咪咕数字传媒有限公司被认定为国家文化和科技融合示范基地，华数传媒网络有限公司、杭州玄机科技信息技术有限公司、杭州非奇科技股份有限公司成功入选省“文化＋互联网”创新企业。杭州电魂网络科技股份有限公司被中国软件行业协会评为2018中国软件行业最具影响力企业。杭州云圈网络科技有限公司被评为国家高新技术企业。浙江米奥兰特商务会展股份有限公司、浙江每日互动网络科技股份有限公司、浙江当虹科技股份有限公司等8个企业成功上市，全市上市文创企业达41个。

【认定文化金融特色服务机构6个】 2019年，杭州银行文创支行、杭州联合银行宝善支行、南京银行杭州滨江科技支行、中国邮政储蓄银行杭州市高新支行、浙江弘帆投资管理有限公司、浙江成长文创资产管理有限公司等4个银行和2个投资机构被杭州市委宣传部和杭州市金融办联合认定为“杭州市文化金融特色服务机构”，6个金融服务机构均以文化金融作为主要业务方向，是完善文化金融服务体系的重要抓手。

【“文创新势力”企业（项目）获融资16.4亿元】 2019年7月，第五届（2019）“文创新势力”推选活动正式启动，经过初审、复评、决赛等程序，最终入围的20个优秀企业（项目）总估值达230亿元，获得社会融资约16.4亿元。9月19日，“文创新势力”颁奖活动在杭州创意设计中心举行，“甩甩宝宝”“河小象”“执御”“高浪”“九样传媒”“辉联文化”“娃娃鱼动画”“单向空间”“缇苏”“博鸟绘本”等入选2019杭州“文创新势力”十强企业。

【浙江每日互动网络科技股份有限公司上市】 2019年3月，浙江每日互动网络科技股份有限公司（简称每日互动公司）在深圳证券交易所创业板上市，成为国内率先在A股上市的数据智能企业。公司成立于2010年，是专业的数据智能服务商。每日互动公司深耕开发者服务，并以海量的数据积累和创新的技术理念，构建移动开发、用户增长、品牌营销、公共管理和智能风控等多领域的数据智能服务生态。每日互动公司以消息推送技术服务为起点，专注于为App开发者提供高效、稳定的全场景解决方案，已成功服务人民日报、新华社、微博、滴滴出行等数十万App，积累海量且丰富的数据资源。同时，每日互动公司运用大规模机器学习、云计算、边缘计算等前沿技术，构建强大的数据中台，以中立、安全、可信赖的数据服务，为合作伙伴的数字化升级提供强有力的支撑。通过将技术与场景深度融合，数据智能产品和解决方案为企业和政府从业务洞察、科学决策到产业实践的全链路创新持续增能。每日互动公司设立大数据研究院、产品创新研究院等研发和创新中心，并与各类顶尖科研机构、高等学府成立多个数据智能联合实验室，共同推进大数据、人工智能等尖端技术的飞速发展。

【杭州当虹科技股份有限公司上市】 2019年10月，杭州当虹科技股份有限公司（简称当虹科技公司）在科创板上市。杭州当虹科技股份有限公司是定位于大视频领域、提供智能视频解决方案与视频云服务的国家高新技术企业。当虹科技公司提供“线下视频解决方案＋线上视频云服务”的整体视频服务，面向广电媒体、教育、互联网视频、各行业宣传等提供高质量、高性能、智能化的核心视频处理解决方案，覆盖视频直播、内容生产、互动运营等全产品线的视频能力与应用系统。全面满足媒体、娱乐、在线教育、移动互联网等行业的视频应用需求。当虹科技公司在公共安全业务方向，针对公安、司法、社会安防领域正在进行的AI、大数据、云计算的发展变革，推出鹰眼动态人像大数据应用平台、鹰眼静态人像搜索系统、移动警务应用、车辆大数据应用平台、视频云平台等系列应用解决方案，致力于中国亿级以上摄像头的智能视频分析与大数据挖掘应用，助力公安、司法、教育、政府、社会安防用户解放人力、用好视频数据提供强有力的服务支撑。

【浙江米奥兰特商务会展股份有限公司上市】2019年10月，浙江米奥兰特商务会展股份有限公司（简称米奥兰特公司）成功登陆创业板。米奥兰特商务会展股份有限公司主营境外会展策划、组织、推广及运营服务，聚焦中国走出去企业，打造“自主产权、自主品牌、独立运营”且布局全球的会展服务平台，为中国制造量身打造拓展全球市场，特别是“一带一路”市场的会展营销解决方案。公司展会已分别在土耳其、波兰、埃及、南非、尼日利亚、肯尼亚、约旦、墨西哥、巴西、哈萨克斯坦、印度、阿联酋等12个区域市场的集散国家举办。公司主办的展会在“一带一路”国家形成广泛的影响力，是“一带一路”市场买家采购中国商品的重要贸易平台。（李　寒）

文化人才队伍

【概况】2019年，杭州市研究出台《杭州市文化人才发展规划（2019—2022年）》《关于支持文化人才队伍建设的政策意见（试行）》，贯彻落实《杭州青年设计师发现计划》等专项政策。依托中国美术学院、杭州师范大学文化创意学院、杭州市文化创意人才协会、杭州文化创意研究中心等机构，继续实施“国际纹样大赛”“文化创意企业家孵化工程培训班”“成长型文化创意企业家高端培训班”“杭州市工业设计师发现与培养计划”“创意力量大讲堂”“工艺美术大师带徒学艺”等重点人才项目，推动全市文化产业人才载体建设。全市规模以上文化产业企业从业人员19.7万人。著名钢琴家郎朗、微博千万粉丝漫画家郭斯特等文化名人先后在杭州落户。全年举办12场创意力量大讲堂，参与人员2000多人次。市文创人才培训工程全年累计培训3300多人次，选拔并培养50位优秀文创人才出国深造。

【青年设计师发现计划】2019年，贯彻落实《杭州青年设计师发现计划》，重点做好杭州优秀工业设计师、青年勘察设计师和优秀广告人才的选拔、培养工作。年内派出经选拔的50位优秀文创人才出国深造。3月2—16日，选送11位优秀工业设计师赴德国开展专业培训；9月18—26日，选送11位优秀广告设计师赴日本开展专业培训；10月26日至11月3日，选送11位优秀青年建筑设计师赴日本开展专业培训；11月17日至12月6日，选送17位影视产业制作人赴英国开展专业培训。

【杭州师范大学文化创意学院推进高质量文创人才培养】2019年，杭州师范大学文化创意学院围绕现代文化创意产业和数字内容产业，致力于培养“人文、艺术与技术相融合”的创新创意人才，本硕学生核心竞争力指标显著提升。本科生省内第一档录取率100%，在浙江省招生分数线排名中，动画、数字媒体专业连续三年排名第一。本科生初次就业率为91.3%，创业率14%；硕士生签约率与就业率连续三年均为100%。本科生获得国家级一类学科竞赛奖10项，获奖数量与质量稳居省内同类院系前列。人才培养平台与形式不断丰富优化。学院戏剧与影视学学科获批“杭州市首批一流学科建设工程”，数字文化产业专业群获批列入“杭州市高校新型专业群建设工程”。主办国家艺术基金项目“文化品牌经营管理人才培训班”1次，联合市文创人才协会等机构主办“杭州市创意引擎训练营”等社会文创人才培训班2次。参与文博会、动漫节、海峡两岸文化创意产业高校研究生联盟论坛、浙江省大运会等活动370人次。

【第二轮“工艺美术大师带徒学艺”】2019年，由杭州市委宣传部（市文化创意产业发展中心）、杭州市经济和信息化委员会、杭州市园林文物局、杭州市运河集团共同主办，杭州工艺美术博物馆、杭州市京杭运河（杭州段）综合保护中心、杭州东家文博科技有限公司承办，第二轮“薪火传承计划——‘工艺美术大师带徒学艺’”（2019—2021）三年期项目有序推进。项目选取陶瓷、手绣、铜雕、木雕、王星记扇艺五个技艺，由郭艺、金家虹、朱军珉、郑胜宁、孙亚青等五位浙江省工艺美术大师用3年时间分别完成3名徒弟的技艺教学。举办为期1个月的首个短期传习手绣班，为全国25名经筛选学员提供线下培训的专业平台，完善工艺人才培养体系。

【杭州文创人才培养工程培训学员450人次】2019年，杭州市举办青年文创企业家初创班、青年文创企业家精品班、文创企业领军人才培养班、创意引擎研学营、“互联网+”影视主题培训班、文创天使投资人成长营和新媒体文创产业人才专题培训班等11期，培训学员达450人，比上年增长47%，培训时长达380多课时，学员满意度达98%以上。开展2期文创私董会、4期创意创业咖荟、9期文创资源对接会、9期文创读书会、10期酷创邦投融资服务、17次文创企业走访等交流活动，活动惠及总人数1500多人次，推进文创企业家的合作与交流。（李　寒）

责任编辑　章月影

数字经济 20

综 述

【数字经济核心产业主营业务收入11296亿元】 2019年，杭州市数字经济核心产业主营业务收入11296亿元，比上年增长19.4%；增加值3795亿元，增长15.1%，占全市生产总值的24.7%，占全省数字经济增加值的61%；数字经济制造业增加值896亿元，增长14.8%。数字内容、软件与信息服务产业分别增长16.3%和15.7%。阿里巴巴集团等8个企业入选2019年中国软件和信息技术服务综合竞争力百强名单；杭州海康威视数字技术股份有限公司等7个企业入选2019年全国电子百强名单。阿里云计算有限公司的市场占有率居全国第一位、全球第三位，杭州海康威视数字技术股份有限公司、浙江大华技术股份有限公司等数字安防产业相关企业的全国市场占有率超过50%、全球市场占有率超过30%。

【数字经济企业上市】 2019年，杭州市新增上市公司22个（其中科创板5个），上市公司总数192个，居全国第四位。新增上市公司中，虹软科技股份有限公司、杭州安恒信息技术股份有限公司、杭州鸿泉物联网技术股份有限公司等数字经济产业相关企业占50%以上。杭州鸿泉物联网技术股份有限公司在美国纳斯达克上市。

【制造业数字化改造专项行动启动】 2019年，杭州启动实施制造业数字化改造专项行动。全年重点实施139个以智能制造为方向的攻关项目，以区县（市）为主体实施1093个工厂物联网方向的推广项目，推广1万余个基于“云端服务”的普及项目。新增上云企业1.5万个。全市规模以上企业数字化覆盖率84.6%，超过年度目标14.56个百分点。

【紫光恒越项目落户萧山区】 2019年1月29日，萧山区与紫光集团签署战略合作协议，紫光集团将在萧山投资50亿元，建设紫光恒越工业4.0智能工厂和数字经济产教融合基地，计划五年内形成500亿元的安全可控信息技术产业规模。紫光恒越项目规划用地面积约4公顷，主要研究智能化生产系统及过程、信息与运营技术深入融合方案，以及虚拟现实、增强现实、人工智能、自动化无人工厂、智能综合监控等先进技术，将通过构建生产设备、生产资料、人员及生产信息系统间的全面连接及自动化、智能化运作，打造工业4.0样本的“高端智能制造基地”，预计投产后年销售额30亿元。

【“三化融合”行动比学赶超工作推进会】 2019年3月1日，“三化融合”行动比学赶超工作推进会召开。会上播放“三化融合”行动视频短片，市公安局交警局、市城管局、市文

2019年杭州市各地区数字经济增加值及增长情况

表21

地　区	增加值（亿元）	比上年（%）
上城区	26.3	6.0
下城区	24.3	15.3
江干区	39.0	3.0
拱墅区	31.9	10.0
西湖区	309.3	20.4
滨江区	1 201.6	16.5
萧山区	75.9	21.5
余杭区	1 648.5	15.2
富阳区	77.7	20.3
临安区	58.7	10.1
桐庐县	48.8	21.3
淳安县	8.3	7.8
建德市	8.4	6.0
钱塘新区	110.7	17.5

化广电旅游局、拱墅区政府、富阳区政府等城市大脑子系统的负责单位进行现场演示汇报，萧山区政府、余杭区政府、滨江区政府、建德市政府、市卫生健康委负责人做表态发言。

【AI Cloud 生态大会举行】2019 年 3 月 29—30 日，以“数据智理、AI 赋能”为主题的“智涌钱塘”AI Cloud 生态大会在白马湖会展中心举行。大会汇聚国内外专家、政府机构和产业界人士，探讨人工智能、大数据在各行各业的应用和发展趋势。设置主论坛与城市“智理”、公共服务、商业赋能、金融创新、智能制造协同发展 5 场分论坛，以及国际人工智能项目路演对接活动。

【杭州城市大脑升级】2019 年 4 月 13 日，杭州城市大脑应邀参加香港国际资讯科技博览会，展示杭州城市大脑文化旅游系统。9 月 30 日，城市大脑“数字驾驶舱”上线运行，实现“用一部手机治理一座城市”的目标。杭州城市大脑覆盖 11 个大应用、48 个场景，接入全市部门和区县（市）的 148 个“数字驾驶舱”，提升城市治理、民生服务和政府决策能力，并向全国输出“杭州经验”和“杭州方案”。

【中国空间技术研究院杭州中心签约】2019 年 7 月 25 日，杭州市政府与中国空间技术研究院签订《共建中国空间技术研究院杭州中心战略合作框架协议》。杭州中心是中国空间技术研究院全国三大重点区域战略布局之一。根据战略合作框架协议，中心首期拟建设空间人工智能控制研究中心、空间新材料和新结构研究中心、空间先进动力技术研究中心、空间生物实验服务中心、天地一体化国家重点实验杭州研究中心、空天信息融合与应用研究中心、智慧城市技术研究中心共 7 个研发机构以及 1 个智能装备研发与集成基地，致力打造长三角地区乃至全国的前沿技术创新平台、重点产业孵化中心及智能装备研发与集成基地，建设成为国内领先的空天信息融合应用与服务平台。

【政企战略合作深化】2019 年 9 月 12 日，杭州市政府与阿里巴巴集团签订全面深化战略合作协议。根据协议，双方将立足各自优势，深化移动办事之城、移动支付之城、新零售示范之城建设，合力共建基于飞天操作系统的全国云计算之城，为杭州建设“全国数字经济第一城”提供战略支撑。12 月 19 日，杭州市政府与浙江大华技术股份有限公司签订战略合作框架协议。根据协议，双方将围绕杭州市打造数字经济和制造业高质量发展“双引擎”和浙江大华技术股份有限公司“云生态、智未来”战略。通过合作，强化浙江大华技术股份有限公司在数字安防领域的优势地位和对杭州数字经济产业的带动作用，推动智能安防、智能机器人、智能制造、智能家居等重点领域产品创新，促进新能源汽车创新研发及规模化生产。

【杭州数字经济发展指数 83 分】2019 年 9 月 23 日，21 世纪经济研究院与阿里研究院共同发布《2019 长三角数字经济指数报告》，杭州市与上海市分别以 83 分和 74 分共同组成数字经济发展第一梯队。12 月 17 日，中国城市科学研究会智慧城市联合实验室发布《2019 城市数字发展指数报告》，杭州列第一位。12 月 30 日，浙江省数字经济发展领导小组办公室、省经信厅、省统计局联合发布《2019 浙江省数字经济发展综合评价报告》，杭州市综合得分蝉联第一名。在基础设施、数字产业化、产业数字化、新业态新模式以及政府和社会数字化 5 个方面均居全省第一位。

【全球数字金融中心落户杭州】2019 年 10 月 29 日，经中国人民银行同意，由中国互金协会和世界银行共同支持建设的全球数字金融中心在杭州正式成立。该中心是立址中国、面向国际的数字金融“产、学、研”一体化综合性机构，致力于增进数字金融发展国际共识，促进数字金融良好实践、标准和经验的传播运用，为发展新兴市场数字金融发展提供技术援助支持。

【世界电子贸易平台秘书处挂牌】2019 年 12 月 25 日，世界电子贸易平台（eWTP）秘书处在杭州挂牌，首个 eWTP 公共服务平台同步上线。秘书处位于西溪湿地洪园，是世界电子贸易平台独立常设机构，将承担日常运营、国际合作、国际培训交流、成果展示和规则模式发布等职责。

【国际数字经济人才杭州论坛】2019 年 11 月 9 日，以“数据智能新浪潮”为主题的国际数字经济人才杭州论坛在杭州国际博览中心举办。美国国家工程院、美国艺术和科学院院士陈世卿发表主旨演讲。在巅峰对话环节中，邀请云计算、物联网、大数据算法、人工智能方面的独角兽公司代表参加。阿里云计算有限公司首席智联网科学家兼 IoT 事业部首席技术官丁险峰、浩鲸云计算科技股份有限公司首席执行官鲍钟峻、出门问问信息科技有限公司硬件研发高级总监张博等人分享行业经验与技术趋势。

2019 年杭州市数字经济核心产业增加值及增长情况

表 22

产业名称	增加值（亿元）	比上年（%）
电子商务产业	1 847.01	14.6
云计算与大数据产业	1 380.91	6.0
物联网产业	581.61	13.6
数字内容产业	2 505.45	16.3
软件与信息服务产业	2 889.20	15.7
电子信息产品制造产业	911.34	10.6
集成电路产业	83.54	7.4
机器人产业	27.37	11.3

【浙商大会杭州数字经济专题活动举行】2019年11月13日，作为第五届世界浙商大会专题活动之一的打造全国“数字经济第一城”项目推介会在杭州国际博览中心举行。推介会围绕“三化融合”解决方案的主线，在城市大脑、“5G+”、云计算、人工智能、集成电路、信息安全、工业互联网、金融科技、跨境电商、智慧城市等领域，邀请9个企业进行优秀项目推介。

11月13—14日，“数字经济成果展”在杭州国际博览中心同步举行。展览重点聚焦浙江省及杭州市优势特色领域，邀请40多个企业设台参展。设置数字政府（城市大脑）、云计算、区块链、人工智能、集成电路、工业互联网、高端装备、5G智慧应用等8个板块。从产业生态角度，通过视频、图文、实物、沙盘、小型体验馆等形式进行互动展示。　（金子倩）

【西湖论剑·网络安全大会】2019年4月19—21日，以“安全：赋能数字新时代”为主题的2019年西湖论剑·网络安全大会在杭州国际博览中心召开。大会聚焦数字新时代下的网络安全热点，集结专家学者、行业内企业家近150位，开展交流对话，共同探讨数据经济时代下网络安全最前沿技术、安全赋能和产业生态建设。大会设1个主论坛、14个分论坛、网络安全创新成果展及中国杭州网络安全技能大赛等活动。网络安全大会面向全国20多个省、市征集网络安全创新成果，覆盖智慧城市、数字经济、区块链、云安全、大数据安全、态势感知等领域，最终评选出十大网络安全创新成果。

【杭州安恒信息技术股份有限公司上市】2019年11月5日，杭州安恒信息技术股份有限公司在上海证券交易所科创板上市。该公司主营业务为网络信息安全产品的研发、生产及销售，其产品及服务涉及应用安全、大数据安全、云安全、物联网安全、工业控制安全等领域。杭州安恒信息技术股份有限公司有获授权的专利66件（其中发明专利57件）、登记的软件著作权153件。　（蔡　荣）

软件和信息服务产业

【概况】2019年，杭州市软件和信息技术服务业主营业务收入4980.91亿元，比上年增长16.2%。其中：软件产品收入1245.89亿元，增长8.9%；信息技术服务收入3512.15亿元，增长24.9%；上缴税金454.53亿元，增长19.3%；软件业务出口10.66亿美元，增长7.4%。在全市数字经济核心产业中，软件和信息服务业核定增加值2889亿元，增长15.7%，占全市生产总值的18.8%，比重提高0.2个百分点，列全国中心城市第五位、副省级城市第三位。

全市软件和信息技术服务业有业务收入超过1000亿元的企业1个、超过100亿元的企业8个、超过10亿元的企业36个、超过1亿元的企业225个。阿里云计算有限公司、杭州海康威视数字技术股份有限公司、浙江大华技术股份有限公司、新华三集团、浙江中控技术股份有限公司、恒生电子股份有限公司、杭州信雅达科技有限公司、银江股份有限公司、杭州士兰微电子股份有限公司9个企业入选第十八届中国软件业务收入前百家企业名单。阿里巴巴集团、蚂蚁金融服务集团、网易公司、杭州顺网科技股份有限公司、杭州边锋网络技术有限公司5个企业入选2019年中国互联网企业100强排行榜。阿里巴巴集团、杭州海康威视数字技术股份有限公司、浙江大华技术股份有限公司、浙江中控技术股份有限公司、恒生电子股份有限公司、银江股份有限公司、新华三集团、浙大网新集团8个企业入选2019年（第四届）中国软件和信息技术服务综合竞争力百强企业名单。2019年9月24日，2019年全球金融科技百强榜单公布，恒生电子股份有限公司连续11年入选，排名第43位，比上年上升9位。

【软件行业利润总额1562.6亿元】2019年，全市软件行业利润总额1562.6亿元，占全国比重16.7%，行业利润率31.4%，高于全国平均水平18.4个百分点。软件业从业人员近28万人，上升11.6%，高于全国平均水平6.9个百分点；全员劳动生产力177.9万元/人，高于全国106.6万元/人。

【国际级软件名城项目推进】2019年，杭州市继续开展国际级软件名城创建项目征集，对295个企业予以补助。通过梳理分析2018年和2019年企业申报情况，政策导向作用明显，企业自主创新能力不断提升，再次申报企业的补助资金对研发投入的杠杆撬动倍数为3.6倍。前一年未获补助、第二年申报企业研发投入增长39.8%，研发强度提高10.7%。第二年新申报企业，研发强度23.7%，高于全市软件整体研发强度的2.2倍。

【软件企业参加名品会展】2019年，杭州市支持软件企业参加国内外各类会展、论坛和活动，7个重点软件企业参展。推荐优秀企业参与世界互联网大会重大签约和新产品新技术发布，全市5个数字经济项目签约，签约总投资156亿元，并有4个新产品在大会发布。

【网易未来大会】2019年11月23—24日，由杭州市政府、网易集团共同主办的“2019网易未来大会”在杭州国际博览中心举行。大会以“原点·共生”为主题，邀请诺贝尔奖获得者、院士专家、企业家等共同探讨未来数字经济的想象空间和落地应用，以及量子通信、5G、人工智能、区块链等前沿技术对社会和产业的影响。大会设置1个主论坛与4个分论坛，吸引4000多人次参加。在日本、新加坡、澳大利亚、美国、法国等30多个国家进行在线直播，总点击量近400万次。　（蔡俊杰）

云计算与大数据产业

【概况】2019年，杭州市云计算与大数据产业规模以上企业主营业务收入2947.7亿元，比上年增长16%；增加值1381亿元，增长6%。阿里巴巴集团与网易公司达成战略合作、与浙江华通云数据科技有限公司签订合作备忘录。新华三集团全年x86服务器市场销售额增幅42.3%，x86服务器市场占比16.1%。杭叉集团、杭州联众医疗科技有限公司、政采云有限公司、浙江华通云数据科技有限公司、杭州朗和科技有限公司5个企业的云平台获“浙江省第三批行业云应用示范平台”称号。杭州合众数据技术有限公司等15个企业获“浙江省第五批大数据应用示范企业”称号。12月19日，杭州以综合型信息消费示范城市的定位进入工业和信息化部信息消费示范城市建议名单。2019年11月11日，天猫“双十一”全球狂欢节期间，阿里巴巴集团核心系统实现100%上云，订单峰值54.4万笔/秒，单日数据处理量970PB。

【杭州云计算与大数据企业参与起草国家标准】 2019年8月30日，由全国信息技术标准化技术委员会云计算标准工作组归口管理的12项云计算国家标准发布。阿里云计算有限公司、新华三集团、城云科技（杭州）有限公司、快威科技集团有限公司等杭州云计算与大数据企业合计参与起草其中11项标准。至年末，中国互联网企业在云技术领域的中国专利申请量共计13.98万件，阿里巴巴集团以3671件居专利申请榜第2位，杭州迪普科技股份有限公司、杭州安恒信息技术股份有限公司、杭州海康威视数字技术股份有限公司、浙江宇视科技有限公司分别居第23位、第27位、第28位和第36位。

【杭州·云栖大会】 2019年9月25—27日，由杭州市政府、阿里巴巴集团和蚂蚁金融服务集团共同主办的“2019杭州·云栖大会”在云栖小镇举行。大会以“数·智”为主题，聚焦数字经济核心议题，吸引全球6.8万人参会，约11万人次参与活动，并通过网络直播覆盖全球135个国家和地区，国内外用户超过1250万人次观看大会直播。活动现场，超过1000名嘉宾参与演讲分享，包括各界专家和院士近100人，并发布全球最强AI芯片“含光800”、公布第二届青橙奖获奖名单。超过2万平方米的大会展区呈现全球前沿科技发展成果。除国内企业外，英特尔、埃森哲、惠普、三星等超过100个国际公司和合作伙伴参展，推动科学家、企业家、技术人、开发者、应用者之间的前沿知识共享和产业互动链接。

【OceanBase数据库列全球榜首】 2019年10月2日，蚂蚁金融服务集团自主研发的数据库OceanBase在被誉为“数据库领域世界杯”的TPC-C测试中列全球榜首。10月20日，阿里云计算有限公司自主研发的关系型云数据库PolarDB获第六届世界互联网大会“世界互联网领先科技成果”称号。该数据库能满足高吞吐在线事务处理的需要。（周狄波）

2019年9月25—27日，“2019杭州·云栖大会”在云栖小镇举行

（市经信局 供稿）

物联网产业

【概况】 2019年，杭州基本形成从上游产业关键控制芯片设计研发，到中游产业RFID、传感器和终端设备制造，再到下游产业物联网系统集成以及相关运营业务的产业链体系。杭州市物联网产业发展“十三五”规划提出到2020年，全市物联网产业规模1800亿元。列入全市数字经济核心产业统计的物联网产业营业收入2039.8亿元，增长14.1%，提前一年完成“十三五”规划目标。

【物联网芯片研发】 2019年，杭州国芯科技股份有限公司完成1.5亿元B轮融资，专注物联网人工智能芯片研发。杭州岸达科技有限公司利用最新传感器技术研发毫米波雷达芯片，将重点应用于智能汽车领域，助力人工智能产业加快发展。易兆微电子（杭州）股份有限公司研发蓝牙芯片YC11XX系列项目。杭州熠芯科技有限公司开展千兆以太网控制芯片研发。杭州芯耘光电科技有限公司开发面向数据中心高速互联的光模块芯片及器件。

【海康威视获批国家新一代人工智能开放创新平台】 2019年8月29日，2019年世界人工智能大会在上海开幕，科学技术部发布新启动建设的10个国家新一代人工智能开放创新平台。其中，杭州海康威视数字技术股份有限公司的“视频感知新一代人工智能开放创新平台”获科学技术部批复。该平台是杭州获批的第二个国家级人工智能开放创新平台。

【Link物联网平台建设】 2019年，阿里云计算有限公司Link物联网平台将战略投入物联网云端一体化使能平台、物联网市场、ICA全球标准联盟等三大基础设施，推动生活、工业、城市三大领域的智联网建设，实现“服务100万开发者、沉淀100万物联网应用解决方案、链接100亿物联网设备，撬动全球物联网产业实现万亿市场规模”的目标。阿里巴巴集团开发的AliOS Things系统是面向IoT领域的轻量级物联网嵌入式操作

系统，可以应用在智能家居、智慧城市、新出行等领域，有效推动物联网产业生态的拓展。（裴 敏）

电子信息产品制造产业

【概况】2019年，杭州市电子信息产品制造产业主营业务收入3640.7亿元，比上年增长11.3%；增加值911亿元，增长10.6%；新产品产值1760.70亿元，增长11.7%，新产品产值率75.8%。其中，杭州和利时自动化有限公司、杭州永特电缆有限公司、统合电子（杭州）有限公司、浙江南都电源动力股份有限公司等企业的主营业务收入增速均超过30%。统合电子（杭州）有限公司表现最为突出，营业收入增幅171.9%。浙江铖昌科技有限公司、杭州中科微电子有限公司、杭州华普永明光电股份有限公司、杭州迪普科技股份有限公司、浙江中控技术股份有限公司获2019年浙江省“隐形冠军”称号。

【7个企业入选2019年电子信息百强企业榜单】2019年7月18日，中国电子信息行业联合会发布2019年电子信息百强企业榜单，浙江省13个企业上榜。其中，杭州企业7个，分别为杭州海康威视数字技术股份有限公司、富通集团有限公司、浙江大华技术股份有限公司、新华三技术有限公司、浙江富春江通信集团有限公司、万马联合控股集团有限公司和浙江南都电源动力股份有限公司。该榜单评选由工业和信息化部指导、中国电子信息行业联合会主办。根据榜单，杭州市排名最靠前的企业为杭州海康威视数字技术股份有限公司，排名第14位。

【6个企业入选2019年中国电子元件百强企业榜单】2019年7月18日，中国电子元件行业协会信息中心发布“2019年（第三十二届）中国电子元件百强企业”榜单。该榜单根据企业的规模实力、财务状况和研发能力等要素分析形成。富通集团有限公司、浙江富春江通信集团有限公司、杭州富生电器有限公司、杭州日月电器股份有限公司、浙江万马天屹通信线缆有限公司、杭州微光电子股份有限公司6个杭州企业入选。根据榜单，杭州市排名最靠前的企业为富通集团有限公司，排名第四位。

【中国科学院上海光学精度机械研究所杭州分所揭牌】2019年9月21日，中国科学院上海光学精度机械研究所杭州分所（杭州光学精密机械研究所）揭牌仪式在杭州富春湾新城举行。杭州分所由中国科学院上海光学精度机械研究所与富阳区共建，为上海光学精度机械研究所的直属机构，同时注册设立杭州光学精密机械研究所，实施“两块牌子、一套班子”的运作机制。该机构将推进成果孵化、熟化与转化，完善“人才引育+科技创新+资本嫁接+产业转化”功能架构体系，推进“人才链、创新链、资金链、产业链”融合，强化打通功能材料和激光技术应用过程的关键环节。在揭牌仪式上，杭州分所首批引进研发项目进行签约，主要包含智能装备制造、特种光纤及应用、光电功能材料等三大领域的12个项目。同时精密光学加工与检测装备项目、先进红外光学材料和技术项目、高功率激光光纤项目及第四代宽禁带半导体材料项目等部分研发项目代表进行现场路演。（裴 敏）

集成电路产业

【概况】2019年，杭州市集成电路产业主营业务收入282.3亿元，比上年增长8.8%；增加值84亿元，增长7.4%。在集成电路设计领域，全市有设计企业121个，销售额132.64亿元，增长11.14%，销售额超过1亿元的设计企业21个。杭州海康威视数字技术股份有限公司的国家“核高基”（核心电子器件、高端通用芯片及基础软件产品）专项——基于高性能Smart265高清智能IPC芯片开发的高清智能IPC整机样机，形成每月50万台的出货量。平头哥半导体有限公司、联芸科技（杭州）有限公司、博雅鸿图视频技术有限公司、杭州暖芯迦电子科技有限公司等重点企业在处理器芯片、存储芯片、特定功能芯片和生物芯片等研发领域取得进展。

【杭州国家“芯火”双创基地EDA服务平台搭建】2019年3月28日，为搭建更优的EDA（电子设计自动化）服务平台，杭州国家“芯火”双创基地召开面向全市集成电路设计企业的EDA公共服务需求座谈会，并赴合肥、苏州、上海等地调研集成电路EDA平台建设经验。完成EDA服务器搭建和北京华大九天软件有限公司、锉腾电子科技有限公司、新思科技有限公司、Mentor公司等EDA工具的招标采购和搭建工作。

【中国研究生创“芯”大赛举行】2019年8月2—5日，“华为杯”第二届中国研究生创“芯”大赛在滨江白马湖建国饭店举行。中国研究生创“芯”大赛由教育部学位与研究生教育发展中心、中国科学技术协会青少年科技中心联合主办，是“全国研究生创新实践系列大赛”之一。来自全国93所高校的468支队伍报名参赛。经过综合评审，151支队伍获决赛资格。经笔试、机考、答辩以及现场路演，浙江大学的604小分队、eda小分队、hwSec、ICLAB干活不累队获一等奖，浙江大学deepzz、创芯搭档团队获二等奖，浙江大学和杭州电子科技大学获优秀组织奖。

【半导体大硅片项目竣工投产】2019年6月30日，中欣晶圆首批8英寸（200毫米）半导体大硅片下线。11月22日，中欣晶圆大硅片项目整体竣工投产，该项目填补杭州集成电路产业制造环节的短板。中欣晶圆由日本Ferrotec株式会社、杭州大和热磁电子有限公司及上海申和电子有限公司共同投资成立。首个项目包括3条8英寸（200毫米）和2条12英寸（300毫米）半导体硅片生产线。

【数字视网膜芯片发布】2019年11月22日，杭州博雅鸿图视频技术有限公司“数字视网膜视觉智能芯片项目”进展汇报会在云栖小镇召开，现场发布数字视网膜首颗芯片——“鸿芯图腾GV9531”，并启动数字视网膜生态伙伴启动仪式。“鸿芯图腾GV9531”是数字视网膜系列首颗芯片，是自主可控、安全可信的高性价比和高效能比的视频编码解码及AI

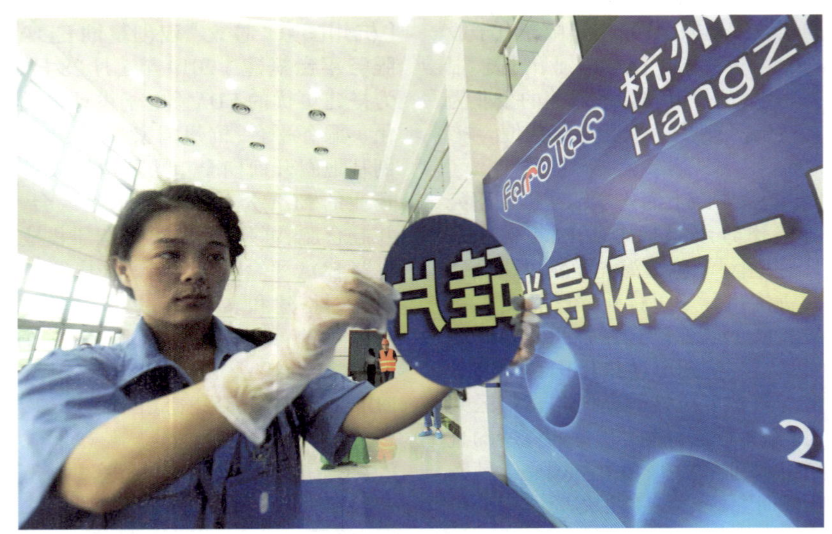

2019 年 6 月 30 日，中欣晶圆首批 8 英寸（200 毫米）半导体大硅片下线
（市经信局 供稿）

计算解决方案，该芯片可广泛应用于智能摄像机、智能物联网关、AI 服务器、应用系统服务器等设备的计算芯片和集群应用，可为智慧公安、智能交通、城市大脑等应用场景提供高性价比的赋能计算平台，降低计算成本。

【“天堂镓谷芯片研究中心”项目打造】2019 年 8 月 23 日，杭州镓谷科技有限公司成功竞得紫金港科技城双桥云谷单元地块，用于打造“天堂镓谷芯片研究中心”。项目总用地面积 3.33 万平方米，容积率 2.5，总建筑面积 12.83 万平方米，预计总投资额 10 亿元，拟建设研发、试验、检测和产业化配套用房等。该公司为浙江省微波毫米波射频产业联盟单位之一。联盟支撑平台的实验室面积超过 3100 平方米，先进设备仪器 200 多台，设备原值 1 亿元以上。联盟集聚 8 个相关企业，包括微波芯片、毫米波芯片、电源芯片、软无芯片、微波组件、芯片封装验证和芯片 IP 交易等领域的高新技术企业。

【MRAM 芯片研发成功】2019 年 4 月，浙江驰拓科技有限公司 MRAM 芯片 1M 样片研发成功，位元最好良率 99.996%，电阻稳定、百万次擦写、10 年数据保存等主要指标初步得到验证。项目团队正进一步攻关，争取实现小批量量产。浙江驰拓科技有限公司新型高端存储芯片研发中试基地项目于 2017 年 1 月奠基，11 月建设完工，总投资 12 亿元。

（裴　敏）

机器人产业

【概况】2019 年，全市机器人产业规模以上企业营业收入 94.8 亿元，比上年增长 10.6%；增加值 27 亿元，增长 11.3%。重点企业保持良好的发展态势，杭州中亚机械有限公司营业收入增长 20.6%、杭州海康机器人技术有限公司增长 9.4%、杭州永创智能设备有限公司增长 7.9%、杭州国自机器人有限公司增长 17%。

3 月，由浙江菜鸟供应链管理有限公司牵头，联合浙江国自机器人技术有限公司、沈阳新松机器人自动化股份有限公司等企业及哈尔滨工业大学（深圳）、浙江大学等高校研发的“面向电商的无人化柔性仓储物流机器人系统及应用示范”项目，获国家重点研发计划“智能机器人”重点专项立项支持。10 月，浙江厚达智能科技股份有限公司结合“互联网+人工智能”理念，开发的“中药智能化煎制系统”新产品被认定为 2020 年浙江省装备制造业重点领域首台（套）产品。11 月，由杭州新松机器人自动化有限公司牵头，联合浙江大学机器人研究院、浙江双环传动机械股份有限公司、浙江国辰机器人研究院、浙江瓯达机器人制造有限公司等单位，共同创建的中国（浙江）机器人及智能装备创新中心被列入省制造业创新中心创建名单。

【SLIM 叉式搬运机器人】2019 年 4 月 23 日，中国移动机器人（AGV）产业联盟主办的第九届生产物流与智能仓储暨物流搬运机器人推进大会在深圳召开，浙江国自机器人技术有限公司发布新品——SLIM 叉式搬运机器人。SLIM 叉式搬运机器人相继亮相美国芝加哥国际物流展、德国慕尼黑国际物流博览会（Transport Logistic）。SLIM 叉式搬运机器人搭载国自机器人自主研发的 GRACE 系统，支持混合导航模式，自重为 590 千克，车体宽度 88.2 厘米，最大荷载 1400 千克，起升高度 1.6 米，可实现多楼层运行。该机器人通道宽度要求低，在达到堆高式叉车 AGV 载重要求的同时，只需 2 米的通道宽度，更适应于仓储物流环境。

【新松机器人通过验收】2019 年 7 月 29 日，杭州新松机器人自动化有限公司承担的浙江省重大科技专项重点研发计划项目——“机械电子智能化生产线开发及应用示范”通过验收。项目针对基于多机器人协调的智能化生产线开发，开展工业柔性化定制、多机器人的协同和控制系统研制。相关成果获 2018 年度浙江省科技进步奖二等奖。

【智能制造技术人才培养论坛】2019 年 8 月 25 日，杭州机器人协会联合杭州指南车机器人科技有限公司在中国（杭州）人工智能小镇召开“智能制造人才培养”论坛，智能制造行业内 10 多位专家、学者和 40 多个机器人系统集成商，以及 300 多名智能制造行业工程师参加。受邀嘉宾从工业机器人应用生态、技术专业人才培养探索、工业机器人就业前景等方面展开探索和分享。

【中国（杭州）国际机器人西湖论坛】2019 年 10 月 18—20 日，由浙江省机器人产业发展协会、萧山区政府共同主办的第五届中国（杭州）国际机器人西湖论坛在杭州国际博览中心举办。论坛聚焦“人机共融”主题，围绕“技术、产业、教育”等方面，探讨机器人技术进步与产业发展的关键问题。论坛设人机共融、机器人产业发展两个主论坛，并设国际机器人合作、工业移动机器人、服务机器人、机器人教育、机器人创业创新与投融资等5个专题论坛，开展机器人成果展示和机器人竞赛等一系列活动。论坛期间，筹建国际机器人组织联盟启动，搭建国际机器人交流合作平台。联盟总部落户萧山机器人小镇。

（张向荣）

信息基础设施

【概况】2019年，杭州市主要通信运营商的通信行业业务收入203.37亿元，比上年增长2.8%。杭州城域网出口带宽10.1T，增长15.6%；因特网出口带宽8901G，增长9%。5G基站规模1.22万个。全市4G用户1351万户，固定电话用户261万户，减少4%。互联网宽带接入用户551.46万户，增长3%。全市电信运营商根据电信基础设施共建共享要求，加强资源共享，优化网络环境，提升服务质量。10月，杭州联通公司“未来数字空间”5G创新体验中心开馆。杭州移动公司实现核心主城区、县域核心城区以及主要科创园区全覆盖，平均下载速率890Mbps。

【IPv6建设和应用推进】2019年，杭州市基本完成IPv6规模化部署。IPv6建设处于优化完善和应用实施阶段，主要包括基础网络设备和支撑系统改造、互联出口带宽扩容、IPv4和IPv6双栈运行与过渡、重点网站IPv6改造和应用、金融等重点行业应用推进、IPv6用户扩展等。

【中国（杭州）5G创新园开园】2019年1月20日，中国（杭州）5G创新园开园。园区位于杭州未来科技城核心区块，一期建筑面积10万平方米。开园仪式上，中国（杭州）5G创新园与中国移动通信集团浙江有限公司等11个机构、企业签订10个5G产业项目协议，包括加快推进数字经济发展战略合作、人工智能（杭州）研究中心等。创新园将优先在人工智能、AR/VR、无人机、智慧社区、智能物流等产业领域开展测试，推进产业应用，并将为5G创新企业提供优惠政策。

【5G网络建设推进】2019年，杭州市立足打造5G标杆城市，大力推动5G网络建设与应用，全年建成5G基站1.22万个。4月25日，市政府印发《杭州市加快5G产业发展若干政策》。4月28日，《杭州市5G基站站址布点规划（示范区部分）》和《杭州市5G产业发展规划纲要（2019—2022年）》（征求意见稿）印发。6月17日，杭州市数字经济发展工作领导小组办公室正式印发《杭州市5G产业发展规划纲要（2019—2022年）》，构建“一网络一政策一规划”的5G网络建设和产业应用推进体系。11月1日，杭州5G商用套餐正式上线。12月14日，市政府办公厅出台《关于加快公共资源开放推动移动通信基站建设的指导意见》，优化基站建设环境。

【中国（杭州）5G创新谷开园】2019年5月25日，5G产业峰会暨中国（杭州）5G创新谷开园仪式在萧山区举行。创新谷一期总面积约10万平方米，位于钱江世纪城核心区。创新谷将围绕聚焦5G上游行业核心器件研制、5G下游行业应用开发两大方向，培育5G产业及细分行业领军企业。5G创新谷由浙江5G研究院、浙江容亿投资管理有限公司、浙江火炬中心联合萧山区按“一院一园一基金+专业机构运营”模式合力打造。活动现场，浙江5G研究院揭牌、中国移动集团5G联合创新中心浙江5G研究中心揭牌、“5G+”亚运先行先试区签约等仪式举行。

【“绽放杯”5G应用征集大赛决赛】2019年10月16日，在工业和信息化部指导下，由中国信息通信研究院、IMT-2020（5G）推进组和中国通信标准化协会共同主办的第二届“绽放杯”5G应用征集大赛决赛在杭州举行。大赛自2019年1月23日启动以来，组委会陆续举办浙江、上海、江苏、四川和广东等区域赛事，智慧城市、智慧生活、智慧工业、智慧医疗、智媒技术、云应用、车联网和虚拟现实8个专题赛，以及多场研讨会、沙龙、培训等活动。大赛共收到参赛项目3731个，参赛项目以试验、应用示范为主。经过网络投票、区域赛、专题赛、初审、复赛、决赛等环节选拔，共有30个优秀项目进入决赛。大赛设置一等奖10个、二等奖20个、三等奖30个、优秀奖60个，以及最佳人气奖等奖项。“5G+智慧医联体创新基地”“5G通信技术在智能电网中的应用”“5G远程急救指挥中心”等10个项目获一等奖。

【5G（杭州）应用创新服务平台合作协议签署】2019年10月19日，由工业和信息化部、浙江省政府共同主办的部省合作推进工业互联网发展联席会议上，中国信息通信研究院与余杭区政府共同签署5G（杭州）应用创新服务平台合作协议。服务平台聚焦5G与工业互联网相关业务应用、关键技术、产业及政策的研究，为设备商、解决方案开发商、工业企业等提供5G与工业互联网供需对接平台，开展咨询服务、融合技术研究及方案孵化，支撑相关产业发展，推动5G与工业互联网融合应用的落地。中国信息通信研究院和余杭区政府本着“资源共享、优势互补、合作共赢、持续发展”的原则，以“服务国家战略实施，促进地方产业升级”为导向开展合作。

（周狄波）

通信服务

【概况】2019年，中国电信股份有限公司杭州分公司（简称杭州电信公司）主业员工2752人。至年末，杭州电信公司全业务主营收入71亿元。宽带用户净增11.6万户，移动用户净增27.5万户，其中5G用户16.7万户。云业务收入14.7万元，比上年增长48%。物联网发展累计净增231万户。移动5G网络形成规模覆盖，主城区基本实现连续覆盖。加大3G网络退网力度，4G网络持续优化补盲。MR覆盖率97.2%，推进GPON千兆覆盖，占比93.7%，百兆全覆盖。杭州电信公司推进5G网络建设进度，新建基站2400个。5G网络商用步伐加快，打造业务生态圈。助力数字经济

2019年5月17日，杭州电信公司5G智慧体验馆开馆

（杭州电信公司 供稿）

"一号工程"建设，杭州电信公司与西湖区、滨江区政府签约，实现千兆宽带和5G网络全覆盖，加快城市及公共服务数字化，推进数字产业化和产业数字化。与杭州市城乡建设委员会合作"智慧村镇"建设项目，推进视频监控系统建设发展，促进信息共享和业务协同。杭州电信公司与杭州互联网法院合作打造"5G+区块链"执行新模式，增强法院执行透明度和规范化，探索场景应用合作。与杭州杭氧股份有限公司合作推进"5G+工业互联网"，助力实现智能制造和信息化目标。"5G+智慧医疗"应用有助于实现大智慧医疗，浙江省人民医院医联体建设进行5G远程医疗试点。杭州电信公司围绕提速降费、反诈反骚扰、用户信息安全等民生工作，立足民众所需，遵循"方便用户、公开公平、诚实自愿"原则，提供"携号转网"服务。由杭州电信公司负责运营的杭州市"12345"市长公开电话获"2019年度中国最佳政府服务热线"称号。杭州"12345"热线运营管理能力不断提升，日均话务处理能力突破1.8万次，全年受理市民各类诉求629.5万件。

中国移动通信集团浙江有限公司杭州分公司（简称杭州移动公司）下设13个生产单位、10个职能部门和工会，员工2900多人。全年通信服务收入98.6亿元，增长5.5%；通话用户1000万个，4G网络活跃用户924万个，宽带用户215万户。杭州移动公司加快5G新型基础设施建设，探索出"一融三化"（全流程多维度融合提效能，"标准化、数字化、场景化"促进展）5G无线网工程实施新方法。至年末，5G基础设施建设累计投入超过30亿元，站点建设超过7000多个，覆盖总面积超过1400平方千米，实现核心主城区、县域核心城区以及主要科创园区全覆盖。4G基站2.8万个，4G网络人口覆盖率超过99%，日均流量总量3700T。

中国联合网络通信有限公司杭州市分公司（简称杭州联通公司）有在职员工近2000人。全年杭州联通公司业务收入32亿元，增长1.0%。杭州联通公司围绕"三化融合"和数字经济"一号工程"，推进5G网络覆盖及融合应用，完成5000个5G站点建设（包含与杭州电信公司共建共享的站点）。加快5G商用步伐，开展"5G+工业互联网"、智慧医疗、智慧旅游、智慧教育等方面的建设，实现城市大脑平台建设的突破，成功实施智慧人大、大径山智慧旅游、智慧安防小区等项目。杭州联通公司获中国通信行业优秀质量管理小组等荣誉。杭州联通公司采用严控骚扰电话传播渠道、强化异常号码监测、分析、处置等多项措施加强诈骗骚扰问题管控。全年累计监测管控疑似骚扰电话9.81万户，建立身份信息黑名单2861个。完善管控制度建设、增加信息沟通共享，持续落实诈骗骚扰号码的整治工作。

杭州电信公司、杭州移动公司、杭州联通公司完成中华人民共和国成立70周年活动，省"两会"、市"两会"、"第二届中国人工智能创新峰会"、2019年全国大众创业万众创新活动周、第二十一届浙江省农业博览会、浙江"5G+"行动联合发布会、杭州国际马拉松、第二届"2050大会"、网易未来大会以及抗击"利奇马"台风等通信网络保障任务。

（孔 咏 周云飞 柴萍燕）

【电信5G智慧体验馆开馆】2019年5月17日，杭州电信公司在武林手机广场四楼举办"5G新未来"发布会暨5G智慧体验馆开馆仪式。体验馆的智能应用展厅以政企应用为主，全方位展示政企各行业信息化解决方案，现场演示5G智慧应用，直观展现5G技术带来的发展和进步。同日，5G体验专线正式发车。投入运营的51路环湖公交车成为全国首辆5G观光巴士。全车应用5G网络技术，把沿线景点实时回传车内4K大屏幕播放。在完成主城区、萧山区和余杭区的网络覆盖及其他5个区县（市）核心城市的覆盖上，持续深化网络覆盖。8月16日，电信5G手机开售，5G用户体验活动正式启动。10月31日，杭州电信公司在武林营业厅正式召开5G商用发布会，标志着杭州电信5G商用开启。

【杭州电信陈列馆入选工业文化遗产】2019年10月18日，国务院国有资产监督管理委员会在北京举行中央企业工业文化遗产（信息通信行业）名录发布活动，30个工业文化遗产项目入选中央企业工业文化遗产（信息通信行业）名录。中国电信集团有限公司共有11处工业遗产入选，杭州电信陈列馆为其中之一。杭州电信陈列馆于2003年6月6日开馆，由1931年5月建成的浙江省电话局杭州惠兴路总局大厦改造而成。馆内以图片、史料和实物，向市民展示杭州市电信业的变迁和通信技术的发展历程。（孔 咏）

【移动5G创新应用规模扩大】2019年，杭州移动公司5G创新应用100

多项。5G远程急救指挥中心、5G智慧公交、5G网联无人机构建梦想小镇新物流等11个5G项目获工业和信息化部“绽放杯”比赛一等奖1个、二等奖5个、三等奖2个、优秀奖5个和人气奖1个。全方位构建5G新生态，杭州移动公司与13个区县（市）政府、西湖风景名胜区管委会，以及35个行业龙头企业、11个特色园区、75个乡镇和街道完成5G战略合作签约，并打造萧山“中国（杭州）5G创新谷”、余杭“中国（杭州）5G创新园”、滨江“5G联创中心”等创新园区，推进5G产业集群格局形成。

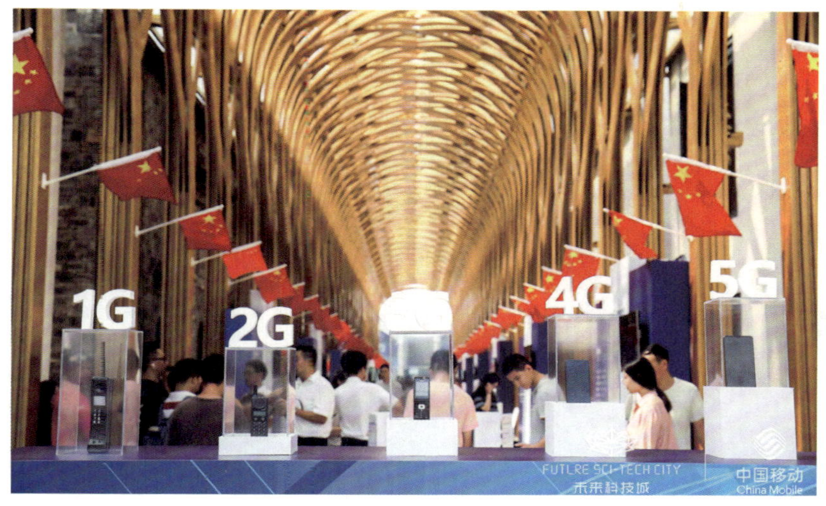

2019年9月29日，杭州移动公司与杭州未来科技城共同启动“5G公众开放日”活动　（杭州移动公司　供稿）

【区块链产业创新发展】 2019年，杭州移动公司推进区块链融合创新工作，通过“5G+区块链”的融合，建立可信社会的一种关键技术，并应用到各个领域。在行业应用方面，基于“NB-IoT+区块链茶叶可信溯源项目”的经验，继续打造“NB-IoT+区块链中小学直饮水管理平台”和“5G+区块链酒店作业品质监控平台”。在产业发展方面，杭州移动公司牵头促成区块链服务网络（BSN）搭建成功，解决区块链应用开发成本高、难度大的问题。12月1日，首届区块链服务网络（BSN）全球合作伙伴大会在杭州召开，BSN全球运维中心和全球合作伙伴大会永久会址落户杭州。杭州移动公司将以区块链服务网络（BSN）为突破口，以“区块链+5G+边缘计算+存储+行业应用”的产业优势，在“区块链+民生”“区块链+智慧城市”“区块链+实体经济”等方向发展，加速区块链应用落地，打造技术应用示范区。　（周宇飞）

【联通5G创新体验中心开馆】 2019年10月，位于杭州联通大楼二层的“未来数字空间”5G创新体验中心开馆。体验中心占地面积约700平方米。展厅分为序厅、中厅、内厅。序厅展示杭州联通公司的历史沿革、企业文化、能力资质等。中厅展示的是杭州联通公司开发的“数字驾驶舱”，分别展示联通市场运营管理、智能网络、数据中台三大内容。内厅主要展示杭州联通公司基于云计算和大数据、物联网、5G网络等核心能力输出的行业应用，可以根据不同客户的需求打造不同的展示场景，实现一键切换功能。展厅还设置5G云打印系统，客户可以实时扫码云打印参观时所拍摄的照片。至年末，累计接待参观近100场，参观人数1000人次。

【联通“5G+”应用拓展】 2019年，杭州联通公司加快5G商用步伐。7月，公司与中策橡胶集团有限公司、浙江大学工业自动化国家工程研究中心合作开发的“5G+X光人工智能辅助判别系统”在中策橡胶集团朝阳工厂上线运行。系统平台采用5G边缘计算技术实现5G低时延数据分流，实现工业设备数据的快速采集、分析处理与自动控制，打通数据孤岛，实现各类数据整合。

12月，杭州联通公司与国家电网杭州供电公司合作开展建设电缆隧道5G智能巡检机器人自主巡检项目，并依托5G智能巡检机器人在湘湖线缆隧道实现自主巡检。巡检机器人搭载超高清VR摄像头以及红外、温度、湿度、多项气体检测等功能，可替代人工实施安全作业，实现远程观测和全流程的巡检闭环作业，提高隧道巡视效率、数据采集质量。

9月，杭州联通公司在梅城镇建德市第二人民医院搭建5G演示智慧急救云平台，使上海、北京、杭州等地的优质医疗资源通过5G网络深入到县级医疗机构。8月，使用5G网络技术助力浙江大学医学院附属杭州市第一人民医院与新疆阿克苏人民医院完成儿科和骨科临床病案的5G远程会诊。

4月，杭州联通公司的“圆通5G智能分拣车间”项目共部署分拣机器人350多个，通过使用联通5G网络，连接到菜鸟网络科技有限公司的智能分拣调度云平台，实现机器人对快递的智能分拣。仓库内每个智能分拣机器人都配备有一个智能终端通信模块，该模块可以自动扫描工厂中的环境，通过联通5G网络将控制数据传输到仓库内的MEC智能边缘服务器，智能边缘服务器融合智能AI核心网络控制功能，可实时处理智能分拣机器人的高速调度请求。同时，通过把智能分拣机器人内的本地计算能力转移到仓库内的MEC智能边缘服务器，智能分拣机器人的成本和计算能力要求都进一步下降。

3月，杭州联通公司、萧山区政府、杭州博信智联科技联合打造的“5G自动驾驶微公交”项目启动开放道路测试并进行试运营。公司探索联通车路协同专网（5G C-V2X）技术。该专网是为自动驾驶优化的5G专网，用于支持RSU到自动驾驶ECU的10毫秒以内高可靠低时延传输。车路协同专网、MEC与AI相结合共同实现微公交的巡线行驶、自主避障、路口通行、自主换道、自主进站等主要功能。　（柴萍燕）

责任编辑　秦文蔚

农业 21

综 述

【农林牧渔业产值增长】2019年，杭州市农林牧渔业总产值501.15亿元，比上年增长7.5%，实现增加值332.74亿元，增长2.1%。其中：农业产值295.34亿元，增长4.5%；林业产值61.89亿元，增长8.0%；畜牧业产值76.77亿元，增长24.1%；渔业产值48.57亿元，增长2.3%；农林牧渔专业及辅助性活动产值18.58亿元，增长10.8%。粮食产量49.64万吨，增长0.1%；蔬菜产量340.05万吨，下降0.3%；水果产量82.58万吨，下降1.0%；水产品产量20.30万吨，下降1.3%，肉类产量14.97万吨，下降21.7%。杭州市农村居民人均可支配收入36255元，增长9.2%，城乡居民人均可支配收入差距缩小到1.822 ： 1。

【杭州市农业农村局组建】2019年1月9日，杭州市农业农村局作为正局级市政府工作部门挂牌。局机关有行政编制96个，党组成员14人，内设18个处室，下属参公及事业单位11个。按照统筹设置职能相近、联系紧密的党政机构的要求整合，撤销原杭州市委市政府农业和农村工作办公室、原杭州市农业局。市委市政府农业和农村工作领导小组办公室设在市农业农村局。10月16日，整合兽医兽药、饲料及饲料添加剂、畜禽屠宰、种子（种畜禽）、肥料、农药、农机、农产品质量以及动物卫生监督、植物检疫、渔业等领域执法职责，新组建杭州市农业综合行政执法队，作为市农业农村局下属事业单位，以农业农村部门的名义统一行使行政处罚权以及与之相关的行政检查、行政强制权。

【承包地“三权分置”】2019年，杭州市开展农村土地承包经营权确权“回头看”。根据《农业农村部办公厅印发〈关于开展农村承包地确权登记颁证“回头看”的工作方案〉的通知》，部署排查农村土地承包经营权证书颁发、暂缓确权、确权数据质量、档案建档和管理、资料和数据保密管理、中央和省财政补助资金管理使用、程序手续规范、日常管理制度建设等方面情况，集中解决承包方未发证到户的问题3.1万个，全市承包地确权颁证率达98.6%。在坚持承包农户自愿流转基础上，稳妥推进土地承包经营权规模流转；推进土地整理、高标准农田建设、农田水利建设、农业综合开发等项目向连片集中流转土地区域倾斜；指导流转双方签订规范的书面流转合同，加强土地承包经营纠纷调处，保障流转双方合法权益，全市土地流转率64%。

【集体经济薄弱村消除】2019年，杭州市2049个行政村总收入52.20亿元，村均总收入254.74万元，所有村总收入超过30万元；全市2049个行政村经营性总收入30.81亿元，村均经营性收入150.34万元，所有村经营性收入超过10万元。其中：经营性收入超过20万元的村的比例达77.3%，经营性收入超过30万元的村的比例达54.3%。

【农村产权制度改革试点】2019年，杭州市临安区、桐庐县、建德市完成第三批全国农村产权制度改革试点，完成股份经济合作社清产核资、界定股份经济合作社成员身份、推进承包地“三权分置”改革、探索股权权能实现形式、完善农村产权交易体系、推进“股社”分离、发展村级集体经济、加强农村“三资”管理等试点任务。其中，临安区在村集体公司化经营、建立农村水权、农村金融服务等方面进行探索，经农业农村部委托的第三方机构评估，入选全国农村集体产权制度改革试点经验交流典型单位，为全国产权制度改革提供“杭州样板”。

【新型农业经营主体培育】2019年，杭州市开展第二十一批市级农业龙头企业申报评定，新命名市级农业龙头企业25个。制定出台《杭州市示范性农民专业合作社评定及监测办法》《杭州市示范性家庭农场评定及监测办法》，启动培育市级示范性农民专业合作社78个、家庭农场63个。至年末，全市有农民专业合作社3032个，其中国家级示范性农民专业合作社22个、省级示范性农民专业合作社86个、市级规范化农民专业合作社288个。有注册登记的家庭农场3439个，其中省级示范性家庭农场117个、市级示范性家庭农场20[illegible]个。

【结对帮扶】2019年，杭州市增强帮扶集团力量，调整市级帮扶集团的牵头市领导6名和牵头单位6个，新增成员单位2个，市级帮扶集团成员数达530个。落实市级"联乡结村"财政帮扶资金6720万元，市、县两级共落实"联乡结村"帮扶资金1.75亿元，实施帮扶项目598个。做好省级扶贫结对帮扶衢州市衢江区工作，杭州团组14个成员单位筹措帮扶资金3028万元，实施帮扶项目55个。推进东西部扶贫协作工作，帮助贵州省黔东南州、湖北省恩施州发展农业产业提升项目3个，提供帮扶资金2000万元。

【低收入农户高水平全面小康行动计划】2019年，杭州市通过动态调整，认定低收入农户8.22万户、12.63万人。完成救助患重大疾病低收入农户835人，救助资金273.2万元，为45名低收入农户子女发放助学援助资金13.5万元。向42个欠发达乡镇派驻村工作指导员（第一书记）42名，助力消薄增收。全市低收入农户人均可支配收入15530元，比上年增长13.6%，高于全市农村居民收入增幅，全面消除人均年收入9000元以下家庭。

【乡村振兴战略实施】2019年6月20日，杭州市乡村振兴工作领导小组印发《杭州市乡村振兴战略规划》，第一次筹措10亿元市级乡村产业发展专项资金，采用"大专项+任务清单"方式，扶持乡村产业发展。率先成立"大下姜乡村振兴联合体"，探索出一条先富带后富、区域共同富裕的乡村振兴新路子。开展部省共建乡村振兴先行创建，杭州市被列入全省先行创建市，萧山区、临安区、桐庐县、建德市被列入先行创建县（市、区）。深入实施乡村振兴战略，杭州市、萧山区、余杭区、临安区、桐庐县、建德市被评为全省实施乡村振兴战略优秀单位。

【整乡镇推进山区农业产业发展】2019年，杭州市创新发展模式，出台整乡镇推进山区农业产业发展政策，给予试点乡镇连续3年每年500万元补助。首批推出建德市三都镇、莲花镇，桐庐县莪山畲族乡、合村乡和淳安县界首乡、屏门乡6个整乡镇试点。经过一年的探索实践，取得阶段性成效，工作入选为"2019年度中国三农创新十大榜样"。聚焦"整乡推进"，破解单村散户难以享受农业发展政策的难题，提升乡镇统筹协调能力。桐庐县莪山畲族乡集中流转土地65.33公顷，通过打造"稻花畲香"等三大产业集聚区和"五彩尧山"等五大畲族特色文化村落，打造"中国畲族第一乡"的品牌。聚焦"主导产业"，破解山区农业产业弱小散的难题，促进产业融合发展。建德市莲花镇打造石斛养生园，探索"农旅融合"新路，年吸引游客超5万人次。聚焦"利益联结"，破解市场化主体联农带农作用弱的难题，促进村集体经济发展和农民增收。淳安县界首乡13个行政村共同入股成立千岛湖界橘公司，打造区域公共品牌"界橘"，2019年13个村股份经济合作社分红70多万元，户均增收7500元。聚焦服务体系，破解千家万户组织化程度低的难题，提升农业效益水平。首批6个试点乡镇的农业主导产业产值平均增加1699万元，比上年增长20%；覆盖涉农土地面积60.2%，比实施前提高7.4个百分点；覆盖农户达57.5%，比实施前提高7个百分点。

【区县（市）协作】2019年，杭州市进一步完善区县（市）协作联席会议、联络组工作机制，配备区县（市）协作联络员12名，其中新调整2名。加强城乡区域统筹协调发展，4个协作组共落实区县（市）协作资金4.04亿元，实施生态保护、产业发展、民生保障等协作项目99个，实现产业转移投资额26.03亿元，实施协同项目80个。

【农产品电商网络销售】2019年，杭州市实现农村电商网络销售额142.6亿元，比上年增长18.8%。全市累计建成浙江省电商镇29个、浙江省电商专业村182个，年销售额超过20亿元。开展千岛湖品牌农产品馆电商平台试点建设，线上线下相结合统一包装、统一销售，68个农特产品企业入驻平台，上线产品213款，累计带动本地农产品销售额1500多万元。

【全市乡村产业融合发展大会】2019年7月16日，杭州市召开全市培育壮大新型农业经营主体暨加快乡村产业融合发展推进大会，落实中央和省委、市委农村工作会议精神，动员全市扶持培育壮大新型农业经营主体，加快推进乡村产业融合发展。会议印发《杭州市高质量推进乡村产业振兴行动计划（2019—2022）》和《加快培育新型农业经营主体的实施方案》。市四套班子分管领导，市委、市政府相关部门及金融机构、科研院校等负责人参加会议。会议邀请458个龙头企业、家庭农场、专业合作社和农创客代表参加，是历年来杭州市"三农"工作会议中规模最大的一次。

【首届海内外农创客大赛】2019年6月24日，杭州市首届海内外农创客大赛在余杭区启动。大赛以"智汇农创客·引杭新时代"为主题，吸引14个国家和国内29个省（自治区、直辖市）农创客参加，征集农创项目396个，涵盖农业新技术、"数字化+农业"、"物联网+农业"、农产品精深加工等领域。经过初选、初赛、复赛、决赛四轮角逐，11月19日，举行决赛暨颁奖仪式，决出一等奖1个、二等奖2个、三等奖4个、优胜奖5个，12个奖项累计奖金56万元。

【乡村产业技能大师和大师工作室认定】2019年，杭州市开展乡村产业技能大师和乡村产业技能大师工作室认定工作。树立乡村振兴产业发展领域人才榜样，通过对乡村产业一线人才的肯定，树立乡村产业行业典型，提高职业农民自豪感和归属感，营造全社会关心乡土人才、尊重乡土人才、支持乡土人才的氛围。经过初评、复评两轮投票评审和公告公示，认定首批100位杭州市乡村产业技能大师和20个杭州市乡村产业技能大师工作室。

【农产品质量安全合格率稳中有升】2019年，杭州市遵循"四个最严"（最严谨的标准、最严格的监管、最严厉的处罚、最严肃的问责）要求，改进农产品质量监管办法，加大“三前”（食用农产品从种植养殖环节到进入批发、零售市场或生产加工企业前）抽检比例，增加重要时段监测数量。强化智慧监管，更新换代全市农产品质量安全追溯平台，改版升级监管系统，排查、清理规模以上生产主体，优化追溯平台性能，提高生产主体二维码拥有率，加大追溯应用率。把农产品质量安全信息录入城市大脑，全市3519个规模以上生产主体被纳入农产品监管平台主体信息库，1223个生产主体实现农产品二维码追溯。省、市、县三级实现追溯平台对接。年内，全市开展定量检测6642批次，市本级开展定量检测3102批次，全市地产农产品合格率98%以上。桐庐县成功创建国家级农产品质量安全县。

【“三品一标”培育】2019年，杭州市加强农产品“三品一标”培育。余杭径山茶和塘栖枇杷成功申报国家地理标志农产品保护工程。成功创建余杭径山茶省级精品绿色农产品基地。创建完成萧山区鼎金果品专业合作社的“慈姑裘”杨梅等5个市级绿色品质农业综合示范项目。新增无公害农产品180个、绿色食品39个、农产品地理标志3个。至年末，全市有无公害农产品1314个、绿色食品203个、农产品地理标志14个，“三品”占食用农产品比例为55%以上。

【行政执法】2019年，杭州市开展“绿剑”夏季、秋季执法行动，保障农产品质量安全。全市出动执法检查人员2769人次，检查主体1860个（次）、市场12个（次），质量抽检614批次，受理投诉举报14件，查处违法违规行为38起，立案38起，结案9起，查获各类假劣农业投入品等12.49吨，货值金额32.42万元。落实“双随机一公开”，市本级抽取35名执法人员检查农业、海洋与渔业领域单位87个，问题查出率17.6%，全部抽查事项在浙江省行政执法监管平台上完成并公示，并应用“浙政钉·掌上执法”完成检查录入。推进“互联网+监管”，全市农业农村系统执法人员在库423人、巡查1.17万次，市本级设立专项检查任务3次、巡查3213次，完成各项任务。

【农业事项“最多跑一次”改革】2019年，杭州市全力推进行政权力下放和便民服务下沉，加快推进“最多跑一次”改革向基层延伸，动态梳理更新市本级农业办事事项60项，指导县级农业农村部门梳理调整办事事项主项25项、子项86项。实现“一件事”联办事项75项，全部接入浙江政务服务网和“浙里办”App，实现“网上办”“掌上办”“一窗办”，办理量近200万件，网上办事事项比例达100%。在基本实现市、县、乡镇网点全覆盖的基础上，逐步向偏远山村便民服务站延伸，累计部署自助机1625台、网点1575个，办件量137万件，服务次数395万余次。梳理公民个人就近办事项清单，扩大基层办事事项比例，实现80%以上公民个人办事事项及50%以上民生事项下放到基层。加快推进行政事项电子归档建设，电子归档率从不到20%提升至100%。在国家发展改革委评估专家组开展的浙江省“双公示”第三方评估工作中，通过评估并获专家组点赞。 （市农业农村局）

种植业

【概况】2019年，杭州市种植业实现增加值210.11亿元，比上年增长2.7%，占农林牧渔业增加值的63.1%。粮食播种面积8.87万公顷，增长0.3%；粮食产量49.64万吨，增长0.1%；自2015年以来连续4年实现播种面积和产量双增长。蔬菜种植面积9.85万公顷，下降0.2%；产量340.05万吨，下降0.3%。水果种植面积3.98万公顷，下降1.5%；产量82.58万吨，下降1.0%；产值41.71亿元，增长3.8%。其中：果用瓜种植面积1.08万公顷，下降4.5%；产量36.88万吨，下降3.3%；产值17.85亿元，增长3%。中药材发展势头强劲，中药材起产面积8466公顷，增长15.8%；产量4.91万吨，增长14.7%；产值13.98亿元，增长13.7%。新“浙八味”药材产销形势较好，产值占全市中药材总产值的55%以上。花卉苗木种植面积3.75万公顷，增长1.6%；产值62.91亿元，增长2.6%。鲜切花、盆栽植物等依托网络电商，产销形势较好，销售额4.71亿元，增长3.2%。春茶开采时间略有延迟，价格稳定，产量平稳，全年茶叶产值突破37.5亿元。桑园面积6673公顷，下降29.2%。蚕种饲养量8.22万张，下降19%；蚕茧产量3454吨，下降24.3%；蚕茧产值1.56亿元，下降9.9%。

【“菜篮子”市长负责制工作通过国家考核】2019年，根据《国务院办公厅关于印发“菜篮子”市长负责制

杭州茶园 （市农业农村局 供稿）

表 23

2019 年杭州市粮食作物生产情况

项 目	播种面积（千公顷）	比上年（%）	总产量（吨）	比上年（%）	每公顷产量（千克）	比上年（%）
早 稻	2.05	45.2	14 483	59.0	7 075	9.5
晚稻及迟中稻	42.81	1.5	312 768	-3.6	7 306	-5.0
大 麦	0.03	-54.2	131	-56.0	4 088	-4.0
小 麦	9.33	-14.0	37 253	-7.8	3 995	7.2
玉 米	11.77	1.3	51 812	3.7	4 403	2.4
大 豆	13.47	-0.5	36 452	5.0	2 707	5.5
番 薯	8.22	6.1	40 471	22.6	4 924	15.6
其他谷物	0.13	-0.1	555	5.1	4 275	5.3
总 计	**88.73**	**0.3**	**496 447**	**0.1**	**5 595**	**-0.2**

表 24

2019 年杭州市棉花、麻类、油菜籽生产情况

项 目	播种面积（千公顷）	比上年（%）	总产量（吨）	比上年（%）	每公顷产量（千克）	比上年（%）
棉 花	0.192	13.6	292	21.7	1 521	7.1
麻 类	0.003	0	5	-16.7	1 667	-16.7
油菜籽	22.547	12.5	59 303	6.7	2 639	-4.9

表 25

2019 年杭州市蔬菜、茶叶、水果生产情况

项 目	播种面积（千公顷）	比上年（%）	总产量（万吨）	比上年（%）	每公顷产量（千克）	比上年（%）
蔬 菜	98.525	-0.16	340.05	-0.25	34 514	-0.09
茶 叶	35.255	2.20	3.13	4.20	889	1.90
水 果	39.812	-1.50	82.58	-1.00	20 743	0.60

表 26

2019 年杭州市蚕茧生产情况

项 目	蚕种张数（张）	比上年（%）	总产量（吨）	比上年（%）
春 蚕	35 519	-16.60	1 644	-18.33
夏 蚕	7 999	-24.06	304	-21.45
秋 蚕	38 736	-19.97	1 506	-30.41

考核办法的通知》要求，由农业农村部牵头，会同国家发展改革委、财政部、自然资源部、生态环境部、交通运输部、商务部、国家卫生健康委、国家市场监管总局、银保监会、证监会等“菜篮子”食品管理部际联席会议成员单位开展 2018 年度“菜篮子”市长负责制考核工作。按照城市自评、部委复评、抽查考核、综合评定的工作程序，通过书面考核、现场抽查和市民满意度调查等方式，对直辖市、计划单列市、省会城市等 36 个城市进行考核。杭州市考核总分 92.92 分，考核等级为优秀。

【台风“利奇马”灾害救助】 2019 年，第 9 号台风“利奇马”给杭州市农业造成重大损失，全市农业直接损失 1.26 亿元。其中：临安区受灾最重，损失 7935.1 万元；其次钱塘新区损失 1853.20 万元、萧山区损失 1527 万元、余杭区损失 1004.98 万元。全市农业农村部门组织救灾服务组 111 个，884 人次参与救灾服务，通过各种渠道向农民发布信息 79.17 万条。及时调用救灾储备种子 1501.4 千克，帮助农民补种、改种约 400 公顷。落实市级农业救灾补助资金 1185 万元、救灾补助项目 123 个，赔付农险赔款 600.84 万元，受益农户 348 户，结案率 100%。开展灾后病虫害防治 1.10 万公顷（次），调拨畜牧疫苗 3.24 万份，消毒灭源生猪场 288 个、家禽场 414 个，覆盖率 100%。

【农作物新品种展示示范点】 2019 年，杭州市创建省、市、县级农作物新品种展示示范点 26 个，面积 158.3 公顷。其中：水稻展示示范点 9 个，面积 139.4 公顷，包括“浙粳优 1578”“嘉丰优 2 号”等 48 个品种；油菜展示示范点 7 个，面积 4.2 公顷，包括“浙大 630”“越优 1510”等 9 个品种；旱杂粮展示示范点 5 个，面积 6.7 公顷，包括“扬麦 20”“川糯粱 1 号”“大粒藜麦”“浙粟 1 号”等 84 个品种；瓜菜展示点 5 个，面积 8 公顷，展示品种 200 多个。临安、萧山、建德展示点分别举办“优质种子种苗推介会”等形式的田间观摩活动，促进新品种新技术的推广应用，3800 多人次参加。

【种质资源保护】 2019 年，杭州市开展种质资源提纯保护工作。萧山细叶韭菜、甜菜，富阳夏南瓜、秋南瓜、纺锤南瓜、石墩子南瓜，淳安荞麦、黑豆，桐庐红皮白心水果番薯“胜利百号”、“浙薯 13”、“七月拔”黄豆、黄辣椒，余杭“蛇形丝瓜”“香蕉丝瓜”和四角菱共 15 个品种的保护提纯工作取得进展。继续做好西湖莼菜、糯米丝瓜、甜荞在建德的提纯保护和展示宣传推广工作。

【优新品种推广】 2019 年 8 月 20 日，番薯新品种食味品鉴评比活动在临安举行，评比出产量高、口感好的番薯新品种 3 个。11 月 20 日，第九届杭州秋季蔬菜品种展示会在浙江省（萧山）现代农业创新园举行。展示会种植面积 2.67 公顷，种植蔬菜品种 735 个，专家评选出推介品种 40 个。11 月 29 日，杭州市第二届“十

大好味稻”品鉴评比活动在千岛湖举行，10个单位和7个品种获“十大好味稻”金奖。

【晚稻亩产创新高】2019年，杭州市各地晚稻亩产屡创新高。富阳区渔山乡“浙优18”高产攻关田亩产990.1千克；萧山区南阳街道15.33公顷连片早稻“中早39”示范方最高田块亩产685.95千克；余杭区良渚街道6.67公顷“甬优4149”再生稻示范，两季合计亩产1142.7千克，实现再生稻全年亩产破吨。

【救灾应急种子储备】2019年，杭州市有农作物种子储备72.18万千克（折合数82.87万千克），包括杂交水稻1.1万千克、常规水稻57.1万千克、杂交玉米5.61万千克、大豆1.2万千克、蔬菜0.17万千克、小麦7万千克。杭州市本级有蔬菜应急种子储备4000千克、蚕种储备6000张。6月的“暴力梅”和8月的超强台风“利奇马”等造成临安区、余杭区、萧山区等地多处蔬菜基地受灾并出现较为严重的大棚损毁。全市动用粮油蔬菜储备种子1731千克、储备蚕种920张，为受灾农民挽回经济损失1000多万元。

【耕地质量监管】2019年，杭州市组织实施中低产田改市级示范项目27个、1206.67公顷，完成计划的100.5%，新扩改建排水沟17.27千米、灌溉渠20.71千米、机耕路24.83千米，配套建设排灌机埠5座、堰坝4个、便桥87座，建成生态拦截沟1160米，实施区基本实现“田成方、路成网、沟相连、渠相通”，土壤养分提高，保土保肥能力跃升。全年审核凤川玫瑰园等涉及标准农田占补（置换）的项目137个，涉及占补面积173.33公顷。在富阳区开展补建标准农田地力评价106.67公顷，均达到一等二级。继续实施标准农田质量提升续建项目2600公顷，达到计划的103%。

【高标准农田建设】2019年以来，杭州市围绕“保供给、保增收、保安全”的农业生产任务，按照国务院机构改革的要求，履行农田建设管理新职能，以乡村振兴、粮食安全、耕地保护三大考核目标为导向，加强领导、健全机构、组建专家库、建章立制、管理培训，多措并举地统筹推进高标准农田建设。杭州市政府被浙江省政府评为全省高标准农田建设任务完成工作突出表现集体。至年末，杭州市当年开工建设高标准农田项目438个，建设完成面积7393.33公顷，达到任务数的110%；当年建成高效节水灌溉面积920公顷，达到任务数的101%。

【中国国际茶叶博览会现场成交1.86亿元】2019年5月15—19日，第三届中国国际茶叶博览会在杭州国际博览中心举行。博览会举办中国—中东欧国家农业部长系列会议、国际茶学院所长会议、国际茶咖对话、“西湖论茶”国际高峰论坛等一系列国际性会议与茶行业专业论坛，展示中华人民共和国成立70周年的国茶成就，设立面向“三区三州”等深度贫困地区的扶贫馆。博览会展会面积7万平方米，设置3125个展位，国内外1563个茶企参展，客流量18.52万人次，专业采购商1.08万人次，现场交易额1.86亿元，意向交易额54亿元。

余杭“蛇形丝瓜” （市农业农村局 供稿）

桐庐黄辣椒 （市农业农村局 供稿）

【“杭州龙井”品牌保护传承】2019年，杭州市委、市政府采取多项措施，保护传承“杭州龙井”全域公用品牌。加强杭州龙井茶原产地保护，发布《杭州龙井茶栽培技术规范》和《杭州龙井茶加工技术规范》。启动“杭州龙井”地理标志证明商标注册工作，由杭州市茶叶产业协会作为“杭州龙井”地理标志证明商标持有主体、明确杭州龙井特定品质核心等相关材料，向国家知识产权局商标局递交“杭州龙井”等30类证明商标的注册申请。国家知识产权局商标局发文受理。全年杭州龙井茶产量9000吨，产值23亿元。

▶资料：杭州龙井茶

杭州龙井茶历史基础厚实，茶树品种选择以有性系的龙井群体种和鸠坑群体种为主（约占60%），无性系品种包括龙井43、龙井长叶、迎霜等品质优异的良种，经摊放、青锅、辉锅等工艺加工而成，具有色绿、香清、味爽、条直的品质特征。生产地域范围为浙江省杭州市：北纬30°04′—30°20′。生产区域为西湖区、滨江区、萧山区、余杭区、富阳区、临安区、桐庐县、淳安县、建德市9个区县（市）及杭州西湖风景名胜区。茶区全年平均气温16.7℃，年日照时数1773.1小时，年平均降水量1436.2毫米，年相对湿度77%～84%。

【农作物病虫害监测与绿色防控】至2019年末，杭州市有省级及以上农作物重大病虫监测预警区域站7个。有病虫监测点50个，其中粮油作物病虫监测点32个、蔬菜及经济作物病虫监测点18个。全年发布病虫情报140期，其中市本级发布指导性病虫情报19期。全市主要农作物病虫害发生面积86.1万公顷（次），防治面积97.4万公顷（次），挽回损失80.6万吨。推广绿色防控技术，至年末，全市有农作物病虫害绿色防控示范面积3520公顷，辐射推广面积5.83万公顷，建立市级绿色防控核心示范区4个。全市应用杀虫灯诱杀技术0.8万公顷，害虫性诱技术3873.33公顷，色板诱杀技术4926.67公顷，防虫网阻隔技术1286.67公顷，生物农药防治技术2.58万公顷，天敌应用等生物防治技术313.33公顷，种植诱虫、显花植物等生物多样性保护技术0.69万公顷，灌水杀蛹技术6613.33公顷，田埂留草技术1.08万公顷。建成萧山区、临安区和淳安县3个省级统防统治与绿色防控融合推进示范县，示范面积3106.67公顷。

【草地贪夜蛾的发生与防治】2019年5月，杭州市首次在建德发现侵入浙江省重大迁飞性害虫——草地贪夜蛾，并立即开展监测调查和防治。省、市、县三级农业部门成立工作组，迅速组织监测防控工作，开展大田普查，实施定点监测，明确防控策略、防控技术及保障措施。应急防治面积989.01公顷（次），防治效果为90%以上。全市召开专题防控会议和会商会38次，通过电视、农民信箱等途径发送信息1266条，开展技术培训和现场会33期，培训基层农技人员和生产主体1600多人次，发放宣传挂图、技术资料9900多份。经全面监测、及时防控、广泛培训，草地贪夜蛾为害损失率控制在3%以下。

【植物疫情防控】2019年，杭州市落实重大农业植物疫情防控责任，建立地方政府负责、部门分工协作、区域联防联控的工作机制，各级政府投入专项防控资金443.8万元，成立市、县两级防控指挥部13个，签订县（市、区）、乡镇（街道）、村三级防控责任书1256份。完善全市植物疫情应急防控体系，做到组织保障、责任保障、资金保障和措施保障“四到位”。构建全市植物疫情监测阻截带，推进监测点规范化建设，建立省、市、县三级植物疫情监测点129个。开展以梨树疫病、红火蚁为重点的植物疫情专项普查7.87万公顷，发现和处置检疫性有害生物6种，发生面积28.63公顷，比上年下降19.8%。在萧山区首次发现红火蚁疫情，发生面积5.7公顷，疫情普查率和处置率均达100%。强化植物检疫源头监管，实现农业植物调运检疫证明“移动办”。2016—2019年，杭州市连续4年被浙江省防控农林植物重大疫情指挥部考核评定为省疫情防控工作考核优秀单位。

【秸秆综合利用与禁烧】2019年，杭州市农作物秸秆可收集资源量61.16万吨，利用量58.50万吨，秸秆综合利用率94.8%，其中：肥料化利用52.58万吨（直接还田46.25万吨，离田肥料6.33万吨），饲料化利用3.58万吨，燃料化利用1.10万吨，基料化利用0.94万吨，原料化利用0.30万吨。市农业农村局强化秸秆禁烧监管，指导各地巩固提升秸秆禁烧网格化监管机制，加大在秋收阶段、重要节庆（活动）期间专项巡查力度，压实禁烧主体责任。

【农田氮磷生态拦截沟渠】2019年，杭州市建设农田氮磷生态拦截沟渠11条，沟渠长度1.19万米，覆盖农田面积390.67公顷。两年累计建设农田氮磷生态拦截沟渠35条，沟渠长度3.85万米，覆盖农田面积1502.33公顷。

【农业土壤污染防治】2019年，杭州市推进农业土壤污染防治与安全利用工作。继续与科研院校合作在富阳市常安镇筹建的土壤重金属污染治理试验站进行重金属治理的研究工作。初步构建5种适用于中轻度镉污染农田土壤安全利用的单项技术模式和2套技术集成模式，提出在中轻度污染耕地上进行水果安全生产的新思路。在桐庐县凤川街道、江南镇、瑶琳镇和富阳区新桐乡建立省级受污染耕地安全利用示范区2个，落地面积分别为141.33公顷和6.67公顷。在萧山区、余杭区、临安区、淳安县和建德市继续实施5个市级受污染耕地安全利用示范区，面积36.67公顷。继续对158个省定农田和171个市级土壤污染监测点的土样和植株样开展取样化验工作。

【农药科学安全使用】2019年，杭州市开展农药使用量调查，涉及21种作物类型、450个调查点。加强科学用药试验示范，试验筛选、推广应用高效环保农药，推广高效双低新农药。确定补贴农药和绿色防控产品推荐品种14个，累计为133个蔬菜生产组织、种植大户供应479.8万元的高效双低补贴新农药和绿色防控产品，受补蔬菜种植面积3866.67公顷。农药使用量比上年减少123吨，下降 1.95%。

【化肥减量增效】2019 年，杭州市结合测土配方施肥、商品有机肥替代化肥、水肥一体化等技术和新型肥料等的推广应用，推进化肥减量增效工作。全年举办测土配方施肥技术培训班 37 期，培训技术骨干和农民 2500 多人，推广测土配方施肥 26.46 万公顷（次），应用配方肥 2.30 万吨、13.49 万公顷（次）。加大有机肥替代推广力度，推广商品有机肥 19.93 万吨，应用面积 4.90 万公顷（次），资源化利用畜禽粪便 63 万吨。探索土肥水耦合技术，构建草莓、葡萄、芦笋等作物的水肥一体化施肥技术，建立典型经济作物水肥一体化示范基地 22 个，水果、蔬菜基地水肥一体化应用面积 6120 公顷。全年化肥使用量比上年减少 2851 吨（实物），下降 0.67%，完成年度减量 2700 吨目标任务的 105.6%。

【农药包装废弃物回收处置】2019 年，按照政府主导、财政支持、企业运作、农户参与、部门配合的原则，杭州市 8 个区县（市）建立农药废弃包装物有偿回收和集中处置管理工作体系，全域推进农药废弃包装物的回收和处置工作。有效减少农业面源污染，美化农村环境卫生，改善农业生态环境。全年全市投入财政资金 2257.33 万元，设立回收点 796 个，回收农药废弃包装物 454.55 吨，回收率 104.9%；无害化处置农药废弃包装物 462.42 吨，处置率 133.3%，超额完成回收率 80%、处置率 90% 的考核任务，回收完成率 130.5%，处置完成率 147.6%。

（市农业农村局）

林　业

【概况】2019 年，杭州市林业工作围绕大花园建设、乡村振兴、拥江发展战略，立足区域森林资源优势，坚持山水林田湖草系统治理，以保平安、惠民生、兴产业、强监管为重点，着力构建布局合理、功能完备、效益显著的森林生态系统。全市完成造林更新 2600 公顷、平原绿化 733.33 公顷。新植珍贵树种 249 万株，其中基地造林 129 万株、补植培育 37 万株、“四旁”植树 83 万株。完成 2018 年中央财政森林抚育补贴项目 3333.33 公顷、彩色健康森林项目 1200 公顷和木材战略储备林项目 763.33 公顷。新创建国家森林乡村 46 个。新增国家林业重点龙头企业 3 个、省级林业重点龙头企业 4 个，新建省级森林城镇 11 个、省级林业特色产业小镇 3 个、省级森林康养小镇 5 个、省级森林康养基地 4 个、省级森林人家 11 个、省级生态文化基地 7 个。临安区天目山森林氧吧、淳安县千岛湖森林氧吧获评“浙江最美森林氧吧”，临安区清凉峰等 12 个森林氧吧获评“浙江森林氧吧”。全年无森林火灾发生，林业有害生物成灾率 11.74‰。

“浙江最美森林氧吧”——淳安县千岛湖金竹牌林场道仁坞林区

（市林水局 供稿）

市林水局获“全国森林防火先进集体”“全国生态建设突出贡献先进集体”“全国林业信息化建设市级十佳单位”“全省公益林建设成绩突出集体”等称号。萧山区举办 2019 年中国（萧山）花木节。余杭区获“全国绿化模范单位”称号，淳安县林业局获“中国林业产业突出贡献奖”。

【省市党政军义务植树劳动】2019 年 2 月 28 日，车俊、袁家军、任振鹤、陈金彪、冯飞、朱国贤、黄建发、周江勇、熊建平、王昌荣、冯文平等省、市党政军领导，会同杭州市、萧山区四套班子领导，省级机关、钱江世纪城管委会领导，省、市、区三级机关干部，解放军及武警官兵共 400 多人，到萧山区钱江世纪城亚运村地块景观绿化带参加义务植树。新植珍贵树种和彩色树种 1600 多株，建设亚

运林 33.33 公顷。（黄柏顺）

【北京世界园艺博览会杭州城市主题日活动】2019 年，杭州市组团参加北京世界园艺博览会。4 月 29 日至 5 月 15 日，杭州城市主题日活动在博览会举行，接待游客 20 多万人次，20 多位国家和省部级领导参观指导并给予肯定。杭州参展展品获特等奖 22 个、金奖 39 个、银奖 62 个、铜奖 90 个，获奖总数占浙江省获奖总数的 45%。由杭州市园林绿化股份有限公司设计施工的室外展园获博览会最高奖项——中华展园大奖。（孔令伟）

【世界湿地日宣传活动】2019 年 1 月 24 日，由杭州市政府、浙江省生态文化协会、浙江省林业局主办的浙江省暨杭州市世界湿地日宣传活动在中国湿地博物馆举行。仪式上，嘉宾代表为 12 个省级湿地公园授牌，杭州市留下小学学生假日小队发起湿地保护倡议，市林水局发布 2010—2018 年西溪国家湿地公园生物多样性监测工作成果。多个媒体对活动进行系列宣传报道。（汤惠明）

【现代林业经济示范区建设】2019 年，杭州市创新林业体制机制，发挥产业特色和资源优势，集聚生产要素，建成一批高质量现代林业经济示范区。创建省级森林休闲养生城市 1 个（桐庐县），省级特色产业示范县 3 个（临安区山核桃产业示范县、萧山区花卉苗木产业示范县、淳安县林下经济产业示范县），省级林业特色产业小镇 3 个（余杭区中泰竹笛产业小镇、建德市大同油茶产业小镇、淳安县临岐林下黄精产业小镇），省级森林康养小镇 5 个（余杭区鸬鸟镇，富阳区洞桥镇，临安区高虹镇，桐庐县瑶琳镇、钟山乡），省级森林人家 11 个（余杭区鸬鸟镇山沟沟村、黄湖镇王位山村、百丈镇溪口村、百丈镇泗溪村、径山镇小古城村、中泰街道中桥村，富阳区洞桥镇大溪村大坞自然村，建德市乾潭镇胥江村，淳安县左口乡龙源庄村、屏门乡金陵村、文昌镇王家源村）。（孔令伟）

【“一村万树”行动】2019 年，杭州市持续推进“一村万树”三年（2018—2020 年）行动。新增“一村万树”示范村 40 个（累计 71 个）、推进村 280 个（累计 531 个），新植乔木 157.7 万株（其中珍贵树种 90.5 万株），投入资金 1.29 亿元。涌现出余杭区港南村、富阳区唐昌村、临安区上田村、桐庐县母岭村、淳安县横坑村、建德市春江源村等一批示范典型。（郭新保）

【2018 年度森林资源监测】2019 年，杭州市开展全市森林资源动态监测工作，完成和公布 2018 年度森林资源与生态状况监测成果。监测结果显示，全市森林覆盖率 66.84%，林地面积 117.97 万公顷，森林面积 112.63 万公顷，活立木蓄积量 6770.78 万立方米，森林资源持续增长，居全国省会城市、副省级城市首位。（汤惠明）

【自然保护地体系建设】2019 年，根据市委、市政府机构改革要求，市林水局新增指导监督自然保护地建设管理职能，增设自然保护地管理处，对接风景名胜区、地质公园管理职能转隶，理顺层级管理体制，规范日常监管活动。指导监督重要的自然生态系统、自然遗迹、自然景观及其所承载的自然资源、生态功能和文化价值实施长期保护，为建设美丽杭州构筑生态屏障。全市有省级以上自然保护地 32 个，其中风景名胜区 3 个、自然保护区 2 个、森林公园 22 个、湿地公园 4 个、地质公园 1 个，累计面积 3098 平方千米。全年建设省级自然保护地融合发展示范村（镇）15 个。（翁逸锋）

【林业改革试点攻坚】2019 年，杭州市林业部门开展重大改革试点排查工作，指导临安制订 2019 年度“森林可持续经营试点”工作计划，监督临安开展 2019 年度“森林可持续经营试点”项目。项目确定适宜于南方集体林区国有林场的森林可持续经营指标体系，该指标体系为 7 个标准 43 个指标，明确指标内涵和评分评价方法。对天目山、昌化两个国有林场进行森林可持续经营评价，评价结果较符合经营单位的实际情况。组织项目验收，验收专家组认为项目成果创新和发展了森林可持续经营标准指标体系和综合评价方法，具有科学性、合理性和可操作性，对我国下一步建立森林经营单位层面森林可持续经营评价体系具有指导作用。（孙品雷）

【西溪国家湿地公园生物多样性监测】2019 年，杭州市对西溪国家湿地公园内兽类、鸟类、爬行类、两栖类、鱼类、无脊椎动物、昆虫、植物和植被九大生物门类进行监测分析。监测结果显示，2018 年度西溪国家湿地公园有维管束植物 134 科 433 属 696 种；无脊椎动物（除昆虫）116 属 180 种，昆虫 20 目 197 科（总科）880 种；脊椎动物种 32 目 77 科 266 种，其中鸟类 181 种。（汤惠明）

【林权制度改革】2019 年，杭州市办理林权抵押贷款 9.4 亿元，其中公益林收益权质押贷款 2.6 亿元、林地经营权流转证抵押贷款 9196 万元。推进 2019 年度林业股份制改革工作，加快全市林地流转，促进规模经营水平。完成林地经营权流转 56 宗，发放林地经营权流转证 46 本，流转林地 694.91 公顷，新建林业经营主体 15 个、省级示范性家庭林场 4 个。

【涉林自然资源资产负债表编制】2019 年，市林水局复核全市 2016 年度涉林自然资源资产负债表。采集处理相关森林和湿地资源数据，完成编制“2017 年度杭州市林木资源期末（期初）存量及变动表”“杭州市森林资源期末（期初）质量及变动表”“杭州市湿地资源存量及变动表”和“杭州市涉林自然资源资产负债表编表说明”，建立林木、湿地资源存量及变化统计台账，编制结果报市统计局。（孙品雷）

【林业有害生物防治】2019 年，杭州市林业有害生物发生总面积 2.39 万公顷，防治作业面积 3.25 万公顷，其中去冬今春松材线虫病防治面积 1.26 万公顷。在森林公园、自然保护区等重点区域建成市级松材线虫病防控示范区 5 个、县级示范区 18 个，面积 933.33 公顷。开展松木包装材料及松材线虫病疫木检疫执法专项行动，查处案件 168 件，罚款 46.9 万元，遏制林业检疫性有害生物扩散蔓延，保护杭州森林生态安全。

（王嫩仙）

【野生动物领域内生态环境损害赔偿】2019年5月13日，杭州市林业部门在杭州市、萧山区两级检察机关支持下，与赵某某等7人就造成国家野生动物资源损失一案达成书面协议。这是《杭州市生态环境损害赔偿制度改革实施方案》出台后，杭州办理的首例生态环境损害赔偿磋商案件。

（王福涛）

【野生动植物保护宣传活动】2019年3月，市林水局举办以“关注珍稀濒危野生动植物，构建和谐美丽家园”为主题的野生动植物保护宣传活动。4月13日，市林水局联合团市委等单位在西湖文化广场启动以“关注候鸟迁徙，维护生命共同体”为主题的野生动植物保护宣传月暨“爱鸟周”活动，现场为第二届杭州市青少年鸟类自然笔记大赛获奖选手代表颁奖，小学生代表宣读爱鸟护鸟倡议书，1000多名市民参与。（沈 冰）

【市林水局获“全国森林防火先进单位”称号】2019年12月，国家林业和草原局授予杭州市林水局“2016—2018年全国森林防火先进单位”称号。2016—2018年，杭州市强化森林火灾责任、预防、扑救三大体系建设，构建集四级联动、引水上山、地空联合、智慧防控于一体的森林消防“杭州模式”，该模式获评市创新项目，实现森林消防网格化、现代化、智能化，在全省、全国推广。近三年全市森林火灾发生率和受害面积处于历史最低水平。

（吴迎春）

【林业科技周】2019年10月21日，市林水局在桐庐启动以“践行两山理论，高质量建设森林杭州”为主题的2019年杭州市林业科技周活动。在主会场举办全市林业产业发展座谈会，开展食用林产品质量安全追溯体系建设及标准化技术、香榧后熟加工技术、珍贵树种高效栽培技术、职称评审管理办法等培训活动，在富阳、淳安、临安等分会场开展县乡两级林技人员进村入户技术服务、竹林减肥增效技术培训、山核桃采后施肥管理培训、高素质农民花境技能培训等特色林业科技活动。活动期间，开展培训、咨询服务、实地指导等77次，培训乡村干部、林技人员、林农等7500多人次，发放林业科技推广宣传资料9400多份。

【林业科研】2019年，市林业科学研究院获“浙江省林业技术推广突出贡献集体”称号，科技成果分别获梁希林业科学技术奖二等奖2项、浙江省科技进步奖三等奖1项、省林业科技兴林奖2项，起草颁布省级标准1项。山核桃干腐病防治研究再获新进展，查明干腐病主要致病菌，提出土壤酸性改良、养分调控等栽培防治措施与药物防治手段相结合的干腐病综合防治技术方案；薄壳山核桃果实黑斑病防治效果显著，建立防治示范基地13.33公顷；建成国家级城市森林生态系统定位观测研究站1座、省级清新空气监测站1座，定期开展清新空气站维护检测；相继成为首批城市森林国家创新联盟、资源昆虫产业创新联盟、亚热带经济林病虫害绿色防控创新联盟理事单位。

（赖相燕）

畜牧业

【概况】2019年，杭州市重点推进生猪产能恢复、非洲猪瘟防控、高水平美丽牧场创建、“菜篮子”畜牧基地建设、畜禽养殖污染深度治理和畜禽排泄物资源化利用工作，带动畜牧业转型升级提质增效。全市畜牧业产值76.77亿元，比上年增长24.1%，肉、蛋、奶产量分别为14.97万吨、9.18万吨和2.63万吨。全市共创建省级美丽牧场43个，创建生猪全产业链严管“千场提升、百场示范”场72个，畜禽排泄物综合利用率90%以上。

【重大动物疫病强制免疫】2019年，杭州市继续实行重大动物疫病强制免疫，实现应免尽免。使用强制免疫疫苗2694.49万毫升，其中高致病性禽流感疫苗1317.6万毫升、生猪口蹄疫疫苗680.41万毫升、牛羊口蹄疫疫苗70.69万毫升、高致病性猪蓝耳病疫苗625.79万毫升。全市未发生区域性重大动物疫病。

【动物疫病风险预警】2019年，杭州市开展对1372个（次）种畜禽场、规模养殖场、散养户、屠宰场（点）等主体的采样监测。监测各类样品4.50万份（次），其中高致病性禽流感抗体1.09万份、口蹄疫抗体1.28万份、猪瘟抗体5447份、新城疫抗体5467份、高致病性蓝耳病抗体2505份、小反刍兽疫抗体41[illegible]3份、小反刍

2019年杭州市畜牧业生产情况

表27

项　目	单　位	年内出栏	比上年（%）	年末存栏	比上年（%）
生　猪	万头	189.52	–13.55	94.73	–12.44
牛	万头	1.609	9.00	1.3954	–2.17
其中：奶牛	万头	—	—	0.5579	–6.38
羊	万只	28.99	–15.92	20.95	4.13
兔	万只	39.62	–9.75	6.69	–48.58
禽	万羽	1 853.66	0.97	912.07	4.89

2019年杭州市主要畜产品产量

表28

项　目	总产量（吨）	比上年（%）
肉　类	149 691	–21.7
禽　蛋	91 761	–[illegible].37
牛　奶	26 335	–[illegible].63
蜂　蜜	18 367	–[illegible].78

兽疫抗原3709份。开展H7N9流感监测，对16个（次）种禽场、253个（次）商品代饲养场、33个散养户、26个（次）屠宰场（点）进行监测，采集血清样本9848份，检测结果全部合格；采集咽肛拭子样本3030份，未检出H7N9病毒核酸阳性。

【非洲猪瘟应急防控】2019年，杭州市继续发挥市防治动物疫病指挥部办公室职能，完善联防联控机制，统筹推进非洲猪瘟防控各项工作。全面落实全市存栏5000头以上的26个生猪养殖场非洲猪瘟自检工作，检测各类样品7369份；全市18个屠宰企业均采用聚合酶链式反应（PCR）方法开展非洲猪瘟自检工作。开展多环节非洲猪瘟风险检测，全市抽检3183个场点1.06万份样品，对检出的阳性产品按照规定及时处置。全年全市排查、追溯外省市调入生猪11.85万头、猪肉产品3.5万吨，封存可疑产品1385.18吨并采样送检，无害化处理风险产品26吨。省、市安排1000万元财政资金，支持大江东非洲猪瘟生物安全隔离区建设，打造大江东区域非洲猪瘟"防御共同体"，区域内23个规模猪场全年生猪病死数比上年减少12.3万头，下降23.7%；出栏生猪80.2万头，增长16.2%。全市未发生非洲猪瘟疫情，生猪养殖生产总体稳定，市场猪肉供给平稳。

【无规定马属动物疫病区建设】2019年，杭州市发挥2022年第19届亚运会无规定马属动物疫病区建设工作领导小组办公室统筹、协调作用，形成省、市、县三级分工协作，成员单位各司其职，牵头单位负责落实，领导小组办公室统筹协调的工作机制。6月24日，《杭州桐庐无规定马属动物疫病区建设方案》通过农业农村部审核，批准予以建设。7月30日，《杭州桐庐无规定马属动物疫病区建设方案》经市政府办公厅对外发布，于8月29日起实施。健全保障机制，推进《杭州桐庐无规定马属动物疫病区管理办法》出台，为无疫区建设提供法制保障；按照统分结合、以统为主的原则，基本落实资金预算保障；制订无疫区建设专家聘用方案、马属动物登记注册、强制免疫等一系列技术方案，落实技术保障。落实防控措施，完成全市马属动物疫病的基线调查、虫媒调查、强制免疫和马匹标识登记等工作，普查马属动物636匹，注册登记和注射芯片536匹，开展马流感、日本脑炎强制免疫1056匹（次），采集马属动物血样779份（次）、猪血样1.20万份（次）、牛羊血样7339份（次）。桐庐县4个动物卫生监督检查站于8月31日起开展动物及动物产品检查工作；市、县兽医实验室提升改造方案编制完成。

【主城区宠物防疫】2019年，杭州市对主城区2.81万只犬进行狂犬病免疫。5个试点医院对419只犬（猫）完成狂犬病、犬瘟热等病原的快速检测。以点带面推进城区犬防社会化服务工作，全市狂犬病免疫点增加到68个，主城区实现犬狂犬病免疫就近办。7个定点医院共实施流浪猫绝育手术694例，保持零投诉。

【动物及动物产品检疫和调运监管】2019年，杭州市开展产地检疫生猪123.57万头、牛0.10万头、羊1.08万头、家禽892.19万羽。开展屠宰检疫生猪69.98万头、牛羊6.76万头、家禽1180.21万羽。全国计划于2020年启用新版检疫证明、检疫标识，杭州市严格检疫证章规范使用的同时，采取多项措施严防旧版流失，2019年发放检疫证明125.85万份、检疫标志167.25万枚、分销信息凭证224万份。加强调运监管，做好防疫屏障体系建设，调入生猪36.74万头、动物产品64.62万吨，其中生猪产品34.21万吨。完善调运监管机制，至年末，有供杭冷鲜动物产品屠宰加工企业111个，其中省内冷鲜猪产品屠宰加工企业24个。

【畜产品安全监管】2019年，杭州市畜牧兽医监管部门抽检各类样本4.56万份，总体合格率为99.9%以上。全市各级畜牧兽医监管部门在养殖环节开展现场家畜"瘦肉精"快速检测尿样2.53万份，合格率100%；在屠宰环节开展"瘦肉精"抽检尿样1.79万份，合格率99.97%。市本级在养殖环节开展定期各类畜产品风险抽检1686批次，排除质量安全隐患10起；开展畜牧投入品风险监测，抽检养殖过程中使用的投入品样品150批次，未发现违规添加情况；每月开展一次畜产品例行检测，对8个区县（市）共抽检411批次，禁限用药物残留检测全部合格。

【畜牧业专项整治】2019年，杭州市办理动物卫生监督行政处罚案件91件，罚没款40.33万元，其中移交市场监管部门3起、移交公安机关2起。全市各级畜牧兽医监管部门开展禽产品禁限用药物及兽用抗生素超标专项整治，排查家禽养殖场395个（次），监督抽检禽产品269批次，对查到的问题产品进行调查，依法对

蛋鸡养殖车间　　　　（市农业农村局 供稿）

两个养殖场进行行政处罚；开展家畜“瘦肉精”（以外来肉牛为重点）专项整治，屠宰企业自检中查到2批3个牛尿样阳性，依法对阳性产品进行无害化处理，留样复核中发现1批4个样品阳性，通过调查追溯，发函产地监管部门协查。开展生猪养殖场疫苗使用管理排查行动，出动人员326人次，排查养殖场260个（次），约谈企业主体22个，未发现有擅自使用定制的“自家苗”及其他非法疫苗情况。打击屠宰违法行为，开展生猪屠宰“扫雷”行动、“零点”行动、落实“两项”制度百日行动等，开展畜禽屠宰执法检查1551次，出动执法人员5625人次，立案查处5件，其中移送司法机关2件。组织全市动物诊疗行业专项整治行动，开展执法检查182次，出动执法人员541人次，检查动物诊疗机构161个，市本级查处2起未经兽医职业注册从事动物诊疗活动案，罚没人民币1.06万元。

（市农业农村局）

水产业

【概况】2019年，杭州市以渔业供给侧结构性改革为主线，以提质增效、减量增收、绿色发展、富裕渔民为目标，坚持现代渔业发展方向，在水产养殖面积大幅减少的背景下，通过引进良种良法和推广养殖新模式，基本维持水产品产量稳定。全市渔业产值48.57亿元，比上年增长2.3%。水产养殖面积5.20万公顷，下降5.2%，水产品总产量20.3万吨，与上年基本持平。杭州市以余杭区养殖尾水全域治理示范建设为引领，全面推进全市域养殖尾水治理工作，至年末，建成养殖尾水治理示范场（点）83个。市农业部门开展部（省）级渔业健康养殖示范创建工作，完成率138.5%，超额完成省下达的任务。推进大水面生态渔业发展，全国现场推进会在千岛湖召开，推广千岛湖的成功经验。推进22个“菜篮子”水产基地项目建设，水产品稳产保供能力进一步提升。

【渔业主推品种和主推模式与技术联合行动】2019年，杭州市开展渔业主推品种和主推模式与技术联合行动。

2019年杭州市水产品产量

表29

项　目	产量（吨）	比上年（%）
一、总计	202 996	−1.29
淡水养殖	153 981	−0.07
淡水捕捞	14 061	9.42
远洋渔业	34 954	−9.57
二、养殖水域		
池塘	80 076	1.14
湖泊	752	−23.27
河沟	750	−71.99
水库	16 624	−4.56
稻田	54 131	9.47
其他	1 648	−62.49
三、主要养殖品种		
青鱼	4 356	−4.52
草鱼	12 133	−3.85
鲢鱼	23 094	4.36
鳙鱼	22 948	2.81
鲫鱼	14 363	−1.58
鳊鱼	7 071	−4.33
鲤鱼	1 963	−7.54
罗非鱼	43	65.38
鲶鱼	87	85.11
鳖	30 855	1.86
蟹	150	−13.29
虾类	26 781	2.20
加州鲈鱼	864	−0.35
乌鳢	568	12.25
鳗	112	−75.91
鳜鱼	145	−15.20
黄鳝	50	11.11

2019年杭州市水产养殖面积

表30

项　目	面积	比上年（%）
一、水域养殖（公顷）	51 980	−5.15
池塘	8 189	7.59
湖泊	385	0
河沟	216	−79.81
水库	42 960	−4.50
稻田	7 370	3.38
其他	230	−69.46
二、网箱养殖（平方米）	266 800	0

重点推广中华鳖、南美白对虾、青虾、大口黑鲈、七星鲈等15个品种，及种养结合、生态混养、池塘内循环流水养殖、大棚设施养殖、大水面洁水增养殖、配合饲料替代冰鲜饵料养殖等8项技术。建立科技示范户469户，示范面积3437.33公顷。组织渔业技术培训，3779人次参加。

【健康养殖示范场建设】2019年，杭州市按生产条件标准化、生产操作规范化、生产管理制度化、示范辐射规模化等要求，推进健康养殖示范场建设。36个养殖场被新认定为浙江省级健康示范养殖示范场；2个养殖场被新认定为农业农村部健康养殖示范场，1个养殖场复查换证。

【池塘循环流水生态养殖】2019年，杭州市推进池塘循环流水养殖模式应用。举办全市池塘循环流水、尾水治理等培训班3期，参训人员159人次。全年新建池塘循环流水生态养殖试点12个、流水槽44条，面积5320平方米。近5年建成试点85个、流水槽350条，面积3.98万平方米，养殖产量1.00万吨，发展速度和规模均居全省首位。该模式实现生产的集中高效管理以及水资源的循环使用，为渔业工程化、智能化发展提供可靠平台。

【水产品保供能力提升】2019年，杭州市围绕“菜篮子”考核任务，做好水产品保供指标分解、责任明确、措施落实等工作。组织水产品参加“菜篮子”进社区活动6场。完成2018年市级“菜篮子”水产基地重新认定。至年末，全市有水产品“菜篮子”基地118个。

【休闲渔业发展】2019年，杭州市推进“互联网+渔业”“渔业+旅游”融合，用数字化、智能化和信息化手段改造提升渔业。至年末，全市有全国休闲渔业示范基地7个、省级休闲渔业精品基地13个、市级美丽农牧渔场5个，淳安县利用千岛湖生态品牌，推进增殖放流旅游产业化、常态化，创建“渔旅结合”金山渔湾放流基地，将其打造成渔旅融合专业放流基地，创建“三网捕鱼”鳌山渔村等特色旅游项目，定期举办有机鱼文化节、国际钓鱼大赛等渔事节庆活动。

【远洋渔业管理】2019年，杭州市远洋渔业产量3.50万吨，比上年下降9.7%；产值4.27亿元，下降38.1%。至年末，全市有远洋渔业企业2个，实际投入生产渔船25艘。远洋渔业企业从制度完善、管理跟进、硬件保障等方面抓好安全生产工作，无安全生产事故发生。

【幼鱼保护暨渔业“一打三整治”行动】2019年，杭州市渔政部门贯彻落实《2019年杭州市幼鱼资源保护暨渔业“一打三整治”专项行动实施方案》，在全市范围内开展幼鱼资源保护暨渔业“一打三整治”专项执法行动。印发海洋幼鱼保护海报和宣传手册9800份，组织幼鱼保护宣讲会4次，开展检查15次，检查市场和餐饮场所239个。全年开展渔政执法检查6199次，参加执法人员1.4万人次，立案查处违法案件2064件，罚款267万元，没收涉渔三无船舶66艘，收缴电捕器具860件（套）。

【钱塘江禁渔期制度实施】2019年3月1日至6月30日，钱塘江干流首次禁渔。杭州市开展“五个一”（开一场宣讲会、签一份承诺书、贴一张通告、送一份宣传册、发一封告知信）禁渔宣传活动，召开禁渔宣讲会66次，渔民签订承诺书1200多份，张贴通告、发放宣传手册和禁渔告知信等2万余份，悬挂横幅1100多条，发送宣传短信2万余条。全市设渔船集中停泊点78个，1209艘捕捞渔船按规停泊、应休尽休，集中停泊区域推行片组管理，开展定期检查，实现“渔船集中停泊、渔网包扎入库、渔民上岸管理”。禁渔期间，全市各渔政部门落实禁渔期24小时全天候值班制度，开展各类执法检查巡查3063次，出动执法人员9495人次、车辆1600辆（次）、船艇1653艘（次），取缔非法捕捞行为188起，处置举报投诉145件，移送涉渔刑事案件36起51人、刑拘33人。首年禁渔就实现渔船应休尽休、违禁捕捞杜绝的成效。

为消除首个禁渔期后渔民安全意识淡化、渔船安全状况不佳等不利影响，杭州市在开捕季开展安全宣教和指导服务活动。印发《禁渔开捕渔船安全生产注意事项》3000份，举办渔民集中安全培训10期，组织渔船进行集中“体检”1200多艘（次）。

【水生野生动物保护】2019年，杭州市开展海洋馆等繁育展演场所在养水生野生动物执法专项检查、“盘羊四号行动”等专项行动，组织执法检查36次，检查驯养繁殖场、展演馆等单位54个，救护松江鲈鱼、大鲵等水生野生保护动物18尾（只）。9月

2019年3月1日至6月30日，钱塘江干流首次禁渔。图为西湖区捕捞渔船在禁渔期集中有序停泊 （市农业农村局 供稿）

21日，杭州市2019年水生野生动物保护科普宣传月启动活动在长乔极地海洋公园举行。宣传月期间，展示各类宣传展板35块，悬挂横幅19条，发放宣传资料2500多份，展示标本（活体）20多件。

【水生生物增殖放流】2019年，杭州市投入各类增殖放流资金1338万元，放流各类水生生物1.24亿尾。6月4日，由省农业农村厅和市政府主办，市农业农村局和淳安县政府承办的“2019年‘全国放鱼日’暨浙江水生生物增殖放流活动”在千岛湖举行，活动现场增殖放流鲢鳙鱼、黄尾密鲴、中华鳖、三角鲂等优质鱼种200多万尾。

【水产病害测报与防疫检疫】2019年，杭州市设立水生动物病害测报点52个，开展对鲫鱼、鳖、南美白对虾等8个品种水生动物的病害测报，发送病害预报信息5400多条。全年完成55个批次、275个项目的南美白对虾苗种及成虾的白斑病毒、对虾血细胞虹彩病毒、传染性皮下及造血组织坏死病毒、肠胞虫和急性肝胰腺坏死病菌等病源检测。从获得的27株中华鳖主要细菌性病原中筛选出9株气单胞菌属的细菌，用14种抗菌药物进行最小抑菌浓度测定。

杭州市开展春节、国庆等重大节假日及时令水产品专项执法检查。全年检查水产养殖单位700多个（次）。协调、落实各类水产品及水产养殖投入品监测抽检任务851批次，抽检合格率符合国家规定。

【渔船标准化建设】2019年，杭州市按照《杭州市钱塘江捕捞渔船标准化建设实施方案》要求进一步推进渔船标准化建设。相继完成钢质和聚乙烯两种材质四种标准化船型的设计审定，出台《标准化渔船建造企业入围办法》《关于开展杭州市渔船定点企业拆解评审工作的通知》等制度文件，落实省、市财政补助资金2180万元，统筹协调项目实施，强化质量管控。累计完成江干区、西湖区、滨江区、萧山区、富阳区及钱塘新区标准化渔船更新296艘，基本实现三年计划目标任务。

【主要渔业水域环境监测】2019年，杭州市开展主要渔业水域环境监测。按鱼类种质资源保护区、增殖放流区、产卵索饵场和养殖区4类监测区域，设立监测站点65个，确定单水样检测指标22项，实施监测84频，获取各类监测数据6840个，基本掌握全市主要渔业水域环境情况。

（市农业农村局）

农业科技

【概况】2019年，杭州市大力实施科教兴农战略，加强农业科技体系建设和队伍建设，抓好农业科技创新、推广、管理和协作工作。全市基层农技推广体系健全，建有县级农技推广机构38个、镇级136个，有农业技术创新和推广团队78个，其中市级12个。加强农业科技研发，全市申报重大农业科研项目8个，项目资金1529万元；其他农业科研项目40个，项目资金623万元。开展农作制度创新示范创建，新完成创新农作制度示范项目39个，做好2017—2019年第二轮创新农作制度示范创建的总结和案例推广工作，搜集推广30多个创新模式案例。

【农业科技推广】2019年，杭州市开展省级高品质绿色科技示范基地创建。全年新创建省级科技示范基地42个，累计创建163个，培育示范户2686户。加强农技推广队伍建设，培训农技人员1.57万人。开展科技下乡活动，确定70多项技术作为全年科技推广重点，各区县（市）都确定主推技术和主导品种。全市组织科技下乡活动66场次，服务农民3.8万人。

【农业科技管理】2019年，杭州市加强农业转基因监管，委托省农科院每季度对田间种植地、标识环节和种子相关场所开展抽检，抽检样品454批次。举办转基因培训1期，54人参加。对发现的一例青山湖超市黄豆转基因未标识情况进行调查处理。加强农业知识产权保护，走访农业生产企业10多个，举办知识产权培训班1期。开展知识产权市场检查，以水稻、玉米、蔬菜种子为重点，检查种子经营企业15个。

【农业科技协作】2019年，杭州市加强农业科技对口帮扶协作，协调市、县两级对口帮扶及山海协作农技人员选派和管理，市级选派农技人才12名。市级开展12期湖北省恩施州、贵州省黔东南州帮扶培训班，培训666人。加强同市科技部门合作，派遣农业科技特派员6人。建德草莓小镇农业科技园区被列入省级农业科技园区培育名单。“杭州盘古·星创天地”、杭州“天目云彩”星创天地、旧县街道·侬创天地、“幸福共创”

智能化生猪养殖车间　（市农业农村局 供稿）

星创天地被列入省级“星创天地”备案名单。加强同推广基金会协作，全年资助创新农作制度项目40项。

【农民培训体系建设】2019年，杭州市出台《服务“六大行动”打造人才生态最优城市和乡村人才振兴实施意见》《关于加强杭州市乡村人才振兴的实施意见》，明确加强农村实用人才培训。理顺原农业局新职农民培训和原农办实用人才培训体系，明确区县（市）和市农业科技教育总站的任务。建立健全市、县两级农民培训队伍，建立专人负责制。建立工作例会制和督查考核制度。

【农村实用人才培养】2019年，杭州市培训农村实用人才1.44万人，完成率144.3%。其中，市本级举办出国（境）高层次实用人才培训班4期，培训高端农村实用人才57人。完成省下达杭州市“千万农民素质提升工程”任务，培训3171人，完成率176.2%，平均评价率90.4%，满意度99.7%，居全省第一位。培训农村创客471人。各区县（市）结合实际，在培训模式、培训内容、管理方式等方面进行创新。萧山区、余杭区、富阳区的农业广播电视学校校长入选全国“百名优秀基层农广校校长”，杭州爱比利生态农业开发有限公司的农民潘浩亮入选全国农民教育培训“百名优秀学员”，由市农业农村局监制、市农业科技教育总站拍摄制作的4部电教片入选全国“百个优秀农民教育培训在线学习资源”，余杭区农业广播电视学校案例入选“百个全国农民教育培训发展典型案例”，玉渚农业科技有限公司农民田间学校入选“百个全国示范农民田间学校”。

杭州市开展市级农村实用人才认定，新认定市级实用人才621人，累计8130人，占全市实用人才的5.4%。全市农村实用人才总量达15.06万人，提前一年完成杭州市中长期农村实用人才发展规划（2011—2020年）的目标。（市农业农村局）

农业机械化

【概况】2019年，杭州市农机管理部门开展农业“机器换人”促进工程、农机购置补贴和农机保险等各项工作，全市农业机械化工作有新提升。至年末，杭州市拥有农业机械总动力214.9万千瓦（不含渔船），其中柴油机械动力89.48万千瓦、汽油机械动力18.54万千瓦、电动机械动力106.86万千瓦。拥有主要农机具47.38万台（套），其中各类拖拉机0.72万台（与其配套的各类农机具0.95万台）、收获机械1195台、植保机械3.18万台、排灌机械13.09万台、农产品初加工机械2.70万台，农机装备结构进一步优化。

【农业“机器换人”推进】2019年，杭州市继续落实《杭州市农业“机器换人”促进工程项目和资金管理办法（2018—2020年）》，有效利用财政资金，加快提升农业设施装备水平，推进农业“机器换人”促进工程，促进农业机械化向更高层次、更高水平迈进。杭州益民农业生产服务专业合作社入选全国“全程机械化+综合农事”服务中心典型案例。杭州市成功创建省级农业“机器换人”示范区1个（淳安县）、示范乡镇4个、示范基地19个，省级“平安农机”示范县1个（临安区）、省级“平安农机”示范乡镇3个、省级农机合作社示范社5个，市级财政补助资金650多万元。依托项目建设、主体培育，农业“机器换人”有新突破，畜禽、水产自动化养殖系统改变固有的人工养殖模式，实现传统畜牧业和渔业的转型升级；茶叶加工流水线普及应用，逐步实现茶叶炒制自动化规模化；智慧农机项目建设使设施农业实现大屏监视、远程控制，实现作物种植的精细化、智能化和可视化；全自动播种流水线、水肥一体化智能灌溉系统、轨道运输机等引进和推广，补齐杭州市农业主导产业机械化生产短板，推进全市“机器换人”步伐。

【农机购置补贴政策落实】2019年，杭州市继续落实农机购置补贴政策。通过落实中央、省、市、县四级财政资金对农户购置先进适用的农业机械装备给予补贴，调动农户购买使用农机的积极性，促进农机装备信息化、智能化水平提升。全市补贴机具1.86万台（套），补贴资金5640.43万元，其中：中央补贴资金3438.53万元，省、市、县三级补贴资金2201.9万元。

【新机具新技术引进】2019年，杭州市举办农业“机器换人”现场会、农机维修人员技能提升、植保新技术新装备使用技术培训班、茶叶生产机械化现场演示观摩及技术培训班、草莓设施育苗及高效安全栽培技术培训班、保护性耕作机械化技术推广应用培训班、设施农业智能装备技术培训班和丘陵山地智慧农机装备与技术培训班等活动。市级层面引进试验新机具4台（套），分别为临安区热泵型牛粪低温密闭干化设备、建德市三都镇睦州旺桔家庭农场引进的

排列整齐的农机具　　（市农业农村局 供稿）

柑橘分选设备和洋津农业开发公司引进的向日葵（油菜）育苗播种移栽设备、桐庐昊琳水产养殖有限公司引进的精米加工流水线设备。区县（市）层面，各地根据实际，开展首台（套）引进试验。萧山区引进农作物秸秆破碎机械，使秸秆无害化处理和综合利用进一步优化。余杭区引进无人驾驶插秧机、无人驾驶拖拉机，引进高精度蔬菜育苗播种流水线、三角履带式拖拉机（配套起垄机）。富阳区引进推广轨道运输机械、智能遥控无人植保飞机、智能遥控耕作开沟机械、乘坐式割草机，填补智能遥控无人作业的空白。桐庐县引进水稻侧深施肥装置、多旋翼植保无人机、电动果树修枝剪、蔬菜起垄机、蔬菜秸秆粉碎机、热泵型果蔬烘干机等。淳安县首次引进小蚕饲养机，探索小蚕机械化饲养模式。

【上道路拖拉机淘汰】2019年4月10日，市道路交通安全综合治理行动专项工作领导小组办公室印发《杭州市变型拖拉机道路交通安全专项整治实施方案》，将上道路拖拉机列入全市道路交通整治重点车辆。督促指导各地出台提前报废淘汰政策、划定上道路拖拉机禁限行区。加强变型拖拉机源头管理，严格实施拖拉机停牌、拖拉机驾驶员停考，停止上道路拖拉机的转移、变更登记和到期延长。至年末，全市有上道路拖拉机6085台、外省籍拖拉机1034台。

【农机安全监管】2019年，杭州市成功创建省级“平安农机”示范乡镇2个、“平安农机”示范合作社6个。全年开展农机安全主题宣传活动387次，发放农机安全宣传资料2.41万份，1.53万人次受益。检查农机专业合作社、农机大户、农机维修网点等农机服务经营组织434次，农机监理人员参加检查1513人次，检查农机服务经营组织1329个（次），排查治理安全隐患248个。办理农田作业拖拉机牌照登记77台，办理联合收割机牌照登记34台。累计检验合格上道路行驶拖拉机4191台、农业机械实地安全检验2517台。核实外省籍拖拉机1295台，核实假牌证51台、假驾驶证59本、检验过期7台、保险过期13台、驾驶证过期2本。培训驾驶员9436人，发送安全警示提醒短信51.95万条（次）。联合交警部门开展路面检查511次，参加检查2229人次，检查拖拉机2850台，查获涉嫌违法违章拖拉机331台。

（市农业农村局）

合作生产

【概况】2019年，杭州市供销社系统实现营业总收入241.97亿元，农产品交易额272.12亿元，利润9.17亿元，获全国供销系统综合业绩考核计划单列市和副省级省会城市一等奖第二名。萧山区、余杭区、富阳区、淳安县供销社入选全国系统百强县级社。杭州循环经济产业园报废汽车拆解中心、萧山东部水果市场一期工程等重点项目有序推进。

【生产服务】2019年，市供销社合作组建杭州智享农飞客农业科技有限公司，承接富阳、临安、桐庐、淳安、建德等地“飞防”业务6000公顷；合作组建杭州江东农场开发有限公司，托管杭州大江东产业集聚区533.33公顷“旱改水”土地；深化与淳安县政府的战略合作，合作组建杭州茶厂千岛湖茶叶炒制中心，参与淳安县经济薄弱村“消薄”和千岛湖龙井茶品质提升工程。

【供销服务】2019年，市供销社联合有关部门举办优质农产品迎新春展示展销。每月举办优质农产品进市民中心巡展馆推介会，组团参加第七届老年生活博览会。累计发展生鲜超市15个，承接农贸市场托管运营41个。

【信用服务】2019年，市供销社联合中国农业银行杭州分行开展30万元以下“农户贷”（信用担保）业务。推动富阳、临安、淳安等地推出“农合联贷”“丰收农合王”等面向农合联会员的金融服务。推进7个区县（市）供销社与农村商业银行开展信用等级评定。开展针对农合联会员的“T+0”转贷业务试点。全市供销社系统完成农信担保额3.2亿元。其中，市本级3.1亿元，支农比例60%。

【乡镇农合联为农服务中心建成58个】2019年，市供销社实施农合联为农服务中心综合提升行动，发放190万元专项奖补，引导各级供销社累计建成乡镇农合联为农服务中心58个。引导各地农合联为农服务中心引入多样化便民服务，实现在生产、供销、信用服务基本服务基础上的“3+X”综合服务。

【市供销社成立70周年系列活动】2019年，市供销社举办成立70周年系列活动。开展“寻找情怀供销人”活动，发起“寻找供销记忆”活动，印制《我和我的供销记忆照片集》。11月4日，庆祝中华人民共和国成立70周年暨市供销社成立70周年大会在浙江展览馆举行，现场公布23名“情怀供销人”。

【市农合联一届三次理事会、监事会（扩大）会议】2019年10月12日，市农合联召开一届三次理事会、监事会（扩大）会议。会议按《杭州市农民合作经济组织联合会章程》规定调整增补部分理事、监事，传达学习省委、省政府主要领导关于“三位一体”农合联改革重要批示精神和全省“三位一体”改革现场会精神，总结前一阶段全市农合联工作，部署下阶段农合联工作重点任务。市农合联理事会副理事长、执行委员会主任方月仙做执委会工作报告。市农合联一届理事会理事、一届监事会监事参加会议。各区县（市）农合联执委会主任、农业农村局负责人，市供销社（农合联执委会）班子成员及相关处室负责人列席会议。（市供销社）

责任编辑 郦 晶

工业 22

综述

【工业经济发展质效提升】2019年，杭州市规模以上工业企业增加值3482亿元，比上年增长5.1%。高新技术产业、装备制造业、战略性新兴产业占规模以上工业增加值的比重分别为62.6%、47.1%和38.2%。其中，装备制造业规模以上企业增加值1640.5亿元，增长7.9%。战略性新兴产业规模以上企业增加值1328.6亿元，增长13.1%。全员劳动生产率34万元/人·年，提高2.16万元/人·年。新产品产值增长14.2%，新产品产值率42.8%。杭州市坚持工业用地和平台分布"一张图"。推进小微企业园建设提升，全年新建及改造提升小微企业园区38个，新增入园企业4240个。

淘汰落后及过剩产能相关企业199个，完成全年目标任务的199%。推进"低散乱"企业（作坊）整治提升，累计通过改造提升、整合入园、合理转移、关停淘汰等方式提升企业1361个，完成年度目标任务的136.1%。

【"鲲鹏计划"实施】2019年，杭州市实施"鲲鹏计划"，建立千亿级龙头企业、百亿级骨干企业培育库，完善市级、区县（市）政府与千亿级培育企业的战略合作机制，鼓励支持围绕龙头骨干企业建立相关的产业链配套园区。根据《关于实施创新驱动战略，加快新旧动能转换推动制造业高质量发展的若干意见》文件精神，经过企业申请、专项审计、区县初审、专家评审和部门意见征求等环节，报市委、市政府审核同意，确定首个杭州市"鲲鹏"企业（制造业）奖励名单，共46个企业入选。

【传统产业改造提升】2019年，杭州市继续加快推进省、市、区三级17个传统产业改造提升试点工作，召开全市工作现场会，开展专项工作督查，全面落实年度工作任务计划。在省级试点中，萧山区明确"1+4+X"产业发展布局，以产业集聚集约化、规模化、智能化为方向，在益农镇规划建设10.8平方千米产业发展平台。荣盛控股集团有限公司功能性差别化纤维项目启动，浙江恒逸集团有限公司高性能聚酯以及加弹项目列入省重大产业预选项目，打造以智能制造为主的"国家高端纤维产业集群示范区"。富阳区造纸产业改造提升试点工作稳步推进，杭州富春湾新城腾退造纸企业70个，削减产能492.5万吨，占比64.8%，全力建设杭州高新区（滨江）富阳特别合作区。建德市化工产业被列入第二批省级试点后，加快出台改造提升行动计划，推进化工企业集聚入园。在市、区试点中，钱塘新区"五无整治、六个一批"行动、余杭区时尚产业"生态体系"建设工作、建德市推进小微企业园建设等经验做法为全市提供参考样板。

【"亩均论英雄"改革】2019年2月，杭州市对照新一轮工业普查名单，对在册工业企业进行用地、经营情况摸底，并对照国土部门第三次土地调查，将全市工业企业进行空间落位，初步确定全市工业企业地理空间布局情况。4月，《关于开展2019年度全市工业企业综合评价工作的通知》印发，在全面摸底基础上，对评价对象、取数标准、评价分类、结果运用和工作步骤做进一步细化规范。7月末，完成全市规模以上工业企业用地公示；9月末，完成规模以上工业企业和规模以上用地2000平方米以上企业用地评价。其中，萧山区率先实现全部工业用地企业（包括建筑业、数据中心及工业用地上非工业企业）全覆盖。至年末，杭州规模以上工业企业亩均增加值181.3万元，居全省第一位；亩均税收43.4万元，居全省第二位。滨江区规模以上工业企业亩均增加值1662.6万元。

【工业设计产业规模不断壮大】2019年，杭州市工业设计产业继续稳步增长，创新能力提升。"众创设计""众筹设计"等新业务快速发展，"设计+制造"形成良性互动发展。以培育和发展工业设计特色基地（园区）和工业设计中心（企业）为重点，发挥产业集聚平台功能，加速工业设计与制造业的融合。全市工业设计服务纯收入29.9亿元，比上年增长18%。新增国家级工业设计中心2个，累计8个；新增省级工业设计中心9个，累计60个。71件产品获2019年德国iF设计奖和红点奖，1件产品获中国设计智造大奖金奖。全市有市级

2019 年 8 月 14 日，中国（杭州）工业互联网大会在余杭区举行
（市经信局 供稿）

工业设计中心 91 个、市级工业设计基地（园区）17 个，省级工业设计中心 52 个、省级重点企业设计院 11 个（全省 21 个），省级特色工业设计基地 1 个（圣泓工业设计创意园）和省级工业强区县（市）工业设计基地 2 个（萧山区、余杭区），国家级工业设计中心 6 个。

【制造业创新中心建设】2019 年，杭州市组织开展省级制造业创新中心培育创建工作。新培育创建浙江省数字化设计与制造创新中心、中国（浙江）机器人及智能装备创新中心、浙江省智能网联汽车创新中心等 3 个省级制造业创新中心。全市有省级制造业创新中心 6 个。

【新产品新技术应用推广】2019 年，杭州市加速制造业新产品、新技术、新业态、新模式的培育和发展。全市规模以上工业企业新产品产值 6229.5 亿元，比上年增长 14.6%；新产品产值率 42.8%，增长 4.15%。全年共备案省级新产品 1013 个，通过鉴定验收 524 个。成功创建“浙江制造精品”54 个，省重点技术创新项目 23 个和省重点高新技术产品开发项目 20 个。

【“走亲连心”服务企业活动】2019 年，杭州市各部门持续加大服务企业的广度、深度和力度，做深做细做实“走亲连心三服务”。走访服务企业 18.45 万个（次），梳理收集企业各类问题建议 2.55 万个，办结 2.54 万个，办结率 99.9%。各区县（市）创新企业服务方法。建德市依托钉钉平台推出“亲企宝”应用，方便企业线上问题办理，全流程跟踪督办。临安区开展以走访全覆盖、交办全方位、协调全天候、跟踪全过程、宣传全维度为核心内容的“服务企业 360°”活动。江干区打造掌上办事平台，“淘宝式”政务体验实现“跑零次”。该平台有 421 个审批事项可以线上申报办理，实现企业全流程办理“跑零次”。

【25 个企业被认定为“隐形冠军”企业】2019 年，杭州市配合推进全省“隐形冠军”企业及培育企业复评工作，遴选一批专注深耕细分行业、细分市场、细分领域的“隐形冠军”企业。杭州申昊科技股份有限公司等 25 个企业被认定为浙江省“隐形冠军”企业，总量排名全省第一位。浙江诺尔康神经电子科技股份有限公司等 140 个企业被认定为浙江省“隐形冠军”培育企业。（骆 奇）

【中国（杭州）工业互联网大会】2019 年 8 月 14 日，中国（杭州）工业互联网大会在余杭区举行。与会人员围绕“聚焦工业互联新生态”主题，开展一系列务实高效的创新研讨和技术对接活动，探讨与分享工业互联网政策、技术动态、产业方向及最佳实践，全面展示工业互联网最新动态、关键技术及产业方向。在大会上，中国（杭州）工业互联网小镇揭牌仪式举行。小镇规划建筑面积约 78 万平方米，首期建筑面积 26 万平方米，将集聚 5G 技术、信息软件、工业 App、人工智能、云计算、大数据、物联网等领域的服务商，打造面向长三角地区的工业互联网产业集聚区。

【SupET 工业互联网平台入选跨行业跨领域工业互联网平台名单】2019 年 9 月 2 日，工业和信息化部发布《关于公布 2019 年跨行业跨领域工业互联网平台名单的通告》。SupET 工业互联网平台入选该名单，获国家重点项目扶持。该平台作为“1+N”平台体系的核心，基本形成可持续运营的商业模式和可复制推广的服务经验。（金子倩）

装备制造业

【概况】2019 年，杭州市装备制造业营业收入 6931.29 亿元，比上年增长 6.1%；销售产值 6296.48 亿元，增长 4.1%；利润总额 576.32 亿元，增长 8.5%；增加值 1642.5 亿元，增长 7.9%；出口交货值 1086.85 亿元，增长 1%。高端装备产业营业收入 2825.53 亿元，增长 [illegible].8%；销售产值 2550.61 亿元，增长 0.1%；利润总额 234.46 亿元，增长 [illegible].6%；增加值 653.3 亿元，增长 1.2%；出口交货值 349.75 亿元，增长 [illegible].2%。

【首台（套）产品认定推荐】2019 年，杭州锅炉集团股份有限公司、浙江众合科技股份有限公司、杭州中泰深冷技术股份有限公司等企业的 25 个产品被列入 2020 年度浙江省装备制造业重点领域首台（套）产品名单，数量占全省首台（套）产品的四分之一。其中，国内首台（套）2 个，均为市本级企业，数量占全省国内首台（套）产品的二分之一。市本级共推荐 47 个产品，10 个产品入选，获省级奖励资金 1350 万元。

杭州市开展 2013—2019 年首台（套）重大技术装备保险补偿机制试点工作跟踪总结工作。2013 年以来，全市有 15 个企业、31 台次推进首台（套）产品保险补尝。

【首台（套）产品推广应用奖励政策出台】2019 年，《杭州市装备制造业重点领域首台（套）产品推广应用资金奖励实施细则》制定出台。对购买经省经信厅认定的首台（套）产品的应用企业，按照年度购买总额的10%给予奖励，每个企业每年最高奖励300万元。《实施细则》明确资助资金由市本级财政全额承担。

【装备制造高端化发展】2019年，杭州市以“太阳能发电全流程光热技术及装备制造”总集成项目为样板，组织行业骨干企业提供产业链整体解决方案并加快推广应用。浙江中控太阳能技术有限公司与中国能建葛洲坝国际公司组成联营体，成功推动该项目落户希腊克里特岛，签订2亿欧元的框架协议。杭州市组织开展浙江省重大短板装备（首台套装备）工程化攻关项目征集工作，整合各方优势，推进装备制造产业向智能化、服务化、高端化转型发展。

【落后产能清理整治】2019年，市发改委、市经信局、市生态环境局、市应急管理局、市市场监管局等部门联合对机械行业中频感应电炉使用比较集中的8个区县（市）进行督查，走访督查197个使用中频感应电炉企业，发现存在问题设备企业79个、问题设备170台，全部整改落实到位。开展铸造行业清理整治工作，清理整治铸造行业企业176个，设备465台。

【装备产品本地化应用】2019年，市经信局征集梳理“装备领域本地化推广应用企业及产品清单”“可参与地铁、亚运建设的装备企业清单”，及时提交相关部门、企业供选购选用。鼓励装备制造企业积极申报《杭州市优质产品推荐目录》，组织开展装备制造业企业与机器人企业、消费品等行业企业的对接活动。（张向荣）

汽车产业

【概况】2019年，杭州市汽车产业有规模以上企业224个。其中：整车、改装车及专用车企业20个，有整车生产资质的企业10个，上市企业10个。国家级企业技术中心5个、省级企业技术中心14个。全市汽车企业共生产汽车约21万辆，销售产值601.95亿元，比上年下降16.6%；产销率102.2%，增长2.5%。整车企业表现突出，吉利汽车集团连续3年蝉联中国品牌乘用车第一名，广州汽车集团乘用车（杭州）有限公司成为杭州汽车产销量新的增长点。杭州汽车企业生产的多个产品入选浙江省制造精品名单。杭州市汽车产业形成大江东产业集聚区（汽车及新能源乘用车）、余杭区（新能源商用车）、萧山区（动力电池、汽车零部件）三大产业集聚区，有整车、核心零部件、配套服务等较为完备的产业链。全市有规模以上汽车零部件企业204个。一大批汽车零部件产品进入主流车企的配套体系，产品配套能力不断提升。新能源汽车核心零部件产业基本涵盖动力电池、电机、电控、充电设施等领域。

在2019年《财富》世界500强榜单中，吉利控股集团排名第220位，提升47位。杭州前进齿轮箱集团股份有限公司连续10年入选中国机械工业百强名单。在2019年中国民营企业500强榜单中，吉利控股集团排名第11位，万向集团排名第44位。其中，在汽车制造业排行榜上，吉利控股集团列第1位，万向集团列第3位。在2019年中国品牌发展指数中，吉利控股集团位列第22位，列民营汽车企业第1位。万向钱潮股份有限公司、浙江亚太机电股份有限公司、浙江金固股份有限公司入选2019年中国汽车零部件企业百强榜。浙江亚太机电股份有限公司和杭州钱江弹簧有限公司被列入第十六届全国百家优秀汽车零部件供应商榜单。

【新能源汽车推广应用】至2019年末，杭州市累计推广应用新能源汽车17.45万辆，其中个人用户购买6.54万辆，占总数的37.5%。全年推广新能源汽车5.1万辆。从推广领域看，主要集中在新能源公交车1240辆，出租车（含网约车）1.89万辆，个人用户购买2.57万辆。新建成新能源汽车充电桩8233个，累计建成公用充电桩1.94万个，提前完成省“十三五”发展规划的3000个公用充电桩目标任务。杭州市主城区早高峰和晚高峰交通限行区域内公用充电服务半径缩小至1千米，基本构建行程便捷的充电网络体系。

【吉利控股集团汽车总销量217.8万辆】2019年，吉利控股集团旗下各品牌汽车总销量217.8万辆，比上年增长1.23%。其中：“吉利”汽车年销量（含领克）136.16万辆，超额完成年度目标；“沃尔沃”汽车年销量70.55万辆，增长9.8%，并完善欧洲、亚太和美洲地区三大市场的全球化布局；“宝腾”汽车年销量10.08万辆，增长55.7%。“路特斯”汽车发布首款英伦纯电动超级跑车Evija，并公布VISION80十年品牌战略，5个路特斯中心在中国落成。“远程”商用车增长12.5%，先后发布M10甲醇重型卡车、氢燃料电池公交车、5G智慧公交车、纯电动城际车等多款新能源产品。

4月13日，吉利汽车集团与第19届亚运会组委会正式签约，成为杭州亚运会官方汽车服务合作伙伴，并正式启动主题为“科技吉利，悦行亚运”的亚运战略。

【浙江省智能网联汽车创新中心投入运营】2019年12月20日，浙江省智能网联汽车创新中心正式启动。该创新中心由亚太机电集团有限公司牵头，大学创新创业研究院、浙江新吉奥控股集团有限公司、杭州容大智造科技有限公司、浙江汽灵灵工业互联网有限公司、杭州优海信息系统有限公司、杭州环道科技有限公司等7个高校和企业共同发起，中国联通有限公司浙江分公司、华为技术有限公司等企业支持，共同组建智能网联汽车创新共同体。该中心以“引领浙江智能汽车产业发展”为目标，以智能网联汽车技术的研发、成果转化、试验、检测、产业化等为功能定位，推动浙江省智能网联汽车产业链条延伸和高端化升级。（魏兆宏）

节能环保产业

【概况】2019年，杭州市节能环保产业主营业务收入1241.39亿元，“十三五”期间年均增长12%；增加值303.73亿元，比上年增长4.1%。

节能环保产业主营业务收入占全市工业主营业务收入的 8.5%，增加值占全市工业增加值的 8.6%。主营业务收入和增加值在全市工业行业的比重比“十二五”收官的 2015 年，基本增长 100%。节能环保产业研发投入比重为 3.86%，高于全市 0.91 个百分点，新产品产值率超过 50%。全年完成 190 个企业的清洁生产审核，超额完成省里 85 个、市里 100 个的审核任务。

【“海洋能技术装备引进与示范”项目通过验收】2019 年 12 月 12 日，由杭州林东新能源科技股份有限公司等单位承担的“海洋能技术装备引进与示范”国家重点项目，通过国家自然资源部海洋战略规划与经济司组织的现场验收。专家组认为，项目组开展任务合同书规定的相关工作，研制并安装 400 千瓦时垂直轴潮流能发电装置和 300 千瓦时水平轴潮流能发电装置各 1 套，总安装机容量 700 千瓦时。1 月，项目开展海试，累计运行时间 11 个月。经现场测试，自 6 月 12 日至 12 月 8 日累计并网发电 27.84 万千瓦时。项目所研发的发电装置在海试期间经第三方国家海洋技术中心测试，测试结论说明水平轴潮流能装置整机转换效率最大值为 42%，完成任务合同书指标。

【市绿色发展促进会成立】2019 年 9 月 21 日，杭州市在积极发挥好市级光伏行业协会桥梁作用的基础上，新成立杭州市绿色发展促进会。促进会汇集 30 多个从事绿色科研、生产、销售、技术推广和应用等活动的杭州市企业单位，旨在动员行业资源和人才，致力于促进全市绿色产业和绿色事业的发展。全市评选分布式光伏发电十大示范项目、十大创新案例，推动工业园区集中开发、公共建筑示范应用、农村连片开发试点，以及杭州薄膜光伏装备、光电建筑一体化等创新产品和应用发展。

【节水型企业创建】2019 年，根据最严格水资源管理制度工作要求，杭州市对涉及火电、钢铁、纺织、造纸、石化和化工等六大高耗水行业企业开展节水型企业创建工作。六大高耗水行业节水型企业创建覆盖率超过 90%。

【运达风电股份有限公司上市】2019 年 4 月，运达风电股份有限公司在创业板首发上市。该公司主营大型风力发电机组的研发、生产和销售，并提供覆盖风电项目全生命周期的系统服务及后市场整体解决方案，同时将业务链延伸至风电场的投资运营等。企业产品主要有 1.5 兆瓦、2.X 兆瓦、3.X 兆瓦和 4.X 兆瓦系列陆上风电机组，以及 5 兆瓦海上风电机组。（刘元永）

生物医药产业

【概况】2019 年，杭州市生物医药产业销售收入 607.2 亿元，比上年增长 19.2%；利润 139.1 亿元，增长 9.1%；新产品产值 225.6 亿元，增长 47.6%。医药制造业增加值 243 亿元，增长 13%。《杭州市人民政府办公厅关于促进杭州市生物医药产业创新发展的实施意见》推出以来，全市生物医药产业发展环境进一步优化，在国内外困难风险挑战明显增多的情况下，产业运行总体平稳，保持稳中有进。

【中国药科大学（杭州）创新药物研究院成立】2019 年 5 月 10 日，中国药科大学（杭州）创新药物研究院成立。研究院位于杭州医药港小镇和达药谷一期，占地面积约 2700 平方米。研究院以创新药物制剂、全工艺过程质量风险控制为特色，以小分子药物、中药、生物大分子药物的研发为基础，重点建设高端长效药物制剂研发服务中心、药学研究服务中心、生物医药产业育成中心、仿制药物一致性评价中心等四大区域公共技术服务平台。研究院将建立适应创新服务的专业化人才定制培养服务机制，组织开展国际性高端医药技术学术交流活动。在揭牌仪式上，还举行中国药科大学与浙江医药股份有限公司、浙江瀛康生物医药有限公司等杭州医药企业产学研合作项目签约仪式。

【中澳生物医药产业科技园开园】2019 年 5 月 10 日，中澳生物医药产业科技园在杭州高新区（滨江）正式开园，由国家科技部火炬中心与杭州高新区（滨江）联合共建，委托贝壳社运营。科技园分为孵化大楼、研发大楼、创新药生产厂房等不同功能区域，总占地面积近 9 万平方米。园区将协同海内外生物医药核心关键技术资源，引进海外高层次人才，培育全球领先的具有自主知识产权的创新药，研发高端医疗器械和精准诊断技术，打造国际级生物医药产业高能级创新平台的标杆。启动仪式上，有 5 个企业申请入驻园区，包括来自澳大利亚的肿瘤诊断企业 Minomic International Ltd 和集医、教、研三位一体的高德生命科技有限公司等。同日，园区下属的医疗器械创新中心正式成立。

【天境生物项目落户钱塘新区】2019 年 5 月 16 日，天境生物公司抗体研发及产业化项目签约落户杭州钱塘新区。天境生物公司成立于 2016 年。公司聚焦于肿瘤免疫和自身免疫疾病治疗领域，研发“全球首创”和“同类最优”的创新生物抗体药物。项目总投资约 56 亿元，产业化基地一期项目于 2019 年开工建设，计划 2023 年竣工、2024 年投入使用。

【“长三角 G60 科创走廊生物医药产业联盟”成立】2019 年 5 月 28 日，“2019 中国·杭州医药港健康产业峰会（首届抗体药大会）暨长三角 G60 科创走廊生物医药产业联盟成立大会”在钱塘新区举行。生物医药产业联盟是继新材料、机器人、新能源、智能驾驶、新能源和网联汽车、人工智能之后，长三角 G60 科创走廊成立的第 7 个产业联盟。会上，“长三角 G60 科创走廊生物医药产业联盟”正式揭牌成立，通过《G60 科创走廊生物医药产业联盟章程》，并为理事长、副理事长及秘书长单位授牌。中美华东制药江东有限公司当选为理事长单位，上海昊海生物科技股份有限公司、嘉兴太美医疗科技有限公司、杭州澳亚生物技术有限公司、普洛药业股份有限公司、江苏康诺医疗器械股份有限公司、浙江特瑞思药业股份有限公司、福元药业有限公司和安徽安科生物工程（集团）股份有限公司分别当选副理事长单位，杭州和泽医药科技有限公司为秘书长单位。首批成员单位共计55个。

【浙江省长三角生物医药国际合作产业园开园】2019年10月17日，浙江省长三角生物医药国际合作产业园开园，园区分为孵化区块和加速区块。孵化区块位于杭州湾信息港内，面积共3500平方米，承接生物医药研发办公、智慧医疗、配套服务等功能。加速区块共2.5万平方米，承接生物医药实验室建设、创新药物和医疗器械中试、产业化场地需求以及孵化器专业公共平台建设等。

（汪 静）

纺织化纤产业

【概况】纺织化纤行业是杭州市的支柱产业，重要的民生产业，也是工业经济总量和出口创汇中所占比重最大，从业人员最多的一个行业。2019年，全行业加快转型升级，调整产业和产品结构，行业经济运行基本平稳，经济指标略有下降。至2019年末，全市列入国家统计口径规模以上的纺织、化纤、服装企业1000个，占全市规模以上工业企业总数的18%。其中，纺织业626个、化纤制造业119个、纺织服装、服饰业255个。全行业年平均用工15.96万人，占全市用工的16%。其中，纺织业9.15万人、化纤业2.51万人、服装服饰业4.30万人。

纺织工业销售产值1532亿元，占全市工业经济的11%，比上年下降5.7%。其中：纺织业688.75亿元，下降4.7%；化纤业642.8亿元，增长6.8%；服装服饰业200.43亿元，下降5.7%。

出口交货值278.7亿元，占全市工业品出口的15%，下降3.3%。其中：纺织品出口145.45亿元，下降2.7%；化纤出口42.67亿元，增长5.8%；服装和服饰出口90.58亿元，下降6.7%。

利税总额103.48亿元，占全市工业利税的6%，下降21.4%。其中：纺织业44.44亿元，下降26.2%；化纤业41.47亿元、下降2.9%；服装和服饰业17.57亿元，下降23.7%。

利润总额34.26亿元，占全市工业利润的3%，下降5.9%。其中：纺织业22.51亿元，下降37.7%；化纤业2.93亿元，增长14.8%；服装和服饰业8.82亿元，下降29.3%。

2019年6月3—5日，由市纺织行业协会组织的纺织、化纤和印染等领域的72个企业150多人组成的杭州纺织观摩学习团赴上海虹桥上海国家会展中心，参加第十二届上海国际水处理展及固废气处理展。展会面积25万余平方米，设有10个细分展区，集中展示水处理、固体废物、大气、有泵管阀展4个领域的环保技术与设备。2019年11月25—28日，由市纺织行业协会组织的纺织、化纤和印染等130个企业300多人组成的杭州纺织观摩学习团赴上海浦东新国际展览中心，参加第十九届上海国际纺织工业展。展会聚焦9个方面的焦点科技（纺纱及产业用纺织品、化纤、织造、针织、印染后整理、数码印花、新型纤维材料和新技术、运动纺织品、新型纺织专配件），设9个展馆，面积10万余平方米。

【8个纺织化纤企业入围中国制造业500强榜单】2019年9月2日，2019年中国500强企业高峰论坛在陕西省西安市召开。中国企业联合会、中国企业家协会在会上联合发布2019年中国制造业企业500强和2019年中国企业500强榜单。中国制造业500强入围门槛为年营业收入88.57亿元，中国企业500强入围门槛为年营业收入323.25亿元。

杭州市8个纺织化纤企业入围2019年中国制造业企业500强榜单，分别是浙江恒逸集团有限公司（第48位，2018年营业收入1473.93亿元）、浙江荣盛控股集团有限公司（第54位，营业收入1286.0亿元）、传化集团有限公司（第103位，营业收入851.33亿元）、杭州市实业投资集团有限公司（第147位，营业收入550.52亿元）、兴惠化纤集团有限公司（第326位，营业收入213.17亿元）、胜达集团有限公司（第357位，营业收入189.64亿元）、浙江航民实业集团有限公司（第416位，营业收入137.08亿元）、开氏集团有限公司（第431位，营业收入125.19亿元）。

5个企业入围2019中国企业500强榜单，分别是浙江恒逸集团有限公司（第130位）、浙江荣盛控股集团公司（第143位）、荣盛控股股份有限公司（第255位，营业收入728.42亿元）、传化集团有限公司（第232位）、杭州市实业投资集团公司（第322位）。

【10个纺织化纤企业入围中国民营企业制造业500强榜单】2019年8月22日，2019年中国民营企业500强峰会举行，并发布2019年中国民营企业500强分析报告。民营企业500强入围门槛185.86亿元；民营企业制造业500强入围门槛85.63亿元。

杭州市10个纺织化纤企业入围中国民营企业制造业500强榜单，分别是：浙江恒逸集团有限公司（第12位）、浙江荣盛控股集团有限公司（第16位）、惠化纤集团有限公司（第241位）、万事利集团有限公司（第279位，营业收入195.73亿元）、浙江正凯集团有限公司（第290位，营业收入189.16亿元）、柳桥集团有限公司（第363位，营业收入142.60亿元）、江航民实业集团有限公司（第370位，营业收入137.08亿元）、浙江万凯新材料有限公司（第375位，营业收入135.49亿元）、富丽达集团控股有限公司（第392位，营业收入125.04亿元）、杭州永盛集团有限公司（第419位，营业收入110.29亿元）。

上述前5个企业入围2019年中国民企500强榜单：分别是浙江恒逸集团有限公司（第28位），浙江荣盛控股集团有限公司（第33位），兴惠化纤集团有限公司（第412位），万事利集团有限公司（第472位），浙江正凯集团有限公司（第490位）。

【6个项目获“纺织之光”科学技术奖】2019年12月6日，“纺织之光”2019年度中国纺织工业联合会科技教育奖励大会在北京召开。2019年度中国纺织工业联合会科学技术奖共评选出86个项目，其中一等奖17个、二等奖69个。以在杭高校和企业为主体完成的获奖项目共6

个（一等奖 1 个、二等奖 5 个）。

一等奖为：由北自所（北京）科技发展有限公司、东华大学、福建百宏聚纤科技实业有限公司、浙江恒逸高新材料有限公司、北京机械工业自动化研究所有限公司完成的“化纤长丝卷装作业的全流程智能化与成套技术装备产业化”项目。二等奖为：由浙江理工大学、浙江和心控股集团有限公司、浙江敦奴联合实业股份有限公司、浙江港龙织造科技有限公司、绍兴上虞弘强纺织新型材料有限公司、杭州硕林纺织有限公司完成的“基于功能性协同生效机理的多功能复合织物关键技术与产业化”项目；由中国纺织科学研究院有限公司、中国石化仪征化纤有限责任公司、苏州宝丽迪材料科技股份有限公司、滁州安兴环保彩纤有限公司、浙江恒逸石化有限公司、北京化工大学、沈阳化工研究院有限公司完成的“熔体直纺高品质深染原液着色聚酯纤维产业化技术开发”项目；由杭州诚品实业有限公司、浙江理工大学、西安工程大学、武汉纺织大学、合肥普尔德医疗用品有限公司完成的“湿抄/水刺联用关键技术研发及轻量超柔异组分复合材料的产业化”项目；由传化智联股份有限公司、浙江皮意纺织有限公司、浙江新中纺实业有限公司、杭州传化精细化工有限公司完成的“水性膨胀型高克重织物阻燃涂层树脂关键技术研发及产业化”项目；由绍兴水乡纺织科技有限公司、杭州航民达美染整有限公司、绍兴文理学院、浙江省产业用纺织品和非织造布行业协会完成的“单向导湿工装面料制备关键技术及其产业化”项目；由中国丝绸协会、浙江丝绸科技有限公司、杭州海关技术中心、浙江凯喜雅国际股份有限公司、苏州大学完成的“ISO 15625:2014 丝生丝疵点、条干电子检测试验方法”项目。

【3 名纺织企业家被评为市优秀企业家】2019 年 11 月 7 日，由市工业经济联合会、市企业家协会组织开展的第十五届杭州市优秀企业家评选结果揭晓。邓晖等 23 人被评为“第十五届杭州市优秀企业家”。其中纺织企业有 3 人获“第十五届杭州市优秀企业家”称号，分别是张茂义（浙江健盛集团股份有限公司董事长兼总经理）、潘仁昌（杭州集美印染有限公司董事长）、徐国祥（杭州金丰纺织有限公司董事长）。 （蔡雪梅）

食品工业

【概况】杭州食品工业涵盖农副食品加工业，食品制造业，酒（饮料）和精制茶制造业以及烟草制品业等四大门类，涉及 53 个自然行业，形成门类较全的食品产业体系。至 2019 年年末，全市获食品生产许可证企业 1795 个，列入监管目录小作坊 1249 个，添加剂生产企业 88 个。全年抽检食品产品（生产环节）7116 批次，合格 7083 批次，合格率 99.5%。全市规模以上食品企业 266 个，工业总产值 838.26 亿元，比上年增长 1.7%；工业销售产值 826.38 亿元，增长 2.9%；出口交货值 23.08 亿元，增长 3.1%。杭州市有杭州娃哈哈集团有限公司、农夫山泉股份有限公司、祖名豆制品股份有限公司等食品骨干企业。

【7 个产品成为长三角地区名优食品】2019 年 12 月，长三角地区名优食品名单公布，216 个产品入选。其中，农夫山泉股份有限公司生产的“农夫山泉茶 π（茶派）茶饮料”、杭州玫隆食品有限公司生产的“可莎蜜儿蛋黄酥”、杭州思味王食品有限公司生产的“原味绿豆糕”、浙江小王子食品股份有限公司生产的“董小姐”商标薯类产品、杭州知味观食品有限公司生产的“知味观糕点”、浙江秋梅食品有限公司生产的“秋梅倒笃菜（酱腌菜）”、杭州丘比食品有限公司生产的“丘比沙拉酱”等 7 个产品成为长三角地区名优食品。

【娃哈哈集团品牌创新活动】2019 年 3 月，“勇敢创、闪锋芒”第十二届娃哈哈营销策划大赛启动。10 月 8—11 日，全国总决赛在杭州举行，16 支来自全国各地的大学生营销创意团队参赛。娃哈哈营销大赛是一场面向全国大学生的策划、实践类比赛，比拼创意策划和营销实践。总决赛专门设置“营销实战”环节。娃哈哈集团的“AD 钙奶”品牌与《人民日报》新媒体“中国工尚潮”合作，推出“70 而潮”定制版“AD 钙奶”小红瓶。在中央广播电视总台主办的“2019 中国品牌强国盛典”活动中，“娃哈哈”获 2019 年中国品牌强国盛典十大年度榜样品牌。

【“农夫山泉”推出“炭火咖啡”新产品】农夫山泉股份有限公司成立于 1996 年。“农夫山泉”饮用天然水市场占有率连续 7 年列国内第一位。2019 年 9 月，农夫山泉推出“炭火咖啡”新产品。该产品使用阿拉比卡咖啡豆，并运用世界级咖啡生产设备及工艺，从生豆的筛选、烘焙，咖啡液萃取，直至产品灌装进行全程把控。在包装上选用品质感及密闭性更好的 Bottle Can 铝罐作为容器。

【“知味观”产品开拓国际市场】杭州知味观食品有限公司创建于 1998 年，是从事食品生产加工和销售的综合性食品企业，主营各式“知味观”品牌的青团、粽子、月饼、速冻点心、传统糕点、真空包装的杭州名菜等食品。2019 年，公司投入技术改造资金 600 多万元提升产能。在产品研发上继续推陈出新，推出 35 款新品。公司生产的糕点、粽子等产品成功开拓德国、加拿大、美国、荷兰等国外市场，全年销售额近 100 万元。

【杭州豆制食品公司新品上市】杭州豆制食品有限公司是浙江省和杭州市“菜篮子”重点商品保供稳价单位。公司主营“鸿光浪花·中国好豆腐”品牌的豆腐、油豆腐、香干味干、素鸡、蛋玉豆腐、豆浆、豆奶和休闲系列产品。2019 年 8 月，杭州豆制食品有限公司通过两年多时间研究，采用先进技术和工艺开发的“黄金豆腐”新品上市，对内酯豆腐产品进行核心技术创新提升，使其口感更滑、韧性更强、脱盒更好、产品形象更佳。

【祖名豆制品股份有限公司引进大数据管理】2019 年，祖名豆制品股份有限公司引进阿里云技术有限公司的大数据管理，并对金蝶 ERP 系统升级，提升公司生产、配送和营销等整个供应链的管理能力。公司被省商务厅、省经信厅、省农业农村厅和省市场监管局等7个部门联合评定为“第一批省级供应链创新与应用试点企业”。“生鲜极速背后的秘密——传统豆制品行业的云端转型之路”案例被浙江省数字经济联合会评为浙江省云计算大数据应用案例。

【浙江益海嘉里油脂精炼车间投产】 浙江益海嘉里食品工业有限公司（简称浙江益海嘉里）是益海嘉里集团设立在杭州的生产基地。2019年5月，浙江益海嘉里年产30万吨的油脂精炼车间投产。至年末，储油量3万吨的三期油罐区投产，总罐容量7万吨。浙江益海嘉里进行工厂级数字化改造，通过对工厂内部设备物联、工艺监控、质量控制、生产过程、业务流程、集控中心等数据实时监控，在工厂层级实现全面数据共享。浙江益海嘉里入选“2019年杭州市工厂物联网和工业互联网试点项目”“2019年浙江省数字车间/智能工厂”“浙江省‘四个百项’重点技术改造项目”。 （袁琼芳）

建材冶金工业

【概况】 2019年，杭州市有规模以上建材冶金企业787个，占全市规模以上工业数量的14.2%。建材冶金工业销售产值1773.27亿元，占全市工业的12.4%，比上年增长6.2%。利税144.16亿元，增长10.2%。其中，利润80.03亿元，增长11.5%。完成出口交货值151.97亿元，增长4.5%。其中：非金属矿产采选业主营业务收入16.83亿元，增长16.1%；制品业主营业务收入689.28亿元，增长23.4%。金属矿选、冶炼和压延加工及制品业主营业务收入均呈下趋势降。其中：黑色金属冶炼和压延加工业160.11亿元，下降5%；有色金属冶炼和压延加工业455.22亿元，下降4.3%；有色金属矿选业3.07亿元，下降3.1%；金属制品业534.1亿元，下降2.6%。

【新材料产业加快发展】 2019年，杭州市36个企业的46种产品列入国家、省重点新材料首批次应用示范指导目录，1个企业获国家保费补贴，9个企业列入省拟补助项目（占全省的56%）。45个新材料重点生产、应用企业申报参与全省关键新材料技术产品攻关。28个企业列入省新材料国外领先、国内紧缺、产业发展急需、有条件打造国际一流4张产品清单。4月2日，《杭州市新材料首批次项目认定管理办法》印发，60个项目通过财政专网申报，经区县（市）初审、处室联审、专家评审、部门意见征求、专家复审等环节，最终48个项目通过认定并获资助。

【纺丝级单层氧化石墨烯十吨生产线试车成功】 2019年6月6日，杭州高烯科技有限公司纺丝级单层氧化石墨烯十吨生产线试车成功。国际石墨烯产品认证中心为该生产线生产的单层氧化石墨烯及其应用产品多功能石墨烯复合纤维分别颁发全球首个产品认证。全球首条单层石墨烯生产线的成功试车，被中国石墨烯产业技术创新战略联盟评选为“2019年全球石墨烯十大事件”，杭州高烯科技有限公司获“石墨烯风筝奖”和“2019年度优秀石墨烯企业”称号。

【浙江富冶集团入选中国企业500强名单】 2019年9月1日，中国企业联合会、中国企业家协会联合发布2019年中国企业500强名单。浙江富冶集团有限公司以430亿元营业收入列第400位，排名比上年上升68位。在同时发布的“2019中国制造业500强”榜单中列第191位，连续11年入选。12月2日，省经信厅发布浙江省第一批“雄鹰行动”培育企业名单，浙江富冶集团入围。

【杭州诺贝尔陶瓷有限公司获“国家级绿色工厂”称号】 2019年9月12日，杭州诺贝尔陶瓷有限公司被工业和信息化部授予“国家级绿色工厂”称号。企业建立健全各项环保、节能管理制度，严格控制“三废”排放，建设废水处理系统，做到废水循环利用“零排放”。研发出生产废渣回收利用的生产工艺并获国家“抛光砖废渣的回收利用方法”专利。淘汰高能耗的微晶复合板生产线，研发出薄型砖生产工艺并获国家发明专利。杭州诺贝尔陶瓷有限公司先后通过中国环境标志认证、“三星”级绿色建材评价，实现“厂房集约化、原料无害化、生产洁净化、废物资源化、能源低碳化”。

【浙江东南网架股份有限公司获鲁班奖】 2019年12月10日，中国建筑业协会在北京召开建筑业科技创新暨2018—2019年度中国建设工程鲁班奖（国家优质工程）表彰大会。浙江东南网架股份有限公司4个工程获中国建设工程鲁班奖，分别为：国家天文台500米口径球面射电望远镜（FAST）项目主体工程、新建云桂铁路引入昆明枢纽昆明南站站房工程、领地环球金融中心工程以及华晨宝马汽车有限公司大东工厂第七代新五系建设项目（EEX）总装车间工程（与杭萧钢构股份有限公司合作参与）。其中，通过参与国家天文台500米口径球面射电望远镜（FAST）项目建设，浙江东南网架股份有限公司加大科研投入，成功研发铝合金网架新产品、新工艺，定制新设备。公司有国家博士后工作站、国家企业技术中心、省院士专家工作站等13个创新平台，300多人的技术创新团队，以及平均每年2亿元的研发投入，先后获专利200多件。

【浙江永杰铝业有限公司获重点新材料保险补偿】 2019年，浙江永杰铝业有限公司新材料“高性能车用铝合金板”获工业和信息化部2019年重点新材料首批次应用保险补偿试点保费补贴1324万元。“高性能动力电池铝箔”等4个产品被列入2019年省重点新材料首批次应用保险补偿项目。浙江永杰铝业有限公司在铝热传输材料和交通轻量化用铝材等新产品的研发应用上实现突破，完成从传统金属加工向新材料行业的转型。

【杭州东方雨虹建筑材料有限公司获国家级高新技术企业认定】 2019年，杭州东方雨虹建筑材料有限公司在建德市高新区投资建设新型建筑防水、防腐和保温材料生产研发项目。公司获国家级高新技术企业认定。8月，卷材二车间开工建设。项目包括：新建两条卷材生产线，采用全自动化混合搅拌、浸油、覆膜、切边卷曲等先进工艺，沥青烟气环保处理采用先进的蓄热焚烧式（RTO 炉）处理技术，购置胶体磨、自动插纸管机、自动卷毡机和配料缸、预浸油缸、涂油覆膜、自动纠偏装置等设备。投产后实现年产 2400 平方米改性沥青防水卷材。（陈 斌 陈丽华）

丝绸和服装产业

【概况】2019 年，杭州市有规模以上丝绸和服装企业 322 个，其中丝绸企业（不包括丝绸服装企业）67 个，服装企业 255 个。从业人员平均人数 5.0 万人，其中丝绸 7010 人、服装 4.3 万人。全年主营业务收入 246.07 亿元，其中丝绸 40.39 亿元、服装 205.68 亿元。利税总额 19.31 亿元，其中丝绸 1.74 亿元、服装 17.57 亿元。利润 9.43 亿元，其中丝绸 0.62 亿元、服装 8.81 亿 元。12 月 20 日，2019 年中国丝绸大会暨中国丝绸协会第七届第三次理事会在重庆市召开，大会对 2019 年全国茧丝绸行业创新企业奖获奖企业进行表彰。达利（中国）有限公司、浙江钱皇网络科技股份有限公司和杭州奥罗拉实业有限公司 3 个企业获该奖项。

【杭州职业技术学院达利女装学院成立十周年】2019 年 1 月 5 日，杭州职业技术学院达利女装学院成立十周年座谈会在杭州职业技术学院举行，会上签署新的十年校企战略合作协议，并揭牌成立“纺织服装工程创新中心”。达利女装学院是杭州职业技术学院的二级学院。在过去十年里，学院的学生连续 8 年在全国服装技能大赛上获金奖，连续 5 届获中国纺织工业协会教学成果一等奖，2014 年获国家级教学成果奖一等奖，2018 年通过国家级专业教学资源库验收。从 2009 年 1 月 14 日签署共建协议至今，达利女装学院走出了一条具有杭职特色的产教融合、校企合作之路，培育人才 4000 多人。

【《浙江通志·蚕桑丝绸专志》出版发行】2019 年 3 月，《浙江通志·蚕桑丝绸专志》由浙江人民出版社正式出版发行。全书 68 万字，上至蚕桑丝绸起源，下限至 2010 年。《蚕桑丝绸专志》编修历时 8 年多时间。按照修志工作的规范程序、制度安排，制定出 13 章、44 节的篇目大纲。从各方面查阅档案文件 3100 多件，各类蚕桑丝绸史料 110 多册，先后共收集资料 4000 多万字、图照 340 多张，并从中梳理整理、考证选择出备用资料 2000 多万字，制作 320 万张资料卡，形成 180 万字的资料长编。

【《桑蚕丝牛仔服装》标准获批发布】2019 年 4 月，浙江省品牌建设联合会批准发布最新“浙江制造”团体标准。由达利（中国）有限公司主导制定的 T/ZZB1075—2019《桑蚕丝牛仔服装》获批成为“浙江制造”团体标准。该标准是达利（中国）有限公司第二个“浙江制造”标准，在现有国家标准 GB/T 18132—2016《丝绸服装》和行业标准 FZ/T 81006—2017《牛仔服装》的基础之上，结合两者的原料和风格制定，各项指标均代表最高品质和技术要求。

【杭州丝绸企业对接上游产业】2019 年 5 月 7—10 日，杭州市丝绸行业协会响应会员创新服务需求，组织丝绸企业走进四川，强化与丝绸产业链上游和下游企业的产销对接和交流合作，了解全国茧丝绸行业产销形势。8 日，企业代表参观考察宜宾高县的茧丝绸基地、四川新丝路丝绸产业科技园、四川安泰茧丝绸集团等地，与四川当地种桑养蚕、缫丝企业加强合作、共谋发展。

【杭州国际时尚周】2019 年 5 月 17 日，“2019AW 杭州国际时尚周”在杭州城西银泰城开幕，历时 7 天。时尚周期间，品牌时装发布、专业院校毕业设计发布和新锐设计师展览等活动举行。通过创意主题消费、生活休闲展示等形式，引导时尚大众关注，引领杭州市民时尚消费、培养杭州时尚生活方式，吸引全国各地外来客商、游客到杭州观展。

【中国丝绸服装创意设计大赛初评会召开】2019 年 7 月 24 日，中国丝绸协会组织专家在浙江理工大学举行“丝绸女神杯”2019 年中国丝绸服装创意设计大赛稿件初评工作会。大赛是由中国丝绸协会牵头组织的全国性大型专业赛事，旨在提升中国丝绸服装产业创新设计水平，引领培育现代丝绸消费新的潮流时尚，为国内专业设计人才搭建交流平台和展示舞台。参赛稿件 530 个，参赛选手来自全国 22 个省、自治区和直辖市以及美国、法国、意大利、泰国、韩国等国家。征集的作品系列化、多样化、个性化、时尚化特征明显，作品涵盖旗袍、嫁衣、汉服、晚礼服、职业装、休闲装、家居服、运动装等多个系列。评审专家从时尚创意、画稿质量、整体效果、商业价值等方面，对选手作品进行打分评价，最终 30 名选手的设计作品入围决赛。

【杭州万事利丝绸文化公司与微软（亚洲）互联网工程院达成合作】2019 年 9 月 20 日，“万事利丝绸 & 微软小冰人工智能技术发布会”上，杭州万事利丝绸文化股份有限公司与微软（亚洲）互联网工程院达成合作，深入探索人工智能技术与丝绸创意设计、生产研发、精准营销等各环节相融合的新模式。作为双方合作的首个成果“微软小冰”发布，通过学习 236 位人类画家和 200 多位丝绸设计大师的画作和纹样设计的艺术精髓，并将其转换为人工智能灵思与设计力。其在受到文本或其他创作源激发时，独立完成原创的绘画作品，纹样的设计多样性可以达到 10 的 26 次方。

【丝绸产业融入杭州“全球旗袍日”活动】2019 年 9 月 29 日，“锦绣华章 2019 杭州旗袍之夜”活动在中国丝绸博物馆广场上举行。200 多名海内外服装设计师以及合作院校、企业代表参加。中国丝绸博物馆招募全国旗袍社团表演者举行旗袍社团秀演。现场举行百年旗袍 3D 秀、良渚旗袍秀等表演，并发布《杭州旗袍倡议》和旗袍娃娃文化创意产品。

【凯喜雅集团受邀参加国际丝绸城市网络活动】2019 年 11 月 20—25 日，应法国里昂大都会、里昂市政府、法国丝绸协会邀请，凯喜雅集团董事长及相关职能部门、子公司代表前往法国里昂参加国际丝绸城市网络系列活动。凯喜雅集团作为国际丝绸联盟的发起者和主席单位，向世界传递凯喜雅的丝绸语言，提升集团在世界丝绸的地位和影响力。

【“中国·年文化高峰论坛”在杭州举行】2019年11月24日，由浙江省丝绸文化研究会主办、万事利丝绸文化股份有限公司承办的首届“中国·年文化高峰论坛”在杭州举行。故宫博物院原院长、故宫学院院长单霁翔，浙江省丝绸文化研究会会长、中央电视台《百家讲坛》栏目主讲人、万事利丝绸文化股份董事长李建华等人出席活动，讲述中国传统文化中过年的仪式感，共同探讨中国年文化。单霁翔以故宫博物院的创新为例，分享他对“传统文化如何焕发新魅力”的探索与思考。李建华以“留住中国年味道、传承中国年文化”为主题，从为什么要过中国年、为什么中国年常用红色等方面进行解读。

【国际丝绸联盟成员大会在杭州召开】2019年12月5日，“2019国际丝绸联盟成员大会暨国际丝绸产业发展交流会”在杭州召开，来自中国、意大利、法国、巴西等13个国家和地区的150多位政府领导，以及联盟成员单位代表、专委会委员和丝绸专家参会。会议介绍国际丝绸联盟自2015年创始以来的工作开展情况，完成新一届国际丝绸联盟组织机构的换届，探讨国际丝绸产业健康稳定发展等议题。会议期间，“国际丝绸产业发展交流会”举行。各参会国家政府领导和丝绸行业专家介绍各国丝绸产业的创新发展，增进国际丝绸产业的交流合作。

【中国国际丝绸博览会】2019年12月6—8日，第二十届中国国际丝绸博览会在杭州白马湖国际会展中心举行。展会以“汇聚丝绸智慧·引领美好生活”为主题，通过展示丝绸新产品及相关产品，打造丝绸产业一站式服务平台，建设一个世界级的丝绸产品文化文创中心、研发中心、时尚发布中心、生产科研中心和贸易中心。来自意大利、法国、瑞士、德国、韩国等国家约150位国际丝绸联盟成员企业和组织代表、专委会委员，相关政府职能部门代表，丝绸业界企业家、专家、学者参加。近100个企业参展，现场观众1万余人次，网络关注人数超过30万人次，线上交易、现场交易和意向成交额3亿元。展会组委会与浙江省丝绸协会联合行业专家共同对参展单位与产品进行评分，最终评选出“25项推荐精品金奖”，其中13项获奖精品来自杭州企业。

（马丽君）

工艺美术产业

【概况】2019年，杭州市有规模以上工艺美术品制造企业59个，其中雕塑工艺品制造企业3个、金属工艺品制造企业7个、漆器工艺品制造企业2个、花画工艺品制造和天然植物纤维编织工艺品制造企业各1个、抽纱刺绣工艺品制造企业27个、地毯（挂毯）制造企业3个、珠宝首饰及有关物品制造企业5个、其他工艺企业10个。工艺美术产业规模与层次不断提升，规模化与多元化发展趋势明显，形成了门类众多、产品多样、辐射广泛的产业格局。全行业有工艺美术大师119名，其中亚太地区手工艺大师3名、国家级工艺美术大师7名（含亚太手工艺大师3名）、省级工艺美术大师52名、市级工艺美术大师60名。

【工艺美术大师组团参加温州国际时尚文化创意产业博览会】2019年3月21日，温州国际时尚文化创意产业博览会开幕。杭州中国工艺美术大师嵇锡贵、陈水琴、赵建忠、钱高潮和浙江省工艺美术大师孙亚青应邀携带作品参加。杭州金星铜世界装饰有限公司、杭州现代工艺刻印有限公司、杭州富阳正大彩印有限公司、夏伟媚石雕工作室等13个单位参展，参展面积140平方米。展会期间，中国工艺美术协会举办工艺美术现场设计大奖赛活动。杭州工艺美术组团共获特等奖1个、金奖4个、银奖5个、铜奖4个。

【中国（浙江）工艺美术精品博览会在杭州举行】2019年4月19—22日，第九届中国（浙江）工艺美术精品博览会在杭州市和平国际会展中心开幕。朱炳仁文化艺术有限公司、杭州市临安区昌化石行业协会、杭州王星记扇业有限公司、杭州贵埴文化艺术有限公司、陈水琴工艺美术大师工作室、杭州市上城区吴松江石雕工作室、杭州嘉禾雕塑艺术有限公司、杭州楚宝堂茶业有限公司等31个单位参展，展览面积423平方米。展览会集中展示杭州铜雕、鸡血石雕、王星记扇子、陶瓷、萧山花边、杭州刺绣、丝绸艺术品、莫干剑、根雕、印章篆刻、富春江宣纸和湖笔等品类。

【杭州工艺美术行业协会组团参展】2019年5月31日，杭州工艺美术行业协会首次组团参加由中国工艺美术协会主办的2019年中国（扬州）工艺美术精品展。王星记扇子、鸡血石雕、萧山花边、丝绸艺术品、邵芝岩毛笔和富阳导岭湖笔等品类参展。展会期间，杭州工艺美术行业协会组团在“2019中国扬州‘漆花杯’工艺美术精品大赛”中获金奖12个、银奖10个、铜奖1个。

7月18日，杭州工艺美术行业协会组团参加2019年中国（大连）国际文化旅游产业交易博览会。杭州工艺美术展区面积162平方米，参展作品有王星记扇子、朱府铜艺、杭州刺绣、鸡血石雕、萧山花边、建安陶艺、皇家金瓷、木刻艺术、丝绸艺术品、石雕篆刻、富阳宣纸、龙泉青瓷等品类。展会期间，中国工艺美术学会举办2019年中国（大连）国际文化旅游产品交易博览会“金牡丹杯”大赛，杭州工艺美术组团获金奖17个、银奖17个、铜奖8个。

12月19日，第十五届中国（深圳）国际文化产业博览交易会冬季工艺美术精品展在深圳会展中心开幕，展览面积2.25万平方米。杭州工艺美术组团近20个单位参展。杭州展区以“创意融入艺术，艺术回归生活”为主题，设立贵山窑陶瓷、杭绣、王星记扇子、邵芝岩笔庄、富春江宣纸、艺洋花边等30个展位，品类涵盖金属工艺、陶瓷、花边、扇子、丝绸、刺绣、根雕、丝绸、篆刻、宣纸和湖笔等。展会期间，中国工艺美术学会举办第十五届深圳文博会冬季工美展“飞花奖”活动，杭州工艺美术组团参评作品获金奖8个。

【中国（杭州）工艺美术精品博览会举行】2019年9月26—30日，中国（杭州）工艺美术精品博览会暨中国工艺美术大师作品巡展活动在杭州和平国际会展中心举行。博览会以“辉煌中国、璀璨工艺”为主题，汇集全国众多国家级工艺美术大师的作品。北京、深圳、大连、福建、江西、浙江、重庆等多个省市代表团参展。展品包含陶、瓷、漆器、玻璃、首饰、雕塑工艺（木、金、石等）、金属工艺、抽纱刺绣、纺织纤维、民画、古典家具、珠宝玉石等。展会展出由中国工艺美术协会面向全国征集到的省级以上工艺美术大师作品160件（套），价值超过1亿元。其间，中国（杭州）工艺美术精品博览会“神工杯”创意设计制作大赛举行。由中国工艺美术协会负责对参评作品评审，共评出金奖119个、银奖143个、铜奖145个。 （刘文吉）

石油和化学行业

【概况】2019年，杭州市有规模以上石油和化学行业企业618个，占全市规模以上工业企业总数的11.2%。其中：石油加工业企业11个，占石油和化学行业总数的1.8%；化学原料和化学制品制造业企业310个，占石油和化学行业总数的50.2%；橡胶和塑料制品业企业297个，占石油和化学行业总数的48.1%。全市石油和化学规模以上企业营业收入1818.67亿元。其中：石油加工业11.66亿元，比上年下降13.9%；化学原料及制品制造业1176.29亿元，增长0.2%；橡胶及塑料制品业630.73亿元，增长6.9%。利润总额101.04亿元。其中：石油加工业0.42亿元，下降10.7%；化学原料及制品制造业83.33亿元，增长3.8%；橡胶及塑料制品业17.29亿元，增长11.6%。利税总额149.77亿元。其中：石油加工业0.67亿元，下降20.2%；化学原料及制品制造业116.8亿元，下降2%；橡胶及塑料制品业32.3亿元，下降2.8%。企业研发费用45.34亿元。其中：石油加工业0.19亿元，下降0.6%；化学原料及制品制造业30.42亿元，增长21.7%；橡胶及塑料制品业14.73亿元，增加5.8%。

【危化品生产企业搬迁改造】2019年，根据《国务院办公厅关于推进城镇人口密集区危险化学品生产企业搬迁改造的指导意见》，杭州市政府制定《杭州市城镇人口密集区危险化学品生产企业搬迁改造实施方案》，开展县域定位、企业评估和园区评估等工作，最终确认3个企业涉及就地改造或搬迁关停。至年末，1个企业完成就地改造，1个企业关停，1个企业正在关停中。

【石化行业数字化改造项目推进】2019年，杭州市石化企业申报制造业数字化改造推广项目。至年末，材料行业（含石化行业）共申报项目195个。其中：“朝阳轮胎”（中策橡胶集团有限公司）采用5G技术，实时传输产品制造、质量检测等数据，达到工业级数据通信要求；恒逸石化股份有限公司剥离信息部门成立独立公司，成为成熟行业解决方案重要提供者；建德化工行业初步形成全行业推进数字化改造态势。

【建德化工入选第三批传统制造业改造提升分行业省级试点名单】2019年，根据省政府《关于做好第三批传统制造业改造提升分行业省级试点组织推荐工作的通知》要求，建德市在市级试点工作基础上，申报分行业省级试点。5月31日，第三批省级试点名单发布，建德化工入选。

【浙江新化化工股份有限公司上市】2019年6月27日，浙江新化化工股份有限公司正式登陆上海证券交易所挂牌上市。浙江新化化工股份有限公司前身为新安江化肥厂，并分别于1997年和2008年改制为有限公司和股份公司。作为国家高新技术企业，公司获发明专利32件，实用新型专利19件。公司自主开发的丙酮加氢生产异丙胺和异丙醇新型高效专用催化剂和合成专利技术，获国家知识产权局颁发的“中国专利优秀奖”。

【5个石化企业入选2019年中国制造业企业500强名单】2019年9月1日，2019年中国制造业企业500强榜单发布。浙江恒逸集团有限公司、浙江荣盛控股集团有限公司、传化集团有限公司、中策橡胶集团有限公司、浙江新安化工集团股份有限公司5个石化企业入选，浙江恒逸集团有限公司、浙江荣盛控股集团有限公司分别列第48位和第54位。

【中策橡胶集团有限公司连续8年世界排名前十位】2019年9月2日，由美国轮胎商业杂志公布的2019年度世界轮胎75强名单中，中策橡胶集团有限公司以39.96亿美元列第九位，成为该榜中唯一进入全球前十的中国境内轮胎企业，也是

2019年杭州行业用电量

表31

行　业	用户数（户）	用电量（万千瓦时）
一、农、林、牧、渔业	43 638	49 755.69
二、工业	120 779	4 330 352.85
三、建筑业	24 319	222 458.05
四、交通运输、仓储和邮政业	5 387	193 589.17
五、信息传输、软件和信息技术服务业	35 065	253 948.48
六、批发和零售业	134 638	399 986.55
七、住宿和餐饮业	17 867	149 484.81
八、金融业	2 494	39 555.78
九、房地产业	62 479	275 433.11
十、租赁和商务服务业	9 639	277 523.25
十一、公共服务及管理组织	104 784	599 554.31
合　计	**561 089**	**6 791 642.06**

该企业连续8年进入世界排名前十位。中策橡胶集团有限公司有朝阳、建德、金坛、萧山、安吉、永固、清泉等11个国内外生产基地，年产轮胎5500万套。公司在全球160多个国家有超过1200个经销商，并与25万个的轮胎店形成服务网络。

（陈丽华）

电力工业

【概况】至2019年末，杭州电网有35千伏及以上公用变电站403座，变电容量8079.13万千伏安；35千伏及以上输电线路（含电缆）912条，总长度10544千米。10（20）千伏配变（含用户）11.25万台，总容量6271.86万千伏安；10（20）千伏输电线路（含电缆）6139条（含用户），总长度4.83万千米。

按电度表户为计算单位，电力用户478.09万户。全社会用电量816.70亿千瓦时，比上年增长2.5%。按电度表户为计算单位，电力用户478.09万户。电网最高负荷1625.3万千瓦时，增长9.9%。

国网杭州供电公司售电量771.2亿千瓦时，增长2.7%。主营业务收入453.2亿元，利润8亿元，资产总额334.4亿元。全年固定资产投资57.8亿元，其中电网建设投资48.3亿元。全员劳动生产率167.2万元/人·年。

【供电服务持续优化】2019年，国网杭州供电公司推出优化电力营商环境再提升十大服务举措，办电业务接入“浙里办”App、政府项目审批等政务平台，高低压平均办电时长分别缩短53.1%和10.4%。落实一般工商业电价下调等政策，降低用户用能成本。启动供电可靠性提升三年行动，不停电作业率85%、示范区300平方千米。启动老旧设备三年改造，主配网故障次数分别下降30%和17%。提升供电服务质量，“95598”投诉工单比上年下降63%。拓展综合能源服务，完成阿里云数据中心等示范项目。构建重点城市2千米充电服务圈。电能替代20.4亿千瓦时。打造下姜村等“乡村振兴·电力先行”样板。

2019年6月9日，艮山变电站投产（夏新华 摄）

【电网建设加快】2019年，杭州市推进迎亚运电网提升四年行动，110千伏及以上输电线路开工449千米、投产356千米，变电开工335万千伏安、投产929万千伏安。500千伏艮山变电站和萧围变电站、220千伏机场变电站，110千伏变电站9座（滨江浦沿，萧山姚江、草漾，余杭长乐、柏庙、金家，临安江家，建德卜家蓬，桐庐下杭）建成投产。电力专项规划获批复。试点土建先行、“入公建”、装配式标准化、智慧工地等新模式，推行深度建模及三维设计。坚持新建和改造并举，建成钱江新城、钱江世纪城、未来科技城、环西湖4个配网示范区，完成108个乡镇电气化改造。

【智慧电力推进】2019年，全专业融合的滨江泛在电力物联网先行示范区初步建成，供电可靠率99.9991%。融通运检、调控等17套系统，部署一键“虚拟安措”设备，实现作业现场全景管控。推进企业运营数字化，建成“网上电网”综合示范项目。创新推出台区户变关系识别算法、“5G+一键巡检”等应用，贯通22套系统、接入334类数据、形成23个典型业务案例，数字化破解“电网怎么看”“投资怎么准”等问题。应用虚拟调度员“帕奇”，实现作业机器替代30%。开发户变关系自动识别算法，实现户变关系自动归类准确率和错误排查率“双100%”。进一步推进客户服务数字化，推广“网上国网”，推进“一网通办”，业务线上办理率94.8%，16类常规业务“一次都不跑”，5类复杂业务“最多跑一次”。推进政企合作共建，成立城市能源大数据评价和应用研究中心，打造杭州城市大脑“电力驾驶舱”，开发24种数据产品，为城市能源治理提供辅助决策。推出“智慧绿色酒店低碳入住计划”，为1159家酒店提供能效服务。构建基于用能行为分析的安全监护应用，服务326户独居老人。推进企业合作共赢，智慧能源平台服务2588个用户，营业收入1490万元。共建25座电油气综合供能服务站，充电桩利用率提升30%以上。挖掘城市核心变电站场地资源，建成彩虹变充电站微综合体，实现自助洗车、购物等服务分成增收。借助支付宝平台，开发“能量派”程序，打开“网上国网”引流的新入口。

建德湖塘工业园区增量配电项目挂牌运营，启动四大行业售电市场直接交易，完成首批用户供售同期调整。承接“三型两网”组织模式和机制创新综合试点产业单位，率先完成省、市出资人平台整合任务，在国家电网首批示范施工企业评比中获第一名，全年收入132亿元、利润12亿元。（张学飞 沈丹佶）

责任编辑 秦文蔚

建筑业 23

综 述

【概况】2019 年，杭州市有建筑施工企业 4558 个，比上年增加 395 个。企业各类资质 13131 项，增加 1570 项。其中，施工总承包资质 4085 项、专业承包资质 7026 项、施工劳务资质 2020 项，分别增加 361 项、646 项和 563 项。有工程监理综合资质企业 17 个，房屋建筑工程监理企业 142 个，市政公用工程监理企业 132 个，电力工程和机电安装工程企业 12 个，造价咨询企业 146 个。全年全市完成建筑业总产值 5900.51 亿元，增长 6.3%，其中列入国家统计口径的建筑业总产值 4578.21 亿元。建筑业企业上缴增值税 115.27 亿元，增长 14.1%，其中列入国家统计口径的建筑业企业上缴增值税 84.7 亿元。

（朱 立）

【工程建设项目审批制度改革】2019 年，杭州市探索施工图审查“自审备案制”、市政公用快速接入、消防设计审查、分组联合验收及中介机构信用管理等工作机制，制订《杭州市深化工程建设项目审批制度改革实施方案》。对标世界银行评价体系，制定《关于优化杭州市新建企业投资简易低风险工程建设项目审批服务的若干规定》。推进工程建设项目审批管理系统迭代升级，实现工程建设项目全流程、全覆盖在线审批和监管，审批时间压缩至 71 个工作日以内。梳理施工许可“一件事”事项清单和办事流程，将工程建设项目消防设计审核、应建防空地下室的民用建筑项目报建审批和施工图审查备案“三合一”合并办理，进一步落实“一家牵头、并联审批、限时办结”的要求。

（吴 钧 郭 超）

2019 年，杭州市余杭区五常福鼎家园安置房项目完工 （市建委 供稿）

【新型建筑工业化】2019 年，杭州市推进建造方式向新型建筑工业化转变，项目组织方式向工程总承包、全过程咨询转变。加快新型建筑工业化步伐。抓住杭州被列为钢结构装配式住宅建设试点城市契机，杭州市推进新型建筑工业化工作领导小组印发《杭州市推进钢结构装配式住宅试点工作方案》，市建委制定《杭州市新型建筑工业化示范项目认定办法（试行）》等文件，组织评定新型建筑工业化示范项目 19 个。开展装配式建筑部品构件生产、施工全过程跟踪试点，推进预制构件质量信息可追溯和全过程质量监管。全市新开工装配式建筑项目 307 个，总建筑面积 2177.04 万平方米，装配式建筑开工量和完成量均领先全省各设区市。完成杭州市民服务中心建设项目 EPC 总承包等 27 个项目招标及第 19 届亚运会橄榄球场（杭州师范大学仓前校区体育场）改造提升全过程咨询等工程咨询项目招标。12 月 12 日，住房和城乡建设部总工程师李如生到杭州调研装配式建筑推进情况，肯定杭州推进新型建筑工业化工作。

（郭 超 朱 立）

【建筑业绿色发展】2019 年，杭州市

完成绿色建筑和建筑节能审查项目289个，面积2418.3万平方米，提前达到绿色建筑专项规划确定的“至2020年二星级以上绿色建筑达到55%，三星级绿色建筑达到10%”的目标。年内，建筑节能项目节电8.03亿千瓦时，折合标煤26.51万吨；减少二氧化碳排放62.68万吨。完成既有公共建筑节能改造72.6万平方米、既有居住建筑节能改造56.5万平方米；完成太阳能等可再生能源建筑应用面积1185万平方米；实施高星级绿色建筑与建筑节能示范工程32个；申报省级绿色施工示范工地32个。推进公共建筑能效提升国家重点城市建设。市建委印发《杭州市公共建筑能效提升重点建设城市实施方案》，联合有关部门制定发布《杭州市公共建筑能效提升示范项目管理办法》《杭州市公共建筑能效提升补助资金管理暂行办法》等指导性文件。全年完成28个节能改造项目示范立项，总面积151万平方米。

（朱　立）

勘察设计

【概况】2019年，杭州市有勘察设计企业455个，从业人员95702人。全年勘察设计行业实现营业收入1727亿元，营业成本1586亿元。营业收入超过1亿元的企业165个，营业收入500万元以上的企业383个。全行业实现利润131亿元。资产总额2012亿元，资产负债1427亿元。所有者权益675亿元。市勘察设计行业协会与行政机关正式脱钩，行业协会健全法人治理结构，完善以协会章程为核心的运作机制，系统学习涉及行业协会发展的相关政策法规，提高协会工作能力和水平，主动做好行业服务各项工作。

【施工图电子化联合审查】2019年，根据省住房和城乡建设厅等部门联合印发的《关于贯彻落实“最多跑一次”改革决策部署全面推进施工图联合审查的实施意见》，杭州市全面推行房屋建筑和市政基础设施工程施工图网上报送及网上联合审查工作。针对消防设计审查由原消防部门管理转到市建委统一管理的实际变化，市勘察设计行业协会配合市建委做好相关工作，并组织图审人员参加消防设计审核、消防验收等相关技术培训，提高图审人员业务水平。根据杭州市施工图审查机构现状和开发建设项目安排，新增6个设计单位开展施工图审查业务。

【优秀青年公用设备工程师选拔培养】杭州市自2014年起，每年实施“杭州市优秀青年设计师选拔培养计划”，累计选拔培养56名包括建筑师、园林景观师、建筑结构师、工程勘察师、道路与桥梁（市政）设计师、公用设备师（给排水、暖通）等不同专业的优秀青年设计师，选拔的青年设计师覆盖工程建设各个专业。2019年，市建委与市勘察设计行业协会联合开展优秀青年公用设备工程师选拔和培养工作，成立选拔培养活动领导小组和评审专家组，制订选拔培养实施计划，设立选拔标准和名额，筹划选拔培养活动经费，公开、公平、公正地进行选拔。经过各单位推荐、专家组评选，市勘察设计行业协会从17个设计院推荐的40名公用设备设计师中，选拔11名青年给排水、暖通专业的公用设备师，进入后续国内和国外培养学习阶段。在国内培养学习阶段，青年设计师接受清华大学、同济大学、哈尔滨工业大学、浙江大学等重点高校给排水和暖通专业知名教授的授课，并与省内和国内经验丰富的设计大师、知名专家进行技术交流。除课堂教学外，实地考察在建的杭州亚运会比赛场馆、哈尔滨大剧院、上海中心大厦等大型项目，以及清华大学区域环境质量协同创新中心公共研究平台实验室、中国建筑设计研究院创新实验室和哈尔滨工业大学城市水资源与水环境国家重点实验室。国内学习阶段结束后，于10月26日至11月3日，赴日本考察北九州城市发展及生态城市建设情况，参观北九州市立大学生态校园和能源中心、水环境博物馆等场所。在大阪和东京，听取阿自倍尔株式会社专家介绍日本绿色建筑及节能技术，考察大阪阿倍野大厦和东京虎之门新城。12月18日，11名青年公用设备师经过学习培训，被市建委授予“杭州市优秀青年公用设备工程师”称号。

【优秀勘察设计项目评选】2019年，受市建委委托，市勘察设计行业协会具体组织杭州市建设工程“西湖杯”奖（优秀勘察设计）项目评选工作。评选收到各单位申报项目551个，比上年增加86个。根据项目类型设置建筑类、勘察类、风景园林类、市政工程类、综合工程技术类、建筑智能化类、BIM应用类和环境照明类八类奖项。60名不同专业的评审专家参加评审，评出一等奖55项、二等奖116项、三等奖163项。市勘察设计行业协会分批召开获奖项目讲评会，由获奖项目主创设计人员介绍项目特点、技术含量、创新点及存在的不足，再由评审专家对获奖项目逐一进行设计成果点评，让参会设计人员共同分享。

【工程勘察设计质量检查】2019年11月4—8日，市勘察设计行业协会配合市建委，组织开展勘察设计综合检查。综合检查通过“杭州市工程建设项目双随机监管系统”抽取被检查项目26个，项目类型有住宅、工业建筑、学校等公共建筑。检查内容包括勘察设计单位和职业人员市场行为、勘察设计工程建设强制性标准执行情况和施工图审查质量。30位专家参加检查，发现勘察项目一般性问题63个、违反市场行为和强制性条文情况各1例。设计项目发现一般性问题470个、违反强制性条文情况2例。市建委根据检查发现的问题，分别向有关单位发出指导意见书和整改通知书。

【专家人才推荐】2019年3月，根据市建委做好高层次人才推荐工作的要求，市勘察设计行业协会发动各会员单位，推荐6名市建委领导联系的高层次人才。4月，根据省住房和城乡建设厅《关于做好我省建设工程技术人员高评委专家库调整工作的通知》，向省建设工程技术人员高级职称评审委员会推荐3名专家人选。5月，配合市建委完善工程领域建设人才数据库，推荐65名高层次建设人才及资深专家充实专家库；推荐2名资深专家参加杭州市联合大讲堂授课活动。7月，根据《关于做好杭州市第五届杰出人才和首届杰出青年人才人选推荐的通知》，推荐浙江绿城建筑设计有限公司、浙江工业大学工程设计集团有限公司2名优秀青年设计师参加杰出人才评选。8月，在杭州抗击台风“利奇马”期间，市勘察设计行业协会协调选配6名工程技术专家参与抗台专业技术指导，并派出技术专家，参与临安龙岗镇太平村、峡谷源村等自然村灾后重建技术咨询工作。

【新技术推广应用】2019年，市勘察设计行业协会配合行业主管部门推进绿色建筑、新型建筑工业化、海绵城市、城市综合管廊和信息化等新技术推广和应用工作。7月11日，配合市海绵城市建设领导小组办公室，举办“海绵建设误区及对策探讨”专题培训会，邀请浙江省城乡规划设计研究院资深专家赵萍主讲，介绍省内海绵城市建设情况和海绵城市建设对策及推进思路。8月20日，组织《装配式建筑评价标准》宣传贯彻培训班，杭州有关设计单位、建筑施工企业工程技术人员及有关部门负责人230多人参加，邀请浙江省《装配式建筑评价标准》第一起草人、省住房和城乡建设厅科学技术委员会标准化专委会主任、教授级高级工程师赵宇宏，对《装配式建筑评价标准》做详细解读；浙江省《装配式建筑评价标准》主要起草人之一、浙江工业大学工程技术研究中心主任、高级工程师章雪峰做有关案例分析。

【注册工程师考试现场审核工作完成】2019年，杭州市对注册工程师考试实行先考试后现场资格审核认定的办法。市勘察设计行业协会承担注册工程师考试合格人员现场资格审核认定工作。1月24—25日，全市有839名考试合格人员参加现场资格审核确认，资格认定人员涉及一、二级结构、岩土、发输变电、供配电、给排水、暖通空调、动力、化工、港航、水土保持、工程移民、工程地质、水工结构、工程规划、环保等10多个专业。协会按照要求完成所有报考人员的资格审核，重点审核确认考生的报考条件及材料真实性等，审核做到“零投诉”。

【行业学术交流】2019年，市勘察设计行业协会围绕会员单位关注的热点难点问题，组织各类业务培训和学术交流。5月31日，举办勘察设计行业法律知识讲座，由协会常年法律顾问陈继平做有关法律法规重点条文解读。6月20日，为宣传贯彻和准确理解建筑防水有关标准及规范，举办《浙江省建筑防水工程技术规程》宣传贯彻及建筑防水新技术研讨会，特邀国内建筑防水专家、国家防水规范及省技术规程编制组成员胡骏教授主讲。6月25—27日，举办《建筑防烟排烟系统技术标准》实施过程中疑难问题解析高级培训班，特邀应急管理部消防研究所专家王炯等解读有关国家标准的主要条款。7月26日，与浙江大学建筑设计研究院有限公司市政交通分院合作，举办“日本桥梁抗震设计技术讲座”，由日本首都高速公路技术中心首席研究员、日本公路桥梁抗震设计规范编写组主要成员矢部正明博士主讲。11月21日，举办“建筑结构设计软件V2.0版本软件技术交流会”，邀请北京盈建科软件股份有限公司董事长陈岱林、享受国务院特殊津贴专家朱炳寅等嘉宾，讲授《建筑结构可靠性设计统一标准》主要技术条文及实际操作案例，介绍建筑结构软件新技术和实践应用等前沿知识，700多名技术人员参加交流。（顾　全）

建筑工程管理

【概况】2019年，杭州市有在建建筑工程4178个。其中：房屋建筑工程3342个，建筑面积19120.34万平方米；市政基础设施工程836个，工程造价1603.81亿元。全年新开工房屋建筑工程1982个，面积8196.04万平方米；新开工市政基础设施工程427个，造价684.6亿元。竣工项目1723个，其中：房屋建筑工程项目1486个，面积5251.37万平方米；市政基础设施工程项目237个，造价87.99亿元。

【工地扬尘治理】2019年，市建委细化建筑工地扬尘污染防治措施，明确喷淋降尘、裸土覆盖、湿法作业等操作规范，提升工地扬尘治理水平。召开全市建设工地文明施工提升大会，公布控制扬尘污染10条措施（简称“控尘十条”）。组织开展扬尘治理专项检查行动。设立曝光台，每周定期曝光扬尘污染典型违法违规案例。全市依据“控尘十条”实施行政处罚213起，处罚金额47.8万元，责令停工整改工地69个。启动建筑工地扬尘在线监测系统安装工作，全市在建工地安装扬尘在线监测设备782台。

【混凝土供应保障】2019年11月28日，市建委针对全市地铁项目混凝土供应出现紧张的情况，印发《关于进一步加强我市预拌混凝土管理的通知》，多措并举加强混凝土行业管理。市建委会同市交警局、市地铁集团成立地铁混凝土供应协调专班，对基坑结构安全的项目建立混凝土保供制度。为解决市场混凝土短缺问题，市建委简化审批程序，支持混凝土生产企业扩大生产规模，并鼓励市地铁集团自行建立混凝土搅拌站。全年全市生产混凝土7430.6万立方米，产

杭州市建筑工地进行扬尘治理　　（市建委 供稿）

2019 年，杭州市开展建筑工程质量安全提升行动。图为实施工程质量终身责任承诺的艮山东路过江隧道工程（市建委 供稿）

量比上年增长 25.7%；全市工程项目使用预拌砂浆 394.09 万吨，增长 13.4%。地铁项目混凝土供应紧张状况得到缓解。

【质量安全提升行动】2019 年，杭州市以工程实体质量为重点，建立健全实测实量现场标示制度、建筑材料进场质量检验制度和建设工程各方责任主体工程质量终身责任书面承诺制度、设置永久性标牌、建立质量信息档案。全年各级建设主管部门受理的 1982 个房地产项目和 427 个市政项目，全部签署质量授权书和工程质量终身责任承诺书；竣工验收的 1486 个房地产项目和 237 个市政项目，全部设置永久性标牌。贯彻质量强市战略，鼓励和引导建筑业企业争创市政府质量奖，杭州市市政工程集团有限公司成为全市第二个获“杭州市政府质量奖”的建筑业企业。推进工程质量创优活动，全年全市创建省建设工程“钱江杯”奖 24 项、“西湖杯”奖 123 项，评选市标准化样板工地 252 个。全市建筑工地未发生较大以上安全生产事故。

【建筑业从业人员专业技能培训】2019 年，市建委加强建筑业从业人员培训教育工作。组织开展“送人才、送技术、送服务”活动，为临安、建德等区（市）建设主管部门和建筑业企业，举办招投标改革、无欠薪管理、企业资质电子证照使用等内容的讲座；组织开展建设行业职业技能竞赛，全市有 59 支代表队、206 名选手参加，杭州广通劳务承包有限公司邹新华等 3 名技工被授予“杭州市技术能手”称号。做好工程造价新计价依据宣传贯彻工作，对全市建设、施工、监理、设计、造价咨询、招标代理等领域的 8339 名造价技术人员进行业务培训。配合招投标改革新政出台，通过“请进来”和“送出去”的方式，组织招投标改革新政培训 40 多场，参加培训近 1 万人次，发放宣传手册 7000 多份。

（吴 钧 郭 超）

建筑市场管理

【建筑企业资质管理】2019 年，市建委按照政府数字化转型要求，开展建筑业企业资质管理流程再造，实现企业资质市级核准、延续、变更、注销、遗失补办、重新核定 6 个行政许可事项和建设项目邀请招标认定事项“掌上办”“网上办”。全年核准建筑企业资质市级申请 4913 项，准予许可 3660 项。加快全市域招投标全流程电子化运用，杭州成为全国首个采用建筑业资质电子证书的设区市，相关政务服务实现从“跑一次”到“零跑次”的转变。

【建设工程招投标改革】2019 年，杭州市推进建设工程招投标体制机制改革。市建委制定《杭州市工程建设项目招标投标管理暂行办法》《深化我市工程建设领域招标投标改革创新的指导意见》《杭州市工程建设项目评标专家管理办法》及具体评标办法，并出台《杭州市房屋建筑与市政基础设施项目评标暂行办法》《杭州市房屋建筑与市政基础设施项目招标文件示范文本（试行版）》，打出招投标改革新政“组合拳”，实现工程建设招投标领域全市横向和行业纵向的“六个统一”。《强化招投标监管助力“平安杭州”建设》城建专报获省委常委、市委书记周江勇等领导批示，住房和城乡建设部《建设工程简报》第 21 期专门介绍杭州招投标改革情况。全年全市完成建设工程中标项目 5744 个，中标金额 4126.5 亿元，中标项目比上年增长 51.1%。其中，市本级建设工程中标项目 385 个，中标金额 222.6 亿元。通过招投标节约建设资金 26.01 亿元，节支率 12.1%。

【建筑行业信用标准体系完善】2019 年，市建委按照全市建筑市场主体信用管理“一体化”推进要求，结合全市开展建筑市场信用记分管理实际情况，修订出台《杭州建设市场主体信用记录记分标准（2019 版）》，进一步完善信用标准体系，较好地发挥信用管理“指挥棒”的作用。年内，建筑企业违法违规信息在市建委系统平台统一公开。按照新修订的《建设市场主体信用记录记分标准》，合计信用扣分 10019 分。

【建筑市场执法检查】2019 年末，杭州市有建筑工地 4178 个，各工地通过杭州市工程质量监测监管平台对工程项目质量进行实时监控，强化项目现场质量管理。各级建设主管部门和监督机构开展专项检查 343 次，检查项目 7420 个（次），实施行政处罚 460 起，处罚金额 1888.52 万元。组织开展施工合同履约评价检查和工程建设领域专业技术人员执业资格“挂证”等违法违规行为专项整治，审核上报注册类人员信息约 7 万条，社保异常人数从年初的 25779 人降至 2714 人。修改完善《杭州市建设行业农民工工资保证金管理规定》，开展“无欠薪”工作专项检查，妥善处置农民工工资纠纷。

（吴 钧 郭 超）

责任编辑 余显幕

24 商贸服务业

综 述

【社会消费品零售总额 6187.7 亿元】 2019 年，杭州市社会消费品零售总额 6187.7 亿元，比上年增长 8.8%，增速分别超过全国、全省 0.8 个百分点和 0.1 个百分点。从消费类型来看，商品零售收入 5110.24 亿元，增长 8.8%；餐饮收入 1077.46 亿元，增长 8.6%。

【湖滨步行街开街】 2019 年 5 月 13 至 9 月 15 日，湖滨步行街一期改造提升工程实施。9 月 27 日，步行街正式开街。湖滨步行街总长 1760 米，呈"千"字形，北至庆春路、南至解百新元华、东至延安路、西至湖滨路，包括长生路、学士路、平海路、邮电路、仁和路等部分路段，植入"湖滨九里"街区概念，即以解放路为界，按照从南到北、从东到西的命名顺序，整个街区共分为 9 个里（泗水里、将军里、东坡里、仁和里、龙翔里、学士里、长生里、劝业里、钱塘里）。一期改造工程从步行道路铺装、绿化有机更新、景观亮灯提升、城市立面改造、节点景观提升等 6 个方面对街区进行整修。

为打造"最智慧"的步行街，湖滨步行街采用"1+4+4"系统架构。其中："1"指的是核心的湖滨步行街智慧街区综合管理平台，中间的"4"指的是平台接入的数字城管、市场监管、智慧消防、公安 4 个部门的综合平台，最后的"4"指的是分布于步行街上的智慧灯杆、智能导视牌、广告牌系统及无障碍地图服务等 4 个智慧终端与服务系统。

2019 年 9 月 27 日，杭州湖滨步行街开街

（上城区政府湖滨街道办事处 供稿）

【全国步行街改造提升工作现场交流活动】 2019 年 9 月 27—28 日，全国步行街改造提升工作现场交流活动在杭州举行。会议总结上半年 11 条试点步行街运营情况，商务部和各省（自治区、直辖市、计划单列市、新疆建设兵团商务主管部门，以及首批 11 条试点步行街所在城市商务主管部门等代表 180 人参加。杭州、武汉、广州、成都等市政府分管负责人做交流发言。活动期间，全国步行街改造提升工作座谈会、杭州湖滨步行街开街活动、中国步行街（杭州湖滨）圆桌会 3 场活动举行。

【长三角地区农产品产销对接洽谈会】 2019 年 9 月 20 日，杭州市政府联合省商务厅、省农业农村厅和团省委共同组织的 2019 年长三角地区农产品产销对接洽谈会暨对口地区农产品推介会在杭州举行。活动以"区域一体、农商互联、消费扶贫、乡村振兴"为主题，体现长三角区域一体化发展国家战略，突出东西部扶贫协作和对口支援合作，发挥商贸企业采购销售主渠道作用，落实多渠道拓宽贫困地区农产品营销渠道，推动电商助农，发展农产品现代供应链。会上达成合作项目 1045 个，比上年增长 55%；形成意向协议采购总额 7.5 亿元，增长 30%。

【延安路国际商业大街（北段）建设】 2019 年，延安路国际商业大街（北段）41 幢建筑体立面整治景观改善全面完成。下城区将打造延安路和武林路建设统一结合，处理好数据共享、地下联通、业态提升、景观改善、交通组织、科技应用6个方面，坚持“科技+时尚”的街区定位。部分企业停车场实施“先离场后收费”服务。

【供应链创新与应用试点】2019年，杭州市作为国家级供应链创新与应用试点城市，有14个企业列入国家级试点，27个企业列入省级试点。开展2018年度商业调查并完成年度网点发展报告。完成预拨供应链体系建设试点扶持资金、补报试点项目等工作。落实农产品供应链项目相关政策，组织申报杭州市2019年中央服务业发展资金项目。

【特种行业平稳发展】2019年，杭州市新增再生资源回收网点836个，累计1703个；提升并建设分拣中心面积34.15万平方米；回收再生资源180.5万吨，增长14.2%；城镇生活垃圾回收利用率40.2%。市商务局对全市129个拍卖企业进行年度信息公示，协助省商务厅对杭州市连续两年未参加公示的3个拍卖企业依据相关法规办理注销公告。支持杭州市报废汽车回收企业组织成立报废汽车专业委员会，并委托专委会专人负责《报废汽车回收证明》审核发放工作。

【预付卡协同监管机制建立】2019年，市商务局做好杭州市单用途商业预付卡协会和单用途商业预付卡仲裁庭有关筹建工作。召开杭州市单用途商业预付卡协会成立大会，牵头组织成立杭州市单用途商业预付卡协会。完成由市商务局、协会及第三方组织实施的单用途商业预付卡备案及业务管理、用户服务、风险智能控制、部门协同监管等四大系统为一体的协同监管平台的开发和运用，并将平台纳入市基层基础平安管理大数据平台，初步形成商业预付卡的协同监管机制。（冯蔷颖）

【市商旅集团营业收入364.23亿元】2019年，市商旅集团全资和控股、参股企业营业收入364.23亿元，比上年增长5%；利润总额28.05亿元，增长18.7%。集团合并报表营业收入134.16亿元，增长1.7%；国有净利润8.6亿元，增长3.5%。至年末，国有净资产总额92.67亿元，增长10.7%；国有净资产收益率9.8%。

市商旅集团将系统16个企业纳入资金集中管理，总额约10亿元，全年为企业增收831万元。至年末，集团旗下的杭州商旅金融投资有限公司供应链金融项目“易企银”平台有正式合作客户117个，总授信额度2.47亿元，平台存量贷款余额1.04亿元、不良率为零。杭州印象西湖文化发展有限公司与腾讯游戏合作，以国漫IP作品为载体进行“千里姻缘一线牵”项目的宣传拍摄。浙江五丰冷食有限公司签约动漫IP《快把我哥带走》。

市商旅集团签订嘉善姚庄项目投资框架协议。集团旗下的义乌商旅投资发展有限公司51%国有股权、杭州西湖国际旅行社有限公司持有的海外旅游20%股权划转给杭州宏逸投资集团有限公司。杭州东南面粉有限公司20.9%国有股权协议转让给杭州饮食服务集团有限公司。杭州服装集团有限公司28.5%国有股权划转给杭州市安保服务集团有限公司。完成杭州化工原料有限公司国有股权公开挂牌转让，完成浙江五丰冷食有限公司与湖州五丰冷食有限公司合并工作。市商旅集团完成杭州仁和饭店有限公司“事转企”改制工作。

【“数字商旅”建设启动】2019年4月28日，市商旅集团在西湖博览会博物馆举行“数字商旅”建设发布会。在发布会现场，市商旅集团大数据中心、杭州商旅数字经济发展有限公司、杭州商旅在线技术有限公司授牌仪式举行。大数据规范发布、“数字商旅”样板项目签约仪式和“商旅云”上线仪式举行。根据方案，“数字商旅”建设分两步走。第一步是实现产业数字化，即围绕“场景重构、数据驱动”要求，用数字化打通、整合并高效利用集团六大产业板块，涵盖“吃、住、行、游、购、娱”全产业链各种资源；第二步是实现数字产业化，即

2019年杭州市社会消费品零售额

表32

行业（地区）	社会消费品零售额（亿元）	比上年（%）
全市总计	**6 187.70**	**8.8**
一、分行业		
商品零售	5 110.24	8.8
餐饮	1 077.46	8.6
二、分地区		
上城区	331.96	8.5
下城区	534.87	8.5
江干区	575.10	8.7
拱墅区	620.73	8.3
西湖区	711.73	8.6
滨江区	414.36	10.0
萧山区	771.77	10.0
余杭区	757.82	9.4
富阳区	368.82	8.8
临安区	205.23	9.0
桐庐县	145.78	9.0
淳安县	83.99	8.2
建德市	114.86	8.6
钱塘新区	311.67	8.7
杭州西湖风景名胜区	45.20	8.8

2019 年杭州市主要商业特色街情况

表 33

街区名称	入驻商家（户）	就业人数（人）	营业额（万元）	税收（万元）	客流量（万人）
清河坊历史文化特色街	456	1 500	230 000.0	11 926.0	2 118.6
南山路艺术休闲特色街	80	2 000	—	—	—
湖滨路旅游商贸特色街	1 400	10 000	—	—	—
杭州中国丝绸城	650	1 500	206 730.0	999.2	820.0
梅家坞茶文化村	130	560	8 800.0	280.0	320.0
武林路时尚女装街	584	2 285	90 000.0	2 653.0	750.0
四季青服装特色街	8 500	30 000	1 900 000.0	20 000.0	3 000.0
信义坊商业步行街	138	832	6 208.4	225.0	245.0
文三路电子信息特色街	2 020	24 330	970 000.0	9 000.0	2 525.0
石祥路汽车贸易街	165	6 752	3 726 325.0	49 780.0	84.0
绍兴路汽车精品文化街	130	3 000	800 000.0	25 000.0	160.0
胜利河美食街	19	298	9 379.6	150.0	132.8
大兜路美食与历史文化特色街	51	300	5 000.0	245.0	80.0
淳安千岛湖秀水街	58	400	9 600.0	310.0	350.0
青芝坞休闲旅游慢生活特色街	215	1 250	18 500.0	100.0	175.0
西溪天堂风情美食特色街	124	356	21 534.0	7.0	338.4
桐庐中杭路服装时尚特色街	220	670	8 845.0	118.0	121.0
余杭塘栖老街风情特色街	100	400	1 090.0	111.0	231.1
合计	**15 040**	**86 433**	**8 012 012.0**	**120 904.2**	**11 450.9**

说明：2019 年，南山路艺术休闲特色街和湖滨路旅游商贸特色街实施升级改造

在完成集团内部数字化转型后，对外进行复制拓展，使数字产业成为今后集团经济发展的新增点。（梁　之）

电子商务

【概况】根据浙江省电子商务大数据公共服务平台统计，2019 年，杭州市网络零售额 7277.7 亿元，占全省网络零售额的 36.8%，比上年增长 16%；居民网络消费 2780.1 亿元，占全省居民网络消费的 27.8%，增长 17.5%；网络零售顺差 4497.6 亿元，占全省网络零售顺差的 45.9%。网络零售额、居民网络消费、网络零售顺差均保持全省首位。江干区、西湖区、余杭区、萧山区、滨江区、拱墅区网络零售额入围全省前十名。在重点监测第三方电子商务平台上有活跃网络零售网店 24.0 万个，相当于全市网络零售网店总数的 50.5%；活跃网络零售网店总数在浙江省排名第一位。电子商务直接解决就业岗位 66.3 万个，间接带动就业岗位 174.5 万个。全市电子商务网络零售额首度超过社会消费品零售总额，与社会消费品零售总额之比为 117.1%。电子商务增加值 1847 亿元，增长 14.6%，占全市 GDP 的 12%。

【《杭州市新零售发展五年行动计划（2019—2023 年）》出台】2019 年 12 月 26 日，《杭州市新零售发展五年行动计划（2019—2023 年）》出台，明确提出建设“新零售示范之城”目标任务，通过实施新零售业态模式创新工程、新零售示范培育工程、新零售设施技术提升工程、新零售人才体系建设工程、新零售发展模式推广工程，形成“一城两核多区多点”的新零售发展格局，对智能化体验式新商业建设、实体商场超市智能化升级、商业街区开展智能化改造和新零售示范街建设、电子商务平台开设线下体验店、社区便利门店智慧化升级等新零售业态进行专项资金扶持。在全省零售模式创新工程中，杭州市被确定为浙江省新零售标杆创建城市，21 个企业被评为浙江省新零售示范企业。至年末，全市有盒马鲜生门店 14 个、新零售特色街区 8 条、天猫小店 400 个。“零售通”实现天猫小店 POS 机全覆盖，口碑网新铺设线上线下结合的智能一体化终端设备 3000 台（套）。

【天猫“双十一全球狂欢节”总交易额 2684 亿元】2019 年，天猫“双十一全球狂欢节”总交易额 2684 亿元，比上年增长 25.7%；物流订单量 12.92 亿个，增长 24%。杭州全天销售额 264 亿元，占全省的 55%，增长 28.8%，高于全省平均 9 个百分点；全天消费金额 82 亿元，增长 19.2%，销售额和消费额均居全国城市排名第三位。

【“杭州产业带”平台全国排名第二位】2019 年，“杭州产业带”平台累计入驻企业 1.83 万个，组织线上促销专场活动 10 多次、线下活动交流 10 多次，入驻卖家线上交易额 134 亿元，优势行业为女装、日用百货和包

装。“杭州产业带”平台在全国200多个产业带平台中排名第二位。

【中国(杭州)国际电子商务博览会】2019年10月18—20日，第六届中国(杭州)国际电子商务博览会在杭州国际博览中心举行。博览会以“新零售·新商业·新消费”为主题，由1个开幕式论坛、7个产业论坛和1场品牌论坛组成。通过一站式电子商务公共服务平台建设，运用交流分享、展示展现、合作对接、互动体验等方式，推动构建电子商务数字化发展生态产业链。展馆面积3万平方米，分别以产业生态、精准扶贫、电子商务直播等主题形式展示，近300个品牌企业参展，10万余人次到场参观。

【电子商务帮扶成效明显】2019年，杭州市电子商务企业发挥平台优势，打造电子商务扶贫亮点工程。杭州和贵州黔东南苗族侗族自治州东西部扶贫协作电子商务消费扶贫项目“网易严选雷山体验馆”正式开馆，并举行“恩施土豆吉尼斯世界纪录挑战赛”。全市电子商务扶贫采购和销售金额超过1亿元，帮助贵州黔东南苗族侗族自治州、湖北恩施土家族苗族自治州等帮扶地区实现线上、线下销售收入超过5.5亿元。帮助帮扶对口地区培训电子商务人才1.1万人次，带动2.89万人增收脱贫。杭州阿里巴巴(中国)有限公司、杭州贝贝集团有限公司、杭州网易严选贸易有限公司、浙江格家网络技术有限公司入选国务院扶贫办公布的2019年企业扶贫精准案例名单。

【农村电子商务规模扩大】2019年，杭州市农村电子商务销售额142.6亿元，比上年增长18.8%。全市建成电子商务专业村182个，省电子商务镇29个，年销售额超过20亿元。淳安县被评为国家级电子商务进农村综合示范县，千岛湖农产品电子商务“网红”鱼妈妈获商务部中国国际电子商务中心颁发的“2019年度中国农村电商致富带头人”称号。至年末，浙江有淘宝村1573个、占全国淘宝村数量的36.5%，全国排名第一位；杭州有淘宝村167个，在全省排名第六位。

(冯蔷颖)

批发和零售业

【概况】2019年，杭州批发和零售业增加值1225亿元，比上年增长3.3%；绿色、新型、智能商品零售快速增长。可穿戴智能设备、智能家用电器和音像器材、新能源汽车分别增长38.4%、21.7%和15.7%。杭州市全力打造新零售示范城市。至年末，累计建成智慧商街(口碑街)8条、盒马鲜生超市14个，被确定为浙江省新零售标杆创建城市，21个企业被认定为浙江省新零售示范企业。

杭州9条商业特色街区被中国步行商业街工作委员会授予“中国著名商业街”“中国特色商业街”称号。其中：清河坊历史文化特色街区被文化和旅游部授予“国家AAAA级旅游景区”称号，四季青服装特色街区被中国商业联合会授予“中国服装第一街”称号，文三路电子信息街区杭州数字娱乐产业园被文化和旅游部授予全国首个“国家数字娱乐产业示范基地”称号，丝绸特色街区被授予“全国百强批发市场”称号，杭州武林商圈获“中国最具竞争力中央商务区”称号。湖滨步行街升格为国家级步行街。

【农贸市场第三次改造提升】2019年，杭州市主城区(上城区、下城区、江干区、拱墅区、西湖区、滨江区)99个农贸市场完成改造。鼓励各大农贸市场在进行整改、翻新等“固定动作”基础上，挖掘优势，突出特色，创新业态组合。其中：红石板农贸市场将咖啡与菜场进行结合，翰林农贸市场打造书店与菜场的跨界融合模式。12月16日，新华社对杭州市农贸市场第三次改造提升成果进行宣传报道。

(冯蔷颖)

【杭州市中药调剂员职业技能竞赛】2019年6月，由市商务局、市人力社保局、市总工会、市市场监管局主办，杭州市食品药品事业发展服务中心(杭州市食品药品安全协会)承办的2019年杭州市中药调剂员职业技能竞赛启动，300多名中药调剂人员参与选拔。8月18日，2019年杭州市中药调剂员职业技能竞赛决赛在杭州第一技师学院举行，经过中药处方调配、中药饮片混挑、中药炮制等环节，杭州胡庆余堂国药号有限公司的张耀萍、祝佳维和杭州方回春堂集团有限公司的刘爱华获前三名，竞赛前8名的选手分别获“杭州市技术能手”“杭州市优秀青年岗位能手”“杭州市职工经济技术创新能手”“杭州市商贸服务业岗位技术标兵”以及“杭州市商贸服务业岗位技术能手”等称号。

【农贸市场长效管理】2019年，杭州市市场监管部门结合放心消费创

2019年8月18日，2019年杭州市中药调剂员职业技能竞赛决赛在杭州第一技师学院举行 (市市场监管局 供稿)

建，围绕“消费环境放心、食品安全放心、管理服务放心、诚信经营放心、价格计量放心”目标，持续推进软硬件建设和业态创新。全市共投入资金1.79亿元，提升改造面积11.27万平方米，新增浙江省放心农贸市场55个，新增20个市场推广食品安全责任保险，有2875个经营户纳入保险范畴。市场监管部门组织或参与杀白禽净膛上市联合整治15次，查处取缔违规活禽交易点53个（次）。

【商品交易市场转型升级】2019年，杭州市135个商品交易市场获二星级以上浙江省文明规范市场新认定或延续认定，其中五星级3个、四星级31个、三星级72个、二星级29个。杭州工联跨境电子商务体验交易市场、杭州意法服装市场、杭州新时代家居生活广场、杭州余杭江南国际丝绸城4个市场被列为“2019年省转型升级试点市场”。在2019年新公布“中国商品市场综合百强”榜单上，浙江天猫网上商城、海外海杭州汽车城等8个市场上榜。

【放心消费示范单位建设】2019年，杭州市新建“送药上山进岛”便民服务点42个、农村家宴放心厨房100个、名特优食品作坊121个、放心农贸市场55个，放心工厂2412个。累计建成放心商店、网店、景区等示范单位8945个，示范街区、车站码头21个、“无理由退货承诺单位”6709个。12个企业被纳入电子商务诚信平台重点培育名录，10个超市获评全省“放心肉菜示范超市”。

【网络市场监管】2019年，杭州市市场监管部门共检查网站（网店）1.51万个，行政指导和约谈各类电子商务企业136个（次），督促下架违规商品1223个（批），关闭网店1928个，处置“查无下落”网店2843个，办结网络交易违法案件3521起，罚没款2711万元。至年末，杭州市有涉网主体14.67万个、大型电子商务平台72个、“独角兽”企业30个、“准独角兽”企业138个。

【中介服务业发展】2019年，杭州市新设中介服务业市场主体4.19万个。至年末，全市有中介服务业市场主体13.02万个，比上年增长14.7%。其中有1227个中介服务业规模以上企业，资产总计3255.07亿元，增长11.1%；营业收入1152.84亿元，增长10.3%；利润总额110.81亿元，增长1.6%；从业人员2.66万人，增长2.3%。市场监管部门加大中介业品牌企业培育力度，为80多个企业开展中介服务行业《中华人民共和国个人所得税法》专项培训。（方国平）

【联华华商集团“鲸选体系”创新】2019年，杭州联华华商集团有限公司搭建全域零售架构，推进线上、线下业务一体化融合。线上推广“鲸选”App。至年末，总注册用户量88.8万人，完成订单73.5万单，销售额8890.9万元。线下开设联华鲸选店、新零售体验店“鲸选兰步多”等，满足顾客全渠道购物选择。全年鲸选体系销售额3.05亿元，比上年增长42.9%。

【杭州解百“城市奥莱”开业】2019年10月18日，杭州解百“城市奥莱”开业。该商业体由A座、B座、C座3幢商业建筑组成，总体量13万平方米，集珠宝、美妆、男女装、女鞋女包、儿童、家居、潮流服饰、运动户外等品类，有VIP客户16万人。商场定位为“新城市生活的奥特莱斯”，其中A座彰显优雅时尚、B座体现城市生活、C座引领潮流先锋。荟萃宝姿、玛丝菲尔、TOMMY、周大福、爱步、耐克、阿迪达斯等400多个品牌，以及盒马鲜生超市、网易严选

2019年10月18日，杭州解百“城市奥莱”开业 （市商旅集团 供稿）

线下店、寺库线下新零售店、松下中国首家品牌旗舰店、优衣库城市旗舰店等店铺入驻。同时,实施会员制运营模式,打造专属会员中心,配套两个停车场,有停车位500多个。至年末,杭州解百“城市奥莱”销售额6.18亿元。 (梁 之)

2019年11月12日,杭州美食文化(黄山)推广活动举行

(市商务局 供稿)

住宿和餐饮业

【概况】2018年,杭州市有限额以上住宿和餐饮业企业1125个。其中:住宿业法人企业531个,包括旅游饭店285个、一般旅馆240个;餐饮业法人企业594个,包括正餐服务企业520个、快餐服务企业30个、饮料及冷饮服务企业24个。限额以上住宿企业营业额142.38亿元,其中客房收入76.52亿元、餐饮收入46.70亿元、商品销售收入1.14亿元。限额以上餐饮企业营业额223.34亿元,其中客房收入3.35亿元、餐饮收入211.17亿元、商品销售收入4.09亿元。

【“知味杭州”亚洲美食节】2019年5月15—22日,“知味杭州”亚洲美食节在钱江新城举行。活动以“亚洲文明交流互鉴与命运共同体”为主题,包括亚洲美食节开幕式、美食文化展、美食文化论坛、美食主题活动、美食文化表演、美食文化之旅等六大版块、22个活动。其间,56个国家和地区的253个品牌餐饮企业参加美食文化公园(展),全市13个区县(市)的3850多个餐饮商家参与全城美食联展,近1400万人次参与美食节各类活动,其中境外嘉宾和游客1.7万人次。主会场美食文化公园(展)吸引55.8万人次参与,现场交易额8040万元。 (冯蔷颖)

【“知味杭州”美食文化品鉴活动】2019年6月11—16日,由杭州市政府主办,市商务局和市商旅集团承办的“知味杭州”美食文化品鉴活动在中国香港和中国澳门举行。活动旨在展示杭州美食文化独特韵味,提升杭帮菜影响力和知名度。品鉴活动将杭州美食与文化通过直观与微观、动态与静态、交流与互动有机结合,再现杭帮美食魅力。市商旅集团旗下杭州饮食服务集团有限公司抽调28名厨师组成厨艺制作团队,以“韵味杭州”为主题,将经典杭帮菜和杭州城市韵味通过烹饪艺术有机结合在一起。参与者不仅能品尝杭州传统名点,还能在美食互动区现场体验定胜糕、小笼包、雪媚娘、绿豆糕等杭帮点心的制作过程。品鉴会上,展示杭州卤鸭、新糟三味、东坡肉、蟹酿橙、定胜糕、鳕鱼狮子头、杭州荷香鸡、荷花酥等菜点。杭州市、中国香港和中国澳门嘉宾200多人参加活动。 (冯蔷颖 梁 之)

【“知味杭州”美食文化(日本)推广品鉴活动】2019年12月18日,“知味杭州”美食文化(日本)推广品鉴活动在日本大阪举行。活动由杭州市政府主办、杭州市商务局承办、杭州市餐饮旅店行业协会、欧洲杭州联谊总会和总商会、葡萄牙中华总商会、葡萄牙浙江杭州联谊会、葡萄牙伊比利亚传媒集团、华大利酒家协办。活动以“知味杭州”为主题,包括推介会、杭帮菜品鉴会、厨艺推广交流、厨艺茶艺表演、美食美景图片展等内容,100多位主流媒体和餐饮企业代表参加。

【杭州美食文化国内交流活动】2019年11月12日和12月4日,由市政府主办、市商务局承办的杭州餐饮业推广交流活动分别在黄山和武汉举行。活动由市政府主办、市商务局承办,以“知味杭州”为主题,通过特装宴席展、美食品鉴会、厨艺茶艺表演、美食美景图片展、两地餐饮企业交流、厨艺交流等形式,展示杭州美食的历史沉淀、精湛技艺和独特创造力。其间,杭州、黄山、武汉餐饮饭店行业协会和餐饮企业现场签订合作意向书。市商务局组织6个杭州餐饮食品企业参加G60长三角科创走廊美食节,并设立杭州馆。组织10个企业参加第二十八届中国食品博览会暨中国(武汉)国际食品交易会。

【中国(杭州)美食节】2019年9月20—22日,由中国饭店协会与杭州市政府联合举办,杭州市商务局承办的第二十届中国(杭州)美食节举行。美食节以“数字经济下的美食更美好”为主题,设置论坛、展览、活动三大板块,探索数字经济下的美食餐饮行业的未来趋势。包括“非遗”美食展示、匠心美食小馆评选、十大最受欢迎创新杭帮菜评选揭晓活动、十大名厨秀、“舌尖上的杭州”厨神争霸赛等内容。美食节直接营业额近200万元,增长30%,带动周边消费超过1000万元。其间,配套的第二季金牌老鸭煲、十大名厨秀、十大创新杭帮菜、十大匠心小馆、一城百店、酒吧文化节、茶馆文化节、名优点心展、中外记者美食文化节等相关系列活动相继展开。

【美食文化宣传】2019年,市商务局在杭州电视台开设“花漾镜”栏目,宣传世界美食名城、名菜、名厨和名企,提振餐饮消费。组织拍摄10集《厨·匠》杭州名厨系列短视频,在亚洲美食节上播放,宣传杭州美食工匠精神。编撰《走向世界的“杭州味道”——杭帮菜国际化推广历程汇编(2008—2018)》,书中收集整理杭帮菜国际化推广10年来的精彩瞬间。市商务局联合相关部门,编辑出版《杭帮菜大全》。

【文明餐桌行动】2019年,市商务局与市文明办联合制作发放“文明餐桌行动”宣传帖1.3万份。向区县(市)商务部门、市餐饮协会发放通知,要求加强文明餐桌行动督导。每季度组织人员进行专项督导,及时纠正存在问题。通过QQ群、微信群等媒介发出倡议,及时表扬餐饮企业好的做法,纠正存在的问题,营造落实文明餐桌行动,引导餐饮企业积极履行社会责任,提升餐饮行业绿色发展水平。（冯蔷颖）

【知味观电子商务平台营业收入3亿元】2019年,杭州饮食服务集团有限公司知味观电子商务平台加强与网红达人、抖音等新媒体合作,开展网络营销。全年营业收入(含税)3亿元,比上年增长50%;粉丝数160万人,增长60%。青团销售营业收入1500万元,增长31%;粽子销售营业收入2000万元,增长66.7%;月饼销售营业收入5095万元,增长47%。

杭州饮食服务集团有限公司开设的2个知味观新零售体验店加强与电子商务平台互动,形成线下引流、线上销售、线上回流、线下销售的闭环效应,提升知味观品牌的市场竞争力和影响力。全年营业收入974万元,日均2.66万元。（梁　之）

粮油供应

【概况】2019年,杭州市粮食总产量49.64万吨,比上年减少17.19万吨;油料产量7.06万吨,减少0.71万吨。全市粮食消费总量391.54万吨,增加34.9万吨;食用油消费总量29.79万吨,增加4.15万吨。至年末,全市社会粮食库存175.83万吨,减少8.35万吨;社会食用油及油料库存8.70万吨,增加0.88万吨。至年末,全市各粮油专业市场成交粮油及副产品294.01万吨。其中,粮食272.41万吨、食油及油料20.43万吨、粮油食品1.05万吨、副产品0.12万吨,成交金额137.28亿元。杭州粮油物流中心交易量在全国专业粮油批发市场交易量排名中居第一位。仓前“四无”粮仓被确定为国家和省级粮食安全教育基地,杭州粮油中心批发交易市场被确定为省级粮食安全教育基地。

【杭州市粮食安全市长责任制落实情况获全省第一名】2019年3月,省粮食安全现场考核组对杭州市2018年度粮食安全市长责任制落实情况进行现场考核。通过查阅文件台账资料、现场咨询和深入现场踏勘等方式,抽查市本级和萧山区2018年度粮食安全市长责任制落实情况。经考核,杭州市获2018年度全省第一名。

【杭州市粮食安全责任制考核】2019年,市粮食安全办公室组织成员单位依据《杭州市2018年度粮食安全市县长责任制考核方案》,对2018年度全市粮食安全市县长责任制执行情况进行综合考评。经综合评定:余杭区、建德市、萧山区、临安区政府为2018年度粮食安全责任制考核优秀单位,淳安县、桐庐县、富阳区政府及钱塘新区管委会为2018年度粮食安全责任制考核良好单位。

【全国政策性粮食库存大清查完成】2019年,杭州市开展历时半年的全国政策性粮食库存大清查工作。杭州市改进包装粮堆测量法,提升检查精确度。大清查工作覆盖全市43个库点、982个货位、82.37万吨库存粮食。通过自查、普查、复核、再复查,总体情况为“数量真实、质量良好、账实相符、储存安全”。企业在国家粮食收购政策、储备粮轮换管理、政策性粮食库贷挂钩、财政补贴拨付等方面执行规范。

【市本级出台粮食收购政策】2019年,杭州市本级小麦(三等)、早籼稻谷、中晚籼稻谷、晚粳稻谷最低收购价格分别为每50千克112元、123元、129元和133元。国有粮食收储企业按最低收购保护价以高敞开收购市内农户种植的小麦和稻谷,凡市场价低于市本级最低收购价格的,按市本级最低收购价格收购。继续实行“订单粮食”价外补贴和奖励。种粮大户、家庭农场、粮食专业合作社社员、制种基地农户每交售50千克早籼稻谷、中晚籼稻谷、晚粳稻谷和小麦分别给予30元、25元、25元和30元补贴,一般农户每交售50千克早籼稻谷补贴20元,其他(中晚籼稻谷、晚粳稻谷和小麦)补贴16元。继续对种粮大户烘干费用实施政府适当补贴。对种粮大户与国有粮食收储企业签订“订单粮食”,用于粮食储备的稻谷收购,其粮食烘干费用按实际烘干数量给予每吨80元补贴。

【“五优联动”粮食供给侧改革深化】2019年,杭州市以加快发展粮食产业经济,坚持质量第一、效益优先,以供给侧结构性改革为主线,在建德进行试点,实施以“优粮优产、优粮优购、优粮优储、优粮优加、优粮优销”为内容的“五优联动”。“五优联动”试点按照“五统一”工作标准执行,即统一种植规范确保优粮优产,统一质量标准确保优粮优购,统一保鲜储藏确保优粮优储,统一加工工艺确保优粮优加,统一营销模式确保优粮优销。建德市以“五优联动”试点工作为契机,建立“建德稻米”品牌,实现农民增收、农企增效。

【“绿色储粮”扩容】2019年,杭州市政策性储备粮食的“绿色储粮”数量为68万吨。全年全市粮食企业维修改造项目10个,仓容容量9.19万吨,年度完成投资800万元。通过散装仓库地面和墙面改造、包改散装和包装仓库槽管改造等气密性改造技术,增加绿色储粮技术应用的有效仓容。列入国家“优质粮食工程”的“杭州国家粮食交易中心网上交易平台信息化升级改造”项目基本完成,富义仓米业项目加快推进。

【粮油质量把关】2019年，杭州市完成全国政策性粮食库存大清查委托的495个样品扦样、检测；完成全市储备粮出入库鉴定301批次，代表数量25.62万吨，完成周转粮抽检72批次，受理委托样品223个，完成全市"放心粮油示范"创建抽样检测任务等。全省粮油批发市场成品粮油质量安全专项监测和省级"放心粮油"质量安全监测任务完成。结合放心消费和食品安全"国创"要求，市商务局、市财政局、市市场监管局3个部门联合，培育市级放心粮油示范企业30个、示范店100个。余杭区和桐庐县申报"放心粮油示范县"创建。

【粮食专业人才培育】2019年，杭州市发挥粮食专业强校和专业机构优势，通过政校联合，校企联合，举办业务培训。建立杭州市粮油仓储管理专家库。2名选手获2019年"杭州市技术能手"称号。杭州市获第五届全国粮食行业职业技能竞赛优秀团体三等奖、选手徐明雅获检验员职业机构组优秀个人二等奖，并被确定为第三批全国粮食行业技能拔尖人才。2019年度粮油科技开展并结题13个课题项目，其中11个属于储藏技术类项目、2个属于质检类项目。杭州市粮油中心检验检测站的《煎炸油质量安全监测》课题（杭州市科技发展项目）通过验收，杭州市粮油中心检验检测站、杭州市粮食收储有限公司与浙江工业大学合作课题《绿色糙米储备及其质量安全控制技术研究与集成示范》形成论文，杭州市粮食收储有限公司的《脉冲除尘机在地下车的应用探索》获实用新型专利。（冯蔷颖）

专项经营

【烟草专卖】2019年，杭州市查获各类涉烟违法案件4021起，比上年上升20.5%；查获违法卷烟8626.87件，上升27.1%；涉案案值9580.53万元，上升17.9%。坚持规范高效、服务便民，"一网通办"水平进一步提升，通过畅通数据对接，重构"线上线下"许可证办理流程，以"数据跑"代替"双腿跑"破解新办证客户入网多头跑难题，全年受理烟草专卖行政许可事项1.59万件，网上办理率95%。

杭州市烟草专卖局（公司）突出对"关键数据"的分析运用，提升对重点户、重点籍等严管对象的打击精度与力度。全年查处违法大户案件425起，查获卷烟3430.96件，占查获卷烟总量的40%，取消大户经营资格79户。坚持专销协同、防控并举，严防真烟外流，促进规范经营，防范重大外流案件25起。全年查获真烟案件3017起，上升9.4%。查获国产真烟6111.33件，上升31.2%。其中：省内流动卷烟1011.6件，上升21.5%；省外流入卷烟1313.3件，上升69.3%；码段不明卷烟3786.43件，上升17.5%。

全年破获国标网络案件16起，其中加热不燃烧案件10起，刑事拘留60人、逮捕44人、取保45人、判刑42人。查获私假烟2515.54件，上升15.3%。临安区销售加热不燃烧卷烟网络案件抓捕涉案人员21人，涉案金额1.5亿元。12月17日，联合公安部门开展严打制售假烟假酒违法行为"昆仑行动"，抓获涉案嫌疑人114名，查获各类违法卷烟1.9万条，其中假烟7000多条，假烟案值超300万元。（许振排）

【成品油销售】至2019年末，杭州市有成品油批发（仓储）企业26个，加油站（点）738座，销售成品油378.96万吨。其中汽油180.01万吨、柴油85.20万吨、煤油（航煤）113.75万吨。市商务局牵头开展全市黑加油站点专项整治，遏制成品油市场乱象的扩散。参加整治行动人员1200多人次，办理涉油案件30多起，打击处理涉嫌违法加油点50多处，查获非法油品近500吨，查处涉案车辆68辆，移交涉案人员12名，收缴涉案工具（油罐、加油机等）64台（件）。

杭州市在加快推进加油站规划布点落地的同时，开展规划布点调整、实地踏勘、设置间距审定等工作。市商务局牵头组织市规划和自然资源局、交通运输局对不符合行业规划布点要求的拟建加油站布点和指标调整进行合规性审查。全年对全市26个成品油批发（仓储）经营企业（其中22个批发企业、3个仓储企业和1个专业企业）、141个成品油零售企业（其中127个加油站、3个加油点、5个配送企业、6个管理公司）进行年检审核。（冯蔷颖）

【盐业经营】2019年，杭州市盐业有限公司围绕"融合"和"混改"两项任务，紧扣"降本"和"争效"两个关键，以地区一体化融合为主线，以市场开拓为重点，推进经营管理各项工作。杭州盐业总体呈现平稳良好发展态势，累计批发销售各类盐品6.59万吨，其中小包装口食盐销售2.49万吨、大包装食盐销售3.35万吨、工业盐销售0.75万吨。

至年末，杭州市盐业有限公司培育和构建销售网络，营销部细分为商店超市、流通、农贸餐饮、特通等渠道分类营销。全面提升并丰富产品结构。

加强仓储配送管理，预设地区库间调节方案，关闭市区南星桥和闸口、萧山瓜沥、余杭镇、建德寿昌的仓库，新设临安青山湖政府储备盐仓库。杭州客户主要以萧山棉麻仓库、余杭临平仓库和瓶窑仓库作为主要配送仓库，商店超市总仓统配全部转移至余杭临平仓库。

协同职能部门开展联合检查，重申《关于规范非碘盐批发销售的通告》的要求。开展富阳区盐业市场联合执法大检查盐业市场专项检查行动。开展食盐有关政策法规宣传及第26个防止碘缺乏病日活动，为6个城区卫生部门提供宣传用浙盐品牌碘盐和无碘盐。（经 飒）

责任编辑 秦文蔚

综述

【杭州国际会议目的地打造】2019年,杭州会展业以“国际化、市场化、品牌化、专业化、智慧化、生态化”为引领,以西博会、休博会为龙头,以打造国际会议目的地、国际会展之都、赛事之城为目标,加快推进杭州会议展览业创新发展。“米奥兰特”上市成为中国会展业第一股,西湖博览会博物馆升格为全国重点文保单位,杭州举办国际会议数量位列全球第74位、亚太地区第17位、中国大陆第3位,在全球城市排名上取得历史最佳成绩。杭州获“中国最具竞争力会展城市”“最佳会议目的地”“中国十大影响力会展城市”“中国最具魅力会议目的地城市”“最佳会展城市管理奖”“最具影响力会展目的地奖”等荣誉。

【《杭州市会展业发展扶持资金管理办法(试行)》施行】2019年1月31日,《杭州市会展业发展扶持资金管理办法(试行)》施行。该办法依据《杭州市会展业促进条例》《杭州市级财政专项资金管理办法》等相关规定制定,旨在推进国际会展目的地城市建设,充分发挥财政资金在促进会展业发展中的引导和激励作用。办法规定会展业发展扶持资金扶持对象为在杭州市范围内举办的、举办经费未使用市级财政预算资金的、符合相关管理规定的、按规定备案的、由企业和社会组织等市场主体举办的会展项目。

【会展管理体制改革】2019年1月3日,市委、市政府召开全市机构改革动员大会,对杭州市机构改革进行动员部署。根据全市机构改革安排,杭州会展业管理职责整合到市商务局。市商务局下设会展处,统筹管理全市会展业。主要职责为拟定并组织实施会展业发展规范、政策,组织会展环境推介,会同有关部门引进高端会展活动,负责省保留节庆活动项目报备,指导相关行业协会开展工作。经市编委办同意,市商务局设立杭州市发展会展业服务中心,为直属的从事公益服务的正处级事业单位。

【会展业务培训】2019年9月10—12日,市商务局举办杭州会展业企业管理人才培训班。全市120多人参加,学员来自市、区两级会展业管理服务机构,包括会展场馆、会议型酒店、组展服务企业、在杭高校、社团组织和媒体人员及温州、义乌等地会展企业人员,参训对象涉及会展产业链上下游。11月18—20日,举办杭州市会展业领军人才培训班,培训内容突出宏观经济形势、会展产业与城市融合发展等方面,具体开设宏观经济形势分析、中国的会议市场发展之路及营销、会展知识产权保护、企业家人格修炼与领导力安排、会展相关政策等课程。培训结合会展工作实际,采取学员与老师、学员与学员之间互动的教学方法,取得较好的培训效果。

【杭州市会议展览业协会被评为AAAAA级】2019年,杭州市会议

2019年杭州市展览规模情况

表34

展览规模(平方米)	展览数(个)	占展览总数的比例(%)
10 000以下	93	50.5
10 000 ~ 20 000	59	32.1
20 000以上	32	17.4

2019年杭州市会议规模情况

表35

会议规模(人)	会议数(个)	占会议总数的比例(%)
100以下	2 035	40.7
101 ~ 500	2 243	44.9
501 ~ 1 000	507	10.2
1 000以上	210	4.2

展览业协会推进“专业化、实体化”建设，在发挥专委会职能、行业标准化建设、会展人才培训、服务会展企业等方面取得新的业绩，会员企业所属的产业结构更加完善，基本覆盖产业链的全过程，协会获评中国社会组织评估最高等级——AAAAA级社会组织。与UFI、AFECA、ICCA等国际组织保持密切联系，与中国会展经济研究会、中国展览馆协会、中国城市会议展览业协会联盟、全国省级会展行业协会联席会议、长三角会展联盟等组织和单位加强交流合作。举办会展人西湖沙龙、会议展览业年会、会展企业家“一带一路”商务会展考察等活动。编印《杭州会展资讯》《杭州会展》等刊物。全新上线杭州市会议展览业协会公众号，运用自媒体形式，发布行业最新动态。赴北京、上海、广州、成都、南京、西安等城市开展外联交流，分享杭州会展业发展信息。与全市100多个会展场馆、会议酒店、会展企业建立伙伴关系，各合作单位按时提供统计分析报告，为行业主管部门推进杭州会展业发展提供参考。

【专业会展场馆举办展览184个】 2019年，全市有杭州和平国际会展中心、浙江世贸国际展览中心、杭州白马湖国际会展中心、杭州国际博览中心、杭州云栖小镇国际会展中心（一期）、杭州云栖小镇国际会展中心（二期）、杭州萧山新农都会展中心、浙江展览馆、杭州未来科技城学术交流中心9个专业会展场馆，场馆总面积30.06万平方米，其中室内总面积23.56万平方米、室外总面积6.5万平方米。全年专业会展场馆举办展览184个，展出总面积207.75万平方米。专业会展场馆中，举办展览最多的场馆为杭州国际博览中心，展出总面积99.82万平方米。（崔晓洁）

西湖国际博览会·世界休闲博览会

【概况】 2019年10月18日，第二十一届中国杭州西湖国际博览会、第四届世界休闲博览会开幕式合并在杭州国际博览中心举行。西博会和休博会以“产业化、市场化、专业化、品牌化”为目标，以“四博一展”［中国（杭州）国际智能产品博览会、中国（杭州）国际美食博览会、中国（杭州）国际电子商务博览会、中国（杭州）国际休闲产业博览会以及亚洲设计管理论坛暨生活创新展］为主要内容，推动西博会从综合性博览会向精而专的专业性产业会展转型。西博会和休博会吸引50个国家和地区的500多位海外嘉宾、6000多位国内嘉宾参加，1400多个国内外企业参展，吸引观众12.5万人次，观众中专业观众5.2万人次；实现意向成交额4.9亿元，其中网络意向成交额6745万元。西博会和休博会举办开幕论坛1个、高峰论坛13个、专业会议及产业对接会议52场，邀请6位院士、10位国家特聘专家、6000多位专家出席，探讨人机共融、新零售创新、文旅融合等行业热点话题。400多个主流媒体及50多个专业媒体报道西博会和休博会盛况，进一步提升杭州影响力。

【第二十一届西湖国际博览会市民休闲节】 2019年10月18—20日，第二十一届中国杭州西湖国际博览会市民休闲节在湖滨步行街举行。市民休闲节作为西博会、休博会的传统项目和重要组成部分，在提升改造后的湖滨步行街举办巡游、表演和无人机演绎等狂欢活动。来自乌兹别克斯坦、捷克、斯洛伐克、斯里兰卡、韩国、泰国、俄罗斯、匈牙利8个国家的文化交流团体和杭州本土表演团队

第二十一届中国杭州西湖国际博览会、第四届世界休闲博览会会展活动项目

表36

序号	项目名称	主办单位	举办时间
1	第三届中国（杭州）国际茶叶博览会	农业农村部、浙江省政府	5月15—19日
2	创客天下·2019年杭州市海外高层次人才创新创业大赛	杭州市委、杭州市政府、杭州市委组织部（杭州市人才办）、杭州市科技局、杭州市人力社保局	7月11日
3	第十三届（2019）杭州文化创意产业博览会	杭州市政府、浙江大学、中国美术学院	9月19—23日
4	大运河文旅季——第十一届浙江·中国非物质文化遗产博览会（杭州工艺周）	文化和旅游部非物质文化遗产司、浙江省文化和旅游厅、杭州市政府、浙江省非物质文化遗产保护中心、拱墅区委、拱墅区政府、杭州市文化广电旅游局、浙江省非物质文化遗产保护协会、杭州市运河集团、杭州市商旅集团	9月20—24日
5	中国（杭州）国际美食博览会	中国饭店协会、杭州市政府	9月20—22日
6	第十届中国国际服务外包交易博览会	商务部、杭州市政府	9月26—28日
7	首届中国（杭州）国际智能产品博览会	杭州市政府、浙江日报报业集团、杭州市发改委、杭州市经信局、杭州市科技局、杭州市商务局、杭州市商旅集团等	10月18—20日
8	第十四届中国（杭州）国际休闲产业博览会	杭州市政府、杭州市贸促会	10月18—20日
9	第六届中国（杭州）国际电子商务博览会	杭州市政府、浙江省商务厅	10月18—20日
10	第二十一届中国杭州西湖国际博览会市民休闲节	杭州市政府、世界休闲组织、杭州市商务局、杭州市商旅集团、上城区政府	10月18—20日
11	亚洲设计管理论坛暨生活创新展	杭州市政府、中国美术学院、亚洲设计管理协会	10月31日至11月4日
12	浙江·杭州国际人才交流与项目合作大会	浙江省委、浙江省政府、浙江省委组织部、浙江省人力社保厅、杭州市委、杭州市政府	11月9—24日

2019年10月18—20日，第四届世界休闲博览会、第二十一届中国杭州西湖国际博览会市民休闲节在湖滨步行街举行 （市商旅集团 供稿）

320位演职人员参加，组成7支各具特色的巡游队伍和4辆彩车队伍在湖滨步行街与市民游客互动，吸引步行街周围大批市民游客驻足观看留影。10月18日20时30分，500架无人机从柳浪闻莺升空，在西湖上空演绎各种精彩图案。

【中国（杭州）国际美食博览会】2019年9月20—22日，中国（杭州）国际美食博览会在杭州国际博览中心举行。美食博览会设置论坛、展览、活动三大板块，其中，论坛板块组织开幕式及主题论坛，发布数字美食榜单和全国餐饮消费新趋势，举办5场分论坛及3场产业对接会。展览板块设置美食生态馆与美食产业馆两大展馆，展示面积2万平方米，围绕产业链和火锅食材进行展示。活动板块组织知味中国美食周“一城百店”、知味中国美食行、知味中国美食秀等活动。美食博览会有227个企业设立展位，1524位论坛嘉宾、3500位采购商、1.25万名专业观众参与展会，接待观众超过5万人次，参与报道媒体264个，线上交易额超过8000万元，线下意向采购额达2.4亿元。

【第六届中国（杭州）国际电子商务博览会】2019年10月18—20日，第六届中国（杭州）国际电子商务博览会（简称电博会）、第二届浙江数字贸易交易会（简称数交会）在杭州国际博览中心合并举行。电博会以“新零售·新商业·新消费”为主题，重点突出电子商务的产业生态、电商的前沿发展、电商的行业赋能，积极打造电博会的国际化、市场化、趋势化。数交会为第二十一届西博会、第四届休博会的核心项目，以“专业化、市场化、全球化、品牌化”为办展思路，致力于打造一流行业展会。电博会、数交会两会合办，最大限度地将企业、项目、观众结合起来，行业精英与专业观众互动。两会展示面积突破3万平方米，展位达1000个。其中，电博会展会邀请31个国家代表团参会观展，近1.9万名专业观众通过线上登记注册，300多个境内外媒体参与报道，网络直播销售额达6745万元。 （梁 之）

中国国际动漫节

【概况】2019年4月30日至5月5日，第十五届中国国际动漫节（简称动漫节）在杭州举行。动漫节秉承“动漫盛会·人民节日”的办节宗旨，以“办好第十五届动漫节，喜迎新中国成立70周年”为主题，设立1个主会场和12个分会场，组织实施45项主要活动，吸引86个国家和地区参与，2645个中外企业机构、5770多名客商展商和专业观众参展参会，143.6万人次市民、游客参加动漫节各项活动，其中主会场38.1万人次。实际成交及达成签约交易、意向合作项目1368项，涉及金额139.84亿元，实现消费额25.2亿元，合计165.04亿元。动漫节参与国家和地区数、参与人数、交易金额、节展效益均创新高。

【动漫产业博览会】2019年4月30日至5月5日，第十五届中国国际动漫产业博览会在杭州滨江区白马湖动漫广场举行，来自20个国家和地区的193个企业报名参展，首次参展的美国迪士尼总部带来漫威80周年经典形象，国际著名动漫游戏企业索尼互动娱乐、美国暴雪娱乐，以及日本最大的玩具公司——万代、韩国最大的漫画平台——Webtoon、日本动漫文化振兴机构牵头的日本组团、巴西动漫联盟牵头的巴西组团参加展览，境外展区面积比上届扩大20%；现场展售品牌达354个，其中境外品牌114个，包括“漫威”“假面骑士”“海贼王”“小猪佩奇”“熊本熊”等国际知名品牌，彰显国际动漫节的国际影响力。

【动漫游戏商务大会】2019年4月29日至5月1日，国际动漫游戏商务大会在杭州萧山第一世界大酒店举行。大会以“中国内容、跨界传播”为主题，围绕“项目孵化、内容制作、发行传播、授权变现、人才培育、商务配套”六大板块，举办21场专业活动，美国、加拿大、英国、俄罗斯、日本、韩国等20个国家和地区的1302个企业2080多名客商到会，展示发布项目1121个，安排商务洽谈3485场，达成合作意向1368个，直接成交项目29个，合作意向和成交项目总数比上年增长10.1%。合作意向项目中，国际合作意向项目402个，占总数的近1/3。

【动漫节影响力扩大】2019年，第十五届中国国际动漫节吸引《人民日报》、新华社、中央广播电视总台等123个境内外媒体和60个新媒体580名记者参与活动报道。其中，中央电视台综合频道、财经频道、国际频道、新闻频道、英语频道、少儿频道和央视新媒体7个频道的记者在杭州做专题报道，《新闻联播》两次报道动漫节盛况，《新闻30分》《经济新闻联播》等品牌栏目发稿25篇，中央人民广播电台在《新闻和报纸摘要》等重点栏目播报动漫节新闻3篇，均创历届动漫节之最。央视新媒体连续5天直播动漫节，在线观看超过320万人次，在线浏览量达1397万人次。央视英语频道通过"脸书"（Facebook）、"推特儿"（Twitter）、"优兔"（YouTube）等海外社交平台向全球观众直播动漫彩车巡游。国务院官方网站、"学习强国"论坛、《人民日报》、新华社等中央媒体，以及英国《每日电讯》、美国《华盛顿邮报》、日本共同社、美国国家广播公司（NBC）、雅虎等国际主流媒体均对动漫节进行报道。在线宣传活动"点亮动漫节"吸引24个国家和地区5.7万人次为动漫节送上祝福。新浪微博的话题阅读量达5500万人次，话题讨论量5.2万条。在抖音平台，"无动漫，不青春"的话题浏览量突破1.7亿人次，单条视频最高点赞量超过70万次，形成现象级传播效果。境内外各级各类媒体高密度宣传报道，进一步提升杭州"动漫之都"影响力和城市国际知名度。（彭澍）

其他重要会展

【"智涌钱塘"AI Cloud生态大会】 2019年3月29—30日，由市政府主办，市经信局、滨江区政府、杭州海康威视有限公司承办的"智涌钱塘"AI Cloud生态大会在杭州白马湖国际会展中心举行。大会以"数据智理、AI赋能"为主题，汇聚国内外专家、政府机构和产业界人士，深入探讨人工智能、大数据在各行各业的应用和发展趋势，推动数字经济更好更快发展。市长徐立毅参观考察大会数字展厅。副市长陈卫强出席会议。大会设置主论坛与城市智理、公共服务、商业赋能、金融创新、智能制造协同发展5场分论坛，以及国际人工智能项目路演对接活动，集聚产业先驱者和领军者，助力杭州打造"全国数字经济第一城"。

【第二届"2050大会"】 2019年4月26—28日，由杭州市云栖科技创新基金会与志愿机构及个人共同发起的非营利性活动——第二届"2050大会"在杭州云栖小镇举行。大会以"年轻人因科技而团聚"为主题，以"追逐早上七八点钟的太阳"为愿景，设置10个内容板块，组织100场青年团聚、100场新生论坛、1万平方米展台、127个黑科技展位，用于开展空间探索及"候鸟计划""热带雨林""青春舞台""星空露营"等活动，活动涵盖云计算、城市大脑、智慧医疗等科技创新领域。其间，"2050"全球唯一永久营地在桐庐启用，营地将为世界年轻科技创新精英人才提供团聚、研讨、合作的发展空间。

【中国国际茶叶博览会】 2019年5月15—19日，第三届中国国际茶叶博览会在杭州举行。茶博会以"茶和世界、共享发展"为主题。来自国内外4988个参展商、采购商参加，现场客流量18.52万人次，专业采购商参加洽谈1.08万人次。成交茶叶222.9吨，交易额1.36亿元；达成意向交易量5032吨，意向交易额54亿元，其中最大一笔订单3.1亿元。农业农村部部长韩长赋、浙江省省长袁家军出席相关活动，42个国家、国际组织和地区的近200位嘉宾参加各类活动。展览期间，举办国际茶咖对话中国茶业国际高峰论坛、国际茶学院所长会议、主宾国加纳专场推介活动等国际性活动。其中，第四届中国—中东欧国家农业部长会议暨第十四届国际农业经贸合作论坛有中东欧国家和观察员国的19个高规格代表团参加，会议发表"中国—中东欧国家农业部长会议杭州共同宣言"。

【亚洲美食节】 2019年5月15—22日，亚洲文明对话大会的配套活动之一"知味杭州"亚洲美食节在杭州举行。活动围绕"亚洲文明交流互鉴与命运共同体"主题，组织开展亚洲美食节开幕式、美食文化展、美食文化论坛、美食主题活动、美食文化表演、美食文化之旅6个板块22项活动。亚洲美食节主会场——美食文化公园（展）占地面积11万平方米，推出展位410个，吸引56个国家和地区的253个品牌餐饮企业参展，参展企业涵盖亚洲国家、"一带一路"沿线国家、欧美主要国家及杭州国际友好城市，有55.8万人次观展。全城美食联展吸引3850多个餐饮商家，参加美食体验1005万人次。主会场美食文化公园实现销售额8040万元，全城美食联展餐饮销售额达12亿元。

【全国大众创业万众创新活动周】 2019年6月13—19日，全国大众创业万众创新活动周主办城市杭州活动举行。中共中央政治局常委、国务院总理李克强出席并发表重要讲话。国务委员、国务院秘书长肖捷，全国政协副主席、中国科协主席万钢，省

2019年5月4日，第十五届中国国际动漫节在杭州中北创意街区举行彩车巡游活动　（市文创产业发展中心 供稿）

委书记车俊，省委副书记、省长袁家军等出席。杭州围绕“汇聚双创活力、澎湃发展动力”主题，推出中国互联网＋大学生创新创业大赛优秀项目成果展、科技创新创业高峰论坛等省部级重点活动，以及阿里巴巴诸神之战全球创客大赛、中国制造业双创高峰论坛、杭州（国际）未来生活节等杭州市重点活动。杭州各区县（市）举办271场地方特色活动，为来自全国各地的双创企业提供展示、交流、合作的平台。由企业、行业协会、高校、科研院所等非政府主体举办的地方特色活动221场，超过4万人次参观创业创新创造主题展，1.13万人次参加各类论坛和互动活动。

【云栖大会】2019年9月25—27日，杭州·云栖大会在云栖小镇举行。省委副书记、省长袁家军出席开幕大会并发表主旨演讲。省委常委、市委书记周江勇到会并致辞，阿里巴巴集团董事局主席兼首席执行官张勇做主题演讲。会议期间，吸引200多位世界级科学家、400多家科技合作伙伴参与，科技展区面积超过3万平方米，大会发布1000多项顶尖技术，包括阿里巴巴“飞天5K”服务器集群“杭州城市大脑”、互联网汽车、“平头哥”首款自研芯片“含光800”等。云栖大会成为世界级的科技盛宴，现场参与者从最初的3000多人增加到2019年的10万人以上。云栖大会永久举办地——云栖小镇累计集聚企业1335个，其中涉云企业972个。年内云栖小镇特色产业营业收入达335亿元。

【中国国际服务外包交易博览会】2019年9月26—28日，由商务部和杭州市政府共同主办的第十届中国国际服务外包交易博览会（简称服博会）在杭州国际会议中心举行。商务部副部长王炳南、杭州市副市长胡伟等出席开幕式并致辞。服博会以“拥抱5G·AI时代，集聚创新要素，发展数字服务，构建数字经济——新机遇·新技术·新业态·新动能”为主题，举办16场活动，展览展示面积4000平方米，面积比上届增加一倍。参会1340多人，增长13.5%。艾默生全球总裁Michael Train、中国联通网络技术研究院院长张涌、微软（中国）有限公司首席技术官戴子珽等行业领军人物参加服博会并发表主旨演讲，介绍行业最新发展动态。

【“之江杯”全球人工智能大赛】2019年10月17日，由国家互联网信息办公室、浙江省政府指导，之江实验室、中国人工智能产业发展联盟（AIIA）、中国通信学会、杭州市政府共同主办的“2019之江杯全球人工智能大赛”决赛在西博会博物馆举行。人工智能大赛为西湖国际博览会中国国际智能产品博览会的全球赛事板块，以“之识无界、AI无限”为主题，以“以赛引才、以赛促研、以赛兴业”为办赛思路，聚焦人工智能“基础研究＋产融结合”，设置创新赛和技术挑战赛两大赛道，其中创新赛包含“零样本目标检测”“行人多目标跟踪”“电商评论观点挖掘”三大赛题；技术挑战赛以“视频描述生成”为赛题，致力于促进中国人工智能发展走在世界前列，引领科技发展潮流。中国人民大学、浙江大学、浙江大华技术股份有限公司、北京国双科技有限公司组织的团队分别获决赛四大赛题冠军。

【亚洲设计管理论坛】2019年10月31日至11月4日，亚洲设计管理论坛暨生活创新展（简称AMD）在杭州锅炉厂老厂房（城市之星工业遗存保护区）举行。ADM以“万象更新”为主题，集合全球力量，探讨设计与生活、设计与人、设计与发展的共同未来。展览板块推出“天工”“造物”“山门”“水法”“他石”“星尘”六大块内容。作为第二十一届西博会、第四届休博会的重头戏，ADM联动联合国教科文组织创意与可持续中心、国际平面设计联盟（AGI）、世界设计组织、纽约时装周等国际组织机构参与，美国、英国、法国、日本、韩国、德国等国家的63位设计大师携带350多个创新品牌参展，现场接待观众6万多人次。

【杭州国际人才交流与项目合作大会】2019年11月9—24日，由省委、省政府主办，省委组织部、省人力社保厅及市委、市政府主办的杭州国际人才交流与项目合作大会在杭州举行。省委常委、组织部部长黄建发出席大会开幕式，省委常委、市委书记周江勇出席并致辞。副省长王文序，浙江大学党委书记任少波等领导参加。大会围绕长三角一体化发展国家战略，突出“开放、合作、创新、创业”主题，举办海外人才项目与技术洽谈合作大会、中美生物经济大会、创客天下·杭州市海外高层次人才创新创业大赛等活动。吸引6.1万人次参会。大会签约人才项目391个，金额60.8亿元，签约项目和金额分别比上届增长48.7%和39.8%。大会以“立足杭州、面向全球，服务浙江、辐射全国”为宗旨，打造汇集国内外智力资源的长三角人才活动交流平台。开幕式当天，包括顶尖人才和非华裔外籍人才在内的5.7万人次参加主会场活动。来自25个国家和地区的46所高校和科研院所、32个外国专家组织及58个国家和地区的867名留学人员携1200多个高质量项目参会。大会吸引长三角地区1561个企业设展招聘，提供岗位3.9万个，分别增长96.8%和34.7%，参加应聘5.1万人次（其中硕士及以上学历占83.5%），达成初步就业意向1.1万人次，增长84.2%。

【中国国际丝绸博览会】2019年12月6—8日，第二十一届中国国际丝绸博览会在杭州白马湖国际会展中心举行。丝绸博览会以“汇聚丝绸智慧·引领美好生活”为主题，以传承丝绸文化为主线，以时尚化、科技化、网络化为重点，围绕“一展一会一活动”开展系列活动。省商务厅厅长盛秋平出席开幕式并致辞。意大利、法国、印度、柬埔寨、越南、巴西、瑞士、日本、韩国等携带300多个品牌参展。丝绸博览会同步举行国际丝绸联盟成员大会、网络销售和商务贸易洽谈会、新零售策略讲座等活动。接待专业观众和普通观众2.5万人次，网络关注人数超过30万人次。实现现场成交额6000万元，意向成交3亿多元。

（崔晓洁）

责任编辑　余显幕

金融业 26

2020 杭州年鉴

Finance Industry

综述

【金融业稳步上行】2019年,杭州市实现金融业增加值1789亿元(金融业增加值统计口径调整),比上年增长9.1%。金融业增加值占全市地区生产总值的11.6%,比上年提高0.4个百分点,占第三产业增加值的17.6%,提高0.4个百分点。

全市新增社会融资总量8070.87亿元。间接融资、直接融资占比分别为79.5%和20.5%。其中:以人民币贷款为主体的间接融资6414.34亿元,比上年少增加1151亿元;以债券、股权融资为主体的直接融资1656.52亿元,比上年多增加460.65亿元。

【上市公司数居全国第四位】2019年,杭州市新增境内外上市公司22个、浙江股权交易中心挂牌企业358个、股份制改革企业232个。至年末,全市有境内外上市公司192个,仅次于北京、上海和深圳,居全国城市第四位,其中境内上市公司146个、境外上市公司46个。至年末,全市有经认定的市级重点拟上市企业116个,在浙江股权交易中心挂牌企业2594个,股份制企业2120个。

【企业融资渠道多样】2019年,杭州市企业通过股权融资247.83亿元。其中:境内外首次公开募股融资162.33亿元,境内上市公司定向增发81.3亿元,"新三板"挂牌企业定向增发4.2亿元。

全市企业在各类市场发行债券1687.8亿元,比上年增长15.6%。其中:全市企业在银行间市场发行债务融资1336.7亿元,上市公司发行公司债30亿元,发行可转换债51.1亿元,企业债获批270亿元。

全年办理内资股权出质户数1496个,质押股权698.27亿元,融资3601.87亿元。其中,在市本级办理的企业156个,质押股权数57.85亿元,融资444.77亿元。办理外资股权出质户数60个,质押股权98.98亿元,融资213.08亿元。其中,在市本级办理的企业15个,质押股权数43.30亿元,融资55.49亿元。

【跨境人民币结算】2019年,杭州市跨境人民币累计结算量4553亿元,比上年增长34%,占全省的54.3%。其中:货物贸易出口人民币结算617亿元;货物贸易进口人民币结算565亿元;服务贸易人民币结算1019亿元,增长23.2%;直接投资人民币结算额880亿元,增长65.8%;跨境融资156亿元,增长10%。全市有43个银行、4843个企业与104个国家和地区开展跨境人民币业务,跨境人民币贸易融入资金88亿元。

【创业担保贷款贴息】2019年,杭州市发放创业担保贷款1642笔,金额5.41亿元;贷款贴息772笔,金额0.13亿元。其中:上城区、下城区、江干区、拱墅区、西湖区、滨江区和钱塘新区发放645笔,金额2.95亿元;贷款贴息405笔,金额0.08亿元。

【地方金融业发展】至2019年末,杭州市有小额贷款公司55个,注册资金98.22亿元,比上年减少7.3亿元。全年发放贷款3.41万笔(小额贷款占89.3%),金额238.12亿元(小额贷款占31.4%),平均年化利率13.8%;业务收入10.95亿元,净利润2.45亿元。有11个小额贷款公司亏损,比上年增加3个。

年内,全市典当机构典当笔数4.48万笔,典当金额137.23亿元。年末,典当余额32.81亿元。融资性担保机构新增担保户数4.49万户,担保额668.5亿元;年末担保责任余额595亿元。10个支付机构共发生支付业务笔数7.4亿笔,金额5338亿元,占全省支付机构业务的比例分别为90.3%、66.2%。

【杭州国际金融科技中心建设】2019年5月13日,浙江省发改委、浙江省地方金融监管局、杭州市政府联合发布《杭州国际金融科技中心建设专项规划》。年内,钱塘江金融港湾区域招引落地世界银行全球数字金融中心、大普评级机构、中金浙江公司、信达期货有限公司总部、澳门国际银行杭州分行等项目。上城区玉皇山南基金小镇、拱墅区运河财富小镇、西湖区西溪谷互联网金融小镇、萧山区湘湖金融小镇、富阳区黄公望金融小镇5个省级、市级金融特色小镇发展势头良好。至年末,集聚各类金融服务机构5000多个,管理资产规模近2

2019 年杭州金融峰会（论坛）情况

表 37

会议名称	时间	主办方	主题
第五届全球私募基金西湖峰会	2019 年 5 月 25 日	杭州市政府、中国证券投资基金业协会、浙江省地方金融监管局	金融供给侧结构性改革与私募基金发展
2019 年 DEMOCHINA 创新中国未来科技节	2019 年 9 月 18 日	“创业邦”平台、杭州市政府	—
2019 年全球数字金融发展和治理研讨会暨全球数字金融中心启动仪式	2019 年 10 月 29 日	中国互联网金融协会、世界银行集团、杭州市政府	全球数字金融发展和治理
2019 年杭州国际人才交流与项目合作大会国际高端金融人才钱塘论坛	2019 年 11 月 9 日	市委组织部、市金融办	打造人才生态最优城市，建设杭州国际金融科技中心
第三届钱塘江论坛	2019 年 11 月 1—3 日	浙江省金融业发展促进会、浙江钱塘江金融研修院	长三角一体化：金融、科技、产业的新使命

万亿元。其中，玉皇山南基金小镇入驻金融机构 2510 个，总资产管理规模 1.12 万亿元，当年实现税收 23.01 亿元。11 月 9 日，2019 年杭州国际人才交流与项目合作大会分论坛国际高端金融人才钱塘论坛在杭州国际博览中心举行。12 月 7 日，恢复成立中国银行杭州市分行。12 月 20 日，全国城商行首个理财子公司杭银理财有限责任公司获批开业。

【金融服务实体经济】2019 年，杭州市修订银行保险机构支持地方经济评价办法，推动 7 个金融机构与市政府新签或续签战略合作协议。至年末，全市民营经济贷款余额 1.45 万亿元，比上年增长 12.6%。制造业企业贷款余额 4893.53 亿元，增长 6.8%。小微企业贷款余额 6988.68 亿元，增长 11.1%。扩大市创投引导基金、天使投资基金规模，支持新增投资项目。实施“凤凰行动”计划，修订完善《杭州市重点拟上市企业认定办法》。抓住科创板新设契机，做好科创企业摸排筛选工作。举办各类上市和并购重组政策解读会 12 场次。市金融办牵头组建杭州金融综合服务平台，配套小微企业贷款风险补助政策，成立杭州征信有限公司，入驻银行机构 46 个、担保机构 20 个，注册企业 3.41 万个，撮合融资供需 4577 笔，总授信金额 124.6 亿元。

【金融风险防范化解】2019 年，杭州市银行业不良贷款率比上年大幅下降。执行市、区县（市）两级网贷平台清退方案，实现存量网贷机构数、未兑付金额、出借人数稳步下降。设立规模为 100 亿元的上市公司稳健发展基金，制订专项扶助举措，支持上市公司化解股权质押风险，改善上市公司流动性。打击非法集资、金融风险诈骗等行为。做好小贷公司日常监管，完成融资担保机构清理整顿、集中换证，全面排查融资租赁公司风险底数，完成典当行业年审和分类评级。开展私募基金管理人风险处置工作。5—6 月，开展全民“携手助网·同防共治”防范非法集资宣传月活动。（市金融办）

2019 年 11 月 9 日，2019 年杭州国际人才交流与项目合作大会分论坛国际高端金融人才钱塘论坛在杭州国际博览中心举行（市金融办 供稿）

银行业·保险业

【概况】2019 年末，在杭各类银行业金融机构有 85 个。其中政策性银行 3 个、国有商业银行 5 个、邮政储蓄银行 1 个、股份制银行 12 个、城市商业银行 13 个、民营银行 1 个、农村中小金融机构 18 个、外资银行 12 个、金融资产管理公司 4 个、信托公司 4 个、财务公司 8 个、金融租赁公司 1 个、汽车金融公司 1 个、消费金融公司 1 个、商业银行理财子公司 1 个。

年末，在杭银行业金融机构本外币各项存款余额 4.53 万亿元（占全省的 34.5%），比上年增长 13.8%，增速上升 4.64 个百分点。本外币各项贷款余额 4.22 万亿元（占全省的 34.7%），增长 15.4%，增速回落 9.60 个百分点。在杭银行业金融机构实现利润 600.14 亿元，增长 20.9%。信贷不良率 0.85%，低于全省 0.06 个百分点，比年初下降 0.25 个百分点。

2019 年在杭银行业机构情况

表 38

机构分类	机构名称
政策性银行	国家开发银行浙江省分行、中国进出口银行浙江省分行、中国农业发展银行浙江省分行
国有商业银行	中国工商银行股份有限公司浙江省分行、中国农业银行股份有限公司浙江省分行、中国银行股份有限公司浙江省分行、中国建设银行股份有限公司浙江省分行、交通银行股份有限公司浙江省分行
邮政储蓄银行	中国邮政储蓄银行股份有限公司浙江省分行
股份制商业银行	浙商银行股份有限公司、中信银行股份有限公司杭州分行、上海浦东发展银行股份有限公司杭州分行、华夏银行股份有限公司杭州分行、招商银行股份有限公司杭州分行、广发银行股份有限公司杭州分行、平安银行股份有限公司杭州分行、中国民生银行股份有限公司杭州分行、兴业银行股份有限公司杭州分行、中国光大银行股份有限公司杭州分行、恒丰银行股份有限公司杭州分行、渤海银行股份有限公司杭州分行
城市商业银行	杭州银行股份有限公司、上海银行股份有限公司杭州分行、宁波银行股份有限公司杭州分行、北京银行股份有限公司杭州分行、南京银行股份有限公司杭州分行、江苏银行股份有限公司杭州分行、浙江泰隆商业银行股份有限公司杭州分行、浙江稠州商业银行股份有限公司杭州分行、浙江民泰商业银行股份有限公司杭州分行、温州银行股份有限公司杭州分行、台州银行股份有限公司杭州分行、金华银行股份有限公司杭州分行、宁波通商银行股份有限公司杭州分行
民营银行	浙江网商银行股份有限公司
农村中小金融机构	杭州联合农村商业银行股份有限公司、浙江萧山农村商业银行股份有限公司、浙江杭州余杭农村商业银行股份有限公司、浙江富阳农村商业银行股份有限公司、浙江桐庐农村商业银行股份有限公司、浙江临安农村商业银行股份有限公司、浙江建德农村商业银行股份有限公司、浙江淳安农村商业银行股份有限公司、浙江建德湖商村镇银行股份有限公司、浙江桐庐恒丰村镇银行股份有限公司、浙江临安中信村镇银行股份有限公司、浙江淳安中银富登村镇银行有限责任公司、浙江余杭德商村镇银行股份有限公司、浙江萧山湖商村镇银行股份有限公司、浙江富阳恒通村镇银行股份有限公司、浙江大同镇桑盈农村资金互助社、浙江南浔农商行临安支行、浙江南浔农商行富阳支行
外资银行	三井住友银行（中国）有限公司杭州分行、东亚银行（中国）有限公司杭州分行、汇丰银行（中国）有限公司杭州分行、花旗银行（中国）有限公司杭州分行、恒生银行（中国）有限公司杭州分行、渣打银行（中国）有限公司杭州分行、南洋商业银行（中国）有限公司杭州分行、星展银行（中国）有限公司杭州分行、大华银行（中国）有限公司杭州分行、澳大利亚和新西兰银行（中国）有限公司杭州分行、三菱日联银行（中国）有限公司杭州分行、澳门国际银行股份有限公司杭州分行
金融资产管理公司	中国华融资产管理股份有限公司浙江省分公司、中国长城资产管理股份有限公司浙江省分公司、中国东方资产管理股份有限公司浙江省分公司、中国信达资产管理股份有限公司浙江省分公司
信托公司	中建投信托股份有限公司、杭州工商信托股份有限公司、浙商金汇信托股份有限公司、万向信托股份公司
财务公司	万向财务有限公司、浙江省能源集团财务有限责任公司、浙江省交通投资集团财务有限责任公司、中国电力财务有限公司浙江分公司、物产中大集团财务有限公司、海亮集团财务有限责任公司、杭州锦江集团财务有限责任公司、传化集团财务有限公司
金融租赁公司	华融金融租赁股份有限公司
汽车金融公司	裕隆汽车金融（中国）有限公司
消费金融公司	杭银消费金融股份有限公司
商业银行理财子公司	杭银理财有限责任公司

说明：按在杭地区最高层级机构名称填写

年末，在杭各类保险公司有 85 个，其中财产险公司 38 个、人身险公司 47 个。保费收入 846.27 亿元（占全省的 32.2%），增长 27.5%。其中：财产险公司保费收入 270.85 亿元，增长 14.5%；人身险公司保费收入 575.41 亿元，增长 34.7%。赔付支出 243.08 亿元（占全省的 27.7%），增长 19.9%。其中：财产险公司赔付支出 162.06 亿元，增长 21.1%；人身险公司赔付支出 81.02 亿元，增长 17.4%。

【区域金融中心打造】2019 年，浙江银保监局围绕钱塘江金融港湾、长三角区域一体化建设，支持辖内银行、保险机构合理布局和发展。支持杭州银行发起设立全资理财子公司，成为全国首个获批筹建的城商行系列理财子公司；支持设立传化集团财务有限公司；支持中国银行重新设立杭州市分行，新设澳门国际银行杭州分行（境内第二家分行）、湖州银行杭州分行等。引导银行、保险机构落地钱江新城，浙江银保监局搬迁至钱江新城，形成金融集聚区。6 月，设立余杭监管组，实现除主城区外的 7 个区

2019 年在杭保险业机构情况

表 39

机构分类	机构名称	
产险公司	中国人民财产保险股份有限公司浙江省分公司	中国太平洋财产保险股份有限公司浙江分公司
	中国平安财产保险股份有限公司浙江分公司	天安财产保险股份有限公司浙江省分公司
	史带财产保险股份有限公司浙江分公司	华泰财产保险有限公司浙江省分公司
	中华联合财产保险股份有限公司浙江分公司	太平财产保险有限公司浙江分公司
	中国大地财产保险股份有限公司浙江分公司	中国出口信用保险公司浙江分公司
	华安财产保险股份有限公司浙江分公司	永安财产保险股份有限公司浙江分公司
	安邦财产保险股份有限公司浙江分公司	都邦财产保险股份有限公司浙江分公司
	安盛天平财产保险股份有限公司浙江分公司	中银保险有限公司浙江分公司
	阳光财产保险股份有限公司浙江省分公司	亚太财产保险有限公司浙江分公司
	渤海财产保险股份有限公司浙江分公司	中国人寿财产保险股份有限公司浙江省分公司
	安诚财产保险股份有限公司浙江分公司	永诚财产保险股份有限公司浙江分公司
	安信农业保险股份有限公司浙江分公司	浙商财产保险股份有限公司
	紫金财产保险股份有限公司浙江分公司	长安责任保险股份有限公司浙江省分公司
	利宝保险有限公司浙江分公司	华农财产保险股份有限公司浙江分公司
	国泰财产保险有限责任公司浙江分公司	国任财产保险股份有限公司浙江分公司
	爱和谊日生同和财产保险（中国）有限公司浙江分公司	英大泰和财产保险股份有限公司浙江分公司
	泰山财产保险股份有限公司浙江分公司	美亚财产保险有限公司浙江分公司
	众诚汽车保险股份有限公司浙江分公司	东京海上日东火灾保险（中国）有限公司浙江分公司
	大家财产保险有限责任公司浙江分公司	太平科技保险股份有限公司
寿险公司	中国人寿保险股份有限公司浙江省分公司	中国太平洋人寿保险股份有限公司浙江分公司
	中国平安人寿保险股份有限公司浙江分公司	泰康人寿保险有限责任公司浙江分公司
	新华人寿保险股份有限公司浙江分公司	太平人寿保险有限公司浙江分公司
	民生人寿保险股份有限公司浙江分公司	光大永明人寿保险有限公司浙江分公司
	中宏人寿保险有限公司浙江分公司	华泰人寿保险股份有限公司浙江分公司
	中德安联人寿保险有限公司浙江分公司	中国人民健康保险股份有限公司浙江分公司
	合众人寿保险股份有限公司浙江分公司	中信保诚人寿保险有限公司浙江省分公司
	长生人寿保险有限公司浙江分公司	中国人民人寿保险股份有限公司浙江省分公司
	平安养老保险股份有限公司浙江分公司	同方全球人寿保险有限公司浙江分公司
	富德生命人寿保险股份有限公司浙江分公司	信泰人寿保险股份有限公司
	陆家嘴国泰人寿保险有限责任公司浙江分公司	中美联泰大都会人寿保险有限公司浙江分公司
	英大泰和人寿保险股份有限公司浙江分公司	农银人寿保险股份有限公司浙江分公司
	招商信诺人寿保险有限公司浙江分公司	国华人寿保险股份有限公司浙江分公司
	阳光人寿保险股份有限公司浙江分公司	太平养老保险股份有限公司浙江分公司
	瑞泰人寿保险有限公司浙江分公司	幸福人寿保险股份有限公司浙江分公司
	安邦人寿保险股份有限公司浙江分公司	工银安盛人寿保险有限公司浙江分公司
	和谐健康保险股份有限公司浙江分公司	中邮人寿保险股份有限公司浙江分公司
	君龙人寿保险有限公司浙江分公司	昆仑健康保险股份有限公司浙江分公司
	华夏人寿保险股份有限公司浙江分公司	泰康养老保险股份有限公司浙江分公司
	平安健康保险股份有限公司浙江分公司	中韩人寿保险有限公司
	百年人寿保险股份有限公司浙江分公司	建信人寿保险股份有限公司浙江分公司
	君康人寿保险股份有限公司浙江分公司	中意人寿保险有限公司浙江省分公司
	中银三星人寿保险有限公司浙江分公司	交银康联人寿保险有限公司浙江省分公司
	汇丰人寿保险有限公司浙江分公司	

说明：按在杭地区最高层级机构名称填写

县（市）直辖监管组全覆盖，延伸县域监管力量。

【支持重点领域项目】 2019 年，浙江银保监局引导银行、保险机构支持杭州地区重大民生、基建工程，助力 2022 年亚运会场馆设施建设等。杭州地区新签银团贷款项目 25 个、1173.71 亿元，支持杭州地铁 10 号线一期工程、杭州萧山国际机场三期工程、亚运主体育馆等重点项目。推动银行保险机构围绕杭州金融科技中心定位，浙江银保监局与滨江区政府签订战略合作协议，深化科技金融服务，支持杭州科技创新发展。支持杭州市政府采购领域中小企业信用融资管理，全年提供授信额度 1.9 亿元。

【融资畅通工程】 2019 年，浙江银保监局将杭州 178 个授信 10 亿元以上企业全部纳入联合会商帮扶机制，重点协调帮扶企业 8 个，涉及表内外融资总额 613.94 亿元。为全市 681 个企业实施联合授信，授信总额 2698.53 亿元，稳定融资预期。推进普惠型小微企业无还本续贷增量扩面，至年末，杭州地区小微企业无还

2019 年 4 月 3 日，浙江银行业“融资畅通工程”推进会召开

（浙江银保监局 供稿）

本续贷余额 291.64 亿元，比上年末增长 65%，为小微企业节约转贷成本 2 亿余元。推出中期流动资金贷款服务，将流动资金贷款期限由 1 年以内延长到 3 年内，科学匹配企业生产周期，稳定预期，降低成本。

浙江银保监局推行“4+1”小微金融服务模式（督促银行保险机构针对小微企业园型、科创型、供应链型、吸纳就业型 4 类小微企业开展差异化金融服务，探索深化银行保险机构与政策性融资担保的合作）。至年末，杭州地区小微企业贷款余额 1.01 万亿元，比上年增长 17.4%，多增加 170.99 亿元。全年新增小微专营支行 11 个。推进杭州未来科技城和滨江区政银保合作试点，深化银保合作，推出动产抵押、生猪活体抵押、知识产权质押等新型抵质押融资和“人才创业险”、科技企业创新保险，疏通中小创新企业融资堵点。推动进出口银行浙江省分行和出口信保浙江分公司开展战略合作，创新出口信用保险保单项下融资模式。持续加大信用贷款支持力度，至年末，杭州地区企业信用贷款余额 6922.55 亿元，占企业贷款的 24.1%，近三年占比提高 4.37 个百分点。

【为企业减负降本】2019 年，浙江银保监局引导辖内大型银行主动将普惠型小微企业贷款利率降到 5% 以内，促进行业整体利率水平下降。会同省经信厅等九部门出台政策，在依法保留的保证金领域引入商业保险机制，运用保险风险保障和资金融通功能，帮助企业释放沉淀资金，减轻企业负担。至年末，杭州地区有效释放各类保证金 901.36 亿元，为企业减负 40 多亿元。

浙江银保监局持续创新提升服务便利化，牵头搭建“浙江省金融综合服务平台”，对接 57 个数源部门，初步梳理形成企业基础信息、经营信息、关联信息、负面信息、交易信息、环境信息等指标，开通网上查询和办理不动产抵押登记，办理时间从 5 天 ~ 8 天压缩到 24 小时以内。深化“最多跑一次”改革，依托网点代办、窗口入驻、系统联网等方式推动公积金、交通事故处理等一键式联办。

【行业风险防控与治理】2019 年，浙江银保监局建立健全中小法人机构风险防控机制，探索建立城市商业银行和农村商业银行流动性互助机制。做实资产分类，鼓励各银行逐步将逾期 60 天以上贷款计入不良。加大不良处置力度，杭州市全年处置不良贷款 423.80 亿元。妥善应对企业集团违约风险，重点排查债券集中到期企业、股票高比例质押上市公司大股东的风险，指导浙江省银行业协会配合杭州市政府协调处置民营企业风险。稳步化解担保圈风险，建立重点涉圈企业“清单制”识别体系，完善涉担保圈企业授信按季监测机制。在房地产调控领域，配合杭州市委、市政府出台政策、开展检查，规范信托业务、压降通道，促进房地产市场的平稳发展。持续推进 P2P 网络借贷风险专项整治，推动辖内网贷机构清退特别是良性退出，配合做好追赃挽损工作。至年末，杭州有存量网贷机构 29 个，涉及未兑付金额 310 亿元、出借人数 42 万人，比上年末分别下降 80%、68%、79%。浙江银保监局加大对重大违法违规行为、重大案件整治打击力度，全年对在杭银行、保险机构做出行政处罚 53 件，罚没金额 2723.66 万元。（王　硕）

证券·期货

【概况】2019 年，杭州新增境内上市公司 14 个，占全省新增总数的 53.9%，居全省第一位；“新三板”挂牌企业减少 79 个。至年末，杭州有境内上市公司 146 个，其中主板上市公司 64 个、中小板上市公司 34 个、创业板上市公司 43 个、科创板上市公司 5 个；“新三板”挂牌企业 245 个；浙江股权交易中心挂牌企业 2594 个。有拟境内上市企业 75 个，其中辅导期企业 48 个、已报会待审核企业 24 个、已过会待发行企业 3 个。

年内，杭州有 14 个公司在境内 A 股市场完成首发，融资 215.83 亿元，是上年同期的 25 倍。其中：4 个公司在主板上市，融资 138.73 亿元；5 个公司在创业板上市，融资 25.76 亿元；5 个公司在科创板上市，融资 51.34 亿元。13 个上市公司实施再融资，募集资金 152.43 亿元，比上年下降 40.5%，主要原因为 2018 年度杭州银行发行优先股融资 100 亿元。其中：9 个上市公司进行增发融资，募集资金 81.31 亿元，下降 24.3%；3 个上市公司发行可转债，募集资金 51.12 亿元，增长 172.4%；4 个上市公司发行公司债 20 亿元。有 34 个企业发行公司债券 47 只，发行规模 404.5 亿元，下降 26.9%。

【服务实体经济能力提升】至 2019 年末，杭州有证券公司 5 个、证券公司分公司 56 个、证券营业部 263 个、证券投资咨询机构 2 个；全市证券投资者开户数719.24万户；证券经营机构托管市值1.59万亿元，客户交易结算资金余额436.62亿元。年内，全市证券经营机构实现代理交易额17.34万亿元、手续费收入34.61亿元、利润总额8.71亿元。杭州证券公司服务中小企业投融资，助推地方实体经济发展。对接浙江省“凤凰行动”计划，推荐优质企业进入资本市场，通过股权融资和债券融资服务，帮助企业融资累计超过1000亿元；为各类科创企业或项目提供股权投资，通过私募、另类投资子公司发起产业转型母基金聚集高新技术企业投资，或专注于科创企业股权投资，累计投资科创类企业项目100多个，投资金额近10亿元；成立合计规模约18亿元的纾困基金，纾解部分上市公司股东股票质押风险；承销全国首单地市级纾困专项债，发行规模5亿元；发行全国首单交易所绿色公司债券和全国首批公积金贷款资产证券化产品，创设中证之江凤凰50ETF基金并上市交易，拓展资产支持型证券业务并发行全国首单基础设施类REITs产品。

至年末，杭州有期货公司10个、期货公司分公司19个、期货营业部79个；全市期货投资者开户数29.34万户，客户保证金余额456.33亿元。年内，全市期货经营机构实现代理交易额35.20万亿元、手续费收入12.48亿元、利润总额17.49亿元；期货公司实现代理交易额40.34万亿元、营业收入37.58亿元、利润总额16.58亿元。8月，南华期货股份有限公司成为首个境内IPO上市期货公司。在2019年期货公司分类评价中，永安期货股份有限公司、南华期货股份有限公司、浙商期货有限公司获评AA级。杭州6个风险管理子公司利用套期保值、场外衍生品等期现结合模式，提升服务实体企业的广度和深度，全年服务客户18.77万个（次），实现营业收入350.52亿元、净利润1.97亿元，提供服务的交易品种涵盖化工、农产品、贵金属等50多个品种。2019年度“保险＋期货”项目推行全县域覆盖模式，为整个县域的特定农产品提供风险管理服务，受惠农户农企更加广泛，全年开展项目73次，服务“三农”客户16.93万个（次），主要品种包括大豆、棉花、

2019年杭州境内上市公司情况

表40

指标	单位	2018年末数	2019年新增数	2019年末数
境内上市公司	个	132	14	146
主板	个	60	4	64
中小板	个	34	0	34
创业板	个	38	5	43
科创板	个	0	5	5
募集资金	亿元	3 119.95	368.26	3 488.21
首发募资	亿元	818.52	215.83	1 034.35
主板	亿元	354.76	138.73	493.49
创业板	亿元	196.96	25.76	222.72
科创板	亿元	0	51.34	51.34
再融资	亿元	2 301.43	152.43	2 453.86
已报会企业	个	14	—	24
辅导期企业	个	47	—	48

2019年杭州证券期货经营机构情况

表41

指标	单位	2018年末数	2019年新增数	2019年末数
证券公司	个	5	0	5
证券营业部	个	257	6	263
证券投资咨询机构	个	2	0	2
基金公司	个	1	0	1
已登记私募基金管理人	个	1 571	-21	1 550
已备案私募基金	只	4 731	521	5 252
已备案私募基金管理规模	亿元	5 086	751	5 837
证券从业人员	人	5 176	657	5 833
期货公司数	个	10	0	10
期货营业部数	个	85	-6	79
期货从业人员	人	3 529	-122	3 407

2019年杭州证券期货交易情况

表42

指标	单位	2018年末数／2018年全年数	2019年末数／2019年全年数
证券经营机构代理交易金额	亿元	137 816.92	173 368.44
A、B股交易额	亿元	71 067.76	105 805.09
基金交易额	亿元	2 197.18	2 566.39
证券经营机构代理交易手续费收入	亿元	25.44	34.61
证券经营机构利润总额	亿元	3.77	8.71
证券经营机构托管市值	亿元	10 915.72	15 866.58
证券经营机构客户交易结算资金余额	亿元	319.73	436.62
证券投资者开户数	万户	648.71	719.24
期货经营机构代理交易金额	亿元	269 330.12	352 013.76
期货经营机构代理交易手续费收入	亿元	12.01	12.48
期货经营机构利润总额	亿元	13.53	17.49
期货经营机构客户保证金余额	亿元	344.24	456.33
期货投资者开户数	万户	26.69	29.34

玉米、天然橡胶、白糖、鸡蛋、苹果等。

【私募行业集聚发展】至2019年末，杭州有1550个私募基金管理人完成登记，发行产品5252只，管理资产规模5837亿元。玉皇山南基金小镇、梦想小镇等形成推动金融要素集聚的空间支撑体系。杭州民间资本充沛、市场化程度较高，股权投资行业募投活跃，成为促进资本形成、推动地方经济转型升级的重要支持力量。

【多层次资本市场建设】2019年，浙江证监局推动首发上市和并购重组取得新进展。贯彻落实“凤凰行动”计划部署，做好推动企业上市工作。引导上市公司并购重组规范发展，加强与地方政府的沟通协调，传达并购重组相关政策动态。推进科创板公司上市，配合省委、省政府做好“科创资源扶持培育”工作，多次派员参与证监会、上海证券交易所和地方政府科创板相关工作座谈会。贯彻落实省政府“小微企业三年成长计划”“推动大众创业、万众创新战略”等工作部署，推动辖区企业对接多层次资本市场。9月24日，全国首单基础设施类REITs产品“中联基金—浙商资管—沪杭甬徽杭高速资产支持专项计划”发行，债券市场服务供给侧结构性改革、创新创业、绿色发展、扶贫攻坚的作用得到发挥。

【上市公司大股东股票质押风险化解】2019年，浙江证监局将防范化解股票质押风险作为首要重点工作，不断完善风险预警监测机制，将股票质押风险化解工作常规化，重点压降存量风险，包括定期更新质押风险信息台账、及时向地方政府通报信息、主动与地方政府对接推动纾困项目落地等。在浙江证监局的持续督促引导下，辖区20多个上市公司质押比例降低至80%以下，辖区股票质押整体风险有所缓解。

2019年8月30日，南华期货股份有限公司在上海证券交易所上市

（上城区委史志编研室 供稿）

【公司债券违约风险化解】2019年，浙江证监局妥善处置公司债券违约风险，围绕“六个一”（研究构建一套违约风险指标体系并予以运用；设立一个二次排查机制，从发行人和受托管理人两条线开展风险排查；设置一个舆情办作专岗，开发舆情监测系统，每日监测和处置舆情，把握好风险化解的时间窗口；建立一张《风险和关注类公司债券发行人名单》并动态更新，专人跟进；制订一份涵盖发行人的现场检查和走访计划；建立一个内外监管联动机制，探索建立起常态化、全覆盖的债券风险监测和防控机制），全年缓释和化解辖区33只公司债券违约风险，涉及金额156.03亿元。防控私募基金风险，通过做好风险排摸，组织行业机构自查，针对规模以上机构实地查、重点机构现场查，组织管理规模2亿元以上的470个私募机构分析上报自查情况，完成55个私募机构的现场检查工作等，实现风险特征“识别早”，风险演进“干预早”和风险化解“布局早”。

【投资者合法权益保护】2019年，浙江证监局深化辖区证券期货纠纷多元化解机制建设。与省高级人民法院联合印发《关于证券期货纠纷诉调对接工作的贯彻实施意见》，与辖区各级人民法院全面建立诉调对接合作，扩大辖区特邀调解组织至5个；建成并运行全国首个实现诉讼与调解“在线无缝对接”的“浙江证券期货纠纷智能化解平台”，助力投资者“足不出户”化解纠纷。推动运用“示范判决＋集中调解”模式化解祥源文化虚假陈述民事赔偿等群体性证券期货纠纷；探索私募基金纠纷多元化解。加强投资者教育，以倡导“理性投资”“防范风险”为主线，以科创板、私募基金知识普及和风险教育为重点，整合市场和社会力量，创新投资者教育活动形式和载体，扩大教育覆盖面，提高教育实效性，如在支付宝App开设“科创板专场”等，参与人数3775万人次。推动投资者教育知识进入省编地方教材；面向杭州市中小学生开设投资者保护课程试点工作，指导行业协会和市场主体与地方高校开展“行校合作”；推进投资者教育基地建设，发挥基地辐射效应。（浙江证监局）

责任编辑 郦　晶

房地产业 27

房地产市场

【概况】2019年，杭州着力构建房地产平稳健康发展长效机制，推行住宅用地出让“限地价、限房价，竞自持、竞配建”的“双限双竞”举措，房地产市场交易量、交易价格平稳，房地产市场保持有序发展。全年房地产开发投资3397亿元，比上年增长10.7%。其中，住宅投资2199亿元，增长12.6%。全市商品住宅新开工面积1347万平方米，下降15.3%。全年全市商品房成交147932套，成交面积1582.3万平方米，成交金额4073.9亿元，分别下降10.5%、9%和2.2%。全市商品住房成交112851套，成交面积1306.5万平方米，成交金额3455.6亿元，分别下降0.7%、2.5%和增长5.7%。

【房地产市场平稳健康发展长效机制试点】2019年1月31日，杭州市作为住房和城乡建设部确定的构建房地产市场平稳健康发展长效机制试点城市，向住房和城乡建设部上报《杭州市房地产市场平稳健康发展长效机制工作方案》（简称《方案》）。4月12日，《方案》经国务院同意并由住房和城乡建设部批复。杭州根据批复意见，成立以市长为组长的市房地产市场平稳健康发展领导小组，并以领导小组名义印发《杭州市落实房地产市场平稳健康发展长效机制的实施意见》。6月29日，完成《杭州市区住房发展规划（2018—2022年）》编制和报备，明确今后五年市区土地和住房的供应规模和结构。针对新出让土地的商品住宅项目实施房地价联动机制，在土地出让挂牌须知和出让合同中明确商品住宅项目最高销售价格，让限价公开透明、事前告知。通过采取“双限双竞”举措，落实“稳地价、稳房价、稳预期”目标。

【出让土地商品住宅项目实施刚性定价机制】2019年8月13日，市房地产平稳健康发展领导小组针对未实行房地价联动的出让土地商品住宅项目实施刚性定价机制，根据市场约定俗成、规划和行政区划因素、合理价格梯度等原则，将市区（不含临安区）出让土地板块细分为136个，每个板块核定最高销售均价（含装修价格），实行刚性定价。经领导小组各成员单位共同研究，2019年和2020年各板块限价标准均完成审定，并于8月开始执行限价标准。

（陆云球）

【房地产配套设施建设】2019年，杭州市开展出让地块配套设施建设核查工作。市建委牵头组织对114宗出让地块的配套设施建设情况进行专题论证并出具核查意见书。根据《杭州市居住区配套设施建设管理条例》相关规定，完成天成单元TC-R21-54地块公共租赁房项目、之江实验室高级人才公寓项目、景芳三堡单元JG1206-10地块拆迁安置房项目3个居住区配套设施项目建设合同签订，确认三墩北R-R21-04地块经济适用房项目和三墩北A-R21-17地块经济适用房项目2个履行合同。指导、督促各区县（市）做好区级项目居住区配套设施建设合同签订和履行确认工作。加快养老服务设施建设。市建委及各区县（市）建设主管部门均按新建住宅项目配置养老用房，按每百户不少于30平方米，按总面积不低于300平方米的标准签订配套合同和配套合同履行确认。

（陆华利）

【房地产市场秩序规范】2019年，杭州市加大房地产市场监管力度，持续开展房地产市场整治工作，建立多部门、跨地域联合工作机制，严厉查处各类违法违规行为。2月18日，市住保房管局组织开展对全市2018年6月1日后预售且尚未交付的所有开发项目的排查，要求属地房地产管理部门抓紧做好开发企业违规使用预售资金的整改，并与杭州银行、中国农业银行杭州分行、杭州中信银行等19个银行实现预售网签数据共享，进一步强化对商品房预售资金入账数据的动态监管。5月30日，组织开展防范和处置房地产领域非法集资宣传月活动，50多个房地产开发企业、房地产经纪机构参加防范非法集资宣传工作会议。8月1日，组织开展防范中介服务领域“套路贷”等金融违法犯罪专项整治，重点对未申报交易平台的309个中介机构进行检查，并建立定期抄告机制，年内，市住保房管局向市市场监管部门抄送问题中介机构227个。

【房地产经纪行业监管】2019年，市住保房管局通过完善房源核验挂牌系统，着力打造“五真”（真实存在、真实产权、真实委托、真实价格、真实图片）房源体系，从源头上净化存量房市场供应信息。全年核验房源69258套。建立经纪机构和人员信息公示、客户评价公示、检查通报公示、红黑灰名单公示“四位一体”的信用公示体系。全市备案经纪机构门店3410个，经纪从业人员69234人，全年发布行政监管检查结果10次、行业违规情况通报16起，列入黑名单5人次、灰名单20人次。开展各种形式的执法检查320多次，涉及房产中介机构650多个；查处重大违法违规案件31件。

【商品住房公证摇号工作】2019年10月31日，市住保房管局印发《关于加强商品房公证摇号登记管理工作的通知》，加大对摇号登记工作的业务指导和管理监督，妥善处置公证摇号中出现的“连号异常”“重复登记”等问题，规范有序推进公证摇号工作。至年末，全市有950批次商品住房项目按照公证摇号销售政策实施，其中：490批次完成摇号销售，460批次因意向登记人数不足无须实行摇号销售。（陆云球）

住房租赁市场

【概况】2019年，杭州市坚持“房子是用来住的，不是用来炒的”的基本定位，围绕“加快建立多主体供给、多渠道保障、租购并举的住房制度，让全体人民住有所居”的总体目标，抓好住房租赁市场培育和市场监管，推进住房租赁试点。全年新增租赁住房17.26万套（间），其中筹建蓝领公寓1.89万套（间）、自持商品房用于租赁0.58万套（间）、盘活存量用房14.79万套（间），有效缓解新市民租房难问题。推动落实中央及市级财政资金支持住房租赁试点工作，加大住房租赁主体培育力度，推进市场业态逐步向品牌化、专业化、机构化、规模化转变，规模居前30位的租赁企业运营房源占到机构持有房源的90%。完善住房租赁市场监管体制机制，制定出台租赁资金监管、租赁合同网签等监管政策，强化住房租赁市场监管，全市有464个住房租赁从业企业、39.8万套（间）房源纳入租赁平台管理，网签住房租赁合同50万份。开展住房租赁市场专项整治，全市摸排相关机构及其分支机构2657个，重点检查租赁机构385个，约谈问题企业54个，列入经营异常名录4个，查处违法违规企业2个，公安部门立案调查企业3个，保障住房租赁市场健康平稳发展。11月11日，市住保房管局、市财政局出台《杭州市促进住房租赁市场发展专项扶持资金管理办法》，明确扶持对象、申报规则、申报时间、申报程序、禁止申报和使用规则。通过扶持住房租赁行业优秀企业，培育和规范住房租赁市场健康发展。

【杭州入选中央财政支持住房租赁市场发展示范城市】2019年1月8日，住房和城乡建设部、财政部印发《关于开展中央财政支持住房租赁市场发展试点的通知》，决定在部分人口净流入、租赁需求缺口大的大中城市开展中央财政支持住房租赁市场发展试点。4月25日，住房和城乡建设部、财政部印发《关于组织申报中央财政支持住房租赁市场发展试点的通知》，拟在全国选取22个人口净流入较大、租赁需求较强的城市开展竞争性评选，确定中央财政支持住房租赁市场发展试点示范城市。作为候选城市之一，杭州组织专门力量，成立申报工作专班，全面摸底杭州住房租赁市场情况，总结梳理住房租赁市场供需情况及未来发展方向，研究制定符合租赁市场发展前景的总体目标，并确定筹集建设租赁住房、培育住房租赁市场供应主体、建设完善住房租赁监管服务平台等13个方面的具体实施内容，拟定各项实施内容所需财政奖补资金分配额度、奖补资金标准及使用方案，编制完成《杭州市申报中央财政支持住房租赁市场发展试点实施方案》及相关印证材料。7月16日，经住房和城乡建设部、财政部联合评审和公示，杭州正式入选全国首批中央财政支持住房租赁市场发展示范城市，未来3年中，杭州将获得24亿元中央财政资金，用于支持住房租赁市场培育发展。

【住房租赁市场专项整治】2019年8月28日，根据住房和城乡建设部、公安部、国家发展改革委、国家市场监管总局等六部委联合印发的《“不忘初心、牢记使命”主题教育中专项整治住房租赁中介机构乱象实施方案》要求，杭州市、区两级相关部门全面开展住房租赁专项检查。针对住房租赁市场租金贷合同嵌套、高收低租、虚假房源、违规经营等问题，通过“拉网式”

2019年12月12日，市住保房管局召开住房租赁资金监管、租赁合同网签房屋租赁登记备案业务培训会（市住保房管局 供稿）

排查，建立“一企一档”，并以信息化手段固化检查成果。通过官网、公众号等渠道，围绕租赁企业选择、租赁价格商定、租赁合同签订、租金支付等重要环节，公开发布租赁市场风险提示，提高房东、租客风险防范意识。在市住保房管局网站设立专项整治专栏，对外公开信访电话，通报典型案例，推动住房租赁专项整治。10 月 9 日，市住保房管局作为先进城市代表，参加全国住建系统纪检监察机构“不忘初心、牢记使命”主题视频远程教育培训，并介绍杭州住房租赁中介机构乱象专项整治工作。

【蓝领公寓建设】2019 年，围绕 3 年筹建蓝领公寓 4 万套（间）目标，杭州确定本年度全市筹建蓝领公寓 1.5 万套（间），并通过召开蓝领公寓筹建工作推进会、落实专人开展项目现场巡查等举措，加快蓝领公寓筹建进度，缓解在杭州创业、务工的外来务工人员租房困难。5 月 8 日，拱墅区春风驿·计家蓝领公寓二期项目竣工，涉及租赁房源 635 套（间），是年度筹建计划中首个交付使用的蓝领公寓项目。全年全市新增蓝领公寓开工项目 47 个、房源 18915 套（间），建成蓝领公寓房源 22992 套（间），完成年度目标任务 153.3%。

【自持商品房屋租赁管理】2019 年，市住保房管局根据《杭州市企业自持商品房屋租赁管理实施细则》《关于进一步加强对企业自持商品房屋租赁管理的通知》精神，从项目方案联审、预售许可（销售备案）办理、工程竣工验收、对外公开租赁等环节入手，加大企业自持商品房屋租赁监管力度，确保自持商品房屋足额建设，按期开工、竣工和交付，并严格用于公开对外租赁。至年末，全市新增 28 宗涉及自持比例商品房项目在首次申请预售许可前完成房屋备案，确认可用于租赁的自持商品住房建筑面积 53.31 万平方米，房源 5783 套，并完成 16 个自持商品房项目进度确认。

【住房租赁市场监管政策完善】2019 年，杭州市进一步完善住房租赁市场监管体制，出台一系列住房租赁市场监管政策，有效规范住房租赁企业经营行为，促进住房租赁市场平稳健康发展。11 月 11 日，市住保房管局出台《杭州市住房租赁合同网签备案管理办法》，要求住房租赁活动需使用杭州市房屋租赁合同示范文本在市租赁平台进行网签，并办理房屋租赁登记备案。通过租赁平台完成住房租赁合同网签后，符合备案条件的，自动完成房屋租赁登记备案，实现住房租赁活动规范管理，保障住房租赁当事人合法权益。11 月 22 日，市住保房管局、市金融办、中国人民银行杭州中心支行出台《杭州市住房租赁资金监管办法（试行）》，重点要求住房租赁企业在本市范围的银行设立唯一的租赁资金专用存款账户，把向房屋委托出租人支付的租金、押金和利用“租金贷”获得的资金等租赁资金缴入专户管理，并在专户中冻结部分资金作为风险防控金，在特定情况下用于支付房源委托出租人租金及退还承租人押金，防范住房租赁企业经营风险。12 月 27 日，市政府办公厅印发《关于促进我市住房租赁市场平稳健康有序发展的意见》，提出加强住房租赁从业企业注册管理、规范使用租赁合同示范文本、推动落实室内空气质量责任等举措，着力提升住房租赁市场监管服务水平，改善住房租赁消费环境。

2019 年 5 月 24 日，杭州市举行首届“品质租房节”“新秀管家”颁奖仪式暨杭州市住房租赁行业座谈会（市住保房管局 供稿）

【杭州市第一届“品质租房节”】2019 年 4 月 6 日，由市住保房管局牵头、市住房租赁管理协会主办的第一届“品质租房节”开启。活动以企业品牌化、规范化建设为出发点，旨在选拔一批优秀品牌公寓项目及管家代表，通过评选、嘉奖和表彰，树立行业标杆，促进杭州住房租赁市场健康稳定发展。经过前期报名筛选、首轮投票助力、最终决赛比拼和专家评审，评选出北软人才公寓等 10 个“品质生活公寓”、杨建春等 10 名“金牌管家”、司洋等 15 名“新秀管家”。“品质租房节”有 6 万余人次参与投票评选，活动页面访问量突破 18 万次。（陆云球）

房产信息化

【概况】2019 年，根据杭州打造“全国数字经济第一城”行动目标要求，市住保房管局加快房管系统基础平台建设，利用互联网思维和大数据技术，推进数据汇聚互通和服务整合，深化“最多跑一次”改革和数字化转型，提升房产信息化管理和服务水平。扩大数据利用共享，进一步打通与市教育局、市公安局、市民政局等 20 多个部门的数据共享渠道，在新生入学、户口落户、低保审核等方面利用房管共享数据方便群众办事，全年市房产信息平台向外提供查询服务 1000 多万次。对接市民政局、市人力社保局、杭州住房公积金管理中心等 16 个单位的 69 项数据接口，累计调用外单位信息 220 万次。建成统一收件资料库，将市住保房管局 85 项业务 820 种收件资料归整为 341 种标准资料，实现一次收件、全程共享。完成城市大脑第 10 批数据（涉及商品房预售均价、可售房源数两项数据）和电子证照（涉及预售许可证、租赁备案证明）归集。

【城市大脑房管系统建设】2019年，市住保房管局围绕城市大脑房管系统“一个房屋主题库、两个房管平台＋五大监管平台+N项服务”的建设目标，按照“统一规划、分步实施”的原则，确定“数据一个库、监管一张网、应用一张图、决策一个脑”的建设思路，抓好城市大脑房管系统建设工作。至年末，完成城市大脑房管系统第一阶段建设任务。以杭州市地形图和房产测绘图为基础，通过调查收集全市城镇既有房屋建筑客体数据（包括住宅和非住宅及幢、层、套基础信息）及相关主体信息，关联整合其他部门数据，构建房屋主题库。6个主城区范围内既有房屋调查建库工作完成。通过GIS“一图”融合展示，主城区11.3万幢、3.7亿平方米的既有房屋全部落图进库，“以图管房”“数据管房”成为城市房屋管理的杭州思路。“城市大脑房管数字驾驶舱”在‘浙政钉”App上线，实现一个界面展示住房保障、房产市场、房屋租赁、房屋安全、物业管理、房屋征收、加装电梯等房屋管理的实时数据，提升管理和服务的实效性和精准性，并实现‘易租房”“购房易”“保障住”“安心住”“舒心住”五大便民服务场景上线。

【房屋交易合同“智·惠”网签系统上线】2019年4月1日，杭州推出全国首个集约化管理、集成式服务的“智·惠”网签系统，将原有的“限购核查、签订合同、办理网签、交易确认”4个环节整合为“交易合同网签备案”一个环节办结，开创全程网办的“零次跑”模式。利用互联网、大数据等技术手段，实现“零纸质”收件和无纸化审核，将网签备案数据提供给银行、税务、不动产登记、公积金中心等部门，为办理贷款审批、税收缴交、不动产登记、公积金提取等提供便利。5月25日，“智·惠”网签系统进一步升级，新增人证识别和限购业务自动审核两项功能。通过人证识别，系统自动鉴别身份信息，有效避免假身份证、非本人网签等情况，为保障网签双方权益提供有力技术支撑。限购业务自动审核则将自动调取市数据资源局提供的户口、婚姻、房产、社保等查询接口，经过分类处理分析，出具限购核查结果，进一步提高审核效率，缩减群众办事时间。全年受理人证识别11.98万人次，限购审核自动核查8041户；办理商品房预（销）售合同备案43002套，存量房买卖合同网签备案43745套，抵押合同（信息）备案11066套。

【房屋租赁登记备案实现“全程网办”】2019年6月13日，市住保房管局印发《关于进一步做好房屋租赁登记备案“网上办”的通知》，明确自7月1日起，房屋租赁当事人可通过浙江政务服务网申请全程在线办理房屋租赁登记备案业务。此次推出的房屋租赁登记备案“网上办”服务，在功能及流程上进行全新升级。在原先仅能办理租赁登记备案“新增”业务的基础上，升级至“新增、变更、延续、注销”四项业务全覆盖。办理材料中原需提交的租赁双方身份证明材料，简化至仅需申请方提供身份证明原件或网上实人认证，其余可通过公共数据平台核验相关人员身份信息，不再要求提供身份证明材料。简化房屋租赁登记备案办理材料网上预审、线下核验等流程，实施“网上申报、全程在线、办结取件”的业务办理“零跑次”，将“四星服务”升级至“五星服务”。至年末，全市新增房屋租赁合同网签备案量7.4万份，比上年上升62.3%。

【市本级公租房业务实现“一证通办”】2019年7月10日，市本级公租房业务“一证通办”正式上线。“一证通办”业务涵盖城镇低收入住房困难家庭、城镇中等偏下收入住房困难家庭、新就业大学毕业生和创业人员四类人群的所有公租房相关业务，除省外婚姻子女证明、省外高校毕业证书和职称、职业资格证书等审核系统未能实现数据共享的情况外，其他均无须提供任何证明材料，申请人仅凭本人身份证即可办理。浙江政务服务网同步推出公租房资格确认的“网上办”受理，7月20日“浙里办”App开通移动端受理，实现公租房申请“零跑次”，大幅度精简收件材料，最大程度为市民群众提供便利。

【住房信息查询】2019年，市住保房管局深化“最多跑一次”改革，进一步拓展房产档案“四端”（窗口端、自助端、手机端、网络端）服务范围。新增主城区限购业务网上申报及审核，主城区推出农居安置人员享受住房核查“网上办”“掌上办”，开通杭州地区“房屋租赁登记备案证明”查询平台，新增主城区“房屋安全信息”查询业务。全年核查住房信息244.65万人次，出具查档记录176.49万份，打印住房信息电子影像8.48万页。其中：通过窗口端查询13.63万人次，出具各类查询结果7.94万份，占总业务量的4.5%；通过自助端查询88.45万人次，出具各类查询结果51.38万份，占总业务量的29.1%；通过网络端（浙江政务服务网）查询58.96万人次，出具各类查询结果46.1万份，占总业务量的26.1%；通过手机端（“浙里办”App）查询83.61万人次，出具各类查询结果71.08万份，占总业务量的40.3%。

【住房专网全市域整合】2019年7月18日，杭州城市住房专网13个区县（市）和钱塘新区接入点与市住保房管局中心点完成联调通信，中心点与省住房城乡建设厅同步实现互联互通，杭州成为全省第一个完成住房专网全市域整合的城市。市住保房管局组建工作专班，对各个区县（市）网络建设、业务流程等进行全面精准调研，以“三个有利于”为导向，制订符合杭州实际的联网整合方案，并建立全面覆盖、时时联动的工作体系。针对租赁登记备案、公租房承租资格确认、房屋安全鉴定及房屋装修备案等高频办事事项，统一收件资料、办理流程、业务系统、审批标准、办结时限等，并制定全市统一的业务操作细则，做到同一事项统一标准。针对专网整合后数据将由“内部专线传输”转向“政务外网运行”产生的网络安全风险，通过升级应用安全设备、优化系统软件、强化核心数据备份等举措，增强系统的安全防御能力，保障网络系统安全。

（陆云球）

2019年7月2—3日，住房和城乡建设部、中共中央组织部、民政部联合调研组在杭州专题调研物业党建工作。图为调研组听取杭州物业党建工作汇报（市住保房管局 供稿）

物业管理

【概况】2019年，杭州聚焦群众多样化居住和服务需求，加强物业管理的战略谋划和前瞻布局，推进物业管理改革，夯实高质量发展基础。持续推进以党建引领推进业委会和物业企业建设，全市80%以上的业委会和物业企业实现党的组织和工作覆盖，覆盖率分别达92%和88%。制订住宅小区物业综合管理三年行动计划和"美好家园"建设试点工作方案，推动提升物业服务质量和水平。出台街道、社区指导监督业委会工作3个指导规程，161个小区先行纳入物业经营性收支信息公示平台，推进物业纠纷调解组织建设，完善物业企业信用评价体系，规范业主自治和物业行业自治，全年全市物业服务合同纠纷一审收案量比上年下降42.1%。

【党建引领业主委员会和物业服务企业建设】2019年7月2—3日，住房和城乡建设部、中共中央组织部、民政部联合调研组到杭州专题调研物业党建工作，先后赴下城区金都华庭小区、拱墅区小河街道长征桥社区进行实地考察，对杭州市通过党建引领，业主委员会和物业服务企业工作形成一批可复制、可推广的模式和典型经验予以充分肯定。9月20日，杭州市党建引领业主委员会和物业企业建设工作从31个省（自治区、直辖市）、近4000件案例中胜出，入围中共中央组织部评选的全国城市基层党建创新案例"最佳案例"。

【物业综合管理三年行动计划】2019年7月8日，市政府办公厅出台《杭州市加强住宅小区物业综合管理三年行动计划（2019—2021年）》（简称《行动计划》），明确提出到2021年末，建立健全"属地综合管理、市场规范有序、业主和谐自管"的住宅小区物业综合管理体系，并以"美好家园"为创建目标，打造一批体现杭州优秀物业综合管理水平、具备和谐美好生活环境的品质住宅小区。《行动计划》提出完善体制机制、打造品质住宅小区、规范物业服务、加强业委会监督等重点工作任务。10月8日，杭州市物业管理改善工程领导小组印发《杭州市加强住宅小区物业综合管理三年行动计划（2019—2021年）工作任务分解表》，将各大工作项目细分为25条任务分项和38条任务清单，并明确相应的责任单位和完成时限。11月15日，杭州召开物业综合管理工作暨"美好家园"建设试点推进会议，副市长缪承潮出席会议并就进一步做好全市物业综合管理工作暨"美好家园"建设试点工作进行部署。

【《杭州市老旧普通住宅小区物业服务补助资金管理办法》出台】2019年11月5日，市住保房管局、市财政局出台《杭州市老旧普通住宅小区物业服务补助资金管理办法》，明确对老旧普通住宅小区实行为期三年的物业服务提质提价资金奖补，并对老旧普通住宅小区困难群众实施物业服务费用减免政策。其中，物业服务提质提价奖补资金按照小区类型或者引进物业服务企业方式的不同，补助标准分为三种类型，每种类型根据物业费收缴率的高低分为两个档次，物业费收缴率越高，补助标准越高。老旧普通住宅小区困难群众物业服务费用减免资金的标准则为符合条件的困难群众，在相关证件（杭州市或城区民政部门核发的最低生活保障家庭证、最低生活保障边缘家庭证）有效期内按照本小区物业服务合同中约定的物业服务收费标准减免其50%的费用。

【物业经营性收支信息公示试点】2019年7月2日，市政府办公厅印发《杭州市物业经营性收支信息公示试点工作方案》，明确在上城区、下城区、江干区、拱墅区、西湖区、滨江区及钱塘新区确定3个及以上的物业管理小区，开展物业经营性收支（包括经营用房收入、停车泊位收入、广告位收入等11项收入，以及共用部位、共用设施设备的维修、更新与改造经费，业主大会、业主委员会运作经费等8项支出）信息公示试点，每月向全体业主公布物业经营性收支情况。市住保房管局推动相关工作落实，组建市、区两级工作专班，研究制定试点方案，确定星洲花园等24个住宅小区作为第一批试点项目。建立物业经营性收支信息平台，编制平台操作指南及有关文书文本，组织各区住建局、街道、社区、业委会和物业服务企业等300多人集中培训。派出工作专班到各个小区指导帮助试点初期工作，协调15个商业银行，实现银行账户信息数据的实时推送。开展试点工作评估，及时总结经验，完善相关措施。10月8日，杭州市物业管理改善工程领导小组制定印发《杭州市2019年物业经营性收支信息公示工作推广实施计划》，围绕三年基本全覆盖的目标，明确将在全市范围内扩大物业经营性收益信息公示平台试点及深入推广工作。

至年末，全市有161个小区纳入信息平台，实现业主委员会财务及时公开，维护和保障业主的知情权与监督权，并为街道、社区和职能部门履行指导、监督职责提供保障和便利。

【物业专项维修资金及物业保修金管理】2019年，市住保房管局进一步加强物业专项维修资金和物业保修金日常管理，优化资金使用、缴交、退还等流程，通过业务梳理和数据共享，减少办事材料和审批环节，提高办事效率，业务办理期限缩短50%以上。全年办理物业专项维修资金缴交86件，归集资金5.46亿元；核实拨付2298个物业专项维修资金使用项目，金额1.03亿元，其中386个电梯、消防等涉及公共安全的维修项目按简易程序申请使用维修资金4305.58万元。全年办理物业保修金缴交63件，归集资金2.64亿元，核实拨付2个物业保修金使用项目，金额224.33万元；办理物业保修金退还36件，退还资金1.32亿元；物业专项维修资金退还67件，退还资金24.74万元。

【物业行业调解组织建设】2019年5月23日，市住保房管局召开全市物业纠纷调解组织建设工作现场会，推广上城区和余杭区工作经验，明确提出行业调解组织建设工作目标任务。11月14日，市住保房管局印发《关于进一步做好物业行业调解组织建设工作的通知》，对物业行业调解组织设置、人员、经费和场地保障等要求进行明确。至年末，各区县（市）均建立物业行业调解组织。

【首届中国人工智能与智慧物业高峰论坛】2019年5月28日，首届中国人工智能与智慧物业高峰论坛在杭州举行，各地行业主管部门及物业协会负责人、国内知名学者、资深专家、企业家等500多人参加论坛。论坛由中国物业管理协会、杭州市住保房管局联合指导，中国物业管理杂志社和杭州国际城市学研究中心联合主办，杭州市物业管理协会、浙江开元物业管理股份有限公司联合承办。论坛以“人工智能与智慧服务”为主题，围绕国内外智慧物业建设的样本企业和典型案例，研讨国内智慧物业建设的最新成就，探寻智慧物业未来发展的逻辑和路径。

2019年1月23日，杭州市第三届“最美物业人”表彰大会在西湖文体中心举行
（市住保房管局 供稿）

【物业服务监管】2019年，市住保房管局对全市1468个项目进行检查考核，对742个项目印发整改通知书，39个项目进行扣分处理，针对考核扣分情况，督促各区物业主管部门加强对扣分项目后期整改情况的跟踪指导，并会同属地街道、社区加强协调和督促整改工作。6—7月，市住保房管局会同市消防救援支队、市城管局等单位组织开展物业服务企业业务巡回培训，上城、下城、江干等9个城区物业管理项目主任及相关工作人员1000多人分批参加培训。

【第三届“最美物业人”评选】2019年1月23日，杭州市物业管理协会年度大会暨表彰会在西湖文体中心举行，会上对连二欢等11名第三届杭州市“最美物业人”进行表彰。市物价局、“杭州发布”网络平台工作领导小组办公室等单位代表、各区住建局及物业企业代表等530多人参加。第三届杭州市“最美物业人”评选由市住保房管局、团市委、市文明办、市城市品牌促进会、市物业管理协会、“杭州发布”网络平台工作领导小组办公室联合举办。活动聚焦物业服务基层从业人员和党员标兵及集体，通过报名推荐、微信投票、社区和专家评审打分、公示等环节，评出连二欢、钱江新城物业公司党员志愿服务阵地、贾荣明、基金小镇团队、杨鹏、江慎民、陈天祥、万科城东管理中心党总支、许少敏、金都华庭服务小分队、陈裕炉11个第三届杭州市“最美物业人”。

【物业管理优秀住宅类、非住宅类项目考评】2019年4月，市物业管理协会启动杭州市物业管理优秀住宅类、非住宅类项目考评。经过预申报、预审核、现场公示及预评预验等8个环节，“普升福邸”等27个项目被评为“杭州市物业管理优秀住宅类项目”，“平安金融中心”等10个项目被评为“杭州市物业管理优秀非住宅类项目”。

【物业行业社区消费扶贫活动】2019年10月7日，市物业管理协会依托近2000个住宅小区，联动中国扶贫志愿服务促进会、易居乐农等公益机构，启动“社区的力量”消费扶贫攻坚战专项行动，助力推销扶贫地区农产品。专项行动以“带一斤回家”为理念，依托杭城各小区物业企业的服务平台，通过线上宣传、线下活动等方式，定向精准帮扶浙江、杭州对口扶贫地区，把来自对口帮扶地区的优质农副产品推荐给社区居民，为扶贫地区农民群众增收贡献力量。

（陆云球）

责任编辑 余显幕

28 交通运输·邮政

综述

【交通建设投资1003亿元】2019年，杭州市完成综合交通建设投资1003亿元，比上年增长40%，居全省首位。其中，公路、水路、机场建设项目完成投资385亿元，增长16%。交通运输部和省交通运输厅补助到位资金82.5亿元。综合交通运输服务水平持续提升，运输结构优化。杭州萧山国际机场旅客吞吐量突破4000万人次，占全省机场总量57.1%；铁路客运量8874.05万人次，增长17.8%；公路客运量9360万人次，下降6.7%；水路客运量610万人次，增长1.1%。杭州港年货物吞吐量1.39亿吨，增长17.5%，完成集装箱运输7.5万标箱，增长23.7%，均创历史新高。全市运营4条轨道交通线路，运营里程135.4千米，日均客流180万人次。全市出租车行业日均客流150万人次。市邮政企业和规模以上快递服务企业业务收入（不包括邮政储蓄银行直接营业收入）完成402.3亿元，增长10.3%；邮政业务总量完成743.22亿元，增长17.5%。重大项目进展明显，溧阳至宁德国家高速公路浙江省淳安段工程（简称千黄高速）重点控制性节点工程云头三号长隧道全线贯通，330国道临安岛石至苦竹岭段改建工程开工，沪杭高速公路临平段改建工程全线开工。全市交通运输部门安全生产态势总体平稳，扫黑除恶、反恐防暴、应急管理各项工作有力有效。全年办理行政处罚案件2.69万件，处罚金额6761.23万元。行政强制措施226件，行政复议案件6件，行政诉讼案件5件，无败诉案件。

区县（市）交通直属单位工作成效显著。萧山区实施"22688"和"四好农村路"建设，完成低等级公路提升改造395千米；余杭区推进综合交通"八口八线"美丽公路建设；富阳区推进杭州绕城高速公路西复线工程，抓好春永线等一批项目建设；临安区遭受超强台风"利奇马"袭击，全区240多条公路受灾，临安"交通铁军"连续奋战60天完成全区所有受灾道路修复重建；桐庐县牵头制订《杭黄铁路桐庐站"最多跑一次"改革实施方案》，入选全省"最多跑一次"竞跑者名单；淳安县打好绿水青山生态牌，创建"四好农村路"全国示范县；建德市在农村物流网点建设、"两客一危"车辆监管、县域交通治堵等方面取得成效。（张丽萍）

【交通机构改革】2019年，市交通运输局根据《杭州市机构改革方案》和《关于机构改革涉及杭州市交通运输局所属事业单位调整的批复》等相关文件精神，杭州市港航管理局更名为杭州市港航管理服务中心（简称港航中心）、杭州市公路管理局更名为杭州市公路管理服务中心（简称公路中心）、杭州市道路运输管理局更名为杭州市道路运输管理服务中心（简称运管中心）、杭州市机动车服务管理局更名为杭州市机动车管理服务中心（简称车管中心）、杭州市交通工程质量安全监督局更名为杭州市交通工程质量安全管理服务中心（简称质安中心），于10月30日起，以杭州市交通运输局名义对外开展行政审批工作。根据实际工作需要，原行政审批流程和要求暂时保持不变。

市交通运输局启用"杭州市交通运输局行政审批专用章"，1—5编号分别授予港航中心、公路中心、运管中心、车管中心和质安中心。专用章在水路运政、航道行政、港口行政、地方海事行政、船舶检验、公路路政、道路运政、工程质量监督管理、城市轨道交通运营管理等领域的行政审批、相关资格证书中使用。具体印章使用按市交通运输局相关印章管理规定执行。各中心及时调整维护浙江省政务服务网对外公布内容，将受理、决定机构统一改为杭州市交通运输局，实施或牵头处（科）室名称统一改为各中心。（雷　杰）

【交通工程质量管理】2019年，杭州市交通工程质量稳步提升，精品工程不断涌现。受理质量监督交通工程46项，其中公路工程26项，包括地方高速公路5项、国道省道公路工程3项、高速公路大中修养护工程3项、国道省道大中修养护工程15项；水运工程20项，其中码头工程19项、航道工程1项；配合省交通运输厅质监局监督航道工程2项。全年公路质量评定备案33项，工程合格率100%；受理完成水运项目交（竣）工质量评定26项，工程合格率达

"四好农村路"建德下山线景色　　（市交通运输局 供稿）

100%。实施交通工程质量行政处罚2起，发出黄色重点监管告知书1份，受理质量举报调查8起。制发监督抽查意见书99份，提出整改意见267条，均督促建设单位、监理单位书面确认整改完成。加强监理信用建设。规范监理企业和总监从业行为，完成14个监理企业、31个工程、37个监理办、40名总监、799名监理人员信用评价。全市1个甲级监理企业被评为省AA级信用等级，4个单位被评为A级信用等级，6名总监获得AA级信用等级。全市高速公路工程监理办信息化系统应用覆盖率100%。提升检测机构规模化、标准化建设水平，提高检测专家库效用。建立101人高级工程师以上职称的试验检测专家库，为交通建设全领域提供高水平专业技术支撑。全市25个检测机构全部联网安装，并完成大型工程现场专项检测项目数据联网，至年末，上传桥梁桩基、预应力检测等各类数据20多万组，提升桥梁结构物质量控制水平。（蔡志洪）

【交通规划与研究】2019年6月13日，市交通运输局组织召开《杭州市综合立体交通网规划（2021—2050年）》（以下简称《规划》）编制工作启动会。市发改委、市建委、市规划自然资源局、市文电局、市林水局、市邮政局、市通信发展办公室、各区县（市）交通运输局、市公路局、市运管局等有关单位部门负责人参加。综合立体交通网是交通基础设施最高层次空间网络，是一张布局完善、规模合理、结构优化、资源集约、衔接高效、互联互通海陆空骨架网络。编制《规划》是全面提升杭州交通运输部门行业治理水平、统筹谋划综合交通运输长远发展重大举措，指导杭州市未来到2035年乃至到21世纪中叶综合交通发展纲领性文件。12月30日，《杭州都市圈综合交通中长期发展规划研究》通过验收。该规划研究以长三角区域一体化国家战略为基础，以杭州都市圈为主体，以新时代交通强国纲要为要求，提出国家级与区域级综合运输大通道布局；研究公路网、水运网（含港口）、航空网、轨道网规划，具有较强远瞻性和可行性。（张　磊）

【"四好农村路"建设】2019年，杭州交通运输部门实施《杭州市建设高品质"四好农村路"三年（2018—2020）行动计划考核办法》《杭州市建设高品质"四好农村路"中长期发展规划（2018—2035年）》和《杭州市建设高品质"四好农村路"设计导则（2019年）》等多项政策文件。在全市范围内推行农村公路全域路长制，县、乡、村三级路长制，形成"以县为主、行业指导、部门协作、社会参与"农村公路工作机制。委托第三方调查机构对"四好农村路"建设满意度进行全面调查，满意率逐年提高。通过"四好农村路"建设，杭州市农村公路覆盖面和通达水平全面提升，路网结构持续优化，路域环境品质显著改善，实现县县通高速、村村通班车、家门口就有路，基本形成以县道为主干、乡村公路为分支、干支相连的农村公路路网。至年末，杭州民生实事项目完成农村公路提升改造1028千米，完成率102.8%；美丽经济交通走廊完成1007千米，完成率107%。10月，淳杨公路被中国公路学会评为"2019全国美丽乡村路"；11月，淳安县被交通运输部、农业农村部、国务院扶贫办联合评为"四好农村路全国示范县"。（黄　洁）

【交通职业教育与培训】杭州技师学院占地面积35.67公顷，建筑面积16.65万平方米。学院以汽车、飞机、轨道、机电和商务五大类专业群为特色，开设26个专业，在校生5979人。其中汽车运用与维修、汽车检测与维修、汽车钣金与涂装、数控技术应用、数控加工（数控铣方向）、汽车营销、数控加工（车工）等7个专业是省级示范（品牌）专业。新设航空服务、市场营销（奢侈品营销与管理）专业。2019年，学院录取新生1230人，916名学生参加成人高考（专科上线率达98%，本科上线率达33%）；891名实习生进入300多个用人单位实习，毕业生就业率和就业满意度分别为99.3%和98.7%，用人单位对学生满意度达98.7%。学院在编职工262人，其中：全国交通中等职业教育专业带头人2名，技工院校省级专业带头人9名，全国技术能手7名，全国交通技术能手10名，全国人大代表1名，浙江省技术能手6名，德国机动车技术服务总监和加拿大高级电工师共12名。高级职称教师比例占38.7%，“双师型”教师比例占98.2%。校内实训基地66个，校外实训基地350多个。该学院《基于“汽车医院”的汽修专业高技能人才培养模式探索与实践》获2018年国家级教学成果一等奖；连续四届参加世界技能大赛，获2枚金牌2个优胜奖，金牌数居全国第二。全年师生155人次在市级及以上技能竞赛中获奖，其中：国家级一等奖19人次，省级一等奖9人次。开展各类培训，培训质量和效果显著提升。承办大客车驾驶员职业教育、出租车驾驶员培训、民航维修基本技能培训等各类职业培训，3104人次参加；开展汽车维修、电子商务、电工、铣工、钳工等各类高技能人才培训，1581人次参加；与桐庐县人力社保局合作开展网店运营和美工专项培训，211人参加。

杭州汽车高级技工学校招收11个班518名新生，为397名学生安排实习岗位，350名学生持双证书毕业。该校承担东西部扶贫协作教育帮扶项目，接收两批计133名黔东南州建档立卡贫困学生到校学习，其中首届“杭黔班”42名学生完成校内学习、进入顶岗实习阶段。校属交通培训考试服务中心配合行业管理部门进驻出租车服务区，承担出租车驾驶员从业资格考试工作，组织考试15万余人次；组织出租车驾驶员继续教育（违章教育）、客货危运驾驶员从业资格考试、工程车驾驶员培训1万余人次。发挥学校教育资源优势，主动转型开拓职业技能培训、鉴定业务。全年开展全日制和社会学员技能鉴定1000多人，开展社会学员技能培训400多人，组织考试近6000人。学校成立杭州汽车高级技工学校校友会和杭州市技师协会新能源分会。

（张丽萍）

【春运旅客发送1878.87万人次】 2019年1月21日至3月1日春运期间，杭州市城际交通（道路、铁路、民航、水路）客运发送总量1878.87万人次，比上年增长102.5%。公路旅客发送量759.38万人次，增长94.6%。铁路旅客发送量849.54万人次，增长117.3%（其中火车东站679.51万人次，增长115.3%）；民航旅客发送量236.68万人次，增长108.5%。水路旅客发送量33.27万人次，增长82.4%。市内公共交通（公交、轨道）旅客运输总量1.78亿人次，增长106.6%。城市公交运送乘客1.25亿人次，增长104%；地铁运送乘客5288.91万人次，增长117.8%。轨道交通已成为市民游客市内出行重要选择。收费公路杭州辖区内高速公路总流量3058.11万辆次，增长96.3%，日均76.45万辆次。2月4—10日（除夕至正月初六）春节黄金周期间，杭州辖区内高速公路收费站出入口总流量552.1万辆，增长107.6%；小型客车免费通行流量424.5万辆，增长107%；免收通行费1.3亿元。

【城市交通治堵】 2019年，杭州交通运输部门通过公交优先、基础设施建设、加强交通组织管理、注重关键堵点治理、依靠信息技术赋能等综合施策，交通治堵取得成效。主城区全天拥堵指数2.0，处于基本畅通级别，全天48个最拥堵点5分钟拥堵指数4.8，市区交通拥堵状况总体平稳。全年推进主城区堵点治理22处（其中：市治堵办牵头治理7处，各属地政府组织实施15处），浙江省肿瘤医院、浙江省人民医院、西湖文化广场周边、火车东站等堵点治理效果明显；完成学校地下停车场接送系统建设8处，开通公交“求知专线”等专线21条，缓解学校周边时段性拥堵；景区内部2处社会停车场在节假日期间临时调整为公交场站，缓解节假日等客流高峰拥堵，有效提升堵点周边通行效率。

（夏梦之）

【抗击台风“利奇马”】 2019年8月10日，台风“利奇马”登陆浙江，对杭州造成严重影响，市交通运输局成立交通抢险中心，组织全市交通运输有关部门做好抗台防汛工作。临安区昌化镇在台风中受灾情况较严重，3条省道和近20条农村公路不同程度

2019年8月11日，杭州交通应急抢险突击队在330国道岛石段进行道路抢通作业

（市交通运输局 供稿）

受损。杭州交通应急抢险突击队紧急赶到330国道（原209省道）岛石段进行增援，经过10多个小时连续奋战，快速抢通330国道，打通生命通道，救援队、电力抢修车、医疗救护车快速进入岛石镇开展后续公路修复和灾后重建工作。（周灵佳）

【首起向法院申请强制执行案件】2019年4月3日，刘某因未取得经营许可擅自从事网约车经营活动被市运管中心查获并处1万元罚款。在缴款期限内，刘某未履行行政处罚决定，经市运管中心多次催告仍拒不履行。12月17日，市道路运输管理服务中心就刘某拒不履行行政处罚决定案申请法院强制执行，法院当场予以受理并裁定执行。该案为杭州市交通系统首起向法院申请强制执行案件，该案的执行确保行政处罚和行政强制执行的合法性、及时性，有效维护道路运输执法权威。（康　琦）

公路运输

【概况】至2019年末，杭州境内公路线路6613条、总里程1.67万千米，比上年增加135条、147.21千米。其中：国道省道干线里程1807.95千米、农村公路1.49万千米；城管路段249.56千米（其中干线公路80.11千米）。公路密度100.43千米/百平方千米和21.53千米/万人，提高0.89千米/百平方千米，公路通乡率和通村率100%。公路桥梁5895座41.75万延米，增加15座3407.81延米。其中：高速公路桥梁843座2.1万延米，占全市公路桥梁总数的14.3%；普通干线桥梁649座25.6万延米，占全市公路桥梁总数的11%；农村公路桥梁4403座，16.1万延米，占全市公路桥梁总数的74.7%。公路隧道219道12.03万延米。其中：高速公路隧道68道，占全市公路隧道总数的31.1%；农村公路隧道77道，占全市公路隧道总数的35.2%。全市高速公路节假日期间（春节、清明节、五一节、国庆节）小客车免通行1836万辆次、免收通行费超过4.7亿元，总流量2268万辆次。市收费公路农副产品免费通行137万辆次，免费金额1.68亿元。

全市道路运输的经营单位（含个体联户）9541户，营运客货汽车7.51万辆（其中：营运货车7.01万辆、100.51万吨位，营运客车4990辆、20.48万座）。从事道路货运相关服务单位1156个。

道路旅客运输单位101个。开行客运线路893条，其中：省际线路248条，日发班次463.5个；市际线路257条，日发班次1449.5个；县际线路111条，日发班次752个；县境内线路277条，日发班次4424个。杭州市主城区开行道路客运线路348条，其中：省际线路181条，日发班次375个；市际线路127条，日发班次985个；县际线路30条，日发班次301个；市区内线路10条，日发班次88个。全年完成道路旅客运输量9360万人次，旅客周转量69亿人千米。分别比上年减少6.7%和16%。

公路货物运输的单位（含个体联户）9440户，拥有营运货车7.01万辆、100.51万吨位，其中主城区2736户拥有营运货车3.15万辆、42.78万吨位。全年完成货物运输量3.17亿吨、货物周转量392.88亿吨千米，分别增长3.7%和3.6%。全市有等级客运站71个。其中一级站7个、二级站7个、三级站13个、四级站11个、五级站33个。简易站及招呼站2955个。

城市综合客运枢纽4个，公交调度指挥中心17个，从事公共汽电车经营户15户，运营车辆1.02万辆，额定载客量61.47万人，运营线路1118条，线路总长度2.02万千米，其中，BRT总长度155.3千米，无轨电车总长度50.2千米，年完成客运量14.98亿人次。

客运出租汽车经营户829户，经营车辆1.41万辆（其中：企业户105户，经营车辆1.33万辆；个体户724户，经营车辆825辆）。杭州市主城区客运出租汽车经营户582户，经营车辆1.13万辆（其中：企业户63户，经营车辆1.07万辆；个体519户，经营车辆620辆）。出租车服务区10个，占地面积4.1万平方米，停车位1775个。

轨道交通站91座，运营线路总长度135.4千米，运营车数172列，1032辆。完成客运量6.33亿人次，54.4亿人千米。

全市机动车驾驶培训机构134个，从业人员9238人。其中：一级驾培机构15个，二级驾培机构52个，三级驾培机构63个，摩托车培训机构3个，理科培训中心1个。道路客货运输驾驶员从业资格培训机构15个（其中5个具备危险货物运输驾驶员培训资格）。全市各类教练车6239辆，教练员7427人，全年培训驾驶员20.84万人。全市各类机动车维修企业4953个，从业人员3.96万人。其中：一类机动车维修企业238个，二类机动车维修企业1174个，三类机动车维修业户3000个，摩托车维修业户541个。全年维修各类车辆680.22万辆次。全市汽车综合性能检测站21个，从业人员530人，全年检测车辆8.9万辆次。全市已备案登记机动车配件经销业户共计8021个。其中：市区维修企业1063个，配件市场内3134个，散户1316个，区县（市）2508个。全市已备案登记汽车租赁企业1156个，从业人员1.05万人，备案车辆3.85万辆。

（黄　洁　赵奉武　刘　锟）

【公路养护管理】2019年，高速公路路面技术状况指数PQI值93.55，比上年提高0.35。不合格路段里程由上一年度2.59千米下降到0千米，合格不达标路段里程由170千米下降到125千米。全年高速公路大中修里程完成175千米，预防性养护里程完成138千米。全市高速公路路况质量稳中有升，完成不合格路段整治3.5千米，完成合格不达标路段整治174千米，整改率100%。

普通国道、省道PQI值为90.25，比上年提高1.22。全年安排18个干线公路大中修工程项目124.7千米，总投资1.88亿元；根据320国道实际路况，追加计划2874万元实施应急养护。

全年投入公路桥隧养护资金3.7亿元，其中：高速公路2.1亿元，维修改造桥隧135座；普通国道、省道约2000万元，维修改造桥隧6座（其中4座为隧道提质升级专项行动项目）；农村公路1.4亿元，维修改造桥隧148座。高速公路投入资金约2300万元，检查桥隧700多座。普

2019 年 4 月，杭州市实施 320 国道大中修养护工程 （市交通运输局 供稿）

通国道、省道投入资金约 180 万元，检查桥隧 487 座。农村公路投入资金约 550 万元，检查桥隧 650 多座。

（黄 洁）

【330 国道临岐至湍口段改建工程交工验收】 2019 年 8 月 2 日，330 国道淳安临岐至临安湍口段改建工程（淳安段、临安段）交工验收按计划通车。项目总投资 7.1 亿元，改建道路总长 23.27 千米。省级交通重点建设项目，起点位于淳安临岐镇佑口村，经已改建昌文线淳安临岐至文昌段，淳安、临安两县交界处设紫槽岭隧道，终点位于临安湍口镇沈村头，经已改建完成昌文线临安昌化至湍口段工程。该项目直接串联起淳安和临安两地，带动两地沿线乡村旅游和经济发展。

【下沙东收费站综合整治工程交工验收】 2019 年 9 月 29 日，杭州下沙东收费站综合整治工程通过交工验收。该工程起点位于杭州绕城高速公路下沙枢纽中心以东 250 米处，与下沙枢纽现状 Y、Z 匝道相接，沿杭州绕城高速公路下沙互通至江东大桥连接线，终点位于江东大桥西桥头，总长 2.35 千米，投资 1.7 亿元。该工程整治内容为拆除原下沙东收费站和江东大桥收费站，在杭州绕城高速公路下沙枢纽东侧新建下沙收费站，整治规模 5 进 11 出 16 个收费通道，新建管理用房约 807 平方米。工程建成后，对进出杭州绕城高速公路车辆与江东大桥过江车辆进行分流，取消过江车辆“取卡通行、模拟收费”模式，缓解杭州主城区与大江东产业集聚区交通。

【钱江隧道工程竣工】 2019 年 12 月 10—11 日，钱江通道及接线工程钱江隧道段通过竣工验收。钱江隧道南连杭州萧山、北接嘉兴海宁，向北延伸与沪杭高速相通、向南延伸与杭甬高速连接，是江苏省高速 S9 和浙江省高速 S9（苏绍高速公路）的组成部分，跨杭州湾三大通道（杭州湾跨海大桥、嘉绍大桥、钱江通道）中唯一过江隧道。钱江隧道工程是钱塘江流域第一条以盾构法施工大断面越江隧道，采用最大外直径盾构（外径 15.43 米）技术施工。自 2014 年 4 月 16 日通车试运营以来，车流量逐年稳步上升。从日均车流量 3000 辆次左右增加到近 1 万辆次，实体质量依旧保持良好。

【杭长高速公路延伸线（吉鸿路）工程竣工】 2019 年 12 月 27 日，杭长高速公路延伸线（吉鸿路）工程通过竣工验收。该项目位于杭州市西湖区西北部，北起绕城高速公路紫金港枢纽，南至留石快速路，主线全长约 2.53 千米，设计速度 80 千米 / 小时。杭长高速公路延伸线（吉鸿路）工程将高速公路与城市道路进行有机结合，在省内尚属首次。项目建成后，不仅能较大程度缓解杭宁高速公路交通压力，也为西湖景区和城西区域增加一条南北向快速通道，可减轻古墩路、莫干山路—环城西路以及上塘、中河高架交通压力。

【沪杭甬高速公路杭州市区段改建工程开工】 2019 年 5 月 31 日，沪杭甬高速公路杭州市区段改建工程开工。该工程北起沪杭甬高速公路乔司枢纽以南，南至红垦枢纽，全长约 23.6 千米，其中改建里程约 21.3 千米。因该工程项目部分路段占用永久基本农田，为实现钱塘江新建大桥等节点工程先行施工建设，确保亚运会前全线建成通车，根据 2018 年 10 月 30 日省政府专题会议精神，将项目拆分为三段建设：乔司收费站至钱塘江大桥段（简称北段）、机场轨道快线合建段（简称中段）、S2 高速公路红垦段（简称南段）。通过工程改建，车道从 4 个增加至 12 个（高架 + 地面）以上，完善杭州城区路网体系，改善城市内部交通更趋合理。将杭州萧山国际机场、钱江世纪城、钱江新城、东站枢纽、城西以及铁路西站枢纽串联起来，成为江南副城、临平副城与主城主要交通走廊，市民出行重要通勤通道。

【临金高速公路（临安至建德段）工程开工】 2019 年 9 月 16 日，临金高速公路临安至建德段公路工程（简称临建高速公路）开工。临建高速公路是《长三角都市圈高速公路网规划方案》中宁金高速公路一段，该项目起于浙皖交界千秋关隧道，沿线经过杭州市临安区、桐庐县、建德市，终于杭新景高速公路安仁互通处，设安仁枢纽与杭新景高速公路相接，全长 85.5 千米。全线采用双向四车道高速公路标准建设，设计速度 100 千米 / 小时，沿线设置互通 9 个，服务区 2 个，停车区 1 个，管理中心 1 个，养护工区 1 个，主线收费站 1 个。项目总投资约 206 亿元，建设工期 42 个月。临建高速公路连接杭徽、杭新景、杭金衢、金丽温 4 条高速公路。建成后，缩短浙中、浙西地区至杭州的距离及发展通道。

【杭州绕城高速公路留下互通改建工程开工】 2019 年 10 月 25 日，杭州绕城高速公路留下互通改建工程开工。该项目为现状互通改建项目，起点为杭州绕城高速公路西线与天目山路交叉点以北495米，终点为交叉点以南1050米，互通出口与天目山路相接，采用“单喇叭+变形梨形”方案。项目用地约33.87公顷，总投资10.36亿元，建设工期32个月，计划于2022年亚运会前建成通车。杭州绕城高速公路留下互通改建工程为拼宽杭州绕城高速公路0.62千米、改建天目山路（含102省道）1.3千米、新建互通匝道5.6千米（含匝道隧道1.2千米）；新建匝道桥1476.4米（7座）、拼宽主线桥梁211.5米（2座）、匝道隧道1167.5米（3座）、地面辅道桥梁142.1米（4座）、改建互通收费站及管理用房1个。该项目是杭州“四纵五横”城市快速路网重要组成部分，建成后将成为天目山路—环城北路—艮山东路快速路与绕城高速公路和杭徽高速公路快速转换重要节点，有效缓解该区域路网交通压力，连接主城区与城西科创大走廊重要交通保障性工程。

（张　磊）

【省际公路收费站取消】2019年，杭州市根据《国务院办公厅关于印发深化收费公路制度改革取消高速公路省界收费站实施方案的通知》部署，结合全省建设实施方案，杭州市投资约6亿元，取消高速公路省界收费站。至年末，取消杭徽高速公路昱岭关省界收费站；完成市高速公路77个收费站入口称重系统、86套新建主线门架、157条ETC车道及303条混合车道（MTC/ETC）建设。

（黄　洁）

【高速公路ETC建设】2019年，杭州交通运输部门加快高速公路ETC建设。全年新增ETC用户155.65万户（其中浙A牌104.39万户），历年累计发展ETC用户257.24万户（其中，浙A牌超过216万户，包括外省安装浙A牌照车辆）；全市各高速公路经营单位改造设施设备投入试运营，其中：新增ETC门架86套、增设ETC及MTC车道297道（其中ETC车道199道）、安装入口称重系统77套、拆除省界收费站1个，全市ETC应用停车场开通运营7处。

（夏梦之）

2019年9月9日，京杭运河浙江段三级航道整治工程杭州段八堡船闸段进行混凝土浇筑

（杨　贺　供稿）

水路运输

【概况】2019年，杭州市完成水路运输建设投资37.8亿元（其中重点航道工程35.24亿元、港口工程2.19亿元、航道养护工程0.39亿元）；杭州港货物吞吐量1.39亿吨，集装箱运输量7.5万标箱，比上年分别增长17.5%、23.7%，均创历史新高；内河船舶平均吨位达546.1载重吨，增长7.4%。

全航区完成水路运输客运量610万人次，客运周转量1.05亿人千米，分别增长1.1%、35%；三堡船闸过闸运量4987.6万吨，下降2%；新坝船闸过闸运量2950.4万吨，增长17.9%；富春江船闸过闸运量1556.8万吨，增长42.9%。开展水路运输企业经营资质预警检查，全年检查水路运输企业101个（次），预警14个（次）。

全年实施行政处罚5048件，增长3.1%。完成非现场执法2054件，占总数的40.7%，异地处罚287件，支付宝缴罚比例达64%。全年接收船舶进出港报告104.5万艘次，完成行政审批类权力事项1.49万件。行政服务事项网上办理比例92.5%，多证联办比例100%。完成“多证合一”1059件，“多检合一”1269次。所有事项（170项）都实现跑零次，办理满意率100%。

全市水上交通发生一般事故3起，死亡2人，重伤1人，未发生较大及以上等级事故。全年实施水上搜救行动180次，成功救助人员417人、船舶215艘次。余杭区、临安区相继成立水上搜救中心。

全年完成航道巡查2.8万千米，查处违章案件56起，检验船舶4320艘次、100.82万吨。新安江建德段、淳安段、横沿甲线、横沿乙线、毛竹源线、临岐线通过美丽航道验收，建成美丽航道50千米。全年实施渡口渡船提升改造项目17个，争创美丽渡口4个。

全年第三方接收船舶垃圾216吨、含油污水2098吨、生活污水483.5吨。各地建设船舶生活污水接收点8处，建造生活污水接收船1艘，更新改造2套船舶含油污水油水分离装置。完成船舶生活污水存储装置改造805艘。

【航政和船检管理】2019年，杭州港航部门完成航道巡查2.8万千米，其中：骨干航道4740千米（243人次），航标728座（4022人次）；查处违章案件56起，罚款12.56万元。组织开展航道影响评价报告审查13起，开展通航条件影响评价技术咨询1起，完成复兴大桥通航孔调整通航条件影响评价。完成涉航行政许可62起（其中省17起、市27起、区县18

起），含航标许可1起，临时涉航许可1起，断航许可2起，船闸运行方案审查3起，航区将新建船闸2座，桥梁29座。完成白鹤滩至浙江800千伏特高压直流工程选址临平集装箱作业区规划调整方案。杭州港航部门加强船舶营运检验把关，完成207艘2001—2005年期间建造的船舶隐患排查工作。做好对渔业船舶检验及其监督管理职能移交对接工作，摸清杭州籍渔业船舶现状及检验发证情况，为后续理顺渔业船舶检验监督工作打下基础。

【水运基础设施建设】2019年，杭州加快推进京杭运河浙江段三级航道整治工程（杭州段）建设，其中：京杭运河浙江段三级航道“四改三”段通过交工验收；新开挖段完成年度投资28.44亿元，累计完成投资74.96亿元；八堡船闸海塘标段完成年度投资5.2亿元，累计完成投资9.83亿元。富春江船闸扩建改造工程通过竣工验收获2019年度水运交通优质工程奖、中国交建优质工程奖。

【港口码头建设】2019年，杭州鸦雀漾、双浦、浦阳江3个公交优先锚泊区项目通过竣工验收。渌渚江航道养护改造工程完成年度投资2160万元。萧山义桥综合作业区一阶段工程6个泊位交工，二阶段工程完成投资6092万元。桐庐旅游码头、水上巴士滨江站码头整改提升项目完工并实现运营，钱塘江水上旅游基础设施得到提升。完成《杭州港总体规划（2018—2035）》《杭州港总体规划（2018—2035）环境影响评价》编制。配合杭州亚运会城市建设，综合施策推进杭州渣土码头建设，9处码头建成并投入运营，全年中转外运泥浆、渣土5057万吨，约占杭州主城区泥浆渣土生成量2/3，有效缓解城市建设“卡脖子”难题。

【内河航道养护建设】2019年，杭州航道养护工作完成投资3886万元（其中：例行养护1012万元，专项养护2874万元）。实施桐庐航区应急锚地工程、渌渚江航道养护改造工程（水工）、渌渚江航道养护改造工程（景观绿化）、建德三都应急锚地工程、杭甬运河杭州段绿化景观提升工程等专项养护工程。完成浦阳江锚泊区、永新河口、新坝船闸口门例行养护工程；京杭运河濮家锚地、武林门水上巴士北侧、西湖文化广场、中北桥航段、鸦雀漾1号及2号锚地、邵家坝锚地、杭申线塘栖锚地、新华锚地，钱塘江三堡口门、富春江坝下航道等航道疏浚和清障约20.2万立方米；完成京杭运河、杭甬运河航道破损护岸维修、勾缝约1080平方米及老德胜桥约22米挡墙钢板桩加固，清理京杭运河市区段约5千米挡墙上野生杂树；完成杭甬运河约8万平方米现有绿化养护及京杭运河、杭申线43处遮挡标志牌树木修剪。完成鸦雀漾、东月桥、之江、窄溪、船舶集中检验点等5座管理码头维修；三堡口门增设警示浮标1座、东江嘴和钱江五桥桥区航段增设5座侧面浮标；浦阳江萧山电厂锚地增设系缆钢管桩8根。

【千岛湖智慧港航示范试点项目通过验收】2019年4月11—12日，浙江

“五水共治”成果——余杭塘河　　（邓媛媛　摄）

省信息化工作领导小组办公室组织省经信厅、省财政厅、省公安厅、省交通运输厅、省建设厅、省市场监管局等单位代表和特邀专家对千岛湖智慧港航示范试点项目进行验收。千岛湖智慧港航系统围绕“人、船、水”三大要素，打造智慧湖区。千岛湖航区人员（船员、游客）信息全面感知，实现湖区主要航段的AIS基站等动态数据共享；与政府通力合作，构建软硬件相融合的“水体保护网”实时监管。千岛湖智慧港航项目的成功研发应用，在国内首次形成比较先进、成熟的智慧库区应用解决方案，带动智慧行业相关产业链的发展，为相关参建企业和新兴服务业带来新的商机，为智慧技术在湖区港航管理方面应用提供新的发展契机，全面开启库区智慧监管和绿色服务模式。千岛湖智慧港航的船名自动核查抓拍系统、航道截面管理系统等相关核心关键技术，对推进部分具有核心竞争力的创新型企业培育和推动智慧产业聚合升级，加快数字经济发展具有积极的带动作用。各位专家观看系统演示、听取总结报告、查阅相关文档资料，分别对项目建设和系统功能进行点评，提出改进提升意见建议。探索大数据开发和人工智能等新一代信息技术应用，提升智慧港航水平。

【钱塘江水上巴士滨江站码头运营】 2019年9月27日，钱塘江水上巴士滨江站码头整改提升项目取得港口经营许可证，投入运营。该码头经过一年整改提升项目建设，水上巴士滨江站码头可供千吨级大型客轮安全靠泊，完善杭州“拥江发展”水上旅游基础设施，推动钱塘江水上旅游发展。钱塘江水上巴士滨江站始建于2008年前后，最初作为杭州水上巴士停靠站，供水上巴士停泊使用，单泊位仅能供300吨级小型客船靠泊使用。2018年8月15日，水上巴士滨江站码头整改提升项目开始实施。整改项目将原码头主体结构靠泊能力大幅提升至1000吨级，同时对码头景观铺装、照明设备、视频监控、安全消防等一系列设施进行全面提升改造，并同步建设滨江水上旅客集散中心，以满足游客购票、换乘、集散等实际需求。

（万隽媛）

铁路运输

【概况】 2019年，杭州市境内营运铁路612.4千米，其中高铁264.9千米、干线铁路308.3千米、支线铁路39.2千米。高铁中杭黄高铁208千米、沪杭高铁17千米、杭甬高铁5.6千米、宁杭高铁9.3千米、杭长高铁25千米，均为全封闭电气化铁路。干线铁路中沪杭线49.9千米、浙赣线132千米、宣杭线93.2千米、萧甬线33.2千米，均为全立交铁路，铺设60千克无缝钢轨，除宣杭线外，其余设施为电力网线、信号自动闭塞双线铁路，站内通过计算机联网控制。金千线为支线铁路，长39.2千米，铺设50千克普通钢轨，为信号半自动闭塞的单线铁路，站内信号为继电集中控制。

境内铁路车站31个，分别由中国铁路上海局集团有限公司杭州直属站、乔司直属站、嘉兴车务段、金华车务段和宁波车务段等分管。杭州站、杭州东站属一等客运站，由杭州直属站管理。乔司直属站分管乔司、艮山门、南星桥、杭州北、临平、笕桥、行宫塘、沈家塘、星桥、仓前等10个

2019年杭州市铁路客、货运量

表43

单位	站名	旅客发送量（万人次）	旅客到达量（万人次）	货物发送量（万吨）	货物到达量（万吨）	运输收入（万元）
杭州直属站	杭州	1 080.90	1 044.10	—	—	170 261.40
	杭州东	7 195.10	7 307.90	—	—	836 166.40
	杭州南	—	—	—	—	—
	盈宁	—	—	—	—	—
	钱塘江	—	—	—	—	—
	萧山西	—	—	—	—	—
	萧山	—	—	131.16	67.37	16 822.75
	富阳	99.53	93.15	—	—	6 326.80
	桐庐	138.25	131.90	—	—	8 700.10
	建德	89.27	88.90	—	—	6 504.90
	千岛湖	147.81	147.13	—	—	13 464.80
乔司直属站	乔司	—	—	1.12	3.07	273.67
	艮山门	—	—	—	—	—
	南星桥	—	—	5.31	15.11	1 764.00
	杭州北	—	—	127.26	361.36	46 781.28
	临平	—	—	24.72	26.69	7 715.20
	笕桥	—	—	0.85	4.88	307.00
	行宫塘	—	—	—	0.18	—
	沈家塘	—	—	—	—	—
	星桥	—	—	—	—	—
	仓前	—	—	—	24.88	5.18
嘉兴车务段	石濑	—	—	—	0.47	22.51
	余杭	123.19	110.57	—	—	10 055.76
金华车务段	排塘	—	—	—	—	—
	功塘	—	—	13.40	497.70	1 311.50
	寿昌	—	—	0.20	0.37	54.20
	新安江南	—	—	82.50	30.90	7 739.20
	新安江	—	—	—	—	—
	朱家埠	—	—	72.80	9.70	7 057.40
	千岛湖南	—	—	91.20	5.10	8 905.50
宁波车务段	夏家桥	—	—	—	—	—
合计		**8 874.05**	**8 923.65**	**550.52**	**1 047.78**	**1 150 239.55**

说明：各站货物发送、到达量和运输收入数据均由杭州、金华货运中心提供

车站。其中，乔司站为综合自动化编组站，二级四场配置，承担杭州地区货物列车编解作业任务，为一等编组站。艮山门站为动车所的一部分，主要为杭州枢纽开行更多高铁动车组提供保障。杭州主城区的铁路货运集散功能已形成杭州北、萧山两大物流基地隔江相望的格局。南星桥站承担零担货物和部分集装箱运输，并负责杭州客车底的整备工作。排塘、功塘、寿昌、新安江南、新安江、朱家埠、千岛湖南等车站由金华车务段管理。余杭、石濑车站由嘉兴车务段管理。夏家桥站由宁波车务段管理。除上述主要车站外，涉及铁路运营的单位还有杭州客运段，负责旅客列车乘务；杭州机务段，负责辖内机车乘务、整备和检修；杭州北车辆段，负责货车的整备和检修；杭州工务段，负责线路、桥梁、隧道的维修养护；杭州电务段，负责铁路信号的维修和养护；杭州供电段，负责铁路电网的调配和维修。

全年杭州地区发送旅客8874.05万人次，到达旅客8923.65万人次；发送货物550.52万吨，到达货物1047.78万吨。运输收入115.02亿元。

【商合杭高铁北段开通运营】2019年12月1日，商（丘）合（肥）杭（州）高铁北段（合肥至商丘段）开通运营，正线长333千米，途经亳州市、阜阳市、淮南市，至合肥北城站连接合蚌高铁。商合杭高铁全长794.55千米，设计时速350千米。线路北接郑州至徐州高铁，并与北京至福州高铁和沪汉蓉高铁相连，在杭州通过宁杭高铁，进而与京沪高铁相通。商合杭高铁重点控制性工程裕溪河特大桥主桥全长686米，主塔采用“H”形索塔，塔高123米。在时速350千米高速铁路大跨度斜拉桥建设中，首次使用钢箱桁梁结构形式，首次在300米以上跨度桥梁中采用无砟轨道结构形式，大桥主跨跨度达324米，商合杭高铁建成实现华东第二通道客运与货运的分流运输，与长三角城际铁路网形成互联互通。

【铁路列车运行图调整】2019年12月30日零时起，全国铁路实施新的列车运行图。此次调图，中国铁路上海局集团有限公司共开行旅客列车1105对，较调图前增加56.5对。为满足旅客前往西南方向的出行需求，集团公司首次开行杭州东至成都东1对高铁列车，最快时速由14小时06分钟缩短至12小时15分钟。首次开行1对杭州至青岛北的“绿巨人”动卧列车，将沪、浙、苏、鲁旅游城市串联起来，方便南北旅客的旅游、商务出行。

【湖杭铁路开工】2019年9月17日，杭州西站枢纽暨湖杭铁路（湖州至杭州西至杭黄高铁连接线）开工建设。湖杭铁路项目由新成立的湖杭铁路有限公司负责建设，委托中国铁路上海局集团有限公司指定的沪昆客运专线浙江公司负责代建，建成后将委托中国铁路上海局集团有限公司运营管理。湖杭铁路从宁杭高铁湖州站引出，经湖州市南太湖新区、吴兴区、德清县，杭州市余杭区、西湖区、富阳区和桐庐县，跨富春江新设桐庐东站后引入杭黄高铁桐庐站，新建线路长约136千米，设计时速350千米。全线设车站6座，其中：利用既有车站2座（湖州站、桐庐站），改建既有车站1座（德清站），新建车站3座（杭州西站、富阳西站、桐庐东站）。湖杭铁路是优化杭州铁路枢纽客站与过江通道布局，提升枢纽地位与能力的重要基础设施，与杭黄高铁以及拟建的沪苏湖、沪乍杭、衢建、杭临绩和昌景黄铁路等共同形成沪昆通道南昌以东段重要的辅助通道，并与杭温铁路有效衔接，形成国家高速铁路网主骨架商合杭、宁杭高铁的南延通道。

【铁路旅客服务优化】2019年12月1日，中国铁路上海局集团有限公司对东南沿海铁路部分动车组列车执行票价优化调整。严格执行国家关于动车组列车票价的有关规定，以旅客需求为导向，依据市场供求关系和客流规律，以公布票价为最高限价，分季节、分时段、分席别、分区段在限价内实行多档次票价，总体有升有降，涉及400多趟列车，最大折扣幅度5.5折。5月，旅客乘车忘带身份证，办理乘车临时身份证明时，长三角所有车站不再需要提供照片，只需报身份证号并签字，公安民警从全国联网的系统中调取身份证存档照片并打印到临时证件上。5月22日，铁路候补购票服务延伸至所有旅客列车。候补购票服务是指在通过“12306”网站和App购票时，如遇所需车次、席别无票，可自愿按日期、车次、席别、预付款提交购票需求，售票系统自动排队候补，当对应的车次、席别有退票时，系统自动兑现车票，并将购票结果通知购票人。8月7日，客运列车应急药品管理系统上线。该系统由手机App和后台管理系统两部分组成。手机App安装于列车长的站车交互系统手机端，内有“药品申领”“请领记录”“药品使用”“药箱交接”“药箱信息”等7个模块。需要申领药品时，车长可在手机App上预约提交申领药品种类和数量，旅客用药后可直接在手机App签名确认。

【铁路货运收费降低】2019年4月1日，中国铁路总公司决定对国家铁路运输的整车、零担、集装箱等货物运价相应下浮，取消翻卸车作业服务费等6项杂费、降低货车延期占用费等4项收费标准，主动将减税降费效应传递给下游企业，预计每年可向货主和企业让利约60亿元。5月31日，铁路部门以2018年收费标准和金额为基础，取消部分收费项目，降低铁路专用线（含专用铁路）代运营代维护和自备机车货车检修服务收费标准。预计每年可向货主和企业让利9.4亿元。长三角铁路货运具体降费方案将由中国铁路上海局集团有限公司与各委托企业逐一对接落实。对货运量较大、货物发送增幅较高的专用线企业，按“多发货少交费”的原则，促进铁路货运量持续增长，此举将惠及所有委托国家铁路进行专用线运营维护和自备机车货车检修的企业。

【杭州东站服务旅客出行】2019年4月，杭州东站全面启用人脸识别闸机。旅客只需将身份证放在闸机上方，脸部对准摄像镜头，人证合一即可快速通过。10月，换乘地铁“单向免检”。到达旅客如需要换乘地铁，可直接通过到达层6个地铁入口去乘坐，不再需要经过地铁安检，提高旅客出行效率。11月，杭州东站开通5G网络。杭州东站是杭州市接驳功能齐全的交通枢纽，是杭州铁路枢纽的重要组成部分，每年发送旅客超过4500万人次。5G网络具有高速度、低时延、低功耗的特点，覆盖5G网络的火车站将为旅客提供更加美好的乘车候车体验。杭州东站5G网络的启用，标志着杭州东站枢纽的城市大脑建设进入新的阶段，服务提升工作踏上新的台阶。未来杭州东站将配备无人行李运输车和移动式问询机器人，准备在商业区内开设无人超市、无人餐厅等作为杭州推进城市数字化的试验场。

【首个“义务辅警”组织成立】2019年8月13日，杭州铁路公安处杭州东站派出所在杭州东站举行“杭东义务辅警”组织启动仪式，标志着中国铁路上海局集团有限公司管内首个由铁警、客运、保洁等多岗位组成的“义务辅警”组织正式成立。杭州东站每天旅客到发量在50万人次左右，旅客在排队、座位、安检等候乘车环节中偶发小纠纷，杭州东站派出所学习借鉴“枫桥经验”，主动走访联系车站、华铁旅服杭州分公司和站内新上铁商家等单位，招募到由站内安检员、客运员、保洁员和商户职员组成的114名“义警”成员。为提升“义警”成员的业务能力，该派出所先后组织开展3次相关业务培训、联合浙江电视台6频道成立公益性服务机构“钱塘老娘舅驻站调解工作室”。“义警”成员在工作期间统一佩戴黄色“义警”袖标，在各自岗位上配合车站民警做好站区安全防控、矛盾化解和服务旅客等工作。

（叶建明）

民用航空运输

【概况】杭州萧山国际机场位于浙江省杭州市东部，距市中心27千米，是国务院确定的国内区域性枢纽机场、国家一类航空口岸，也是浙江省的门户机场、浙江省机场集团下辖省内“一核双枢六连”的核心枢纽机场和中国·杭州临空经济示范区、中国（杭州）跨境电子商务综合试验区的重要依托。机场2000年12月28日建成通航，2006年12月与香港机场管理局合资合作，成为国内首家整体对外合资的机场。机场已成为国内第十大客运机场、第五大货运机场和前五大航空口岸，2009年起跻身全球机场百强。

至2019年末，杭州萧山国际机场用地总面积10平方千米，拥有总面积近37万平方米的3座航站楼，建有2条跑道（分别为3600米长、45米宽和3400米长、60米宽）和等长的滑行道。停机坪面积约200万平方米、机位166个，飞行区等级为4F级，可以保障目前世界上最大的民航客机A380全重起降。

2019年，杭州萧山国际机场完成旅客吞吐量4010.8万人次、货邮吞吐量69万吨，保障航班起降29.1万架次，分别比上年增长4.9%、7.7%和2.1%。年旅客吞吐量突破4000万人次，实现历史性跨越；年货邮吞吐量逆势增长，排名上升1位至全国第5位。根据国际机场协会（ACI）发布的数据，2019年杭州萧山国际机场旅客吞吐量全球排名保持第56位，货邮吞吐量全球排名较2018年上升3位至第44位。全年航班平均执行率达90.2%，客座率达86.5%。全年新增埃及开罗、意大利罗马、俄罗斯圣彼得堡、俄罗斯克拉斯诺亚尔

2019年11月29日，埃及航空公司开通杭州—开罗航线（谭申捷 摄）

斯克(货运)、日本名古屋、泰国清莱、缅甸曼德勒、老挝万象、菲律宾马尼拉(货运)和孟加拉国达卡(货运)等10个国际航点,共有71个航空公司运营190个定期航点,航线网络通达五洲,国际化水平提升,正式实现24小时无障碍通关。全速推进双跑道独立运行。促成出台《杭州萧山国际机场净空保护管理办法》,举行航空器应急救援综合实战演练,全面检验应急响应速度、特情处置水平和协调配合能力。安全形势平稳,实现第19个安全年。

【机场三期建设稳步推进】2019年,杭州萧山国际机场三期主体工程有序实施。新建航站楼桩基及基坑围护工程已完成85%,主体工程完成15%;交通中心桩基及基坑围护工程已全部完成,主体工程于12月8日正式开工。各项配套工程陆续收官。高架桥及综合管廊、道路工程,电力和弱电管线迁改工程,水系改造项目均已完工;旅客停车场、出租车蓄车场、网约车停车场、5号、6号宿舍及配套工程竣工投入使用;联检楼改扩建工程、食品厂迁扩建工程主体结构已完工。

【机场规划编制突破框架】2019年10月,民航局机场司在杭州组织召开杭州萧山国际机场总体规划修编评审会,对本次修编提出的机场定位、终端目标、跑道构型、总体布局以及其他各个专篇内容给予认可。《杭州萧山国际机场总体规划修编(2019年版)》提出"杭州机场定位为大型机场、区域枢纽机场、未来航空货运及快件集散中心、长三角世界级机场群中心机场之一",终端目标量为2030年9000万人次,近期(终端)规划4条跑道。机场各项专项规划同步实施,编制完成电力专项规划;开展东西出入口交通衔接专项研究,实现与市、区综合交通规划和临空经济示范区总体规划有效衔接,完善机场集疏运路网体系。

【机场优化服务品质】2019年,杭州萧山国际机场以民航服务质量重点攻坚行动为抓手,持续提升服务品质。推广"机器换人",促进智慧化应用。推行国际自助值机及无纸化便捷出行服务,新增5条边检出境自助查验通道。推进实施差异化安检项目,新安检信息系统运行稳定;新增20台人脸识别自助闸机,大幅提高过检效率。微信公众号新增"机场畅行"模块,基本实现通过公众号"玩转机场"。优化旅客体验。启用交通服务中心,推出行李寄送"包给我"、代客泊车、异地货站等9项便民措施和26项"最多跑一次"改革服务,提升服务品质。全年机场ASQ得分为4.83分,对社会公布的31项服务承诺兑现率为100%,航空公司满意度得分为4.62分,比上年提高1.5%。

2019年杭州萧山国际机场新开通的部分国际航线

表44

航空公司	航线	开通日期	航班号	机型
浙江长龙航空公司	杭州—曼德勒	4月2日	GJ8021	A320
俄罗斯阿特兰联盟航空公司	杭州—克拉斯诺亚尔斯克(货运)	5月9日	V88204	B737F
中国国际航空公司	杭州—罗马	6月12日	CA731	A330
俄罗斯伊尔航空公司	杭州—圣彼得堡	7月4日	IO918	B777
杭州圆通货运航空公司	杭州—马尼拉(货运)	7月16日	YG9041	B757F
老挝航空公司	杭州—万象	8月1日	QV852	A320
埃及航空公司	杭州—开罗	11月29日	MS954	B787
泰国亚洲航空公司	杭州—清莱	12月1日	FD889	A320
浙江长龙航空公司	杭州—名古屋	12月2日	GJ8099	A320
杭州圆通货运航空公司	杭州—达卡(货运)	12月18日	YG9063	B757F

2015—2019年杭州萧山国际机场主要生产指标

表45

年份	旅客吞吐量(万人次)	增幅(%)	货邮吞吐量(万吨)	增幅(%)	航班量(万架次)	增幅(%)
2015	2 835.4	11.1	42.49	6.6	23.21	8.8
2016	3 159.5	11.4	48.80	14.8	25.10	8.2
2017	3 557.0	12.6	58.95	20.8	27.11	8.0
2018	3 824.2	7.5	64.09	8.7	28.49	5.1
2019	4 010.8	4.9	69.03	7.7	29.09	2.1

2019年杭州萧山国际机场直达通航流量前十位城市

表46

位次	城市	客流量(万人次)	出港平均客座率(%)
1	广州	295.3	89.2
2	北京	289.6	85.3
3	深圳	229.4	86.7
4	成都	158.9	89.9
5	重庆	146.3	89.5
6	昆明	109.2	91.9
7	西安	104.0	90.5
8	贵阳	91.0	91.2
9	香港	86.3	73.9
10	海口	66.7	90.7

说明:以上数据不含经停航线

▶资料：2019 年杭州萧山国际机场定期航点

1. 内地航点 128 个：北京（首都、大兴）、广州、深圳、成都、重庆、西安、昆明、贵阳、哈尔滨、郑州、济南、青岛、南宁、沈阳、大连、太原、福州、厦门、天津、海口、三亚、长春、乌鲁木齐、石家庄、珠海、武汉、兰州、桂林、银川、长沙、揭阳、呼和浩特、丽江、烟台、泉州、西宁、西双版纳、绵阳、赣州、恩施、运城、威海、惠州、临沂、柳州、宜昌、湛江、北海、遵义（新舟、茅台）、常德、包头、榆林、临汾、广元、赤峰、毕节、十堰、保山、泸州、呼伦贝尔、襄阳、腾冲、秦皇岛、汉中、南阳、延安、锦州、鄂尔多斯、阜阳、宜宾、安顺、拉萨、洛阳、阿克苏、日照、衡阳、淮安、信阳、六盘水、张家界、黔江、潍坊、兴义、牡丹江、通辽、岳阳、铜仁、敦煌、大同、武夷山、乌兰浩特、昭通、天水、怀化、凯里、西昌、库尔勒、白山、唐山、延吉、梅县、邯郸、克拉玛依、和田、琼海、嘉峪关、大庆、忻州、万州、达州、佳木斯、乌兰察布、稻城、张家口、承德、伊宁、东营、乌海、大理、百色、格尔木、南充、阿尔山、松原、甘孜、锡林浩特。

2. 港澳台航点 6 个：香港、澳门、台湾桃园、台北松山、高雄、台中。

3. 国际航点 56 个：首尔、济州、釜山、清州、襄阳、东京、大阪、冲绳、静冈、札幌、名古屋、新加坡、吉隆坡、沙巴、曼谷（素万那普、廊曼）、普吉、清迈、素叻他尼、清莱、仰光、曼德勒、金边、暹粒、西哈努克港、万象、马尼拉、卡里波、巴厘岛、斯里巴加湾、岘港、芽庄、胡志明市、富国岛、马累、达卡、多哈、马德里、阿姆斯特丹、罗马、莫斯科（谢列梅捷沃、多莫杰多沃、伏努科沃、茹科夫斯基）、圣彼得堡、新西伯利亚、克拉斯诺亚尔斯克、里加、列日、洛杉矶、塞班、纽约、温哥华、悉尼、墨尔本、开罗。

【**机场服务地方发展**】2019 年，作为区域发展的重要支撑平台和省、市、区的形象窗口，杭州萧山国际机场自觉承担应有的责任，积极拓展航空和非航产业，深耕“一带一路”航线网络，支持浙江本土的长龙航空公司和其他基地航空公司发展，助推中国·杭州临空经济示范区、中国（杭州）跨境电子商务综合试验区建设，继续与省内有关单位合作做好本土文化和地方形象展示。全年机场范围内主要企业向杭州市萧山区税务局缴纳税金 9.6 亿元，比上年增长 12%（其中，机场公司及其子公司缴纳约 6.1 亿元，增长 39%），相关企业和产业提供众多就业岗位。促进地区开放型经济的发展、产业的转型升级和国际化水平的提升。（曾宪武）

城市公共交通

【**概况**】2019 年，杭州市统筹规划城市公共交通建设和线路运营管理，坚持建设、运营、经营三位一体协调发展。地铁在建工程进展顺利。地铁 5 号线首通段工程建成通车；地铁 6 号线一期、杭富线，以及地铁三期工程全面推进，完成投资额 537 亿元。地铁线网客流持续攀升。全年累计开行列车数 61.56 万列次，运营里程 1.2 亿千米，运送乘客 6.32 亿人次。地铁 5 号线首通段开通后，线网日均客流约达 190 万人次，比上年增长 30.9%，其中 12 月 31 日线网总客流达 248.99 万人次。地铁经营多点开花。

开展网约车执法管理、互联网租赁自行车监管，以及公交车、出租车斑马线前礼让行人活动。将公交服务与移动互联网、云计算、大数据对接和融合，推进智慧公交建设，打造“互联网 + 公共交通”新格局。杭州“公交一卡通”完成改造并投入使用，实现“公交一卡通”全国互联互通。城市公交推行“心动巴士”、“心享巴士”、“求知”专线、“醉西湖”、“隐西湖”、“爱国主义”专线、“1314”爱情专线、“橙意暖巴”、“假日旅游”专线等特色线路和定制公交线路，满足市民、游客多样化、个性化出行需求。至年末，全年新增和更新公交车辆 1180 辆，其中新增新能源车辆 941 辆；新增公交首末站 3 个，新建和改造公交停靠站 137 座。运量最大的前 30 条公交线路提速；公交移动支付功能安装覆盖杭州 1007 条线路，9969 辆公交车，实现市域公交车全覆盖；主城区公共交通日均公交客运量提升至 414.45 万人次。

（傅方明 康琦 赵奉武 夏梦之）

【**《杭州市城市轨道交通管理条例》实施**】2019 年 3 月 1 日，杭州市首部关于轨道交通的地方性法规——《杭州市城市轨道交通管理条例》正式实施。明确由市和区县（市）建设、城市管理等部门分别负责城市轨道交通建设期、运营期保护区的监督管理工作，授权轨道交通运营单位对违反运营秩序的行为进行行政处罚，运营单位的执法人员应当按照有关规定取得执法证件；规定城市轨道交通运营单位保持无障碍设施完好、畅通，配备医疗急救箱等设备，合理配置男、女卫生间和母婴设施，为乘客出行提供便利；对公路、航空、公交、公共自行车等其他运输方式的衔接和便利性提出要求，对逃票等行为纳入信用记录，采取信用惩戒措施。条例对规划衔接、建设管理、保护区管理、运营秩序、运营安全、应急管理等事项作明确规定，并将城际铁路纳入管理范围，实现全覆盖，体现全过程、全方位管理的要求，为建设“轨道上的城市”提供法治保障。（傅方明）

【**杭州馆亮相第二届浙江国际智慧交通产业博览会**】2019 年 12 月 6—8 日，第二届浙江国际智慧交通产业博览会·未来交通大会在杭州国际博览中心举行。杭州馆以“智慧创新绿色发展”为主题亮相博览会，展示杭州市综合交通产业现状、政策扶持和未来展望，并现场演示智能网联车虚拟仿真测试平台、城市交通 AI 控制系统和市综合交通信息指挥中心等系统。推出“迅蚁”物流无人机等先进产品，“班玛现”智能实车驾驶系统模拟驾驶互动项目，吸引观众驻足参观、体验和互动。（秦晓华）

【**地铁 5 号线首通段通车**】2019 年 6 月 24 日，地铁 5 号线首通段（良睦路站—善贤站）开通试运营。杭州地铁 5 号线采用特许经营模式，根据《杭州地铁 5 号线 PPP 项目特许协议》，杭州地铁集团持有特许经营公司 40% 股份，香港地铁公司持有 60% 股份。地铁 5 号线全线 40 个站点，其中有十余个换乘站。地铁 5 号线首通段全长约 17.76 千米，全部为地下线路。自东向西经过拱墅区、西湖区、余杭区，共设 12 座车站，其中三坝站为地铁 5 号线与地铁 2 号线换乘站。首次采用 AH 型鼓型列

地铁5号线杭师大仓前站站台 （白池民 摄）

车，车长120米，宽3.08米，6节编组，最高时速80千米/小时。地铁5号线首通段开通，首次覆盖杭州拱墅区上塘、拱宸桥、小河、和睦、祥符等区块，西湖区蒋村区块，余杭区五常、仓前区块，填补大城北区域的地铁"空白"。 （傅方明 康 琦）

【机场轨道快线初步设计获批】 2019年8月29日，杭州机场轨道快线初步设计获浙江省发展改革委批复。杭州机场轨道快线是杭州城市轨道交通三期建设规划调整批复的线路之一，是杭州首条轨道快线，起于苕溪站，终于靖江站，线路全长59.13千米，包含地下线长度47.08千米，地上线长度12.05千米，设车站15座，包含11座地下站、4座高架站，其中换乘车站14座。机场轨道快线建成后，实现杭州西站、杭州东站及杭州萧山国际机场之间的快速互联，有效缓解主城区的交通拥堵压力。

【杭临线更名为地铁16号线】 2019年，杭州至临安城际铁路工程是浙江省都市圈城际铁路规划的组成部分，于2014年末获国家发改委批复。临安撤市设区后，为便于该线路建成运营后纳入杭州市轨道交通线网统一管理，8月，市政府批复同意该线路更名为地铁16号线。该线路列车采用B型鼓型电客车，时速高达120千米/小时，4节编组。

【杭州地铁App实现七城通用】 杭州地铁推进长三角地铁二维码互联互通工作。2018年12月1日，杭州地铁率先与上海地铁二维码互联互通，2019年3月30日实现与宁波地铁二维码互联互通，5月22日与南京、合肥、温州等城市地铁互联互通，12月1日新增徐州地铁互联互通。地铁乘客只需使用杭州地铁App，即可畅行杭州、上海、宁波、南京、合肥、温州、徐州7城市，获得跨城市顺畅便捷的轨交出行体验。

【地铁文明乘车持续】 2019年11月24日，杭州地铁"文明乘车日"一周年，杭州地铁同步启动文明乘车公益三小时活动，借助阿里三小时平台，定期向社会招募文明乘车引导志愿者，持续扩大文明乘车影响力。杭州书房悦享馆"地铁书房"正式启用，在地铁1号线彭埠站、七堡站、乔司站，2号线钱江路站、三坝站、人民广场站，4号线市民中心站、中医药大学站等上线首批8个"地铁书房"。杭州地铁"彩虹服务"获杭州市首届"杭州服务"品牌20强，入选"2019年杭州市精神文明建设十件大事"。 （傅方明）

【城市大脑"交通驾驶舱"上线】 2019年10月，杭州市城市大脑"交通驾驶舱"上线。该项目将交通投资进度、高速公路收费站通行情况、地铁实时进站客流、出租车服务乘客效率等重要交通类指标像数字仪表盘一样显示在一张屏、一手机、一平板上，以数据的融通和协同辅助决策，减少城市管理盲点。运用交通指标相应的API接口，以及驾驶舱主屏、手机端、iPad端的设计和开发，呈现交通类重要指标变化动态，帮助管理者做出科学精准判断。 （李 潇）

【地铁安全管理】 2019年，杭州市全面落实全员、全过程、全覆盖和严要求的"三全一严"要求，健全完善地铁安全管理"四个体系"；开展"坚持党建引领、打造平安地铁"专项行

2019年10月10日，杭州公共自行车系统亮相C40全球市长峰会，副市长陈卫强做主题演讲 （市城投集团 供稿）

动，全力构筑“党建+平安地铁”网格化管理机制。坚持制度到位。全年新增修订《杭州地铁建设安全隐患暗访交办整改督办闭环机制实施方案》《杭州地铁工程应急救援管理办法（试行）》等12项规章制度，以及《管线开挖重要环节会签制度》《隐蔽工程旁站制度》等现场操作性规章，实现设计标准化、施工规范化、管理精细化。按照“一标段一安全员”的原则，在原有各类专项检查、风险管控专家巡查的基础上，组建地铁建设安全督查队伍，常态化开展安全检查及隐患排查治理。（傅方明）

【交通数据共享开放】2019年，杭州市综合交通信息中心开展交通数据共享开放工作，涉及10个自建信息系统47个数据目录。全年为市数据管理局归集数据约120亿条，实现按需归集率100%。通过杭州市公共数据平台，调用外单位数据180.54万次。为市公安局交警局、各区县（市）等21个单位新开放数据12项。为浙江大学、浙江农林大学等高校开放数据用于课题研究。

【交通信息化执法平台】2019年6月17日，杭州交通运输系统信息化执法管理平台通过项目验收。该执法平台对接省级交通运输业务系统11个，市级交通运输业务系统20个。全年接入业户、人员等信息138万条，交通基础设施1.57万个，执法车船和营运车船3.87万辆，行政许可办理98万条，行政处罚案件2.58万件。该平台构建“1+12”框架模式，以办公室应用电脑端、移动执法手机端、指挥中心大屏端、公众服务微信端四端融合的一体化平台，推动日常执法检查工作全程留痕和责任追溯，辅助执法业务全流程监管。（李　清）

【杭州公共自行车系统亮相C40全球市长峰会】2019年10月10日，杭州公共自行车系统以“绿色公交的杭州实践”为主题亮相于哥本哈根召开的C40全球市长峰会主场会议，市政府副市长陈卫强向来自全世界近100个城市的市长及2000多位嘉宾代表介绍杭州公共自行车的发展历程和成功经验。杭州公共自行车是通过政府统筹，市场化运作实现公益性服务的公共自行车服务项目，不仅实现经济效益、社会效益、生态效益的完美统一，同时“杭州模式”还成功复制推广到600多座城市，构建由250万辆公共自行车组成、年租用量达到35亿人次的服务体系，有力推动绿色出行在城市的发展。

【首条“爱国主义教育”公交专线开通】2019年3月20日，全国首条“爱国主义教育”公交专线开通运营。该线路全长17.5千米，日客流量高峰达3084人次，绕西湖环线行驶，串联起“最美浙江人”展示馆（浙江展览馆）、“五四宪法”历史资料陈列馆、淞沪战役纪念碑、杭州城市建设陈列馆等9个爱国主义教育基地，以爱国主义教育重要场所为“主站名”，以公交车体、站牌为载体，开展图文并茂的红色宣传。车厢内摆放各个教育基地的服务手册供乘客翻阅，拉环、车窗上也张贴宣传标语，随车还能听到专业解说员讲述的革命事迹和历史故事，是爱国主义教育的

杭州公交智能电子站牌　（郦　晶　摄）

"移动阵地",成为西湖边的新时尚。

【公交闸口停保基地迁建工程(之江停车场)获"国家优质工程奖"】 2019年12月8日,市公交集团建设的公交闸口停保基地迁建工程(之江停车场),作为唯一的公交停保基地项目获2018—2019年"国家优质工程奖"。国家优质工程是经国务院确认,工程建设领域设立最早、规格最高、跨行业、跨专业的国家级质量奖。该项目总建筑面积约8.29万平方米,总投资3.81亿元,集公交枢纽、公交停保、旅游换乘、公交管理、配套后勤多种功能为一体,2019年荣获"钱江杯"和省优秀安装质量奖。

【公交智慧服务提升】 2019年5月1日,杭州市区部分公交站台增添新装备——公交智能电子站牌。2016年,市公交集团对市区范围内的100块电子站牌进行提升改造,清晰便捷地显示车辆到站信息、方便市民圈存IC卡账户余额功能。2019年新建的69块电子站牌新增爱心一键求助、中英双语切换、地铁信息查询、一键呼叫出租车、周边公交站点查询、周边公交换乘查询、周边公共自行车站点查询、长途车辆班次查询、飞机航班查询、站点安防监控等10项功能,基本涵盖综合交通出行信息服务各方面,提升城市公共交通智慧服务水平。4月10日,市公交集团在公交4、7、28、31、38、151、407、155、Y2、西湖内环线、西湖外环线等11条线路投放"暖心伞",并在原劳模志愿服务队基础上组建"暖心伞"维修服务队。至年末,累计投放"暖心伞"1500个,"暖心伞"维修服务队修理雨伞200多个。

【"中意巴士"和"垃圾分类巴士"开通】 2019年8月7日,推进中国杭州、意大利维罗纳两座"浪漫之都"友好关系的"中意巴士"在万松书院发车启动。"中意巴士"共有两条线路,分别是充满爱情气息的1314路和WE1314路。车身设计上以红、白、绿三色为主调,车内拉手以话剧《梁祝》和《罗密欧与朱丽叶》经典台词呈现,座椅椅背印有"近朱者赤,近你者甜""躲得过初一躲不过你"等土味情话。"中意巴士"首次采用中、意、英三语播报,每一个站点的播报还会对应一个人文爱情故事。

12月30日,市公交集团创新推出杭城首辆垃圾分类主题巴士和首对主题公交站台,将贯穿城市东西南北方向的两条公交线路、一条专线和BRT公交站打造成"垃圾分类"流动讲堂。同时,以"墩墩""其其""财财""怕怕"四个"小怪兽"为代言人,用简明生动的色彩和形象宣传垃圾分类知识,用一句"今天你分类了吗"来加深广大市民群众对做好日常垃圾分类工作的自觉性和主动性,主题公交站台还设有垃圾分类科普互动专区。 (诸 杰)

2019年12月30日,杭州市首个垃圾分类公交专线正式亮相

(市城投集团 供稿)

【巡游出租车运价改革】 2019年,市交通运输局、市道路运输管理服务中心会同市发改委等有关部门,完成巡游出租车运价改革方案制订、价格听证、稳定风险评估等程序,经市政府审议批准,10月30日印发杭州市巡游出租车运价机制改革三个政策文件,12月1日起实施。杭州巡游出租车运价改革主要内容为完善运价结构和水平,调整起步价,增加低速等候费和特别补偿费,针对早高峰、夜间和春节假期,按照等候时长、里程或单次做出上浮或加收运费规定,使得运价结构和水平更加合理。重新构建油运价格联动机制,实现与燃油补贴完全脱钩。新建运价动态调整机制,根据运价组成结构影响因子,明确运价动态调整公式和动态调整程序,使出租车运价调整更加灵活合理。 (康 琦)

【交通运输领域移动支付】 2019年,杭州市联合公交云、中国银联、携程网开发定制公交二维码支付体系和银联二维码支付体系,做好银联线上公交日卡、周卡、旅游卡等新卡种发售和推广,推出电子公交卡月票,发挥信息化技术在交通领域移动支付作用,提升群众出行满意度。至年末,公交移动支付功能安装覆盖杭州1007条线路,9969辆公交车,实现市域公交车全覆盖。杭州市域内所有高速公路收费站人工通道均实现移动支付全覆盖,所有高速公路收费站ETC车道实现无感快捷支付(非现金)。 (夏梦之)

邮政·快递

【概况】 2019年,杭州市邮政企业和规模以上快递服务企业业务收入(不包括邮政储蓄银行直接营业收入)402.30亿元,比上年增长10.3%;业务总量743.22亿元,增长17.5%。

杭州市规模以上快递服务企业业务量26.57亿件,增长2.6%;业务收入326.79亿元,增长10.2%。其中:同城业务量5.44亿件,下降12.5%;异地业务量累计完成19.76

亿件，增长 6.3%；中国港澳台及国际业务量 1.37 亿件，增长 24.9%。全行业从业人员 7 万余人，支持网络零售 3500 多亿元。快递业务量和业务收入均列全国各大城市第五位、省会城市第二位。

全市邮政函件业务完成 5507.88 万件，下降 37.2%；报纸业务完成 2.23 亿份，下降 4.9%；杂志业务完成 895.49 万份，下降 14.5%；汇兑业务完成 39.65 万笔，下降 26%。

全市有邮政局所 287 个。其中：邮政支局 82 个，自办邮政所 142 个，代办邮政所 63 个；邮政储蓄网点 156 个，其中单设 47 个；报刊零售网点 219 个（含报刊亭 211 个）；"邮乐购"站点 5148 个；集邮专业网点 5 个；邮路 368 条，其中一级干线邮路 29 条、二级干线 28 条、邮区内邮路 311 条；投递道段 2494 条，其中城市投递道段 1598 条、农村投递路线 896 条；行政村通邮率 100%，城区日均投递次数 2.66 次。

【第三届中国（杭州）国际快递业大会】2019 年 9 月 10 日，由国家邮政局、浙江省政府、中国快递协会主办，杭州市政府承办的第三届中国（杭州）国际快递业大会在桐庐召开。近 20 个国家和地区的 600 多位快递界代表以"快递联通世界"为主题，共同探讨新时代快递业高质量发展大计，推动国际交流合作。国家邮政局局长马军胜、浙江省副省长高兴夫、中国快递协会会长高宏峰出席并分别致辞。大会期间，发布《中国快递业社会贡献报告 2018》和《全球快递发展报告》。"中国邮政""顺丰""申通""韵达""中通""圆通""百世""宅急送""德邦""菜鸟""京东"等国内知名快递物流企业与桐庐县政府签订战略合作框架协议。根据协议，桐庐县政府与各企业合作方将在人才、技术、项目等方面展开合作。"申通国际"与 Direct Link（捷递环球）签订战略合作协议。

【杭州获"中国快递示范城市"称号】2019 年，杭州市快递业务量、业务收入持续高速增长，全市快递网络布局日渐完善，服务质量不断提高，与电子商务、农业、制造业等产业联动发展，形成良好发展态势。根据《国家邮政局关于开展"中国快递示范城市"创建工作的指导意见》规定，按照《国家邮政局办公室关于进一步推进"中国快递示范城市"创建工作的通知》，经市政府申报、省级邮政管理部门推荐、国家邮政局组织专家评选，12 月 30 日，国家邮政局复函，同意杭州市"中国快递示范城市"称号。

杭州市邮政行业发展情况

表 47

指标	单位	实绩	比上年（%）
一、邮政行业业务收入	亿元	402.30	10.32
1. 邮政寄递服务	亿元	12.28	1.90
2. 快递业务	亿元	326.79	10.17
二、邮政行业业务总量	亿元	743.22	17.51
1. 邮政寄递服务	万件	40 836.21	2.19
其中：函件	万件	5 507.88	−37.18
包裹	万件	62.68	25.54
订销报纸累计数	万份	22 342.30	−4.91
订销杂志累计数	万份	895.49	−14.46
汇兑	万笔	39.65	−26.01
2. 快递业务	万件	265 665.91	2.61
其中：同城	万件	54 370.76	−12.45
异地	万件	197 554.08	6.32
中国港澳台及国际	万件	13 741.07	24.87

说明：邮政行业业务收入中未包括邮政储蓄银行直接营业收入

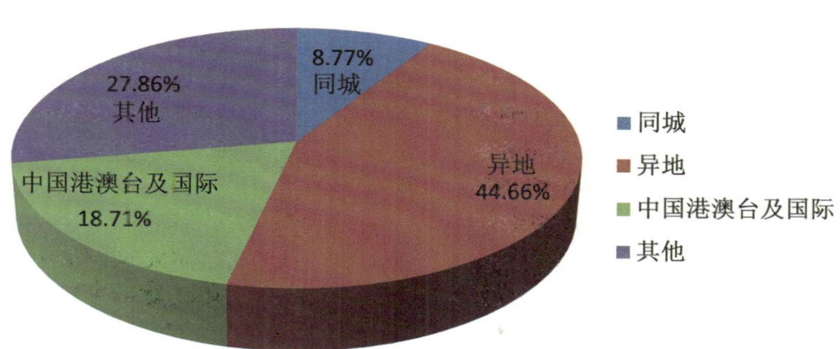

图 1　2019 年杭州市快递业务量结构图

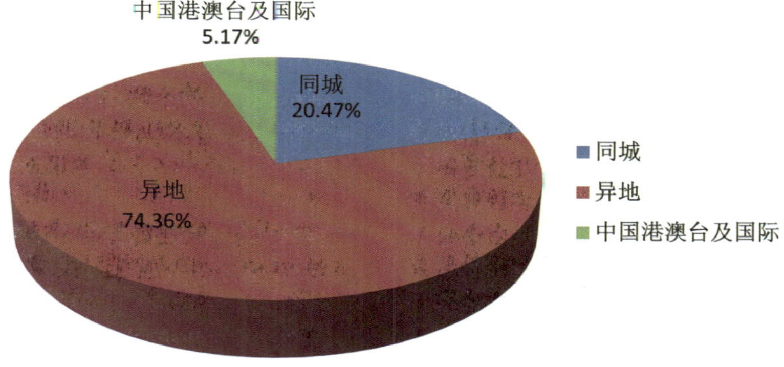

图 2　2019 年杭州市快递业务收入结构图

2019 年 11 月 20 日，快递员与市民在小区绿色回收点参与纸箱回收　　（市邮政管理局 供稿）

【快递业职称评审】2019 年，市邮政管理局实施人才强邮战略，落实《关于做好杭州市 2019 年中级职称评审工作的通知》要求，经过前期“个人申报、单位推荐、综合筛选、择优确定”的程序，聘请 24 名同志为快递行业工程师资格评审委员会专家库成员，聘期三年。为使评审工作更具针对性和操作性，市邮政管理局专门邀请市人力社保部门相关处室领导现场指导，按照人力社保部门要求抽取专家库成员进行评审。会上，专家们对申报人员专业水平、能力贡献、岗位履职绩效进行充分讨论和表决。全市获得快递业高级工程师职称 7 人，中级职称 31 人，初级职称 112 人。杭州在全国率先实现快递业高级工程师零突破。

【快递业绿色环保】2019 年，国家邮政局推动实施“9571 工程”，即到 2019 年末，电子运单使用率达到 95%、50% 以上电商快件不再二次包装、循环中转袋使用率达到 70%、在 1 万个邮政快递营业网点设置包装废弃物回收装置。市邮政管理局督促企业使用环保胶带、包装袋和填充物，落实环保印刷要求；推广简约包装，集中整治过度包装；推广使用电子运单，使用率达到 97% 以上；全市在 1000 个以上邮政快递网点设置包装废弃物回收装置；全行业购买租赁新能源汽车、清洁能源车 100 辆。

【首张新业态快递许可证】2019 年 6 月 19 日，为深化“放管服”改革，引导快递新服务新业态健康发展，解决快递“最后一公里”难题，根据国家邮政局新业态许可相关制度，浙江省邮政管理局向浙江驿智网络科技有限公司“菜鸟驿站”颁发全国首张开办服务站经营快递业务许可证。“菜鸟驿站”主要业务是为各快递企业末端投递提供综合高质量配送，服务站经营快递业务许可的全面推开，有效提升快递末端派送质量，满足人民群众便捷化、个性化的服务需求，促进快递服务水平不断提高。“菜鸟驿站”已经成长为国内最大的快递末端服务平台，2800 多所高校、超过 4 万个社区都可以看到“菜鸟驿站”招牌。

【“邮政在乡”和“快递下乡”工程】2019 年，随着“邮政在乡”“快递下乡”工程的持续推进，快递行业成为“农产品进城、工业品下乡”的重要渠道。市邮政管理局在临安区多年扶植小香薯种植产业，全年销售 2700 多吨，销售额 3500 多万元；指导推进淳安县千岛湖邮政农产品馆“农旅邮”模式，被淳安县推荐为交通部农村物流品牌。杭州临安区快递服务山核桃项目、杭州桐庐县快递服务茶叶项目获浙江省快递服务现代农业“一县一品”铜牌项目。参与地方“互联网 + 政务服务”，实现各类审批文件、工商营业执照、身份证、社保卡等制证寄证一体化服务。依托县乡邮政网点打造政务代理综合服务平台，提高邮政网络资源利用效率，让农民群众办事少跑腿，激发农村创新创业活力。

【“警医邮”便民服务平台】2019 年，市邮政公司与市公安局交通警察局、杭州市中医院共同打造推出“警医邮”便民服务平台。通过邮政遍布城乡的密集网点，便利群众就近办理车管和交警业务，并在网点叠加医院远程体检服务项目，实现网点内一站式期满换证办理业务，为市民提供高效、便捷、优质的交管服务。至年末，全市“警医邮”网点达到 159 个，其中可受理驾驶人员期满换证业务的“警医邮”网点 57 个。　（刘　琴）

责任编辑　章月影

29 投资促进

产业链精准招商

【产业链精准招商市域统筹】2019年5月6日，市政府出台《全市“一盘棋”产业链精准招商工作制度(试行)》(简称《工作制度》)。《工作制度》以规划统筹为主线、政策统筹为重点、项目统筹为核心、要素统筹为保障，并明确产业空间规划、项目首报首谈、配套要素保障等12个方面制度，推动形成全市“一盘棋”格局。在规划统筹上，市投资促进局、市规划资源局、市发改委等部门建立产业空间规划联动机制。在政策统筹上，市投资促进局、市财政局、市国资委、市人才办等部门建立重大招商引资项目“一事一议”政策通道。在项目统筹上，市经信局、市财政局等部门建立重大项目首报首谈和市级主谈制度、市域内工业企业流转财政利益共享机制。在要素统筹上，市规划资源局实现重大产业项目用地需求常态化保障，市国资委制定强化产业投资促进基金统筹举措，建立重点产业链项目市级股权直投机制。

【重点产业招大引强工作】2019年，市有关部门根据全市“双招双引”大会精神，组建生物医药、航空制造、集成电路等7个重点产业招大引强工作专班，整合市、区两级力量，建立横向到边、纵向到底的工作体系，招大引强工作取得阶段性成果。全年引进总投资700亿元的集成电路高端制程项目、总投资100亿元的“势必锐”三方合作项目等重大项目，投资总额超过1000亿元。

【区县(市)产业链精准招商】2019年，市投资促进局组织各地区和主平台围绕自身重点发展的3条产业链，谋划制订39个落地实施方案，并分两批对落地实施方案进行专题评审，梳理评选26个谋划深入、目标明确、路径清晰、专家认可度高、实际可操作性强的落地实施方案。江干区、西湖区、萧山区、余杭区、富阳区、临安区、桐庐县、建德市和钱塘新区分别谋划智能传感器产业、空天信息产业、5G产业、人工智能产业、光通信产业、集成电路产业、快递物流产业、通用航空产业和航空制造产业。

2019年12月23日，“2019产业投资年会”在杭州洲际酒店举行　　(市投资促进局 供稿)

修订完善《杭州市产业投资促进考核办法实施细则》,突出产业链招商的精准导向,引导各地聚焦产业链招引个性化项目。

【“万亩千亿”新产业平台打造】2019年7月26日,市政府按照省政府“万亩千亿”新产业平台建设有关要求,出台《杭州市产业发展导向目录与空间布局指引》,谋划布局生物医药、新能源汽车及关键零部件、中国V谷智能视觉、人工智能、集成电路制造、工业机器人、通用航空等13个新产业平台,进一步理清全市重点产业投资布局“一张图”。10月10日,市投资促进领导小组办公室印发《关于做好“万亩千亿”新产业平台产业链精准招商工作的指导意见》,加快推进产业集聚,并将全市新产业平台产业链项目承接能力情况综合评价纳入年度产业投资考核体系。

【产业投资项目数据共享】2019年,杭州市建立产业投资项目数据共享平台,开展项目数据归集、整理、审核,实现项目全流程管理及项目的统计考核。线下跟踪项目的同时,线上首次发布“招商赛马榜”,建立每周更新榜单、每月通报进展制度,发挥“比一比、赛一赛”的鞭策作用,督促加快项目推进。开展“大好高”“小而美”项目评选,营造比学赶超的浓厚氛围。全年各区县(市)“一把手”对赛马榜批示25次,榜单累计点击量在浙政钉同类应用中排名靠前。

(邵寅佳)

引进和利用外资

【利用外资总量保持全省第一】2019年,杭州市新引进外商投资企业735个(2019年为统计口径调整过渡期),实际利用外资61.27亿美元,比上年增长14%,利用外资额连续13年保持全省首位,占全省实际利用外资总额的45.2%,利用外资规模在16个长三角重点城市中排名第二,仅次于上海;在全国15个副省级城市中位居前列。至年末,杭州市累计引进外商投资企业1.54万个,投资总额2437.49亿美元,合同外资1409.80亿美元,实际利用外资806.38亿美元。

2019年杭州市各区县(市)、钱塘新区实际利用外资情况

表48

单 位	企业(个)	实际利用外资(亿美元)	实际利用外资目标数(亿美元)	完成率(%)
上城区	31	3.86	2	192.90
下城区	47	6.70	4.3	155.87
江干区	67	4.66	3.1	150.17
拱墅区	45	3.81	3.6	105.90
西湖区	92	7.02	5.2	135.06
高新区(滨江)	132	6.47	6.4	101.16
萧山区	65	8.35	7.3	114.41
余杭区	115	8.96	8.3	107.90
富阳区	23	2.97	2.3	129.33
临安区	20	1.60	1.6	100.05
桐庐县	6	1.70	1.4	121.43
淳安县	5	0.20	—	—
建德市	12	1.16	1.1	105.52
钱塘新区	75	3.81	9.9	38.50
合 计	**735**	**61.27**	**56.5**	**108.46**

【引进7个世界500强企业投资项目】2019年,杭州市招引世界500强企业投资项目取得较好成果,全年引进世界500强企业投资项目7个,分别为德国采埃孚投资的采埃孚传动技术(杭州)有限公司,德国戴姆勒投资的蔚星科技有限公司,德国大众投资的杭州同协宾捷汽车销售服务有限公司和杭州萧山捷骏汽车销售服务有限公司,美国Alphabet投资的坤舟信息技术(杭州)有限公司,阿里巴巴集团投资的传里科技(杭州)有限公司,德国蒂森克虏伯集团投资的金蒂鞍(杭州)科技有限公司。至年末,全市有126个世界500强企业在杭州投资,投资项目219个。

【引进外资质量提升】2019年,杭州市坚持招大引强,引进投资总额3000万美元以上外资项目118个,投资总额316.83亿美元,合同外资121.98亿美元。其中:引进投资总额5000万美元以上大项目84个,投资总额1亿美元以上大项目50个。引进外资项目产业结构不断优化,第二产业实际利用外资7.3亿美元,占投资总额的11.9%,其中,制造业实际利用外资5.96亿美元,占9.7%。第三产业实际利用外资53.98亿美元,占88.1%,其中,信息软件业实际利用外资15.68亿美元,占25.6%。

(邵寅佳)

招商活动

【美国旧金山、波士顿生物医药产业投资促进活动】2019年1月6—11日,市投资促进局组团赴美国旧金山、波士顿开展生物医药产业投资促进活动。出访期间,团组参加第37届摩根大通健康产业大会,对接Deinove、BioHaven、Sterna Biologics等生物医药企业,拜访麻省总医院新技术部门及百华协会等组织,在旧金山、波士顿分别举办杭州市生物医药产业专场推介会、杭州市生物医药产业专场对接宣传会。

【中日初创企业创新合作对接会】2019年3月5日,中日初创企业创新合作对接会在未来科技城梦想小镇举行。对接会由浙江省商务厅、浙江省经信厅、日中经济协会、杭州市投资促进局共同主办,浙江省科技厅、浙江省静冈事务局协办,浙江省国际投资促进中心和未来科技城管委会承办。省商务厅副厅长蒋立群、日中经济协会专务理事杉田定大出席对接会并致辞。会上,双方企业代表就人工智能、新能源、健康医疗、跨境电商、食品等领域进行推介。浙江省经信厅、浙江省静冈事务局、杭州市投资促进局、杭州未来科技城、省内企业和商协会代表,日本跨国公司和知名机构等代表150多人参会。会后,

杉田定大率领40多人的日本代表团考察阿里巴巴集团、连连科技有限公司和科大讯飞有限公司等企业。

【德国、以色列专题投资促进活动】 2019年3月9—16日，市投资促进局组织赴以色列、德国开展专题投资促进活动，进一步推进和深化杭州市主要领导赴以色列、德国等地出访相关成果，引进两地高新技术企业及项目落地杭州。根据省商务厅《关于赴德国、波兰开展德国浙江日等投资贸易促进活动的通知》要求，杭州组团参加“德国浙江日”活动，推介杭州市投资环境，推动杭州与当地产业的对接与合作。

【杭州（香港）专业资本交流会】 2019年3月27日，杭州市在香港君悦酒店举办杭州（香港）专业资本交流会。市委常委、统战部部长陈新华出席并讲话，全国政协经济委员会副主任、香港专业及资深行政人员协会会长、友邦保险国际有限公司区域执行总监容永祺，黑石集团（香港）执行董事郭子洋，摩根士丹利亚洲有限公司高级副总裁胡前程，恒生银行商务执行副总裁黄宏活，云锋金融集团高级董事、总经理秦莉及中信资本控股有限公司、东英金融集团、尚乘集团等10多个专业资本公司代表参加讨论交流。

【杭州（香港）创新合作恳谈会】 2019年6月13日，以“科技创新，共享亚运”为主题的杭州（香港）创新合作恳谈会在香港举行，杭州市委副书记张仲灿出席并致辞，市委常委、统战部部长陈新华主持会议，副市长胡伟做杭州总体发展环境和2022年亚运会有关情况介绍，香港特区政府创新及科技局局长杨伟雄，亚奥理事会第一副主席、香港体育协会暨香港奥委会会长霍震霆出席活动。来自香港的知名企业和机构代表100多位嘉宾参会。会上公布杭港两地合作成果，8个项目交换合作备忘录。与会嘉宾围绕科技创新、产业投资、产融合作主题进行互动交流。

2019年6月13日，杭州（香港）创新合作恳谈会在香港举行。图为杭港两地代表交换合作备忘录

（市投资促进局 供稿）

【德国北威州生物产业联盟生命科学项目对接研讨会】 2019年5月10日，“德国北威州生物产业联盟生命科学项目对接研讨会”在钱塘新区举行。来自德国北威州生物产业联盟及中德企业代表聚焦生命科学项目发展，展开广泛交流。会上，多特蒙德LDC药物研发公司、明斯特KanMedIm医疗器械公司和诺伊斯Profil糖尿病研发公司同国内海正药业有限公司、健培科技有限公司等生物医药企业发布合作项目信息，信息涵盖生物医药和微创手术领域。德国北威州与杭州钱塘新区签署合作备忘录，双方将进一步加强生物医药交流往来，在生物医药、医疗器械、科研交流等方面开展深入合作。

【杭州—以色列投资促进科技交流会】 2019年5月14日，由市投资促进局、市科技局主办的“杭州—以色列投资促进科技交流会”在杭州天元大厦举行。举办交流会旨在搭建杭州与以色列的合作平台，推动双方开展多领域的交流合作。来自以色列智慧医疗、网络安全、跨境电商、大数据、云计算和智能系统等领域的20个企业代表，与近50个杭州本土企业开展一对一洽谈。

【中以创新论坛暨以色列项目入驻仪式】 2019年5月14日，中以创新论坛暨以色列项目入驻仪式在杭州钱塘新区大创小镇举行。活动由浙江省科技厅指导，杭州市委人才办、杭州市科技局、杭州市投资促进局、杭州钱塘新区管委会主办，系在杭州举办的第二届中以创新论坛。论坛邀请中国和以色列高科技初创企业参加。活动现场，举行中以跨境孵化平台推荐入驻、中以创新投资基金成立等仪式，中以双方达成多个合作项目，并共同探讨中以跨境孵化平台在生物医药、人工智能等领域的具体发展模式。

【数字经济领域央企名企走进浙江大湾区专题对接会】 2019年5月24日，数字经济领域央企名企走进浙江大湾区专题对接会在杭州举行。省委副书记、省长袁家军，中国电子信息产业科技集团董事长熊群力，中国能源建设集团董事长王莉明，中国电子集团党组副书记曾毅，国家集成电路产业投资基金公司总裁丁文武等出席对接会并讲话，会议由省委常委、常务副省长冯飞主持。杭州市委副书记、市长徐立毅出席，市委常委、常务副市长戴建平在会上做推介发言。中国电子科技集团、紫光集团等数字经济领军企业参会。杭州市组织22个数字经济产业链企业参会，2个杭州数字经济领域的重大合作项目在会上签约。部分参会企业代表赴西湖区云栖小镇、杭州未来科技城等地考察。

【国际创新临床研究大会】 2019年6月27日，中国医药创新促进会、中

2019 年 9 月 18 日，杭州（深圳）产业合作恳谈会在深圳香格里拉酒店举行
（市投资促进局 供稿）

国心血管健康联盟、中国抗血栓药物治疗联盟、杭州市投资促进局、杭州钱塘新区管委会、美国华裔血液及肿瘤专家学会（CAHON）联合主办国际创新临床研究大会。大会围绕创新药物与细胞疗法国际多中心临床研究的开展及大数据在指导临床研究与应用等领域的热点前沿问题，设置主题报告和专题讨论环节，吸引国内外知名临床专家、临床研究机构资深研究人员及医药企业科研人员 300 多人共聚一堂。主办大会旨在探讨推动中国国际临床研究设计与真实世界数据应用能力快速提升的路径，以促进相关组织机构更加科学、规范、有效开展并积极参与国际多中心临床试验，助力患者更快、更好地用上创新药。

【“携手粤港澳合作谱新篇”杭州（深圳）产业合作恳谈会】2019 年 9 月 18—19 日，省委常委、市委书记周江勇一行赴深圳、珠海开展投资促进活动，旨在推进“广州—深圳—香港—澳门”科技创新走廊建设，共建粤港澳大湾区大数据中心和国际化创新平台，深化杭州与深圳、珠海在科技创新、数字经济等领域的合作。9 月 18 日，召开杭州（深圳）产业合作恳谈会，周江勇与新世界中国地产集团、香港新鸿基集团、世界顶尖科学家协会、深圳市浙大校友会、深圳市杭州商会等企业和社会组织负责人座谈交流，共商合作、共谋发展。市领导许明、张振丰、柯吉欣和 80 多个杭州企业及机构代表参加。在深圳、珠海期间，周江勇一行考察格力电器有限公司、华为技术有限公司、优必选科技有限公司，会见恒基兆业集团负责人。

【第二届进博会及国际航空产业链领袖峰会】2019 年 11 月 5—8 日，市投资促进局组团赴上海参加第二届中国进口商品博览会及国际航空产业链 IASC 领袖峰会，开展相关招商活动。其间，参加由东浩兰生（集团）有限公司与法国巴黎大区投资促进局、法国巴黎大区工商会共同主办的国际航空产业链 IASC 领袖峰会，与空客公司、波音公司、通用电气公司等航空制造领军企业沟通交流，商洽投资合作可能。与美国华盛顿州斯诺霍米什郡、中国德国商会，巴黎大区投资促进局、巴黎大区工商会、欧洲航空产业联盟、迪拜工商会、美国华盛顿州商务厅等机构和单位进行一对一对接洽谈，推介杭州投资环境，探讨双方在航空产业领域的合作机遇。

【日本东京半导体产业投资促进活动】2019 年 12 月 [illegible]—13 日，市投资促进局组团赴日本开展半导体产业投资促进系列活动。其间，代表团参观日本东京国际半导体电子元器件展览会，举办东京半导体产业恳谈会，上门走访东京电子、日立化成、爱德万测试等日本知名集成电路企业，开展敲门招商，推介杭州投资发展环境，吸引日本企业到杭州投资和与杭州企业开展合作。东京半导体产业恳谈会邀请 14 个日本半导体设备、材料、电子元器件等细分产业知名企业参加，与杭州代表团进行深入沟通与交流。

【空天信息大会】2019 年 12 月 18 日，由市政府主办、市投资促进局和西湖区政府联合承办的“2019 空天信息大会”在西湖区云栖小镇举行，来自全国航天、卫星遥感、测绘和时空大数据企业领域 350 多个企业 850 多位嘉宾参会。4 个合作项目在会上签约，50 多个空天信息领域企业和 30 多个投资机构进行项目路演和产业对接，达成投资合作意向 40 多个。

【杭州投资促进年会活动】2019 年 12 月 23 日，在杭州洲际酒店举办“杭州·成就梦想——2019 产业投资年会”。市委常委、常务副市长戴建平，副市长胡伟出席。知名企业和机构代表、重点产业项目代表、亿元以上项目代表、盯引项目代表、主流媒体记者等 500 多人参加会议。年会设置“未见来见·追逐梦想”“未遇来遇·成就梦想”“未来已来·展望梦想”三大篇章，呈现杭州助力创新创业者追逐梦想、成就梦想和展望梦想的“梦想之都”形象。通过知名经济学家权威发布《发现杭州：中国城市投资指数报告》、产业引擎性项目体会分享、年度产业投资代表项目展示、杭州产业投资数据解读、市领导对话企业家圆桌会等环节，展示杭州“双招双引”风采和“比学赶超”氛围，传递杭州产业投资重点和未来主攻方向等方面的信息。（邵寅佳）

责任编辑 余显幕

对外经贸 30

货物贸易

【概况】2019年，杭州市货物进出口总额5596.81亿元（811.54亿美元），比上年增长6.7%（以美元计算增长2%）。其中：出口3612.66亿元（523.83亿美元），增长5.7%（以美元计算增长1.1%）；进口1984.14亿元（287.71亿美元），增长8.5%（以美元计算增长3.7%）。按不含省级公司进出口实绩统计，杭州市外贸进出口总额5192.16亿元（752.85亿美元），增长7.1%（以美元计算增长2.4%）。其中：出口3352.76亿元（486.12亿美元），增长6.4%（以美元计算增长1.8%）；进口1839.4亿元（266.73亿美元），增长8.3%（以美元计算增长3.5%）。全年一般贸易出口2838.57亿元，增长5.8%，占出口总额84.7%；加工贸易出口431.7亿元，增长2%，占出口总额12.9%。机电产品出口1550亿元，增长6.1%，占出口总额45.1%；高新技术产品出口569亿元，增长9.7%，占出口总额16.4%。杭州市有进出口实绩企业1.29万个，有出口实绩企业1.08万个。全年落实外贸扶持资金近2亿元。

对全市出口额超1000万美元的涉美企业建立市领导直接联系制度，并对高科技、医药、纺织等重点外贸行业建立领导关注行业制度；对全区出口额超500万美元的涉美企业建立区领导联系制度，实现区重点企业全覆盖。

【全国首创"杭信贷"融资模式】2019年，杭州市坚持以企业实际需求为导向，创新金融融资服务，全国首创"杭信贷"融资模式。该融资模式政策于10月23日内部印发。"杭信贷"融资模式依托杭州金融

2019年杭州市出口额前25位企业排序情况

表49

排序	企业名称	出口额（亿元）	比上年（%）
1	杭州海康威视科技有限公司	132.52	5.4
2	浙江大华科技有限公司	78.84	4.5
3	中策橡胶集团有限公司	71.84	5.1
4	玳能科技（杭州）有限公司	52.15	5.0
5	浙江恒逸石化有限公司	38.93	19.7
6	杭州巨星科技股份有限公司	38.76	-5.7
7	浙江正泰太阳能科技有限公司	28.22	18.7
8	杭州市轻工工艺纺织品进出口有限公司	24.47	-5.1
9	中国电建集团华东勘测设计研究院有限公司	21.17	72.5
10	杭州鼎胜进出口有限公司	20.39	-0.8
11	浙江春风动力股份有限公司	16.78	20.1
12	杭州中艺实业股份有限公司	16.15	19.4
13	浙江华达新型材料股份有限公司	16.12	39.9
14	顾家家居股份有限公司	15.83	-20.7
15	奥的斯机电电梯有限公司	15.56	-6.7
16	浙江杭叉进出口有限公司	15.46	-10.9
17	博世电动工具（中国）有限公司	15.45	-2.7
18	浙江江铜富冶和鼎铜业有限公司	13.84	249.4
19	杭州海兴电力科技股份有限公司	13.47	26.2
20	杭州默沙东制药有限公司	12.37	-2.2
21	杭州大和热磁电子有限公司	12.30	-7.5
22	汇孚集团有限公司	12.24	-31.0
23	浙江物产国际贸易有限公司	11.50	-19.9
24	杭州杭丝时装进出口有限公司	11.50	-26.7
25	浙江新安化工集团股份有限公司	11.26	-17.3
合计		717.13	4.5

综合服务平台（“杭州e融”），设立“政策性信保+银行授信+政策风险担保”的外贸融资新模式，鼓励银行向中小微外贸企业提供出口信保项下免抵押、纯信用的优惠利率贷款。

“杭州e融”是2019年杭州市政府年度重点工程之一，旨在整合政府部门、企事业单位、人民银行、金融机构及社会机构数据，逐步建设一个覆盖全市普惠金融、金融治理、保险担保、风险监控等领域的一站式多功能平台。打造杭州金融“一个平台、两个系统（核心系统和业务系统）、X项金融服务产品”的“1+2+X”服务体系，配套金融扶持政策，组建征信服务公司，提供信用评分、征信报告、债权融资、股权融资等金融服务。

【中国（浙江）自由贸易试验区杭州联动创新区获批】2019年12月9日，浙江省政府批复同意设立杭州、宁波、温州、嘉兴、金华、台州6个中国（浙江）自由贸易试验区联动创新区。联动创新区计划依托原有的省级以上经济（技术）开发区、高新技术产业园区、海关特殊监管区等各类经济功能区，全面复制推广自贸试验区改革经验，重点复制推广政府职能转变、投资管理等领域的制度创新成果。在数字经济、民营经济、智能制造、小商品贸易等方面，探索形成一批具有代表性、体现浙江特色的改革创新经验。自贸试验区杭州联动创新区面积118.55平方千米，涵盖4个片区，其中：主城片区42.96平方千米，钱塘片区25.18平方千米，余杭片区25.35平方千米，临空片区25.06平方千米。计划在贸易、投资、金融、服务等方面先行先试，建设以数字经济为核心特色的数字自贸试验区。

【出口名牌认定】2019年，杭州市开展市级“出口名牌”企业认定工作，做好省级“出口名牌”企业推荐工作。全年全市有40个企业参加2019年度“浙江出口名牌”申报复评，79个企业参加2018年度“杭州出口名牌”申报复评。全年认定2019年度“浙江出口名牌”企业24个，其中新增7个、复评17个；认定2018年度“杭州出口名牌”企业68个，其中新增22个、复评46个。

【“一带一路”沿线国家海外贸易自办展】2019年，杭州已在“一带一路”沿线国家布局9个海外贸易自办展，并全部获得国际展览联盟（UFI）认证。全年在波兰、土耳其、墨西哥、巴西、南非、埃及、约旦、阿联酋、印度举办海外展，展会总面积达18万平方米，展位数7500多个，参展企业超过3600个，其中，杭州展位2500多个，参展企业1000多个。共吸引50多个国家的10多万名采购商到场。

【中国（土耳其）贸易博览会】2019年5月23—25日，由杭州市政府主办，杭州市商务局和浙江米兰奥特商务会展股份有限公司共同承办的第六届中国（土耳其）贸易博览会在伊斯坦布尔世贸中心举行。展会吸引来自土耳其及希腊、格鲁吉亚、约旦、保加利亚、阿塞拜疆、伊朗、黎巴嫩、伊拉克等18个国家近1.1万名采购商到会采购。展会线上采购配对6706次，现场采购配对910场次，成交金额近2700万美元。

【中国（波兰）贸易博览会】2019年5月29—31日，由杭州市政府主办的2019中国（波兰）贸易博览会在华沙PTAK展览中心举行。展览面积2.1万平方米。展会设家居礼品、家电电子、家具、纺织服饰、工业机械、建材、汽摩配、服务贸易、欧洲出口商品等16个展区，还设有潇洒桐庐、南通名品、至诚山东、江门制造等特色展区。来自浙江省、广东省、山东省、安徽省、香港特别行政区等

2019年杭州市进口额前25位企业排序情况

表50

排序	企业名称	进口额（亿元）	比上年（%）
1	浙江江铜富冶和鼎铜业有限公司	110.40	20.9
2	浙江物产国际贸易有限公司	101.30	88.6
3	赛诺菲（杭州）制药有限公司	80.26	22.3
4	中航国际矿产资源有限公司	71.19	48.6
5	浙商中拓集团股份有限公司	67.21	735.7
6	杭州海康威视科技有限公司	62.84	30.0
7	杭州热联集团股份有限公司	53.57	–1.7
8	中国诚通国际贸易有限公司	52.37	90.2
9	浙江明日控股集团股份有限公司	50.57	57.8
10	杭州华速实业有限公司	41.11	–5.9
11	新华三信息技术有限公司	36.59	—
12	杭州心怡仓储服务有限公司	35.66	27.7
13	中策橡胶集团有限公司	35.50	–28.2
14	杭州杭钢对外经济贸易有限公司	30.54	–34.7
15	杭州福斯特应用材料股份有限公司	28.75	22.8
16	杭州同捷仓储服务有限公司	24.88	408.9
17	浙江大华科技有限公司	24.23	5.8
18	杭州默沙东制药有限公司	22.25	–54.9
19	浙江杭钢国贸有限公司	19.85	715.2
20	新华三技术有限公司	18.08	–43.9
21	杭实国贸投资（杭州）有限公司	17.25	123.3
22	杭州同捷仓储服务有限公司	16.61	—
23	浙江物产森华集团有限公司	15.85	34.8
24	乐金电子（杭州）有限公司	13.84	30.0
25	史陶比尔（杭州）精密机械电子有限公司	12.73	–8.3
合计		1 043.41	34.4

16个省（市）及地区的550个外贸企业参展，展位1060个，其中杭州企业108个，展位287个。展会吸引来自波兰及德国、俄罗斯、乌克兰、捷克、立陶宛等12个国家的1万余名采购商到会采购。展会线上采购配对4270次，现场采购配对659场次，成交额6600多万美元。

【中国（巴西）贸易博览会】2019年9月17—19日，由杭州市政府首次主办的第六届中国（巴西）贸易博览会在巴西圣保罗会展中心举行。展览面积1.8万平方米，近400个供应商设展位900个；其中，杭州企业104个，展位374个。展会吸引来自巴西及厄瓜多尔、委内瑞拉、阿根廷、智利、秘鲁、乌拉圭等周边10多个国家的专业买家1.08万名，实现成交额2950万美元。

【杭州交易团参加"三会"】2019年6月8—12日，首届中国—中东欧国家博览会暨国际消费品博览会、第21届中国浙江投资贸易洽谈会（简称"三会"）在宁波举行。杭州市商务局组织网易、贝店等428个采购商参加首届中国—中东欧国家博览会采购、产业对接、项目洽谈、合作签约等系列活动，完成商品采购意向金额2936.66万美元；组织34个企业参加2019国际消费品博览会，展会意向采购金额510万美元。杭州锦江集团投资几内亚铝产业、杭州呼嘭智能技术有限公司海外电子支付及数字银行、杭州有赞科技有限公司增资等3个项目参与第21届中国浙江投资贸易洽谈会重大项目签约。

【杭州交易团参加中国国际进口博览会】2019年11月5—10日，第二届中国国际进口博览会（简称进博会）在上海国家会展中心举行。中共中央总书记、国家主席、中央军委主席习近平出席开幕式及相关活动，并发表主旨演讲。开幕式结束后，习近平陪同各国元首巡视中国馆，市委书记周江勇在现场陪同讲解。良渚古城遗址、湖滨步行街和阿里刷脸支付专柜三处"杭州元素"亮相中国馆。全市参与采购的企业和单位3121个，专业观众7856人，采购商和参展人数均列全省各交易团的首位。杭州交易分团实现成交金额25.32亿美元，占全省成交金额的36.7%。

11月13日，由杭州市政府主办，杭州市商务局、杭州钱塘新区管委会共同承办的杭州钱塘新区2019上海招商推介会在沪举行。推介会吸引跨国企业、知名投行、会计师事务所、科研院所等单位机构负责人，以及巴西和埃塞俄比亚驻沪总领事、7个国家驻沪总领事馆相关负责人及20多个国际机构代表共400多人参加，承接此次进博会带来的溢出效应。12月7日，杭州市商务局与浙江省商务厅、上城区政府共同举办第二届进博会指定浙江非物质文化遗产和中华老字号延展，组织35名外宾现场参与"灵动浙江"非遗和老字号手工技艺特别体验活动。（冯蔷颖）

服务贸易

【概况】2019年，杭州市服务贸易实现出口额124.9亿美元，比上年增长19%，主要领域涉及服务外包、建筑服务和文化服务，分别占出口总额的57.5%、10.8%、8.5%。

全年杭州市承接服务外包合同签约额87.75亿美元，服务外包合同执行额73.62亿美元，其中，离岸服务外包合同签约额85.62亿美元，离岸服务外包合同执行额71.86亿美元，增长3.9%。离岸执行额中，信息技术外包（ITO）合同接包执行额42.68亿美元，占总执行额的59.4%；业务流程外包（BPO）接包执行额为1.54亿美元，占总执行额的2.1%；其他（KPO等）合同接包执行额为27.65亿美元，占总执行额的38.5%。至年末，在商务部服务外包业务管理系统备案企业1645家，服务外包企业从业人员44万余人。离岸执行额在100万美元以上的服务外包企业362个，离岸执行额共71.49亿美元，占全市离岸执行总额的99.5%。其中，离岸执行额在1000万美元以上的服务外包企业有132个，离岸执行额为63.4亿美元，占全市离岸执行总额的88.2%。全年开展服务外包培训120期，培训人员3971人。

全年登记备案自由类技术进出口合同736份，合同金额为8.96亿美元。其中：技术出口合同527份，合同金额5.11亿美元；技术进口合同209份，合同金额3.85亿美元。

【深化服务贸易创新发展系列政策出台】2019年3月25日，杭州市商务局、杭州市财政局共同出台《杭州市加快服务贸易创新发展实施意见》，明确市级和区级财政按比例每年统筹安排一定资金，从支持壮大市场主体、支持创新发展模式、支持开拓国际市场、支持建设公共平台、支持防范出口风险5个方面对服务贸易企业和机构给予一定的补助。全年杭州市落实扶持资金1800多万元。

9月12日，市商务局组织修订《杭州市服务贸易示范企业、成长型企业认定管理办法》和《杭州市服务贸易示范园区认定管理办法》，并组织评选出服务贸易示范企业46个、成长型企业31个，服务贸易示范园区12个。

【中国国际服务外包交易博览会】2019年9月26—28日，由商务部、杭州市政府主办，中国国际投资促进会、杭州市商务局承办的第十届中国国际服务外包交易博览会在杭州举行。来自"一带一路"12个国家的53位中高级官员、中国有关政府部门领导、国内外企业负责人、国际著名分析师、境内外服务外包行业协会代表、知名买家、投资机构高管等1000多人出席会议。博览会以"拥抱5G·AI时代，集聚创新要素，发展数字服务，构建数字经济"为主题，聚焦新机遇、新技术、新业态、新动能，通过开展全球服务外包行业论坛、电子商务示范工作经验交流会、服务外包示范城市座谈会、工业互联网与数字智慧园区研讨会和中国数字服务暨服务外包领军企业推介会等16场活动，加快推动服务外包向高技术、高附加值、高品质和高效益转型升级。（冯蔷颖）

对外经济合作

【概况】2019年，杭州市实现境外企业总投资额44.96亿美元，境外企业中方投资额20.55亿美元。其中，新批境外投资项目229个，总投资37.83

亿美元，中方投资额15.75亿美元。新批境外投资增资项目54个，增资额4.8亿美元。全年全市实现国外经济技术合作营业额27.41亿美元。对外承包工程新签合同额32.45亿美元，完成营业额27.37亿美元；对外劳务人员新签合同工资总额345万美元，劳务人员实际收入总额603万美元。

【境外投资促进活动】2019年，杭州市100多个企业参加中国国际投资贸易洽谈会、浙江投资贸易洽谈会、中国—东盟博览会、中非投资与产能合作项目对接会、中国—中东欧国家投资合作洽谈会、上法兰西大区杭州投资推介会等项目对接活动。召开境外投资企业服务联盟（杭州）圆桌会，联盟成员对杭州市10个企业提出的关于境外投资备案、融资模式、信用保险、风险防范、国别环境、人才培养等问题进行针对性的专业解答。杭州市商务局举办杭州市境外经贸合作区和企业对接会，组织120多个企业参加，并邀请泰中罗勇工业园等5个境外工业园，以及中国出口信用保险公司等专业机构参会对接，推动企业深入参与"一带一路"建设，做好中美经贸摩擦应对工作，鼓励企业依托境外经贸合作区加快产能转移，开拓多元市场。

【境外经贸合作区建设和培育认定】2019年，杭州市推进境外经贸合作区建设，做好原有1个国家级境外经贸合作区、4个省级境外经贸合作区的建设工作，引导杭州市境外投资企业入驻园区。至年末，有2个杭州企业入驻泰中罗勇工业园，并推荐顾家家居墨西哥工厂入驻北美华富山工业园。根据《杭州市境外经贸合作园区认定和培育办法》，开展首批市级境外经贸合作区的申报认定工作，认定科尔美国公司棉纺园区、锦江印尼氧化铝园区2个市级境外经贸合作区。

【"一带一路"沿线国家经贸合作】2019年，杭州市对"一带一路"沿线国家完成承包工程营业额16.35亿美元，占对外承包工程总营业额的59.7%。非洲地区完成营业额4.73亿美元，占总营业额的17.3%；拉美地区完成营业额5.99亿美元，占总营业额的21.9%。全年全市对"一带一路"沿线国家投资项目66个，总投资7.74亿美元，主要投资领域为汽车零部件、纺织品、家具等。（冯蔷颖）

国际贸易促进

【概况】2019年，中国国际贸易促进委员会杭州市委员会（简称市贸促会）围绕推进城市国际化和开放型经济发展目标，开展国际交流与合作，加强贸易投资促进工作，为企业开拓国际市场和提升国际竞争力服务，促进杭州市开放型经济发展。

市贸促会全年走访、接待47个国家和地区的来访团组120批次、1024人次。与德国北威州投资促进署、巴西全国工业联合会（CNI）、捷克国家投资局、波兰国家总商会促进中心、波兰克拉科夫工商会、波兰格列维采工商会、迪拜多种商品交易中心（DMCC）、英国英中贸易协会（CBBC）、捷克工业联合会9个国际机构签订友好合作协议。

全年组织外展项目43个，展位数468个，服务参展企业303个（次）。其中，10个展位以上或规模展会项目13个，包括法兰克福家纺展、美国西部安防展、俄罗斯五金展等。

全年全市贸促系统签发各类单证14.27万份，其中：市二级签发一般原产地证明书4.67万份，签发优惠产地证1.76万份，出具商事证明书2.89万份，代办使馆认证3340份，签发ATA单证册128份，签发单据认证71份。

经中国国际贸易促进委员会（简称中国贸促会）授权成立中国贸促会自贸协定（杭州）服务中心，受理涉外商事调解案件22起，涉案金额3500多万元。9月18日，市委政法委、市法院、市司法局、市财政局联合印发《关于进一步加强行业调解组织建设的意见》，将市贸促会涉外商事调解纳入八大行业调解组织之一，并由市贸促会牵头全市涉外商事纠纷调解组织建设。

【国际经贸交流】2019年1月23日，市贸促会与卢旺达发展署、卢旺达驻华大使馆在杭州联合举办"中非品牌面对面——卢旺达咖啡品牌推介对洽会"。卢旺达33个咖啡生产商与杭州30多个企业开展合作洽谈。

5月23日，市贸促会邀请并组织古巴、埃塞俄比亚、斯洛伐克、斯里兰卡、奥地利、巴西、捷克、匈牙利、意大利、日本、韩国、荷兰、新加坡、西班牙、瑞士、阿联酋、越南、秘鲁等18个国家的30多位国际嘉宾参加市政协、市外办等单位联合举办的2019年"杭州民营企业牵手'一带一路'国家（地区）对接洽谈会"。

5月27日至6月3日，市贸促

2019年5月31日，杭州市贸促会与波兰国家总商会促进中心签订友好合作备忘录（市贸促会 供稿）

会联合民建市委会，组织杭州经贸代表团到捷克、波兰开展走进“一带一路”沿线国家经贸交流活动。代表团在捷克和波兰举办4场大型杭州城市推介会暨企业对接洽谈会。与捷克工业联合会、波兰企业和技术部贸易和国际合作司等国家及地方商务机构进行交流，实地考察皮尔森啤酒厂、“一带一路”捷克站——帕夫洛夫物流园等企业，开展产业对接活动。市贸促会与捷克国家投资局、波兰国家总商会促进中心、波兰克拉科夫工商会、波兰格利维采地区工商会签署友好合作备忘录。在杭州欧缇丝菠丹妮贸易有限公司挂牌设立中国国际贸易促进委员会杭州市委员会（杭州市国际商会）驻捷克共和国联络处。

7月9日，市贸促会与迪拜多种商品交易中心（DMCC）自由区在杭州联合举办“迪拜投资推介会”。150多个企业、210多人参加活动。市贸促会与迪拜DMCC自由区签署合作备忘录。

9月16日，参加2019年国际保护知识产权协会（AIPPI）伦敦世界知识产权大会的杭州代表团拜访英国英中贸易协会，与英国英中贸易协会主席沙逊勋爵进行座谈交流。市贸促会与英国英中贸易协会联合举办“杭州城市推介暨中英企业对接会”。比亚迪股份有限公司英国分公司、西湖电子集团有限公司、杭州西湖比亚迪新能源汽车有限公司三方签署合作协议。市贸促会与英国英中贸易协会签署友好合作协议。

10月15日，市贸促会与荷兰驻上海总领事馆、荷兰外商投资局在杭州联合举办荷兰物流研讨会。荷兰驻上海总领事馆总领事万鹤庭出席并致辞。市国际商会副会长单位钱城国际进出口有限公司等10个企业与荷兰国际物流协会、鹿特丹港、阿姆斯特丹史基浦机场及20多个荷兰物流企业进行对接交流。

12月5日，市贸促会与巴西驻沪总领事馆在杭州你创网络科技有限公司联合举办巴西初创企业研讨会。巴西18个初创企业代表及巴西经济部创新秘书处、巴西驻上海总领馆商务处、巴西科技园和孵化器协会、巴西中小企业服务局相关负责人等40多人参会。

12月11日，市贸促会与市妇联、英国驻沪总领事及相关英国机构在杭州联合举办“中英女性创新创业（杭州）论坛”。英国利兹市政厅、大利兹地区企业联合会、英中贸易协会、奈特华有限公司相关负责人、杭州女性企业家代表和部分杭企代表近40人参加论坛。

【APEC工商领导人中国论坛】 2019年7月21—22日，由中国贸促会、中国国际商会、杭州市政府主办，亚太经济合作组织（APEC）中国工商理事会承办，市贸促会、江干区政府协办的2019年APEC工商领导人中国论坛在杭州国际会议中心举行。APEC经济体工商界领袖、智库和中外方企业600多位代表参会，会议围绕科技与新金融、数字化新产业、技术与产业、智慧城市、5G等议题进行深入交流。阿里巴巴集团董事局主席马云、娃哈哈集团公司董事长宗庆后、宏胜饮料集团总裁宗馥莉等72位杭州企业代表参加论坛活动。

【APEC工商咨询理事会年度第三次会议】 2019年7月22—25日，由中国贸促会主办、杭州市政府支持，中国国际商会、市贸促会、江干区政府共同承办的2019年APEC工商咨询理事会第三次会议在杭州国际会议中心举行。会议围绕“数字时代合作实现包容性增长”主题，就“通过完善包容性贸易政策促进数字时代

2019年7月22—25日，2019年APEC工商咨询理事会第三次会议在杭州举行 （市贸促会 供稿）

2019年9月18日，在2019年AIPPI伦敦世界知识产权大会闭幕式上，副市长胡伟（左一）接过象征AIPPI大会举办权的奖杯 （市贸促会 供稿）

的经济增长”和“加速区域经济一体化”等领域进行交流。来自APEC的21个经济体约250位亚太经济合作组织工商咨询理事会（ABAC）代表及随员与会。

【AIPPI杭州世界知识产权大会接旗仪式完成】2019年9月15—18日，由副市长胡伟带队，市贸促会组织杭州代表团赴英国伦敦出席2019年国际保护知识产权协会（AIPPI）世界知识产权大会。杭州代表团全程参与并观摩会议注册、开幕式、全体会议、女性论坛、文化之夜、闭幕式等环节；举办AIPPI—中国贸促会—杭州三方会议，推进2020年AIPPI杭州世界知识产权大会筹备工作；在伦敦大会主会场设置宣传展位，启动杭州城市及2020杭州大会宣传；副市长胡伟从英国CCC（协调委员会）主席手中接过象征AIPPI大会举办权的奖杯，完成“伦敦大会—杭州大会”交接仪式。

【中国(杭州)国际休闲产业博览会】2019年10月18—20日，由市贸促会承办的第十四届中国（杭州）国际休闲产业博览会在杭州国际博览中心举行。博览会以“新休闲·新城市·新文化·新生活”为主题，分设国际休闲展区、国内友城展区、汉服国潮展区、文化休闲展区、特色休闲产品展区以及国际户外休闲展区六大区块，设标准展位384个。意大利、埃塞尔比亚、日本、印度等16个国家和地区的95个机构、企业参展，国际展位数116个，占比30.2%。

【3个市贸促会海外联络处建立】2019年，市贸促会（市国际商会）先后与杭州中能汽轮动力有限公司、杭州欧缇诗菠丹妮贸易有限公司、浙江吉利控股集团有限公司控股子公司伦敦电动汽车公司合作，在印尼、捷克、英国设立3个市贸促会（市国际商会）海外联络处，为杭州企业在印尼、捷克、英国以及其他“一带一路”国家开展贸易投资合作提供便利化对接渠道。

【杭州代表团参加夏季达沃斯论坛】2019年7月1—2日，杭州市代表团赴大连参加第十三届夏季达沃斯论坛。论坛期间，杭州代表团围绕先进制造业、现代服务业、信息产业等杭州重点发展产业与“世界500强”和行业知名企业代表交流互动；副市长胡伟出席论坛，会见瑞士再保险公司、美国湾流国际公司、赛诺菲集团等8个“世界500强”企业和跨国公司的代表。

【“贸促课堂”培训】2019年，市贸促会围绕企业需求和关注热点，与国内外专业机构合作，先后举办“‘一带一路’国家（拉美地区）经贸分享会”“‘综合保税区’园区介绍、跨境业务、平台运营及园区考察”“企业融资与上市之路——中小企业如何提升营收和融资能力”“涉外商事认证业务”“提升企业抗风险能力，ISO 22301业务连续性管理体系建设”“外贸工具助力B2B营销推广”“外贸法律风险防范”“走进大数据时代下的‘智慧城市与绿色交通’主题活动”“市国际商会走进艺尚小镇”等16场次培训活动，912个（次）企业参加培训。（郑慧颖）

公平贸易

【对外贸易摩擦预警预判监测】在市中美经贸摩擦应对工作领导小组增加预警响应职能的基础上，市商务局建立“应对中美贸易摩擦稳外贸”6人专班，明确专班“订单-清单”工作职责，建立市本级、区县（市）和乡镇（街道）三级联系工作群。协调财政部门安排专项资金300多万元，对企业填报给予政策支持和鼓励。市本级、区县（市）两级联合，对全市出口额超500万美元的涉美企业，实现走访全覆盖。分行业、分层次调研座谈企业近1000个，收集问题300多项，现场协调和解决问题200多项。

至年末，杭州市上线并填报订单信息企业6543个，填报率、上线率和预警响应率均达到100%；萧山区、建德市成为首批省级预警示范点，以“红黄蓝绿黑”五色清单预警企业为重点，开展专项监测服务；实施“日研判、周会商、月例会”制度，加强形势分析研判，编制市级工作专报16期，向省商务厅报送简报信息近40条，建立落实市级稳外贸政策月台账，定期做好报送工作。

【领导小组工作机制健全】2019年，市商务局在2018年10月成立杭州市中美经贸摩擦应对工作领导小组基础上，增加预警响应相关职能，确立由34个省、市级部门领导和具体负责人组成的工作专班，形成专班工作方案，强化应对工作的组织领导。加强部门联动配合，惠企成效不断显现：市商务局与市财政局研究制定资金扶持政策，加快现有政策兑现进度；市商务局、市科技局、市金融办等牵头探索金融创新服务，出台“杭信贷”融资政策；钱江海关开展“两步通关”试点，提升进口通关时效；市人力社保局开展社保返还，全市共有1531个受中美经贸摩擦影响的商贸企业获得社保费用返还，金额达7.11亿元。

【“走出去”风险防范】2019年，市商务局根据企业“走出去”面对的困难和风险，畅通部门沟通机制，形成体系应对力量，制定《企业“走出去”帮扶工作应急预案》，完善窗口指导机制，加强风险防范，重点关注制造业“走出去”项目，了解分析企业经营情况和“走出去”动因，及时提醒企业关注海外市场环境，指导做好可行性研究，确保稳妥“走出去”。

【国际贸易救济案件应对】2019年，杭州市组织企业参加37起国际贸易救济案件应诉，涉案企业35个，其中绝对胜诉案件10起。案件主要发起国：美国17起，占45.95%；印度6起，占16.22%。主要涉案产品为钢材、机械、汽配、五金、化工、纺织等出口产品。

【对外贸易预警示范点建设】2019年，市商务局指导省、市两级对外贸易预警示范点结合产业特点，制定年度工作计划；召开年度预警点工作会，对全市多个外贸预警示范点进行整合提升。至年末，全市共有预警点10个，其中省级预警点8个、市级预警点2个；在省、市两级组织的考评中，合格率100%、优秀率30%。指导预警点参加中美经贸摩擦应对工作。5月，余杭家纺产品预警点外聘律师在美国华盛顿全程参与“3000亿征税听证会”，并举办2场在线讲座，第一时间为预警点会员企业剖析3000亿美金征税等新动态。

【对外经贸法律服务和培训】2019年5月，市商务局组织10个市属预警点参加浙江省商务厅2019年“外经贸法律服务月十周年”启动活动，开展对外贸易预警工作培训，加强中美经贸摩擦背景下的全球贸易风险防范学习与法律应对。2019年11月，组织全市75个企业参加中美经贸摩擦背景下企业提升防范化解海外风险能力培训，强化企业合规体系构建，提升企业对欧美等国家出口管制、关税政策、人员安全等风险的应对能力。 （冯蔷颖）

钱江海关

【概况】钱江海关是中央机构编制委员会办公室批复设立的副厅级机构，隶属于杭州海关，下设5个内设处室、6个正处级派驻机构，代为管理跨境电子商务商品质量安全风险国家（杭州）监测中心和杭州海关丝类检测中心。自2019年1月1日起，钱江海关负责办理杭州地区（除萧山机场外）的各类海关业务。

1月28日，钱江海关正式挂牌成立；1月29日，钱江海关驻富阳办事处、驻建德办事处挂牌成立；1月30日，钱江海关驻萧然办事处挂牌成立；1月31日，钱江海关驻余杭办事处挂牌成立；2月28日，钱江海关驻邮局办事处、驻下沙办事处挂牌成立（分别简称富阳办、建德办、萧然办、余杭办、邮局办、下沙办）。其中：邮局办负责浙江省内（除温州、丽水、义乌、宁波）的进出境邮件监管；余杭办以生物医药制品监管为特色；建德办以危化品、农产品出口监管为特色；下沙办以跨境电子商务、加工贸易监管为特色；萧然办以出口羽毛绒及其产品、保税物流货物监管为特色；富阳办负责铁矿砂、铜矿砂、纸张的进口监管，同时承担杭州关区联网集中审像工作。

全年钱江海关受理进出口货值申报767.1亿元，占杭州关区进出口总值的8.8%，其中出口190.1亿元、进口577亿元。受理报关单10.9万份，占杭州关区7.9%，其中出口报关单5.8万份、进口报关单5.1万份。监管进出口货物222.1万吨，检验检疫出入境货物8.6万批次，签发各类检验检疫证书4.6万份，签发各类原产地证书28.9万份，货值131.1亿美元。监管进出境跨境电子商务商品8474.8万票，货值123.7亿元。监管进出境邮件2406.2万件、快件3477万件。全年完成税收征管入库80.5亿元。辖区备案企业数3.14亿万个，其中高级认证企业44个、一般认证企业1086个。

【跨境贸易便利化】2019年，钱江海关参与杭州市争取入选世界银行营商环境评估样本城市准备工作，牵头杭州对标世界银行营商环境评价跨境贸易指标工作，开展促进贸易便利化专项行动。落实改革措施，拓展“单一窗口”，将“单一窗口”功能覆盖至海关特殊监管区域和跨境电子商务综合试验区等相关区域；精简通关单证，进出口环节监管证件和随附单证从86种减少到46种；深化“最

2019年3月5日，杭州海关关长马建哲（左二）赴下沙调研杭州综保区建设情况 （钱江海关 供稿）

多跑一次”改革，12个行政事项全部实现“最多跑一次”；成立原产地证书虚拟审单中心，试行全关各业务现场原产地证书“集中审单、通报通签”作业模式；压缩通关时间，做好超长报关单监控处置。2019年12月，钱江海关各业务现场进口、出口通关平均时长分别缩短到22.95小时、0.42小时，比上年压缩34.9%、72.5%。

【“两步申报”海关改革试点】 2019年，根据海关总署统一部署，钱江海关驻下沙办事处被列入全国海关首批启动“两步申报”8个改革试点之一。8月24日，下沙办启动“两步申报”特殊监管区域试点；8月26日，下沙办顺利放行杭州综合保税区首票“两步申报”报关单，“两步申报”新型通关模式在杭州正式落地。至2019年11月，“两步申报”试点范围扩大到钱江海关全部7个业务现场。

“两步申报”是《海关全面深化业务改革2020框架方案》的重要内容之一。在原有通关模式下，企业需取得全部单证，一次性完成105个项目的申报后，才能向海关申报放行。“两步申报”模式为：第一步“概要申报”，企业只需申报9项，若未遇布控，则系统自动放行，货物可立刻从口岸提离；若遇到布控，经过口岸海关安全准入风险查验合格，货物即可提离口岸。第二步“完整申报”，企业自运输工具申报进境起14天内，补充申报全面信息及单证。“两步申报”模式有效降低企业申报中的经济和时间成本，提高通关效率。

【中美贸易摩擦应对】 2019年，钱江海关持续开展美国历次加征关税对地方外贸发展及产业、企业影响研究，选取辖区有代表性企业开展专项调研，先后派出12个调查组、35人次到18个龙头企业开展实地调查，产品涉及家居、服装、轮胎、车轮、芯片设计与制造以及汽车配件等；全面调研受影响企业情况，实地调研走访企业近170个，组织20场业务交流会，多角度了解企业受影响情况及需求建议；在调研基础上做好受影响情况分析，撰写浙江省（杭州市）企业受中美贸易摩擦影响的综合性分析专报，撰写上报8篇，获得省市领导批示6次。

实施高新技术产业海关帮扶行动，建立与重大项目“一对一”对接帮扶机制，指导企业用好海关预裁定、多元化税收担保、原产地优惠等措施，帮助高新技术重点企业解决各类难题139个。聚焦杭州生物医药产业，打造全省首个特殊物品公共服务平台和集中监管平台，实现全程一站式服务，解决企业研发和生产所需的特殊生物医药原料流通交易需求。落实重大科技专项保障机制，解决西湖大学、之江实验室等重点基础研究基地和关键核心技术项目的仪器装备及原材料的引进通关难题。

强化海关减免税、自贸协定、检测认证等政策帮扶，帮助企业减负增效，全年为企业减免两税（关税及代征增值税）4.9亿元，出口企业享受自贸协定项下国外关税优惠4.6亿美元。通过“一对一”指导、助力辖区肠衣企业“零不符合项”通过美国农业部官方检查；加大AEO（经认证的经营者）认证企业培育，新增1个、再认证13个高级认证企业。

2019年5月15—19日，钱江海关对第三届中国国际茶叶博览会实施驻场检查（钱江海关 供稿）

【禁止“洋垃圾”进境】 2019年，钱江海关严格落实禁止“洋垃圾”进境新规。强化日常监管，对辖区进口固废监管总体情况进行摸底，排查主要进口固废企业实际进口及加工利用情况，执行开箱查验，落实“三个100%”查验要求，打击低报、瞒报、伪报等行为；开展专项稽查，制订专项方案，成立领导小组和行动队，实现稽查全覆盖，实地查阅进口固废仓库明细账、生产报表、用电用水记录、固废检测报告等相关资料，查看固废堆放区、化浆池、危废仓库等重点区域的管理情况。全年钱江海关查获3批限制进口可用作原料固体废物267吨，按规定移交缉私部门处理，3批固体废物全部退运出境；查办8起违反检验检疫法规、擅自交付进口废物原料情事，涉及进口固体废物共2.6万吨、货值4284万元，注销8个企业的进口固废生产利用准入资质。

▶资料：

固体废物“三个100%”查验制度要求，即凡是配备H986集装箱检查设备的海关查验现场100%过机检查；对环保风险高的集装箱进口废塑料一律逐箱人工彻底查验；对装运进口固体废物的运输车辆实施100%过磅称重。

【象牙等濒危物种及其制品监管】 2019年，钱江海关成立打击象牙等濒危物种及其制品走私工作小组，分析历年来查获情况及浙江口岸邮路特点，确定相对集中的来源地、收寄件人等查缉重点；运用X光机、CT机、手持式监管物项识别仪等监管查验设备，通过多次过机、反复判图、提高查缉意识和技能，加强对重点来源地、中转地、消费地进境邮件的分析监控，加强对申报为书画、餐具及工艺品等邮件监管；针对日均10多万件的监管数量，坚持“365×24小时”全天候通关模式；加强与缉私办案、公安、违禁品鉴定等相关部门的联系合作，查获走私制品后第一时间移送鉴定，鉴定结果明确后第一时间移交缉私办案部门。全年钱江海关共查获象牙、红珊瑚等濒危物种及其制品46起、192件。

【跨境电子商务“仓内留样检”业务启动】2019年3月7日，钱江海关下沙办联合天猫国际，在中国（杭州）跨境电子商务综合试验区下沙园区正式启动“仓内留样检”业务，即保税仓内留样品控。企业在保税仓内设置专用区域、专用标识的“商品留样”区域，并安排专人管理，对引进的母婴食品、化妆品等重点商品进行留样，在缴纳保证金的基础上送往第三方检测机构检测，“仓内留样检”全过程在保税仓内完成，全过程接受海关监督管理。中国（杭州）跨境电子商务综合试验区是全国首个开展保税仓内留样品控工作的综合试验区。

【跨境电子商务进口B2C包裹退货新模式建立】2019年5月，钱江海关针对跨境电子商务进口B2C业务退货难的问题，全国首创跨境电子商务进口B2C包裹退货新模式，在中国（杭州）跨境电子商务综合试验区下沙园区内试行。5月9日，一单由上海寄至中国（杭州）跨境电子商务综合试验区的箱包类退货产品，经海关人员确认后，正式进入综合保税区内退货仓，成为跨境进口B2C包裹退货新模式的第一单。至年末，钱江海关受理退货申请22.5万单，占企业总退单数90%以上，整体退货量比新政实施前增长42%。

新模式在前期“整单良品类”试点退货模式基础上，允许“非整单”“非良品”类包裹退货入区。在综合保税区内设置保税区退货专用仓替代企业原设于区外的退货专用仓，实施退货商品检测，开辟非申报通道，允许国内快递车辆直接入区，有效缩短平均退货时间5天左右。在全国范围内率先探索新监管模式，允许企业将符合二次销售条件的超过30日退货商品退回综合保税区内并重新上架销售，解决跨境电子商务网购保税零售进口商品历史积压退货处置问题。

【国门安全监管】2019年，钱江海关强化口岸疫病疫情防控，全年截获特殊物品13批，禁止进境物1011批，植物有害生物116种、308批次，核生化有害因子9批次，全国首次截获橙布弓背蚁。通过国门生物安全监测共监测到检疫性实蝇1.16万头、黄瓜绿斑驳花叶病毒7批。通过抽样检验及风险监测检出不合格进口食品56批，全年未发生监管领域重大食品安全事故。完成质量安全风险监测37批，查出不合格10批。全年检出不合格进口工业品31批。加大涉枪涉恐涉毒和非法出版物查缉力度，查获恰特草、大麻等毒品19.5千克，枪支配件231件，非法出版物2252件，全国首次连续截获2批次人颅骨。

【浙江土畜凯兴畜产有限公司获美国农业部授权证书】2019年5月，美方正式向中国政府发函，由3名专家组成的美国农业部（USDA）代表团到中国相关输美肠衣企业进行现场交流检查。钱江海关辖区内浙江土畜凯兴畜产有限公司作为全国肠衣出口行业的代表，被列入全国首批8个接受美国官方检查的企业之一。6月26日，浙江土畜凯兴畜产有限公司在美国USDA官方迎检中取得“零问题”的成绩，成为全国第一个顺利通过检查并在现场获得授权证书的企业，并当场签订出口协议。

【杭州关区联网审像中心建成运行】2019年3月，杭州关区联网审像试点工作在富阳启动，按照杭州海关统一部署，杭州关区联网审像中心由钱江海关负责筹建，设在钱江海关驻富阳办事处。5月31日，杭州关区联网审像中心正式建成，杭州关区钱江、温州、嘉兴、湖州、金华、义乌6个隶属海关的8个机检图像全部接入富阳审像中心，形成“分散过机、集中审像”智能审图作业模式。通过“智慧大脑”系统辅助审像，可在数秒内判断报关信息与货物是否相符，为工作人员判断提供重要参考；系统随机派单模式，进一步提高效率，降低风险。至年末，杭州关区联网审像中心累计机检报关单5916票，图像2.27万幅；查获458票，查获率7.7%。

【税收征收及企业管理】2019年，钱江海关做好综合治税工作，加大重点税源企业调研走访，制订9项针对性措施；推进集中验估工作，通过集约高效的作业模式，完成估价补税2.73亿元，归类补税512万元，缉私补税0.3亿元；全年通过稽查作业，追补税入库1.89亿元，占杭州关区稽查追补

2019年7月1日，钱江海关在国储粮库开展杂草监测　（钱江海关 供稿）

税入库总额的61.5%；做好拖欠税款的追征工作，追回辖区一企业自2016年以来拖欠的税款22.5万元及滞纳金12.8万元。

夯实“以企业为单元”监管基础，按照智慧稽查体系建设要求，整合“钉钉”“云擎”2个平台，秉承“轻开发、重整合”原则，构建智慧模型，初步建立“非侵入式、耳聪目明”稽查模式。依托新一代查验管理系统，加强指令执行与反馈的监督管理，扎实推进“多查合一”，全年开展核查作业384起，涉及“多查合一”项目22项。严肃违法违规企业查处，规范做好案件办理，处理涉检行政处罚3起、审查并处理案件线索8起，配合缉私部门办理案件33起。

【“龙腾2019”专项行动】 2019年，钱江海关落实海关总署、杭州海关“龙腾2019”专项行动部署要求，向企业普及知识产权保护、专利申报和挖掘、商标品牌和地理标志产品等知识，为企业海外维权提供支持；加大对出口重点国家和地区产品的查验力度，形成打击侵权高压态势；组织开展“4·26”世界知识产权日系列活动，提升企业知识产权保护意识；与杭州市政府联合打造“品质出海 知产合规”跨境电子商务企业培塑活动。全年查获侵权物品1127批次、23万余件，其中查获邮递渠道侵权万宝路香烟1146条、20多万支，为全国邮寄渠道数量最大的假烟案，该案件同时入选“2019年度浙江省知识产权保护十大典型案例”和“2019年中国海关知识产权保护典型案例”。

（姚玉平）

杭州综合保税区

【概况】 2019年，杭州综合保税区实现规模以上工业总产值108.5亿元，比上年增长17.1%；规模以上工业企业累计实现利润总额3亿元，增长25.3%；实现税收总额21.3亿元，增长34%。全年跨境零售进口额19.6亿美元，增长9.9%，占全市比例的90%，交易单量列全市第一位；实现跨境出口额9.46亿美元，增长16.4%；累计招引电子商务企业80个。

杭州综合保税区借助通过海关总署验收的契机和获批国家“增值税一般纳税人资格”试点的叠加优势，不断推动区内企业加快向高质发展、绿色发展转型。至年末，区内加工贸易企业利润增速均在30%以上，综合能源消耗量下降15%。

【杭州综合保税区封关验收】 2019年6月11日，杭州综合保税区通过海关总署授权省联合验收组的验收，被允许享受现行综合保税区相关税收政策，实行贸易和投资自由化、便利化政策。联合验收组听取杭州综合保税区建设情况汇报，实地踏勘查验设施、监管设施建设情况，查阅相关文件资料，认为园区建设标准高、设施设备完备，达到《海关特殊监管区域基础和监管设施验收标准》的验收标准，并签署《验收纪要》，正式通过验收。

杭州综合保税区充分发挥区位要素和政策优势，打造“一基地两平台五中心”。以制造业升级为新引擎、以现有高新技术产业为基础，通过招大引优做强，打造“高、新、尖”制造产业创新基地；创新发展跨贸业，发挥进口肉类指定查验场和生物医药检疫平台两大平台优势，将“引进来”与“走出去”相结合，发挥区域产业优势，促进园区转型升级，做大做强做优生鲜、冷链物流业、金融业，实现差异发展；做实技术研发中心、做强加工制造中心、做大物流分拨中心、做优贸易服务中心、做新检测维修中心，建设具有全球影响力和竞争力的高水平对外开放平台。

杭州综合保税区积极推动国务院促进综合保税区发展21条新政落地，其中适用杭州综合保税区的10条新政基本落地实施，赋予杭州综合保税区口岸作业功能，创新开展杭州综合保税区与杭州萧山国际机场“区港联动”业务模式，实现两地快速分拨，扩大机场辐射范围。杭州综合保税区全年实现进出口货值258.78亿元，占杭州海关特殊监管区进出口货值50.4%，比上年增长32.1%。其中：一线进境货值156.3亿元，增长33.1%；一线出境货值102.48亿元，增长30.4%。

【eWTP示范区（中国·杭州）建设推进】 2019年，杭州综合保税区推进世界电子贸易平台（eWTP）示范区（中国·杭州）建设。9月，在全国率先完成跨境电子商务“保税+邮路”出口新模式的实单测试。协同钱江海关起草eWTP工作专班行动方案，分解18项相关任务，促成eWTP示范区（中国·杭州）在杭州综合保税区挂牌。12月25日，eWTP秘书处开工挂牌仪式在杭州西溪湿地启动。

12月27日，全球首个eWTP公共服务平台在杭州综合保税区内正式上线。该平台整合了政府通关、结汇、退税等服务，以及企业所需的交易、金融、支付、物流、结算等功能，为中小企业提供“全球买、全球卖”服务的数字化基础设施，以及一系列贸易便利化解决方案。通过该平台申报的首批39件包裹在得到海关特殊监管区域现场放行指令后，经邮车正式发往俄罗斯、乌克兰、英国等国家，标志着杭州跨境电子商务“1210”邮路保税出口模式正式启动。

【杭州进口肉类指定查验场通过验收】 2019年11月20日，位于杭州综合保税区的杭州进口肉类指定查验场通过海关总署专家组现场验收。12月24日，该查验场被列为海关总署全国进口肉类指定监管场地，成为杭州唯一获海关总署批准设立的进口肉类指定查验场所。查验场总用地面积3.16公顷，总投资3.5亿元，拥有面积约1440平方米查验平台，11个卸货平台，3个独立冷间的冷库，采用全自动智能立体仓储设备，可满足年进口20万吨肉类的业务需求。

【“增值税一般纳税人”政策试点】 2019年2月，国家税务总局批准杭州综合保税区试点“增值税一般纳税人”政策。为充分利用试点政策功能，拓展国内市场，杭州综合保税区采取上门服务，以“一对一”宣讲的方式鼓励有内销业务的企业进行测算。重点服务杭州美崎配件有限公司、中日龙电器制品（杭州）有限公司、杭州东芝家电技术电子有限公司、杭州松下家电（综合保税区）有

表51

2019年杭州综合保税区主要经济指标完成情况

指标	计量单位	数值	比上年（%）
一、招商引资			
外资项目批准数	个	3	—
仓储物流企业	个	0	—
外资项目投资总额	万美元	21 070	—
增资额	万美元	2 000	—
合同利用外资	万美元	7 777	—
增资额	万美元	1 000	—
实际到位外资	万美元	5 109	—
内资项目审批数	个	0	—
仓储物流企业	个	0	—
内资项目注册资本数	万元	0	—
二、工业经济			
工业总产值	万元	1 084 735	17.1
工业产品销售产值	万元	1 073 435	15.2
工业企业利润总额	万元	30 000	25.3
税收总额	万元	212 721	34.0
海关税收及代征税	万元	197 000	37.7
税务部门税收	万元	15 721	-7.1
进口值	万美元	227 815	21.0
出口值	万美元	150 966	14.3
三、仓储物流业			
营业收入	万元	9 332	-18.2
工商税收	万元	471	12.4
四、跨境电子商务			
进口业务交易金额	万元	1 181 347	2.4
网购保税交易金额	万元	1 181 076	6.9
直邮业务交易金额	万元	271	-99.5
五、基本建设			
固定资产投资	万元	22 122	—
投产企业数量	个	0	—
从业人员	个	7 306	-2.9

说明：因综合保税区内企业数量变动，税务部门税收增幅以变动后数据计算

限公司等企业，帮助企业联系海关和税务部门，上门解答企业疑问。至年末，企业全部完成试点叠加成本测算。

【全国首个保税仓直播间落地综合保税区】2019年8月1日，杭州综合保税区与网易考拉平台开展创新试点合作，在杭州综合保税区开通全国首个保税仓直播间。保税仓直播直发模式让消费者通过“内容化、互动化、场景化”的方式直观感知海外商品跨境进口保税链路，减少决策成本，提升进口消费体验。网易考拉保税仓直播品类以服饰、轻奢品为主，该模式从直播样品到发货商品均来自保税仓监管货架，跨境消费正品体验强化。至年末，园区共有3个企业开展保税仓直播间运营，分别是心怡科技股份有限公司、海库科技有限公司、杭州海仓科技有限公司；直播平台以淘宝、抖音、拼多多为主；主要商品种类为母婴、个护、美妆、食品、保健品等。

【全国首个跨境电商学院设立】2019年6月27日，浙江工商大学与杭州钱塘新区举行战略合作签约仪式，成立中国（杭州）跨境电商学院，这标志着全国首个“政企校研创”为一体的高端跨境电商新机制学院正式落地钱塘新区。此次建立的跨境电商学院是以钱塘新区管委会为依托，联合清华大学电子商务交易技术国家工程实验室、阿里巴巴集团和网易公司等知名高校企业共同创办的新机制学院。学院立足“一带一路”沿线国家的国际生（兼顾国内生），共同组建特色鲜明、体制创新的跨境电商学院；开展“一带一路”教育教学、海外办学、科学研究和社会服务，输出“浙江教育”，为跨境电子商务国际化人才培养提供可复制、可推广的经验；联合国内外知名高校专家、跨境电子商务龙头企业，推动eWTP贸易标准制定和项目落地。

【园区通关效能提升】2019年，杭州综合保税区坚持以智慧通关为目标，以“数字”加持推动通关效能提升。联动海关完成“五位一体”智能卡口改造，建成集车辆信息采集、视频音频监控等五大功能为一体的全自动智能卡口；全面建成智慧化通关，实现企业自助通关，大幅提升通过效率，每年可节省企业的卡口带车约16万人次；平均进口通关时长由40小时缩减至25小时，平均出口通关时长0.5小时；货车卡口平均通行时间从15分钟压缩为10秒钟；针对跨境重点企业提供定制服务，使跨境进口货物通关时长从80小时降至30小时。（印婧鑫）

跨境电子商务

【概况】2019年，中国（杭州）跨境电子商务综合试验区（简称杭州综试区）实现跨境电商进出口总额137.99亿美元，比上年增长21.4%，其中，出口95.48亿美元，增长19.1%，占全市外贸出口总额的19.7%。招引跨境电子商务企业625个，新招引企业注册资本37.8亿元，其中龙头企业95个。

杭州综试区拥有线下园区13个，占地总面积1758.1万平方米，入

驻企业超过3200个，实现跨境电子商务进出口额86.18亿美元，占全市跨境电子商务进出口总额的62.5%。杭州跨境零售活跃网店19793个，销售额1000万美元以上的大卖家110个，跨境电子商务品牌120个以上。

【杭州综试区入选浙江省推进“一带一路”建设示范园区】2019年6月8日，浙江省推进“一带一路”建设大会首发“一带一路”倡议提出六年来浙江省推进建设成果清单，杭州综试区作为“示范园区”代表入围。杭州综试区先行先试4年多来，抓住“一带一路”沿线国家移动互联网普及的机遇，强化数字技术、在线交易、产业对接、贸易通道、知识服务等方面合作，加快打造数字丝绸之路战略枢纽。通过总部位于杭州的跨境电子商务进出口平台，全球100多个国家的优质商品进入中国，并推动“中国制造”商品出口全球200多个国家和地区。

【G60科创走廊跨境电商产业联盟授牌】2019年11月5—10日，第二届中国国际进口博览会举行，G60科创走廊跨境电商产业联盟授牌。该联盟旨在承接进口博览会的溢出效应，包含58个优质跨境电子商务企业，覆盖上海、杭州、嘉兴、金华、苏州、湖州、宣城、芜湖、合肥9个城市，致力于促进九城市跨境电子商务政企沟通、资源共享、产业互助，赋能九城市跨境电子商务综合竞争力和市场话语权，搭建九城市跨境电子商务人才培训与展示展览平台。在杭州综试区的推荐和协调下，阿里巴巴集团旗下电子商务平台“考拉海购”任理事长单位，云集共享科技有限公司旗下电子商务平台“云集”任副理事长单位。

【跨境电子商务“杭州样本”在联合国贸发会议分享】2019年4月3日，由联合国贸易中心和中国电子商会共同主办的“贸易便利化促进电子商务发展行业对话峰会”在瑞士日内瓦举行，中外方领导及专家、企业代表等100多人出席会议。会议重点围绕贸易便利化协定对电子商务发展的贡献、跨境电子商务领域开展国际合作的模式、杭州电子商务实践成果对全球贸易发展转型带来的机遇等问题展开讨论。作为中国首个跨境电子商务综合试验区，杭州通过先行先试，探索实践，产生一大批跨境电子商务领域的优秀企业，并帮助产业集群中的中小企业实现转型升级，打造健康发展的新生态。会议期间，杭州从跨境电子商务实践样本意义、跨境电子商务生态如何服务中小企业、全球贸易转型发展机遇等方面与参会代表分享经验做法，是杭州跨境电子商务生态样本在联合国贸易与发展会议电子商务周首次亮相。

【《关于加快推进跨境电子商务发展的实施意见》出台】2019年10月31日，杭州市人民政府印发《关于加快推进跨境电子商务发展的实施意见》。意见从促进跨境电子商务与实体经济深度融合发展的角度出发，制定鼓励跨境电子商务主体培育、品牌培育、人才培育、产业园区建设、仓储物流建设、公共服务建设等六方面扶持举措，为杭州推动跨境电子商务新制造发展提供保障。

【跨境电子商务海外征信系统初步完成】2019年，针对跨境电子商务海外征信难等问题，杭州综试区探索全国首个跨境电商海外征信系统建设。征信系统以600多万个海外企业数据为基础，参考邓白氏、标准普尔等机构关于企业评级的指标体系，结合跨境电子商务业务特点，构建具有跨境电子商务特色、可广泛推广的海外企业信用评价体系。至年末，跨境电子商务海外企业征信系统已初步完成，功能主要包括海外企业基础信息报告、深度调研报告、风险评估报告和全球风险热力图。

【杭州—马尼拉全货机往返航线开通】2019年7月16日，圆通货运航空公司直飞菲律宾首都马尼拉的全

2019年8月21日，杭州综试区携手阿里巴巴全球速卖通推出“巨鲸”计划　（市跨境电商综试办 供稿）

货机航线完成首航。该往返航线班期定于每周二、四、六，由波音 B757F 机型执飞，最大业载 50 吨，出口货物以跨境电子商务产品为主，进口货物主要为菲律宾特色水产品和水果，每年可为杭州萧山国际机场带来近 8000 吨的货邮吞吐量。

【中俄电子商务货运航线开通】 2019 年 10 月 30 日，“菜鸟号”货机从杭州萧山机场起飞，历经 12 小时抵达莫斯科机场，标志着“杭州—莫斯科”首条直达电子商务货运航线正式开通。该航线“双十一”高峰时期日均两班，日常每天一班，是频次最高的中俄电商货运航线。在不增加物流费用的前提下，平邮包裹送达时间由 50 天缩短为 10 天，提升俄罗斯消费者购买中国商品的消费体验。

【亚马逊全球开店“杭州跨境电商园”开园】 2019 年 4 月 10 日，亚马逊全球开店“杭州跨境电商园”开园。这是亚马逊全球首个线下跨境电子商务产业园。杭州综试区与亚马逊全球开店联合打造“亚马逊全球开店杭州品牌 50 强”，提供量身定制、全方位的国际品牌打造支持；联合开展“亚马逊全球开店 101 • 时代青年计划”，培育跨境电子商务人才；开发地区特色产业带，高效对接当地优质制造资源，推动浙江制造产品出口。至年末，已有比酷尔科技有限公司、AVASK（英国）会计与商务咨询公司等 7 个企业入驻；举办活动 57 场次，培育电子商务人才 3000 多人。

【东南亚电子商务平台 Shopee 落户杭州】 2019 年 6 月 25 日，杭州综试区与东南亚电子商务平台 Shopee 签署合作备忘录，落地 Shopee 杭州孵化中心、Shopee 杭州物流中心和 Shopee 全国首个人才孵化基地，并在 Shopee 新加坡站点增设杭州专区。Shopee 杭州孵化中心计划围绕杭州卖家开展选品指导、定期培训、线上直播等活动。至年末，开展培训 13 场，培训人数超过 1350 人次。Shopee 于 2015 年在新加坡成立，2018 年全年交易总额（GMV）达 103 亿美元，是东南亚发展最快的电子商务平台之一。

2019 年 3 月 29 日，杭州综试区宣布打造数字丝绸之路战略枢纽
（市跨境电商综试办 供稿）

【建德浙西跨境电商产业园杭州分园开园】 2019 年 3 月 22 日，建德浙西跨境电商产业园杭州分园在杭州综试区江干园区开园。建德市与杭州跨境电商人才港合作，在杭州东方电子园内，跨区设立首个“创新飞地”项目，通过杭州“园外园”模式来培训人才，向企业输送人才，解决企业留人难题，加强团队建设，做好人才“引进来”和“走出去”服务工作。浙西跨境电商产业园杭州分园作为人才培育孵化平台、行业交流互动平台、企业转型升级平台，有效弥补建德园区在区位条件上的不足。

【跨境电子商务列入专业目录】 2019 年，杭州综试区联合省市教育部门和各高校，推动跨境电子商务专业的发展。6 月，跨境电子商务专业被列入《中等职业学校专业目录》（专业代码为 122200）；10 月，跨境电子商务专业被列入教育部公布的《普通高等学校高等职业教育（专科）专业目录》2019 年度增补专业（专业代码为 630805），专业大类和专业类分别为财经商贸大类和电子商务类。

【中国（杭州）跨境电子商务综合试验区创新发展大会】 2019 年 3 月 29 日，杭州综试区举办“数说跨境”2019 年中国（杭州）跨境电子商务综合试验区创新发展大会。会议从“原点”“跨越”“境界”3 个篇章总结杭州综试区建设情况，从背景条件、主要内容、重点举措 3 个方面解读杭州综试区打造数字丝绸之路战略枢纽的新实践、新探索、新举措，更好服务“一带一路”发展。

【中国出海品牌价值论坛】 2019 年 5 月 10 日，第二届中国出海品牌价值论坛在杭州举行。来自中国重要出口品牌企业以及“中国跨境电商出海品牌 30 强”“中国企业全球化 50 强”“中国企业全球化上市 50 强”等企业的近 1000 名嘉宾参加活动。论坛以“电商如何推动品牌的全球化布局”为主题，参会人员从国家战略、电子商务发展趋势和企业品牌建设的角度，全方位解读经济全球化时代的品牌发展道路。国内外品牌企业家共同深入探讨品牌全球化的路径和经验，共议品牌全球化之路。论坛期间，发布《OutrunBrand 2019 中国跨境电商出海品牌最具价值 30 强》报告，以及“OutrunBrand 2019 中国跨境电商出海品牌 30 强”推荐榜。

【全球跨境电商峰会】 2019 年 6 月 27—29 日，以“潮起钱塘 • E 揽全球”为主题的第四届全球跨境电商峰会在杭州举行。峰会以“数字赋能 • 产业互融”为主题，汇聚来自全球产、学、研、政界精英人士，聚焦数字贸易中的

2019年4月10日，亚马逊全球开店“杭州跨境电商园”开园
（市跨境电商综试办 供稿）

前沿技术和产业数字化创新模式，交流分享杭州数字丝绸之路战略枢纽实践经验，深度探讨产业数字化为全球经贸合作中平台创新、品牌成长、产业升级以及全球价值链协作带来的新机遇和新挑战。峰会主论坛国内外直接宣传报道超过200篇，13个媒体现场直播，点击量超过280万次。

【“两湖论坛”跨境电商分论坛】 2019年7月3日，杭州综试区组织“天猫国际”、“网易考拉”、“云集”、“鲜丰水果”等跨境电子商务平台在台湾举办第十一届“两湖论坛”跨境电子商务分论坛活动。台湾南投县农业处及农会成员、梅子梦工厂等企业负责人共100多人参加。会上，双方围绕跨境电子商务综试区建设发展、跨境电子商务平台经营和南投农产品跨境电子商务实践等开展交流讨论，并在开展农产品跨境电子商务、加强两岸企业交流、促进企业发展等方面达成共识，推动南投县农产品在互联网上销售。

【跨境电商“巨鲸”计划启动】 2019年8月21日，杭州综试区与阿里巴巴全球速卖通签订合作协议，共同启动跨境电商“巨鲸”计划。通过实施“国潮出海”项目、举办创业创新大赛评选、“十大出海品牌”等活动，遴选300个家杭州制造企业作为全球速卖通“中国好卖家”，培育自主品牌，打造标杆企业，促进跨境电商与实体经济深度融合，推进“杭州制造”向价值链高端进军，加快跨境电商品牌出海。阿里巴巴全球速卖通是中国最大的零售出口电商平台，海外买家数累计突破1.5亿，覆盖全球220多个国家和地区。至年末，全球速卖通平台杭州卖家数6334个，比上年增长47.2%。

【跨境电子商务特色馆亮相杭州“国际日”】 2019年9月5—8日，杭州“国际日”期间，杭州综试区承办的跨境电子商务特色馆作为九大特色展馆之一，主要展示杭州综试区发展历程、e-Box创新项目服务平台、跨境进口产品销售、跨境互动新技术应用及产品质量安全等杭州跨境电子商务亮点。馆内安排跨境进口商品、产品质量监测、海外留学生创业等内容。参观者还可借助AR（增强现实）&VR（虚拟现实）技术，自由切换参观、体验和经营模式，真实体验企业跨境出口流程。杭州综试区e-Box平台还在现场展示海外征信、智能物流、金融等服务。

【两岸电商协作高峰论坛】 2019年9月18日，以“新机遇·新连接·新融合”为主题的两岸电商协作高峰论坛在萧山区举行。会上，天猫国际、云集联合中国台湾网等企业发起成立两岸电商协作联盟，发布推动两岸电子商务协作倡议。倡议提出，联盟将致力于为两岸电子商务企业搭建常态化合作交流平台，提供电子商务市场信息及咨询服务，协助贸易配对，为两岸电子商务企业提供接洽机会和配套服务，建立长期合作机制和监督机制，互相制定联络窗口，共同营造两岸电子商务合作的良好经贸环境。

【中法跨境电商峰会】 2019年10月15日，由中国（杭州）跨境电子商务综合试验区、《人民日报》海外网、杭州海外联谊会、欧洲杭州联谊总会（总商会）联合主办的“第三届中法跨境电商峰会”在巴黎召开，来自中法两国政府、企业、学界、媒体界等行业的1000多名代表参会。峰会由主题论坛和企业展会组成。其中：主题论坛围绕跨境电子商务重构贸易链、数字贸易带动制造升级、促进中国品牌国际化等议题进行深度交流；企业展会为供应链各环节企业提供直接交流平台。参展企业来自全球知名品牌商、零售电商、贸易公司、邮政物流公司、跨境支付公司、投资公司、电子商务科技创新公司、风险投资公司等。峰会还举办“国际买手节”，以网络直播等形式，推介“中国制造”。会上，杭州综试区介绍杭州基本情况、跨境电子商务在杭州的创新实践，并向与会人士发出欢迎到杭州投资兴业、共创未来的邀请。

【“品质出海·知产合规”峰会】 2019年11月21日，杭州综试区联合钱江海关、阿里巴巴全球速卖通共同举办2019年“品质出海·知产合规”峰会，来自政府、企业、媒体等400多位代表参会。活动围绕品牌建设中的知识产权保护、税务合规、海关、外汇、司法仲裁等知识，为企业规避品牌建设中的风险提供多方视角。峰会采用“主会场+诊疗室”形式，在商家与平台之间搭建一个高黏度的信息交流平台，与商家进行了差异化的问题沟通和诊断，解决商家痛点问题。

（市跨境电商综试办）

责任编辑 孙晟珂

31 对口支援·区域合作

东西部扶贫协作

【概况】2019年，杭州市统筹推进东西部扶贫协作工作，助推贵州省黔东南州、湖北省恩施州打赢脱贫攻坚战。全年召开市委常委会、市对口工作领导小组会议及市政府专题会议10次，传达学习习近平总书记在中央政治局常委会和中央政治局会议及在重庆解决“两不愁三保障”突出问题座谈会上的重要讲话精神，研究部署全市扶贫协作工作。省委常委、市委书记周江勇等市四套班子17位领导先后赴黔东南州、恩施州考察调研，对接扶贫协作工作。杭州与对口地区召开高层联席会议4次。新组建杭州市对口支援和区域合作局，作为市政府组成部门之一，牵头抓总、统筹推进东西部扶贫协作、对口支援和区域合作重点工作。全年全市财政拨付扶贫协作资金11.41亿元，其中，援助黔东南州7.53亿元，援助恩施州3.88亿元，援助资金比上年增长31.1%，占全市一般公共预算收入的0.63%。县均援助资金提升到4961万元。两地安排实施项目530个，其中黔东南州225个、恩施州305个，带动两地脱贫16.69万人。筹措社会帮扶资金2.64亿元，其中国有企业筹措安排公益岗位资金和残疾人帮扶资金4600万元。杭州拨付资金向深度贫困地区倾斜，全年用于深度贫困地区资金占23.7%。聚力帮助解决“两不愁三保障”突出问题，全年杭州市财政援助资金重点安排改善贫困村饮用水、建设幼儿园和卫生室等项目，用于解决贫困地区饮用水安全、学校和医院硬件基础设施薄弱等问题，投入资金占拨付总额的20%。社会捐赠资金用于解决“两不愁三保障”和教育扶贫项目占80%以上。

【人才支援】2019年，杭州市进一步推进干部援派帮扶工作，从各市直部门选派58名党政干部到黔东南州、恩施州挂职，其中到黔东南州38名、到恩施州20名，实现每个结对县有2名挂职干部。开展专业技术人才“传帮带”工作，累计选派768名专业技术人员赴两地开展技术援助。其中，到5个深度贫困县帮扶援助192人，占总派遣人员的25%。启动“银龄计划”，选派10名退休名医、名师到黔东南州帮扶。5月，两地帮扶工作队被杭州市委、市政府授予劳动模范集体称号，并分别获评贵州省“脱贫攻坚先进集体”、湖北省“民族团结进步先进集体”。杭州先后接收两地392名党政领导干部、1081名专业技术人才到市直部门和有关单位挂职锻炼。

【产业合作】2019年，杭州市把发展产业带动贫困人口增收作为扶贫协作的主要方向，先后引导153个企业到协作地区投资，实际到位投资49.1亿元，带动贫困人口36748人稳定增收。援建工厂车间181个，吸纳富余劳动力就业9036人。华鼎集团、明康汇生态农业集团等上市公司和行业龙头企业与黔东南州、恩施州开展投资合作，推进剑河食用菌产业园、滨江—建始产业园等扶贫协作产业园建设。构筑消费扶贫体系，设立农特产品销售中心，组织农特产品进机关、进食堂、进社区、进超市。“阿里巴巴”“网易严选”“贝贝”“云集”等电商平台帮助两地拓展农特产品

2019年8月12日，杭州市与贵州省黔东南州扶贫协作会议在杭州召开
（市对口支援和区域合作局 供稿）

2019年杭州市东西部扶贫协作情况

表52

项　目	计量单位	实　绩		
		帮扶黔东南州	帮扶恩施州	合　计
东西部扶贫协作财政援助资金	亿元	7.53	3.88	**11.41**
杭州市实施扶贫项目	项	225	305	**530**
杭州市扶贫项目带动贫困人口脱贫人数	人	72 236	94 702	**166 938**
杭州市到结对地区开展扶贫企业数	个	106	47	**153**
杭州市企业投入扶贫资金	亿元	36.53	12.58	**49.11**
杭州市采购、销售结对地区特色农产品金额	亿元	5.50	4.52	**10.02**
结对地区到杭州就读职业学校贫困学生人数	人	345	390	**735**
杭州市选派挂职干部人数	人次	38	20	**58**
杭州市选派专业技术人才数量	人次	526	242	**768**
杭州市帮助结对地区培训党政干部人数	人次	7 252	3 958	**11 210**
杭州市动员社会各界向结对地区捐款、捐物（折算）	亿元	1.76	0.88	**2.64**
杭州市参与结对的经济强镇数	个	130	60	**190**
杭州市参与结对的强村（社区）数	个	220	65	**285**
杭州市参与结对的民营企业数	个	274	170	**444**
杭州市参与结对的社会组织数	个	102	41	**143**
杭州市参与结对的学校数	个	445	130	**575**
杭州市参与结对的医院数	个	171	62	**233**

市场，实现销售收入10.02亿元。

【劳务协作】2019年，杭州市在黔东南州、恩施州举办专场招聘会82场，杭州参加招聘会企业861个（次），提供就业扶贫岗位6.7万个。开展贫困人口就业培训，参训7142人。帮助两地建档立卡贫困人员到杭州就业1811人，其中黔东南州1274人、恩施州537人。牵线协调浙商企业在两地设立扶贫车间和开发公益性岗位，帮助建档立卡贫困人员23423人实现就近就业。在深度贫困县实现贫困人口就近就业5073人，占就近就业总人数的30.9%。接收生活贫困家庭学生就读职业技术学校735人。国务院扶贫办东西部扶贫协作专刊第65期以《杭州市黔东南州探索“三业联动”产业合作和劳务协作新模式》为题介绍杭州相关做法。杭州探索形成“总站+分站+企业+联络员”杭州特有劳务协作工作体系，为对口地区贫困人口到杭州务工提供“一条龙服务”，得到浙江、贵州、湖北三省主要领导肯定。

【县级以下单位结对帮扶】2019年，杭州市13个区县（市）主要领导赴黔东南州、恩施州与24个结对帮扶县（市）对接扶贫工作，各区县（市）累计有党政领导53人次赴对口地区调研。巩固“五级结对”帮扶格局，全市190个乡镇（街道）与对口地区192个乡镇（街道）结对，285个村（社区）与对口地区363个村（社区）结对，143个社会组织与对口地区397村（社区）结对。组织444个民营企业结对786个贫困村。深入推进学校、医院组团式帮扶，为当地培养造就专业人才，帮助结对地区快速提升教育、医疗质量。杭州有575所学校与对口地区816所学校结对，233家医院与对口地区315家医院结对。发挥杭州创业创新优势，组织两地致富带头人创业培训，参训3884人次，创业成功1940人，带动贫困人口脱贫13967人。杭州探索邀请企业家到对口地区担任“名誉村长”工作模式，始发于杭州帮扶恩施的“五个一”活动，被国务院扶贫办称为杭州—恩施东西部扶贫协作的一张金名片，新华社以《企业家“名誉村长”助力杭州东西部扶贫协作》为题做专门报道。（范国彬）

【友好城市交流合作】2019年5月17日，云南省普洱市代表团在杭州国际博览中心举办招商引资专场推介活动。推介活动开幕式上，普洱市推出“普洱茶+休闲之旅”“普洱茶+庄园之旅”“普洱茶+寻根之旅”“普洱茶+美食之旅”等重点招商引资项目，杭州市组织50多个企业参加推介会。10月26—27日，杭州市公共关系协会举办“第十届西湖公共关系论坛”，云南省北海市、普洱市应邀派出由副市长率领的代表团出席论坛和市长圆桌会。（卞平华）

长三角区域一体化

【概况】2019年，杭州市以专门召开市委全会形式，对全市域全方位推进长三角一体化工作进行全面部署。成立由市委书记任组长的市推进长三角一体化发展工作领导小组，印发《关于贯彻实施长三角一体化发展国家战略全面提升城市综合能级和核心竞争力的决定》《杭州市落实长三角区域一体化发展国家战略行动计划》，梳理形成300个重大项目269项具体任务，通过项目化、清单化办法，推进与长三角城市合作交流。省委常委、市委书记周江勇率党政代表团赴黄山市考察，两市签订“1+9”合作协议，杭州支持黄山加入长三角城市经济协调会。深化杭州与上海合作，在营商环境、产业发展、科技创新、金融服务等11个领域达成合作共识。输出特色小镇模式，在上海和合肥设立沪杭、合杭梦想小镇，打造杭州市外重要的技术策源地和高端人才驿站。在钱塘新区设立长三角小镇，全方位对接上海等长三角城市高端要素，打造杭州“新浦东”。

【长三角城市经济协调会第十九次会议】 2019年10月15日，长三角城市经济协调会第十九次会议在安徽省芜湖市召开。会议围绕“构筑强劲活跃增长极的长三角城市担当与作为”主题，就深化长三角城市群合作、加快构建更加紧密城市群合作网络体系等问题进行讨论交流。杭州市副市长柯吉欣出席会议并讲话。会议审议通过关于吸纳黄山、蚌埠、六安、淮北、宿州、亳州、阜阳7个城市加入城市经济协调会等提案，实现对长三角地区地级以上城市的全覆盖，并共同发布《长三角城市合作芜湖宣言》。会上，杭州与衢州、黄山签订“联合推广世界遗产精品旅游线路合作项目”协议，与绍兴、宁波签订“杭绍甬高速公路建设项目”协议。阿里巴巴集团技术委员会主席王坚博士到会介绍杭州城市大脑建设经验。

【长三角物联网专委会合作】 2019年，长三角物联网专委会合作进一步深化。4月11日，杭州协助邀请上海、南京、宁波、合肥等10多个城市代表，参加“2019中国（杭州）智慧安防大会”相关活动，将杭州等长三角城市知名安防品牌与产品推向全国。物联网专委会开展阿里云和华为IoT物联网能力培训，提升杭州都市圈物联网产业竞争力。结合5G网络新兴技术发展，以“信息技术与智慧城市应用”为主题，开办长三角智慧城市架构师研修班。杭州组织智能制造、科技产业园建设等方面有经验的服务机构，赴安徽省宣城市开展专项合作交流。（卞平华）

2019年10月15日，长三角城市经济协调会第十九次会议在安徽省芜湖市召开
（市对口支援和区域合作局 供稿）

杭州都市圈

【概况】 2019年，杭州都市圈各城市通力合作，应对各种风险挑战，融入长三角一体化发展国家战略，打造长三角南翼核心增长极，持续推进都市圈经济迈向高质量发展。加强与杭州都市圈城市协同，召开都市圈第十次市长联席会议，通过新一轮都市圈发展规划大纲。杭州与湖州、嘉兴、绍兴签署“1+4”系列协议，共同推进杭绍、杭嘉、杭湖一体化建设。深化与合肥、南京等城市节点协同联动，杭州与合肥签订战略合作框架协议，杭州余杭区与南京溧水区共同打造宁杭合作桥头堡和宁杭生态经济带先行示范区。年末，杭州都市圈常住人口2692万人，比上年增长2.7%，城镇化率70.1%。全年实现生产总值（GDP）32038亿元，增长7%。其中：第一产业增加值937亿元，增长2.2%；第二产业增加值13068亿元，增长6.1%；第三产业增加值18033亿元，增长8.1%。三次产业结构比例由上年的3.1∶41.8∶55.1调整为2.9∶40.8∶56.3，第三产业比重提高1.2个百分点。杭州、湖州、嘉兴规模以上工业新产品产值分别增长14.2%、14.8%和8.2%。杭州、湖州、嘉兴、衢州、黄山高新技术产业增加值分别增长8.5%、10.4%、9.8%、7.7%和13.9%，增速均高于规模以上工业。按常住人口计算，杭州都市圈人均GDP12.06万元。财政总收入6305亿元，增长5.5%。居民消费水平不断提高。都市圈城镇居民人均消费支出37996元，农村居民人均消费支出22266元，分别增长7.7%和9.1%。杭州、湖州、嘉兴分别拥有私人汽车216万辆、80万辆和127万辆，分别增长4.1%、8.9%和11.3%。杭州、湖州、衢州、黄山分别拥有医院343个、70个、90个和33个，拥有执业（助理）医师4.9万人、0.9万人、0.8万人和0.4万人，杭州、湖州医院数分别增长8.5%和12.9%。都市圈有普通高等学校68所，在校学生79万人；普通高中251所，在校学生36万人。全年都市圈接待游客72825万人次，实现旅游总收入9519亿元，分别增长11.3%和15.2%。杭州、黄山各有AAAAA级景区3个。

【杭州都市圈第十次市长联席会议】 2019年11月27日，杭州都市圈第十次市长联席会议在湖州市安吉县举行。杭州、湖州、嘉兴、绍兴、衢州、黄山六城市市长（副市长）率团出席。会议由湖州市政府、杭州都市圈合作发展协调会主办，安吉县委、县政府，杭州都市圈合作发展协调会办公室承办。会议围绕“把握长三角一体化机遇、共创都市圈数字化未来”主题，回顾总结杭州都市圈第九次市长联席会议以来的工作，研究2020年主要任务。会议审议通过杭州都市圈新一轮规划大纲。会后启动新一轮交通、生态环境专项规划编制，开展数字经济发展战略研究。

【都市圈战略合作领域拓展】 2019

年是杭州都市圈各城市间签订框架协议和合作协议最多的一年。1月4日,省委常委、市委书记周江勇率市党政代表团到黄山考察,与黄山市政府及相关部门分别签署"1+9"战略合作协议。4月27日至5月2日,绍兴市委、市政府在杭州举办主题为"融杭发展·创赢未来"的"杭州·绍兴周"系列活动,助推绍兴与杭州融合步伐进一步加快。7月22—24日,杭州与湖州、嘉兴、绍兴分别签署战略合作协议及15个子合作协议。8月21—24日,黄山市党政代表团走访杭州、湖州、嘉兴、绍兴四市,与四市签订区域一体化发展战略合作协议,拓宽黄山与四市旅游、经贸、文化等领域的合作范围和渠道。

【交通基础设施加速联通】2019年,杭州都市圈加快推进杭州绕城西复线、临金高速公路、千黄高速公路、杭衢高铁(建衢段),湖杭铁路、运河二通道、浙北高等级航道网集装箱运输通道工程等12项重大跨区域交通基础设施项目建设,跨区域的"断头路"先后被打通。加快推进杭临绩铁路、沪乍杭铁路、嘉湖城际公路、杭绍甬智慧高速公路、杭淳开高速公路、苏台高速公路等交通项目前期准备。全年杭州都市圈货物运输总量11.7亿吨,比上年增长5.6%。杭州、湖州、黄山客运量分别为2.1亿人次、0.56亿人次和0.35亿人次,分别增长3.8%、5.7%和7.2%。

【产业共融取得新进展】2019年,杭州都市圈各城市产业发展各具特色。杭州数字经济保持引领,全年数字经济核心产业实现增加值3795亿元,比上年增长15.1%,高于GDP增速8.3个百分点。都市圈园区合作共建规模不断扩大。海宁·余杭合作开发区块、江干·安吉合作产业园、滨江"诸暨岛"、衢州海创园等项目加快推进。衢州深化"1+8"区域合作模式,打造杭衢山海协作升级版。安吉创新都市圈"两山"实践,与杭州滨江区开展"飞地"合作,打造区域经济共同体。黄山建设杭州都市圈生态大花园,着力构建杭州都市圈文化旅游一体化新平台。桐乡市融杭经济区挂牌成立,提升对杭州都市圈产业溢出和资源流动的承载能力。杭州钱塘新区和海宁市签署全面战略合作协议,海宁"杭海新区"纳入钱塘新区战略规划范围,双方将以建设杭嘉一体化合作先行区为基础,打造浙江省跨行政区一体化发展的示范区。都市圈城市共同举办优质农产品迎春大联展、新春旅游优惠月、杭湖嘉绍老字号品牌展销会等活动10多场。拓展新兴市场,组织都市圈企业参加在土耳其、波兰、墨西哥等9个国家分别举办的中国贸易博览会,累计设展位1103个,参展企业447个,参展展位和参展企业分别比上年增加200个和60个。土耳其展和波兰展成为浙江产品拓展"一带一路"沿线国家市场的主平台。

【生态共建联动】2019年,杭州都市圈推进区域环境共保,加快经济都市圈向美丽都市圈转变。完善东苕溪饮用水源地长期保护机制,开展新安江水系浙皖交界水质联合保护。杭州分别与黄山、衢州签订生态环保合作协议。与毗邻区县(市)开展每月一次的交界断面联合监测,推进穿越省级水域延伸湖区垃圾常态化打捞。开展杭黄"同饮一江水、共保母亲(河)湖"环境监测技术交流和"青清新安江"杭黄青年共护母亲河环保公益活动。都市圈各城市生态环境部门通过专委会工作机制,对生态共建工作进行定期会商、相互交流。全年杭州、绍兴、衢州、黄山单位GDP能耗分别比上年下降5%、6.9%、2.8%和1.4%。杭州、嘉兴、绍兴空气质量优良天数分别提高4.9个、3.3个和2.2个百分点;湖州、嘉兴、绍兴PM2.5浓度分别下降8.6%、5.4%和5%。

【民生共享成果扩大】2019年,杭州都市圈推进教育领域合作,共建医疗合作机制,实施文化体育设施相互开放。拓展杭州公园年票使用范围,杭州主城区市民持杭州公园年票可享受建德市和德清县境内部分景区免费或优惠政策。推进杭州与衢州职工疗休养同城化。浙江工业大学莫干山校区交接。杭州市大学生就业创业师友计划长三角首个分中心在黄山市黄山学院成立。实现"长三角一体化服务专窗",都市圈内内资有限责任公司及分公司、个人独资企业及分支机构设立、变更、注销等30个事项实现"一网通办"。年内,都市圈各城市举办市民体验日、杭绍青年企业家高峰论坛、杭衢青年"双创"论坛、杭黄青年企业家协会绿色产业发展交流等系列活动,加强各城市之间的互动。 (俞宏陵)

对口合作和山海协作

【概况】2019年,杭州市根据浙江省与吉林省对口合作实施方案和框架协议的有关要求,建立高层互访机制并制定互访计划,促进双方深度合作。市对口支援和区域合作局制订年度对口合作工作任务书,并印发至市直有关部门。指导各区县(市)结合自身实际和工作任务,制订对口合作工作年度计划。明确工作负责人和联系人,建立市本级对口合作工作联系机制。建立与对口合作地区的工作联系,确保信息畅通和工作有序对接。杭州国有、民营企业和社会力量参与山海协作工程,浙江吉利集团、浙江崇豪有限公司、杭州九阳小家电股份有限公司等民营企业为当地捐赠款项600多万元,省委副书记、省长袁家军在全省山海协作工程推进大会上予以肯定。探索就业协作、技能培训协作等模式,为受援地区举办各类培训班5期,培训转移劳动力1.06万人次。推进发挥"头雁"作用工程,运用"校际结对帮扶""两下沉、双提升"等载体,组织开展科技、医疗、教育、文化等领域交流对接活动,每个领域均达成1个以上合作项目。

【开展高层对接】2019年8月5日,省委常委、市委书记周江勇率杭州市党政代表团赴吉林省长春市开展对口合作工作,先后考察长春传化公路港物流项目、阿里云创新中心等两市合作项目,并分别与长春市、长白山保护开发区管委会举行座谈交流。9月和10月,长春市和长白山保护开发区管委会党政代表团分别到杭州开展对口合作工作,周江勇等市领导分别与代表团举行工作座谈。代表团在杭州活动期间，分别召开“长春市投资环境（杭州）推介会”和“长白山旅游招商推介会”。双方在现代服务业、生物医药、装备制造等方面签订18项合作协议，其中：与长春市签订14个产业合作项目，涉及合作金额110多亿元；与长白山保护开发区管委会签订4个政府间合作协议。年内，两地政府分管领导就经贸、旅游等方面合作进行多次交流对接，进一步密切两地关系。10月29—30日，杭州市代表团赴衢州考察，杭衢两市共谋山海协作升级工作。

【杭州与长春合作领域拓展】2019年，杭州与长春两地经贸往来合作成效明显。杭州中谷米业有限公司、杭州晓生农产品有限公司、贝贝集团等企业，分别与长春市在粮食产销、优质农产品、商贸流通等方面达成多项合作协议，合作金额达15亿元。在余杭区设立长春大米及特色农产品杭州直营店，并支持长春电商企业在杭州设立“贝店”等销售网点。杭州西湖国际旅行社、杭州商旅进出口贸易有限公司分别与长春市有关企业签订战略合作协议。长白山保护开发区旅游文体局向杭州市总工会赠送职工疗休养门票1万张，并达成两地职工疗休养互送意向。杭州市总工会分别与长春市、长白山保护开发区总工会签订职工疗休养协议。年内，杭州有800多名职工在长春市和长白山保护开发区疗休养。市直相关部门、各区县（市）在文化旅游、养老服务、农产品产销、产业孵化中心等方面与对方签署合作框架协议，全面开展实质性合作。

【数字经济和服务业合作】2019年，阿里云创新中心与吉林省创新创业孵化运营有限公司共同推进长春净月服务业发展示范区建设，打造吉浙现代服务区。全年阿里云创新中心实际入驻企业36个，虚拟注册企业93个。与传化集团合建的长春传化公路港项目一期建成运营，二期开工建设，三期在杭州签订框架协议，公路港项目占地面积3.5万平方米，建筑面积2.4万平方米，主要建设智能化仓库。浙江清创和梓信息科技有限公司“‘一亿中流’上市加速器”项目包括建设浙吉现代服务业产业园、浙吉企业上市加速器及实验室。项目选址于长春市净月区君庙智谷，建筑面积4680平方米，年内完成公司注册。长春东北亚3D打印智能制造产业园、无抗生物产业园等对口合作项目加快推进。

【对口合作地区人才订单式培养】2019年5月28日，“长春市高层次人才国情研修暨素质提升专题班”在浙江大学华家池校区开班，30多人参加，培训班开设“工业4.0和中国制造2025”“人工智能，未来已来”“大数据时代的信息技术与智慧产业”等课程，并在嘉兴南湖红色教育基地、新华三集团、乌镇互联网小镇进行现场教学。10月14日，长白山保护开发区管委会领导干部培训班在浙江大学华家池校区开班，培训为期5天，46人参加，培训采取“集中授课+现场教学+座谈交流”相结合的方式，课程涉及产业转型升级、创新驱动发展、生态宜居城镇建设、全域旅游、乡村振兴等方面。开展干部援派工作，杭州派出两名干部赴长春市农安县挂职，接收吉林省有关地区和部门挂职干部9名，其中：吉林省直机关干部2名，长春市干部6名，长白山保护开发区干部1名。

（卞平华）

【“山海协作”工程产业项目合作到位资金全省第一】2019年，杭州市完善山海协作区支援项目管理办法，丰富山海协作工作载体，推进山海协作工程取得更加丰硕成果。全年与衢州市签订山海协作项目467个，累计到位资金181.9亿元。其中：新签项目137个，到位资金51亿元；续建项目330个，到位资金130.9亿元。与丽水市签订山海协作项目124个，累计到位资金57.6亿元。其中：新签项目34个，到位资金11.7亿元；续签项目90个，到位资金45.9亿元。与淳安县签订山海协作合作项目7个，到位资金12.6亿元。全市累计签订产业合作项目598个，到位资金252.1亿元。其中，数字经济、生命健康、高端装备、文化旅游、能源环保“五个千亿”产业项目数和到位资金数均占65%以上。产业项目合作到位资金列全省第一位。

【“山海并利、合作共赢”效应显现】2019年，山海协作工程聚焦基础设施建设。杭衢高铁建德段开工建设，建德段全长49.94千米，总投资236.3亿元，系衢州东融杭州的新通道。杭州—淳安—开化高速公路项目立项。杭州设立淳安特别生态功能区。西湖区与淳安县共建西湖山海协作生态旅游文化产业园项目获省政府批复，挂职干部互派到位，规划编制初步形成。“飞地”园区项目建设步伐加快，衢州海创园、柯城未来村等4个“飞地”园区与4个省定结对县实现“消薄飞地”，全年新增“飞地”园区项目6个，累计建成和在建“飞地”园区项目14个。杭州与衢州两市签订共建山海协作乡村振兴示范点合作协议，杭州确定示范点28个，到位资金5110万元，超额7倍完成省下达结对乡村振兴示范点建设任务，促进受援地区优质农产品提质增量，帮助实现销售收入7749.22万元。衢州调剂给杭州的土地指标295.53公顷。衢州、丽水累计帮助杭州解决土地指标近2万公顷，有效缓解杭州土地资源紧张的矛盾，山海协作走出一条“山海并利、合作共赢”的路子。

【干部人才挂职锻炼】2019年，杭州选派40名干部人才赴衢州、丽水、淳安挂职，其中衢州36名、丽水和淳安各2名。全市累计有78名干部人才在山海协作地区挂职。大部分挂职干部到镇、村兼任“第一书记”。挂职干部发挥各种优势，突出产业带动，设法引进优势企业和优势项目，为协作地区经济社会发展注入新的动力。余杭区副区长黄宏瞻挂职衢州市柯城区，任区委常委、副区长，获衢州市委、市政府授予“先锋战士”称号，连续两年立三等功。富阳区副区长何献忠挂职丽水市缙云县，任县委常委、副县长，其挂职经历在全省浙商走进大花园山海协作招商会议上做介绍。

（余志刚）

责任编辑　余显幕

杭州钱塘新区

【概况】2019年4月，浙江省政府批复同意设立杭州钱塘新区。杭州钱塘新区目标建设成为世界级智能制造产业集群、长三角地区产城融合发展示范区、全省标志性战略性改革开放大平台和杭州湾数字经济与高端制造融合创新发展引领区。

2019年，杭州钱塘新区实现地区生产总值1100.2亿元，比上年增长2.1%；第三产业增加值324.8亿元，增长9.7%；规模以上工业增加值658.4亿元；完成服务业增加值324.7亿元；固定资产投资357亿元；社会消费品零售总额311.67亿元，比上年增长8.7%；实现外贸进出口总额850.68亿元，进出口规模居杭州市第一。实现财政总收入201.2亿元，一般公共预算收入105.8亿元。

聚焦先进制造业，推进产业链精准招商。在继续做大做强杭州医药港小镇、大创小镇和杭州综合保税区等平台的基础上，增设江东、临江、前进3个招商服务处，构建“1335X”大招商体系。全年完成实到外资11.75亿美元，增长23.3%。完成产业个性化项目招引，全年高端装备制造完成7个，数字经济项目完成6个，生物医药项目完成10个。获评杭州“大好高”项目5个、“小而美”项目1个。全年引进“152”工程项目5个，落地开工项目3个；引进10亿元以上产业项目15个，总投资768亿元，其中包括投资350亿元的“积海”项目、投资100亿元的“华瑞航空”项目、投资56亿元的“天境生物”项目、投资50亿元的“顾家智能家居及家具制造”重大产业项目。

制定出台新区高质量发展三年行动计划，发布杭州钱塘新区“新制造业计划”。战略规划明确“一江双城四组团”空间格局，产业规划明确构建“515”现代产业体系，综合交通规划突出“四港”联动，生态规划完成成果稿，国土空间规划加快编制。推进战略合作项目。杭州钱塘新区管委会与浙江大学、浙江工业大学和区内14所高校合作，构建“14+2+N”区校合作体系。与浙江工商大学共建跨境电商学院，与中国科学院共建肿瘤与基础医学研究所，全年引进硕士及以上人才357人和诺贝尔奖获得者、院士等顶尖人才。与22个金融机构进行战略合作，建设政银企党建联盟。与萧山、海宁达成全面战略合作。与上海证券交易所、深圳证券交易所、钱江海关、浙江大学等单位建立战略合作关系。

建成重点工程项目，杭州综合保税区及进口肉类指定查验场通过海关总署验收。中欣晶圆大尺寸半导体硅片、吉利首期年产10万辆AMA平台新能源汽车、格力电器智能产业园等项目竣工投产。江东三路等9条道路建成通车，江东大桥收费站拆除。杭州高级中学启成学校、红黄蓝幼儿园等11所学校竣工投用。安置房竣工72.9万平方米。

2019年4月18日，杭州钱塘新区正式授牌　（钱塘新区管委会 供稿）

▶资料：

“1335X”大招商体系，“1”为杭州钱塘新区招商与人才局；三个招商服务处分别为江东、临江及前进招商服务处；三个平台分别为杭州医药港小镇、大创小镇、综合保税区；五个驻外招商处分别为北京、上海、深圳和德国杜塞尔多夫驻外招商处、美国硅谷创新中心；“X”为街道、部门、企业服务中心及直属国有企业等。

【杭州钱塘新区成立】2019年4月2日，浙江省政府发布关于同意设立杭州钱塘新区的批复，同意设立杭州钱塘新区，明确新区规划控制总面积531.7平方千米，空间范围包括杭州大江东产业集聚区和杭州经济技术开发区，托管范围包括江干区的下沙、白杨2个街道，萧山区的河庄、义蓬、新湾、临江、前进5个街道，以及杭州大江东产业集聚区规划控制范围内的其他区域（不含党湾镇所辖接壤区域的行政村）。杭州钱塘新区按照“一个平台、一个主体、一套班子、多块牌子”的体制架构，保持原有的杭州经济技术开发区、浙江杭州出口加工区、萧山临江高新技术产业开发区3个国家级牌子，同步撤销区域内省级以下产业平台牌子。

根据省政府的批复，杭州钱塘新区落实省委、省政府“四大建设”决策部署，发挥杭州经济技术开发区等国家级平台的带动作用，优化资源配置，强化科技创新，加快转型升级，着力打造世界级智能制造产业集群、长三角地区产城融合发展示范区、全省标志性战略性改革开放大平台、杭州湾数字经济与高端制造融合创新发展引领区。4月16日，杭州市委、市政府印发《关于加快钱塘新区高质量发展的意见》，明确杭州钱塘新区发展的主要目标、托管区域范围、管理体制、重点任务、组织保障等问题。4月18日，杭州钱塘新区推进高质量发展大会召开，省委副书记、省长袁家军参加大会并讲话。大会宣读《浙江省人民政府关于同意设立杭州钱塘新区的批复》，公布杭州市政府《关于加快钱塘新区高质量发展的意见》。市委书记周江勇授“中国共产党杭州钱塘新区工作委员会”牌，市委副书记、市长徐立毅授“杭州钱塘新区管理委员会”牌。

【推进高质量发展大会召开】2019年10月18日，杭州钱塘新区推进高质量发展暨全面实施“新制造业计划”大会召开。会议发布《关于建设“人才特区”打造才智高地的意见》、“1+4+X”政策体系、产业规划及新区官方标识。会议表彰新区工业产值十强、财政贡献十强、产业投资十强、服务业发展十强、科技创新十强“五个十强”企业，签约落户西子航空合资项目、优替济生项目等10个项目，与钱江海关、浙江大学等6个单位签订战略合作协议，并向首批钱塘智库代表发放聘书。会上，西子联合控股有限公司、松下电器（中国）有限公司、杭州壹网壹创科技股份有限公司等企业负责人、服务专员代表和钱江海关负责人做交流发言。

【“1+4+X”政策体系发布】2019年10月18日，杭州钱塘新区在推进高质量发展暨全面实施“新制造业计划”大会公布《杭州钱塘新区“1+4+X”政策体系》，新区产业发展规划同步发布。“1”即1个纲领性文件——《关于推动钱塘新区高质量发展打造智能制造产业高地的若干意见》。杭州钱塘新区每年计划从财政支出中按不低于20%的比例安排专项扶持资金，推进“新制造业计划”，实施“领飞计划”，加大招商引资，鼓励创新创业，提升产业层级，加快集聚人才，实现高效优质发展。“4”即4条领飞计划，指钱塘头雁计划、钱塘雨燕计划、钱塘雏鹰计划和钱塘凤凰计划。旨在从企业成长规模出发，制定梯队培育计划，给予领军企业、成长性企业、科技型企业以及上市企业全方位、多渠道的扶持。“X”是指钱塘新区发布的各条线政策。政策将围绕加快新制造业发展、加快现代服务业发展、推动科技创新创业、集聚高端人才、促进跨境电商及口岸发展、加快医药港建设以及推动区校合作等方面，实施专项政策。在战略规划的基础上，钱塘新区提出围绕新区主导产业体系，将全力聚焦构建“515”现代产业发展体系。

【产业总体布局和发展体系构建】2019年，杭州钱塘新区产业规划在战略规划基础上，围绕新区主导产业体系，加快产业空间整合、产业要素集聚、产业分工协作和科技产业融合，构建“一轴双湾五园”产业总体布局。其中：“一轴”指横穿新区东西的产业发展主轴，“两湾”指位于下沙区域的“金沙科创港湾”和位于江东区域的“东沙融创港湾”，“五园”指生命健康产业园、未来产业园、半导体产业园、智能装备产业园和新材料产业园。首次明确新区重点发展的五大千亿产业平台，即生物医药“万亩千亿”产业平台、航空航天“万亩千亿”产业平台、半导体“万亩千亿”产业平台、汽车产

吉利新能源汽车厂区外景　　（钱塘新区管委会 供稿）

杭州医药港小镇　（钱塘新区管委会 供稿）

业千亿平台和新材料产业千亿平台。构建“515”现代产业发展体系，即围绕新区产业发展战略定位，结合现有产业发展基础和比较优势，以半导体、生命健康、智能汽车及智能装备、航空航天、新材料五大先进制造业为重点，探索布局未来产业，发展研发检测、电子商务、科技金融、软件信息、文化旅游五大现代服务业。

【杭州钱塘新区与14所高校签订战略协议】2019年11月29日，杭州钱塘新区在大创小镇召开区校合作暨“浙子回归梦钱塘”工程推进大会。会上，杭州钱塘新区主要领导与区内14所高校主要负责人签订新区与高校全面战略合作协议，与10个校友回归项目现场签约。大会发布《杭州钱塘新区校友经济政策》100条，扶优扶强出台五大鼓励政策，推出新一轮区校合作、产教融合、人才聚集、科技创新、产业发展等方面鼓励政策，其中包含专门面向大学毕业生的“青年人才筑梦计划”。政策分别在薪酬补贴、住房安居、创业发展等方面给予高校领军型人才、外国专家、高校培养的青年学子支持。

【杭州钱塘新区与海宁展开战略合作】2019年10月23日，杭州钱塘新区与海宁市签订全面战略合作协议。双方以建设杭嘉一体化合作先行区为基础，在规划政策对接、产业协同发展、平台合作、功能聚合等方面进行协同，打破行政区域限制，促进人口、资金、信息等要素的自由流动和相关领域的融合发展。新区与海宁分处钱塘江两岸，双方展开战略合作，以两地区域一体化发展为核心，通过建立全面战略合作关系，合力推进两地在规划、建设、产业、平台和社会事业等各方面的对接合作，加快形成开放型区域一体化发展新格局，努力将新区和海宁打造为浙江省跨行政区一体化发展的示范区、领率区、样板区，长三角一体化高质量发展的标志性大平台。当天，新区党政考察团实地考察盐官旅游开发合作项目、欣奕华半导体智能装备项目、“奕斯伟”项目和浙江大学海宁国际校区。

【重大项目集中开工、竣工】2019年12月11日，杭州钱塘新区举行重大项目集中开工和竣工投产活动。活动涉及项目30个，总投资663亿元，其中：开工项目20个，总投资246.43亿元；年内投产（试生产）项目10个，总投资416.41亿元。重大产业开工项目中包括得力·普乐士智能物联与办公科技项目、顾家智能家居及家具制造项目、阿里巴巴杭州eWTP示范区项目，以及生命健康产业代表项目和达药谷四期等。项目的实施将夯实新区主导产业基础，加速构建“515”现代产业发展体系。

【中国药科大学（杭州）创新药物研究院揭牌】2019年5月10日，中国药科大学（杭州）创新药物研究院揭牌仪式在杭州东部医药港小镇举行。揭牌仪式后，中国药科大学与浙江医药股份有限公司、浙江瀛康生物医药有限公司等杭州药企签署产学研合作项目，推动杭州生物医药产业快速发展。中国药科大学党委书记金能明与杭州钱塘新区管委会主任何美华共同为中国药科大学（杭州）创新药物研究院揭牌。中国药科大学（杭州）创新药物研究院位于杭州医药港小镇，以创新药物制剂、全工艺过程质量风险控制为特色，以小分子药物、中药、生物大分子药物的研发为基础，重点建设高端长效药物制剂研发服务中心、药学研究服务中心、生物医药产业育成中心、仿制药物一致性评价中心等四大区域公共技术服务平台。

【中欣晶圆半导体项目投产】2019年11月22日，杭州中欣晶圆半导体股份有限公司半导体大硅片项目在杭州钱塘新区投产。2017年9月28日，杭州中欣晶圆半导体股份有限公司正式落户杭州钱塘新区，该项目建设有3条8英寸（200毫米）、2条12英寸（300毫米）半导体硅片生产线，属于浙江省重大产业项目。整个项目达产后将成为国内规模最大、技术最成熟的大尺寸半导体硅片生产基地。中国半导体产业中，国内大尺寸硅片尤其是12英寸半导体大硅片的供应基本被国外企业所掌控，市场高度垄断。中欣晶圆大硅片项目的建成投产，将改变国内半导体大硅片完全依赖国外的现状，有效填补国内半导体大硅片供应的行业短板。

【移动办公之区建设】2019年，杭州钱塘新区依托“浙政钉”平台深化移动办公服务。4月，完成新区组织架构搭建，覆盖全区8664人，激活率、完善率均达100%，活跃率90%以上。全年建立各类“钉钉工作群”500多个，钉钉端微应用总点击量6.4万次。电子表单、电子审批等钉钉原生模块深度应用，工作效率大幅提升。8月，完成新区电子政务办公平台整合，实现移动办公机关部门全覆盖，推动一个文件、一个会议、一件事情的全周期“无纸化”移动办公。至年末，开发 PC 电脑端流程 36 个、钉钉手机端流程 33 个、IPAD 端流程 20 个，各部门（单位）经电子政务办公平台电子收文 1.43 万份，电子发文 1845 份。钉钉端微应用电子政务办公平台总点击量 6.43 万次，列全市第一位。全年通知 4000 份、公文流转 1.2 万份，实现“无纸化”流转，比 2018 年节省纸张、印制费用约 30 万元。

（张红丹）

杭州国家高新技术产业开发区

【概况】 2019 年，杭州国家高新技术产业开发区（简称杭州高新区）实现地区生产总值 1592 亿元，比上年增长 8.2%。财政总收入 341.9 亿元，增长 5.9%，其中，一般公共预算收入 175.6 亿元，增长 6.5%。一般公共预算支出 123.7 亿元，增长 15.9%。民生事业支出 107.8 亿元，增长 19.4%；教育、产业扶持的支出分别为 24.7 亿元、32.3 亿元，分别增长 21.8%、4.7%。固定资产投资 291.6 亿元，增长 12.1%，其中：民间投资增长 13.2%，交通投资增长 466.1%，生态环境和公共设施投资下降 44.2%，高新产业投资下降 28.7%。社会消费品零售总额 414.4 亿元，增长 10%，列全市第一位。

全区规模以上工业企业实现利润 270 亿元，增长 20%；规模以上服务业企业实现利润 300 亿元，增长 85%。数字经济核心产业增加值 1202 亿元，增长 16.5%，占 GDP 比重 75.5%，列全市第一位。规模以上工业增加值 642.2 亿元，增长 10.7%，工业新产品产值率 58.1%，列全市第一位。云计算与大数据、物联网、信息软件等 8 个产业均实现两位数增长。软件产业基地综合评价全国第三位，信息化发展水平连续 5 年列全省第一位。全年新开工产业项目 9 个、竣工 12 个，完成产业投资 31 亿元。新引进“世界 500 强”项目 2 个、1000 万美元以上项目 25 个，实际利用外资 8.7 亿美元。外贸出口增长 5%。杭州高新区（滨江）富阳特别合作区挂牌成立，“宏华数码”“东方通信”“模拟芯片 IDM” 3 个项目首批落户特别合作区；“医惠科技”“工业综合体”等 9 个产业项目开工建设，“网易二期”等 12 个产业项目竣工。

推进引才计划，诺贝尔奖、图灵奖工作站挂牌运营，全年新引进各类人才 3.1 万人，其中硕博士占比超过 26%，列全市第一位。完成 400 套人才房配租、蓝领公寓 406 套房源改造。浦乐单元公共租赁房二期和西兴单元人才租赁房开工。新增院士专家 3 人，高层次人才 1400 人，人才计划企业 110 个，省、市领军创新创业团队各 3 个，列省、市第一位。新增杭州市引智计划项目 50 个，列全市第一位。新设立引导基金 2 支，24 支基金总规模 42.9 亿元，完成投资 222 笔，累计金额 17.9 亿元。中国科学院上海分院国家技术转移中心（杭州）、5G 联合创新中心和开放实验室、华为鲲鹏创新中心等创新平台落地。新认定国家级孵化载体 1 个；省级孵化载体 13 个，列全省首位；市级孵化载体 22 个，列全市首位。持续加大研发投入，全区研究与试验发展经费支出占地区生产总值 10%，技术交易额超过 120 亿元，均列全省第一位，新增省重点研发计划项目 27 个。

获批全省首个国家知识产权服务业集聚发展示范区，设立全国首个全门类知识产权综合服务中心，11 个企业上榜“中国企业专利 500 强”。新增 4 个国家知识产权示范企业。全年专利申请量 1.83 万件，有效发明专利拥有量 1.39 万件、每万人发明专利拥有量 357 件，均居全省第一位。专利授权量 1.03 万件，首次超过 1 万件，其中，发明专利授权量 2939 件，企业发明专利授权量居全省第一位。

全省首批试点企业开办全流程“一日办结”，全市首批试行建设项目审批“两书合一”（选址意见书和用地预审意见书 2 个事项合并办理），全年新增注册企业 8895 个。全年认定国家高新技术企业 536 个，有效国家高新技术企业 1256 个，列全省首位。26 个企业入选省创新百强企业，占比超过 25%。10 个省级孵化器入围《浙江省级科技企业孵化器核定名单》，通过核定享免税，居全省第一位。7 个企业入选“2019 中国软件百强企业榜单”。4 个企业入选“2019 中国民营企业 500 强名单”。12 个企业入围“2019 年全省国家高新技术企业创新能力百强榜”。240 个企业入选“2019 年第二批浙江省科技型中小企业名单”、7 个企业获评浙江省第五批大数据应用示范企业，均居全市第一位。新增上市公司 7 个，总计 49 个，均列全省第一。

【杭州高新区（滨江）富阳特别合作区成立】 2019 年 8 月 28 日，杭州高新区（滨江）富阳特别合作区挂牌成立。特别合作区位于杭州富春湾

2019 年 8 月 28 日，杭州高新区（滨江）富阳特别合作区挂牌成立

[杭州高新区（滨江）地方志编研室 供稿]

2019 年 6 月 4 日，杭州高新区（滨江）知识产权综合服务中心启用
［杭州高新区（滨江）地方志编研室 供稿］

新城灵桥镇行政区划范围，北起富春江，西至小源溪和杨元坎村，东、南至杭新景高速，总面积 5.8 平方千米，合作期暂定 20 年，后续视需要经两区协商一致可扩展至富阳区其他区域。采用“富阳区交净地、高新区做产业”运行模式，由特别合作区管委会实行独立管理、单独核算、封闭运行。特别合作区叠加杭州高新区产业优势和富阳土地空间优势，围绕“一年内全面启动、三年内一批项目建成”工作目标，建立合作发展示范区、自主创新拓展区、新制造业承载区。兼采两区体制机制长处，为企业提供“一门受理 + 专员服务 + 联合会审”服务，加快建设一流高科技园区。

11 月 15 日，杭州宏华数码科技有限公司、东方通信股份有限公司和杭州芯迈半导体技术有限公司 3 个新制造业项目签约。同月 27 日，杭州宏华软件有限公司完成营业执照登记业务，成为杭州高新区（滨江）富阳特别合作区的第一本营业执照。同月 29 日，该项目用地挂牌，计划投资 10 亿元，分两期共供地 8 公顷。

【AI Cloud 生态大会在杭州高新区召开】2019 年 3 月 29 日，“智涌钱塘”2019 年 AI Cloud 生态大会在杭州高新区召开，大会由杭州市政府主办，市经信局、滨江区政府、杭州海康威视数字技术股份有限公司承办，以“数理智理、AI 赋能”为主题，探讨人工智能、大数据的应用和发展，以及数字经济发展机遇。中国工程院院士、西安交通大学教授郑南宁，海康威视总裁胡扬忠，Aibee 创始人兼首席执行官林元庆，英特尔中国物联网事业部首席工程师及首席技术官张宇，360 企业安全集团总裁吴云坤等做主题演讲。大会展示人工智能、数字经济方面内容，建立人工智能产业技术创新、成果展示和合作交流平台，助力杭州“全国数字经济第一城”建设。大会设置 5 场开放分论坛和 1 场路演活动，分别为城市智理论坛、公共服务论坛、商业赋能论坛、金融论坛、“智能制造协同发展”行业论坛及国际人工智能项目路演对接活动，聚焦人工智能在各行业的应用落地。搭建 6000 平方米的数字展厅，利用“AI+ 视频”技术，展示大数据中心、智慧交通、智慧路口、智慧校园、智慧景区、智慧酒店等人工智能应用场景。

【中澳生物医药产业科技园揭牌】2019 年 5 月 10 日，中澳生物医药产业科技园在杭州高新区揭牌。该科技园由杭州高新区与科技部火炬中心联合共建，委托贝壳社运营，位于滨江区滨安路 656 号，处于杭州高新区“生物医药”产业带核心区，有实验室、办公室、6 米层高中试厂房（用于产品批量生产前小规模试产的厂房），配置三废处理系统、锅炉蒸汽系统，提供企业展示中心、公共会议室、大型报告厅等设施。引进全球顶级生物医药领域的领军人才和专家团队，帮助海内外尖端生物医药技术项目在中国“快速启动、有效联结、获得支撑、平稳落地、高效发展”，促进生物医药科技创新成果的落地转化，建立国际级生物医药产业创新平台。启动仪式上，5 个中澳企业举行首批入驻园区企业签约仪式。

【杭州高新区（滨江）知识产权综合服务中心启用】2019 年 6 月 4 日，杭州高新区（滨江）知识产权综合服务中心启用，中心位于滨江区丹枫路 399 号，是全国首个全门类知识产权综合服务中心。中心一楼服务大厅设有多个窗口，集中办理专利受理、商标受理、版权咨询、标准服务等业务，涵盖知识产权各个领域，实现知识产权业务“一门受理”。中心引进浙江省知识产权研究与服务中心，建立中国（浙江）知识产权保护中心滨江分中心；设有物联网产业知识产权投资与运营平台、杭州银行科技支行等机构；引进知名知识产权服务机构和贸易促进会知识产权服务中心等机构。入驻单位包括国家知识产权局专利局杭州代办处，可办理专利申请、优先审查等业务；设立商标局杭州代办处，开展商标注册受理、质押登记等业务，实现知识产权服务“最多跑一次”。

【2 个 5G 创新中心落户杭州高新区】2019 年 5 月 10 日，中国电信集团 5G 创新中心在滨江物联网小镇揭牌，杭州高新区与中国电信浙江分公司签署战略合作协议，共同推进 5G 建设商用、智能技术创新基础设施改造升级、数字产业集群培育等。创新中心探索 5G 聚合产业，助力小镇企业 5G 应用和产品示范推广，开展小镇智慧楼宇建设等信息化建设和 5G 应用合作。

5 月 17 日，中国移动 5G 联合创新中心、浙江 5G 开放实验室落地滨江区物联网孵化器园区，5G 开放实验室提供真实 5G 网络环境及一体化办公设备，提供 α（开发测试环境）+β（类生产环境）模式和能力开放，验证 5G 新业务可行性，使新业务快速孵化和上市。同月，浙江 5G 产业联盟入驻 5G 联合创新中心并揭牌。杭州华为企业通信技术有限公司、浙江大华技术股份有限公司、杭州海康威视数字技术股份有限公司、新华三技术有限公司、诺基亚通信系统技术（北京）有限公司浙江分公司、杭州安恒信息技术股份有限公司、北航杭州创新研究院、杭州市公交集团、网易（杭州）网络有限公司、杭州安脉盛智能技术有限公司、浙江吉利控股集团有限公司、浙江中控技术股份有限公司12个企业成为第一批入驻合作企业。

【6个平台入围省级工业互联网平台创建名单】2019年8月29日，浙江省经济和信息化厅公布62个2019年度省级工业互联网平台创建名单，杭州高新区吉利EVUN汽车工业互联网平台、汽车工业互联网平台、ManuGence力太工业互联网平台、基于大数据技术的风电场群智能运维平台、产品全生命周期智能管理工业互联网平台、面向特定区域的智慧能源管理工业互联网平台6个平台入围，入围数列全省第一位。

【6个园区成为省数字化示范园区和试点园区】2019年12月16日，浙江省数字经济发展领导小组办公室发布《关于公布2019年浙江省数字化示范园区和试点园区名单的通知》，滨江区物联网小镇、IX-WORK京崎科技园、万轮科技园、杭州华业高科技产业园4个园区被评为2019年浙江省数字化示范园区，金绣国际科技中心、高新汇·三维信息科技园2个园区入选2019年浙江省数字化试点园区名单，获评数量均居全市第一位。

【27个企业科技成果获省技术科学进步奖、技术发明奖】2019年5月14日，在浙江省科学技术奖励大会上，杭州高新区27个企业承担、参与的27项科技成果获省科学技术进步奖、技术发明奖。经评审产生省科学技术奖项目299项，其中：一等奖28项，杭州高新区企业参与项目7项；二等奖95项，杭州高新区企业参与项目12项；三等奖176项，杭州高新区企业参与项目8项。杭州海康威视数字技术股份有限公司、新华三技术有限公司、浙江吉利控股集团有限公司、阿里巴巴（中国）有限公司、连连银通电子支付有限公司、银江股份有限公司和杭州交通卫星定位应用有限公司、杭州华东医药集团新药研究院有限公司参与的7个项目获省科学技术进步奖一等奖。

2019年9月10日，阿里巴巴集团20周年年会在杭州市奥体中心举行

［杭州高新区（滨江）地方志编研室 供稿］

【7个企业入选“2019中国软件百强企业”】2019年6月28日，在第23届中国国际软件博览会上，中国电子信息行业联合会公布“2019软件与信息技术服务综合竞争力百强企业”名单，杭州高新区共有阿里巴巴（中国）有限公司、杭州海康威视数字技术股份有限公司、浙江大华技术股份有限公司、中控科技集团有限公司、恒生电子股份有限公司、银江股份有限公司、新华三技术有限公司7个企业上榜。该榜单主要考核企业在规模效益、研发创新、新兴领域增长、深化国际布局和对新经济发展支撑作用五大方面的成就和突破。

【3个企业入选“2019浙江省民营企业100强”】2019年8月8日，浙江省市场监督管理局、浙江省工商业联合会、浙江省民营企业发展联合会联合公布“2019浙江省民营企业100强”名单，浙江吉利控股集团有限公司列第1位，浙江大华技术股份有限公司列第50位，浙江中南建设集团有限公司列第55位。榜单以企业2018年度营业收入（销售总额）为基本标准，由企业自愿申报为主，参考其当年净资产、纳税额、净利润等指标，结合企业信用信息公示系统年报及相关数据进行排序。

【4个孵化器获国家级科技企业孵化器考评A类】2019年11月21日，科技部火炬中心公布国家级科技企业孵化器2018年度考核评价结果，143个国家级孵化器被评为A类，其中浙江省12个、杭州市5个。杭州高新区科技创业服务中心、杭州东部软件园股份有限公司、杭州华业高科技产业园有限公司、杭州枫惠六和桥创投科技有限公司4个国家级孵化器被评为A类，其中杭州东部软件园股份有限公司、杭州华业高科技产业园有限公司连续3年被评为A类。

【4个企业成为省第一批现代服务业与先进制造业深度融合试点企业】2019年8月1日，浙江省发展和改革委员会公布浙江省第一批现代服务业与先进制造业深度融合试点企业名单，榜单分三类，包含9个试点产业集群和16个试点企业，杭州高新区4个试点企业入选。其中：网易严选模式试点和阿里淘工厂模式试点入选龙头企业服务业制造化类试点，浙江吉利控股集团有限公司新能源整车同享出行和城市物流融合试点、杭州鸿雁电器有限公司基于“1+X+N”融合平台的建筑电器服务

试点入选龙头企业制造业服务化类的企业。

【4 个小微企业园入选省首批数字化小微企业园创建名单】 2019 年 8 月 31 日，2019 第六届中国双创发展大会暨数字园区发展论坛在杭州召开。论坛由中国电子商会主办、浙江省数字经济学会和颐高集团承办。会上发布浙江省首批数字化小微企业园重点培育名单，共 70 个数字化小微企业园入选。其中，杭州高新区万轮科技园、高新汇·三维信息科技园、金绣国际科技中心、IX-WORK 京崎科技园 4 个小微企业园入选，入选园区数居全市第一位。

【12 个企业入围省国家高新技术企业创新能力百强榜】 2019 年 11 月 19 日，2019 年全省高新技术企业发展大会召开，会上公布 2019 年浙江省国家高新技术企业创新能力百强名单，杭州高新区 12 个企业入选，入选数超过杭州市总数的 1/3，4 个企业主营业务收入超过 100 亿元。其中：新华三技术有限公司、浙江大华技术股份有限公司和杭州海康威视数字技术股份有限公司连续 2 年位列百强榜单前三位，新华三技术有限公司连续 7 年位居榜首。杭州高新区企业占据电子信息领域十强榜单中的前 6 位。

［杭州高新区（滨江）地方志编研室］

萧山经济技术开发区

【概况】 2019 年，萧山经济技术开发区（简称萧山开发区）实现固定资产投资 94 亿元，比上年增长 16%；实现规模以上服务业增加值 72 亿元，增长 39%，数字经济增加值累计完成 31 亿元。实现财政总收入 112 亿元、一般公共预算收入 65.9 亿元，分别增长 4.8%、11.7%。

全年完成实际利用外资浙江省商务厅统计口径 4.8 亿美元、商务部统计口径 3.9 亿美元，分别占全区实际利用外资完成数的 52%、47%；引进“世界 500 强”投资项目 2 个，央企投资项目 3 个。入选市产业个性化项目 15 个，入选市“大好高”“小而美”项目 3 个。新引进华翰半导体面板制造项目、总投资 10 亿元的明电舍新能源汽车核心部件项目、总投资 2000 万美元的韩国 MAK 自动化等离子设备项目等优质新制造业项目。浙江长三角生物医药国际合作产业园开园，70 多个生物医药企业入驻。人才引育实现突破，全年新引进、培养高层次人才 20 人，其中：引进院士专家 1 人，自主培养“国家万名专家服务基层行动计划”专家 1 人，市级专家 6 人。新增浙江大胜达包装股份有限公司、潮峰钢构集团有限公司 2 个省级博士后工作站。杭州英希捷科技有限责任公司引进 2 位专家，实现萧山区顶尖人才认定“零”的突破。全年落户人才项目 31 个。

【萧山开发区发展空间拓展】 2019 年，市北区块“退二进三”工作收储企业 21 个、收租 2 个，总面积 50.68 公顷。桥南区块“腾笼换鸟”第一批 15 个企业改造提升全面完成，新增旧厂房改造面积 33.7 万平方米。信息港小镇 78.4 万平方米创新空间加快建造，两年内形成超 100 万平方米创新经济集聚空间。机器人小镇 38.7 万平方米的创新配套工程开工开建，1.2 万平方米的智慧交通馆投入使用。科技城 223 万平方米产业平台推进打造。创新聚能城区配套道路钱农东路、支十路已基本完工，池杉路、新城路、滨江二路全面开工，80 亿瓦时锂电池项目、分布式微电网群项目已进场。绿色智造产业新城指挥部挂牌并驻点办公，涉及浙江恒逸集团有限公司、万向集团公司、浙江荣盛控股集团有限公司等重大项目的总规建设用地边界规划限制逐步实现突破，集中保障绿色智造产业新城、浙大杭州国际科创中心、“22688”市政交通工程等重点项目建设，万向钱潮项目用地得到浙江省政府批准，安置房、配套道路等加快建设。

【萧山开发区创新强区战略实施】 2019 年，萧山开发区实施创新强区战略。信息港小镇成为萧山首个正式命名的省级特色小镇。机器人小镇在省级特色小镇创建对象年度考核中被评为优秀。70 个企业在亩均效益评价中被评为 A 类，与上一年相比增加 28 个。开发区全级新增国家高新技术企业 51 个、省级企业研究院 5 个、省级研发中心 8 个、省级重点科技项目 6 个，新增发明专利授权 169 件。万向一二三股份公司、微医（杭州）集团有限公司、杭州云集通信科技有限公司入选 2019 年杭州市独角兽企业榜单。浙江兆丰机电股份有限公司、浙江圣奥家具制造有限公司、浙江大胜达包装股份有限公司 3 个企业被认定为省数字化车间 / 智能工厂。万向创新聚能城产业平台被列入省首批“万亩千亿”新产业平台培育名单。浙江省数字化示范园区创建成功。浙江杭可科技股份有限公司在第一批科创板上市，浙江大

萧山经济技术开发区　　（萧山开发区管委会 供稿）

胜达包装股份有限公司在主板上市,累计上市挂牌企业 23 个。

【萧山开发区机构体制改革】2019 年,萧山开发区通过改革管理体制,落实管理职能,完善运行机制,科学规划,准确定位,高起点、高标准设置机构,科学合理、适度超前设计规划,引领开发区向高层次和高水平迈进,促进经济快速发展。开发区明确功能定位,根据承担经济社会发展职能的不同,发挥集聚新兴产业、引领科技创新、率先改革开放的作用,突出重点,体现差异,设置 8 个局室(部门),其中党群工作部和创新创业局为新设部门。通过改革,进一步提升工作人员干劲,激发经济活力,提升科技创新能力,提高发展水平,逐步建立与市场经济相适应的管理体制和灵活高效的运行机制。

【浙大·一知人工智能研究中心揭牌】2019 年 2 月 11 日,浙大·一知人工智能联合研究中心在萧山信息港小镇人工智能谷揭牌成立。浙江大学计算机系副教授、博士生导师、一知智能 CEO 赵洲博士出任研究中心主任。浙大·一知人工智能联合研究中心有近 30 人的人工智能算法研发团队,并有 10 多名计算机专业博士。该中心与浙江大学展开紧密合作,围绕人机语音交互中语音识别、语音合成、语义理解三大核心技术,结合大数据分析,聚焦算法在公司拣意机器人产品上的应用落地情况,让平台积累的数据产生价值。

【浙江大学杭州国际科创中心落户萧山科技城】2019 年 2 月 28 日,杭州市政府与浙江大学签署合作协议,浙江大学杭州国际科创中心正式落户萧山科技城。杭州国际科创中心计划聚焦物质科学、信息科学和生命科学三大板块的交叉会聚和跨界融合,构建面向国家区域重大战略和国际科技前沿的创新生态圈,打造具有世界水平、引领未来发展的科技创新中心,成为国内知识和技术创新的国际策源地,全球化开放合作的创新生态区和改革试验田。

【湾区数字公园—Xpace 开工】2019 年 5 月 27 日,湾区数字公园—Xpace 在萧山开发区开工。该项目位于萧山开发区建设三路与金一路交叉口,园区占地面积约 2 万平方米,建筑面积 3 万余平方米。在原有工业厂房的基础上进行一体化改造,从空间内容化、创新协同化、业态数字化、人才国际化、平台社区化五个维度来运营管理,计划打造成国际化、地标性的未来城市中心科技创新园区和审美驱动的创意社区。采用“产业 + 资本 + 基地”的特色孵化模式,以“互联网 +”与“数字经济”为导向,吸引培育人工智能、大数据、云计算、信息经济、创意经济及其上下游相关项目入驻。

【中国人工智能创新峰会在机器人小镇举行】2019 年 6 月 22 日,以“筑梦人工智能、引领科技创新”为主题的第二届中国人工智能创新峰会在萧山机器人小镇举行。活动由中国通信学会主办,萧山经济技术开发区管委会、RoboCom 国际公开赛组委会等承办。峰会从教育、科研、产业三方面展开论述,包括对新一代人工智能规划实施与创新发展形势的剖析、对人工智能在创新应用领域的研究、对人工智能在跨界融合方向的探索,以及对人工智能教育课程的研发与教学、思考与应用。

会上,萧山机器人小镇与中国联通萧山区分公司签订战略合作协议,双方计划在“5G 机器人与人工智能”等方面展开深入合作;新加坡工业自动化协会与浙江省机器人产业发展协会正式签约,双方将以萧山机器人

萧山开发区机器人小镇　　（萧山开发区管委会 供稿）

萧山开发区科技城创业谷 （萧山开发区管委会 供稿）

小镇为总部创建国际机器人产业集群联盟，开展国际机器人科技交流和经济技术的合作。

【中外合资汉尔科技高端半导体面板装备研发制造项目签约】2019年8月6日，总投资20亿元的中外合资汉尔科技高端半导体面板装备研发制造项目签约仪式在萧山开发区管委会举行。根据协议，汉尔科技项目分两块：一是半导体显示屏激光及相关修补、切割、分离、退火等设备生产线，项目落户后，计划吸引全球半导体行业龙头企业及相关零部件生产企业集聚，有望打造成为国际化的半导体视屏产业基地；二是3D双曲面玻璃盖板半导体“黄光制成”设备自动化生产线，项目建成投产后，计划成为国际一流的玻璃表面涂层技术研发中心和成果转化基地，以及国内新兴的半导体设备材料设计研发制造企业和全生态服务商。

【杭州集成电路产业园落户】2019年8月22日，“2019全球闪存峰会（FMW）”在萧山区召开，会议还举行了杭州集成电路设计产业园启动暨重大投资项目签约仪式。杭州集成电路产业园是在工信部信软司和浙江省经信厅的指导以及杭州市人民政府的大力支持下成立，是杭州市重点打造的首个集成电路集聚园区。该产业园位于萧山开发区信息港小镇，规划建筑体量为100万平方米，首期15万平方米。园区主要包括国产集成电路芯片设计、电脑硬盘、大数据磁盘阵列三大产业，将重点引入国家、省、市重点企业研究院、实验室及高校产学研中心。集聚包括杭州华澜微电子股份有限公司、杭州博信智联科技有限公司、上海宝嵩机器人有限公司等在内的相关产业龙头企业。包括华澜微云存储系统高端控制芯片项目、鼎龙集成电路芯片项目、钡联半导体充电桩芯片项目、宝嵩机器人研发中心及智能柔性化工作站在内的四大项目进行了集中签约。其中，鼎龙集成电路芯片项目，计划总投资15亿元，布局鼎龙股份信息产业企业总部，涵盖芯片设计、半导体材料制造、高校及科研院所成果转化基地等内容，将建成国内领先、国际先进的信息产业创新生产基地。其他三个项目投资均超亿元。园区成功运营后，年产值将突破百亿元，税收突破十亿元，有力支撑萧山区经济的发展。

【信息港小镇被命名为省级特色小镇】2019年9月26日，在全省重大项目暨特色小镇建设现场推进会上，杭州湾信息港小镇成为第三批省级特色小镇。11月21日，科技部火炬中心公布国家级科技企业孵化器2018年度考核评价结果，杭州湾信息港小镇连续三年获评国家级科技企业孵化器优秀（A类），全省仅有7个平台连续三年获评A类。

杭州湾信息港小镇于2014年开园并被认定为市级孵化器，2015年被认定为省级孵化器，2016年晋级为国家级孵化器。先后引进微软云、网易联合创新中心、阿里云创新中心、湾区孵化器、中日产业基金孵化器等12个知名双创平台，形成“1+X”创新孵化模式。先后培育和引进5个“独角兽”企业、14个上市企业、41个估值超亿元企业、59个国家高新技术企业。

【国际机器人组织联盟总部落户萧山开发区】2019年10月18—20日，第五届中国（杭州）国际机器人西湖论坛在杭州国际博览中心和萧山机器人博展中心举行。论坛由浙江机器人产业发展协会和萧山区政府联合主办。论坛邀请来自美国、俄罗斯、德国等多个国家的机器人集群代表和学术界专家，以“人机共融”为主题，围绕机器人的“技术、产业、教育”等内容展开对话，共同探讨机器人技术进步与产业发展。论坛期间，浙江正式启动筹建国际机器人组织联盟，搭建国际机器人交流合作平台，促进全球机器人产业的发展。浙江省机器人产业发展协会经过数年调研与沟通，先后与有关国家机器人协会就筹建国际机器人组织联盟达成共识，并签订合作备忘录。国际机器人组织联盟将是独立运行的全球化的机器人产学研交流合作国际联盟，总部落户萧山开发区机器人小镇。

【萧山科技城上海人才交流中心揭牌】2019年11月4日，“风从海上来 潮涌钱江畔”萧山科技城（上海）生物经济高峰论坛在上海举行。会上，萧山科技城上海人才交流中心暨招商合作基地签约揭牌，这将成为萧山科技城及时了解最前沿行业动态资讯，掌握生物经济国际人才团队、高端项目等信息的重要平台，为更好实施“双招双引”奠定良好基础。此外，萧山科技城还与上海交通大学致远学院签订人才合作备忘录，与上海南方基因科技有限公司就在人类基因与生物医药大数据方面的合作签订备忘录。 （陈 洁）

杭州余杭经济技术开发区（钱江经济开发区）

【概况】2019年，杭州余杭经济技术开发区（含钱江经济开发区，简称余杭开发区）实现规模以上工业总产值684.24亿元，比上年增长8.2%；实现规模以上工业增加值188.47亿元，增长13.5%；实现外贸出口98.21亿元；完成全社会固定资产投资80.78亿元，其中工业投资45.65亿元，分别增长32.8%和13%；完成财政总收入65.36亿元，地方财政收入33.57亿元，分别增长26.5%和26.1%。实际到位外资3.1亿美元。

全年招引总投资超过100亿元的康纳直升机项目以及优必选机器人等一批高端装备制造"大好高"项目；引进总投资68亿元的信达生物医药项目以及成都倍特药业股份有限公司、四川新绿色药业科技发展有限公司、杭州百诚医药科技股份有限公司、神州数码医疗科技股份有限公司等企业；引进工信部服务型制造研究院、浙江大学（余杭）基础医学创新研究院、中国（浙江）卫生健康科技研发与转化平台等公共平台。41个项目参加全区集中签约。

坚持产城融合发展，实施"靓城行动"。围绕打造9平方千米中心城区，编制完成中心区控制性详规和城市设计方案。实施老城区有机更新，启动禾丰港改造提升工程，加快推进道路整治、立面整改、环境整修等重点工作，完成风荷路等11条道路施工，开工建设顺风路等19个市政项目。浙江理工大学余杭校区（时尚学院）奠基，城东中学等6所中小学及幼儿园加快建设。全年新增精装人才公寓101套，开工建设人才房850套，在建公租房524套。启动建设总投资超10亿元的东湖天域田园综合体项目，长虹社区列入区级"农居革命"试点，"美丽乡村""四好农村路"等民生实事工程顺利推进。

实施"新制造业计划"，高端装备制造业实现工业总产值426.28亿元，增长7.2%；生物经济产业实现工业总产值58.87亿元，增长27%；家纺布艺产业实现产值79.62亿元，家纺产业创新服务综合体稳步推进。浙江运达风电股份有限公司在创业板上市，杭州微光电子股份有限公司入选工信部第四批制造业单项冠军示范企业名单，中翰盛泰生物技术股份有限公司等6个企业产品被认定为"浙江制造精品"，杭州海的动力机械股份有限公司入选浙江省"隐形冠军"。有年产值1亿元以上企业100个，其中：10亿元以上企业11个，50亿元以上企业4个，100亿元以上企业1个。建立规模以上工业企业首席数字官制度，实现规模以上工业企业数字化应用全覆盖，浙江春风动力股份有限公司、杭州老板电器股份有限公司、杭州西奥电梯有限公司获浙江省数字化车间、智能工厂示范项目，浙江春风动力股份有限公司完成余杭区首个"黑灯车间"改造。成立开发区企业行政服务中心和服务保障所有企业的专班（"亲企办"），推进"最多跑一次""办事不出园""最多90天"等各项改革。

实施"大孵化器战略"，完善创业创新生态体系。编制开发区大孵化器建设规划和三年行动计划，明确"一轴六核四组团"规划布局。出台"创新论英雄"评价办法，提升园区管理水平和运营效益。全年新增创新空间51.3万平方米，新认定省级以上各类园区11个，"茧·space""IN PARK"园区投入运营。引进培育高层次人才创新创业项目40个，新增各类领军型人才70名，新增高层次人才50名，引进特色人才127名，新增技能人才近1000名。举办中国科技成果创新创业大赛等双创活动100多场次，打造"开发区虚拟商学院"等双创活动品牌。全年新增国家高新技术企业67个，累计220个，全年专利申请量4223件、新授权专利2808件，其中发明专利授权190件。实现规模高新技术产业增加值150.59亿元，增长4.7%，高新技术产业增加值占规模工业比重80%，实现新产品产值率57.8%。

【余杭开发区生物经济产业集群入选省首批现代服务业与先进制造业深度融合试点】2019年7月，省发改委公布首批现代服务业与先进制造业深度融合试点名单，余杭开发区生物经济产业集群融合试点入选，成为全省9个产业集群类试点之一。此次试点以2019—2022年为期限，以生物经济提质增效和转型升级为导向，

余杭开发区　　（余杭开发区管委会 供稿）

杭州老板电器股份有限公司无人智造车间　（贾代腾飞　摄）

聚焦高端研发链、着力生产智造链、做大创新孵化链、强化公共服务链、联动健康服务链，形成“生物医药＋健康服务”为核心生物经济产业集群，构建开发区生物经济“一区两基地三中心”创新发展格局，为全省服务业与制造业融合发展提供余杭经验与创新路径。

【余杭开发区“新制造业计划”实施】2019年10月11日，余杭开发区召开“新制造业计划”推进千人大会。会议指出，开发区要以“抓四大提四度强三力”为抓手，推进开发区制造业高质量可持续快发展，打造千亿级产业集群。通过建设大平台、培育大产业、紧盯大项目、引育大企业，加强企业科技创新、品牌建设、智能制造等方面能力，提升开发区制造业核心竞争力；提升产业集聚度、资源集约度、两化融合度和产城融合度；强化开放力、协同力和营商力，打造开发区国际一流营商环境和“亲清”政商关系。会议强调，开发区要锁定到2025年实现规模以上工业总产值、规模以上工业企业、制造业国家高新技术企业、新增工业投资、工业技改投资和新引进项目投资的“六个倍增”目标，强化组织保障、空间保障、资金保障和政策保障，形成新制造业和数字经济“双引擎”动能和大、中、小企业并进新局面，计划把开发区建设成为国内一流的现代化产业新城。

【余杭开发区获“国家级绿色园区”称号】2019年10月18日，余杭开发区召开绿色制造示范名单授牌仪式暨工业绿色发展政策宣贯会。根据《工业和信息化部办公厅关于公布第四批绿色制造名单的通知》，余杭开发区获“国家级绿色园区”称号，辖区内的杭州诺贝尔陶瓷有限公司和浙江春风动力股份有限公司获“国家级绿色工厂”称号。会上，工业和信息化部电子第五研究所的相关负责人分别对余杭开发区及两个企业进行授牌。

【八达岭长城站超级扶梯发运仪式举行】2019年10月19日，杭州西奥电梯有限公司（简称西奥电梯公司）举行“中国智造、筑梦冬奥”八达岭长城站超级扶梯发运仪式，标志着由西奥电梯公司自主创新设计制造的轨道交通提升高度扶梯正式发往北京八达岭，项目进入安装工程阶段。作为北京2022冬奥会交通重点配套项目，八达岭长城站最大埋深102米，建成后将成为世界范围内“最深高铁站”，创造4个“全国之最”和4个“首次”的新纪录。其中，由西奥电梯公司创新研发的超级扶梯群组成为站点的创新亮点，刷新“中国造”扶梯纪录，填补国内制造空白。

【余杭开发区首届人民运动会】2019年10月20日，余杭开发区召开“凝心聚力共奋进，东部崛起勇担当”庆祝中华人民共和国成立70周年暨首届人民运动会开幕式。此次人民运动会是余杭开发区举办的首个大型综合性运动会，设企事业组、村社组两大组别，共包含中国象棋、篮球、足球、排舞、田径等10个竞赛项目，吸引73个代表队参加，3000多人参赛。经角逐，结网、万陈、李家、望梅、长虹、孤林、姚家埭、道墩坝8个村社获村社组团体总分前八名。杭州东华链条集团有限公司、育才实验小学、杭州老板电器股份有限公司、余杭开发区管委会机关、浙江元通不锈钢有限公司、杭州港华燃气有限公司、浙江春风动力股份有限公司、东湖街道机关获企事业组团体总分前八名。会上，余杭开发区还表彰企业特别贡献奖、村社组优秀组织奖、企事业组优秀组织奖、村社组体育道德风尚奖、企事业组体育道德风尚奖。

【余杭开发区278位企业“首席数据官”上岗】2019年，“首席数据官”是余杭开发区为推进产业数字化发展，在规模以上工业企业内设置的一个数字化改造管理专岗，主要由企业内管理层人员担任，不仅要学习了解数字化发展新趋势，还要统筹协调好数字化改造方案的具体“落地”，为企业高质量发展提供相应的建议。余杭开发区通过建立企业首席数据官制度，帮助企业培养专职人员，主动把数字化改造方面的优质资源送到企业中去，赋能企业转型升级，激发区域产业数字化发展动能。

【浙江大学校友创业大赛浙江赛区决赛】2019年12月3日，第五届浙江大学校友创业大赛浙江赛区决赛在余杭开发区举行。大赛以“科技·创新”为主题，自4月20日启动以来，浙江赛区举办行业类专场、特邀群体专场、政府专场路演等活动11场。项目涵盖人工智能、5G、大数据、新能源、新材料等领域，吸引超过200个项目参赛。上海闪马智能科技有限公司、杭州魔点科技有限公司、杭州木链物联网科技有限公司等10个创业团队参加决赛现场的项目路演。经过角逐，杭州木链物联网科技有限公司荣获浙江赛区一等奖。颁奖结束后，举行校地发展合作论坛，邀请企业及开发区代表就如何进一步深化校地合作展开“头脑风暴”。

【中国科技成果创新创业大赛总决赛】2019年12月4日，“余您携手、杭向未来”2019年中国科技成果创新创业大赛决赛在余杭开发区举行。新型工业环保解决方案、纳米乳药产业化项目、3D打印钛合金骨植入等8个项目现场签约，落户余杭开发区。此次大赛是余杭开发区重点打造的“双创”品牌，面向海内外高层次人才和创新创业团队，以项目招商、人才引进为重点，围绕人工智能、区块链应用技术、医疗器械、智能制造等未来产业领域，着力筛选和孵化一批优秀人才和优质项目。大赛自6月17日启动以来，吸引300多个创新创业团队参加。决赛分设成长组、初创组，进入决赛的20个项目采取6分钟路演加6分钟答辩、闭门路演的形式进行决赛。最终，“新型工业环保解决方案”“运用抗体从头测序技术高效开发体外诊断试剂”项目分别获得成长组、初创组一等奖。此次获奖项目涉及医疗器械、新材料、智能制造等产业领域，部分项目由海内外高层次人才领衔，具有较强科研攻关能力，较成熟的产业化基础，落户后将为余杭开发区“全域创新”输入新动力。颁奖仪式后，举办了《长三角一体化下的大孵化器战略》主题论坛。

【中国（浙江）卫生健康科技研发与转化平台落户余杭开发区】2019年12月6日，中国（浙江）卫生健康科技研发与转化平台落地展示暨国际交流会在余杭开发区举行。大会以“医创引领，健康未来”为主题，立足浙江，面向全球，邀请国内外顶尖专家学者，共同探索开放新格局下卫生健康科技研发与转化的时代机遇。开幕式上，由浙江省卫生健康委员会与余杭区政府共同打造的中国（浙江）卫生健康科技研发与转化平台正式揭牌落地余杭开发区。活动邀请来自比利时鲁汶大学让·马利阿兹教授，芬兰阿托尔大学保罗·利兰久教授、保罗斯·多科教授做主题报告，并举行生命健康创新发展圆桌会议和中国（浙江）卫生健康科技成果转化对接会两场平行分会，17个医疗器械创新和康复项目参与路演。大会还设置中国（浙江）卫生健康科技研发与转化平台展示区，展出优质项目30项。

【春风动力公司完成余杭区首个“黑灯车间”改造】2019年12月，浙江春风动力股份有限公司围绕“管理精益化＋设备智能化＋数据集成化”建设路径，完成余杭区首个“黑灯车间”改造。通过引进高精度自动化产线、智能检测、工业机器人、智能仓储物流等装备，升级开发制造执行系统（MES）、企业资源计划系统（ERP）、产品生命周期管理系统（PLM）、工业云平台等系统及集成平台，运用先进的制造技术、测控技术和信息技术，实现大功率发动机“一件流”的自动化生产、生产物流的精准调度与智能运输以及市场需求的精准分析与高效应对。运用数据中台技术，深挖数据价值，形成国内领先的大数据支撑下的高端装备精密制造能力。该项目将大数据与人工智能技术应用到工厂的研、产、供、销全链条，推动该公司产业数字化与产品智能化升级。

浙江春风动力股份有限公司生产车间 （胡法民 摄）

【浙江理工大学余杭校区（时尚学院）奠基】2019年12月29日，浙江理工大学余杭校区（时尚学院）在余杭开发区奠基，这是余杭开发区第一所大学，将为余杭开发区时尚及周边产业发展注入全新活力，助力余杭时尚产业转型升级，助推杭州建设成为时尚之都、世界名城，更好地服务浙江省八大万亿产业，打造现代纺织世界级产业集群。浙江理工大学余杭校区（时尚学院）项目总投资20.4亿元，用地面积34.47公顷，建筑面积约30万平方米，南至规划康泰路，北至规划丰润路，东至东湖北路，西至规划华宁路。项目计划2022年建成投入使用。 （沈晓燕）

富阳经济技术开发区

【概况】2019年，富阳经济技术开发区（简称富阳开发区）“四上企业”（规模以上工业企业、资质等级建筑业企业、限额以上批零住餐企业、国家重点服务业企业）实现主营业务收入2166.5亿元，比上年增长17.9%。高新技术产业、数字经济核心产业增加值分别实现85.2亿元、40亿元，分别增长21.6%、27.6%。全年“小升规”（小微企业规范升级为规模以上企业）入库企业83个，上报高新潜力企业31个，拟上市培育企业22个，新增国家级高新技术企业32个；硅谷小镇获评省级优秀小镇；富阳信息经济核心产业创新服务综合体入选省级创建名单。

先后完成观前村、受降村两个区块拆迁，累计拆迁农户1307户、企业41个，腾出空间150公顷。启动“新制造业计划”200公顷工业用地

富阳开发区银湖科技城鸟瞰 （富阳开发区管委会 供稿）

的整理工作，至年末腾出工业用地近30公顷。全年签约供地产业项目32个，其中1亿元以上项目19个，总投资额88亿元；总部类项目9个，高新产业项目19个。全年新开工项目47个，总投资27亿元。银湖总部区块的金固科技、图南电子等7个总部项目于10月底集中基建开工。大华二期、爱科机器人等69个在建项目推进顺利，国自机器人一期、集世迈智能装备生产项目等15个项目建成投产，其中高新项目8个。富阳开发区以整治“十个乱”为抓手，持续开展集中整治行动。参照苏州工业园区先进经验，开展“围而未建”地块的拆围复绿工作，新增绿化面积31.4公顷。至年末，万达广场动工建设，人才公寓完成装修并投入使用，“味来银湖”餐饮街区、银湖健身馆顺利开业，国贸银湖酒店装修中。

富阳开发区直管区域内实现实际利用外资1亿美元，累计招引产业项目45个，总投资85.35亿元，总用地面积66.94公顷，创新中心累计注册项目43个，注册资本5.1亿元。总部经济、物联网、智能制造、电子商务占比明显提高，高端装备、文化创意、生物医药、新材料产业增长较快。

全年富阳开发区直管区域内被列入富阳区大计划政府投资项目共125个，其中续建项目71个、新建实施类项目28个、新建预备类项目26个。125个项目中产业项目114个（94个工业项目、20个服务业项目），基础配套项目11个。全年完成固定资产投资156.2亿元，其中工业性投资45.7亿元。新开工项目47个，其中：工业项目43个（东洲新区4个、银湖新区3个、场口新区18个、新登新区18个）；服务业项目4个（银湖新区3个、场口新区1个）。新竣工项目11个（场口新区6个、新登新区5个）。28个基础配套项目竣工。

【富阳5G综合体列入省级创建名单】 2019年11月，富阳信息经济核心（5G关键技术及应用）产业创新服务综合体（简称富阳5G综合体）被批准列入浙江省第二批培育名单。富阳5G综合体位于富阳开发区银湖科技城，2018年申报并开始逐步培育。

2019年，富阳开发区实现5G相关产业业务收入189.亿元，占规模以上工业企业主营业务收入18.3%。区内有富通集团技术中心1个国家级工程技术中心，富生工业信息工程、雄迈智能安防等4个省级研究院，15个市级研发中心，1个院士工作站，2个博士后工作站。引进中科院上海光机所杭州分所、浙工大银湖创业院、杭州电子科技大学富阳研究院、大数据产业创新研究院等5G产业相关产学研平台落户，开展政产学研用协同创新。依托科技大市场，合作或引进入驻中国电子科技集团第五十二研究所、杭州机电设计研究院等21个中介服务机构，提供涉及工业设计、检测技术交易、知识产权、科技金融等公共创新服务，与省科技信息研究院签约共建银湖科技信息中心。富阳科技云服务平台于5月上线，平台有61所国内国际高校资源、近1000项可产业化技术项目。建立富阳区科技投资引导基金和富阳区科技型中小企业贷款风险池基金。建成银湖创新中心、银湖第二创新中心和中国智谷富春园区三大特色创新平台，平台总占地15.37公顷，总建筑面积38.1万平方米。至年末，集聚5G产业链规模以上企业41个，逐步形成5G关键技术及应用产业集群。

【工创谷成为省级众创空间】 2019年10月，省科技厅公布2019年度省级众创空间名单，位于富阳银湖科技城的工创谷众创空间通过备案，成为2019年度省级众创空间。

工创谷众创空间依托浙工大银湖创新创业研究院，着重在总部研发、电子信息、文化创意、物联网、电

富阳开发区硅谷小镇

（富阳开发区管委会 供稿）

子商务、生物医药、先进装备制造、新能源新材料等领域引进和培育国内外高层次创新创业人才，开展高新技术和产品的研发，整合创新创业资源，推动创业项目孵化。作为富阳与浙江工业大学共同打造的众创空间，工创谷众创空间集创新创业、信息共享、创业服务、项目孵化为一体，汇集全国高校校友资源，为园区及入驻企业提供基础服务、政策解读、工商注册、创业指导、财税代理、法律咨询等各类服务。富阳工创谷自2016年创立以来，培育孵化与引进企业80多个、28个项目入选富阳区高层次人才计划，常驻人才近300人。

2019年9月，富阳开发区与浙工大银湖创新创业研究院签订合作协议，在银湖科技城共建高层次人才创业园。高层次人才创业园一期以银江智谷园区3幢楼宇为物业基础，建筑面积3.6万平方米，着力打造海内外高层次人才创新创业孵化基地。

【银湖创新中心被认定为省级小微企业园】 2019年11月，浙江省小微企业园工作联席会议办公室印发《关于公布第二批审核认定小微企业园名单的通知》富阳开发区银湖创新中心被认定为省级小微企业园。

小微企业园是由政府统一规划、各类主体开发建设，集聚效应明显、产业定位明确、配套设施齐全、运营管理规范、生产生活服务健全、企业入园成本合理，为小微企业创业创新和成长壮大提供的生产经营场所，具有准公共属性，主要分为生产制造类小微企业园和生产性服务类小微企业园。银湖创新中心属于生产性服务类小微企业园区，银湖创新中心重点招引科技研发企业，培育打造“1+6”智慧经济产业（“1”即1个智慧经济产业集群，“6”即物联网、智能制造、信息软件、生物医药、新材料新能源等六大重点产业）。银湖创新中心坚持以科学发展观为指导，以培育科技型中小企业创新性企业为目标，鼓励创业优化环境拓展功能，突出特色化和专业化，强化技术和资金服务功能，推进创业指导的专业培育模式，打造提高企业自主创新能力为核心的培育服务能力。至年末，银湖创新中心入园小微企业150多个。

【2个智能装备项目签约】 2019年11月27日，富阳开发区签约2个智能装备项目，分别为杭州中泰深冷技术股份有限公司液化天然气成套装置撬装装备、冷箱、板翅式换热器生产基地项目和杭州富生控股有限公司高端电机智能制造、智能物流系统、智能装备研发生产基地项目。2个智能项目均落户东洲新区，其中：众泰深冷项目占地9.42公顷，富生控股占地8.49公顷。杭州中泰深冷技术股份有限公司液化天然气成套装置撬装装备、冷箱、板翅式换热器生产基地项目投产后年产3万—20万立方米/天LNG撬装DNG成套装置2套、20万—100万立方米/天LNG撬装DNG成套装置2套和3万—10万立方米/天LNG撬装DNG加注装置5套、冷箱20套、板翅式换热器3000吨；杭州富生控股有限公司高端电机智能制造、智能物流系统、智能装备研发生产基地项目投产后，年产制冷压缩机电机500万台、非道路运行电机100万台、电动汽车电机500万台、航天航空电机1万台、智能物流系统5套、冲床智能后处理机20套、高速冲片模具50套、转子自动离心浇铸及后处理系统20套、转子自动精加工生产线20套、定子自动接线机100套、定子浸漆机5套。2个项目总投资25亿元以上，投产后预计年产值20亿元，税收1.3亿元。

【万达广场项目落户银湖新区】 2019

年8月5日，富阳万达广场项目落户银湖新区。该项目由杭州富阳万达置业有限公司开发建设，杭州富阳万达置业有限公司是万达地产集团全资子公司。项目由1幢商业综合体和27幢住宅楼组成，总投资约75亿元，用地面积13.95公顷，总建筑面积56.59万平方米，容积率2.728。购物中心建成后可实现年销售额8亿元、商管运营年营收入7500万元以上，税收900万元以上。

【高品自动化设备公司智能装配检测线生产基地项目签约】2019年9月5日，富阳开发区与杭州高品自动化设备有限公司签约，由杭州高品自动化设备有限公司投资1.5亿元，建设智能装配检测线生产基地项目，项目位于高新技术产业园区内，占地2公顷。杭州高品自动化设备有限公司成立于2013年，产品覆盖智能装备、测试技术、制造企业MES系统、仓储物流、电阻点焊等领域。项目投产后，预计产值1.7亿元，税收900万元。

【阿斯丽电器公司线束生产整体搬迁项目签约】2019年4月25日，富阳开发区与杭州阿斯丽电器有限公司就“杭州阿斯丽电器有限公司线束生产整体搬迁项目入园”签约，由杭州阿斯丽电器有限公司投资4500万元，在高新园区内兴建杭州阿斯丽电器有限公司线束生产整体搬迁项目。项目占地0.83公顷，建成投产后，预计年产值2.3亿元，年税收430万元，就业人员400名以上。杭州阿斯丽电器有限公司创建于1994年，系日本ASLE电器株式会社在中国杭州成立的独资企业。公司主要生产电器产品配套用组合电线和连接器组件。

【江丰新材料公司金属材料深加工项目签约】2019年8月1日，富阳开发区与浙江江丰新材料有限公司就“金属材料深加工项目”签约，由浙江江丰新材料有限公司投资15亿元，在新登新区兴建“金属材料深加工项目”，占地13.33公顷，总建筑面积58316平方米。规划年产90万吨金属加工制品（包括特种机械设备金属加工产品20万吨、各种型号履带板20万吨、圆钢加工轴25万吨、电梯导轨20万吨及电梯配件5万吨）。项目全部达产后，预期年产值51.5亿元、税收约3亿元。

【年产250万套全钢载重子午线轮胎扩建项目开工】2019年11月29日，杭州中策清泉实业有限公司年产250万套全钢载重子午线轮胎扩建项目开工建设。该项目于2019年8月26日签约，位于富阳开发区新登新区，总投资20亿元，占地8.57公顷，总建筑面积19.74万平方米。项目规划年产高性能全钢载重子午线轮胎250万套，与现有产能合并后达到年产750万套产能规模，预期年产值29.11亿元、税收超2亿元。杭州中策清泉实业有限公司，是资源综合利用型企业，其主导产品全钢载重子午线轮胎的生产技术水平处于全国领先水平。

【智能气腹机及医用耗材研发生产项目签约】2019年8月7日，中荷医疗科技（杭州）有限公司智能气腹机及医用耗材研发生产项目签约，项目位于富阳开发区场口新区，由中荷医疗科技（杭州）有限公司投资建设。该公司是集医疗器械技术研发、生产、销售于一体的高新技术企业。项目总投资6000万元，用地面积0.9公顷，总建筑面积1.88万平方米，容积率不低于2.0。项目规划年产智能气腹系统13万套，项目整体达产后预计年产值1.2亿元，税收约600万元。

【西城工程设计公司总部项目入驻银湖新区】2019年8月12日，富阳开发区与浙江西城工程设计有限公司签约，由浙江西城工程设计有限公司总投资约为2亿元，选址开发区银湖新区，用地1.04公顷（商业办公总部用地）兴建公司总部项目。项目全部投入使用后预计实现年营业收入5亿元以上，年缴纳税收2000万元以上，员工300人—500人。浙江西城工程设计有限公司是业务涵盖市政、建筑、风景园林、城乡规划、BIM、EPC等领域的综合性设计咨询机构。公司具有建设部颁发的市政行业（燃气、轨道交通除外）甲级、建筑行业（建筑工程）甲级、风景园林专项设计甲级等设计资质。浙江西城工程设计有限公司总部项目拟建设成为涵盖市政、建筑、风景园林、城乡规划、BIM、EPC等综合性设计咨询行业领先的办公、研发和运营中心，成为浙江西城工程设计母公司和主要子公司（事业部）及其他关联公司在内的总部基地。

【西谷数字零售产业综合体项目入驻银湖新区】2019年8月30日，由杭州贝贝集团有限公司、浙江格家网络技术有限公司、杭州多麦电子商务股份有限公司、杭州阿思拓集团有限公司、杭州高浪控股有限公司5个单位就联合开发兴建总部基地，即“西谷数字零售产业综合体项目”，与富阳开发区签约。该项目位于开发区银

浙江大华技术股份有限公司　（晴空影视 供稿）

湖新区，总投资8.5亿元，用地面积3.76公顷，总建筑面积10.8万平方米。该项目计划围绕以社交零售为核心的数字零售，以新品牌、新渠道、新国界、新科技、新流通方向进行创业创新，助力富阳数字经济的发展。预计建成后可实现年营业收入约16亿元，年税收约1.65亿元。

【山东圣诺绿碳化硅总部大楼项目入驻银湖新区】2019年2月18日，富阳开发区与浙江圣诺企利实业有限公司签约。由浙江圣诺企利实业有限公司投资1.2亿元建设山东圣诺绿碳化硅总部大楼，大楼位于银湖新区，占地0.76公顷，总建筑面积15000平方米，计划建设成为绿碳化硅等新材料领域行业领先的办公、研发、运营和销售中心，为山东圣诺母公司和主要子公司（事业部）及其他关联公司在内的总部基地。项目预计在2023年前全部投入使用后，实现年营业收入1.2亿元，年税收超600万元。

【银湖新区产业项目集中开工仪式举行】2019年10月24日，富阳开发区举行2019年银湖新区产业项目集中开工仪式，九大项目集中开工，总投资13.79亿元，项目建成后预计年营业收入35亿元。此次集中开工的九大产业项目，包含高新工业项目1个（投资5240万元的星帅尔电器装配中心）、现代服务业项目1个（投资1亿元的富通银湖酒店），其余均为总部项目。其中：建东医院总部项目总投资1.2亿元，拟建成第三方现代医药品牌推广、医药营销分析、代理模式分析中心；图南电子总部项目总投资1.2亿元，拟建成智能广播设备的研发、生产、装配和运营中心；金固股份总部项目总投资5亿元，拟建成金固高端制造及汽车后服务板块的办公、研发中心；创韵环境总部项目总投资1.32亿元，拟建成环境科技相关的技术研发中心；安耐杰科技总部项目总投资1亿元，拟建成工业水务绿色设计与精细化运营中心；岩土科技总部项目总投资1亿元，拟建成建筑物加固和地下空间改造的研发中心；集世迈总部项目总投资1.55亿元，拟建成新能源智能装备相关的技术研发中心。（周根湖）

杭州城西科创产业集聚区

【概况】杭州城西科创大走廊位于杭州城市西部，东起浙江大学紫金港校区，经西湖区紫金港科技城、余杭区未来科技城、临安区青山湖科技城，西至浙江农林大学，长约33千米，总面积约224平方千米，串起"一廊三城十五镇"的空间结构。杭州城西科创大走廊是浙江省和杭州市科技创新重大战略平台，致力于打造"面向世界、引领未来、辐射全省"的创新策源地。

【杭州城西科创大走廊实现产业增加值1879.4亿元】2019年，杭州城西科创大走廊举办"全国双创周"主会场系列活动，打响"数字杭州·双创天堂"城市品牌和"湿地湖链·科创走廊"区域"金名片"。全年实现产业增加值1879.4亿元（规模以上服务业增加值1679亿元，规模以上工业增加值200.4亿元）；高新技术产业增加值1749.6亿元；企业税收431亿元，各项经济指标均超额完成全年目标任务。新认定省级重点实验室16个，占全省总数近60%；新入选国家重点研发计划项目数41项，占全省总数的85.4%；新入选国家杰出青年、国家优秀青年人数34名，占全省总数的87.2%；18项科技成果获2019年度国家科学技术奖，占全省总数的2/3，其中主持项目6项，占全省总数的54.5%。累计有国家级高新技术企业879个；新增市级以上孵化器、众创空间33个，占全市新增总量近1/3；新增市级以上科技型初创企业208个、发明专利授权数3112件，占全市总量的1/4左右。集聚高水平高校、科研院所61个，国家重点实验室11个，诺贝尔奖工作站和院士工作站19个，博士后工作站22个。区域人才净流入率24.6%，人才流入流出比2.197，累计引进海外高层次人才6892名，人才首位进一步巩固。

【全国大众创业万众创新活动周主会场活动】2019年6月13—19日，以"汇聚双创活力、澎湃发展动力"为主题的全国大众创业万众创新活动周主会场活动在杭州未来科技城学术交流中心启动，包括主题展示等重点活动30场。中共中央政治局常委、国务院总理李克强出席启动仪式，参观主题展示，考察"梦想小镇"，并发表重要讲话。李克强对杭州"双创"活力给予充分肯定，他强调大众创业万众创新实质是通过改革，解放和发展生产力，各级政府要深化"放管服"改革，优化营商环境，进一步落实更大规模减税降费政策措施，为双创提供良好的成长空间，创业创新者要弘扬企业家精神、工匠精神、专业精神，以受消费者欢迎的产品和服务赢得市场，推动高质量发展。主会场首次实现与全国9个城市同步远程连线，来自国家部委、企业、创新创业者代表、国家双创示范基地和省、市、区

青山湖科技城核心区块（金凯华 摄）

县（市）的556名嘉宾参加启动仪式，其中副部级以上领导29名。约22万人次参与梦想小镇主会场核心区重点活动、主题展示和调研参观，吸引专家学者、知名企业家、年轻创客、普通市民参与。

【中国创新创业大赛互联网行业总决赛】2019年11月18—21日，杭州城西科创产业集聚区管委会作为地方承办单位，举办第八届中国创新创业大赛互联网行业总决赛。总决赛以“科技创新、成就大业”为主题，先后开展“拥抱互联，感知未来”、“互联网+人工智能”高峰论坛、大企业发布会、公益大讲堂、创业英雄汇等近10场重点活动。来自创投机构、高校院所、领军企业、行业媒体、参赛企业代表超过500人参加，吸引专家学者、知名企业家、年轻创客、高校青年参与。总决赛期间，累计对接项目200多个，近90个企业表达落户意愿。

【“数字经济”国际青年人才论坛】2019年11月13—14日，由浙江大学、之江实验室、西湖大学、阿里达摩院联合主办的“数字经济”国际青年人才论坛举行，论坛聚焦数字经济领域未来发展需要，邀请27个国家和地区的300多名青年人才参加。参会人员均具有博士学位，其中：毕业于全球排名前50位高校的占39%，35周岁以下的占84%，具有海外学习工作经历5年以上的占62%，近1/4为海内外知名高校和科研机构的教授、副教授以及高级研究员。活动期间，浙江大学、之江实验室、西湖大学、阿里达摩院还举办分论坛活动，与海外青年人才进行充分对接交流，吸引优秀青年人才到杭州创新创业。

【《杭州城西科创大走廊人才吸引力报告》发布】2019年6月，国内中高端人才职业发展平台猎聘发布《杭州城西科创大走廊人才吸引力报告》，报告显示，城西科创大走廊人才本科以上学历人才占84.5%，人才净流入率25.1%，人才吸引力优势明显，人才虹吸效应逐渐显现，初步形成区域性人才高地和人才生态示范区。在互联网行业中，本科及以上学历人才占88.3%，成为“杭派工程师”集中营；从年龄结构来看，40岁以下的从业者占96.5%，其中，25岁～30岁从业者占比超40%，是年轻人高度聚集的区域；从专业来看，以理工科背景居多，其中，计算机科学与技术专业列第一位，与区域以新一代信息技术行业为主导的产业特征一致，与区域主要经济指标匹配。

【紫金港科技城入围省首批“万亩千亿”新产业平台】2019年5月21日，浙江省首批7个“万亩千亿”新产业平台培育对象名单公布，紫金港数字信息产业平台入围。自启动建设以来，紫金港科技城以“建设成为全国一流的数字信息产业创新中心”为目标，推动区域数字信息产业平台发展，依托浙江大学和西湖大学，搭建“高校—政府—企业”综合服务平台，构建以数字信息为核心、生命科学和智能制造为驱动、科技服务业为支撑的“1+2+1”产业体系，前瞻性地布局建设“云计算和大数据产业园”“上市高新技术企业产业园”“浙江镓谷射频产业园”等特色小微园区，签约引进阿里云计算有限公司等知名企业，为区域转型升级和跨越发展提供支撑。

【之江实验室园区一期项目启动】2019年5月9日，之江实验室园区一期项目建设启动，建设一个功能齐备、环境优美、充满智慧和未来感的园区，为实验室发展提供空间保障。之江实验室园区选址在杭州未来科技城南湖西北侧，位处杭州城西科创大走廊的核心区域，由之江实验室、清华设计院、浙大设计院和南湖建设指挥部联合推进，浙江省建工集团承担建设。园区内计划建设人工智能研究院、未来网络研究院、智能感知研究院与一系列交叉研究中心，以及量子精密测量大科学装置等一系列科学装置与平台。同时，园区还计划配套科学家村及相关生活文化设施，为科研人员提供良好的生活保障。

【超重力离心模拟与实验装置项目落户杭州未来科技城】2019年11月18日，国家重大科技基础设施超重力离心模拟与实验装置建设研讨会与启动仪式在杭州举行。超重力离心模拟与实验装置是浙江省首个国家重大科技基础设施项目，选址杭州未来科技城，总用地面积5.93公顷，总建筑面积3.46万平方米，计划建设：容量1900重力加速度·吨的重载离心机和容量1500重力加速度·吨的高速离心机；6座实验舱，分别为边坡与高坝、岩土地震工程、深海工程、深地工程、地质过程实验舱和材料制备实验舱；18台机载装置，其中6台为世界首创、12台指标国际领先。该项目利用离心机产生的离心力模拟超重力，利用离心机上的机载实验装置实现超重力下物质运动试验，建成后将成为全球容量最大、应用范围最广的超重力多学科开放共享实验平台。

【之江实验室量子精密测量大科学装置项目启动】2019年11月，之江实验室围绕建成世界一流人工智能基础研究中心的目标，启动建设首个大科学装置——量子精密测量大科学装置项目。该装置拟投入15亿元，基于原子自旋效应、原子干涉效应、光子动量效应等原理，打造超高灵敏惯性测量、超高灵敏极弱磁测量、极弱力与加速度测量及心脑磁原理验证装置等4个子项目。建成后将超越传统测量方法的理论极限，实现国际领先水平的超高精度传感与测量，为国防安全、计量基准、数字经济、智慧医疗、智能机器人等重大产业应用服务。

【西湖大学云谷校区建设项目签约】2019年2月21日，西湖大学云谷校区投资建设项目签约，该项目由西湖大学与上海建工集团、浙大网新建投和浙大新宇联手打造，校区位于紫金港科技城，一期用地面积99.67公顷。按照“整体规划、分步建设”原则，首期建设用地42.33公顷，总建筑面积约45万平方米，建设内容包括教学楼、办公楼、食堂、活动中心、学生公寓、各类后勤用房等。

【城西科创大走廊首个“诺贝尔奖工作站”】2019年5月29日，诺贝尔化学奖得主哈特穆特·米歇尔与诺泰研究院在城西科创大走廊合作共建“诺贝尔奖工作站”，计划借助诺泰研究院科研团队及全球领先的研发体系和高水准的研发质量管理体系，围绕企业亟待解决的技术瓶颈问题，攻克高精尖核心技术，实现具有国际或国内领先水平的技术突破，研发出具有自主知识产权的重点科技产品。同时，帮助企业了解行业的发展趋势，为企业的战略规划与产品布局提供更加科学的决策指导意见，助推研究院成长为国际技术创新平台。

【全国首个5G产业创新园开园】2019年1月20日，国内首个政产学研用一体的中国（杭州）5G创新园开园。创新园首期建筑面积10万平方米，以“全国数字经济先行地”为建设目标，与中国信息通信研究院、中国软件测评中心、浙江省5G产业联盟等机构签署战略合作，依托中国（杭州）人工智能小镇、之江实验室、阿里达摩院、中国移动杭州研发中心等创新平台，为5G产业链企业提供全生命周期产业服务，打造国内最佳5G创新创业生态。计划聚焦无人驾驶、无人机等5G前沿终端应用的创新研发，打造国内首个具备5G产业条件的创新园。

【西湖大学讲席教授邓力获“亚瑟·科普学者奖”】2019年8月26日，西湖大学理学院化学讲席教授邓力被授予2020年“亚瑟·科普学者奖”，这是有机化学领域最具影响的国际奖项之一。邓力，1965年生，1987年毕业于清华大学化学系，获学士学位；1990年获美国威斯康星大学硕士学位；1995年获哈佛大学博士学位；随后在哈佛大学从事博士后工作。邓力曾任美国布兰代斯大学化学系助理教授、副教授（终身教职）、教授；2005年被聘为首任Orrie Friedman讲席教授；2011—2014年期间担任布兰代斯大学化学系主任；现为西湖大学讲席教授，理学院执行院长。邓力在有机催化领域开展原创且系统性的研究工作，取得一系列国际同行公认具有广泛影响力的奠基性学术成果，在*Nature*、*J. Am. Chem. Soc.*、*Angewandte Chemie*等化学顶尖杂志上发表多篇深远影响力的文章。“亚瑟·科普学者奖”创立于1986年，由美国化学会每年分3个类别评出10名优秀获奖者，表彰他们在有机化学领域的重要原创性贡献。

【天枢人工智能开源开放平台发布】2019年11月2日，之江实验室联合浙江大学、中国信息通信研究院、阿里巴巴等顶尖创新力量，共同研发打造天枢人工智能开源开放平台发布。该平台致力于构建人工智能生态朋友圈，面向智能视觉、智能交通、智能金融、智慧城市、智能医疗、智能机器人六大产业领域，以性能为突破点，形成与现有框架的差异化竞争优势，构建“自研高性能核心计算框架、一站式全功能AI开发套件、AI模型集成和端边云自由部署、智能化协同运行”四大核心优势，推动人工智能技术向各行各业渗透应用。

【之江实验室人工智能文章在*Nature*杂志上发表】2019年5月30日，之江实验室在*Nature*杂志发表文章《面向人工智能未来的创新联合体》，文章介绍之江实验室、高校、企业三方共建的混合所有制体制机制创新，以及在人工智能领域的前沿布局和科研进展。文章指出之江实验室逐步形成以图灵奖获得者、国内外知名院士领衔的顶尖专家团队，开展人工智能开放平台和算法相关研究，推动类脑计算、人机物融合和量子计算研究的科研装置已初具雏形。之江实验室启动全球招聘，招募机器学习、人工智能开源开放平台、人工智能芯片、认知计算、机器人学和自动化、大数据、人机协作、智能网络和智能感知等方向的首席科学家和研究人员，致力于在智能感知、智能计算、智能网络和智能系统领域取得原创性、突破性研究成果。

【城西科创大走廊大力推进特色小镇建设】2019年，紫金众创小镇入选第五批省级特色小镇创建名单，成为城西科创大走廊第五个省级创建类特色小镇；梦想小镇入选2018年度省级特色小镇“亩均效益”领跑者名单，累计引进创业项目2012个、创业人才1.74万名，166个项目获100万元以上融资，融资总额110.25亿元；中国人工智能小镇先导区入驻人工智能产业项目平台17个，浙江省智能诊疗设备制造业创新中心、浙江大学—阿里巴巴前沿技术联合研究中心、北航虚拟现实/增强现实创新研究院、百度（杭州）创新中心等平台和150多个企业落户中国人工智能小镇；青山湖微纳智造小镇已集聚包含国家重大专项01专项、02专项在内的31个总投资257亿元的微纳产业项目，初步形成芯片材料、设计、制造、封测、设备等完整产业链。

【《杭州城西科创大走廊实施规划研究》获省、市优秀城乡规划设计一等奖】2019年，在2018年度浙江省优秀城乡规划设计和杭州市优秀城乡规划设计评选中，杭州城西科创产业集聚区管委会组织编制的《杭州城西科创大走廊实施规划研究》均获一等奖。该项规划研究包括《城西科创大走廊“多规合一”实施机制研究》《城西科创大走廊区域控规评估与优化研究》《城西科创大走廊产城融合五年行动规划（2016—2020年）》3个规划子项目，形成机制保障、规划传导和项目行动三大成果体系。作为对实施大走廊地区重大规划的创新探索，该研究进一步有效传导大走廊规划、空间总体规划等上位规划的重大战略意图，在实施层面充分发挥“统”的作用，指导大走廊地区的各项规划建设，推动落实下层次法定规划衔接、重大项目建设以及大走廊地区规划统筹管理。

【城西科创大走廊写进《浙江省促进新一代人工智能发展行动计划》】2019年2月15日，城西科创大走廊被写进浙江省政府印发的《浙江省促进新一代人工智能发展行动计划（2019—2022年）》。计划指出，杭州要充分发挥浙江大学、阿里巴巴集团等名校、名企的作用，加快建设杭州城西科创大走廊、杭州未来科技城人工智能小镇、青山湖科技城微纳智造小镇等产业平台，加快布局建设一批国家重大科技基础设施、国家实验室、制造业创新中心等创新平台，培育基于互联网的人工智能新业态，重点发展新型通信及网络设备、智能软硬件、智能机器人、无人机等智能终端及基础产品，打造全国人工智能集群引领。

【中国信通院人工智能（杭州）研究中心揭牌】2019年4月3日，中国信息通信研究院人工智能（杭州）研究中心正式揭牌，中国人工智能产业发展联盟2019年第一次全体会议同时召开。研究中心以“服务国家战略实施，促进地方产业升级”为导向，以“资源共享、优势互补、合作共赢、持续发展”为原则，发挥智库、平台优势，以及未来科技城的产业、人才优势，通过开展规划编制、政策咨询、产业集聚、平台建设、人才培养、应用推广等多领域务实合作，共同推动人工智能产业发展。

【中日天然产物药物化学联合实验室启动】2019年4月19日，中日天然产物药物化学联合实验室启动，在中国科技部的大力支持下，由杭州未来科技城、日本理化学研究所、浙江省常青藤生命科学与物理化学研究三方联合创办，是一个在“天然产物药物化学”领域具有国内领先、国际一流优势的“联合研究平台”。该实验室由全球知名天然产物药化专家、日本理化学研究所环境资源科学研究中心副主任、教授长田裕之及其团队在未来科技城开展科研工作，致力于联合中日双方科研领域的优势，着力于生命科学、生物医药等领域的前沿研究和成果产业化。

【ISO/TC321秘书处落户未来科技城】2019年6月19日，共建国际标准化组织电子商务交易保障技术委员会（ISO/TC321）签约仪式在未来科技城学术交流中心举行。这是浙江省以及杭州市承担的首个国际标准化技术委员会秘书处。ISO/TC321秘书处以及国际电子商务标准化技术研究中心于11月初正式落户杭州知识产权创新产业园。国际标准化组织（ISO）成立于1946年，总部设于瑞士日内瓦，有成员国164个，是世界上最大最权威的综合性国际标准机构，在国际标准化中占主导地位。ISO/TC321是ISO中主要负责电子商务交易保障以及与电子商务相关的过程领域标准工作的技术委员会。

【未来科技城“国际创客港”开园】2019年9月6日，未来科技城国际创客服务平台——“国际创客港”开园。“国际创客港”位于海创园5号楼503—505室，面积1200多平方米，拥有优质的办公及会议设施，为拟进入中国发展、希望了解中国创业环境的国际人才（非华裔外籍人士）项目提供“免租金办公空间和创业一站式服务”，帮助国际人才适应新环境，了解中国创业、投资和人才环境；提供开展业务所需的签证、工商注册、落地信息、法律法规、知识产权、财务税务、人才招聘、国家政策等咨询服务；帮助建立与投资机构、目标客户、科研机构、关联企业等联系，为项目的落地提供一站式、全方位的精准对接和服务。

【“新型架构芯片”项目启动】2019年10月14日，中国科学院和浙江大学的科学家汇聚之江实验室新型智能计算系统研究中心，启动“新型架构芯片”项目。该项目计划通过两年时间，利用体系架构和关键器件研究，研发存算一体化芯片和类脑计算芯片核心技术，解决经典冯诺依曼体系架构的“内存墙”等问题，实现人工智能算力和能效的提升。同时，研究团队还计划对类脑计算系统的体系架构、核心软件等进行研究和开发。

【尚越光电科技公司产品获德国iF产品设计金奖】2019年1月29日，汉诺威工业设计论坛（iF Industrie Forum Design）在德国慕尼黑公布2019年第66届iF国际设计奖的获奖名单，全球6400多件产品参与评选，城西科创大走廊企业尚越光电科技股份有限公司的一体化太阳能卷轴充电器“CIGS超薄柔性太阳能充电装备”获德国iF产品设计金奖，成为消费电子和电通信类获金奖的唯一产品。该产品外形似一个卷轴，简洁小巧，采用轻盈、轻薄的可卷绕式柔性太阳能电池来吸收日光，电池片厚度仅有30微米，是目前市面上最薄最柔软的电池片，产品不同版本还可融合快充快放、储能系统、LED手电、蓝牙音箱等功能。

【平头哥半导体有限公司首款AI芯片“含光800”发布】2019年9月25日，阿里巴巴集团旗下平头哥半导体有限公司首款AI芯片“含光800”发布，制程12nm，晶体管数量高达170亿个，主打推理，重点应用于视觉场景，是阿里巴巴集团首款自主研发、流片量产的芯片。在业界标准的ResNet-50测试中，该芯片推理性能达到78563IPS，能效比500IPS/W。该芯片率先在阿里巴巴集团内部多个业务场景开启大规模应用，包括视频图像识别、分类、搜索以及城市大脑等。未来还计划应用于医疗影像、自动驾驶等领域。

（施怡超）

责任编辑 孙晟珂

民营经济 33

综　述

【民营经济快速增长】至2019年末，杭州市有民营企业（含下属分支机构，下同）63.23万个，注册资本（金）5.48万亿元，比上年分别增长14%和10.9%。其中：第一产业7380个，注册资本（金）352.21亿元，分别增长3.5%和14.3%；第二产业8.61万个，注册资本（金）5894.96亿元，分别增长8.5%和20.8%；第三产业53.88万个，注册资本（金）4.86万亿元，分别增长15.1%和9.7%。个体工商户61.01万个，资金总额751.73亿元，分别增长19.6%和38.9%。年内，杭州市新设民营企业12.20万个，增长12.6%，注册资本（金）6548.06亿元，下降8.7%，分别占全市新增内资企业的93.8%和79.1%。

【民营企业规模扩大】2019年，杭州市民营企业注册资本（金）规模保持较高增长速度。至年末，全市有注册资本（金）100万元（含）～500万元企业24.87万个，比上年增长23.2%；注册资本（金）500万元（含）～1000万元企业7.21万个，增长20.6%；注册资本（金）1000万元（含）～1亿元企业9.30万个，增长16.8%；注册资本（金）1亿元（含）以上企业6312个，增长8.1%。

（方国平）

【民营企业"走出去"步伐加快】2019年，杭州市民营企业对外投资保持稳步增长，企业"走出去"步伐加快。全年新增9个入选"中国民营企业500强"的企业的对外投资项目16个，中方投资额3.43亿美元，占全年新批对外投资项目中方投资额的21.8%。

（冯蔷颖）

【36个企业入围2019年"中国民营企业500强"】2019年2月，全国工商联启动2018年度全国工商联上规模民营企业调研。8月，全国工商联发布2019年"中国民营企业500强""中国民营企业制造业500强""中国民营企业服务业100强"名单。2019年"中国民营企业500强"以2018年营业收入为排名标准，入围门槛为营业收入185.86亿元，比2018年入围门槛（2017年营业收入）提高29.02亿元。调研依照往年惯例采取企业自愿参加的原则，杭州有184个2018年度营业收入总额超过5亿元（含）的民营企业参加调研，其中超过10亿元的120个、超过30亿元的75个、超过50亿元的62个、超过100亿元的46个、超过150亿元的37个、超过500亿元的9个、超过1000亿元的4个。杭州市有36个企业入围2019年"中国民营企业500强"，入围企业数再次蝉联全国城市首位。杭州入围企业区域分布不均衡，其中萧山区10个、江干区5个、西湖区4个、滨江区4个、下城区3个、富阳区3个、上城区2个、拱墅区2个、临安区2个、余杭区1个。萧山区上榜企业占全市上榜企业数的27.8%，集聚汽车配件、纺织、羽绒制品、钢结构等产业制造基地；而桐庐县、建德市和淳安县民营企业经营规模小，无入围企业。入围企业中，第二产业企业23个，主要集中于纺织化纤服装制造业、建筑业、专用通用设备制造业、金属非金融矿物制品业四个行业；第三产业企业13个，主要集中于房地产业。杭州入围企业情况，与广州、深圳、苏州等经济强市相比，领先优势有所减弱。

杭州入围企业纳税总额746.03亿元，其中，14个企业纳税额超过10亿元，浙江吉利控股集团以343.54亿元居"2019中国民营企业500强"企业纳税额第5位。上规模民营企业对拉动就业作用增强，杭州入围企业就业人数前10位分别为：浙江吉利控股集团有限公司（124846人）、广厦控股集团有限公司（112689人）、万向集团公司（31212人）、网易（杭州）网络有限公司（22726人）、杭州娃哈哈集团有限公司（21420人）、浙江中南建设集团有限公司（19505人）、西子联合控股有限公司（15577人）、浙江恒逸集团有限公司（14111人）、传化集团有限公司（14087人）、浙江大华技术股份有限公司（13608人）。

（吴　炜）

民营经济发展环境

【小微企业服务】2019年，杭州市推进新一轮"小微企业三年成长计划"（2018—2020年），新设小微企业10.67万个，比上年增长9.9%；新设八大产

2019年杭州市民营企业登记注册情况

表53

行业分类	年末实有数				全年开业数				全年注销数（个）
	企业数（个）	投资者人数（人）	雇工人数（人）	注册资本（金）（亿元）	企业数（个）	投资者人数（人）	雇工人数（人）	注册资本（金）（亿元）	
合计	**632 298**	**1 230 397**	**2 420 288**	**54 809.54**	**122 005**	**218 542**	**343 502**	**6 54[illegible]**	**35 748**
农、林、牧、渔业	7 380	14 158	28 812	352.21	705	1 282	2 096	4[illegible]	326
农、林、牧、渔服务业	1 123	2 462	4 105	87.62	118	236	511	[illegible]	56
采矿业	164	358	2 018	21.58	11	25	5	[illegible]	4
开采辅助活动	7	25	8	2.77	1	2	0	[illegible]	0
制造业	54 242	103 197	353 944	2 776.04	3 805	6 770	16 888	18[illegible]	1 557
金属制品、机械和设备修理业	420	743	1 635	16.24	35	61	96	[illegible]	11
电力、热力、燃气及水生产和供应业	886	1 661	4 107	123.7	129	249	445	2[illegible]	75
建筑业	30 842	52 868	125 045	2 973.64	6 298	9 990	18 217	66[illegible]	1 251
批发和零售业	208 015	357 526	679 192	7 122.42	41 518	67 923	111 957	1 652[illegible]	11 580
交通运输、仓储和邮政业	8 644	16 570	33 915	432.58	1 531	2 482	4 057	6[illegible]	411
住宿和餐饮业	12 133	21 585	52 384	276.34	2 409	3 918	7 632	4[illegible]	957
信息传输、软件和信息技术服务业	77 005	155 182	261 555	4 092.86	20 698	39 100	56 200	832[illegible]	5 385
金融业	6 213	21 639	29 129	2 406.82	163	321	647	48[illegible]	447
房地产业	15 122	25 151	54 073	2 007.58	3 246	5 168	9 374	261[illegible]	1 132
租赁和商务服务业	97 410	234 826	401 664	25 962.83	16 226	33 154	45 003	1 555[illegible]	6 594
科学研究和技术服务业	59 121	124 808	206 583	3 910.41	13 129	26 178	37 082	721[illegible]	3 050
水利、环境和公共设施管理业	2 227	4 005	8 408	197.9	471	853	1 579	30[illegible]	72
居民服务、修理和其他服务业	21 643	38 347	77 492	808.52	2 636	4 380	7 450	68[illegible]	1 285
教育	4 916	9 235	17 461	104.06	1 847	3 415	5 820	23[illegible]	249
卫生和社会工作	2 535	2 883	10 222	105.63	584	613	1 803	34[illegible]	99
文化、体育和娱乐业	23 378	45 571	73 213	1 027.97	6 314	12 211	16 621	206[illegible]	1 263
其他	422	827	1 071	106.43	285	510	626	[illegible]	11

业小微企业3.44万个，增长6.2%；新增“个转企”3060个，下降15.2%，其中公司制企业占比94.1%。新增股份公司187个，下降32%；新增主板、中小板、创业板及科创板上市企业14个，增长250%。新增市“雏鹰计划”企业813个、市高新技术企业773个、省科技型中小企业1773个。规模以上工业小微企业总产值5187亿元，增长1%；规模以上工业小微企业增加值1077亿元，增长1%。小微外贸企业出口额412.3亿元，增长4.1%；新增进出口经营权备案登记企业4027个，增长9.5%；净增有外贸出口实绩企业571个，增长116.3%。全市向小微企业发放科技创新券5.26亿元，增长60%；开放科研设施和仪器2.40万台（次），增长179.7%；向小微企业开放实验室服务4237批次，下降58.4%。新增小微企业园（基地）44个，总数155个，入驻企业1.50万个，众创空间累计为180个，认定小微企业成长之星13个、优秀服务平台2个，入选全省百强民营企业33个；新增小微企业专营支行11个，小微企业贷款余额9444.01亿元，增长16.7%，比年初新增1338.36亿元。

【动产抵押登记】 2019年，市市场监管局支持以生猪、苗木等农产品为抵押物，以自然人、境外主体为抵押权人，主债权为融资租赁合同的新型动产抵押登记，帮助企业盘活资产。启用“全国市场监管动产抵押登记业务系统”，实现动产抵押登记网上申请、网上审核、网上盖章、网上公示的全程电子化“零见面”服务，帮助减少企业跑窗口1000次以上。至年末，全市办理动产抵押登记1021件，主债权金额267.75亿元，其中1亿元以上大单48件。 （方国平）

【小微企业普惠性减税降费政策实施】 2019年1月1日起，杭州市实施小微企业普惠性减税降费政策。减

2019 年杭州市个体工商户登记注册情况

表 54

行业分类	年末实有数			全年开业数			全年注销数（个）
	个体工商户（个）	从业人员（人）	资金数额（亿元）	个体工商户（个）	从业人员（人）	资金数额（亿元）	
合计	**610 074**	**1 063 243**	**751.73**	**165 964**	**241 338**	**271.17**	**61 131**
农、林、牧、渔业	9 549	23 052	34.19	1 257	2 287	5.53	366
农、林、牧、渔服务业	794	1 609	2.64	154	280	0.58	44
采矿业	44	155	0.33	13	36	0.18	6
开采辅助活动	0	0	0	0	0	0	0
制造业	23 481	79 184	32.04	2 322	5 439	4.08	1 221
金属制品、机械和设备修理业	245	503	0.27	59	86	0.06	11
电力、热力、燃气及水生产和供应业	50	86	0.04	8	9	0.02	6
建筑业	5 994	12 794	14.65	2 665	4 387	6.73	227
批发和零售业	386 988	566 411	412.33	109 600	142 332	173.09	36 243
交通运输、仓储和邮政业	7 854	12 519	11.48	1 647	2 080	2.16	906
住宿和餐饮业	87 457	189 073	128.27	24 417	46 233	38.24	12 805
信息传输、软件和信息技术服务业	3 076	4 200	4.83	1 730	1 953	3.25	270
金融业	32	46	0.04	11	13	0.02	1
房地产业	228	332	0.2	55	77	0.07	26
租赁和商务服务业	18 098	28 990	36.26	7 031	9 069	15.05	1 726
科学研究和技术服务业	1 467	2 250	1.85	653	842	0.89	226
水利、环境和公共设施管理业	117	291	0.3	38	57	0.07	8
居民服务、修理和其他服务业	59 623	130 714	65.52	12 279	22 905	18.44	6 452
教育	417	1 116	0.48	48	70	0.07	73
卫生和社会工作	678	1 609	1.28	102	186	0.22	38
文化、体育和娱乐业	4 616	9 367	7.24	1 800	2 950	2.72	510
其他	305	454	0.41	288	413	0.37	21

税主要适用对象是小型微利企业、小规模纳税人和初创科技型企业，涉及增值税、企业所得税，以及资源税、城市维护建设税、房产税、城镇土地使用税、印花税、耕地占用税 6 个地方税种，教育费附加、地方教育附加 2 个附加。对 6 个地方税和 2 个附加的减征，杭州市根据浙江省文件实行“顶格”50% 的最高减征幅度。全年减免小微企业税费 84.65 亿元，减免额比上年增长 117%。（李　静）

【中小企业上规升级】2019 年，杭州市充实完善“专精特新”“小升规”企业培育库，按月开展动态跟踪监测，宣传贯彻“新制造业计划”扶持政策，鼓励企业上规升级。年内，全市新增“小升规”企业 655 个。

【拖欠民营企业账款清理】2019 年，杭州市开展专项清欠行动，解决政府部门和国有大企业拖欠民营企业账款问题。全市共排查政府部门和大型国有企业拖欠民营企业中小企业账款 2.98 亿元，涉及民营企业 631 个，100% 完成上报台账清偿工作。（黄　略）

【服务中小微企业专项行动】2019 年，杭州市围绕中小微企业的需求和痛点难点问题，举办政策宣贯解读、数字化对接、股权股改辅导等 10 类主题活动 124 场次，服务企业 1.00 万个（次）。以专精特新、“小升规”和“隐形冠军”企业梯队培育为重点，建立 1032 个中小企业梯度培育名录。指导 106 个市中小企业服务联盟成员单位到园区、企业开展专业化服务，服务中小微企业。（张　烨）

【融资担保机构助力小微企业发展】2019 年，杭州市融资担保机构继续发挥小微企业与银行资金融通的桥梁作用。新增融资担保业务 566.04 亿元，其中贷款担保 552.51 亿元；新增户数 4.33 万户。期末担保责任余额 528.90 亿元，其中贷款担保 517.32 亿元；期末担保户数 8.63 万户。（市担保业协会）

【密切联系和精准服务民营企业机制建立】2019 年 5 月 29 日，市委办公厅、市政府办公厅印发由市工商联和市委统战部联合起草的《关于建立精准服务民营企业工作机制的通知》，明确党政领导、部门、金融单位服务民营企业和龙头企业产业链帮扶等 13 项具体工作机制。市工商联结合开展“走亲连心三服务”活动，以杭州市民营经济发展联席会议名义印

杭州市入围“2019 中国民营企业 500 强”企业名单

表 55

序号	企业名称	地区	营业收入总额（万元）	全国排序
1	浙江吉利控股集团有限公司	滨江区	32 852 088	11
2	浙江恒逸集团有限公司	萧山区	14 472 200	28
3	浙江荣盛控股集团有限公司	萧山区	12 859 958	33
4	万向集团公司	萧山区	11 210 043	44
5	中天控股集团有限公司	江干区	9 008 285	64
6	杭州锦江集团有限公司	临安区	8 899 377	65
7	传化集团有限公司	萧山区	8 513 267	73
8	广厦控股集团有限公司	西湖区	8 126 846	79
9	网易（杭州）网络有限公司	滨江区	6 715 645	101
10	杭州娃哈哈集团有限公司	上城区	4 688 838	156
11	浙江富冶集团有限公司	富阳区	4 300 130	179
12	富通集团有限公司	富阳区	4 015 346	196
13	浙江明日控股集团股份有限公司	上城区	3 682 761	225
14	浙江新湖集团股份有限公司	西湖区	3 573 586	232
15	华东医药股份有限公司	下城区	3 066 337	274
16	海外海集团有限公司	拱墅区	2 801 874	301
17	巨星控股集团有限公司	江干区	2 800 590	302
18	华立集团股份有限公司	余杭区	2 533 227	337
19	浙江大华技术股份有限公司	滨江区	2 366 569	363
20	西子联合控股有限公司	江干区	2 207 570	394
21	浙江东南网架集团有限公司	萧山区	2 181 759	402
22	兴惠化纤集团有限公司	萧山区	2 131 698	412
23	杭州滨江房产集团股份有限公司	江干区	2 111 547	416
24	泰地控股集团有限公司	下城区	2 109 148	419
25	浙江宝利德股份有限公司	西湖区	2 101 903	420
26	农夫山泉股份有限公司	西湖区	2 091 073	423
27	杭州东恒石油有限公司	下城区	2 056 202	440
28	浙江富春江通信集团有限公司	富阳区	2 004 891	457
29	浙江协和集团有限公司	萧山区	1 997 819	459
30	万事利集团有限公司	江干区	1 957 347	472
31	浙江中南建设集团有限公司	滨江区	1 933 820	476
32	万马联合控股集团有限公司	临安区	1 911 317	482
33	胜达集团有限公司	萧山区	1 896 428	487
34	浙江正凯集团有限公司	萧山区	1 891 611	490
35	浙江建华集团有限公司	拱墅区	1 862 655	499
36	浙江国泰建设集团有限公司	萧山区	1 858 575	500

发《关于建立密切联系非公经济组织、代表人士机制的通知》，推动完善市、区县（市）领导联系服务民营企业机制，市四套班子领导每人联系 4 个～ 5 个重点企业，做到全市 10 亿元重点企业及区县（市）重点企业走访服务全覆盖。完善市工商联领导联系区县（市）工商联、直属商会和执常委企业制度，领导带队到基层和企业开展政策宣讲、谈心交流实现常态化。至年末，市、区县（市）两级党委和政府领导班子走访民营企业 3923 次，帮助企业解决发展中的困难问题 2073 个。其中，两级党委、政府主要负责人走访民营企业家 777 次，主持召开座谈会 103 次，现场解决困难问题 514 个。（市工商联 市委统战部）

【基层和企业调查研究】2019 年，市工商联坚持问题导向，开展上市公司生产经营情况调研、新春服务企业走访调研、民营经济发展情况综合调研，配合省工商联进行“稳企业防风险”专题调研等专项调研 7 次，走访企业 195 个，召开座谈会 54 场次，回收调研问卷 1300 多份，均形成报告上报，为党委、政府决策提供参考。《建议引导推进我市创投行业健康发展》《稳固杭州“民营经济之都”的政策建议》获市委书记周江勇批示，《擦亮老字号企业集聚区的“金字招牌”》被《杭州》杂志刊登。组织民营企业参与全国工商联开展的万家民营企业评价营商环境调查。在全国工商联发布的《万家民营企业评价营商环境报告（2019）》中，杭州营商环境总体情况在全国 60 个主要城市中居第一位。

【企业家培育工程】2019 年 10 月 14 日，市委组织部、市委统战部、市经信局、市工商联联合印发《杭州市新时代企业家培育工程三年行动计划（2019—2021 年）》，致力培养造就一批具有全球战略眼光、市场开拓精神和社会奉献责任的优秀企业家。市工商联优化培训平台，突出培训精准度和与中心工作的关联度，与中国人民大学、清华大学、厦门大学等高校合作举办“品质杭商”研修班 3 期，159 名企业家参加培训；以推动民营经济高质量发展为主题，举办“杭商大讲堂”4 期，800 多名企业家参加活动；围绕人才奖励、税收优惠、融资服务等内容，针对园区和中小微企业开办“茁壮行动”培训班 5 期，900 多人参加。 （吴 炜）

企业活动

【民营经济领域获全国荣誉】2019 年 12 月 23 日，国家市场监管总局、中国个体劳动者协会印发《关于表彰全国先进个体工商户、全国个私协会系统先进单位和先进工作者的决定》，杭州的吴玉兴、王哲平、江红 3 人被评为全国先进个体工商户，杭州市个体劳动者协会 / 民营（私营）企业协会、萧山区个体劳动者办会 / 民营（私营）企业协会 2 个单位被评为全国个私协会系统先进单位，范咏、陈建山、徐海涛 3 人被评为全国个私协会系统先进工作者。 （方国平）

【杭州首批民营企业构建和谐劳动关系现场教学点建立】2019 年 10 月 28 日，杭州首批民营企业构建和谐劳动关系现场教学点挂牌，杭州娃哈哈集团有限公司、杭州万华控股集团有限公司、浙江吉利控股集团有限公司等 10 个企业成为杭州市首批现场教学点。挂牌的现场教学点是经区县（市）评估推荐，市协调劳动关系三方会议研究认定产生，并依托构建和谐劳动关系先进企业设立的。现场教学点将成为分享和谐劳动关系建设成果的窗口，展示杭州民营经济形象的窗口，以及协调劳动关系三方联系企业，送政策、送服务的窗口。

【科技型初创企业培育成长服务大会】2019 年 1 月 7 日，杭州市科技型初创企业培育成长服务大会暨高新技术企业政策宣讲会在之江饭店举行。会上，市科委高新处对新一轮的科技型初创企业培育工程的服务体系和认定管理办法进行解读，对杭州市其他科技主体培育政策进行介绍，组织专家就 2019 年度高新技术企业申报认定政策进行辅导，邀请浦发银行和泰隆银行等金融服务机构对科技金融服务方案进行讲解。

【（杭州）中小企业服务高峰论坛】2019 年 6 月 3 日，以“服务赋能、平台助力、创新发展”为主题的 2019 年度（杭州）中小企业服务高峰论坛在杭州洲际酒店举行。会上，中国中小企业协会与江干区政府签订战略合作协议，建立并启动“中国中小企业协会杭州服务中心”，浙江智新泽地科技发展有限公司被授“国家中小企业公共服务示范平台”牌。中国中小企业协会发布中小企业信用评价服务和专精特新培育浙江服务计划，旨在通过中小企业信用评价体系、专精特新团体标准申报，帮助更多的浙江中小企业健康发展。来自政府部门，中小企业协会，浙江省孵化器、小微企业（创业）园、产业园等服务平台，及各相关行业协会、中小企业服务机构、研究机构、服务联盟的专家学者、企业代表等 300 多人参加论坛。 （李 静）

【中小微企业创新创业大赛】2019 年 6 月 21 日，由省经信厅指导、市经信局主办的 2019 年创客杭州“富春硅谷杯”中小微企业创新创业大赛启动仪式暨首场数字经济专场赛举行。大赛主旨为“数字经济赋能 · 互联互通发展”，聚焦实体经济中的 5G、工业互联网、生物医药、智能制造、大数据、新材料、人工智能等领域的好项目，重点面向创新型、科技型中小微企业和相关的创新创业团队，收到参赛项目 137 个。7 月 19 日，大赛总决赛暨颁奖典礼举行。15 个项目进入总决赛，决出杭州赛区一等奖 1 名、二等奖 3 名、三等奖 6 名和优胜奖 5 名。 （张 烨）

2019 年 10 月 20 日，“2019 新生代企业家论坛”在杭州国际博览中心举行
（市工商联 供稿）

【新生代企业家论坛】2019 年 10 月 20 日，“2019 新生代企业家论坛”在杭州国际博览中心举行。论坛以“新时代 · 新数智 · 新制造”为主题，汇聚新数字、新制造方面的知名企业家，分享管理思想和实践经验。浙江省、杭州市新生代企业家，港台青年企业家，省内外嘉宾及媒体代表等 400 多人参加论坛。 （李 静）

【企业助力对口帮扶】2019 年，市工商联落实中央和省委、市委关于对口帮扶工作部署，组织民营企业开展多形式多渠道的东西部扶贫协作、对口帮扶和对口合作活动。72 个企业参加“联乡结村”帮扶集团开展乡村振兴活动。发挥商会和民营企业家在扶贫工作中的作用，组织商会和企业家到外地考察，探寻合作商机，帮助当地发展经济和改善民生。市工商联全年带领或组织民营企业家随同市、区县（市）两级领导到湖北省恩施州和贵州省黔东南州等地考察 74 批次，591 人次参加。落实对口帮扶产业投资项目 46 个，计划投资 64.94 亿元，实际到位资金 12.49 亿元。据不完全统计，杭州民营企业家全年为恩施州和黔东南州捐款 8947.8 万元，捐物折款 4317.06 万元。 （吴 炜）

责任编辑 郦 晶

城乡规划

【概况】2019年，杭州市围绕全市推进“六大行动”、实施长三角一体化发展国家战略，加强城乡规划统筹，以科学规划保障全市高质量发展。成立杭州市规划委员会，印发《关于加强全市国土空间规划统筹管理的实施意见》，开展国土空间总体规划编制，完成13个重大问题研究。落实重点区域发展战略，完成大城北核心区城市设计，启动“三纵两横”河网水系城市设计，加快大城北产业功能转型升级。推进“拥江发展”行动实施，编制《杭州市钱塘江综合保护与发展实施导则》《钱塘江流域两岸总体城市设计》等“拥江发展”系列规划，创新“未来城市”实践区的发展模式与路径。强化民生福祉及重大项目建设，深化各类公共服务设施与基础设施专项规划编制，以建设“轨道上的杭州”为目标，推进新一轮轨道交通规划编制。系统挖掘杭州名城价值与特色，编制《杭州市历史文化名城保护专项规划》，建立多级保护空间层次体系，科学指导杭州未来名城的保护、传承、利用与发展。探索开展“多规合一”实用性村庄规划编制，统筹优化农村国土空间布局。以一张底图为基础，初步建成规划资源“数据驾驶舱”，为市级“驾驶舱”建设提供重要支撑。全年市规划资源部门出具规划条件628项，用地面积1930.3公顷；核发选址意见书932份，用地面积3903.8公顷；核发用地规划许可证1614份，用地面积5239.7公顷；核发工程规划许可证2806份，建筑面积13013.2万平方米。

（凌　璇）

【杭州市国土空间总体规划编制】2019年5月24日，杭州市召开国土空间总体规划编制工作部署推进会暨业务培训会，正式启动全市国土空间总体规划编制工作。6月3日，市委办公厅、市政府办公厅印发《杭州市国土空间总体规划编制工作方案》，开展国土空间总体规划编制各项工作。市规划资源局牵头组织各区县（市）规划部门开展第三次土地调查初步成果核查上报，进一步厘清各类用地规模和“批而未供、供而未用、低效用地”情况。开展“资源

2019年杭州市政府批复同意的规划项目

表56

序号	批复项目	批复时间
1	杭州市养老设施专项规划修编	2019-01-24
2	杭州市区城市电力专项规划（2018年版）	2019-01-31
3	杭州市望江单元（SC04）控制性详细规划（修编）	2019-03-05
4	杭州市体育设施专项规划（2019—2035年）	2019-03-19
5	杭州市轨道交通三期线路沿线用地控制规划（地铁3号线一期工程）	2019-04-12
6	杭州市区城市照明总体规划（修编）	2019-04-25
7	京杭运河杭州段（三堡至塘栖）两岸城市景观提升工程规划	2019-05-28
8	杭州市市区渣土消纳专项规划（2019—2022年）	2019-06-11
9	杭州市区医疗卫生设施布局规划（修编）	2019-06-28
10	杭州市三墩单元（XH03）控制性详细规划（修编）	2019-07-22
11	杭州市总体城市设计（修编）	2019-08-20
12	杭州市奥体博览中心单元（BJ04）（萧山区部分）控制性详细规划	2019-08-26
13	杭州市世纪城南单元（XSCQ04）控制性详细规划	2019-08-26
14	杭州市轨道交通三期线路沿线用地控制规划（1、2、4、5、6、7、8、9、10号线）	2019-08-26
15	余杭组团YH-18（高铁枢纽中心）控制性详细规划	2019-09-02
16	城西科创大走廊电力专项规划	2019-09-29
17	杭州市污水工程专项规划修编	2019-11-14
18	杭州西站枢纽综合交通规划	2019-12-17

（凌　璇）

环境承载力评价”和“国土空间开发适宜性评价”等基础性工作，形成生态、农业、城镇3个导向评价指标体系。9月27日，市委、市政府印发《关于加强全市国土空间规划统筹管理的实施意见》，进一步明确新一轮国土空间规划统筹管理的总体要求、总体目标及规划编制、规划实施、实施监督、力量保障四方面工作要求。年内，完成城市总体规划和土地利用总体规划实施评估，完成国土空间总体规划战略研究和城市规模、城市结构、重大交通基础设施、存量建设用地等14个重大问题研究，形成资源环境承载力和空间开发适宜性“双评价”成果。编制全市生态保护红线调整方案，提出全市域城镇集中建设区、弹性发展区和特别用途区初步划定方案，为国土空间总体规划编制做好各方面准备。（宋征宇）

【“拥江发展”规划体系完善】2019年，市规划资源部门按照市委、市政府全面推进“拥江发展”行动的总体部署，从全域统筹、深化管控与引导、落实重点行动的角度出发，以《杭州市拥江发展行动规划》为引领，完成《杭州市钱塘江综合保护与发展实施导则》《钱塘江流域两岸总体城市设计》等“拥江发展”系列规划编制。“拥江发展”规划体系注重塑造具有杭州特色、江南韵味的沿江形象，并从生态、文化和旅游、岸线、产业、风貌五个方面明确保护与发展要求。规划体系完善过程中，强化市级各部门（单位）的统筹作用，推进各区县（市）开展规划、建设等实施行动，为推动钱塘江世界级滨水区域发展提供技术保障。

【“未来城市”的“之江样本”打造】2019年，为推进杭州市委十二届六次全体（扩大）会议提出的“南启”战略与“拥江发展”战略的深入实施，市规划资源部门组织编制《湘湖与三江汇流地区“未来城市”实践区规划》，以“魅力未来、无限江南”为总体愿景目标，着力打造“未来城市”的“之江样本”。规划明晰政府、市场、社会等多元主体的行动边界，研究制定集“负面清单”“正面清单”与“审慎清单”于一体的《杭州“未来城市”实践区建设与治理准则》，为规划的实施管理、各类建设行为提供依据。（朱肖寅）

【规划管理优化创新】2019年，市规划资源部门落实“放管服”改革，提高规划管理质量和效益。加强控制性规划局部调整管理，研究优化市、区两级控制性规划管理体系，推进杭州10个区控制性规划全覆盖和事权统分研究。完成青山、余杭两区控制性规划评估研究审查，指导其他各区开展控制性规划编制。探索优化控制性详细规划管理路径，建立正面清单准入、负面清单否决、审慎清单前置研究论证的管理体系。全面推行“容缺受理”，对具备基本条件的项目予以有条件容缺。推出重大项目“全程包办”，协助建设单位完成提前服务、项目受理和收件送达等服务。全年杭州规划窗口提供优化服务6次、“容缺受理”3次。

【重点项目规划保障】2019年，杭州市开展国家、省、市新建重点项目选址论证和控制性详细规划（简称控规）调整。完成国家版权图书馆、中国茶叶博览会永久会址选址论证及杭州市第一人民医院牛日院区、航天工业第五设计研究院、中央电视台短视频制作中心、黄龙体育中心等国家、省、市重点项目控规局部调整。完成杭州火车西站枢纽地区控规调整和火车西站枢纽城市设计，对艮山门动车运用所上盖空间交通组织方案进行优化。完成大城北核心区城市设计，开展余杭塘河、宦塘河（五里塘河、三墩港）河道两侧地块城市设计。做好“152”项目服务工作，协调推进中船重工海洋信息经济装备研发生产基地和恒逸石化股份有限公司、万向集团等单位项目落地选址。开展“未来社区”相关工作研究。完成上城区始版桥社区控规局部调整，组织江干区常青夕照区块控规局部调整论证，重点研究论证未来社区的配套标准体系，推动老旧小区提升改造。（陈 旭）

【《杭州市历史文化名城保护专项规划》编制完成】2019年，市规划资源部门开展《杭州市历史文化名城保护专项规划》编制工作，旨在完善全域、核心区、历史城区、历史文化片区和历史地段等多级保护体系，提升历史文化名城保护水平。编制工作综合考虑城市可持续发展需求，通过用地功能控制引导、交通功能优化提升、服务功能完善提质、文化功能传承拓展和产业功能特色引导等方式，构建历史文化保护体系并制定保护名录，科学有效地指导杭州未来名城的保护、传承、利用和发展。年内，专项规划完成编制。结合专项规划编制，开展第七

2019年11月27日，杭州市规划资源局与衢州市规划资源局在杭州签订山海协作协议
（市规划资源局 供稿）

批历史建筑保护图则编制，指导区县（市）做好辖区内历史建筑名录录入等工作，推进和加强工业遗产评价与保护研究。（葛佳翌）

【交通规划编制】2019年，杭州市深入贯彻实施长三角一体化发展战略，强化区域交通互联互通，优化市区交通布局。开展综合交通发展战略研究，提出“国际门户构建、国家枢纽提升、三角湾区快联、精彩公交都市打造、绿行天堂营造”五大交通发展战略，旨在形成领先的智慧交通服务样本。组织新一轮《杭州市轨道交通线网规划》编制，重点研究钱塘新区、三江汇流地区、大城北地区及闲林、瓶窑、崇贤等重点发展地区的轨道线网解决方案。探索运用“TOD”和“地铁+物业”模式，编制《杭州市轨道交通三期线路沿线用地控制规划》《杭州市机场轨道快线沿线用地控制规划》。根据城市发展对轨道交通沿线用地实施的开发控制，通过土地复合利用、优化地下空间联系等举措，实现土地资源高效集约、地铁站点周边用地能级明显提升。完善公共配套服务设施布局，指导地铁沿线用地的有序开发和利用，实现交通和用地协同发展。优化区域交通规划布局，编制完成延安路湖滨步行街交通组织方案、杭州西站枢纽东西侧疏解通道规划方案等重点工程的交通规划方案。

【民生设施保障规划编制】2019年，杭州市聚焦民生实事，加强市政基础设施和公共服务设施保障规划研究。全年编制完成《杭州市区城市电力专项规划（2018年版）》《杭州市市区渣土消纳专项规划(2019—2022年)》《杭州市污水工程专项规划修编》《杭州市5G通信设施布局规划》等市政设施专项规划，推进基础设施建设与城市发展有机衔接和市政基础设施在空间上精准布局。开展《杭州市基础教育设施专项规划》编制，根据全市基础教育设施规划建设现状，通过预测各城区适龄就学人口及各类基础教育设施需求，提出“公办突出基础保障、民办体现多样补充，就近服务、均衡布局，因地制宜、差异配置，增扩并进、多元模式，近远结合、适度超前”的规划配置思路，并对各区基础教育设施布局提出指导意见。（吴璐 林肖寅）

【乡村规划评估】2019年，杭州市开展乡村规划及管理调研评估，选取13个区县（市）27个典型村为代表，从乡村规划编制、规划实施、规划管理及社会评价四大维度展开现状评估及研判。系统梳理杭州乡村规划历程及成就经验，探索总结杭州“有格局、有章法、有创新、有成效”的乡村振兴思路。通过指标反复筛选及框架推演，搭建可借鉴、可推广的乡村规划评估体系。以村民、管理部门、规划师三大视角为切入点，了解乡村振兴遇到的困难和问题。结合开展全域村庄布局和资源调查，厘清乡村全域全要素资源家底，助力构建“多规合一”的村庄规划体系，服务全市国土空间总体规划编制。开展“两镇两村一片”村镇规划和“多规合一”实用性村庄规划编制试点，探索研究《杭州市乡村地区规划导则》，指导各区县（市）编制适用、管用、好用的村庄规划，助推乡村振兴战略实施。（林肖寅 叶琴英）

【杭州市城市规划展览馆】2019年，杭州市城市规划展览馆以“服务+展示”为重心，发挥“城市会客厅”和城市建设“宣传窗”的独特作用。搭建与市民的“连心桥”，承办“走向世界名城的杭州”国土空间总体规划论坛之未来宜居社区、城市人文魅力两场专题论坛；举办杭州火车西站枢纽站房方案展示暨公开征求意见活动，吸引70多个媒体、自媒体进场采访报道，现场接待参观市民游客近1000人次，通过现场填表、口述和网络渠道等形式，征求对杭州火车西站枢纽站房设计的意见建议。完成《杭州大运河新城核心区城市设计（草案）》等13个规划项目公示，收集意见建议820多条。开展“梦想家园”系列青少年互动主题活动、“童心绘蓝图共筑名城梦”少年儿童互动活动等活动9场。推出第29个全国土地日等专项展览10个。全年接待国内外参观团队和社会团体952个，接待社会各界及外国友人59万余人，服务保障大型会议92个。（彭婵娟）

城市更新

【城市基础设施建设统筹推进】2019年，杭州城市建设以高质量打造“幸福示范标杆城市”为目标引领，牢牢把握亚运会筹办机遇，统筹推进大城北规划建设、城市交通路网建设、老旧小区改造、城乡环境综合整治、地下空间综合开发等项目建设，加快提升城市综合能级，进一步促进城市有机更新。市区快速路新增通车里程17.8千米，累计219千米。在建项目总里程约185千米。全年完成快速路建设投资143亿元。开工安置房项目143个，建筑面积2612万平方米；竣工安置房项目38个，建筑面积511万平方米；开工配套设施项目187个；回迁安置18530户。全面启动新一轮老旧小区综合改造，确定试点项目65个，年内竣工38个。新增城市污水处理能力31万立方米/日，新建、改造污水管网150千米。实施河道综合保护项目39个，河道总长41.74千米，完工12个、12.65千米，建设滨河绿道13千米。开工含海绵城市建设内容的项目105个，完工102个；完成海绵城市区域化建设面积55平方千米。地下综合管廊建成德胜路、艮山路、沿江大道等廊体34.56千米，比上年增加25.07千米。

【大城北规划建设】2019年，杭州市坚持以提升城市能级为目标，以产业腾飞、民生增效、环境改善为重点，高品质推进大城北规划建设。加快推进大城北老工业区块转型升级，将该区块打造成展示城市有机更新成果的重要窗口。大城北规划展示馆开馆，全年接待考察团66批，接待市民9150多人次。《杭州市大运河新城核心区城市设计》获市政府同意，杭钢新城、北部新城和康桥单元控规修编完成公示，262个项目顺利推进，其中拱康路余杭段、华东师范大学附属杭州学校、崇贤新城沾桥农民多（高）层公寓、显宁寺修缮工程、运河景观带等45个项目陆续建成，483个第一阶段环境提升整治项目如期完成。全年大城北实施建设项目289个，其中开工78个、续建129个、完工82个。加快路网建设，建成上塘—康良快速路节点，开工建设莫干山快速路、东新路改造等项目22个，续建香积寺路隧道、丽水路等主干道项目17个。推进城北基础设施能级提升，开工建设给水管道项目4个，建成千岛湖供水工程城北线管道28.6千米，开工建设变电站4座，完工110千伏变电站1座。

2019年，杭州市加快大城北建设。图为建设中的城北智慧网谷数字经济小镇 （市建委 供稿）

【城市快速路网建设加快】2019年，市建委根据现代综合交通大会战和快速路网建设四年攻坚行动计划，加大快速路网建设推进力度。年内建成通车望梅高架路、康桥路至上塘路节点提升工程、之浦路提升改造三期工程、乔司至南苑连接线工程4个项目17.8千米；续建艮山路（彭埠立交—东湖路）、文一西路、天目山路等提升改造工程21个，总里程154.4千米；新开工留下互通改建、风情大道（金城路—湘湖路段）改造、时代大道（滨江段）改造、通城大道快速路（机场高速—通彩互通）、秋涛南路婺江路匝道等8个项目31.2千米。至年末，全市快速路累计通车总里程218.7千米，主城区“四纵五横”快速路网进一步完善。加快主次干道项目建设，建成主次干道56千米，续建47千米，开工37千米，打通联网路3条。推进人行过街设施建设。完工3处，续建3处。开工建设支小路85条，完工82条，完工总里程42.7千米。

【城中村安置房建设】2019年，市委、市政府把加快城中村安置房建设列入“干好一一六、当好排头兵”十大攻坚工程，市建委以“红黄黑”三榜问效激励机制为抓手，加快推进安置房和配套基础设施建设。市建委印发《杭州市主城区城中村改造长效管理指导意见（试行）》等文件，在调动改造主体积极性、推进公正公开回迁安置、加强安置房小区长效管理、提高安置房办证效率等方面制订创新措施。全年开工安置房项目143个，开工面积2612万平方米；竣工安置房项目38个，竣工面积511万平方米；开工配套设施项目187个；回迁安置拆迁户18530户；完成历史遗留问题安置房项目初始登记104个。

【老旧小区改造】2019年，杭州市全面启动新一轮老旧小区综合改造工作。市建委制订《杭州市老旧小区综合改造提升实施方案》《杭州市老旧小区综合改造提升技术导则（试行）》《杭州市老旧小区综合改造提升工作指南》《杭州市老旧小区综合改造提升四年行动计划（2019—2022年）》等文件，明确改造目标、改造范围、改造标准、改造流程及政策保障措施。成立全市老旧小区综合改造提升工作领导小组，强化统筹协调，以打造“六有”（有完善的基础设施、有整洁的居住环境、有配套的公共服务、有长效的管理机制、有特色的小区文化、有和谐的社区文化）宜居小区为目标，实施“综合改一次”，提升小区居民获得感、幸福感和安全感。全年实施试点改造项目65个，竣工38个。

【城乡环境综合整治】2019年，杭州市以美丽城镇示范创建为抓手，按照“因地制宜、分类推进、试点先行、示范引领”的总体要求，全面推进城乡环境综合整治。开展企业法人违建、新建小区违建、违法用地违建、违建出租房五大专项整治行动，全年拆除违法建筑1574.5万平方米。推进美丽城镇示范创建工作，实施美丽城镇创建项目354个、美丽城镇示范创建试点27个。年内，建德市梅城镇、余杭区塘栖镇等8个小城镇获年度省级样板示范小城镇称号。小城镇环境综合整治行动三年计划如期完成，累计完成环境综合整治小城镇149个，打造省级样板示范小城镇69个，直接受惠人群超过215万人，群众满意率达95%。12月6日，全国小城镇建设工作现场会在杭州召开，住房和城乡建设部领导和全国与会代表实地考察萧山区义桥镇和楼塔镇、富阳区常绿镇、桐庐县莪山乡的小城镇整治成效，杭州小城镇环境整治工作获住房和城乡建设部充分肯定，被全国推广。全市新增污水处理能力31万立方米/日，累计污水处理能力增至308.65万立方米/日。结合市政道路实施、生活小区污水“零直排”改造，新建、改造污水管网150千米。完成农村生活污水治理设施提升改造项目3098个，覆盖行政村730个，受益人口56.6万人。全市农村生活污水处理设施有标准化运行维护终端1972个，农村生活污水处理设施提升改造和运行维护监管工作取得新的成效。

【河道综保与海绵城市建设】2019年，杭州市河道综保工程着重解决水质差、排涝能力不足、水岸环境恶劣等问题。各城区以“污水零直排区”建设和推行“河长制”为突破口，着力做好配套用水、截污纳管、防汛排涝等工作。全年实施河道综合保护项目39个，河道总长度41.74千米，完工项目12个12.65千米，建设滨河绿道13千米。全面推进区域化海绵城市建设,开展“杭州市建设项目方案或初步设计、施工图设计(海绵城市)文件编制导则”“海绵城市建设区域化验收标准”等研究工作。以“浙江省海绵城市建设优秀县(市、区)”评选为契机,以示范项目、示范区域为引领,打造可复制、可推广的优秀典型项目,提升海绵城市建设质量。年内,杭州4个项目入选浙江省海绵城市建设典型案例。江干区、临安区、钱塘新区入选首批“浙江省海绵城市建设优秀县(市、区)”。全市开工含海绵城市建设内容的项目105个,完工102个,完成海绵城市区域化建设面积55平方千米。

【地下空间开发利用】2019年,杭州市围绕提升城市容纳与防护能力,加快推进地下空间系统性高质量开发建设。市建委牵头制定《杭州市地下空间开发利用管理若干实施意见》,提出推进地下空间开发的重点任务和政策举措。全年全市完成地下空间开发量922万平方米,完成年度目标任务的184%。“未来科技城地下环路”等一批项目投入使用,为地下空间高品质开发建设发挥示范引领作用。“十三五”期间,完成开发量2983.43万平方米,提前一年超额完成“十三五”规划的2500万平方米的目标,全市地下空间总开发量近9000万平方米,初步形成“一城多轴,三主七副、十五片”的地下空间总体结构。年内在建的地下空间重点项目有“连堡丰城”“杭州西站”“秦望地区地下空间一体化开发”等。根据《中国城市地下空间发展蓝皮书(2019)》数据显示,杭州地下空间综合实力排名全国前三位。

【德胜路地下综合管廊投运】2019年6月13日,杭州市德胜路地下综合管廊正式投运。该项目西起东宁路以西,东至九环路以西,全长5.33千米。设计入廊管线包括给水、燃气、电力、通信等管线。项目建设克服前期征迁、交通改道、管线迁改、矩形顶管施工等困难,完成主体工程建设、运管中心建设、管廊科普基地试行和市级及组团级管廊二级平台运维系统的开发完善等任务。该项目建成投运为管线系统的规范化、标准化管理提供决策依据,为全市管廊建设提供样板。11月14日,住房和城乡建设部联合财政部对杭州作为地下综合管廊建设第二批试点城市进行绩效考核,专家对杭州地下综合管廊建设试点工作给予高度评价。根据《杭州市地下综合管廊试点城市实施计划》,全市实施德胜路、艮山路、沿江大道、大江东(江东大道、河景路、青西三路)和金桥北路5个(7条)综合管廊试点项目,建设总长度33.47千米,试点任务如期完成。12月26日,市建委印发《杭州市城市地下综合管廊管理办法》,对全市地下综合管廊建设模式、入廊管理制度、运营维护机制等问题做出明确规定,进一步规范地下综合管廊建设运营管理工作。

2019年6月13日,杭州市德胜路地下综合管廊投入使用 (市建委 供稿)

【停车场库及新能源充电桩建设】2019年,市建委开展新版《杭州市城市建筑工程机动车停车位配建标准实施细则》的修订完善工作,重点明确各类建筑配建停车泊位的指标要求,对学校、医院、养老场所、行政服务办公设施等民生公建类项目的配建停车泊位提出更严格要求。通过制定标准解决养老等民生项目的日常停车问题。全年主城区建成的公共停车场项目32个,新增停车泊位6724个,有88%的停车泊位来自于学校和公园绿地的地下空间。其中:利用学校操场地下空间的建设项目18个,新增停车泊位3550个;利用公园绿地地下空间的建设项目8个,新增停车泊位[illegible]94个。全年市区新增停车泊位1[illegible]万余个,其中公共停车泊位1.13万个。市建委按照“自(共)用为主、公用为辅、分类保障”的总体思路,推进各类充电设施建设。年内,主城区新增新能源汽车充电桩8233个,其中公用和共用充电桩1467个,全市公用充电设施的建设规模进一步扩大。新建的新能源汽车充电设施均采取智能化管理,新能源汽车用户通过“杭州e充”App实现导航充电。 (朱 立)

钱江新城

【概况】2019年,市钱江新城管委会和市钱投集团以全面实施“拥江发展”战略为引领,聚焦钱江新城核心区“1184”(11个前期项目、8个开工项目、4个续建项目)目标任务和城市大脑建设、产城产融并举、产业提质、“两口提振”等十大攻坚任务,加快钱江新城核心区和城东新城重点项目建设,全年钱江新城和城东新城完成建设投资130.06亿元,其中:市钱江新城管委会完成投资40.06亿元,市钱投集团完成投资90亿元。

“拥江发展”规划编制有序开展。成立以市人大常委会分管副主任、市政府分管副市长为双组长的立法起草工作领导小组,完成《杭州市钱塘江综合保护与发展条例(草案)》

《三江汇杭州“未来城市”实践区发展战略与行动规划》编制，开展《杭州“未来城市实践区”建设与治理准则（试行）》及产业和空间布局、交通、防洪等专项规划编制研究；做好湘湖与三江汇流地区土地管控，完成对西湖、滨江、萧山、富阳四区54宗项目用地管控论证。出台《关于加强钱塘江两岸规划统筹管理的实施意见》，推进《钱塘江流域两岸总体城市设计导则》《钱塘江流域两岸综合保护与利用实施导则》及全流域类、重点地区类等44项重点规划和政策制定。推进核心区公共空间建设，开展核心区公共空间规划研究。

城市建设项目进度加快。市钱投集团完成征迁及建设投资51.46亿元。省市重点工程望江隧道竣工通车，连堡丰城等31个项目和钱塘江博物馆新馆等8个核心区项目开工建设，钱江新城二期河道改造等21个项目竣工。亚运村50%的主体建筑完成50%以上的“双过半”目标，博奥隧道完成主体结构施工，市民文化公园方案设计完成7轮优化，市民中心地下通道投入使用。杭州白石会展中心有限公司完成注册，会展中心项目占地面积4.58万平方米，总建筑面积24万平方米，设计方案通过专家审查。完成景芳三堡单元渔人码头商业区块、酒店区块出让。

征迁安置攻坚成效明显。景芳三堡单元安置房、凯旋单元安置房开工建设，其中，景芳三堡单元安置房总建筑面积20.36万平方米，该地块安置房地上建筑面积12.82万平方米、地下建筑面积7.54平方米。钱江新城二期新建、续建和竣工安置房179万平方米，其中红五月、云峰、皋塘社区5个地块新建安置房75万平方米。花园、三堡、杨公社区基本完成2000户拆迁户安置。

钱江新城工程品质提升。以“一流施工队”的标准，打造让群众放心、满意的品质工程。先行进行道路、河道、学校、公园等配套设施建设，全年新建、续建学校项目11个，11所新建学校的技术前期工作同步展开。城东新城4所学校交付使用，总建筑面积9.28万平方米，新增教学班108个。完成钱江新城二期河道改造项目7个，移交“四路一河”（三官塘路、同协路、五号港路、昙花庵路、五号港河）项目10个。宁巢公寓运营项目有石桥路店、戒坛寺店、金家渡店和明星店，布局的房源1000多间，进一步让在杭州工作和创业的无房者“有房住、住舒心”。推进智慧停车产业数字化发展，杭州市城市大脑停车系统绑定车牌用户数46万个。加强钱江新城灯光秀、音乐喷泉管理，中华人民共和国成立70周年等主题灯光秀登上中央电视台综合频道。承办“知味杭州”亚洲美食节，来自56个国家和地区的253个参展商在钱江新城城市阳台参展，城市阳台的新形象进一步提升。

（施旭青 朱礼胜）

【“拥江发展”行动专项考核任务完成】2019年，市拥江发展领导小组统筹推进全市“拥江发展”重大规划、重要政策、重大项目和年度计划的实施，年初确定的“拥江发展”专项考核任务全面完成。亚运村地下工程建成，转入主体结构施工，累计完成总工程量的55%。5个新建场馆完成年度总工程量的40%。10个改造提升项目全面开工。27个美丽城镇示范镇培育点完成年度形象进度。完成76个精品村建设、236.75千米钱塘江绿道新建和提升任务，余杭区、淳安县等地59个AAA级景区村庄通过创建评定。《三江汇杭州“未来城市”实践区发展战略与行动规划》完成编制。推进建德梅城美丽城镇建设，完成后历路等5条道路整治、22处历史建筑修缮，辑睦坊等4座牌坊复建和老城区25个“低散乱”企业整治。钱塘江中上游区段生态环境明显改善，优于Ⅲ类水质断面占96.9%，比上年上升9.4个百分点。

【首届钱塘江诗路文化带成果发布会】2019年5月30日，首届钱塘江诗路文化带成果发布会暨钱塘江诗词品读会在钱江新城城市阳台举行。发布会由市委宣传部、市拥江发展领导小组办公室指导，市钱江新城管委会、杭州钱塘江学研究理事会联合主办。浙江省写作学会、浙江省诗联学会、中国美术学院等专家学者及钱塘江诗词研究成果主创人员应邀参加，共话钱塘江诗路文化的源远流长。会上发布一首钱塘江歌曲《潮起钱塘》、一套《钱塘江诗词选》、一张《钱塘江历史文化旅游导图》、一本诗集《流水的盛宴——诗意流淌钱塘江》等成果。

【《钱塘绿道建设管理一体化系统研究》通过评审验收】2019年10月30日，《钱塘绿道建设管理一体化系统研究》课题专家验收会召开。会议邀请浙江省风景园林学会、浙江大学建筑系、杭州市城乡建设委员会、浙江省建筑科学设计研究院有限公司、浙

2019年12月18日，市钱江新城管委会举行重点项目集中开工仪式

（市钱江新城管委会 供稿）

江国丰集团有限公司等专家对课题进行评审验收。与会专家听取课题组汇报和资料查阅后，认为课题研究报告内容丰富、研究系统全面，提出的钱塘绿道建设管理方案针对性和可操作性强，属国内领先水平，一致同意通过课题评审验收。年内，该课题获杭州市建设科研课题立项，并向省住房和城乡建设厅申报课题计划。

（施旭青）

【望江隧道通车】2019年12月15日，历时4年建设的望江隧道通车，钱塘江两岸市民往来又多一个新通道。望江隧道作为横穿钱塘江的第二条城市过江隧道，是杭州实施“拥江发展”行动、服务保障2022年亚运会的省市双重点工程。由市钱投集团和滨江区政府共同出资建设、市钱江新城建设开发有限公司代建管理、中铁十四局集团负责施工总承包，于2015年12月开工建设。隧道位于钱江三桥和钱江四桥之间，北起上城区望江东路，下穿钱塘江，南至滨江区江晖路，全长约3600米，越江盾构段长1830米，盾构机开挖直径11.3米，设计双向四车道，江南沿滨盛路设一对进出匝道，江北在钱江路南设一对平行匝道。

【沿江大道地下管廊竣工验收】2019年11月14日，沿江大道地下管廊接受第二批国家地下综合管廊试点城市考核，通过竣工验收。沿江大道地下管廊西起观潮路，东至和睦港西侧，全长约3650米，管廊采用矩形三舱形式。工程主要包括管廊主体土建，投料口、通风口、出入口和相应的消防设施，电气管道、通风、排水工程，入廊管线支架，以及工程涉及的道路、现状管线、绿化景观迁改和重建提升等。项目于2016年12月开工建设，先后攻克邻近重要污水管道施工保护、地下障碍物处理、引水河改道、下穿规划白石港等题难，分别于2019年1月和8月完成土建工程及机电、弱电等单项工程竣工验收。全年钱江新城二期范围内尚有昙花庵路电力管廊、备塘路综合管廊、观潮路综合管廊、凤起东路综合管廊、凤起路西延电力管廊、九田路电力管廊6个在建综合管廊和电力管廊项目，管廊总长度14.5千米，立项总投资65.5亿元。

【城东新城及三堡区块6条道路竣工验收】2019年，由市钱投集团投资建设的钱江苑二期六号支路（太平门直街—钱江路）、杭州铁路及东站枢纽地区驿城路（新风路—白田巷）等6条道路先后通过竣工验收，城东新城及三堡区块的交通路网进一步完善。6条道路总长2700多米，均为双向两车道，标准路宽16米～24米不等，设计行车速度30千米/小时。其中，驿城路（新风路—白田巷）长450米，原为邻里路，是通往杭州火车东站的主要支干道。（朱礼胜）

【博奥隧道工程完成主体结构施工】2019年9月16日，博奥隧道江北段施工现场最后一方混凝土入模封顶，标志着博奥隧道工程主体结构施工全部完成。博奥隧道连接钱江新城和奥体博览城，是杭州实施“拥江发展”行动、服务保障2022年亚运会的重点工程，自2017年7月动工，2018年3月进入主体施工。当年6月，西线“拥江号”盾构机下线。2019年3月，东线“亚运号”盾构机始发，工程进入盾构机双线施工阶段。工程克服深基坑开挖风险大、地下承压水多等困难，精心组织，精心施工，于2019年末按计划实现西线贯通。（施旭青）

【“适家”、延中大楼开业】2019年5月5日，“适家”在杭州老城区平海路61号开业，定位为“城市文化新空间”。“适家”原为团市委办公楼所在地，改造后的“适家”在保留核心历史元素、恢复主体建筑民国别墅的基础上，结合业态定位，通过空间及附楼的结构调整，打造成具有品牌文化感的集成文艺空间。10月29日，延中大楼开业。延中大楼原为市政府综合楼，建筑面积2.7万平方米，地处武林商圈，坐拥“地铁+中心”双优势，商业集聚效应明显。2018年，市钱投集团以“正气、简约、绿色”为主题进行改造提升，完成原建筑外立面、局部结构、给排水、消防、电器设备、暖通、智能化、室外、景观等工程改造，在保留历史情怀的基础上，重塑一个现代化、智慧化的高品质写字楼。

【宁巢明星公寓开业】2019年9月17日，市钱投集团首个通过市场化竞争中标的项目——钱投·宁巢明星公寓开业。至此，市钱投集团包括宁巢明星公寓在内的4个公寓项目拥有租赁房源786套，房源覆盖下城、江干、萧山、余杭等城区。其中，宁巢·白石公寓是浙江省首宗成建制开发的纯租赁住房项目，位于江干区彭埠单元地块内，总用地面积3.91万平方米，总建筑面积15.86万平方米。建筑面积中，地上8.99万平方米，地下6.86万平方米。年内，宁巢·白石公寓完成建筑结构、人防结构验收。

【连堡丰城项目开工建设】2019年9月25日，钱江新城二期连堡丰城项目开工。连堡丰城作为大跨度、长线条、深基坑的地下线性综合体工程及钱江新城二期地下公共空间开发和“隐形城市2.0”建设的重点标志性工程，是市钱投集团实施“拥江发展”行动、确保亚运会前钱塘江北岸形成阶段性成果的先导性项目。位于钱江新城二期规划范围内，主体沿规划钱江东路布置，结合地铁9号线四站三区间（御道站至七堡老街站）建设，对与地铁9号线毗连的地下空间进行综合开发，形成钱江新城二期地下空间开发主轴，项目主体全长3.8千米，总投资53亿元，总建筑面积33万平方米。此次开工的为连堡丰城一期工程。

【城东大厦、平江时代两大商办楼宇项目开工】2019年6月6日，城东大厦商办楼宇项目开工。该项目位于杭州火车东站枢纽地区，东至环站东路，西至二号港河道，南至天城路，北至彭埠单元地块，商务楼涵盖办公写字楼、配套商业、餐饮等业态，占地面积1.38万平方米，总建筑面积7.2万平方米，其中地上建筑面积4.8万平方米、地下建筑面积2.4万平方米。9月26日，钱江新城二期首个商办楼宇项目——平江时代开工。项目由全球十大建筑事务所之一的Aedas凯达环球担纲设计，占地面积约2万平方米，总建筑面积约12万平方米，由2栋高约80米的塔楼组成。商务楼拥有高端精品酒店、服务式SOHO、商业空间、商务办公等多元化业态，并拥有一线江景生态环境的国际化无边界社区体验。

【钱江新城征迁“清零”】2019年，市钱投集团加大重大工程拆迁“清零”扫尾力度，推进钱江新城二期及三堡区域近6平方千米范围内企业“清零”，完成红五月社区32户铁路小产权房征收、蚕种场经营户清退及部分房屋拆迁、七堡聚餐中心腾空、25路公交站点迁改、中国包装有限公司及麦德龙超市土地征收、六甲庙搬迁等11个历史遗留问题。推进城东新城社区征迁“清零”。城东新城范家、闸弄口和皋塘社区涉及征收项目102个，其中集体企业71个、国有企业23个、综合性市场7个。年内，完成54个集体企业、4个国有企业征收。7个综合性市场经营户全部清退及关停，其中：杭州安琪儿小商品市场完成补偿方案制订及未登记建筑认定，杭州城东汽配城完成补偿方案制订及丈量评估，杭州洁翔换气扇有限公司完成丈量评估后开展未登记建筑认定，杭州东站服装品市场、化妆品市场完成丈量评估。（朱礼胜）

【江河汇城市综合体地块完成招标出让】2019年3月7日，江河汇城市综合体地块汇东、汇西区块完成招标出让，由平安保险和新鸿基联合体以总价132.6亿元整体中标竞得，标志着钱江新城核心区城市能级进一步提升，对丰富城市功能、提升商业氛围和城市品质具有重要作用。此次招标是市钱江新城管委会和市钱投集团在探索采用综合评价、国有企业参股“亚运村”建设模式后的又一次重要实践。综合体出让面积16.9万平方米。其中：汇东区块面积11.38万平方米，将打造多业态、多功能超高层建筑群和竞聘商业、O2O活力街区；汇西区块面积5.52万平方米，将打造休闲旅游、零售、餐饮、娱乐广场圣地、高星级酒店等业态。

（施旭青 朱礼胜）

【钱新华威商品混凝土厂投产】2019年5月9日，钱新华威商品混凝土厂建成投产。混凝土厂占地面积2.33公顷，总投资7000万元，拥有两套4.5立方米的搅拌楼、2000立方米的骨料储备库和近1000吨的粉料储备库，配置40辆10立方米的混凝土搅拌车和7台车载泵，项目设计年混凝土生产能力100万立方米。年内，混凝土厂生产商品混凝土79万立方米，实现销售收入4.4亿元。混凝土厂由市钱投集团投资建设。

【钱唐农园开园】2019年5月31日，钱江新城二期项目钱唐农园开园。钱唐农园位于钱江新城二期六堡区域，东至五号港路，南至引水河绿化带，西至三官塘路，北至灵山东路，是杭州市首个城市中心区的都市农园。作为市钱投集团在钱江新城二期最先启动的景观类项目，为二期待开发区域内实施资源利用的重点项目，旨在打造一个连接能源和食物生产体系的多元化生活空间。开园当天，副市长缪承潮出席并宣布开园。年内，钱唐农园接待来自全国各地的游客约10万人次。农园初步形成“以农业景观为基础，以会展、演艺、集市、门店为发展架构”的消费体验形态。（朱礼胜）

【杭州钱塘江博物馆新馆开建】2019年12月18日，杭州钱塘江博物馆新馆在钱江新城开工建设。新馆选址于京杭大运河与钱塘江的交汇之地，是杭州最重要江河的交汇点。建筑面积1.1万平方米，整幢建筑以“钱江潮”为形象，呈“水漩潮涌”形状，既寓意钱塘江潮水的奔流不息，又蕴含“弄潮儿勇立潮头”的浙江精神。其外立面以古海塘为造型来源，结合杭州“诗意人文”的向心性、辐射性等特点，采取“千古海塘”“人文钱江”的设计理念，让博物馆成为传播古海塘文化与精神的空间载体。钱塘江博物馆（老馆）紧扣博物馆传承和教育功能，坚持以“传播钱塘江文化”为特色，开展临展策划、讲解接待、少年第二课堂、人才培养等工作。全年博物馆举办手工制作、专题讲座、节庆民俗体验、艺术交流等公益活动20多场。

【中央电视台直播钱江新城国庆主题灯光秀】2019年9月28日，钱江新城国庆主题灯光秀在中央电视台直播。新版灯光秀总时长15分钟，通过“红色史诗·英雄丰碑”“艰苦奋斗·巨龙崛起”“拥江发展·勇立潮头”“砥砺奋进·创新活力”4个篇章，全面系统地展示中华人民共和国成立以来的辉煌建设成就，生动描绘大国崛起的宏伟时代画卷。灯光秀总体设计为3条主线，时间轴线涵盖从建立中华人民共和国到2019年的各类重要历史事件；空间轴线从杭州市实施“拥江发展”行动到浙江省践行“八八战略”，再到中华人民共和国迈向伟大民族复兴的宏伟征程；视角轴线从宏观层面描绘国家崛起的恢宏画卷，从另一个角度展现人民群众的幸福生活。与灯光秀同步更新的还有钱江新城音乐喷泉，音乐喷泉重新编排设计丰富多彩的水景造型，并将歌曲换成《潮起钱塘》《不忘初心》《天耀中华》《新的天地》等8首具有突出时代意义的经典歌曲。G20杭州峰会后，钱江新城陆续推出“我爱你中国”“杭州国际日”“亚运会”“改革开放四十周年”等10多个版本的灯光秀，每个版本均经过精心设计。（施旭青）

【第四届“中国（浙江）高铁文化旅游节”】2019年9月3日，由市钱投集团主办的第四届“中国（浙江）高铁文化旅游节暨红色之旅旅游嘉年华”在杭州火车东站启幕。高铁文化旅游节以“红色之旅”为主线，借助浙赣文旅资源优势，联合打造以杭州为起点的红色旅游线路，沿途经过金华、衢州、上饶、南昌、吉安5个红色文化底蕴浓厚的城市。杭州火车东站大厅结合每个地方的特点，以高铁动车为展示载体、民俗景点为内容推介、红色文化为精神引领，打造生态“红色快线”停靠站，让更多市民游客参与其中。活动期间，高铁文化旅游节推出畅读红色经典著作活动，进一步营造红色革命氛围。（朱礼胜）

运河保护开发

【概况】2019年，京杭大运河（杭州段）运河保护开发建设稳步推进。大运河文化带建设取得阶段性成果。运夏衍影视文化特色街区项目开工，运

2019年9月26日，钱塘江上最大的游船——“钱印”号首航

（市运河集团 供稿）

河景观带宣杭铁路至康桥路段完工。举行中国大运河文化带京杭对话系列活动，杭州和北京两地签署“大运河文化带京杭对话合作机制框架协议”。按照“城市设计、控规修编、示范区策划和规划、文化标杆项目建筑设计”四项工作整体推进的要求，以大运河博物院、大运河当代艺术中心（原杭州炼油厂文化地标）、大运河生态艺术岛、杭钢遗址公园、运河湾国际旅游休闲综合体、杭钢站及拱康路地铁站综合体、平炼路历史年轮带、小河公园十大项目建设为载体，高品质推进大城北规划建设。成立土壤水体治理中心，开展土壤和地下水治理。年内，运河湾国际旅游休闲综合体一期项目开工，中国京杭大运河博物院、杭钢遗址公园建筑概念设计方案完成国际征集。大城北规划展示馆对外开放，成为大城北规划成果宣传展示的重要窗口。全年市运河集团完成开发建设投资53.31亿元，其中，市重点项目完成投资22.5亿元，比上年增长34.4%。酒店、物业、旅游等营业收入28.08亿元，增长79.1%。实现净利润4.17亿元，增长54.1%。京杭大运河（杭州段）景区接待市民游客1433万人次，其中杭州水上巴士公司接待94万人次。

【香积寺路西延工程双线洞通】2019年12月，香积寺路西延工程实现双线洞通，标志着该工程土建施工基本完成。香积寺路西延工程东起上塘路东侧，西至已建余杭塘路，位于德胜路及大关路之间，规划为杭州主城区东西向跨越京杭大运河（拱墅段）的主要通道之一，全长2.65千米，其中下穿运河隧道长度2.3千米。东线隧道盾构施工于2018年完成，全长300多米。西线隧道全长880米，于2019年1月进入盾构施工。

【夏衍影视文化特色街区项目开工】2019年5月5日，夏衍影视文化特色街区项目开工。作为为夏衍先生120周年诞辰献礼的项目，位于杭州市江干区严家路和景昙路交叉口，与夏衍故居紧密相连，总建筑面积7.9万平方米，其中地上5.1万平方米、地下2.8万平方米，街区距地铁4号线新塘路站300米，区位优势明显。项目规划建设高层写字楼、影视剧场和商业综合体等，着力挖掘夏衍故居及延伸区域的历史文化底蕴，弘扬夏衍先生的文学及影视创作精神，讲好“夏衍故事”“运河故事”“杭州故事”，打造面向世界的“特色文化窗口”。

【运河湾（一期）项目开工】2019年9月9日，市运河集团在运河文化公园举行运河湾（一期）项目开工仪式。运河湾（一期）工程东至上塘路，西至巨州路、通益路，北至上塘高架延伸线，南至石祥路，占地面积约113万平方米。市运河集团围绕“文化体验、休闲娱乐”两大主题，规划建设由运河两岸历史景观体验走廊、运河特色小镇、文化体验公园等组成的核心区，以及利用丽水路下穿道路，形成三面环水的以商业、创意办公、娱乐休闲为主题的运河休闲岛；依托管家漾和周家河，打造城市游乐港和水街休闲港，将运河港建成一个以展示运河文化、打造大众旅游目的地为特色，集文化、商贸、娱乐、旅游、居住功能于一体的城市活力滨水区。

【运河邻里康桥农贸市场开业】2019年10月26日，杭州大城北地区首个社区“邻里中心”项目——运河邻里康桥农贸市场开业。该项目位于杭州运河新城康桥路以北、顾杨路以东、蒋扬路以南的康桥文化卫生体育活动中心内，属杭州康桥核心区块。市场总面积约4000平方米，有铺位及摊位140个，规划通过软件和硬件设施提升，打造集智慧农贸、精品超市、特色小吃、便民服务等功能于一体的省级星级文明规范农贸市场，以及拥有社区卫生服务中心、文化活动室、教育健身和社区食堂等配套服务的社区商业服务中心。

【“钱印”号游船首航】2019年9月26日，钱塘江水上迎来新成员——“钱印”号游船。游船由市运河集团联合广东省航运集团打造。“钱印”号船长49.9米，宽16米，排水量近1000立方米，载客量498位，是一艘三层式、全回转舵桨合一电动推进的新型节能环保豪华双体游船，为钱塘江上最大最先进的游船。“钱印”号游船投入运营后，每天夜游开航两个班次，由杭州滨江码头登船，途径钱江龙、杭州印、西兴大桥、奥体中心、钱王射潮等景点，全程约70分钟。至年末，“钱印”号游船开航67个班次，接待游客1.21万人次。

【小河油库完成征收协议签约】2019年6月5日，拱墅区政府会同市运河集团与中石化集团浙江分公司举行小河油库征收协议签约仪式。小河油库位于京杭大运河（拱墅段）、小河、余杭塘河三河交汇处，是大运河

2019 年 6 月 21 日，庆祝京杭大运河申遗成功五周年暨第三届京杭大运河国际诗词大会闭幕晚会在杭州举行

（市运河集团 供稿）

文化带建设的重要节点，该油库也是中华人民共和国成立后浙江省建立的第一个油库，占地面积 4.78 万平方米，主要用于柴油和润滑油储存、收发。签约后，小河油库于 6 月 30 日永久关停，征收的油库区域将规划建设小河公园、沿河绿化及贯通滨河的通道。

【梅城美丽城镇样板建设】2019 年 9 月 6 日，全省美丽城镇建设工作会议在建德市梅城镇召开。按照市政府要求，市运河集团发挥建设生力军作用，与建德市政府合作，围绕产业振兴和文化复兴，全力推进梅城美丽城镇样板建设。年内，严州金石馆、严州邮驿文化展示馆、金源昌烟草博物馆等展馆开馆，辑睦坊、都宪坊、祖孙科甲坊、富寿坊等牌坊完成复建，核心区历史建筑修缮项目完工，金源昌客栈对外营业。

【杭州大城北规划展示馆开馆】2019 年 9 月 30 日，杭州大城北规划展示馆开馆。展示馆位于拱墅区小河路 488 号运河新天地内，由原杭州大河造船厂老厂房改造而成。展示馆以大城北地区的规划实践为核心展陈内容，重点展示良渚文化、运河文化、工业文化，以及大城北引领区、核心区、示范区三个层次的规划蓝图。大城北引领区总面积 135.5 平方千米，是实现城北复兴的引领性区域，涉及上城、下城、江干、拱墅、余杭 5 个区；核心区总面积 15.6 平方千米，是沿大运河进入主城中心的门户，围绕运河两岸集约建设公共文化设施，打造城市副中心；示范区总面积 3.5 平方千米，是运河文化和工业遗存最集中的区域，又是大城北建设的示范引领区域。

【京杭大运河博物院建筑概念性设计方案完成国际征集】2019 年 3 月，杭州市根据中共中央政治局委员、中央宣传部部长黄坤明关于京杭大运河博物院建设"要从文化 + 旅游的角度，打造高品质文化旅游目的地，建设创新型、体验式博物馆"的指示，开展京杭大运河博物院建筑概念设计方案国际征集工作。11 月，市运河集团从世界各地报送的设计方案中确定 3 个备选方案，并召开设计方案评审会，邀请中国文联副主席、中国美协荣誉主席靳尚谊，中国科学院院士、同济大学教授郑时龄等 9 位专家对备选方案进行评审，最终确定瑞士的赫尔佐格和德梅隆建筑事务所为设计方案中选人，其设计的博物院主建筑包括博物馆、大运河国际交流中心两大部分。博物院位于大城北核心示范区中部，东至丽水路，南至金昌路，西邻大运河，北靠杭钢河，用地面积 5.71 公顷。

【第三届京杭大运河国际诗词大会】2019 年 6 月 21 日，历时两个月的第三届京杭大运河国际诗词大会落幕。诗词大会安排开幕式、八大系列活动、闭幕晚会等。八大系列活动包括朗诵会、音乐会、集市、诗画展、汉服展、手工艺制作、走"运"活动等。大会由省作家协会、市委宣传部指导，市运河集团、市园文局（市运河综保委）、市文联、拱墅区政府联合主办，杭州运河集团文化旅游有限公司、市京杭运河（杭州段）综合保护中心、拱墅区文广新局（区体育局）共同承办。

【中国（杭州）新年祈福走运大会】2019 年 1 月 1 日，中国（杭州）新年祈福走运大会在杭州运河新天地举行，大会由第 19 届亚运会组委会指导，市政府主办，市运河集团、拱墅区政府、市旅委、市会展办、市园文局（市运河综保委）共同承办，省体育局田径协会、杭州运河集团文化旅游有限公司、拱墅区文广新局（区体育局）协办，旨在扩大大运河世界文化遗产影响，为杭州、中国、世界祈福。"走运"活动分陆路和水路两条线，以运河新天地为起终点，沿途经过运河天地文化艺术园区、桥西历史文化街区、大兜路历史文化街区、小河历史文化街区等区域，1000多名市民参加“走运”活动。

【中国（杭州）大运河国际钢琴艺术节】2019年1—8月，中国（杭州）大运河国际钢琴艺术节暨“郎朗杯”钢琴大赛在杭州举行，其中主体活动为5月5—11日。主体活动为开幕式、“郎朗杯”钢琴大赛的复赛与决赛、钢琴大师授课、大师音乐会和闭幕式。主体活动由省委宣传部、省文化和旅游厅、市政府、省文化产业促进会联合主办，市委宣传部、浙江日报报业集团、浙江广播电视集团、浙江音乐学院、市文化广电旅游局、市运河集团等单位承办。2018年3月，郎朗正式成为“中国大运河·杭州形象大使”，实现名人、名地和名河的有机结合。此次活动旨在以钢琴为媒，把国内外顶级的文化教育理念带到杭州，增进杭州与国际音乐界的交流。

【中国（国际）休闲发展论坛在杭州举行】2019年11月23日，中国（国际）休闲发展论坛在杭州举行。论坛由市运河集团和小康杂志社共同主办，以“休闲·历史与未来”为主题，邀请国内外相关专家学者就“休闲城市的历史与未来”问题发表演讲。论坛设置圆桌论坛对话环节，邀请休闲领域有影响力的休闲专家、代表性的休闲城市领导、休闲行业的企业家和投资者聚焦“品质休闲与城市”和“诗意小城与特色休闲”两大主题进行对话和交流。

【“中国大运河文化带京杭对话”活动在杭州启幕】2019年12月7日，“中国大运河文化带京杭对话”活动在杭州启幕，北京和杭州两地签署“大运河文化带京杭对话合作机制框架协议”，大运河文化带建设“双城记”拉开序幕。活动由北京市政府新闻办公室、浙江省政府新闻办公室、杭州市政府、中国新闻社主办，杭州市政府新闻办公室、杭州市运河集团、杭州市运河综保委、中国新闻社浙江分社、杭州西湖风景名胜区管委会承办。与会嘉宾以“文化与科技推动大运河复兴”为主题，围绕大运河文化带这一中华民族宝贵精神财富的传承、保护和利用问题进行探讨，旨在促进大运河沿线的互动交流，带动各地共同推动大运河文化的保护、传承和利用，让中国大运河保护方案成为世界范围内大运河保护的样本方案。 （沈琴晓）

城市公用设施

【概况】2019年，杭州市加快推进城市公用设施建设，进一步提升城市公共产品保障水平。全年市城投集团实施快速路网、地下综合管廊、供排水设施、垃圾处理等省、市重点工程项目23个，完成投资351.92亿元，比上年增长35.8%。年内，浙江嘉兴（平湖）LNG应急调峰储运站项目一号、二号储罐升顶，杭州临江环境能源工程主体结构和主厂房结顶，两个项目总投资56.26亿元。全年市公交集团运送乘客15.13亿人次，市民和游客租用公共自行车近10亿人次。推进千岛湖供配水工程和污水管网、污水处理厂建设，市水务集团供水量6.29亿立方米（包括消防、绿化等用水）；污水处理量5.23亿立方米，其中主城区污水处理量4.76亿立方米。完善天然气安全供应格局，全市建成中低压管网327.7千米，增加34.6千米。 （李 峰）

【城市供水】2019年，杭州市围绕保障供水安全和提升供水质量两大工作中心，进一步完善全市供水保障体系。全年市水务集团饮用水售水量5.5亿立方米，比上年增长2.9%。其中，主城区售水量4.57亿立方米，增长1.9%。九溪水厂、南星水厂、祥符水厂、清泰水厂4个主城区水厂出厂水水质合格率、污水处理出水水质达标率、管网水质综合合格率均达100%。新建自来水管网47.86千米，改造老旧管网69千米，主城区供排水管网总长度达7517千米。 （葛汉阳）

【城市供气】2019年，杭州市新增居民燃气用户点火数7.39万户，累计居民燃气用户133.6万户。新增工业和公建燃气用户点火数1768个，增长14.1%，累计工业和公建燃气用户8277户。销售天然气14.6亿立方米，增长9.2%。杭州市域范围内建成并投入运行高中低压管线7000多千米，运行天然气门站5座、高中压调压计量站（含阀室）25座、中低压调压设施5513座，服务区域辐射至杭州13个区县（市）。市燃气集团在浙江省服务业百强企业中的排名上升6位，获评“浙江省创建和谐劳动关系暨双爱活动先进企业”，连续8年被授予“杭州市平安示范单位”称号。“杭燃体验”平台获“品牌杭州·生活品质总点评匠人匠心铸就杭州制造现象的年度区块”奖和“品牌杭州·产品品牌”生活品质特别奖。 （陶 毅）

【千岛湖配供水工程运行】2019年9月29日上午11时53分，千岛湖配供水工程正式通水运行，标志着杭州城市供水格局从以钱塘江为主的单一水源供应，转变为千岛湖、钱塘江等多水源供水。至年末，全市85%的主城区居民用上千岛湖水，杭州居民用水安全和用水品质得到质的提升。千岛湖配供水工程由配水工程和供水工程组成，其中，千岛湖配水工程西起淳安千岛湖，东至余杭闲林水库，途径淳安县、建德市、桐庐县、富阳区和余杭区境内，全长113.22千米，洞径6.7米。千岛湖水通过配水工程的全封闭输水隧洞，从淳安县金竹牌村输送至闲林水库后，再通过供水工程线路进入杭城千家万户，年配水量9.78亿立方米。千岛湖供水工程规划建设闲林水厂、九溪线、城北线、江南线等输水项目，线路总长73.04千米。其中城北线项目于12月26日全线“管通”。

【主城区污水处理能力提升】2019年9月19日，杭州七格污水处理厂四期和杭州城西污水处理厂二期项目经过近3个月的进水调试，实现达标通水运行，杭州主城区日污水处理能力增至160万立方米。其中，杭州七格污水处理厂四期日处理规模为30万立方米，系杭州市第一座半地埋式污水处理厂，上部利用地形放坡造景，建设占地面积约10.7公顷的“钱塘生态公园”。生态公园于12月25日开园，是一座集休闲运动、生态文化、科普教育于一体的高品质生态公园。杭州城西污水处理厂二期处理规模为日处理污水5万立方米，水处理工艺采用“Bardenpho同步除磷脱氮工艺+深度处理工艺”，出水排放标准优于《城镇污水处理厂污染物排放标准》中的一级A标准。

【水务体制机制改革】2019年10月22日，新组建的市水务集团挂牌成立。此前，根据整合重组要求，市水务集团完成法人治理结构调整、组织架构及内部机构设置，以及本级内设机构定岗定编。根据获批的《关于推进杭州市水务一体化改革的实施意见》和《杭州市区水务一体化整合方案》，杭州市以市水务集团为水务一体化改革经营平台，通过集团化运作，整合滨江区、萧山区、余杭区、富阳区、临安区供排水业务和资产，实现规划布局、资源调配、服务标准、管理政策“四个统一”，打破原先主城区与其他4个区之间分散经营的格局。12月28日，杭州滨江水务有限公司挂牌组建，“四个统一”目标在滨江区落地。市水务集团同步启动原水定价、供水价格调整，加快落实污水价格政策。年内，主城区污水处理政府购买服务价格机制和首期污水处理结算价格获市政府批复，建德市污水处理政府购买服务价格完成调整。（葛汉阳）

【48项业务实现“零跑”】2019年，市城投集团全面提升办事效率，集团范围内48项水、气业务实现“零跑次”，用水、用气报装业务实现“321”标准（3个工作日办结、经过2个环节、提供1份资料）。其中，市水务集团线下办理网点由原来6个增加到15个，并开通微信公众号、支付宝生活号、浙江政务服务网、浙里办App等多种线上办理渠道。市燃气集团深化简化办、网上办、就近办、移动办工作，“一站式服务”进一步降低门槛，16立方米以下小公建用户平均建设时间从上年6.2天缩短至3.5天，用时减少44%；16立方米以上公建用户平均建设时间缩短至8.5天，用时减少50%。优化“杭燃优家”六类产品体系，构建“线上（O2O商城、19服务厅）+线下（服务厅、现场服务）”多渠道销售模式。“19服务厅”实现“区域全覆盖、业务全覆盖、用户全覆盖”。全年受理“最多跑一次”业务521万笔。（李　峰）

2019年7月30日，杭燃匠心学院、杭燃金卡数字能源联合实验室揭牌

（市燃气集团 供稿）

【天然气场站管道建设】2019年，市燃气集团建成中低压管网327.7千米，完成113个地铁站点中低压管线迁改割接。天然气高压S12富阳段主管道全线贯通，之江段开工建设；天然气高压S18-2项目完成审批和次高压方案调整；大江东区域高压管网建设取得项目服务联系单，进行选址论证报批；所前门站—西二线杨汛桥阀室连接线工程完工。嘉兴LNG项目库区工程完成2个10万立方米储罐主体施工，码头工程岸线获交通运输部核准。皋亭山液化石油气储备站完成初步设计。转塘抢修中心、三墩抢修中心和滨江抢修中心项目进展顺利。

【杭燃匠心学院、杭燃金卡数字能源联合实验室揭牌】2019年7月30日，浙江省燃气协会、杭州市燃气集团与浙江大学能源工程学院、浙江工业大学机械工程学院、浙江财政大学、杭州金卡智能集团股份有限公司等高校、企业签订战略合作协议，成立杭燃匠心学院、杭燃金卡数字能源联合实验室。“杭燃匠心学院”由市燃气集团组建，学院秉持“开放、合作、共赢”的精神，搭建中国城市燃气协会杭州培训基地和浙江省、杭州市燃气协会培训基地，致力为全国及省市燃气行业员工技能和素质提升提供交流平台。杭燃金卡数字能源联合实验室由杭州市燃气集团与杭州金卡智能集团股份有限公司联合组建，旨在通过建立合作纽带，聚焦各自优势，共同打造城市燃气服务的“杭州模式”。（陶　毅）

【天子岭循环经济产业园两个项目完工】2019年12月26日，天子岭水资源再生利用中心项目达标出水。项目位于天子岭地块，南侧接天子岭园区，北面接中心项目一期工程，西面至320国道。项目占地面积2.6万平方米（含代征绿地），总建筑面积2.78万平方米，概算总投资2.57亿元。12月28日，天子岭循环经济产业园（静脉产业园区）内餐厨（厨余）资源化利用工程（一期）完成主体验收进行进料调试运行。项目位于天子岭循环经济产业园（静脉产业园区）地块内，南侧接天子岭废弃物处理总场，东南侧、北侧为现状山体，西面至320国道。设计处理规模为日处理餐厨垃圾250吨、日资源化利用毛油25吨，占地面积2.54万平方米（含代征绿地），总建筑面积5372平方米，概算总投资2.42亿元。

【市环境集团参与国家垃圾清运处置相关标准编制】2019年，市环境集团主持完成国家职业技能标准《垃圾清运工》《垃圾处理工》、国家技术标准《餐厨垃圾处理厂运行维护技术规程》《生活垃圾卫生填埋场运行维护技术规程》和省级标准《餐厨垃圾资源化利用技术规程》的编制。集团发明的"一种回转网状微生物接触器装置""一种降低餐厨垃圾湿式厌氧负荷并加强预处理除渣的装置"等5项专利获得授权。（黄巍峰）

水 利

【概况】2019年，杭州市完成水利建设投资75.9亿元，其中"百项千亿防洪排涝工程"投资27亿元。完成钱塘江等江河干堤加固35千米、水库除险加固25座、山塘整治70座，第二水源千岛湖配水工程实现通水，新增农村饮水安全保障受益人口58.6万人。农田水利基本建设实行最严格的水资源管理，河长制工作取得新进展。市农村水利管理服务总站获评"全国水利系统先进集体"，三堡排涝工程获评"全国水土保持生态文明工程"。（高海波）

【水资源管理】2019年，杭州市水资源总量188.12亿立方米，比上年增长29.7%。其中：地下水资源量34.64亿立方米，地表水资源量186.06亿立方米。产水系数0.62。地表水资源空间分布与降水量空间分布基本相似，总体趋势由西部山区向东部平原递减。全年杭州市用水总量30.96亿立方米，按常住人口计算，人均水资源量1815.8立方米。用水总量、万元地区生产总值用水量和万元工业增加值用水量分别下降4.7%、13.9%和20.5%。（童 览）

【"百项千亿"防洪排涝工程建设】2019年，市林水部门持续推进"百项千亿"防洪排涝工程建设，10个项目如期完成建设进度要求。萧山区蜀山片外排大治河闸站工程主体完工。八堡排水泵站工程、大江东片外排东湖调蓄湖工程、西湖区铜鉴湖调蓄湖工程、建德新安江兰江一期工程、桐庐富春江干堤加固三期工程、富阳区富春江治理工程、浦阳江三期、临安双溪口水库工程加快推进。北支江综合整治工程开工建设。钱塘江标准塘萧围西线提标加固工程、杭州城西南排通道工程、西险大塘达标加固工程、富阳区南北渠分洪隧洞工程、临安区里畈水库扩容工程5个项目前期工作有序推进。（高海波）

【水利规划】2019年，市林水局结合杭州市国土空间总体规划编制和"拥江发展"战略实施，深化完善《杭州市城市防洪排涝规划》，完成《杭州市国土空间总体规划——水利专项报告》编制，启动《杭州市城乡饮用水安全保障规划》《杭州市水利补短板实施方案》《杭州市水利发展"十四五"规划思路报告》3个规划课题研究，《杭州千岛湖水源安全评估及对策研究》《杭州市钱塘江干流堤塘提升技术导则》《钱塘江三江口防洪专题研究》3个课题正式立项。（蒋建灵）

【防汛防台防潮】2019年，市林水局开展防汛隐患排查整改、组建水旱灾害防御专家库、防汛防台会商推演研判等活动，做好水旱灾害防御各项准备。全年出动2万余人次，检查防洪堤4634千米、水库636座、1万立方米以上山塘3349座，主汛期前完成38个隐患薄弱点整改。发送书面雨量预警单644份、大中型水库超汛限水位预警单3份、大江大河高水位预警单5份，编制《水旱灾害防御动态简报》29期，编发洪水预报210期。派出20多个专家组赴兰江大洋镇、东苕溪瓶窑镇、北湖滞洪区和临安灾区等防汛一线指导水旱灾害防御及抢险工作。科学防御梅汛期7次大范围强降雨和9号超强台风"利奇马"，把强降雨、洪水和台风影响降到最低限度。（蔡红娟）

【水生态文明建设】2019年，杭州市完成省对设区市最严格水资源管理制度考核，推动水资源消耗总量和强度实现"双控制"，全市用水总量30.96亿立方米，万元工业增加值用水量16.8立方米（可比价，下同）、万元地区生产总值用水量21.6立方米，均比上年明显下降。推进县域节水型社会达标建设，余杭区通过国家级县域节水型社会达标验收，桐庐县通过省级县域节水型社会达标验收，淳安县通过国家级县域节水型社会省级初验。全市完成水平衡测试企业102个、清洁生产审核企业126个，建设节水型灌区8个、节水型企业117个、公共机构节水型单位69个、节水型居民小区31个、节水宣传教育基地4个。全年完成水土流失综合治理面积79.8平方千米，占年度计划的102.3%。（杨晓东 王天华）

【美丽河湖创建】2019年，杭州市以省"十大民生实事"之首美丽河湖创建为契机，完成美丽河湖行动方案（2019—2022年）编制，围绕"富春山居图""清明上河图"打造，推进区域环境整治。完成河湖库塘清淤435万立方米，基本建立平原地区清淤轮疏机制；划定河道管理范围3404千米和7个湖泊管理范围。创建浙江省美丽河湖22条（段、个）、乡村美丽河湖54条（个、片）。（何 晴 陈敏芬）

【农村饮用水达标提标行动】2019年，杭州市全力打好农村饮用水民生实事攻坚战，完成达标提标项目202个，受惠人口58.6万人，覆盖行政村453个，分别占年度计划的151%、147%和135%。建立健全县级长效管护机制，实现从分散供水向集中供水、从村镇自管向县级统管、从"跑腿"监管向"智慧"监管三个转变，让农村居民真正喝上"放心水""安全水"。农村饮用水达标提标行动在十大民生实事完成情况考核中成绩排名第二。着力打造农村饮用水工作"杭州样板"，淳安县饮用水管理"浪川模式"推广至全国水利系统，建德市饮用水"数字化"管理工作在全省领先。（楼淑君）

【水利"最多跑一次"改革】2019年，市林水局深化"最多跑一次"改革，对照省水利厅、省林业局全省事项库，梳理权力事项465项，其中：行政许可55项，行政处罚272项，行政强制10项，行政确认11项，公共服务45项，其他权力事项72项。公布市林水局依申请和公共服务事项176项，实现所有事项“跑零次”，网上办、掌上办、即办事项、事项办理承诺时限压缩、材料电子化等比例均为100%。推进区域水影响评价改革，编制完成《杭州市区域水影响评价工作指南》，省级以上平台和省级以下平台区域水影响评价完成率均达100%。（金　炜）

【水利安全生产】2019年，市林水局强化行业安全生产监管，实现全行业安全生产“零事故”。全年召开安全生产专题工作会议9次，与11个局属单位、13个区县（市）水利局及杭州市原水股份有限公司签订目标管理责任书。按照创建国家安全示范城市要求，在主汛期、中华人民共和国成立70周年等重要时段或重大活动期间，由局领导带队开展安全生产大检查10次，排查梳理各类隐患230多处，管辖范围所有隐患逐一整改落实到位。以千岛湖配水工程、八堡排水泵站、临安双溪口水库等工程为重点，实施联合查、网格管、重点盯、源头追等工作机制，保持安全监管执法高压态势。其中，组织千岛湖配水工程安全监督检查227次，检查意见全部现场反馈，并下达限期整改通知书。加强钱塘江防潮安全长效管理，全年劝阻下堤下江3.9万人次，未发生群死群伤责任事故。（秦福华）

城市管理

【概况】2019年，杭州市深化城市精细化管理，立足数字赋能，创新推进“先离场后付费”便捷泊车、户外电子屏“联网联播”等城市大脑场景应用，提升城市管理效能和为民服务水平。以城市洁化为重点，加强日常保洁和市政设施养护，巩固全国文明城市创建成果。推进“迎亚运”城市道路品质提升工作，完成道路集中养护修缮125条（段）。开展违法建筑防控治理、渣土处置消纳、钱塘江无序垂钓等专项整治，着力破解城市管理难点热点问题。杭州城市管理工作连续8年获全省住建系统目标责任制考核优秀。全市评出年度“最美城管人”“行业工匠”“办案能手”“治水先锋”“市政先锋”“优秀城市美容师”“贴心城管志愿者”各10名。（叶阳帆　项建飞）

【基层综合行政执法改革】2019年，市城管系统坚持城管执法重心下移，全面铺开基层综合行政执法改革试点。除下城区长庆街道和桐庐县分水镇作为全省首批5个综合执法改革试点镇街外，其他城区落实不少于1个镇街开展市级试点。重新明确市、区综合行政执法系统执法事项及事权分工，梳理行政处罚权目录清单，列出各类违法行为及执法依据。通过执法事项承接、力量和资源整合、执法业务培训等，实现管理服务精细化、事件处理专业化、绩效考核制度化，确保第一时间发现、处置问题，基层综合执法力量明显加强，“一支队伍管执法”的改革成效初步显现，为省、市推进综合行政执法改革提供参考借鉴。（叶阳帆）

【轨道交通运营期保护区监管】2019年，市城管局根据《杭州市城市轨道交通管理条例》规定，通过提前谋划、建章立制、多措并举，实现轨道交通运营期保护区监管的平稳过渡。成立杭州市城市轨道交通运行保障中心，印发《关于加强杭州市城市轨道交通运营期保护区监管的指导意见》及考核细则，构建市区监管体系和运营单位“一日一覆盖”的巡查模式，实现运营单位主体责任落实和市区监管联动，开创作业许可监管、违章挖掘发现、项目监测评估、执法保障快速反应“四个到位”的良好局面。全年市城管系统参与运营期保护区重点作业项目会审114次，组织联合检查20次，督促运营单位累计巡查地铁1、2、4、5号线里程4.01万千米、车站2.87万座次、区间2.81万次，监管保护区内在建项目1208个，责令整改违规施工作业89起。（管燕超）

【老旧小区二次供水设施改造】2019年，市城管局立足市民群众实际需求，按照“因地制宜”的改造思路，统筹推进符合改造条件的老旧小区二次供水设施改造。改造实行“一小区一方案”，根据自身特点，选择合适的改造提升方法。全年完成老旧高层住宅小区改造106个，惠及居民家庭6.1万户，受益人口22.3万人。改造后的二次供水设施更环保、水质更安全、水压更稳定，原先管网漏水、水质发黄等问题得到根本解决。（殷晓晋）

【城市大脑停车系统“先离场后付费”服务上线】2019年，市城管局牵头承担城市大脑停车系统建设任务，围绕“管理、服务、付费、决策、运营”五位一体的核心功能，提出打造涵盖“智政、智惠、智管、智停、智通、智盈、智擎、智联、智数、智感”10个方面功能的“全市一个停车场”。7月10日，城市大脑停车系统“先离场后付费”服务上线。停车系统通过高德地图、百度地图、“贴心城管”等App发布全市497个停车场库的忙闲信息，为市民提供精准的停车余位信息服务，有效解决市民开车“找位停车难”。至年末，全市有3176个停车场库、95.2万个停车泊位数据接入城市大脑停车系统。其中，2136个停车场库、35.8万个停车泊位开通“先离场后付费”服务，系统注册用户达45万户。

【城市大脑“城管数字驾驶舱”建设】2019年，市城管局开展城市大脑“城管数字驾驶舱”建设，对城市管理各项指标进行分层级、分行业、分权限归集，并通过一个界面展示城市运行“人、事、物、服”等实时数据，全面反映杭州城市管理运行现状。至年末，“城管数字驾驶舱”完成全市27个行业监管系统、26亿余条数据归集入库，完成综合概览主页面和一图展示、数字城管、市政监管、公用监管、市容监管、固废监管、市民服务、停车监管、河道监管、亮灯监管、执法监管11个专题页面开发。（张　莹）

【户外电子屏“三联”平台全国首创】2019年，市城管局完成户外电子屏“联网、联播、联控”监管平台打造，通过用“一个机顶盒”对后台进行统一管控，实现“同一个城市、同一个画面、同一个声音”的管理目标，较好地解决户外电子屏易受非法插播、网络攻击及误操作造成恶劣影响等安全监管问题，电子屏播放的安全性得

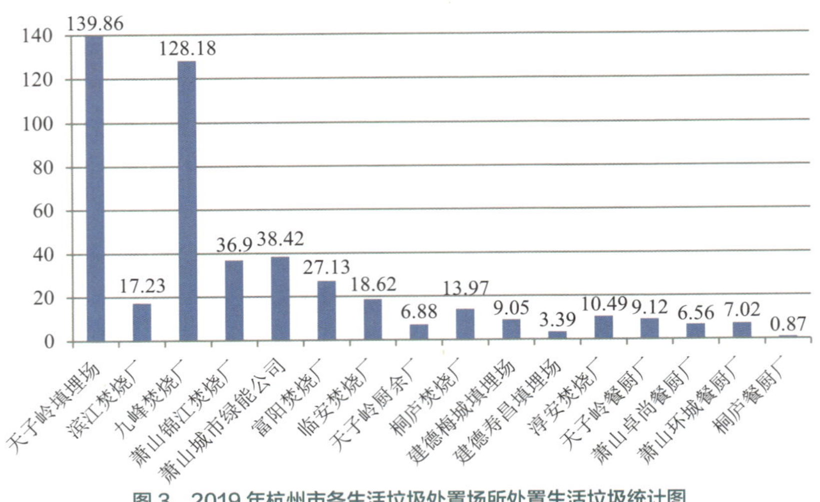

图 3 2019 年杭州市各生活垃圾处置场所处置生活垃圾统计图
（单位：万吨）

到明显提升。户外电子屏“三联”平台为全国首创。“三联”平台投入运行后，杭州市户外电子屏先后完成 25 米世界游泳锦标赛、良渚遗址成功申遗、中华人民共和国成立 70 周年阅兵、亚运会 1000 天倒计时等重要活动的实况转播。国庆期间，全市户外电子屏全部亮屏，成为全国唯一在户外电子屏上对国庆 70 周年盛况进行实况转播的城市。（叶阳帆）

【生活垃圾治理推进】 2019 年 8 月 15 日，杭州市出台新修订的《杭州市生活垃圾管理条例》，推出分类标准完备、责任体系健全、宣传教育到位、人人动手参与、设施配置科学、智慧管理先进、执法保障有力、考核评价科学的垃圾分类“杭州模式”。加强对居民垃圾分类指导，提升小区居民分类知晓率、参与率和准确率。全市生活垃圾清运量 473.69 吨，比上年增长 0.39%，完成年初确定的 1% 的控量目标。生活垃圾焚烧处理 291 万吨，占清运总量的 61.4%；生物处理 30.46 万吨，占 6.4%；填埋处理 152.3 万吨，占 32.2%。其中，杭州天子岭静脉产业园区填埋处置生活垃圾 139.86 万吨，日均 3832 吨，比上年下降 19.5%。城乡生活垃圾分类基本实现覆盖，新增垃圾分类省级示范片区 9 个、高标准示范小区 41 个、示范村 18 个；新增市级示范小区 489 个，累计 693 个。垃圾分类“杭州模式”入选中共中央组织部《贯彻落实习近平新时代中国特色社会主义思想在改革发展稳定中攻坚克难案例》。杭州在全国 46 个重点城市生活垃圾分类工作排名中升至第四位。（施一益 张永芳）

【美丽河道创建】 2019 年，杭州市出台全国首个《美丽河道评价标准》后，市城管局编制完成《加强城市河道精细化管理、创建美丽河道三年行动计划》，因地制宜确定创建主题，围绕创建标准，多管齐下打造美丽河道升级版。全年创建市级美丽河道 32 条，市区拥有 7 个片区（水系）、49 条、138 千米美丽河道。其中，江干区环丁水系（丁兰街道片）、拱墅区余杭塘河—五常港（塘河片区）、西湖区余杭塘河—五常港（蒋村片区）、西湖区贝家桥港（兰里片）获评省级美丽河湖称号。（马良金）

【城市景观亮灯提升】 2019 年，杭州市坚持“黑天空”保护与城市夜景营造并重，完成《杭州市区城市照明总体规划》修编。创新户外广告资源反哺亮灯建设模式，实施湖滨路、延安路等“双街四桥”沿线景观提升项目 140 个，社会资本贡献度超过 70%。同步探索商业外摆模式，助力打造夜景观、发展夜经济，受到市民、游客、商家好评。全年完成道路增亮 60 条，消除道路暗区 243 处，群众满意度达 99%。实施路灯杆综合利用工作，全年完成路灯节能改造 5.6 万盏。建成物联网试点项目 10 个，每日节电 8 万千瓦时。（叶阳帆）

【餐饮场所“瓶改管”】 2019 年，杭州市推行瓶装燃气集中配送“杭州模式”，抓好餐饮场所推广使用管道天然气，在瓶装管控和管道扩面两方面同时发力，提升餐饮场所安全用气水平。全年主城区管道燃气餐饮场所用户增至 7677 户，比上年增加 2138 户，增长 38.6%。实施瓶装燃气集中配送后，餐饮场所瓶装液化气事故下降 89.1%，用户用气成本平均节省 1/3。（尉永文）

【杭州市区公共自行车租用量突破 10 亿人次】 2019 年，杭州主城区公

杭州市长桥小学学生参加垃圾分类宣传（市城管局 供稿）

2019 年 7 月，杭州市江干区万家花园“污水零直排”工程完工（市城管局 供稿）

共自行车（简称“小红车”）与萧山区、余杭区互联互通，进一步提升便民服务水平。全年投放新款亲子座“小红车”3000 辆，受到市民普遍欢迎。推出全国首创的“小红车”绑卡免押金服务，市民游客通过登录相应的 App 或微信，即可快捷享受租还“小红车”服务，“小红车”租赁功能正式迈进线上线下融合应用的时代。至年末，杭州市区累计设置“小红车”服务点 4354 处，投放“小红车”7.83 万辆，全年租用“小红车”人数突破 10 亿人次。

（姚惠丽）

【21 座公厕获评全国环卫行业示范案例】2019 年，杭州市加大运用低位负压、新风系统等技术手段，有效消除公厕异味。完善无障碍设施和节水节能器具设备，优化给排水管网布置，提升公厕内外环境。在有条件的区域设置热水洗手、手机充电器设备、自动售货机等附加值便民服务设施。修订发布《城市公共厕所保洁与服务规范》，全面推广保洁“九步法”和“五彩作业法”，市民满意度持续提高。全年完成公厕提升改造 177 座，在中国环境协会公布的年度环卫行业示范案例中，杭州市 21 座公厕获评示范案例，占全国获评总数的 28.8%，获评数量居全省首位。

（葛利萍 宋 薇）

【“污水零直排区”创建】2019 年，杭州市加大雨污分流工作力度，全面推进“污水零直排区”创建工作。全年完成 835 个“污水零直排”生活小区建设，涉及住宅 9000 多幢，新增分流管道 1.6 万根，改造雨水管道 26.3 千米。通过雨污分流及“污水零直排区”建设，杭州七格污水处理厂污水处理量比上年减少 795.7 万吨，进厂污水 COD 平均浓度提高 22.[illegible]%。通过传统媒体和新媒体的舆论引导，各类社会团体、民间组织、志愿者队伍主动参与“污水零直排小区”创建活动，市民对杭州“污水零直排”工作的知晓度达 93.8%，持“满意”态度的市民达 98.2%，持“支持”态度的市民达 98.7%。

（吴 峥）

【“僵尸车”治理】2019 年，杭州市着力破解长期占用公共资源、影响道路通行和市容市貌的“僵尸车”难题，并取得明显成效。市城管局牵头制订治理实施意见和处置流程，开展“僵尸车”治理专项行动。全年发现、处置“僵尸车”3393 辆，释放公共停车泊位 1092 个，处置率达 95.5%，未发生负面投诉。

（叶阳帆）

【餐饮油烟污染整治】2019 年，杭州市坚持“坚守法律底线、分类规范处置”原则，全力推进餐饮污染投诉问题整改，在控增量、减存量上取得明显成效。全市完成中央环保督察期间 267 件餐饮污染信访件受理，对涉及的 1815 个餐饮店家进行分类处置，凡餐饮服务非禁开区的严格按照要求整改，禁开区的全部停止审批。同步完成省环保督察反馈的 74 件餐饮污染投诉信访件和 58 件重复投诉问题清单受理。将餐饮油烟污染整治纳入“双随机”监督抽查平台，开展 4 轮督查抽查，现场踏勘核实禁开区和非禁开区的餐饮店铺 430 个。开展第三方专业检测和新型油烟净化技术应用试点，实施“一店一策”，加强动态监管。全年办理餐饮油烟污染类执法案件 443 件，办结率和满意率均为 100%。

（缪泽宇）

【工程渣土处置消纳】2019 年，杭州市加强渣土处置市域统筹管理和全流程监管，全力保障地铁、亚运场馆等重点项目建设。全年市区消纳渣土 9000 万立方米，萧山、余杭、富阳、临安和钱塘新区提供处置渣土容量 1000 万立方米，消纳渣土 608.3 万立方米，其中地铁项目渣土 485.3 万立方米。新增渣土临时转运码头 8 个，转运渣土约 2000 万立方米，转运渣土比上年增长 150%。按照“就地化、减量化、资源化”管理要求，制定处置建筑垃圾专项规划，处置城中村拆迁的建筑垃圾 1626.54 万吨，安全处置率 100%，资源化利用率 98.7%。

（叶阳帆）

【犬只管理数字化】2019 年 7 月，杭州在主城区范围推出犬只芯片植入服务。植入芯片相当于为犬只配备电子身份证，旨在规范养犬人的养犬行为，减少流浪犬、无主犬的产生，优化对走失犬只的寻找和确认手段，提高犬只辨认概率。犬只芯片仅米粒大小，植入便捷、安全，内部信息齐全、读取方便。年内，主城区有 66 个点位为养犬市民提供犬只芯片植入服务，有 1269 只犬接受芯片植入。

（周 晶 王 中）

城市绿化

【概况】2019 年，杭州市深入践行“绿水青山就是金山银山”的生态理念，围绕建设“大湾区、大花园、大通道、大都市区”和实施“拥江发展”战略，推进“公园城市”建设，打造群众满意的优美生态家居环境。

实施扩绿提质。全年市区完成绿地建设415万平方米，超额完成350万平方米的扩绿指标；建成东湖公园（二期）、银湖水系公园绿道等4000平方米以上公园绿地25个。新建公园绿地125.4平方米，主要包括三塘中心公园、工业遗址公园、苕溪南街公园、沿江景观公园西区公园等项目。年末，市区建成区绿地面积239.86平方千米，绿地率36.99%，绿化覆盖率40.58%，人均公园绿地面积13.55平方米。

坚持规划引领。按照“山水林田湖是一个生命共同体”的理念，突出市域规划统筹。编制完成《钱塘江两岸园林绿化风貌建设导则》，统一指导各区县（市）“拥江发展”规划建设中园林绿化工作；编制完成《〈杭州市绿地系统规划（2007—2020）〉实施评估报告》和《“四区三县（市）”园林绿化融入全域化管理的规划研究及对策》，为新一轮绿地系统规划和园林绿化全域化规划建设管理做好准备；开展杭州市公园体系研究，探索在生态文明时代背景下世界名城、生态园林城市的公园建设要求和标准；开展《杭州市“迎亚运”园林绿化行动规划（2020—2022年）》项目研究，为重大活动提前做好景观布置保障。完成《国土空间总体规划——杭州市绿地系统专项报告》。

开展美化彩化。实施高架绿化挂箱提升改造，推进新建高架绿化挂箱月季景观营造，杭城高架月季从上年的60万株增加到103万株。深化市区“美化家园工程”，完成提升改造绿化项目19个，完成率190%。美化彩化从主要区域、重点道路向街头巷尾、城市纵深延伸。举办中华人民共和国成立70周年花事花展活动和“春节”环境小品、“五一”自然花境、“国庆”立体花坛等主题花展；举办首届中国女盆景师作品展览、黎明公园杜鹃花展、杭州大花园月季时间暨大关公园月季展、浙江省精品园林艺术展等主题花展22个。组织拱墅区参加北京世界园艺博览会国际菊花景观竞赛展获金奖，组织西湖风景名胜区参加南宁（国际）园林博览会竞赛，囊括所有大奖，并获住房和城乡建设部授予的“园林博览会竞赛先进单位”称号。

提升办事效能。全市61个政务服务事项实现网上办、掌上办，53个事项实现即办，相应指标均领先竞标城市。全年受理绿化审批事项135件，办结133件；依法受理园林绿化招投标项目88个，投资额5.63亿元；受理园林绿化工程质量安全监管项目43个，竣工67个。搭建全域性电子招投标平台，建成园林绿化工程评标专家库。“智慧园文”项目落地，完成城市大脑市级平台“数字驾驶舱”建设，为全市园林绿化信息化工作打下良好基础。

杭州太子湾公园郁金香景观 （市园文局 供稿）

【全市城市绿化暨绿道建设工作会议】2019年5月24日，杭州市召开城市绿化暨绿道建设工作会议。市长徐立毅等出席会议。会前，徐立毅一行实地调研杭州城北体育公园闲置土地覆绿项目、京杭大运河绿道（江干段）等示范点。会议通报2018年城区绿化综合考核结果、“国家生态园林城市”创建成绩突出集体和个人，以及第二届“浙江最美绿道”评选结果。徐立毅要求坚持绿化主体工程定位和“公园城市”理念，找准城市绿化和绿道建设工作着力点，努力推动杭州园林事业走在全国前列。各城区主要领导、市绿化委员会成员单位负责人、市和城区有关部门负责人及护绿使者代表等近200人参加会议。

【城区绿化综合考核】2019年，经过量化考核和综合评定，下城区政府、江干区政府、余杭区政府、杭州西湖风景名胜区管委会被评为年度最佳管理奖，西湖区政府（含杭州之江度假区管委会）、拱墅区政府、富阳区政府、钱塘新区管委会被评为优秀管理奖，杭州高新技术开发区（滨江）管委会（政府）、上城区政府、萧山区政府、临安区政府被评为达标管理奖。

【“最佳最差”系列评选】2019年，杭州市有10个城区、3个管委会和2个单位参与“双最”考核，参与考核的公园（景区）、道路、滨水绿地和高架绿化306处。经评定，飞来峰景区（西湖风景名胜区）、南江公园（萧山区）、余杭人民广场（余杭区）被评为年度杭州市区“最佳公园（景区）”；丰潭路（西湖区）、丽水路（拱墅区）、东湖中路（余杭区）、良睦路（余杭区）被评为“最佳道路绿地”；蚕花港河（拱墅区）、紫金港河（西湖区）被评为“最佳河道绿地”；钱江直河（钱塘新区）得分89.35分，在合格分90分以下，被评为“最差滨水绿地”。彩虹快速路（滨江区）获杭州市区“最佳高架绿化”；工人路（萧山区）高架因2018年、2019年连续两年排名末位，被评为2019年度杭州市区“最差高架绿化”。

【园林式居住区（单位）、优质综合公园、绿化美化示范路评比】2019年，根据省住房和城乡建设厅有关通知精神，杭州市推荐一批园林式居住区（单位）、优质综合公园、绿化美化示范路参加评比。经省级有关专家综合考查，下城区绿城兰园，江干区红梅小区、三卫家园南苑、杨公佳苑，滨江区寰宇湾小区，富阳区场口中学，钱塘新区龙湖滟澜园，杭州杭联热电有限公司，紫瑞华庭，杭州南宋官窑博物馆，金溪山庄，建德市绿城春江明月、一江春水小区，桐庐县绿城桂花园10个居住区和4个单位被评为园林式居住区（单位）。杭州城北体育公园、江干区世纪花园公园、滨江区高教公园、余杭区人民广场公园、富阳区太平公园、钱塘新区金沙湖公园、西湖风景名胜区太子湾公园、建德市新安江江滨公园、桐庐县滨江公园9个公园被评为“优质综合公园”。上城区之江路、下城区体育场路、江干区新塘路、拱墅区大关路、西湖区余杭塘路、滨江区六和路、余杭区临丁路、富阳区大桥南路延伸段、钱塘新区海达路、西湖风景名胜区北山路、建德市桔香映柳精品绿道、桐庐县迎春南路12条道路被评为绿化美化示范路。

【义务植树】2019年2月28日，省委书记车俊，省长袁家军，省委常委、杭州市委书记周江勇，市长徐立毅等省市党政军领导，省、市、区三级机关干部、解放军及武警官兵和“护绿使者”代表500多人，来到萧山区钱江世纪城亚运村建设地块景观绿化带参加义务植树，先后种下红豆杉、浙江樟、浙江楠、榉树、银杏、朴树，彩色树种桂花、樱花、红枫、鸡爪槭、海棠等珍贵树种和彩色树种1600多株。全年开展绿化科普活动50多场，举办绿化讲座50多次；推出义务植树、绿地认建认养点410个（块），面积137万平方米，参加义务植树283万人次。（袁剑华）

美丽城镇建设

【概况】2019年，杭州市加快城乡融合发展，以乡村振兴、精准扶贫、发展旅游为抓手，深化小城镇环境综合整治工作，着力提升乡村建设品质，打造美丽乡村建设升级版。按照“因地制宜、分类推进、试点先行、示范引领”的总体要求，出台《杭州市高质量建设美丽城镇实施方案》《杭州市美丽城镇示范创建试点工作方案》，明确美丽城镇创建总体要求、重点任务和工作举措，确定梅城镇、义桥镇等27个镇为美丽城镇创建示范点，实施“功能便民环境美、共享乐民生活美、兴业富民产业美、魅力亲民人文美、善治为民治理美”“五美”项目354个，全年投入美丽城镇建设资金115亿元，全市149个小城镇完成整治任务。

2019年9月6日，全省美丽城镇建设工作会议在建德市梅城镇召开。图为修缮后的梅城镇示范街三星街街景（市运河集团 供稿）

【全国小城镇建设工作现场会在杭州召开】2019年12月4—6日，全国小城镇建设工作现场会在杭州召开，来自住房和城乡建设部及江苏、安徽、陕西等省（自治区、直辖市）的30多位住建系统代表齐聚杭州，进行实地考察和小城镇建设工作经验交流。与会人员考察萧山区义桥镇和楼塔镇、富阳区常绿镇、桐庐县莪山乡，听取杭州小城镇整治工作介绍。杭州以“八八”战略为引领，深化“千万工程”，推进规划设计领先、卫生乡镇创建、道路乱占治理等六大专项行动，全面解决小城镇面貌“脏乱差”的经验获与会人员高度评价。

【小城镇环境综合整治工作收官】2019年6月，杭州小城镇环境综合整治工作提前半年完成全年目标。全市计划年度达标的10个小城镇完成项目投资35.8亿元，投资完成率100%；实施项目257个，完工率100%，实施项目全部通过省级验收，其中建德市梅城镇、余杭区塘栖镇等8个小城镇获年度省级“样板小城镇”称号。全市完成小城镇整治149个，打通“断头路”116条、“卡脖子路”81条，新增停车泊位4.68万个，新建改建农贸市场178个，新建改造公厕1410个，新增绿化面积415万平方米。打造69个特色彰显、产镇融合、别具韵味的省级样板示范小城镇，直接受惠人群超过200万人，群众满意率达95.6%。

【8个小城镇获省级样板示范小城镇称号】2019年1月，全省小城镇环境综合整治省级考核验收结束，杭州有8个小城镇获省级样板示范小城镇称号，分别是建德市梅城镇、大同镇、李家镇，余杭区塘栖镇、双溪集镇、余杭街道、闲林街道、良渚街道。杭州在推进美丽城镇建设过程中，采取“问计于民、问情于民、问效于民”的办法，将老百姓需求列为首要目标，针对不同城镇的特点，编制美丽城镇建设行动方案，突出一镇一特色、一镇一规划，注重塑造城镇特色风貌。通过全面实施环

2019 年，建德市新安绿道综合保护工程（一期）建成

（市钱江新城管委会 供稿）

境综合提升、功能服务提质、生活品质提高、产业统筹提效和基层治理提能“五大行动”，打造省级美丽城镇样板。建德市梅城镇开启智慧化城镇管理新路径，通过数字赋能将城市大脑智慧平台作为美丽城镇建设和基层社会治理的主引擎，率先实现对地下管线数字化和信息化管理，打造“智能感知、事件协同、处置闭环”的美丽城镇管理服务新模式。余杭区双溪集镇根据“陆羽禅茶文化小镇”建设定位，整治中注重保护集镇原有肌理，采取“修旧如旧”的方式修缮振兴元庙、张氏古民居、钱氏古宅等历史建筑，并融入双溪老十景、“排埠文化”、“农耕文化”等独有的历史文化记忆，建设成为山水相连、宜居宜业、布局合理、文化风情的特色小镇。示范小城镇不仅环境质量全面改善，历史得到有效传承，而且产业得到充分发展，居民生活水平得到显著提升。

【美丽城镇创建主题活动】2019 年 3 月 26 日，市建委举办“美丽城镇美好生活”主题论坛，邀请来自同济大学、上海交通大学、香港大学等高校学者及省、市城镇建设专家与杭州市 123 个乡镇（街道）党委政府负责人共商美丽城镇建设思路。6 月 27 日，杭州市举办全市美丽城镇、美丽乡村建设比学赶超推进会，通过明察暗访、实地考察、会议部署、现场测评、交流发言等形式，检验推进美丽城镇、美丽乡村建设成效。10 月，市建委围绕“环境提升、基础建设、民生改善、文化传承”等主题，开展“记忆家园·美丽新生”主题画作征集活动，收集各类作品 100 多幅。12 月，市建委委托第三方机构对辖区 29 个样板培育乡镇（街道）开展针对美丽城镇创建“五美”要求的群众满意度测评，获取成功样板 2100 多份。

（朱　立）

【省级美丽乡村创建】2019 年，杭州市富阳区创建成为全省美丽乡村示范县，全市省级美丽乡村示范县累计 4 个；11 个乡镇创建成为省级美丽乡村示范乡镇，累计 45 个；24 个村庄创建成为省级特色精品村，累计 110 个；18 个村庄创建成为省级高标准农村生活垃圾分类示范村，累计 38 个；501 个村庄创建为省新时代美丽乡村达标村，其中精品村 167 个；富阳区东梓关村、建德市上吴方村创建成为省历史文化（传统）村落保护利用示范村，全市累计 4 个。

（市农业农村局）

【美丽宜居示范村建设】2019 年，杭州市按照“规划设计一流、质量安全一流、风貌特色一流、生态环境一流、社区管理一流”要求，持续开展省级美丽宜居示范村（农房改造建设示范村）创建工作，打造农村住房改造建设示范样板村庄。全市有 121 个村庄申报创建省级美丽宜居示范村，至年末，累计有淳安县枫树岭镇下姜村，桐庐县江南镇环溪村、荻浦村，建德市三都镇三江口村等 104 个村通过省级美丽宜居示范村考核验收，对杭州农村人居环境提升起到推动作用。根据《杭州市高水平高质量推进农村人居环境提升三年行动方案（2018—2020 年）》，杭州开展市级美丽宜居示范村创建工作。市建委组织美丽宜居示范村建设专题培训班，全市 111 个申报创建市级美丽宜居示范村的党支部书记和村主任参加培训。年内，杭州市有现市级美丽宜居示范村 35 个。

（朱　立）

【美丽乡村品牌创建】2019 年，杭州市坚持全域景区化发展理念，持续开展以精品村、风情小镇、精品示范线为载体的美丽乡村升级版建设。全年创建精品村 76 个，启动创建 72 个，累计创建精品村 397 个；创建风情小镇 7 个，启动创建 7 个，累计创建风情小镇 50 个；创建美丽乡村精品示范线 8 条，累计建成 70 条，实现“镇镇连线”，示范线从点上成景、线上成形向面上成品推进。通过示范线串联起全市美丽乡村、农业园区、旅游景区和产业平台，示范线成为市民休闲和自驾旅游的重要目的地。

【农村人居环境提升行动完成】2019 年是杭州市高水平高质量推进农村人居环境提升三年行动的第二年，各级各部门明确目标任务、强化主体责任，围绕省定 30 大项任务和市定“十类覆盖、百处风景、千村精品、万户美丽”23 项任务，实现三年任务两年完成。结合住房和城乡建设部、省住房和城乡建设厅统一部署的“提升农村人居环境开展村庄清洁行动夏季战役”，以“三清一改”为重点，清理禽畜养殖粪污等农业生产废弃点 5089 个，清除垃圾投放点 2425 个，提升污水处理设施 2087 个，改造提升公厕 1006 座，整治乡村庭院 15.2 万个。

（市农业农村局）

【绿道新建改建】2019 年，杭州市将绿道建设列入十大民生实事项目，市政府成立杭州市绿道建设推进领导小组，制订《杭州市绿道建设三年行动计划》，实施绿道新建1000千米、改造1000千米的“双千计划”。市建委出台《杭州市绿道系统建设技术导则》，组建杭州市绿道建设专家委员会，优化绿道建设规划和方案设计审批流程，对列入三年行动计划的绿道建设项目进行资金补助，并对建成绿道进行评比，给予获奖绿道奖励性补助。至年末，杭州通过实施“双千计划”，推进八大类30个精品环线建设，实现“建成区5分钟步行可达绿道网”。全年新建改建绿道352千米，累计517千米。

【农村污水处理能力建设】2019年，桐庐县横村镇污水处理厂二期（1万立方米/日）项目建成，新增污水处理能力31万立方米/日。萧山区临江水处理厂二期扩建、余杭区良渚污水处理厂（四期）、临安区太湖源镇污水处理厂（二期）等9个工程加快实施。推进城镇污水处理厂清洁排放提标改造，通过对污水处理厂进行改扩建或工艺改进，确保全市城镇污水处理厂出水达到省清洁排放要求。全年全市完成余杭区崇贤污水处理厂、富阳区场口污水处理厂、临安区板桥镇污水厂二期扩容、桐庐县污水处理厂、淳安县城西污水处理厂等14个污水处理厂项目的清洁排放提标改造。加大污水处理厂污泥处置力度，全市城镇污水处理厂污泥处置方式以焚烧为主，消纳方式主要采取污泥就地干化后运往萧山、富阳等地焚烧厂进行焚烧，部分用于水泥制造原料和生物堆肥。全市城镇污水处理厂污泥基本实现100%无害化处理。

2019年，淳安县环千岛湖绿道建成　（市建委 供稿）

【农村生活污水处理终端提升改造】2019年，杭州市根据“水清、无味、点绿、景美”八字方针，采取生活污水集中纳管、标准化处理、统一管养的办法，补齐农村污水处理配套设施短板。通过“纳管一批、提升一批、整合一批”，对问题设施进行全面提升改造，实现农村生活污水处理设施达到标准化运维的目标。年内，全市完成农村生活污水处理终端提升改造3098个，9个区县（市）的农村生活污水处理终端设施纳入统一管理，1775个行政村建设农村生活污水治理设施，移交统一运维管理的设施终端9017个，其中达到标准化运维终端1972个，农村饮用水达标覆盖730个行政村，受益人口56.6万人。

【农村困难家庭危房改造】2019年8月，桐庐、建德、淳安等地499户农村困难家庭危房治理通过验收，杭州市率先完成农村困难家庭存量危房改造任务，为打赢脱贫攻坚战奠定较好基础。杭州农村危房改造运用农房通用图集，提高“带方案审批”质量。组织开发智慧农房管理系统，提升农村住房建设管理和危房改造智慧化水平。结合危房改造开展农村住房建设试点，临安、桐庐、建德被列为省级试点区县（市）。通过建立统一标准，合理规划布局，推进钢结构装配式建筑应用。年内，杭州农村建成轻钢结构农房（冷弯薄壁结构）500幢，建筑面积16.7万平方米，其中，临安区建成405幢，面积13.5万平方米。

（朱　立）

【历史文化村落保护利用】2019年，杭州市围绕“把历史文脉挖掘好，把历史遗迹保护好，把历史文化传播好”的要求，进一步开展对古屋、古巷、古道、古桥、古亭等古迹遗存的保护与修缮。全年建成省级第五批历史文化村落重点村3个、一般村21个，推进第六批3个重点村、24个一般村建设，启动第七批4个重点村、15个一般村保护利用；完成市级历史文化村落保护利用重点村4个。

（市农业农村局）

责任编辑　余显幕

环境质量

【水环境质量稳中向好】2019年，杭州市水环境质量状况为优，各项指标稳中向好。全市跨行政区域河流交接断面达标率为88.9%，比上年上升11.1个百分点；优于Ⅲ类水质的比例为94.4%，上升16.7个百分点。全市“十三五”期间52个市控以上断面，水环境功能区达标率98.1%，达到或优于Ⅲ类标准的比例为94.2%，均上升1.9个百分点。

钱塘江水质状况为优，水环境功能达标率为95.4%，干流达到或优于Ⅱ类标准的比例为100%。苕溪水质状况为优，水环境功能达标率和达到或优于Ⅱ类标准的比例均为100%。运河水质状况为优，水环境功能达标率和达到或优于Ⅲ类标准的比例均为100%。城市河道水质状况良好，水环境功能达标率为100%，达到或优于Ⅲ类标准的比例为62.5%。西湖水质状况为优，平均透明度1.38米。湖区内监测点位水质均达Ⅲ类及以上水质标准。千岛湖水质状况为优，平均透明度为4.17米。湖区内监测点位水质均达Ⅱ类及以上水质标准。

全市集中式饮用水水源地水质状况优，12个国控饮用水水源地点位水质保持稳定，县级以上集中式饮用水水源地水质达标率均为100%。

全市国控地下水断面良好率66.7%，上升16.7个百分点。

【空气质量持续改善】2019年，按照《环境空气质量标准（GB 3095—2012）》评价，杭州市八城区（指上城区、下城区、江干区、拱墅区、西湖区、滨江区、萧山区、余杭区，下同）环境空气优良天数287天，优良率78.6%。PM2.5平均浓度38微克/立方米，PM2.5达标天数344天，PM2.5达标率95%。八城区SO_2（二氧化硫）、NO_2（二氧化氮）、PM10（可吸入颗粒物）和PM2.5四项主要污染物年均浓度分别为7、41、66、38微克/立方米。其中：SO_2达到国家环境空气质量一级标准，PM10达到国家环境空气质量二级标准，NO_2和PM2.5比国家环境空气质量二级标准分别超标0.02倍和0.09倍。富阳区、临安区、桐庐县、淳安县、建德市的环境空气质量优良天数分别为336天、341天、348天、334天和350天，优良率分别为93.9%、93.4%、95.3%、92.3%和95.9%，PM2.5年均浓度分别为35、37、34、23、30微克/立方米。

全市酸雨程度处于中等水平，临安区和淳安县处在非酸雨区，萧山区处在中度酸雨区，其余区县（市）处在轻度酸雨区。全市酸雨率54.6%。降水pH年均值为5.38；降水pH值范围为4.00 ~ 7.83。

杭州市主城区降尘范围为4.08吨/（平方千米 ×30天），其余7个区县(市）降尘范围为1.06吨～4.31吨/（平方千米 ×30天）。

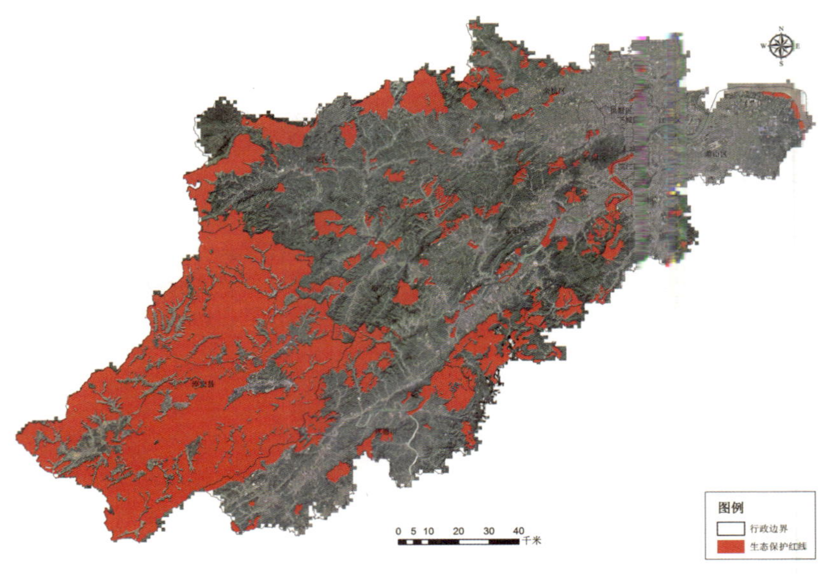

图4　杭州市生态保护红线分布图

【固体废物安全处置】2019年,杭州市工业固体废物产生量677.23万吨,综合利用量535.6万吨,处置量39.27万吨,处置利用率98.7%,综合利用率93.4%。其中,一般工业固体废物产生量612.76万吨,综合利用量598.17万吨,处置量13.71万吨,处置利用率99.2%,综合利用率97.2%。工业危险废物产生量64.47万吨,综合利用量37.44万吨,处置量25.56万吨,综合处置利用率97.7%。医疗废物产生量2.7万吨,无害化集中处置率100%。

【声环境质量保持稳定】2019年,杭州市声环境质量状况良好,环境噪声的主要来源为交通和社会生活噪声。八城区的区域环境噪声为56.4分贝,质量等级为一般;其余5个区县(市)的区域环境噪声为51.2分贝~55.9分贝,除富阳区质量等级为一般外,临安区、桐庐县、淳安县、建德市质量等级均为较好。八城区0类标准适用区昼间噪声超标0.2分贝,其余类别标准适用区昼间噪声均达标。其余5个区县(市)中,各类标准适用区昼间噪声均达标。八城区道路交通噪声为68.6分贝,质量等级均为较好;其余5个区县(市)道路交通噪声66.2分贝~67.5分贝,质量等级均为好。

【辐射环境质量安全可控】2019年,杭州市辐射环境质量总体良好,与历史持平。全市环境γ辐射剂量率位于全国天然放射性水平范围之内。环境空气中总α、总β放射性比活度保持正常水平,无上升趋势。钱塘江(干流)、京杭大运河(杭州段)、千岛湖、西湖、地下水均未监测到人工放射性核素污染,天然放射性核素含量基本保持在本底水平。饮用水总α、总β放射性比活度均低于国家生活饮用水水质标准。

全市环境中电磁辐射水平符合《国家电磁辐射防护规定》的公众照射限值要求。电磁辐射环境总体质量较好。（陈鸣渊）

环境综合治理

【主要污染物减排】2019年,杭州市围绕改善环境质量核心和打好污染防治攻坚战目标,推进重点项目减排,严密防控环境风险,提高环境管理系统化、科学化、法制化、精细化水平。全年实施主要污染物减排项目117个,减排项目涵盖基础设施建设、环境监测、污染防治、自然生态保护等方面。全年化学需氧量、氨氮、二氧化硫、氮氧化物等主要污染物排放量均完成省下达的年度减排目标任务。

【水环境整治】2019年,杭州市继续全力打好"碧水保卫战"。4月22日,杭州市"五水共治"领导小组印发《杭州市治污水暨水污染防治行动2019年实施计划》,继续加大工业污染整治和产业结构调整力度,整治提升酸洗、砂洗、氮肥、有色金属、废塑料、农副食品加工等对水环境影响较大的地方重点行业,年内完成整治企业252个。加强城市污水基础设施建设,处理能力20万立方米/日的杭州临平净水厂和30万立方米/日的杭州七格污水处理厂四期投入试运行,全年完成14个污水处理厂清洁化技术改造。推进"污水零直排区"建设,年内完成20个工业集聚区、1231个生活小区、70个乡镇(街道)"污水零直排区"建设。推进美丽生态牧场建设,加快畜禽养殖污染治理,实施有机肥替代化肥、水产养殖污染防治、开放性水域增殖放流等项目,提升农业面源污染防治水平。推进长江经济带生态保护修复攻坚战,加强长江经济带20个重点问题排查整治,至年末,完成整治15个,按时序推进整治5个。

加大饮用水源保护力度,对全市县级以上饮用水水源地进行遥感督查,完成饮用水水源地环境状况评估,定期开展饮用水水源地常规检查,开展"千吨万人"乡镇级饮用水水源地环境保护,对建德、余杭等区县(市)饮用水水源地环境功能区划进行优化调整。

建设中的杭州市第三工业固体废物处置中心　（市生态环境局 供稿）

【大气污染整治】 2019年，杭州市围绕打赢“蓝天保卫战”，持续深化“五气共治”。1月14日，市政府办公厅印发《杭州市大气环境质量限期达标规划》。4月28日，杭州市大气和土壤污染防治工作领导小组印发《杭州市打赢“蓝天保卫战”暨大气污染防治2019年实施计划》。全市开展“燃煤烟气”全面治理。全年淘汰燃煤锅炉31台，改造或淘汰生物质锅炉68台、工业炉窑27台。深化产业结构调整，淘汰涉气落后产能企业179个，完成816个涉气“散、乱、污”企业（作坊）清理整顿。实施10个重点工业园区废气整治并完成年度任务。发布挥发性有机物（VOCs）地方排放标准和10个重点行业《治理技术指南》。完成168个重点行业VOCs治理项目和35个企业恶臭异味治理。实施新注册登记重型柴油车车载排放诊断系统（OBD）在线接入，先后接入联网重型柴油车3.54万辆。推进国三柴油车淘汰工作，对国三柴油车实施补助和禁行双重措施，全年淘汰（含转出）国三柴油车3.75万辆。实施非道路移动机械使用申报和定期排放检验制度，划定高排放非道路移动机械禁止使用区域118平方千米。加强在用车联合执法检查，处罚超标车696辆，油气回收汽油量1775吨。制订实施扬尘防控细则，开展综合整治，抄告督办问题51批138个，曝光19批92个（次）。开展裸土扬尘专项整治，排查问题666处、整改销号443处。制定实施《杭州市扬尘在线监测技术规范（试行）》并建成数据平台，推广安装监测设备870多套。协同抓好餐饮油烟和露天焚烧问题整治，全市秸秆综合利用率达94.8%。

【土壤污染防治】 2019年4月29日，杭州市大气和土壤污染防治工作领导小组印发《杭州市土壤污染防治暨“清废行动”2019年工作计划》，推进重点行业企业用地土壤污染状况调查，年内完成地块基础信息采集、采样地块名单确定、采样布点方案编制。杭州市土壤样品流转中心建设和土壤样品采样单位招标。加强建设用地风险管控，开展土壤污染状况调查报告评审，推进污染地块治理修复；对暂不具备开发利用或治理修复条件的污染地块，督促落实风险管控措施。动态更新杭州市污染地块名录。深化工矿企业污染防治，更新杭州市土壤环境污染重点监管单位名单。（陈鸣渊）

环境管理执法

【危险废物安全监管】 2019年，杭州市组织开展危险废物规范化管理考核“双随机”抽查工作，开展工业固体危险废物专项整治行动，加强危险废物利用处置规范化管理、全过程闭环，推动源头管控精细化、收运过程专业化、处置能力匹配化、存量清零动态化，强化跨市域转移监管。推进危险废物处置能力建设，完成富阳区、临安区、桐庐县、建德市4个飞灰协同处置项目建设并规范化运行。杭州市第三工业固体废物处置中心项目及建德红狮水泥窑固体废物协同处置项目按计划推进建设。

【声环境管理】 2019年，杭州市加强噪声管理。6月，市政府发布关于中高考等特殊时期环境噪声管理的通告，开展中高考期间“绿色护考”专项行动。加强全市夜间施工管理，做好建筑施工夜间施工作业证明的核准。全年出具夜间施工作业证明8877件，在网上发布夜间施工公告247期。

【辐射环境管理】 2019年，杭州市有放射源单位122个，放射源1028枚，核技术利用单位1232个。全市常态化开展辐射安全检查及放射源使用现场检查。推进放射源管理信息化，完善放射源在线监控系统，实现放射源使用单位全覆盖。开展市级辐射事故应急演习。加强辐射安全许可监管，全年核发辐射安全许可证415份，延续、变更、注销辐射安全许可证74份，审批放射性同位素转让247份。督促送贮闲置、废弃放射源84枚，送贮率100%。全市辐射环境保持安全水平。

【环境执法监察】 2019年，杭州市立案查处行政处罚案件1217件，罚款9229万元，向公安机关移送适用行政拘留环境违法案件27件。加强污染源自动监控设施运行管理，督促企业和运维单位严格按规范开展运行维护，检查企业305个（次），立案查处污染源自动监控系统违法企业4个，整改18个；印发污染源自动监控系统超标督办工作联系单39期，督办超标企业174个（次）；办理反馈省生态环境厅预警短信1422条。全市516个重点排污单位企业（除停运企业）联入省污染源自动监控系统3.1平台，平均有效传输率95%。

【排污管理与收费】 2019年，杭州市完成16个行业排污许可证核发工作，核发排污许可证414张，其中：家具制造业100张，计算机、通信和其他电子设备制造业66张，汽车制造业51张，食品制造业40张，水的生产和供应业34张。建立完善杭州市排污权（主要污染物排放权）基本账户制度，完成市级交易平台与省级交易平台的成交数据共享。全年组织5期排污权申购交易，97个（次）排污单位办理排污权申购交易及登记，成交总金额25[illegible]8万元。全年完成10个排污单位回购款项支付，支付款项3485万元。

【生态环境法制建设】 2019年，杭州市加快地方环境立法工作。修订《杭州市机动车排气污染防治条例》，制定《杭州市淳安特别生态功能区管理办法》。推行行政执法公示制度，推进公开公正执法工作。推行执法全过程记录制度，规范相关音像记录事项清单标准、执法行为用语指引等。推行重大执法决定法制审核制度，做到“一案一卷一审”。在“杭州生态环境”官方微信上开辟《以案说法》栏目，开展环境法制宣传培训，选取执法中的典型案例进行“以案说法”，宣传和普及环境保护法律知识，全年《以案说法》栏目刊登10期，刊出典型案例10多个。

【严守生态保护红线】 2019年，杭州市开展生态保护红线矛盾冲突用地调查，完成“五类用地”（矿产开发用地、永久基本农田用地、主要基础设施建设用地、集中居民居住区用地、人工商品林地）与生态保护红线重叠情况调查。完成全市生态保护红线评估调整，全市实现一条红线管控重要生态空间，确保生态功能不降低、性质不改变。杭州生态保护红线管控面积5594.6平方千米，占全市国土空间总面积的33.2%。

【自然生态保护和修复】2019年，杭州市完善全域生态补偿制度。修订《杭州市生态补偿专项资金使用管理办法》，全市全年拨付生态补偿资金1.6亿元。制定淳安特别生态功能区资金扶持政策，印发《杭州市扶持淳安县特别生态功能区建设资金奖补机制实施方案》。开展自然保护地强化监督工作，完成自然保护地管理情况自查并落实长效监管机制。以天目山和清凉峰国家级自然保护区为重点，强化生物多样性保护工作。以淳安、建德和富阳国家级和省级山水林田湖草生态修复工程建设为重点，强化生态修复工作。全市水土流失率控制在6.5%以内，森覆盖率达66.8%，8万公顷以上的湿地面积占全市总面积的6.9%，2个国家级自然保护区、22个国家和省级森林公园及其他各级各类自然保护地得到良好保护。完成92个纳入碳交易企业的碳排放报告、监测报告、核查报告的审核，重点做好28个发电行业企业在国家统一碳排放权市场的注册登记、配额试算工作，自主完成275个非碳交易企业的碳排放报告和核查报告工作；有序推进2018年度市级和13个区县（市）及钱塘新区温室气体清单编制、评审工作。

【生态环境保护区域合作】2019年，杭州市加强长三角区域和杭州都市圈生态环境合作。增补衢州市、黄山市进入杭州都市经济圈环保专业委员会。推进《杭州市推进长三角区域一体化发展生态环境专项行动计划》编制，启动《杭州都市经济圈生态环境共保规划》编制。探索建立跨界流域生态环境保护新机制。杭州、黄山两市签订《打造杭州都市圈生态环保合作示范区的战略合作协议》，完成《杭州—黄山边界区域市级环境污染纠纷处置和应急联动工作机制》修订。建立健全杭州、湖州、嘉兴、绍兴边界环境联合执法和杭州、嘉兴环境信访联动等机制，进一步完善联席会议、应急预警、联合执法和信息共享等制度。

【生态环境保护督察整改】2019年，杭州市推进第一轮中央环保督察反馈问题整改。通过市领导带队现场督导、区县交叉督查等形式推动整改落实。至年末，15项重点问题完成12项，其余均按时间节点推进；1591个信访件完成1589个，完成率99.9%。7月18日至8月1日，省第一生态环保督察组对杭州进行生态环保督察，并反馈督察意见。市政府召开专题会议，编制实施《杭州市贯彻落实省生态环境保护督察反馈意见整改方案》，将49项整改任务分解落实到各责任主体，全面推进问题整改工作。

【环境应急管理】2019年，杭州市完善应急管理预案体系，完成市级饮用水水源地突发环境事件应急预案修订。推动各区县（市）在修订政府突发环境事件应急预案前，开展区域环境风险评估工作。加强企业环境应急管理，督促企业完成环境风险评估和应急预案编制备案。组织环境安全业务知识培训及环境应急演练。充实环境应急管理力量，聘请63位环保专家为杭州市环境应急专家组成员。更新环境应急装备，购置无人机、有毒有害监测仪等设备。新建市级环境物资库，形成覆盖全市13个区县（市）的市级环境应急物资库网络。完善县级环境应急物资储备中心和县级应急救援队伍建设。全年全市排查环境安全隐患534处，安全隐患全部完成整改，实施环境应急处罚12件。全年启动应急响应23次，发生一般突发环境事件1起，均得到及时妥善处置，未对环境造成明显影响。

【建设项目环境管理】2019年，杭州市深化环评审批制度改革，全面完成省级特色小镇和省级以上开发区、产业集聚区"区域环评＋环境标准"改革，将区域评估制度改革向省级以下园区延伸。至年末，全市完成规划环评审查的省级以上各类平台45个，省级以下各类平台25个。在改革区域内除负面清单外的项目实施环评降级审批，全年有531个项目实现降级审批。全市审批项目环评1800份，其中环评报告书81份、环评报告表1719份，登记表网上备案1.06万份。

【"最多跑一次"事项办理】2019年，杭州市生态环保领域深入推进"最多跑一次"工作。全市投资项目的环境影响评价审批均通过投资项目在线审批监管平台3.0版进行申报，实现项目"一窗受理、全程网办"和系统之外无审批。网上办、掌上办比例和跑"零"次实现率均达100%；环评报告书和环评报告表审批的承诺办理时间分别由17个工作日和10个工作日缩减为3个工作日，登记表即报即办。商事登记事项"一窗受理、集成服务""1+N"+X部门联办、"两证通发"、企业信用联动监管平台及"证照分离"等改革工作持续推进。

【第二次全国污染源普查】2019年末，杭州市经过前期准备、清查建库、全面普查（入户调查、汇总审核）、总结发布4个阶段，基本完成第二次全国污染源普查各项任务，形成并报送《污染源普查工作总结报告》《污染源普查数据分析报告》。此次普查对象45348个，其中：入户调查对象45337个（包括工业源35069个、畜禽规模养殖场524个、生活源2624个、集中式污染治理设施7120个），以行政区为单位的普查对象11个。在第一次污染源普查成果基础上，对杭州市环境变化数据进行更新，并与常规环境统计掌握的数据进行比对、完善和修正，形成一套全面、系统反映环境现状的基础资料。

【生态环境宣传教育】2019年，杭州市围绕服务生态文明建设和污染防治攻坚等重点工作开展宣传，在市级及以上媒体刊发新闻报道420多篇；在杭州电视台综合频道开设《美丽杭州》专栏，播出节目52期；杭州广播电台《环保之窗》专栏播出251期；超过334万人次阅读官方微博，超过35万人次阅读官方微信；组织环保文艺演出15场。创建省级生态文明教育基地2个、省级"绿色家庭"10

2019 年 6 月 5 日，世界环境日全球主场活动在杭州举行

（市生态环境局 供稿）

个、市级“绿色家庭”200 个、“绿色学校”51 所、“绿色医院”7 个。制作宣传教育电视片 16 个，编制环保宣传手册 5000 册。引导公众参与生态环境保护。全年组织环保公益阵地活动 500 多场，阿里巴巴集团、浙江大学等企业、高校参与。组织公众开放活动 5 场。以“讲好绿色故事，播种美丽梦想”为主题，举办第十届在杭高校绿色论坛，开展“蓝天保卫战，我是行动者”环保知识讲师赛；启动“小手拉大手”环境教育项目。组织中、小学参加全国比赛项目 5 项，获二等奖、三等奖、优秀奖、优秀指导老师奖各 1 项。

【生态环境保护重大活动】2019 年 6 月 2—5 日，世界环境日全球主场活动和中国环境与发展国际合作委员会年会在杭州举行。习近平总书记致信祝贺，中共中央政治局常委、国务院副总理韩正参加活动并发表主旨讲话。活动期间，举行国际合作年会开（闭）幕式和全体会议、6 个主题论坛、1 个环保主题活动和 1 场世界环境日全球主场活动，安排 5 条参观考察路线。活动向国内外全方位展示杭州生态修复和保护、绿色经济发展、美丽乡村建设、绿色交通建设等方面成果，受到联合国环境署、生态环境部和省领导肯定，新华社、《人民日报》、中央电视台、《中国日报》等中央主流媒体刊发相关报道。

【环境问题信访提案办理】2019 年，杭州市完善信访联运工作机制，加强环境信访举报投诉联运处置。全年全市受理环境信访投诉 1.76 万件，其中，涉气占 47%，涉水占 7%，噪声占 30%，所有信访件全部按时办理，受理信访比上年上升 5.4%。全年收到并办理省、市人大建议、政协提案 25 件。会办件及时向主办单位反馈，主办件在协办部门配合下，全部完成上门征求意见，并通过网上反馈。

【环保信息公开】2019 年，杭州市依法做好环境信息公开工作，通过政府门户网站、新媒体等渠道主动公开政务信息，其中公开行政许可、行政处罚、行政强制等重要行政工作信息 2005 条。修改完善生态环境领域政务公开相关文件制度，修订更新《信息公开指南》，依申请公开流程图并公布。全年市本级收到政府信息公开申请 115 件，公开及部分公开 71 件，无法提供或不予提供 37 件，其他处理 5 件，另有 2 件结转下年度办理。

（陈鸣渊）

环保科研监测

【环境信息化建设】2019 年，杭州市围绕打造“数字治理第一城”目标，推进制度与应用系统建设相结合，提升环境信息化建设水平。调整办事服务类、行政监管类办件汇总方法，做好办事流程再造、数据归集共享等工作。全年处理各类信息 8.47 万条，归集各类数据 1402.66 万条。结合污染源普查工作成果，整合污染源一源一档、排污收费企业名单等数据，形成全市 3.7 万个污染源名单，实现污染源数据高度集成。推进城市大脑环境系统建设，设立“空气卫士”和“便民车检”两个应用场景。至年末，杭州通过“空气卫士”应用场景发现解决空气污染问题 628 个；通过“便民车检”应用场景引导服务年检车辆 16.8 万辆次。

【环境监测】2019 年，杭州市完成生态环境质量监测及重点排污单位监督性监测等工作，全年获取水、气、噪声、固废、辐射及生物等常规数据 6.2 万个，获取自动监测数据 560 万个，出具污染源监测报告 176 份；每日与市气象局开展空气质量形势会商，上报并发布环境空气 AQI 日报和预报各 365 份。全面完成 73 个省重点排污单位的污染源在线自动监控系统建设和改造任务，做好企业自行监测管理工作，编制杭州市重点企业自行监测网络巡检工作通报 9 期；对企业数据公布率情况每月一通报，对自行监测平台上企业基本信息公开情况每季一通报。加强污染源监督性监测，对 947 个重点排污单位进行监督性监测并定期公布监测结果。

【环保科研与学术交流】2019 年，杭州市加强环保基础科研工作，围绕千岛湖、钱塘江等重点区域，开展水环境承载能力、产业转型升级、污染物排放等方面研究，“钱塘江（杭州段）水体中全氟化合物污染特征及来源解析”“‘五水共治’城市河道综合治理工程生态环境效应评估研究”课题分别获浙江省环境保护科学技术奖二等奖和三等奖。邀请上海市环境保护研究院、中国科学院南京地理湖泊研究所、清华大学等单位专家到杭州开展专题学术交流。派出有关专业人员参加省环境科学学会、省声学学会等单位组织的培训讲座，提升水、气、噪声等方面环境污染综合防治技术水平。

（陈鸣渊）

责任编辑 余显幕

科学技术 36

2020 杭州年鉴

Science & Technology

综 述

【**科技创新引领经济发展**】2019年,杭州市实现高新技术产业增加值2178.43亿元,比上年增长8.5%,占规模以上企业工业增加值62.6%;新产品产值率42.8%。2018年R&D经费支出占比3.45%。全国第一批15个小微企业创业创新基地城市示范绩效评价中,杭州位列第一名。杭州市连续第7次被省委、省政府表彰为科技特派员工作先进单位。

杭州引进和培育高能平台,成功获批国家新一代人工智能创新发展试验区,制定《杭州国家新一代人工智能创新发展试验区工作推进方案》和若干政策,推动试验区建设。向科技部争取将杭州城西科创大走廊纳入杭州国家自主创新示范区建设范围。推进“三名工程”,浙江省首个国家重大科技基础设施项目超重力离心模拟与实验装置启动建设;新引育中科院肿瘤与基础医学研究所、浙大国际科创中心、工信部电子五所服务型制造研究院、中国空间技术研究院杭州中心、中科院上海光机所杭州分所、中科院计算技术研究所杭州分所等一批高水平科研院所;与美国加州大学伯克利分校Citris中心达成落地萧山区意向;之江实验室、阿里达摩院和西湖大学建设有序推进。

赋能“新制造业计划”,抢抓5G、AI、区块链等发展机遇,制定或修订科技赋能“新制造业计划”一揽子政策12个,通过科技型创新企业主体“梯级”培育、研发投入、成果转化激励和产业平台建设等,重点扶持集成电路、人工智能、生物医药等新制造业企业,振兴实体经济。将市高新技术企业纳入“雏鹰计划”培育体系并给予20万元补助,全市新培育“雏鹰计划”企业813个、市高新技术企业773个、省科技型中小企业1773个、市级高新技术企业研发中心390个,累计分别达4540个、7430个、13720个和2023个。推荐(国家)科技型中小企业入库公示企业2985个;通过省科技厅预审向科技部申报国家级高新企业2787个(其中首次认定公示1926个)。至年末,全市制造业领域拥有国家级高新企业超过1100个。新增省级和市级产业创新服务综合体7个和17个,累计分别达13个和33个,居全省第一。

加大孵化载体建设力度,孵化服务能力、海外对接能力和连锁运营能力增强。全市新增众创空间42个,累计180个,其中省级优秀众创空间数量占全省50%以上。新增市级孵化器37个,省级17个,国家级9个,累计分别为178个、92个和41个。其中国家级孵化器连续多年位居全国省会城市和副省级城市第一名。拓展海外科技孵化、双招双引,仅美国硅谷孵化器累计引进落地企业42个,累计引进国际人才100名,累计对接服务国际创新企业、海外高层次人才超过600次。硅谷钱塘中心建设有序推进,于2019年12月正式营

2019年9月5日是杭州市国际日,市人大常委会主任于跃敏(左六)为获得“钱江友谊使者”的外国专家颁奖（市科技局 供稿）

2019 年 4 月 29 日，第八届中国创新创业大赛浙江赛区暨第六届浙江省"火炬杯"创新创业大赛总决赛在杭州举行　（市科技局 供稿）

业。鼓励杭州本土科技孵化企业在墨尔本、新加坡、巴塞罗那、硅谷圣何塞等地新设立 5 个海外创新孵化中心。

贯彻落实中央、国务院关于长三角一体化决策部署，开展科技创新协同、科技公共服务平台、技术转移体系和品牌科技交流活动等对接，联合举办科技成果拍卖会，成立"长三角 G60 科创走廊院士联合工作站"，启动实施"长三角集成电路领域科技创新一体化发展规划"等，开展高端项目研发和关键核心技术攻关。上海交大科技园汽车孵化器等合作载体先后设立，"天境生物"等重大项目落地实施。整合 6000 多项科技服务、价值逾 87 亿元的近 1 万台（套）设备共享。实施创新券通用通兑，发放创新券 5.26 亿元，确认使用 3.33 亿元，增长 58% 和 28.6%。

落实市委《关于服务"六大行动"打造人才生态最优城市的意见》，配套出台相关实施意见，在全国率先探索支持非华裔外国高层次人才及团队创新创业政策、外国人才分类目录等，新培育省领军型创新创业团队 7 个，位列全省第一名。组织以院士杨卫任组长的专家组，完成对西湖大学市顶尖人才和团队重大项目的结题验收，协调相关部门及时兑现政策。成立杭州国际人才俱乐部，扩大外国高层次人才"一卡通"服务范围及内容。全市审批通过各类"外国人来华工作许可"事项 7538 件，增长 14.2 %，占全省近三分之一。人才、互联网人才和海外人才净流入率继续位居全国榜首，连续 9 年入选"魅力城市——外籍人才眼中最具吸引力的中国城市"。

承办全国"双创"活动周和第五届中国"互联网 +"大学生创新创业大赛总决赛，承办科技创新创业高峰论坛、中国科学院创客之夜（杭州）、国家专业化众创空间座谈会等 15 项国家部委活动，组织各区县（市）举办 341 场地方特色活动，参会 6.8 万人。做好营商环境评价工作，创新创业活跃度指标列全省第一；12 月 29 日，科技部和中国科学技术信息研究所首次发布《国家创新型城市创新能力监测报告 2019》和《国家创新型城市创新能力评价报告 2019》，杭州的创新能力评价在 72 个国家创新型城市中排名第 2 位。

科技惠民助力乡村振兴，进村入企服务人次与力度为历年之最。为杭州范围用户免费提供文献下载资源服务，累计受理科技文献使用申请注册用户 2244 个，科技文献全文总下载 387 万篇次。选派第 8 批科技特派员 50 名。实施 165 个农社科技项目及科技下乡等举措促进乡村振兴。　（姚炳兴）

【杭州国家自主创新示范区建设】2019 年，杭州市完成国家自主创新示范区建设汇报材料和政策先行先试情况，起草新一轮科技创新政策措施，编制《杭州市国家自主创新示范区发展规划纲要（2019—2025）》和政策评估报告上报科技部。向科技部争取将杭州城西科创大走廊纳入示范区建设范围。支撑杭州高新区、临江高新区的核心区作用，杭州高新区（滨江）发布"建设数字经济最强区三年行动计划"，加快建设世界一流高科技园区，实体产业基地综合评价获全国第三名，信息化发展水平连续 5 年列全省第一名。临江高新区加快国家双创示范基地建设，发布"1+4+X"政策体系，加快打造世界级智能制造产业集群。

【创新改革试验区建设】2019 年，杭州市高新区（滨江）、余杭区全力推进各项改革举措落地，在成果转化与产业化、人才引进和激励、企业创新能力提升等方面，取得一批改革创新成果和创新示范经验。高新区（滨江）探索工业综合体开发模式改革，完成地块控规调整和设计方案，达到开工建设目标；实施企业开办全程"网上办、零见面"改革试点，企业开办时间减少至 1 个工作日内完成，新设企业网上办理率达 100%；设立中国（浙江）知识产权保护中心滨江分中心，启动各类知识产权申请受理业务并提供综合服务。余杭区重点推进创新平台和创新体系建设，加快推进之江实验室、南湖科学中心、阿里达摩院等重大创新平台建设，加快落实土地指标、区域规划、开工建设等各项工作；健全创新人才引培体制，从人才引进"一件事"、就业服务"一揽子"、创业激励"一条龙"3 个方面，梳理形成余杭人才生态政策体系，在全市率先实施高端人才市场"举荐制"，将个人年应纳税所得额、股权估值纳入高层次人才认定标准；主动对接上海，与上海共建科技成果转化平台，承接溢出科创资源。　（俞　钧）

【缓解科技企业融资问题】2019 年，杭州市修订市创业投资基金管理办法，与国家开发银行、北京银行等联合开发科技金融产品。财政新注入科技金融资本金 10 亿元，市引导基金资本金规模扩大至30.31亿元。全年市引导基金新批复合作机构13个，基金规模增加38.6亿元；累计批复合作机构139个，基金总规模198.73亿元；累计批复出资36.11亿元，已出资18.94亿元，累计退出并循环使用7.98亿元。全年市引导基金参股基金新投资14.18亿元、项目179个，其中新上市企业6个；累计投资项目1127个、86.87亿元，其中杭州本地企业占62%，5个企业成长为“独角兽”企业，32个企业成长为“准独角兽”企业，36个企业上市，15个企业被上市公司并购。全年为358个（次）企业科技担保13.2亿元，累计为2800多个（次）企业科技担保106亿元，担保费率仅1.17%；全年为191个（次）企业融资周转20.05亿元，累计为1300个企业融资周转101亿元，连续6年保持“零风险”损失，担保和周转业务累计为中小企业降低融资成本6亿元，缓解科技企业融资难、融资贵问题。（姚炳兴）

【杭州市创新券补助覆盖长三角地区】2019年7月，杭州市为推进科技资源开放共享服务，发挥长三角地区高校院所、科技创新载体对杭州创新创业的推动作用，将长三角的上海、南京、杭州、合肥等26个节点城市的高校科研院所和科技创新服务平台，纳入企业使用杭州市创新券补助范围，推进科技创新券在长三角范围内通用通兑。10月，杭州市出台《关于实施“新制造业计划”推进高质量发展的若干意见》，又明确进一步促进科研仪器等科技资源开放共享，杭州有2960台仪器列入G60科创走廊九城市开发共享大型科学仪器清单。

【确立新型研发机构10个】2019年，杭州市提升创新体系整体效能，为全市数字经济和新制造业发展提供创新支撑。经各区县（市）政府推荐，市相关部门和专家评选并报市政府同意，决定之江实验室、阿里巴巴达摩院（杭州）科技有限公司、西湖大学（浙江西湖高等研究院）、北京航空航天大学杭州创新研究院、浙江大学杭州国际科创中心、浙江省北大信息技术高等研究院、中国科学院肿瘤与基础医学研究所、华为杭州研究所（杭州华为企业通信技术有限公司）、中电海康研究院（中电海康集团有限公司）、杭州光学精密机械研究所10个单位为2019年杭州市最具影响力新型研发机构。（俞　华）

【小微企业创业创新基地城市示范】2019年6月，财政部公布第一批15个小微企业创业创新基地示范城市绩效评价结果，杭州市位居第一名。财政部对绩效评价排名前8位的城市，按照已安排专项资金的5%进行奖励，杭州市获得追加奖励资金4500万元。杭州市自2015年6月入围以来，针对小微企业“缺资金、缺经验、缺场地、负担重”等突出问题，以“三补一降”为手段，在资金、服务、空间、成本方面集中发力，以创新制度和务实举措取得显著成效。科技部火炬中心评价杭州双创示范处于全国“领头羊”位置，杭州市的双创活力、双创水平和双创环境处于国内第一方阵。（施勇峰）

科技计划

【科技计划改革】2019年，杭州市加快推进科技领域“放管服”改革，市科技局围绕科技创新中心，落实“双稳政策”，加大财政科技支持力度；优化科技资源配置，整合科技专项，完善专项资金的管理办法。会同市财政局制定出台《杭州市重点科技研发计划项目和财政补助资金管理办法》《杭州市促进科技成果转化实施办法》等8个配套政策，规范科技专项资金使用管理。加快建立和完善科技计划体系和资源配置机制，提升科技创新对高质量发展的支撑作用。实现资源配置由相对分散向聚焦重点转变，由资金引导为主向资金引导和政策激励并举转变，由市级补助为主向省、市、区（县、市）三级联动转变，由重立项管理向重绩效管理转变，由重行政监督向重主体责任转变。统筹整合财政科技资金，引导创新要素配置集聚到重点产业和重大项目。全年杭州市争取上级科技计划立项资金资助7.13亿元，其中国家级重大科技专项资金1.48亿元、省级科技专项资金5.65亿元。市本级科技发展专项资金全年实际安排14.57亿元。

【科技预算投入与支出】2019年，杭州市科技发展专项资金预算9.27亿元，实施“双稳”政策增加年度专项预算1.65亿元，市创投引导基金安排财政出资4.5亿元，实际执行数14.55亿元，比上年增加7.51亿元。其中：安排城西科创大走廊建设专项资金1亿元，用于科技金融专项资金（创业投资引导基金财政出资）4.5亿元，科技型初创企业培育、科技企业孵化器、众创空间和科技创新公共创新服务平台建设专项资金1.94亿元，国家重点扶持领域高新技术企业补助资金2.8亿元，市重大科技创新项目和国家、省科技项目配套专项1.06亿元，科技型中小微企业研发费投入补助1.92亿元，其余1.33亿元专项用于领军型创新创业团队的引进培育、农业和社会发展科研攻关、科技成果交易转化、科技特派员、公共创新服务平台等方面政策支持。

【重大科技创新专项】2019年，杭州市集中资源支持重点领域关键技术突破，提高产业核心竞争力。市科技局组织验收市重大科技创新项目38个，其中验收合格34个、结题4个，带动研发投入7.5亿元，项目产品累计实现销售收入24.35亿元、利税4.18亿元；牵头制定国家标准6个，获得（授权和受理）发明专利331件，下达市本级财政后补助资金7817万元；下达西湖大学、浙江省北大信息技术高等研究院等研发机构承担的市重大创新项目9个，第一期补助资金1080万元；根据《国家、省科技项目杭州市本级科技配套资金管理办法》，下达承担国家重点研发计划、科技重大专项以及省重点企业研究院的重大科技专项配套项目27个，补助资金1160万元；拨付获得上年度省科学技术进步奖一等奖的5个单位配套奖励资金500万元。

【杭州获国省科技计划项目】2019年，杭州市组织申报省重点研发计划项目436个，经专家评审推荐省择优委托项目23个、竞争性项目174个，立项103个（其中择优委托项目19

个、竞争性项目 84 个）；推荐省级公益技术应用研究计划项目 89 个，立项 38 个；新增省级产业创新服务综合体建设项目 3 个。全年获国家科技专项经费支持 1.48 亿元，获省级科技经费支持 5.65 亿元。（胡小庭）

【农业科研项目立项】2019 年，杭州市开展农业科研自主申报项目征集工作，申请对象为杭州市本级企事业单位。从现代种业、智慧农业、生态农业、农产品精深加工等重点支持领域征集到农业科研自主申报项目 93 个，经专家评审，立项 40 个，资助经费 628 万元。

【社会发展科技计划】2019 年，市科技局组织实施“混合改良剂对镉污染土壤的修复技术研究”等 105 个社会发展科研自主申报项目，资助经费 897 万元，重点支持资源环境、节能减排、城建交通、公共安全、医疗卫生等社会发展领域的科研攻关。为“美丽浙江”建设提供重要的技术支撑。（陈希杨）

【软科学研究】2019 年，市科技局征集到 76 个市科技计划软科学研究项目，经专家评审，51 个项目列为年度市软科学研究项目，涉及城市发展研究、创业平台与创新生态研究、杭州产业创新发展研究、科技改革与科技创新研究、科技成果转化和科技人才研究、社会发展和三农问题研究等方向。全年做好项目在线管理，审核项目提交的验收资料，主持召开验收会议 6 次，结项 23 项。（钱　野）

科技成果

【科技成果交易转化项目管理办法】2019 年，杭州市设立科技成果转化专项资金，对市企业购买高校院所科技成果并实现产业化的，按不高于成交额 50% 比例给予最高不超过 50 万元的补助，促进科技成果转移、转化和产业化。全市技术输出额、吸纳额和交易总额分别为 266 亿元、343 亿元和 476 亿元，比上年增长 29%、33% 和 25%。杭州市获省科技成果奖 86 项，占全省近 1/3，约 50% 项目集中在数字经济领域，对数字经济支撑作用明显。（姚炳兴）

【科技成果交易转化项目扶持】2019 年，市科技局按照设立的科技专项补

在杭高校院所企业获国家科技类奖项名录

表 57

序号	奖项	项目名称	完成人	完成单位
1	技术发明奖二等奖	微量掺锗直拉硅单晶技术及其应用	杨德仁、田达晰、余学功、马向阳	浙江大学、浙江金瑞泓科技股份有限公司
2	技术发明奖二等奖	超分辨光学微纳显微成像技术	刘旭、匡翠方、毛磊、李海峰、杨青、徐良	浙江大学、宁波永新光学股份有限公司
3	科技进步奖二等奖	功率型高频宽温低功耗软磁铁氧体关键技术及其产业化	严密、白国华、包大新、张雪峰、孙蒋平、马占华、杜阳忠、金佳莹、葛洪良、胡军	浙江大学、横店集团东磁股份有限公司、天通控股股份有限公司、杭州电子科技大学、中国计量大学
4	科技进步奖二等奖	白内障精准防治关键技术和策略的创新及应用	姚克、申屠形超、闫永彬、徐雯、汤霞靖、朱亚楠、俞一波、王玮、傅秋黎、陈祥军	浙江大学医学院附属第二医院、清华大学生命科学学院
5	科技进步奖二等奖	蛋鸭种质创新与产业化	卢立志、陈国宏、孙静、黄瑜、李柳萌、沈军达、徐琪、曾涛、刘华侨、陈黎	浙江省农业科学院、扬州大学、湖北省农业科学院畜牧兽医研究所、福建省农业科学院畜牧兽医研究所、诸暨市国伟禽业发展有限公司、湖北神丹健康食品有限公司
6	科技进步奖二等奖	功能性乳酸菌靶向筛选及产业化应用关键技术	顾青、何国庆、李平兰、李言郡、郦萍、朱立科、阮晖、陈波、赵广生、林枫翔	浙江工商大学、中国农业大学、浙江大学、杭州娃哈哈集团有限公司、浙江一鸣食品股份有限公司、杭州新希望双峰乳业有限公司
7	科技进步奖二等奖	围术期脓毒症预警与救治关键技术的建立和应用	方向明、舒强、邓小明、于泳浩、王国林、李金宝、徐志南、薄禄龙、林茹、程宝莉	浙江大学、上海长海医院、天津医科大学总医院
8	科技进步奖二等奖	猪健康养殖的饲用抗生素替代关键技术及应用	汪以真、冯　杰、江青艳、杨彩梅、胡彩虹、邓近平、李浙烽、刘雪连、杜华华、路则庆	浙江大学、华南农业大学、北京大北农科技集团股份有限公司、浙江农林大学、浙江惠嘉生物科技股份有限公司、杭州康德权饲料有限公司、天邦食品股份有限公司
9	科技进步奖二等奖	新型稀缺酶资源研发体系创建及其在医药领域应用	谢恬、许新德、陈侠斌、王秋岩、殷晓浦、曾昭武、王安明、陈大竞、侯书荣、徐晓玲	杭州师范大学、浙江医药股份有限公司新昌制药厂
10	科技进步奖二等奖	茶叶中农药残留和污染物管控技术体系创建及应用	陈宗懋、罗逢健、周利、楼正云、郑尊涛、张新忠、赵颖、孙荷芝、杨梅、王新茹	中国农业科学院茶叶研究所、农业部农药检定所、浙江大学
11	科技进步奖二等奖	超慢速扩张洋中脊热液硫化物发现与探测关键技术创新	陶春辉、李家彪、李波、席振铢、周建平、刘敬彪、叶瑛、韩喜球、李振清、孙元宏	自然资源部第二海洋研究所、北京先驱高技术开发公司、中国地质大学（北京）、中国地质科学院矿产资源研究所、中南大学、浙江大学、杭州电子科技大学

助项目，支持杭州市企业通过科技市场竞价（拍卖）和网上技术市场交易方式取得先进科技成果，实现科技成果转化和产业化。对科技市场竞价（拍卖）项目产业化的企业按照实际技术交易额的10%、单个企业年度最高30万元给予一次性资助；对网上技术市场交易转化项目的企业按照实际技术交易额的50%、单个项目最高50万元给予财政资助。5月20日，市科技局发布《关于申报2019年科技成果交易转化项目的通知》，对2016年6月30日后技术交易的项目征集入库，对实现产业化的项目出库验收，对通过验收的项目下达补助资金。全年企业申报入库项目108个，受理入库项目87个；项目验收3批次，出库项目34个；下达补助经费2批次，资助项目33个，补助经费1206.57万元。（陈子法）

【科技成果奖励】2019年，杭州市完成科技成果登记534个，其中应用技术类502个、软科学类18个、基础理论类14个。由在杭高校、科研院所和企事业单位主持完成并获得国家技术发明奖二等奖2个、国家科学技术进步奖二等奖9个，其中由杭州娃哈哈集团有限公司等11个企业参与完成项目并获得国家科学技术进步奖二等奖9个。由杭州师范大学主持完成的“新型稀缺酰资源研发体系创建及其在医药领域应用”项目摘得国家科学技术进步奖二等奖。全市获浙江省科学技术奖励项目50个，其中省科学技术进步奖一等奖9个、省技术发明奖二等奖2个、省科学技术进步奖二等奖12个、省科学技术进步奖三等奖27个。（胡小庭）

【科技成果拍卖】2019年是杭州市科技成果拍卖改革元年，全市依托5个建成的实体化科技大市场和14个网上技术分市场，开展高校、科研院所和企业的需求对接，省、市、县三级科技大市场共同开展科技成果拍卖活动。全市组织和参与拍卖活动11场次，拍卖成交项目69个，成交金额8772.8万元，比上年分别增长175%、68%和51%，有力推动科技成果转移转化。其中：萧山区成交15个、1972.8亿元；余杭区成交10个、1676万元；钱塘新区成交17个、1427万元，拍卖成果数居全市前列。（陈子法）

科技人才

【科技人才工作】2019年，杭州市加强与中国科学院及国内外知名高校院所合作，新引进中国科学院大学杭州高等研究院、中国空间五院、浙大国际科创中心、浙大计算机创新技术研究院、中科院计算所数字产业化研究院、中科院上海光机所杭州分所、西安交大大数据研究院等科研院所。加快创新载体建设研发，阿里达摩院建成机器智能、数据计算、机器人、金融科技等14个实验室，语音技术、语言技术和机器视觉技术达到世界级水平，智能芯片、超大规模分布式计算引擎研究取得重大进展。之江实验室成立18个研究中心（院），集聚人才800多人，重大项目、重大平台、大科学装置、园区建设顺利推进。市科技局牵头对西湖大学市顶尖人才和团队重大项目进行结题验收，项目建成1个世界科技创新平台、2个省重点实验室、4个科研公共平台，为西湖大学正式获得教育部批准成立奠定办学基础。学校选拔2019级“西湖三期”博士生198人，获国家海外高层次人才计划31人。支持市属科研院所内涵式发展，健全政产学研合作机制，设立杭州市科技成果转化资金，奖励获奖团队的科技成果在杭产业化。鼓励在杭高校院所和新型研发机构向杭州企业输出科研成果，支持科技中介机构技术转移转化示范建设，优化科研人才的创新创业环境。

【外国科技人才工作】2019年，杭州市推荐4名外国专家参评中国政府“友谊奖”，其中1人获奖。组织好一年一度的杭州市外国专家“钱江友谊使者”评选活动，评出的10位友谊使者在杭州市第二届国际日开幕式上接受市主要领导颁奖；推荐1名外籍高端人才参加杭州市杰出人才、杰出青年人才评选。

【人才项目推进】2019年，市科技局实施引智计划，完成34个高端年薪项目、54个重点项目、150个优秀项目的立项工作。组织31个团队申报省领军型创业创新团队，入选7个，为全省第一；组织59个团队申报市领军型创业创新团队，立项17个；推荐29人申请省“海外工程师”计划，19人入选；推荐9个单位申报国家外国专家项目，4个入选。全市国际人才创业创新园新增落地项目141个，引进人才407名。（陈　闻）

【科技特派员】2019年，根据省政府办公厅《关于深入推行科技特派员制度的实施意见》，杭州市新修订《杭州市科技特派员工作管理办法》。选派第8批杭州市科技特派员50名，立项下达年度科技特派员项目50个、扶持资金500万元。杭州市连续第7次被省委、省政府评为科技特派员工作先进单位，市农科院闫静等9人被评为省优秀科技特派员。（陈希杨）

科技创新体系建设

【科技政策法规建设】2019年，杭州市为鼓励科技创新，先后出台《杭州市企业高新技术研究中心管理办法》《杭州市科研诚信管理办法（试行）》《杭州市级高新技术企业认定管理办法》《杭州市科技企业孵化器认定和管理办法》《关于推进杭州市“雏鹰计划”企业培育工程的实施意见》等科技政策。市科技局联合省科技厅，组织2场科技创新政策宣讲活动。（刘海琳）

【科技型中小企业融资周转资金】2019年，杭州市对科技型中小企业融资周转加大扶持力度，累计到位资金1亿元。全年为191个（次）科技型中小企业提供融资周转20.05亿元，财政资金放大倍数为20倍，平均周转天数10天。全市自设立周转资金4年来，累计为1317个（次）企业提供融资周转101亿元，其中科技型中小企业达95%以上，为企业节省融资成本超过2亿元。

【科技型中小企业融资担保】2019年，杭州市完成融资担保业务13.2亿元，融资企业358个（次），科技型中小企业占85%。担保业务开展13年来，累计为杭州地区中小科技企业提

2019年11月28日，杭州市召开建设“国家新一代人工智能创新发展试验区”动员大会
（市科技局 供稿）

供融资担保超过90亿元，累计担保企业近2500个（次），为企业节约成本3亿元。市高科技担保公司与中国开发银行浙江省分行中小企业部合作，开展开发性金融支持科技型中小企业试点，全年累计向14个中小企业授信2.13亿元，累计发放贷款11笔、1.21亿元，企业均为电子信息、生物医药、新材料、先进制造与自动化等领域国家重点扶持的高新技术企业。

【风险投资引导基金】2019年，市创业投资引导基金和天使投资引导基金新增合作项目13个，基金规模39.6亿元。累计合作项目141个，基金总规模198.73亿元。全年投资项目179个，投资金额14.18亿元。累计已投资项目1127个，投资金额86.88亿元，其中：杭州项目696个，占62%；投资金额54.55亿元，占63%。2019年度参股基金新入6个上市公司，累计引导基金参股基金被投企业中已有36个上市或被并购，其中杭州企业25个。杭州市创业投资引导基金及管理团队获得清科集团、投中集团等评选的“最佳政府引导基金”“2019年长三角区域最佳创业投资机构”“2019中国最佳政府产业引导基金TOP10”等荣誉。

【杭州硅谷孵化器】至2019年末，杭州硅谷孵化器累计有直接天使投资孵化项目39个，总投资500万美元，并联动当地投资机构对孵化项目投资超过1亿美元。全年直投项目中有8个项目获得后续融资，估值分别增加2.5倍至20倍。杭州硅谷孵化器母基金累计完成11家以硅谷为代表的北美优秀创投基金的投资，协议出资815万美元，参股基金总规模超过4亿美元，放大倍数50倍以上。杭州硅谷孵化器参与美国当地生物医药、人工智能、孵化器平台等对接会60场，筛选58个项目纳入项目储备库作为投资跟踪项目；组织和参与国内项目对接会10多场，组织项目进行中美两地远程项目路演3场，帮助项目与国内外风投基金、孵化器等对接洽谈项目和人才348个（次），其中生物医药类的gRoot项目获杭州市创客大赛第一名。

【QBay Center/钱塘中心】2019年12月19日，Qbay Center/钱塘中心正式运营。中心定位以引导浙商杭企立足国际发展战略开展全球研发，引进国际化创新创业资源为目标，建立服务全球研发和创新创业的生态系统，体现杭州在海外科技人才工作的引领地位。全年完成国内外双向对接项目24个，入驻企业16个，入驻各类硕士以上学历的研发人员150名。中心主要产业方向包括生命健康、生物工程、人工智能、新材料等，还包括创投基金、法律、会计等第三方服务机构。 （林 旦）

【高新技术企业培育】2019年，杭州市实施《杭州市高新技术企业培育三年行动计划（2018—2020年）》，新认定高新技术企业1894个，实现高新技术产业增加值2178.43亿元，比上年增长8.5%。规模以上高新技术产业增加值占规模以上工业增加值比重61.7%，新产品产值率42.8%。市科技局联系区县（市）科技局和高新技术企业认定领导小组成员单位，推进高新技术企业培增工作，全年入企服务3540次。全年市、区两级辅导培训92场，培训1.29万人次。针对走访发现的问题进行精准辅导，全年专家问诊2412个（次），有效提高企业的申报质量和通过率。全年申报国家高新技术企业2787个，公示2617个，通过率93.9%。

【科技企业孵化器】2019年，杭州市加大对科技孵化器的扶持力度，在原有政策基础上，增加对新认定市级孵化器给予30万元的认定奖励等政策。鼓励社会资本参与孵化器建设，引导孵化器逐步实现由“房东”到“股东”的转变。加强“双创”协会组织建设，突出协会在信息交流和沟通中的桥梁作用，杭州市科技企业孵化器协会更名为杭州市科技创新创业协会，组织架构调整为协会统一领导下的孵化器专委会、众创空间专委会、中国高校众创空间联盟、创客教育专委会等相对独立运作的机制，促进人才、技术、资本等要素自由流通。至年末，全市新增市级孵化器27个（累计178个）、省级17个（累计92个）、国家级9个（累计41个）。国家级孵化器数量连续多年居全国省会城市和副省级城市第一位。

【企业研发机构建设】2019年，市科技局支持企业建设市级及以上研发机构，提升企业整体科研实力。全面梳理省级重点企业研究院资金到位情况，指导各区县（市）尽快落实培育经费，推动重点企业研究院在重点领域的研究。对建设期满1年以上的省级高新技术企业研究与开发中心、省级企业研究院和省级重点企业研究院开展评估，掌握省级各类研发机构发展成效。服务做好省、市两级研发平台认定工作，通过对申报材料的形式审查、组织专家现场考察和评审、部门联审等程序，提升杭州市企业申报质量。全市新增市级高新技术企业研发中心390个（累计2023个）、省级企业研发中心234个（累计1218个）、省级企业研究院70个（累计401个）、省级重点企业研究院103个。（康智勇）

【农业星创天地建设】2019年，市科技局完成2020年省农业星创天地推荐申报工作。杭州盘古·星创天地、杭州天目云彩星创天地、旧县街道·依创天地等4个星创天地被省科技厅列入省级星创天地备案名单。市科技局重视农业科技创新工作，聚焦乡村振兴、精准扶贫等国家战略，以培育发展现代农业为重点，累计认定国家级星创天地8个、省级星创天地11个。（陈希杨）

【产业创新服务综合体】2019年，市科技局根据《杭州市产业创新服务综合体建设实施意见》，支持新兴产业培育发展和传统产业改造提升，组织2019年市级产业创新服务综合体建设工作，新认定市级产业创新服务综合体17个。结合全市各区县（市）优势产业分布、创新资源和未来产业布局状况，开展省级综合体建设并做好申报服务和推荐工作，全年新增省级综合体创建单位7个，累计13个。（姚广稀）

【科技科普活动周】2019年5月19—26日，杭州市举办主题为“科技强国科普惠民”的科技（科普）活动周，着重展示中华人民共和国成立70年来科技创新在强国富民进程中取得的重大成就，突出活动的新颖性和互动性。活动周期间，全市同步展出丰富多彩的前沿科技成果，举办互动性、参与性强的群众性科技活动。围绕杭州正在加快建设的“互联网+”科技创新高地和生命健康科技创新高地，举办“大数据助力智慧城市——杭州智慧城市发展应用主题论坛”、中欧数字创新合作大会、“生物医学与材料国际院士交叉论坛暨首届上林论坛”等活动。（陈　闻）

科技服务

【科技服务业】2019年，杭州市科技服务业已形成6大类、55小类规模以上企事业单位1918个的格局。全市年度科技服务业限额以上单位资产总额1.85万亿元，比上年增长16%；研发费用268亿元，增长128%；营业收入8989亿元，增长23.4%；利润总额1783亿元，增长24.2%；税金41亿元，增长9.5%；从业人员36.11万人，增长1.2%。全市继续实行科技服务业补助政策，对技术输出的高校院所按实际技术交易额的3%、每个最高不超过200万元给予补助；对促成高校院所科技成果向杭州企业转移的中介机构和中介个人，分别按照实际技术交易额的1%和0.5%、最高不超过100万元和30万元的经费给予补助。鼓励高校院所的技术成果向企业转移，全年累计给予10所高校、239个技术合同、1.25亿元技术交易额按比例补助371.1万元。

开展技术经纪人免费培训，委托省技术市场促进会开展为期4天的技术经纪人证书班培训，免费培训122人，其中考核通过发证119人。组织参加省科技部门举办的技术经纪人高研班培训5期、400人，累计持证省级技术经纪人1149人。（陈子法）

【科技创新服务平台】2019年，全市有科技创新服务平台27个，覆盖物联网、移动通信、软件动漫、装备制造、工业设计、节能减排等领域。平台整合场地面积28.07万平方米，其中科研场地面积13.92万平方米；整合仪器设备1.4万台（套），价值17.03亿元，其中，新增仪器设备1990台（套），价值1.13亿元。参与平台建设人员1946人，其中高级职称技术人员1222人、平台专职管理人员560人。27个平台总收入超3.6亿元，服务企业5.35万次；培训2000多次，参与9000多人次；举办科技交流活动329场。全年杭州发放创新券5.26亿元，确认使用3.33亿元，增长57.9%和28.6%。科技创新券补助1282.95万元。（姚广稀）

【外国科技人才服务】2019年，杭州市创办“杭州国际人才俱乐部”，推动国际人才社群建设，促进外国专家及国际友人互相了解与合作，服务国际人才创业创新。组织外国人才参加中华人民共和国成立70年奋斗历程和伟大成就分享会、《习近平谈一带一路（英文版）》赠书等活动；组织10名高端外国专家赴北京参加中华人民共和国成立70周年国庆招待会；深化外国高层次人才“一卡通”服务，与市民卡公司、银行、保险公司商定进一步扩大服务面、丰富服务手段、深化服务举措。设立“外国专家书屋”，提供5个语种语言的借阅书籍2000多册，内容涵盖政治、经济、文化、外交等多个领域。（陈　闻）

【科技创新服务中心】2019年，杭州市打造区域性公共创新服务体系，实施服务创新创业“五个一”行动。市科技局举办科技创新大讲堂，组织科技服务小分队，建设科技创新示范服务站，开展创新创业辅导、创新创业人才培训、科技政策宣讲、知识产权培训、企业技术需求调研等服务活动，全年服务企业1.1万个。强化科技文献信息资源服务平台和大型科学实验仪器设施协作平台的服务功能，面向全市开放科技期刊、论文、图书、专利、标准、仪器设备等科技创新资源，降低企业创新成本。科技文献信息资源服务平台累计注册用户4.8万个，全年提供387万篇次科技文献下载服务，日均1.18万篇。大型科学实验仪器设施协作平台成员单位192个，全年共享仪器累计8170台/套。（汪　亮）

【科技中介服务平台】2019年，由杭州市生产力促进中心建立的中国浙江网上技术市场技术中介服务联盟已发展成覆盖北京、上海、江苏、陕西等18个省市的技术中介服务协作组织，成员单位超200个，其中技术中介服务机构57个、高校技术转移中心75个、研究院所86个。浙江省成员单位53个，其中技术中介服务机构25个、高校技术转移中心10个、研究院所18个。全年联盟成员单位与浙江省合作企业有4983个（其中杭州市有3024个），合作

项目5946个，合作金额约18亿元，促进杭州市高新技术的引进和发展。（朱海锋）

【知识市场】杭州知识市场设置点子集市、专利超市、成果转让、创业合作、成功案例五大板块，以网络服务的形式，打造大学生创新作品、创意成果等产品发布和交易的重要平台，引导知识成果交易和转化，旨在调动大学生创新创业的积极性，使更多好点子、好想法、好创意得到认同走向市场。2019年，杭州知识市场助力在杭高校院所技术成果转移转化工作，继续充实、完善在杭高校知识产权线上展示交易平台，并在线下促成技术成果交易。全年知识市场专利超市累计上架在杭高校专利成果3000多项。（杨　喆）

【网上技术市场】2019年，杭州网上技术市场发布技术成果708项、技术需求562项，提供资金632.29亿元，网上合同备案388项，合同成交金额6.17亿元；认定登记技术合同4356项、215.96亿元，分别比上年增长17%和47%，占全省技术合同的25%。经全国技术合同认定登记系统的全市技术输出合同1.05万项、267.5亿元，技术吸纳合同1.04万项、367.22亿元，省统计成交1.56万项、501.13亿元，分别增长29%、42%和32%。

11月27日，“2019中国浙江网上技术市场活动周”在滨江区开幕，其间，先后举办科技成果竞价（拍卖）会、中国浙江两用技术科技合作促进大会、国家自然科学基金杰出科学家浙江行、浙江省“互联网+”和生命健康科创成就展等系列活动。启动建设全球技术交易大市场，启用区块链技术助力科技成果竞价拍卖，举办“互联网+”和生命健康成果展，发布2019年浙江省科技成果转化指数，杭州以573.17分蝉联榜首。（陈子法）

科技交流与合作

【全国“双创周”举办】2019年6月13—19日，全国大众创业万众创新活动周活动在杭州举行。市科技局承担科技部成果转化与区域创新司、科技部火炬中心、中国科学院3项主场活动的举办；组织区县（市）双创周分会场活动和双创主题活动。6月13日，部委3场重大活动顺利举行，参会1650人。区县（市）活动自5月25日起陆续启动，至6月19日累计举办各类双创活动341场，直接参会6.8万人，线上线下覆盖总人数超过30多万人。（施勇峰）

【G60科创大走廊活动】2019年4月15日，长三角G60科创走廊九城市联合主办两院院士走进长三角G60科创走廊系列活动。6月12日，由长三角G60联席办和上海知识产权交易中心主办，九城市科技部门协办的首届长三角G60科创走廊科技成果拍卖会在松江举行，征集到科技成果及技术需求1296项，成交42项，拟成交11项，成交金额1.04亿元，其中，杭州推荐拍卖项目5项，成交金额741.8万元。9月6日，杭州与九城市座谈“长三角G60科创云”推广方案，联合区县（市）科技部门组织宣传，鼓励杭州高新技术企业、科技型中小企业、高校、科研院所、研发机构下载注册“科创云”。

【杭州国际人才交流与项目合作大会】2019年11月9—24日，杭州国际人才交流与项目合作大会召开。大会围绕长三角一体化发展国家战略，突出“开放、合作、创新、创业”主题，举行海外人才项目与技术合作洽谈大会、国际数字经济人才论坛等10多项重要活动。开幕式上发布“人才引领高质量发展指数”和“潮起钱江·天池”大赛平台，交换重大中外人才合作平台和重大海外人才合作项目文本，举行杭州市第五届杰出人才、杭州市首届杰出青年人才颁奖和首批杭州市全球引才顾问聘请仪式，进行杭州院士专家中心揭牌。（陈　辉）

【国内科技合作】2019年6月20—21日，杭州都市圈第5次科技局长联席会议在安徽省黄山市召开，杭州、嘉兴、湖州、绍兴、衢州、黄山6个城市交流上半年科技合作经验和下半年工作安排，商讨杭州都市圈科技合作事宜，杭州市科技局与黄山市科技局签订《关于共同推进科技创新合作协议》。12月26—27日，在浙江省衢州市组织召开杭州都市圈第7次科技局长联席会议。杭州市与国内重点省市科技工作交往密切，先后调研上海、南京、青岛、苏州、广州、成都、长春等地科技工作，接待郑州、长春等地到访团。组织杭州企业参展中国国际高新技术成果交易会等大型会展。

【国际科技合作与交流】2019年，市科技局组织11人次参加创新论坛、展览展示等各种国际科技交流活动8场。其中：组团赴日本、韩国开展为期7天的日韩海外创新中心选址，进行相关公务活动14场次；与韩国京畿道政府进行中韩两国创新生态系统建设合作正式会谈，并与3个创新创业服务机构签订合作协议。开展浙江省国际科技合作基地和海外创新孵化中心的申报推荐工作，新认定省级国际科技合作基地7个、省级海外创新孵化中心创建单位4个、省级海外创新孵化中心培育单位6个。（姚广稀）

责任编辑　汤　峻

教育 37

综述

【杭州市教育大会召开】2019年4月19日，杭州市委、市政府召开全市教育大会暨高水平建设“美好教育”推进会。会议提出，要着眼学生健康成长、教师职业幸福、人民感受公平、服务社会进步，加快推进教育现代化，高水平建设“美好教育”，让杭州因“美好教育”而更加美好。会议为杭州市教育事业下一阶段发展目标指明方向、凝聚合力，进一步明确到2022年学有优教取得重大进展、到2035年高水平实现教育现代化，教育总体水平迈入世界先进行列。市教育局、西湖区政府、杭州师范大学、杭州第二中学、杭州市育才中学、建德市李家中心小学、上城区清波幼儿园负责人做交流发言。

【教育现代化两个文件出台】2019年12月，杭州市委、杭州市政府印发《杭州市教育现代化2035行动纲要》，杭州市委办公厅、市政府办公厅印发《加快推进杭州教育现代化实施方案（2019—2022）》，解决推进教育现代化的行动路径问题，指导今后一个时期的教育改革发展，确保教育现代化目标的实现。该纲要作为中长期教育发展战略规划，围绕更好满足经济社会发展需要和人民群众日益增长的多样化教育需求，提出党建、育人、基础教育、职业教育、高等教育、终身教育、教师队伍建设、教育开放、教育信息化、教育治理现代化10个方面的战略任务，谋划具有地域特色的推进机制与体系建设。该方案围绕高水平建设“美好教育”的总目标，提出9项重点任务及具体指标，包括新时代立德树人铸魂工程、基础教育高质量提升工程、现代职教体系建设工程、高水平大学引育工程、终身教育体系建设工程、新时代教师队伍建设工程、教育信息化引领工程、教育合作开放工程、深化重点领域改革工程等。

【地方教育经费总投入510亿元】2019年，杭州市地方教育经费总投入510亿元，其中国家财政性教育经费投入416.84亿元（包括公共财政预算安排的教育经费388.61亿元、政府性基金预算安排的教育经费28.13亿元）。市本级地方教育经费总投入91.57亿元，其中国家财政性教育经费投入68.38亿元（包括公共财政预算安排的教育经费67.99亿元、政府性基金预算安排的教育经费0.29亿元）。全市普通小学生生均教育经费支出2.59万元，普通初中生生均教育经费支出4.37万元，普通高中生生均教育经费支出5.63万元，职业高中生生均教育经费支出4.48万元。

【新建中小学、幼儿园87所】至2019年末，杭州市当年完成新建中小学38所、幼儿园49所，新增学校用地面积185.13万平方米、建筑面积188.47万平方米，完成投资约99.19亿元。开工在建的中小学、幼儿园170所。新增省义务教育标准化学校38所，累计742所，覆盖率97.9%。市本级高中学校建设项目中，杭州高级中学大江东分校项目建设用地13.73公顷，总建筑面积10.90万平方米，总投资6.13亿元（含建设用地费），建设规模72个班（含国际部12个班），于2019年8月竣工。杭州市康桥职业高级中学项目建设用地10.2公顷，总建筑面积8.89万平方米，总投资8.93亿元（含建设用地费），办学主体为杭州市中策职业学校，办学规模54个班，于2019年12月竣工。杭州市中策职业学校大江东分校项目建设用地17.93公顷，总建筑面积14.18万平方米，总投资7.99亿元，办学规模4500名学生，于2019年9月开工建设。市规划和自然资源局、市教育局做好新一轮基础教育专项规划编制工作，进一步编制完善《杭州市区基础教育专项规划》（学前教育和义务教育）。市教育局牵头编制完成《杭州市区高中学校布局规划修编（2019—2035年）》，进入审查阶段。

【学生资助金额8.95亿元】2019年，杭州市构建覆盖学前教育、义务教育、高中教育及高等教育的学生资助体系，履行“不让一个孩子因家庭经济困难而失学”的承诺。全市“奖、助、贷、免、补”各类资助金额8.95亿元，受资助学生356.72万人次。义务教育段79.42万名学生免杂费、课本费及作业本费4.91亿元；农村寄宿制学校学生11.88万人次免除住宿费5000万元；农村义务教育

2019 年杭州市各类中小学、幼儿园情况

表 58

学校类别		学校数（所）	毕业生数（人）	招生数（人）	在校生（在园幼儿）数	
					2019年（人）	为上年（%）
普通高中	全市	87	36 865	41 385	118 039	103.25
	主城区	33	13 849	16 304	45 876	105.01
	市属	17	10 298	12 026	33 767	104.46
职业高中	全市	30	19 307	20 379	56 711	100.10
	主城区	12	6 553	6 839	19 374	100.16
	市属	8	5 121	5 431	15 338	100.90
中等专业学校	全市	7	1 385	1 440	4 535	101.96
技工学校	全市	19	4 757	7 369	25 093	96.75
初中	全市	269	73 657	84 090	244 070	103.86
	主城区	109	27 203	34 559	97 582	108.03
小学	全市	489	85 564	115 666	616 929	104.48
	主城区	169	35 231	48 972	262 406	104.86
幼儿园	全市	1 020	111 947	115 687	350 261	101.92
	主城区	401	48 863	51 111	151 904	100.97
盲聋哑学校	全市	2	72	46	350	95.11
智障儿童学校	全市	12	169	208	1 290	107.59
工读学校	全市	1	129	209	401	124.92

学生 2.16 万人次享受营养改善计划 1000 万元；义务教育段住宿困难生 5000 人次享受生活补贴 263 万元；普通高中学生 3388 人次享受教育资助券 441 万元；1.3 万人次学生享受国家助学金 1300 万元；中职学生 14 万人次免除学费 1.47 亿元，1.28 万人次学生享受国家助学金 1300 万元；市属高校 6.4 万人次大学生享受国家奖学金、省政府奖学金、国家助学金、助学贷款贴息补助、应征入伍学费补助、勤工俭学等 1.5 亿元。

【新名校集团化战略推进实施】2019 年，建德市严州中学梅城校区加入杭州师范大学附属中学教育集团，西湖高级中学加入杭州学军中学教育集团，萧山区第九高级中学加入杭州第四中学教育集团，市属 8 所省一级重点高中全部成立跨区域教育集团。4 月，杭州市打造美丽城镇（梅城）“美好教育”样本区组团式互助协作签约仪式在严州中学梅城校区举行，杭州师范大学附属中学、杭州市大关中学、杭州采荷第三小学、杭州市人民政府机关幼儿园分别与建德市严州中学梅城校区、梅城初级中学、梅城中心小学、梅城幼儿园签订互助合作集团化办学协议。钱塘新区 6 所中小学加入市属及 5 个城区区属名校集团，加挂核心学校校名，跨区域跨层级、组团融通的新名校集团化办学模式进入新的实践探索阶段。11 月末，市教育局在建德组织举办新名校集团化办学研讨培训，组织各区及集团化办学学校代表进行经验交流。至年末，全市中小学名校集团化覆盖率 62.1%，城乡教育互助共同体覆盖率保持在 98% 以上。

【校长负责制试点推进】2019 年，市教育局研制出台《关于推进中小学校党组织领导下的校长负责制试点工作的指导意见》，完善学校党组织议事决策制度，编制学校党组织和校长职责清单，制定学校党组织会议和校长办公会议议事规则；推行学校党组织与行政领导班子成员双向进入、交叉任职；建立健全学校党组织书记和校长定期沟通机制、工作报告制度、科学民主决策机制，促进新体制有效协调运转。将实行中小学党组织领导下的校长负责制作为学校管理体制创新的重要举措，在拱墅区全区 42 所中小学和市内其他 5 所学校试点推进。全年召开试点工作座谈会、部署会、汇报交流会 4 次，试点经验得到中共中央组织部、教育部和浙江省教育厅的肯定。

【全市域实现基本教育现代化】2019 年 3 月，省教育厅、省政府教育督导委员会办公室发文公布第六批基本实现教育现代化县（市、区），余杭区入选。至此全市 13 个区县（市）均创建成为省教育基本现代化县（市、区）。12 月，钱塘新区通过第八批省教育基本现代化区创建督导评估组的现场评估和认定。

【学校发展性评价工作推进】2019 年，杭州市进一步深化中小学校（幼儿园）发展性评价工作，明确学校发展性评价的实施周期、实施对象、实施过程，并从基础性指标、发展性指标、学校自我评价机制评价、师生及家长评价、督学评价五个维度细化评估指标及评分办法。同时，优化和完善“杭州市学校发展性评价工作平台”，为学校发展性评价信息的采集、处理及存档提供更好保障。11—12 月，市教育局对第二轮学校发展性评价的 7 所第三批直属学校（杭州第九中学、杭州第四中学、杭州高级中学、杭州市开元商贸职业学校、杭州文汇学校、杭州第二中学、杭州绿城育华学校）组织开展终结性评价。终结性评价工作采取专家网上材料审阅与现场评价及论证相结合的方式，逐校反馈评估意见，并形成书面评估报告印发，指导学校做好下一轮五年发展规划的修改与完善。

【教师队伍建设】至 2019 年末，杭州市中小学、幼儿园（含特殊教育学校、工读学校，不含技校、成人中专）有专任教师 10.37 万名，其中幼儿园专任教师 2.77 万名、小学专任教师 3.77 万名、初中专任教师 2.17 万名、普通高中专任教师 1.12 万名、中等职业学校（不含技校、成人中专）专任教师 4832 名、特殊教育学校专任教师 567 名、工读学校专任教师 55 名。幼儿园、小学、初中专任教师具有高一层次学历比例分别为 98.8%、99.7%、98.5%。

12 月，市委、市政府出台《关于全面深化新时代教师队伍建设改革

的实施意见》，围绕加强教师思想政治教育和师德师风建设、推进教师管理综合改革、加强教师培养培训、提高教师地位待遇等方面推出一系列政策措施。重点完善教师工资收入保障机制、青年教师住房保障机制、教育系统高层次人才的扶持政策和教师荣誉体系，明确提出“率先实现教师平均工资收入高于公务员平均工资收入水平”“每3年选树一批在教书育人工作中取得突出成绩的市级杰出教育工作者，给予一次性5万元的奖励，并给予行政嘉奖”“为担任中小学班主任满二十年的在职教师颁发荣誉证书，市本级对所属学校相关教师给予一次性5万元专项绩效奖励，区县（市）对所属学校相关教师给予相应的奖励”等目标和措施。

【名师乡村工作室建设】2019年，杭州市有名师乡村工作室123个，覆盖70%以上乡村学校，涵盖幼儿园、小学、初中、高中、职教、特殊教育等学段的37个学科。乡村骨干教师参与活动1.95万人次。相关区县（市）将名师乡村工作室学员的培养和培训有机纳入教师专业发展培训计划，并进一步加大投入。暑期期间，市教育局组织名师乡村工作室骨干教师400人分别到北京师范大学、华东师范大学、复旦大学和浙江大学4所高校集中培训。学员中3人获评省级教坛新秀、12人获评市级教坛新秀、1人获全国说课比赛一等奖。9人次在省级教师业务比赛中获奖，8名导师获评省特级教师，4位导师评上正高级职称教师。

【新锐教师培养工程】2019年，杭州市推进35周岁以下青年教师为培训对象的新锐教师培养工程。至年末，36个学科班完成赴省内和省外考察学习任务，第一批16个班平均完成58.8天集中培训任务，第二批20个班平均完成52.6天集中培训任务。结合培训计划，面向全国中部、西部地区和省内欠发达地区组织实施各类“送培送教”活动。5月，组织部分优秀学员赴新疆阿克苏市开展以“交流·分享·未来”为主题的跨学科大型送教活动“2019杭州—阿克苏新锐教师教学论坛”。至年末，有25个班赴贵州省黔东南州凯里市、台江县、镇远县和新疆阿克苏市等4个省外地区和淳安、建德、嵊泗等12个省内地区开展“送培送教”活动，共开设117节展示课、举办46次专题讲座或观点报告。全年新锐教师培养工程学员获市级以上综合荣誉94个，市级以上参评获奖228人次，公开发表论文149篇，市级以上论文获奖252个，市级以上课题立项76个。

【智慧教育示范校建设】2019年，经专家评审，确定杭州市105所中小学、幼儿园为2019年杭州市智慧教育示范建设校。全市累计建成智慧教育示范校271所。组织开展浙江省区域和学校整体推进智慧教育综合试点推荐申报工作。西湖区、滨江区和拱墅区入选该项目区域试点单位名单，杭州濮家小学教育集团、杭州第十四中学等9所中小学校入选该项目基础教育段学校试点单位名单。

【教育对口帮扶】至2019年末，杭州教育局与贵州、湖北、新疆、西藏、青海和吉林6省（自治区）的黔东南州、台江县、阿克苏市、恩施州、那曲县、海西州德令哈市、长春市等7个地（市、州、区）开展对口支援、帮扶、合作，并与衢州市（6个县市区）、丽水市（2个县市区）及淳安县等9个县市区开展“山海协作”工作。全年有374名中小学教师参加援派支教，其中支教时间18个月及以上者121名。与对口地区1019所中小学（幼儿园）结对。在杭州为援建地校长、骨干教师举办专题培训班5期，参训208人。接受援建地7批次、209人到杭州考察交流和跟岗学习。市教育局与长白山保护开发区教育科技局签订教育合作框架协议。继续在黔东南州民族高级中学设立“扶智班”，在台江县民族中学设立“甘霖班”，招收当地贫困村的贫困学生。招收400名恩施州、黔东南州建档立卡贫困家庭学生到杭州就读中职学校，助力脱贫攻坚。向恩施州鹤峰民族幼儿园捐赠800万元用于幼儿园迁建，捐赠400万元用于台江提升教育质量综合提升工程，完成拉萨那曲高级中学饮水系统改造。8月，邀请黔东南州23名小学生参加杭州全国校园足球精英邀请赛。11月，邀请阿克苏市28名师生到杭州与艺术团同台演出“守望天山、相约西湖”。

【教育国际化】2019年，杭州市外籍人员子女学校在校学生增加到1800多名，全市中小学与国外学校结对数量超过1200对，全年市本级选派300多名校长、骨干教师赴海外参加研修培训。直属学校聘有专职外籍教师40名，落实聘外补助经费474.5万元。向市属高校192名留学生发放“杭州市政府来华留学生奖学金”147.1万元。

杭州市与国际友好城市开展教育交流合作。安排师生访问团赴芬兰奥卢、德国德累斯顿、瑞士卢加诺

2019年杭州市中小学、幼儿园教职工情况

表59

学校类别		教职工总数（人）	其中：专任教师数（人）		达到规定学历的专任教师比例（%）	
			初中	高中	初中	高中
普通中学	全市	37 975	21 691	11 161	99.99	99.93
	主城区	15 791	9 339	4 383	100.00	99.89
	市属	3 912	213	3 216	100.00	99.94
职业高中	全市	5 231	4 659		98.88	
	主城区	1 910	1 562		99.68	
小学	全市	39 297	37 708		100.00	
	主城区	17 481	16 640		100.00	
幼儿园	全市	50 352	27 685		100.00	
	主城区	22 410	12 292		100.00	

等友好城市开展教育交流；接待奥卢市教育和文化局局长、第22次日本岐阜市少年友好访中团等人员到访。1月，联合市外办组织师生访问团赴希腊雅典开展“中国春节文化进希腊校园”活动。12月，组织杭州市中小学校师生交流团赴意大利维罗纳市开展文化教育交流，代表团师生在维罗纳市市政厅和天使学校、Luigi Einaudi学校进行文艺演出。

3月，杭州市教育局与怀卡托大学签署谅解合作备忘录。同月，选派亚洲协会城市教育网络年会代表团一行5人，赴澳大利亚墨尔本参加年度国际研讨会，通过主题演讲向各城市代表团展示近年来杭州教育思考与实践。8月，杭州第二中学承办2019年哈佛大学中美学生领袖峰会（杭州会场）。

【教育培训机构治理深化】2019年，杭州市聚焦培训机构的安全、资质、侵害消费者权益、违规办学行为、违规聘用师资等五大治理重点，继续开展校外培训机构治理工作。至年末，全市共有教育部门审批的文化教育类培训机构1459个，查处关停“无证无照”机构146个，查处关停“无证有照”机构148个。全年两次公布校外培训机构“黑白名单”，作为市民选择培训机构的权威参考。联合市市场监管局、市消防救援支队开展全市教育培训市场双随机抽查工作。首次使用“浙政钉·掌上执法”系统，促进“互联网+监管”技术与执法的深度融合，提高对教育培训市场执法监管的针对性、时效性和专业性。对媒体曝光和摸排发现的非法办学机构进行依法查处。属地教育部门分别对部分培训机构未经审批跨区设培训点、考试、聘用中小学教师上课等违规行为给予通报批评、暂停办学、年检不合格等处分。

【“护校安园”专项行动】2019年，“护校安园”专项行动纳入市政府民生实事项目。该项目由市教育局牵头，市委政法委、市财政局、市公安局、市市场监管局、市文化广电旅游局、市交通运输局、市城管局、市新闻出版局、市公安局交警局等9个部门和各区县（市）政府协同推进。各地各部门以全市小学周边为重点治理范围，坚持属地管理、块抓条保、点面结合、标本兼治的工作原则，开展校园周边食品安全、交通秩序、文化环境、社会治安等优化提升专项整治。通过推进学校助力“三百”、食品安全“三百”、交通安全“护学”、人身安全“护学”、文化市场“三无”和校园周边“治三乱”等六大行动，建立起四级联动、条块共治、网格化管理，政府、社区、学校、家庭合力共建共享共治的校园周边综合治理长效机制。专项行动在覆盖全市744所小学（校区）的基础上，向幼儿园和中学扩面延伸，共覆盖学校（校园点）[illegible]52个。全市每日上学放学时段投入校园安保力量6000人次，动员教师和家长志愿者参加护学岗1万人次；全年优化完善校园周边交通设施2213处；校园周边食品安全合格率98.8%，比上年提高1个百分点；三城区小学周边无证流动摊贩、机动车违停、出店经营等各类投诉总量下降19%。该项目在市人大常委会民生实事项目满意度票决中列第2名。

【教育系统“最多跑一次”改革深化】2019年，市教育局印发《杭州市教育公共服务领域深化“最多跑一次”改革行动方案》，推动改革向公共服务领域推进。继续推进简化办、网上办、就近办、移动办，全市教育类公民个人办事事项实现“一证通办”比例100%，教育类办事事项全部实现“三端办理”。全面推进公民上学“一件事”联办，全市所有公办、民办小学和市区幼儿园入学报名实现“一件事”集中办理，无纸化报名系统从数据共享平台获取户籍信息17.8万条、流动人口居住证信息3.6万条、不动产信息21.5万条、人才证明信息2577条，惠及全市城乡20多万户家庭。杭州市范围内7个中考优待事项全部实现一站式办理。

【弘扬中华优秀传统文化系列活动】2019年，市教育局继续推进中华优秀传统文化弘扬行动。7月，杭州地方课程教科书《最忆杭州》8册全部编订出版，免费发放给全市小学三至六年级、初中一至二年级和高中一至二年级学生，总计68万册。各中小学将地方课程纳入学校课程体系，做好课时、师资保障工作。10月，全市小学地方课程教学研讨活动举行。通过课程标准和教材解读、课堂教学模式探讨、课程实施经验交流等方式，促进小学地方课程的实施。

市教育局开展青少年经典诵读、戏曲、书法、传统体育等进校园活动，组织陶艺、剪纸、中国画等中国传统艺术比赛，联合市文广旅游局认定长江实验小学等16所学校为杭州市第二批非物质文化遗产传承教学基地。继续实施“树家风、传校魂、记乡愁”

2019年六一节，下城区少工委组织开展“万米长卷迎亚运”活动
（市教育局 供稿）

活动，开展第二届“我的春节”主题征文大赛，收到投稿7万余篇。推动“校校有校训、校标、校旗、校歌、校日（节）、校史馆（室、廊）工程”，推进学校文化和标识系统建设。

【儿童青少年近视防控】2019年，市教育局与市卫生健康委、市财政局等11个部门联合印发《杭州关于加强综合防控儿童青少年近视的实施方案》，推进实施杭州市儿童青少年防控近视“十大行动”。坚持突出重点，通过家校结合、医教结合、体教结合，在形成合力上提高防控效益；及时总结全市各地各校开展学生近视防控工作典型经验和试点成果，推广《护眼三字歌》、“护眼膳食大PK活动”等办法。指导上城区、滨江区启动全国儿童青少年近视防控试点县（市、区）建设。上城区重点推进学生健康综合监测和健康教育工作，建立儿童青少年视力健康档案。滨江区联合温州医科大学成立近视防控专家指导中心，派出专家队伍定期定点开展视力健康筛查，并编制视觉健康动漫、微视频等。杭州市学生常见病和健康影响因素监测与干预结果显示，全市中小学生总体近视率比上年下降2.2个百分点。

【杭州市第十八届学生社团文化节】2019年4—11月，市教育局、团市委联合举办杭州市第十八届学生社团文化节。文化节以“建功新时代·青春展风采”为主题，开展“我的青春我的国”诗歌节、“照片背后的故事”文学社团PK大赛、“我和我的祖国”校园好歌声大赛和主题征文朗诵比赛、“舞动青春·献礼中华”街舞大赛、“守望心灵，剧梦青春”校园心理剧大赛等活动，将爱国主义教育融入整个社团文化节中，充分发挥学生社团在学生成长成才过程中的重要育人作用，展示新时代青少年学生青春阳光、积极向上的精神面貌。文化节吸收各区县（市）中学生社团的加入，共计1万余人次中学生参与。

（市教育局）

学前教育

【概况】至2019年末，杭州市有幼儿园1020所，在园幼儿35.03万人，专任教师2.77万人。全市学前三年户籍幼儿入园率99.1%；普惠性幼儿园在园幼儿人数占比89.8%，其中公办幼儿园在园幼儿人数占比73.6%。幼儿园教师持证率99.7%，学历合格率100%，大专及以上学历98.9%。

【优质学前教育覆盖率提升】2019年，杭州市上城区行知幼儿园（小塔儿园区）等118所幼儿园（园区）被认定为浙江省二级幼儿园。杭州市娃哈哈幼儿园新城园区等26所幼儿园被认定为省一级幼儿园。全市省等级幼儿园在园幼儿覆盖率99.8%，其中省一级、省二级幼儿园在园幼儿覆盖率（优质学前教育覆盖率）86.7%。

【《杭州市发展学前教育第三轮行动计划》出台】2019年12月，市政府出台《杭州市发展学前教育第三轮行动计划》。该行动计划要求各地各部门坚持政府主导、社会参与、公办民办协调发展的思路，优化学前教育发展结构，进一步重视内涵建设，整体提升杭州市学前教育质量；进一步理顺以区县（市）为主的学前教育办园体制和管理体制，完善学前教育经费保障机制和师资队伍发展机制，健全学前教育质量评估监管体系。到2023年，全面建成公益普惠、均衡优质、城乡一体化的学前教育公共服务体系，全市学前三年户籍儿童入园率保持在99%以上，全市普惠性幼儿园在园幼儿人数占在园幼儿总数比例保持在90%以上，公办幼儿园在园幼儿人数占在园幼儿总数比例达到75%，全市等级幼儿园覆盖率保持在99%以上，其中优质学前教育覆盖面90%；全市名园集团化覆盖率66%。

【省、市幼儿园等级并轨】2019年，杭州市区原特级、甲级、乙级、丙级幼儿园四个等级调整为省一级、二级、三级幼儿园三个等级，实行与浙江省幼儿园等级并轨。对已评为省一级、二级、三级幼儿园的，按已评定的等级认定；对未参加省一级、二级、三级幼儿园评定的特级、甲级、乙级幼儿园分别按省一级、二级、三级幼儿园等级重新认定。同时继续实施按等级收费。2019年秋季，市区公办幼儿园保教费按相关省等级标准进行收费。至年末，全市省一级、省二级幼儿园在园幼儿覆盖面86.7%。

（市教育局）

义务教育

【概况】至2019年末，杭州市有小学489所，在校学生（含九年一贯制、十二年一贯制学校小学部）61.69万人；初中（含九年一贯制学校）269所，在校学生24.41万人；特殊教育学校14所，在校学生（义务教育段，不含随班就读学生）1517人。其中：民办小学20所；民办初中（含九年一贯制学校）59所，在校学生11.38万人。全市义务教育阶段接纳随迁子女28.65万人，占在读学生的33.3%，其中全市新招收一年级随迁子女3.47万人。

【公办小学和民办小学同步招生实施】2019年，市教育局印发《关于做好公办民办小学同步招生工作的通知》，实施全市范围内公办和民办小学同步招生，建立全市统一的信息登记和网上报名制度，明确公办和民办小学同步网上报名、同步验证和招生面谈、同步录取、同步注册学籍的“四同步”流程，确立“同类排序靠后”的原则。新政出台后，通过新闻发布会、到幼儿园召开家长会等形式进行政策宣传解读，提升公众知晓率和认同率。利用公办小学和民办小学同步招生的契机，小学招生统一启用“小学一年级入学管理系统”，按照“互联网+政务服务”模式改革创新报名和审核方式，由教育、公安、住保房管等部门通过数据共享，实现无纸化审核报名。全市有12万余名适龄儿童的家长在线完成入学报名和材料审核。

【《杭州市区流动人口随迁子女积分入学实施办法》出台】2019年，根据《杭州市流动人口服务管理规定》和杭州市居住证积分管理相关制度等法律法规和政策，市教育局制定《杭州市区流动人口随迁子女积分入学实施办法》，对积分入学的实施范围、适用对象、适用积分的申请时限和核定、录取办法做出规定。在持证入学的基础上，明确流动人口随迁子女按父母居住证积分量化排序。12月16日，市教育局通过“杭州教育网”组织流动人口随迁子女积分入学政策网上咨询活动，宣传入学新政，帮助家长答疑解惑。

【学后托管服务深化】2019年，为切实解决部分家庭学生放学后无人照看问题，进一步落实省教育厅等4个部门《关于进一步规范小学放学后校内托管服务工作的实施意见》文件要求，市教育局将学后托管的服务对象从小学低年级扩展到小学全阶段，并推行“1+X”学后托管新模式，即支持和鼓励学校不断提升服务质量，在提供以看护为主的托管服务的基础上，提供学生感兴趣的、有利于学生综合素质提升的体育、艺术、科普等方面的活动，供学生选择参与。秋季学期，全市470所有需求的小学（校区）均开展学后托管服务工作，参加学生6.6万名，约占学生总数的12%，参与服务的教职工约2.4万人。

【“互联网+义务教育”城乡结对帮扶】2019年，“互联网+义务教育”城乡结对帮扶工作列入省政府十大民生实事。市教育局制定《杭州市落实省政府2019年民生实事“互联网+义务教育”中小学校结对帮扶工作方案》，明确工作职责、目标、任务、进度和具体措施。全市实际确定结对学校219所，“之江汇”教育广场网络空间开通率和同步课堂技术环境建设达标率100%。各结对学校通过同步课堂、专递课堂、教师网络研修、名师网络课堂等方式开展活动，通过城乡结对学校管理共进、教学共研、资源共享，实现信息互通、师生互动、差异互补，推动城乡义务教育优质均衡发展。至年末，全市开展结对活动5500多次，师生参与19.9万人次。在省政府民生实事“办得怎么样？由你说了算”公众评价活动中，共5.03万人对杭州市城乡学校结对工作进行评价，满意率99.8%。杭州成为省内第一个所有参与学校全面完成年度任务并通过省政府验收的设区市。结对帮扶工作在市级媒体宣传报道75次、省级媒体30次。

【中小学研学旅行工作机制构建完善】2019年3月，市教育局、市文化广电旅游局等8个部门出台《关于推进中小学生研学旅行的实施意见》，旨在探索建立管理规范、责任清晰、经费落实、保障到位的富有杭州特色的研学旅行工作长效机制。7月，首批市级中小学研学旅行基地（营地）申报认定工作启动。共认定首批市级中小学生研学旅行基地49个、营地4个。组织申报国家级、省级中小学生研学旅行基地、营地，杭州市累计入选国家级基地6个、营地1个，省级基地26个、营地3个。

【优质线上教育资源扩大共享】2019年，杭州市制作“名师公开课”小学语文、数学、英语三门学科共162节微课。至年末，微课程教育类别定制开发共31门课程（每门不少于10节）。21所基地学校有效访问量超过1万人次，最高为39万人次。在省“基于技术的教与学方式变革”案例征集中，杭州市41个典型案例获奖。“之江汇”教育广场2019年度优秀空间征集活动中，杭州市获评精品教学空间80个、特色教学空间108个、空间应用典型学校10所、优秀学习空间4个。（市教育局）

普通高中教育

【概况】至2019年末，杭州市有普通高中（含完全中学、十二年一贯制学校）87所，在校生11.80万人，专任教师1.12万人。全市初中毕业生升入各类高中比例99.3%，高中段优质教育覆盖率89.6%。推进新高考改革背景下的深化普通高中课程改革，推进学校各具特色、满足学生多样化发展的课程体系建设，健全完善满足走班教学等学校教育教学管理制度。

【杭州市高中阶段学校考试招生制度改革实施意见出台】2019年4月，市教育局印发《关于进一步推进杭州市高中阶段学校考试招生制度改革的实施意见》。文件明确，进一步完善初中学业水平考试，2021年开始将初中毕业、升学考试合并为一次考试，初中毕业班学生均需参加学业水平考试；进一步完善优质示范普通高中招生名额合理分配到区域内初中的办法，从2021年（2018级初一学生）开始，省一级重点普通高中名额分配招生比例为不低于学校招生计划数的60%，从2022年（2019级初一学生）开始，名额分配将逐步向不选择生源的初中学校倾斜。

【杭州第二中学钱江学校启用】2019年4月，杭州第二中学钱江学校投入使用。该校为杭州第二中学领办的市教育局直属学校，位于钱江世纪城，占地8.67公顷。作为杭州第二中学教育集团的新成员，该校与杭州第二中学滨江校区、东河校区实行一体化办学，统一管理，共享教育资源。杭州第二中学钱江学校面向三城区和萧山区分别招生，所招学生打通编班，学生学籍均纳入市教育局管理。首届招生10个班、480人。（市教育局）

2019年4月，杭州第二中学钱江学校投入使用（市教育局 供稿）

中等职业技术教育

【概况】至2019年末，杭州市独立设置中等职业学校41所（不含技工学校），其中职高30所、普通中专6所、成人中专5所。在校生6.62万人（不含技工学校及成人中专非全日制学生），专任教师4957人，其中“双师型”教师比例88.5%。市区中职学校招生1.26万人。全市有国家中等职业教育改革发展示范学校4所，浙江省中等职业教育改革发展示范学校14所，浙江省中职名校建设学校6所；有市级及以上示范专业72个（其中国家级3个、省级46个），市级及以上实训基地62个（其中国家级5个、省级39个）。6月，杭州市获“2018年度职业教育发展优秀单位”称号。

【中职教育质量提升工程】2019年，杭州市实施省、市中职教育质量提升工程，以项目建设为抓手，推进中职教育高水平发展。注重项目培育，支持和指导有条件的学校积极争创项目。全年评定80个市级建设项目，成功创建36个省级建设项目。完成对2017年度、2018年度市级建设项目的年度考核并及时下达补助经费。全市60个省“三名工程”立项单位通过省教育评估院年度考核，各项目均完成建设任务且增量效应明显。

【中职师生职业技能大赛】2019年，在浙江省中等职业学校职业能力大赛中，杭州市获金牌33枚、银牌28枚、铜牌28枚，金牌数和奖牌数列全省第一位。在2019年全国职业院校中职学生技能大赛中，获金牌10枚、银牌30枚、铜牌8枚。在省“面向人人”大赛中，杭州市总分列全省第二位。在省第十一届中职学校创新创业大赛总决赛中，获金牌7枚、银牌5枚、铜牌18枚。拱墅区职业高级中学教师石广获第45届世界技能大赛美发项目冠军。（市教育局）

高等教育

【概况】至2019年末，在杭全日制普通高校共40所，在校生（含研究生）51.87万人。其中：部、省属高校33所，在校生（含研究生）44.33万人；市属高校7所，在校生（含研究生）7.54万人。全市高等教育毛入学率67.3%。

【“名校名院名所”工程重大项目落地】2019年，杭州市“名校名院名所”工程新签约引进1所中外合作大学（北航中法航空大学项目）、1所国内大学到杭州合作办学（长安大学杭州研究院）、1个非独立法人中外合作办学机构（杭州师范大学哈尔科夫学院联合学院）、8个科研院所。2月28日，杭州市与浙江大学签署共建浙江大学杭州国际科创中心协议，项目落户萧山区。4月16日，杭州市政府、浙江省教育厅、北京航空航天大学三方共同签署共建中法航空大学合作框架协议。12月28日，中法航空大学项目开工奠基活动在杭州市余杭区瓶窑镇举行。7月5日，杭州市中级人民法院与华东政法大学签署协议共建中国互联网法治研究院（杭州）。8月14日，浙江省交通厅、临安区政府与长安大学签署共建长安大学杭州研究院框架协议，项目落地临安区青山湖科技城。推进西湖大学云谷校区建设，学校全年签约学术团队负责人110名，录取“西湖三期”博士生195名。推进中国科学院大学杭州高等研究院过渡园区和双浦校区建设，加快干部队伍组建和二级学院筹建，启动人才招聘等工作。

【市属高校内涵式发展】2019年，杭州市实施市属高校一流学科建设工程、新型专业建设工程和高水平人才队伍建设工程，协调市财政每年投入4500万元专项经费（连续投入3年）给予扶持。通过市属本科高校一流学科建设工程，扶持建设浙大城市学院计算机科学与技术等12个一流学科，建设周期3年，其中理工类学科每个每年扶持300万元、人文社科类学科每个每年扶持100万元。通过新型专业建设工程，扶持建设杭州师范大学数字商务专业群等15个新型专业群和杭州师范大学特殊教育专业等15个新型专业，建设周期3年。新型专业群每个每年扶持30万元，新型专业每个每年扶持20万元。通过高水平人才队伍建设工程，实施“西湖学者”“西湖鲁班”引才计划、优秀青年博士扶持计划、教学名师培养计划、优秀创新团队扶持计划、领雁计划、优秀中青年教师海外研修资助计划等6个人才队伍建设计划。结合各市属高校的发展实际和目标定位，通过“一校一策”等方式积极支持市属高校在同类院校中争创全省乃至全国一流。浙江大学城市学院转设为公办普通高校。杭州职业技术学院入选“中国特色高水平高职学校和专业建设计划”。杭州科技职业技术学院研究制定《杭州科技职业技术学院“创一流”内涵建设三年行动计划（2020—2022年）》。

（市教育局）

【高等教育国际化】2019年，杭州市围绕“名校名院名所”建设工程整体部署，支持市属高校大力提升国际化水平。杭州师范大学入选第二批教育部中美创客交流中心名单，开设中美联合培养实验班2个，小学教育专业与英国诺丁汉特伦特大学学生交流项目列入教育部留学基金委优秀本科生国际交流项目名单。杭州师范大学与阿里巴巴集团、卢旺达教育部合作招收国际商务专业定向卢旺达班。杭州科技职业技术学院接收来自南非12个职业院校的71名学生到校学习电子商务技术、机械制造与自动化、广告设计与制造等专业。6月，杭州万向职业技术学院主办“传承创新、智驱时尚”国际服装学术研讨会。同月，杭州师范大学与乌克兰哈尔科夫国立大学合作举办的非独立法人中外合作办学机构“杭州师范大学哈尔科夫学院”向教育部报批；杭州科技职业技术学院与澳大利亚高登职业技术学院合作举办的机械制造与自动化专业高等专科教育项目获省教育厅批准。

【西湖大学】2019年，西湖大学办学体制机制不断成熟。人才队伍实力显著提升，累计签约研究员111名，讲席教授12名，到岗研究员中34人获国家级人才称号。学校博士后科研工作站获独立招收权，全年进站博士后76位。学生培养体系日益完善，深化“寓教于研”“兴趣先导”的

2019年杭州市普通高校本专科学生基本情况

表60 单位:人

学校名称	毕业生数	招生数	在校学生数
合 计	**116 585**	**136 417**	**446 683**
浙江大学	5 538	6 248	25 924
杭州电子科技大学	3 574	4 151	15 998
浙江工业大学	4 366	4 770	19 179
浙江理工大学	4 314	4 626	17 869
浙江农林大学	3 449	3 826	14 770
浙江中医药大学	1 925	2 565	9 400
浙江工商大学	3 629	4 144	15 644
中国美术学院	1 670	1 790	7 131
中国计量大学	3 591	3 933	15 401
浙江科技学院	3 487	3 875	15 846
浙江水利水电学院	2 763	2 843	9 443
浙江财经大学	3 295	3 718	14 150
浙江警察学院	1 271	873	3 603
浙江传媒学院	3 108	3 427	13 812
浙江树人学院	4 163	5 159	15 887
浙江交通职业技术学院	2 950	3 695	9 694
浙江电力职业技术学院	—	—	—
浙江同济科技职业学院	2 165	3 016	7 524
浙江机电职业技术学院	3 684	3 789	10 911
浙江建设职业技术学院	2 653	3 544	9 346
浙江艺术职业学院	873	1 298	3 460
浙江经贸职业技术学院	3 278	4 237	10 411
浙江商业职业技术学院	3 644	4 735	11 911
浙江经济职业技术学院	2 805	3 369	9 222
浙江旅游职业学院	4 174	5 047	13 040
浙江警官职业学院	947	1 254	3 141
浙江金融职业学院	3 370	3 780	10 337
杭州医学院	1 494	2 858	7 174
浙江长征职业技术学院	3 700	4 779	1[illegible] 403
杭州电子科技大学信息工程学院	2 102	2 773	8 371
浙江中医药大学滨江学院	1 196	1 044	4 568
浙江工商大学杭州商学院	1 963	2 661	8 501
中国计量大学现代科技学院	1 429	1 642	5 346
浙江体育职业技术学院	205	285	641
浙江外国语学院	2 276	2 220	8 297
浙江特殊教育职业学院	354	680	1 692
浙江音乐学院	735	629	2 416
杭州师范大学	3 950	4 258	16 921
浙江大学城市学院	3 162	2 751	11 625
西湖大学	—	—	—
杭州师范大学钱江学院	2 285	2 751	9 276
杭州职业技术学院	3 341	4 680	11 100
杭州科技职业技术学院	3 255	3 724	10 005
杭州万向职业技术学院	2 107	2 386	6 285
浙江育英职业技术学院	2 345	2 584	7 008

培养理念，完善双导师交叉学科培养、实验室轮转定导制度，逐步构筑具有西湖特色的青年科学家培养体系。2019级博士研究生共录取195人，学校有三期博士生334人。结构生物学、3D微纳加工和表征、生长调控和转化、功能分子精准合成4个实验室被认定为省重点实验室，5个校级科研公共平台建成。生物学、电子科学与技术列入省一流学科（A类）。成功申报国家自然科学基金项目31个，累计43个。聚焦国际前沿领域开展学术交流，承办首届"青年π·未来健康圆桌会"，举办5场学术会议。西湖大学云谷校区一期建设用地42.33公顷，总建筑面积约45.6万平方米，完成地下室主体结构施工；二期建设用地8.33公顷，完成项目立项和用地规划，预计于2021年与一期同步交付使用。

【浙江大学"双一流"建设】至2019年末，浙江大学学科涵盖12个门类，设7个学部、37个专业学院（系）、1个工程师学院、2个中外合作办学学院、7个附属医院。学校有全日制学生5.96万人、国际学生7131人、教职工9377人。教师中有中国科学院院士和中国工程院院士（含双聘）50人、文科资深教授13人、教育部"长江学者奖励计划"特聘教授96人、国家杰出青年科学基金获得者145人。

浙江大学申报国家一流本科专业建设"双万计划"的36个本科专业全部获批。建成66门通识核心课程，发布通识教育白皮书。初步制定覆盖所有本科课程、面向教与学各环节的教学质量标准，试点开展毕业论文（设计）盲审、末位审核。加强实践教学办学条件建设，制定《2020－2022年本科教学实验条件三年改善计划》。本科生海内外深造率61.6%。

实施"创新2030计划"，启动"量子计划""生态文明计划""设计育种计划"等专项计划，推进"双脑计划"，建立医学院脑科学与脑医学系。启动求是高等研究院系统神经与认知科学研究所二期建设。根据ESI（基本科学指标数据库）排名，浙江大学学校19个学科进入世界学术机构前1%；7个学科进入世界前100位，5个学科进入世界前50位。总投资21亿元的超重力离心模拟与实验装置项目正式开工建设。全年科研经费53.50亿元，以通讯作者单位在《细胞》《自然》《科学》三大期刊主刊上发表论文12篇，其中9篇以第一单位发表。作为第一完成单位获2018年国家科学技术进步奖一等奖和二等奖各1个、国家技术发明奖二等奖2个，作为参与单位获国家科学技术奖一等奖1个、二等奖9个；获批国家自然科学基金893个。

实施哲学社会科学繁荣计划，建设全国重点马克思主义学院，加快推进中国特色社会主义研究中心建设。成立艺术与考古学院，启用艺术与考古博物馆，推进与中国国家博物馆、故宫博物院等国家级文化研究机构的合作，不断提升人文高等研究院、中华译学馆等机构建设水平。文科实到科研经费3.11亿元，A&HCI收录论文数居全国高校第一位。

浙江大学召开全球开放发展大会，制订《浙江大学全球开放发展行动计划（2020—2022年）》，与世界一流大学新签和续签42份校级合作协议，与37所世界排名前50位的大学建立合作关系，与7所世界顶尖大学建立校级合作关系，与剑桥大学、斯坦福大学、哈佛大学、耶鲁大学和牛津大学等5所高校的学术交流初具规模。启动"一带一路"国际医学院共建。浙江大学成为世界经济论坛全球大学校长论坛新成员。深化科研国际合作，获批的省部级国际科技合作基地/实验室数比上年增长近30%，国际合作论文数增幅近12%。加快人才培养国际化步伐，启动实施与世界顶尖大学联合招收优秀博士后计划，本科生海外交流率接近90%，博士研究生海外交流率111.4%。成立学生国际化能力培养基地，持续推进"国际组织实习任职专项计划"，选拔41名学生赴国际组织总部及各地办事处实习。浙江大学在QS2020年世界大学排名中列全球第54位，在2019年"软科世界大学学术排名"中列全球第70位。

【龚晓南院士团队获国家科学技术进步奖一等奖】2019年1月8日，浙江大学建筑工程学院院士龚晓南领衔的"复合地基理论、关键技术及工程应用"获2018年度国家科学技术进步奖一等奖。该项目针对软弱地基工程建设的迫切要求，并结合国情，在复合地基理论体系、系列高性能复合地基理论、设计方法和关键技术等方面经过三十年科技攻关。团队主编中国与复合地基相关的产要规范和标准，建立完整的工程和应用体系，并在建筑工程、高速公路、高速铁路、市政道路、机场、港航等工程建设领域得到应用。该项目由浙江大学、天津大学、长安大学、湖南大学、清华大学、中国矿业大学、中国铁路设计集团有限公司、中国铁建港航局集团有限公司、江苏劲桩基础工程有限公司、浙江开天工程技术有限公司共同完成。

【中国"互联网+"大学生创新创业大赛总决赛】2019年10月12—15日，第五届中国"互联网+"大学生创新创业大赛总决赛在浙江大学举行，581个项目进入总决赛。来自清华大学的"交叉双旋翼复合推力尾桨无人直升机"项目获冠军，来自浙江大学的"回车科技——未来全脑智能行业定义者"项目获亚军，来自浙江大学的"智网云联——无限共算全球算力交易平台"项目和来自印度尼西亚泗水理工学院/浙江工业大学的"iHe@r"项目获季军。大赛共产生金奖121个、银奖286个。有284个总决赛参赛项目提交融资意向，335名投资人参与对接，累计达成406个投资意向，金额超过17亿元。

大赛构建"高教、职教、国际、萌芽（中学生）"四大板块，实现"更全面、更国际、更中国、更教育、更创新"的办赛目标。来自全球五大洲124个国家和地区、4093所院校的457万名大学生、109万个团队报名参赛。大赛还举办6项同期配套活动，分别是"青年红色筑梦之旅"活动、大学生创客秀、大赛优秀项目对接巡展、对话2049未来科技系列活动、浙商文化体验之旅、联合国教科文组织创业教育国际会议。

【脑科学与脑医学学院成立】2019年12月27日，脑科学与脑医学学院在浙江大学紫金港校区成立，段树民院士任首任院长。该学院是教育部脑与脑机融合前沿科学中心、国家健康与疾病人脑组织资源库、卫生部医学神经生物学重点实验室、浙江省神经生物学重点实验室等重要平台的实体支撑单位。将分设生物学（神经生物方向）和临床医学（神经精神医学方向）两个方向开展本科生和研究生培养。下设生物学（神经生物方向）和临床医学（神经精神医学方向）2个本科专业。学院将致力成为国际一流人才汇聚和拔尖创新人才培养的重要脑科学交叉研究平台。

【浙江大学杭州国际科创中心】2019年2月28日，市长徐立毅与浙江大学校长吴朝晖代表双方在杭州国际博览中心签署协议，共建"浙江大学杭州国际科创中心"。该中心是浙江大学和杭州市全面深化市校战略合作共建的重大科技创新平台，将以打造世界一流水平、引领未来发展的全球顶尖科技创新中心为目标，以重大科研任务攻关和大型科技基础设施建设为主线，探索有利于基础研究、应用研究和产业发展全链条贯通的体制机制。双方将发挥好该中心的"主引擎"作用，进一步发挥杭州市的区位、产业、资源优势和浙江大学的学科、人才、智力优势，充分调动市场主体作用，吸纳浙江民营经济特色优势，构建新型创新平台，建立产业基金，探索政府、学校、市场多方参与的新体制新机制。该中心将建在杭州市萧山区。至年末，建立工作联席会议制度、首席科学家制度，在组织领导、体制机制、学科建设、基建工程、综合协调等方面取得进展。

（陈　浩　张　黎）

【中国美术学院稳步发展】2019年，中国美术学院（简称中国美院）有教职工936人，其中专任教师595人，正高级职称103人，副高级职称207人。在校学生1万余人，其中本科生7023人、研究生2212人、继续教育学历生486人、留学生357人。招录新生2469人，其中本科生1768人、硕士生611人、博士生90人。中国美院制定实施三年三轮建设规划，完成首批国家级和省级一流专业与一流课程申报。13个专业入选国家级一流本科专业建设点，7个专业入选省级一流本科专业建设点。入选首批省级一流课程31门，遴选申报国家级一流课程6门。推出"铸金炼课——国美本科金课展"32案，出版研究生国美金课教材12本。学校入选全省课堂教学创新校，获批浙江省"十三五"第二批教学改革研究项目20个、虚拟仿真实验教学项目20个、产学合作协同育人项目2个。出台研究生研创成果奖励办法，完善学位论文抽检办法，健全研究生培养质量管理机制。获批建设省优秀研究生课程1门、省级研究生联合培养基地2个。获省研究生教育成果奖二等奖1个，省优秀博士学位论文2篇、优秀硕士论文3篇。推进本科招生考试综合改革，首次在普通类批次招收工业设计专业学生。2019届毕业生2030人，其中研究生351人、本科生1679人，就业率91.9%。

中国美院获第三届"中国美术奖·终身成就奖"1人、第十五届光华龙腾奖之"新中国成立七十周年中国设计70人"特别奖1人、美国TSD建筑与综合艺术荣誉学会金质奖章2人。获评全国优秀教师1人。入选浙江省有突出贡献中青年专家2人。全职引进高层次人才1人，柔性引进14人。

中国美院调整新一届校院两级学术委员会。在省一流学科中期评估中，美术学、设计学、艺术学理论和建筑学4个学科获评优秀。省"重高建"年度绩效考核完成，首次将年度绩效考核结果与"重高建"二级学院经费核拨挂钩。各学科学位点评估的复评工作完成。中国美院牵头完成全省艺术学一级学科硕士学位点的抽检复评。

中国美院与杭州亚组委共建杭州亚运会艺术设计研究中心。艺创小镇获第三批浙江省"特色小镇"称号。参与浙江"未来社区"建设试点创建项目2个。中国美院与乐山市政府合作，实施"设计助力四川小凉山公益实验计划"。实施对口支援西昌民族幼师专科计划。与开化县开展结对扶贫合作，《文化铸魂，艺术扶贫》获评教育部"第二届省属高校精准扶贫精准脱贫典型项目"。

中国美院首个中外合作办学双学位项目（中法合作"跨界设计"）招生。德国柏林教学基地正式启用。继续开展"双十重点培育"项目，全年开设国际化课程28门，国际工作坊81个，增幅22.7%。举办大型国际学术会议及展览29个。至年末，新增校际合作协议13个。接收长期和短期国际学生1437人，生源国79个。因公出访42批次、145人次，外派交换生64人。接待境外人员近1500人次，比上年增长67%。

【首届之江国际青年艺术周】2019年5月24日至6月10日，中国美院联合浙江省文学艺术界联合会、市委宣传部、浙江音乐学院、西湖区政府共同主办首届之江国际青年艺术周。5月24日，在象山艺术公社举办"青春纪·能量场"主题展演。青年艺术周以"青春·观·世界"为核心意念，探索时代青年的"世界观"和"青春观"，共举办近40个主题项目，包括"展、演、坊、论、市"五大版块，集中展示3000名艺术家的文化思考和创作成果。

【"双一流"建设中期自评】2019年6月，中国美院"双一流"建设自评工作启动。自评分为广泛动员与对照检查、总结分析与撰写报告、专家评审与评估诊断3个阶段进行，以校内外专家评审与学校自评工作领导小组审定相结合的方式，着重围绕"建设以东方学为特征的世界一流美术学学科，创立以艺术创造为内核、社会美育为担当的新人文教育体系"核心任务，对学校整体建设和美术学学科建设成效进行评估，并提出下阶段的重点任务和改进措施。9月8日，"双一流"建设中期自评工作现场专家评审会议在南山校区举行。专家组根据"双一流"建设中期自评工作汇报，对学校"双一流"建设中期成效表示充分肯定，并提出下一阶段持续深化"五个面向"的要求。

【"首届两岸艺术院校优秀毕业作品联展"】2019年9月20日，"丛生——首届两岸艺术院校优秀毕业作品联展"在象山艺术公社举行。活动由“一展”“一论坛”“一营”组成，17所高校的200件优秀作品参展。展览呈现四个方面的探索：共同关注人与自然富于隽意的“目既往还”、从日常生活中选取的“非常日常”、深入造型本体的“语言实验”、以身体经验和媒介经验为主题的“以身观身”，呈现出青年生生不息的艺术创作状态。9月20—22日，青年设计营举行。9月20—21日，“互联网、大数据、智媒体时代的艺术教育”艺术教育论坛在中国美院民艺博物馆举行。活动展示新时代青年观看世界、创造艺术的视角与活力。

2019年9月20日，“丛生——首届两岸艺术院校优秀毕业作品联展”在象山艺术公社举行

（中国美术学院 供稿）

【欧洲艺术院校联盟领导人峰会】2019年11月20—22日，“第九届欧洲艺术院校联盟领导人峰会”在中国美术学院举行。来自27个国家和地区的57所院校以及机构代表、中国高等艺术院校中九大美术院校国际合作处代表近120人参加峰会。领导人峰会议题聚焦“高等艺术教育领域中的跨文化合作之挑战”。围绕“Difference as Resource”“Utopias in art education and utopian practices outside academy”“Unpacking the Chinese Contemporary”3个话题展开主旨发言和讨论。活动还包括两组共8个跨文化合作案例的展示及讨论环节。11月22日，中国美院与波兰弗罗茨瓦夫美术学院、立陶宛维尔纽斯美术学院、香港演艺学院、美国马里兰艺术学院、荷兰马斯特里特设计艺术学院、都柏林科技大学、拉脱维亚艺术学院、奥斯特大学贝尔法斯特艺术学院分别签署8份合作正式协议和3份合作意向书。峰会期间，“首届中国高等艺术国际化建设论坛”举行，聚焦中国高等艺术院校国际化发展过程中的难点和经验展开交流。（吴佳凝）

【杭州师范大学加快发展】2019年，杭州师范大学（简称杭师大）有仓前、下沙、三皇山3个校区，占地196.5万平方米。杭师大是第二批省重点建设高校，下设19个学院、1个公共教学单位、1个国有民办独立学院（钱江学院）、1个直属附属医院（杭州市第二人民医院）。有全日制在校生2.04万人（不含钱江学院本科生9220人），其中本科生1.69万人、硕士生2701人、博士生40人，有留学生693人。有教职员工2275人，其中专任教师1569人，国家级和省级人才85人。教师中具有副高级以上职称880人、博士学位1017人。本科毕业生就业率97.4%、签约率90%；硕士毕业生就业率98%、签约率90%。5月8日，杭州师范大学音乐学院成立。

杭师大有服务国家特殊需求博士人才培养项目1个、一级学科硕士点24个、专业硕士授权类别领域16个、中外合作培养教育领导学硕士项目1个、孔子学院1个；省重点建设高校优势特色专业1个，省一流学科A类7个、B类6个；ESI排名前1%学科4个。有本科专业74个，其中国家级特色专业5个。新获国家级一流本科建设专业9个。国家级教学成果奖10个、国家级精品课程1个、国家级精品资源共享课程建设项目4个、国家精品视频公开课建设项目2个、国家精品在线开放课程2个、省级精品课程27个、在线开放课程4个。有国家级科技企业孵化器1个、国家级“双创”基地2个、国家级实验教学示范中心1个、国家级虚拟仿真实验教学中心1个、国家级示范性虚拟仿真实验教学项目2个、国家级大学生校外实践教育基地建设项目1个、全国心理健康教育先进单位1个、教育部“产教融合”教学改革项目7个。新获教育部产学合作协同育人项目13个。有省级虚拟仿真实验教学项目10个、省级重点建设示范中心4个、省级大学生校外实践教育基地建设项目4个。省部级重点实验室、工程研究中心、工程实验室10个。本科生获一类学科竞赛省级以上奖项240个。2月，2014—2018年中国高校创新人才培养暨学科竞赛评估结果公布。五年中，杭师大学科竞赛共取得169个奖项。在2018年全国普通高校学科竞赛（本科）排位中居全国高校第63名、浙江省高校第5名、师范类院校第3名。学校在《美国新闻和世界报道》2020年世界大学排行榜中列国内院校第89位，在2019年“自然指数”国内地高校排行榜中列第86位。

2019年，杭师大获国家科学技术进步奖二等奖1个、省部级奖一等奖4个。获国家社科基金项目38个，其中国家社科基金重大项目立项3个。获国家艺术基金项目1个、省部级项目49个。获国家自然基金项目51个，其中国际合作重点、重大研究计划重点项目、科技部重大专项（新药创制）各1个。新立项建设省部级科技平台2个。获省哲学社会科学优秀成果奖15个。发表SCI（科学引文索引）论文770篇，其中JCR1/2（期刊引证报告）区论文188篇，入选ESI论文87篇；发表CSSCI（中文社会科学引文索引）及以上论

2019 年 5 月 8 日，杭州师范大学音乐学院揭牌仪式举行

（杭州师范大学 供稿）

文 380 篇，其中一级和权威论文 278 篇。取得各类知识产权 127 件，其中授权发明专利 67 件。科技成果转化率 12.8%。新增省级重点实验室 1 个、省“2011”协同创新中心 1 个。自然科学版、社会科学版《学报》入选核心期刊，《健康研究》入选浙江省医药卫生期刊名录。

杭师大继续实施《加快推进一流学科建设实施意见》《省优势特色学科建设经费管理办法》等系列文件，ESI 前 1% 学科数量增至 4 个。4 个学科进入“软科”全球学科排名 500 强，19 个学科入选“软科”2019 年“中国最好学科”排行榜，其中 2 个学科排名前 10%。

杭师大组织实施服务杭州 74 个项目，合作经费 7300 多万元。拓展校、政、企的创新平台、机构、基地 40 个、培育孵化企业 19 个、创新创业项目 380 个。形成智库项目和工作成果报告 41 篇。参与制定课程体系、行业标准 7 个。科技园获评国家级平台 1 个、省级平台 2 个，入驻企业数增至 231 个，企业年产值超过 3 亿元。杭师大入选省第二批科技经纪人试点单位。开展各类继续教育培训 509 个，培训 3.78 万人次，收入 1.2 亿元。加强基础教育合作，与杭州市 5 个区县（市）签订教育合作办学协议，合作经费 1850 万元。推进教育合作项目管理，加大文晖实验学校筹建和附属阿克苏高中建设项目帮扶力度。3 月 19 日，杭师大作为主要起草单位之一制定的全国首部大型赛会志愿服务岗位省级地方标准《大型赛会志愿服务岗位规范》发布。

杭师大新增全职中科院院士 1 人，引进省级以上人才 10 人，累计国家级人才 40 人、省级人才 45 人。引进卓越学科人才和优秀青年博士 104 人。新聘“钱塘学者”和特聘专家 44 人。自主培养省级以上人才 6 人。8 月，获批设立浙江省博士后工作站。加强师德师风建设，将育人工作纳入教师年度考核，获全国优秀教师和优秀教育工作者各 1 人。加强青年骨干教师培养，实施“卓越拔尖人才支持计划”。推进教师博士化、国际化工程，专业教师中博士学位比例提升至 65.6%。

【杭师大教育国际化】2019 年，杭师大与英国伦敦政治经济学院等大学签订合作协议 20 多份。入选第二批中美创客交流中心，新增“121”中美联合培养实验班 2 个。10 月，与乌克兰哈尔科夫国立大学合作共建非独立法人中外合作办学项目通过教育部审核答辩，两校签署合作共建协议。与德中卫生组织保持合作，杭师大附属医院通过德国 KTQ 透明质量管理体系认证。参与国家“一带一路”教育行动。9 月，首个非洲跨境电子商务本科班开班。赴海外交流学习学生 741 人，建立学生海外交流学习项目 70 多个。深化共建美国中田纳西州立大学孔子学院。

【谢恬教授团队项目获国家科学技术进步奖二等奖】2019 年 12 月，杭师大谢恬教授团队“新型稀缺酶资源研发体系创建及其在医药领域应用”项目获 2019 年度国家科学技术进步奖二等奖。该项目创建包含脂肪酶、酯酶、醛缩酶、糖苷酶等 500 多种的新型酶库，构建酶固定化的新技术，通过绿色环保的技术和方法生产出天然番茄红素、天然叶黄素及胡萝卜素等维生素类药物，并且用糖苷酶修饰榄香烯开发新一代治疗脑胶质瘤的抗癌新药。项目团队在与浙江医药股份公司新昌制药厂等单位合作的 5 年时间里，成果转化应用后使销售额增加 64 亿元，新增利税 3 亿元。

【“青少年法治教育中心”签约暨揭牌仪式举行】2019 年 5 月 17 日，教育部、浙江省教育厅、杭师大和“五四宪法”历史资料陈列馆共建“青少年法治教育中心”签约暨揭牌仪式在杭师大举行。该教育中心是专门开展青少年法治教育研究与实践的机构，利用资源优势与“互联网 +”等新兴载体，开展青少年宪法法治宣传教育、未成年人保护及违法犯罪预防、学生网络普法等方面的教育，旨在打造面向全国的青少年法治宣传教育基地、法治教育人才培训基地和法律援助基地。10 月，教育中心承办第四届全国学生学宪法讲宪法比赛浙江遴选赛。11 月，全国青少年法治教育工作研讨会在“青少年法治教育中心”举行。

【首届全球卓越青年学者论坛】2019 年 10 月 24—25 日，杭师大举办首届全球卓越青年学者论坛。来自海外 16 个国家和地区的 47 所高校和科研院所 90 多名青年学者参加论坛。论坛以“时代召唤英才，师大成就梦想”为主题，旨在增进海外青年学者对杭师大的了解，增强学术交流与合作，加快推进杭师大引才、聚才、育才工作。杭师大教育学院、外国语学院、理学院、材料与化学化工学院、生命与环境科学学院、医学院等学院召开分论坛，邀请各学科青年人才就其研究方向与学院负责人和教师进行学术探讨，加强双方沟通，为进一步交流合作打下基础。

（郭旭鹏 刘伟伟）

【浙江大学城市学院】至2019年末，浙江大学城市学院设有9个专业学院，37个本科专业，1个中外合作办学机构，9个课程合作项目。有全日制本科生1.16万名，与浙江大学等高校联合培养的硕士研究生214名；教职工997名，其中专任教师714名。全年科研经费9123万元，在研国家自然科学和社会科学基金项目36个；获批省重点实验室培育建设项目1个、市属高校第二轮优秀创新团队立项建设项目3个。学院推进转设公办普通本科高校工作。10月16日，教育部高校设置评议专家组对城市学院申请转设公办普通本科高校进行现场考察评议。12月末，学院转设申请通过教育部审核和公示。

学院7个专业获批国家和省级一流本科专业建设点，并入选“浙江省课堂教学创新校”。1门课程入选国家精品在线开放课程名单，15门课程获评省一流本科课程，获省高校微课比赛一等奖2个。2019届毕业生总体就业率98.4%；毕业生海外深造率9.5%，其中64.5%被QS排名全球百强大学录取。学院新增国家级人才1人、省级人才1人。21位青年教师入选市属高校优秀博士扶持计划、第二轮“西湖学者”引才计划和教学名师培养名单，获省青年教师竞赛特等奖1个。学院获批设立省博士后工作站。9月27日，由学院主办的“新时代全课程育人的探索与实践”全国研讨会在杭州召开。10月17日，学院和罗马琳达大学、邵逸夫医院共建的国际健康科学中心举行揭牌仪式，通过与罗马琳达大学开展呼吸治疗和口腔卫生项目课程合作等形式，探索医学高等教育国际化。

【杭州科技职业技术学院（杭州广播电视大学）】2019年，杭州科技职业技术学院（杭州广播电视大学）编制《杭州科技职业技术学院“创一流”内涵建设三年行动计划》，经专家审核论证，报市政府批准执行。11月7日，学院与钱塘新区管委会共建的国家级“智能制造”开放性公共技能实训基地正式开工。作为理事长单位承办全国机械行业现代模具人才培养联盟会议。学院与富阳区、杭州市决策咨询委员会共建的“乡村振兴学院”和“乡村振兴研究中心”正式成立。加强重点项目建设，完成校史馆建设工作。12月21日，杭州科技职业技术学院国际文化交流中心正式落成，并被授予“杭州市国际交流服务中心海外学生研学基地”。12月20—21日，学校举办建校十周年庆祝活动，并成立首届发展咨询委员会和校友总会，筹建教育发展基金会。

【杭州职业技术学院】至2019年末，杭州职业技术学院下设友嘉机电学院、商贸旅游学院、达利女装学院等9个二级学院，开设11个大类、36个专业（含专业方向）。学院入选国家“高水平高职学校”B档建设单位，“电梯工程技术”与“服装设计与工艺”专业入选高水平专业群建设行列。入选国家优质专科高等职业院校和“2019亚太职业院校影响力50强”，8个专业入选国家级骨干专业，4个实训基地被认定为教育部生产性实训基地。学院入选教育部首批职业技能等级证书试点院校和全国高职院校“教学资源50强”，10个专业入选教育部“1+X”证书制度试点。全年杭州职业技术学院签订合作项目56个，牵头（参与）制订国家级、省级标准46个。与湖州织里镇政府合作共建中国童装学院，与钱塘新区签署新一轮战略合作协议。完成“振兴杯”全国技能大赛承办工作，7名参赛选手全部进入全国决赛前10强。全年学生参加省级以上技能大赛获奖95个，其中一等奖21个；文体竞赛获省级以上奖励40个，其中国家一等奖7个。科研与服务能力不断增强，新立项教育部社会科学规划课题2个，数量列全国高职院校第一位。开展各类培训项目服务3万余人次，社会服务额突破1000万元。学院被认定为杭州市中小学生研学旅行基地。完成首届南非留学生项目，学院入选“2019中国（西安）世界职业教育大会优秀案例”。

【浙江育英职业技术学院】至2019年末，浙江育英职业技术学院设民航交通、信息技术、商务贸易、经济管理、创意设计、继续教育6个教学分院，社会科学、体育与艺术2个教学部，开设空中乘务、直升机驾驶技术、城市轨道交通运营管理、广告设计与制作、会展策划与管理等23个专业。招生3460人，在校生8000多人，教职工375人。全院毕业生2383人，就业率97.6%。首届老挝留学生毕业。学院计算机应用、电子商务专业入选国家骨干专业；航空服务专业群、电子商务专业群入选杭州市新型专业群建设项目；广告设计与制作专业入选杭州市新型专业建设项目。商务贸易分院教工党支部入选全国第二批新时代高校党建示范创建和质量创优工作样板支部。暑期“三下乡”建德社会实践团获评团中央“千校千项”优秀团队。学院团委被省政府表彰为首届联合国世界地理信息大会志愿服务工作突出贡献集体。6月13日，民办高职院校推进“一带一路”国际教育行动研讨会在浙江育英职业技术学院举行。11月15日，受中共中央对外联络部委托接待老挝省部级高级干部研修班来访。

【杭州万向职业技术学院】2019年，杭州万向职业技术学院以“标志性成果培育年”活动为主线，制定评比标准与办法，初步构建基于全人发展的课程体系与人才培养模式。确立“服务新制造，赋能康养游”的专业定位，推动专业聚焦、集群发展。服装设计与工艺专业被认定为教育部《高等职业教育创新发展行动计划（2015—2018）》骨干专业。学院入选浙江省“1+X”证书制度“老年照护（中级、高级）”证书试点院校。“开放式产教融合共享食品实训基地”入选教育部创新发展行动计划生产性实训基地项目。康养游专业群、新能源汽车技术专业入选杭州市新型专业群、新型专业。学院成功申报护理（康复护理方向）、大数据技术与应用、跨境电子商务3个新专业。康养游专业群设立“新六艺”共享课程，提升课程与实训基地的使用效能，并与中国教育网络电视台健康台开展战略合作。学生参与市级以上各类技能大赛获奖77个，其中国家级三等奖1个。学院举办2019年国际服装学术研讨会，来自美国、英国等40位业界专家就服装传承与创新、智能制造驱动全球时尚产业变革等内容进行探讨。（市教育局）

成人教育

【概况】至2019年末，全市共有全国社区教育示范区6个、全国社区教育实验区2个、省社区教育示范区1个、省社区教育实验区1个。建德市创建为省学习型城市，全市省学习型城市总数11个。萧山区新街成人文化技术学校等10所乡镇（街道）成人学校被认定为省现代化成校，西湖区社区学院的“梅龙茶文化学习体验项目”等10个项目被认定为省成教品牌项目。上城区陈全江获全国“百姓学习之星”称号、上城区“星级家长执照工程”入选2019年“特别受百姓喜爱的终身学习品牌项目”名单（全国10强）。市教育局指导部分仍有需求的区县（市）继续开展“双证制”教育，全市参加双证制教育考试学员1.26万人次，毕业学员2563人。

【全民终身学习活动周】2019年11月6日，以“推进全民终身学习，服务‘八八’战略再深化，加快建设学习型城市”为主题的2019年杭州市暨上城区全民终身学习活动周启动仪式举行。来自省和市成人教育协会、各区县（市）的社区教育工作者、各类获奖代表以及市民代表等900多人参加开幕式。启动仪式对2019年杭州市“百姓学习之星”、杭州市社区示范性学习型社团、杭州市“终身学习品牌项目”、杭州市第二批示范街道30分钟市民学习圈等进行表彰，并发布《杭州社区教育宣言》。活动现场，各区县（市）进行文化体验和展示、非物质文化遗产项目实践互动、杭州市社区教育成果展示、为杭州社区教育“打call”祝福等活动。活动周期间，各类培训班、系列讲座、视频课堂、文化才艺表演以及比赛、征文、沙龙、论坛等活动举行，内容涵盖教育培训、文化传承、体育比赛、科普知识、环境保护、养生保健、科学生活、道德法制等方面。

【市民学习圈和学习型社团建设】2019年，市教育局指导全市开展示范街道（乡镇）30分钟市民学习圈创建和申报工作，结合“社区教育进文化礼堂”“社区教育品牌建设”等主题，于4月和12月分别召开“杭州市街道（乡镇）30分钟市民学习圈”专题培训会和总结推进会。组织《社区学习共同体的生命价值与成长机理研究》成果报告推进会、第一届社区共学养老良渚论坛、第二届全国社区共学养老专题研讨会等。经各地申报、专家评审，认定上城区紫阳街道等19个单位为2019年杭州市示范街道（乡镇）30分钟市民学习圈，认定杭州市上城区早茶读报会等62个团队为杭州市社区示范性学习型社团（学习共同体）。

【社区教育进文化礼堂推进】2019年6月，《推进社区教育进文化礼堂（家园）工作方案》印发，明确社区教育进文化礼堂（家园）工作的三年目标和任务。至年末，杭州市建文化礼堂（家园）2687个，占村（社区）总数3631个的74%；社区教育进入文化礼堂（家园）2167个，占家园总数的80.7%。社区教育进文化礼堂（家园）1.48万场次，参与市民129.02万人次。（市教育局）

特殊教育

【概况】至2019年末，全市建有培智学校12所、聋人学校1所、省属盲校1所、杭州市新苗学校（民政系统）1所、工读学校1所，形成“以特殊教育学校为骨干，以随班就读为主体，以特教班、卫星班和送教上门为补充”的特殊教育发展格局。全年新建市级合格资源教室36个，累计345个；评估认定示范性资源教室20个，累计69个；新增特殊教育“卫星班”2个，累计13个；新增特殊教育职教实训基地1个，累计5个；新增特殊教育医教结合实验学校2个，累计5个。全市残疾儿童少年义务教育入学率99.5%（其中视力残疾、听力语言残疾和智力残疾三类残疾儿童少年义务教育入学率99.8%），学前教育入学率91.9%，高中教育入学率88.6%。

【融合教育推进】2019年，杭州市扩大“特教学校+卫星班”布局，促进融合教育常态化。9—10月，市教育局组织开展第四批示范性资源教室评估验收，确定杭州市娃哈哈幼儿园等20所学校（幼儿园）所建资源教室达到杭州市示范性资源教室标准。12月，市教育局组织开展第十二批合格资源教室评估验收，确定杭州市金都天长小学等36所学校（幼儿园）所建资源教室达到杭州市合格资源教室标准。同月，杭州市艮山路学校（杭州市丁信小学）、杭州市紫荆花学校（杭州市大禹路小学）特殊教育“卫星班”通过现场评估验收。

【医教结合项目】2019年5月，杭州市紫荆花学校通过杭州市残疾儿童定点康复机构认定。9月，杭州文汇学校、杭州市杨绫子学校、杭州市湖墅学校、杭州市艮山路学校、杭州市健康实验学校等5所学校均通过由教育、残联、卫生计生、民政4个部门联合开展的残疾儿童市级定点康复机构复评。12月，杭州市健康实验学校、杭州市紫荆花学校通过医教结合实验学校现场评估验收。

【特殊教育学校标准化建设】2019年5月，浙江省教育评估院开展首批特殊教育标准化学校的评定验收工作。杭州文汇学校、杭州市杨绫子学校、杭州市健康实验学校、杭州市艮山路学校、杭州市湖墅学校、杭州市萧山区特殊教育学校、杭州市紫荆花学校、余杭区汀洲学校、杭州市富阳区特殊教育学校、杭州市临安区特殊教育学校、杭州市新苗学校11所学校达到《浙江省特殊教育标准化学校评估细则（试行）》的要求，被认定为首批浙江省特殊教育标准化学校，全省占比28.9%。（市教育局）

责任编辑 秦文蔚

38 文化遗产保护

Cultural Heritage Protection

西湖世界遗产

【概况】2011年6月24日，在法国巴黎召开的联合国教科文组织第35届世界遗产委员会会议上，杭州西湖文化景观被列入“世界遗产名录”，成为中国第41处世界遗产，是中国首个湖泊类世界文化景观遗产。

杭州西湖文化景观位于浙江省杭州市，总面积3323公顷，由西湖自然山水、“三面云山一面城”的城湖空间特征、“两堤三岛”景观格局、“西湖十景”题名景观、西湖文化史迹和西湖特色植物六大要素组成。

杭州西湖文化景观肇始于9世纪、成形于13世纪、兴盛于18世纪，并传承发展至今，在10个多世纪的持续演变中日臻完善，成为景观元素特别丰富、设计手法极为独特、历史发展特别悠久、文化含量特别厚重的“东方文化名湖”。

杭州西湖文化景观是中国历代文化精英秉承“天人合一”哲理，在深厚的中国古典文学、绘画美学、造园艺术和技巧传统背景下，持续性创造的“中国山水美学”景观设计的杰出典范，展现了东方景观设计自南宋（13世纪）以来讲求“诗情画意”的艺术风格，为中国传衍至今的佛教文化、道教文化以及忠孝、隐逸、藏书、印学等中国古老悠久的文化与传统的发展与传承提供了特殊的见证。

2019年，杭州西湖风景名胜区管委会在完成西湖世界文化遗产监测基础信息管理系统建设的基础上，开展相关文保单位“四有”档案录入工作。全年录入34处文物“四有”档案，其中全国重点文保单位19处、省级文保单位13处、市级文保单位2处。6月18日，在中国世界文化遗产监测2019年年会上，由杭州西湖风景名胜区管委会编制的《杭州西湖文化景观2018年度监测年度报告》被评为“中国世界文化遗产2018年度优秀监测年度报告”，成为全国6个获此荣誉的遗产管理机构之一。

【遗产本体要素监测】2019年，杭州西湖风景名胜区管委会进一步优化“西湖文化景观遗产预警监测系统”。利用监测数据和成果，建立健全保护管理预警监测机制。开展遗产本体和文物建筑、构筑物修缮导则研究，根据监测成果开展遗产保护管理工作。

完成“两堤三岛”“西湖十景”和14处文化史迹的专业监测及评估。监测显示，西湖遗产六大要素中的“两堤三岛”“西湖十景”和14处文化史迹遗产本体完整性监测和真实性监测整体情况良好。

开展六和塔、保俶塔结构安全等专项监测。经过6次现场巡查及结构安全评估，判断现阶段六和塔结构和内力变化稳定，整体和局部结构安全、可控。针对保俶塔塔尖倾斜，启动应急监测，增加监测频次，及时上报监测报告，于10月启动保俶塔保养维护工程，包括保俶塔塔刹刹顶局部倾斜部分归安、塔身清理维护、塔表勾缝处理、周边地面环境整治等。

保俶塔　　（杭州西湖风景名胜区管委会 供稿）

【文物本体病害监测】2019年，杭州西湖风景名胜区管委会持续开展文物本体病害监测。完成开化寺遗址、清行宫遗址、钱塘门遗址、司马光家人卦刻石、飞来峰石刻、灵隐寺经幢6处文物本体病害数据采集，编制完成《西湖文化景观文物本体病害监测（2015—2018）》综合总结报告，提交2019年度《西湖文化景观文物本体病害监测报告》，完成2020年文物本体病害监测（三期）招标工作。

【特色植物监测】2019年，杭州西湖风景名胜区管委会持续开展遗产地特色植物监测。结合实际监测需求，重新设计、调整有关数据表单，优化服务功能，提升特色植物监测系统平台使用效能。在完成2018年度西湖世界文化遗产地特色植物监测年报的同时，完成2019年度数据采集，包括西湖十景植物景观监测数据、历史文化史迹植物景观监测数据、四季花木特色植物监测数据、遗产地园林养护情况、遗产地病虫害防治情况、遗产地土壤监测数据等。从监测情况看，遗产地植株长势、植被整体景观格局良好。

【游客量监测】2019年，杭州西湖风景名胜区管委会持续对遗产区开展游客量监测。优化完善监测设备调试工作及基础网络环境建设，完成2019年度两次系统的核心算法优化工作。对节假日游人量监测数据进行分析和研究，通过精准监测数据对各遗产点游人容量理论预警值（饱和游人量）进行校核与验证，分析研究各遗产点游客量的分布情况、游客游览热度、高峰时间、客流汇聚点等信息，并编制发布《节假日游人量监测报告》，为遗产区做好游客量管控提供数据支撑，达到精准管理服务效果。

【香格里拉饭店东楼降层】2019年3月15日，香格里拉饭店东楼降层工作完成，兑现2011年西湖申遗承诺。其间，两次组织专家论证调整拆除方案，严把技术、安全、质量关，拆除建筑4200平方米，清运渣土6000立方米。杭州西湖世界文化遗产监测管理中心编写上报“杭州西湖文化景观”遗产保护情况，由国家文物局报送联合国教科文组织世界遗产中心。

【“西湖文化特使”计划】2019年5月，杭州西湖风景名胜区管委会启动第八届“西湖文化特使”招募。该项目是西湖世界遗产品牌宣教项目，吸引在杭就读大学生、在杭外国留学生、杭州籍海外留学生共300多人报名。经筛选，录取“西湖文化特使”50人，于7月21—26日开展第八届“西湖文化特使”集训营，集中对新招募“西湖文化特使”开展世界遗产讲座、实地教学、分小组实践等形式的培训和专业教学。9月12日，“全国名城保护公众行动沙龙北京站活动”中，“西湖文化特使”的世界遗产宣教模式受到与会代表和媒体关注。

【遗产研究】2019年，杭州西湖风景名胜区管委会承担多项国家、省、市级课题研究。其中：国家艺术社科基金青年项目“基于中国世界文化遗产利用模式的中国文化认同机制与路径研究”完成中期汇报与专家论证，浙江省哲学社会科学规划课题“文化遗产学视角下浙江地区近现代工业遗产研究”的部分研究成果在国家级核心期刊《城市规划学刊》公开发表。

【遗产文化宣教】2019年，杭州西湖风景名胜区管委会持续开展世界遗产宣传进学校、进军营等活动。建军节前夕，30多名“西湖文化特使”到杭州武警部队宣传世界遗产文化。9—10月，“西湖文化特使”联手浙江大学学生社团开展世界遗产走读活动5场，由“西湖文化特使”担任讲解员带领浙江大学100多名学生了解西湖文化，形成世界遗产宣教与大学合作新模式。

杭州西湖世界文化遗产监测管理中心联合网易蜗牛读书馆、杭州市方志馆、艺旅文化（杭州）有限公司开展“重读杭州”活动10期。邀请杭州知名专家用沙龙分享和现场走读的形式解读文化价值，带领市民走进杭州文化地标，传播杭州本土文化。

6月11日，在杭州市2019年“文化和自然遗产日”活动中，杭州西湖风景名胜区管委会牵头开展“讲好西湖故事，解读文化孤山”主题走读活动，市民、游客通过走读孤山各处世界遗产点，了解西湖文化价值，并以此传播、呼吁广大群众共同参与世界遗产保护。

（杭州西湖风景名胜区管委会）

运河世界遗产

【概况】2014年6月22日，在卡塔尔多哈召开的联合国教科文组织第38届世界遗产委员会会议上，中国大运河被列入“世界遗产名录”。中国大运河由隋唐大运河、京杭大运河和浙东运河组成，沟通海河、黄河、淮河、长江、钱塘江五大水系。大运河（杭州段）列入遗产河道总长110千米，包括富义仓、凤山水城门遗址、桥西历史街区、西兴过塘行码头、拱宸桥、广济桥6个遗产点以及江南运河杭州塘、上塘河、中河、龙山河、浙东运河杭州段5段河道。《杭州市大运河世界文化遗产保护条例》自2017年5月1日起实施。

2019年，《杭州市大运河世界文化遗产保护规划》经杭州市政府发文批复，大运河遗产日常巡查监测、标准规范制定、运河水体治理、运河文化研究和宣传、对外交流等工作均稳步推进。

【《杭州市大运河世界文化遗产保护规划》获市政府批复】2019年1月15日，杭州市政府发文批复《杭州市大运河世界文化遗产保护规划》。规划根据申遗文本和中国大运河遗产管理规划的总体原则，将遗产保护的宏观要求落实到大运河（杭州段）的11个遗产点段及110千米的沿线用地空间，把遗产保护规划与杭州城市总体规划、土地利用规划衔接，实现运河保护、城乡规划、国土、港航、水利、防洪、旅游等多规划融合。规划提出大运河（杭州段）遗产区和缓冲区分要素、分类、分段、分级管理要求。

【大运河保护标准规范编制】2019年，杭州市京杭运河（杭州段）综合保护中心编制完成《大运河（杭州段）驳坎保护与加固技术导则》《2019年

2019 年 6 月 15 日，第三届杭州市大运河世界文化遗产保护宣传周开幕式暨“京杭运河味道”活动在杭州运河文化广场举行 （市园文局 供稿）

度大运河（杭州段）世界文化遗产保护管理评估白皮书》《杭州市大运河世界文化遗产影响评价实施办法》，其中《杭州市大运河世界文化遗产影响评价实施办法》于 12 月 30 日发文实施。开展《大运河（杭州段）外语导览标识系统译写规范》《中国大运河世界文化遗产（杭州段）档案管理工作规范》等工作规范的编制工作。

【大运河遗产病害调查】 2019 年，杭州市京杭运河（杭州段）综合保护委员会（简称市运河综保委）完成浙东运河（杭州段）、中河、龙山河、杭州塘以及杭西历史街区的病害调查及基础图件测绘，形成成果报告。至此，从 2017 年开始的杭州大运河遗产全线所有点段的病害调查、测绘及基础图件绘制全部完成，实现大运河（杭州段）基础调查全覆盖。

【运河遗产专项监测】 2019 年，市运河综保委开始实施富义仓专项监测工作，监测周期 5 年，监测频率每年 2 次，形成《杭州富义仓专项监测成果报告》。继续实施拱宸桥周期性监测实施工程（第 3 年），形成《2019 年度拱宸桥周期性监测成果报告》。

【2018 年大运河（杭州段）遗产地级年度监测报告完成】 2019 年 3 月，市运河综保委完成 2018 年大运河（杭州段）遗产地级年度监测报告，2018 年大运河（杭州段）遗产地保护总体评估良好。报告从文化带建设、立法规划、标准规范、河长治水、遗产监测、保护治理、宣传教育、学术研究等方面反映 2018 年大运河（杭州段）世界文化遗产保护工作取得的成效，梳理问题，明确下一阶段工作计划。

【运河水环境治理】 2019 年，杭州市京杭运河（杭州段）综合保护中心牵头编制《京杭运河、古运河（杭州段）2019 年水环境治理计划》《风波港 2019 年水环境治理计划》。协调推进 58 个重点项目建设，完成总投资 6.4 亿元，完成 120 个生活小区“污水零直排”建设，完成运河干支流河道清淤疏浚 13.7 万立方米。推进运河水环境监测体系升级，支流监测覆盖面扩展到 100 条，达到运河一级支流监测全覆盖，运河监测断面达 118 个。运河干流 18 个断面均达到Ⅳ类以上，较上年同期水质总体保持稳定。

【大运河文化带建设】 2019 年，市运河综保委修改完善《杭州大运河文化带建设实施行动纲要》，配合市发改委编制《大运河（杭州段）文化保护传承利用规划》，启动“杭州大运河国家文化公园建设空间专题研究”工作。12 月 7—8 日，中国大运河文化带京杭对话活动在杭州举行，“大运河文化带京杭对话合作机制框架协议”签署。中国大运河文化带京杭对话以“文化与科技推动大运河复兴”为主题，调动运河沿线城市的资源和力量，构建大运河保护、传承、利用共同体。京杭两地嘉宾就“大运河文化与杭州”“大运河文化带北京实践”的话题发表主旨演讲。北京和杭州将轮流主办中国大运河文化带京杭对话，每年一届。

【运河文化研究】 2019 年，市运河综保委开展《杭州运河（河道）辞典》《杭州运河（河道）通史》及运河文化系列丛书等编纂工作，出版《运河村落的蚕丝情结》《杭州运河（河道）专题史研究》。完成省级课题“大运河杭州段遗产区水工遗存——驳坎保护与加固研究”，《大运河杭州段打造国际旅游目的地战略研究》研究报告获 2019 年历史城市景观保护联盟年会征文一等奖。“浙江大运河文化带打造的理论审视与现实对策”课题获杭州市哲学社会科学规划课题基地重点立项。

【运河遗产保护宣传培训】 2019 年，市运河综保委组织美丽运河志愿者活动 21 次，志愿者参与 967 人次，服务时长 2274.5 小时。3 月 14 日，杭州市首届大运河世界文化遗产综合保护培训班举办。77 个单位的 171 名基层干部参加培训，涉及大运河遗产保护利用的市直单位、部门以及上城、下城、江干、拱墅、滨江、萧山、余杭七大运河沿线城区相关单位。6 月 15 日，第三届杭州市大运河世界文化遗产保护宣传周活动开幕。其间，举办“京杭运河味道”、“运河时光机”声波邮局、运河申遗成功五周年明信片设计大赛、“好运人”故事征集、运河申遗成功五周年庆祝晚会等系列活动。［市园文局（市运河综保委）］

良渚古城遗址世界遗产

【概况】 2019 年 7 月 6 日，在阿塞拜疆巴库召开的联合国教科文组织第 43 届世界遗产委员会会议上，良渚古城遗址被列入“世界遗产名录”。7 月 7 日，良渚古城遗址公园对外有限开放。良渚古城遗址公园和良渚博物院全年接待国内外游客超 150 万人次。各级媒体聚焦良渚古城遗址，新媒体累计阅读量超120亿人次，360多个海外主流媒体发文关注良渚申遗成功。良渚遗址相关内容入选全国统编（人民教育出版社）《中国历史》（七年级上册）教科书。

2019年，良渚遗址管委会全面完成智慧旅游、旅游基础设施提升、保护展示提升、景观照明、外围主要道路景观提升、艺术走廊基础设施和环境提升、旅游集散中心规划建设、公园开放系列活动、与故宫博物院互办展览、配合建设省文化考古展示园新十大工程。良渚古城遗址保护申遗利用各项工作得到肯定，良渚遗址管委会获评第四届全省“人民满意的公务员集体”，良渚博物院基本陈列“良渚遗址是实证中华五千年文明史的圣地”展览获“第十六届全国博物馆十大陈列展览精品奖”，良渚博物院讲解岗获评“全国巾帼文明岗”，良渚文化标识获德国红点设计大奖。

【良渚古城遗址被列入“世界遗产名录”】2019年1月31日，按照世界遗产申报要求，良渚古城遗址申遗全套英文补充材料由国家文物局提交国际古迹遗址理事会等国际组织。5月，联合国教科文组织世界遗产中心公布良渚古城遗址申报项目的专业评估报告，推荐中国良渚古城遗址列入“世界遗产名录”。7月6日，联合国教科文组织第43届世界遗产委员会会议在阿塞拜疆首都巴库举行。会议通过决议，根据世界遗产第3、4条标准，将中国世界文化遗产提名项目“良渚古城遗址”列入“世界遗产名录”。世界遗产委员会认为，良渚古城遗址代表了中国5000多年前伟大史前稻作文明的成就，是杰出的城市文明代表。遗址真实展现了新石器时代长江下游稻作文明发展程度，揭示了良渚古城遗址作为新石器时代早期区域城市文明的全景，符合世界遗产真实性和完整性要求。世界遗产委员会委员国代表对良渚古城遗址突出普遍价值及真实性、完整性给予高度评价，良渚古城遗址获得一致通过。同日，良渚文明宣传片《良渚·五千年的印记》在全球发布；由杭州市委、市政府主办的良渚古城遗址推介会在巴库举行；杭州采用“一主三副、四地联动”的形式举办庆祝活动，在良渚博物院设立主会场，西湖景区涌金小广场、运河钱运茶楼小广场、萧山钱江世纪城公园小广场设立分会场。

【良渚古城遗址公园对外有限开放】2019年7月7日，良渚古城遗址公园举行有限开园仪式。良渚古城遗址公园面积1433公顷，分城址区、瑶山遗址区、平原低坝—山前长堤区和谷口高坝区4个片区。其中有限开放的是城址区的核心部分，面积366公顷，主要设置城门与城墙、考古体验区、河道与作坊、雉山观景台、莫角山宫殿、反山王陵、西城墙遗址、凤山研学基地、大观山休憩区和鹿苑十大片区，集考古遗址本体及其环境的保护展示、教育、科研、游览、休闲等多项功能于一体。公园秉持预约参访、有序引导原则，执行单日最高承载量控制，采取线上预约方式参访。预约系统于7月7日上线，7月8日第一批预约访客入园参观。

2019年7月7日，良渚古城遗址公园举行有限开园仪式。图为河道与作坊区展示（盛淑彦 摄）

【良渚文明故宫特展】2019年7月16日至10月20日，“良渚与古代中国——玉器显示的五千年文明”展在故宫博物院武英殿举行。展览由浙江省政府联合故宫博物院举办，汇集良渚博物院、故宫博物院、浙江省文物考古研究所、浙江省博物馆、上海博物馆、南京博物院、广东省博物馆、成都金沙遗址博物馆、甘肃省博物馆等17个单位260件（套）良渚玉器以及商周、汉代等后世仿良渚风格的玉器，体现古代良渚文明的高度，印证良渚是中华文明的重要源头，是中华五千年文明传承与发展的重要标识。展览接待观众近50万人次。

【良渚古城遗址展项在中国国际进口博览会展出】2019年11月5日，良渚古城遗址展项在第二届中国国际进口博览会展出。中共中央总书记习近平向各国元首介绍中华第一城——良渚古城，对良渚古城遗址保护、研究、传承、利用工作给予勉励。良渚古城遗址展项是第二届中国国际进口博览会中国馆“美丽中国”单元的重要组成部分，以“良渚古城——实证中华五千多年文明史的圣地”为主题，展示中华文明的源远流长。展区呈“L”形布局，中心以“展台＋玻璃罩”形式展示良渚文化最典型的三大玉器——琮、璧、钺的仿制品。

【国际要求承诺落实】2019年10月10日，良渚遗址管委会对联合国教科文组织世界遗产中心关于中国良渚古城遗址被列入“世界遗产名录”来函进行回复。解答水利工程遗址纳入全国重点文物保护单位、完善管理规划、控制游客、完善监测系统、整体阐释遗产、遗产区项目建设等列入

"世界遗产名录"后续保护管理方面的工作情况，及时履行承诺。

【遗址日常保护管理】2019年，良渚遗址管委会严格执行良渚遗址保护区内建设项目、农户建房前置审核、批后监管制度，夯实遗址保护工作基础。全年参与巡查690人次，完成建设项目前置审批26项、考古前置预审24项、农户建房前置审批236户，查处违章6起。在立足重要遗址保护的基础上，妥善处理保护区内建设事宜。

【遗产监测管理】2019年，良渚遗址管委会不断完善监测管理制度、档案管理制度、预警管理机制、预警处置流程，采集66万余条监测数据，提升遗产保护监测水平。开展良渚古城遗产旅游与游客监测预警建设，与杭州鲁尔物联科技有限公司合作开展南方潮湿环境土遗址保护监测的"良渚遗址本体劣化风险无损监测研究"，与南开大学合作开展"良渚古城遗址生态环境的调查研究"。11月29—30日，承办浙江省世界遗产监测年会。12月，成为中国古迹遗址保护协会团体会员。

【考古发掘】2019年，良渚遗址管委会配合良渚古城申遗保护展示和遗址公园建设，主要完成朱村坟、高北山、钟家村、陆城门、野猫山、公家山及张家山等台地的长探沟发掘和探方发掘工作，发掘面积1500平方米。配合公园范围内高压线"上改下"工程，对金家头、南港沿、周村、美人地、金家弄北等台地进行小规模探沟发掘，揭露总面积约400平方米。完成姚家墩周边勘探，勘探面积150万平方米，探出良渚时期台地25处、河道7条、文化层范围7处、沟12条、水域范围2处，勘探结果显示，姚家墩遗址可能反映出良渚古城郊区聚落中的社会组织结构。开展荀山村周边勘探，探出良渚时期台地20处、河道7条、水域范围3个等遗存。

【遗址文物保护研究】2019年1月21日，良渚遗址管理区2018年度文物保护工作会议召开，通报2018年良渚遗址保护区文物保护补尝结果。补偿涉及保护区内20个村（社区）和水坝遗址所在4个村。10月7日，国务院印发《关于核定并公布第八批全国重点文物保护单位的通知》，良渚古城遗址外围水利工程鲤鱼山—老虎岭水坝遗址入选。至此，良渚古城遗址1433公顷遗产区全部被纳入全国重点文物保护单位范围。12月12日，良渚博物院负责的两项浙江省文物保护科技项目"良渚博物院文物数字资源集成整合与分级创建"和"良渚博物院基于裸眼3D屏幕显示技术的文物数字资源制作与应用"通过省文物局结项验收。

【《良渚遗址保护总体规划》修编启动】2019年，为指导"后申遗时代"良渚古城遗址的保护管理工作，落实对国际组织的相关承诺，良渚遗址管委会启动《良渚遗址保护总体规划》修编工作，把水利工程遗址的保护范围和建设控制地带范围一并纳入规划范围，并对原有规划进行调整完善和提升优化。10月完成修编编制单位的单一来源政府采购，11月启动实质性工作。年末前完成第一次现场调研及基础材料收集工作，计划于2021年6月完成报批。

【《良渚遗址综合保护概念性规划》编制】2019年，良渚遗址管委会继续开展《良渚遗址综合保护概念性规划》编制。该规划于2018年启动，编制方为杭州市城市学研究中心。以良渚大遗址的保护为前提，通过坚持保护、传承、利用实现良渚遗址保护1.0到2.0的跨越，打造大遗址保护的新模式。2月完成初稿，6月完成中间成果稿并征求区级部门及属地乡镇（街道）审查意见，12月根据前期审查意见修改完善后完成送审稿。

【外迁农居安置点布点规划和资源环境承载力研究编制】2019年6月，良渚遗址管委会完成《良渚古城遗址外迁农居安置点布点规划》《良渚古城遗址资源环境承载力研究》编制工作。12月，《良渚古城遗址环境承载力评估及农居外迁安置规划》获2019年度杭州市城乡规划设计奖二等奖。这两项成果对遗产有效管理起积极促进作用。

【良渚古城外围水利工程遗址建设控制地带调整】2019年1月25日，省政府发文，批复同意省级文物保护单位良渚古城外围水利工程遗址建设控制地带划定调整方案。根据世界遗产评估专家组的建议，将良渚古城外围水利工程遗址的环境控制区全部调整为建设控制地带。自2018年12月收到国际组织来函要求后，良渚遗址管委会启动方案调整工作，征求瓶窑镇利益相关者意见建议，按流程逐级上报区、市、省政府，及时完成调整，相关资料作为申遗补充材料的重要附件上报国际组织。

【综保二期（良渚文化艺术走廊）滨河景观及周边配套项目】2019年，良渚遗址管委会实施良渚遗址综合保护工程二期（良渚文化艺术走廊）滨河景观及周边配套项目。建设内容主要包括良渚港两侧滨河景观、码头停车场及闸站、河道周边局部道路管网建设。7月完成招投标，8月进场施工，9月完成良渚博物院周边景观提升工程，12月完成东入口提升工程和横二路（长命农居点南侧段）提升工程。项目提升了良渚博物院周边的美丽洲公园和文化艺术走廊区块景观风貌。

【良渚古城遗址公园35千伏勾瓶线"上改下"工程】2019年8月初，为保持遗址风貌协调，良渚遗址管委会对位于良渚古城遗址核心区内的35千伏勾瓶3532线40#塔—52#塔的电力架空线路进行"上改下"施工。12月，土建部分完工并通过现场验收，月底完成线路通电。遗址公园上空的"蜘蛛网"全部改为地下电缆，遗址公园环境风貌更美观和谐，遗址本体更清晰可辨。

【"环良渚遗址党建联盟"成立】2019年5月24日，"环良渚遗址党建联盟"在良渚梦栖小镇成立。联盟由良渚遗址管委会党工委牵头，统筹协调良渚新城（街道）、瓶窑镇及遗址区周边10个村（社区）、5个文创企业、

2019年7月6日，良渚古城遗址公园内实现“5G+AR试衣镜”“5G+MR文物观摩展示”“5G+人工智能机械臂VR书画系统”等应用

（杭州移动公司 供稿）

1所学校结成联盟，并由余杭区委组织部、余杭区委宣传部（文创办）、余杭区教育局、余杭区文化和广电旅游体育局给予常态指导。联盟按照“党建统领、共建共享”原则，发挥党建统领作用，团结动员遗址区各党组织和党员群众传承中华文脉，推进良渚遗址保护和可持续发展。

【良渚学研究】2019年，良渚遗址管委会以良渚学研究为抓手，通过课题转化推动良渚学纵深发展，为良渚遗址保护管理利用提供学术支撑。基本完成“良渚遗址群石器鉴定及石源研究”课题、《严文明论良渚》出版工作，完成《良渚与古代中国——玉器显示的五千年文明展》图录、《张忠培论良渚》出版工作。

【“良渚研学”官方课程发布】2019年11月21日，“中华5000年文明实证——良渚古城STEM科学探索”发布暨长三角良渚研学联盟首倡仪式在第二届长三角国际文化产业博览会上举行，“良渚研学”官方课程发布。该课程是邀请浙江省文物考古研究所、良渚博物院等机构的专家和长三角地区教育专家、一线教育名师联合开发，以国家中小学生研学旅行相关政策要求为标准，以STEM教学模式为方法，整合历史考古和文化教育领域权威优质资源，为全国中小学学生研学良渚推出的官方标准化课程。课程分为小学版、中学版，包括知识讲解、良渚博物院和良渚遗址公园参观探究体验、动手实践课程三大环节，8个专题课程，共15课时～16课时，每个环节所包含的多个课程均以标准化单元设置，保证所有课时、课程可自由组合设置，便于学校根据不同深度要求，灵活定制路线。发布会现场，良渚遗址管委会代表发出倡议，联合长三角地区及全国文旅、教育领军机构组建全国型良渚研学共享服务联盟，多个全国文旅及教育研学行业的企业成为首批联盟成员。

【良渚文化宣传推广】2019年1月，杭州地铁发售己亥猪年纪念票，套装中其一以良渚遗址出土的“玉琮王”为票面。3月27日，余杭区政府、良渚遗址管委会与浙江省文化产业投资集团公司就共同打造“良渚国家级文化高地”签署三方战略合作框架协议。9月，良渚遗址管委会与中国人民银行中国金币总公司合作，启动世界遗产（良渚古城遗址）金银币发行项目有关工作。10月27日，2019年良渚文化推广特使征集活动路演在良渚古城遗址公园举行，推出“良渚文化推广特使”5名和“良渚文化守护者”6名。11月6日，良渚遗址管委会与中国工商银行杭州分行举行战略合作签约仪式，推动良渚文创产业发展。

【遗址公园建设运营】2019年，良渚古城遗址公园实施“10+3+1”旅游基础设施配套提升项目建设。“10”即南入口游客中心片区、何村展示片区、大观山果园互动与服务片区、长命菜场配套餐饮片区、雉山宕口休闲片区、反山姜家山遗址展示片区、西入口游客中心片区、凤山（一福院旧址改造）交流服务片区、瑶山展示片区、池中寺遗址湿地体系展示片区10个片区的提升改造；“3”即完善旅游服务、标识标牌、基础设施3个方面的功能补缺，重点建设休息驿站、生态公厕、直饮水系统，结合展示点、服务点补齐沿路标识标牌系统，同步完善遗址公园的园路、围栏、桥梁、各类井盖等设施；“1”即实施遗址公园园区灯光照明系统建设。7月，旅游基础设施配套项目涉及公园范围完工并对外开放。9月，旅游基础设施配套项目完工，累计完成总建筑面积2.48万平方米、硬质铺装8.40万平方米、绿化面积42.69万平方米。

按照最小干预、最大阐释的原则，在确保遗址本体保护的基础上，实施良渚古城遗址公园“3+1”现场陈列与展示工程项目，即城墙与城门、宫殿区、居址与作坊3个区块展示提升，1个何村考古互动体验区建设。7月，良渚古城遗址现场陈列与展示所有展项与遗址公园同步开放，陆城门、水城门、南城墙、何村考古体验区、河道与作坊区、莫角山、西城墙等向社会公众展示。

良渚古城遗址公园与阿里巴巴集团、腾讯公司等达成战略合作，基本完成大数据平台、智慧预约、智慧导览、智慧入园、智慧停车等智慧公园建设。与杭州移动公司达成战略合作，基本完成5G全覆盖基础建设、商业应用。

【公益文化空间莫角书院开馆】2019年9月28日，莫角书院开馆共建仪式暨莫角讲堂第一期“漫谈良渚史话”在良渚古城遗址公园举行。莫角书院位于公园考古体验区，以弘扬良渚文化为宗旨，为公众提供公益阅读服务。现场，浙江省文物考古研究所和良渚博物院为莫角书院捐赠100

多册珍贵书籍、考古报告、考古图录等。莫角书院现有藏书3000册，甄选以良渚文化为代表的历史文化类书籍，及中外考古和艺术史方面的大家著作。“莫角书院学术顾问团”同日成立。

【国家考古遗址公园文化艺术周】 2019年10月17—24日，首届国家考古遗址公园文化艺术周暨首届良渚文化艺术周、第九届国家考古遗址公园联盟联席会在良渚举行。18日，国家考古遗址公园十年杰出贡献人物红毯仪式和首届国家考古遗址公园文化艺术周开幕式举行，103个国家考古遗址公园发布《关于新时代国家考古遗址公园可持续发展的良渚共识》。艺术周以“共谋、共创、共赢、共享”为主题，以遗址公园为载体，举办摄影展、纪录片（宣传片）展映、文创市集、书画艺术展等活动。

【世界考古论坛良渚行】 2019年12月16日，“第四届世界考古论坛良渚行”活动举行，来自世界各地的100多位知名专家学者考察良渚博物院、良渚古城遗址。世界考古学泰斗科林·伦福儒受邀做题为《从世界史前史语境中谈良渚在世界文明史上的地位》的学术报告。伦福儒认为，良渚已经进入国家文明阶段，让人们对于中国早期文明的理解提前1000多年。

【良渚文明探索营地开营】 2019年12月29日，良渚文明探索营地开营仪式暨首期主题公开课——“良渚文化与中华文明起源”在良渚古城遗址公园举行。营地位于公园西南角，占地面积6.73公顷，建筑面积约7700平方米，可同时容纳近1000人开展研学活动，以“考古”和“良渚文明”为特色内容，以考古为纽带，搭建文化交流、学习与体验的平台。该营地被市教育局授牌为杭州市中小学研学旅行基地。（李力行）

非物质文化遗产

【概况】 2019年，杭州市探索“非遗+旅游”新模式。通过打造线上线下新零售销售场景，在景区、酒店、公共场所等处设立“文化诚信消费体验柜”，将“非遗”衍生产品转化为文化消费商品，并建立各类“非遗”保护传承基地和文旅路线。健全国家、省、市、县（市、区）四级非物质文化遗产保护体系，一批濒临消失的“非遗”代表性项目得到有效保护传承。至年末，杭州市入选联合国教科文组织人类非物质文化遗产代表作名录有4项（“中国篆刻艺术”、作为“中国传统蚕桑丝织技艺”子项目的“余杭清水丝绵制作技艺”“杭罗织造技艺”、作为“中国古琴艺术”子项目的“浙派古琴艺术”、“中国二十四节气”之“半山立夏习俗”）；入选国家级非物质文化遗产代表性项目名录44项，入选数量居全国同类城市第一位；入选省级非物质文化遗产代表性项目名录185项，入选数量居全省第一位；入选杭州市级非物质文化遗产代表性项目名录368项；入选区县（市）级非物质文化遗产代表性项目名录1128项。入选国家级非物质文化遗产代表性项目代表性传承人34人、省级非物质文化遗产代表性项目代表性传承人202人、市级非物质文化遗产代表性项目代表性传承人388人。

【非物质文化遗产保护发展指数居全省首位】 2019年3月，省文化和旅游厅公布《浙江省非物质文化遗产保护发展指数评估指标数据（2018年度）》。杭州市在全省11个设区市中排名第一位，余杭区、西湖区分列各县（市、区）第一位和第五位，标志着杭州市非物质文化遗产保护工作进入科学保护、精细化管理阶段，非物质文化遗产保护走在全省前列。

【非物质文化遗产保护传承基地建设】 2019年，杭州市有余杭区径山镇等5个单位入选第五批浙江省非物质文化遗产旅游景区——“非遗”主题小镇，萧山区戴村镇顾家溪村等8个单位入选第五批省级非物质文化遗产旅游景区——民俗文化村，入选数量居全省第一位；西湖区绕城村等25个单位入选杭州市第二批非物质文化遗产旅游景区——民俗文化村；长江实验小学等16所学校入选第二批杭州市非物质文化遗产传承教学基地。抢救性保护非物质文化遗产，推动活态传承，完成对杭州市29位国家级非物质文化遗产代表性传承人的评估考核；完成27项入选省级非物质文化遗产代表性项目的视频、音频制作，全面记录其表现形式、技艺和保护传承发展状况。

【“文化和自然遗产日”杭州系列活动】 2019年6月6日，2019年“文化和自然遗产日”浙江主场城市——杭州系列活动开幕式在西溪国家湿地公园文化广场举行。开幕式演出分为“奋进新时代”“古韵诗路”“美好家园”“诗画绘浙江”四个部分，展示永康拱瑞手狮、余杭滚灯、景宁畲歌、嵊泗渔歌、昆曲、绍剧等非物质文化遗产项目。活动期间，“非遗互联网+”周年展、杭州市非物质文化遗产展示活动等600多场非物质文化遗产活动在全市各地举行。

【杭州非物质文化遗产在浙江专场新闻发布会展示】 2019年7月12日，国务院新闻办公室在北京举行庆祝中华人民共和国成立70周年浙江专场新闻发布会。现场同步举办“壮丽70年、奋斗新时代”浙江经济社会发展成就展示和非物质文化遗产展示。杭州市的金石篆刻、古琴艺术（浙派）、制扇技艺（王星记扇）、石雕（鸡血石雕）、杭州雕版印刷技艺、绿茶制作技艺（西湖龙井）、杭州刺绣、杭州知味观传统点心制作技艺、传统装帧技艺9个非物质文化遗产项目作为浙江省非物质文化遗产配套展示项目进行展示。

【非物质文化遗产品牌活动打造】 2019年9月23—24日，“指尖上的非遗——杭州传统技艺展评”在太庙广场举行。活动由杭州特色传统美食（点心）制作技艺竞赛和“非遗”代表性项目展示两部分组成，进行“非遗”传承人现场表演、“非遗”项目展示，吸引市民、游客1.2万人，直播有效观看数63.2万次。9月27日，“最忆是杭州”——传统音乐展演在余杭区艺尚小镇举行。活动有效曝光26万余次，直播有效观看数55万余次。10月14日，“壮丽70年·奋斗新时代”——王伯敏剪纸书房展暨捐赠仪式举行，设置“纸中寻梦”“姹紫嫣红”“纸寿延年”“粉墨登场”四大板块，展出剪纸研究系列实物1204件、剪纸相关书籍616件。

【非物质文化遗产宣传推广】2019年，市文化广电旅游局开办春季、暑期、秋季三期包括剪纸、刺绣、盘扣等内容的“非遗”免费培训班，近20门课程，培训近2000人次。10月13—19日，市文化广电旅游局举办市曲艺传承人群研培班，指导曲艺类非物质文化遗产项目保护单位的传承人群及浙江省艺术学校“3+2”的曲艺类专业学生。12月12日，第十届浙派古琴艺术节暨“家学琴传·西湖月会”壶碟会雅集及座谈会举行，当今古琴最具代表性的蜀派、广陵派、吴门派、浙派、梅庵派等11位名家，融汇唐宋元明清五朝老琴，再现“西湖月会”的昔日场景和盛况，探讨中国古琴艺术的传承保护及发展之路。12月27日，以“传统节礼、温暖非遗、记忆犹新”为主题的2019年杭州“非遗”武林年货节举行，展示杭州非物质文化遗产。（陈睿睿）

西泠印社

【概况】西泠印社创立于清光绪三十年（1904年），由浙派篆刻家丁仁、王禔、吴隐、叶铭等召集同人发起创建，是中国成立最早的金石篆刻专业学术团体。1913年，近代艺坛巨擘吴昌硕出任首任社长，历任社长吴昌硕、马衡、张宗祥、沙孟海、赵朴初、启功、饶宗颐。西泠印社于2004年经民政部批准注册登记。“金石篆刻（西泠印社）”为首批国家级非物质文化遗产，西泠印社领衔申报的“中国篆刻艺术”入选联合国教科文组织人类非物质文化遗产代表作名录。西泠印社秉承“保存金石、研究印学、兼及书画”的宗旨，在国际印学界享有崇高地位。

至2019年末，西泠印社有在册社员515人，其中名誉社员44人。2019年，西泠印社吸收新社员14名，其中第十届理事会第三次会议推荐入社11名、论文评奖入社1名、社友会推荐入社1名、新增外籍名誉社员1名。

【己亥春、秋两季雅集活动】2019年4月27日，西泠印社己亥春季雅集在孤山社址举行，100多名西泠印社社员、诗书画印同道共同拜祭先贤，以庆祝中华人民共和国成立70周年为主题进行现场书画篆刻创作。其间，举办“孤山印藏李叔同原印展”和“西泠印社115年社庆捐赠集萃展”，召开社长会议和第十届理事会第二次会议。11月11—12日，“百年西泠·初心致远”西泠印社己亥秋季雅集举行。其间，举办庆祝中华人民共和国成立70周年西泠印社社员作品展，召开社长会议、第十届理事会第三次会议等。作为己亥秋季雅集系列活动的重要组成部分，“朱蜕华典——中国历代印谱特展”、中国印谱史与印学国际学术研讨会、2019年度《西泠艺丛》编辑研讨会于10月中下旬举行。

【艺术创作交流】2019年，西泠印社整合社会资源，以合作办展的形式，开展一系列以庆祝中华人民共和国成立70周年为主题的展赛。与中国美术学院联合举办“含弘光大——庆祝中华人民共和国成立七十周年中国美术学院校友西泠印社社员双兼艺术展”；与浙江省侨联、杭州市侨联、青田县政府联合举办“亲情中华·瑞福新章——庆祝新中国成立七十周年浙江青田石篆刻作品展”；与杭州市文联联合举办“盛世钱塘·韵味杭州——庆祝新中国成立70周年诗书画印展”等；与江干区委、区政府联合举办“弄潮杯”钱塘江全国中国画大赛，并集中三届“弄潮杯”优秀作品及西泠印社部分珍贵藏品到北京举办展览；与湖州市政府联合举办首届“吴昌硕国际艺术奖”评选活动，部分入展作品在国内外巡展。

【“百年西泠·中国印”西泠印社布拉格特展】布拉格时间2019年8月22—29日，庆祝中捷建交70周年“百年西泠·中国印”西泠印社布拉格特展在捷克布拉格举行，展出由西泠印社社员创作的43方“人文奥运”系列印章原石和70幅书法、国画艺术精品。开幕式上，两国艺术家以现场创作的方式，进行艺术交流，双方互赠作品。

【创作型人才培养】2019年，西泠印社书画篆刻院开展诗、书、画、印等艺术创作实践活动，举办李早、崔志强、来一石、吴静初、赵熊、黄尝铭等名家工作室高端艺术培训及2019届名家工作室结业典礼暨师生作品展，编印作品集3册。协办名家工作室师生作品全国巡展，在杭州、扬中、内江、泸州、汕头各地巡展。8月，举办西泠印社2019年度中青年社员研修班；

布拉格时间2019年8月22—29日，庆祝中捷建交70周年“百年西泠·中国印”西泠印社布拉格特展在捷克布拉格举行
（西泠印社 供稿）

10月，为全国省级工会主席培训班提供书法、篆刻方面工作支持；12月，指导省普法教育领导小组办公室、省农村信用社联合社联合主办第二届浙江省农信杯“法润之江”主题书法展，推出杭州地铁1号线——“书法说宪法”主题车厢。协办余正名家班年会，张耕源名家班年会，“上银·湖畔”书法、国画高级研修班，浙江省女书法家协会书法骨干创作研修班，南北拾芳——浙江·辽宁女书家作品联展。全年开展教学培训34场，授课时间140天，参与培训人员295人。组织学员参加由西泠印社、中国书法家协会组织的全国大型书法篆刻赛事，100多名学员获奖、入展，1名学员加入西泠印社，27名学员加入西泠印社社友会。至年末，名家工作室的学员中有10名加入西泠印社，75名加入西泠印社社友会。

【捐赠移交藏品、作品接收】2019年，西泠印社文物库房接收高定珠移交的高式熊珍贵文化资料1236件（组），接收市文化广电旅游局移交的华侨饭店改制时转存字画420件（组），接收西泠印社社委会综合档案室移交的印章、书画作品约1400件（组）。接收陈振濂、韩天衡、孙家潭、李刚田、郭强、岐岖、戴明贤、金耀基、高木圣雨、春季雅集等捐赠作品259件（组）。

【文物藏品资料宣教作用发挥】2019年，西泠印社文物管理处及文物库房发挥文物藏品资料的宣教作用，以文物安全使用为前提，与政府机构、各博物馆、美术馆合作办展参展。参与“中华人民共和国成立70周年新闻发布会浙江非遗展示活动”（北京）、“庆祝中捷建交70周年‘百年西泠·中国印’西泠印社布拉格特展”、“盛世钱塘·韵味杭州——庆祝中华人民共和国成立70周年诗书画印展”（杭州）、“吴昌硕书画篆刻艺术展”（深圳）、“朱蜕华典——中国历代印谱特展”（杭州）、“中华人民共和国成立70周年作品展”、“美德嘉行——韩登安篆刻《西泠印社胜迹留痕》特展”（杭州）、“古韵今声”西泠印社藏孤山胜迹印痕展（日本东京）等展览22次，借出展品1006件（组）。

【“西泠印社抢救性非遗艺术系列纪录片”项目】2019年，西泠印社与浙江大学国际影视发展研究院合作开展“西泠印社抢救性非遗艺术系列纪录片”项目。完成《顾振乐》《李刚田》《饶宗颐》《童衍方》4部专辑的拍摄制作工作。其中，《李刚田》专辑入选市委宣传部“2019年杭州市文化精品工程”。

【“西泠公益行”活动】2019年，西泠印社推出以服务中西部地区为主的“西泠公益行”活动，以送文化下乡、文化扶贫扶智为宗旨，组织社员和志愿者，推出艺术展览、讲座、慰问、捐赠等公益性质的惠民文化活动，在地域上填补社团在中西部贫困地区系统化开展公益艺术活动的空白，在服务对象上填补经济文化相对薄弱的青少年群体的文化宣传扶持。至年末，西泠印社在四川省广元市和西昌市、成都市成华区及吉林省白山市抚松县、江西省方志敏干部学院等地举办公益活动5期。

【“西泠学堂”活动】2019年6月，西泠印社社委会联合香港集古斋有限公司在香港开展“西泠学堂”活动，举办新入社的两名香港社员颁证仪式，参加“百年西泠与西泠学堂”座谈会，拜访松荫轩并举办松荫轩印谱展。同月，举办澳门“西泠学堂”揭牌仪式及“白鹤艺术展”开幕仪式。8月，举办香港“西泠学堂”暑期游学班到杭州游学活动，200多人参与。为扩大‘西泠学堂”影响力，10月底11月初，到日本举办“古韵今声”西泠印社藏孤山胜迹印痕展，同时举办“西泠学堂”日本公开课。

【中国印学博物馆建馆20周年系列活动】2019年，中国印学博物馆主办、承办各类临时展览25个，围绕印学、印史、印人研究，推出系列展览。引进、承办“眉寿不朽——张廷济金石书法展”“邓尔雅篆刻作品展”“心心相印——赖少其与西泠印社名家艺术交流文献作品（杭州）巡展”“戎壹轩藏秦系陶文专题展”等临时展览。其中，“戎壹轩藏秦系陶文专题展”是秦系陶文首次规模展出，对秦系文字整理和挖掘、古文字研究和传承、篆刻创作具有推动作用。展览同时，张小东捐赠秦系陶文100件。中国印学博物馆借助举办高质量临时展览，鼓励藏家捐赠，新增邓尔雅原拓印谱1函7册，郑朝阳篆刻原石3件、印屏1件。

中国印学博物馆组织、参与“篆刻进校园，进社区”活动20多次，到广东省汕头市开展西泠印社、中国印学博物馆“印之爱”篆刻艺术宣教活动，首次举办“印之爱”篆刻公益讲座。

【《西泠艺丛》创刊40周年纪念活动】2019年，为纪念《西泠艺丛》创刊40周年，《西泠艺丛》编辑部开展系列纪念活动。6月，出版《西泠艺丛》创刊40周年纪念专刊。10月，举办《西泠艺丛》创刊40周年暨2019年度《西泠艺丛》编辑研讨会，邀请来自全国各地文博系统、高校出版社及期刊编辑部的50多位专家学者，听取意见建议。《西泠艺丛》于1979年创刊，秉承西泠印社宗旨，成为海内外社员艺术交流和印社内外艺术家研究诗书画印的重要学术阵地。2019年，《西泠艺丛》入选中国期刊协会“庆祝中华人民共和国成立70周年精品期刊展”。

（西泠印社社委会）

【西泠印社集团社会效益提高】西泠印社集团成立于2008年，是杭州市市管一级国有企业，统一管理运作西泠印社经营性国有资产和“西泠印社”“西泠”注册商标、版权等无形资产。现为国家文化产业示范基地，两次被中宣部、文化部、国家广电总局、国家新闻出版总署联合评为全国文化体制改革先进企业（单位）。集团旗下有10多个一二级全资、控股或参股子企业（单位），以拍卖、出版、文创为龙头，以艺术品鉴定评估、美术馆为学术两翼，以展览、活动、发布为交流平台，形成较完整的艺术品产业链。主要经营范围涉及艺术品二级市场和一级市场、鉴定评估、出版发行、艺术博览会、文创产品研发销售等。

2019年，西泠印社集团以庆祝中华人民共和国成立70周年为主线，把社会效益放在首位，实现社会效益和经济效益相统一。全年举办

西泠印社出版社出版的《中国珍稀印谱原典大系》（西泠印社集团 供稿）

主题展览23场、讲座11场、鉴定活动10场。开展“亲情中华·瑞福新章”国内外系列展览、“不忘初心、弄潮钱江”西泠毅行、“我和祖国共成长”快闪等活动；到匈牙利、日本、波兰等国家和地区举办“舞动的线条——庆祝中匈建交70周年暨西泠印社名家特展”“‘锦带桥’纪念吴昌硕先生175周年诞辰系列活动之西泠雅韵——童衍方书画篆刻展”“大美与共——西泠印社社员艺术讲座交流活动”等艺术活动。组织社员以“大美与共、艺者无疆”“浙水千秋、山海协作”等为主题，到建德市梅城镇等省、市重点工作推进一线，湖北省恩施州、贵州省黔东南州等脱贫攻坚一线地区开展采风创作、书画篆刻进校园、结对文化帮扶等活动。组织100多名党员干部职工到萧山区义桥镇开展“走亲连心三服务”活动，结对党建“联心桥”推进高雅艺术进社区，组织“鉴宝故事汇”服务市民。宣传篆刻、印泥、裱画、拓印等传统技艺，核心产品“古法黄金印泥”获第十四届中国民间文艺“山花奖”，西泠印谱工坊出品《印证宛丘》《圣鹤自用印谱》等多种印谱。

【西泠印社出版社稳步发展】2019年，西泠印社出版社实现营业额8161万元，利润816万元，比上年增长11.7%。全年申报选题561个，出版新书359种，重印图书152种。其中：《中国珍稀印谱原典大系》获国家出版基金项目资助，《古琴名谱集珍》《历代古琴文献汇编——琴曲释义卷》获中宣部2019年中华民族音乐传承出版工程精品出版项目资助，《孤山路31号》等5种选题入选2019年浙江省重点出版物出版计划。《中国书法异体字大字典：附考辨》获第二十八届浙江树人出版奖正式奖，10多种图书获省部级以上奖项。出版的义务教育三至六年级教材《书法练习指导》，每年使用学生超1500万人，自2015年起，累计使用学生超8000万人。持续推进“清风雅韵”系列子品牌项目开发，创新发行思路。探索媒体融合新方式，联合“浙视频”平台策划推出《不时不食》国学美食网络短视频栏目。

【西泠拍卖有限公司总成交额近30亿元】2019年，西泠拍卖有限公司总成交额近30亿元，其中网络拍卖总成交额突破2亿元。12月举办的“西泠印社2019秋季十五周年拍卖会”总成交额16.6亿元，35个拍卖专场中12个专场成交率超过90%，创下多项拍卖纪录。9月，西泠拍卖有限公司获中国拍卖行业协会颁发的行业最高奖项——“青花奖”五项大奖，再次蝉联“中国文物艺术品拍卖年度十佳企业”称号；12月，获中国拍卖行业协会颁发的“2019中国拍卖行业年度影响力”奖。

【西泠文创板块培育】作为金石篆刻文化的传承者，西泠印社集团整合利用西泠印社优质资源，加快整合存量板块业务，巩固优化原有产业链，全力培育、做大做强做优文创新板块。2019年，西泠印社集团文创板块营业额6608万元，比上年增长28.4%，获中央电视台《焦点访谈》栏目采播，西泠印社老字号专承与创新优秀传统文化成为焦点。为良渚古城遗址设计“良渚文化”品牌形象标识，获2019年红点设计大奖和2019年德国国家设计奖；为2019年全国大众创业万众创新活动周设计“大众创业万众创新”印章和吉祥物；受市委、市政府所托，连续8年为杭州市新满100周岁的老人设计“期颐之贺”专属定制印章；为历届“杭州工匠”称号获得者定制专属“工匠印章”并设计“杭州工匠”奖杯；连续3年为杭州马拉松设计特色印章式完赛奖牌“杭马印”。（赵 敏）

责任编辑 郦 晶

公共文化 39

公共图书馆

【概况】至2019年末，杭州市有公共图书馆15个，13个区县（市）图书馆达到一级图书馆标准，有乡镇（街道）图书馆169个、村（社区）图书馆（室）2695个。4月23日起，杭州图书馆联合杭州地区公共图书馆发起免除逾期费倡议，推出免除图书逾期费的惠民举措。在全市四级公共图书馆服务体系建设"全覆盖、均等化"基础上，聚焦"特色化"，制定《杭州图书馆主题分馆建设与管理规范》。新建李白诗词文化主题分馆、钢琴主题分馆、康养主题分馆、国际分馆等9个主题分馆，累计有主题分馆28个。12月，出版《主题图书馆的杭州模式》专题图书，并举办学术研讨会。

【11个"杭州书房"建成】2019年，杭州图书馆创新提出构建"杭州书房·旗舰馆""杭州书房·特色馆"和"杭州书房·悦享馆"三大体系，与市公共图书馆四级服务体系相辅相成，推动公共文化旅游事业创新发展。至年末，建成"杭州书房"11个，累计服务5万余人次，开展各类主题活动160多场，实现图书流转10万余册（次）。

【杭州图书馆参加杭州文博会】2019年9月19—23日，第十三届杭州文化创意产业博览会暨中意文化创意产业高峰论坛在杭州举行。杭州图书馆展馆以"YUE"为主题，以"书香味＋科技感"形式，在现场举行图书馆借阅服务和阅读推广活动，为市民提供3D打印、乐高编程、光影阅读、书画艺术、古筝茶道、汉服朗诵、快闪图书馆等现代图书馆先进设备和多元文化服务体验，展现"YUE杭图"品牌形象和内涵。

▶资料："YUE杭图"品牌

2018年5月20日，为提高杭州图书馆品牌的识别度和公众凝聚力，"YUE杭图"品牌发布。杭州图书馆品牌宣传主张是"YUE"，以拼音"YUE"的读音来诠释多种内涵，用"阅""约""乐""悦""跃"等意义各不相同的同音字，阐述杭州图书馆多元化的服务内容和内涵。

【"知识创新驱动文旅新发展"论坛】2019年10月22—23日，"知识创新驱动文旅新发展"论坛在杭州图书馆举行，来自全国公共图书馆、部分高校图书馆等行业单位的领导和代表约250人参加。论坛围绕"知识创新视野下的公共知识生产、管理与传播""文旅融合视角下的城市品牌建设与文化传承"主题展开研讨。论坛开幕式上，由杭州图书馆和中国知网共同打造的"杭州文化旅游知识库"上线发布。"杭州文化旅游知识库"依托物联网、云计算、大数据、人工智能等技术，通过深挖杭州历史文化故事，构建历史大事记、特色文化、杭州景区、历史名人、文化地图全方位一体化的知识服务体系，促进文旅融合发展。

"杭州书房"之运河书屋内景 （市文化广电旅游局 供稿）

【杭州都市圈城市图书馆联盟成立】2019 年 12 月 13 日，杭州图书馆联合湖州、嘉兴、绍兴、衢州、黄山五地城市图书馆成立杭州都市圈城市图书馆联盟，共同签署“合作共识”。6 个图书馆计划建立文献资源协作机制和阅读推广活动联动机制，共建共享特色资源，开展学术交流和人才培养，旨在实现公共图书馆事业的协同联动发展，助推杭州都市圈建设，携手融入长三角区域一体化发展。

【杭州图书馆阅读惠民活动】2019 年，杭州图书馆围绕“我和我的祖国”主题，策划推出四大系列阅读和文化活动 2668 场，298.22 万人次参与。其中：“国艺传承”系列，以中国传统文化推广为核心，结合传统节日，以剪纸、国乐、武术、戏曲等内容为载体弘扬中国优秀传统文化；“阅读礼赞”系列，以 4 月 23 日世界读书日专题活动为重点，开展“国学经典沙龙”、“为地球朗读——2019 全民阅读公益行动”读书分享会、作者见面会、全城共读、走读杭城等活动，鼓励市民多读书、读好书；“家国大爱”系列，举办小候鸟快乐暑期夏令营活动、杭图公益班、“温暖阅读”、敬老月专题活动等，为特殊群体提供阅读和文化服务；“建国庆典”系列，开展“我爱我的祖国——庆祝建国 70 周年诗歌朗诵会”、杭州城市发展图片巡展等活动。

【少儿阅读服务体系建设】2019 年，杭州少年儿童图书馆与社会力量合作，拓展“悦读快车——孩子们的流动图书馆”项目服务范围，涉及 13 个区县（市）的 21 所偏远学校，服务学生 1.37 万名，借阅文献 1.49 万册（次）。杭州少年儿童图书馆持续推进馆校（园）合作阅读服务网点建设，在全市范围建成中小学校、幼儿园阅读服务网点 66 个，将优质图书期刊和阅读推广活动送到学生身边，促进学校阅读、家庭阅读和全民阅读。

【杭州少年儿童图书馆活动】2019 年，杭州少年儿童图书馆承办“魅力声音——家·变化”全省少儿故事音频征集活动，收到 27 个公共图书馆、学校递交的 437 件作品，1.37 万人参与。评选“2019 我最喜爱的童书”（杭州地区）活动，开展配套阅读推广近 60 场，1 万余名学生参与投票。开展“祖国在我心中”文艺会演、70 部中国经典儿童文学作品展、“古老的祖国，崭新的我”诗歌朗诵会等主题少儿读者活动，3.2 万人次参与。举办“绿野仙踪”主题活动、良渚文化主题绘本童书分享会等。

【杭州少年儿童图书馆“尚善之家”主题分馆挂牌】2019 年 7 月 16 日，杭州少年儿童图书馆“尚善之家”主题分馆在河坊街挂牌，是上城区民政局与杭州少年儿童图书馆合作成立的首个主题分馆。馆内配送和更新少儿读物及家庭教育类书籍，定期举办以阅读推广为主题的文旅活动。8 月，该分馆成为 2019 年杭州市民体验日全国青年“杭州体验”打卡点。至年末，“尚善之家”主题分馆接待 2000 人次，借阅图书 324 册（次），开展活动 6 场，160 人次参与。

【杭州少年儿童图书馆数字资源覆盖中小学校项目】2019 年，杭州少年儿童图书馆在优化少儿图书馆数字文献资源经费使用、整合馆藏数字资源基础上，丰富“公共图书馆数字资源覆盖中小学校”项目。通过杭州少儿图书馆“课后也精彩”青少年课外阅读平台，为杭州市中小学师生提供可免费浏览下载的数字阅读教育资源 12 种，年访问量 953 万余人次。

（市文化广电旅游局）

博物馆

【概况】至 2019 年末，杭州市有公共博物馆 76 个，其中国家一级、省级博物馆 5 个。按类型分，有综合性博物馆 9 个，专题性博物馆、陈列馆 67 个。按办馆对象分，有国有博物馆 48 个，民办博物馆 28 个。新增杭州西湖龙井茶博物馆、余杭颉德文化博物馆 2 个民办博物馆。杭州博物馆等 6 个单位成立大运河（浙江）城市博物馆联盟。萧山区 15 个博物馆（纪念馆、民营馆）成立“萧山区博物馆联盟”。

全市各博物馆举办临时展览 300 多场，参观人数超过 2800 万人次。杭州工艺美术博物馆、杭州博物馆获第十三届（2018 年度）全省博物馆陈列展览精品奖，杭州市萧山跨湖桥遗址博物馆获优秀奖。

【临安博物馆开馆】2019 年 1 月 28 日，临安博物馆开馆。博物馆位于临安区锦城街道天目路 300 号，总投资 3.5 亿元，建筑面积 1.05 万平方米，展陈设计面积 3550 平方米。展厅分为基本陈列厅、精品厅和临时展厅。基本陈列厅为临安历史文化基本陈列展示，主题为“东南乐土 吴越家山”，特色展厅为“吴越胜览——吴越国精品

2019 年 1 月 28 日，临安博物馆开馆。图为临安博物馆展厅内景

（李 忠 摄）

2019 年杭州主要博物馆特色临时展览

表 61

博物馆	主要临时展览名称
杭州博物馆	“重大的转折·伟大的胜利——庆祝南京杭州上海解放 70 周年史料展” “海上流韵——首届大运河（浙江）城市博物馆联盟暨海派书画家作品展” “同心守护——杭州博物馆藏杭州海关罚没文物特展” “墨香书韵·以爱为旗——浙江省书法教育研究会实验基地五校联谊书法展”
西湖博物馆	“玉魂国魄——荆州楚国陵园和贵族墓出土玉器展”“一点灵犀得自然·诸乐三书画印特展”“我心相印湖山间——西湖文物及摩崖石刻展” “我心相印湖山间——西湖佛教艺术展” “‘不忘初心·逐梦前行’红色经典影视海报图片展” “含弘光大——庆祝中华人民共和国成立七十周年中国美术学院校友西泠印社社员双兼艺术展”
中国茶叶博物馆	“余香悠长岁月间——中国茶叶博物馆馆藏茶文化纪念实物鉴赏”“盛世清尚——宋代茶文化展”“嘉色常在——中外博览会上的中国茶” “茶世知雅——茶香知世博，风雅道生活”
杭州南宋官窑博物馆	“发现杭州——新中国成立 70 周年杭州地区考古成果展” “苏州博物馆藏明清文房器具展” “杭州市第十二届中小学生陶艺大赛优秀作品展” “温·润——武汉博物馆藏历代玉器展”
杭州名人纪念馆	“世人眼中的章太炎——纪念章太炎 150周年诞辰展”“春天——中国名家新年小品西湖行”“庆祝建国70周年——笔歌墨舞·汪永江作品展”
杭州工艺美术博物馆	“潘成松石雕艺术展” “传统 @ 现代：民族服饰之旧裳新尚——杭州站·美美与共” “南宋小百工青少年教育体验展” “海市蜃楼——17 至 20 世纪中国外销装饰艺术展” “我们的十年——杭州工艺美术博物馆群建馆十周年回顾展” “雕 + 塑·星城——当代艺术家作品联展” “第一届匠心·匠作工艺美术成就展” “回首经典·铭记辉煌——新中国陶瓷雕塑精品展”
韩美林艺术馆	“诸事大吉——己亥年生肖画展” “韩美林动物彩墨生肖艺术展” “福·泰——走进韩美林的动物世界书画特展”
杭州京杭大运河博物馆	“拱墅革命史” “‘运河情·童梦想’儿童主题展” “庆祝中国共产党建党成立九十八周年‘不忘初心、牢记使命’主题书法展”
中国湿地博物馆	“宁夏岩画展”“废弃物主题艺术展”“馆藏蝴蝶标本展”“2019 湿地主题绘画大赛获奖作品及历届金奖作品展”“南宋记忆展”
章太炎故居纪念馆	“灵源情——太炎先生后裔捐献文物特展” “疯·狂——章太炎与鲁迅的故事”
良渚博物院	“君子比德于玉——故宫博物院藏清代宫廷玉器精品展”
萧山博物馆	“红色记忆——萧山革命史料展” “之阴的故事——新中国成立 70 周年萧山特展”
萧山跨湖桥遗址博物馆	“远古回声——半坡遗址和半坡文化展” “石说古今·陶玉光辉——敖汉史前文物精品展” “跨湖桥·河姆渡出土文物特展”
余杭博物馆	“雕刻大山的民族——哈尼服饰文化展” “海峡两岸书画作品展” “翰墨长情——喜迎建国 70 周年余杭三人书画展” “追忆不熄——余杭革命文物展”
富阳博物馆	“家在富春江上——纪念改革开放四十周年乡镇（街道）文化工作成果展” “延寿长相思——汉代瓦当展” “富阳籍著名画家朱琍先生捐赠藏品展” “庆祝中华人民共和国成立 70 周年——富阳历年考古成果展” “红色记忆——奋斗与梦想富阳历史图版展”
临安博物馆	“烟雨天青——上林湖越窑青瓷展” “旧貌变新颜——杭州美丽乡村中国画展” “壮丽 70 年 奋斗新时代——庆祝新中国成立七十周年钱高潮、李治艺术作品展” “留住城市记忆——杭州市临安区近年考古成果展” “红色记忆——杭州市革命文物保护利用成果展”
桐庐博物馆	“诗情画意寄桐庐——朱颖人、金志敏师生书画作品展” “鸟向花间语——嘉兴博物馆书画精品展” “见证桐庐——庆祝中华人民共和国成立 70 周年展”
淳安博物馆	“‘漫画人间’方志成漫画作品展” “‘丝路心语’中国蚕丝织品展” “‘刀与笔’——姚思铨与浙江抗日救国展” “壮丽 70 年奋进新时代，电影海报中的初心之旅展”

文物陈列”，以吴越国王陵及王室家族墓的资料与文物为展示主体。

【章太炎故居纪念馆改扩建工程竣工】2019 年 11 月，章太炎故居纪念馆改扩建工程历时近两年后竣工并通过验收。改扩建后的章太炎故居拥有基本陈列厅、故居本体展厅、临时展厅、游客服务中心、第二课堂活动区、国学讲堂、太炎研究中心等功能区，管理面积由 1460 平方米扩展到 2700 平方米。11 月 30 日，章太炎故居纪念馆改扩建后复开放暨太炎研究中心揭牌仪式举行。活动当天，“太炎先生后裔捐献文物特展”“章太炎与鲁迅故事展”首次展出，展览的文物资料均由章太炎后裔捐赠，包括章太炎及其夫人汤国梨手写的书法作品，章太炎之子章奇与章太炎弟子之间的往来书信及生前所用物品等共 1171 件。

【韩美林艺术馆三期建成开馆】2019 年 12 月 22 日，韩美林艺术馆三期开馆暨作品捐赠仪式举行。现场，韩美林向杭州市政府捐赠 500 件作品，包含书法 21 幅、绘画 303 幅、雕塑 15 尊、陶瓷 108 件、民间工艺作品 53 件。韩美林艺术馆三期位于杭州植物园内，建筑面积扩增 1500 平方米，展陈面积增加 4200 平方米，新建公教厅、工艺厅、学术厅 3 个展厅，馆藏藏品增至 2000 件。其中：公教厅主要为青少年游客提供互动体验，以“寓教于乐”为核心理念，帮助观众参与探索实践；工艺厅首次展出韩美林黑陶、青瓷、琉璃、蓝印花布、木雕等门类的工艺作品；学术厅主要用于开展学术交流活动、学术文献展示、阅读休闲。 （章珠裕）

【杭州吴山明美术馆开工建设】2019

2019年12月22日，韩美林艺术馆三期开馆。图为韩美林艺术馆三期工艺厅（市园文局 供稿）

年10月，杭州吴山明美术馆项目开工建设。该项目位于之江路91号，地处西湖景区西南侧，场地北靠月轮山，南对之江路、钱塘江，西邻六和塔，东望钱塘江大桥。建筑规模为小型博物馆建筑，占地面积894.13平方米，总建筑面积2884.72平方米，其中地上1248.4平方米、地下室1636.32平方米。投资概算2820万元，并计入政府投资预算项目。项目建成后，将陈列书画等文化艺术作品，引进精品文化展陈产品。（梁 之）

【"良渚遗址是实证中华五千年文明史的圣地"获全国博物馆十大陈列展览精品奖】2019年5月18日，第十六届（2018年度）全国博物馆十大陈列展览颁奖仪式在湖南省博物馆举行，良渚博物院的"良渚遗址是实证中华五千年文明史的圣地"获全国博物馆十大陈列展览精品奖。该陈列展览为良渚博物院2018年完成提升改造之后推出的基本陈列，分为"水乡泽国""文明圣地""玉魂国魄"3个单元。展览围绕"良渚遗址是实证中华五千年文明史的圣地"主题，展示良渚遗址80年的考古成果及多学科合作新成果。

【庆祝南京杭州上海解放70周年史料展】2019年4月28日至7月8日，"重大的转折·伟大的胜利——庆祝南京杭州上海解放70周年史料展"在杭州博物馆举行。该展览由杭州西湖风景名胜区管委会、市委党史研究室主办，分"人间正道""解放杭州""沧桑巨变"3个部分，展出史料和图片400多件（幅），介绍人民解放军解放南京、杭州、上海的历程和人民群众支前、接管城市等史实。开幕式上，南京、杭州、上海的5个博物馆签订"长三角地区'红色文化服务示范合作'协议"。

【杭州地区考古成果展】2019年9月27日，"发现杭州——新中国成立70周年杭州地区考古成果展"在杭州南宋官窑博物馆开幕。该展览由市园文局和杭州西湖风景名胜区管委会主办，杭州市文物考古研究所和杭州南宋官窑博物馆承办。展览分"文明的曙光""文化的碰撞""城邑的崛起""首府的兴盛""国都的荣光""都市的繁荣"6个单元，以及"杭州历代佛教文化遗迹""钱塘江历代海塘遗址""西湖的保护和利用""大运河的保护和利用"4个专题板块。展出杭州地区出土的文物500多件（套），时间从史前至明清，展示中华人民共和国成立以来杭州地区专业系统考古成果。配合展览推出3场考古与历史文化讲座、3场考古文化沙龙论坛、3场走读考古遗址现场活动。展览计划持续到2020年3月29日。

【杭州市中小学生陶艺大赛】2019年4月，杭州南宋官窑博物馆启动杭州市第十二届中小学生陶艺大赛。大赛主题为"我和我的祖国"，91所中、小学校选送参赛作品242件（组）。评选出一等奖15件（组）、二等奖33件（组）、三等奖74件（组）。11月30日，大赛颁奖典礼暨优秀作品展在杭州南宋官窑博物馆举行，优秀作品展展出至12月28日。

【青少年创意剪纸大赛】2019年5月，杭州工艺美术博物馆启动第九届青少年创意剪纸大赛。大赛主题为"我和我的祖国——庆祝新中国成立70周年"，首次采用杭州赛区和全国赛区双赛区赛制。杭州赛区以"我和我的祖国——庆祝中华人民共和国成立70周年"为主题，收到作品712幅；全国赛区以"红色记忆"为主题，收到作品1022幅，涉及26个省（自治区、直辖市）。大赛期间，在全国开展推广活动14场，涉及11个省（自治区、直辖市），各地根据自身特色，结合大赛主题，开展专家讲座、专题课程、剪纸展览、体验互动等活动。12月20日，大赛颁奖仪式在中国刀剪剑博物馆报告厅举行，主办方为获奖选手、优秀指导老师、优秀组织奖颁奖。

【"童画杭州名人"主题绘画大赛】2019年5月29日，第十届"童画杭州名人"主题绘画大赛在长江实验小学体育公园校区启动。启动仪式上，杭州名人纪念馆和长江实验小学体育公园校区签订馆校共建协议和一年级志愿者服务协议。大赛主题为"红色记忆"，收到86所学校和机构选送的作品800多件。评选出一等奖10名、二等奖20名、三等奖30名、优胜奖150名、优秀组织奖9个、优秀指导教师奖10名。优秀作品在唐云艺术馆展出。

【青少年西湖明信片大赛】2019年6月，第八届青少年西湖明信片大赛在西湖博物馆启动。大赛主题为"红色记忆"，杭州地区200多所学校和美术机构参赛。评选出331幅获奖作品，其中特等奖2名、一等奖20名、二等奖53名、三等奖31名、优胜奖175名。大赛评出最佳指导老师奖20

名、优秀指导老师奖22名、最佳组织奖23名、优秀组织奖25名。获奖作品展计划于2020年1月11日至2月10日在西湖博物馆展出。

【杭州市讲解员职业技能竞赛】2019年2月26—28日，2019年杭州市讲解员职业技能竞赛举行，来自全市26个博物馆、纪念馆、展览馆、陈列馆、文化馆、科普基地的202名讲解员参加。竞赛分笔试、初赛、决赛三个阶段进行。笔试重点考察中国古代人文、历史知识以及讲解员专业知识，占总分的10%，其中110名讲解员入围初赛；初赛由讲解员围绕“红色记忆”主题，现场讲解自行准备的一段讲解词，占总分的20%，其中45名讲解员入围决赛；决赛由讲解员根据随机抽取的考题临场发挥讲解，占总分的70%。竞赛评定五星级等次讲解员3名、四星级讲解员27名、三星级讲解员50名、二星级讲解员110名。

（章珠裕）

文 物

【概况】至2019年末，杭州市有世界遗产3处、全国重点文物保护单位48处、省级文物保护单位93处、市（县）级文物保护单位544处、市级文物保护点508处。市园文局完成第五批市级文物保护单位文保标志碑树立工作。编制完成《第五批市级文保单位用地保护规划》和《杭州钱塘江海塘保护与利用规划》送审稿，印发《杭州市革命文物保护利用工程（2019—2022年）实施方案》。完成30个审批项目和45个日常管理备案。农村历史建筑保护工程投入专项资金2200万元，修缮农村历史建筑80处。淳安县被列入“革命文物保护利用片区分县名单（第一批）”。

市园文局全年完成考古勘探及发掘项目107项，其中考古发掘13项。勘探面积536万平方米，发掘面积1.12万平方米。紧急处理突发事件8起。发掘墓葬479座，出土文物标本6532件（组），修复文物217件（组）。南宋德寿宫考古遗址、潘山吴越国建筑遗址、钱江新城古海塘遗址入选“2019年度浙江考古重要发现”。

【吴越国王陵考古遗址公园建设】2019年5月，《吴越国王陵钱镠墓、康陵、钱宽水邱氏墓保护规划（2019—2035）》经国家文物局批准，并由省政府予以公布。8月，《临安吴越国王陵考古遗址公园规划》获省政府批准。10月，吴越国三陵钱镠墓环境整治项目获国家文物局批准。11月，临安吴越国王陵考古遗址公园动工建设。吴越国王陵位于临安区锦城街道、玲珑街道和锦北街道，包括吴越国第一代国王钱镠之墓、吴越国第二代国王王后马氏之墓及钱镠父母钱宽、水邱氏之墓，于2018年6月入选第二批省级考古遗址公园。

【杭州天主教堂修缮工程】2019年5月，杭州天主教堂主教府修缮方案经省文物局审核通过。杭州天主教堂位于下城区中山北路415号，为省级文物保护单位。浙江省天主教杭州教区启动主教府修缮工程，维修面积约900平方米，投入维修资金300万元，通过更换霉烂木楼板、修补开裂墙体、对木结构进行保养维护、屋面进行翻漏、更换破损门窗等，对主教府墙体、梁架、屋面、门窗进行修缮。12月，主教府修缮工程基本完成。

【桂芳桥修缮工程】2019年6月，余杭区启动桂芳桥修缮工程，桥长18.55米、宽5.06米、跨径10.45米，工程至8月结束。桂芳桥位于余杭区临平街道东大街，南北向横跨于上塘河上，为全国重点文物保护单位大运河（杭州段）的组成部分。经过安全监测，发现由于顶部桥亭过重导致桥拱券变形、券顶下沉及金刚墙石条断裂。工程于2018年10月8日由省文物局批复立项，投入维修资金50万元。此次修缮工程对1991年建造之钢筋混凝土桥亭予以拆除，修缮变形桥拱券，后期复制的“临平重建桂芳桥记”碑计划移至大运河全国重点文物保护单位保护标志碑侧，消除桥体安全隐患，恢复历史原貌。

【德寿宫遗址考古发掘】2019年，杭州市启动南宋德寿宫遗址考古工作，考古发掘区域位于德寿宫前苑西北部，局部涉及中轴线位置，发掘面积6800平方米。新发现有大型宫殿基址、砖砌道路、砖砌庭院地面、台阶、假山基础、排水设施等各类建筑遗迹，出土遗物3000多件。南宋德寿宫遗址位于上城区望江路北侧，始建于绍兴三十二年（1162年），为宋高宗赵构退位后居所，与南宋皇城遥相呼应，坊间也称北大内，占地面积近17万平方米。

【临安潘山吴越国建筑遗址考古发掘】2019年1月，杭州市文物考古研究所和临安区文保所完成对潘山吴越国建筑遗址联合考古发掘。潘山吴越国建筑遗址位于临安区科技大

德寿宫遗址航拍　　（市园文局 供稿）

道北侧潘山村，考古发掘工作于2018年12月启动，发现墓葬32座、窑址2座、建筑基址1处。墓葬以汉六朝为主，窑址为六朝时期马蹄形砖窑。建筑基址发现夯土台基、散水、天井、道路等遗迹，出土遗物多为五代与宋代瓷器，推测可能与吴越国至宋代的彭祖庙有关。

【钱江新城古海塘遗址考古发掘】2019年5月，为配合钱江新城二期建设，杭州市文物考古研究所完成对江干区彭埠街道沿线的考古调查和勘探。该工作于2018年5月启动，发现类型各异的海塘。土塘为宋明延续至清代的范公塘；柴塘为清康熙年间始筑，后屡经岁修；条块石塘为清乾隆四十九年至五十一年（1784—1786年）修筑。此次考古发掘首次发现柴塘和石塘并行的双塘结构海塘。

【圣果寺遗址考古发掘】2019年12月，为配合圣果寺遗址的环境整治工程，杭州市文物考古研究所完成对圣果寺遗址考古发掘。圣果寺遗址位于将台山与凤凰山之间，笤帚湾西面的山坞中。发掘工作于2018年9月启动，发掘总面积约2000平方米，发现五代至宋以及明清建筑遗迹，出土瓦当、滴水等建筑构件以及陶瓷器100多件，初步明确圣果寺千佛阁遗址的规模和建筑形制。

【萧山古墓葬群考古发掘】2019年1月1日至3月30日，杭州市文物考古研究所联合萧山博物馆对位于萧山区所前镇城南村东蜀山西南面东蜀山墓葬群进行考古发掘。清理战国至明代墓葬27座，出土文物160件，包括印纹硬陶器、原始瓷器、陶器、铜器、铁器、石器和贝壳等，另有7具人骨。

3月1日至4月22日，对位于萧山区闻堰街道水漾坞南侧、水漾湖西侧的李家坞墓葬群进行考古发掘。清理战国至明代墓葬30座，出土文物308件，有印纹硬陶器、原始瓷器、陶器、瓷器、铜器、铁器和料器等，另有5块墓志铭和1块买地券。

5月20日起，为配合香山名居养老院地块开发建设需要，对位于萧山区蜀山街道黄家河村黄家河山、凉坞山东麓的黄家河墓葬群进行考古发掘。清理良渚文化时期至明代墓葬299座，出土印纹硬陶器、原始瓷器等文物2354件及1块墓志铭。

【余杭金星村遗址考古发掘】2019年2月25日至5月30日，杭州市文物考古研究所联合余杭博物馆对余杭区金星村遗址进行考古发掘。遗址位于余杭区余杭街道金星村运溪路杨家山西侧，杭州未来科技城YH02-E-12号地块内，发现灰坑、墓葬、陶窑、水井及柱洞群等遗迹，出土印纹硬陶器、原始瓷器、青瓷器和石器等，推测遗址年代上限为战国时期，主要文化层为六朝时期。

【建德严州古城考古发掘】2019年3—6月，杭州市文物考古研究所会同建德市文物保护管理所对建德市严州古城遗址进行考古发掘。此次发掘集中在梅城镇的西山岭南坡和蔡家塘与西湖连接处两个区域。西山岭南坡发现古代墓葬群，清理明清至民国早中期的墓葬15座，出土陶瓷罐、壶、铜钱、烟斗、玻璃盏等随葬品17件。蔡家塘与西湖连接处发现严州古城的西水门及其两侧的西城墙遗存。4—9月，对建德总兵府遗址进行考古发掘，发掘面积1500平方米，发现房址、道路、水池、水井、排水沟、缸、灰坑等遗迹，年代为明清和清末民国两个时期。

【临安古墓葬群考古发掘】2019年5

萧山黄家河墓葬群北山头全景

（市园文局 供稿）

月，因临安区苕溪北路市政建设，在临安区竹林村进行绿化移植时，发现地下埋有多座古墓葬，杭州市文物考古研究所对该区块进行抢救性考古发掘。清理元代至明代墓葬157座及宋代的建筑遗迹，出土青花碗、黑釉罐、铜镜等器物260多件。

8—9月，在临安区集贤村进行考古发掘，分为平山和职教中心两块区域。平山区域发现古墓葬26座、地窖2座、水井1处等遗迹。墓葬年代为晚唐五代至清末，均破坏严重，出土文物较少。职教中心区域发现墓葬40座、烧砖用窑8座、灰坑2处。墓葬多为明清墓葬，少部分宋代墓葬，均保存较差。

【桐庐大阜山墓葬考古发掘】2019年9—11月，为配合桐庐县经济开发区基本建设，杭州市文物考古研究所对桐庐县大阜山墓葬区块进行抢救性考古发掘。墓葬主要分布于大阜山南坡山凹及北坡西部位置，共发现各时期墓葬38座，均为砖室墓，年代自汉代至明代（其中以汉六朝时期居多），出土器物59件。

【淳安清心岛古墓葬考古发掘】2019年11月7—16日，杭州市文物考古研究所对淳安县清心岛古墓葬进行抢救性清理。古墓葬位于千岛湖镇中心湖区东南部清心岛，清理发掘一座明代后期墓葬，出土瓷瓶、瓷壶、雀替、墓志等遗物36件。

【杭州“文化和自然遗产日”主场活动】2019年6月5日，杭州“文化和自然遗产日”主场活动在“五四宪法”历史资料陈列馆（栖霞岭馆区）举行，包括杭州“红色记忆”活动启动仪式和第十一届“薪火相传”启动仪式。来自中国文物保护基金会、全市13个区县（市）、杭州西湖风景名胜区管委会的文物部门及主要博物馆的负责人和媒体工作人员约100人参加活动。活动以“庆祝中华人民共和国成立七十周年，保护革命文物、传承红色基因”为主题，各区县（市）同步开展展览、讲座等活动。

【“薪火相传——红色基因传承者”暨“红色记忆”宣讲会】2019年11月9日，第十一届“薪火相传——红色基因传承者”暨“红色记忆”宣讲会在杭州市解放纪念碑广场举行。此次活动由中国文物保护基金会、杭州市园文局联合主办，主旨在于保护革命文物，传承红色基因。“薪火相传”杰出团队代表和杰出个人，以及杭州市各区县（市）文物部门、博物馆、纪念馆相关负责人200多人参加活动。

【杭州市革命文物保护利用工程】2019年，为庆祝中华人民共和国成立70周年，市园文局启动全市革命文物保护利用工程。出台《杭州市革命文物保护利用工程（2019—2022年）实施方案》，梳理出不可移动革命文物255处和可移动革命文物近2000件，计划修缮和活化利用杭州革命旧址30处。在临安博物馆举办“红色记忆——杭州市革命文物保护利用成果展”，征集微视频40多个和红色线路30多条，组建“红色记忆”宣讲团，评选“杭州市最美文物守望者暨红色基因传承者”，印制“红色记忆”手绘丝巾和地图。

【全国文物保护工程会在杭州召开】2019年12月5—6日，第七次全国文物保护工程会在杭州召开，全国文物保护工作者代表及专家学者200多人参加会议。与会代表围绕文物保护工程实践、实施、竣工验收情况，对文物建筑开放利用典型案例、中国援外文物保护等进行交流分享。6日，与会领导和专家分组到中国大运河（杭州段）、西湖、良渚三处世界遗产进行实地考察。

【文物行政执法】2019年，杭州市文物行政处罚立案2件。市园文局开展春节前、高温天气、岁末年初等关键节点文物消防安全大检查和文物“双随机”检查，重点联合市消防救援支队开展“防风险保平安迎大庆”消防安全执法检查专项行动。启动杭州市文物平安工程三年行动计划，在全市文物建筑推广智慧消防系统。

（章珠裕）

档案事业

【概况】至2019年末，杭州市有15个综合档案馆和市城建档案馆，总馆藏档案416.45万卷、267.60万件，资料20.43万册、1660GB（千兆字节），实物档案7.64万件。市档案馆馆藏纸质档案173.69万卷、58.83万件，电子档案398GB，纸质资料2.44万册，电子资料868GB，实物档案5.21万件。

市档案局（市档案馆）完成局馆机构改革。市城市档案中心建设稳步推进；下城区档案馆新馆项目调整完成地块、立项、选址意见和新馆设计方案，取得用地规划许可证；西湖区档案馆完成新馆选址，初步完成功能布局设计方案；临安区档案馆新馆建设结顶；桐庐县档案馆基本完成新址搬迁。4月，杭州钱塘新区成立；5月，钱塘新区档案馆对档案馆库进行优化，面积达5400平方米。

市档案馆参加由中央网信办、国家档案局等单位联合主办的“新中国70年，镇馆之宝70件”文物和档案故事网上征集活动，市档案馆提供的“杭州概况”手抄本入选“最震撼网民的70件镇馆之宝”，市档案馆获“优秀组织者”称号。

【杭州70年发展史料展】2019年9月21日至11月20日，市档案馆与市委办公厅、市委宣传部、市委直属机关工委、市委党史研究室以档案文献为主要载体共同主办“走向辉煌——杭州70年发展史料展”。市委书记周江勇带领市四套班子成员到馆参观，市直单位和第二批“不忘初心、牢记使命”主题教育单位集体组织参观活动。展览接待省军区、杭州警备区领导官兵以及市直机关、企事业单位和街道社区等240批次，共1.2万人。

【重大活动建档】2019年，市档案馆加大对杭州重大活动、重大事件等方面的收集建档。至年末，归集杭州“最多跑一次”改革的相关文书和音频、视频档案资料超过80GB。完成世界短池游泳锦标赛档案进馆，与杭州亚组委、市体育局对接，做好亚运会档案进馆指导。协助筹建G20杭州峰会史料展示厅，提供纸质档案627件、照片档案9883张、视频308个、实物档案426件。做好峰会展品资料仿真复制和整理，联系对接外交部、新华社照片档案馆、中央电视台音像资料馆、中国新闻社和浙报集团等30多个单位开展重要展品定向收集，收（征）集各类峰会档案史料1.53万件（张）。拟订峰会口述档案采集方案及提纲，采集有关B20峰会、峰会标志、峰会文艺晚会、峰会配偶活动、峰会后勤保障等主题的口述档案。联合市保密局做好“五四宪法”历史档案专项解密和开放鉴定工作，对“五四宪法”相关史料进行全面排查、数字化处理、标准化建档，开展专题鉴定审核工作，完成标记为“开放”的市级及市级以下史料的开放鉴定和档案公布审核工作，其中可公布档案62件、787页。

淳安县档案局、档案馆围绕217个临湖地带综合整治项目，对整治过程中档案收集、整理和数字化开展现场调研、专题指导，做好“一项目一档案”。

【档案公共服务】2019年，杭州全市综合档案馆和市城建档案馆接待档案利用6.57万人次、24.31万卷（件）次；市档案馆接待档案利用5047人次、1.67万卷（件）次。

市档案馆推进档案公共服务能力建设，深化异地查档，推进“省外协作查阅、省内跨馆服务、市内馆际联网”档案远程利用服务体系建设。至年末，与全国17个城市的综合档案馆签订民生档案异地查询协议，受理异地查档47件。加速综合档案馆和民生档案交流合作与信息共享，建立跨区域、多层次的民生档案共享利用平台。深化“最多跑一次”改革，做好“一证通办”“八统一”“无证明化”“互联网+可信身份认证”及省内异地查档“掌上办”等工作，实现“网上可办”全覆盖。受理网上查档服务申请1619人次，群众满意率99%。建立“好差评”工作机制，提升市档案馆档案查阅大厅、市民之家资讯中心和市党群服务中心档案窗口的服务质量，收到表扬信24封、锦旗3面。

上城区除行政处罚外的12项行政权力事项、公共服务事项“网上申请”“网上办”“掌上办”实现率100%。江干区档案馆档案服务窗口实行“窗口无午休服务”便民措施，坚持“绿色通道”承诺，精简办事流程和通道，即办事项比例100%，民生事项实现100%“一证通办”。滨江区在完成“浙里办”电子网络查档服务的基础上，实现“婚姻查档网上申请，档案材料EMS免费快递到手”全流程电子化服务；完成第二期馆藏档案数字化全文扫描项目，引入全文光学字符识别（OCR）技术，日查档复印量最高8000多页。萧山区档案局、档案馆通过杭州市“一窗受理平台”将馆藏婚姻登记、农村建房、户籍迁移等7类民生档案查阅下放至镇街。富阳区档案馆举办“如果档案会说话研学”“追梦富春·国旗下的诵读”“家是最小国，国是千万家——家书分享会”“公益故事会”“我和祖国共成长”“郁达夫杯——让祖国富强”等系列活动，3万余人次参加。桐庐县档案局、档案馆在《今日桐庐》刊载工作信息，在桐庐电台《交通之声》节目开通“家庭档案”故事集，在桐庐电视台微信公众号“同乐汇”发布“桐庐记忆”栏目，在公交车载电视上播放档案宣传短片，提升档案工作公众影响力。建德市档案局探索乡村振兴档案工作，编印的《葛塘乡村振兴图文档案》在《中国档案报》刊印。市城建档案馆开通“刷脸查档”服务，实现市民“零材料”即可查询与个人房屋产权相关的工程档案。

【档案制度完善】2019年，市档案局制作《机构改革档案工作纪律任务要求》《档案进馆流程》《电子文件管理》《国家档案局13号令解读》等9个培训课件和参考模板。开展各类培训16次，近1000人接受培训，基本完成新一轮《档案归档范围和期限表》审批。年内，分批组织区县（市）档案局、档案馆负责人调研座谈，组织市直机关档案协作组组长单位及党委、政府、政法等协作小组和档案服务外包企业等召开服务需求座谈会8次，梳理出40个项目化目标任务。完成“互联网+监管”6个档案行政检查事项的梳理并激活管理系统。梳理、修订“互联网+政务”8个行政权力事项及办事指南、工作流程，开展第二轮抽检、纠错和“网上办（掌上办）两端体验式自查”工作。配合部门间、层级间“最多跑一次”改革，梳理3个内部事项及办事指南、工作流程的编制，完成“机关内部协同办事平台建设”测试、运行。开展省级数字档案馆评估工作和省级数字档案室创建活动，至年末，区县（市）数字档案馆通过省级评估6个，县直以上机关、企事业单位完成省级示范数字档案室36个、省级规范化数字档案室54个。

下城区档案馆指导区教育局开展教育展馆建设，完成效果图和上墙文稿的设计。西湖区档案局、档案馆完善《西湖区档案馆档案利用制度》等23项制度。滨江区档案局、档案馆牵头完成全区600多个事项电子文件归档率考核达标。

【档案资源建设】2019年，杭州市接收档案38.24万卷、23.25万件。市档案馆接收档案2003卷、2.22万件。

年末，市档案馆完成第十三届“杭州印象”纪实摄影作品评选，接收93个摄影家作品8182幅。8月，到英国伯明翰大学、牛津大学和英国皇家地理学会等机构征集有关杭州档案文献，编制《英国馆藏杭州档案文献目录提要》。与市侨联合作开展侨史的征集，制订侨史征集出版工作实施方案。开展近现代杭州名人建档，与杭州钱镠研究会和上海交通大学钱学森图书馆进行档案资源的共享，建立吴越文化专题库，征集钱氏家（族）谱50多套。实施馆藏档案数字化加工、重点档案裱糊修复、纸质档案质量检查等项目，累计完成条目著录86万条，数字化加工222万页，修复破损档案1.88万页。

拱墅区档案馆征集到共和国同龄人百人同框照片、“70年·70岁·70人——写给共和国生日的一封信——《我和我的祖国》”特别节目访谈音频、庆祝中华人民共和国成立70周年油画等档案。萧山区档案馆征集到《山阴天乐王氏宗谱》等家谱16部、125卷，书籍84册，名人档案6件。富阳区档案馆征集到“杭黄高铁”照片633张、实物18件、车票47张，《富春直塘俞氏宗谱》等宗谱8部、45册。临安区档案馆征集到图书资料100册、图片资料1000多张。

建德市档案馆到中央档案馆查阅并带回毛主席对建德的3份亲笔批示复制档案。

【档案信息化】2019年，杭州市档案部门推进以信息化为核心的档案工作战略转型，市本级和各区县（市）行政机关在政务服务网依法履职而产生的电子文件归档率达100%，办件量超过200万件，居全省第一位。开展与政务服务“一窗受理”平台对接，开发的接口模块直接被其他地市复用。与省档案局、市数据资源管理局做好沟通协调，搭建归档统计平台，定期公布归档指标率，督促工作落实。3月，市档案馆“互联网法院电子卷宗单轨制归档及四性保障机制研究”课题向国家档案局提出科技项目申请并获立项。7月，“新形势下综合档案馆职能定位研究”“关系型数据库归档研究与实践”课题向省档案局提出科技项目申请并获立项。

市档案馆推进档案信息化管理向数据治理转变，为融入城市大脑体系提供相关基础数据，着手建设全市域数字档案智慧服务平台。首批在全国档案系统开展基于全国产化技术的电子文件归档工作，实现党政机关、政务内外网电子文件归档管理全覆盖。通过10个月的时间，完成电子政务内网归档系统的开发，50台终端在44个单位部署，并通过涉密分保测试。

5月起，江干区数字档案室系统为全区各单位提供统一的档案信息化管理和利用平台，实现全区档案数据资源整合。市城建档案馆完成城市大脑“驾驶舱”建设，被城市大脑专班确定为作为市级“驾驶舱”向部门“驾驶舱”跳转的试点单位之一；完成政府数字化转型各项工作任务，实现“零”跑率100%，即办率86%，承诺期限压缩比96%，“网上办”“掌上办”均实现100%。

【档案编研与展览】2019年，市档案馆完成书籍《钱塘古韵》编辑出版工作，12月，举行首发式和研讨会。完成《抗战时期杭州人口伤亡及财产损失档案汇编》送终审工作。与市侨联合作完成《侨联志（1978—2018）》10万字初稿的编撰。市档案馆作为“学习强国”杭州平台市级特色内容供稿中心，完成供稿档案图文39篇、视频42个。编纂的《历史的见证——杭州抗日战争档案史料辑录》获浙江省档案学会2017—2018年度全省优秀档案编研成果评比一等奖。

5月，由国家档案局主办，省档案馆、市档案馆等单位联合协办的“‘不忘初心、牢记使命’主题教育档案文献展”在市民中心举行，并在余杭区、临安区、建德市档案馆进行巡展，接待150多个单位、1.2万人观展。展览围绕共产党人的初心使命主题，以档案文献为主要载体还原历史，再现近100年来中国共产党的光辉历程。年内，市档案馆推出“‘晓’视角，带您回看杭城”“美年美画——庆祝新中国成立70周年程爱林精品年画收藏展”“钱塘古韵——老杭州题材钢笔画作品选集”“杭州市对口支援阿克苏市成果图片展”等展览。

西湖区档案馆举办“展风采·庆华诞”西湖区发展成就主题摄影联展；拱墅区档案馆与杭州京杭大运河博物馆联合举办“喜迎华诞七十年——档案见证拱墅流金岁月”照片展；萧山区档案馆与区政协文史委、区志办联合编纂出版《清代萧山䂵卷汇编》《萧山传胪钟宝华》；余杭区档案馆开展“档案见证——余杭往事”档案征文活动，出版《余杭档案》“壮丽70年·奋斗新时代”特刊；临安区档案馆编辑完成《2018年档案利用实例汇编》《档案见证改革开放40周年》；桐庐县档案馆编纂出版《桐君山诗文选》《桐庐老中医学术经验选集》；淳安县档案局、档案馆与县政协文史委联合编纂出版《千岛湖书画拾萃（第二辑）》；市城建档案馆拍摄并制作的《6S"VS60000000P——杭州城建档案利用服务纪实》短视频，获国家档案局建设项目档案微视频入围奖，举办“新中国成立70周年·杭州城建特展”及“鸟瞰新杭州”展览4期。

（吕登科）

群众文化

【概况】2019年，杭州市开展重点文化惠民活动。元旦、春节期间，杭州市组织乡村春晚724场次，活动覆盖835个村（社区），参演节目6942个，观众35.53万人次；开展戏曲进乡村活动697场次，覆盖371个村（社区），参演团队345个，受益群众25.65万人次。全年全市开展送戏下乡1.19万场次，送书下乡146.81万册，开展讲座展览4.61万场次，组织品牌节庆活动4821场次，开展文化走亲活动750次。图书馆总流通126.53亿人次，图书馆外借105.85亿册（次），文化馆组织文艺活动1.21万场次，文化馆人员下基层辅导累计1835天。市本级投入资金430万元实施“你点我演”群文预约配送工作，至年末，面向全市村（社区）配送文艺演出345场。市本级投入120万元开展跨区域文化走亲活动。5—11月，市文化广电旅游局结合对口帮扶、对口合作和山海协作工作，到湖北省恩施州、贵州省黔东南州、吉林省长春市、安徽省黄山市、衢州市、丽水市开展6场文化走亲活动。全年减免广电低保工程视听费和入网费5.24万户。

【品牌群众文化活动】2019年，杭州市举办“歌唱祖国”——2019年杭州市第25届“三江”歌手大赛，评出青年组美声、民族、通俗及组合金奖各1名、银奖各3名、铜奖各5名，中老年组一等奖6名、二等奖8名、三等奖14名，6个单位获“优秀组织奖”、6个单位获“优秀辅导奖”。开展“我的中国梦”——欢乐新春文化行巡演活动15场。杭州市文化广电旅游局与嘉兴市、上海市浦东新区、江苏省南通市、安徽省马鞍山市文旅局联合主办“我和我的祖国”——长三角地区美术书法邀请展，展出作品近200幅。（市文化广电旅游局）

【“潮涌钱塘——新春送欢乐·文化进万家”系列活动】2019年元旦、春节期间，杭州市开展“潮涌钱塘——新春送欢乐·文化进万家”系列活动。开展“盛世钟鸣·祈福中国”新年敲钟活动，市委副书记、市长徐立毅与道德模范、社会各界代表、市民群众一起，敲响迎接新年的吉祥钟声。推出“阅读暖冬”、“非遗”集市、“如果你来杭州过年”全媒体宣传、“春运幸福快闪站”等主题活动。组织文化文艺小分队和“文艺轻骑兵”到基层开展惠民、为民、乐民文化服务项目和群众性文化活动3000多场次。

【钱塘江文化“北京周”系列活动】 2019年7月23—28日，钱塘江文化“北京周”系列活动在北京举行。活动包括“一展一演一会”，即钱塘江文化建设成果系列展、大型交响乐《钱塘江交响》首演和《钱塘江交响》作品研讨会。展览分设书法、篆刻、国画、文化衍生品和西泠印社五大展馆，展陈各类展品240多件，涵盖“弄潮杯”系列赛事优秀作品、西泠印社社藏书画印珍品、国内文化学者和文创机构共同推出的高水平文化成果及文化衍生品，5万余人参观。《钱塘江交响》由中国交响乐团演奏，分“钱江潮”“钱塘随笔”“之江梦”等7个篇章，展现钱塘江流域文化精神风貌。

【大运河戏曲节】 2019年5月23日至6月30日，为庆祝中国大运河申遗成功5周年，首届大运河戏曲节举行。开幕式当天，参与市民超过5000人次，通过网络直播观看人数超过50万人次。开幕式以“千年一曲，戏‘运’流芳”为主题，“梅花奖”得主陈雪萍、谢群英、蔡浙飞、赵志刚等名家登场，演绎《中国大运河》《戏育国风》《十八相送》等戏曲选段。戏曲节期间，举办“我要上戏曲节”海选比赛、“戏曲星光大道”和“经典荟萃”大运河沿线剧种展演等活动。大关街道、祥符街道、文澜实验学校、大关小学、拱宸桥小学与杭州越剧传习院结对成立“大运河越剧传习基地”。

【西湖合唱节】 2019年9月8日，杭州市举行“祖国华诞·唱响钱塘”庆祝中华人民共和国成立70周年交响合唱晚会暨第八届西湖合唱节开幕式。晚会采取“一主六十九副、七十地联动”模式，主场设在杭州国际博览中心，在各区县（市）设立69个分场，70个演出场地联动演出，7万人次观看。主场演出以“祖国华诞·唱响钱塘”为主题，由序幕、“唱支山歌给党听”、“在希望的田野上”、“中国进入新时代”、尾声组成，来自国内外的12支合唱团队参加主场演出。市四套班子领导与劳动模范、道德模范、“最美人物”、机关党员干部、公安民警、城管环卫职工、师生代表、医务工作者、企业职工、文艺工作者等3000多人观看主场演出。合唱节期间，还举办合唱表演专场公益演出和名家讲座等活动。 （孙立波）

文学艺术

【概况】 市文联实行团体会员制，至2019年末，有团体会员42个，包括作家协会、美术家协会、书法家协会、戏剧家协会、音乐家协会、舞蹈家协会、摄影家协会、民间文艺家协会、曲艺杂技家协会、电影电视家协会、评论家协会、网络作家协会、文艺志愿者协会13个直属文艺家协会，13个区县（市）文联，公安文联、公交文联、城市学院文联3个行业和大学文联，以及13个其他团体会员。直属文艺家协会有会员1万余人。2019年，围绕中华人民共和国成立70周年主题，市文联开展系列展示展演展映活动，推出“盛世钱塘”——2019年杭州市文艺界迎春欢乐汇、“祖国华诞·唱响钱塘”第八届西湖合唱节、“盛世钱塘·韵味杭州”庆祝中华人民共和国成立70周年诗书画印展、“书非书：2019杭州国际现代书法艺术节”等活动30多项。

2019年，杭州文广集团旗下各院团围绕中华人民共和国成立70周年主题，创排综合歌舞《我和我的祖国》、越剧《黎明新娘》、红色话剧《初阳台》等6部作品。国庆期间，杭州爱乐乐团受邀参加北京国庆联欢活动演出。全年集团旗下各文艺院团获省级以上奖项58项（其中国家级奖项10项），越剧《德清嫂》入选国家艺术基金传播交流推广资助项目，杭州话剧团原创话剧《天山的灯》入选浙江省“文化援疆”重点项目。集团加快文化“走出去、请进来”步伐，各院团对外巡演25场。加大文化下乡、群文预约配送、农村文化礼堂“你点我演”、高雅艺术进校园等文化惠民演出力度，各院团演出超过800场次，惠及观众50多万人次。

（市文联 杭州文广集团）

【文联基层组织建设】 2019年，市文联构建市—区县（市）—乡镇（街道）三级文联体系，在实现区县（市）文联全覆盖的基础上，推进乡镇（街道）文联组织建设。至年末，34个乡镇（街道）建立文联组织。市文联指导基层文联加大改革力度，除新成立的上城区、下城区、江干区、拱墅区、西湖区、滨江区6个文联外，其余各区县（市）文联均出台改革方案。完善基层文联组织构架，按照成熟一个发展一个的原则，组建区县（市）文艺家协会，至年末，成立区县（市）级文艺家协会102个。

【文艺精品创作】 2019年，由市文联推荐的歌曲《一路芬芳》和图书《人生海海》《中国工匠》《鹰从笕桥起飞》《石榴红》《东方欲晓天将明：网络作家杭州党史故事》等12部作品获市“五个一工程”奖，市文联获“五个一工程”组织工作奖。市文联组织申报的65件文艺创作项目有15项入选市“文化精品扶持工程”。签约精品创作扶持项目22个。组织创作出版“杭州青年作家文丛”第三辑，组织5名作家创作“最美是杭州”第二辑丛书，从5个不同侧面记述中华人民共和国成立70年来杭州发展历程。组织网络作家创作《城市记忆》，书写杭州历史文化风貌；创作《网络作家杭州党史故事集》第二部，撰写红色党史经典故事。编纂出版《网络文学论丛》，抓好网络文学重点研究课题。至年末，杭州文艺界获省级以上奖项480多项。

【文艺人才培养】 2019年，市文联配合市有关部门做好“杭州市高层次人才分类认定”工作，在新修订的杭州市人才分类目录中新增25项、提升2项。审核认定14位E类、D类人才。连续12年实施“青年文艺家发现计划”，完成第9批31名青年文艺人才推荐认定工作，推荐157名市级文艺家协会会员加入省级文艺家协会、59名加入国家级文艺家协会，推荐优秀文艺人才申报各级人才计划，麦家当选杭州市爱国奋斗“十佳个人”，夏强入选杭州市“五个一批”人才。支持吴洪晖、何庆林、朱军岷等艺术家举办个展，举办麦家新书《人生海海》发布会，召开长篇报告文学《中国工匠》《中华英杰章太炎》等作品研讨会，为新出版书籍作家举办读书分享交流会。

【中国网络文学周】2019年5月11—14日，以“守正道、创新局、出精品”为主题的第二届中国网络文学周在滨江区举行。文学周由中国作家协会、省委宣传部、市委宣传部主办，中国作家协会网络文学中心、中国作家协会网络文学研究院、省作家协会、市文联和杭州高新区（滨江）承办，国内外网络作家、评论家、网络文学工作组织者、文学网站以及相关企业代表400多人参加活动。文学周期间，举办成果发布会、网络文学论坛、产业对接、作家签售、采访采风等活动30多场次。首届网络文学博览会与文学周同时启幕，博览会设置展览展示、论坛沙龙、推介发布、作家签售、洽谈对接5个板块，吸引52个企业设展，知名网络作家举办现场签售活动，近1.5万人次进场观摩、交流，并举办“我的祖国——网络文学界庆祝中华人民共和国成立70周年”系列采访活动。

【庆祝中华人民共和国成立70周年诗书画印展】2019年9月18—23日，由市委宣传部、市文联、西泠印社社务委员会主办，市美术家协会、市书法家协会、杭州画院承办的“盛世钱塘·韵味杭州”庆祝中华人民共和国成立70周年诗书画印展在浙江省文化会堂（浙江展览馆）举行。展览展出作品300件，涵盖诗、书、画、印诸多艺术门类，其中书法作品160件、美术作品70件、篆刻作品70件。

【中国大运河摄影作品展】2019年9月29日，由市委宣传部、市文联和拱墅区委、区政府举办的“千年大运河，美好新家园”庆祝中华人民共和国成立70周年暨中国大运河申遗成功5周年摄影作品展在杭州京杭大运河博物馆及运河文化广场举行。展览结合口述史视频、书籍文献、实物、装置等展出从全国征集的大运河摄影作品700多幅（组），包括清代、民国时期大运河老照片原作100多幅。展览持续到10月底，吸引10万余人观展。展览开幕式上，中国大运河沿线8个省（自治区、直辖市）的18个城市摄影家协会和大运河文化研究机构共同签署“大运河摄影发展联盟合作协议书”，宣告“大运河摄影发展联盟”成立。（李 勇）

2019年5月15—30日，最“艺”是杭州——2019年“西湖之春”艺术节举行。图为原创现代越剧《通达天下》演出照（市文化广电旅游局 供稿）

【“西湖之春”艺术节】2019年5月15—30日，最“艺”是杭州——2019年“西湖之春”艺术节举行。艺术节秉承创新、惠民、共享理念，设置戏剧演出、书画展览、艺术讲座、音乐节庆、艺术互动5个类别的10个艺术项目。开幕演出为余杭小百花越剧艺术中心新创作作品、浙江省文化厅重点扶持剧目越剧《光明岭》。艺术节期间，设置越剧《通达天下》、话剧《邯郸记》、“疯狂马勒：马勒第四交响乐”、“书画江南，雅集西泠”、金石篆刻讲座、音乐大师课、第三届杭州大江东产业集聚区（杭州经济技术开发区）青年歌手大赛暨《中国好声音》第四季城市海选、“歌唱祖国”——庆祝中华人民共和国成立70周年合唱大赛等演出和活动。

【杭州艺术博览会】2019年5月31日至6月2日，第十二届杭州艺术博览会在杭州国际博览中心举行。博览会以“经典与未来”为主题，集合“经典艺术”“未来艺术”“画廊艺术”“艺术+”4个板块，涵括87个国内外艺术机构，展览空间1万平方米，设置“原味专业艺术之旅”“互动潮玩艺术之旅”两条观赏路线，展出国内一线艺术家庞茂琨、何多苓的经典油画作品，毕加索和赵无极的大师版画原作，第一代黑白摄影经典艺术家银盐作品，以及用昆虫标本制作的当代艺术作品。

【杭州市书法美术主题创作及优秀作品展】2019年9月11—19日，由市文化广电旅游局主办、杭州之江书画院承办的“江山如画”庆祝中华人民共和国成立70周年杭州市书法美术主题创作及优秀作品展在杭州图书馆举行。作品展征集到书法美术作品416幅，评选出参展优秀作品116幅。100多位艺术家和书画爱好者参加开幕式活动。（市文化广电旅游局）

【杭州演艺集团成立】2019年9月26日，杭州文广集团整合优质文化、广电资源组建的杭州演艺集团挂牌。杭州演艺集团前身为杭州文广演艺集团，是集演艺文化创作生产、剧场经营、演出营销、产业投资、艺人经纪于一体的全产业链演艺文化企业集团。揭牌仪式上，杭州演艺集团与北京市演出公司签订战略合作协议。百老汇音乐剧导演董方思、中国国家话剧院副院长戈大立、澳门青年交响乐团理事长许健华、美籍华裔男高音龚园和杭州爱乐乐团名誉团长邓京山受聘为首批艺术顾问。杭州演艺

集团全年引进国内外优质剧目500多部,演出近700场,观演总人数超过30万人次。（邹　争）

文化交流

【概况】2019年,杭州市加强国内外文化交流,提升杭州文化影响力。举办首届“西湖杯”全国少儿硬笔书法大赛、杭州最美诗词全国硬笔书法名家邀请展等活动,加强与其他省、市的文化交流。实施海外“欢乐春节”项目,举办杭州国际音乐节、杭州国际戏剧节、杭州国际现代书法艺术节等活动,加大杭州文化对外推广力度。

【“西湖杯”全国少儿硬笔书法大赛】2019年5—10月,由市文化广电旅游局指导,中国篆刻·钢笔书法编辑部、浙江省硬笔书法家协会联合主办的首届“西湖杯”全国少儿硬笔书法大赛在杭州举行。大赛收到来自31个省（自治区、直辖市）的稿件3.69万件。评出特等奖50名、金奖150名、银奖852名、铜奖2634名、优秀奖5040名、入选奖8289名,于10月27日在杭州图书馆举行颁奖典礼。大赛推出作品集,收录大赛中的200件特等奖、金奖作品。

【全国书法名家硬笔书法作品邀请展】2019年10月14—18日,由市文化广电旅游局主办,中国篆刻·钢笔书法编辑部、浙江省硬笔书法家协会指导,杭州市硬笔书法家协会承办的“赞美祖国”全国书法名家硬笔书法作品邀请展在杭州图书馆展览艺术中心举行。活动于6月起向全国征稿,收到来自31个省（自治区、直辖市）的稿件2756件。经组委会组织多轮评审,展出特邀与入展名家作品70件。

【海外“欢乐春节”项目实施】2019年1月,杭州艺术团一行到智利实施“欢乐春节”项目,完成维尼亚德尔马市“第九届欢乐春节庆典晚会”及圣地亚哥一千国际音乐节等8场演出任务。2月,“韵味杭州——杭州非物质文化遗产精品项目巡展”团到美国休斯敦、小石城、俄克拉荷马及迈阿密进行为期12天的巡展。

（市文化广电旅游局）

【杭州国际音乐节】2019年7月5—20日,由市委宣传部、杭州文广集团主办,杭州演艺集团、杭州爱乐乐团承办的2019年杭州国际音乐节举行。来自德国、法国、英国等20个国家的近700位艺术家,为杭州市民带来21场驻节演出、12场公益普及演出、6场大师班授课、5场音乐讲堂以及城市灯光秀、中国乐团艺术管理论坛等46场次演出和活动。音乐节期间,2.1万人次到剧院观看音乐节演出,150万人次观看演出网络直播,超过5000人次参与社会公益演出,音乐讲堂和大师班的现场观众近2600人。“优酷视频”平台对两场音乐讲堂进行直播与转播,40万人次观看网络播放。

【杭州国际戏剧节】2019年9月11—29日,由市委宣传部、杭州文广集团主办,杭州演艺集团等单位承办的2019年杭州国际戏剧节在杭州举行。24部来自国内外的精品剧作在杭州11个艺术空间内演出38场,观演总人数2万人次。戏剧节设置“浸没单元”,《金色甲壳虫》《人造孤独》等4部具有探索性的浸没式艺术作品,让观众可以自由穿梭在作品现场空间,与演员面对面接触。（邹　争）

【杭州国际现代书法艺术节】2019年10月12—24日,由中国美术学院和市文联联合主办的“书·非书:2019杭州国际现代书法艺术节”在中国美

2019年7月5—20日,2019年杭州国际音乐节举行　（杭州文广集团 供稿）

术学院美术馆举行。艺术节以“守正出新,行健致远”为主题,包括书法艺术展和3场学术研讨会。艺术节开幕式以视频投影的形式呈现70位艺术家为艺术节创作的70米书法长卷。书法艺术展分为“致敬经典”“返本开新”“和合共生”3个板块,展出25个国家的艺术家作品。

【杭州文化影响力提升】2019年,市文联加大对内对外文化交流力度,提升杭州文化影响力。完善《杭州西湖文化景观与意大利维罗纳老城文化交流实施方案》,完成杭州—维罗纳中意友谊文化交流演出。乌兹别克斯坦国家艺术科学院组团访问杭州,并在杭州画院美术馆举办“一带一路·繁花似锦”乌兹别克斯坦美术作品展。组织15个影视企业参加第二十三届香港国际影视展。联合北京市文联,推出中国大运河摄影作品展。与河南省开封市共同举办第三届“两宋论坛”书画展,与湖北省襄阳市文联共同举办杭州襄阳书法名家展。举办“秋艺江南”2019年浙江杭州、上海浦东中国画作品交流展。与贵州省黔东南州文联、四川省阿坝州文联签订合作协议。黄山市、黔东南州、石家庄市、阿克苏市、琼海市、北京市、深圳市等省、市文联先后到杭州考察调研。（黄　勇）

文化市场

【概况】2019年,杭州市抽查文化和旅游经营场所1678个,其中规范经营场所1215个、不规范经营场所407个、违规场所6个、存在消防安全隐患场所50个,对有问题的经营场所做出相应处理。开展跨部门“双随机”抽查3次。在开展“双随机”检查过程中,应用执法检查记录1.09万条,其中使用“浙政钉·掌上执法”登记1758个、专项检查登记82个、日常检查登记9092个;完善执法对象数据库,补充主体场所2475个和场地场所710个。

【文化市场综合行政执法改革】2019年10月16日,杭州市文化市场综合行政执法队挂牌。整合原市文化市场行政执法总队、市旅游执法支队及6个主城区文化和旅游市场行政执法队伍,统一行使文化、旅游、文物、出版、广播电视、电影市场行政执法职责,承担“扫黄打非”和旅游目的地综合整治等工作任务,由市文化广电旅游局负责管理并以其名义实施执法。

【文化和旅游市场整治行动】2019年,杭州市成立全市文化和旅游市场整治行动领导小组,制订文化和旅游市场整治行动方案,落实“平安护航新中国成立70周年大会战”行动。组织两批次14个交叉执法检查组开展全市文化市场交叉执法检查,检查文化经营场所77个（次）;到湖州市开展文化和旅游市场综合执法交叉检查,检查文化和旅游经营场所49个（次）;杭州市接受丽水市检查组的交叉检查,萧山区、淳安县45个文化和旅游经营场所接受检查。加强人员密集场所监管,现场整改隐患22起,抄告消防部门处理6处;组织应急演练、跨部门“双随机”检查和专项整治,取缔非法演出行为3起、“黑网吧”2个。开展暑期专项检查,对1个互联网经营单位擅自从事教科书经营活动违规行为立案,罚款8.80万元,没收非法财物465件。强化网络平台监管,处置涉低俗动漫出版物、儿童宗教类等商品4876件,涉及账号3340个,冻结账号2个。

【校园周边文化市场整治】2019年,市教育局、市委政法委、市财政局、市公安局、市市场监督管理局、市文化广电旅游局、市交通运输局、市城管局、市新闻出版局、市公安局交警局10个部门和各区县（市）政府、管委会开展“护校安园”行动,覆盖各区县（市）和钱塘新区、杭州西湖风景名胜区共1752个学校（校园点）,涉及校园周边的食品安全、交通秩序、文化环境、社会治安4个方面。市文化广电旅游局、市新闻出版局牵头实施文化市场“三无”行动,即校园周边交通行走距离200米内无网吧,直线距离50米内无歌厅、舞厅,200米内无电子游戏厅,严查非法出版物。全年杭州市文化执法出动检查1.75万人次,检查网吧、娱乐场所、出版物1.38万个,建立“一校一表”732份,排查小学732所,摸排问题隐患131个,完成整改131个,立案15件,收缴违法物品6206件,整改完成率100%。

【文化市场“扫黑除恶”“扫黄打非”专项斗争】根据中央和省委、市委关于“扫黑除恶”专项斗争三年工作安排,2019年,杭州市文化市场执法单位出动执法检查6783次、1.98万人次,检查文化经营场所3.33万个（次）,查处违规场所297个（次）,受理举报11件、行政立案222件,警告87个（次）,罚款97.6万元。其中,娱乐场所接受检查3672个（次）,行政立案31件、警告14个（次）,罚款9万余元,停业整顿1个,在文化市场检查的28个行业类别中,检查率居第二位。

围绕五大专项行动、“扫黄打非”工作要求,杭州市文化市场执法单位查办“扫黄打非”案件150起,收缴违法出版物3.92万件,处置网络有害信息234.91万条,取缔关闭网站2.65万个,申请全国挂牌督办案件5起。

（市文化广电旅游局）

责任编辑　郦　晶

社会科学 40

综述

【社会科学服务社会】2019年，杭州市社会科学界联合会（简称市社科联）、杭州市社会科学院（简称市社科院）凝心聚力、强化协作、抓好业务，各项工作取得新进步。市社科联获"2019年度全国社科组织先进单位"称号，市社科院获"2019年度全国城市社科院先进单位"称号；市社科联在全省11个地市社科联综合测评中位列第二名，被评为"浙江省市社科联综合优秀单位"。

会同市委宣传部、杭州师范大学筹建杭州市首个中国特色社会主义理论体系研究中心，推出各类报告讲座、研讨座谈、专题调研23场次。围绕中华人民共和国成立70周年主题，举办"讴歌光辉岁月，谱写时代篇章"2019年杭州市社会科学普及周活动，13个区县（市）同步联动，累计举办展示展览、知识竞赛、讲座报告、文艺演出等多种形式的社科普及活动500多场次。结合"一城一窗"建设的责任担当开展社会主义核心价值观主题研讨，深度聚焦民生实事、民营经济、文明创建、家国情怀等社会热点话题，举办"我们的价值观"专题研讨会12期。

以市委、市政府领导"圈题出题"方式，开展咨政研究，推出杭州融入长三角一体化发展、制造业高质量发展、城市国际化、未来社区建设、干部队伍建设、法治政府建设、义务教育优质均衡发展、城市文明素养提升等主题，由市领导"圈选重点"研究课题15项，结题成果先后获市委、市政府领导17次批示肯定，其中市委书记周江勇批示6次，市委副书记张仲灿批示4次。联合市政府研究室、市决策咨询委员会，举办杭州市社会科学界第五届学术和咨政年会，以"服务杭州高质量发展"为主题，聚焦创新驱动与杭州经济高质量发展、共建共享与杭州市域治理现代化、文化兴盛与城市国际化等内容，加大调查研究，加强成果利用。会同市委组织部、市决策咨询委员会、市文明办、市司法局、市人力社保局、市工商联、市政协文史委等单位，聚焦制造业高质量发展、打造国际一流营商环境、产业数字化对策、国际文化创意中心建设、法治政府评估等热点方向，推出专项课题29项。编制《2020年市社科规划常规性课题指南》，组织全市社科人员申报、评审、立项应用对策类课题79项。与省社科院沟通对接，做好市委改革办"改革满意度"评估迎检工作。

成立杭州社科智库，聘请国内45名专家学者为特聘专家，举办杭州社科智库成立仪式暨首届杭州社科智库论坛。成功举办全国城市社科院第二十九次院长联席会议暨全国城市智库联盟第五届年会，加强交流学习，引入外部智慧助力杭州经济社会发展。良渚古城遗址申遗成功后，邀请社科专家学者，面向大众推出"良渚文明探源""良渚文化与中国文明"等4场系列专题讲座，开展良渚文化论坛、网上知识竞赛等。聚焦"打造世界文化遗产群落（西湖、大运河、良渚古城遗址）与杭州世界名城建设"，与杭州师范大学合作举办"杭州世界遗产保护与城市推广：杭州—米兰城市论坛"；会同市政协承办"江南忆，最忆是杭州——千年以来东南地区文化区位重构与杭州的崛起"学术研讨会。

持续推进全市12个社科重点研究基地建设，加强所属社团的管理、指导和服务，着重发挥好基地和社团培育社科人才的作用，加强社科人才队伍建设。实施《全市哲学社会科学人才发展三年行动计划（2018—2020年）》年度任务，全年重点培育优秀社科青年人才30名。提高社科人才在全市人才工程评选中比例，新增"杭州市社科优秀青年人才称号获得者"等四类社科优秀人才列入全市各类别高层次人才目录。

【课题研究评审】2019年，市社科联通过市社科规划年度课题、专项等形式，引导全市社科工作者开展重大理论和现实问题研究。编制7个系列的课题指南，组织申报、评审、立项常规性课题210项；配合市决策咨询委员会、市工商联等职能部门组织申报、立项"决策咨询研究""民营经济发展与相关政策研究"等专项课题31项；立项杭州市社科规划重点委托课题6项；立项杭州市哲学社会科学规划课题基地项目72项；支持杭州各区县（市）社科联开展研究，申报立项市区协作专项课题23项。全年总立项规划课题数342项。受理开展常规性规划课题成果结题评审205项，完成各类课题结题275项。

【社会科学科研成果转化】2019年，《杭州学刊》成功转型为《创意城市学刊》，编辑4期，分10个栏目，登载文章90多篇，计120万字。组织编撰出版社会卷、经济卷、文化卷《杭州发展报告》。完成《杭州研究文库》《创意城市文库》《杭州学人文库》项目立项3项。编撰出版社会卷、文化卷、经济卷《杭州蓝皮书》。编发《成果要报》16期。市社科院科研人员发表论文70篇，承担课题47项，研究成果获省、市领导批示21次。出版专著《上善若水、上水惠民——杭州第二水源探索之路》《心向美好——“善文化”引领下社区文化家园建设》。

【社会科学人才队伍建设】2019年，杭州社科智库成立，聘请国内45名经济发展、社会治理、文化发展、党的建设领域的专家学者为特聘专家，为市委、市政府决策提供智力支持和理论支撑。推动提高社科人才在全市人才工程评选中比例，新增“杭州市社科优秀青年人才称号获得者”“担任国家社科基金项目负责人”等四类社科优秀人才列入全市各类别高层次人才目录。第一期杭州市优秀青年人才培育对象三年培育期满，根据《杭州市社科优秀青年人才培育计划实施办法》要求进行考核，30位培育对象通过考核，被授予“杭州市哲学社会科学优秀青年人才”称号。

【社会科学普及】2019年，围绕中华人民共和国成立70周年主题，市社科联举办“讴歌光辉岁月，谱写时代篇章”2019年杭州市社会科学普及周活动，13个区县（市）社科联同步联动，举办活动500多场次，参与人员10多万人。聚焦民生实事、民营经济、文明创建、家国情怀等社会热点话题，组织“我们的价值观”专题研讨会12期。开展“寻找家门口‘最美社科普及基地’融媒体宣传行动”。良渚古城遗址申遗成功后，推出“良渚文明探源”“良渚文化与中国文明”等4场系列专题讲座，并开展良渚文化论坛、网上知识竞赛等活动。

【市社科联七届五次理事（扩大）会议】2019年3月7日，市社科联召开杭州市社科联七届五次理事（扩大）会议，总结2018年度社科联工作，表彰社科联系统社会科学优秀成果、社科先进工作组织和个人、社科普及活动优秀组织和先进个人，并对2019年工作做出部署。会议要求，全市哲学社科工作者要提高认识、发挥优势，宣传好习近平新时代中国特色社会主义思想和党的十九大精神；围绕中心、服务大局，履行好哲学社会科学工作者的职责使命；加强领导、建强组织，扎实做好哲学社会科学工作的基础保障；坚定不移“干好一一六、当好排头兵”，为努力推动杭州市哲学社科事业再上新台阶，为杭州加快城市国际化、早日建成“独特韵味别样精彩世界名城”和“新时代中国特色社会主义重要展示窗口”做出新的更大贡献。（市社科联）

【AIIA新型智慧城市产业委员会成立】2019年11月9日，中国人工智能产业发展联盟（AIIA）新型智慧城市产业委员会成立大会暨第一次会议在杭州国际城市学研究中心举行，来自北京、上海、广州、杭州、宁波等地的专家学者、城市管理者、企业家代表等100多人参会。会议审议通过《AIIA新型智慧城市产业委员会组建方案》《AIIA新型智慧城市产业委员会三年行动计划和2020年度工作计划》。根据组建方案，新型智慧城市产业委员会目标是：推动建立城市大数据中心、浙江大学杭州人工智能研究院、新型智慧城市产业园；重点在产业智慧化、智慧产业化、城市智慧化、智慧的城市经济化四大领域进行突破；抓好智能产业、未来社区、智慧规划、数字治理和楼宇经济五大业务；以杭州为试点，为全国新型智慧城市建设提供“浙江样板”。根据三年行动计划，新型智慧城市产业委员会计划在2020年末前组成至少由4位院士带队的50人专家团队，筹备建设城市大数据中心。11月10日，在“中国城市学年会·2019”开幕式上，中国人工智能产业发展联盟（AIIA）新型智慧城市产业委员会举行揭牌仪式。

【城市学平台建设】2019年，杭州国际城市学研究中心围绕“城市流动人口、交通、教育、医疗卫生、土地（住房）、文化遗产保护、环境”七大城市问题，建设七大平台，分别与浙江大学七大院所共建共享，集聚国内外城市学领域专家学者近500名。编纂印发《城市治理体系和治理能力现代化的城市学探索（2010—2019）》。城市教育平台围绕拔尖创新人才培养、优质教育公平、教育综合体、绿色生态办公区（EOD）开展研究，推进“天元公学”建设相关工作。

【城市学协同创新】2019年，杭州国际城市学研究中心深化与中国浦东干部学院、浙江大学、中央美术学院、浙江出版联合集团、浙江省新华书店集团、泸州市政府等单位的战略合作；与新密市人民政府、松阳县文化和广电旅游体育局、河南省文化和旅游规划研究院、东方雨虹建筑修缮技术有限公司、陕西省房地产研究会、漫说（北京）旅游开发有限公司等单位签署战略合作或深化战略合作协议。联合华东勘测设计研究院、中国联合工程有限公司等单位，发起成立AIIA新型智慧城市产业委员会，并举办智慧规划与未来社区论坛等活动。继续与市社科院等单位共建共享“城市学协同创新中心”。与杭州师范大学生命科学研究院、杭州西溪国家湿地公园生态研究中心等共建共享“城市之美研究院”。与中铁第四勘察设计院浙江分院战略合作并共同开展高铁项目规划设计。与浙江大学旅游与休闲研究院联动创新，共同联合南方科技大学、深圳大学、同济大学举办4场都市文化研究论坛，推进“休闲与乡村振兴”研究。与美国林肯研究院、北大—林肯中心联合举办2019年度“城市财政”暑期工作坊。深化与杭州师范大学战略合作，推进“地铁上盖EOD综合体”课题研究。城市学研究2.0平台型智库建设基本成型。

（杭州国际城市学研究中心）

杭州特色研究

【杭州文史研究】2019年，市政协依托杭州文史研究会，坚持谱好学术交流、成果展示、传播普及文史研究“三部曲”。举办2019年杭州文史论坛暨“江南忆，最忆是杭州——千年以来东南地区文化区位重构与杭州的崛起”学术研讨会、4期杭州文史小讲堂和4场文史沙龙。编辑出版《杭州70年》《我们一起走过——杭州市政协发展历程史料》《杭州文史（第17—20辑）》等“三亲史料”和文史研究书籍，推出“15世纪以来的长三角地区社会变迁与转型”专项课题。组织编撰“杭州文史小丛书”（第五辑）。

（市政协文化文史和学习委员会）

【南宋史研究】2019年，市社科院南宋史研究中心出版《南宋宁宗朝前期政治研究》《宋代荐举改官研究》《宋元四川盐业地理与区域社会研究》《宋代仓廪制度研究》4部专著。教授何忠礼发表的《宋朝在中国历史上的地位》文章被《中国社会科学文摘》摘录。《南宋宁宗朝前期政治研究》和《宋代仓廪制度研究》入选国家社科基金项目。《吕颐浩研究》《公务宴与南宋国家政治生态》《宋代夺官制度研究》入选浙江省哲学社会科学重点研究基地课题。

6月20日，杭州社科《成果要报》第四期刊登《关于南宋德寿宫遗址保护与利用的建议》研究成果。课题指出德寿宫遗址可作为南宋皇城大遗址综保工程的先导，弥补杭州没有可供参观的宫殿遗址的缺憾，为下一步大规模的皇城保护与利用提供宝贵经验，并使之成为现阶段整合周边南宋文化遗存的核心展示区。

【杭州市民公共文明指数研究】2019年，杭州市民公共文明指数调查样本覆盖10个城区和钱塘新区，共获取21个街道、44个居民社区、3400位杭州常住居民被访记录。调查显示，2019年市民公共文明指数为84.75，市民在公共卫生、公共秩序、公共交往、公益服务、网络文明、国际礼仪文明等方面都有进步；《杭州市民文明行为促进条例》持续发挥作用，促进市民文明行为发生；市民参与城市社会治理的意愿和能力增加，参与公益服务热情高涨，愿意为杭州亚运会成功召开做出力所能及贡献。现场观测显示，不文明现象总体发生率比上年下降0.44%。研究基于城市文明建设所需“引领—导向—支撑”几大核心要素，显著提升杭州市民的公共文明素养与行为，加快形成与市域治理现代化、世界名城相匹配的社会文明，推动杭州市形成干净的城市环境、有序的公共秩序、良好的人际关系、文明的观赏行为、市民积极参与的社会公益活动、健康的网络文明行为、理性的国际礼仪文明，呈现出引领现代文明潮流、彰显国际文明水准的城市风范。

2019年10月11日，杭州社科《成果要报》第十四期刊登《“礼让斑马线”后杭州公共文明建设新风尚研究》研究成果。课题指出目前杭州公共文明建设的薄弱环节，基本出现在公共交通领域中。课题强调要以公共交通文明建设为抓手，通过完善法律法规、严格执法以及公共文明宣传教育，解决公共交通文明建设顽疾。“礼让斑马线”后杭州公共文明建设要推出的新名片，以地铁文明和共享单车文明作为杭州文明新风尚建设的切入口，将智慧城市成果推广到公共交通文明建设中。

【法治杭州建设研究】2019年，市社科院受市司法局委托，专门成立法治杭州建设专业评估课题组，制定《杭州市2019年度法治政府建设专业评估实施方案》。对全市13个区县（市）及钱塘新区的法治杭州建设状况，以及机构改革调整后的32个市直单位进行评估。此次评估根据法治中国建设的基本方针和一般原理，围绕中央和省、市政府法治建设相关文件要求，从法治杭州建设的实际情况出发，分别制定适用于杭州市各区县（市）法治杭州建设专业评估的三级指标体系，以及适用于32个市直单位的法治政府建设专业评估的三级指标体系。综合运用多种评估方法，坚持“结果评估”和“过程评估”相结合的评估原则，全面反映杭州市各区县（市）法治建设和32个市直单位法治政府建设的现状。各区县（市）法治杭州建设总体持续进步，依法执政的制度体系日益完善，依法行政和公正司法能力不断提升，法治环境持续优化。32个市直单位法治政府建设评估结果显示，随着法治政府建设的总体推进，整体具备进一步提升依法行政水平的社会经济条件和制度环境。

【杭州国际日活动及品牌建设研究】2019年4月8日，杭州社科《成果要报》第三期刊载杭州市哲学社会科学重点研究基地杭州城市国际化研究中心《关于2019年杭州国际日活动及品牌建设的建议》研究成果。课题围绕举办好2019年杭州国际日活动及品牌建设问题进行讨论、研究，提出打造一个有品牌的，广大民众积极参与的，开放、包容、多元和欢乐的，组织机制灵活、传播影响广泛的城市节日，使共建世界名城成为全体市民共同行动，向世界展示更加开放的中国、更加开放的杭州，以开放促改革、促发展、促世界名城建设。

【杭州市博物馆文创产业发展研究】2019年5月21日，杭州社科《成果要报》第四期刊载市哲学社会科学规划课题《杭州市博物馆文创产业发展现状及对策》研究成果。课题指出发展博物馆文创产业是复兴中国传统文化的重要举措，更是杭州市全面推进文化兴盛行动、建设国际文化创意中心的重要抓手。对杭州而言，打造“国际文化创意中心”既需要形成鲜明的产业发展模式，也需要推出能代表杭州特色的具体产品；博物馆文创产品是重要代表，它的发展值得杭州花精力、花财力进行培育。

【“良渚古城遗址”研究】2019年7月8日，杭州社科《成果要报》第六期刊载市社科院文史研究所《关于抓住良渚古城遗址申遗成功重大契机，推进杭州城市文化国际化进程的对策建议》研究成果。良渚古城遗址申遗成功，是杭州城市文化史上具有划时代意义的大事。良渚作为“实证中华5000年文明的圣地”，获得国际权威机构的承认，杭州城市文化国际化由此迎来重大契机。要充分发挥世界文化遗产龙头资源的引领带动作用，以点带面，在建设"独特韵味别样精彩的世界名城"，特别是城市文化建设方面大有作为，打造杭州世界级的靓丽名片。

【长三角一体化研究】2019年8月13日，杭州社科《成果要报》第八期刊载市社科联市社科院课题组《凝聚杭州城市力量、参与长三角一体化发展》研究成果。通过与长三角其他优质城市对比，对杭州城市优势与劣势进行分析；站在长三角一体化率先高质量发展高度，从特色小镇、文创产业、民营经济、会展产业、国际贸易等强项入手，以"数字经济"发展的优势融入长三角；应当立足长远，贮备发展的力量，从产业平台、市场环境、区域链接、信息畅通、创业创新、社会生态、精神文化、体制机制等"八大转变"入手，提升杭州城市的综合能级，从协作协商体制机制向"联合作战"的体制机制转变，在"联合作战"中实现共建共享共赢格局。

【杭州城市国际化研究】2019年9月12日，杭州社科《成果要报》第十一期刊载市社科联市社科院课题组《关于杭州进一步提升城市国际化综合能级的建议》研究成果。G20杭州峰会的举行，杭州开启迈向现代国际化大都市的新征程；良渚古城遗址成功列入"世界遗产名录"，奠定杭州历史文化名城高地，实证中华五千年文明史的圣地。面对新的形势和挑战，尤其在长三角一体化上升为国家战略之后，杭州要打造一座"独特韵味别样精彩的世界名城"，必须进一步提升城市国际化综合能级，进一步参与国际合作与竞争，成为国内全面对外开放的重要节点以及长三角一体化高质量发展重要增长极。

【杭州义务教育研究】2019年9月20日，杭州社科《成果要报》第十二期刊载市社科联市社科院课题组《"美好教育"理念引领杭州义务教育优质均衡发展》研究成果。课题全面调研和考察杭州义务教育发展状况，分析杭州义务教育优质均衡发展现状，针对目前存在的问题和矛盾，从实践层面上提出推动杭州义务教育优质均衡发展，促进教育公平的对策建议。坚持公平优质的价值取向，牢牢把握杭州教育发展的阶段性特征，以优质均衡发展为主题，以教育现代化为主线，全面提升义务教育品质，让更多的少年儿童获得公平且高质量的教育，为杭州经济发展、社会进步和每位学生的幸福人生奠定扎实的基础。

【科创中小微企业发展研究】2019年11月21日，杭州社科《成果要报》第十六期刊载市社科院经济研究所《破解科创中小微企业融资困境的建议》研究成果。课题对余杭区未来科技城进行深入调研，发现科创中小微企业的生存发展主要受到资金严重不足的制约，呈现总量少、渠道窄、成本高等融资困境。针对这一问题，提出关注信贷展期，建立企业拆借基金；拓宽融资渠道，助力创投企业发展；优化创投注册，减少基金设立障碍；创新服务功能，加快科技金融融合的建议。（市社科院）

【城市学智库研究】2019年，杭州国际城市学研究中心依托首批浙江省新型重点专业智库，组织各类课题申报，推进智库研究。编纂出版《中国城市治理蓝皮书（2018—2019）》。主办第六届浙江城市治理论坛，推动国内城市治理研究成果跨学科、跨领域、跨部门、跨行业交流。全年，杭州国际城市学研究中心参加"国资大讲坛""新型城镇化市长论坛""浙江省高质量发展智库论坛""智能时代的城市研究""上海全球智库论坛"等研讨会，接待来访国内外知名专家学者、企业家数百名；城市学研究团队到深圳、重庆、南京、西安、合肥、宁波、温州等20多座城市调研新型城市化建设，为调研所在地领导干部、各类干部培训班开展城市学培训90多次。

【城市学研究综合体】2019年，杭州国际城市学研究中心完善城市学研究空间载体，发挥城市学研究社会效益。优化提升世界城市博物馆、杭州图书馆城市学分馆、杭州城市学知识中心。依托世界城市博物馆建设和有机更新，大楼展陈城市化图片9000多张，共建各类"城市书房"88座，收藏城市学类图书20万余册。以"城市书房""专题书房""特色书架"建设为载体，推动城市学重要著作、杭州全书、城市学文库等城市学研究成果的"售、换、赠"工作。立足于研究杭州、宣传杭州、服务杭州，推动城市管理者培训工作全面开展，累计开展培训近100班次，接受培训近1万人次，服务城市30多座。举办各类学术活动1000多场，接待各级城市管理者、专家学者、师生、市民5万余人次。与中国图书馆学会学术委员会共同主办2019年全国"公共图书馆主题分馆建设"馆长论坛，杭州城市学图书馆被纳入全国图书馆网络体系，在全国47个国家级、省级和副省级图书馆，120个知名院校图书馆实现城市学研究成果转化。城市学知识中心数据库平台基本建设完成。集研究中心、培训中心、知识中心、接待中心、健身运动中心、绿化展示中心、博物馆、图书馆等多功能为一体的城市学研究综合体基本成型。（杭州国际城市学研究中心）

社会科学成果

【市委调研成果】2019年，市委政研室（财经办、决咨办）聚焦重点问题，开展长三角一体化、城市治理现代化、制造业高质量发展、中美贸易摩擦影响、新一代人工智能、"智能快递"、"未来工厂"、钱塘新区、大城北、行政区划调整、新安江全流域生态保护、南宋皇城遗址保护和申遗、打造世界遗产群落、博物馆业发展、人口结构变化趋势分析、大健康体制机制、网上政务服务能力、乡镇（街道）基层减负、"走亲连心三服务"等专题调研。组织完成课题调研报告40多篇，多篇获市委、市政府领导批示，为市委决策提供参考。做好2019年度市委、市政府领导重点调研课题服务，2018年度全市党政系统优秀调研成果的评选和表彰工作。开展委托研究课题59项和市各民主党派工商联知联会协同调研课题9项，做好各类课题成果汇编工作，编发《杭州政研》20期。（市委政策研究室）

【市人大常委会调研成果】2019年，市人大常委会形成调研文章32篇，编辑出版《杭州人大》杂志2期，编发《调查与研究》22期。开展城西科创大走廊建设、营造台胞良好投资环境、民营经济专题调研，形成调研成果10项，编印《杭州市人大常委会重点调研成果汇编（2019年度）》。在省人大《调查与研究》刊发调研报告《街道居民议事制度的建立及其运行评析》，指导西湖区及西溪、转塘街道开展全省街道人大工作和建设试点，该工作获评“2019年浙江省改革创新最佳实践案例”。《关于推动我市“名校名院名所”建设的若干建议》获全市党政系统优秀调研成果二等奖。《坚持立督并重推进法规有效实施机制之探索与思考》《杭州市民营经济高质量发展营商环境司法保障的现状和建议》等4篇调研文章获浙江省人大理论研究会优秀论文奖。首次开展“杭州人大工作与时俱进案例”推荐工作，对近年来全市各级人大在行使职权、推进基层民主政治建设中，具有独创性、创新性、典型性的工作、活动和载体进行推荐。确定拱墅人大《深化政府重大投资项目监督》等10件案例为“杭州人大工作与时俱进案例”，滨江人大《“小平台”成就大舞台——滨江区新州社区网上代表联络站》等15件案例为“杭州人大工作与时俱进提名案例”。

（市人大常委会研究室）

【市政府调研成果】2019年，市政府研究室（市政府参事室）形成各类调研成果67项，其中市领导批示49件（次），部分调研成果被市委市政府采纳或转化为全市性决策部署。全年编发《政府决策参考》46期、《调查研究》52期。

坚持战略导向，开展重大政策起草和前瞻问题调研。围绕新制造业计划，深入开展系列调研，牵头起草《关于贯彻落实稳企业稳增长促进实体经济发展政策举措的通知》《关于实施“新制造业计划”推进高质量发展的若干意见》两项政策。承担市政府主要领导年度重点调研课题《加快5G商用促进新兴产业发展的对策建议》。围绕未来产业布局，形成《杭州推进区块链产业创新发展对策研究》《杭州建设“全球金融科技中心”的若干建议》《加快推进我市生命健康产业发展的对策建议》等调研报告。

坚持问题导向，加强经济社会发展重点、难点问题对策调研。持续关注营商环境优化，形成《对标世行营商环境进一步优化我市营商环境的若干建议》《民营企业政策获得感情况调研及相关对策建议》等调研成果。围绕乡村振兴中人才、产业等难点问题，形成《补齐乡村产业振兴短板要素的主要思路对策研究》《做深做细“三篇文章”，补齐乡村振兴“人才短板”》等成果。针对城市建设中的重点问题，形成《有机更新背景下老城区空间拓展和功能提升研究》《强化TOD开发 进一步推动杭州城市空间高质量发展》等调研报告。

坚持民生导向，开展社会热点问题调研。围绕物业管理、教育、养老、医疗、文化等群众关心的民生问题，形成《我市居民住宅小区物业管理存在的问题及对策建议》《推进义务教育阶段杭州公办民办教育均衡发展的几点建议》等成果。及时跟进中美贸易摩擦、汽车“双限”政策调整、“首店经济”等热点问题开展调研。加强外脑利用，认真开展市政府参事专题咨询，形成《参事建议》15篇；借助在杭高校、研究机构等力量开展课题调研，完成政校合作基地课题17项、对外委托课题10项。

（市政府研究室）

【市政协调研成果】2019年，市政协围绕新时代人民政协重大理论和实践问题，开展理论研究工作。总结市政协履职工作创新实践，加强理论研讨和工作交流，参与全国政协庆祝人民政协成立70周年研讨会和全国政协、省政协理论研究会专题研讨会等，《更好发挥专委会在专门协商机构中的基础性作用》被全国政协理论研讨会收入大会发言汇编。主动对接全国政协、省政协理论研究会研究计划，开展省政协《习近平总书记关于加强和改进人民政协工作的重要思想在浙江的探索实践》子课题研究，组织全市政协系统和政协各参加单位申报和参与省政协理论研究课题，理论研讨文章在省政协理论研究会第十一次理论研讨会上获二等奖2名、三等奖6名。在全市政协系统分别组织开展以“庆祝人民政协成立70周年”“人民政协作为专门协商机构作用研究”为主题的征文活动，收集整理优秀研究成果，编辑出版《政协理论与实践（第十一辑）》。完成市政协理论研究会换届工作。

（市政协研究室）

【市委党校科研成果】2019年，市委党校获国家哲学社会科学基金项目立项6项，列全国副省级党校第一位；以满分第一获得全省党校系统科研组织工作优秀奖；主编专著《五大发展理念在浙江杭州的实践》被评为杭州市第十四届精神文明建设“五个一工程”图书奖。公开发表论文75篇，其中核心及以上刊物27篇、省级刊物17篇、副省级刊物31篇，另有2篇被中国人民大学《复印报刊资料》全文转载。

依托社科重点研究基地平台，开展学术交流研讨活动。联合中国社科院主办第四届习近平新时代中国特色社会主义思想高层论坛，以“学习贯彻党的十九届四中全会精神，深化社会主义制度体系和治理体系研究”为主题，邀请全国社科院、党校系统、高校等80多名专家学者就“更加全面认识中国特色社会主义制度的优势”“深刻领会十九届四中全会及其决议的重要历史地位”“十九届四中全会及其决议对中国特色社会主义经济制度的重要贡献”“杭州地方治理改革的创新与实践”4个方面议题进行研讨。

获各类纵向课题立项39项，完成各类纵向课题36项。完成各类市情研究课题49项。组织完成3项教研咨一体化课题，新设立“加快建设全国数字经济第一城研究”“杭州全面打造国际一流营商环境研究”“长三角一体化和杭州发展研究”3项教研咨一体化课题。

在各类成果评审中共获各类优秀成果奖38项，其中全国民策理论研究1项、全省党校系统理论研讨会6项、全省党校系统咨政成果评奖10项、全省社院优秀调研成果3项、省科技进步奖1项、市社科联哲社优秀成果8项、市“五个一工程”图书奖1项、市党政系统优秀调研成果1项、其他各类学术研讨会优秀论文7项。24项决策咨询报告获省、市领导肯定性批示25次，2项成果建议被有关部门文件采纳。（市委党校）

【杭州青年专修学校（市团校）科研成果】2019年，杭州青年专修学校（市团校）对全市中学团校进行调研，完成调研报告，并形成《关于推进中学团校规范化建设的实施意见（讨论稿）》，计划2020年启动；贯彻落实"不忘初心、牢记使命"主题教育专题调研实施方案，形成"不忘初心、牢记使命"主题教育专题调研的材料汇编；《杭州市中学团校建设与管理办法》《杭州市中学团校培训课程体系方案》《杭州市中学示范团校创建标准》3项课题为杭州市学校共青团研究立项课题；主持参与课题8项，其中：省青年研究会课题2项，市社科联课题1项，中国青年工作院校协会课题1项，杭州市学校共青团研究课题1项，2019年度杭州共青团调研课题3项；文章《城市中长期青年发展规划的实践与探索——以杭州为例》获第十五届中国青少年发展论坛三等奖，《网络信息时代背景下高校共青团思政教育工作的探索——以在杭高校为例》获杭州市学校共青团优秀研究课题二等奖。市团校课题组共同撰写的《杭州青年发展现状调查报告》收录于《杭州青年蓝皮书：杭州青年发展报告（2019）》，《抓好"一平台双举措"探索新时代"学社链接"新路径》刊登于《中国共青团》杂志2019年第6期。

5月，联合团市委启动2019年度杭州市共青团调研课题申报工作，立项课题62项；联合市教育局、团市委开展2018年度课题结题以及2019年度杭州市学校共青团研究课题申报工作，立项课题35项；全年开展"杭州青年兴趣爱好的调查""杭州青年五四精神学习的调查""杭州青年看祖国七十年变化""杭州青年对十九届四中全会的认识"4次调查，每季度舆情调查数量平均在1000份左右，形成《美丽杭州、美好生活——关于杭州青年兴趣爱好的调查》《五四精神薪火相传、初心不忘砥砺奋进》《看祖国70年蒸蒸日上，做积极有为好青年》3期青年舆情报告。其中：第一期舆情报告被用于"杭州发布"公众号5月4日推送《有惊有喜！新时代杭州青年都在想啥？这份调查告诉你！》一文中；第三期舆情报告被用于"杭州发布"公众号9月23日推送《3成爱点外卖，一半学习成常态！这份调查让你认识不一样的杭州青年！》一文中。（市团校）

【杭州国际城市学研究中心科研成果】2019年，杭州国际城市学研究中心编纂出版《杭州全书》97册，其中出版26册、在编71册。所编书目涵盖西湖学、西溪学、运河（河道）学、钱塘江学、良渚（余杭）学、湘湖（白马湖）学、南宋学等各个杭州学分支学科。启动《南宋全书》编纂出版工作。继续推进《杭州通史》编纂，不断完善体例，打造出版精品。编辑出版《城市学研究》期刊4期。依托杭帮菜研究院，编纂出版杭帮菜图书《别说你会做杭帮菜——杭州家常菜谱5888例》《漫画杭帮菜》作为亚洲美食节的推荐用书。

（杭州国际城市学研究中心）

【杭州师范大学科研成果】2019年，杭州师范大学获国家社科基金项目38项，列省内高校第四位；总经费1041万，列省内高校第二位，是2019年度省内唯一在国家社科基金8大申报种类均有立项的高校。获国家社科基金重大招标项目3项、国家社科基金重点项目6项，均列省内第一位。获国家艺术基金1项，艺术学单列2项、教育学单列4项、一般项目19项、青年项目2项，思政专项1项、中华学术外译项目1项。全年获省部级项目49项，其中教育部人文社科一般课题及专项课题立项数15项、浙江省哲学社科规划课题立项数13项、浙江文化研究工程项目立项数14项、其他类立项数7项。获市厅级项目累计76项，国际合作项目17项。获第二十届浙江省哲学社会科学研究优秀成果奖获奖15项，其中一等奖4项、二等奖4项、三等奖7项。获第八届教育部高等学校科学研究优秀成果奖（人文社会科学）二等奖3项、三等奖1项、青年奖1项。

全年发表人文社科论文757篇，权威论文82篇，其中《中国社会科学》1篇、美国《社会科学引文索引》论文42篇、一级期刊论文202篇。学术著作（含译注和教材等）111部。继续推进"人文社科振兴计划"，完成第二批校内新型智库评审立项工作，共资助立项5项，资助经费190万元。实施专利转让14项、许可7项；技术转移转化（包括开发，咨询，服务）232项，到账金额4625万元。

全年组织实施服务杭州项目74个，到账经费2527.99万元。拓展新型地方合作关系6个。与浙江省物品编码中心、钱塘新区、沈阳仪表科学研究院签署战略合作协议，展开深度合作；与武义县建立学术合作关系；与浙江小百花越剧团开展校园戏曲文化合作；协同浙江工商大学等省属高校，与杭州高新区（滨江）建立产学研合作关系。共建校政企合作研究院7个，召开服务杭州工作推进会4次。（杭州师范大学）

【浙江大学城市学院科研成果】2019年，浙江大学城市学院教师承担各级各类人文社科类科研项目270项，其中纵向项目61项（国家级1项、省部级9项、市厅级30项、校基金21项）、企事业单位合作课题179项。人文社科类科研项目经费2483.25万元。发表学术论文311篇，其中：权威论文1篇，一级期刊16篇，核心期刊25篇，《中文核心期刊要目总览》22篇，TOP期刊18篇，国际期刊59篇（美国《社会科学引文索引》收录7篇、美国《艺术与人文科学引文索引》收录1篇）。出版学术著作10部，其中专著7部、编著3部。全年参加国际研讨会等学术交流活动40多次，学院社科联组织40多名师生参加浙江省、杭州市、拱墅区社科普及周相关活动。

（浙江大学城市学院）

【杭州职业技术学院科研成果】2019年，杭州职业技术学院教职工在公开发行国内外期刊上发表核心及以上论文共136篇，其中一级期刊8篇、核心期刊43篇、国际期刊11篇（美国《科学引文索引》7篇、美国《工程索引》4篇)。全年申请知识产权专利共248项,其中发明专利7项、实用新型专利182项、外观设计专利21项,获软件著作权40项。全年组织教师申报各级各类269项,全年组织专家评审4次,立项市厅级以上课题66项,其中2019年教育部人文社会科学规划课题立项2项,列全国高职院校第一位。开展应用性科研、与企业联合进行横向课题研究,签订合同49项,横向合同金额891.63万元。

依托杭州市哲学社会科学重点基地"现代职业教育研究中心",建立"全国产教融合研究基地"(与教育部职业技术教育中心研究所合作)和中国职业技术教育学会"现代学徒制研究中心",三大基地协同推进。完成市社科联对我校杭州哲学社会科学重点研究基地"现代职业教育研究中心"调研工作;完成国家"现代学徒制研究中心"一届六次、一届七次会议的组织工作,提供校内现代学徒制案例2个;出版科普读物书籍2部。

(杭州职业技术学院)

【杭州万向职业技术学院科研成果】

2019年,杭州万向职业技术学院教职工在公开发行的国内外刊物发表论文130篇。其中核心期刊10篇、美国《科学引文索引》2篇、美国《工程索引》1篇、一般期刊117篇,出版教材6部、专著1部。全年申请知识产权专利10项,其中发明专利1项、实用新型专利5项、外观设计专利4项。完成各类科研项目及横向科研项目结题45项。

全年组织教师申报各级各类课题100多项,立项61项。其中:省级及以上课题2项,省教育厅、市社科联等其他纵向研究项目30项,校级科研项目15项,横向科研项目14项。拥有杭州市属高校优秀创新团队1个,获各项科研项目经费95万元。

完成杭州市哲学社会科学重点研究基地"浙江制造国际化研究中心"中期检查工作。组织2人参加社科人才培育的结题工作,其中1人以优秀等级通过结题。参加杭州社科联第五届学术年会,学校社科理论宣讲团成员完成年度理论宣讲6人次。

(杭州万向职业技术学院)

【杭州市教育科学研究所科研成果】

2019年,杭州市教科研课题立项综合课题157项,课程建设专项课题47项,美好教育专项课题52项,教师小课题498项。推荐优秀课题方案参加全国"十三五"规划2019年度规划课题申报,西湖职业高级中学校长张德成主持的课题《乡村经济振兴背景下中职学校复合型人才培养模式的构建研究》被列为全国教育科学"十三五"规划2019年度国家一般规划课题;保俶塔实验学校校长周华松主持的课题《UbD·LBD:基于跨学科学习的STEMA课程开发与实施范式研究》被列为全国教育科学"十三五"规划2019年度教育部重点课题。2019年杭州市教育科研优秀成果评审共评出综合类优秀成果一等奖30项、二等奖95项、三等奖111项;教师小课题优秀成果一等奖48项、二等奖128项、三等奖150项。推荐25项市级优秀科研成果参评浙江省教科研优秀成果奖评审,其中获一等奖5项、二等奖11项、三等奖8项。组织第二批杭州市中小学、幼儿园合格、示范教科室复查工作,杭州市第十中学等86所学校的教科室通过合格教科室的复查,杭州市天水小学等18所学校的教科室通过示范教科室的复查。组织杭州市第五批中小学、幼儿园合格、示范教科室评选,杭州市长青小学等104所学校的教科室获市中小学、幼儿园合格教科室,杭州市胜利小学等42所学校的教科室获市中小学、幼儿园示范教科室。全市共有13个学校(单位)被评为浙江省(2017—2018年度)教科研先进集体,18名教师被评为浙江省(2017—2018年度)教科研先进个人。

杭州市教育科学研究所充分发挥智囊团角色,完成《杭州市2035教育现代化行动纲要》编撰任务;全程参与省厅浙江省现代化学校评估指标体系框架的研制,参与并完成杭州市"十四五"教育事业发展规划调研工作;承担省重点课题《指数化监控:提升区域教育治理水平的新机制研究》并完成课题报告,成果获省一等奖;对初中学生课业负担和家长满意度展开监测,为参与调查的90多所学校和13个区县(市)教育局提供分析报告;完成《关于加强义务教育阶段作业管理的建议》《关于加强义务教育阶段家长陪伴的建议》等调研任务;完成2019年省心理健康教育示范点和标准化建设验收工作,全市心理辅导站标准化建成率为100%,2019年示范点建成51个,总数132个。

对桐庐县进行教科研工作专项调研,采用听取工作报告、召开教师座谈会、进行问卷调查等形式,了解桐庐教科研工作现状,为桐庐教育发展决策提供事实依据与可供参考的建议。杭州市2019年度拟立项课题负责人培训在杭州江南实验学校举行,250多位杭州市2019年度综合课题、课程建设专项课题和美好教育专项课题拟立项课题负责人参加培训。在大江东产业集聚区与建德市举办两期"家庭教育指导农村百校行"活动,2000多名家长参与。组织完成市直属学校班主任基本功大赛和市班主任基本功大赛评比及杭州市中小学班主任基本功大赛中评比,组织教师参加浙江省中小学班主任基本功大赛和长三角地区中小学班主任基本功大赛,获浙江省综合一等奖5项、论文一等奖4项和长三角地区综合一等奖2项、论文一等奖2项。与杭州电视台少儿频道合作拍摄家庭教育名家讲堂50节,于11月30日开始陆续播出,并做成光盘资料发放。

2019年,杭州市教育学会开展"关键教育事件"主题征文活动,经学术委员会评审,共评出获奖征文122篇。策划并推出杭州市教育学会课题立项申报项目,并对70位立项课题负责人进行培训。10月,杭州市教育学会联合中国教师杂志浙江站、浙江教育科技频道,在杭州江南实验学校举行庆祝中华人民共和国成立70周年暨系列评选活动颁奖大会。联合杭州绿城育华小学、《浙江教育报》、硅谷零一创新教育研究院,主办第三届全国小学"创课"博览会暨"贯通学习"研讨会,300多人参加。11月,开展2019年度杭州市教育改革创新年度人物、年度学校评比。杭州市教育学会在杭州市科学技术协会组织的2018年度区县(市)科协和市级学会重点工作目标考核中,获

“2018年度优秀科技社团”称号。

（杭州市教育科学研究所）

区县（市）社科研究

【上城区社科联工作成果】2019年，上城区社会科学界联合会（简称上城区社科联）配合市委宣传部举办亚洲文明对话大会和“知味杭州”亚洲美食节；在中国美术学院举办“知识江南美学·味象风雅宋韵”南宋论坛，邀请国内外南宋文化和美食界嘉宾100多人参与主论坛。杭州胡庆余堂中药博物馆、小营·江南红巷获评省级社科普及基地，省级社科普及基地总数达4个。遴选并命名宋代玉器艺术馆等13个首批区级社科普及基地，构建省、市、区三级社科普及网络。举办庆祝中华人民共和国成立70周年“诗词筑梦·礼赞中华”系列文化活动及2019年上城区“社科普及周”，开展“我为祖国写诗”有奖征集、南宋论坛、爱国诗歌手稿展、爱国诗词之旅等活动。开展诗词普及进校园，举办“我们的读书日”“南宋千杯展”“日本经典动漫原稿展”“郁达夫手稿回家展”“《孚尹流光·五璋山房藏宋代玉器》新书发布会”等活动。累计推出“周末社科微谈”社科讲堂40期，其中10多期被“学习强国”杭州学习平台录用。

（上城区社科联）

【下城区社科联工作成果】2019年，下城区社会科学界联合会（简称下城区社科联）结合“不忘初心、牢记使命”主题教育，推出《“潮”说3分钟》理论宣讲专题，建立完善“哲学社会科学专家库”“社科类社团组织管理库”“先进社团和优秀社团工作者档案库”“哲学社会科学优秀成果档案库”“哲学社会科学重点课题管理库”。探索创新特色项目，扶植“鲍大妈聊天室”“社区国学堂”“朝晖诗社”等覆盖街道社区；潮鸣图书阅览室开设“潮书会”；朝晖街道成立朝晖诗社，编印《朝晖风雅》诗词合辑；与FM89杭州之声合作推出《武林星说》栏目，在下城留有印迹的古今中外名人中挖掘、编撰、成籍、传播50名下城人物故事，制作完成33期。

（下城区社科联）

【江干区社科联工作成果】2019年，江干区社会科学界联合会（简称江干区社科联）举办钱塘江文化节系列活动，发布《文化引领城市高质量发展报告》。协办“知味杭州”亚洲美食节“美食与优雅生活”对话论坛，发布《优雅的美食与美食的优雅——关于美食与优雅生活的研究报告》，保障美食文化公园活动。编发《钱塘江文化》月刊杂志，每期发行4000册。陆续出版《钱塘江故事》丛书，开展“钱塘故事会”中华人民共和国成立70周年主题活动、“阅红色经典、忆峥嵘岁月”书评大赛等活动。编发钱塘江文化《智库要报》，分送全省范围有关机关和企事业单位，累计编发15期；其中《对提升农村文化礼堂作用的几点建议》《杭州博物馆业要强化对少年儿童的服务》等文章得到浙江省领导批示肯定。选定“文化引领城市高质量发展”年度重点课题，立项融媒体中心建设、民营经济发展环境、区域传统文化“两创”实践等主题常规课题13个。围绕钱塘江文化大提升，面向社科界、文艺界、基层单位、区直有关单位、“两代表一委员”，召开4场专题研讨会。继续做好“社科达人”线上社科知识竞赛活动，在春节、亚洲美食节和社科普及周举办3场，全国340多个城市9万余名网友参与。‘钱塘夜听’音频栏目与西湖之声合作，累计刊播43期。

（江干区社科联）

【拱墅区社科联工作成果】2019年，拱墅区社会科学界联合会（简称拱墅区社科联）根据《拱墅区机构改革方案》，将拱墅区大运河文化研究院与拱墅区社科联合署办公，进一步提高研究力量。研究制定2019年度课题指南，委托杭州师范大学进行《拱墅区大运河戏曲文化传承发展创新对策研究》，研究戏曲文化发展情况，提出新时代推动拱墅区大运河沿岸深化戏曲文化传承发展的对策建议；委托杭州国际城市学研究中心进行《数字经济时代拱墅区网络直播产业发展战略研究》，分析拱墅区网络直播产业发展路径。认定杭州水文水资源科普展厅、杭州郎朗艺术世界、九剧院戏曲影像基地、单向空间、剑瓷视界艺术馆、吴理人民谷艺术馆6个各具特色的社科文化场所为区级社科普及基地，社科普及基地增至16个。举办“浙江人文大讲堂·大运河讲堂”讲座7期。举办2019年拱墅区社科普及周启动仪式、大运河文化主题论坛，在“今日拱墅”App上对活动进行网络直播。推出杭州京杭大运河博物馆运河好奇实验室、拱宸书院廿四会公益讲座和高氏照相机博物馆中华人民共和国成立70周年照相机展览等活动。开展“拱墅领导干部谈初心”网络微视频宣讲。与区融媒体中心联合制作“壮丽70年 奋斗新时代”网络微视频系列宣讲，以拱墅普通人物的工作生活变化为主线，生动描绘中华人民共和国成立70年来，特别是十八大以来拱墅日新月异的发展变化，全方位反映经济社会发展取得的成就。

（拱墅区社科联）

【西湖区社科联工作成果】2019年，西湖区社会科学界联合会（简称西湖区社科联）利用“西湖大讲堂”、名师讲堂、基层理论宣讲点等载体，持续开展十九大精神、庆祝中华人民共和国成立70周年、“不忘初心、牢记使命”主题教育等学习宣讲活动。全面启动重点社科课题研究工作，通过与辖区高校、科研机构的合作，立项《数字阅读快速发展背景下推进“书香西湖”建设对策研究》《西湖区精细化社会治理的经验、逻辑与路径优化》《西湖区制造业与互联网融合发展对策研究》3个重点课题，发动全区各镇及街道、区属单位、社科联团体会员申报区社科联课题，确定立项10个、结题2个。鼓励各镇及街道、部门开展地方历史文化、民俗等研究，推动编写《且留下》《西溪文化丛书》等社科书籍。协办市社科联“讴歌光辉岁月，谱写时代篇章”2019年度杭州市社会科学普及周活动启动仪式。针对市民群众关注的热点问题，组织各社科普及基地、社科团体开展论坛讲座、咨询服务、知识竞赛等10种形式、40多项社科普及宣传教育活动。创新科普方式，扶持推出《疯狂博物馆》第二季、《西溪民间戏曲研究》等科普作品。加强社科普及基地建设，推荐弥陀寺文化公园为省级社科普及基地。全区现有省级社科普及基地3个、市级社科普及基地5个。

（西湖区社科联）

【滨江区社科联工作成果】2019年，滨江区社会科学界联合会（简称滨江区社科联）加强社科普及基地建设，大华江虹科技园、彩虹社区获评省级社科普及基地，形成省、市、区三级社科普及网络。加强校地合作，与浙江中医药大学马克思主义学院在中控科技集团有限公司和浙江康恩贝制药股份有限公司建立社科宣讲点和实训基地，推动社科普及向非公企业延伸。开展“你好·滨江”系列人文大讲堂，围绕历史文化传统、人生哲理和社会热点，举办“百年吴越、千年江南”“运河长歌”“苏轼与杭州”“快乐工作、幸福生活”等12期系列讲座。围绕庆祝中华人民共和国成立70周年主题，组织机关、学校、社区、企业、文艺志愿者等在浙东运河、最美跑道、网易蜗牛图书馆等地进行12场“我和我的祖国”快闪活动。举办高新区（滨江）庆祝中华人民共和国成立70周年文艺晚会、“我和滨江的100个故事”征集活动、“笔墨写初心·丹青绘新篇”书法美术作品展。整理浙东运河（滨江段）诗词、滨江文人故事，以解读运河文化为主题，拍摄《过塘行：大运河上的物流中心》《运河遗迹》《唐诗之路起点》《过塘行建筑》《西兴灯笼》等宣传片，并被“学习强国”中央和浙江省平台录用。开展城市记忆收集和宣传，《消失的铁陵关》《滨江长河农民协会旧址》《长河九厅十三堂》等12篇文章通过“学习强国”杭州平台发布。推动老物件征集和钱塘江水文化历史遗物征集等工作，推进历史文化保护进程。开展“红火过大年写福送春联”“文艺讲堂进企业”等活动。开展“初心家书”“100个民间故事”系列诵读。

（滨江区社科联）

【萧山区社科联工作成果】2019年，萧山区社会科学界联合会（简称萧山区社科联）举办首届中国哲学家论坛暨当代中国哲学形态研讨会，完成3个重点委托课题的社会招标，其中“消费空间生产视角下的乡村空间变迁与价值重塑——基于萧山南部旅游生态区”被立项为杭州市社科资助课题。举办社科普及周四大类18项系列活动，举办“细十番”“非遗”展演活动、第十届跨湖桥文化学术研讨会——跨湖桥·河姆渡、第四届中国孔子学堂年会暨儒学文化基层推广研讨会等系列活动。其中，第十届跨湖桥文化学术研讨会——跨湖桥·河姆渡获杭州市社科联社团学术活动经费资助，寻访跨湖桥文化·讲述八千年故事——金牌小小讲解员大赛、“瓷艺献华诞”南宋官窑献礼中华人民共和国成立70周年活动获市社科普及基地重点项目经费资助。开展基层宣讲50多场，吸纳22名社科人才进人才库。萧山图书馆等3个单位获评省级社科普及基地，萧山抗战纪念馆等11个单位获评第五批区级社科普及基地。

（萧山区社科联）

【余杭区社科联工作成果】2019年，余杭区社会科学界联合会（简称余杭区社科联）开展《余杭区实施大孵化器战略的对策研究》等46项课题研究，课题成果获省、市、区相关领导批示肯定20件（次），发挥公共决策的思想库和智囊团作用，形成项目驱动、载体驱动、品牌驱动局面。实施地方历史文化研究推广工程，资助出版《中华英杰章太炎》《余杭人物碑传集（上、下册）》《章太炎家书（附家训）》《章太炎论国学》等著作5部，编印《我身边的运河故事》《陈元赟学术思想研讨会征文汇编》作品2部。“将良渚古城遗址打造成中国最具影响力的文化地标”等建议获省、市相关领导批示肯定。举办以良渚文化为主题的“社科人文大讲堂”专题讲座；协助市社科联承办全国城市社科院第二十九次院长联席会议暨全国城市智库联盟第五届年会等活动；举办纪念陈元赟赴日传播中华文化400周年暨余杭历史传奇人物陈元赟学术思想研讨会。11月30日，章太炎故居纪念馆重新开放之日，章太炎研究中心同步挂牌。支持章太炎故居纪念馆、茶文化研究会、径山禅宗文化研究院等单位开展纪念章太炎150周年诞辰研讨会、中国禅茶文化座谈会、“南宋时期杭州径山寺对佛教中国化的贡献”座谈会等学术活动60多场。获省哲学社会科学规划课题立项1项，市社科联立项课题（含规划课题、专项课题）7项，向杭州市社会科学界第五届学术和咨政年会推送论文获二等奖2项、三等奖2项。开展第二届“社科普及周”活动130多场，举办“余杭社科人文大讲堂”“理论宣讲走亲”“社科宣讲进基层”等活动100多场，受众10万余人次。冠名播出“城市21点”“主播说余杭”“理论达人”微宣讲等媒体栏目295期，总时长2万余分钟。章太炎故居纪念馆、西溪洪氏家训家风纪念馆获评省级社科普及基地，“良渚与古代中国——玉器显示的五千年文明”和“让社科普及走进新社会阶层”获评2019年度浙江省社科普及创新示范推介项目，余杭区社科联工作获评2019年度全省“区县社科联测评优秀单位”。

（余杭区社科联）

【富阳区社科联工作成果】2019年，富阳区社会科学界联合会（简称富阳区社科联）建立常务理事、理事、社团负责人社科工作微信群联络机制，通过召开常务理事会议、社团负责人座谈会、走访社团学会，加强沟通联络，推动社科战线学习教育。结合庆祝中华人民共和国成立70周年等主题，通过讲座论坛、社科实践、主题展览、理论宣传、社科咨询、文艺表演等形式，挖掘地方人文历史资源，传承弘扬优秀传统文化，提高人文社科普及实效。“2019社科普及活动周”期间，开展活动150场，富阳区特色创新工作在杭州市社科普及周启动仪式现场展陈。推出“社科理论宣讲队”下基层活动，制定宣讲菜单，送出50多场群众喜闻乐见的宣讲活动。主办浙江省中医药文化与振兴乡村战略论坛，参与举办“董邦达、董诰”全国学术研讨会、乡镇（街道）二十四节气等活动。参与农村文化礼堂建管用育与乡村振兴、青少年预防犯罪、董邦达董诰墓完善提升等方向的课题9项，其中职业化趋向下村级后备干部建设研究、富阳推进乡贤工作的路径研究等2项课题被列入市级立项资助项目。全区现有省级社科普及基地4个，市级社科普及基地6个。在胡震纪念馆、周雄纪念馆、"银杏树下的少年宫"、湘溪三馆等社科普及基地，结合清明、夏至、冬至、庆祝中华人民共和国成立70周年等节气节日，开展2019年富春少年人文社科春之旅、夏之旅、秋之旅、冬之旅等活动，包括篆刻体验、清明扫墓、讲孝心故事、馅饼孝母、剪纸剪窗花、绘百米长卷、升国旗唱国歌、种瓜果蔬菜等内容。全年全区社科普及讲师团送课50多堂，"我和我的祖国"人文社科微讲堂系列微视频活动，在"学习强国"学习平台、腾讯视频、富报传媒、富阳发布、富阳宣传公众号等网络平台推出12期。

（富阳区社科联）

【临安区社科联工作成果】2019年，临安区社会科学界联合会（简称临安区社科联）组织编写《遇见吴越国》读物1部，启动编撰《读懂吴越国》9万字的社科读物。会同浙江农林大学、临安区政协文史委举办主题为"五代吴越国区域治理经验"的吴越（国）文化论坛暨第二届学术研讨会。临安区首个"社科之家"在临安博物馆揭牌成立。认定"文武上田"研训基地、大地之野自然学校、科技城规划展览馆、於潜镇博物馆为第二批区级社科普及基地。桃花纸非物质文化体验园获评省级社科普及基地。全区有省级社科普及基地3个、市级社科普及基地4个、区级社科普及基地18个。开设"天目心语"社科理论微讲堂平台，抽调优秀骨干主讲，共制作8期节目，被"学习强国"学习平台录用5期。以办好"社科普及周"为抓手，举行区社科、卫健系统"庆祝中华人民共和国成立70周年"系列活动、"传承中医文化、助力全民阅读——区首届悦读中医"活动。在高虹镇"龙门秘境"村落景区举办"讴歌光辉岁月，谱写时代篇章"2019年社会科学普及周启动仪式。主办中国红·临安印——庆祝中华人民共和国成立70周年主题篆刻展。主办"向祖国献礼 向国粹致敬"京剧演唱会。（临安区社科联）

【桐庐县社科联工作成果】2019年，桐庐县社会科学界联合会（简称桐庐县社科联）以开展专题调研、地方文化研究、年度课题申报评选等为载体，召开"城市形象研究"研讨会，会同范仲淹研究会浙江分会编印出版《浙江范仲淹研究》科普读物，联合浙江工商大学杭州商学院共同做好《桐庐方言志》的资料收集整理工作。《桐庐城市品牌形象与城市竞争力研究》初稿已完成，38个县级课题中有《县域营商环境优化途径的有效性研究》《新时代助推民营企业高质量发展研究》2个课题被列入市社科联立项课题。组织志愿者、县社科理论宣讲团成员走进农村、社区、学校、企业等基层一线，推动社科普及与传播历史文化、弘扬文明风尚同频共振。在全县范围内选取14个农村文化礼堂作为试点设置科普宣传角，在洋塘社区试点建设社科普及楼道。组建县级社科理论宣讲团，组织39位热心社科事业人士加入宣讲团队伍，开展"社科理论下基层"活动，到全县农村文化礼堂、理论宣讲点开展"你点我送"社科理论宣讲21场，举办《第四次工业革命背景下的世界经济趋势与新经济展望》专题讲座，会同县图书馆举办社科人文讲堂10期，受众达3000余人次。联合县委宣传部开展新时期"泰山压顶不弯腰"的南堡精神挖掘，组织召开南堡精神50周年纪念大会。以"讴歌光辉岁月，谱写时代新篇"为主题，组织开展2019年社科普及周活动，相继组织开展"万山红遍"书画邀请展、"文明交通"专题宣传、红色电影展播、弘扬南堡精神、重走红军路等活动，掀起庆祝中华人民共和国成立70周年的宣传氛围。叶浅予艺术馆获评省级社科普及基地，桐庐新时代文明实践中心体验馆、范仲淹纪念馆、周恩来浙西抗战讲话旧址等5个基地获评第二批县级社科普及基地。

（桐庐县社科联）

【淳安县社科联工作成果】2019年，淳安县社会科学界联合会（简称淳安县社科联）整合开展三级课题研究，组织申报省哲学社科规划课题1个、市社科联课题15个，其中2个课题获市级立项；推荐5项研究成果参加2019年杭州市社会发展报告编撰征集，其中1项入选。与县"四办"联动策划选题28个，组织开展县哲学社科课题申报、评审，征集到46个课题，立项15个；组织完成《淳安县域红色旅游总体规划》，编发《2018年淳安县哲学社会科学研究成果选》。54个省、市、县级社科普及基地全年常态开展各类社科普及活动216场，受众5.5万人次。组织申报省级社科普及基地2019年度重点活动项目3个、市级社科普及基地2019年度重点活动项目7个，其中1个项目获得市级立项资助；开展县级社科普及基地2019年度重点活动项目申报，征集到17个项目。启动2019年县社科普及周活动，集中举办87场重点活动，受众达3万人次。举办淳安县首届讲解员技能比武大赛，讲述宣传国家历史文化，讲解推介淳安县红色历史、传统文化、千岛湖旅游、生态产业等资源。做好淳安县社科品牌、基地特色活动对外宣传，组织10个红色基地参加省社科联巡礼。中国工农红军北上抗日先遣队纪念馆·茶山会议旧址获评省级社科普及基地，命名认定24个场馆为县级社科普及基地。充分发挥社科团体的普及宣传作用，传统文化研究会、诗词楹联协会等下属社团积极开展各类主题活动15场。（淳安县社科联）

【建德市社科联工作成果】2019年，建德市社会科学界联合会（简称建德市社科联）研究出台《建德市哲学社会科学专项资金管理办法（试行）》《建德市社会科学界联合会社团管理办法》《建德市报告会、研讨会、讲座、论坛等活动组织管理办法》等制度文件，并根据文件相继开展了优秀课题及重点项目资金补助、社团调研分析、讲座论坛相关报备等工作。《古邑遂安人文辑要》获杭州市社科规划"县市协作"专项课题立项；《税制改革下中小企业税负研究》列入2019年省社科联规划课题拟立项名单。聘用本土专家学者成立"德文化"社科讲师团队伍，引导讲师精心设计社科宣传主题，推出精品社科课程；开展"我和我的祖国"征文、《建德八景诗》出版、首届建功立德与孙韶论坛暨全国市县三国研究机构第六届学术会议等活动，并充分引导社团在梅城、寿昌古镇开发建设、钱塘江诗词之路文化带建设、地域"德文化"宣讲中发挥智囊团和特色宣传作用。聚焦政治、经济、文化、社会、生态重大建设,承办并刊发6期《建德》杂志,并做电子期刊,不断打造建德市地域文化对外宣传平台与窗口;结合梅城古城保护开发和建德十景等主要内容,充分挖掘地域严州文化和景观特色,在“建德社科”微信公众号上编辑推送36期。出版《严州古今文丛》《三国水浒与建德》《建功立德论孙韶》等地域文化类书籍,持续开展国学教育、“三国时期的‘德文化’”微信课堂、家训书法作品展览、建功立德话古贤故事演讲会、婺剧进校园精品展演、婺剧《大洋埠》《紫金滩》会演、校园反邪知识竞赛等一批特色鲜明、影响面广的宣传活动。参与保护建设,打造“活态”州府,跟进清邮局、浙大西迁第一站展馆、美丽城镇展馆等展馆。创新推行“德文化”基层德治体系建设,制定发布了《“道德银行”建设与运行规范》《“德文化”社区家园建设与评价规范》两个标准,与去年首批爱心服务站、美德家庭、“德文化”示范村、“德文化”示范校园、志愿者服务队等5个“德文化”标准体系项目一起形成较为完善的地域“德文化”传承体系,上报国家级试点项目。

(建德市社科联)

社会科学活动

【“我们的价值观”主题词研讨会】2019年,市社科院党建研究所坚持贴近基层、贴近实践、贴近群众的基本原则,先后在江干区天新社区、拱墅区金星社区、品凯口腔医院杭州总部、余杭区社科联、杭州城东建设投资有限公司、江干区新凯苑社区、拱墅区拱宸桥旧城改造指挥部、浙江水利水电学院马克思主义学院、浙江工业大学马克思主义学院、杭州通达集团项目工地等举办“我们的价值观”主题词研讨会12次,分别聚焦“杭州的民生实事”“补齐文明城市建设的短板”“企业诚信经营”“感恩老师”“敬业与追梦”“关爱老年人”“不忘初心坚定信仰”“党员干部的责任担当”“学习历史”“新时代青年大学生的爱国主义教育”“以务实作风推进基层治理”等社会热点话题。研讨会专家发言和研讨成果被《杭州》《杭州日报》《杭州宣传》刊发50多篇,被“学习强国”杭州学习平台转发2篇,被搜狐网、杭州网、书香名城等网络媒体转载数十次。

【杭州世界遗产保护与城市推广:杭州—米兰城市论坛】2019年8月30日,由市社科联主办的“杭州世界遗产保护与城市推广:杭州—米兰城市论坛”在杭州召开。论坛旨在推进杭州与世界名城对话合作,持续宣传和弘扬杭州东方文化的特色,推动杭州走向世界,让世界了解杭州,整体推进杭州文化的国际化。60多位国内外专家学者齐聚杭城,聚焦“‘打造世界文化遗产群落’(西湖、大运河、良渚古城遗址)与杭州世界名城建设”等主题展开研讨,为保护世界文化遗产和城市更新建言献策。

活动期间,市园文局副局长卓军做题为“杭州三大世界文化遗产的申报、保护、传承”主旨演讲。省历史学会副会长、市社科院研究员、市社科联巡视员周膺提出良渚文化与良渚古城遗址的保护工作与面临问题,提出科学展示和管理良渚古城遗址、建立良渚学全面提升科学研究水平等建议。

【杭州市社会科学普及周活动】2019年10月19日,杭州市2019年度社会科学普及周活动启动,活动主题为“讴歌光辉岁月,谱写时代篇章”,市本级联动13个区县(市)社科联共同开展社科普及系列活动。其中“普及社科知识,争做社科达人”网络社科知识竞赛活动,设置传统文化、乡村振兴、“八八战略”、生态文明等各类竞赛题目约250个,在“杭州社科发布”和各区县(市)社科发布平台同时推送,吸引6.9万名网友参与答题,分享转发2.2万次,答题20多万次,网络点击量超过10万次。新华社客户端、浙江新闻客户端、网易、腾讯等10多家网络媒体,对活动重点项目进行网络播报,其中新华社客户端播发城市智库联盟研讨活动,阅读量达41.3万人次。社科普及基地米络星集团利用旗下“KK直播”平台,在线开展“点亮地图、红动中国”掌上直播活动;“米乐小站”网络公益助学项目入选中央网信办网络扶贫典型案例。联合8所市属高校、87个社科类社团、13个区县(市)社科联的170多位专家学者,推出252门社科宣讲课程,由74个基层理论宣讲点菜单式网络申报,其中10多堂良渚文化专题课程经“浙江24小时”微信公众号、“喜马拉雅”App等平台推送,阅读量超过1000万人次。富阳区社科联的三分钟“人文社科微讲堂”多次被“学习强国”全国平台发布。通过深入开展理论研讨、主题讲座、广场咨询、宣讲送课、主题文艺演出、社科普及基地开放日等形式多样、内容丰富、互动性强的群众性社科普及活动,以丰富的精神文化产品满足社会各界和人民群众的新需求。

【全国城市社科院院长联席会议】2019年11月6日,全国城市社科院第二十九次院长联席会议暨全国城市智库联盟第五届年会在杭州召开。会议主题是“新时代、新机遇,凝心聚力推进城市国际化建设”,来自上海、天津、重庆、杭州等全国32个城市社科院的领导、专家学者110多人参加会议。围绕具有地方特色的城市国际化发展目标,基于本地城市经济社会发展实际,尤其是制约国际化城市标准建设的诸多不利因素,各地城市社科院提出系列针对性政策建议。会上宣读中国社会科学院贺信,杭州市社会科学院等单位被评为“全国城市社科院先进单位”。

【杭州市社会科学界学术和咨政年会】2019年11月20日,由市社科联、市社科院、市决策咨询委员会办公室、市政府研究室共同主办,杭州市中国特色社会主义理论体系研究中心协办的杭州市社会科学界第五届学术和咨政年会召开,会议聚焦“城市社会治理和杭州城市国际化”议题,展开研讨和交流。会议指出,杭州市广大社科工作者要紧跟时代发展,突出思想引领,深入学习贯彻习近平新时代中国特色社会主义思想和党的十九大及十九届三中、四中全会精神,自觉提高政治站位,紧紧抓住2020年杭州实施“六大行动”、打造“一城一窗”关键之年这一节点,按照市委提出的重要任务广泛开展调查研究，多出金点子、好点子，充分发挥好“智囊”“智库”作用。

会议首次采用联合主办的方式，在内容上将单纯的学术年会变为学术和咨政相融合，大会主题报告和咨政论文重点围绕杭州市委、市政府中心工作和当前杭州在改革发展中的重点、热点、难点问题，前瞻性、互动性、权威性强，为杭州处在“后峰会、亚运会、现代化”重大发展机遇期，推进长三角一体化和城市国际化建设提供智力支持。

会议对30篇优秀咨政论文予以表彰。来自省市社科联、有关市直单位、市属高校、区县市社科联的专家领导和市属社科社团、市社科重点研究基地、市社科优秀青年人才代表160多人与会。

【杭州社科智库成立】2019年12月19日，杭州社科智库成立仪式暨首届杭州社科智库论坛在杭州市民中心举行，45名国内哲学社会科学领域的专家学者被聘为杭州社科智库特聘专家。杭州社科智库主攻方向和研究领域主要集中在经济发展、社会治理、文化发展、党的建设“四大方面”，根据中央和省委重要政策措施和杭州发展实际，为市委、市政府决策提出前瞻性、创新性、针对性和时效性的对策建议，采取周期性集中会商和各组自行会商相结合的形式，每名专家每年递交不少于一项研究成果，送市委市政府主要领导、有关市领导和市直有关单位参阅。（市社科联）

【“钱学森城市学金奖”“西湖城市学金奖”征集评选】2019年，杭州国际城市学研究中心开展以“城市流动人口问题”“城市交通问题”“城市教育问题”“城市文化遗产保护问题”“城市环境问题”“城市土地与住房问题”“城市医疗卫生问题”为主题的第九届“钱学森城市学金奖”和“西湖城市学金奖”（简称“两奖”）征集评选活动，收到“钱学森城市学金奖”作品1615篇（部），“西湖城市学金奖”点子7183个。

11月9日，由杭州国际城市学研究中心主办的第九届“两奖”专家评委会会议在杭州举行，20多位知名专家参加评审。经评审投票，专家评审组分别评选出《基于国际经验的上海市整合医疗服务体系关键路径探索》等3篇金奖候选作品和《低龄老年人参与的时间银行互助养老》1个候选金点子。

【中国城市学年会】2019年11月，“中国城市学年会·2019”在杭州举行。年会采取“一体两翼”“1+X”的办会模式，“一体”即“中国城市学年会·2019”，“两翼”为第四届“两宋论坛”和第四届中国（杭州）人工智能产业发展论坛。会上，来自全国各地的1000多名专家学者、城市管理者就如何坚持以习近平新时代中国特色社会主义思想为指导、更好坚持“高质量发展、高品质生活、高水平治理”建言献策。其中：第四届“两宋论坛”打造可感知、可触摸、可传播的两宋文化展示和交流盛会；第四届中国（杭州）人工智能产业发展论坛暨2019年人工智能开发者大会，吸引来自全国各地人工智能领域1500多人参会。年会期间，还举办城市土地与住房、流动人口、交通、教育、生态环境、文化遗产、卫生健康等系列论坛，宣传推广杭州城市化经验和做法；与北京大学、浙江大学、浦东干部学院等单位联合举办“中浦·长三角论坛”“浙江城市治理论坛”“浙江新型智库论坛”“大健康产业杭州论坛”等特色论坛。

【人工智能开发者大会】2019年11月2日，以“‘源’开则行、‘机’智则灵”为主题的“AIIA 2019人工智能开发者大会（AIDC）暨第四届中国（杭州）人工智能产业发展论坛”主会场活动在杭州未来科技城学术交流中心举行。大会由中国人工智能产业发展联盟、杭州市人民政府主办，中国信息通信研究院、杭州市科技局、之江实验室、杭州国际城市学研究中心（浙江省城市治理研究中心）等单位联合承办，汇聚了中国人工智能领域最前沿的技术研究者和应用开发者，以及国家政府主管部门、专家学者、知名企业、精英代表等1500多人参会交流。大会通过嘉宾主旨演讲、专家专题研讨、现场展览展示、路演竞技等形式，交流人工智能相关技术的现状和发展趋势，分享生态建设经验，探讨开放源码社区运营与未来。

【“两宋论坛”】2019年10月18日，由杭州国际城市学研究中心、河南大学中原发展研究院、河南大学宋文化研究院共同主办的第四届“两宋论坛”在开封举行。全国宋史学界的专家学者，浙江省、河南省和杭州市、开封市有关部门领导，新闻媒体记者等200多人参加开幕式和主论坛。

开幕式举行了“优秀两宋研究成果”颁奖仪式。第四届“两宋论坛”同期举办“《大宋史》编纂专题研讨会”“两宋美食节”“两宋书画展”“两宋图书展”“两宋文物展”等活动。

【浙江城市治理论坛】2019年8月24日，由省社科联指导、杭州国际城市学研究中心（浙江省城市治理研究中心）主办的“第六届浙江城市治理论坛（2019）”在杭州举行。论坛以“治理现代化与高质量发展”为主题，围绕“有机更新与城市高质量发展”“未来社区与城市高品质生活”“乡村振兴与城乡融合发展”举行平行论坛，近200名省内外专家学者、城市管理者、企业家、村社代表、资深媒体人建言献策，共同探索治理现代化与高质量发展的顶层设计与实现路径。

（杭州国际城市学研究中心）

【教育科研活动】2019年3月，杭州市教育科学研究所组建“亚洲协会杭州代表团”到澳大利亚墨尔本参加亚洲协会2019年峰会。会上，杭州代表团主题介绍杭州教育改革的实践探索。会议期间，杭州代表团参与维多利亚州政府接待会，与州政府主要领导讨论杭州与维多利亚州的人文教育交流。

4月18日，以“振兴乡村教育”为主旨，地处农村的28所小学、11所初中、5所高中为成员单位的“杭州市农村中小学课程改革研究联盟”成立大会在建德市严州中学梅城校区召开并进行联盟第一次活动。联盟是立足乡村教育，面向农村学校，以学校课程改革研究为指向的群众性学术研究团队。130多位校长、教师代表参加活动。

5月28日，主题为“协同·研究·成长”的杭州市中小学2019年教科研学术周在之江饭店开幕。各区县（市）和直属学校的分管负责人和教科研骨干近200人参加开幕式。学术周首次实施市区联动的方式，通过江干区、西湖区、滨江区、富阳区4个分会场的展示活动，发挥区域教科研经验的辐射作用；采用学术论坛、专题培训、课程研讨活动、家庭教育指导农村百校行等方式，探讨中小学教育的创新思路和实践路径。

6月6日，主题为“基于乡土资源的学校德育特色课程建设”的杭州市小学新课程研讨培训活动在临安举行，杭州地区各学校代表100多人参加活动。

9月25—26日，杭州市心理健康教育教师技能大赛在北京师范大学附属杭州中学举行，全市150名老师前来观摩学习。

10月17日，中美心理危机干预研讨实地调研活动在杭州学军中学举行，杭州市相关研究员及学校的心理辅导站站长参与此次研讨。

10月，杭州市教育科学研究所组织人员参加“黄浦杯”长三角城市群“关键教育事件”征文颁奖大会暨黄浦论坛。开展“人民心中美好教育”调查项目，组织杭州市各区县（市）中小学开展问卷调查，并完成调研报告。组织区县（市）教科研人员参加浙江省教育学会主办的“创新生涯教育”长三角校长高峰论坛、浙江省未来课堂建设推进会等学术活动。

11月，由杭州市教育科学研究所主办，淳安县姜家镇中心小学承办的杭州市农村中小学课程改革研究联盟研讨培训活动在淳安召开。组队参加浙江省教育学会组织的在无锡召开的“素质教育在江苏——吴江专场”研讨会。组织参加2019年全国基础教育学区化集团化城市论坛，所长俞晓东做题为“‘美好教育’样本区：集团化办学再出发的杭州新行动”主题报告。

12月11—12日，组织主题为“特色课程与学校特色办学”的高中课程改革研讨培训活动在杭州第七中学举行，全市约110名相关教师参加。（杭州市教育科学研究所）

社会科学刊物

【《现代城市》】《现代城市》是由省教育厅主管，浙江大学城市学院主办的综合性技术期刊（季刊）。主要刊登中国城市建设学科领域中最新的科技成果和工作经验，阅读对象为城市与村镇建设管理部门、教育、科研及相关企（事）业单位等工作人员，设“城市规划与建设”“城市经济”“城市管理”“城市生态”“教育教学研究”等栏目。2019年刊发文章54篇。该杂志被《中国学术期刊网络出版总库》和《中文科技期刊数据库》全文收录。

【《中共杭州市委党校学报》】《中共杭州市委党校学报》是中国人文社会科学综合评价AMI核心期刊。2019年出刊6期，刊发文章81篇，总字数约100万字。被《新华文摘》全文转载1篇，中国人民大学《报刊复印资料》全文转载11篇。在中国人民大学人文社会科学学术成果评价研究中心和书报资料中心联合研制的“2019年度复印报刊资料转载指数排名”中列第13位，转载率排名列第9位，综合指数排名列第12位，全年转载量、转载率和综合指数排名均列副省级城市党校学报第一位。

【《美育学刊》】《美育学刊》由杭州师范大学主办，于2010年11月20日出版创刊号。《美育学刊》是国内唯一的美育研究学术刊物。2019年度出刊6期，发表学术论文102篇，其中“美育研究”30篇、“艺术教育研究”14篇、“美学研究”12篇、“审美文化研究”14篇、“艺术史研究”13篇、“艺术理论与艺术批评”19篇。8月，《美育学刊》入选“庆祝中华人民共和国成立70周年精品期刊展”。全年被中国人民大学《复印报刊资料》转载18篇，转载量、转载率和综合指数均列全国艺术类期刊第6位。2019年，《美育学刊》网站点击量37381次，微信公众号总订户数为4833位，篇均阅读量为338人次，更新频率汉月一次，主要内容同印刷刊。

【《创意城市学刊》】《创意城市学刊》是市社科联（市社科院）主办，指导杭州市社会科学的理论刊物，原名《杭州学刊》。创刊于1986年，2011年由内刊改为公开出版，2014年由大16开改为小16开，并加入“中国集刊”智库，2015年加入中国邮政发行，由社会科学文献出版社出版，2019年由《杭州学刊》成功转型为《创意城市学刊》，并向南京大学社科文献中心申报《中文社会科学引文索引》学术集刊。2019年编辑4期，每季末出版，主要分特稿、创意经济研究、创意城市研究、政务创新研究、治理创新研究、创意文化研究、历史文化研究等栏目，登载文章90多篇，字数120万字。（市社科联）

责任编辑 孙晟珂

大众传媒 41

出版发行

【概况】2019年，杭州出版业经过多年打造发展，主要形成以杭州出版社、西泠印社出版社为龙头的传统图书期刊出版和以国家级数字出版基地八大核心园区为支撑的新媒体融合数字出版两大板块。杭州国家数字出版产业基地拥有滨江数字出版核心园区、滨江动漫出版园区、数字娱乐出版园区、上城数字出版园区、杭报数字出版园区、中国移动手机出版园区、中国电信数字阅读园区和华数数字出版园区八大园区。杭州出版业在市委、市政府的领导和省市新闻出版部门的指导下，坚持正确新闻出版导向，运用政策和技术"双轮"驱动，产业规模不断壮大，产值持续增长，呈现良好的发展态势。杭州数字出版产业2019年实现营业收入173.6亿元，比上年增长15%。

年末，全市共有公开报纸9种、公开期刊18种、连续性内部资料出版物199种，其中报型内部资料111种、刊型内部资料88种。

【新闻出版行业管理】2019年，市新闻出版局（市版权局）对全市230多个连续性内部资料出版物和27个公开报刊开展年度核验换证工作。完成90多个内刊综合质量评估，编印《杭州内刊评审报告》。组织开展全市内部资料出版物采编人员业务培训。指导杭州市企业报研究会开展企业报"好新闻"评选，参评作品160多篇，其中83篇获2018年度"杭州市企业报好新闻奖"，同时评选10种企业报为"2018年度杭州市十佳优秀企业报"、10种企业报为"2018年度杭州市优秀企业报"。做好市属公开报纸审读评议工作，全年编印《杭州宣传信息·报刊审读》6期，其中《2019年全国大众创业万众创新活动周专题报道述评——主流媒体齐聚力"双创"杭州别样红》和《同志仍须努力——例说杭报集团报道一些差错问题》两篇评议文章获市委宣传部领导批示肯定。

【版权保护管理】2019年，市新闻出版局（市版权局）以"4·26"世界知识产权日为契机，先后组织版权宣传进校园、"动漫节"展会版权服务、"绿书签2019"活动及打击网络侵权盗版执法活动。加大版权培训工作力度，举办"4·26"版权保护专场、动漫美术作品版权保护专场、软件作品保护和科技项目认定专场、软件与正版化专场4场版权培训会，有200个企业及相关人员参加培训。联合杭州市国立公证处和杭州未来科技城管委会，共同推进版权保护进园区工作，由版权保护专家、法律工作者组成版权顾问小组，在未来科技城知识产权管理服务平台设立版权工作服务点，安排专人驻点，满足园区企业的版权保护服务需求。与市文化广电旅游局、市国资委联合印发《关于推进互联网上网服务营业场所软件正版化工作的通知》《关于推进杭州市属国有企业软件正版化工作的通知》，加快推进软件正版化工作。

【数字出版发展】2019年，杭州国家数字出版产业基地坚持以城市为整体、多个核心园区组团发展的工作思路，持续推进中国移动手机出版园区、中国电信数字阅读园区、杭报数字出版园区、华数数字出版园区等八大核心园区建设。在大项目、大企业的实施带动下，全市数字内容生产、内容数字化和版权交易企业不断增加，至年末，全市拥有数字出版企业600多个，从业人员2.48万人，其中集聚在八大核心园区的数字出版企业449个。八大核心园区数字出版企业固定资产160.1亿元，实现年度营业收入173.6亿元，分别比上年增长4%和15%。"咪咕""天翼""华数""网易"等一批全国知名的数字出版品牌企业活力继续释放，"咪咕数媒"被认定为国家文化和科技融合示范基地；"华数传媒""玄机科技"入选省"文化+互联网"创新企业；"电魂网络"被中国软件行业协会评为2018年中国软件行业最具影响力企业，"云圈网络"被评为国家高新技术企业，"网易雷火"等5个企业入选"2019—2020年度国家文化出口重点企业"，"佳平影业"等14个企业入选省成长型文化企业和省创新型数字文化企业。"汉嘉设计""蘑菇街""有赞科技""米奥兰特""当红科技"等7个数字出版企业在深交所上市，全市上市数字出版企业累计41个。

【杭州组团参加中国（深圳）国际文博会】 2019年5月16—20日，第十五届中国（深圳）国际文化产业博览交易会在深圳会展中心举行。杭州国家数字出版产业基地以“庆祝新中国成立70周年，展示杭州数字出版建设成果”为主题，组织杭州市8个数字出版园区及相关企业参展。中共中央政治局委员、中央书记处书记、中宣部部长黄坤明视察杭州展区并给予充分肯定。杭州市展区获得文博会评委会“优秀组织奖”。

【第十三届西湖读书节】 2019年4—11月，杭州市举办第十三届西湖读书节。读书节在开辟阅读新方式、引导阅读新潮流、打造阅读新高地、引领阅读新时代、领航阅读新风尚、践行阅读新使命的“六新”上下功夫。各区县（市）联动，组织开展一系列内容丰富、形式多样的全民阅读活动。全市国有、民营优秀文化单位积极参与，推广公益阅读活动。读书节开展各类活动近500场次，现场参与人数近30万人，收看收听电视电台专栏节目近100万人次，各类网络直播参与者220万人次，刷新历届西湖读书节纪录。（陈炯磊）

【文化出版“扫黄打非”工作】 2019年，杭州市文化出版“扫黄打非”工作牵头单位由原杭州文化市场执法总队转隶至杭州市委宣传部，办公室挂牌在市委宣传部出版物市场管理处。各区县（市）均已成立相应领导小组及其办公室。年内，围绕“护校安园”专项行动，举办100多场各类活动，发放“护苗”绿书签等宣传品2万余份。各级执法部门共定案查处“扫黄打非”类案件95件，罚没款34.3万元，没收非法出版物7898件。市公安局破获6起全国挂牌督办案件。全市累计创建3个国家级、20个省级和15个市级“扫黄打非”进基层示范单位。年末，市“扫黄打非”办公室对全市13个区县（市）的“扫黄打非”工作进行核查验收，7个单位被评为优秀单位，6个单位被评为达标单位。钱江海关驻邮局办事处刘晓伟被评为全国“扫黄打非”先进个人；市“扫黄打非”工作领导小组办公室等4个单位获全省“扫黄打非”工作成绩突出集体；姜维克等6人获全省“扫黄打非”工作成绩突出个人。

【新闻出版（电影）行政审批改革】 2019年，市本级新闻出版（电影）管理部门认领国家“互联网+监管”事项目录清单动态管理共40项、103个子项，承接、调整市本级49个子项行政许可备案。市、区县（市）两级“最多跑一次”事项全部更新入库，市本级49个“最多跑一次”事项全部可“网上办、掌上办”。年内，累计办理印刷企业、图书出版物批发、内部资料准印证等各类行政许可、备案95件；完成图书、期刊印刷委托书备案1.12万份；指导完成全市1546个印刷企业、2171个出版物发行单位的年度核验、换证、年报统计上报等工作，完成市本级483个印刷发行企业的年度核验及更换新证工作。

【出版物市场管理】 2019年，杭州市完成市本级和各区县（市）的出版物鉴定小组组建工作，年内共鉴定20批次、500多册出版物。采取“双随机”方式，先后抽查25个规模以上出版物印刷企业执行规定情况。组织对全市出版物市场的专项暗访检查，抽查出版物批发、零售企业100多个。组织出版物批发市场售前审读服务，抽查审读70多批次、200多本（套）书。（崔怀明）

广播影视

【概况】 2019年，杭州文广集团牢牢把握正确的政治方向和舆论导向，围绕市委、市政府中心工作，以打造“杭州好新闻”为出发点和落脚点，提升主流媒体的引导力、传播力、公信力和影响力。开展“壮丽70年、奋斗新时代”等重大主题报道，全年在中央电视台《新闻联播》发稿64条，数量创历史新高。

集团探索媒体参与现代社会治理新模式，旗下媒体深入打造《今日关注》《我们圆桌会》《民情观察室》《民情热线》《公述民评》等杭州市“民意直通车”机制五大载体。其中，杭州电视台综合频道《我们圆桌会》栏目构建党政、市民、媒体“三位一体”交流沟通协商平台，获评第二十九届中国新闻奖“新闻名专栏”。集团利用全媒体、新技术等手段不断优化节目体系，鞭策旗下媒体创新《杭州新闻联播》《新闻60分》《89早新闻》等品牌栏目。集团广播电视全年获省级以上奖项83个，其中：国家级一等奖1个、二等奖2个、三等奖3个，省级一等奖19个、二等奖34个、三等奖24个。

总投资约2.3亿元的集团高清融媒体升级改造工程全面建成，形成集内容生产、汇聚、分发和数据分析、合作资源接入于一体的全媒体业务体系，实现新闻内容一次采集、多种生成、全网分发。建立健全策、采、编核发机制和总编调度中心机制，以及每日选题例会机制、时政新媒体报道联动协调机制等融媒体工作机制。创新融媒体产品，坚持移动优先，打造“两微一端两号”（微博、微信、客户端、头条号、抖音号）百万级新媒体矩阵，建立百万级新媒体账号12个，阅读及流量累计突破70亿人次。

国家（杭州）短视频基地项目签约。集团与国家广播电视总局直播卫星中心合作打造直播卫星综合业务试验基地，创新“杭州融媒体”网络服务平台，探索构建城乡一体、全域覆盖的无线信息传播格局。集团服务县级融媒体中心建设，与西湖区、淳安县、桐庐县、建德市共建融媒体中心。杭州文广集团与安徽省黄山市广播电视台签订媒体融合发展战略合作协议。

【中华人民共和国成立70周年主题宣传】 2019年年初起，杭州文广集团旗下各媒体围绕庆祝中华人民共和国成立70周年主题，提前谋划、精心部署，制订贯穿全年的宣传方案。4月起，杭州电视台综合频道推出《我们的接力跑》《从一九四九走来》《共和国巡礼》《时代的答卷》等系列主题报道；杭州人民广播电台“杭州之声”推出《国企巡礼》《红色基地巡礼》《城市地标》等系列报道。国庆前夕，杭州文广集团融媒体中心策划发起“爱上大运河”跨省全媒体行动；集团主办2019年“我是星力量”暨“我和我的祖国”大型媒体采风行动。全国21个电视台共同参与的联制联播项目——大型系列纪录片《与共和国同行》，在杭州电视台综合频道播出。主题宣传期间，杭州文广集团旗下各媒体共推出相关新闻报道1290篇、主题报道270篇、广播电视专题节目140期，主办线上线下主题活动14场，协办各类主题晚会和比赛12场，推送新媒体图文视频内容1110条，累计网络点击量2.3亿次。

【全国"两会"宣传报道】 2019年3月，中华人民共和国第十三届全国人民代表大会第二次会议、中国人民政治协商会议第十三届全国委员会第二次会议在北京举行。杭州文广集团选调新闻一线骨干力量，组成12人报道组赴北京采访，宣传报道会议的主要议程和精神。全国"两会"期间，报道组在北京搭建演播室，邀请杭州市全国人大代表、政协委员接受专访，挖掘"杭州元素"，传递"两会"声音。集团发挥媒体融合优势，制作多款适合于移动端发布的新媒体产品，通过多媒体手段进行推送，累计播发电视稿件18篇、电台稿件30多篇，网络推送相关信息100多条，总点击量80多万次。

【"知味杭州"亚洲美食节宣传】 2019年5月15—22日，作为在北京举行的亚洲文明对话大会的配套活动——"知味杭州"亚洲美食节在杭州举行。杭州文广集团融合广播、电视端和新媒体端的平台优势，通过新闻、专题节目、纪录片、短视频、宣传片、线下活动等形式，宣传推广亚洲美食文化。集团先后推出杭州名小吃、杭帮菜名菜两大主题系列短视频，以唯美的画风展现小食之美和杭州味道；开设《寻味亚洲美食节》《诗与美食》《小主播带你逛亚洲美食节》等栏目，介绍亚洲特色美食；以"线上宣传+多媒体宣传+线下活动"的形式，举办"舌尖上的杭州"厨神争霸赛。美食节期间，集团旗下媒体共采制播报新闻170多篇，制作发布短视频54条，推送新媒体信息550多条，制作播出25期专题节目和20集纪录片，累计收获1457万次网络点击量。

2019年10月1日，杭州文广集团举办庆祝中华人民共和国成立70周年晚会（杭州文广集团 供稿）

【"我和我的祖国"大型媒体采风行动】 2019年9月29日，杭州文广集团2019年度"我是星力量"暨"我和我的祖国"媒体采风行动圆满落幕。这是集团举办的媒体采风行动和技能大比武活动，参与者从主播拓展到主持人、记者、编导、摄像、制作等多个岗位。集团16支参赛团队将镜头、笔触、话筒对准城乡基层一线，体验山区生活，记录城市变迁，与百姓共情共鸣，录制到很多鲜活而珍贵的素材，采风行动大大增强媒体人的脚力、眼力、脑力和笔力，多形式、多媒介、多视角地呈现中华人民共和国成立70周年杭州发展的生动画卷。

【大型融媒体新闻行动"爱上大运河"】 2019年是京杭大运河申遗成功5周年。8月起，杭州文广集团融媒体中心、杭州网络广播电视台和北京广播电视台融媒体中心共同主办，联合浙、苏、鲁、津、冀等大运河沿线各省市广播电视台融媒体中心，共同推出大型融媒体新闻行动"爱上大运河"。8月9日，新闻行动在运河最南端的杭州拱宸桥畔正式启航，沿经嘉兴、湖州、苏州、扬州、济宁、沧州和天津，9月19日在北京收官，总里程近2000千米。千年运河上的种种新气象都被镜头一一记录下来，电视端12集新闻专题、7集系列专题片受到观众热烈关注。新闻行动特别强调媒体融合传播手段的使用，在产品设计中涵盖新媒体传播中的主流形态，如新闻、网络直播、短视频、H5、VLOG等。线下，集团融媒体中心和杭州网络广播电视台的品牌项目"幸福照相馆"同步落地运河沿线9个城市，用影像记录运河的沧桑往事和历史变迁。新闻行动受到中央媒体的高度关注，形成中央、省、市、区四级联动的矩阵式新媒体传播，网上点击量超过200万次。

【《我们圆桌会》栏目获中国新闻奖】 2019年11月8日，第二十九届中国新闻奖颁奖大会在北京举行，杭州电视台综合频道《我们圆桌会》栏目获评中国新闻奖"新闻名专栏"。该栏目以"沟通改变生活、对话推动进步"为宗旨，着力构建党政、市民、媒体"三位一体"和党政界、知识界、行业企业界、媒体界"四界联动"的交流沟通协商平台，是探索城市共治共管、共建共享的重要载体。

【浙江星光影视有限公司成立】 2019年3月18日，浙江星光影视有限公司成立。作为杭州文广集团文广影业项目的实施主体，公司扎实推进集团影视业务的发展与跨越。5—6月，公司与美国纽约电影学院共同举办首期"走近好莱坞电影工业"暨国际制片人高级研修班，内容涵盖影视制作、营销、发行等领域的专业课程以及美国知名后期制作公司的考察与

2019 年 11 月 15 日，市委宣传部、杭州文广集团主办“星光璀璨、影动未来”钱塘之夜影视盛典（杭州文广集团 供稿）

访问，为国内影视人才提供国际化学习交流和实践创新的平台。11 月，浙江星光影视有限公司与上海、江苏、浙江、安徽等省、市电影局相关单位共同发起成立长三角地区电影发行放映联盟。

【钱塘之夜影视盛典】2019 年 11 月 15 日，由省委宣传部、省电影局指导，市委宣传部、杭州文广集团主办的“星光璀璨、影动未来”钱塘之夜影视盛典在杭州文广演播厅举行。国内多家知名影视企业代表、电视机构负责人和斯琴高娃等著名影视演员齐聚杭城，参与该影视文化盛事。盛典现场，浙江星光影视有限公司的“星光女神”标识发布。浙江星光影视有限公司牵头，联合国内多家知名电影片方和 20 个电视台共同参与的“全国影视宣传联盟”宣布成立。该盛典作为“2019 浙江国际青年电影周”唯一的“杭州单元”内容，旨在立足杭州影视产业，创新融合影视资源，搭建以国际化、专业化、市场化为特色的影视文化交流平台。

【高清电视播出系统试播】2019 年 4 月 16 日，杭州文广集团高清电视播出系统试播，杭州电视台综合频道当天的节目内容成功切换至高清播出。从此，杭州观众可以通过家中机顶盒 501 频道收看到综合频道的高清节目内容。高清电视播出系统通过全方位的技术重构和功能提升，不仅提高节目上载效率，还首次采用虚拟化、超融合技术的全 IP 异构备份播出平台，整体性能达到省级高清播出平台先进水平。在安全播出方面，系统采用素材自动技审、入库提前预警、全链路系统监控等多项新技术，提供完备的技术保障。

【国家（杭州）短视频基地项目签约】2019 年 10 月 8 日，中央广播电视总台与杭州市合作建设国家（杭州）短视频基地签约，项目围绕杭州亚运会等重大项目展开合作，杭州成为继上海、广东之后，中央广播电视总台在全国战略布局项目落地的第 3 个地方区域。该项目位于杭州广电中心二、三期地块，将全力打造成面向国际、亚洲领先、国内一流的主流视听新媒体高地，以及全国一流的短视频全国公共服务平台。

【县级融媒体中心共建项目】2019 年 3 月 5 日，杭州文广集团与西湖区举行融媒体中心建设合作签约仪式，双方开展深度合作，携手打造区县（市）融媒体中心建设的样本。新建的融媒体中心以“杭州之家 App”为传播载体，以“钱江云”为后台支撑，通过新闻分发、网络直播、活动推广等实现内容全方位双向联动，通过硬件、软件技术的联通和联动实现媒体平台互通，通过人才流动实操模式实现全媒体人才培养，打造区域平台互通、媒体深度融合的创新传播模式。3 月中下旬起，杭州文广集团陆续与淳安县、桐庐县、建德市合作共建融媒体中心，提供内容、技术、平台、资金“一条龙”服务。至 6 月末，三县（市）融媒体中心均投入运营。

（邹　争）

新闻网站

【概况】2019 年，市委网信办策划开展“礼赞 70 年”“寻找身边的建国”“全国双创活动周”“打造全国数字经济第一城”“良渚古城申遗”等 40 多次重大主题网络宣传，组织《人民日报》、新华社等新媒体中心围绕“新时代民营经济和高质量发展”主题到杭州开展集中采访报道，累计刊发网上报道 6.5 万篇，阅读量 8 亿人次。“善城杭州志”等网络正能量品牌持续打响，中央、省、市主流新媒体和国内重点商业网站、新媒体传播矩阵不断扩大，全年累计推送杭州稿件 6000 多篇。建设一流政务发布平台，“杭州发布”微信微博“粉丝”总数 940 万人次，政务发布矩阵综合实力稳居全省首位、全国政务新媒体第一方阵。主动服务国家大局，以举办“知味杭州”亚洲美食节为契机，对外讲好中国故事、杭州故事，“中国风、亚洲味、国际范儿——‘知味杭州’亚洲美食节”活动获全国 2019 年度“对外传播十大优秀案例”提名奖。

【第十一届（2019）杭州网络文化季】2019 年 9—11 月，由市委宣传部、市委网信办、市网络文化协会主办的第十一届（2019）杭州网络文化季举行。活动围绕庆祝中华人民共和国成立 70 周年，以“礼赞新中国、潮起看杭州”为主题，聚焦杭州历史文化名城、创新活力之城和生态文明之都的特色优势，组织开展“西湖十景上新了”“致敬·非遗”等“城市记忆”系列新媒体专播活动，以及“精神的力量、初心在身边”等网络主题宣传活动，发挥先进网络文化滋养人心、凝聚力量的作用，展现杭州 70 年经济社会发展取得的巨大成就，展现杭州人民爱国爱家的家国情怀，为庆祝中华人民共和国成立 70 周年营造良好的网上舆论环境。

【《杭州市互联网发展报告（2018 年度）》发布】2019 年 6 月，《杭州市互联网发展报告（2018 年度）》面向各级党政部门发布。报告紧扣互联网脉搏，针对2018年互联网发展中关注度较高的网络提速降费、短视频、新零售、智能家居、“最多跑一次”改革、公共交通移动支付等议题展开针对性调研，从网民角度反映事件进展情况、社会效应、发展趋势，为下一步工作提供参考依据。聚焦市委、市政府中心工作，重点关注杭州数字经济发展、“新零售之城”建设、打造“移动办事之城”、打造跨境电商综试区升级版、推进国家自主创新示范区、创新生态系统、“互联网+”助力传统产业转型升级、全国首家互联网法院等重大项目。专门收集、整理、汇总国内各个权威机构发布的全国数据和资料，将杭州互联网发展的表现置于全国舞台上进行对比，凸显杭州互联网领域的发展地位。

【“西湖朋友圈”杭州自媒体联盟成立】2019年4月，市委网信办、市网络文化协会牵头成立“西湖朋友圈”杭州自媒体联盟，引导自媒体行业健康有序发展。首批71个成员单位涵盖杭州属地有代表性和影响力的281个自媒体运营账号，分时政财经、文化科技、生活资讯等7个组别，覆盖各平台“粉丝”数近3.5亿人次。联盟积极发挥平台作用，组织开展自媒体内容创作培训、党建主题活动、美丽乡村建设采风以及良渚古城遗址成功申遗等多项联动发声传播工作。

【杭州获评网络扶贫案例11个】2019年10月，由中央网信办信息化发展局指导，中国网络社会组织联合会主办的网络扶贫案例征集活动结果揭晓，评选出10个网络扶贫十大案例、49个典型案例。市委网信办推荐参评的11个项目入选，其中：阿里巴巴集团的淘宝直播“村播计划”入选全国网络扶贫十大案例，浙江传化慈善基金会的“传化·安心卫生室”“贝店平台”的“一县一品”扶贫助农计划，“网易严选”的“严选模式赋能电商扶贫”等10个项目入选网络扶贫典型案例。

【杭州最具影响力网络十大公益项目揭晓】2019年9月，杭州最具影响力网络公益项目评选活动正式启动。活动收到公益项目申报81个，涉及扶贫攻坚、爱心帮扶、社会救助等7个方面，比上年增加25%。通过项目初评、专家评审、网上公示等环节，淘宝直播“村播计划”、“传化·安心卫生室”、“网易严选”品牌共创脱贫计划、康乃馨女性健康关爱计划、“亲青筹”互联网公益众筹项目、“圆梦那曲温暖成长路”大型公益品牌活动、“丁香园健康赋能计划”、“真水无香”公益、“云集”消费扶贫“三育”新模式、“健康城市智慧急救网络”10个优秀网络公益项目获奖，打响杭州网络公益品牌。

【杭州获中央网信办网络公益奖项2个】中央网信办2019年度网络公益奖项评选结果于2020年1月揭晓。市委网信办选送的2个项目获奖，分别是观澜网络（杭州）有限公司“丁香园健康赋能计划”项目获评“2019年网络公益年度创新项目”，阿里巴巴集团“天天正能量”项目获评“2019年网络公益年度优秀传播项目”。中央网信办中国网络社会组织联合会2019年年会上公布中网联2019年度优秀会员单位、最佳合作伙伴、最佳合作媒体及优秀通联单位。杭州市网络文化协会获评2019年度优秀通联单位。

【杭州获评中央网信办网络正能量精品项目7个】2019年9月，中央网信办第四届“五个一百”网络正能量精品评选获奖名单揭晓，杭州有7个人物和作品入选，数量列全省第一位。其中：“阿里安全”微博号、“警界君”运营团队获评“百名网络正能量榜样”，阿里文学网络作家丁道兵的《大山里的青春》获评“百篇网络正能量文字作品”，萧山统计局主创的短视频《数说萧山》、杭州二更网络科技有限公司主创的短视频《山中乐园》《寻找钟扬》获评“百部网络正能量动漫音视频作品”，“微拍堂”推出的“守护非遗、赋能匠人、我有匠心”活动获评“百项网络正能量专题活动”。 （市委网信办）

杭报集团

【概况】2019年，杭报集团围绕市委“干好一一六、当好排头兵”决策部署，对标全国一流城市党媒集团，主动践行“以文化人”和“以文兴业”两大职责使命，全员投身创业创新实践，集团连续6年入选“世界媒体500强”，并逐年晋位；融媒体总用户数逐年上升，突破2亿户大关；综合竞争力和品牌影响力稳居全国同类城市报业前3位。《杭州日报》获中国绿化基金会“最佳公众参与奖”；《杭州日报》的“杭+新闻”客户端作品《“最多跑一次·掌上真人秀攻略”人大代表陪跑“最多跑一次”系列专题》获得第二十九届中国人大新闻奖二等奖。《都市快报》的“快公益”获得第六届浙江慈善奖·慈善楷模奖。杭州市首份少年儿童报《少年学报》正式创刊。集团25件新闻作品获2018年度浙江省新闻奖，继续在全省地市媒体中保持领跑地位。

杭报集团强化资本运作，浙江华媒控股股份有限公司蝉联深交所信息披露最高评级A级，首次进入年度A股上市公司IR互动（投资者关系）活跃度榜单上榜企业，连续三年获评“浙江省服务业百强企业”，获评“2019年度杭州市文化旅游领军企业”称号。集团围绕“大文创产业生态运营商”战略定位，深耕文化园区、文化教育、文化会展、文化户外、文化产权五大平台，初步搭建传媒、文化、教育、科技、数字经济跨界融合的平台型大文化生态圈，影响力和平台价值大幅度提升。

【中华人民共和国成立70周年报道】2019年，杭报集团牢牢把握主题主线，根据中央、省、市委宣传部统一部署，超前谋划、全媒发力、融合聚焦，推出“爱国情奋斗者”“壮丽七十年奋斗新时代”“逐梦中国·杭州故事”“红色基地巡礼”“杭州骄傲·院士家乡行”等专题、专栏198个，新闻报道2200多篇；主办、协办线上线下主题活动107场，推送新媒体图文视频内容2600多条，累计网络点击量3000万次；创新策划百版“我的祖国我的城”纪念特刊、“我和我的祖国——幸福都是奋斗出来的”大型采访；中华人民共和国成立70周年城市主题灯光秀受中央电视台关注并现场直播。集团全面宣传中华人民共和国成立以来的光辉历程、伟大成就、宝贵经验，展示浙江省委“八八战略”在杭州的生动实践和喜人局面。

2019年2月2日，省委常委、市委书记周江勇（前左二）春节前到杭报集团慰问干部职工 （法 鑫 摄）

【党的十九届四中全会宣传报道】2019年，杭报集团组织大版面、大专栏，多层次解读党的十九届四中全会精神，聚焦贯彻落实，全媒多端联动，放大传播效应。推出“学习贯彻十九届四中全会精神”等专栏专题，以图表、H5等多种形式，准确、权威、全面解读会议精神。各媒体聚焦基层一线，挖掘基层治理新模式、新经验、新途径，展示杭州城市治理手段创新迭代成果，提供城市治理现代化的“杭州样板”和“杭州经验”。

【杭州市中心工作报道】2019年，杭报集团围绕市委、市政府中心工作，坚持“4+1”重大主题报道机制，完成贯彻落实市委十二届六次和七次全会精神、全面实施“新制造业计划”动员大会、“最多跑一次”改革、世界环境日、良渚古城遗址申遗成功、钱塘新区成立、大项目集中开工、东西协作对口扶贫、打造民营经济高质量发展示范区、营造国际一流营商环境、扫黑除恶等40多项重大主题报道，推出《“新制造业计划”进行时》《汇聚双创活力澎湃发展动力，全国大众创业万众创新活动周特别报道》《“知味杭州”亚洲美食节》等专栏专题，重大主题报道传播力、影响力、穿透力持续提升。

【“最美”精神宣传】2019年，杭报集团持续推进“最美”精神宣传，推出《发现最美杭州人》《我们的价值观》《生活中的价值观》等品牌栏目，聚焦“小美”，放大“微美”，弘扬“最美”精神，唱响主旋律，传播正能量。推出一大批讴歌党、祖国、人民、英雄的精品力作。《杭州日报》在全国率先宣传陈立群，先后刊登《大山深处耕种希望——记杭州援黔支教校长陈立群》《聆听陈立群校长跨越1400公里的感人故事——传道授业为良师亦父母一片冰心做好人教好书》等报道，将他在大山深处播种希望的事迹传遍全国。9月，陈立群被中宣部授予“时代楷模”光荣称号。

【融合报道机制完善】2019年，杭报集团加快主流媒体的移动化、智能化、社交化进程，打造形态多样、手段先进、竞争力强的新型主流媒体。全媒体影响力显著提升，全媒体用户数量明显增加，至年末，集团有25个网站、14个App、129个微信公众号、20个官方微博、10个手机报、5个数字报，总用户数2.04亿户。根据人民网发布的“2019年党报纸媒、网站、微博、微信传播力TOP20”榜单，《杭州日报》官方微信传播力居全国党报第10位，杭州网位居网站传播力第6位。《都市快报》官方微信用户活跃度和综合传播力在全国媒体中名列前茅。依托智媒体“中央厨房”重大主题报道机制，集团出色完成良渚古城遗址申遗报道。7月5—6日，围绕良渚古城遗址申遗，由集团总编辑担任总指挥，组织各媒体31名记者、14名编辑，按照统一采集、同平台编辑、统一分发的“中央厨房”融合报道模式，开展申遗报道。两天时间内，合计推出86个整版报道，新媒体产品总阅读量超过1500万人次。

【新闻采编质量提升】2019年，杭报集团通过手段、形态、内容、渠道创新，精心打磨产品。《杭州日报》推出的4个良渚古城遗址申遗短视频，12小时内全网总播放量突破100万次。《都市快报》音频节目《杭州早上好·佩琦说新闻》多次获评“单日最吸引人的节目”“用户一周喜爱度最高榜”等，并获2019年度云栖大会优质媒体融合奖。《都市快报》新媒体团队拍摄的《阿里食堂》专题片，受到马云点赞并转发到合伙人圈，视频在秒拍平台上播放384.7万次。《每日商报》推出的《宗庆后纳员》短视频点击量超过900万次。集团持续开展“新闻采编质量月”活动，通过召开专项研讨会、开展评选活动、举办讲座、修订制度完善激励等多种形式，持续深化采编内容供给侧改革，促进新老媒体深度融合，提升媒体的传播力、引导力、影响力、公信力。

【融媒系统建设】2019年，杭报集团“中央厨房”建设二期项目顺利完成，《杭州日报》“杭+融媒摄影棚”、杭州网演播室、舆情分析系统等重点项目全面投入使用；杭州图库建设持续推进，为集团建设杭州本地最权威的数字图像平台打下基础。谋划“中央厨房”建设三期项目，完善全媒体采编、大数据云、智媒体中心、智能采编支持“四大平台”功能，打好深化媒体融合“协同战”。9月，集团上线基于大数据系统的新媒体审读2.0系统，依托智媒体“中央厨房”大数据平台，以技术化、高效化、可视化为目标，对集团“七报一网”的20个重点新媒体平台进行实时审读，进一步加强重点新闻资讯类新媒体的监督与管理。杭报集团按照“市区一体、共建共享、优势协同、实用高效、友好互信”原则，组建融媒体中心事业部，积极参与，主动作为。由杭报集团承建的下城、拱墅、江干、滨江、富阳、临安6个城区融媒体中心于6月末挂牌，杭州云融媒体云平台及融媒体新闻客户端同时上线，钱塘新区融媒体中心启动前期选址规划设计，依托“市域一张网”，通过丰富、多样、优质的产品，让市委、市政府声音传递到杭城百姓。

【舆情正面引导】2019年，杭报集团成立内参工作小组，完善内参选题会机制，全年上报12篇《杭报集团内参》，9篇获市委书记周江勇批示肯定。加强对热点敏感问题和突发事件的正面引导，在杭州庆春路天桥坍塌、抗击台风“利奇马”、建国路地面塌陷、中美贸易纠纷等报道中，客观理性呈现事件真相，及时发声、有效发声，科学解读、理性引导，发挥主流媒体举旗定向的积极作用。通过《问计于民》《杭网议事厅》等栏目，聚焦市民关心的“学后托管”“小区物业管理”“垃圾分类”等热点难点问题，在市民与党委、政府之间搭建更直接、及时的连接通道。建设完成集团网络舆情项目，做好热点事件的持续性跟踪和数据搜集，加强网络舆情热点分析研判，全年向上级网信部门上报网络舆情风险点66个。

【公益活动品牌建设】2019年，杭报集团持续打造特色化公益服务平台，体现党媒责任担当。《杭州日报》“党报记者绿色传递”大型公益活动连续9年在甘肃民勤援种梭梭，累计种植面积467公顷。《杭州日报》“走心的思政课”创新形式，让高校思政课成为“全社会的思政课”。《都市快报》“快公益”搭建枢纽型平台，连接更多资源，探索“媒体+公益”发展方向。《每日商报》运营“为老服务”公益平台，推动为老服务深入社区。《富阳日报》联合公益组织推出“高温下敲门行动”，一起服务空巢老人。公益活动得到公益权威机构及社会各界广泛认可，《杭州日报》“党报记者绿色传递”活动获评中国绿化基金会“最佳公众参与奖”，《都市快报》“快公益”活动获“第六届浙江慈善奖·慈善楷模奖”，杭州网“杭网义工”活动获评杭州市优秀志愿者集体。（胡明辉）

2019年8月，乌克兰新闻代表团一行参观杭报集团“中央厨房”指挥控制中心

（市记协 供稿）

新闻团体

【概况】2019年，杭州市新闻工作者协会（简称市记协）围绕中心大局，增强组织、引导、创新能力，推进媒体融合发展，发挥市委、市政府联系新闻界的桥梁纽带作用。

坚持政治引领，推进新闻队伍建设，组织全市新闻工作者学习贯彻习近平总书记关于新闻舆论工作的重要论述，把学习和杭州实践结合起来，增进新闻工作者的政治认同、思想认同、情感认同。做到学以致用，把党的创新理论贯穿到选题策划、采访编辑、新闻宣传、媒体发展、队伍建设等各个环节。通过多种形式与渠道，组织新闻工作者参加省、市各项政治、业务培训班，包括“一带一路”、乡村振兴、新媒体人增强“四力”能力及新媒体的管理等方面内容，努力提升杭州市新闻工作者作为党的理论政策传播者、诠释者、践行者的水平能力。

“杭州市记协”微信公众号全年累计发布媒体资讯、杭州传媒动态、媒体行业发展趋势等微信144期、文章151篇。

【新闻作品评奖评优】2019年，市记协继续抓好新闻评奖工作，坚持正确导向，鼓励和推进以评奖促改革，在奖项设置、奖级数量上做出调整。杭州新闻奖较大幅度地向新媒体倾斜，共评选出获奖作品287篇，其中一等奖63篇、二等奖99篇、三等奖125篇。在杭州市选送参评2018年度浙江新闻奖的作品中，获浙江新闻奖一等奖8篇、二等奖18篇、三等奖12篇。杭州电视台综合频道的《我们圆桌会》栏目获评中国新闻奖“新闻名专栏”。对评出的好新闻作品，市记协组织多位专家学者做分析点评，进行业务梳理和理论总结，并在市记协《传媒纵横》杂志上刊发。

【市记协“我们的70年”系列活动】2019年，为全方位呈现中华人民共和国成立以来取得的巨大成就，市记协推出“礼赞新中国、奋进新时代——我们的70年”书画、摄影、征文和微视频大赛，得到杭州日报报业集团、杭州文广集团、区县（市）记协等单位的大力支持和积极参与。活动征集到数百幅作品，记录展示中华人民共和国70年的辉煌成就和历史巨变，邀请省市业界专家开展评选并举办展览。比赛结果及优秀作品及时在市记协微信公众号上发布与展示。

市记协新媒体专业委员会组织杭州新闻奖“新媒体作品奖”评选，评出获奖作品82件。在杭州网开设“我们的70年”微视频大赛，收到并

2019年11月8日，杭州市举办庆祝第20个中国记者节暨表彰大会 （陈逢吉 摄）

展示专题短视频作品81件。

市记协组织一线采编人员远赴中国最北端漠河县北极村，采访大兴安岭大火后林木再造情况、浙江农夫山泉饮用水有限公司在造水厂、最北端边陲哨所等，在各媒体发布端以多种方式进行报道。组织杭报集团、杭州文广集团和区县（市）有代表性的新闻界人物，从不同侧面与角度反映他们亲身经历的行业发展与时代进步，在市记协《传媒纵横》杂志上发表。

【“好记者讲好故事”演讲比赛】2019年9月，市记协组织杭州新闻界“好记者讲好故事”演讲选拔赛。来自全市各新闻单位的9位代表参赛。奋战在新闻一线的记者们围绕“增强‘四力’，做党和人民信赖的新闻工作者”主题，以亲身经历讲述精彩故事。杭州之声电台节目主持人雷鸣获得第一名，并作为浙江省新闻界代表参加全国的“好记者讲好故事”巡讲活动，展现杭州新闻界队伍的素质与实力。

【杭州新闻界第20个记者节庆典】2019年11月8日是第20个中国记者节。市委宣传部、市文化广电旅游局、杭报集团、杭州文广集团、市记协共同主办杭州市庆祝第20个中国记者节暨表彰大会。第二十九届中国新闻奖“新闻名专栏”《我们圆桌会》制片人张平、《都市快报》首席摄影记者陈中秋等媒体人表述记者对新闻理想的坚守和追求。

大会发布2019年度杭州市创新重大主题报道特别奖、策划奖、合作奖，以及优秀新闻作品、重大主题报道优秀新闻栏目、重大主题报道优秀融媒体项目（活动）的获奖名单并进行颁奖。《都市快报》的《民意直通车》栏目获杭州市创新重大主题报道优秀新闻栏目一等奖。

【市记协资讯平台建设】2019年，作为服务记者平台和资讯共享平台，“杭州市记协”微信公众号利用新媒体手段与技术，第一时间传播杭州新闻界的最新消息、重大主题报道中的好经验、行业各种先进人物和先进事迹，为各新闻单位搭建起一座互相学习交流的桥梁。市记协《传媒纵横》杂志加强策划，关注杭报集团、杭州文广集团和各区县（市）新闻单位在主题宣传、改革创新、队伍建设等方面的新举措，对服务大局和事关新闻发展的重点工作做到早知晓、早筹划、早约稿。增设新栏目，研讨总结新媒体和区县（市）媒体在融合改革创新中的新问题、新探索、新经验。

（卢文丽）

责任编辑 汤 峻

卫生健康 42

综述

【杭州卫生事业发展】2019年1月9日，新组建的杭州市卫生健康委员会（简称市卫生健康委）正式挂牌，由市卫生和计划生育委员会、市深化医药卫生体制改革领导小组办公室的职责，市民政局承担的市老龄工作委员会办公室的职责，以及市安全生产监督管理局的职业安全健康监督管理的职责整合而成，职能体系更加清晰优化。全市13个区县（市）先后完成机构改革组建卫生健康局，西湖风景名胜区管委会将卫生健康管理职能划入社会发展局，钱塘新区成立教育与卫生健康局。

2019年末，全市有卫生机构数（含村卫生室）5925个（含市直属24个、省直属31个），比上年末净增548个。卫生机构中有医院343个（含市直属14个、省直属20个），社区卫生服务中心（站）1313个（含社区卫生服务中心133个）、卫生院81个、门诊部769个、诊所（含卫生所、医务室）2440个、妇幼保健院（所）10个、疾病预防控制中心14个、卫生监督机构15个。实有医疗床位8.57万张，其中医院床位7.99万张、社区卫生服务中心床位2765张。卫生技术人员12.7万人，其中执业（助理）医师4.9万人、注册护士5.5万人，医护比例1∶1.12。平均每1000人拥有医疗床位10.78张、医院床位10.05张、卫技人员15.97人、执业（助理）医师6.16人、注册护士6.92人（含省级在杭卫生资源）。

全市医疗机构诊疗总数14639.24万人次（其中市直属1272.69万人次、省直属3014.39万人次），比上年增长5.5%；门（急）诊总数14231.26万人次（其中市直属1265.76万人次、省直属3012.33万人次），增长5.5%。全市医疗机构入院患者总数275.14万人次（其中市直属38.2万人次、省直属121.35万人次）。全市居民到医疗机构就诊的门（急）诊诊疗年人均次数17.89次。孕产妇死亡率2.75/10万。5岁以下儿童死亡率2.35‰，婴儿死亡率1.65‰。全市报告甲类传染病（霍乱）1例，甲乙类传染病发病率192.31/10万，下降9.37%。

全年市卫生机构引进高层次人才276人，其中领军人才2人、B类人才1人、C类和D类等高端人才9人、博士24人、硕士216人，拨付人才战略资金210万元。柔性引进钱江特聘专家14人，入选“115”国外引智项目5项，1人入选“521”国际人才项目，1人入选2019年浙江省有突出贡献中青年专家，1人获评第五届“杭州市杰出人才”。全年选派10名骨干医生援藏和援疆，选派医护人员443人次赴恩施、黔东南和长白山等地参与医疗帮扶。落实省全面下放卫生高级职称评聘权限，推进医疗卫生单位自主评聘改革。至年末，市卫生健康委直属事业单位有副高

2019年9月24日，省委常委、市委书记周江勇（前左二）在市急救中心调研
（市卫生健康委 供稿）

级职称以上人员2561人，其中正高级职称685人、副高级职称1876人。选派15名年轻医院管理干部赴台湾进行培训。

【首届未来健康展】2019年5月24—26日，杭州市首届未来健康展在浙江展览馆开展。市卫生健康委组织市属医院、社会办医疗机构和健康企业等30个单位参与，吸引1万余名市民观展。拍摄《爱杭州爱健康》公益形象宣传片，为市属10个公立医院量身打造《未来医院跟我看》系列宣传片。在展会期间推出4堂“杭州金牌健康讲师”健康公开课，并通过网络进行直播。邀请10个市属医院的70位名医现场免费问诊，为市民提供健康咨询3000多人次。将杭州电视台《我们圆桌会》栏目主论坛从演播室搬到展会现场，举办“未来健康”分论坛。

【城市大脑卫健系统应用】2019年，围绕城市大脑卫健系统，市卫生健康委重点推动“最多付一次”“电子健康档案应用”“急救一键护航”“刷脸就医”等便民服务场景应用。全市11个市属医院、3个省级医院、43个区级医院、196个社区卫生服务中心等医疗机构全部上线，累计服务2488万人次，使用费用累计4.3亿元。杭州“舒心就医·最多付一次”服务入选2019年“新华信用杯”全国优秀信用案例。“卫健系统·舒心就医”获市总工会和市数据资源局举办的“城市大脑数字尖兵技能比武决赛”二等奖。

【医疗领域“最多跑一次”改革】2019年，市卫生健康委将医疗卫生服务领域“最多跑一次”改革举措向所有县级医院和基层医疗卫生机构延伸。推出“刷脸就医更便捷、医事服务一站式、出生服务一体化、用血服务不用跑、看病费用付一次”等新举措，实现全市公立医疗机构门诊智慧结算全覆盖；县级以上医院分时段预约检查率为96.1%，平均缩短就诊时间1小时；为2.3万个符合条件的新生儿提供出生医学证明、预防接种、落户、医保参保、市民卡办理等“出生一件事”多证联办；1950人次享受用血费用“一站式”减免，累计减免金额160多万元。

【卫生民生实事项目】2019年，市卫生健康委明确55个助产医院作为筛查机构，33个医院作为筛查阳性患儿的诊断机构，198个基层医疗机构作为筛查诊断异常患儿的随访管理机构，完成筛查、诊断、随访管理3个阶段闭环式的业务网络架构。全年为8.86万例在杭助产医疗机构出生的新生儿实施先天性心脏病“双指标法”筛查，筛查率90.2%，筛查阳性3531例，发现异常3081例。配合做好省政府民生实事项目，为可疑患儿开展心脏超声检查，累计在省平台系统上传心超9444例，完成进度236%。

【卫生健康重点项目】2019年，市卫生健康委系统4个市重点项目进展顺利，完成投资4.04亿元。其中：市儿童医院新医疗综合楼、市第七医院精神科病房楼基本建成，分别完成投资1.26亿元、4742万元；市老年病医院迁扩建项目精装修工程完成32%，完成投资1.21亿元；市第七医院浙西院区一期工程完成地下室工程，1号、2号、3号楼主体结构工程分别完成70%、95%、80%，完成投资1.1亿元。市城北老年活动中心完成主体结构工程，杭州康复医院（市特殊康复中心）开工建设。市第一医院艮北院区列入市政府投资项目前期计划并完成控规调整。市西溪医院二期项目通过规划符合性审查。（张丽娟）

计划生育

【生育登记】2019年，杭州市落实高效便捷生育登记服务，发挥全员人口信息平台的支撑作用，全面运用生育登记服务平台，通过浙江政务网、“浙里办”手机App、线下窗口等一证办理生育登记。提升生育登记、婚姻登记和户籍登记的“婚育户一件事”办理系统，实现生育登记、再生育审批群众“零跑次”。全市生育登记71381人，其中一孩41525人、二孩29856人。再生育审批1827人。

【计划生育利益导向】2019年，杭州市全面落实计划生育奖励扶助、特别扶助、公益金3项制度，确保资金到位、程序到位、发放到位。全年发放奖扶金、特扶金、公益金共2.5亿元，无违规违纪发放现象。完善杭州市特殊家庭帮扶救助机制和计划生育利益导向的各项管理制度，计划生育特殊家庭双岗联系人、就医绿色通道、家庭医生签约服务3项制度落实率均为100%。

【人口监测及性别比治理】2019年，杭州市开展出生人口监测，加强人口发展态势和生育形势分析，开展人口形势预测预报。加强出生人口性别比综合治理，开展专项整治活动19次，保持治理工作高压态势，查处代孕案件1起。全市组织出生性别比宣传活动72次，提高群众“男女平等”意识，营造良好社会氛围。2019年全市综合出生人口性别比为107.37。

【公共场所母婴设施建设】2019年，杭州市以营造生育友好的社会环境为目标，加快推进公共场所和用人单位母婴设施的新建、改建和扩建，并加强设施运行维护和监督管理工作。全市历年累计建成并投入使用母婴设施454个，其中基本型189个、标准型205个、舒适型52个、移动式母婴室8个。（张丽娟）

预防保健

【重大疾病及慢性病防控】2019年，杭州市通过全国第三轮艾滋病综合防治示范区创建验收，申报创建第四轮艾滋病综合防治示范区。推进结核病防治信息化建设，实现随访管理完整性、有效性、规范性、一致性信息化控制。推进结核病重点人群结核病筛查项目。推进全民健康生活方式各项工作，重点开展“三减三健”（减盐、减油、减糖、建康口腔、健康体重、健康骨骼）、适量运动、控烟限酒和心理健康等专项行动。开展死因和慢性病漏报调查、成人危险因素监测、居民健康期望寿命方法研究和双生子人群队列研究等项目，监测全市人群健康状况。成立杭州市儿童青少年近视防控指导中心，完成全市青少年近视情况调研，组织开发近视防控核心信息和宣传教育工具。继续加强中小学生口腔窝沟封闭防龋工作，对新增的10个窝沟封闭定点医疗机构及时更新信息并开展培训。

【精神卫生管理】2019年，杭州市强化重大活动期间严重精神障碍者综合管理工作，扩大排查区域，实施分类精准管理。加强信息化建设，完成城市大脑卫健系统严重精神障碍患者综合管理信息化建设需求方案，推进省、市、社区严重精神障碍管理系统的数据对接，开展危机干预工作。开展"利奇马"台风的灾后心理援助工作。推进心理健康科普宣传活动，在全市范围内面向老年人、学生家长、青少年学生、学校老师、机关干部等开展心理健康科普100多场。

【社会心理服务体系建设】2019年，杭州市被国家卫生健康委、中央政法委、中宣部、教育部等10个部门联合确定为社会心理服务体系建设首批国家试点城市，成立以市委副书记张仲灿和副市长陈卫强为双组长，市委政法委、市卫健委等10个部门为成员的市级领导小组推进工作。6月，市卫生健康委联合市委政法委等部门印发《杭州市社会心理服务体系建设国家试点工作实施方案》。杭州市召开社会心理服务体系建设国家试点工作动员部署会，成立跨部门的专家组和杭州市社会心理服务技术指导中心，建立多部门精神卫生综合管理小组和基层"多位一体"关爱帮扶小组192个，实现乡镇（街道）全覆盖。年末，杭州市社会心理服务体系建设指标获省平安考核第一名。

【公共卫生服务】2019年，杭州市结合机构改革及人事调整，印发《关于调整基本公共卫生服务项目管理办公室成员的通知》，及时调整充实项目办成员。公共卫生服务项目新增0岁～6岁儿童眼保健和视力检查。组织全市预防接种服务项目专项督导，督导基层单位200个。在全省率先开展并落实接种门诊，以及产科接种单位接种疫苗前的家长"一验证"工作，参与全省疫苗全流程追溯试点工作和新系统上线推广。主城区增设犬伤暴露后处置点5处，全市累计12处，提供24小时服务，基本满足主城区群众的就诊需求。全年杭州市建立电子健康档案832.72万份，建档率86.9%，高血压、糖尿病、严重精神障碍患者规范管理率分别为65.7%、63.9%和91.3%。

【妇幼健康服务】2019年，杭州市成立出生缺陷防治中心，构建涵盖婚前、孕前、孕期、新生儿和儿童各阶段的出生缺陷防治体系。全市开展新生儿遗传代谢疾病筛查12.24万人次，筛查率99.6%，开展新生儿听力筛查12.2万人次，耳聋基因筛查3.22万例。全市0岁～3岁儿童发育筛查18.31万人次，筛查率71.6%。开展孕前免费优生检测与咨询指导服务9.41万人，户籍孕产妇实施产前筛查6.9万人，筛查率95.9%。对适龄妇女落实免费宫颈癌、乳腺癌筛查，全市"五大类"人群宫颈癌检查37.52万人，乳腺癌检查46.91万人。杭州市妇产科医院成为省内唯一入选全国首批国家级更年期保健特色专科建设单位。

【老年健康服务和医养结合】2019年，杭州市运行的养老机构中有73个养老机构内设老年病医院、康复医院、护理院（中心）、中医医院等医疗机构，其他养老机构均与附近社区卫生服务机构等协议开展医养结合服务。2623个运行的日间照料中心与附近社区卫生服务中心等签订医疗服务合作协议。依托"医养护一体化"签约服务，推进社区居家健康养老。做好医养结合动态监测，开展医养结合机构服务质量建设专项检查。全市4个区县（市）被列入省康养体系建设试点，5个社区卫生服务中心（乡镇卫生院）纳入省基层医疗卫生机构提升医养结合服务能力试点项目，16个社区（村）被选定开展全国老年人心理关爱项目。

（张丽娟）

基层卫生

【家庭医生签约服务】2019年，杭州市签约家庭医生服务总人数304万人，重点人群覆盖率82%，签约居民社区就诊率65%左右，签约居民转诊率约7%，医联体转诊率50%以上，为签约的慢性病患者开具长期处方234万余张。根据第三方抽样测评显示，主城区签约居民对签约医生的知晓率93.8%，满意率98.9%。

【城乡优质医疗资源共享】2019年，杭州市组织专家对全市优质医疗资源"双下沉、两提升"工作开展评估督导，并将评估结果纳入市属医院综合目标考核。10个市级医院与24个区县（市）级医院建立城乡"医联体"。5个市级三级综合医院与主城区51个社区卫生服务中心建立紧密型城区"医联体"。各市级医院围绕医疗技术、学科建设、人员培训、双向转诊等内容，加大医生到基层医疗机构帮扶力度，累计下派常驻人员830多人，下派短期管理人员、医生、护士和医技人员2.6万余人次。全市挂牌建立25个"医共体"，实现全市县域"医共体"建设全覆盖，县域范围住院、手术等诊疗服务能力得以增强，常见病、多发病诊治水平持续提升，县域"医共体"成员单位门诊和住院人次比上年分别增长12%和6.8%，基层就诊率平均65%以上，县域内就诊率90%以上。

【院前急救】2019年，杭州市依托城市大脑建设，推出救护车"一键护航"功能，累计护航437趟，平均节约时间50%。完成全市急救系统联网，实现区域协调统一调度，提高突发事件应急处置能力和效率。上线"急救志愿者平台"手机App，注册急救志愿者近9000人，通过平台派送急救任务588次。市卫生健康委联合市发改委、市规划和自然资源局、市城乡建委联合发布《杭州市急救中心急救站点建设标准》，统一全市急救站点建筑设计、功能布局、标识标牌、救护车库、急救通道、设施设备等，急救站点建设进入规范化轨道。全市配置救护车247辆，其中主城区90辆，主城区平均急救反应时间11分22秒，比上年缩短47秒。

【基层卫生服务能力提升】2019年，杭州市全面推进"优质服务基层行"活动，全市196个基层医疗卫生服务机构中，有184个达到国家基本标准，17个达到国家推荐标准。依托“优质资源双下沉工程”和县域“医共体”建设，实施乡镇卫生院能力提升工程。依托市基层卫生协会，开展基层医疗卫生管理干部和医务人员业务能力提升培训，累计培训近2000人。全市1338名乡村医生申请并完成再次注册工作。（张丽娟）

中医中药

【中医药文化传播】2019年，市卫生健康委举办杭州市首届中医文化节系列活动，组织开展全市中医养生保健操集中展示、中医文化成就巡回展、中医药健康文化知识竞赛、“中医中药中国行——中医药健康文化推进行动”、“5·12”国际护士节中医养生保健宣教等活动，深化中医药文化宣传和健康服务工作。推动中药药膳发展，组织广兴堂国医馆参加2019年全国第二届药膳大赛，获得团体赛全国大奖。推进中医药文化旅游工作，淳安县大下姜中医药文化养生基地、浙江敬存仁生物科技有限公司被评为2019年省中医药文化养生旅游示范基地，杭州方回春堂中医药研学基地被列入2019年杭州市中小学生研学旅行基地名单。搭建互联网时代的海内外中医药交流与合作平台，联合世界中医药学会联合会，举办首届世界中医药互联网产业大会。

【基层中医药服务能力建设】2019年，市卫生健康委在县域“医共体”建设中大力发展中医药，全市7个县级中医院均为县域“医共体”建设牵头单位。开展大比武推进中医药适宜技术推广应用，联合市总工会组织区县（市）属医院、市属医院25支队伍开展中医药适宜技术推广应用比武。搭建大联盟推动“治未病”建设发展，成立以市级“治未病”龙头医院杭州市中医院、杭州市红会医院和杭州师范大学、拱墅区米市巷社区卫生服务中心为核心的市中医“治未病”联盟。巩固基层中医药工作先进单位成果，组织下城区、西湖区、萧山区、滨江区、建德市接受国家基层中医药工作先进单位的复审，各区县（市）均以较好成绩通过评审。

【中医药质量控制管理】2019年，市卫生健康委对全市提供中药饮片服务的126个中医医疗机构开展中药饮片采购验收专项检查。对二级以上市、县级中医医院以及部分城区中医医院开展“医联体”双下沉督导和调研工作。对市级中医医院医疗服务“最多跑一次”改革进行现场督查。全面推进中医医疗机构DRGs及中医单病种管理工作，全市二级以上中医医院均应用DRGs开展医院医疗服务质量和绩效评价工作。开展全市卫生健康保健市场专项整治，打击无医疗机构执业许可证、无医师资格证开展以中医保健为名的诊疗活动，出动检查人员663人次，检查机构654个，立案查处11件。

2019年10月25日，杭州市首届中医文化节开幕（市卫生健康委 供稿）

【中医药学科及人才建设】2019年，市卫生健康委组织全市首批基层医疗机构中医特色专科专病建设项目评选，产生33个中医特色专科（专病）。推进市中医药疾病防治中心、专科联盟等建设，成功申报市中医院的省不孕不育中医药防治中心、市红十字会医院的省儿童呼吸病中医药防治中心、市中医院的省中西医结合睡眠医学联盟、市第三医院的中西医结合盆底疾病重点实验室。完成2020年省中医药科技项目的审核及上报534个，比上年增长5.5%。开展国家级、省级中医继续教育项目日常管理，完成杭州市2017—2019年建设周期医学重点学科（三类中医）终期验收。6名省级名中医和12名继承人入选2019年省级名中医传承人项目，12人入选第4批全国中医（西学中）优秀人才研修项目培养对象，1人入选全国中医药创新骨干人才，14人入选浙江省优秀中西医结合人才培养对象。22人通过传统医学师承和确有专长人员考核工作。市中医院中医住院医师规范化培训基地获评全国优秀住院医师规范化培训基地称号。（张丽娟）

医教科研

【医疗科研创新成果】2019年10月，市第一医院获批浙江省临床肿瘤药理与毒理学研究重点实验室。全市评出杭州市卫生科技创新奖19个，其中市疾病预防控制中心“人感染H7N9禽流感病毒溯源及变异进化研究”、市第一医院“基于MIQE的多重PCR联检社区获得性肺炎病原体研究”获得一等奖。全年杭州市卫生科技项目受理申报952个，最终立项234个，下拨资助经费250万元，完成验收（结题、撤题）各级各类科研项目183个。坚持科研诚信管理，及时处置市肿瘤医院科研不良事件。

【医学重点学科建设】2019年，余杭区第一医院消化病学、萧山区第一医院胸外科学、桐庐县第一医院神经病学、富阳区第一医院重症医学、杭州口腔医院口腔种植学、牙周病学和口腔正畸学、浙江绿城心血管病医院心脏外科学、浙江萧山医院产科学和心

2019年10月30日，杭州市卫生健康委员会与浙江大学签署战略合作协议
（市卫生健康委 供稿）

血管内科学、杭州余杭骨科医院手外科学、建德市中医院骨外科学通过省卫健委龙头学科和特色学科验收。完成2017—2019年周期杭州市级医学重点学科建设，35个一类学科、46个二类学科和72个三类学科均验收合格。围绕杭州市医学“高峰”学科建设中心思想，优化杭州市重点学科建设管理办法，为开展新一轮医学重点学科建设做好准备。

【住院医师规范化培训】2019年，市卫生健康委通过与浙江大学的合作，形成模块化师资教学机制，组织全市339名住院医师培训带教师资参加的专场培训。市卫生健康委将信息化技术运用于住院医师培训质量管理，得到中国医师协会的高度肯定，应邀在中国医师协会举办的“2019年住院医师规范化培训高峰论坛”上做主旨发言。全市649名学员参加理论考核，通过率98.4%，650名学员参加临床实践能力考核，通过率92.9%。

【继续医学教育】2019年，杭州市立项国家级继教项目66个（含备案37个）、省级继教项目213个（含备案96个）、市级继教项目257个。开展中高级卫技人员继续教育学分周期审验，受理中高级卫技人员学分周期审验和年度审核3700人次。开展全科医生继续医学教育、社区护士岗位培训和乡村医生注册培训，做好远程继续教育的组织报名和考务工作。加大医疗人才的国际化培养，组织境外集中培训，继续与浙江大学联合举办英语口语强化班，鼓励业务骨干赴国（境）外培训，全年选派直属优秀医卫骨干参加国际性的学术交流和出国（境）进修培训110人次。

【医学伦理管理】2019年，市卫生健康委委托市医学研究伦理质控中心对市属医疗机构备案信息进行审核，达到备案要求的伦理委员会数63个，涉及医疗机构58个。联合省医学研究伦理管理办公室举办医学研究伦理审查规范化培训班（杭州专场），邀请13位省内医学伦理学专家就“医院伦理委员会的建设与管理”“科研诚信管理严防学术不端”“人类遗传资源相关研究的伦理审查”“研究者发起临床研究的伦理审查”等内容举办专业讲座。来自各区县（市）和市级医疗机构医学研究伦理委员会的253名学员参加培训并通过考核。

（张丽娟）

医院管理

【卫健部门“数字驾驶舱”】2019年，市卫生健康委探索信息技术运用从“服务需方”迈向“供需并重”在城市大脑的助力下，推进医疗运行数据实时在线。建设卫健部门“数字驾驶舱”，实时同步链接11个市属医院数据，对接全民健康信息平台、舒心就医平台、DRGs系统、合理用药系统、院前急救系统、产时出生系统、社区卫生服务系统、区域影像平台等10多个应用系统，对应医院管理体系、社区卫生服务体系、公共卫生体系、医疗保障体系和改善医疗服务，分别设计“今日动态”“舒心就医”“医疗监控”“公共卫生”“院前急救”等版块，并提炼158项指标进入部门“数字驾驶舱”，逐步实现能看到、掌握、分析并应用数据。

【健康信息互通共享建设】2019年，杭州市有45个市区级医院和98个社区卫生服务机构完成电子票据改革，拱墅区成为全国首个实现医疗收费票据电子化率100%的区（县）级地区。市卫健委联合市医保局实现全市范围内参保人员电子病历区域共享。全市公立医疗机构全部上线基于“浙里办”App的电子健康卡和市电子社保卡。17个医疗机构通过2019年度电子病历系统功能应用水平分级评价四级及以上水平，6个医院达标互联互通标准化成熟度四级甲等。6个区县（市）完成贯通“医共体”内人财物统一运营管理系统建设，萧山区、淳安县列入浙江省首批县域“医共体”信息化建设示范县。全市251个医疗机构完成传染病电子报告卡平台数据交换直报。完成杭州市检验检查平台与省平台的对接工作，省、市医院实现影像互阅共享。

【“互联网+”健康医疗】2019年，市卫生健康委推动各级医疗卫生机构在省互联网医院平台上线，全市有81个医疗机构开通互联网诊疗或互联网医院，通过备案互联网诊疗科目180个、医务人员3205名。启动杭州市互联网诊疗服务平台和家庭医生工作平台建设，并通过“健康通”App向市民提供“数字影像”信息服务，增强杭城老百姓就医的便利性和获得感。

【医疗服务改革】2019年7月26日，市卫生健康委与市医保局联合印发《杭州市医疗服务价格调整改革方案》，自8月1日起，对公立医院940项医疗服务价格进行调整。严格控制医疗总费用增幅、药品在总费用中的比例等重点指标，市属公立医院药占比（不含饮片）控制在28.6%；控制门急诊均次费用比上年增长4%，住院均次费用增长0.05%。

市卫生健康委印发《杭州市医疗质量控制中心管理办法（试行）》，强化市级33个医疗质控中心职能，并组织市级质控中心对市属、市管医院和各区县（市）第一医院开展专项质控检查。建设杭州市DRGs平台，推动60个二级以上医疗机构使用全市统一的DRGS系统。通过DRGs统计分析，定期对医院疾病种类、诊疗难度、医疗费用、药品使用、耗材使用进行监管。联合市市场监管局、市医疗保障局6个部门，开展全市医疗乱象专项整治行动。

【医院等级评审】2019年，市卫生健康委做好第四周期医院等级评审工作。组建市级公立医院等级评审专家组，组织专家组成员在杭州师范大学附属医院开展模拟检查暨专家培训，指导市第一医院顺利通过省级三甲医院复评。组织市级中医医院完成等级医院评审，市中医院、市红会医院分别通过全省第四周期等级评审的首家中医院和中西医结合医院。

【国际国内医疗合作】2019年，杭州市9个市级医院分别与19个国际医疗机构签订合作协议，开展医疗领域临床、科研等合作。完善外籍人士家庭医生签约服务和双向转诊等信息化平台，为在杭州居住或工作的外籍人士提供家庭医生签约服务。启动国际化医院创建工作，组织在杭各级各类医院（含省级医院）申报国际化医院。杭州市融入长三角地区医疗卫生一体化，引进上海新华医院与杭州市儿童医院开展医疗合作共建，组织杭州市第二医院等5个医院与上海市第一医院等13个医院合作，在肝病、肿瘤、皮肤科等领域建立技术协作关系，深化华东社区精神卫生联盟、中医妇科专科联盟、中西医结合肾脏病专科联盟等桥梁作用，促进优质资源合理流动，提升杭州市医疗机构医疗服务能力。支持余杭区、临安区等地医院引进上海廖万清、刘鲁明、李兆申、黄荷凤等知名院士在杭州医院建立院士工作站。

【卫生许可管理】2019年，市卫健委在全市实施二级及以下医疗机构设置审批与执业登记“两证合一”办法，取消二级及以下医疗机构设置备案。明确医疗消毒供应中心等9类机构审批权限下放至区县（市）卫生健康行政部门，并指导做好医疗机构审批管理工作。会同市发改委等部门印发《杭州市开展促进诊所发展试点工作的实施方案》。全年市本级完成医疗机构校验16个（次），变更登记42个（次），完成执业（助理执业）医师注册（变更注册）1493人次，医师多点执业注册191人次，护士注册（延续、变更）5037人次，外籍医师临时执业注册86人次，港澳台医师短期行医执业注册29人次。（张丽娟）

卫生监督

【卫生依法行政】2019年，市卫生健康委推行卫生行政执法公示制度、执法全过程记录制度和重大执法决定法制审核制度，规范公正文明执法。加强行政规范性文件制定指导，对规范性文件开展清理评估。以“最多跑一次”改革为核心，抓好数字化转型，持续推进卫生行政审批制度改革，全市受理办结卫生行政审批事项6.55万件，其中市本级完成省下放事项5365件、法定审批事项2475件，审批事项系统录入率和及时办结率均为100%。

【智慧卫生监管】2019年，市卫生健康委完成智慧卫监平台（二期）建设，将水质监测、放射监测、医疗废弃物监控等子系统进行归集，疏通数据对接渠道，建成杭州市智慧卫监综合监管平台。推进“线上监管+线下执法”非现场执法模式，全面实施“浙政钉·掌上执法”系统应用。全市二级以上医院建设医疗废物信息采集运输终端，并接入省医疗废物信息智慧监管平台系统。

【医疗服务市场监管】2019年，市卫生健康委建立和完善中小医疗机构长效监管机制，制定《杭州市医疗服务多元化监管试点工作实施方案》，探索建立医疗服务多元化监管机制，形成监管合力，提升监督效力。开展基层医疗机构抗菌药物规范化监管试点工作。开展规范生殖健康服务、孕妇健康生育专项整治、医疗废物管理专项监督检查、医疗美容机构及口腔诊疗机构消毒隔离监督抽检等工作。持续保持高压态势打击非法行医，查处案件308件，罚款291.15万元，没收违法所得[illegible]95.12万元。

【卫生监督综合执法】2019年，市卫生健康委办结卫生健康行政处罚案件5579件，罚没款1616.3万元，其中2件案件获选全省卫生健康执法十大优秀案例。完成国家“双随机”任务4358个、省级“双随机”任务7569个，立案处罚141[illegible]个，罚没款15[illegible].1万元。开展住宿场所、游泳场所、生活美容场所等卫生监督专项治理，行政处罚3253件，罚没款454.54万元。强化水质管理，42个集中式供水单位监督覆盖率100%。结合新版《杭州市公共场所控制吸烟条例》，开展医疗机构、公共场所控烟执法检查，检查各类场所61[illegible]个（次），行政处罚117件，罚款1[illegible]38万元。开展校园卫生安全健康行动、春秋季开学期间“双随机学校”卫生监督检查、“健康促进学校”专项检查、中小学校“两室建设”及托育机构、校外培训机构采光照明“双随机”抽检等专项工作。监督检查涉水产品生产企业及经销单位193个（次），抽检产品13件，立案处罚6件，罚没款7.1万元。

【职业卫生执法】2019年，杭州市有1.06万个企业申报职业病危害项目。在矿山、冶金、化工、建材4个职业病危害严重的行业领域启动为期两年的尘毒危害专项治理。实施职业卫生行政处罚146件，罚没款53.38万元。对24个职业健康检查机构、5个职业病诊断机构实施检查，行政处罚3个。编制《放射诊疗管理法规标准选编》，开展放射治疗专项监督检查，行政处罚252件，罚没款42.97万元。首次开展放射卫生监督检测，对13个医疗机构的15台医用加速器进行监督检测。（张丽娟）

卫生应急

【传染病防控】2019年，杭州市应对登革热等传染病疫情防控工作成效明显，在国际、国内登革热疫情高发的背景下，全市发生本地病例41例，仅为2017年病例的3.6%，未暴发较大规模疫情。及时处置霍乱疫情，与市市场监管局、金华市的东阳和义乌等疫情涉及地密切协作，组织开展疫情调查、追踪密切接触者，通过联防联控使疫情得到有效控制，未发生二代病例及死亡病例。

【台风“利奇马”灾后防疫】2019年8月，市卫生健康委及时组织台风“利奇马”灾后防疫，对全市公共卫生风险快速评估，研判受灾地区危险因素，组织开展受灾乡镇水源水的消毒和水质监测，强化媒介灭杀措施，落实每日疫情报告制度，开展灾后健康教育和风险沟通，做好受灾群众心理疏导和干预。全市出动卫生防疫应急小队141支、2602人，消杀面积3984万平方米。市爱卫办督导单位2.11万个，协调规范消杀1.05万次，组织有害生物防治公司2132支队伍、8587人次参与现场消杀；清理滋生地17.57万处，清除积水23.41万处。全市未发生传染病暴发（聚集性）疫情。

【卫生应急保障体系建设】2019年，市卫生健康委将应急办公室设在委办公室（挂卫生应急办公室牌子），强化卫生应急统筹协调功能。制定《杭州市卫生健康委员会应急行动总体预案》，确立委机关应急值班、请示报告、情报会商、专家咨询等制度。修订《杭州市突发公共事件医疗卫生救援应急预案》《杭州市突发公共卫生事件应急预案》等。加强专业队伍建设，开展“发热伴血小板减少综合征防控工作现场会暨防控技术”培训、肠道传染病培训、学校传染病聚集性疫情规范处置培训、传染病疫情监测技术培训、病媒生物防制专业技能培训、常见及新发呼吸道传染病防控技术培训、疾控系统卫生应急能力培训等20多次，累计培训1600多人次。杭州市参加全省病媒生物防制技能竞赛，获团体一等奖。组织市、县两级专业队伍训练演练，并参加省卫生健康委组织的实兵演练。

【食品安全风险监测】2019年，杭州市完成食品检测1.11万件，检测项目5.02万项。推进医疗机构食源性疾病监测，全市58个二级及以上医疗机构均开展食源性疾病病例监测，监测点数和监测病例数均列全省首位。推进国民营养计划，以项目化方式试点起步，开展营养小镇、营养食堂、学生餐营养调查与干预、老年食堂营养调查与干预等工作。推进全国“学生营养与健康示范学校”创建活动，对示范点跟进实施营养监测和干预。

【实验室生物安全管理】2019年，市卫生健康委开展实验室生物安全隐患排查专项整治活动，协调质量控制、疾病防控、卫生监督等部门联动，对全市范围的生物实验室机构组织自查和区、市、省各级专家督查。组织全市生物安全实验室管理和操作技术培训班2期，培训学员542人，促进工作人员业务水平和应急处置能力双提高。（张丽娟）

爱国卫生

【爱国卫生新进展】2019年，杭州市爱国卫生工作以维护人民群众健康为目标，推进卫生创建、城乡环境卫生整洁行动、病媒生物防制、农村改水改厕、健康镇村试点等各项工作开展，努力打造与一流城市相适应的中国特色爱国卫生工作典范。至年末，全市国家卫生乡镇（街道）比例为65.2%，省级卫生村比例为74.5%，市级卫生村比例为91.7%，农村无害化卫生厕所普及率为99.2%，“健康促进学校”覆盖率为56.1%，省级“健康促进医院”覆盖率为25%。

【国家卫生乡镇创建】2019年是2017—2019年周期国家卫生乡镇创建的收官之年。市爱卫会结合省市美丽城镇建设，着力推动国家卫生乡镇创建。至年末，全市有62个新创国家卫生乡镇（街道）通过省级评审上报全国爱卫会命名，国家卫生乡镇（街道）比例达到65.2%，超额完成《杭州市小城镇环境综合整治三年行动实施方案（2017—2019）》确定的20%目标任务。建德市、桐庐县以及宁围街道、益农镇、鸬鸟镇、洞桥镇、於潜镇、乾潭镇、分水镇、江南镇、合村乡、姜家镇12个国家卫生城市（县城、乡镇）通过复审。新创建浙江省卫生村347个、杭州市卫生村60个。

【第31个爱国卫生月活动】2019年4月，市爱卫会开展以“共推‘厕所革命’、共促卫生健康”为主题的第31个爱国卫生月活动。4月11日，省、

2019年7月1日，杭州市举办“我为七一献热血”活动启动仪式

（市卫生健康委 供稿）

市、上城区三级爱卫会在小营巷全国爱国卫生运动纪念馆前，联合开展爱国卫生月主题宣传咨询活动。现场设置爱国卫生运动成果展示、除“四害”咨询、控烟宣传、健康知识、义诊、垃圾分类、“厕所革命”宣传等区块，与社区居民广泛互动。爱国卫生月期间，全市组织发动机关、学校、企事业单位、社区、行政村对环境卫生薄弱环节和难点热点问题进行集中整治。全市参与活动人数22.4万人次，清理各类垃圾污物8.8万吨，开展各类宣传活动4660次，印发各类宣传资料75.25万份，覆盖人数105.66万人次。

【除“四害”活动】2019年，市爱卫会规范除“四害”工作管理机制，8个城区公共环境除“四害”招标由全市统一招标调整为属地自主招标。按照“四害”防制要求，结合节假日和每月末、周五环境卫生集中整治行动，组织全市开展季节性除“四害”活动。针对夏季蚊媒繁殖高峰期和登革热病例发生的实情，做好以清理蚊媒滋生地和成蚊消杀为重点的防蚊灭蚊工作，降低蚊媒密度，遏制登革热病例的扩散。组织做好第十五届中国国际动漫节、联合国世界环境日主场、中国环境与发展国际合作委员会年会、全国大众创业万众创新活动周等大型活动期间病媒生物防制保障工作。在2019年浙江省病媒生物防制职业技能竞赛中，全市经过区县（市）选拔、市级比武、组队强化后，杭州市代表队获团体第一名，获个人二等奖1名和三等奖2名。

【农村改水改厕】2019年，杭州市完成20个农村改水项目，累计铺设管网115.9千米，新建拦水坝12座，新增消毒器8台，新增（更新）过滤/净水设施18套，新建储水池14座，新建泵房6座，受益人口2.19万人，总投入资金3490万元。农村自来水累计普及率保持99.99%。新增无害化卫生厕所1799座，累计无害化卫生厕所普及率99.19%。开展农村改厕粪便无害化效果监测，总合格率100%。

【健康浙江考核】2019年3月18—19日，根据省委、省政府健康浙江考核工作统一部署，由省发改委和省卫生健康委、省统计局等部门组成的健康浙江省级第一考核组，对杭州市开展2018年度健康浙江考核工作，这是健康浙江考核试评价作为正式考核周期的第一年。考核组通过听取汇报、查阅资料、现场核查、随机访问群众等方式对市本级和余杭区进行考核，先后实地抽查20个机构和场所，提出整改意见和建议。最终，杭州市通过考核并获全省第一名，所辖区县（市）全部获得优秀等级。

【健康杭州考核】2019年，市卫生健康委结合健康浙江考核要求和杭州实际，在健康杭州考核指标中，重点倡导区县（市）主动开展公共政策健康影响评价和健康融入地方区域规划的特色工作。杭州市在接受省级考核之后，市本级开展2018年度健康杭州考核。余杭区、拱墅区、临安区、淳安县、富阳区获全市前5名，市发改委、市文广新闻出版局、市法制办等31个部门获考核优秀等次。

【城市大健康治理模式探索】2019年，全市公共政策健康影响评价试点项目被纳入市委全面深化改革委员会年度重点任务清单。市健康办经过实地调研和探索性试评价，起草《杭州市公共政策健康影响评价试点实施意见（试行）》以及“健康影响评价流程图”“健康影响因素清单目录”“政府部门健康影响评价操作手册”等配套文件，10月由市政府办公厅印发。市健康办委托同济大学对全市部分重点慢性病发病和死亡数据进行空间分布分析，形成《杭州市健康空间环境现状研究与规划优化建议》和《关于健康城市理念融入杭州市城市总体规划的政策建议》两份研究报告，从市域城镇体系、空间结构用地布局、空间形态、道路交通、生态系统、公共服务系统等维度将健康理念融入全市新一轮城市国土空间规划，为市规划部门修订《杭州市公共空间规划》提供建设性技术建议。

【“健康细胞”工程建设】2019年，市健康办对健康村镇、健康单位、无烟单位等“健康细胞”工程创建培育模式进行优化，将健康村镇建设评审命名周期调整为3年。联合市教育局、市卫生健康委明确“健康促进学校”建设的职责分工。将省级“健康促进医院”建设纳入到市属医院的综合目标考核范围。全面禁烟的单位不再纳入无烟单位评选。至年末，21个行政村纳入培育模式优化后的首批健康村镇试点建设名单；省级“健康促进医院”新培育15个，通过省级复评11个，全市覆盖率25%；省级“健康促进金牌学校”新培育6所，通过省级复评10所，全市覆盖率56.1%；市本级新培育51个市级健康单位、54所省级“健康促进银牌学校”（含28所幼儿园）、82个无烟单位（含20个无烟示范单位）。

【第七届市民健康知识大赛】2019年9月16日，杭州市第七届市民健康知识大赛开赛，主题为“健康进万家、幸福你我他”，分为“网络答题和学习打卡”“第二届杭州市健康家庭大奖赛”两个环节进行。大赛旨在普及基本健康知识和理念、健康生活方式与行为、健康基本技能，倡导每个人都是自己健康的第一责任人理念，提高市民健康素养水平。网络答题阶段充分发挥第三方服务机构技术和资源优势，参与人数实现7天、42万人次的新规模。健康家庭大奖赛最终从全市评选出健康家庭24个。

【健康素养进农村文化礼堂行动】2019年6月12日，杭州市健康素养进农村文化礼堂三年行动启动仪式暨2019年老年健康宣传周活动在富阳区春江街道文化礼堂举办，计划择优选择全市至少50%的农村文化礼堂开展试点行动。通过农村文化礼堂这个健康教育与促进平台，在广大农村群众中普及健康知识、传播健康理念、培育健康文明的生活方式，以达到保障农民群众健康的目的。至年末，全市核定农村文化礼堂1074个，其中开展活动礼堂为767个；纳入试点并达标礼堂619个，覆盖比例57.6%。

（王莲花 王晓凤）

责任编辑 汤 峻

综述

【体育事业新成果】2019年，杭州市新建并投入使用体育健身中心、体育健身广场、体育健身公园18处，全市658所符合条件开放的中小学校体育场地设施全部向社会开放。实施“亚运争光保障计划”，杭州女子足球队成功晋级中国足球协会超级联赛，组建跳台滑雪国家青年集训队（杭州组）并取得阶段性成效。第二届全国青运会杭州成绩优异，奖牌总数居全省第一位、全国参赛城市前列。成功申办2021年国际足联俱乐部世界杯赛（杭州赛区），举办杭州马拉松赛、国际（杭州）毅行大会等10多项国际品牌赛事。推进基层社会体育组织建设，全年新增5个市级体育社团和5个市级体育类民办非企业单位，分别达到66个和37个。依托体育社会组织，全年组织街道（乡镇）级以上不同群体、不同类别的全民健身活动700多场次，有效带动市民关注体育、热爱体育、参与体育。

市体育局做好全市运动员在省和市的注册工作，严格审查年度确认人数及新注册运动员的基本数据。2019年度有省注册运动员8271人，新增首次注册运动员1693人，年度确认6115人，重新注册463人。有市注册运动员1000多人。

【2021年国际足联俱乐部世界杯（杭州赛区）申办】2019年，根据市委、市政府总体部署和要求，为提升杭州城市体育国际化水平和综合办赛能力，市体育局主动对接国际足联和中国足协，按照国际足联赛事申办标准和中国足协有关要求，组建工作专班，开展2021年国际足联俱乐部世界杯（杭州赛区）比赛申办工作。经国际足联与中国足协联合考察评估，杭州体育综合形象获得专家评估组好评。12月28日，2021年国际足联俱乐部世界杯赛区比赛最终成功落户杭州，有利于促进杭州足球运动普及和推广，带动体育产业和体育消费升级，提升杭州国际城市影响力和美誉度。

【“体医融合”试点工作】2019年，市体育局会同市卫健委、市财政局开展“体医融合”试点，在医疗机构完成国民体质测试服务4.05万人次，国民体质监测合格率93.8%。市体育局对2018年度测试数据进行综合分析与研判，发布测试数据分析报告。在医疗机构新增“科学健身指导”门诊，对国民体质测试数据进行分析，开展群众体育健身咨询，提供运动处方服务，完善“体医融合”工作运行机制和内容。

【体育公共服务数字化】2019年，市体育局全面梳理优化体育类政务服务清单和办事指南，完成所有3个依申请事项、15个监管类事项、13个公共服务事项和19个部门间办事事项细化，实现国家、省、市、县四级统一，公共服务事项增加100%，完成标准化办事指南编制。加大数据共享力度，所有行政权力事项和公共服务事项全部实现“网上办”和“掌上办”，材料电子化率100%，承诺期限压缩比、即办事项比例95%以上。健身气功活动审批、学校体育场地设施向社会开放等跨部门联办表单信息自动调用共享，关停“杭州市全民健身电子地图”App，业务办理系统接入“一窗受理”平台，所有依申请事项授权调用电子身份证办事。推进线上线下深度融合，提供双向快递服务，政务服务事项“跑零次”比例100%。统一汇集线上线下办件信息，纳入“一窗受理”平台。建立政务服务“好差评”制度，实行办事服务“首问责任制”“电话回访制”，加强事项督察和群众评价、回访、解决、反馈闭环管理。根据杭州城市大脑建设要求和整体计划安排，建设城市大脑市体育局“数字驾驶舱”并于年末上线。

【市民体质测试数据分析报告】2019年8月8日，市体育局发布《2018年杭州市民体质测试数据分析报告》。体质测试依照国家体育总局的《国民体质测试标准》实施，测试指标包含身体形态、身体机能、身体素质3个方面，测试对象按年龄分为幼儿（3周岁～6周岁）、成年人（20周岁～59周岁）、老年人（60周岁～69周岁）3个年龄段，结合对数据来源、分布、质量的实时监控，校验全年全部43749例样本数据，获取有效数据39818例。杭州市“合格”等级以上的数据比例：3周岁～6周岁幼儿96.2%，20周岁～39周岁成年人95.2%，40周岁～59周岁成年人93.3%，60周岁～69周岁老年人93.3%；男性93.3%，女性95.6%。根据2016—2018年3年的市民体质数据，市民整体体质状况明显改善，女性体质合格率好于男性，青年人体质数据的改善优于中老年人。

（冯芳华）

群众体育

【杭州参加省第三届海洋运动会】2019年，杭州市派出29支队伍、434名运动员，参加浙江省第三届海洋运动会23个大项的全部比赛，获34个一等奖、21个二等奖、20个三等奖，并获大会体育道德风尚奖和优秀组织奖，得到省体育局通报表彰。

【第二届市民体质大赛】2019年12月1日，由市体育局主办，市社会体育指导中心、市国民体质监测中心、市体育休闲行业协会承办的杭州市第二届市民体质大赛暨国家体育锻炼标准达标赛在浙江大学华家池校区举行，400多人报名参加。比赛执行《国家体育锻炼标准》，设20周岁～39周岁、40周岁～59周岁男女4个组别。列30秒跳绳、立定跳远、1分钟仰卧起坐（女）、俯卧撑（男）、掷实心球、引体向上（男）、1000米跑（男）、800米跑（女）、25米×4往返跑等项目，从形态、机能、素质3个方面考验参赛者身体素质。比赛设个人总分和团体总分奖项。13个区县（市）代表队和16支社会企业代表队参加角逐。大赛还面向市民开放个人单项体验赛，让热爱体育健身的市民能够参与体验。

2019年11月3日，杭州马拉松赛开跑，来自58个国家和地区的3.6万名选手参赛

（市体育局 供稿）

【市级体育协会工作交流会】2019年11月14日，杭州市举办市级体育协会工作交流会，全市60个体育社团组织会长、秘书长130多人参加。会议对市体育社团组织工作进行全面回顾，剖析体育社团组织财务规范管理、加强自我造血功能等方面问题，对实现协会社会化、实体化、专业化和规范化提出要求。从加强体育社团组织党的建设、坚持面向基层服务群众为导向、强化体育社团组织规范管理、提升体育社团组织自我造血功能4个方面入手，多渠道、多元化吸引社会资本办体育，争取更多社会力量支持杭州全民健身运动的开展。

【杭州马拉松赛】2019年11月3日，2019年度杭州马拉松赛在黄龙体育中心开跑，来自58个国家和地区的3.6万名选手参加。杭州马拉松赛于2019年升级为“双金+”（国际田径联合会金标、中国田径协会金牌、国际马拉松及路跑协会成员赛事）赛事。报名热度再次刷新杭州马拉松赛历史纪录，首日报名开始12小时，报名人数达到6.75万人。在全国马拉松赛越来越专业化的背景下，杭州马拉松赛一直保留特色项目7千米“小马拉松”、4.5千米“情侣跑”和1.2千米“家庭跑”，特色项目参赛者9000人。

2019年9月5—8日，世界名校体育系列赛——杭州西湖赛艇挑战赛在西湖水域举行

（市体育局 供稿）

【世界名校杭州西湖赛艇挑战赛】2019年9月5—8日，由国家体育总局对外体育交流中心、浙江省体育局主办，杭州市体育局、杭州西湖风景名胜区管理委员会、浙江省体育竞赛中心承办的世界名校体育系列赛——杭州西湖赛艇挑战赛在西湖

2019年杭州籍运动员参加国际、洲际比赛成绩情况

表62

项目	比赛名称	月份	地点	姓名	性别	比赛项目	名次
游泳	亚洲分龄赛	9月	印度	尹嘉禾	女	女子200米混合泳	1
游泳	亚洲分龄赛	9月	印度	尹嘉禾	女	女子400米自由泳	1
游泳	亚洲分龄赛	9月	印度	尹嘉禾	女	女子100米蝶泳	2
游泳	亚洲分龄赛	9月	印度	尹嘉禾	女	女子100米仰泳	2
游泳	2019年第十八届世界游泳锦标赛	7月	韩国	孙　杨	男	200米自由泳	1
游泳	2019年第十八届世界游泳锦标赛	7月	韩国	孙　杨	男	400米自由泳	1
游泳	2019年第十八届世界游泳锦标赛	7月	韩国	叶诗文	女	200米个人混合泳	2
游泳	2019年第十八届世界游泳锦标赛	7月	韩国	叶诗文	女	400米个人混合泳	2
游泳	2019年第十八届世界游泳锦标赛	7月	韩国	叶诗文	女	200米个人蛙泳	4
游泳	2019年第十八届世界游泳锦标赛	7月	韩国	傅园慧	女	4×100米混合泳接力	5
游泳	2019年第十八届世界游泳锦标赛	7月	韩国	朱梦惠	女	4×100米混合泳接力	5
羽毛球	2019年苏迪曼杯混合团体锦标赛	5月	中国	黄雅琼	女	混合团体	1
羽毛球	2019年苏迪曼杯混合团体锦标赛	5月	中国	陈雨菲	女	混合团体	1
羽毛球	第二十五届世界锦标赛	8月	瑞士	黄雅琼	女	混合双打	1
羽毛球	第二十五届世界锦标赛	8月	瑞士	陈雨菲	女	女子单打	3
羽毛球	亚洲锦标赛	4月	中国	陈雨菲	女	女子单打	3
羽毛球	亚洲青年锦标赛	7月	中国	韩千禧	女	女子单打	3
羽毛球	世界青年锦标赛	7月	中国	韩千禧	女	混合团体	2
羽毛球	国际羽联青少年公开赛	1月	波兰	韩千禧	女	女子单打	2
羽毛球	印度尼西亚大师赛	1月	印度尼西亚	陈雨菲	女	女子单打	3
羽毛球	荷兰青年公开赛	2月	荷兰	韩千禧	女	女子单打	1
羽毛球	全英公开赛	3月	英格兰	陈雨菲	女	女子单打	1
羽毛球	瑞士公开赛	3月	瑞士	陈雨菲	女	女子单打	1
羽毛球	印度公开赛（500）	7月	印度尼西亚	黄宇翔	男	男子单打	3
羽毛球	印尼公开赛	7月	印度尼西亚	陈雨菲	女	女子单打	3
羽毛球	日本公开赛	7月	日本	陈雨菲	女	女子单打	3
羽毛球	日本公开赛	7月	日本	黄宇翔	男	男子单打	3
羽毛球	泰国公开赛	8月	泰国	陈雨菲	女	女子单打	1
羽毛球	韩国公开赛	9月	韩国	陈雨菲	女	女子单打	3
羽毛球	中国福州公开赛	11月	中国	陈雨菲	女	女子单打	1
羽毛球	中国香港公开赛	11月	中国	陈雨菲	女	女子单打	1
羽毛球	世界羽联·世界巡回赛总决赛	12月	中国	陈雨菲	女	女子单打	1
网球	国际青少年U18（湖北十堰）	5月	中国	王馨潼	女	女子单打	3
网球	国际青少年U19（湖北十堰）	5月	中国	王馨潼	女	女子双打	3
网球	国际青少年U18（湖北京山）	6月	中国	王馨潼	女	女子单打	1
网球	国际青少年U19（湖北京山）	6月	中国	王馨潼	女	女子双打	1
网球	ITF国际青少年（U18）G3	9月	中国	王馨潼	女	女子单打	3
射击	2019年射击世界杯（德国站）	5月	德国	赵中豪	男	男子50米步枪三姿	1
马术	2019年浪琴表国际马联FEI总决赛障碍世界杯中国联赛总决赛	10月	中国	李依桦	女	90厘米青少年及马主赛	1

续表

项目	比赛名称	月份	地点	姓名	性别	比赛项目	名次
马术	2019 年浪琴表国际马联 FEI 总决赛障碍世界杯	10 月	中国	丁心怡	女	未来之星	3
足球	2019 年亚足联 U19 女足锦标赛	10 月	泰国	刘　鑫	女	女足	3
皮划艇	2019 年世界皮划艇马拉松锦标赛暨亚洲锦标赛	10 月	中国	徐佳炜	男	双人艇	1
皮划艇	2019 年世界皮划艇马拉松世锦赛暨亚洲锦标赛	10 月	中国	滕　凯	男	23 千米、26 千米	1
帆船	2019 年亚洲帆船锦标赛	12 月	中国	孙慧敏	女	女子 470 场地赛	4
帆板	2019 年帆板世界杯	1 月	美国	史红梅	女	女子 RS：X 场地赛	5
皮划艇	2019 年世界皮划艇锦标赛	8 月	匈牙利	俞诗梦　王　楠	女	女子双人 500 米	7
帆船	西班牙索菲亚公主杯	3 月	西班牙	徐臧军	男	男子 470 级	4
帆船	意大利世界杯	4 月	日本	徐臧军	男	男子 470 级	2
自行车	2019 年场地自行车亚洲锦标赛	10 月	韩国	罗泳佳	男	男子团体竞速赛	2
速度滑冰	2018/2019 年青年世界杯速度滑冰赛（芬兰站）	1 月	芬兰	马馨萱	男	1500 米	2
速度滑冰	2018/2019 年青年世界杯速度滑冰赛（芬兰站）	1 月	芬兰	马馨萱	男	集体出发	2
速度滑冰	2018/2019 年青年世界杯速度滑冰赛（芬兰站）	1 月	芬兰	马馨萱	男	3000 米	3
速度滑冰	2018/2019 年青年世界杯速度滑冰赛（芬兰站）	1 月	芬兰	马馨萱	男	1000 米	8

2019 年杭州市部分大型体育赛事活动情况

表 63

序号	赛事名称	举办时间	主办单位	承办单位	规　模	地　点
1	中国—新西兰青少年高尔夫球团体对抗赛	3 月 26 日至 4 月 1 日	中国高尔夫球协会、新西兰奥克兰旅游大型活动和经济发展局、新西兰高尔夫研究学院 、杭州市体育局	浙江省体育竞赛中心、杭州市体育发展集团	100 人	富春山居高尔夫球场
2	大型排舞万人同跳、礼献祖国 70 华诞活动	5 月 11 日	第十九届亚运会组委会新闻宣传部、杭州市体育局、江干区政府	杭州市体育发展集团、杭州市江干区文化和广电旅游体育局	3000 人	市民中心南广场
3	杭州城市定向赛	6 月 16 日	杭州市精神文明建设委员会办公室、杭州市体育局、杭州市文化广电旅游局	杭州市体育发展集团、西湖区文化和广电旅游体育局	5000 人	西溪湿地
4	杭州国际高尔夫球锦标赛	8 月 26 日至 9 月 1 日	中国高尔夫球协会、杭州市体育局	杭州市体育发展集团	150 人	富春山居高尔夫球场
5	世界名校体育系列赛——杭州西湖赛艇挑战赛	9 月 5—8 日	国家体育总局对外体育交流中心、浙江省体育局	杭州市体育局、杭州西湖风景名胜区管理委员会、浙江省体育竞赛中心	200 人	杭州西湖平湖秋月
6	钱塘江国际冲浪对抗赛暨冲浪嘉年华	9 月 12—16 日	杭州市体育局、江干区政府	杭州市体育发展集团、江干区委宣传部、江干区文化和广电旅游体育局	100 人	城市阳台水域、钱塘农园
7	在华世界 500 强企业体育系列赛 ——羽毛球赛	9 月 20—22 日	国家体育总局对外体育交流中心、浙江省体育局	杭州市体育局、桐庐县政府	400 人	杭州市桐庐县体育馆
8	国际（杭州）毅行大会	10 月 26 日	杭州市政协教育科技卫生体育委员会、杭州市体育局、杭州市商务局、杭州市城乡建设委员会	杭州市体育发展集团、杭州市动漫游戏产业发展中心	1.8 万人	杭州奥体中心
9	杭州马拉松赛	11 月 3 日	中国田径协会、浙江省体育局、杭州市政府	浙江省体育竞赛中心、黄龙体育中心、杭州市体育局、浙江省路跑协会	3.6 万人	黄龙体育中心
10	全国排舞联赛总决赛	11 月 7—11 日	国家体育总局体操管理中心、杭州市体育局、滨江区政府	全国排舞广场舞运动推广中心、杭州市体育发展集团	1500 人	滨江体育馆
11	中国杯国际排舞公开赛	11 月 9—13 日	国家体育总局体操管理中心、杭州市体育局、滨江区政府	全国排舞广场舞运动推广中心、杭州市体育发展集团	280 人	滨江体育馆
12	杭州女子 10 千米	12 月 8 日	杭州市体育局、江干区政府	杭州市体育发展集团、江干区文化和广电旅游体育局	2000 人	钱江新城城市阳台

2019 年 4 月 13 日，首届杭州西溪湿地皮划艇桨板马拉松挑战赛在西溪国家湿地公园水域举行 （李 忠 摄）

水域举行。该赛事自 2017 年创办以来已举办 3 届，逐步成为杭州的城市品牌赛事。来自 8 个国家和地区的奥塔哥大学、阿姆斯特丹大学、巴黎商学院、加州大学、伦敦大学、悉尼大学、帕维亚大学、哥本哈根大学、北京大学、清华大学、同济大学、浙江大学等 14 所高校的 16 支赛艇队参加赛事。最终荷兰阿姆斯特丹大学获男子组第一名，澳大利亚悉尼大学获女子组第一名。

【全民健身日展示交流大会】2019 年 8 月 8 日是全国第 11 个全民健身日，市体育局主办的“健康中国，你我同行——迎亚运·杭州市全民健身日展示交流大会”在阿里体育中心举行。全市近 600 名健身爱好者参加。活动以第 9 套广播体操、排舞等适宜工间操开展的操舞类项目为主。工间操展演中排舞曲目有《我爱你中国》《我和我的祖国》《咱们工人有力量》等，从不同角度歌颂祖国，展现全民健身力量。活动现场市民代表宣读全民健身倡议书，响应“健康中国，你我同行”号召，践行全民健身。

【城市定向挑战赛】2019 年 8 月 5 日，市体育局联动上城、下城、西湖、拱墅、江干等 5 个城区举办“2019 城市定向挑战赛”。来自社会各行各业的选手 3 人～5 人一队，组成 200 多支队伍，逐一挑战“活力武林”和“乐游下城”两条线路各 7 个点的打卡任务，吸引近万人参与该趣味体育活动。活动结合“全民健身日”“庆祝新中国成立 70 周年”“迎杭州亚运会”的三重主题，通过招募组成党员先锋、团员青年、企事业单位、协会等特色方阵，调动起全市人民参与健身运动的热情。

【皮划艇桨板马拉松挑战赛】2019 年 4 月 13 日，首届杭州西溪湿地皮划艇桨板马拉松挑战赛在西溪国家湿地公园水域举行。来自全国各地的 397 名水上运动爱好者参与。比赛分为 42 千米“全马组”、21 千米“半马组”、21 千米 SUP 桨板“半马组”3 项专业竞技项目。比赛路线从西溪湿地江南体育水上运动中心出发，经过蒋村港、包家塘、高庄、福堤、绿堤、朝天暮漾、莲花滩等水域。有 259 条皮划艇、138 块桨板参赛，397 名选手同场竞技。比赛有计时芯片，按照净成绩排名。一般选手全程完赛时间需要 4 小时～5 小时。该赛事以全程 42 千米的距离，成为国内距离最长的水上马拉松赛事。

【大型排舞万人同跳】2019 年 5 月 11 日，国家体育总局体操运动管理中心、全国排舞广场舞运动推广中心发起“舞动中国，舞出中国梦——大型排舞万人同跳、礼献祖国 70 华诞”活动，杭州作为该活动的全国主会场，结合 2022 年举办第十九届亚运会，融入“喜迎亚运舞动中国”的主题元素。3000 名各行各业的排舞爱好者在杭州市民中心南广场同跳一支舞，包括全国劳动模范孔胜东所在的劳模方阵，“最美妈妈”吴菊萍所在的巾帼方阵，在体操世界冠军何宁的带领下，完成《舞动中国》展演。大型排舞万人同跳活动是全民健身主题示范活动之一，向全国展示杭州迎亚运的市民风采和钱塘弄潮精神。

【排舞国际裁判培训班】2019 年 7 月 22—25 日，杭州市举办排舞国际裁判培训班暨国际排舞精英训练营，来自全国 12 个省的 60 名排舞精英骨干参加。培训邀请到 UCWDC 主席 Keith 及 UCWDC 排舞委员会主任 Clive 两大名师授课。排舞精英训练营主要教授最新的 UCWDC 锦标赛相关曲目以及国际排舞相对基本部分内容，增长更多排舞国际化教学视野。排舞国际裁判培训班根据 UCWDC 排舞国际裁判课程专业要求设定，从排舞六大风格特征、不同舞步的技术要点、执裁标准等方面进行深度讲解和教授，为中国高等级的排舞裁判走向国际做好铺垫。

（冯芳华）

竞技体育

【杭州运动员在全国青年运动会获佳绩】2019 年，第二届全国青年运动会设置 49 个大项、1868 个小项，涵盖夏季奥运会全部项目和北京冬奥会绝大部分项目，分为体校组和社会俱乐部组。杭州市有 307 名运动员获得决赛资格，其中体校组 256 人、社会俱乐部组 51 人。杭州市参加田径、游泳、艺术体操、羽毛球、排球、篮球、足球、自行车、射击、射箭、马术、花样滑冰等 21 个大项，共获得 40 枚金牌、25 枚银牌、28 枚铜牌的优异成绩，金牌总数比上届多 26 枚，奖牌总数比上届多 55 枚，位居全省第一名、全国参赛城市前列。游泳项目继续保持全国领先地位，夺得 19 枚金牌。自行车、足球等项目上升势头迅猛，夺得 7 枚金牌。男子足球 U16、女子足球 U15 五人制俱乐部组均取得第三名的好成绩，其中男子足球U16组创造浙江男子足球在青运会上的最好成绩。重竞技项目发挥出色，摘得4枚金牌、3枚银牌、4枚铜牌的历届最好成绩。

【浙江杭州女子足球队获超级联赛资格】2019年，作为浙江省“政府主导、省队市办”唯一超级联赛队伍，浙江杭州女子足球队在中国女子足球甲级联赛中获第二名的好成绩，从而获得2020年女子足球超级联赛参赛资格。浙江杭州女子足球队在2019年初进行改组，全队平均年龄20.4岁，是国内女子足球超级联赛中最年轻的队伍。

【跳台滑雪国家青年集训队成立】2019年7月1日，为全面备战2022年北京冬奥会，根据国家整体部署和要求，市体育局与国家体育总局冬运中心签订《共建跳台滑雪国家青年集训队（杭州组）合作协议》，正式成立跳台滑雪国家青年集训队（杭州组），是首个落户杭州的国家冬季项目集训队。通过共建联建模式，依托杭州友好城市斯洛文尼亚马里博尔市，开展跳台滑雪项目合作。聘请国外高水平专家教练组执教，组队赴斯洛文尼亚集训。在斯洛文尼亚举办的第十四届全国冬运会上，杭州10名运动员参加测试赛45米项目的比赛，取得第9至20名的成绩；2名运动员参加全国跳台滑雪体能大比武，取得12分钟跑最远距离单项第一名的成绩。

【全国省级青少年体育比赛】2019年，杭州市积极组队参加全国、省级各类青少年体育比赛。根据年度全国和省青少年体育竞赛计划，杭州市组队参加游泳、田径、举重、羽毛球、乒乓球、篮球、排球等共50多项（次）省青少年比赛。参加田径、游泳、篮球、射击、网球、乒乓球、啦啦操等15项省体育局、省教育厅主办的年度全省青少年阳光体育（体校）比赛。

【市队县办攀岩项目】2019年，杭州市模型无线电运动中心与桐庐县体育局签订合作协议书，就攀岩项目开展合作，开创性实施攀岩项目市队县办的新模式。协议明确双方责权利，保障运动队训练、竞赛、文化学习及日常管理等工作有序进行。桐庐县青少年体育学校成为杭州市首个市队县办攀岩项目训练基地。县体育基金会捐赠150多万元建成室内攀岩训练馆和室外人工攀岩墙。8月末，训练基地正式投入使用。

【杭州籍运动员赵中豪世界军运会获佳绩】2019年10月18—27日，第七届世界军人运动会在武汉举办，杭州籍射击运动员赵中豪在男子步枪300米大口径军事速射团体赛中，与队友联手勇夺冠军，并打破该项目世界纪录。在男子步枪300米大口径军事速射个人赛中，赵中豪获个人亚军。赵中豪是杭州市射击队培养输送的杭州籍运动员之一，在2019年射击世界杯（德国站）男子50米步枪三种姿势比赛中夺冠，获得首个世界冠军，取得东京奥运会参赛席位。

【杭州籍帆船运动员获东京奥运会入场券】2019年3月2—9日，帆船470级世界锦标赛暨奥运会资格赛在日本江之岛举行，来自50多个国家的优秀运动员参加争夺奥运会入场券。杭州籍运动员徐臧军与队友发挥出色，在赛场器材损坏取消一轮比赛成绩的情况下，及时调整比赛状态，最终取得男子帆船470级第12名，拿到中国代表队男子帆船470级唯一一张奥运入场券。因徐臧军在国内选拔赛中积分遥遥领先，将代表中国男子帆船470级参加东京奥运会。

2019年5月11日，“大型排舞万人同跳、礼献祖国70华诞”活动在杭州市民中心南广场举行　（市体育局 供稿）

【中国—新西兰青少年高尔夫球对抗赛】2019年3月28—30日，由中国高尔夫球协会（CGA）与新西兰高尔夫研究学院（IOG）共同发起，并与新西兰奥克兰旅游、大型活动和经济发展局、杭州市体育局联合主办的中国—新西兰青少年高尔夫球对抗赛在杭州富春山居高尔夫球场举行。比赛采取新西兰与中国交替举办形式，第一阶段比赛在中国杭州举行，第二阶段比赛将结合训练营、高尔夫旅游的形式在新西兰举行。对抗赛采用莱德杯赛制，中国高尔夫球协会以“全国青少年积分榜”中按年龄段选拔的球员和杭州选派的优秀球员，与新西兰优秀球员对决。其间，主办方举办2019年中新青少年高尔夫发展论坛，围绕两国的文化、教育、旅游、青少年高尔夫发展等内容进行交流和探讨。组织杭州青少年9洞对抗赛，来自杭州高尔夫球训练中心和杭州中小学的30名小球员参加比赛，促进中新青少年之间体育、文化等领域的交流与合作。 （冯芳华）

体育设施

【体育健身场地数量和面积】据《2019年浙江省全民健身发展状况调查公报》显示，至2019年末，全省有各类体育场地18.35万个，场地总面积13702.65万平方米。全省场地数量比上年增加1.03万个，增幅6%；场地面积增加729.61万平方米，增幅5.6%。其中：杭州市体育场地有2.8万个，占全省总量的15.3%，增幅15.1%；杭州市体育场地面积2176.94万平方米，占全省总量的15.9%，增幅11.4%。

【体育健身设施建设】2019年，杭州市采取拓展增量、盘活存量方式，增加群众身边的健身设施。在推进新向阳全民健身中心项目、亚运比赛场馆杭州体育馆改造提升工程建设的同时，全年新建34个社区多功能运动场、8个足球场（含笼式足球场）、6个游泳池（含拆装式游泳池）、9个乡镇（街道）全民健身中心和中心村全民健身广场（体育休闲公园）、100个小康体育村升级工程。新建并投入使用体育健身中心、体育健身广场、体育健身公园等18个。

【学校体育场地开放】2019年，杭州市新增25所中小学校体育场地设施向社会开放，全市累计有658所符合条件的中小学校体育场地设施向社会开放。全市在实现群众“刷卡进校园”锻炼的基础上，开展“刷脸进校园”的试点工作。

【亚运会场馆工程推进】2019年，杭州市全民健身中心项目列为市政府重点民生工程，计划于2020年下半年开放试运营。全民健身中心位于上城区富春江路与甬江路交叉口的北侧，是杭州市大型市政投资工程。杭州市全民健身中心被确定为2022年亚运会手球训练场馆，拟设在A楼三层的羽毛球和篮球馆位置。至年末，已配合亚组委完成前期场馆实地查看、尺寸测量、基本情况填报等评估工作。杭州体育馆的改造提升工程则遵循“坚持修旧如旧、体现办赛理念、兼顾赛后利用”的原则，严格按照亚组委各项工作要求和计划，推进各项改造提升工作。 （冯芳华）

体育产业

【体育产业扶持】2019年，市体育局指导市申报省体育产业发展资金项目的评审工作。全市入围省2019年度体育产业发展资金项目库项目32个，其中引领性项目4个、重点支持项目12个、一般支持项目16个，累计获得省体育产业发展资金2340万元，占全省资金近1/4。

【体育产业招商引资】2019年，杭州市体育产业发展迅猛，吸引更多资本关注和投入其中。10月22日，市体育局举办杭州市第七届体育产业发展论坛，并举行市体育产业招商引资集中签约仪式，引进体育类项目5个，投资总额3.89亿元。签约现场进行2019年度杭州市健身服务业星级健身房授牌仪式、《杭州市健身服务市场合同（示范文本）》发布仪式。市体育局还参加市产业招商引资办组织的赴上海招商推介会，推介杭州体育产业及相关政策。

【规范体育健身市场】2019年12月17日，市体育局联合市市场监管局、市消费者权益保护委员会制定公布《杭州市健身服务市场合同（示范文本）》，旨在向社会推广一份有公信力的健身服务示范合同，主张健身机构和消费者双方在平等、公平、自愿、诚实信用的原则下，就服务内容、权利义务、服务中止、终止及转让等条款进行明确，避免或减少因合同问题而引起的消费纠纷，引导健身机构规范诚信经营，切实维护消费者合法权益，规范杭州市健身服务市场秩序。该文本于2020年1月1日起在行业协会会员23家健身品牌的183家门店率先使用。

【“体育+旅游”产业】2019年，市体育局推进“体育+旅游”产业发展，创建省级“运动休闲小镇”1个（淳安县界首乡自行车运动小镇）。新列入省体育品牌赛事名录库项目3个，分别是中国杯国际排舞公开赛、杭州城市定向赛公开赛、钱塘江国际（杭州）公益骑行大会。经省体育局认定杭州市运动休闲基地2个，分别是杭州富阳永安山滑翔基地、桐庐纪龙山神仙峰户外拓展基地。精品线路3条，分别是桐洲岛（皮划艇）—永安山（滑翔伞）—龙门古镇（定向、登山），大明山景区万松岭（高山滑雪）—龙门峡谷（登山）—悬空栈道（徒步），建德航头镇石屏村（飞拉达攀岩）—千岛湖通用机场（高空跳伞）—航空小镇汽车公园（汽车漂移）。项目4个，分别是杭州开元森泊度假乐园的水乐园、杭州水尚皮划艇运动俱乐部的皮划艇、生仙里竹溪乐园的竹林迷宫ATV、西溪湿地的皮划艇。

【体育彩票销售】2019年，杭州市体育彩票销售33.97亿元，占全省体彩销量的21.8%，继续保持全省第一名，超过全省销量排名第二名城市12.48亿元。《中国日报》、人民网、《中国体育报》等媒体对杭州体彩工作经验进行宣传报道。 （冯芳华）

责任编辑 汤 峻

44 人力资源

综 述

【人力社保事业发展】2019年，市人力社保部门以人民为中心，促进就业创业，完善社会保障，强化人才支撑，深化“最多跑一次”改革，发展和谐劳动关系，发挥保障民生和服务发展的功能。全年举办承办2019年中国（浙江）人力资源服务博览会、2019年杭州国际人才交流与项目合作大会、“创客天下·2019杭州市海外高层次人才创新创业大赛”等重大活动。杭州市人才净流入率和海外人才净流入率均居全国城市榜首。

（骆椿美）

【人力社保政策体系完善】2019年2月，市政府印发《关于做好当前和今后一个时期促进就业工作的实施意见》。6月，市委办公厅、市政府办公厅出台《关于服务“六大行动”打造人才生态最优城市的意见》，优化完善引育科技人才和外国人才的政策内容。7月，市委人才办、市人力社保局、市财政局印发《关于服务“六大行动”打造人才生态最优城市意见的实施细则》的通知，制定《关于全面提升杭州市领军型创新创业团队引进培育计划的实施意见》等配套文件，在全国率先探索研究《关于支持非华裔外国高层次人才及团队创新创业的若干意见》《外国人才分类认定目录》（暂名）、《杭州市人才孵化中心建设与管理办法（试行）》。明确博士后倍增计划、“钱江特聘专家”计划、“杭州工匠”培养计划、应届高学历毕业生生活补贴、大学生创业项目资助、海外人才工作顾问等实施细则。7月，市委人才办、市人力社保局印发《杭州市高层次人才分类目录（2019年修订版）》，对年薪、作家版税等市场化要素纳入评价条件，增加人文社科、教育卫生、科技创新等领域目录。12月，市人力社保局、市财政局、市税务局印发《关于调整杭州市工伤保险费率有关问题的通知》，完善全市工伤保险费率政策。

（骆椿美 陈 闻）

2019年11月12日，“创客天下·2019杭州市海外高层次人才创新创业大赛”总决赛在杭州市举行。图为总决赛启动仪式 （市人力社保局 供稿）

【人力社保制度改革】2019年，杭州市有序推进机关事业单位养老保险制度改革、收入分配制度改革、社保一体化改革等重大改革。11月，市人力社保局、市教育局、市财政局三部门出台《关于民办学校教师参加机关事业单位养老保险有关问题的处理意见》，明确杭州市民办学校教师参加机关事业单位养老保险的参保范围对象、档案工资管理、待遇核定等政策。“杭州市深化国有企业负责人薪酬制度改革工作领导小组”更名为“杭州市深化国有企业工资分配制度改革工作领导小组”，国有企业工资分配制度改革深化推进。临安区、桐庐县、淳安县、建德市四地社会保险信息系统纳入市本级统一管理，临安区社保融杭计划有序实施。

【人力社保"最多跑一次"改革】2019年，市人力社保部门深化"最多跑一次"改革，全面构建群众办事便利的人力社保政务服务体系。人力社保领域33个主项、129个子项、10个孙项、2个特有事项100%实现网上办、掌上办。其中，39个民生事项全部实现"一证通办"，65个事项实现"全市通办"。做好"个体劳动者就业创业""大学生创新创业""引进人才居住证办理""社会保险关系转移接续""员工招聘""失业"等6个"一件事"全流程"最多跑一次"工作，深化"企业职工退休"24个事项"一件事"联办，全市平均每月办理退休5800多人次。推进机关内部"最多跑一次"改革，梳理7个主项32个子项，100%实现"浙政钉"App线上办；14个事项做到当场办结，占事项总数43.8%。

【人力社保公共服务信息化】2019年，市人力社保局上线人力社保信息系统，推进市域内人力社保服务一体化。完成"一证通办"在华数综合自助办事服务机终端接入，推行政务服务事项"全省通办"、长三角地区政务服务事项"一网通办"。推进企业退休人员档案电子化，主城区退休人员档案完成上传应用，各县（市）启动整理扫描。开发建立领取养老待遇资格认证手机终端平台（支付宝）应用，实现"静默认证"。增加支付宝和市民卡App等2个渠道签发电子社保卡，至年末，杭州市社会保障卡发卡1027万张，电子社保卡签发211.5万张。（骆椿美）

就业创业

【就业形势保持稳定】2019年，杭州市继续实施积极就业政策，推进大众创业、万众创新，就业形势总体保持稳定。全年全市城镇新增就业33.95万人，失业人员实现再就业6.37万人，其中就业困难人员再就业5.06万人，失业保险参保净增27.28万人。年末，城镇登记失业率控制在1.8%。

【城乡统筹就业】2019年，杭州市全面完成公益性岗位改革转型，促进城乡失业人员实现再就业，全年帮扶就业困难人员实现就业5.06万人。对不裁员或少裁员的工业企业和受经贸摩擦影响的商贸企业返还3个月的企业及其职工应缴社会保险费，全市返还2.19万个企业社保费30.33亿元，惠及职工67.95万人。年内，发放稳岗补贴2.92亿元，惠及职工86.44万人；发放用工社保补贴、自主创业社保补贴、公益性岗位补贴、灵活就业社保补贴等补助补贴2.19亿元，惠及各类就业人员26.01万人。

【就业创业平台建设】2019年，杭州市推动引导创业带动就业。年内，开展创业培训1.4万人（其中网络创业培训6121人），发放创业担保贷款5.41亿元，扩大创业陪跑空间覆盖面，新认定市级"创业陪跑空间"6个。举办2019杭州国际众创大会、2019杭州国际创业马拉松等活动。杭州参赛项目"订单来了"获"奇思妙想浙江行"创业大赛总决赛二等奖。扩大大学生就业创业见习训练对象惠及面，全年新增135个见习基地，组织见习训练学生3900多人。实施第七届大学生就业创业师友计划，在上海财经大学、复旦大学、南京大学、黄山学院等重点高校布局师友计划分中心，构建长三角区域格局。举办第二届共创式生涯教育课程设计大赛，在杭高校和企事业单位55个项目71位选手参赛，普及共创式生涯教育理念。

【高校毕业生就业服务】2019年，杭州市推进高校毕业生就业引领工程，实施高校毕业生就业质量行动，应届高校毕业生就业8.81万人，比上年增长8.2%，其中研究生学历毕业生1.83万人、增长57.1%。实施杭州市新引进应届高学历毕业生本科1万元、硕士3万元、博士5万元的一次性生活补贴政策，全年发放补贴7.14万人、发放金额10.42亿元。发放高校毕业生求职创业补贴，全年发放补贴5508人，补贴金额1652.4万元。推进与市外重点高校战略合作，与国内24所高校（单位）建立战略合作协议，累计合作高校103所。举办在杭公益性招聘会等活动54场，赴市外重点高校引才活动38场。

【大学生创业服务】2019年，杭州市实施《杭州市大学生创业三年行动计划（2017—2019年）》，无偿资助大学生创业项目348个、资助资金2967万元，新成立大学生创业企业2390个，带动就业9078人。举办第六届中国杭州大学生创业大赛总决赛，全国177所高校414支创业团队1000多名创业大学生参赛。年内，400强项目中119个项目在杭落地。成立杭州大学生创业企业发展促进会，服务杭州大学生创业企业的"大创之家"。开展大学生创业见习工作，12个创业见习基地提供创业见习项目68个。选拔杭州大学生杰出创业人才培育计

2019年5月28日，第六届中国杭州大学生创业大赛总决赛举行

（市人力社保局 供稿）

2019年9月5日，“杭州市·恩施州东西部劳务协作就业扶贫招聘会”（利川专场）在湖北省恩施州利川市举行（市人力社保局 供稿）

划培育对象20人，举办第六期杭州大学生杰出创业人才培育班；杭州大学生创业学院开设5个班次，培育各类大学生创业者210人次；涌泉创业实践营完成7名大学生创业企业CEO助理岗位实践训练；大学生创业训练营分4个片区开设培训班，培训23个在杭高校260多名在校大学生。

【就业公共服务水平提升】2019年，市人力社保局组织开展就业援助月、“春风行动”、民营企业招聘周、省内人力资源余缺调剂招聘会、社会单位招用残疾人专场招聘会等公共就业服务专项活动，开展东西部扶贫协作和省内劳务协作，搭建人力资源对接平台。全年举办招聘会800场，推出岗位42万个，达成就业意向3.42万人。推进职业指导，各级公共就业服务窗口求职登记11.59万人次，为4.25万人次提供职业介绍职业指导服务。“杭州公共招聘平台”有效会员单位2.85万个，采集用工信息单位7.03万个（次）、发布岗位信息84.37万个，求职登记11.59万人次，职业介绍4.25万次，促进劳动力供需对接和有效就业。

【东西部扶贫劳务协作】2019年，杭州市实施《杭州市东西部扶贫劳务协作三年行动计划（2018—2020年）》，进一步加大东西部就业扶贫政策支持力度。贵州省建档立卡贫困人员在杭稳定就业6232人、新增就业1894人，其中黔东南州在杭稳定就业3364人、新增就业1274人；湖北省建档立卡贫困人员在杭稳定就业5976人、新增就业1336人，其中恩施州在杭稳定就业1596人、新增就业537人。杭州市在对口帮扶地区共举办专场招聘会82场，861个（次）杭州企业参会，累计提供扶贫就业岗位6.7万个。发挥黔东南州驻杭“1+16”、恩施州“1+8”劳务协作工作站职能优势，打造“总站+分站+企业+联络员”劳务协作工作体系，为贫困人口来杭就业提供政策指导、权益维护等“一条龙服务”。择优评选10个就业扶贫“爱心企业”，给予每个企业5万元的一次性奖励补助。与对口地区共同推进“教育+就业”精准扶贫模式，继续招收200名恩施籍建档立卡贫困生到杭州第一技师学院、杭州轻工技师学院就读，杭州帮扶资金给予每位学生每年1万元生活补助，恩施州给予每位学生3000元交通补助和2000元生活补助，并向20名优秀贫困学生颁发“浙金奖学金”。举办创新创业培训班，200多名创客参加培训。在恩施州举办2019杭州市·恩施州·黔东南州东西部协作网络创业大赛，黔东南州、恩施州共选拔50多个项目参赛。杭州大学生创业企业发展促进会与黔东南州雷山县签订创业帮扶协议，启动“涌泉计划”雷山企业服务工程，浙江华博特教育科技有限公司、杭州艺福堂茶业有限公司、浙江每日互动网络科技有限公司等20个大学生创业企业与贵州省雷山县脚尧茶业有限公司、雷山万城生态农业发展有限公司等20个当地企业“一对一”结对。组织2个国家级人力资源产业园与黔东南州、恩施州签订人力资源战略合作协议。杭州市与对口地区签订劳务合作协议34份，召开劳务协作会议92场，协调解决劳务协作方面的问题203个。（骆椿美）

人事管理

【事业单位公开招聘】2019年，杭州市拓展多层次、有针对性的公开招聘模式。组织杭州师范大学、浙江大学城市学院、杭州职业技术学院等市属高校、科研单位到北京大学、清华大学等“双一流”大学设点开展公开招聘工作，推出84个岗位，招聘硕士、博士研究生178人。组织市属事业单位统一招聘，101个事业单位推出岗位233个，招聘工作人员258人。指导教育、卫健系统开展自主招聘工作。市属事业单位以备案方式引进A、B、C类高层次人才9名。

【事业单位岗位管理】2019年，杭州市优化事业单位岗位管理。7月，市人力社保局、市委组织部出台《杭州市事业单位特设岗位设置管理暂行办法》，允许突破单位常设岗位总量、最高等级和结构比例，允许单位自行制定收入分配倾斜办法，市属事业单位在绩效工资总量内单列。严控岗位设置结构比例，完成83个市属事业单位岗位设置方案调整与核准。指导事业单位主管部门制定事业人员竞聘办法，办理652个事业单位5792人的岗位聘用变动认定。

【事业单位工资福利】2019年，杭州市深化事业单位收入分配制度改革，制定出台《关于完善市本级事业单位绩效工资政策的若干意见》，市本级事业单位绩效工资精细化管理加强。根据经济社会发展，稳步提高事业单位绩效工资水平，调整月考核奖和部门调控额标准。对全市符合条件的中华人民共和国成立前参加革命工作、成立后获得国家级表彰奖励及以上奖励荣誉两类对象共2103人，按“一章对一人”要求颁发中华人民共和国成立70周年纪念章。

（骆椿美）

2019年11月9日，长三角地区高层次人才招聘会在杭州国际博览中心举行

（市人力社保局 供稿）

人才服务

【人力资源服务业发展】2019年，杭州市加快发展人力资源服务业。11月举办“发现驱动·智创未来 2019杭州人力资源服务和产品创新路演”，推动行业技术创新、服务创新和模式创新，对10个创新项目给予240万元资助。年内，举办及承办第七届中国（浙江）人力资源服务博览会、2019中国杭州国际人力资源峰会、2019浙台合作周·人力资源交流与产业合作论坛等活动，促进人力资源产品创新和供需对接。在中山大学举办2019杭州人力资源服务业领军人才研修活动。引导人力资源服务机构助力脱贫攻坚，提升“产教融合+校企合作”“互联网+全域扶贫”“阵地前移+三送服务”“订单培训+定向输出”“创业培训+创业带就业”等助力脱贫攻坚“五大模式”。32个人力资源服务机构入选浙江省首批100个重点培育人力资源服务企业名录。开展人力资源服务许可事项“双随机”抽查，规范人力资源服务机构依法经营、诚信服务，及时发现和纠正违法违规行为。至年末，全市共聚集各类人力资源服务机构735个，实现产值563.84亿元，其中43个机构年营业收入超亿元；服务用人单位131.4万个（次），为329.28万人次提供服务，帮助实现就业和流动421.71万人次。

【紧缺人才需求目录发布】2019年12月，市人才服务中心联合市经信局、市统计局编制发布《数字经济重点领域紧缺人才需求目录》。接轨杭州产业发展，针对数字经济中云计算、大数据、物联网、网络数据安全、集成电路、人工智能六大重点发展领域，调查发布紧缺专业人才岗位需求情况，为政府、企业、求职者和高校提供数字经济重点领域紧缺人才需求信息，引导相关紧缺专业人才向数字经济重点领域聚集，促进人才开发与产业结构、岗位需求紧密对接。

（骆椿美）

2019年杭州人才市场人才招聘岗位需求前15位排行榜

表64

序号	岗位类别	总需求数（人）
1	销售人员类	59 742
2	建筑装潢/市政建设类	26 918
3	计算机软件类	20 344
4	生产/运营类	14 533
5	工程/机械/能源类	13 116
6	客服及技术支持类	11 507
7	金融/证券/期货/投资类	9 305
8	储备干部/培训生/实习生类	9 255
9	生物/制药/医疗器械类	8 847
10	财务/审计/税务类	8 351
11	电子/电器/仪器仪表类	8 044
12	教师/科研类	7 826
13	销售管理类	7 563
14	技工类	7 344
15	人力资源类	6 477

【人才管理服务】2019年，杭州市结合“最多跑一次”改革为各类人才创新创业提供“店小二”式服务，简化材料、优化流程，方便外籍人才和聘外企业，实现A类外国人才办理“外国人来华工作许可”跑零次。全年全市审批通过各类“外国人来华工作许可”事项7385件，比上年增加14.8%，占全省近1/3，其中A类586件。联合各级人才办及区县（市）科技人才部门推动人才服务，与中国科学院大学杭州高等研究院、北京航空航天大学杭州创新研究院、之江实验室、西湖大学等平台开展重大人才计划培训。创办“杭州国际人才俱乐部”，举办“新中国成立70年的奋斗历程和伟大成就分享会”、《习近平谈“一带一路”》（英文版）赠书活动、杭州市国庆招待会等丰富多彩的外国人才活动，组织10名高端外国专家赴京参加中华人民共和国成立70周年庆典。开展外国高层次人

才“一卡通”服务，与市民卡公司、银行、保险公司确定服务举措；设立“外国专家书屋”，提供5种语言的借阅书籍2000多册，内容涵盖政治、经济、文化、外交等多个领域。

（陈　闻）

【国外引才交流合作】2019年4月14—15日，杭州市组织7个区县（市）科技人才部门和各类企事业单位近60人赴深圳参加全国最具规模的“中国国际人才交流大会”，向全国创客和参会者宣介杭州创新创业政策，对接100多个国外专家组织，与来自英、美、德、意等国的200多个科创项目进行一对一对接交流，接洽海内外高层次人才100多名，达成一批合作意向。3—11月，组织举办“创客天下·2019杭州市海外高层次人才创新创业大赛”，分设留学人员项目和外国人项目两个专场，遴选引进世界各地创新创业人才项目，1545个项目进入海选，比上年增长99%，其中外国（非华裔）人才项目416个，14个项目在杭签约落户。11月9—24日，举办2019年杭州国际人才交流与项目合作大会，组织中德生物经济大会、海外高层次人才项目洽谈等活动38项，58个国家和地区的867名留学人员1200多个高质量项目参会，与会人员达7.2万人，杭州市签约人才项目391个、金额60.8亿元，分别增长48.7%和39.8%。

（骆椿美　陈　闻）

【海外归国人才项目认定资助】2019年，杭州市实施全球引才计划，引入第三方机构等市场化评价方式开展计划人选遴选工作。实施海外高层次人才引进计划。开展国家、省、市三级项目资助，评审资助留学人员在杭创新创业项目51个、资金3135万元。

（骆椿美）

【专业技术人才培养】2019年，杭州市实施中青年人才培养计划（2016—2020），以高层次人才为重点加快专业技术人才队伍建设，选派11名培养人选到美国开展“数字技术融合创新”短期培训，选派5名培养人选参加出国中长期培训，结合杭州市重点发展产业领域选聘钱江特聘专家94名，入选省有突出贡献中青年专家5名。年内，新设立省级博士后科研工作站26个，引进博士后研究人员221人。围绕杭州市“6+1”产业发展需求，提升城市国际化水平，培训团组及内容涵盖医学、数字经济、城市规划与发展、文化创意、金融、工业4.0、农业等领域。共有23个培训项目获得国家外专局立项（其中：团组培训项目18个，个人培训项目5个），派出工作338人次。实施境外培训期间“日志式”管理，严格执行培训计划。加大培训团组培训成果总结、应用工作。全年完成462人次的培训审核工作。提升职称管理服务水平，初定中级职称由主管部门（含区县人力社保部门和市直单位）初审、市人力社保局审定二级审核简化为市人力社保局直接审核，并实现“全城通办”。拓展“专业技术人员学习新干线”平台服务功能，平台注册单位1.6万个、学员29万余人。

（骆椿美　陈　闻）

【高技能人才培养】2019年，杭州市实施培育“杭州工匠”行动计划（2016—2020），培养高技能人才4.15万人。12月，市人力社保局会同市委人才办、市财政局出台《关于进一步加强“名城工匠”培养生态建设的实施意见》。组织20名高技能人才赴美国开展“基于先进制造业和现代服务业需要的职业技能培训”，新建省级技能大师工作室4个、市级技能大师工作室36个，组织市、区县（市）级技能竞赛130场、带动岗位练兵24.5万人次。认定杭州市首席技师20人、杭州市技术能手70人，遴选杭州市“百千万”高技能领军人才“拔尖技能人才”30人、“优秀技能人才”302人，获第45届世界技能大赛

2019年11月9日，在2019年杭州国际人才交流与项目合作大会上，重大中外人才合作平台交换文本仪式举行

（市人力社保局 供稿）

美发项目金牌、汽车喷漆项目优胜奖各1个。扩建国家级、省级高技能人才公共实训基地建设项目各1个，完善公共实训基地体系，全年实训、鉴定24.4万人次天，其中高级工及以上实训6万人次天。

【人才资源市场化配置】2019年，杭州市发挥政府所属人才服务机构职能作用，依托杭州人才市场和“杭州人才网”平台，推进线上和线下联动招聘活动。杭州人才市场联合市总工会、市留学生服务中心、市残联、相关行业人才招聘网站以及区县（市）人才服务部门，举办春季人才交流大会、夏季人才交流大会、第二十一届西博会杭州人才交流大会暨2019杭州市高校毕业生招聘大会等大型人才招聘活动，特定企业或岗位的专场招聘活动，酒店、旅游、服装、环保等行业人才招聘活动。开展“行天下”高校校园招聘会，组团赴安徽、湖北、陕西、江苏4个省招聘优秀毕业生；开展赴市外重点高校高学历人才招聘活动，组团赴北京大学、清华大学、浙江大学等“九校联盟”高校招聘高学历人才。11月9日，举办长三角地区高层次人才招聘会，长三角地区23个节点城市1500多个单位参会，推出数字经济、生物医药、智能制造等杭州重点发展产业行业相关领域中高级岗位3.9万个，5.1万人现场应聘，达成初步就业意向1.1万人次。12月13日，举办2019年长三角地区退役军人浙江专场招聘会，160个企业提供岗位7000多个。至年末，杭州人才市场举办大型人才交流会、公益性人才招聘会、高级人才招聘会、行业人才专场招聘和赴外招聘活动200场，进场招聘企事业单位1.2万个（次），推出需求岗位23.1万个（次），吸引各类求职者17.5万人次，达成选人择业意向4.1万人次。“杭州人才网”全年网上招聘单位2099个，推出网络招聘岗位7.9万个，6.7万人次在线应聘。

【流动人员人事档案公共服务】2019年，杭州市提升流动人员人事档案基本公共服务水平，实现流动人员人事档案管理服务“最多跑零次”。事项网办率、掌办率、即办率、一证通办率、材料电子化率均达100%，实现流动人员人事档案管理服务在市和区县（市）公共人才服务机构全市通办。至年末，杭州人才市场管理流动人员人事档案32.5万卷，人才集体户挂靠数4.5万人，完成流动人员人事档案数字化28.7万卷，提供各类流动人员人事档案管理服务19.9万人次。

（骆椿美）

劳动关系

【劳动关系机制建设】2019年，杭州市实施《构建和谐劳动关系三年行动计划（2018—2020年）》，面向社会开展劳动用工政策法规宣传，引导企业培养劳动关系领域的专业人才，免费为企业开展劳动用工诊断。2月，杭州市企业社会责任建设暨发展和谐劳动关系工作领导小组出台《关于深入开展区域性（园区）和谐劳动关系创活动的实施意见》，培育和谐劳动关系标杆园区，从点到面推进区域性和谐劳动关系创建工程。专化集团等10个民营企业确定为首批“杭州民营企业构建和谐劳动关系现场教学点”。开展劳务派遣年度经营情况报告核验、劳务派遣用工情况专项检查，规范劳务派遣用工行为。至年末，全市劳动合同签订率99.4%。

【企业工资收入分配】2019年，杭州市深化国有企业工资分配制度改革，“杭州市深化国有企业负责人薪酬制度改革工作领导小组”更名为“杭州市深化国有企业工资分配制度改革工作领导小组”，推进建立全市改革国有企业工资决定机制。9月，市国资委印发《改革市属国有企业工资决定机制实施办法（暂行）》。

【企业薪酬调查】2019年，市人力社保局组织开展企业薪酬调查，对全市3111个企业人工成本和41.5万名在岗职工工资水平情况进行数据统计，分析人工成本，发布2019年杭州市劳动力市场工资指导价位和养老护理员工资指导价位，发布技术工人40个职业（工种）分等级的薪酬调查结果，为各地企业开展工资集体协商、合理确定职工工资收入提供参考。开展每季一次的制造业人工成本监测试点，监测样本企业150个。

【劳动保障监察】2019年，全市各级劳动保障监察机构监察检查用人单位12.5万个（次），协调处置各类劳动保障违法案件5439件，其中，立案查处各类劳动保障违法案件456件，结案率100%。组织实施农民工工资支付检查、人力资源市场秩序整治、互联网企业执法服务、安全月检查、根治欠薪夏季行动、冬季攻坚行动等专项治理行动6次，检查用人单位1.11万户，针对性集中整治、规范劳动用工秩序。落实劳动保障监察数字化转型，实现欠薪联合预警系统省、市、区、街道四级对接贯通。

【“杭州无欠薪”专项行动】2019年，杭州市深入“杭州无欠薪”专项治理行动，完善根治欠薪实体化运行、督查工作专班两项机制，探索建设领域根治欠薪模式，全年为2414名劳动者追发工资待遇1517万元，向公安机关移送涉嫌拒不支付劳动报酬犯罪案件23件，公开曝光重大欠薪违法企业57个。

【劳动纠纷多元化解】2019年，杭州市深化基层劳动纠纷多元化解机制建设，吸纳律师和人民调解员充实劳动纠纷多元化解队伍，举办劳动纠纷多元化解工作人员培训班，提升基层调解仲裁队伍工作能力。推广劳动争议调解工作经验，参与发布《长三角区域（杨浦、杭州、南京、合肥）2017—2018年劳动争议白皮书》。至年末，全市154个乡镇（街道）建立劳动纠纷多元化解机制，完成率80%。全市处理劳动人事争议案件1.53万件，结案1.57万件，当期结案率102.6%。

（骆椿美）

责任编辑 章月影

收入消费

【概况】2019年，杭州市城镇居民和农民居民人均可支配收入分别为66068元、36255元，人均消费支出分别为44076元、26296元，均比上年增长。物价总体平稳，涨幅比上年扩大0.8个百分点。新建商品住宅价格涨幅先扩后缩，二手住宅价格同比波动明显。住宅新房成交量连续下降，库存房源仍在低位。

【城镇居民收入稳步增长】据抽样调查，2019年杭州市城镇居民人均可支配收入66068元，比上年增长8%，扣除物价上涨因素实际增长4.8%。

从四大类收入来源看，城镇居民人均工资性收入、经营净收入、财产净收入和转移净收入全面上升。其中：人均工资性收入37845元，增长7.9%，拉动可支配收入增长4.5个百分点；人均经营净收入5849元，增长10.4%，拉动可支配收入增长0.9个百分点；人均财产净收入10045元，增长10.6%，拉动可支配收入增长1.6个百分点；人均转移净收入12329元，增长5.3%，拉动可支配收入增长1.0个百分点。

【城镇居民八大类消费支出六升二降】2019年，杭州市城镇居民人均消费支出44076元，比上年增长5.9%，扣除物价上涨因素实际增长2.7%，八大类消费六升二降。

城镇居民人均食品烟酒支出10651元，增长4.8%，拉动消费支出增长1.2个百分点；人均居住支出11081元，增长1%，拉动消费支出增长0.2个百分点；人均交通通信支出7446元，增长10.4%，拉动消费支出增长1.7个百分点。人均教育文化娱乐支出4765元，增长13.6%，拉动消费支出增长1.4个百分点；人均医疗保健支出4057元，增长21.6%，拉动消费支出增长1.7个百分点；人

2007—2019年杭州市城镇常住居民人均可支配收入增长情况

表65

年　份	人均收入（元）	增长率（%）
2007	21 689	14.0
2008	24 104	11.1
2009	26 864	11.5
2010	30 035	11.8
2011	34 065	13.4
2012	37 511	10.1
2013	40 925	10.1
2014	44 632	9.1
2015	48 316	8.3
2016	52 185	8.0
2017	56 276	7.8
2018	61 172	8.7
2019	66 068	8.0

说明：2007—2012年为市区数据，2013年后为全市数据，2013—2019年为城乡一体化改革后新口径数据

2019年杭州市城镇常住居民人均可支配收入构成情况

表66

项　目	人均收入（元）	比上年（%）	占可支配收入比重（%）
可支配收入	66 068	8.0	100.0
工资性收入	37 845	7.9	57.3
经营净收入	5 849	10.4	8.8
财产净收入	10 045	10.6	15.2
转移净收入	12 329	5.3	18.7

2019 年杭州市城镇常住居民消费支出结构

表 67

项　目	人均支出（元）	比上年（%）	占消费支出比重（%）
消费支出	44 076	5.9	100.0
食品烟酒	10 651	4.8	24.2
衣着	2 432	-1.5	5.5
居住	11 081	1.0	25.1
生活用品及服务	2 300	-6.8	5.2
交通通信	7 446	10.4	16.9
教育文化娱乐	4 765	13.6	10.8
医疗保健	4 057	21.6	9.2
其他用品及服务	1 344	5.7	3.1

2007—2019 年杭州市农村常住居民人均可支配收入增长情况

表 68

年　份	人均收入（元）	增长率（%）
2007	9 549	12.2
2008	10 692	12
2009	11 822	10.6
2010	13 186	11.5
2011	15 245	15.6
2012	17 017	11.6
2013	21 208	11.2
2014	23 555	11.1
2015	25 719	9.2
2016	27 908	8.5
2017	30 397	8.9
2018	33 193	9.2
2019	36 255	9.2

说明：2013—2019 年为城乡一体化改革后新口径数据

2019 年杭州市农村常住居民人均可支配收入构成情况

表 69

项　目	人均收入（元）	比上年（%）	占可支配收入比重（%）
可支配收入	36 255	9.2	100.0
工资性收入	21 601	9.1	59.6
经营净收入	9 067	6.4	25.0
财产净收入	1 574	14.1	4.3
转移净收入	4 013	14.8	11.1

均其他用品及服务支出1344元，增长5.7%，拉动消费支出增长0.2个百分点。人均衣着支出2432元，下降1.5%，影响消费支出下降0.1个百分点；人均生活用品及服务支出2300元，下降6.8%，影响消费支出下降0.4个百分点。

年末，全市城镇居民人均住房建筑面积38.2平方米，每百户家庭拥有家用汽车62.6辆、空调250.2台、移动电话259.0部、家用电脑59.8台、淋浴热水器114.0台。

【农村居民收入较快增长】2019年，杭州市农村居民人均可支配收入36255元，比上年增长9.2%，扣除物价上涨因素实际增长5.9%。

农村居民四大类收入中，转移净收入和财产净收入增速较快，工资性收入和经营性净收入平稳增长。其中：人均工资性收入21601元，增长9.1%，拉动可支配收入增长5.4个百分点；人均经营净收入9067元，增长6.4%，拉动可支配收入增长1.6个百分点；人均财产净收入1574元，增长14.1%，拉动可支配收入增长0.6个百分点；人均转移净收入4013元，增长14.8%，拉动可支配收入增长1.6个百分点。

【农村居民生活水平继续提高】2019年，杭州市农村居民人均消费支出26296元，比上年增长8.6%，扣除物价上涨因素实际增长5.3%，八大类消费全面增长。

农村居民人均食品烟酒和居住支出分别为7067元和7242元，增长8.0%和7.5%，均拉动消费支出增长2.1个百分点，食品烟酒和居住支出成为农村居民人均消费支出增长的主要动力。人均教育文化娱乐、医疗保健、其他用品及服务支出分别为2070元、2210元和549元，依次增长11.5%、32.3%和15.6%，分别拉动消费支出增长0.9个、2.2个和0.3个百分点。人均衣着、生活用品及服务、交通通信支出分别为1339元、1375元和4444元，依次增长2.9%、1.8%和4.1%，分别拉动消费支出增长0.2个、0.1个和0.7个百分点。

年末，全市每百户农村居民家庭拥有家用汽车52.7辆、空调器211.4台、移动电话267.9部、家用电脑60.2台、淋浴热水器124.0台、洗衣机103.4台、电冰箱124.4台。

【物价总体平稳】2019年，杭州市居民消费价格总水平平均上涨3.1%，涨幅比上年扩大0.8个百分点。

食品烟酒类价格比上年上涨6.3%，影响居民消费价格总水平上升1.74个百分点。其中：猪肉价格上涨28.3%，鲜瓜果价格上涨14.6%，禽肉类价格上涨8.2%，在外餐饮价格上涨4.8%，鲜菜价格上涨3.4%，鸡蛋价格上涨2.3%，水产品价格下降0.9%。

2019 年杭州市农村常住居民消费支出结构

表 70

项　目	人均支出（元）	比上年（%）	占消费支出比（%）
消费支出	26 296	8.6	100.0
食品烟酒	7 067	8.0	26.9
衣着	1 339	2.9	5.1
居住	7 242	7.5	27.5
生活用品及服务	1 375	1.8	5.2
交通通信	4 444	4.1	16.9
教育文化娱乐	2 070	11.5	7.9
医疗保健	2 210	32.3	8.4
其他用品及服务	549	15.6	2.1

2019 年杭州市八大类商品及服务项目价格指数

表 71

项　目	同比指数（上年同期 = 100）
居民消费价格总指数	103.1
食品烟酒	106.3
衣着	101.3
居住	100.9
生活用品及服务	103.0
交通通信	99.0
教育文化娱乐	104.3
医疗保健	107.0
其他用品及服务	102.8

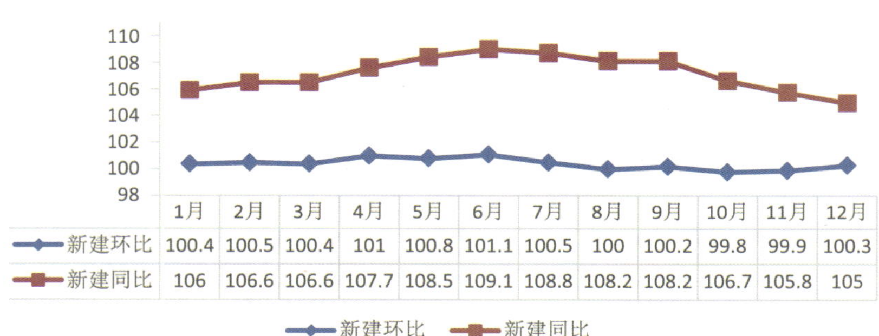

图 5　2019 年杭州市区（不含临安区）新建商品住宅价格同比环比指数

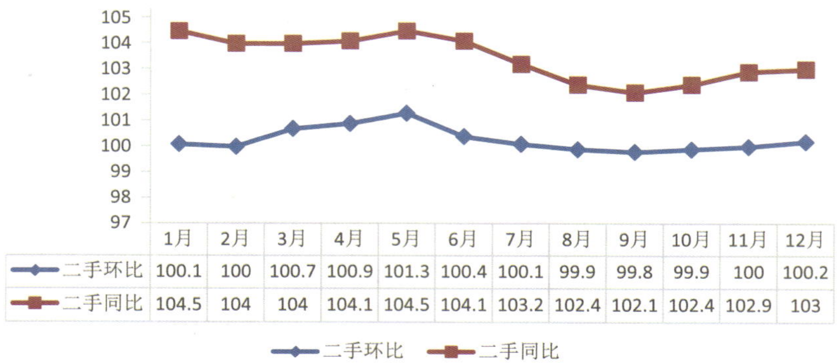

图 6　2019 年杭州市区（不含临安区）二手住宅价格同比环比指数

衣着类价格上涨 1.3%。其中：衣着加工服务费价格上涨 3.7%，服装价格上涨 1.8%，鞋类价格下降 1%。

居住类价格上涨 0.9%。其中：租赁房房租价格上涨 1.9%，自有住房价格上涨 1.0%，水电燃料价格上涨 0.7%，住房保养维修及管理价格上涨 0.3%。

生活用品及服务类价格上涨 3%。其中：个人护理用品价格上涨 6.0%，家庭日用杂品价格上涨 5.4%，家庭服务价格上涨 3.7%，家具及室内装饰品价格上涨 2.3%，家用纺织品价格上涨 2.2%，家用器具价格下降 0.6%。

交通通信类价格下降 1%。其中：汽油、柴油价格分别下降 6% 和 6.3%，车辆修理与保养价格上涨 13.2%，飞机票价格下降 4.6%。

教育文化娱乐类价格上涨 4.3%。其中：旅游价格上涨 8.1%，教育服务价格上涨 3.5%，文娱耐用消费品价格上涨 1.1%。

医疗保健类价格上涨 7%。其中：滋补保健品价格上涨 23.7%，西药价格上涨 9.2%，医疗服务价格上涨 4.1%，中药价格上涨 3.3%。

其他用品及服务类价格上涨 2.8%。其中：金饰品价格上涨 12.9%，中介服务价格上涨 2.1%，旅馆住宿价格上涨 0.9%。

【新建商品住宅价格涨幅先扩后缩】2019 年上半年，杭州市区（不含临安区）新建商品住宅价格呈现上行趋势，下半年实施房地价联动机制后，市场逐渐恢复理性。分月看，新建商品住宅价格比上年同期涨幅先扩后缩，1—6 月涨幅逐月扩大，6 月达最高涨幅 9.1%，7 月开始涨幅逐月收窄；价格环比涨幅 1—6 月较高，在 0.4% ~ 1.1% 之间波动，7 月开始涨幅逐渐回落，10 月由涨转降，12 月出现小幅回升。

【二手住宅价格同比波动明显】2019 年，杭州市区（不含临安区）二手住宅价格先升后降，年末出现小幅回升。从同比看，1—6 月二手住宅价格比上年同期涨幅在 4% ~ 4.5% 之间波动，7—9 月涨幅逐渐回落，9

月为最低涨幅 2.1%，10—12 月涨幅逐月扩大。从环比看，1—9 月二手住宅价格环比先涨后降，5 月上涨 1.3% 为最大涨幅，9 月下降 0.2% 为最大降幅，10—12 月价格环比小幅回升。（赵杨健）

社会保险

【概况】2019 年，杭州市实施“全民参保计划”，社会保险参保登记率 100%。至年末，全市职工基本养老保险、工伤保险、失业保险参保人数分别达 704.59 万人、556.67 万人、486.65 万人，比上年末分别新增参保 32.97 万人、35.55 万人和 27.28 万人。全市基本养老保险参保率 99.13%，基本实现“人人享有社会保障”。

1 月 9 日，市医疗保障局作为正局级市政府工作部门挂牌。市医疗保障局调整重组机构设置，充实优化管理职能。局机关有行政编制 20 个，班子领导 4 人，内设办公室（组织人事处）、政策法规处、医药服务管理处、基金监管处 4 个处室。下属事业单位 2 个，原杭州市医疗保险管理服务局更名为杭州市医疗保障管理服务中心，原杭州市医疗保险事务受理中心更名为杭州市医疗保障事务受理中心。市医疗保障局主要承担杭州市医疗保障政策实施、药品和医疗服务价格管理、药械集中采购等职责，直接管理主城区医疗保障工作。主城区医保部门实行“一套班子两块牌子”管理模式，作为市医疗保障管理服务中心的分中心，业务上接受指导，人财物归属地管理。萧山、余杭、富阳和临安四区设置医疗保障分局作为派出机构，桐庐、淳安、建德三地成立医疗保障局，主管当地医疗保障工作。机构调整后，6 月 13 日起，原由社保经办机构负责受理的生育保险待遇申领业务由医疗保险经办机构负责经办，年末，实现生育保险和职工基本医疗保险合并实施；10 月 28 日，杭州市医疗保险服务大厅关停；11 月 19 日，杭州市医疗保障事务受理中心城北服务大厅关停。

【社会保险体系完善】2019 年，杭州市社保全市一体化进程加快。10 月，全市集中人力社保信息系统上线，临安区、桐庐县、淳安县、建德市四地社会保险信息系统纳入市本级统一管理，实现全市社保服务一个平台、业务经办一个应用系统、信息数据一个数据库，市域范围内社保关系自动接续、参保信息互通互享。临安区社保融杭计划有序实施，至年末，临安区各项社保待遇 90% 与主城区保持一致。长三角区域一体化发展有效推进，实现长三角地区养老保险关系转移接续全流程线上办理。11 月，市人力社保局、市教育局、市财政局三部门出台《关于民办学校教师参加机关事业单位养老保险有关问题的处理意见》，明确杭州市民办学校教师参加机关事业单位养老保险的参保范围对象、档案工资管理、待遇核定等政策。12 月，市人力社保局、市财政局、市税务局印发《关于调整杭州市工伤保险费率有关问题的通知》，完善全市工伤保险费率政策，按照《国民经济行业分类》对行业的划分，根据不同行业的工伤风险程度，由低到高，依次将参保单位划分为一类至八类，对应的工伤保险基准费率分别为用人单位职工工资总额的 0.2%、0.4%、0.6%、0.7%、0.8%、1.1%、1.3%、1.5%，并调整行业费率浮动标准。

【社会保险待遇提高】2019 年，杭州市继续提高企业退休人员养老金待遇，惠及企业退休人员 145.8 万人。其中，市区（不含临安区）月人均提高 153.71 元，调整后市区平均基本养老金水平为 3130.15 元 / 月。调整城乡居民基本养老保险基础养老金标准，其中：市区（不含临安区）由每人每月 220 元提高到 240 元，临安区由每人每月 190 元调整到 220 元。年内，全市认定工伤 2.57 万起，评定伤残等级 1.30 万人，支付工伤保险待遇 10.34 亿元。

【社会保险降费减负】2019 年，杭州市落实社保降费减负工作。对制造业、交通运输业、建筑业等行业企业阶段性降低社会保险费相当于单位缴费部分 2 个月的额度，全市减征企业社保费 32.67 亿元，惠及企业 5.85 万个。对不裁员或少裁员的企业，返还 2018 年实际缴纳失业保险费的 50%，全市返还 0.58 万个企业失业保险费 2.92 亿元，惠及职工 86 万人。延长阶段性降低失业保险、工伤保险费率期限，单位和职工失业保险按 0.5% 费率缴纳、工伤保险基准费率降低 50% 等政策延长至 2020 年 4 月 30 日，减征企业失业保险费 13.5 亿元、工伤保险费 5.43 亿元。降调灵活就业人员和个体工商户缴费基数，5 月起，灵活就业人员和个体工商户参加企业职工基本养老保险最低缴费基数调整到全省在岗职工上年度月平均工资的 60%。

【社保基金管理】2019 年，杭州市加强社保基金监管，开展社保基金管理风险专项检查和社保经办机构工作人员及其直系亲属参保和待遇享受情况排查，加强社保基金监管和经办风险防控。对服刑领取、死亡冒领、重复领取养老金“三项指标”疑点数据开展核查比对，加强违规领取养老金追缴工作。开展社会保险稽核工作，稽核 228 个用人单位 14.5 万人次。

【社会保险服务数字化转型】2019 年，杭州市继续推进社会保险“最多跑一次”改革，提升数字化政务服务能力。推进企业与公民个人生命周期“一件事”联办，协同实现商事登记、上学报名、公民身后、退役军人等“一件事”联办。实现社会保险服务 46 个事项全部可在浙江政务服务网、“浙里办”App 网上办与掌上办，“一网通办”率、个人事项“一证通办”率、社保事项“即办率”均为 100%。试行智能语音和人工交互接待服务，推进线上线下智能导办，提高咨询解答水平和服务接待能力。升级“社银合作”，全市 700 多个银行网点提供参保登记、查询打印、保险关系转移接续等 30 多个常用事项办理服务。（骆椿美）

【医疗保险参保人数】至 2019 年末，杭州市医疗保险参保人数 1035.88 万人（职工医保 671.12 万人，城乡居民医保 364.75 万人）。户籍人口参保率 99.43%，其中市区（不含临安区）参保人数 859.29 万人（职工医保 604.84 万人，城乡居民医保 254.45 万人）。

【定点医药机构服务网】至2019年末，杭州市有定点医药机构6905个，其中定点医疗机构3767个、定点药店3138个；市区有定点医药机构5478个，其中定点医疗机构2698个、定点药店2780个。市域外可直接刷卡结算的省"一卡通"定点医疗机构为1122个，全国跨省异地就医住院直接结算定点医疗机构为2.71万个，长三角地区异地门诊直接结算定点医疗机构为5023个。

【医保基金运行】2019年，杭州市各类医疗保障基金收入440.10亿元，比上年增长11.2%，增幅上升1.37个百分点；支出375.73亿元，增长8.7%，增幅下降9.30个百分点，基金累计结余474.30亿元，比上年同期净增64.37亿元，增长15.7%，职工医保统筹基金累计可支付月数为17.22个月，基金总体运行情况良好。当年市区各类医疗保障基金收入389.89亿元，增长12.1%，增幅上升4.12个百分点；支出329.22亿元，增长7.6%，增幅下降10.93个百分点，基金累计结余442.13亿元，比上年同期净增60.66亿元，增长15.9%，职工医保统筹基金可支付月数为17.53个月。

【慢性病长期处方政策实施】2019年，杭州市贯彻落实浙江省医疗保障局等4个部门印发的《关于建立健全城乡居民医保慢性病门诊保障制度的指导意见》要求。结合杭州实际，在全面实现社区签约医生慢性病长期处方的基础上，至年末，全市实现城乡居民医保刷卡结算16种慢性病药品的零售药店有2815个，占全省总数的44.4%，超额完成省定目标任务。

【医保惠民惠企】2019年，杭州市医疗救助政策落实率达100%，符合条件困难群众资助参保率达100%，医疗救助一站式结算实现全覆盖。分类实施参保资助，开发低收入农户补充医疗保险，特困、低保、残保等困难人群资助参保率100%，确保持证人员应保尽保。

杭州市全面落实减税降费政策。5月、6月，全市对交通运输业、制造业、建筑业三大行业减征企业医疗保险和生育保险费14.63亿元，市区减征13.30亿元。

【医疗服务价格改革】2019年，杭州市根据"同城同步同价"的改革精神和市政府2019年重点工作任务关于推进医疗服务改革的要求，在省级公立医院医疗服务价格调整方案的基础上，结合实际，制订杭州市医疗服务价格改革方案，于8月1日起实施。调整940项医疗服务项目，取消医用耗材加成政策，实行零差率销售。降低影像核医学类、检验类两大类59个项目价格。按照医疗服务价格改革"控总量腾空间"的要求，细化完善考核办法，启动服务价格改革考核委托第三方审计工作。

【医保支付方式改革】2019年，杭州市推进县域医共体医保支付方式改革。9月27日，根据国家、省相关文件精神，印发《杭州市县域医共体医保支付方式改革实施细则》，全面建设医保基金预算更加合理、分类方法更加科学、协同保障更加有力、资源配置更加有效的医保支付体系。开展疾病诊断分组（DRGs）点数法付费相关工作。按照"省市共建"原则，成立省市共建DRGs点数法付费项目工作专班，组织相关单位、部门做好省市联合立项、招标等工作。

【医保市域一体化】2019年10月2日，杭州市医保集中信息系统上线，实现数据集中管理、系统互通、资源共享。对39个对外办事事项的经办标准进行逐条梳理，编制《杭州市医疗保险业务经办标准化手册》，实现经办服务标准一体化。12月16日，市医疗保障局、市财政局印发《关于全面推进杭州市医疗保障市级统筹的指导意见》，明确今后一段时期的工作任务和时间节点，从2020年起，用3年时间分步做实城乡居民基本医疗保险市级统筹。

【医保智慧监管】2019年，杭州市深化医保费用全程智能审核，实行医保费用全过程、全数据监管，结合"诊间结算"实现医保全过程监控。每月对市区900多万条医保结算单据、1亿余条费用明细、30多亿元医保费用进行全项全数据审核，全年拒付不合规费用2.79亿元。针对日常工作中发现的频繁发生小额费用、药店员工频繁配药等可疑现象，构建相应的违规骗保算法模型，筛查出涉嫌团伙刷卡的违规机构208个（其中：医疗机构106个，涉及参保人员276人；药店102个，涉及参保人员296人），追回医保基金1820万元。推进智慧医保平台建设，8月5日，与杭州市金融投资集团签订合作协议，共同建设综合智慧医保平台。同步推进"医保实名制就医"项目建设。

【医保违规行为整治稽查】2019年，杭州市开展康复类定点医疗机构专项检查。对检查中发现的问题，及时制订补充协议，于8月1日起施行床日控费试点，年末在主城区90个三级以下医疗机构全面实行按450元/床日控费。8—12月平均床日费用比上年同期下降21.9%，住院费用减少2.62亿元，基金支出减少2.46亿元。开展定点零售药店专项治理。对市区968个定点零售药店开展跨统筹区现场交叉检查工作。8—12月，中成药总金额比上年同期减少8.04亿元。开展高价药专项整治。探索并应用数据预警，对此类药品的适应证、药品说明书和医生开方等多方位全面审核，建立排序通报拒付机制，开展集中约谈，暂停费用拨付，规范配售行为。至年末，剔除相关费用3281万元，8—12月平均每月基金支出1.23亿元，比1—7月的月均值减少近1亿元。区县（市）结合当地实际开展专项整治。余杭区开展"赖床"病人专项整治，对27个有长期住院病人的医疗机构进行集中整治，376名长期住院病人办理出院，仅当月就节约费用约500万元。临安区、淳安县、建德市与当地纪委等联合发文，加强医保卡（市民卡）应用管理。淳安县推进阳光执法监督，邀请县政府特邀执法监督员参与医保行政执法，提高监管透明度。桐庐县坚持日常巡查与不定期夜巡、节假日突击检查相结合，集中整治过度治疗、小病大养、挂床住院等违规行为，核查定点医药机构159个，追回违规金额94.9万元，并予52.8万元违约金处罚。

全年，全市医疗保障部门外出稽查4425人次，比上年增长136.4%。检查定点医药机构2322个，增长86.7%；约谈参保人员755人次，增长78.1%；协议处理定点医药机构923个，增长162.2%（其中：暂停医保服务协议275个，增长177.8%；解除医保服务协议116个，增长286.7%）；追回医保基金5028.81万元，增长308.1%；办理行政处罚案件29件，增长190%，收缴罚款640.35万元，增长3618.6%。

【医保"最多跑一次"改革】2019年，杭州市与医保相关的39个政务网办事事项已实现100%"跑零次"，其中21个民生事项和3个联办事项实现100%"一证通办"。长三角地区异地门诊费用直接结算工作取得实质性进展。至年末，全市参保人员长三角地区异地门诊结算1.08万人次，结算金额228.42万元；全国范围内跨省住院结算8943人次，结算金额2.30亿元。

【智慧医保信息系统建设】2019年，杭州市推进智慧医保信息系统建设。以城市大脑医保结算数据和杭州市全民健康信息平台电子病历数据为基础，从8月1日起开始推行医保参保人员电子病历区域共享，逐步应用电子病历取代纸质病历本。至年末，有3809个定点机构不需强制校验证历本。与"浙里办"App平台对接，推进电子健康卡和电子社保卡"两卡融合"。"刷脸付"就医系统在余杭区试点的基础上，推广至市一医院等44个医疗机构。移动支付完成医保结算在线确认功能，市属11个公立医疗机构及区属社区卫生服务机构等全市253个医疗机构均接入"信用就医"系统，实现"医后付"。推进城市大脑医保项目开发建设，与金投集团研究城市大脑建设任务实施方案，确定城市大脑"驾驶舱"指标和主屏内容，并完成初步开发。（洪晓静）

住房保障

【概况】2019年，杭州市持续推进城市住房均衡发展，增进住房领域的民生福祉。进一步放宽保障性住房收入准入标准，根据杭州年人均可支配收入标准的变化，自7月10日起，市本级公租房保障收入准入标准由申请家庭上年度人均可支配收入低于56276元放宽至低于61172元；根据杭州最低生活保障标准调整，7月1日起，廉租住房保障收入准入标准由申请家庭人均月收入低于2337.5元调整至低于2602.5元（含）。

全年杭州主城区受理公租房（廉租住房）货币补贴申请家庭1.87万户。其中：城市低收入住房困难家庭（原廉租住房家庭）1150户、中等偏下收入住房困难家庭7277户，占申请总量的45%；新就业大学生和创业人员1.02万户，占申请总量的55%。推出公租房（廉租住房）配租房源5369套，新增公租房（廉租住房）租赁补贴保障家庭2.14万户。

做好高层次人才购房补贴和租赁补贴资格审核工作，向286人发放高层次人才购房（租赁）补贴资格证，合计补贴金额3868.85万元；累计向792人发放高层次人才购房（租赁）补贴资格证（购房补贴资格证195人、租赁补贴资格证597人），审批发放购房补贴和租赁补贴7498.94万元。

【商品住宅配建公租房】商品住宅用地配建公租房政策是杭州公租房实物供给的主要方式。自2017年8月启动新一轮公租房配建工作以来至2019年末，市区公告挂牌商品住宅出让地块211宗，应配建公租房155.79万平方米，预计可建设房源2.73万套。其中：市本级78宗，应配建面积79.71万平方米；萧山区、余杭区、富阳区133宗，应配建面积76.08万平方米。

【人才专项租赁住房】2019年1月12日，杭州开展首批人才专项租赁住房试点选房分配。首批试点158套房源坐落于杭州经济技术开发区大学城北的汇澜公寓，其中建筑面积120平方米左右的4套、90平方米左右的154套。杭州于2018年2月启动市区人才专项租赁住房建设工作，明确2018—2021年杭州市区开工建设5万套人才专项租赁住房的建设目标。至2019年末，已挂牌出让人才专项租赁住房用地36宗，土地面积104.83公顷，预计可建设房源3.22万套。其中，已开工17宗，建筑面积122.13万平方米，可建设房源1.77万套。

【公租房分配入住】2019年，杭州优化公共租赁住房精准保障机制，在实行公租房分类分层保障的基础上，参照公交、环卫系统专项公租房精准保障经验，以房源切块、定向配租形式实施面向青年医务人员、青年教师的专项保障机制。9月10日，启动青年医务人员和青年教师专项公租房配租工作，11月底，完成中海御道路三区830套房源的选房分配。创新守信激励机制，在公租房管理中，将"钱江分"引入住房保障业务，对分值高于700的公租房新配租或续租家庭，实行公租房押金减半。全年组织10次大型公开选房配租活动，5000多户保障家庭入住公租房小区。

【国有土地上旧城区改建征收项目补偿协议签约比例实施】2019年4月5日，市政府印发《关于明确国有土地上旧城区改建征收项目签约比例的通知》，并于5月6日起实施。该通知明确规定：因旧城区改建需要征收国有土地上房屋的，房屋征收部门应当与被征收人签订附有生效条件的补偿协议。在征收补偿方案确定的签约期限内达到规定签约比例的，补偿协议生效；未达到规定签约比例的，补偿协议不生效，房屋征收决定效力终止。上述所指签约比例为征收补偿方案确定的不低于80%的具体比例。上述签约比例标准适用区域为上城区、下城区、江干区、拱墅区、西湖区、高新区（滨江）。萧山区、余杭区、富阳区、临安区及各县（市）可结合本地实际参照执行。5月6日前已做出房屋征收决定的项目继续执行原有规定。

【公有住房制度改革】2019年11月22日，中国铁路上海局集团有限公司杭州住房制度改革办公室将杭州市主城区铁路售后的7089套公有住房售后维修基金移交至杭州市住房保障服务中心管理。自移交之日起，其共用部位和共用设施的日常维修纳

2019年4月2日，西湖区宝石二路7号1幢1单元进行装配式加装电梯安装
（市住保房管局 供稿）

入地方统一管理，维修基金的使用和管理按杭州市有关规定执行，同时日后新增已售铁路住宅房改维修基金均按约定移交。至年末，杭州完成公有住房出售审批1501套，审批面积6.92万平方米，审批金额6269.82万元；完成市级住房补贴（含企业、配偶方）审批3159人，补贴面积3.99万平方米，补贴金额4796.98万元；完成维修基金使用审批项目654个，审批金额881.2万元。

【公有住房管理】2019年7月10日，市住保房管局印发《关于进一步加强直管公房日常管理工作的通知》，指导、监督各区住建局强化和落实直管公房管理责任主体意识，切实承担起对直管公房的属地管理责任，做好辖区直管公房房源管理、租赁证发放、数据维护、租金收缴、经营利用、安全检查、维修养护等工作，确保直管公房管理各项工作落到实处。至年末，主城区（不含滨江区）剩余直管公房1.05万套，总使用面积43.60万平方米，其中上城区4589套、下城区2396套、江干区1016套、拱墅区1596套、西湖区861套（含杭州西湖风景名胜区）。全年应收租金3172.41万元，实收租金3138.64万元。对1.17万户（次）直管公房承租家庭减免新增租金55.68万元，对1871户困难家庭按廉租房标准减免租金11.68万元。

【既有住宅加装电梯】2019年，既有住宅加装电梯第三年被列入杭州"为民办实事"项目，在全市13个区县（市）及钱塘新区全面铺开。1月3日，市住保房管局、市市场监管局联合制定《杭州市既有住宅加装电梯使用管理办法（暂行）》，规范加装电梯的使用管理和安全运行。4月18日，杭州市第一台装配式加装电梯在余杭区清沁花园2幢1单元交付使用。6月20日，省建设厅在杭州召开全省住宅加装电梯工作学习推广会，总结推广杭州推进住宅加装电梯工作的经验做法。8月14日，市区既有住宅加装电梯工作领导小组印发《杭州市既有住宅加装电梯工作操作流程》，对加装电梯从项目受理到资料归档全程进行规范、细化。10月16日，杭州市首台租赁式加装电梯在西湖区恩济花苑15幢1单元交付使用。12月3日，杭州首个廉租房加装电梯项目——余杭区星桥街道惠都家园6台加装电梯交付使用。全年杭州市新增联审项目759处，开工894处，其中553处完工，完工量比上年翻番。既有住宅加装电梯"杭州模式"获评2019年浙江省改革创新优秀实践案例，获多个媒体报道推广。（陆云球）

【住房公积金业务】2019年，杭州市（不含省直单位）住房公积金新开户单位2.19万户，新开户职工53.01万人，净增实缴职工20.01万人。全年缴存公积金461.34亿元，比上年增长17.4%；提取公积金327.52亿元，增长7.4%；发放个人住房贷款4.31万户，金额234.95亿元，增长61.3%，支持职工购房面积（不含贴息贷款）443.58万平方米；实现增值收益10.93亿元，增长18.8%，提取风险准备金6.73亿元，提取城市廉租住房（公租房）建设补充资金4.02亿元。年末，住房公积金制度覆盖15.01万个单位，建制职工308.64万人，其中实缴职工214.73万人；住房公积金缴存余额885.20亿元；个人住房贷款余额838.55亿元，贷款率94.7%，贷款逾期率0.037‰。

【公积金"最多跑一次"改革】2019年，杭州公积金中心持续推进"最多跑一次"改革，优化营商环境。通过共享"商事登记"信息和"互联网+可信身份认证"，实现新设立单位开户登记"跑零次"。9月初实施至年末，5786个新设立企业自动开户。推进政务服务数字化转型，10多类信息实现业务联网办查，完成电子影像系统项目建设，公积金全部34个办事服务事项的7项核心指标（办事项比例、"跑零次"实现率、承诺期限压缩比、网上办实现率、掌上办实现率、材料电子化比例、一证通办实现率）均达到100%。杭州公积金中心成为全省首个接入省政务网V2.0平台上线应用单位，首批12个事项于9月上线，剩余事项于12月上线。加强信贷管理服务，巩固拒贷整治成效，实现在售楼盘（二手房）公积金贷款全覆盖。调整商品房公积金贷款抵押办证代办服务费支付方式，减轻贷款职工负担。打通所有委贷银行和部分非委贷银行商业贷款还款数据，缴存职工偿还住房商业贷款提取公积金实现受理窗口"一件事"办理。公积金贷款和不动产抵押实行"一窗受理、集成服务"，并建立贷款网上预审机审和后督机制，建设应用公积金信贷影像化系统、可信身份认证、贷款结清抵押注销网办，推行贷款电子用印和优化合同用印等机制措施，整体办事效率提升50%以上。落实中央和省有减税降费政策，简化企业降低缴存比例手续，为企业减负。至年末，全市有 865 个企业在 5% ~ 12% 范围内自主确定缴存比例，减少企业缴存资金 1.65 亿元。长三角区域公积金一体化发展取得阶段性成果，研究制订以优化公积金异地互贷为主要内容的实施方案，实施信息互享、政策互通、业务互联、资金互融、机构互动的一体化。建设城市大脑公积金应用，做好城市大脑“驾驶舱”指标和公积金决策分析指标体系设计，确定建立缴存职工数据标签、决策分析系统、风险管理系统等应用设想。配合做好住房补贴“部门间一件事”工作，实现补贴发放和退款业务的联网联办。

【公积金建制宣传扩面】2019 年，杭州公积金中心以纪念国务院《住房公积金管理条例》颁布实施 20 年为契机，强化法治宣传，引导推进建制扩面。通过“报、网、端、微、屏”等媒体融合，打造线上、线下宣传阵地，开展微信公众号公积金知识竞答，开通杭州公积金公交和地铁专列，推出地铁站台语音播报等，扩大制度知晓度。注重通过“面对面、点对点”等执法宣传，以案释法促成企业和职工协商解决公积金缴存纠纷。全年对 932 个申请开具上市证明企业进行全员建缴合规性审查；组织执法专项检查，向 33 个投诉案件集中的企业发送自查整改通知，督促企业依法缴存；加强职工投诉维权执法，受理职工投诉立案 629 件，走访调查企业 610 个，制发责令整改决定 67 件，申请法院强制执行 15 件，结案 540 件，为职工追回欠缴公积金 707 万元；执法宣传、以案释法促成企业和职工协商解决纠纷 473 起，占案件总数的 88%。推进“信用 + 公积金”新型监管机制建设，综合运用信息共享、公积金失信企业信息公示和纳入黑名单管理等信用约束措施，推进公积金建制扩面。

【公积金资金风险防控】2019 年，杭州公积金中心贯彻落实国家和省、市有关降杠杆、防风险要求，提高全市住房公积金一体化管理格局下的资金统一运行管理能力。完善风险防控措施，修订完善公款竞争性存放有关制度，建立“扣分清零制”。制定《杭州住房公积金贷款规模分配管理办法（试行）》，统筹安排全市贷款规模和资金调剂管理。加强资金流动性预警管理，针对全市出现的资金流动性不足问题，开展存量公转商贴息贷款业务，满足职工资金使用需求，确保年末贷款率保持在安全水平。全年实施存量公积金贷款转商贷 3 期，共 39.5 亿元。以电子稽查为手段，建立风险预警机制，健全以“业务为点、流程为线、制度为面”涵盖事前、事中、事后全过程的风险防控体系。开展住房公积金电子稽查工作，建立符合杭州实际的标准参数数据库。按照住房城乡建设部《住房公积金电子稽查工作指引》，每月开展数据稽查，排查风险隐患疑点，分类逐条核对归类处置，提高风险防范能力。

【公积金中心法治政府建设】2019 年 8 月，杭州公积金中心被纳入市法治政府建设（依法行政）考核单位。制定《杭州住房公积金管理中心 2019 年法治政府建设（依法行政）工作要点》《2019 年住房公积金法治宣传教育责任清单实施计划》《杭州住房公积金管理中心合同管理暂行规定》《杭州住房公积金管理中心重大行政决策暂行规定》《杭州住房公积金管理中心特邀行政执法监督员工作规定》等制度，推行行政执法公示制度、执法全过程记录制度、重大执法决定法制审核制度。11 月，杭州公积金中心行政执法系统上线应用。

（韩　燕）

【城乡危房治理改造】2019 年，杭州市持续推进城乡危房治理改造工作。城镇方面，提前完成 196 幢、19.72 万平方米的年度任务；农村方面，提前完成 1072 户（困难家庭 499 户、一般家庭 573 户）、12.89 万平方米的农村危房治理改造两年行动计划（2019—2020 年），在全省农村危房治理改造绩效评价中获评优秀设区市。按照“发现一处、防控一处，成熟一处、治理一处”的工作要求，全年治理计划外新增的城镇危房 21 幢、农村危房 391 户。通过开展危房治理“回头看”、灾后房屋再排查、网格化日常巡查、“丙类房屋”技术防控等动态监管，全市房屋安全隐患持续消除。

【危旧房项目权证办理】2019 年，市住保房管局会同上城、下城、江干、拱墅、西湖 5 个区合力攻坚危旧房改善和危旧房治理改造部分项目遗留的“办证难”问题。全市有权证办理需求的危旧房项目共 650 幢，涉及住户 1.07 万户。市住保房管局牵头成立危旧房项目办证市级工作专班，2 月起，选取上城区 10 幢房屋为试点开展办证工作。7 月初，在上城、下城、江干、拱墅、西湖 5 个区全面铺开。至年末，召开专班会议 11 次，到各区现场指导 30 多次，市、区两级克服时间跨度久、政策变化大、要件缺失多、个性问题多等难点，完成首批 67 幢危旧房项目的初始登记。

【房屋安全鉴定】2019 年，市住保房管局落实房屋安全鉴定相关业务“最多跑一次”，通过信用体系和工作标准化建设，推进房屋安全鉴定行业管理体系规范化，全面实现两项事项的“五星级”全程网办、即时办、掌上办以及办件材料的全部电子化。至年末，在线办理业务 1200 多件，网上办件率 100%。持续完善房屋应急响应体系，积极应对房屋安全突发事件。8 月，第 9 号台风“利奇马”登陆浙江后，市住保房管局第一时间组织房屋安全评估组（含 9 名专家、12 支鉴定队伍）到临安，完成岛石镇、龙岗镇、清凉峰镇三个重灾区的抢险救灾房屋排查鉴定任务，排查鉴定房屋 1204 幢，涉及 D 级危房 178 幢、C 级危房 275 幢。8 月 28 日，建国北路（体育场路—凤起路段）发生路面坍塌后，市住保房管局立即启动房屋安全应急响应机制，第一时间组织房屋安全监测力量和专家团队到现场做好事故影响范围内受影响房屋的应急监测监控，防止次生灾害发生，并组织房屋安全权威专家通过现场查勘、监测数据分析，科学决策，及时出具鉴定报告，为周边住户回迁提供安全保障。

【白蚁防治】2019 年 6—10 月，市住保房管局组织全市白蚁防治单位开展杭州市传统村落和历史文化名城名镇名村白蚁危害调查，通过信息系统业务数据统计、实地走访、勘察、资料查询等方式，收集杭州地区 107 个国家级和省级历史文化名城名镇名村及传统村落的蚁情蚁害基础数据，摸清全市传统村落和历史文化名城名镇名村白蚁危害现状，为建立杭州地区白蚁防治信息数据库、开展全市白蚁防治服务、完善白蚁防治长效机制提供重要依据。至年末，市本级受理新建房屋建筑白蚁预防项目259个（总面积2116平方米）；开展房屋蚁害灭治1200多户，房屋装修白蚁预防6.0万平方米，历史建筑、危旧房白蚁防治0.8万平方米。其中，结合“走亲连心三服务”活动，对淳安县威坪镇农房白蚁危害开展治理，累计检查、灭治房屋蚁害300多处，培训农村白蚁防治人员100多人次，免费发放白蚁灭治器具、药物100多套，白蚁诱杀包1000多包。（陆云球）

民政事务

【概况】2019年，杭州市民政系统着力实施民生工程，提升服务水平。完成全国殡葬综合改革试点任务和违法违规私建“住宅式”墓地专项排查整治，生态葬法奖补、殡仪服务、移风易俗等惠民殡葬政策落地。慈善救助共建共享，兜底水平进一步提升，加强先行救助、及时救助、多元救助的体制机制。推进移民美丽家园建设，“杭州经验”在全国移民安置会议上获推广。

【婚姻登记】2019年，杭州市办理结婚登记5.63万对，比上年下降11.7%，其中复婚4754对、补办938对。办理离婚登记2.32万对，比上年上升3.8%。办理涉外国人、港澳台居民及华侨结婚登记285对，其中涉及外国人212对、涉及香港居民16对、涉及澳门居民3对、涉及台湾居民49对、涉及华侨3对、双方非内地居民2对。办理涉外国人、港澳台居民及华侨离婚登记69对，其中涉及外国人41对。全市办理补发婚姻登记1.55万件。8月7日起，内地居民婚姻登记试行全市通办。

全市婚姻登记机关继续开展婚姻家庭辅导工作，服务当事人1.63万人次，其中婚前辅导服务4125人次、婚姻家庭问题咨询服务1120人次、离婚劝导和调解服务1.04万人次、法律咨询服务679人次，群众满意率100%。（俞华芳）

【殡葬管理】2019年，杭州市火化遗体4.65万具，火化率100%，其中杭州殡仪馆火化遗体1.25万具。全市治理“四边三化”“两路两侧”坟墓3518座，迁移坟墓4705座，生态化改造坟墓159座。13个区县（市）全部实施基本殡葬费用减免政策，4.25万名逝者家属享受惠民殡葬政策，减免金额3202万元，平均每户减免754元。3月26日，举办第26次骨灰撒江活动，150位先人骨灰撒入钱塘江，累计有1964人的骨灰撒入钱塘江。

【殡葬改革试点】2019年是殡葬综合改革试点工作收官之年，殡葬改革领导小组各成员单位完成全国殡葬综合改革试点任务，得到上级民政部门认可。杭州落实《关于对杭州市区实施节地生态安葬对象予以奖补的通知》精神，对273例实施生态安葬的家属发放奖励资金共39.21万元；推进节地生态安葬设施建设，余杭区径山镇如意陵园公益骨灰存放楼长青堂、淳安县湖山公墓永安园、萧山区所前镇米家岭生态墓地博爱苑被评为杭州市节地生态安葬设施示范点；倡导无烟陵园建设，无烟祭扫率提高，安全文明祭祀工作取得实效。10月30日，市殡葬改革工作领导小组办公室、市文明办、市民政局联合印发《关于推进移风易俗丧礼改革的实施意见》，深化殡葬移风易俗，着力解决丧葬陋习。11月28日，杭州市在全国殡葬综合改革试点工作座谈会上做典型经验交流发言。《惠民生，重监管，促规范，打造殡葬服务市场治理“杭州模式”》被民政部评为全国殡葬综合改革试点优秀案例，《杭州市积极构建现代殡葬治理“杭州样本”》被《民政部简报》第40期刊载并加以推广。（金茂贤）

【流浪乞讨人员救助管理】2019年，杭州市8个救助管理站共救助流浪乞讨人员5705人次，比上年下降8.6%。受助人员中有乞讨行为的219人次，无乞讨行为的5486人次；主动求助的2988人次，被引导护送入站受助的2717人次。其中，杭州市救助管理站救助流浪乞讨人员4208人次。

杭州市流浪乞讨人员救助管理工作通过加强组织领导、属地管理、部门联动、站内管理，开展“寒冬送温暖”“夏季送清凉”等流浪乞讨人员专项救助行动，有效保障在杭州市生活无着的流浪乞讨人员的基本生存权益，维护城市正常秩序。5月，民政部在杭州市举办全国流浪乞讨人员救助管理工作现场会，对杭州救助工作做专场介绍和实地观摩，救助模式被全国推广。6月，杭州市举办以“大爱寻亲、温暖回家”为主题的“6·19”

2019年2月，位于余杭区径山如意陵园的长青堂建成，推行公益性智能龛位葬法（市民政局 供稿）

救助管理机构开放日活动，提升社会对救助工作的认知。（王静超）

【儿童福利工作】2019 年，杭州市有 9965 名困境儿童被纳入儿童福利保障范围。社会散居孤儿月度基本生活费从 1782 元调整到 2036 元；事实无人抚养困境儿童参照社会散居孤儿标准发放基本生活补贴；低保、低保边缘家庭重残、患重病和罕见病儿童及三级四级精神、智力残疾儿童，低保家庭儿童，低保边缘家庭儿童生活补贴标准 1—6 月分别为每人每月 827 元、414 元、248 元，7—12 月分别为每人每月 995 元、498 元、299 元。实施孤儿医疗康复“明天计划”项目和贫困家庭儿童集中康复“添翼计划”项目。推行机构孤弃儿童区域性统一供养。继续开展农村留守儿童“合力监护、相伴成长”关爱保护专项行动。年内，全市摸排出 8011 名农村留守儿童。全市办理收养登记 178 件，解除收养登记证明 9 件，补发收养登记证 3 件。（潘琼翼）

【第十九次“春风行动”】2019 年，杭州市开展第十九次“春风行动”送温暖活动。全年惠及困难群众 1.34 万户，比上年同期减少 1021 户；发放慰问金 3931.54 万元，比上年同期减少 350.74 万元。

【低保救助标准提高】2019 年 7 月 1 日起，杭州市区（不含临安区）最低生活保障标准从每人每月 955 元提高到每人每月 1041 元，临安区调整为 989 元，桐庐县、淳安县和建德市调整为 833 元，均比上年增长 9% 以上，低保救助水平居全省首位。至年末，全市有低保户数 7.67 万户，人数 10.25 万人，发放低保金 8.88 亿元。

【特困人员供养】2019 年 7 月 1 日起，杭州市区特困人员基本生活标准为每人每月 1734 元，照料护理标准参照省、市重度残疾人护理补贴标准执行，分为生活完全不能自理、基本不能自理、部分不能自理三档。年末，全市有特困供养对象 3107 人。

【低保边缘家庭定期生活补助制度】2019 年，杭州主城区范围内的最低生活保障边缘家庭成员每人每月发放 74 元定期生活补助，其他区、县（市）参照执行。至年末，全市有低保边缘家庭 2.06 万户，人数 4.23 万人，发放低保边缘补助金 2243.83 万元。

2019 年杭州市城乡居民最低生活保障标准

表 72

地　区	城镇月保障标准（元 / 人）	农村月保障标准（元 / 人）	执行时间
上城区	1 041	—	2019 年 7 月 1 日起执行
下城区	1 041	—	
江干区	1 041	1 041	
拱墅区	1 041	—	
西湖区	1 041	1 041	
滨江区	1 041	—	
钱塘新区	1 041	1 041	
杭州西湖风景名胜区	1 041	1 041	
萧山区	1 041	1 041	
余杭区	1 041	1 041	
富阳区	1 041	1 041	
临安区	989	989	
桐庐县	833	833	
淳安县	833	833	
建德市	833	833	

【支出型贫困家庭救助】2019 年，杭州继续实施《杭州市支出型贫困家庭基本生活救助办法》。全年救助支出型贫困家庭 5306 户、1.11 万人，占低保总人数的 10.8%，有效保障因病致贫、因学致贫、因灾致贫等支出型贫困家庭的基本生活。

【临时救助制度】2019 年，杭州市继续实施《杭州市临时救助办法》，将困难发生在本市的户籍人口、流动人口和外籍人员纳入临时救助，对因医疗费用负担过重导致基本生活发生严重困难的家庭给予及时救助，解决群众突发性、临时性的基本生活困难。全年发放临时救助资金 3923.82 万元，惠及困难群众 7641 户（次）、1.12 万人次，其中救助非本地户籍人员 22 户（次）、49 人次。

【困难群众物价补贴】2019 年起，杭州市根据省民政厅的统一部署和要求，启动困难群众基本生活价格补贴联动机制。为 4—12 月城乡低保对象、特困人员、孤儿和低保边缘家庭等在册对象发放物价补贴 8837.46 万元，惠及困难群众 126.68 万人次。

【市区征地“农转非”劳动年龄段以上人员生活补贴】2019 年，杭州市区征地“农转非”劳动年龄段以上人员生活补贴标准为每人每月 220 元。同时向市区参加城乡居民社会养老保险并享受养老金待遇后，因集体土地被征用或撤村建居的“农转非”人员发放生活补贴。全年向 772 名补贴对象发放补贴 211.55 万元。

（汪　笑）

【慈善事业发展】2019 年，杭州市打造公益慈善资源大数据平台。畅通政府部门、慈善组织、社会企业间的数据渠道，全面掌握全市各类公益慈善活动开展情况，实现行业动态管理、信息公开透明、优化资源配置、增强统筹能力，着力为杭州地区公益慈善行业的数字化转型赋能。

杭州市指导金融机构开设慈善组织资产管理专户，为慈善组织提供资产保值增值和稳健现金流收益的全生命周期、整合的资产管理解决方案。至年末，在杭州市备案的慈善信托有 29 单，资产总规模 9.95 亿元，居全国各城市之首。

【“钱塘善潮”论坛】2019 年 7 月 30

2019 年 7 月 30 日，第三届“钱塘善潮”论坛在杭州艺尚小镇举行

（市民政局 供稿）

日，第三届“钱塘善潮”论坛在杭州艺尚小镇举行。论坛以“新公益”为主题，围绕公益慈善领域的新理念、新业态、新模式、新技术，通过展望未来的新变化，提升杭州在理念传播、项目实践的区域集聚力、辐射力和带动力，并就公益如何参与精准扶贫进行研讨。活动现场还设置“汇益潮”分论坛，公布 2019 年度精准扶贫合作伙伴并授牌。200 多个公益组织、爱心企业、基金会等参加活动。（胡景行）

【移民帮扶体系深化】2019 年，杭州市深化移民帮扶体系。叠加帮扶政策，要求各地针对移民困难，优化后期扶持项目，整合部门资源，加大移民社会化帮扶和融入当地的工作，做到应帮尽帮。富阳区进一步落实“1+1+1”帮扶联动机制，建立区、镇、村三级三峡移民结对帮扶体系，初步建立移民个性化帮扶体系；萧山区出台《萧山区大中型水库移民帮困资金管理使用办法（试行）》，对困难移民提供应急救助、生活困难救助、疾病救助三类救助方式，使移民可以叠加受惠应急帮困政策。完善帮扶机制，余杭区出台《余杭区大中型水库移民帮困资金使用细则（试行）》并建立大中型水库移民帮困救助联席会议制度，对救助人员的条件范围、救助额度、救助程序等做细化明确；萧山区出台《关于建立水库移民协理员和联络员制度的实施意见》，各移民安置村（社区）配备移民协理员、移民联络员各 1 名，为移民基层矛盾化解工作夯实基础。

【移民后期扶持政策落实】2019 年，杭州市规范复核，落实移民直补政策。年初，采取分级负责、几上几下、部门单位数据核对审核等措施，完成 2019 年度直补人口复核。年中，开展水库移民信息平台数据稽核，对后期扶持人口信息、大中型水库名录进行全面稽核。经稽核，2019 年，杭州市直补人口 18.79 万人。直补资金及时足额发放，发放 2019 年度移民直补资金 1.12 亿元。督促各地加快项目落地，提升资金效益。全市 2007 年至 2017 年三季度末到位项目资金 21.96 亿元，支付率 100%，结报率 99.9%；2017 年四季度至 2019 年三季度末移民项目资金到位 5.94 亿元，支付率 90.6%，结报率 80.2%。全市 2017 年三季度末及以前项目计划数 1.47 万个，竣工验收率 100%；2017 年四季度至 2019 年三季度末移民资金后期扶持项目计划数 1244 个，竣工验收率 93.4%。指导各地落实乡村振兴战略，加强库区和移民安置区基础设施建设，完善基本公共服务，加快推进移民美丽家园建设。9 月 23—25 日，由水利部水库移民司发起的全国水库移民美丽家园建设工作现场会在杭州桐庐召开，桐庐、建德在会上做经验介绍。

【移民资金管理】2019 年，杭州市强化督查，规范移民资金管理。实现全市稽查（内审）工作全覆盖，要求区县（市）对乡镇（街道）的后期扶持工作内审、稽查面不少于 50% 并纳入年度考核。落实 2019 年度大中型水库移民后期扶持政策实施情况监测评估工作和年度后期扶持资金绩效评价工作，绩效年度自评结果为优秀。召开稽查内审问题整改专题座谈会，邀请第三方专家对全市普遍性问题进行整改工作指导，针对工作创新中出现的资金使用难题进行座谈，为下一步规范工作探寻方向。举办全市移民管理干部培训班，提高各级移民管理干部资金管理使用、信访维稳、后期扶持等方面的业务能力。细化政策，完善管理机制，组织各地移民管理机构立足实际，开展后期扶持工作探索创新。富阳区移民局出台专项资金使用管理办法，规范项目扶持工作机制；萧山区出台《萧山区水库移民贷款贴息管理暂行办法（试行）》和《萧山区大中型水库移民职业技能和创业培训项目实施细则（试行）》，解决部分移民创业困难的问题，促进水库移民创业致富；临安区、桐庐县分别出台《杭州市临安区水库移民扶持专项资金使用管理办法》和《桐庐县大中型水库移民后期扶持专项资金分配办法（实行）》，明确分配办法，规范使用管理，提高资金效益。

【建德市移民创新创业小微企业园完工】2019 年 6 月，建德市移民创新创业小微企业园完成主体建设，12 月配套装修完工。该项目位于建德市高铁新区，建筑面积 5.6 万平方米，于 2018 年 7 月开工。80 个经济薄弱村以 1 亿元移民资金入股方式占股 90%，高铁新区以 4.67 公顷土地入股方式占股 10%。园区以机械制造、五金电器为主导产业，推进当地传统五金电器产业集聚发展。项目建成后，由高铁新区管委会统筹管理，各入股村不参与具体管理，享受租金和收益分红。

【闲林水库通过工程竣工阶段移民安置终验】2019 年 12 月 25 日，闲林水库（中型）通过工程竣工阶段移

民安置终验。经核定，该工程共安置移民 2162 人，其中：搬迁安置 395 户 1673 人，不搬迁只进行生产安置的 131 户 489 人。12 月 26 日，闲林水库通过工程竣工验收。（高璐杰）

退役军人事务

【概况】2019 年，杭州市搭建退役军人事务组织运行构架，持续推进退役军人权益保障、就业创业、拥军优抚等工作。1 月 9 日，市退役军人事务局成立；3 月，各区县（市）退役军人事务行政管理机构全部组建完成。5 月，市委成立退役军人事务工作领导小组，加强对退役军人工作的统一领导，整合原市安置办、原市军转办等 4 个市政府议事机构职能；6 月，各区县（市）党委退役军人事务工作领导小组全部建立并发挥作用。

【退役军人服务保障体系全面覆盖】2019 年，杭州市落实"有编制、有人员、有经费、有场地、有保障"要求，推进退役军人服务保障体系建设。4 月底前，市、区县（市）、乡镇（街道）、村（社区）四级建立退役军人服务中心（站），实现"四级五有"退役军人服务保障体系全覆盖。

【退役军人社保接续】2019 年，杭州市通过科学制订实施方案，开展社会风险评估、精准摸排底数、组织工作专班，推进退役军人社保接续试点工作。至年末，全市摸排出符合接续条件的退役军人，全面完成社保接续受理任务。

【安置就业】2019 年，杭州市完成军转干部和符合政府安排工作条件的退役士兵安置任务。妥善安置军队离休干部和随军家属。组织自主就业退役士兵参加免费学历教育、报考高职扩招。12 月 13 日，承办长三角地区退役军人专场招聘活动。

【拥军优抚】至 2019 年末，杭州市建成 28 个基层双拥示范点。完成新一届省双拥模范城考核迎检，连续 8 次被命名为省双拥模范城。落实优抚对象抚恤补助标准自然增长机制，比上年增长 9%，高于全国、全省平均标准。与 14 个金融机构签订拥军优抚战略协议，为退役军人提供专属权益：各银行网点设立退役军人专窗，张贴军人、退役军人优先标识；开通退役军人绿色通道，提供优先服务，免收工本费、年费等费用。完成退役军人信息采集、光荣牌悬挂阶段性任务。

【崇军氛围营造】2019 年，杭州市开

2019 年杭州市区部分优抚对象抚恤（补助）标准

表 73　　单位：元

属别		月抚恤（补助）标准	年抚恤（补助）标准
烈士遗属		5 168	62 016
因公牺牲军人遗属		4 737	56 844
疾故军人遗属		4 307	51 684
在乡复员军人	抗日战争	3 230	38 760
	解放战争	3 016	36 192
	中华人民共和国成立后	2 800	33 600
带疾回乡退伍军人		2 584	31 008

2019 年杭州市区无工作单位残疾军人残疾抚恤金标准

表 74　　单位：元

伤残等级	伤残性质	月抚恤金标准	年抚恤金标准
一级	因战	9 782	117 384
	因公	9 338	112 056
	因病	8 893	106 716
二级	因战	8 893	106 716
	因公	8 448	101 376
	因病	8 004	96 048
三级	因战	8 004	96 048
	因公	7 559	90 708
	因病	7 114	85 368
四级	因战	7 114	85 368
	因公	6 670	80 040
	因病	6 225	74 700
五级	因战	6 225	74 700
	因公	5 781	69 372
	因病	5 336	64 032
六级	因战	5 336	64 032
	因公	4 891	58 692
	因病	4 447	53 364
七级	因战	4 447	53 364
	因公	4 002	48 024
八级	因战	4 002	48 024
	因公	3 557	42 684
九级	因战	3 557	42 684
	因公	3 113	37 356
十级	因战	3 113	37 356
	因公	2 668	32 016

2019 年杭州市区伤残人员护理费标准

表 75　　　　　　　　　　　　　　　　　　　　　　　单位:元

伤残等级	伤残性质	月护理费标准	年护理费标准
一级	因战	4 447	53 364
	因公	4 447	53 364
	因病	2 668	32 016
二级	因战	4 447	53 364
	因公	4 447	53 364
	因病	2 668	32 016
三级	因战	3 557	42 684
	因公	3 557	42 684
	因病	2 668	32 016
四级	因战	3 557	42 684
	因公	3 557	42 684
	因病	2 668	32 016

展烈士褒扬纪念活动 900 多场次，各烈士陵园平均接待祭扫群众 25 万余人次，受教育群众 100 万余人次。全市退役军人中，2 人被评为“全国模范退役军人”，15 人被评为“全省最美退役军人”，20 人被评为“杭州市优秀退役军人”，55 人被评为“杭州市最美退役军人”。全年走访慰问部队和重点优抚对象 2 万余人次，赠送慰问金（慰问品）2000 多万元，并采取入户走访、集中座谈、发慰问信等形式实现退役军人慰问全覆盖。9 月 30 日，举办庆祝中华人民共和国成立 70 周年文艺演出。7 月 30 日至 8 月 1 日，举办首届退役军人书画摄影展。

【退役军人事项办理简化】2019 年，杭州市推进军人退役“一件事”改革，12 件事项实现“一窗办”，变跑 8 次为跑 1 次。44 个服务事项实现“网上办”“掌上办”，涉及退役军人领域 29 项民生事项实现“一证通办、自助终端”。11 项机关内部跑一次事项实现线上全程办理。　（肖玲娟）

流动人口服务管理

【概况】截至 2019 年 6 月 30 日（流动人口的年报统计时点为每年 6 月 30 日），全市登记在册流动人口 641.56 万人，比上年同期增加 26.54 万人，增长 4.3%。市区在册流动人口 617.90 万人，占总数的 96.3%，比上年同期增加 22.26 万人，增长 3.7%。

【居住证申领实施细则施行】2019 年 1 月 22 日，《杭州市公安局〈浙江省居住证〉办理操作指引（试行）的通知》印发，从政策层面突破原居住证申领门槛高、条件严、证明材料多的情况，流动人口申领居住证需要提供的证明材料由原 26 类减少到 12 类，精简 54%，规范居住证申领工作操作流程。2 月 1 日，《杭州市流动人口居住证申领实施细则（试行）》施行，规范市区范围内流动人口办理居住登记、申领浙江省居住证相关事项。

【居住证积分受理】2019 年，市流动人口办组织实施居住证积分受理工作，全市受理积分申请 1.96 万人，平均年龄 35 岁，最高积分 369.75 分，最低积分 0 分，平均分 133.7 分。其中：在杭居住 5 年以上的 1.32 万人，占总数的 67.6%；有自有产权住房的 1.50 万人，占总数的 76.6%；社会保险缴纳 5 年以上的 1.23 万人，占总数的 63%；大专以上学历 1.01 万人，占总数的 54%；具有专业技术的 8396 人，占总数的 42.6%。完成 1.96 万名持证人积分落户申请，至年末，8905 名居住证持有人落户杭州，另有 7330 名家属随迁，总体体现年轻、进城时间长、学历和技能高、就业能力强，积分落户人员与杭州市产业转型升级和城市发展相匹配。结合流动人口所需所想，市流动人口办会同市总工会于 10 月推行居住证积分免费体检活动，为 340 多名流动人口提供免费体检服务。

【流动人口事项网上办】2019 年，市流动人口办优化“杭州市居住证服务平台”，调整“浙里办”App、“杭州办事”App 和“新杭州人家园”微信公众号等手机移动端服务功能，实现流动人口办事事项全流程网上可办。年内，全市 19.7 万名流动人口通过网上申报居住登记，6.2 万名流动人口网上办理居住证。

【流动人口信息采录新机制】2019 年，市流动人口办会同市公安局相关警种，整合公安人口信息以及互联网信息，搭建流动人口数据模型，以“滴灌”方式“点对点”服务到基层派出所，延伸至移动警务终端，形成“自动比对、定期推送、实时核查、在线反馈”的工作闭环，突破传统模式下“人手不足、发现不了、信息不准”等工作局限性，实现流动人口信息采录质量变革、效率变革、动力变革。至 10 月 15 日，市公安局推送的 19.9 万条线索信息中，准确落地 17.2 万条，准确率 86.3%，采集未登记流动人口 13.9 万人，占比 69.9%，其中，发现首次登记的流动人口 11.3 万人，大多为居住在自购房、居民家中等以往较难掌握的流动人口。该机制运行以来，全市登记流动人口比上年同期增加 45.4 万人，新发现未登记的出租房屋 1.6 万处，新发现其他未登记流动人口 5.1 万人。该做法得到省公安厅肯定，并作为亮点工作向全省介绍。

【出租房“旅馆式”管理】2019 年，市流动人口办针对个别地区出租房屋火灾事故和流动人口登记漏洞，在全市开展违规居住出租房屋排查整治行动，建立完善流动人口信息排查“五必核”“五必问”“五必录”和出租房屋“五必查”制度，推进流动人口和出租房屋基础要素管控工作。7 月 19 日，印发《关于进一步深化居住出租房屋“旅馆式”管理工作的意见》，细化明确“总台”设置和外观标识，规范工作流程和日常管理，压实流动人口和出租房屋主体责任，加大对不依法履行信息报送义务的流动人口、房东、用工单位和中介机构等责任主体的处罚力度，营造严管严治氛围。2019年，全市处罚违规的出租房业主、用工单位和中介机构1.06万个（人），比上年上升152%。

【平安创建攻坚战】2019年，市流动人口办贯彻市委关于平安创建的决策部署，落实一系列措施。在考核内容上，研究全省流动人口服务管理过程性指标考核方案，围绕目标、任务、减负、攻坚4张清单，制订市级考核指标，突出考核重点、引导工作有序推进。在考核方式上，坚持接触式检查与非接触式检查相结合，每季度抽调各地业务骨干开展实地交叉检查，运用科技手段，通过网上数据抽查、电话联系核查以及发案后倒查等方式，督促工作落地，及时发现整改问题，提升基础要素质量。在结果应用上，加大考核力度，将流动人口服务管理过程性指标考核成绩纳入各公安分局、县（市）公安局综合实绩评估，建立实施工作后进地区约谈机制，把考核结果与工作实绩和个人奖惩挂钩，确保层层有责，人人担责。（沈　凝）

老龄事业

【概况】2019年，根据机构改革要求，杭州市保留老龄工作委员会，办公室设在市卫生健康委员会。8月20日，杭州市召开机构改革后第一次老龄工作委员会全体扩大会议，对市老龄工作委员会组成成员进行调整，由副市长陈卫强任杭州市老龄工作委员会主任，另有市委组织部、市委老干部局、市卫生健康委员会、市民政局等28个市直部门为成员单位。

2019年，杭州市老年人口持续快速增长，人口高龄化日益显著。至年末，按户籍人口统计，全市有60岁以上老年人179.57万人，占总人口的22.55%，比上年增加5.13万人，增长2.94%。80岁以上高龄老人28.58万人，占老年人口的15.91%；失能老人3.21万人，半失能老年人6.77万人，分别占老年人口的1.79%和3.77%。纯老年人家庭的老年人口32.48万人，占老年人口的18.08%。全市老龄化程度排在前三位的分别是上城区、杭州西湖风景名胜区、下城区，老年人口比例分别达32.23%、30.12%、27.13%。全市有百岁老人（1919年12月31日前出生）673人。萧山区有133位百岁老人，居全市之首，其次是上城区和江干区，分别为68人和63人。

至年末，全市有各级老龄工作机构201个，编制数383人，年末实有人员537人。按编制性质分，行政编制243人，事业编制166人，其他编制128人；按人员构成分，专职人员132人，兼职人员367人，其他人员38人；按年龄构成分，35岁以下的150人，36岁～55岁的340人，56岁～60岁的47人。从文化程度看，具有大学专科以上学历的529人，占总人数的98.5%。（毛智军）

【养老机构建设】2019年，杭州市新增养老机构床位4158张。至年末，全市有各类养老机构320个（其中公办公营129个、民办191个），合计养老机构总床位7.36万张（其中护理型床位4.03万张，占总床位数的54.7%），按户籍人口统计，每百名老年人拥有床位数4.10张。全市设立认知症照护专区的养老机构有31个，床位数2032张。失能失智老年人照护经验做法被民政部简报推广。

【养老院服务质量建设专项行动】2019年，杭州市开展养老院服务质量建设专项行动，按照“一地一策”“一院一案”要求，加大养老院重大风险隐患排查力度，健全内部管理制度与标准规范，同时将“保健”市场乱象整治、非法集资风险排查纳入养老机构日常监管内容，引导老年人树立理性消费意识。8月13日，市民政局会同市卫生健康委、市应急管理局、市市场监管局、市消防救援支队等部门印发《关于做好2019年养老院服务质量建设专项行动工作的通知》，并对27个养老机构进行专项检查。落实省民政厅《关于加强敬老院整治和管理的通知》要求，加快农村敬老院布局调整，加强敬老院撤并、改扩建。至年末，21个敬老院实施提升改造工程，其中：改造、提升18个，新建、扩建3个。

【居家养老服务】至2019年末，杭州市建成社区居家养老服务照料中心2898个，其中城市社区居家养老服务照料中心932个、农村社区居家养老服务照料中心1966个，老年人步行15分钟～20分钟居家养老服务圈不断巩固完善。全市有示范型居家养老服务中心141个、三星级以上照料中心1196个（其中五星级147个、四星级124个）。6月12日，国务院总理李克强实地考察拱墅区和睦街道居家养老服务中心，对杭州居家养老服务工作给予肯定。10月20日，民政部部长黄树贤实地考察杭州市居家养老服务工作并给予肯定。

2019年，《杭州市居家养老服

社区居家养老服务照料中心　（市民政局 供稿）

务条例》被列入2019年市人大重点立法项目，并首次实施“双组长制”。12月23日，市十三届人大常委会第二十三次会议表决通过该条例，报省人大常委会批准后再公布施行。

【“打造颐养社区”市政协全会建议案】2019年1月23日，市政协十一届三次会议审议通过全会建议案《全面建设颐养社区，构筑幸福养老家园》，提出打造颐养社区；制订全会建议案办理工作方案，明确主要任务、职责分工和进度安排；印发《杭州市共建颐养社区、共享幸福养老行动方案》，明确到2022年的工作目标，提出设施供给、服务精准、智慧支撑、文化融洽四大类12小项任务。全市以行动方案为蓝本，进一步完善居家养老服务体系建设，加快推动社区居家养老服务实现从数量到质量提升。

【为老服务公益创投】2019年，杭州市深化开展为老服务公益创投。5月，从征集到的100个项目创意中筛选确定21个项目进行立项，共收到项目相应文件122个。6月，通过三组现场陈述和专家评审，对社会组织开展的23个为老服务项目扶持312.8万元，项目涵盖老年人心理关爱、失能老年人助浴、养老服务人才安全培训、失能老人康复、文化养老社区行等内容，为困难老年人送去关爱和帮助。

【养老服务试点改革】2019年，杭州市在上城区、拱墅区、西湖区、临安区4个城区试点困难老年人家庭适老化改造，完成202户家庭改造工作。首批改造对象重点面向70周岁以上经济困难老年人家庭（独居、孤寡老年人家庭53户），其中：特困老年人家庭2户，占比1%；低保老年人家庭94户，占比46.5%；低保边缘老年人家庭106户，占比52.5%。适老化改造有效减少安全隐患，改善居住环境，老年人满意度100%。8月，民政部到杭州市专题调研适老化改造试点经验。杭州市在拱墅区、滨江区开展为期一年的“时间银行”试点工作，推动“时间银行”接入市民卡“钱江分”系统，为老年人提供精准、可持续的志愿服务。在上城区、拱墅区、西湖区、桐庐县开展康养体系建设试点工作，以区域性综合医院为依托，构建“医院—社区—居家/养老机构”康养服务体系；以大专院校为支撑，建立“医院—学校—社区/家庭”康养培训体系，医养护一体化实现新融合。杭州市康养体系建设经验做法在全省民政工作会议上做典型发言。

【养老人才队伍建设】至2019年末，杭州市有养老护理人员1.11万人，其中机构养老护理员3682人、居家养老服务中心护理员3070人、居家养老服务专业组织护理员4319人。举办全市养老人才培训，对各区县（市）民政涉老管理人员、部分镇街负责人、养老机构负责人约300多人开展分期集中培训。联合杭州师范大学钱江学院完成养老护理员岗前培训2期240多人、养老护理员继续教育3期180多人，提高养老护理员专业化水平。举办第十届全市养老护理员技能大赛，18支代表队共54名选手参加，选送优秀养老护理员参加全省、全国技能竞赛，其中市社会福利中心曹媛获第九届全国养老护理员职业竞赛一等奖。开展“最美养老护理员”和“市属福利院十佳护工天使”推选活动，评审确定20位“最美养老护理员”和10位“十佳护工天使”。

【“互联网+养老”工程】2019年8月，市民政局印发《杭州市“互联网+养老”服务工作实施方案》，利用互联网、云计算、人工智能等为老年人提供高效、便捷的养老服务。“一网服务”，实现养老服务在线发起申请、在线需求评估、补贴资金发放、服务预约、过程监管、支付结算等功能，上线服务商城、养老服务机构安全巡查监管模块、智能养老顾问模块。“一卡支付”，在社保卡（市民卡）中设立养老服务专户“重阳分”，统一结算完成主城区全覆盖，实现老年人自主“点单式”养老服务。智慧餐台自动计算餐费、人脸识别支付等功能得到试点推广。“一键呼叫”，智慧养老继续为签约老人提供线上线下相融合的居家养老服务。至年末，为签约老人提供紧急救助126次、夜间助急58次、基础性生活服务4.26万次、主动关怀服务83.94万次。“96345100”养老服务热线面向全市老年人提供各类咨询、投诉、建议服务，全年接听咨询电话1.53万个，外呼回访19.62万个，回访满意率97%以上。杭州市相继在第二届全国智慧健康养老产业发展大会、第四届全国信息技术与健康养老融合发展高峰论坛做主旨发言，推广杭州经验。

（黄安飞）

【老年文教体育事业】至2019年末，杭州市建有老年电视大学16所，教学点3549个。2019年春秋两季参加老年电视大学学习的老年学员共40.22万人，平均入学率11.2%，继续保持全省前列。全市有区县（市）级以上老年大学23所，在校老年大学学员1.68万人。有老年文艺团队3717个，参加人数10.85万人；老年体育协会及各类老年体育团队3650个，参加人数35.35万人；其他老年社团组织297个，参加人数1.38万人。

【老年人意外伤害保险方案调整】2019年6月10日，市卫生健康委印发《关于做好2019年度老年人意外伤害保险相关工作的通知》，2019年度保险期限从2019年7月1日0时起至2020年6月30日24时止。6月13日，市卫生健康委召开全市老年意外伤害保险工作会议，明确新一轮意外险方案对三方面内容进行修改完善。一是提高保费标准，从7月1日起，将保费从20元/份提高到30元/份；二是引进多个保险公司，从原3个保险公司承保本项目增加到5个；三是采取入围制，由各区县（市）在5个入围的保险公司中自主选择承保公司。至年末，全市有109.16万个老年人参加老年人意外伤害保险，占老年人口数的59.89%。全市总保费为4335.28万元，其中政府补助金额2815.68万元，享受政府补贴人数96.7万人。

【老年协会建设】至2019年末，杭州市1097个社区建立老龄工作小组，1075个社区建立老年协会，1072个老年协会达到规范化建设标准，占社区老年协会总数的99.72%。全市2029个行政村均建立老年协会，参加

2019年9月25日，杭州市2019年“老年节”庆祝大会暨敬老爱老助老“最美”系列先进推选活动举行 （市卫生健康委 供稿）

老年协会的人数56.32万人，占行政村老年人口数的76.74%。全市社区（行政村）老年协会纳入民政部门依法登记或备案管理的有2618个，占老年协会数的84.37%。

【老年健康宣传周】2019年5月23日，市卫生健康委印发《关于组织开展2019年老年健康宣传周活动的通知》，在6月10—16日，围绕“懂健康知识，做健康老人”活动主题，动员卫生健康系统医务人员、党员干部、青年团员及相关社会组织、志愿者，向老年人宣传普及老年健康知识。全市举办大型老年健康宣传活动16场，发放各类老年健康生活知识宣传资料15万余份，开展各类健康讲座80多场。

【敬老爱老助老“最美”系列选树】2019年5月15日，市老龄工作委员会印发《关于开展杭州市敬老爱老助老“最美”系列先进选树活动的通知》，在全市启动敬老爱老助老“最美”系列先进选树活动。通过群众和组织推荐、网络投票、综合评定、市推选活动评审小组审议，推选出“最美敬老爱老示范街道（乡镇）”“最美敬老爱老示范社区（村）”“最美敬老幸福家庭”“最美敬老签约医生”“最美敬老爱老助老模范人物”“最美长者”6个系列共180位先进典型代表。

【“敬老月”活动】2019年，在全国第10个“敬老月”和第7个“老年节”期间，杭州市以“向上向善，孝亲敬老”为主题开展系列活动。9月18—30日，邀请市政府四套班子领导带头走访慰问百岁老人。市政府为全市996位百岁老人（含虚岁）每人送上慰问金1000元，并向250位新满100周岁的老人，每人赠送一枚由西泠印社刻制的“期颐之贺”印章。市老龄事业发展基金会救助全市困难家庭失能老年人864人，配送轮椅446把、护理床和被毯418张（条）。9月25日，由市委宣传部指导，市老龄工作委员会、市卫生健康委承办的杭州市2019年“老年节”庆祝大会暨敬老爱老助老“最美”系列先进推选活动在杭州文广集团演播厅举行。“敬老月”期间，市老龄工作委员会各成员单位和各区县（市）老龄工作委员会办公室共开展活动110多项。 （彭智军）

残疾人事业

【概况】至2019年末，杭州市有残疾人47.78万人，占全市总人口的6.36%。21.76万名残疾人申领第二代残疾人证，其中：视力残疾2.63万人，占12.1%；听力和语言残疾3.48万人，占16%；肢体残疾10.38万人，占47.7%；智力残疾2.19万人，占10.1%；精神残疾2.33万人，占10.7%；多重残疾7533人，占3.5%。

2019年，市、区两级残联改革方案出台。市、区两级残联共配备27名挂职副理事长和18名兼职副理事长，充实各级残联执行理事会工作力量。残联代表大会代表、残联主席团委员中相关残疾人代表比例提高，配齐配强乡镇（街道）残联理事长和残疾人工作专职委员，推进残疾人专职委员选聘、待遇、培训、管理、作用发挥“五个到位”。

【残疾人生活状况改善】2019年，杭州市向6.83万个困难残疾人发放生活补贴，向9.80万个重度残疾人发放护理补贴，发放资金4.99亿元。为持证残疾人购买意外伤害保险，实现城区残疾人社会保险补助全覆盖。市残疾人托管中心创建国家级标准化试点，创优智精残疾人托养服务，获评“全省残联系统担当作为好案例”。

【残疾人高质量充分就业】2019年，杭州市残疾人按比例就业人数2.02万人，应届残疾人大学毕业生就业率94.3%。市残联协调推出公务员岗位、事业单位岗位各1个；联合市人力社保局、市国资委针对残疾人举办国企招聘会，达成初步就业意向104人次。

【残疾人教育培训服务】2019年，市残联配合做好残疾儿童少年调查摸底和送教上门服务，推动特殊教育向两头延伸。全市三类障碍儿童少年学前入学率91.9%，义务教育率99.5%。对残疾人参加社会化培训实行经费补助，鼓励引导残疾人参加各类职业技能培训。开展职业技能培训，培训学员3346人次。选拔推荐11名选手参加第六届全国残疾人职业技能大赛，助力浙江省代表团夺得团体第一名，5人获“全国技术能手称号”。

【残疾人精准康复】2019年，市残联为9万余名有康复需求和适应指征的残疾人提供康复服务，残疾人基本康复服务率、辅助器具适配率均超过99%。7月，市残联会同相关部门出台《关于进一步精准实施杭州市“光明工程”的通知》，完善工作机制，提高康复重点项目成效。落实残疾儿童康复服务新政，为700多名残疾儿童提供康复服务，发放康复补贴1753.2万元，残疾儿童康复显效率超过95%。持续推进残疾儿童定点康复机构规范化建设，探索形成“两查”“两评”“两补”“两标”等经验方法，在全国、全省康复业务会议上做经验介绍。会同市卫生健康委共同推进残疾人家庭医生签约，为残疾人提供上门医疗康复服务。市残联强化精神卫生工作，参与杭州市社会心理服务体系建设和严重精神障碍患者综合管理等工作，落实好精神残疾人免费服药和住院救助政策，推进仁爱家园工疗站创建“平安示范单位”。

【杭州康复医院（市特殊康复中心）开工】2019年12月3日，杭州康复医院（市特殊康复中心）开工。该项目是杭州市第一个面向残疾人康复治疗的市属非营利性公立医院，被列入杭州市残疾人事业发展“十三五”规划，由市残联在2015年获市发改委立项批复，建设项目名称为杭州市特殊康复中心，医疗机构设置名称为杭州康复医院。项目以建成医、教、研于一体的综合康复医疗中心为目标，施工期750天，计划2022年建成，在亚残运会前投入使用。

【残疾人文化体育】2019年4—10月，市残联围绕庆祝中华人民共和国成立70周年以及残联成立30周年等重要节点，举办“国旗下的诵读”系列活动以及征文大赛、残疾人艺术展、摄影展等文化艺术活动，首次举办青年残疾人书画展。文化助残“五个一”工程受益人群4190人次，举办特殊艺术进农村文化礼堂巡演80场次。杭州籍运动员在全国第十届残运会暨第七届特奥会获69枚金牌、33枚银牌、12枚铜牌，打破7项全国纪录，金牌数、奖牌数均居全省首位。市残联承办全省首届旱地冰壶锦标赛，举办杭州市首届残疾人旱地冰壶邀请赛、首届杭州市青少年田径游泳锦标赛。6月14—18日，全国十残会赛艇皮划艇比赛在淳安举行。

【残疾人权益保障】2019年，市残联协助市发改委、市城管局等部门为2000多名残疾人开通主城区停车优惠功能。探索残疾人机动轮椅车登记工作常态化机制，做好122辆新购残疾车培训上牌工作，主城区上牌残疾车累计达3200辆，按期完成4636辆残疾车燃油数据录入工作。残疾人免费乘坐市内公共交通政策从主城区向全市域拓展。市残联信访件受理率、办结率均为100%。

【城市无障碍水平提升】2019年，杭州市第二批18个省级无障碍社区创建成功，获中国残联领导肯定。超额完成2019年困难残疾人家庭无障碍改造任务，实际完成1744户，投入资金593万元。在全市层面开展无障碍环境调查工作，委托第三方机构对17个类别、16个无障碍要素、3550个调查单位、2.29万处设施点位开展状况调查，查出问题设施123种、问题设施点数5.72万个，形成杭州市无障碍环境调研报告和负面清单，为全市无障碍环境提升改造提供参考依据。

【助残服务“最多跑一次”改革】2019年，杭州市以“1+X”联办机制和助残服务“一件事”改革为主线，以数字残联建设为基础，抓住“一窗办理”、政务服务2.0试点等改革任务不断优化管理服务流程，44项助残服务事项实现“跑零次”10项、“跑一次”33项。杭州市推进助残服务“最多跑一次”主要做法入选《浙江政务信息政务工作交流》，获省、市领导批示肯定。

【“残疾人之家”规范化建设】2019年，市残联落实《浙江省残疾人联合会等七部门关于推进“残疾人之家”规范化建设的意见》文件精神，于3月20日印发《关于进一步加强残疾人辅助性就业机构建设管理的通知》，通过抓进度、抓督导、抓评估，跟踪问效，推进“残疾人之家”建设。169个“残疾人之家”按照“八个有”（有合法的主体、有统一的标牌标识、有稳定的服务对象、有适宜的服务场所、有配套的设施设备、有完善的服务功能、有专业的管理服务团队、有健全的管理制度）的要求完成规范化建设，庇护人数4426人，超额完成任务数的111%。

（冯　丽）

红十字会

【概况】至2019年末，杭州市有2810个红十字基层组织，45.1万个会员。13个区县（市）全部建立红十字会，乡镇（街道）红十字会建会率100%，学校红十字会建会率97.7%。市红十字会内设办公室（增挂组织宣传部）、赈济救护处2个处室，下设1个直属单位：市红十字会备灾救灾中心）。

【红十字会改革实施】2019年10月17日，市委办公厅印发《杭州市红十字会改革实施方案》。10月25日，市红十字会召开专题动员部署会，进行学习和解读，制定实施细则和路线图，逐条分解，明确分工。12月，对照实施方案制订市红十字会第十一次会员代表大会实施方案。从提高代表大会会员组成中来自社会各领域及基层一线的人员的比例、领导班子实行专兼挂相结合、依法成立监事会等方面，落实改革工作。

【应急救护培训】2019年，市红十字会开展“人人学急救、助力一一六”急救培训进机关活动，每月固定时间在市民中心为机关干部、职工上应急救护知识和技能课。在全市普及初中学生10课时救护培训的基础上，新增高中学生救护培训6课时，并对学校老师进行师资培训。举办2019年杭州市红十字应急救护大赛，参与杭州市健康素养进农村文化礼堂三年行动，开展急救技能讲座，设置急救器材，提供急救服务。全年培训持证红十字救护员4.73万人，群众性应急救护知识技能普及培训37.08万人次。

【器官捐献人数增长】2019年，杭州市器官捐献人数增长，从原来的全省第二方阵跨入第一方阵。造血干细胞捐献人数快速增长，入库登记1866

人，累计实现捐献28例。市红十字会对造血干细胞捐献家庭进行定期走访慰问，慰问50多户，发放慰问金60万元。造血干细胞捐献人数居全省第一位；2019年，遗体和角膜捐献人数居全省第一位。3月，位于江干区以缅怀纪念人体器官（遗体、组织）捐献者为主题的全省首个“生命礼赞”主题文化公园启动开工建设，到年末基本建成。

【红十字博爱救助系列品牌建设】2019年，市红十字会推进红十字博爱救助系列品牌建设，实施“红十字失独家庭救助”“红十字红丝带”“红十字癌症康复”等公益项目，持续19年开展“红十字博爱送万家”活动。援助桐庐县莪山畲族乡开展灾后被毁道路修建，扶持农村老年食堂改善伙食，在结对乡镇建立红十字人道博爱救助金，开展经常性临时应急救助，帮助遭受突发事件或意外灾害的群众渡过难关，看望慰问因台风“利奇马”而遇难的遇难者家庭。全市红十字会系统全年募集救助款物2410万元，发放款物2716万元，救助困难群众4.8万人次。助力打赢脱贫攻坚战，援助对口地区款物877万元，用于改善当地群众饮水、培训应急救护师资等。

【红十字精神宣传】2019年，市红十字会把握重要时间节点，宣传红十字文化和精神。在第72个世界红十字日期间，开展一系列以“爱心相伴、‘救’在身边”为主题的红十字宣传服务活动。助推农村精神文明建设，开展红十字进乡村活动。5月8日，杭州市第72个世界红十字日纪念活动暨杭州市推进红十字文化进乡村活动启动仪式在富阳区场口镇文化礼堂举行，视频、微博、公众号同步直播。5月31日至6月2日，市红十字会首次参与杭州（国际）未来生活节，开设红十字急救馆，1万余人学习红十字急救知识和技能，了解红十字历史文化。联合都市快报社推出“救在你身边”大型公益急救培训活动，组织10万余人参加红十字知识竞答。参与“5·12”防灾减灾宣传活动。宣传新修订的《中华人民共和国红十字会法》，发动全市红十字会会员、志愿者参加全国红十字知识竞赛，获组织一等奖。

【基层组织建设强化】2019年5月9日，杭州市召开全市红十字系统基层红十字会工作规范化现场会。开展对会员、志愿者清理整顿工作。对现有红十字会会员重新登记，完善手续；在杭州市红十字会网站公示市红十字会志愿服务经费的筹资、管理和使用情况；规范志愿者活动，要求统一穿着志愿者服装、佩戴志愿服务卡和志愿者证开展活动，做好活动后登记、盖章活动；加强志愿者管理，推行志愿者服务积分和评比制度，定期开展对志愿者培训工作。红十字青少年工作形成体系。10月18日，市教育局、团市委、市红十字会印发《杭州市学校红十字工作实施办法（试行）》，对学校红十字会组织架构、主要内容和年度工作进行规范，明确学校红十字工作目标方向。组织被评为红十字学校的老师、教育部门和专职红十字会工作人员到外地参观学习。连续10年举办以“关爱生命”为主题的红十字青少年夏令营，红十字青少年工作经常性、规范化、体系化业态形成。（肖彩霞）

社区（村）建设

【概况】至2019年末，杭州市有社区1185个，其中上城区54个、下城区74个、江干区143个、拱墅区99个、西湖区163个、高新区（滨江）60个、萧山区189个、余杭区193个、富阳区50个、临安区36个、桐庐县22个、淳安县15个、建德市27个、钱塘新区54个、杭州西湖风景名胜区6个。全市有社区工作者1.31万人，平均年龄37.2岁。其中：中共党员7795人，占59.7%；大专以上学历1.2万人，占91.7%；研究生以上学历164人，占1.3%；取得社会工作师资格的2938人，占22.5%，取得助理社会工作师及以上资格的6833人，占52.4%。

全市有村委会2011个，其中江干区4个、西湖区32个、萧山区352个、余杭区176个、富阳区276个、临安区270个、桐庐县181个、淳安县423个、建德市229个、钱塘新区59个、杭州西湖风景名胜区9个。杭州市通过健全村务公开机制、强化民主监督机制、完善民主管理机制、加大检查力度等举措深化村务公开和民主管理工作。至年末，全市村务公开和民主管理规范化建设达标率96%以上。

【城乡社区治理和服务创新】2019年1月15日，民政部发文确认杭州市下城区为全国街道服务管理创新实验区。3月22日，省民政厅发文确认拱墅区小河街道、西湖区西溪街道、余杭区塘栖镇为第二批省级社区治理和服务创新实验区。3月25日，民政部发文确认江干区为全国社区治理和服务创新实验区。10月31日，杭州市老旧社区治理经验在民政部举办的全国会议上做经验交流推广。11月14日，《浙江政务信息》刊登《杭州市聚焦民生热点积极探索老旧社区治理新路径》，全省推广杭州市老旧社区治理经验。11月25日，民政部简报刊登《杭州市以“大治理”体系建设推动城乡社区治理高质量发展》，杭州市社区治理创新经验做法得到民政部肯定并向全国推广。

【国际化社区建设】2019年，杭州市持续推进国际化社区建设。10月30日，市和谐社区建设领导小组发文确定上城区清波街道清河坊社区、上城区望江街道近江东园社区、下城区长庆街道王马社区、江干区四季青街道钱运社区、拱墅区湖墅街道长乐苑社区、西湖区翠苑街道翠苑一区社区、西湖区文新街道德加社区、滨江区西兴街道滨和社区、滨江区长河街道观潮社区、萧山区新街街道新宜社区、余杭区南苑街道临城社区、钱塘新区下沙街道柠檬社区、钱塘新区白杨街道江潮社区13个社区为杭州市2019年度国际化社区示范点。

【撤村建居社区示范点】2019年，杭州市持续推进撤村建居社区建设。6月4日，《浙江民政信息》刊登《杭州市坚持“三化”引领积极探索撤村建居社区建设新路径》，全省推广杭州市撤村建居社区治理经验。10月30日，杭州市和谐社区建设领导小组发文确定下城区文晖街道胜利社区、江干区四季青街道五福社区、江干区笕桥街道明桂社区、江干区九堡街道三卫社区、拱墅区半山街道金星社区、拱墅区康桥街道康运社区、拱墅区祥符街道北星社区、西湖区三墩镇吉鸿社区、钱塘新区下沙街道下沙社区、富阳区富春街道巨利社区、临安区锦城街道胜利社区11个社区为2019年度杭州市撤村建居社区示范点。

【农村“田园社区”建设】2019年，杭州市深化推进农村“田园社区”建设。10月30日，市和谐社区建设领导小组发文确定西湖区转塘街道长埭村等50个农村社区为2019年度杭州市田园社区示范点。11月14日，《杭州市田园社区治理发展研究》获市社会科学界第五届学术和咨政年会论文三等奖。12月27日，省民政厅发文确定杭州市江干区丁兰街道沿山村等58个村为省级农村引领型社区。

【社区服务业发展】2019年，杭州市拨付城市社区服务业专项资金1000万元。其中：社区服务业扶持项目94个，扶持资金500万元；公益创投项目33个，项目资金500万元。项目涵盖社区治理、社区融合、专业服务、社区公益等内容，实施周期为一年。拨付市级福利彩票公益金500万元资助农村社区建设，主要用于田园社区和示范引领农村社区服务品牌建设。

【社区（村）减负】2019年8月28日，市和谐社区建设领导小组印发《关于新形势下深化社区（村）减负增效工作的若干意见》，形成履职事项清单、协助事项清单、盖章证明清单、减负“负面清单”四张清单，明确社区（村）依法依规履行职责主要事项18项、协助政府工作主要事项23项、市级部门准入社区（村）盖章事项22项、社区（村）减负工作负面清单事项10项。全市城乡社区清理摘除对外挂牌（竖牌）1726块、室外标识牌5182块、室内功能室标牌1.01万块、上墙制度2.02万块，整合宣传阵地2987个。

【社会工作专业人才建设】2019年，杭州市持续加强社会工作专业人才队伍建设，举办社会工作者继续教育培训班、市级社会工作督导助理候选人培训班、“三社联动”实务能力培训班、社会工作领军人才培训班等6类19期培训班，组织19名优秀社区工作者到日本开展“老年人社会工作的服务模式与实践探索”培训，提升社会工作者专业水平。全市2665人通过全国社会工作者职业水平考试，至年末，全市持证人数达1.47万人，居全省第一位。培育杭州市社会工作督导助理35名。

【专职社区工作者队伍建设】2019年，杭州市深化专职社区工作者队伍建设。5月15日，市和谐社区建设领导小组印发《杭州市专职社区工作者管理实施办法》，从招聘、跨区域调任、挂职锻炼、培训、考核、退出、作息管理、培养全科社工8个方面完善专职社区工作者管理体系。10月11日，市委组织部、市委编办、市民政局、市人力社保局印发《优秀社区党组织书记纳入专项周转事业编制管理实施细则》，打通专职社区工作者上升通道。首次将“最美社工”荣誉纳入市行政奖励范畴，全市30名“最美社区工作者”受到表彰。

【国际社工日主题宣传活动】2019年3月19日，第13个国际社工日主题宣传活动在滨江区海创基地举行。活动以“追梦新征程，社工在行动”为主题，由启动仪式、宣传展示和便民服务三部分组成。社会工作者以情景剧、舞蹈、歌曲等形式展示专业形象和服务成效，现场设置12个社会工作宣传展台，集中展示杭州市社会工作和社会工作机构的发展情况。现场还开展义诊、急救知识普及、科普、法律咨询、便民服务和公益互动体验。

【社区工作者节】2019年10月23日，杭州市第十届社区工作者节活动在杭州文广集团1号演播厅举行。活动以“不忘初心，逐梦前行”为主题，分为“初心”“印迹”“逐梦”三个篇章，以朗诵、沙画、情景剧、歌舞、说唱等形式展示杭州市社区治理和服务创新工作成果，讲述社区工作者事迹。

【杭州市第十六届邻居节】2019年5月26日，杭州市第十六届邻居节在西湖区留下街道杨家牌楼社区举行。邻居节以“文化家园，德润邻里”为主题，展示社区文化家园建设成效和新型邻里关系建设风貌。主场活动分设12个环节和板块。活动现场，“好邻居”们和五星级社区文化家园的代表接受表彰，举行“社区文化家园”丛书首发及赠书仪式，还举办包粽子、唱戏曲、打麻糍、编花篮等活动。（何利强）

社会组织

【概况】至2019年末，杭州市有各类社会组织4.97万个。其中，注册社会组织1.15万个（市本级1195个）：社团3394个（市本级770个）、民办非企业单位7981个（市本级389个）、基金会83个（市本级36个）。杭州市平均每个城市社区有20.25个社区社会组织，平均每个农村社区有9.15个社区社会组织。开展2018年度社会组织年检工作，市本级1076个社会组织参加年检，其中，合格960个、基本合格58个、不合格58个，分别占参加年检的社会组织总数的89.2%、5.4%、5.4%，年检合格率94.6%。开展社会组织等级评估，完成市本级301个社会组织的等级评估工作，其中AAAAA社会组织32个、AAAA社会组织105个、AAA社会组织157个。全年市本级共资助98个社会组织公益创投项目，其中为老服务类项目23个、社区治理和服务类项目26个、生育扶持类项目14个、社会救助类项目5个、乡镇（街道）枢纽型社会组织服务中心能力建设项目30个，资助金额1457.80万元。

【社会组织培育扶持】2019年，杭州市编制出台2019年市本级政府向社会力量购买服务推荐性目录，资助30个乡镇（街道）枢纽型社会组织服务中心能力建设项目，共487万元公益创投资金。评选品牌社会组织10个、品牌项目10个、社会组织领

2019 年 8 月，临安区受台风“利奇马”影响发生塌方和泥石流，杭州市社会组织参与救援。图为临安区北斗救援队队员正在搜救受伤群众 （市民政局 供稿）

军人才 10 人。举办知识培训和讲座 20 多场，培训近 2000 人次。全市镇街枢纽型、支持型社会组织实现全覆盖，市域治理现代化“社会协和”工程基础进一步夯实。

【社会组织审批服务事项网上联办】2019 年，杭州市级和各区县（市）社会组织审批服务事项“最多跑一次”工作继续领跑全省。细化梳理形成社会组织成立、变更、注销、年检、备案等 72 个政务服务事项，全部实现网上“一窗受理、部门联办”，推进社会组织登记管理服务“网上办”“掌上办”“码上办”相互补充的办事模式，承诺办结时间比法定办结时间缩短 80% 以上。

【社会组织公益嘉年华】2019 年 10 月 9 日，杭州市暨富阳区社会组织公益嘉年华活动在富阳区渌渚镇孝子湾举行。活动以“党建引领·公益追梦”为主题，设置开幕式和展示区、互动区、服务区、都市经济圈（山海协作）社会组织参与社会治理公益论坛 4 个主题活动街区，开展百米长卷颂祖国、大城有爱公益快闪、垃圾分类大灌篮、声波邮局等公益互动活动，设立益成长区、益夕阳区、益健康区、益服务区、益环保区 5 个服务区，提供心理健康、垃圾分类、爱心衣物回收、中医养生、公益理发和推拿按摩等公益服务。论坛首次邀请衢州市、安徽省黄山市等地的民政部门和社会组织代表参加。活动还对在传播公益精神、践行公益理念、促进公益服务推广等方面成效显著的杭州市品牌社会组织、杭州市社会组织领军人才和富阳区社会工作领军人才、杭州市参与东西部扶贫的优秀代表、杭州市首批“最美公益人”进行表彰。

【社会组织党建】2019 年，杭州市进一步提升社会组织党建工作整体水平，规范完善全市社会组织党群服务中心建设，制定出台《杭州市社会组织党群服务中心规范化建设标准》，建成 13 个区县（市）级社会组织党群服务中心和 210 个乡镇（街道）、村（社区）级社会组织党群服务中心，实现三级网络有效覆盖，夯实社会组织党的组织和工作“双覆盖”基础。全市由民政部门党建“兜底”管理的社会组织有 823 个，党员 356 名，成立党支部 102 个，选派党建指导员和联络员 352 名。发挥社会组织党校“红色智库”作用，全市开办社会组织党校 6 个。组建由高校老师、党政机关领导、社会组织骨干、知名企业家等组成的讲师团，开展学习实践活动 318 批，4580 人次参加。

【社会组织参与社会服务】2019 年，杭州市社会组织向贵州省黔东南州和湖北省恩施州捐赠款物 2604 多万元，帮扶资金比上年增长 489.5%。涵盖助老、助学、帮困等 20 类 54 个帮扶项目，精确对接救助群众超过 1 万人。发挥社会组织业务专长和优势，传导先行理念，助力构建理念帮扶、服务帮扶、款物帮扶“三位一体”的帮扶格局，按照“小项目、大效益”的思路，推动扶贫项目落地。

在抗击强台风“利奇马”中，杭州市社会组织参与多处受灾区域救援活动。1126 个社会组织参与抢险救灾，出动 1.6 万人次，动用各类装备 104 台，在 17 个地区展开救援行动，转移和解救受灾群众 3000 多人，抢修车辆 200 多台（次）。 （葛卫平）

民族·宗教

【概况】至 2019 年末，杭州市有常住少数民族人口 13.46 万人，其中：主城区及萧山区、余杭区 8.03 万人，富阳区、临安区和三县（市）5.42 万人。杭州市少数民族人口总量虽不多，但常住的少数民族有 54 个（无珞巴族）。流动的外来创业务工少数民族人口有 27.32 万人，1 万人以上的少数民族有苗族、土家族、侗族、壮族、布依族、彝族、回族。全市有 1 个少数民族乡（桐庐县莪山畲族乡）、19 个少数民族村（富阳区双江村，临安区铜山村、逸逸村、众社村、浪山村、枫树岭村，桐庐县莪山村、中门村、新丰村、龙峰村、湾下村、大庄村、金塘坞村，淳安县富泽村，建德市胡村源村、双泉村、高桥村、小溪源村、团结村）。民族乡和民族村有少数民族人口 6994 人。

杭州市有佛教、道教、伊斯兰教、天主教、基督教五大宗教，各级宗教团体 38 个，另有 2 个带有基督教性质的社会团体（杭州基督教青年会、杭州基督教女青年会）。全市经登记开放的宗教活动场所有 840 处（其中佛教 278 处、道教 36 处、伊斯兰教 1 处、天主教 12 处、基督教 513 处），经认定备案的宗教教职人员 1320 人（其中佛教 827 人、道教 57 人、伊斯兰教 4 人、天主教 17 人、基督教 415 人），可统计信众约 32 万人。纳入登记编号的民间信仰活动场所有 831 处。

【民族团结进步表彰】2019年9月27日，在全国民族团结进步表彰大会上，浙宝电气（杭州）集团有限公司获"全国民族团结进步模范集体"称号，雷天星（畲族，桐庐县莪山畲族乡龙峰民族村党支部书记）、阿不力克木·米吉提（维吾尔族，杭州市公安局民警）获"全国民族团结进步模范个人"称号，相关人员受到国家领导人接见并参加国庆70周年庆典。4月3日，阿不力克木·米吉提和龙白凤（苗族，萧山区党湾镇龙凤鱼腥草专业合作社负责人）入选省民族宗教委表彰的首批13名来浙少数民族"和谐融入之星"。4月，桐庐县莪山畲族乡龙峰民族村入选省民族宗教委第二批"浙江省少数民族十佳特色村寨培育名录"。9月24日，萧山区城厢街道潇湘社区和杭州市明珠实验学校被省民族宗教委命名为第二批"省级民族团结进步重点培育单位"。12月，萧山区城厢街道潇湘社区被国家民族事务委员会评为第七批"全国民族团结进步示范单位"。

【杭州市民族团结促进会换届】2019年4月13日，杭州市民族团结促进会召开第五次会员大会，来自全市各行各业的70多位少数民族会员参加。会议审议通过《杭州市民族团结促进会章程（修正案）》等文件，选举产生新一届理事会领导班子，并对今后五年的工作做展望。翁浙敏当选会长，马丽华、兰兰、李东、钟一林、冶曼苏、杨红伟当选副会长，蓝优俊当选秘书长。

【中国（浙江）民族服饰设计展演】2019年4月9日，由国家民族事务委员会文化宣传司、中国服装协会指导，浙江省民族宗教委、浙江省服装行业协会主办，杭州市民族宗教局、桐庐县政府承办的第二届中国（浙江）民族服饰设计展演活动在桐庐县莪山畲族乡举行。现场展出22个民族的41套服饰作品，展现民族与时尚的融合。展演以"民族·狂欢"为主题，于2018年10月开始征稿，收到来自全国20多个省（自治区、直辖市）以及海外留学生作品628件。活动还邀请中国各地民族服饰手工匠人参与。经过前期初评、面试考核等环节，设计组和匠人组共39名选手入围。展演活动当天，举办民族文化与服装产业发展论坛、中国（浙江）民族服饰文化展示馆暨中国（浙江）民族服饰设计展演永久会场落户莪山畲族乡奠基仪式等相关活动。

【莪山畲族乡获评"中国畲族第一乡"】2019年10月16日，桐庐县莪山畲族乡获中国民族品牌文化委员会授牌，被授予"中国畲族第一乡"称号。当天，全国民族乡村振兴示范乡创建启动仪式在莪山畲族乡举行。桐庐县政府规划未来5年，每年县财政拿出500万元，共2500万元专项资金，同时成立5000万元建设基金等，用于莪山畲族乡新一轮建设。

桐庐县莪山畲族乡是全省18个少数民族乡镇之一，是杭州市唯一的民族乡。莪山畲族乡地处桐庐县中南部丘陵地区，区域面积28.73平方千米，呈"九山半水半分田"的地貌特征。全乡辖7个行政村，其中少数民族村4个；总人口9550人，其中，畲族人口2711人，占全乡总人口的28.4%。

【"三月三"畲族文化节】2019年4月7日，"爱我中华"杭州畲族馆第二届桃花节暨"三月三"民族歌会在大运河畔的杭州畲族馆举行，浙江省少数民族知识分子联谊会、浙江广播电视合唱团、杭州星空艺术团、杭州市摄影家协会参与。

同日，临安区首届畲族"三月三"风情文化旅游节在於潜镇铜山村开幕。活动除了展示畲族群众自编自演的文艺节目外，还集中展示畲族祭祀、婚嫁等传统习俗，各民族村在现场展示打糍粑、做麦芽糖、编草鞋、织彩带等畲族群众的手工工艺。

【"我爱祖国民族大家庭"主题"六一"少儿涂鸦大赛】2019年6月

2019年4月9日，第二届中国（浙江）民族服饰设计展演活动在桐庐县莪山畲族乡举行　（市民族宗教局 供稿）

1 日，由市民族宗教局主办、杭州钱江新城童画少儿美术教育基地承办、杭州畲族馆协办的首届“我爱祖国民族大家庭”主题“六一”少儿涂鸦大赛在市民中心举行。参加现场决赛的100名小画童主要来自杭州市民族团结进步创建“进学校”的5个示范单位：杭州市回族穆兴小学、杭州市德天实验小学、杭州市采珠实验学校、江干区天成教育集团、萧山区金迪学校。涂鸦大赛在庆祝中华人民共和国成立70周年的同时，树立“民族团结教育从娃娃抓起”的理念，营造“民族团结一家亲、同心共筑中国梦”的氛围。

【净慈寺新年钟声祈福迎新活动】 2019年1月1日零点，市长徐立毅和市佛教协会会长光泉法师共同在净慈寺敲响迎接新年的南屏晚钟吉祥钟声，市领导张建庭、陈红英、王宏等参加。祈福活动契合改革开放40周年，以“钟鸣新时代，祈福千万家”为主题，歌颂改革开放成果，弘扬中华优秀传统文化，体现处于“后峰会、前亚运”战略机遇期的新杭州与世界积极联通，反映杭州加快城市国际化步伐，建设独特韵味别样精彩世界名城的获得感和幸福感。净慈寺新年钟声祈福迎新活动自2004年“送福进万家”开始已连续举办16届，成为杭城岁末迎新影响力大、群众参与度高的品牌活动。

【“和谐宗教·法在心中”宗教法治论坛】 2019年5月8日，由省民族宗教委和省司法厅主办，市民族宗教局和市司法局、杭州灵隐寺承办的“和谐宗教·法在心中”宗教法治论坛在杭州灵隐寺举行。该活动是浙江省开展的以宪法为主题的“十百千万”普法工程系列活动之一，旨在贯彻习近平总书记关于“加大全民普法力度，建设社会主义法治文化，树立宪法法律至上、法律面前人人平等”等法治理念，落实党中央、国务院关于“七五”普法的工作要求，增强宗教界人士和广大信教群众的法治意识，全面提升全省宗教领域法治化水平。全省民族宗教系统、司法系统干部，依法治省委员会守法普法协调小组成员单位人员和宗教界人士及专家

2019年5月12日，市佛教协会举行托钵行脚佛教慈善活动，现场捐赠建德市梅城镇80万元，助力美丽乡村建设 （市民族宗教局 供稿）

学者200多人参加活动。

【“东南佛国·杭州”托钵行脚佛教慈善活动】 2019年5月12日，市佛教协会组织全市480名僧人举行“东南佛国·杭州”托钵行脚佛教慈善活动，募捐善款，祈福平安。僧众们自上天竺法喜讲寺出发，经中天竺法净寺、三天竺法镜寺，行至杭州灵隐寺，沿途接受十方信众的供养。活动募捐善款160多万元，现场捐赠建德市梅城镇80万元，助力美丽乡村建设。

【中国佛教书画艺术交流基地落户杭州】 2019年5月21日，由中国佛教协会、中国茶禅学会主办，浙江省佛教协会协办，杭州市佛教协会和杭州永福寺承办的“中国佛教书画艺术交流基地揭牌暨中国佛教协会2019佛教书画高级研修班开班仪式”在杭州永福寺举行。经中央统战部批准，中国佛教书画艺术交流基地落户杭州。这是继中国佛教讲经交流基地后，杭州市又一个宗教文化交流的重要基地。

【杭州灵隐寺获寺院ISO 9001评审证书】 2019年2月，杭州灵隐寺获中国质量认证中心评审认证，通过ISO 9001：2015标准认证。2015年，市民族宗教局指导杭州灵隐寺引入ISO 9001质量体系管理标准，通过将企业管理标准与寺院管理制度相融合，总结出一套既适合当代寺院管理要求，又符合ISO 9001质量体系标准的佛教寺院管理办法，是强化宗教界依法开展宗教活动意识，提升佛教寺院的规范化管理能力，健全佛教服务社会的制度性保障。

【杭州灵隐寺承办的中国佛教梵呗音乐会在纽约举行】 美国纽约当地时间10月12日、13日，受中央统战部委派，由杭州灵隐寺牵头组建的中国佛教梵呗艺术团在纽约林肯艺术中心David Geffen Hall举办两场名为“祈福”的中国佛教梵呗音乐会。来自纽约地区的逾4000名观众欣赏由杭州灵隐寺、西双版纳总佛寺、嵩山少林寺、北京雍和宫和开封大相国寺的100多名僧人演绎的梵呗音乐和汉、藏、巴利三大语系的诵经表演。音乐会由中国佛教梵呗艺术团与美国中华佛教会主办，杭州灵隐寺与纽约法王寺承办，美国佛教联合会协办，是2019年中美加三国佛教论坛的一个重要组成部分。

【杭州市伊斯兰教协会换届】 2019年8月31日，杭州市伊斯兰教第九次代表会议在杭州清真寺召开，全市近60名穆斯林代表参加会议。省、市、区统战、民族宗教部门领导，市级兄弟宗教团体负责人应邀参加开幕式，市佛教协会会长光泉法师代表四

大宗教团体致贺词。会议审议并通过市伊斯兰教协会第八届委员会工作报告、财务报告和章程（修正案），选举产生市伊斯兰教协会第九届委员会、常委会和新一届班子成员。冶曼苏阿訇当选第九届会长，魏志明、王毓菁、杜永波当选副会长，吴洁敏当选秘书长。

【杭州穆斯林欢度两大节日】2019年6月5日和8月11日，杭州穆斯林分别欢度伊斯兰教的开斋节和古尔邦节。两大节日当天，在杭州学习、工作、生活的近4000名中外穆斯林汇聚杭州清真寺参加节日会礼。参与节日会礼的穆斯林虔诚祈祷世界和平安宁、祖国繁荣昌盛、人民幸福安康，欢庆中华人民共和国成立70周年。省属五大宗教团体负责人到场祝贺，呈现杭州民族团结、宗教和谐的良好氛围。

【杭州市天主教爱国会换届】2019年6月13日，杭州市天主教第六次代表会议在杭州召开，来自全市天主教界的63名代表参加会议。市佛教协会、市道教协会、市伊斯兰教协会、市基督教三自爱国运动委员会、市基督教协会负责人应邀参加开幕式。会议听取和审议市天主教爱国会第五届委员会所做的工作报告及《杭州市天主教爱国会章程（修正案）》《杭州市天主教第六次代表会议决议》。会议选举产生新一届市天主教爱国会领导班子，方法全当选主任，郑家茂、马德玲、王圣军、韩彪、骆玛利当选副主任，刘玉红当选秘书长。

【“我的中国心，骑行迎亚运”单车献爱心活动】2019年4月17—22日，杭州基督教青年会与香港中华基督教青年会在淳安县千岛湖联合举办“我的中国心，骑行迎亚运”单车献爱心活动，港澳台及内地部分城市青年会共派出92名代表全程参加。活动骑行路线集中在千岛湖环湖周边，助力宣传2022年杭州亚运会“绿色、智能、节俭、文明”的办会理念，讲好杭州故事，并响应中央脱贫攻坚的号召，走访慰问少数民族困难家庭，助力少数民族小学的软硬件建设，关爱留守儿童，让当地孩子了解外面的世界；同时，团结港澳台同胞，了解祖国发展，加深海内外交流。活动期间，骑行团成员参观新农村建设的成果——下姜村。4月22日，骑手们和淳安县淡竹民族小学的学生开展“关爱地球，爱护家园”主题活动，共同参与升国旗仪式，并宣传世界地球日的有关知识。杭州基督教青年会向学生赠送50辆自行车，组织全体参加活动人员一起种下绿树。

【纪念杭州基督教会复堂40周年感恩庆典】2019年10月9日，市基督教三自爱国运动委员会、市基督教协会举办纪念杭州基督教会复堂40周年感恩庆典暨第十七次神学思想建设研讨会，100多位来自各区县（市）的教牧人员和市基督教三自爱国运动委员会委员、市基督教协会委员参加会议。全国基督教三自爱国运动委员会主席徐晓鸿牧师，浙江省基督教三自爱国运动委员会副主席、秘书长陈孝浪牧师到会致辞。在第十七次神学思想建设研讨会中，与会的有关教牧同工分别围绕“社会主义核心价值观研讨”“追忆杭州教会老牧者”“纪念圣经和合本百年”进行交流发言和回应。

【中华慈孝文化节】2019年8月17—18日，第五届中华慈孝文化节在杭州举行。第十三届全国政协文化文史和学习委员会副主任叶小文、浙江省政协副主席陈铁雄、台湾政界人士蒋孝严等出席活动。文化节举办2019年中华慈孝文化节开幕式暨慈孝人物颁奖盛典、第五届中华慈孝文化论坛和2019年中华慈孝感恩音乐会等系列活动，向社会树立“慈孝”典型，弘扬慈孝之风。

【浙江省暨杭州市宗教界庆祝中华人民共和国成立70周年书画展】2019年8月26—29日，由省民族宗教委、市民族宗教局指导，浙江省和杭州市五大宗教团体及杭州基督教青年会、女青年会主办，市宗教民族事务服务中心和市宗教研究会承办的“我爱祖国·五教同行”——浙江省暨杭州市宗教界庆祝中华人民共和国成立70周年书画展在浙江展览馆举行。活动征集到400多件作品，经遴选后展出166件作品，涵盖书法、绘画、篆刻、剪纸等形式，展现宗教界爱国爱教的精神风貌。

【宗教活动场所“防风险保平安迎大庆”消防安全活动】2019年9月9日，市民族宗教局联合市消防救援支队在杭州灵隐寺举办宗教活动场所“防风险保平安迎大庆”消防安全活动暨消防平台车捐赠仪式。杭州市各宗教团体、市属宗教活动场所，各区县（市）民族宗教局和宗教团体等有关负责人及安全管理员约200人参加活动。300多名消防战士演习对杭州灵隐寺天王殿模拟火灾进行扑救的过程。活动现场，杭州灵隐寺向市消防救援支队捐赠一辆价值约2400万元，可登高78米的消防平台车。（洪　亮）

责任编辑　郦　晶

区县（市） 46

2020 杭州年鉴

Districts & Counties (Cities)

上城区

【概况】2019年，上城区辖6个街道、54个社区。至年末，户籍人口31.9万人，常住人口36.62万人，人口自然增长率1.13‰。全区生产总值1171.41亿元，比上年增长6.1%。其中：第二产业增加值400亿元，增长2.8%；第三产业增加值771.41亿元，增长8.2%。二、三产业结构为34.1∶65.9。按常住人口计算，人均生产总值33.95万元，增长6.7%。按国家公布的2019年平均汇率折算，为4.92万美元。财政收入165.93亿元，增长3.6%。其中，地方一般公共预算收入85.13亿元，增长5.6%。一般公共预算支出52.55亿元，增长29.4%。

规模以上工业总产值784.7亿元、销售产值784.56亿元，分别增长3.1%和4.9%。固定资产投资增长1.1%。社会消费品零售总额增长8.5%。货物进出口总额206.77亿元，增长9.6%。其中：进口总额99.93亿元，增长3.9%；出口总额106.84亿元，增长15.5%。

上城区金融服务、文化创意、信息技术、商贸旅游、健康服务五大主导产业的一般公共预算收入49.19亿元。玉皇山南基金小镇累计引进金融机构2510个，资金管理规模1.12万亿元，税收23.01亿元，增长0.6%。文化创意产业增加值142.90亿元。有省级以上高新技术企业132个、市级137个。专利总申请3055件，增长16.4%；专利总授权1632件，增长6.7%。数字经济核心产业增加值26.28亿元，增长6%。望江金融科技城集聚数字经济类和金融类企业158个，税收4.7亿元。区电子机械功能区税收收入7.26亿元，增长61.4%，其中一般公共预算收入3.51亿元，增长59.5%。全区接待游客6400万人次，营业收入403亿元。健康产业增加值104.84亿元，增长17.2%。各类医疗卫生机构（含省市医疗机构、不含停业医疗机构）242个，床位1.47万张，各类专业卫生技术人员2.34万人。

至年末，小学18所（不含九年一贯制学校），在校学生2.14万人（含九年一贯制小学生4208人）；初中12所（其中九年一贯制学校5所），在校学生9511人；特殊教育学校1所，在校学生218人；职业高中1所，在校学生535人。深入实施“名校就在家门口、名师就在我身边”工程，推进教育优质均衡发展。上城区通过省政府对区政府履行教育职责督查，教育现代化发展水平指数列全省第一位。新增享受国务院特殊津贴专家1人，入选省有突出贡献中青年专家1人。“行走德育”项目获评全国优秀德育案例，被《人民教育》报道。星级家长执照工程获全国特别受百姓喜爱的终身学习品牌项目。上城人才培养模式被评为全国教师队伍建设十大优秀案例，在全省中小学师训考核中连续4年列第一位。杭州市杨绫子学校被评为全国先进集体，杭州市胜利实验学校教师胡珏被评为全国优秀教师。

全年办理“两会”议案、建议和提案221件，办理满意率均为100%。上城区获全国“七五”普法中期先进区等国家、省和市级荣誉95个。

【上城区南宋德寿宫遗址考古发掘】2019年12月3日，上城区南宋德寿宫遗址入选2019年度浙江十大考古发现。南宋德寿宫始建于绍兴三十二年，为宋高宗赵构退位后居所，坊间也称北大内，占地面积近17万平方米。发掘区域位于德寿宫前苑西北部，局部涉及中轴线位置，发掘面积6800平方米。新发现有大型宫殿基址、砖砌道路、砖砌庭院地面、台阶、假山基础、排水设施等各类建筑遗迹，出土高丽瓷器座、鸱吻、伽棱频伽、玻璃砖等文物3000多件。遗址区内南宋早期、中期遗迹之间存在叠压打破情况。按时代早晚排序依次为：秦桧宅邸、德寿宫时期、重华宫时期（慈福宫），其中秦桧时期遗迹揭露较少，多为德寿宫及后期修改建时期遗迹。

【上城区融媒体中心成立】2019年4月29日，上城区融媒体中心暨杭州电视台上城记者站挂牌成立。上城区融媒体中心立足上城发展实际，整合报纸、网站、视频、“两微一端”（微博、微信及新闻客户端）等传播平台，通过组织机构、生产流程、体制机制、人才资源等方面融合，加强技术支撑和平台建设，实现“一次采集、多元生成、多渠道传播”，有效提升新

2019年4月29日，上城区融媒体中心暨杭州电视台上城记者站挂牌成立
（上城区委史志编研室 供稿）

闻舆论传播力、引导力、影响力。融媒体中心分为指挥中心和视频中心。其中：指挥中心面积140多平方米，集人员办公和新闻调度等功能；视频中心面积90平方米，具备视频拍摄、制作和导控功能。同时，依托浙江新华移动传媒股份有限公司，打造“云采”系统。通过该系统整合新闻采写、任务下派、网络舆情等功能，形成数据指挥大屏。

【上城区文学艺术界联合会成立】 2019年1月11日，上城区文学艺术界联合会（简称区文联）成立暨第一次代表大会在区政府大礼堂举行。各相关单位负责人及文学艺术界的专家、学者等300多人参加。区文联聘任朱炳仁为区文联名誉主席，毛戈平、李玮、吕春生、朱明虬、陈水琴、杭间、胡乔华、夏赛丽、崔巍、嵇锡贵、蒋胜男11人为区文联顾问。大会审议通过区文联章程，选举产生区文联第一届委员会委员和主席、副主席，推举产生秘书长、副秘书长。

【上城区“歌唱祖国”歌咏大会】 2019年9月8日，上城区“歌唱祖国”——庆祝中华人民共和国成立70周年歌咏大会在区政府大礼堂举行。活动以“歌唱祖国”为主题，采取“一主二副”模块开展，即在上城区行政中心设主会场，在上羊市街社区和湖滨步行街设分会场。大会开篇由区四套班子领导、机关干部代表齐唱《我和我的祖国》。歌咏大会以中华人民共和国走过的光辉历程为主线，设置4个篇章，分别是“黎明的曙光”“新中国之声”“改革的春天”“新时代追梦”。上羊市街社区举办“美好社区七十载，同心共唱爱国情”的文艺演出。演出分“梦回上羊”“砥砺前行”“继往开来”3个篇章。湖滨步行街举办同心汇聚“醉杭州”暨杭州湖滨步行街庆祝中华人民共和国成立70周年文艺演出。

【中国（杭州）数字经济高峰论坛在上城区召开】 2019年1月25日，之江文化产业带重点项目签约现场会暨2019年中国（杭州）数字经济高峰论坛在上城区召开。论坛上，杭州凌笛数码科技有限公司与上城区签约，合作项目落地望江金融科技城，致力于共建时尚数字中心，推动智能制造发展，建立时尚产业互联网赋能行业，搭建时尚设计产业链服务开放平台，培养专业人才、孵化创业企业、形成产业集群，成为“新零售、新制造、新商业”模式的“数字经济”范本。现场，杭州凌笛数码科技有限公司发布与“BV百度风投”共同筹备的人工智能实验室，并宣布与“腾讯云”达成战略合作。

【南华期货股份有限公司上市】 2019年8月30日，上城区企业南华期货股份有限公司正式登陆上海证券交易所，成为国内首家A股主板上市期货公司。股票简称“南华期货”，股票代码为“603093”，首次公开发行7000万股股票，保荐机构为中信证券股份有限公司。南华期货股份有限公司成立于1996年，主要从事商品期货经纪、金融期货经纪、期货投资咨询、资产管理业务、证券投资基金代销业务。公司在中国香港、美国芝加哥、新加坡及英国伦敦4个重要国际金融中心设置分支机构，形成多市场、多牌照业务的全球化战略布局，有效提升公司综合服务能力和在国际金融市场的竞争能力，是获中国证券监督管理委员会公募牌照的期货公司。

【“上城工匠”认定发布会】 2019年9月24日，上城区举行庆祝全国首个“926工匠日”主题活动暨第二届“上城工匠”认定发布会。区领导、相关部门负责人、劳动模范和工匠代表等出席活动。活动以“庆华诞·守初心·尚匠心”为主题。会上，《关于公布第二届“上城工匠”认定结果的通知》发布，江亮、李春燕、吴娜佳、邱华平、沈益东、俞柏堂、聂伍军、梅红玲、虞大明、潘海宾10人获第二届“上城工匠”称号，另有5人获“上城工匠”提名奖。10名“上城工匠”以视频与演讲相结合形式，讲述自己的工匠故事，彰显“上城工匠”攻坚克难、精益求精、追求卓越的工匠精神。

【康养体系建设试点启动大会】 2019年9月29日，上城区政府举行以“共贺华诞，幸福养老”为主题的庆重阳暨康养体系建设试点启动大会。会上表彰“最美长者”“最美家庭”和“最美为老服务者”，并推出家庭养老照护床位服务新模式。上城区作为全省首批康养体系建设试点城区之一，计划通过3年时间，构建服务设施配套、医养有机结合、专业素质优良、覆盖家庭社区、具有上城特色、持续高效互助的六大“康养体系”，逐步形成政府引导、多方共举、服务多元、资源共享的康养服务体系和管理模式，促进健康老龄化。家庭养老照护床位是康养体系建设中的关键一环。服务对象为60周岁以上，经老年人能力评估为中度、重度失能的老年人，享受每月600元的补助；85周岁以上老年人能力评估结果可放宽至轻度，享受每月200元的补助（两者不可重复享受）。符合政府购买居家养老服务的老年人，每月的政府购买服务补贴可抵扣服务费用。根据老年人家庭养老服务需求，由专业服务组织制订服务清单送“货”上门并签订协议，让老年人家庭享受到“私人定制”的精准专业养老服务。

【**湖滨步行街开街**】2019年9月27日，由省商务厅和市政府主办的浙江首条国家级步行街——湖滨步行街开街仪式在湖滨街区举行。湖滨步行街是商务部确定的首批11条试点步行街之一，围绕国际、国内知名步行街定位，进行全方位改造提升。改造后的湖滨步行街把商业与自然、文化、历史及艺术融合，彰显中华传统文化，体现杭州特色、西湖元素。还引用大量高新科技，大规模布局新商业模式，智慧街区建设取得进展。湖滨步行街呈“千”字形，占地面积41万平方米。改造提升后的步行街打破原有以道路、大型商业体进行空间区隔的方式，植入“湖滨九里”街区概念。

【**杭州市党群服务中心“上城日”主题活动**】2019年11月23日，杭州市党群服务中心“上城日”主题活动举行，是“尚城·红星系”城市基层党建综合体在杭州市党群服务中心的首场大型活动，集中展示上城区域化党建成效。“上城日”主题活动设置20多场次的活动，吸引近1000名党员群众参观体验。其中：支部活动室内安排“小营红巷忆党史”“湖滨人说湖滨路”“治社名师谈治理”3个主题活动。新时代大讲堂安排“一张飘落千年的金名片”“区块链的前世今生”2个主题讲课活动，领导干部、商界人士讲述南宋文化的独特风情和区块链的发展历程。还有社区社会工作领军人才选拔大赛、社会组织参与社会治理十大案例展示和钱塘分享课堂活动，其中钱塘分享课堂展示基层社会治理体系和治理能力现代化的“上城探索”。在政治生日馆举办的“致敬先锋，接力初心”离退休党员与年轻党员分享会中，4名老党员分别围绕国有企业改革改制、正能量发挥、“五好支部”争创、馒头山“蝶变”奋斗历程分享初心，2名来自社区和企业的年轻党员代表分享成长体会。活动现场，上城区的党组织、社会组织和“上城工匠”、“非遗”传承人展示面塑技艺、景泰蓝手工艺画、浙派古琴、扎染、剪纸、花艺、中医药等传统文化。

【**杭州海潮寺复建工程奠基开工仪式举行**】2019年12月18日，杭州海潮寺复建工程举行奠基开工仪式，并按照佛教传统举行洒净仪式。海潮寺始建于明万历年间，由净土宗第八代祖师、明末“四大高僧”之一的莲池袾宏初创，并铸有大钟。清代以来，海潮寺与灵隐寺、净慈寺、昭庆寺并称“杭州四大丛林”。清嘉庆年间该寺扩建，有殿宇僧舍300多间。1944年，海潮寺大殿和藏经楼毁于大火，只留下建于明末清初的天王殿及部分僧舍。中华人民共和国成立后，海潮寺由杭州compact策橡胶厂使用，天王殿被作为工厂原料仓库。2000年，杭州市政府将“海潮寺旧址”列为市级重点文物保护单位。2012年初，市政府决定复建海潮寺。望海潮建设有限公司（望江指挥部）和区委统战部、区民宗局、市佛教协会等单位形成多级联动，及时了解、解决复建过程中存在的困难和问题，并结合望江新城建设，明确时间节点，开展海潮寺复建项目的前期工作，做好控规调整，协助开展地块周边征迁及建设工作。2019年10月，杭州海潮寺（处所）复建工程规划方案进行公示。海潮寺复建项目位于上城区望江单元，东临新开河绿化带，南临甬江路，西临海潮寺路，北至B1/B2-03地块，总用地面积16.1平方米。原址保留天王殿，新建金刚殿、大悲殿、钟鼓楼、方丈楼和海潮斋等。（许红霞）

下城区

【**概况**】2019年，下城区辖8个街道、75个社区，户籍人口42.37万人，常住人口52.6万人。全区生产总值1049.60亿元，比上年增长6.8%。其中：第二产业增加值42.08亿元，增长2.2%；第三产业增加值1007.52亿元，增长7%。二、三次产业结构为4.0∶96.0。

财政总收入175.12亿元，增长6.7%。其中，地方一般公共预算收入96.59亿元，增长8%。一般公共预算支出44.45亿元，增长15.3%，民生事业支出占财政支出的比重达81.6%。区级一般公共预算支出40.86亿元，区级一般公共预算支出中民生事业支出比重80.7%。

工业增加值14.39亿元，下降5.9%。其中，规模以上企业增加值9.83亿元，下降8.5%。规模以上工业企业新产品产值20.11亿元，新产品产值率46.4%。建筑业总产值246.25亿元，增长19.5%。

商贸销售额5524.46亿元，增长10.4%。其中：批发零售业销售额5460.42亿元，增长10.4%；住宿餐饮业营业额64.04亿元，增长10.5%。社会消费品零售总额增长8.5%。

固定资产投资146.71亿元，增长30.2%。从固定资产投资方向看，第二产业投资1.54亿元，第三产业投资145.17亿元。从投资结构看，生态环境和公共设施投资5.44亿元，增长104.2%；高新技术产业投资6.77亿元，增长52.2%；民间项目投资4.15亿元，增长39.7%；工业投资1.54亿元，增长18.1%。全年房地产开发投资119.66亿元，增长46.6%。房屋施工面积377.29万平方米，增长1.9%。商品房销售面积4.54万平方米，下降74.8%。

全年实际利用外资6.70亿美元。自营出口总额187.80亿元，增长2.8%。服务贸易出口额13.13亿美元，增长22.3%，其中服务外包离岸执行额5.07亿美元。

全区专利申请量6722件，增长7.8%。其中：发明专利申请量3855件，增长10.5%；专利授权量3467件，增长0.23%。通过国家高新技术企业评审企业78个，新培育市级高新技术企业20个、省级科技型中小企业93个。新培育市级众创空间3个，省级、市级孵化器各1个。

各类教育机构70个，其中高中1所、初中13所、小学17所、幼儿园37

所（含部门办、街道办、民办幼儿园）、特殊教育学校1所、教师教育学院1所。在校学生人数5.39万人，其中在园幼儿1.44万人、小学在校学生2.70万人、初中在校学生1.18万人、高中在校生610人、特殊教育学校学生90人。教职工5433人。引进学科领军人才6名，优秀管理人才2名。

推出“夜游武林”“文化风情”“寻味街巷”等都市旅游专线4条。全年举行营业性文艺演出4535场、特色培训300多场、演出服务60场。建成社区文化家园16个。

全区有卫生机构数329个，实有床位7494张，卫生技术人员7430人。全面推进“舒心就医”信息化改造，开具慢性病连续处方20.8万张、免费送药到家2.1万人次。改造和迁建石桥社区卫生服务中心和5个卫生服务站。9月，国家卫生健康委员会公布第三批全国健康促进县（区）试点评估结果，下城区在69个试点中排第三位。

全区新增就业3.07万人，失业人员再就业2929人；发放促进就业专项资金8974.5万元，惠及5.36万人次。至年末，职工养老保险参保人数30.88万人，增长5.6%；生育保险参保人数30.12万人，增长4%；工伤保险参保人数31.84万人，增长6.1%；失业保险参保人数29.69万人，增长4.2%；医疗保险参保人数42.05万人。户籍人口基本医保参保率99.2%。

发放城乡居民最低生活保障金、残疾人就业保障金3976万元。完成100户困难残疾人、老年人家庭无障碍设施改造。新增5个养老服务综合中心、5个老年食堂，建设“1+2”养老服务综合体。构建社会化双拥优抚工作模式，建成三级退役军人服务保障体系。推进全国街道服务管理创新试验区建设。

启动老旧小区综合改造提升工程，创新“10+X”改造模式，完成小天竺、知足弄社区和流水北苑小区市、区试点建设。打造6条“美丽小巷”，完成800幢楼房管网“清肠”、97个小区的847幢楼房雨污分流整治，15个小区二次供水改造、60台既有住宅电梯加装。拆除违建472处、8.17万平方米。下城区创建为省级“基本无违建区”。18座公厕提升改造完成。其中，武林路防疫站公厕打造成为引入5G通讯的全程无触碰智慧公厕。新增蓝领公寓2050套。

完成石桥河等7条河道、3.4万立方米清淤。六塘汶漾等16条河道划界、德胜河等14条河道“无违建”创建完成。市控以上功能区断面水质达标率100%。全区新增绿化4.23万平方米。完成三塘中心公园等4个美化彩化工程。

【“恒隆广场·杭州”项目开工】 2019年9月17日上午，“恒隆广场·杭州”项目在武林商圈百井坊地块正式开工，预计2025年建设完成。根据规划，项目总用地面积4.48万平方米，总建筑面积39万平方米，总投资190亿元。规划打造集景观、历史和人文于一体的国际商务中心，包括1个购物商场、5幢甲级写字楼和1个高级酒店，同时保留耶稣堂弄5号等历史建筑，保存城市文脉。项目建成后，将实现“地下联通、地上贯通”，连接武林商圈和湖滨商圈。

【武林新城建设深化】 2019年，下城区完成武林新城道路、桥梁、排水管网方案研究及7个重要片区城市设计成果深化，完成64个项目规划方案和城市设计审批。加快22个校园、19条道路、9条河道建设。城北体育公园南地块、沈家经合社留用地等20个产业类项目建设加快。完成绍兴路汽车文化精品街区一期改造提升。沈家、草庵等“七村”317.7万平方米的27个安置房项目全部开工。新增蓝领公寓2050套。

【数字经济核心产业增加值24.28亿元】 2019年，下城区数字经济核心产业增加值24.28亿元，增长15.3%。数字经济核心产业规上企业营业收入106.86亿元，增长37%。7月，出台数字经济产业政策，聚焦区块链、金融科技、生命健康等前沿产业，加强招商引资和培育。香港嘉里“数创港”、金蚂投资、浙江省金融控股有限公司总部、杭银理财有限责任公司、浙江省担保集团有限公司等29个1亿元以上项目落地，总注册资金218亿元。9月，下城区发布区十大新零售业态，举办浙江国际进口（武林洋淘）博览会、休闲购物节、车享节等活动。12月15日，《下城区创新型产业用地管理实施细则》发布。12月1日，首届区块链服务网络（BSN）合作伙伴大会举行，区块链服务网络全球运维中心落户下城区。

【杭州城市大脑下城平台发布】 2019年5月8日，下城区在浙江展览馆正式发布杭州城市大脑下城平台，该城市大脑平台也是全市首个严格按照统一标准全面接入杭州城市大脑中枢的区县平台。平台重点在经济发展、社会治理、城市管理、便民服

2019年9月12—15日，浙江国际进口（武林洋淘）博览会在浙江展览馆举行（下城区府办 供稿）

务四大领域布局，拓展智慧停车、商圈管理、智慧社区、街道治理、1Do任务处理模式、云上城管、智慧监控等应用场景。按照市级城市大脑数字驾驶舱规划，建设城市大脑新天地应用示范区，完成区、街两级数字驾驶舱建设。城市大脑下城平台的“乐游下城应用模块”开通“武林夜游”“寻味街巷”两条“数字旅游专线”。该“黑科技”能利用现有游客的轨迹数据、游客画像等数据，发掘潜在的游客，预先定向提供旅游服务信息。

【街道综合行政执法机构成立】 2019年5月，下城区试点成立街道综合行政执法机构——长庆街道综合执法大队，探索基层综合行政执法长效机制。整合执法队伍，以街道城管中队为主体，区城市管理局、区市场监督局等8个部门选派相应人员划转至街道。梳理权力清单，执法大队首批承接区级8个部门划转的涉及14个领域、320个权力事项。创建协作机制，8个区职能部门和各街道每日一沟通、每周一例会，定期对街道综合行政执法机构、基层执法人员进行业务指导。整合信息平台，将执法办案、投诉受理、社会征信等执法平台和基层治理四平台、城市大脑、“云上城管”等不同部门系统有效整合、统一指挥，推动建立一体化的街道信息系统和综合指挥平台。

【建国北路突发险情处理】 2019年8月28日中午，杭州地铁5号线施工现场发生地下渗水现象，导致建国北路路面塌陷、燃气管道拉断，部分燃气泄漏，事故波及树园小区13栋居民楼792户住户。险情发生后，市、区主要领导到场指挥，启动应急响应。成立现场抢险救援指挥部，相关部门高效抢险，属地街道社区有序疏散群众，妥善处理后续安置事宜，事故未造成人员伤亡。

【“10+X”老旧小区改造模式】 2019年，下城区在前期“三改一拆”“美丽家园”等项目的基础上，摸索出“10+X”老旧小区改造模式，除扎实做好环境美化、管道改造等10个方面的改造内容外，还结合下城特色，将老旧小区改造与电梯成片加装、居民空间共享等相结合，推动城市有机更新。截至年末，已完成小天竺、知足弄社区和流水北苑小区市、区试点建设。

【“遇见·下城”旅游推介会】 2019年4月26日，下城区在麒麟老街上举行“遇见·下城”旅游推介暨美丽街巷开街仪式，推出4条都市旅游专线和10条美丽小巷。其中：“夜游武林”专线是以夜游产品为依托，有武林广场裸眼3D灯光秀、八少女音乐喷泉、武林路皇后公园、武林路9号国际音乐街区、武林夜市、加拿大国宝级太阳马戏等游览内容；“文化风情”专线则包括司徒雷登、沙孟海、陆游、梅鹤堂、马寅初等名人故居。同时，下城区还推出旅游宣传片、下城数字旅游专线、下城文旅微信公众号、文旅下城电子旅游地图、下城文化旅游消费指南等系列旅游产品和旅游资讯产品，通过全方位、数字化的旅游服务吸引游客。

【婴幼儿照护服务工作试点】 2019年，下城区作为3岁以下婴幼儿照护服务工作的全省试点，以“政府引导、部门协作、家庭为主、多方参与”为总体思路，从政策、服务、管理体系方面破解难题。5月22日，为星原托育园发出首张3岁以下婴幼儿托育机构民办非企业单位登记证书。全年新增托位超过500个，培训家长5600人次。12月，中国计划生育协会发布《关于实施婴幼儿照护服务示范创建项目的通知》，确定杭州市下城区成为全国唯一的中国计生协婴幼儿照护服务示范创建区。

（黄　菲）

江干区

【概况】 2019年，江干区辖10个街道，有4个行政村、187个社区、2个农场。其中下沙街道、白杨街道委托杭州钱塘新区管理。至年末，常住人口80.1万人，比上年增加2.1万人。户籍人口49.64万人，增加2.57万人，人口自然增长率9.72‰。全区生产总值949.37亿元，按可比价格计算，增长5.1%。其中：第二产业增加值134.14亿元，增长0.1%；第三产业增加值815.23亿元，增长6%。二、三产业结构为0 ∶ 14.1 ∶ 85.9。按常住人口计算，人均地区生产总值12.01万元，增长3.1%，按国家公布的2019年平均汇率折算，为1.74万美元。江干区获“中国楼宇经济十大活力城区”“中国最具影响力会展名区”“浙江省知识产权工作示范区”称号。

财政总收入190.97亿元，增长9.8%。其中地方一般公共预算收入103.68亿元，增长9%。一般公共预算支出76.29亿元，增长11.6%。城镇常住居民人均可支配收入68392元，增长8.6%。农民人均纯收入44456元，增长9.9%。

工业增加值48.75亿元，下降6.9%。其中：规模以上工业增加值39.73亿元，下降8.1%；新产品产值率33.2%；利润总额15.93亿元，增长5.1%；利税总额20.19亿元，增长0.7%。建筑业增加值85.49亿元，占全区生产总值的9%。房地产业增加值145.16亿元，增长0.1%。

“6+1”特色产业税收占经常性税收70%以上。金融服务业增加值254.17亿元，增长8.6%；信息服务业增加值20.35亿元，增长1.2%；文化创意产业103.11亿元，增长6.1%；现代商贸业146.75亿元，增长5.5%；中介服务业54.60亿元，增长12.9%；大健康产业55.99亿元，增长10.1%。

固定资产投资增长20.5%。其中：交通投资增长53.4%，民间投资增长33.9%，高新技术产业投资增长31%，生态环境和公共设施投资增长2.9%，工业投资下降8.2%。“城中村”改造征迁住户94户、企业37个、面积34.3万平方米，交地101.13公顷。开工安置房项目9个、117.63万平方米，竣工安置房项目4个、31.81万平方米。回迁安置2286户、4835套。旧住宅区改造28.70万平方米，旧厂房改造2.16万平方米，拆除违法建筑89万平方米。既有多层住宅加装电梯65台。试行“一河道一代言人”模式，完成河道设施改善工程14个，环丁水系10条河道整体创建为省级“美丽河湖”，4条河道被评为市级美丽河道。全区75%河道水质达到IV类及以上。新增绿化46万平方米。

社会消费品零售总额575.10亿元，增长8.7%。进出口总额243.77亿元，增长10.4%。其中：进口总额84.47亿元，增长35.6%；出口总额159.30亿元，增长0.4%。招引产业个性化项目34个，引进浙商回归项目64个，到位资金117.62亿元，实际利用外资4.66亿美元。

专利申请量4319件，专利授权量3038件。新增国家级科技孵化器2个、省级众创空间1个。全区有各级各类学校（幼儿园）123所。其中：小学32所，初级中学10所，九年一贯制学校9所，十二年一贯制学校1所，普通高中1所，职业高中1所，特殊教育学校1所，幼儿园68所。在校学生（幼儿）10.01万人，其中义务教育段中小学生6.65万人、高中生1925人、在园幼儿3.17万人。在编教职工5967人。省义务教育标准化学校比例100%。

全区有各类群众性艺术表演团体527个，文化馆1个，公共图书馆1个，博物馆、纪念馆9个，体育场馆（中心）3个，全国（省、市级）文物保护单位7处。综合医院12个，专科医院11个，区属疾病预防控制中心和卫生监督所各1个，门诊部114个，诊所236个，卫生站54个，医务室21个，社区卫生服务中心8个，社区卫生服务站65个。区属医疗机构床位1673张。各类专业卫生技术人员1.0万人，其中执业（助理）医师3958人、注册护士4442。家庭医生签约服务23.30万人。

城镇登记失业率1.8%。有各类福利院、敬老院14所，床位2841张。居家养老服务照料中心131个，新增养老床位321张。创建省级示范型居家养老中心8个，新建老年人食堂23个，助餐点104个。享受养老服务补贴6569人，区财政用于居家养老服务的资金1905.84万元。发放各类社会救助资金5006.72万元。

全年办理人大代表、政协委员建议和提案190件，满意率100%。受理群众来信（包括网上信访）2.08万件，接待来访804批、3871人次，按期办结率99.7%；接办来电5.43万件（次），按期办结率100%。

【杭州金融城建设启动】2019年6月27日，江干区委、区政府会同市金融办举办以“新时代、新金融、新科技”为主题的“中国·杭州金融科技峰会暨杭州金融城启动”活动，区政府同步发布《建设杭州金融城打造金融科技先行区行动纲要（2019—2023）》，杭州金融城建设启动。江干区以钱江新城核心区、江河汇区域、钱江新城二期部分区域为范围，共17平方千米，建设杭州金融城，按照“一城三区五平台”格局，打造金融科技先行区。至年末，世界银行全球数字金融中心、浙江大普信用评级股份有限公司、澳门国际银行股份有限公司杭州分行、中金资本运营有限公司等项目，以及杭州e融金融综合服务平台落地。杭州嘉楠耘智信息科技有限公司、杭州如涵控股股份有限公司、滨江服务集团有限公司境内外上市，江干区中小企业融资担保公司启动运营。杭州金融城累计入驻省级以上持牌金融机构62个、金融要素交易平台6个、金融衍生机构500多个。

【“双网共生”社区治理机制入选国家级实验区项目】2019年，江干区探索打造“双网共生”社区治理机制。在社区（村）下划分“网格”后，按照“地域相近、人际相亲、楼栋相连、资源相通、按需设坊”原则组建“邻里坊”。社区治理结构中最小的“网格”单元和社区居民横向的“网络”关系构建成“双网”。3月25日，民政部发布“全国社区治理和服务创新实验区”名单，江干区入选。实验主题为“探索打造‘双网共生’社区治理机制”，以形成社区居民自治与网格化服务管理有效衔接的机制和路径，为期两年。5月27日，江干区制订《江干区关于扎实推进“邻里坊”建设的实施方案》，在全区推开“邻里坊”建设。6月4日，《关于探索打造“双网共生”社区治理机制两年行动计划》印发，明确“双网共生”组织架构、工作体系、指标体系等方面主要任务。全年重点重整“双网共生”组织构架，按需分类组建“邻里坊”，并实行实体化运作，实现“居民的事居民管”。至年末，全区8个街道的145个社区（村），统一划分为604个网格。100%的社区建成“邻里坊”共431个，并建立公约自治体系。23个社区被评为2019年度杭州市和谐（文明、平安）示范社区。

【企业开办全流程“一件事”“同城通办”】2019年，江干区在常态化企业开办全流程“一件事”“一日办结”基础上，市、区两级联动，开放受办权限、打通数据壁垒，改变原有企业登记模式下只能在到注册地提交申请材料的地域限制，试点探索杭州市域范围内跨区县“同城通办”。通过数据联通，“一网申报”实现异地受理。市场监管全程电子化登记平台“同城通办”模块与浙江省政务服务网、“浙里办”App数据互通，申请人可异地网上办理申请，实现一次申报、一次采集、数据共享。网上预核后，区行政服务中心“通办窗口”对申请人提交的材料进行集成收件，并把企业登记申请材料常态化压缩到5件。通过数据推送，实现跨区联动审批。跨区联审是“通办窗口”比对纸质提交材料和网络提交材料无误后，即时推送至属地市场监管部门并在由其在15分钟内完成核准校对，“通办窗口”即可打印发放执照。跨部门联审是依托全程电子化平台，相关部门内部数据交换，实现同步审批。相关部门审批后把办结资料返回“通办窗口”，简化流程，统一发放。5月28日，江干区颁发首张“同城通办”营业执照。至年末，江干区完成462例新设企业“同城通办”。

【扶贫协作“名誉村长”机制建立】2019年，江干区开展与贵州省黔东南州三穗县、湖北省恩施州恩施市的东西部扶贫协作，探索建立扶贫协作“名誉村长”机制，遴选推荐一批民营企业家担任结对村“名誉村长”，定期参加村班子会议，参与村班子决策。完善推广“四帮扶一结对一根本”模式，组织引导民营企业家利用资金、项目、人才优势，精准帮扶贫困地区脱贫。“名誉村长”每年实地走访调研结对村不少于2次，确保各项帮扶措施落实。至年末，全区有37名民营企业家担任67个贫困村的“名誉村长”。签订项目协议4个，总投资17.64亿元。直接、间接带动2400多人就业，带动农产品销售增加1807万元。累计捐赠教育基金520万元。安排1020名职工进行旅游帮扶。

【“城市医共体”建设】2019年，江干区成立由区人民医院为核心、8个社区卫生服务中心为成员、不具有独立法人的1+N“加盟型”医疗集团，吸纳各种类型的公办机构和社会力量参与“城市医共体”建设。采用项目化运作，融合业务发展、技术帮扶、学科发展、运行管理等，建立责任共担和利益共享机制，实现医疗资源最优配置。运行区域检验中心、放射中心、心电远程会诊中心、消毒供应中心、康复中心“五大中心”，供“城市医共体”各成员单位使用。全年区域检验服务427.74万人次，比上年增长5.6%；影像诊断5.09万例次，增长16.2%；心电诊断1.59万人次，增长145.4%；消毒服务1.56万次，增长45%；新开展康复服务1036人次。打造集医养服务申请、出院准备计划、医养评估派单等功能于一体的区域健康服务平台，为患者提供居家护理、居家营养、居家康复等服务，打造闭环医养服务体系。全年提供上门服务3391人次，回访出院签约居民452人。基层就诊率63.3%，社区就诊人次增长5.8%，家庭医生签约居民就诊人次增长13.6%。江干区起草的家庭医生签约服务居家护理工作规范成为省级地方标准，3月4日，浙江省质量技术监督局发布《家庭医生签约服务居家护理工作规范》，并于4月4日实施。四季青街道社区卫生服务中心入选全国“2019年社区卫生服务中心科研能力排名50强”列第25位。

【垃圾分类“桶长制”智慧化建设】2019年，江干区探索推进“桶长制”智慧化建设。建设小区垃圾投放点，完成投放点改造工程项目200个，并结合“桶长制”要求，落实雨棚、洗手池、非接触式投放等便民设施，设计推出拉手式、脚踏式、“会说话的垃圾桶”等。划分网格责任，委任区域、街域、单位、社区等各级“桶长”，基本实现生活小区“桶长制”全覆盖。全区202条道路街巷，发放入户垃圾桶2598个，9616个商户100%撤桶入室（店）。根据杭州城市管理信息化样板项目要求，承担建设智慧垃圾监管应用样板任务，推进计量系统建设。加强源头精细管理，完成全区8个街道1192个垃圾集运点的名称、坐标、隶属关系等信息录入。垃圾清运轨迹和实时计量“全程监测”，全区91辆清运车装配定位系统，其中64辆桶装车安装车载动态称重模块和垃圾入口高清监控，垃圾桶数量、垃圾重量等数据图像信息实时传入城市垃圾智慧管理系统。至年末，江干区生活垃圾总量比上年下降2.2%。创建省、市级垃圾分类示范小区48个。获评2019年度全省生活垃圾分类工作优秀区。生活垃圾分类“桶长制”实践案例获评中国城市环境卫生协会2019年度全国“垃圾分类示范案例”。

【浙江一体化政务服务2.0平台试点】2019年8月，浙江一体化政务服务2.0平台杭州试点工作启动。8月20日，江干区被确定为杭州试点的区级延伸。在原有浙江政务服务网和“浙里办”App基础上，创新政务供给模式，针对行政许可、行政确认、行政裁决、行政奖励、行政给付、其他行政权力5类依申请政务服务事项，对政务服务进行整合升级。推进“四级四端四用户”一体化，市、区、街道、社区“四级”的浙江政务服务网PC端、“浙里办”移动端、自助终端、实体大厅端“四端”互联互通，企业和个人、窗口工作人员、审批人员、管理人员“四用户”流程全透明，构建“移动端”为主、“PC端”为辅、“自助端”补充、“大厅端”兜底的政务服务模式。完成事项办理流程、表单、材料、情形、法律依据等信息的梳理与确认，让表单为每一个空格的填写都有出处可寻，确保试点经验推广后业务系统融合统一。10月25日，浙江一体化政务服务2.0平台在江干区上线，首批提供社会保险、医疗保险、住房公积金等19个民生服务事项。至年末，江干区在区行政服务中心、区人力社保办事大厅试点上线服务事项42个，办件56笔。

【钱塘江文化系列活动】2019年7月23—28日，江干区钱塘江文化“北京周”系列活动在北京举行。“钱塘江文化建设成果系列展”在中国美术馆举行，以“钱江弄潮”为主题，分设书法、篆刻、中国画、文化衍生品和西泠印社珍品五大展馆，集中展陈240多件展品，展现中华人民共和国成立70周年、改革开放40周年、“八八战略”实施15周年等重大历史背景下钱塘江文化建设成就。成果展日均参观人数7000多人次，观众通过微信、微博、抖音、快手等自媒体进行传播。大型交响乐《钱塘江交响》在国家大剧院音乐厅首演，分为“钱江潮”“美丽乡村”“钱塘随笔”“白

2019年7月23日，交响乐《钱塘江交响》在国家大剧院音乐厅首演
（江干区委史志研究室 供稿）

马”等7个篇章。《钱塘江交响》作品研讨会在首都宾馆举行，10多名国内知名音乐评论家、作曲家、演奏家与主创团队共同对《钱塘江交响》的首演从选题、创作、演奏、聆听感受等方面展开讨论。《钱塘江交响》入选文化和旅游部2019年国家艺术院团演出季活动和2019年“时代交响——中国交响音乐作品创作扶持计划”。

【部分退役士兵社保接续工作省级试点】2019年6月17日，省委退役军人事务工作领导小组确定江干区为全省部分退役士兵社保接续工作试点单位，对2019年1月21日前以政府安排工作方式退出现役的退役士兵补缴社会保险。江干区成立试点工作领导小组，抽调相关部门的160人组建实体化试点工作专班，按照“稳、慎、准”目标要求，推进调查摸底、业务培训、社保接续、制度制订和风险防范等工作。制订《关于做好全省部分退役士兵社会保险接续试点工作实施方案》。举办4轮业务培训，1个区退役军人服务中心、8个街道退役军人服务站、143个社区退役军人服务站的151名工作人员接受培训。经过两轮排摸、底数比对、全市社会保险“五险”系统核对，确定符合接续条件的退役士兵。8月末，试点工作基本完成，并形成《江干区退役士兵保险接续实务操作手册》，从统一解释口径、开展调查摸底、续保对象告知、系统接受办理、特殊情况处置5个方面、16个环节梳理规范办理流程。10月14日，试点工作经验被省委退役军人事务工作领导小组办公室发文推广至全省。

（江干区委史志研究室）

拱墅区

【概况】2019年，拱墅区辖10个街道，有99个社区。至年末，户籍人口39.68万人，人口出生率11.68‰，人口自然增长率7.43‰。全区生产总值662.16亿元，比上年增长8.3%。其中：第二产业增加值139.56亿元，增长11%；第三产业增加值522.60亿元，增长7.5%。二、三产业结构为21.1 ∶ 78.9。

至年末，规模以上工业企业76个。规模以上工业增加值103.74亿元，增长17.7%；规模以上工业企业利税总额52.62亿元，增长1.6%。建筑业增加值30.77亿元，占全区生产总值的4.7%。杭州中美华东制药有限公司入选国家企业技术中心，并入选2019年全省制造业“亩均效益”领跑者企业建议名单。杭州中亚机械股份有限公司的产品列入2020年度浙江省装备制造业重点领域首台（套）产品名单。新增国家高新技术企业60个、省级科技型中小企业151个。

“6+2”产业主营业务收入1710.54亿元，增长9.6%。其中：数字经济产业主营业务收入115.18亿元，增长10.6%；商贸旅游产业主营业务收入873.18亿元，增长5.3%；文化创意产业主营业务收入229.46亿元，增长14.9%；商务服务产业主营业务收入203.14亿元，增长5.2%；体育健康产业主营业务收入248.25亿元，增长16.6%；智能制造产业主营业务收入189.73亿元，增长23.9%；建筑规划产业主营业务收入355.47亿元，增长9.9%。楼宇经济税收65.39亿元，增长6.5%。

培育“旭日计划2.0”企业35个。新增省级众创空间4个、省级孵化器1个、国家级孵化器1个。全年新增上市挂牌企业1个。新引进发达国家院士、国家级海外高层次人才、省级海外高层次人才、市级海外高层次人才共13人。12月16日，经省经信厅、省发改委、省科技厅、省商务厅等浙江省数字经济领导小组办公室评审，拱墅区上塘电商小镇运河（国际）跨境电子商务园被认定为2019年浙江省数字化示范园区。

社会消费品零售总额620.73亿元，增长8.3%。其中：汽车类商品零售额194.7亿元，下降8.9%；石油及制品类零售额111.24亿元，下降5.2%；通信器材类商品零售额21.24亿元，增长26.4%；日用品类商品零售额20.29亿元，增长20.1%；粮油、食品类商品零售额20.03亿元，下降3.7%。商品交易市场18个（其中年成交额1亿元以上的商品交易市场11个），成交额411.92亿元，增长5.35%。

进出口总额129.19亿元，增长10.2%。其中：出口额107.84亿元，增长10.4%；进口额21.35亿元，增长7.1%。服务贸易出口总额3.74万美元，增长41.7%；跨境电子商务出口6.31亿美元，增长73.4%。新引进有实绩的跨境电子商务企业53个。

财政收入160亿元，增长3.15%。一般公共预算收入91.19亿元，增长8.05%。一般公共预算支出42.07亿元。其中：城乡社区事务支出4.37亿元，增长1.2%；社会保障和就业支出4.81亿元，增长9.4[illegible]；教育支出10.29亿元，增长12.48%；卫生健康支出2.19亿元，增长12.37%；公共安全支出5.06亿元，增长15.36%；一般公共服务支出4.5亿元，增长20.6%。

出让商业地块6宗、7.88公顷。新交付安置房项目3个，回迁安置居民1333户。开工配套项目60个。全年开工建设道路[illegible]条，完工15条，续建20条、前期32条。完成21个配建停车场库项目共1.19万个配建泊位，竣工公共停车泊位1140个，开工及续建3248个。新增地下空间开发项目35个，面积50万平方米。完成地铁3号线、4号线、5号线、10号线4条线路37项征借地任务。建成运河文化艺术中心、运河文化发布中心、华师大附校、育才登云小学等一批重点工程。

固定资产投资增长25.8%。其中：生态环境和公共设施投资增长11.5%，高新技术产业投资增长47%，民间项目投资增长11.8%，工业投资增长67.3%，交通投资下降24.2%。

完成涉河工程项目18个和生活小区“污水零直排”建设项目226个。余杭塘河—五常港（塘河片区）获评省级“美丽河湖”。建成文化长廊20条、垂钓点20条（段），生态廊道22千米。环境空气优良率75.6%，PM2.5平均浓度39.6微克/立方米。“水十条”六个考核断面平均水质均达到考核要求。运河交接断面考核良好，运河（石祥路桥）出境断面水质为Ⅲ类水。创建省级示范片区（街道）1个、省级高标准垃圾分类示范小区5个，改造提升安置房小区垃圾分类设施26个。实现生活小区“定时定点”投放66个，完成“撤桶入巷”道路38条。全区344个中型及以上餐饮企业餐厨废弃物规范化收运，覆盖率100%。

全区用于研究与试验发展的经费支出6.7亿元，增长19.4%。企业用于研究与试验发展的经费投入5.2亿元，增长34.5%，占企业主营业务收入的2.4%，提高0.3个百分点。发明专利授权新增182件，累计1055件。

全区有中学17所，在校学生1.40万名；小学32所，在校学生3.72万名；幼儿园71所，在园幼儿2.15万名。全区在职在编教师4457人。启动“运河·百县千碗”美食特色街区项目，以城市非遗保护为主题的传统工艺工作站（杭州拱墅站）揭牌，成功举办首届大运河戏曲节、中国皮划艇巡回赛、第十一届浙江·中国非遗博览会（杭州工艺周）等品牌活动。5月9日，拱墅区被浙江省政府办公厅认定为实施学前教育补短提升工程措施有力、成效明显的县（市、区）。

全区有各类医疗卫生机构363个，床位8231张。各类专业卫生技术人员9261人，其中执业（助理）医师3500人、注册护士4314人。新增就业人数2319人，引导和帮助城镇失业人员实现再就业294人，安置就业困难人员就业334人。新建或提升改造33个“阳光老人家”站点，其中示范型居家养老服务中心5个，社会化运行率100%。探索实施“互联网+养老”信息化服务试点，全区11个为老服务商入驻市民卡App。

全年办理人大代表意见、建议和政协委员提案219件，办结率100%。受理群众来信、来访、来电和网上信访5.6万件（人）次。

【拱墅区创建为国家智慧健康养老示范基地】 2019年1月3日，由工业和信息化部、民政部、国家卫生健康委员会共同主办的2019年智慧健康养老发展大会在北京人民大会堂召开，拱墅区被授予全国智慧健康养老产业示范基地称号，祥符街道、小河街道、和睦街道被授予全国智慧健康养老产业示范街道（乡镇）称号。拱墅区创新智慧应用，通过一网（“阳光大管家”平台）、一键（智能终端）、一卡（市民卡）、一码（二维码）、一分（“时间银行”积分）、一屏（监控摄像头和AI视频智能识别技术）等技术，实现养老服务线上线下融合。全市率先实现“互联网+养老”一卡通服务，上线市民卡App养老服务“拱墅版”。出台康养体系建设实施方案，积极构建康复医疗中心、护理站、微型养老园、街道居家养老服务中心、家庭照护病床“五位一体”分层分类的康养服务格局。

【拱墅区健康浙江考核列全市第一位】 2019年4月23日，省委、省政府健康浙江建设领导小组办公室发布“2018年度健康浙江建设试考核拟确定为优秀等次的市县名单”。拱墅区列健康浙江考核全省第五位、全市第一位。拱墅区成为实现医疗收费票据电子化率100%的区县级地区，设立互联网康复医院和有国际背景的第三方实验室。拱墅区安宁疗护中心被省委、省政府健康浙江建设领导小组办公室指定为2个市级试点单位之一。

【拱墅区“城市眼·云共治”入选城市大脑重点应用场景】 2019年5月27日，拱墅区“城市眼·云共治”入选城市大脑重点应用场景。拱墅区创新基层社会治理模式，整合视频数据、物联感知数据、业务平台数据，运用人工智能、物联网、大数据等技术，对基层社会治理中的违规行为、矛盾隐患、难点痛点从人工巡逻升级到全天候智能并发识别。同时，纳入市域社会治理现代化体系，通过多元共治方式形成闭环管理。以应用驱动视频资源底数排查、一机一档建设，形成视频资源共享能力。实现辖区街道全覆盖。

【“郎朗杯”钢琴大赛开幕】 2019年5月5日，2019年中国大运河国际钢琴艺术节暨“郎朗杯”钢琴大赛在运河天地广场开幕。开幕式活动围绕打造“国之大运”运河品牌，以迎接中华人民共和国成立70周年为主题，在主会场外另设宁波、湖州、嘉兴、绍兴和杭州江干区、余杭区6个分会场，在郎朗及多位国际钢琴大师带领下，主会场和分会场共同奏响“我和我的祖国共奋进”主旋律。活动期间，“郎朗杯”钢琴大赛儿童组、少年组、专业组的复赛和决赛举行，并开办钢琴大师课、大师音乐会、大师讲座。同时，举行青年教师钢琴音乐会、大运河社区钢琴艺术周、“运河之夜”钢琴弹唱会等一系列文化活动。

【大运河文化艺术中心启用】 2019年9月，大运河文化艺术中心启用。中心邻莫干山路、杭州大悦城北侧，地处原杭州热电厂地块，属于热电厂烟囱广场提升改造工程的一部分。中心占地面积7000平方米，建筑面

2019年5月5日，2019年中国大运河国际钢琴艺术节暨“郎朗杯”钢琴大赛在运河天地广场开幕（余文华 供稿）

积约1.2万平方米，主体结构分为地下一层、地上四层，定位为杭州街心公园式文化艺术空间，并作为“第十一届浙江·中国非物质文化遗产博览会（杭州工艺周）”主会场。中心以“开心麻花”剧场为核心，开展艺文剧演、生活市集、城市文化等各类主题IP展览，打造成集戏剧演出、艺术展览、文化教育与培训等为一体的地标性文化综合体。

【杭州工艺周在拱墅区举行】 2019年9月20—24日，第十一届浙江·中国非物质文化遗产博览会（杭州工艺周）在拱墅区举行。博览会（工艺周）主展馆设在新投用的大运河文化艺术中心，并在运河文化广场、桥西历史街区等地设置多个展区，累计举办“金艺求精”、“戏说百态”等大运河沿线城市的非物质文化遗产主题精品展9个，表演非物质文化遗产剧目510分钟。活动吸引中央、省、市70多个媒体采访报道，23万人次实地参观体验，超过400万人次参与网络直播互动。

【“康桥花海”对外开放】 2019年9月29日，“康桥花海”正式对外开放。花海位于拱康路东侧、康桥路南北两侧，占地面积20万平方米，大约30个标准足球场大小，是拱墅区“美丽康桥”环境综合整治行动重要举措之一，涵盖了拆除两座大型冷凝塔的杭州华电半山电厂北侧多片地块。花海以绚烂、浪漫、活力为主题，种有波斯菊、百日菊、矢车菊、醉蝶花、马鞭草等花卉。花海内放置卡通人偶、雕塑小品、茅草凉亭、集装箱装置，同时还配建300多个临时停车位。

（顾煜俊）

西湖区

【概况】 2019年，西湖区辖9个街道、2个镇，有163个社区、32个行政村。至年末，常住人口90.80万人，户籍人口74.90万人，登记在册流动人口56.46万人，人口自然增长率7.20‰。全区生产总值1415.83亿元，比上年增长8%。其中：第一产业增加值2.58亿元，下降20.1%；第二产业增加值124.06亿元，增长8.2%；第三产业增加值1289.18亿元，增长8%。三次产业结构为0.2∶8.7∶91.1。按常住人口计算，人均生产总值155928元。按国家公布的2019年平均汇率折算，为22501美元。

财政总收入294.41亿元，增长9%。其中一般公共预算收入150.64亿元，增长8.05%。一般公共预算支出93.01亿元，增长17.4%。其中：教育支出20.36亿元，增长19.3%；社会保障和就业支出12.83亿元，增长2.3%；医疗卫生与计划生育支出7.67亿元，增长54.3%。

农林总产值4.01亿元。其中，农业种植业产值2.91亿元，渔业产值0.96亿元。经济作物播种面积1613.33公顷。龙井茶、无公害蔬菜、水产养殖及花卉苗木等优势产业产值3.82亿元，占农林牧渔业总产值的95.3%。全年淡水产品产量6304吨。

规模以上工业总产值261.55亿元，增长13.4%；规模以上工业企业销售产值261.17亿元，增长13%；规模以上工业企业增加值70.59亿元，增长14.4%。规模以上新产品产值114.2亿元，新产品产值率43.7%。规模以上工业高新技术产业增加值54.27亿元，增长21%，占工业增加值的76.9%。规模以上数字经济企业（单位）196个，数字经济增加值309.3亿元，占全区生产总值的20.4%。规模以上文化创意产业企业（单位）592个，文化创意产业增加值499.5亿元，占全区生产总值的35.3%。全区集聚上市企业和“新三板”挂牌企业72个，培育（新增）国家重点扶持高新技术企业208个。西湖区资质内施工总承包和专业承包建筑业企业共126个，完成建筑业产值1080.64亿元。

固定资产投资457.60亿元，其中房地产开发投资243.64亿元。房屋新开工面积106.62万平方米，竣工面积62.80万平方米。房屋销售面积54.66万平方米，销售金额183.28亿元；完成交通运输业投资15.57亿元、高新技术产业投资44.6亿元；完成生态环境和公共设施投资17.84亿元；完成项目民间投资53.9亿元；完成工业投资12.0亿元。

“之江发展核”1[illegible]个总投资359亿元的重大文化项目加快推进。西湖区举办第四届中国—阿拉伯国家广播电视合作论坛、2019年中国数字阅读大会、首届之江国际青年艺术周、2019年中国设计智造大奖等活动。文化创意产业增加值499.5亿元，增长20%，占全区生产总值的35.3%。税收1亿元以上的楼宇21幢、1000万元以上的楼宇115幢。全区181幢重点楼宇，区内企业贡献税收157亿元。

社会消费品零售总额711.70亿元，增长8.6%。旅游总收入341.40亿元，增长10.1%；接待游客1895.42万人次，增长12.7%。4月，第七届浙江旅游总评榜榜单发布，杭州西溪国家湿地公园获“2018浙江旅游总评榜之年度文旅融合示范景区”称号。全年西湖区完成浙商回归资金168亿元，实际利用外资7.02亿美元。举行项目“双集中”活动4次，集中签约项目81个，总投资额455亿元。外贸进出口总额46.89亿美元，其中出口总额33.94亿美元。对外投资2.64亿美元，服务贸易出口总额26.04亿元。

14项科技成果获省科学技术进步奖，其中2项科技成果分别获国家科学技术进步奖一等奖和二等奖，3项科技成果获省科学技术进步奖一等奖。专利申请量1.61万件，专利授权量7732件。全区有幼儿园82所，在园幼儿3.49万人；小学28所，在校学生6.51万人；中学2[illegible]所（含九年一贯制），在校学生2.[illegible]8万人；特殊教育学校1所，在校学生104人；职业高中1所，在校学生1729人。在职在编教职员工6756人。全年新开办幼儿园5所。学前儿童入园率99.9%，小学生入学率、初中生入学率均为100%。公共图书馆1个，文化馆1个，市级以上文物保护单位（点）34处。建成农村文化礼堂5个、社区文化家园25个，累计举办各类文体活动3000多场次。

各类医疗卫生机构590个，医疗床位1.05万张。各类专业卫生技术人员1.69万人，其中执业（助理）医师6582人、注册护士7365人。全区新增养老机构床位311张，四星级以上照料中心24个。全年累计帮扶救助14.6万人次，发放各类救助补贴7923.42万元。城乡居民养老保险参保率99.6%，辖区户籍居民基本医保参保率99.5%。

西湖区十五届人大三次会议期间，区人大代表提出议案建议116件，满意率89.7%。受理群众来信、来访、来电8.07万件，办结率100%。

【古荡综合供能服务站启用】2019年1月2日，西湖区古荡综合供能服务站（位于天目山路331号）启用。该综合供能服务站是集电能、天然气及清洁油等供给服务供能于一体，兼具交通、旅游等配套服务的新型智慧公共基础服务设施。改造后，古荡综合供能服务站内有8台、60千瓦直流快充充电桩，可满足所有符合国标的新能源汽车的充电需求。车主通过“e充电”App可以查询附近充电站的分布及基本情况。

【蒋村街道十字港阅读基地落成启用】2019年1月22日，西湖区蒋村街道十字港阅读基地落成启用。蒋村街道党工委与咪咕数媒有限公司党委，街道文化站与区图书馆、西溪花园幼儿园达成共建合作协议。阅读基地室内设有传统阅览室和电子阅览区，并开通图书同城借还功能。室外设置塑胶游乐区，供儿童玩耍。在河岸边设立文学大讲堂和户外阅读区，并且专门设置夜间讲座和照明灯。阅读基地里，还有街道与辖区内优秀影视企业共同制作的党员先锋微视频，供大家免费观看下载。同时，依托公益组织，不定期进行免费的国学课堂系列活动展演。

【西湖区社会福利中心二期PPP项目开工建设】2019年4月30日，西湖区社会福利中心二期PPP项目开工建设。该项目由中天建设集团有限公司、绿城养老服务集团、杭州西湖城市建设投资集团有限公司共同出资实施，采用“BOT”模式，合作期20年，包括项目的建设期和运营期，计划2021年建成运营。项目位于西湖区小和山单元地块。建设内容包括老年公寓、相关配套设施、绿化、园路铺装等，总建筑面积2.71万平方米，地上建筑面积1.89万平方米，架空层面积3182.28平方米，地下建筑面积5086.32平方米。配套绿化面积6682.28平方米，主要种植竹子、梅花、松树、海棠、玉兰、茶花等观赏性强的植物，并增加夏季和冬季的开花树种。拟定床位382床，总投资额1.71亿元。

【之江国际青年艺术周举行】2019年5月24日，以“青春纪·能量场”为主题的2019年之江国际青年艺术周在西湖区象山艺术公社举行。艺术周展出3000名青年艺术家的1万余件作品。艺术周以游戏、科幻和公社作为核心概念，含40个主题项目，有“展、演、坊、论、市”五大版块，包括艺术周的科幻论坛，杭州爱乐乐团成立十周年纪念音乐会，浙江大学生胶片电影周和“YOUNG to young”板块的全球青年联合教学行动学活动。艺术周期间，象山艺术公社累计观展人数10万人次。

【铜鉴湖防洪排涝调蓄工程建设用地获批】2019年6月12日，自然资源部正式批复西湖区铜鉴湖防洪排涝调蓄工程建设用地。建设用地从规划到批复历时两年，工程总投资14.44亿元，调蓄面积1.35平方千米，湖底高程为2.5米，调蓄库容320万立方米，总库容500万立方米。铜鉴湖防洪排涝调蓄工程位于西湖区双浦镇西北部。该项目由铜鉴湖调蓄区及周边水闸、铜鉴湖隧洞、配水泵站等构成，上承周浦沿山南、北渠山洪来水，下接三号浦、卫星浦等平原骨干外排河道。项目立足在防洪排涝，在引水配水、防洪减灾、生态修复、水质提升、环境改善等方面发挥作用。

【西湖创新创业人才高峰论坛】2019年6月19日，以“逐梦西湖，智创未来”为主题的2019年西湖创新创业人才高峰论坛在西湖区云栖小镇举行。活动有300多名西湖区人才企业代表、外国专家、海内外创业者以及金融投资等机构代表出席。高峰论坛上，西湖区的人才资本联盟“智创汇”成立。同时，作为“智创汇”重要平台的云栖小镇“智创路演中心”正式启用。联盟集资本对接、赋能成长、成果转化等功能于一体，致力于汇聚海内外人才资源和区域创投风投机构资源，通过不定期举行分行业、多形式的路演和对接交流，搭建“人才+项目+资本”的互动桥梁，加强资源互通，共享发展机遇。论坛期间，举行“智创汇”首期路演对接会。西湖区海内外创业者的19个项目进行路演，并与杭州市高科技投资有限公司、杭州天使湾投资管理股份有限公司等20个投资机构开展“面对面”交流。

【西湖第一实验学校迁建项目竣工验收】2019年7月29日，西湖区龙坞单元的西湖第一实验学校迁建项目完成竣工验收。该实验学校由原龙坞中学和龙坞辖区内的6所小学

浙江大学医学院附属第一医院之江院区直升机停机场

（西湖区志办 供稿）

撤并组建而成，是龙坞单元仅有的一所“九年一贯制”学校。升级迁建的学校总建筑面积约6.3万平方米，涵盖教学教辅、办公用房、生活服务用房等7幢楼以及地下停车库、道路等相关配套。该校设计规模为小学36班，中学18班。

【功能性菌茶研究实验室成立】2019年10月25日，由浙江大学生命科学学院联合听客茶调饮培训中心设立的功能性菌茶研究实验室在西湖区龙坞茶镇·九街成立。该实验室着重生产菌茶产品，现有黑柄炭角菌、金耳、松茸、紫芝、暴马桑黄、蛹虫草等31个菌类样本。菌茶产品技术融合国内外茶学、营养学、医学、药学等不同领域。该实验室有4款菌茶结合的茶饮可投入市场。

【中华茶奥会】2019年11月8—9日，第六届中华茶奥会在西湖区龙坞茶镇举行。茶奥会以“科技茶奥、品质茶奥、人文茶奥、活力茶奥、时尚茶奥”为主题，由茶艺大赛、茶品鉴及沏泡技艺竞赛、茶席与茶空间设计赛、茶具设计赛（茶具秀）等11个赛项、60多个项目及“以茶入食与健康”高峰论坛等活动组成。茶奥会吸引美国、英国、韩国、日本等20多个国家及国内200多个茶企参加。2000多人参赛，现场参与人数超过3200人，在线观看人数38.3万余人。比赛共决出52枚金牌、82枚银牌和107枚铜牌。

【《西湖区办事宝典》发行】2019年11月15日，《西湖区办事宝典》（简称《办事宝典》）发行。群众办事前只要用手机扫一扫相应办事事项的二维码，办事要求便可呈现。通过“二维码”查询，办事群众根据自己的实际情况，选择具体的办事情形，即可生成个性化的办事清单：所需材料、办事地点、咨询电话等。办事群众通过浙里办、钉钉或支付宝App的“扫码”功能，均可扫码查阅。《办事宝典》封面专门编制“一码通”。扫一扫“一码通”，办事群众可通过关键词搜索，找到相应办事事项和情形。《办事宝典》的前4页，特别增设办理业务量大的50个高频事项。《办事宝典》共收纳办事事项“二维码”1323个，印刷35万本。

【全球并购白沙泉峰会在西湖区举行】2019年11月24日，第三届全球并购白沙泉峰会在西湖区白沙泉并购金融街区和杭州黄龙饭店举行。峰会的主要内容为“1+18”，即：1场主论坛，18场相关活动。18场相关活动包括：7场峰会预热活动和9场平行分论坛/项目对接会，以及2场后续活动。峰会期间，参与人数累计超过5000人，峰会当天共有来自上市公司、金融机构、中介机构等单位的2000多人参会。同时，峰会邀请德国、英国、法国、瑞士等8个国家的并购专业机构代表参会，包括德国的意志高驰国际投资银行、法国的毕马威会计师事务所等。主论坛上，《并购大势、七步成章——2019年白沙泉中国并购指数新见》和浙江省系列并购基金实施成果发布。

【“大湾区·西溪谷山坞创投文化节”举行】2019年12月15日，由西湖区西溪谷互联网金融小镇主办，赛伯乐投资集团有限公司、溪源智库联合承办的第四届“大湾区·西溪谷山坞创投文化节”在西湖区西溪谷桃源坞基金小坞举行。创投文化节延续往届价值分享会、项目研讨会的内容，还邀请各个领域的专家开展5场论坛、4个项目研讨会、1个价值分享会。创投文化节聚焦智慧医疗领域，涵盖医疗信息化平台、医院运营管理系统、大数据分析、医学影像AI等热点，关注具有潜力的科创型中小企业成长，进行专业领域的分享。

（唐　沁）

滨江区

【概况】2019年，滨江区辖3个街道、60个社区。常住人口45.5万人，户籍人口27.82万人。全区地区生产总值1592亿元，比上年增长8%。财政总收入341.9亿元，增长5.9%，其中一般公共预算收入175.6亿元，增长6.5%。一般公共预算支出123.7亿元，增长15.9%。民生事业支出107.8亿元，增长19.4%；用于教育、产业扶持的支出分别为24.7亿元、32.3亿元，分别增长21.8%、4.7%。固定资产投资增长[illegible]2.1%，其中民间投资增长13.2%、交通投资增长466.1%、生态环境和公共设施投资下降44.2%、高新产业投资下降28.7%。社会消费品零售总额414.4亿元，增长10%。

规模以上工业增加值642.2亿元，增长10.7%，工业品产品产值率58.1%。数字经济核心产业增加值1201.6亿元，增长16.5%，占全区生产总值的75.5%。软件产业基地综合评价列全国第三位，信息化发展水平连续5年列全省第一位。全年新开工产业项目9个、竣工12个，完成产业投资31亿元。新引进世界500强项目2个、1000万美元以上项目25个，实际利用外资8.[illegible]亿美元。进出口总额767.4亿元，增长23.9%。其中，出口487.9亿元，增长7.2%。新增上市公司7个，累计49个。8月28日，杭州高新区（滨江）富阳合作区设立，签约项目3个。

承办第十五届中国国际动漫节、第二届中国网络文学周、第十三届（2019）杭州文化创意产业博览会、中国排舞联赛、国际网球邀请赛、阿里巴巴集团20周年庆典等展会、赛事。望江隧道正式通车，江南大道下穿快速路建设推进，地铁5号线具备开通条件，地铁6号线10座车站主体结构完工。闻涛路最美跑道全线贯通，沿江景观带建设推进，井山湖农耕文化园开放。新增绿化30万平方米，建成“口袋公园”3个、城市驿站10座。完成1[illegible]条河道19千米游步道综合整治。白马湖获评省级“美丽河湖”。全年新建公共停车场3座，新增停车泊位3354个。推进垃圾分类工作，设置标准化回收网点37处，115个小区实行“定时定点”投放。北塘河临时渣土转运码头建成投用。

幼儿园35所，在园幼儿1.86万人；小学14所，在校学生2.64万人；初中13所，在校学生8361人。建成中小学2所、幼儿园3所，开工建设中小学3所、幼儿园6所，春晖小学投入使用。新增小学学位4320个、幼儿学位1080个。获评全国校园足球特色学校2所。5月22日，滨江区青少年活动中心的“笑笑橙”青少年消防应急安全体验馆建成开放。

卫生机构240家，其中综合性医院5家（民营医院2家），专科医院4家，康复医院2家。卫生技术人员2735人。社区卫生服务站35个。推进与浙江大学医学院附属第二医院、浙江大学医学院附属儿童医院合作，实现省、市医联体双覆盖、儿科医联体全覆盖。

养老保险累计参保43.44万人，净增3.32万人；职工工伤保险累计参保46.93万人，净增4.03万人；基本医疗保险累计参保27.79万人，净增2.07万人；生育保险累计参保42.51万人。全区户籍人口基本养老保险参保率99.6%。推进"家燕回巢"3.0版，新增就业3.46万人，帮扶2788名就业困难人员实现再就业，其中征地拆迁家庭1259人。推进居家养老事业，新建春波、钱塘2个示范型居家养老服务中心。加强退役军人服务管理，建立基层服务站点63个，发放各类优待、抚恤、补助金1226万元。

开工安置房项目8个、面积128.9万平方米，竣工6个、面积55.9万平方米，交付42.5万平方米、2569套，安置3050套。完成400套人才房配租、蓝领公寓406套房源改造。浦乐单元公共租赁房二、三期和西兴单元人才租赁房开工。

引进人才3.13万人。新增发达国家院士专家3人、各级人才计划工程人选35人、海外高层次人才1400人、企业人才110个，省市领军创新创业团队各3个。新增市国（境）外引智计划项目50个。新设立引导基金2支，24支基金总规模42.9亿元，完成投资222笔，累计金额17.9亿元。6月4日，杭州高新区（滨江）知识产权综合服务中心启用。

办理人代会期间代表建议62件、闭会期间代表建议14件，办理政协提案69件。10个民生实事共15个子项目全部完成。

【国际青年学者"钱江论坛"在滨江区举行】2019年6月19—20日、12月28—29日，第二届、第三届国际青年学者"钱江论坛"在北京航空航天大学杭州创新研究院举行。论坛设置1个主论坛和3个～4个分论坛，围绕"建设扎根浙江大地、放眼世界一流的人才高地与创新高地"的总体目标，通过专题报告、学术研讨、参观座谈等形式，探讨信息领域国际学术前沿热点问题，为海内外优秀青年学者搭建学术交流平台和提供走进研究院、了解研究院、加盟研究院的途径。北京航空航天大学校长徐惠彬，北京航空航天大学杭州创新研究院院长、杭州市钱江特聘专家邓元，中国人民解放军军事科学院研究员、中国人工智能学会名誉理事长李德毅等专家、学者先后在两届论坛做报告或演讲，各有100多名海内外优秀青年参加论坛。

【滨江首个工业综合体开工建设】2019年11月15日，滨江区首个工业综合体项目开工建设。项目位于滨江智造供给小镇内，东至四季河绿化，南至冠山路，西至规划百二路，北至规划彩虹路，总用地面积5.57万平方米，总建筑面积20.6万平方米，计划总投资14亿元，项目周期4年。项目设计借鉴中国园林的构筑理念，模拟自然山体的叠堆方式，布置8个智能智造生产、研发用房，共享"光之轴"公共配套空间，提升园区综合使用功能。

【流动人口居住证业务"全区通办"】2019年7月1日，滨江区上线流动人口居住证业务"全区通办"，实现西兴、长河、浦沿、高新4个派出所各办证点跨街道办理居住证相关业务，惠及全区34.7万流动人口。"全区通办"流动人口业务包括浙江省居住证、签注、证件补（换）领、证件信息变更和更正，流动人口居住登记和变更，居住出租房屋登记等。至年末，办理"全区通办"业务1.41万件。

【建设项目审批"两书合一"在滨江区试行】2019年4月1日，滨江区作为全市首批试点，率先实行建设项目审批"两书合一"。"两书"即原规划项目审批窗口负责的建设项目选址意见书和由原国土审批窗口负责的用地预审意见书。按照原先的审批流程，"两书"需要到两个窗口分别审批，合计5个工作日。"两书合一"实行后，建设项目将选址意见书和用地预审意见书2个事项合并办理。项目完成赋码后，"一窗受理、一次申请、一网通办、一窗出件"，实现项目选址、用地预审流程由5个工作日缩短为3个工作日。至年末，核发项目32个。

【滨江区出台《关于规范童模活动保护未成年人合法权益的意见》】2019年5月7日，滨江区检察院联合区市场监管局、团区委出台《关于规范童模活动保护未成年人合法权益的意见》。意见明确儿童模特活动的范围、活动从业人员及儿童模特监护人的法律责任、职能部门工作内容等，对不能使用或变相使用童工、保障未成年人受教育权等予以规范，倡导儿童模特活动应当符合儿童身心发展的规律和特点。明确拍摄场所发现侵害未成年人合法权益的，应当及时报告，相关职能部门应定期检查，发现问题及时干预。至年末，3个部门定期开展儿童模特活动专项检查3次，均为合格。"童模保护机制"入选最高检"推动加强和创新未成年人保护社会治理十大典型案（事）例"。

【杭州国际学校白马湖校区开工】2019年8月8日，杭州国际学校白马湖校区开工建设。校区位于滨江区湖西路（近映翠路），占地5万平方米。计划总投资8.5亿元，建设周期2年。新校区设计融入中国元素，把国际学校、国际教育和本地文化相结合。建成后的白马湖新校区将配套大型的餐厅和图书馆、2个室内体育馆、1个24小时恒温国际标准泳池、2个剧院。学校开设从幼儿园、小学、初中、高中全阶段班级，办学规模为1000人～1500人。采用IB课程全学段教学，重视艺术和体育方面的培养。师资由美国、加拿大、澳大利亚、新西兰等国家的专业教师组成。

【滨江区出台《退役军人国家司法救助与行政服务衔接机制的实施办法（试行）》】2019年8月1日，滨江区检察院、滨江区退役军人事务局、市公安局滨江分局、滨江区司法局联合出台《退役军人国家司法救助与行政服务衔接机制的实施办法（试行）》。

办法加强对退役军人的国家司法救助工作与相关优抚工作的衔接，共同助力退役军人自力更生、脱贫致富。要求相关单位在国家司法救助工作中，将退役军人作为救助重点，做好对接，引导并帮助其落实相关待遇和优抚政策。办法创新规范退役军人权益维护工作管理模式与方法，形成一个常态化、规范化且具有快速反应机制的平台。

【24所学校图书馆免费向家长开放】2019年3月11日，滨江区教育局召开新闻发布会，首批次推出杭州江南实验学校、杭州高新实验学校、杭州闻涛中学、杭州东冠小学、杭州丹枫实验小学、杭州钱塘实验小学6所学校作为试点，在全市率先面向中小学家长免费开放学校图书借阅。滨江区中小学图书馆有藏书67.3万册，涵盖文学、艺术、史地、哲学、自然科学、军事等种类。区教育局后勤服务中心与市大数据管理局、市民卡公司、市教育技术中心对接，建立本地市民卡刷卡数据库，家长使用学生市民卡刷卡借还。全区学校均配备人脸识别系统，家长首次入校需携带身份证，并进行刷脸认证。4月，开放的学校增至20所。至年末，24所公办学校（含校区）图书馆全部开放，日借阅图书约1000册。

【北京航空航天大学杭州研究生院开工】2019年11月18日，北京航空航天大学杭州研究生院举行开工仪式。研究生院位于滨江区白马湖西南侧，东临冠塘路、南临龙塘河、西临时代大道、北临规划支路，总用地面积7.42万平方米，计划总投资17.8亿元，建设周期2年。研究生院计划建设人工智能学院、计算机与软件学院、信息材料科学学院、电子信息学院、量子科学学院、网络空间安全学院，远期规划在校生规模2000人，专任教师200人，其他教学科研管理等辅助人员200人～400人。

【中国创新创业大赛浙江赛区比赛在滨江区举行】2019年9月7日，第八届中国创新创业大赛浙江赛区暨第六届浙江“火炬杯”创新创业大赛总决赛在滨江区海外高层次人才创新创业基地举行。大赛以“科技创新，成就大业”为主题，分6个阶段进行。浙江赛区的参赛项目行业涉及互联网、电子信息、生物医药、先进制造、新能源及节能环保、新材料及人工智能七大领域。大赛从4月启动以来，共有1209个企业报名参加。通过初赛集中评审，行业半决赛小型路演，有210家企业进入行业决赛。最终，初创组的杭州地芯科技有限公司、成长组的德琪（浙江）医药科技有限公司和杭州潘哒教育科技有限公司获总决赛一等奖。

【滨江物联网小镇获评国家AAA级旅游景区】2019年12月18日，滨江物联网小镇获评国家AAA级旅游景区。物联网小镇东至风情大道、西至江陵路、南至滨和路、北至滨盛路，规划面积3.66平方千米。小镇发展“物联网+”产业和智慧应用，形成“龙头+集群”产业生态，主打数字经济旅游。利用企业各类现代化展厅，建设以“智慧科技体验+科普教育”为特色的智慧生活全景体验区。小镇有智慧e谷展厅、中国电信智慧双创物联网示范基地、聚光科技“绿色科技”展厅、杭州创新大街、沃尔沃汽车博物馆、海康威视智慧安防展厅等9个一期景点。小镇配套有星耀城、海威新界2个商业综合体，包含餐馆、创意酒吧、4DIMAX电影院等。

2019年11月18日，北京航空航天大学杭州研究生院开工仪式举行

［杭州高新区（滨江）地方志编研室 供稿］

【人工智能与脑科学研究院暨诺贝尔奖工作站在滨江揭牌】2019年9月17日，人工智能与脑科学研究院暨诺贝尔奖工作站在滨江正泰量测科技园揭牌。研究院位于滨江区正泰量测大厦8楼，占地面积1370平方米，有专业化的招才引智和孵化器运营人才5人。研究院与诺贝尔奖获得者医学峰会和MIT（麻省理工学院）浙江校友会合作，建设国际化的人工智能、生物医疗以及大健康方向的孵化空间，依托诺贝尔奖得主导师等资源、海外成熟技术合作对接等服务，吸引优秀海外人才，加速孵化国内优质项目。研究院聘任2009年诺贝尔化学奖得主阿达·约内特为名誉院长。揭牌仪式后，以“科技成果转化与生命大健康创新展望”为主题的圆桌论坛举行。研究院与梧桐资本集团签订《研究院与梧桐资本深度战略合作协议书》，开展基金配套、企业加速等合作。

［杭州高新区（滨江）地方志编研室］

萧山区

【概况】2019年，萧山区辖12个建制镇、14个街道，有411个行政村、199个社区，其中新湾、义蓬、河庄、前进、临江5个街道被钱塘新区托管。户籍人口118.93万人，人口自然增长率6.36‰。流动人口111万人。全区生产总值1847.66亿元，比上年增长6.4%。其中，第一产业增加值

58.29亿元、第二产业增加值766.67亿元、第三产业增加值1022.7亿元，分别增长1.4%、5.7%和7.3%。三次产业结构为3.2∶41.5∶55.3。按户籍人口计算，人均地区生产总值15.7万元。

财政总收入430.4亿元，增长9.3%。其中，一般公共预算收入267.66亿元，增长16.4%。一般公共预算支出275.43亿元，增长19.1%。其中，用于民生支出216.35亿元，增长14.4%，占公共预算支出的78.6%。金融业增加值176.97亿元，增长7.6%。萧山区金融机构35个，金融机构本外币存款余额4870.97亿元，增长10.4%；贷款余额4428.49亿元，增长15%。新增上市企业4个、“新三板”挂牌企业1个，累计培育上市（挂牌）企业71个。

城镇居民人均可支配收入70702元，增长8%；人均生活消费支出45224元，增长7.6%。农村居民人均可支配收入41132元，增长8.9%；人均消费支出32674元，增长7.5%。城镇和农村居民人均住房面积分别为52.7平方米和76.8平方米，均增长1.3%。

农林牧渔业增加值60.21亿元，增长1.7%。10月，萧山萝卜干通过国家农产品地理标志登记。工业增加值695.75亿元，增长5.7%，其中规模以上工业增加值559.58亿元，增长5.1%。规模以上高新技术产业增加值261.56亿元，增长0.1%；战略性新兴产业增加值129.76亿元，增长11.5%；装备制造业增加值190.29亿元，下降0.7%。规模以上工业企业利税总额245.51亿元，其中利润总额178.6亿元，分别增长2.1%和7.3%；营业收入利润率5.7%，提高0.3个百分点。

固定资产投资增长11.5%。房地产开发投资674.01亿元，增长6.7%。商品房销售面积270.9万平方米，下降18.8%。公路通车里程1935.04千米。萧山国际机场开通航线301条，其中国际航线63条、港澳台航线6条。航空客运吞吐量4011万人次，货物吞吐量69.0万吨，分别增长4.9%和7.7%。快递业务收入40.94亿元，下降16.9%；完成快递业务量5.91亿件，下降11.9%。

社会消费品零售总额771.77亿元，增长10%。其中商品零售额657.92亿元，增长10.6%。网络零售额1063.47亿元，增长15.5%。批发和零售业增加值186.89亿元，增长7.5%。居民消费价格上涨2.5%。

进出口总额837.06亿元，增长5.9%。其中：进口总额198.32亿元，增长3.1%；出口总额638.73亿元，增长6.6%。新批外商直接投资65项，实到外资9.24亿美元。其中新批总投资3000万美元以上项目4项，总投资7.84亿美元，占新批外商项目总投资的81.1%。

新认定国家高新技术企业273个、国家知识产权示范企业1个。专利授权量6740件，其中发明专利授权量486件。新增市场主体4.38万户，独角兽企业3家、准独角兽企业5家。发布“浙江制造”19项，13家企业获得23张“浙江制造”认证证书。新引进院士9人、院士专家工作站11个。

小学79所，在校学生10.0万人；初中45所，在校学生3.95万人；普通高中11所，在校学生2.0万人。学前三年幼儿园净入园率99.2%，初中毕业生升入各类高中比例为99.89%。全年普通高校录取6167人，高职录取2225人。教育综合改革试验区建设启动。10月28日，国家教育行政学院浙江萧山基地正式授牌，落户萧山。

接待游客2518.12万人次，增长8.1%。旅游总收入333.79亿元，增长10.2%。各类旅行社64个、星级宾馆9个。AAAA级景点5个。世界旅游联盟总部暨世界旅游博物馆项目开工建设。萧山花边入围国家级非物质文化遗产代表性项目申报名单。顾家溪村获评省非物质文化遗产旅游景区。

文化创意产业增加值110.6亿元，增长25.5%。艺术表演团体全年演出73场次，观众7万人次。全年农村电影放映7150余场，观众141.5万人次。至年末，图书馆藏书323.358万册。文化馆分馆实现乡镇、街道全覆盖。新增农村文化礼堂121个。

至年末，城镇企业养老保险参保97.05万人，医疗保险参保139.49万人，工伤、生育和失业保险参保77.58万人、59.52万人和59.53万人。各类公办福利中心、农村五保供养服务中心等福利机构19个，床位1743张，寄养人员646人。城乡居民最低生活保障标准由每人每月995元调整为1041元。至年末，享受城乡最低生活保障人数14436人。全年发放最低生活保障金额1.68亿元。

萧山区（含新湾、义蓬、河庄、前进、临江5个街道）有各类医疗卫生机构848个，其中医院57个。床位1.05万张，其中医院床位1.01万张，分别增长2.9%和4.1%。各类专业卫生技术人员1.50万人，增长5%。其中，执业（助理）医师5526人、注册护士6361人，分别增长5.9%和6%。医疗机构完成总诊疗人数2326.1万人次。医共体内部一体化管理运行实现。浙江大学医学院附属第二医院新院区项目推进。11月，萧山区医疗急救指挥中心被美国国际紧急调派研究院认证为“绩优急救中心”。

全年规模以上工业单位增加值能耗下降8%。全区PM2.5平均浓度38.85微克/立方米，大气优良率76.9%。全社会用电量194.39亿千瓦时，增长3.1%。供水量34183万立方米，最高日供水量107.53万立方米。6月，杭州城市大脑·萧山平台获中国城市治理创新奖。

【“4286”产业载体建设】2019年，萧山区启动“4286”产业载体建设，加速打造创新平台，推动全区产业转型升级。“4286”包括4个产业新城、2大产业基地、8个特色小镇和6个产业社区。至年末，“4286”63个攻坚类项目中，开工57个，完成投资112.69亿元；新增土地挂牌项目25宗，面积180.23公顷。其中：万向创新聚能城入围全省首批“万亩千亿”新产业平台；5个项目入围省市县长“152”工程项目；11个项目被列入2019年全省新增重大产业项目。

【“22688”交通工程建设项目】2019年，萧山区在“12588”交通工程建设项目基础上，实施“22688”交通工程建设项目。项目计划投资2300

亿元，建设2个交通枢纽——杭州萧山国际机场三期扩建工程和铁路杭州南站枢纽；打通2条城市环线——杭州绕城高速西复线工程、杭州城市组团环线；建设6条轨道线路——地铁1号线三期、地铁5号线、地铁6号线、地铁7号线、地铁杭绍城际线、机场轨道快线；打造时代大道、风情大道—临浦快速路、通城大道、03省道东复线改建、红十五线改建、机场东路、彩虹快速路、杭甬高速（二桥至红垦段）抬升工程8条快速路网；提升8条主干路网——博奥路南伸、新城路北伸、新街大道、滨江一路（民祥路至九号坝直河段）、滨江二路（鸿宁路至香樟路段）、南三路、03省道萧山义桥至楼塔段改建、义大路东伸工程。

【数字经济核心产业增加值75.93亿元】2019年，萧山区数字经济核心产业增加值75.93亿元，比上年增长21.5%，占全区生产总值的4.1%。至年末，全区有3个省级工业互联网平台，有规模以上数字经济核心产业企业172个，比上年增加59个。实施智能制造试点项目56个、市级数字化改造项目117个、市级“机器换人”项目110个。新增工业机器人设备409台。规模以上制造业企业数字化改造覆盖率提升至79%。举办中国工业大数据大会、中国区块链开发大赛、西湖论剑·网络安全大会等数字经济会议。加快图灵小镇、机器人小镇、信息港小镇、5G创新谷等数字经济特色小镇建设，提升园区等载体建设水平和产业服务能力。推进规模以上工业企业数字化改造，高端装备、汽车零部件、化纤新材料等主导行业的骨干龙头企业开展数字化车间、智能工厂建设，加快工业互联网平台建设。

【湘湖国家级旅游度假区发展】2019年1月1日，《杭州市萧山湘湖旅游度假区条例》正式施行。3月23日，世界旅游联盟总部暨世界旅游博物馆项目在湘湖压湖山岛正式启动；11月26日，萧山区人民政府与故宫博物院签署战略合作框架协议，就世界旅游博物馆展陈、文创产品研发、主题展览开展深度合作。9月19—20日，由世界旅游联盟主办，联合国世界旅游组织、世界银行、世界旅游及旅行业理事会、欧洲旅游委员会、世界旅游经济论坛、亚太旅游协会六大国际机构合作支持的“2019世界旅游联盟·湘湖对话”举行。

4月23日，湘湖国家旅游度假区管委会联合中国移动杭州分公司召开湘湖5G智能网联无人驾驶车发布会，发布会上亮相的无人驾驶车是在景区开放道路上实现的5G智能网联驾驶应用。至11月，湘湖景区建成5G基站34个，景区5G网络全覆盖。

3月6日，院士岛迎来首批院士专家。7月，院士岛成为全省“浙江院士之家”首批试点单位。至年末，湘湖与院士专家合作项目8个，其中华钻新材料项目实现试生产。7月14日，湘湖金融小镇慢生活街区暨新零售示范街正式开街。12月11日，该街区被省商务厅列入浙江省高品质步行街培育名单。

【萧山区医共体建设】2019年3月6日，萧山区召开健康萧山推进会暨医共体建设动员大会，发布萧山区医共体（县域医疗卫生服务共同体）实施方案，以萧山区第一人民医院、萧山区中医院、萧山区第三人民医院、浙江萧山医院为中心组建四大医共体。探索基于“钉钉医疗服务协同平台”的医共体信息化建设路径。各医共体全部纳入统一的数字化组织架构，实现4个医共体、27个基层分院、154个村站的临床数据共享。4个医共体牵头医院取得互联网医院执业许可，开展系统试运行。在区域信息一体化建设的基础上，推广应用电子社保卡/健康卡。各医共体全部实现诊间结算、自助结算、移动结算、刷脸就医、电子票据等智慧应用。4个医共体牵头医院全部开展“互联网+服务”。完善临床检验、影像、心电、病理和消毒供应五大共享中心和分中心，引导建立分级诊疗就医秩序。至年末，基层就诊率72.6%，比上年增长10%；影像会诊中心接受会诊4.91万例，增长23[illegible]%；临床检验中心接受检验样本41.[illegible]6万例，增长428.9%；心电诊断中心接受4.71万例，增长201.7%；病理诊断中心接受5059例，增长25.8%；消毒供应中心接受6.39万件，增长1%。

【“高帆杯”行走中国全国摄影大展系列活动在萧山区开展】2019年3—10月，“高帆杯”行走中国全国摄影大展系列活动在萧山区开展。该活动以“面向土地、面向人民、面向生活”为主题，面向国内、不限制辖区的征集影像文本作品，共收到来稿3.8万余幅，评选出入展作品120幅。活动期间，两期“高帆杯”影像工作坊、7期讲习所、“高帆杯”行走中国摄影大展、高帆·牛畏予影像作品展、“高帆杯”行走中国摄影工作坊成果展等活动举行。《人民日报》《中国艺术

萧山区瓜沥镇东恩村党建文化公园　　（萧山区委宣传部 供稿）

报》、《解放军报》、人民网、中国艺术网等国家级媒体及省、市、区媒体报道共15次。

【萧山区10个镇、86个村入选“中国淘宝镇、村”名单】 2019年8月，阿里巴巴集团发布2019年“中国淘宝镇、村”名单，萧山区10个镇、86个村入选。萧山区农村电子商务形成“以点带面，点面结合”的发展态势。至年末，萧山区在重点监测的第三方电子商务平台上有各类网络零售网店4.10万个。电子商务直接解决就业岗位约12万个，间接带动就业岗位约31万个。全区网络零售额291亿元，比上年增长20.6%。

【区域治理现代化路径探索】 2019年，萧山区通过“党建领治、政府善治、多元协治、群众共治、遵循法治”的全域“五治”格局，拓展基层治理覆盖面。通过引导、组织辖区内社会组织、各类乡贤、各类专业人员、“萧山红领”等参与基层治理，形成党委、政府与社会力量互联、互补、互动的社会治理体系，并利用互联网技术探索基层“智慧自治”新模式。全区1460多个网格近6000名专职、兼职网格员在综合环境整治、美丽乡村建设、安全隐患排查等方面发挥作用。其中，河上镇众联村首创的“五和众联”模式在全区推广，通过从村民、家庭、邻里、村庄、社会五个方面对邻里间的小矛盾、小纠纷等通过积分制来约束，构建起乡村自治积分体系。闻堰街道相墅花园建立的小区配套人工智能服务系统运行平稳，应用于物业、消防、社区服务等领域，形成小区“8＋N”智慧化管理与“1+7”自治组织“双规并行、融合联动”的新局面。钱江世纪城通过搭建“物业单位联席会”智慧平台，将辖区内分散的56个物业公司联合起来。至年末，“物业单位联席会”智慧平台化解矛盾纠纷611起，协助处置“110”警情7415起，参与治安巡逻1300多人次，物业类矛盾纠纷数比上年下降61.4%，火灾隐患和警情数下降45.7%。

【萧山区生物经济快速发展】 2019年，萧山区新招引注册资本500万元以上的生物医药企业11个，搭建生物医药平台4个。5月25日，国家“重大新药创制”科技重大专项课题项目暨浙江生创细胞药物GMP基地启动。11月2日，省级重点研发计划——干细胞与再生医学新技术研究及药物开发项目启动。至年末，新街科创园累计引进培育生物医药类中小微企业近40个，有4个医疗器械领域的国家重点项目。7月9日，中国·杭州湘湖国际生命健康产业协同创新先行试验区落户湘湖。

【杭州开元森泊度假乐园开业】 2019年1月26日，杭州开元森泊度假乐园开业。该乐园位于湘湖国家级旅游度假区内，占地20公顷，总投资11.7亿元，是集住宿、游乐、餐饮、商务为一体的一站式休闲度假综合体。配有客房420间，室内外森泊水乐园2.5万平方米，大型儿童乐园3000平方米，并有户外探索游乐、亲子自然课堂等休闲项目。全年营业收入额逾2亿元。

（王　鸣）

余杭区

【概况】 2019年，余杭区辖14个街道、6个镇，有行政村176个、社区193个。户籍人口116.18万人，人口自然增长率7.66‰。全区生产总值2824.02亿元，比上年增长8.5%。其中：第一产业增加值53.31亿元，增长2.6%；第二产业增加值652.25亿元，增长5%；第三产业增加值2118.46亿元，增长10%。三次产业结构为1.9∶23.1∶75.0。3月29日，余杭区被评为浙江省2018年度“平安区”，被授予浙江省平安建设最高荣誉——“平安金鼎”。9月6日，余杭区获2018年度全省小城镇环境综合整治工作优秀县（市、区）称号。

财政总收入726.47亿元，增长16.5%。其中地方一般公共预算收入391.45亿元，增长16.4%。财政预算支出376.73亿元，增长10%。预算内用于民生支出293.68亿元，占全区财政预算支出的78%，增长17%。

农林牧渔总产值85亿元，增长6.3%；农业增加值55.44亿元，增长2.8%。农产品网络销售额10.50亿元，增长25%。规模以上工业增加值454.71亿元，增长5.3%。规模以上工业高新技术产业增加值309.98亿元，增长7.3%，占规模以上工业的68.2%，提升3.7个百分点。规模以上工业新产品产值率49.3%，提升3.6个百分点。装备制造业增加值240.01亿元，增长6.3%；战略性新兴产业增加值139.45亿元，增长3.3%。规模以上工业营业收入1965.77亿元，增长5.2%；利润总额127.92亿元，增长16.8%。企业成本费用利润率7.3%。

全区固定资产投资增长7.4%。进出口总额478.56亿元，增长3.4%，其中进口37.33亿元，下降22.8%；出口441.23亿元，增长6.4%。

社会消费品零售总额757.82亿元，增长9.4%。全区接待国内外游客2535.66万人次，增长18.8%；旅游总收入283.47亿元，增长20.8%。全区有A级景区14个，其中AAAA级以上景区7个。星级饭店6个，其中四星级以上饭店5个，特色文化主题饭店2个；星级旅行社6个。全年营运客车客运量154万人次，河港口货物吞吐量（不含内河处监管码头）2804.4万吨，水运货运量525.8万吨。轨道交通建设加快，地铁16号线建成试运行，地铁5号线首通段开通运营。

专利申请量、授权量分别为2.13万件和1.25万件，分别增长6.9%和8.9%。新增国家高新技术企业444个。新增杭州市“雏鹰计划”企业230个、杭州市高新技术企业207个、省级科技型中小企业357个。新增市级研发中心93个，新增孵化载体45个、物理空间184.3万平方米，引进培育科技型中小微企业1322个。20个项目入选2020年度浙江省重点研发计划项目。淘宝（中国）软件有限公司等3个企业获国家科技进步奖二等奖。6月13日，2019年全国大众创业万众创新活动周在梦想小镇开幕。

幼儿园144所，在园幼儿6.48万人，3周岁～5周岁幼儿入园率99.99%；小学59所，在校学生11.45万人；初中37所，在校学生4.06万人；普通高中15所，在校学生1.47万人；职业高中5所，在校学生1.05万人，毕业生3486人。小学适龄儿童入学率100%，初中毕业生升学率99.97%。

全区有文化经营单位816个、公共图书馆藏书总量106.99万册。各类医疗卫生机构798个，其中区属医院7个，社区卫生服务中心20个。各医疗机构实际开放床位5222张，其中区属医院3505张。区属医院和社区卫生服务中心共有卫生技术人员7368人，其中执业医师3002人、注册护士3225人，分别增长8.9%、2.73%和6.4%。全年家庭医生累计签约服务43.41万人。

全区基本养老保险参保人数95.6万人，基本医疗保险参保人数82.3万人，工伤保险参保人数86.9万人，生育保险参保人数67.9万人，失业保险参保人数68.7万人，分别增加9.6万人、1.8万人、12.4万人、11.6万人和8.3万人。新增居家养老服务中心12个、示范型照料中心30个。加大困难家庭兜底保障力度，累计发放各类救助金1.52亿元。创建无障碍社区25个。

城乡常住居民人均可支配收入68159元和41347元，分别增长8.5%、9.7%。城镇常住居民人均生活消费性支出45012元，增长8.2%；农村常住居民人均生活消费支出32687元，增长8.7%。

【大径山乡村休闲旅游示范园被命名为国家级示范园】2019年2月3日，国家发展和改革委员会、农业农村部、工业和信息化部等七部委联合发布首批国家农村产业融合发展示范园名单。在省级推荐、第三方评审的基础上，全国有100个单位被认定为首批国家农村产业融合发展示范园，余杭区大径山乡村休闲旅游示范园入选。大径山乡村休闲旅游示范园东起绕城西复线，北至杭长高速与黄湖镇、鸬鸟镇交界，南沿漕雅线，西至径山镇径山村里洪区块，面积22.8平方千米。园区内的利川绿景堂、森禾种业、小古城休闲之窗、千花里花海等项目以农业产业为核心，建设生态农业、休闲农业、创意农业、绿色农业，通过"农业+旅游"转型升级提升发展。

【余杭区获"2018年全省扩大有效投资优秀单位"称号】2019年3月，省发展和改革委员会印发《关于2018年度全省扩大有效投资优秀单位的通报》，余杭区获"2018年度全省扩大有效投资优秀单位"称号。2018年，余杭区固定资产投资增长10%。其中：高新技术产业投资增长27.7%，交通投资增长20.9%，生态环境和公共设施投资增长10.9%，民间投资增长10.6%，4项结构性指标均达到省、市下达的分别增长10%的目标，投资结构进一步优化，质量和效益进一步提升。全区列入省重点、省重大产业、市重点计划等重大项目80个。11个省重点、4个省重大产业、51个市重点实施项目分别完成年度投资20.03亿元、4.11亿元、135.91亿元。区发展和改革局每季度牵头开展重大项目集中开工活动，全年组织开展重大项目集中开工活动4次。

【余杭区获评浙江省美丽乡村示范县】2019年3月12日，2018年浙江省美丽乡村示范县获选名单公布，余杭区入选。从2017年开始，余杭区开展美丽乡村专项行动，系统实施美丽乡村示范区（县）、示范镇街、精品村和美丽庭院示范户"四级联创"。2019年，全区规划保留村实现美丽乡村精品村全覆盖，累计创建省级美丽乡村示范镇和示范街道6个，省级特色精品村12个，A级景区村庄60个（其中AAA级三个）。2018年，全区农家乐休闲旅游业接待游客1050万人，经营收入10.18亿元，增长23%。

【"国网5G项目"落户余杭区】2019年5月，"国网5G项目"落户余杭区临平新城。该项目是由中国广播电视网络有限公司联合中国科学院、光华集团合作的5G数字化播控及三网融合运营平台。依托中国广播电视网络有限公司在5G、基础通信、IPTV（交互式网络电视）等方面的资源优势和中国科学院的前沿技术开发优势，以及光华集团的产业运营优势，实现全国范围内的落地入网。落地后将搭建5G数字化内容和消费场景的基础设施服务平台，为企业和用户提供技术支撑、场景支撑、流量支撑等服务。建立5G多频互动内容集成生态、智能分发和大数据云服务，建设5G跨屏内容及电子商务产业的"中央厨房"。借助人工智能、大数据分析和其他核心专有技术，打造集智能化硬件、购物、云服务、物联网、内容消费等为一体的大数据跨屏电子商务和营销平台。

【杭州钱江经济开发区成立】2019年5月15日，省级开发区——杭州钱江经济开发区成立。开发区位于仁和街道境内，整体规划面积56.94平方千米，其中重点开发的核心区规划范围8.52平方千米。开发区规划先进装备制造业区、综合制造

2019年6月13日，2019年全国大众创业万众创新活动周在梦想小镇开幕。图为主题展示区（周铭 摄）

产业区、高新科技产业区、现代商贸区、生态休闲度假区、生态休闲农业区六大产业片区。至年末，有阿里巴巴云计算数据中心、菜鸟网络科技有限公司、摩根士丹利乐坤杭州仁和国际产业园、南方中金环境股份有限公司、杭州比亚迪汽车有限公司、杭州华光焊接新材料股份有限公司、杭州米格电机有限公司等企业入驻开发区。共聚集规模以上工业企业100多个。

【钱江经济开发区智能制造创新创业产业园开园】2019年6月19日，杭州钱江经济开发区智能制造创新创业产业园开园仪式暨智能制造产业发展论坛在杭州钱江经济开发区举行。产业园位于钱江经济开发区核心区块，占地面积2万平方米，是开发区围绕“一智三新”的产业定位和大孵化器战略要求而搭建的创新创业平台。开发区通过完善孵化服务体系和搭建创业平台，引进“互联网+”、智能制造、新材料、新能源、新设备等相关项目。开园仪式上，钱江经济开发区与浙江大品智能科技有限公司、芯创基石（杭州）科技有限公司等6个首批入驻的企业进行签约。

【余杭区入选国家现代农业产业园创建名单】2019年6月20日，农业农村部、财政部公布2019年国家现代农业产业园创建名单，余杭区现代农业产业园入选其中。余杭区现代农业产业园位于余杭区西部，区域总面积2.3万公顷，分布在5个镇街、22个村，涉及农业人口3.6万人。该产业园聚焦茶产业，整体布局“一核两心三片四景”，通过提升发展生产经营、精深加工、品牌营销、茶旅融合、资源利用等环节，构建“生产、加工、科技、流通、服务、文化、旅游”为一体的茶产业链条。2018年，余杭区现代农业产业园内的农民人均收入4.91万元，比上年增长12.7%，高于全区平均30个百分点。

【余杭区企业获特定类无人机试运行批准函】2019年10月15日，中国民航局向余杭区企业杭州送吧物流科技有限公司颁发《特定类无人机试运行批准函》和《无人机物流配送经营许可》，是无人机行业第一个由中国民航局颁发的运行许可。该公司位于未来科技城，是商用无人机领域重点企业，致力于构建大规模机器人运力网络，先后与中国邮政集团有限公司、菜鸟网络科技有限公司、苏宁易购集团股份有限公司等企业开展无人机邮路及无人机物流系统布局建设。

【余杭区获“全国绿化模范县”称号】2019年10月，全国绿化委员会印发《关于表彰全国绿化模范单位和颁发全国绿化奖章的决定》，余杭区获“全国绿化模范县（市、区、旗）”称号。余杭区围绕美丽余杭建设目标，持续推进“绿化余杭”行动。自2007年实施“绿化余杭”行动，全社会绿化投入19亿元，累计完成扩绿面积3320公顷，全区森林覆盖率38.7%，平原区林木覆盖率22.1%。建成区绿化覆盖率41.7%，绿地率35.9%；人均公园绿地面积14.14平方米。居民出门平均200米以内就有休闲绿地、公园或广场。公路、铁路、江河沿岸宜林地段绿化率99.8%；农田林网化控制率96%。余杭区建成5个省级森林城镇，14个省级森林村庄，5个省级生态文化基地。2011年，余杭区美丽洲义务植树服务中心成立。以该中心为载体，累计建成各级义务植树基地258个，募集社会资金980多万元。通过“市民林”“亲子林”等主题活动，全区共2万余人参加义务植树活动。

【“光储充一体化”电动汽车充电站在余杭启用】2019年10月30日，位于仓前街道科技大道30号的“光储充一体化”大功率智能充电站通过验收投入使用。该充电站是由国家电网公司投资建设的新型电动汽车充电站，集成光伏发电、大容量储能电池、智能充电桩充电等技术，即使是夜间也能利用白天光伏发电后储存的电能为电动汽车充电。该站的车棚顶部装有90块太阳能光伏发电板，光伏装机容量为26千瓦时。储能系统由退役电池组加控制设备组成，设计日存储电量300千瓦时，建有直流快速充电桩8台。“光储充一体化”充电站是通过“以光养桩”，实现新能源、储能、智能充电互相协调支撑的一种高科技绿色充电模式。“光储充一体化”充电站将光伏、储能和充电设施形成了一个微网，充电站逻辑设定优先使用清洁能源供电，如果遇到阴雨天或者充电车辆较多，系统会自动切换到公共电网供电，储能系统的使用还可以缓解充电桩大电流充电时对局部区域电网的冲击。（李景苏）

富阳区

【概况】2019年，富阳区辖6个乡、13个镇、5个街道，有50个社区、276个行政村。至年末，户籍人口68.8万人，人口自然增长率5.5‰。全区生产总值820.5亿元，比上年增长6%。其中：第一产业增加值49.3亿元、第二产业增加值373.9亿元、第三产业增加值397.2亿元，分别增长2.6%、3.9%和9.1%。三次产业结构为6.0∶45.6∶48.4。按常住人口计算，人均生产总值11.0万元。按国家公布的2019年平均汇率折算，为1.6万美元。数字经济核心产业增加值77.7亿元，增长20.3%。8月28日，杭州高新区（滨江）富阳特别合作区在杭州富春湾新城挂牌。

农林牧渔业总产值69.8亿元，增长9.1%。农业增加值49.6亿元，增长2.6%。猪牛羊禽等肉产量3.19万吨，禽蛋产量1.02万吨，蚕茧产量521吨。农业龙头企业137个，销售收入80.8亿元。水利建设投入资金11.9亿元，全区有各类水库150座。农业机械总动力27.7万千瓦，耕地有效灌溉面积2.27万公顷。全年投入“富春山居美丽乡村”建设资金3.0亿元，建成“富春山居美丽乡村”精品村35个。有民宿示范村3个，现代民宿示范点48个。

规模以上工业增加值231.7亿元，增长1.1%。其中：高新技术产业增加值130.7亿元，增长11.2%；战略性新兴产业增加值83.6亿元，增长11.7%；装备制造业增加值103.5亿元，增长8.9%。全区632个规模以上工业企业营业收入1476.7亿元，下降4.3%；利税116.3亿元，下降22.6%；利润57.2亿元，下降20.2%。全年建筑业增加值40.6亿元。

社会消费品零售总额368.6亿

元，增长8.8%。全区网络零售额135.2亿元，增长41.3%。全年接待国内游客1853.1万人，增长22.8%；国内旅游收入172.8亿元，增长24.5%。接待入境旅游者1.3万人，旅游外汇收入377.4万美元。乡村旅游收入10.59亿元，增长59.7%。12月，黄公望隐居地景区创建为省级生态旅游区。

固定资产投资额增长22%。新批外商投资项目23个，实到外资3.17亿美元，增长9.8%。引进高新产业项目127个。货物进出口总额295.9亿元，增长6%。跨境电子商务进出口总额3.71亿美元，其中出口额2.69亿美元、进口额1.02亿美元。境外投资项目9个，总投资额2.95亿美元。

财政总收入131.3亿元，增长6.6%。其中，一般公共预算收入80亿元，增长10%。一般公共预算支出105.5亿元，增长44.5%。至年末，全区金融机构本外币存款余额1339.68亿元，增长22.1%；本外币贷款余额1489.99亿元，增长16.1%。全年保险费收入7.56亿元，各类保险赔款与给付支出2.83亿元。

全区公路通车里程1983.2千米，其中境内高速公路里程37.3千米。全年货物运输量1830.4万吨，下降1.3%。公路旅客运输量107.0万人次。全年邮电业务收入12.08亿元，增长8.5%。固定电话用户9.2万户，下降3.2%；移动电话用户105.2万户，增长3.6%。固定互联网宽带接入用户31.2万户，下降8%；移动互联网用户92.8万户，增长8.4%。

至年末，主城区建成区面积30.7平方千米。全社会用电量79.0亿千瓦时，下降8.4%。全年城区供水总量5033万立方米，管道煤气用户13.8万户。全区总供用水量1.07亿立方米。公共绿地面积665.6公顷，人均公共绿地面积14.23平方米。建成区绿化覆盖率42.1%。全区森林覆盖率65.5%。建立垃圾分类运输体系，6万立方米再生资源分拣中心投入使用。完成440个农村污水处置点提升改造和19个“污水零直排”项目。生活垃圾收集、无害化处理率100%。全年空气优良天数336天，优良率93.9%。主要水系监测断面Ⅲ类以上比例100%。建成国家级生态乡镇（街道）18个，省级生态乡镇（街道）2个。连续14次成功创建省平安区（县、市）。1月17日，富阳区获“浙江省小城镇环境综合整治工作优秀区县”称号。4月，在2019年第三届中国（上海）国际竹产业博览会暨第二批“中国竹业特色之乡”评审会上，大源镇获“中国传统竹纸之乡”称号。5月13日，富阳区获评2018年度美丽浙江建设（生态文明示范创建行动计划）工作考核优秀区。

1月，中科院上海光机所杭州分所（杭州光学精密机械研究所）、杭州电子科技大学富阳研究院等机构落户富阳区。新增省级研究院5个、国家级高新技术企业48个。省级以上高新技术企业研发中心56个。高新技术企业364个，其中国家级242个。全年组织实施各类科技计划项目1441个，其中省级1389个。专利申请4928个，专利授权2739个，技术合同交易（吸纳）350个，总金额2.1亿元。各类专业技术人员7.47万人，增长6.6%。其中，具有中级、高级职称的1.87万人，增长8.2%。学龄儿童入学率和初中入学率100%，初中升高中段比例99.9%，高等教育毛入学率71.6%。全区有幼儿园76所，在园幼儿2.48万人；小学43所，在校学生4.50万人；普通中学24所，在校学生3.44万人；中等职业学校（机构）2所，在校学生6692人；民办学校在校学生7331人。数字电视用户19.9万户。区图书馆藏书616千册（件）。省中医院新院区成功签约，3个医疗卫生服务共同体成立，重点人群家庭医生签约率85%。全区有各类医疗卫生机构593个，医疗床位3896张，各类专业技术人员6203人。富阳区第一人民医院胸痛中心被认定为国家级中心。全年举办各类群众性体育比赛130场，参赛运动员6.9万人次。

全体居民人均可支配收入50833元，增长9.1%；城镇常住居民人均可支配收入60576元，增长8.2%；农村常住居民人均可支配收入35531元，增长9.5%。全区私人汽车拥有量12.14万辆，增长5.5%。全区每百户家庭拥有私人汽车64.8辆。

2019年2月1日，富阳规划展示馆正式启用　（富阳区规划分局 供稿）

【富阳区行政服务中心新办事大厅启用】 2019年1月14日，富阳区行政服务中心举行新办事大厅启用仪式。区行政服务中心新址位于鹿山街道江连街27号、区文化中心北侧，同步整合区社保大厅、税务大厅和市民卡中心的部分功能。服务大厅分4层，其中1—3层为办事窗口，4层为公共资源交易中心。进驻单位从32个增加到35个，设置受理窗口150多个。不动产登记、商事登记、投资项目审批、税务、交通等窗口均实现“无差别受理”。

【富阳规划展示馆启用】 2019年2

月1日，富阳规划展示馆正式启用。规划展示馆位于鹿山新区新行政服务中心西南侧裙房，地上三层，总建筑面积约4256平方米。展馆以“拥江发展、都市新区”为展示主题，采用图文、模型、影片、多媒体、互动体验等多种方式，充分展示富阳城市形象、山水人文特色、城垣变迁和发展历程等。以分层主题式重点展示富阳总体规划以及“拥江发展”“都市一体”“乡村振兴”三大发展战略系列规划，并设置产业展厅，服务招商引资，同时还有阳光公示区、城市书吧、会议室等配套设施。

【富阳味道山乡大会】2019年3月23日，2019年杭州富阳·味道山乡大会之“桃花朵朵开”活动在新登镇半山村举行，标志着贯穿全年的味道山乡大会正式启动。活动由区政府主办，主题为“营地之乡·山乡季”，重点在具有山乡特色的万市镇、洞桥镇、胥口镇、新登镇开展，分“寻·山乡味道”“畏·山乡美丽”“品·山乡文化”“谋·山乡发展”四大板块，举办“我在富春山乡有个家”“寻美评美山乡”“味道山乡摄影大赛”“骑游春天”“登山寻宝”“味道山乡游”“田园餐桌”“山乡大戏”“淘山货大市”“投资山乡洽谈会”十大活动，发布以“春赏花、夏纳凉、秋银杏、冬踏雪”等为主题的15条旅游线路。全年累计接待游客115万人次，旅游收入4270万元。

【富阳获“中国天然氧吧”称号】2019年7月18日，2019年“中国天然氧吧”创建活动发布会在北京举行，现场公布51个创建成功地区，富阳区获“中国天然氧吧”称号。富阳建有负氧离子站6套，分别位于洞桥、龙门、新桐、湖源、富春桃源以及城区。全区负氧离子年平均浓度1891个/立方厘米，达到二级等级。其中，非城区（去除富阳站）负氧离子年平均浓度2165个/立方厘米，达到一级等级。富阳年均空气质量指数（AQI）为79.6。全区森林覆盖率65.5%，林木绿化率70.9%，全区森林生物多样性保护年价值17.06亿元；富阳年均水质类别均满足《地表水环境质量标准》Ⅱ类，水质为优等。

【富阳区循环经济产业园开工建设】2019年8月20日，富阳区循环经济产业园生活垃圾焚烧项目建设现场举行开工仪式。项目选址渌渚镇阆坞村吕家区块，一期计划总投资17亿元。循环经济产业园项目一期包含生活垃圾焚烧处置、餐厨垃圾处置和飞灰处置3个项目。其中：生活垃圾焚烧处置项目占地7.8公顷，总投资13.76亿元，设计处理能力1500吨/天，并规划预留750吨/天，计划于2020年末竣工；餐厨垃圾处置项目于2019年10月开工建设，计划于2020年10月完工；飞灰处置项目于2019年12月开工建设，设计规模150吨/日，计划于2020年10月建成投运。

【富阳阳陂湖生态修复治理项目开工】2019年9月16日，富阳阳陂湖生态修复治理项目启动建设。项目位于富春街道皇天畈区域内，场地北至规划道路高教路，南靠规划道路北环路，西侧以现有鱼塘为界限，东侧为金桥北路。规划保留现状基本农田，将利用现有鱼塘恢复具有千年历史的阳陂湖湖景，实现区域内生态修复治理。项目一期工程总投资7.3亿元，用地面积217.8公顷，湖体面积为111.33公顷。建设内容主要以生态修复、防洪排涝为主，兼顾改善水环境和景观提升，工期为20个月。在规划设计上，项目设有“一湖六园”。“一湖”为阳陂湖，“六园”为荷香园、花漫园、农耕园、清水园、汀洲园、渔趣园。在配套设施上精准功能定位，集文化展示、生态修复、科研科普、城市休闲于一体。在建设改造上结合乡村振兴，通盘谋划、统筹推进，将城中村改造与生态修复有机结合，推进村庄景区化。

【富阳区第九届全民运动会】2019年7月19日至11月15日，富阳区第九届全民运动会举办。运动会以“和谐九运会，健康富阳人”为主旨，展现全区人民文化体育生活和体育发展水平。全区各乡镇（街道）、机关、企业和事业单位共54个代表团的8000多名运动员参加。运动会分篮球、足球、田径、游泳等14个大项及第九套广播操、排舞两个集体项目的比赛，共产生金牌、银牌、铜牌499枚，破4项、7人次最高纪录。运动会采用新理念、新技术、新媒体强化宣传。10月18日，开幕式网络直播点击率30万人次。

【长三角基础教育年度峰会在富阳举行】2019年11月28日，第一届长三角基础教育年度峰会暨中国长三角新劳动教育二十校联盟成立仪式在“新劳动教育”发源地富阳举行。峰会为期两天，由浙江省教育厅、上海市教委、江苏省教育厅和安徽省教育厅主办，主题为“聚焦新时代劳动教育”，旨在搭建区域内沟通联合的平台，打造长三角基础教育高地。峰会上，“中国长三角新劳动教育二十校联盟”成立，富春第七小学等联盟学校共同发布联盟对新时代劳动教育“富阳共识”。联盟将整合三省一市劳动教育资源，分享劳动教育实践经验，共同推进劳动教育发展。

【紫云山庄环境综合整治完成】2019年6月19日，富阳成立紫云山庄综合整治指挥部，抽调银湖、常安、上官、新桐、湖源5个乡镇（街道）133名干部，组成28个走访组开展紫云山庄环境综合整治工作。至年末，基本完成调查走访全覆盖，除因业主移居国（境）外、无有效联系信息等情况，走访1378户、调查房屋1663套（幢），调查率分别为96.7%和93.9%。共计拆除违建2.4万余平方米。完成7条主路和65条支路的“白改黑”（原先灰白色的水泥混凝土路面改建为黑色的沥青混凝土路面）5.87万平方米，铺设雨（污）水管道5320米，绿化提升4080平方米。完成主入口智能门禁系统、路灯及视频监控的布线，安装路灯260多盏。完成自来水泵站提升改造，以及管道改造割接、入口公园改造铺设等工程建设。优化调整山庄党支部设置，完成党群服务驿站建设，提升公共服务配套；重新选举产生新一届业委会，完成物业公司选聘和入驻，全面提升小区自我治理能力。

【“人生一件事”改革启动】2019年5月6日，富阳区启动“人生一件事”

改革，围绕个人生命全周期，梳理出生、上学、就业、结婚生育、置业、就医、退休养老、殡葬8个阶段129个办事事项，通过源头采集、证明取消、功能整合、流程再造、共建共享，推进“人生一件事”信息集成化、办事便利化、流程标准化。全年相继推出“出生一件事”“人才就业一件事”“军人退役一件事”“退休养老一件事”等一系列“人生一件事”改革事项。改革覆盖全区近70万群众，年均直接受益19万人，年均减少群众跑腿89.6万次，年均精减材料393.72万份，人均缩短办理周期累计367个工作日。

【社区“大党委”制深化】2019年5月9日，富阳区召开深化社区“大党委”制暨党建引领高水平社会治理工作动员部署会。区政府以社区“大党委”制为核心，开展“百日解百难”专项行动。以50个社区为核心，按照“1+1+1+X”的模式，组织34位区领导、68个区级机关单位、221个企业、事业单位和8456名机关事业单位党员干部进社区报到，组成50个社区共建工作组团。召开“大党委”联席会议、居民代表座谈等会议240多次，走访群众3万余户，征集梳理社区治理热点难点问题142个。针对问题，富阳以区领导牵头、“社区+工作组团”推进为工作机制，社区、共建单位、社区党员发挥作用，推进办理。至11月末，142个难题全部办结。（刘　亮）

临安区

【概况】2019年，临安区辖5个街道、13个镇，有社区36个、行政村270个。至年末，户籍人口53.95万人，比上年末增加1874人。人口出生率9.2‰，死亡率5.4‰，自然增长率3.8‰。常住人口59.6万人。全区生产总值572.94亿元，比上年增长8%。其中：第一产业增加值45.86亿元，第二产业增加值257.28亿元，第三产业增加值269.81亿元，分别增长2.8%、7.8%和9.5%。三次产业结构为8.0 ： 44.9 ： 47.1。按户籍人口计算，人均生产总值为106389元，增长7.6%。

农业增加值46.39亿元，增长2.9%。农业总产值66.85亿元，增长7.5%。其中：农业种植业（含坚果类）产值32.6亿元，增长5.1%；林业（不含坚果类）产值21.55亿元，增长5.4%；牧业产值10.37亿元，增长20.5%；渔业产值0.84亿元，增长0.2%；农业服务业产值1.48亿元，增长16%。

规模以上工业企业618个，规模以上工业企业产销率98.7%。规模以上工业新产品产值率43.9%。规模以上工业增加值158.2亿元，增长8.8%。高新技术产业增加值占规模以上工业增加值的70.1%，提高3.7个百分点。规模以上工业企业利税总额92.32亿元，增长16.9%。其中，利润总额67.64亿元，增长24.5%。

固定资产投资增长30.2%。房地产开发投资191.53亿元，增长47.9%。房屋施工面积1084.56万平方米，增长40%。全年商品房销售面积218万平方米，增长53.7%；商品房销售额372.02亿元，增长85.5%。

批发和零售业增加值42.32亿元，增长5.9%；住宿和餐饮业增加值9.33亿元，增长3.3%。社会消费品零售总额增长9%。进出口总额169.77亿元，增长8.2%。其中，出口124.58亿元，增长4.4%。

全年实际利用外资2.01亿美元。引进重大产业项目51个，其中20亿元以上项目2个；引进产业链个性化项目119个；引进浙商回归资金36亿元。财政总收入101.93亿元，增长15.2%。一般公共预算收入61.16亿元，增长15%。一般公共预算支出85.62亿元，增长15.4%。用于民生支出68.16亿元，增长13%，占一般公共预算支出的79.6%。全区金融机构本外币存款余额980.63亿元，增长15.9%；本外币贷款余额803.2亿元，增长24.4%。

旅游休闲产业增加值67.07亿元，增长15.6%。旅游接待游客1928.29万人次，旅游综合收入238.51亿元，分别增长19%和23.8%。旅游景点接待游客577.22万人次，下降0.8%，实现门票收入14453.63万元，下降7.8%。全区乡村旅游接待游客2072.1万人次，增长57.1%；旅游经营收入20.68亿元，增长62.6%。

实施城市有机更新“315”工程，改造老旧小区50万平方米。改造临天路、江桥路、天目路等城市道路21条，打通“断头路”5条。新增公共停车泊位1192个。10月，吴越国王陵考古遗址公园一期开建。锦溪、马溪完成综合改造。推进滨湖新城“五个一”重点工程，望湖路下穿隧道贯通，横溪湿地二期竣工。推进青山湖综保工程，完成岸线整治3.5千米，增加水域面积44万平方米。7月，青山湖环湖绿道全线开放。新建绿地、公园28万平方米。

全区用电量39.17亿千瓦时，增长6.9%，其中，城乡居民生活用电6.75亿千瓦时，增长8.1%。市区自来水日供水能力17.7万吨/日。全年供水量6234.46万吨，其中居民家庭用水量1742.18万吨。完成“数字城管”、民生热线处理4500条。10月8日，临安区行政服务中心新大楼启用，集成审批服务事项1528个，新设钱江海关临安窗口。工业用地100%“标准地”出让，一般企业投资项目审批实现“最多90天”。开展“服务企业360°”活动，全年为企业减负49.3亿元，解决困难问题1546个。

临安区绿色发展指数居全省第二位，被评为“绿水青山典范城市”。7个镇街、2个工业园区、30个住宅小区实现“污水零直排”。铺设污水管道308.8千米，建设雨水管道355.83千米，建成省级“美丽河湖”3个，4个出境断面水质均达Ⅱ类标准以上。全年拆除违章建筑197.1万平方米，创成“无违建示范村（社区）”114个。全年改造提升传统企业155个，实施兼并重组项目106个，整治低散乱和改造低效企业140个。全年空气质量优良天数341天、空气质量优良率93.4%，全区PM2.5浓度为36.6微克/立方米。

专利申请量5122件，增长20.9%。完成授权专利2955件，增长27.1%，其中发明专利219件，下降13.1%。发放创新券1436.61万元，确认使用529.77万元，创新券兑现企业124个，实际兑付504万元。新增国家高新技术企业86个、省科技型中小企业138个。新增省级企业研究院4

个、省级研发中心9个。新增国家级孵化器2个、国家级众创空间1个、省级众创空间3个、省级星创天地1个。至年末，全区有国家高新技术企业231个、省科技型中小企业611个，市级及以上孵化平台14家。用于研究与试验发展的经费支出与全区生产总值之比为2.89%。财政一般公共预算支出中科技支出5.06亿元，增长14.9%。杭州地铁16号线试运行。临金高速临安段启动建设。全年公路完成客运量193万人次，公路客运周转量14211万人千米。公路货运量655万吨，公路货运周转量81183万吨千米。全区邮政业务收入1.13亿元，增长25.6%。至年末，固定电话用户9.21万户，移动电话用户103.49万户，互联网用户36.41万户。

全区有小学40所，在校学生3.24万人；初中17所，在校学生1.39人；普通高中5所，在校学生7077人；职业高中2所，在校学生3535人。学前三年幼儿园入园率99.1%，初中毕业生升入各类高中比例99.4%。浙江农林大学在校学生2.44万人，招生8027人，毕业7211人，教职员工1646人。杭州电子科技大学信息工程学院在校学生8854人，招生2902人，毕业2147人，教职员工492人。杭州医学院在校学生3191人，当年招生2102人，教职员工256人。

至年末，各类医疗卫生机构492个，增加11个，其中医院29个。有床位3202张，专业卫生技术人员4708人，其中执业（助理）医师1948人。医疗机构完成诊疗人数710.7万人次，增长13.8%。

全区新增参保企业408个，新增参保人员6997人。全区城镇职工基本养老、基本医疗、工伤、失业、生育保险参保人数分别为25.58万人、23.32万人、17.49万人、14.09万人和12.94万人。实施城镇公租房保障531户、农村困难家庭住房救助142户，新增被征地农民参保人员1.22万人。建成镇街示范型居家养老服务中心10个，老年人助餐覆盖率90%，新增养老机构床位293张。锦城街道、锦北街道、玲珑街道试点推行“适老化改造”。新增低保对象1109户、1587人，落实重病重残对象单独施保5226人。全年发放各类救助资金1.29亿元。临安区政府出台《杭州市临安区临时救助实施细则》，扩大临时救助范围，临时救助标准从原来的5000元提高至2万元。累计发放孤困儿童生活费1013万元，全年办理事实收养登记25例。

【吴越国王陵考古遗址公园（太庙山区块）一期项目】2019年10月，杭州市临安区旅游投资发展有限公司投资6.21亿元，实施吴越国王陵考古遗址公园（太庙山区块）一期项目。项目包括吴越国文化展示中心、公园展示设施、整体景观提升改造工程，钱王陵中轴线区域环境整治、山体修复工程和太庙遗址保护。项目建设总用地面积16.66万平方米，总概算投资7.53亿元，监理单位为上海协同工程咨询有限公司，施工单位为浙江省临海市古建筑工程公司。是年，完成考古挖掘地块土方回填、东侧1号台基前广场铺装场地平整、东侧区域施工现场道路硬化、临时设施及样板围墙搭设等工作。

【青山湖环湖绿道全线贯通】2019年7月1日，青山湖绿道三期投入使用，青山湖环湖绿道全线贯通。绿道位于青山湖国家森林公园范围内全长42.195千米，道路标准宽度4米，总投资约8.7亿元。以青山湖为核心，融合周边水上森林景观、南岸山岳风景及钱王文化等自然和人文景观，将“绿色生态”与“吴越文化”结合，形成以城市滨水景观段、水上森林绿色乡野段、大坝运动休闲体验段、南岸鹤山林荫风情段、泥山湾品质生活段、近郊游憩体验段六段串联的“一心六段”布局结构，设驿站12处。先后被评为“浙江省十大经

青山湖绿道

（临安区志办 供稿）

典绿道”“第二届浙江省最美绿道”，被中央电视台、《人民日报》、《经济日报》、《中国青年报》、浙江卫视、《浙江日报》等主流媒体宣传报道。

【临安区应对超强台风“利奇马”】 2019年8月8日20时至11日8时，受超强台风“利奇马”影响，临安区降水量219毫米（杭州市降水量400毫米以上的5个站点全部集中在临安。其中，龙岗镇照君岩降水量544毫米、龙岗镇天池降水量487毫米、天目山镇东关降水量473毫米、太湖源镇市岭降水量470毫米、龙岗镇上溪降水量426毫米）。全区受灾人口14.08万人，死亡7人，直接经济损失16.53亿元，农作物受灾面积5663.01公顷，房屋倒塌606间，严重损坏房屋571间，受灾公路240条。受灾最严重的为岛石镇和龙岗镇，岛石镇受灾自然村20个，受灾人口1.12万人；龙岗镇受灾14个自然村，受灾人口3844人。临安区政府第一时间开展救援。8月13日恢复通电和通水，8月14日抢通全区道路和通讯。8月17日凌晨救援工作结束，有序开展环境整治、饮用水工程抢修、地质灾害点及危旧房排查、卫生防疫、复工复产工作。8月20日，临安区组建区灾后重建办公室，进入灾后重建阶段。

【太保家园杭州国际颐养社区项目开工】 2019年11月2日，太保家园杭州国际颐养社区项目开工。杭州医学院与太平洋保险签订校企合作战略合作协议。该项目位于锦南新城锦天路与万马路交叉口，包括健康养生公寓、健康管理中心、护理培训中心等，主要面向具有健康养生及医养结合理念的中高端客户。总用地面积约7.72公顷，总投资30亿元，总建筑面积19.1万平方米，为全自持、全商业康养项目，计划分两期建设，3年建成投用，其中，一期用地面积约4公顷，总建筑面积约10.6万平方米。

【临安区闲置农房使用权流转证书首发仪式举行】 2019年11月1日，临安区闲置农房使用权流转证书首发仪式在高虹镇龙门秘境村落景区举行。杭州素旅酒店管理有限公司领到由区不动产登记服务中心颁发的高虹镇大山村龙头舍两户闲置农房使用权流转证书，流转期限20年。通过流转，每年可为每户农户带来近1万元的收入。2017年，临安开始探索农村承包地“三权分置”改革。2019年，高虹镇龙门秘境村落景区入选全省农村综合改革集成示范区，深化农村宅基地“三权分置”改革为重点改革项目之一，也是临安区创建全国产权制度改革试点内容之一。临安区出台《临安区农村闲置农房使用权流转暂行办法（试行）》；杭州市规划和自然资源局临安分局调研石门村、龙上村、大山村闲置农房基本情况，经过分析梳理和多方沟通，选取2户具有代表性的闲置农房予以流转盘活，促成2名农房户主与企业、村委会签订闲置农房流转合同。

【山核桃林地生态治理现场会】 2019年9月28日，临安区山核桃林地生态治理现场会在龙岗镇召开。会议全面总结并反思山核桃种植存在的问题，明确下一步推进山核桃林地生态治理的举措。提出实施“退果还林”、生态化经营、经营机制改革三大工程。启动1万亩一类禁止经营区的“退果还林”、封山育林工作。分类推进“退果还林”、生态化经营和规模化流转试点工作，建成示范点12个，初步形成较为完善的山核桃林地生态治理模式。计划到2022年末，完成生态化经营3333.33公顷以上，适度规模经营1.33万公顷以上；到2024年末，完成“退果还林”4133.33公顷，形成长效监管机制，完成生态化经营6666.67公顷以上，适度规模经营2万公顷以上，山核桃产区生态环境明显改善。会上发布山核桃林地生态治理“八个一律”（山核桃林下一律禁用除草剂，侵占公益林一律严肃处置，侵占国有或集体林地一律予以清退，山核桃林中一律禁止毁坏其他林木，枯死木一律清理下山，主产区一律禁止新种山核桃树，山核桃蒲壳一律禁止违规倾倒，生态敏感区一律禁止新建林道）的负面清单。与会人员观看山核桃林地生态治理警示片。会议以视频会议形式在各镇街设分会场。（许锦光）

桐庐县

【概况】 2019年，桐庐县辖4个街道、6个镇、4个乡，有22个社区、181个行政村。户籍人口41.88万人，人口自然增长率3.44‰。全县生产总值386.39亿元，比上年增长6.8%。其中：第一产业增加值25.03亿元，增长2.5%；第二产业增加值177.60亿元，增长8.6%；第三产业增加值183.76亿元，增长5.1%。三次产业结构为6.5∶46.0∶47.5。常住人口人均生产总值92439元。按国家公布的2019年平均汇率折算，为13400美元。

财政总收入58.09亿元，增长10.1%。一般公共预算收入33.77亿元，增长10.1%。财政民生支出41.18亿元，增长13%。全县金融机构本外币各项存款余额575.55亿元，增长18.3%。本外币贷款余额555.82亿元，增长19%。非金融企业及机关团体本币贷款余额300.44亿元，增长20.7%。

农林牧渔业总产值37.37亿元，增加值25.45亿元，增长2.6%。粮食总产量4.69万吨、禽蛋产量0.27万吨、肉类产量0.87万吨、水产品总产量0.87万吨、水果产量9.06万吨，中药材0.47万吨。完成省级美丽牧场建设2个。新申报绿色食品5家，完成农产品基地绿色认证面积59.67公顷。桐庐县入围2019年省级乡村振兴产业发展示范建设县试点。11月2日，桐庐县被农业农村部命名为第二批国家农产品质量安全县。11月9日，获中国蜂产品协会颁发的“蜂耘30年”系列奖项之“产业发展贡献奖”。11月26日，桐庐县获“全国蜂业优秀蜂产品之乡”称号。

规模以上工业增加值91.37亿元，增长11.1%。规模以上高新技术产业增加值49.65亿元，增长20.8%；装备制造业增加值39.65亿元，增长21.7%；战略新兴产业增加值48.85亿元，增长27%。全年规模以上工业新产品产值率50.7%，提高4.8个百分点。

商品房销售面积36.30万平方米，下降10.9%，商品房销售额57.57亿元，增长17.4%。其中：住宅类销售面积27.68万平方米，增长11.7%；住宅类销售额50.52亿元，增长54.5%。

社会消费品零售总额145.8亿元，增长9%。按消费类型分，商品零售额104.7亿元，增长9.8%；餐饮收入41.1亿元，增长6.9%。批发零售单位通过网络实现的商品零售额增长13.4%。开展电子商务扶贫工作，搭建“扶榕乐购”微信商铺，通过“扶榕乐购”平台完成扶贫销售780.67万元。全年网络零售额68.14亿元，增长39.7%。

货物进出口总额74.98亿元，下降4.1%。其中：进口总额6.03亿元，下降23.6%；出口总额68.95亿元，下降1.9%。全县有外贸生产企业1000多个，外贸出口交货总值150亿元。有外贸自营出口权企业525个，外贸货物出口总额68.95亿元。

全县交通建设投资9亿元。完成“四好农村路”新改建项目103个。公路总里程1932千米。全县有城区公交线路23条，营运公交车120辆，全年完成城区旅客运输2400万人次。“交通大脑”综合交通信息指挥中心投入使用。邮政业务总量1.13亿元，增长76.6%。完成邮政储蓄收入0.41亿元，增长24.2%。全年发送特快专递935万件，增长37.5%。

全县接待国内外游客2063.01万人次，增长19.9%。旅游业总收入234.92亿元，增长24.5%。乡村旅游接待人数1384万人次，乡村旅游收入11.78亿元，分别增长23.9%和30%。创建AAA级景区村庄9个，AA级景区村庄10个，新（续）建文旅体类项目42个。

专利申请量2589件，其中发明专利371件；专利授权量1851件，其中发明专利授权量60件。桐庐县入围“中国创新百强县”榜单，列第40位。新增国家高新技术企业32个，累计102个。新增省科技型中小企业55个、省级企业研究院4个、省研发中心4个。新认定省级众创空间1家、省级星创天地1家。新增与国内外34所高校实施产学研合作项目65个，技术交易额2.42亿元。6月19日，出台《桐庐县技术经纪奖励政策实施细则（试行）》。2019年科技风险池基金累计发放贷款5笔、1500万元。省海外工程师引进计划立项4个。建立企业研发投入的实时监测机制，对600多家科技型企业实现全覆盖，登记入库研发项目473个。新建浙江祺跃科技有限公司张泽院士工作站、浙江紫电新材料有限公司和县第一人民医院专家工作站。

幼儿园48所，在园幼儿1.40万人。全日制小学32所，在校学生2.51万人，2019年学年招生4543人，毕业学生3953人。普通中学17所，在校学生1.68万人，2019学年招生5679人，毕业学生5038人。中等职业技术学校2所，在校学生2051人，2019学年招生729人，毕业学生868人。全县小学巩固率100%，初中巩固率100%，高中入学率99.7%，全县在编教职工3604人。

完成县图书馆报告厅升级改造，新建城市书房1个。在分水镇、横村镇、富春江镇等中心镇和5万人口以上的乡镇街道试点开展文化馆总分馆制建设。新改建全民健身设施98处（新建35处，改建63处），累计新增体育场地面积16.15万平方米，人均体育场地面积2.89平方米。

全县有各类医疗卫生机构344个，其中公立医疗卫生机构218个、民营各类医疗机构126家。各类医疗病床2437张；卫生技术人员4149人，其中执业医师1353人、助理执业医师249人、注册护士1566人。养老保险参保人数21.12万人，增长5.90%。被征地农民基本生活保障参保人数4204人，支付生活保障金870万元。工伤保险参保人数12.02万人。失业保险参保人数10.32万人。

全县城镇常住居民人均可支配收入54279元，增长8.4%。其中，人均工资性收入32893元，增长8.3%。人均生活消费性支出29687元，增长7.8%。全县农村常住居民人均可支配收入31940元，增长9.3%。其中，人均工资性收入17467元，增长9.9%。人均生活消费性支出19603元，增长9%。

【中国杭州·桐庐（国际）生命健康产业先行试验区】2019年5月16日，中国杭州·桐庐（国际）生命健康产业先行试验区启动仪式在北京钓鱼台国宾馆召开。桐庐成为国家发改委国际合作中心与企业、政府三方合作共建的全国第三个试验区。桐庐先行试验区打造以“精准医疗大数据+基因医疗+细胞制药+再生医学+3D打印+中药饮片+新型医疗器械产品”为主导的全产业链生物产业基地，创建成集“产学研用”一体化发展的细胞、基因、蛋白质等生命健康产业新技术、新产品源发地和应用试验地。启动仪式上，“桐庐（国际）细胞医学研究院”“杭州国际细胞科技成果产权交易中心”宣告启动。200多名专家、学者参加启动仪式。

【首届桐庐人大会】2019年4月6日，“桐庐情·同路行”为主题的首届桐庐人大会举行，400多名海内外桐庐人和新桐庐人代表参会。会上，桐庐籍的4位快递行业的企业家捐赠4000万元成立公益基金，用于桐庐文化教育事业发展。在项目签约仪式上，6个重要项目签约，其中包括中通商业综合园区项目，韵达智能装备研发和制造项目、申通国际总部中式精品酒店及快递智能制造产业园项目、圆通国家工程实验室创新孵化基地项目等，投资额超过150亿元。“乡音、乡愁、乡情、乡味、乡忆”主题论坛上，6位桐庐人和新桐庐人与现场400多位桐庐乡贤一起共话桐庐发展。其间，组织参会人员开展返乡考察、探亲访友、对口交流等活动。

【富春未来城建设启动】2019年6月，桐庐富春未来城开发建设工作动员大会召开，县富春未来城开发建设指挥部、县高铁新城发展服务中心、桐庐民营快递发展中心分别授牌。富春未来城的土地规划位于县城核心区、富春山健康城、富春江科技城三大板块的交汇区，东至黄潦溪、南至杭千高速、西至梅林溪、北至富春江，总规划面积12平方千米，一期核心区范围4平方千米，按照“两城两地两区”的总体定位，完成富春未来城控制性详细规划和概念性规划、城市设计、蓝绿空间规划等专项规划，明确以发展快递（物流）全产业链

2019 年 5 月 20 日,第三届“5·20”世界蜜蜂日中国主会场活动在桐庐举行

（桐庐县地方志研究室 供稿）

经济为引领的“1+3+X”产业规划。中通快运全球创研中心加快建设,申通国际总部、韵达全球科创中心等项目签约落户,16 个项目明确投资意向和选址。

【桐庐县知识产权保护中心揭牌】2019 年 10 月 31 日,桐庐县知识产权保护中心揭牌仪式举行。该保护中心的成立实现在县级层面,可同时为企业提供专利、商标、地理标志检索预审、专利技术标准化、品牌质量体系建设以及商业秘密保护等一系列专业服务。外观设计专利进入快速申请通道,最快 3 个工作日就可拿到专利证书;商标申请在 1 个工作日内获得初步检索结果,缩短申请时间 1 个月以上。中心在杭州市范围内实行知识产权代理机构备案审查机制,率先建立由行业专家、专业律师、专利代理师和知识产权研究员组成的知识产权专家库等创新工作。为企业提供专利权、商标权质押登记预审及发明专利优先审查服务,与 3 个具有自主产品权限的银行签订知识产权质押融资合作框架协议。揭牌仪式现场,桐庐知识产权保护中心下属的 3 个知识产权工作站同步成立,并与 9 个市场监督管理所和 1 个知识产权保护中心构成点、线、面三层级的知识产权保护网。

【“5·20”世界蜜蜂日中国主会场活动】2019 年 5 月 20 日,第三届“5·20”世界蜜蜂日中国主会场活动在桐庐举行。开幕式上,桐庐县政府与中国养蜂学会签署共建中国品牌蜂产品之乡、共建蜜蜂小镇协议。同时,与福建农林大学蜂学学院签订战略合作协议,从产业技术支撑、科研成果转化、人才资源合作等 39 个方面加深校地战略合作。会上,中国养蜂学会授予桐庐县“中国蜜蜂小镇”牌匾、授予桐庐县分水镇“中国蜜蜂文化基地”牌匾、授予开化县“中华蜜蜂之乡”牌匾,亚洲蜂业联合会授予杭州市“蜜蜂文化展示中心”牌匾。在活动现场,结对帮扶仪式举行,对经济薄弱村的 5 名农户赠送 25 套蜂箱,向 6 名全国知名蜂农颁发荣誉证书。与会代表参加主题为“科技和文化推动蜂产业的可持续性发展”的高层论坛。

【“2050”全球唯一永久营地在桐庐启用】2019 年 4 月 27 日,“2050”全球唯一永久营地在桐庐启用。“2050”大会是由杭州市云栖科技创新基金会与志愿机构及个人共同发起的非营利性活动。大会以“年轻人因科技而团聚”为主题,目的是汇聚世界新生代技术中坚力量,为年轻人提供科技交流与思维碰撞的平台。“2050”营地坐落于桐庐县桐君街道牛山坞 26 号,占地 3.28 公顷,面积 2 万平方米,其中包括浙江卫视科教节目《预见 2050》第二现场、三味书屋、青年旅舍、青年之家、“2050”陈列馆等功能板块。

【杭州冰雪运动节开幕式举行】2019 年 1 月 31 日,首届杭州冰雪运动节开幕式暨杭州桐庐国际滑雪场首滑仪式在合村乡举行。桐庐国际滑雪场以“大体验——360 度全沉浸自由滑雪,大场面——10 万方大空间畅玩雪面”为特色。项目一期包含中级道 2 条、初级道 1 条、冲浪道 1 条,滑雪总面积 10 万平方米。活动中,杭州宏逸投资集团有限公司与法国 MND 集团签订生仙里运动旅游目的地二期项目投资意向。项目二期将围绕松树尖及高凉亭峡谷区块,继续开发森林温泉、山谷树屋、高空索道、星空帐篷、彩虹滑草、斜坡滑道、峡谷蹦极等特色产品。

【纪念“南堡精神”50周年大会】2019 年 7 月 5 日,纪念“南堡精神”50 周年暨“锻铸季”动员大会在分水镇举行。会上,南堡纪念碑揭幕。为纪念“南堡精神”,让后人牢记南堡人这段灾后重建家园的奋斗历史,桐庐县在天溪湖畔建“南堡精神”纪念公园、南堡亭、南堡纪念碑。在纪念碑上,镌刻记叙南堡历史的“南堡亭记”,记录 1969 年“7·5”洪灾中 215 位遇难村民和 2005 年水库移民时的 480 户户主姓名。

（张 红）

淳安县

【概况】2019 年,淳安县辖 11 个镇、12 个乡,有 423 个行政村、15 个社区、1 个居民区。至年末,常住人口 35.8 万人,户籍人口 45.87 万人。人口自然增长率 1.98‰。全县生产总值 254.50 亿元,比上年增长 4.6%。其中:第一产业增加值 38.14 亿元,增长 3.8%;第二产业增加值 77.96 亿元,增长 2.6%;第三产业增加值 138.40 亿元,增长 6.2%。三次产业结构为 15.0 : 30.6 : 54.4。全县数字经济增加值 8.30 亿元,增长 7.8%,占全县 GDP 的比重为 3.26%

财政总收入 37.22 亿元,增长 8.3%。地方财政收入 21.09 亿元,增长 8.2%,其中税收收入 19.49 亿元,增长 7.6%。地方财政支出 68.87 亿元,增长 2.5 %。全年城镇常住居民人均可支配收入 47056 元,增长

7.9%；人均生活消费支出26725元，增长10%。全年农村常住居民人均可支配收入21074元，增长9.1%；人均生活消费支出14596元，增长10.1%。全县金融机构本外币各项存款余额379.51亿元，增长11.9%。其中，人民币存款余额377.81亿元，增长11.8%。金融机构本外币各项贷款余额311.87亿元，增长14.9%。其中，人民币贷款余额311.86亿元，增长14.9%。

农林牧渔业总产值54.05亿元，增长6.3%。其中：农业产值36.32亿元，增长5.3%；林业产值7.71亿元，增长6.8%；牧业产值6.31亿元，增长14.1%；渔业产值2.67亿元，增长1.1%。全年粮食种植面积1.12万公顷，粮食总产量4.05万吨，增长0.2%；茶叶产值8.2亿元，增长8.2%；水果产值5.96亿元，增长6.9%；中药材总产值4.47亿元，增长5.5%；肉类1.72万吨，下降3.5%。第五届千岛湖斗茶大会、千岛湖茶博会举行。“千岛湖茶”区域公用品牌价值16.61亿元，入选2019年全国农产品区域公用品牌目录。10月，“淳木瓜”“淳黄肉”“淳半夏”“淳覆盆子”“淳前胡”5件商标通过国家农产品地理标志评审。11月，淳安县出台《6A级原料茧小蚕共育技术规程》《6A级原料茧大蚕设施饲养技术规程》《6A级原料茧烘干技术规程》《6A级原料茧收购技术规程》等4个地方标准。县级以上新型农业经营主体总数达到262个，其中：农业龙头企业124个、规范化合作社80个、示范性家庭农场58家。新增特色产业基地村15个。

工业增加值49.77亿元，增长3.4%。其中，规模以上工业增加值31.87亿元，增长3.5%。规模以上工业新产品产值增长9.8%；新产品产值率12.2%。高新技术、装备制造业、战略性新兴产业增加值分别增长10.8%、0.4%、5.9%。全县有规模以上工业企业83个，涉及国民经济行业中的21个行业。

建筑业增加值28.21亿元，增长0.7%。全县具有总承包和专业承包资质的在库纯建筑企业72个。房屋建筑施工面积104万平方米，下降16.1%；房屋建筑竣工面积57万平方米，增长15.2%。房地产开发投资下降27.7%。房屋施工面积228.88万平方米，下降27.3%；竣工面积22.96万平方米，增长168.6%。全年商品房销售面积25.33万平方米，下降51.9%；商品房销售额36.51亿元，下降49.8%。

固定资产投资下降7.8%，其中项目投资增长2.5%。按投资“4+1”结构看，交通投资增长30.1%，生态环境和公共设施投资下降21.2%，高新技术产业投资下降10.9%，民间项目投资下降28.1%，工业投资下降26.1%。

社会消费品零售总额53.99亿元，增长8.2%。自营进出口总额1.94亿美元，增长1.3%。其中：自营出口1.57亿美元，下降7.3%；进口3643万美元，增长68.9%。新引进深绿产业项目36个，实际到位资金13.66亿元。实际到位外资资金2003万美元。

全年接待国内外游客1884.5万人次，旅游经济总收入231.93亿元，分别增长10.5%和21.1%。其中，乡村旅游接待游客1459.58万人次，乡村旅游收入14.4亿元，分别增长12%和16.1%。淳安县入选2018年中国县域旅游竞争力百强县。千岛湖景区获“中国高铁沿线十佳景区”称号。千岛湖银泰城一期项目建成营业，二期项目签约落地；啤酒博物院、千岛湖乐蹦床乐园、石林玻璃栈道等项目建成开放。县委旧址、翰红墨香馆等红色旅游项目对外开放。

千黄高速公路淳安段、枫常公路改造工程推进，完成投资37亿元，完成年度任务的116%。杭淳开高速公路浙江段完成规划线位方案论证。G330国道临岐至紫槽岭段和S302省道丰茂连接线建成通车。全县公路总里程2801.1千米，其中高速公路13.02千米、国道89.78千米、省道29.26千米。

卓尔大厦、嘉鸿酒店等12万平方米停滞项目复工。千岛湖镇一小消防通道改造工程、千岛湖国家登山健身步道消防工程完成。编制《淳安县水质保护生活污染防治实施方案》，完成48个污水零直排小区建设，城市污水处理率96.1%，完成《淳安县水功能区水环境功能区优化调整方案》编制，并获省政府批复。开展《千岛湖环境质量管理规范》《淳安县工业企业污染防治实施方案》《千岛湖生态缓冲带划分工作方案》修编工作。做好水质监测工作，每月与黄山市联合开展一次监测，开展千岛湖水质敏感期巡测，启用“千岛湖水质水华预测预警系统”。集中式饮用水源地水质达标率100%。千岛湖出境断面水质持续保持Ⅰ类。

新增市级以上高新技术企业9个，其中国家高新技术企业5个。新增市级以上科技企业17个，其中省级科技企业11个。新增市级研发中心2个，省级研发中心1个。

2019年8月，淳安县千岛湖镇第七小学建设项目完工

（千岛湖建设集团 供稿）

学校120所，在编教职工3818人，在校学生4.11万人。其中：幼儿园40所，在校幼儿8453人；小学57所（含19所校区），在校学生1.55万人；初中14所，在校学生8763人；普高5所，在校学生5510人；职高2所，在校学生2931人；培智学校1所，在校学生34人；电大教师进修学院1所。6月，千岛湖镇第八小学动工建设；8月，千岛湖镇第七小学建设项目完工；9月，青溪小学新校区投入使用。全县义务教育标准化学校覆盖率100%。

全年专利申请量901件，其中发明专利215件、实用新型专利489件、外观专利197件。专利授权530件。新增高级高新技术企业10个，其中国家高新技术企业7个。新增省科技企业19个、市雏鹰企业1个。新增市级研发中心2个、省级研发中心1个。

全县有文化馆（站）24个、公共图书馆24个（含乡镇分馆）、新安书屋23个、艺术馆1个、农家书屋438个、电影院3个。公共图书馆拥有藏书127.4万册。淳安县创建成为首批国家革命文物保护利用片区县、浙江省文化强乡镇1个和文化示范村1个、浙江省非物质文化遗产旅游景区（非物质文化遗产主题小镇）1个，浙江省非物质文化遗产旅游景区（民俗文化村）1个、浙江省民间文化艺术之乡。

各类医疗机构333个，医护人员2580人。全县医共体总诊疗252.94万人次，增长5.3%。其中，基层门诊124.89万人次，增长4%。县域就诊率88.3%，基层就诊率66.5%。成功创建省级重点学科2个，获省级科研立项10个、市级科研立项20个。全年县级医院开展新技术新项目80多个。引进副高以上医疗卫生人才2人，柔性引进副高以上医学专家90人，新培养省级医学学科带头人2人、市级2人。县第一人民医院二期工程、县中医院后勤综合楼项目推进。界首、威坪、屏门、鸠坑等5个医疗环境改善工程完工。

培育省级运动休闲小镇1个、省级运动休闲十佳绿道1条、省级品牌赛事3个。姜家球山村山地运动探险乐园等大型运动休闲项目开工建设。淳安县举办千岛湖马拉松、环千岛湖国际公路自行车、国际泳联马拉松游泳世界系列赛、国际铁人三项赛等体育赛事18场。

全县各类养老保险参保人数37.12万人，参保率98.5%；各类医疗参保人数45.49万人，参保率99.5%；工伤保险参保人数9.18万人，减少159人；生育保险参保人数5.54万人，增加3746人。养老机构28个，其中县级公办养老中心1个、乡镇敬老院23个、民办养老机构4个。养老床位2612张，供养老人1250人。至年末，全县有在册低保户数9464户、1.30万人，其中残疾人单列户5474户、5594人。

【第19届亚运会淳安亚运分村开工】2019年4月23日，2022年杭州亚运会淳安亚运分村项目正式开工。建设项目主要包括1个新建场地自行车馆、5个临建场地和运动员村、媒体村、技术官员村等内容，涉及自行车、铁人三项、公开水域游泳三大项赛事，包含小轮车、山地自行车、公路自行车、铁人三项和公开水域游泳6个小项。其中，室内自行车比赛场馆占地约1万平方米，可容纳观众6000人，内设周长为250米的标准室内自行车比赛赛道。所有项目计划在2021年末前竣工验收。

【千岛湖镇第八小学开工建设】2019年6月30日，投资1.5亿元的千岛湖镇第八小学开工建设。项目位于千岛湖镇青溪新城鼓山口地块。规划总用地面积4公顷，建筑面积3万平方米，办学规模36个班。学校设置行政楼、教学楼、报告厅、体艺楼、食堂、300米环形跑道运动场及地下停车场。计划于2021年6月完工，2021年秋季招生开学。

【千岛湖配供水工程规划年配水量9.78亿吨】2019年9月29日，经过近五年建设的杭州千岛湖配供水工程通水运行，标志着杭州城市供水格局从以钱塘江为主的单一水源供水，转变为千岛湖、钱塘江等多水源供水。千岛湖配供水工程于2014年12月开工建设。工程由配水工程和供水工程组成。其中，配水工程西起淳安县千岛湖，东至余杭区闲林水库，途径淳安县、建德市、桐庐县、富阳区和余杭区，全长113.22千米，洞径6.7米。千岛湖水将通过配水工程的全封闭输水隧洞，从淳安县金竹牌村输送至闲林水库后，再通过供水工程线路流入杭城千家万户，规划年配水量9.78亿吨。供水工程为闲林水库向下游的输水线路，主要规划建设闲林水厂、九溪线、城北线、江南线等工程，线路总长73.04千米，其中九溪线（闲林水库配水井至九溪水厂和珊瑚沙水库稳压池）全长18.24千米，于2018年10月全线贯通。城北线（闲林水库配水井至余杭仁和水厂分支井）全长28.6千米，江南线（闲林水库配水井至萧山渔浦义桥取水点）全长26.2千米，正在建设中。

【千岛湖智谷大厦揭牌】2019年11月18日，千岛湖智谷大厦揭牌仪式在西湖区举行，浙江每日互动网络科技股份有限公司等5个企业代表现场签约入驻。作为淳安飞地发展的重要项目之一，千岛湖智谷大厦以体现“天下第一秀水”为设计灵感，旨在打造简洁高效、轻盈灵动、俊秀典雅的国际化精品大楼。园区以3幢15层的写字楼为核心，以大数据、人工智能、云计算等产业为主导，集软件开发、成果转化、企业孵化、技术服务、人才培训交流于一体，致力于营造“龙头聚集、平台多元、投资活跃、活动丰富”的产业发展环境。

【淳安县第一人民医院博士后工作站成立】2019年2月26日，淳安县第一人民医院博士后工作站成立。来自浙江大学的博士傅罗琴正式加入工作站，重点进行大肠癌靶向基因—病毒治疗的研究。工作站与苏州大学博士后流动站达成合作，聘请苏州大学教授杨凯和浙江省人民医院教授童向民为导师，以及省人民医院的7名博士作为团队成员，构建实力强大的人才团队。县第一人民医院将借助博士后工作站的建立，带动本土专家科研工作能力，提升科研和医疗水平，促进医院学科建设发展。

【淳安县林业局获“中国林业产业突出贡献奖”】2019年11月，国家林业和草原局、中国农林水利气象工会全国委员会联合发布第四届“中国林业产业突出贡献奖”名单，淳安县林业局获该奖项。淳安县是浙江省9个林业重点县之一，是“中国山核桃之乡”。近年来，全县林业工作紧紧围绕“坚定秀水富民路、建设康美千岛湖”发展战略，强化森林资源管理保护，深化林业综合改革，加快康美林业建设。2018年，全县林业总产值136亿元。

【徐志卫被授予全国“人民满意的公务员”称号】2019年6月25日，淳安县信访局副局长徐志卫被中共中央组织部、中共中央宣传部授予全国“人民满意的公务员”称号。徐志卫，男，汉族，1970年6月出生，1989年8月参加工作，中央党校大学学历，中共党员，2012年起任淳安县信访局副局长。在工作中他提出了“依法、及时、就地、用心、借力”的十字法，核心就是要以感恩心对党、公仆心对民、平常心对己。创新推行“翻箱倒柜积案清仓”等工作机制，有效化解信访积案。他推动“信访超市”和“信访代办制”的本土化、淳安化，结合淳安实际创新信访超市连锁、信访流动代办和乡镇长热线电话，力争实现信访事项“最多跑一次，不跑也能办”。（刘东山）

建德市

【概况】2019年，建德市辖3个街道、12个镇、1个乡，有229个建制村、27个社区、15个居民区。户籍人口51.08万人，人口自然增长率3.04‰，常住人口44.70万人。全年生产总值383.24亿元，增长7%。其中：第一产业增加值35.54亿元，增长2.5%；第二产业增加值184.53亿元，增长9%；第三产业增加值163.18亿元，增长5.2%，三次产业结构为9.3∶48.1∶42.6。

财政总收入54.12亿元，增长7.3%，其中地方财政收入31.10亿元，增长10%。地方财政支出54.15亿元，增长13.5%，其中用于民生的支出41.43亿元，增长11.6%，占一般公共预算支出的76.5%。全市居民人均可支配收入39694元，增长8.9%。城镇居民、农村居民人均可支配收入为52899元、28569元，分别增长7.9%、9%。居民人均生活消费支出27270元，增长6.7%，城镇居民、农村居民人均生活消费支出38359元、18012元，分别增长3.8%、10.1%。全年居民消费价格上升3%。金融机构本外币各项存款余额538.39亿元，增长20.3%。住户本外币存款余额305.42亿元，增长15.9%。金融机构本外币各项贷款余额459.60亿元，增长22.6%。

农林牧渔业总产值56.39亿元，增长6.2%。农林牧渔业增加值36.27亿元，增长2.6%。新创建美丽乡村精品村10个，新完成美丽乡村精品示范线1条。完成珍贵树种造林371公顷。完成造林更新面积1000公顷。全市森林覆盖率76.2%。各类农民专业合作社623个。农业龙头企业107个。培训农民1.63万人，转移就业培训人数1203人。乡村振兴战略实施顺利。全市村集体经济总收入2.43亿元，增长47.1%。其中经营性收入1.08亿元，增长47.7%。完成浙江省、杭州市下达的年度“消薄”目标任务。建德市创建为国家有机食品生产基地建设示范试点县（市）和全省首批农业绿色发展先行县（市）。

工业增加值145.25亿元，增长9%。新增规模以上工业企业35个。规模以上工业增加值116.06亿元，增长8.6%。规模以上工业销售产值445.01亿元，增长9.6%。规模以上工业企业利润41.23亿元，下降2.3%。规模以上工业新产品产值率47.5%，增加9.4%。高新技术产业、装备制造业、战略性新兴产业增加值分别为41.49亿元、10.54亿元、20.96亿元，分别增长7.4%、3.6%和0.2%。高新技术产业占规模以上工业的35.7%。“1+6”产业中，数字经济核心产业增加值8.41亿元，增长6%；文创产业、旅游休闲产业、健康产业、金融产业、时尚制造业、高端装备制造业增加值分别增长13.4%、15.3%、11.3%、10.4%、11.1%和11.9%。

货物进出口总额9.79亿美元，下降8.9%。其中：出口额9.07亿美元，下降7.5%；进口额0.71亿美元，下降23%。服务贸易出口额1.06亿美元，增长16.4%，其中跨境电商出口额增长19.7%。新批外商投资项目12个，合同外资3.06亿美元，实际利用外资1.49亿美元。年合同外资1000万美元以上项目1.54亿美元，增长26%

社会消费品零售总额增长8.6%。批发和零售业增加值21.60亿元，增长1.8%；住宿和餐饮业增加值5.26亿元，增长5.9%。网络零售额103.06亿元，增长19.3%。

固定资产投资增长12.7%。其中，工业投资增长15.1%，交通投资、民间项目投资分别增长12.6%、0.9%，生态环境高新技术产业投资和公共设施投资分别下降15.7%和18.8%。房地产开发投资增长8.3%。房屋施工面积316.01万平方米，增长12.1%；竣工面积34.80万平方米，增长161%。商品房销售面积38.86万平方米，下降33.6%；商品房销售额43.21亿元，增长37.4%。

货物运输总量2159.47万吨，增长5.7%。货物运输周转量28.24亿吨千米，增长6.2%。公路旅客运输总量1384.9万人次，增长4.6%。公路旅客运输周转量4.86亿人千米，下降10%。

旅游总收入134.60亿元，增长24%。接待国内外游客1306.2万人次，增长17%，各类旅行社18个，星级饭店2个。新增民宿79个、AAA级景区村8个、AAAA级景区1个。乡村旅游人数670.77万人次，增长97.5%，乡村旅游收入5.56亿元，增长114%。新安江城区通过省文化和旅游厅验收，成为全省首批AAAA景区城。

全市有高新技术企业158个，其中国家级高新技术企业70家。省科技型中小企业73家。至年末，专利申请量1663件，授权量622件。其中，发明专利授权量45件，下降15.1%。中科院微反应化学工程技术中心、上海院士中心建德工作站落户。建德招才引智（德国）工作站建立。

幼儿园40所，在园幼儿1.29万人；小学29所，在校学生2.21万人；初中18所，在校学生1.02万人；特殊教育学校1所，在校学生68人；

普通高中6所（含民办1所），在校学生7155人；职业高中1所，在校学生1458人；工业技校1所，在校学生1185人。全市专任教师4278人。全市学龄儿童入学率100%，初中升高中段比例99.7%。实施农村骨干教师培养工程，建成名师工作室20个，招收学员教师165人。图书馆1个，农家书屋256个，文化站16个，博物馆1个。市图书馆总藏书79.5万册（件）。55个农村文化礼堂建设完成。梅城镇南峰塔、北峰塔入选第八批全国重点文物保护单位。

医疗卫生机构166个，床位3048张。卫生技术人员3879人，增长3.6%。其中，执业（助理）医师1344人，注册护士1623人，分别增长4.8%和4.4%。11月，建德市中医诊疗中心（市中西医结合医院）建立。12月，建德市被省政府授予"浙江省无偿献血先进市"称号。

各类养老机构37个，供养老人1621人。有福利院1家，收养婴幼儿8人、老人90人。年末集中供养五保对象402人。全市综合性社区服务中心27个。全市参加基本养老保险32.06万人、基本医疗保险44.00万人，参保率分别为98.9%和99.3%。参加生育、工伤、失业保险人数分别为8.16万人、12.07万人、8.49万人。年末城镇登记失业率1.80%，全年发放就业创业补贴1976万元。完成建德市残疾人托养中心和16家"残疾人之家"建设。建德市福利院一期项目建成投用。

市区建成区面积10.60平方千米，市区道路长度121.29千米。建成区绿化覆盖率42.16%，提高2.16%。人均公共绿地面积16.66平方米，增加3.06平方米。完成老旧住宅区改造12.8万平方米，完成37个市政类项目建设。新安江主城区慢行系统城西段全线贯通，全市绿道新建72.3千米、改造13.8千米。全年空气优良天数350天，增加4天。空气优良率95.9%，提高1.1%。PM2.5年平均浓度29.7微克/立方米。建德市创建成为省级生态文明示范市、全省首批"清新空气示范区"。

【建德市"最多跑一次"改革深化】2019年，建德市继续深入实施"千百十"工作法，构建"七星级"政务服务体系。实现"一窗受理"服务事项1400个、"零上门"事项2352个、村级服务代跑事项57项，"最多跑一次"事项实现率100%。建德市行政服务中心梅城分中心建成投用，改造提升14个乡镇（街道）便民服务中心，民生事项"就近办"比例60.7%。408个个人办事事项实现"刷脸即办"。推出"四零"服务，实现企业开办半日办结、自然人股权转让当场办结、企业注销登记当场即办。开展构筑物登记试点，盘活企业"沉淀资产"。优化"兜底办"服务流程，解决问题491个。强化中介管理，中介机构100%进驻"网上中介超市"。小型工程实现全流程网上招投标，企业投标"一次不用跑"。

【建德市创建为浙江省信用县（市）】2019年5月，根据综合评估，建德市城市信用排名列全国375个县级市第9位，综合信用指数84.53，创建成为首批浙江省信用县（市）。2018年，建德市被列为全国守信激励创新城市后，以"信用体系建设"为主体，推动八大"信易+"应用场景落地。在地方社会信用体系建设方面，制定创建实施方案等20项相关制度，将全市74个单位纳入信用数据归集部门名录，归集信用数据1500万条。开展全国守信激励创新试点工作，获全国"守信激励创新奖"。在小微企业信用体系建设方面，依托省平台建立9965户小微企业信用档案，建档率83%。建立贷款贴息、风险补偿等小企业融资政策支持体系，2018年贷款贴息补助400多万元、风险补偿补助700多万元。在省农村社会信用体系建设方面，全市农户信用信息建档率81.5%，8个村（镇）被评为省级信用村（镇）。

【岑巩县精准扶贫工程】2019年，建德市组织5批次建德市党政代表团赴贵州岑巩对接工作，签订消费扶贫、劳务协作等7个方面的结对帮扶协议。落实对口帮扶资金5210万元，组织动员全市捐资、捐物折合总计1485.4万元。使用扶贫资金实施18个帮扶项目。至年末，15个项目完工，在建3个。项目涉及产业发展、社会事业、人才培训、劳务协作等方面，覆盖岑巩县68个贫困村，人均增收500元以上。选派31名专业技术人才赴岑巩开展挂职帮扶。帮助岑巩贫困人口到建德稳定就业41人。

建德市国有资产经营有限公司、建德市城市建设发展投资有限公司等5个市级国有公司出资400万元用于资助岑巩县第四小学购置餐厅设备、教学办公设备、图书及实验设备、学生宿舍设备等。建德市东西部扶贫协作"现代学徒制订单班"签订定向培养技术工人协议书，实行企业新型学徒制培养，招收27名岑巩县籍学生，毕业后直接进入建德市相关企业工作。12月，建德市商务局在新安江举行建德—岑巩消费扶贫工作对接会，专题筹划对接岑巩县鲜牛肉、花生、豆制品等农产品进入建德消费市场事宜。

【建德市主城区既有住宅加装电梯工程】2019年，建德市住房和城乡建设局制定下发《2019年度建德市既有住宅加装电梯工作实施计划》。成立工作专班，建立"包保助装"机制。同时，加大宣传力度，邀请政协委员、市民代表、部门负责人面对面协商，并进行线上同步直播互动，进一步宣传解读既有住宅加装电梯的政策、操作流程及进展情况。市住建局组织人大代表、政协委员、社区书记、业委会代表、物业协会代表等有关人员外出学习先进经验和做法。至年末，主城区完成既有住宅加装电梯安装交付使用4台，开工安装11台，正在施工图设计1台，协议、方案公示结束有反对意见列入"包保助装"3台，意见统一正在制定协议、方案8台，有加装意向48台。

【非物质文化遗产提档升级工程】2019年10月，寿昌中学和新安江第三小学成为第二批杭州市"非遗"传承教学基地。4月，大慈岩中心小学被浙江昆剧团授予首个昆曲传承基地。严东关五加皮酿酒技艺开展第五批国家级"非遗"代表性项目的申报工作，并通过省级推荐。严东关五加皮酿酒技艺和倒笃菜制作技艺列入省优秀“非遗”旅游商品公布名单。大同镇高桥村、大慈岩镇李村村和航头镇航头村被列入第二批杭州市非物质文化遗产旅游景区（民俗文化村）。

【“舒心就医”项目启动】2019年，建德市启动实施卫健系统“舒心就医”项目，5个市级医院和15个乡镇卫生院“先诊疗后付费”系统上线，相关数据均接入省、杭州市级相关系统。建德市第一人民医院探索应用“刷脸就医+移动支付+信用惩戒”服务体系。至年末，应用服务24.66万人次，授信金额2.08亿元。建德市公立医院实现电子社保卡就医，患者无须携带实体卡即可看病付费；市级公立医院号源接入浙江健康导航平台，实行全面网上预约专家号。推进“人生一件事”一站式服务办理，多部门联办“出生一件事”“死亡身后一件事”，全年为1200名新生儿同步办理出生医学证明、户口本等证件，为7.3万人（次）申请人同步办理户籍注销、丧葬费抚恤金发放、养老保险和工资及低保待遇停发等业务。启用“结婚生育户口一件事”联办系统，全年办理生育登记4082件，其中一孩生育登记2399件、二孩生育登记1683件，有2624件通过手机App登记，396件通过“结婚生育户口一件事”联办，74%办件实现“零次跑”办件。经考核，建德市“舒心就医”指数列杭州市第二位。

【航空小镇被命名为省级特色小镇】2019年9月，建德航空小镇被命名为第三批省级特色小镇。航空小镇以打造“国家级通航产业示范区和构筑覆盖长三角重要城市通航服务体系”为远期目标，以通航产业“浙江样板”为近期目标，激活航空小镇原有闲置资源，强化通航产业科学化导入，发展通航科创平台、通航研发制造、航空高端装备以及航空新材料等相关产业，争取中国航空工业集团有限公司通飞、吉利和彩虹无人机等重大项目落地。至年末，航空小镇累计引进5000万元以上项目30个，总投资300多亿元，其中通航制造项目占65.9%。航空小镇通航产业创新服务综合体、通航重点实验室列入省级创建名单。在获得省级特色小镇命名后，建德市将建德航空小镇建设目标定位于“全国首个5G航空未来社区和省级通航产业创新服务综合体”，通过构建更具活力的通航产业创新生态系统，辐射带动全省通航产业发展，开启从“航空镇”到“航空城”建设目标转变。

建德航空小镇产学研基地　（建德市志办 供稿）

【中国碳酸钙产业创新大会在建德召开】2019年9月6—8日，中国碳酸钙产业创新大会暨行业年会在建德召开。来自全国碳酸钙行业的专家学者、主产区政府部门、行业装备和生产企业负责人共400多人参会。会议主题为“促创新、调结构、增效益、谋发展”，对轻质碳酸钙及纳米钙新技术、重质碳酸钙技术进行学术交流，及智能制造数字经济及新材料讲座及相关政策咨询答疑。清华大学材料学院教授盖国胜、中国科学院过程工程研究所研究员韩永生等专家学者做专题报告。建德市通过近几年持续的行业整治提升，碳酸钙企业由199个减至33个，基本形成大同—李家（轻钙、氢氧化钙）、钦堂（重钙、母料）两个碳酸钙产业集聚区。

【梅城镇南峰塔和北峰塔成为全国重点文物保护单位】2019年10月，建德市梅城镇南峰塔和北峰塔被国务院公布为第八批全国重点文物保护单位（古建筑类）。北峰塔在梅城东北面的高峰山顶，因其方位在卯方，又名卯塔；南峰塔在东南面的南峰山顶，与北峰塔隔江相望，因其方位在巽方，又名巽塔。南峰塔塔顶有黄连树一颗，树龄约260年。两塔均初建于隋代之前，明代中期重建。塔高近40米，七层六角，青砖塔身。20世纪80年代中期，建德县对北峰塔进行过一次大规模的修缮。南北双塔在明代即为严州著名景点。明弘治八年（1495年），严州知府李德恢所题“严陵八景”中“双塔兆魁”，即指南峰塔和北峰塔。

【全国高校旅游综合体设计竞赛在建德举行】2019年11月7—8日，全国高校旅游综合体设计竞赛——“新安江杯”严东关旅游综合体设计竞赛在建德举行。竞赛围绕“乡村振兴、城乡生态人居环境提升、生态特色城镇建设”等主题，通过设计比赛，体现全国“准风景园林师”——风景园林硕士对于实际场地的综合控制能力、设计能力和提升能力。来自全国41所高校的200多支设计团队参与比赛，收到设计作品126份。经过三轮评审，评选出金奖、银奖和铜奖。北京林业大学风景园林专业设计团队作品《青年乌托邦——以青年为目标人群的严东关旅游综合体设计》获金奖，奖金8万元。（黄建生）

责任编辑 秦文蔚

新任市领导

刘　忻　男，1965年1月出生于黑龙江哈尔滨，1987年9月参加工作，1991年4月加入中国共产党，哈尔滨工程大学自动化学院导航制导与控制专业工学博士研究生。历任哈尔滨船舶工程学院电子工程系助教、人事处干部、工程师、人事处技术干部科副科长，哈尔滨工程大学211工程办公室主任科员、外事处副处长（主持工作），中国船舶工业总公司人事教育局副处长（挂职），哈尔滨工程大学外事处副处长、校长办公室主任、学校办公室（党委办、学校办、行政办）主任，哈尔滨高新技术产业开发区管委会副主任、党工委委员，哈尔滨经济技术开发区、哈尔滨高新技术产业开发区管委会副主任、党工委委员，哈尔滨市平房区委副书记、区长，哈尔滨市平房区委书记、哈尔滨经济技术开发区党工委书记，哈尔滨市委常委、市政府党组成员，牡丹江市委副书记、市长、市委书记、市人大常委会主任，黑龙江省政府副省长，吉林省长春市委副书记、代市长、市长。2020年4月起任中共杭州市委副书记，市政府党组书记、副市长、代市长。2020年4月27日当选为杭州市政府市长。

卢春强　男，1963年4月出生于浙江杭州，1980年8月参加工作，1997年9月加入中国共产党，中央党校函授学院经济管理专业大学毕业。历任杭州手表厂机修车间工人，杭州市土地管理局下属土地利用经营公司职工，杭州市土地管理局建设用地处干部、土地市场处副处长、处长，杭州市国土资源局土地利用处处长，杭州市国土资源局党组成员、党委委员、副局长、市土地储备中心（市土地整理中心）主任，杭州市国土资源局党委副书记、党委书记、局长，中共杭州市萧山区委副书记、副区长（副厅），中共杭州市萧山区委副书记、代区长、区长，中共临安市委书记，中共杭州市临安区委书记、一级巡视员。2020年4月起任杭州市人大常委会党组成员、副主任。

徐小林　男，1963年3月出生于浙江淳安，1979年12月参加工作，1992年6月加入中国共产党，中央党校经济管理专业研究生。历任淳安县国营东方机械厂职工，淳安县电子工业公司会计，淳安县对外贸易总公司办公室主任、财计科科长、副经理、经理，淳安县副县长，中共桐庐县委常委、副县长、县委副书记，杭州市物价局党组书记、局长，杭州市发展和改革委员会党委委员、副主任，中共杭州市委政法委员会副书记、杭州市社会管理综合治理委员会办公室主任，中共杭州市委副秘书长，杭州市民政局党委书记、局长，中共杭州市委组织部常务副部长、一级巡视员。2020年4月起任杭州市人大常委会党组成员、副主任。

滕　勇　男，1963年5月出生于浙江金华，1982年8月参加工作，1984年8月加入中国共产党，浙江省委党校社会发展专业研究生。历任浙江省嵊县绸厂技术员、车间主任、团委副书记，中共嵊县县委组织部青干科科长，中共浙江省委组织部干部二处干事、副主任干事、主任干事、助理调研员、副处长，干部一处副处长、调研员，中共杭州市西湖区委常委、副区长、区委副书记、政法委书记，杭州市政府侨务办公室党组书记、主任，中共杭州市江干区委副书记、代区长、区长，中共杭州市江干区委书记、一级巡视员。2020年4月起任杭州市政协党组成员、副主席。　　（市委组织部）

两院院士

陈文兴　男，1964年12月生，教授，博士生导师，国家“万人计划”领军人才，浙江省特级专家，浙江省劳动模范。1984年毕业于浙江理工大学制丝专业，1987年获浙江理工大学工学硕士学位。1999年获浙江大学理学博士学位。现任浙江理工大学校长，兼任国务院学位委员会第六、第七届学科评议组成员，国家地方联合工程实验室主任，教育部创新团队和浙江省重点科技创新团队负责人，国际丝绸联盟副主席兼教育科研专业委员会主任，浙江省时尚产业联合会会长。其长期从事纤维制备技术的研发工作，在蚕丝纤维高质量制备、涤纶工业丝高效节能制备方向开展产学研合作，突破技术瓶颈，取得重大应用成效，承担包括国家自然科学基金重点项目、国家重点研发计划项目等30余项国家和省部级科研项目，获国家技术发明二等奖和国家科学技术进步奖二等奖、“何梁何利基金科学与技术奖”等科技奖励。2019年11月22日，当选中国工程院院士（环境与轻纺工程学部）。

叶志镇 男，1955年4月出生，宽禁带半导体光电薄膜材料专家。1982年毕业于浙江大学电机系，1984年、1987年在浙江大学光仪系获硕士、博士学位。1988年进入浙江大学硅材料国家重点实验室工作，1990—1992年留学美国麻省理工学院，2006年入选首批浙江大学求是特聘教授，2008年被评为浙江省特级专家。曾经担任浙江大学硅材料国家重点实验室主任、材料与化工学院副院长、浙江大学材料科学与工程学系主任。其主要从事宽禁带半导体氧化锌等无机光电薄膜材料及关键技术研究。在p型掺杂技术与电发光工作上取得系统性创新成果，创建的p型二元共掺杂理论获国际广泛采用；发展的n型高导电调控技术，突破了无铟透明导电材料瓶颈，应用于LED芯片产业。曾获国家自然科学二等奖1项，浙江省科学技术一等奖3项等奖励；授权发明专利120项。2019年11月22日，当选中国科学院院士。

任其龙 男，1959年1月出生，化学工程专家。1982年毕业于浙江大学化工系，1987年获浙江大学化工系硕士学位，1998年获浙江大学材化学院博士学位。自1982年起在浙江大学工作，其间曾赴日本开展研究。现任浙江大学生物质化工教育部重点实验室主任，浙江大学衢州研究院院长，浙江省化工学会理事长。其长期从事化工分离领域的应用基础研究和工程实践，创建了分子辨识分离工程平台技术，解决了组分极相似生物基原料的分离难题，实现天然维生素E、24-去氢胆固醇等十余种高端化工医药产品的高效制造，部分产品为国际首创。作为第一完成人获国家技术发明奖二等奖2项、省级科技一等奖2项。获第九届中国专利优秀奖、发明创业奖、赵永镐科技创新奖。2019年11月22日，当选为中国工程院院士。

（年鉴编辑部）

先进模范人物

陈立群 男，贵州省黔东南苗族侗族自治州台江县民族中学校长、原浙江省杭州学军中学校长。陈立群信仰坚定、潜心育人，从教近40年，担任中学校长34年，始终全面贯彻党的教育方针，致力于培养德智体美劳全面发展的社会主义建设者和接班人。陈立群乐教善教、思维创新，倡导宏志教育，将爱国情、报国志、强国行融入教学和管理，引导学生立德成人、立志成才。陈立群不忘初心、至诚为民，退休后婉拒民办学校高薪聘请，远赴黔东南贫困地区义务支教，3年多来培养出一支优秀教师骨干队伍，学校办学质量大幅跃升。陈立群心有大爱、无私奉献，始终把帮助贫困家庭孩子求学成长作为己任，支教期间翻山越岭、走寨访户，家访并资助100多户苗族贫困家庭，足迹遍布台江县所有乡镇，用义举带动更多人开展支教助学。陈立群曾获首届全国教育改革创新杰出校长奖、2018年中国教育十大人物等荣誉。2019年9月9日，中共中央宣传部在北京向全社会宣传发布陈立群的先进事迹，授予他“时代楷模”称号。

石　丹 女，1998年1月出生，大专学历，现任浙江省杭州市拱墅区职业高级中学美发专业教师。北京时间2019年8月28日，第45届世界技能大赛在俄罗斯喀山闭幕。中国代表团共获得16枚金牌、14枚银牌、5枚铜牌和17个优胜奖，再次居金牌榜、奖牌榜、团体总分第一。石丹代表中国，经过与30多个国家和地区选手的激烈技能比拼，最终获得大赛美发项目金牌，这也是浙江选手首次在该项目获得金牌。（年鉴编辑部）

全国五一劳动奖章获得者

徐川子 女，1985年10月出生，国网杭州供电公司滨江供电分公司市场客户部（互联网事业部）主任，2019年全国五一劳动奖章获得者。徐川子自浙江大学毕业后一直扎根基层，从事以男性人员为主的装表接电工作，完成创新成果5项，发明专利9项，培养省公司及以上技能能手5人，技师及以上16人，被《人民日报》称为“不爱红装爱工装”的女汉子，受邀在浙江大学毕业典礼上做励志演讲。因其在推动绿色能源方面的工作成绩突出，获“2019全球契约中国网络联合国可持续发展目标先锋”。

蒋建蓉 女，1964年12月出生，国家税务总局杭州市税务局财务管理处（装备和采购处）处长，2019年全国五一劳动奖章获得者。蒋建蓉深入一线，潜心挖掘纳税人需求，创新推出“同城通办”、自助办税及网上办税等开创全国纳税服务先例的举措。她积极助推“最多跑一次”改革，并取得明显成效。在她的努力下，杭州市在2016—2018年全国纳税人满意度调查中连续三年位列第一。

周爱芬 女，1969年1月出生，杭州市竞舟小学、杭州市周浦小学校长，2019年全国五一劳动奖章获得者。周爱芬热爱教育事业，师德高尚，勤勉工作。近一年，她致力于为各地教育优质均衡培养骨干教师，联合全国各地名师开展教学研讨活动50多次，承担或参与省内外100多个师训项目，工作室有14位学员晋升副高职称。致力于探索多种路径促进西湖教育的优质均衡，近五年学校获得全国省市荣誉30多项。

张文其 男，1971年3月出生，富春江集团永特信息技术有限公司生产车间负责人，2019年全国五一劳动奖章获得者。张文其30年如一日坚守一线，勇于创新，和他的技术团队通过创新工作方法、实施技改方案等为公司直接创效近3亿元。他对多项生产设备进行技术创新，获得20多项专利。他乐于传授技艺，利用“省级技能大师工作室”平台，前后带出50多个徒弟。（年鉴编辑部）

第三届“杭州工匠”

王卫生 男，杭州日报报业集团盛元印务有限公司印前车间主任助理，技师。从事印前制作10余年，拥有丰富的印前知识及熟练的印前软件操

2019年9月26日，庆祝全国首个“9·26”工匠日暨首届杭州职工文化节闭幕式举行。省委常委、市委书记周江勇（前排左六）等领导出席并与“杭州工匠”称号获得者合影 （市总工会 供稿）

作技巧。2016年第五届全国印刷行业职业技能竞赛浙江省选拔赛第一名，全国总决赛第八名。曾获浙江省技术能手等称号。

王文英 女，杭州市上城区王文英刺绣工作室负责人，工艺美术师。从事机绣50余年，独创机绣双面异色异物绣，在机绣技艺保护、创新和传承等方面做出突出贡献。曾获中国工艺美术大师、亚太地区手工艺大师等称号。

王永钧 男，杭州市中医院顾问、肾病科学术带头人，主任中医师。从事中医药事业60余年，整合中医治证和西医治病的特色和优势，建立肾脏病中医微观辨证体系，创新“风湿致肾病”理论，建立IgA肾病辨证创新体系。2016年“IgA肾病中西医结合证治规律与诊疗关键技术的创研及应用”课题获国家科学技术进步奖一等奖。曾获首届全国名中医、浙江省国医名师等称号。

王荣栋 男，杭州娃哈哈集团精密机械制造有限公司铣工，技师。从事精密机械制造20余年，参与多项固体饮料项目生产线研发及新型零件加工技术革新。2012年浙江省职工职业大赛铣工比赛第一名。曾获浙江省五一劳动奖章、浙江省首席技师等称号。

叶志清 男，杭州千岛湖发展有限公司捕捞一队队长，技师。从事捕捞生产工作30多年，创造了一套独特的湖泊水库鱼类活捕活运技术，是省级“叶志清淡水捕捞技能大师工作室”领衔人，获国家专利2项、浙江省优秀QC成果一等奖1项。曾获浙江省劳动模范、杭州市首席技师等称号。

叶国珍 男，浙江萧山宋代名瓷研究所所长，教授级高工。从事南宋官窑瓷制作50年，作品先后获中国宋代五大名窑大师作品展金奖和中国工艺美术大师作品展金奖等多项国家级大奖，其南宋官窑薄胎厚釉瓷研究填补了国际空白。为浙江省非物质文化遗产代表性传承人。曾获第二届中国科学技术协会青年科技奖等荣誉。

刘小平 男，杭州旺上昇艺术品有限公司负责人，高级工艺美术师。从事根雕木雕30年，首创扁雕、漫雕、空雕等形式，作品《水浒一百单八将》获中国工艺美术最高奖“百花杯”特等奖、《人间万象》获中国民间文艺最高奖“山花奖”，在国家、省级工艺美术精品展中获金奖50多次。曾获中国木雕艺术大师、浙江省工艺美术大师等称号。

汲长洋 男，三替集团有限公司疏通班组领班，高级工。专业从事管道疏通20余年，摸索出一套简便操作法，帮助近10万户家庭完成管道疏通及改造。曾获全国抗非典型先进个人、杭州商贸特色服务品牌个人（管道专家）、杭州市十大家政服务明星等荣誉。

吴兴尧 男，浙江亚太智能装备有限公司技术负责人，高级技师。从事机械自动化技术工作近30年，设计制动器试压与抽真空吸油一次完成设备、M6A和WSV7183后制动钳体半自动装配线等项目；独立开发完成了公司首条关节机器人带视觉引导的“品”字形钳体自动加工线等项目。累计申报专利35项，浙江省科学技术成果4项，浙江省QC成果二等奖2项。曾获全国技术能手等称号。

吴松江 男，杭州市上城区青上阁石工作室技术总监，高级工艺美术师。从事青田石雕制作30余年，擅长动物、花鸟等题材的创作，作品《江南民居系列》获2009年第九届中国民间文艺最高奖“山花奖”。另有多件作品在国家、省级工艺美术精品展中获奖。曾获浙江省工艺美术大师、杭州市能工巧匠等称号。

沈黎明 男，杭州湖畔居茶楼总茶艺师，高级技师。从事茶艺工作20年，掌握和克服了双层玻璃保温杯泡西湖龙井茶做到茶水好喝不烫嘴的技艺，参与G20杭州峰会服务保障等重要接待任务上千次，协助组建杭州市茶艺表演队，积极致力国内外茶文化交流。2006年获全国首届茶艺技能竞赛金奖。曾获全国技术能手、杭州首席技师等称号。

张海泳 男，杭州安恒信息技术股份有限公司网络空间安全学院副院长，高级工程师。从事网络信息安全20余年，主持开发基于大数据的钓鱼/诈骗网站安全治理平台，参与G20杭州峰会和乌镇互联网大会等网络安全保障工作，申请发明专利2项。2016年获浙江省网络通信安全管理员职业技能竞赛第一名。曾获浙江省五一劳动奖章、浙江省首席技师等称号。

张筱凤 女，杭州市第一人民医院消化内科主任，主任医师。从事临床医学30余年，带领团队每年完成ERCP近3000例，完成国际上首例超声内镜下胰腺肿瘤射频消融术，在国内率先开展Spyglass、胆道内射频消融术等手术，开展内镜相关国自然、省自然等科研项目近20项，发表SCI论文近20篇，拥有多项专利。曾获全国卫生系统先进个人、浙江省优秀消化专科医生等荣誉。

张　静 女，杭州饮食服务集团有限公司杭州知味观负责人，高级技师。从事餐饮服务20年，作为行业服务标兵，多次完成各类重要接待任务，参与G20杭州峰会服务保障工作，圆满完成元首、夫人午宴前期试菜工作及多个国家、世界组织团队的服务接待任务。2016年获全国饭店业职业技能竞赛全国总决赛餐厅服务组第一名。曾获全国五一劳动奖章，全国技术能手、全国十佳服务师等称号。

陈旭东 男，杭州临安浮玉堂纸业有限公司技术总监。从事手工宣纸制作30余年，设计手捞式宣纸帘，研制并建成半自动喷浆式手工捞纸生产线，大幅提高宣纸的生产效率，解决宣纸厚薄不均匀、薄纸晾晒易破损等技术难题。千洪桃花纸与宣纸制作技艺多次获中国（浙江）非物质文化遗产博览会优秀参展项目。为浙江省、杭州市非物质文化遗产代表性传承人。

陈国军 男，中国移动通信集团浙江有限公司杭州分公司网络部无线网优中心综合室主管，高级工程师。从事无线通信10余年，负责的“一种面向5G网络的云架构组网架构”项目，解决了超高密度站点带来的干扰等多项难题，实现了杭州4G+全国首商用，确定了杭州4G+全国第一城的地位；“杭州VOLTE首商用网络”项目，使杭州在全国率先进入高清语音通话时代；参与制定了G20杭州峰会主要会场的无线网络覆盖规划和优化方案。曾获浙江省金蓝领等称号。

陈明珠 女，杭州邵芝岩笔庄技术总监，中级职称。从事邵芝岩毛笔制作30余年，掌握毛笔制作技艺最核心的“水盆工”的全部核心技术，作品“兰亭序”毛笔获中国轻工消费品展览会文化创意金奖，另有多项作品获省、市工美展金银奖。为浙江省非物质文化遗产代表性传承人，曾获杭州市工艺美术大师等称号。

陈　勇 男，杭州市设备安装有限公司管工班长，技师。从事管工23年，参与施工的项目杭州客运中心站一期工程获得鲁班杯奖、杭州高新区网络与通信设备基地工程获国家优质工程银质奖等。获2016年中国技能大赛管工组比赛第七名，2015年杭州市建设行业技能竞赛管工组第一名。曾获浙江省技术能手、浙江省金蓝领等称号。

陈燚芳 女，浙江素业茶叶研究院院长，高级技师。从事茶文化研究近20年，为茶行业培训专业技能人才4000多名，举办各类茶事活动120多场次，成功承办米兰世博会（2015年）、G20杭州峰会（2016年）、阿斯塔纳世博会（2017年）等茶文化活动。2006年获首届全国茶艺技师大赛总冠军。曾获全国技术能手、国家茶艺大师等称号。

邵官兴 男，杭州福兴丝绸有限公司负责人。从事丝绸织造50余年，完整保护传承“杭罗织造技艺”并进行改良，提高生产效率8倍多。“杭罗织造技艺”2009年被联合国教科文组织批准列入世界级非遗项目，2014年获中国传统工艺一等奖。为国家级非物质文化遗产代表性传承人。

郦　强 男，杭州锅炉集团股份有限公司电焊工，高级技师。从事焊接工作近20年，在中国首台出口工业发达国家日本炼钢余热OG转炉、出口印度和巴西的9E、9F燃机循环发电设备等一系列产品制造中，攻克了许多焊接技术难题。2012年获浙江省职工职业技能大赛焊工比赛第一名。曾获浙江省劳动模范、浙江省首席技师等称号。

闻星根 男，杭州富阳导岭新新湖笔厂研发总工程师，工艺美术师。从事手工制笔近40年，精于全套制笔工艺，在行业内首创核心脱脂技术，作品《钱塘御笔》《东坡典传》《阳春白雪》等多次获得省级以上展会金奖、银奖，拥有国家专利74项。曾获杭州市工艺美术大师、杭州市旅游特色潜力行业能工巧匠等称号。

宣　琪　男，杭州市电子信息职业学校技术研发中心主任，高级技师、高级教师。从事电子信息类专业教育10余年，作为课题第一作者，在浙江省、杭州市第五届教学成果评比中均获一等奖，在国家级教学成果等评比活动中获二等奖，拥有国家专利2项，并为多家中小型企业解决技术难题。2007年获全国职业院校教师技能大赛一等奖，2010年指导学生获全国技能大赛金牌。曾获全国优秀指导教师、浙江省技术能手、浙江省教坛新秀等称号。

秦　帅　男，杭州路达公路工程总公司养护项目部机驾人员。从事筑路机械10余年，先后参与富阳320国道、桐庐徐七线、建德白章线等改建工程，高质量完成第二届世界互联网大会期间道路应急抢险整治工作和2015年临安昌化山洪灾害应急抢险抢救工作。获2018年浙江省公路系统筑路机械操作工技能选拔赛挖掘机技能操作第一名，第十届全国交通运输业职业技能大赛全国总决赛三等奖。曾获全国交通技术能手等称号。

袁和军　男，杭州正驰达精密机械有限公司技术副总，技师。从事工具钳工20余年，参与开发高精度微型轴承、激光堆焊溶渗纳米复合强化园林刀具、高精度医疗器械等20多个高新产品，为公司节省投资100余万元，拥有国家专利3项。曾获全国技术能手、浙江省劳动模范、浙江省首席技师等称号。

夏叶明　男，杭州明成木业有限公司负责人。从事古建筑建造及修复20余年，掌握高超的古建修复技术，参与主持绍兴东浦黄酒特色小镇新建及修复，萧山所前娄元丰大院重新修缮，千年古村进化欢潭岳王庙新建及修复等项目。

崔　巍　女，杭州歌剧舞剧院院长，一级导演。从事舞台艺术30余年，北京2008奥运会开闭幕式中心执行副总导演；开创中国"舞蹈诗剧"的艺术表演形式，舞蹈诗剧的代表作品《阿姐鼓》获文化部文华导演奖；创作舞蹈剧《遇见大运河》，配合、助力中国大运河申请世界文化遗产。曾获联合国教科文组织文化遗产保护使者、北京奥运会先进个人等称号，全国五一劳动奖章者。

章金顺　男，杭州跨湖楼餐饮有限公司厨师长，高级技师。从事餐饮行业30余年，研发出越王东坡鸡等100多道具有浓郁萧山风味的菜品，作品"红汤甲鱼"获浙江省餐饮博览会金奖，"越王东坡鸡"获中国烹饪协会中国名菜，"鲜笋素东坡"获亚洲素食大会白金奖；"湘湖风情宴"被评为浙江名宴。曾获中国烹饪大师、国际烹饪艺术大师（浙江）等称号。

靳旭哲　男，浙江新再灵科技股份有限公司研发中心CTO，工程师。从事嵌入式软件硬件技术开发近20年，获得授权发明专利9项，2012年负责的电力载波调制解调器开发和产业化项目获国家火炬计划产业化示范项目立项。参与开发的WebField ECS-100控制系统获得浙江省科学技术一等奖；负责开发的云梯系统获得2016中国国际电子信息创客大赛暨"云上贵州"大数据商业模式大赛二等奖和2016年度第十八届中国国际高新技术成果交易会优秀产品奖。

潘贵平　男，奥的斯机电电梯有限公司潘贵平电梯安装维修技能大师工作室领衔人，高级技师。从事电梯安装维修10余年，负责各类疑难问题的技术支持，开展各种培训3000多次，拥有实用新型专利1项。曾获浙江省金蓝领、杭州市首席技师等称号。（市总工会）

优秀杭州籍军人

方晟彬　男，1994年8月出生，2012年9月入伍，现任陆军某部队副指导员，中尉军衔。方晟彬热爱国防，爱军精武，2017年军校毕业主动要求赴边远艰苦地区服役。2018年带队参加某项全军性比武，获个人赛一等奖，编队赛亚军，其带领的团队包揽了赛事各项奖项。2019年1月，被部队记个人二等功1次。

胡玉龙　男，1986年1月出生，2009年9月入伍，现任杭州笕桥空军某旅机务大队地勤机械师，少校军衔。胡玉龙长期从事机务工作，严守"夏北浩"检查法，屡次排除机务故障，为保证训练安全做出重大贡献。多次参加演习、驻训、试航等保障任务，累计安全保障飞行满1500小时。2019年，被部队记个人二等功1次。

甘银斌　男，1984年8月出生，2003年9月入伍，现任山东某部队参谋长，中校军衔。甘银斌长期从事战斗飞行任务，多次参加过国内各大军事演习任务，曾代表空军出访美军交流，获得空军飞行员银质奖章，安全飞行时间达到2000小时。2019年，被部队记个人二等功1次。

舒常德　男，1996年4月出生，2016年9月入伍，现任陆军某部队班长，下士军衔。舒常德勤奋工作，爱岗敬业，熟练掌握手中武器，苦练本领，2019年5月带领连队专业分队参加比武竞赛集训，取得战区级第一的好成绩。入伍以后，先后获得"优秀义务兵""优秀士兵标兵""雷锋传人，强军先锋"标兵等荣誉。2019年12月，被部队记个人二等功1次。

▶资料：荣立个人三等功军人名单（108人）

下城区（6人）：禹[illegible]书、李知牧、袁俊杰、陈杰、陈容晖、周一晓

西湖区（3人）：葛文霖、张志红、李伟

拱墅区（1人）：夏伟强

江干区（4人）：朱春杰、任原、林叶青、周凯文

滨江区（1人）：戴上程

萧山区（9人）：赵[illegible]祥、杜家律、高进、李锋、胡凯俊、陈灿明、许杭杰、汪路加、徐军

余杭区（6人）：程飞、韦华起、杨占原、沈钱爽、杨健健、方[illegible]强

临安区（17人）：刘青、吴张成、金煌杰、冯毅、万里航、盛旺、邱铭、张杰、徐维、梅旋、毛添翼、陈文[illegible]、万飞钢、王玉杰、姚青锋、方雷举、周[illegible]锋

富阳区（22人）：杨[illegible]峰、潘建、张

海华、袁华平、陈涛、朱少华、杨洋、王程鹏、陈晓锋、陈昕稷、唐芳、沈连委、朱豪杰、黄华、张森、袁国刚、俞轶锴、罗彬、孙鑫飞、孙锋、董家呈、章勇睿

桐庐县（12人）：江杰、徐莱、杜钟炎、王晨、王波、邓建龙、郑权红、赵斌、徐永立、李一赋、刘敏园、毛家棋

建德市（18人）：毛俊敢、濮小川、钱君俊、陈琪、朗登峰、揭鸣雷、饶舜、钱燕清、鲁伟健、汪世豪、欧阳哲、翁小涛、张玮、马家杰、王巍、黄剑、诸葛骏、储顺良

淳安县（9人）：余国庆、汪灏、余平安、朱建生、方旭庭、邵鑫、江澎、钱荣、鲍学淳

（年鉴编辑部）

第七届“最美杭州人”

王慕桢 女，1933年9月出生，杭州高级中学退休教师。1998年，已经退休的王慕桢老师为纪念当年在武装起义中牺牲的姐姐王慕湄，和两个哥哥一起设立“慕湄助学金”，帮助困难家庭孩子求学。她经常走访受助学生家庭，了解孩子校内、校外的思想状况与学习情况。20年来，她用自己微薄的退休金资助30多名学生，他们中的大多数考取国内的重点大学。1999年，她为母校杭州高级中学捐赠10万元。

赵玉根 男，1943年8月出生，江干区闸弄口街道三里亭社区居民（退伍军人）。20多年前，赵玉根被检查出患有癌症，但从2004年3月起，将大部分时间用在志愿服务活动中。他每周参加杭州旅游志愿服务队，在火车东站的“微笑亭”、“贴心城管”志愿者服务站、杭州志愿者指导中心参加志愿服务，累计服务3.3万小时，服务时长位居全市前列，被授予杭州市“功勋志愿者”称号。

李君竹 男，1973年12月出生，淳安县金峰乡安上村党支部书记，被评为浙江省“万名好书记”。李君竹自费90万元建起中华蜂养殖基地，义务给周边乡镇蜂农授课、手把手传授养蜂技术，带动当地200多人就业，为近40户无劳动能力的残疾人低保户代养蜂。他还计划赞助贵州剑河县100桶中华蜂支持脱贫攻坚。

胡　炜 男，1977年9月出生，杭州市第一人民医院重症医学科主任。胡炜从事急诊和重症医学工作10多年，一直奋战在急危重症抢救第一线，承担院内外大量危重病人的抢救工作，对各类急危重症的抢救有着丰富的临床经验，曾获省、市“优秀共产党员”称号。他担任重症医学科主任后，在精细化管理上做文章，依托院级重点学科平台，提升抢救成功率。

羊晓君 男，1964年6月出生，杭州市富阳区文学艺术界联合会调研员。2019年，羊晓君获“全国自强模范”称号。他右眼失明，左眼高度近视，坚持书法创作30多年，出版过10多部书法专著，先后在纽约联合国总部、中国美术馆等举办个人展览，作品获“全国第三届楹联书法大展”金奖等各类奖项50多项。他长期坚持用书法艺术回报社会，免费带教20多名残疾人家庭子女，捐助西部特困学生，近5年来参与文艺惠民服务总计1万余场次。

桂月梅 女，1950年6月出生，杭州市桐庐县百江镇敬老院原院长。1985年，35岁的桂月梅担任刚创办不久的乡敬老院院长，整个敬老院只有她一个人，既是院长，又是炊事员，同时兼任服务员、护理员。27年中，她独自一人先后照顾服侍了90多位孤寡老人，亲自为60多位老人养老送终，27年没有在家过年。

缪文根 男，1961年2月出生，杭州市固体废弃物处理有限公司填埋机械作业工。缪文根曾获全国、全省劳动模范，杭州市优秀党员等荣誉。他在环卫行业苦、脏、累岗位上无私奉献，归纳总结出“一控制、二改善、四加强”的“天子岭”填埋场作业法，每年可节约建设成本240万元、节约污水处理费用160万元。

孙海波 男，1981年4月出生，杭州良渚遗址管委会文物与遗产管理局副局长，曾被评为省级文物工作先进个人。在良渚古城遗址申遗工作期间，短短的两年半时间，他负责完成申遗文本编制上报、遗产监测中心建设、遗址现场展示工程、国际专家现场考察评估等工作，用自己的青春深耕着这一片实证中华5000年文明史的圣地。

何英云 女，1972年12月出生，杭州市强制隔离戒毒所管理二科（女子管理大队）科长。她几十年如一日，扎根公安戒毒工作岗位，坚守初心使命，敬业爱岗奉献，以执着不懈的坚持守护戒毒人员迷失心灵，以优异的工作业绩践行共产党员的初心使命，成功挽救了一大批吸毒人员，使她们迷途知返，戒除毒瘾，回归家庭。

临安抗台“十八勇士” 2019年8月10日晚，超强台风“利奇马”造成临安区龙岗镇8个村和岛石镇各村断电断通信断交通。龙岗镇人武部部长余华锋带领17名突击队员分成3个小队开展救援。他们冒着生命危险翻山越岭、徒步20多千米，克服了各种塌方、落石、淤泥的阻碍，及时送达卫星电话、汇报灾情，打通一座座“孤岛”的通信渠道，将外界的信号传达到40个失联行政村。

▶资料：第七届“最美杭州人”提名奖

1. 钱建刚　建德市敬老助残协会会长
2. 成文娟　余杭区人民法院民事审判四庭庭长
3. 王李超　浙江省游泳队残疾人运动员
4. 田汉霖　国网杭州供电公司大江东公司线路运检一班安全员
5. 吕　静　杭州市人民检察院公诉二部副主任、三级高级检察官
6. 王　汀　高新区（滨江）行政服务中心党委委员、副主任
7. 张　帆　杭州市电子信息职业学校党委副书记、纪委书记，台江县中等职业学校党支部书记、校长
8. 汪孙聚　拱墅区德胜社区居民
9. 余永成　杭州汽轮机股份有限公司转子车间质检班班长
10. 菜鸟网络市场部&公关部集体

（年鉴编辑部）

责任编辑　金利权

重要文献

政府工作报告
——2020 年 4 月 26 日在杭州市第十三届人民代表大会第五次会议上

杭州市人民政府代市长　刘　忻

各位代表：

现在，我代表市人民政府，向大会报告工作，请予审议，并请市政协委员提出意见。

今年新冠肺炎疫情突发以来，在党中央国务院、省委省政府和市委的坚强领导下，经过全市上下艰苦努力，疫情防控的人民战争、总体战、阻击战取得了阶段性成果。我们全力打好杭州防控阻击战。强化智防智控、联防联控、群防群控、闭环管控，创新推出杭州健康码、“集中隔离 + 居家隔离”等举措，科学组织医疗救治，实现了确诊患者零死亡、医护人员零感染。在安与危、生与死的重大关头，全市广大医务工作者和党员干部群众共同构筑起疫情防控的铜墙铁壁。当前，全市上下认真落实“外防输入、内防反弹”的防控策略，严防境外疫情输入风险。我们全力打好杭州发展总体战。坚持统筹推进疫情防控和经济社会发展，有序抓好复工复产复市复学，出台“1+12”惠企政策，深入开展“助万企、帮万户”活动，全国首创政商“亲清在线”数字平台，推出“读地云”，发布产业用地全球招商计划，鼓励在线办公、在线教育等发展，扎实做好错峰开学工作，截至 4 月 23 日，企业复工率、产能恢复率分别达到 99.5%、89.3%，城市生产生活秩序加快恢复。我们全力支持打好湖北、武汉保卫战。积极响应党中央号召，先后派出援鄂医疗队 6 批次 318 名医务工作者。广泛发动社会各界筹集医疗物资和善款，充分展现出杭州“一方有难、八方支援”的大爱情怀。

在此，要特别向奋战在疫情防控一线的勇士们、向积极配合参与疫情防控的全体市民们、向关心支持杭州疫情防控的海内外朋友们，表示衷心感谢并致以崇高敬意！你们的行动和付出，让我们更有信心打赢这场大仗、赢得这场“大考”！

一、2019 年工作回顾

2019 年，市政府坚持以习近平新时代中国特色社会主义思想为指引，在市委的坚强领导下，紧紧围绕“干好一一六、当好排头兵”，努力战胜各种风险挑战，各项工作取得新成效。

——经济运行稳中提质。全市地区生产总值完成 15373 亿元、增长 6.8%，总量排名全国城市第 9、较上年前进 1 位，一般公共预算收入增长 7.7%，城乡居民人均可支配收入分别增长 8% 和 9.2%。

——发展动能更加强劲。全力打造数字经济和制造业高质量发展“双引擎”。数字经济核心产业增加值增长 15.1%，制定实施新制造业计划，华瑞航空百亿级制造业项目签约落地。圆满完成全国双创活动周主场任务。国家新一代人工智能创新发展试验区获批。上市公司新增 22 家、总数列全国城市第四。

——改革开放纵深推进。围绕公民个人和企业两个全生命周期，大力推动“一件事”联办。启动建设淳安特别生态功能区，整合设立钱塘新区，挂牌成立杭州高新区（滨江）富阳特别合作区。贯彻长三角一体化国家战略，实施十大攻坚举措和 111 个跨区域合作项目。

——城市影响力持续扩大。良渚古城遗址成功申遗。圆满举办世界环境日全球主场活动、APEC 工商领导人中国论坛。连续 9 年成为“外籍人才眼中最具吸引力的中国城市”，人才净流入率继续居全国第一。

——人民幸福感不断增强。十件民生实事高标准完成。千岛湖临湖地带综合整治高质量完成，千岛湖配供水工程主城区通水运行。连续 13 年入围“中国最具幸福感城市”，被授予全国唯一的“幸福示范标杆城市”。

一年来，我们坚决贯彻落实党中央和省市委决策部署，深入开展“不忘初心、牢记使命”主题教育，以实际工作成效检验主题教育成果。主要做了以下工作：

（一）着力稳企业稳增长，高质量发展迈出坚实步伐

稳企惠企组合拳持续发力。全面落实减税降费政策，为企业减负 585 亿元。实施“融资畅通工程”，面向中小

微企业的金融综合服务平台上线。开展“走亲连心三服务”，走访企业18万余家，协调解决问题2.6万余个。投资消费明显提振。新引进20亿元以上产业项目69个，“152”项目工程落地率72.5%，固定资产投资增长11.6%。湖滨国家级步行街开街，“新零售示范之城”建设加快，社会消费品零售总额增长8.8%，网络零售增长16%。接待中外游客2亿多人次、增长15.1%，实现旅游总收入4005亿元、增长18.3%。出口结构不断优化。积极应对国际经贸摩擦，建立“订单+清单”预警预判监测系统，在全国首创“杭信贷”外贸融资新模式，“一带一路”市场出口份额提高到32.6%。深化国家服务贸易创新发展试点，服贸出口124.9亿美元、增长19%。新动能加快培育。深入实施“三名”工程，西湖大学、之江实验室、阿里达摩院、国科大杭州高等研究院等创新平台加快建设。中法航空大学奠基，浙大杭州国际科创中心、中科院肿瘤与基础医学研究所落户。成功举办第五届中国“互联网+”大学生创新创业大赛，新增大学生创业企业2390家。加大市场主体培育，新设29.8万户。阿里巴巴、吉利控股、海亮集团进入2019年“世界500强”。设立国内首个“工匠日”，杭州职校教师勇夺第45届世界技能大赛金牌。

（二）着力实施“三化融合”，全国数字经济第一城建设提速

数字产业化全国领先。集成电路产业取得突破，阿里巴巴平头哥发布AI芯片，中欣晶圆大尺寸半导体硅片项目投产。海康威视获批国家视频感知新一代人工智能开放创新平台。国家（杭州）新型互联网交换中心揭牌。中国空间技术研究院杭州中心签约落户。5G商用和产业化进度加快，建成基站数居国内城市首位。产业数字化持续升级。组织开展制造业数字化改造行动，实施智能制造攻关项目139个、推广项目1093个，新增上云企业超过1.5万个，23个企业被认定为全省数字化车间或智能工厂。城市数字化扩面提质。深入推进城市大脑建设，加快从治堵向治城拓展，148个数字驾驶舱和48个应用场景同步推进。便捷泊车、舒心就医、欢快旅游应用上线，基本实现“先离场后付费”“先看病后付费”“20秒景点入园”。

（三）着力打好三大攻坚战，发展短板加快补齐

金融风险防范化解有力有效。坚持以退出为主，精准拆弹，网贷风险出清加快。企业“两链”风险平稳下降。非法集资、金融诈骗等违法活动处置及时，追赃挽损力度不断加大。防范化解政府隐性债务风险成效明显。精准脱贫有力有效。扎实做好与贵州黔东南州、湖北恩施州对口帮扶工作，21个县脱贫出列。全市所有行政村总收入均达到30万元、经营性收入均达到10万元，经营性收入20万元以上村占比70%以上。污染防治有力有效。新建改造污水处理配套管网150公里，创建美丽河湖30条（段），地表水省考断面达到或优于Ⅲ类水质比例为96.9%。淘汰（含转出）国三柴油车3.75万辆，PM2.5达标天数同比增加7天。新增城市绿地415万平方米。阿里巴巴“蚂蚁森林”项目获联合国最高环保荣誉“地球卫士奖”。

（四）着力抓改革促开放，营商环境进一步优化

“放管服”改革不断深化。推行“一窗通办、一网通办、同城通办”模式，实现企业开办“一日办结”“零费用”。企业简易注销登记审批时间缩短至20天。深化工程建设项目审批制度改革，一般企业投资项目从备案到验收“最多90天”。“移动办事之城”加快建设。585项公民个人事项实现“一证通办”。“杭州办事服务”APP上线即办事项310个。81项“一件事”全面实现多部门联办、“网上办”和“掌上办”。重点改革协同推进。市区财政事权和支出责任划分改革稳步推进。省级以上平台新增工业用地全部实现“标准地”出让，盘活批而未供、供而未用、低效利用土地13.6万亩。西博会举办体制成功转型。7个社区入选全省首批未来社区试点。对外开放力度加大。中国（浙江）自由贸易试验区杭州联动创新区获批。杭州综合保税区获批运行。杭港高端服务业示范区落户。世界旅游联盟总部项目启动建设。阿里巴巴eWTP秘书处挂牌。“知味杭州”亚洲美食节、国际友城市长论坛和杭州国际日等重大活动成功举办。与意大利维罗纳市、萨尔瓦多首都圣萨尔瓦多市签署友好合作备忘录。

（五）着力加快城乡建设，市域面貌明显改善

重点区块开发提速。启动编制全市国土空间总体规划，出台“加强钱塘江两岸规划统筹管理实施意见”。钱塘新区产城融合加速，湘湖与三江汇流区规划管控加强，城西科创大走廊引领科技创新作用日益增强，大城北规划建设全面实施，西湖景区品质进一步提升，杭州富春湾新城、临安滨湖新城、桐庐富春未来城、建德高铁新区、淳安高铁新区建设加快。基础设施持续完善。萧山国际机场三期工程加快推进。铁路杭州西站枢纽暨湖杭铁路开工建设，地铁5号线、16号线和铁路杭州南站建成。城市快速路加速成网，望江路过江隧道、留石快速路北延、之浦路三期等建成通车。绕城西复线、金建高速、千黄高速、沪杭甬杭州段改建提升等项目加快推进。亚运村全面建设，主体育馆、游泳馆、综合训练馆主体结构封顶。地下综合管廊国家试点项目投用。4个飞灰处置项目投运，天子岭餐厨垃圾处置项目二期建成。乡村振兴扎实推进。部省共建乡村振兴示范市建设稳步实施。产业振兴行动计划启动，余杭现代农业产业园列入国家级创建名单。新启动建设精品村72个、风情小镇7个、精品示范线8条，新打造3A级村落景区59个，美丽乡村覆盖面达46.2%。“大棚房”整治顺利完成。小城镇三年整治提前完成，梅城等27个美丽城镇建设全面开展。农村土地流转率突破60%，大下姜乡村振兴联合体发展态势良好。

（六）着力增进民生福祉，群众获得感持续增强

为民办实事成效明显。农村饮用水达标覆盖453个行政村，新增受益人口58.6万；提升改造农村生活污水终端设施，覆盖730个行政村，新增受益人口56.6万。建成高品质“四好农村路”2035公里，所有建制村实现“村村通客车”。“护校安园”专项行动覆盖全市744个小学（校区）。建成镇街级示范型居家养老服务中心81家。新建和提升改造健身绿道517公里，新建公共健身中心、广场、公园18处。高品质推进城中村改造，安置房开工2612万平方米、竣工511万平方米，回迁安置1.85万户。创建农村家宴放心厨房100家、名特优食品作坊121家、放心农贸市场55家。新生儿先心病早期筛查覆盖率90.2%。既

有住宅加装电梯完工553处，累计完工809处、受益9000余住户。市区生活垃圾分类实现全覆盖。公共服务水平加快提高。落实稳就业举措，城镇新增就业33.95万人。全面实施“美好教育”行动，制定出台教育现代化2035行动纲要，公办民办小学同步招生。杭州市之江医院建成启用，杭州康复医院开工建设，在全国率先推行医保电子病历。成功申办2021年国际足联俱乐部世界杯赛（杭州赛区）。落实房地产平稳健康发展长效机制“一城一策”方案，市场运行总体平稳。完善多元住房保障体系，推出公共租赁房5369套、货币补贴保障家庭2.1万户，新开工蓝领公寓1.9万套、人才专项租赁房6604套。社会治理不断加强。市域社会治理“六和塔”工作体系加快构建，15个县级社会矛盾纠纷调处化解暨综治中心建成运行。全国街道服务管理创新实验区建设取得新成果。基层整合审批服务执法力量改革试点积极推进。加强住宅小区物业综合管理，全市法院受理一审物业纠纷案件下降42%。强化安全风险管控，安全生产事故、道路交通事故、火灾死亡人数分别下降38.5%、21.9%、62.5%。全力应对超强台风“利奇马”，灾后重建顺利完成。扎实推进平安杭州建设，深化扫黑除恶专项斗争，打击电信网络诈骗等突出违法犯罪，人民安全感更有保障。

（七）着力推动文化兴盛，城市文化软实力充分彰显

文化事业成果突出。优秀传统文化进一步传承弘扬，图书《精准脱贫的下姜模式》和电视剧《麦香》获第十五届全国“五个一工程”奖，杭州歌舞剧院舞剧“遇见大运河”向世界巡演。公共文化服务不断向基层延伸，新建农村文化礼堂356个、行政村覆盖率累计达到71.3%。文化产业蓬勃发展。大力推进大运河文化带、之江文化产业带建设，国家级短视频基地、北影（杭州）电影产业基地、中国（浙江）影视产业国际合作区等落户，杭州演艺集团组建，文旅融合发展呈现新态势，文化及相关特色产业增加值增长13%。精神文明不断提升。举办庆祝新中国成立70周年系列活动。新时代文明实践中心建设成效明显。开展“我们的价值观”主题实践活动，赴黔支教的陈立群同志被中宣部授予“时代楷模”称号，金健勇、王丰华、张雪领、韦长春等先进典型成为学习榜样，杭州“最美现象”从“风景”变成“风尚”。

（八）着力加强政府自身建设，治理能力和水平不断提升

政治建设全面加强。坚持学懂弄通做实习近平新时代中国特色社会主义思想，推动政府系统树牢“四个意识”，坚定“四个自信”，坚决做到“两个维护”，确保党中央和省市委重大决策部署落地生根。依法行政积极落实。认真贯彻《监察法》，制定政府规章3件、修改16件、废止7件，提请市人大常委会审议法规议案3项，对市人大常委会审议意见建议复函20件，办理市人大代表建议460件，办理市政协提案524件。严格执行新《行政诉讼法》，行政机关负责人出庭应诉率达到86.4%。政府数字化转型加快。“互联网+政务服务”跑零次等指标提前完成，全国重点城市网上政务服务能力排名第三。机关内部“最多跑一次”改革协同办事平台上线。作风建设不断深化。深入整治“六大顽疾”，市政府重点精简的“三类文件”发文数减少35%，全市性会议数量下降50%。坚持过“紧日子”，“三公”经费压减3.3%。保持反腐败高压态势，政治生态更加风清气正。

同时，国防动员和后备力量建设、双拥优抚、军民融合、外事、港澳台侨事务、民族、宗教、档案、地方志、气象、残疾人、慈善、红十字、爱国卫生、老龄、妇女儿童、关心下一代、社科等工作取得新进展。

各位代表，过去一年成绩来之不易。这是以习近平同志为核心的党中央掌舵领航的结果，是省委省政府和市委坚强领导的结果，也是全市上下奋力拼搏的结果。在此，我代表市人民政府，向全市人民和外来建设者，向市人大代表和政协委员，向各民主党派、工商联、人民团体和社会各界人士，向中央驻杭单位和省级各部门，向驻杭解放军、武警部队官兵和消防救援队伍指战员，向关心支持杭州发展的港澳台同胞、海外华人华侨和国际友人，表示衷心的感谢！

应清醒看到，杭州经济社会发展还存在不少问题和挑战。随着新冠肺炎国际疫情持续蔓延，疫情防控任重道远。全球经济下行压力加大，经济不确定不稳定因素增多，对我市经济特别是企业冲击加大。对标世界银行标准，我市营商环境还有差距。城市治理能力和水平有待提升，市域统筹还需强化，空间结构还不尽合理，城乡区域发展还不够均衡，安全生产等风险管控、外来人口管理有待加强。城市优质教育和医疗资源供给不足，重大疾病防控救治体系还有短板。此外，极少数公职人员服务意识、担当精神、专业素养有待加强，形式主义、官僚主义还不同程度存在，腐败案件仍有发生。对此，我们必须正视困难问题，攻坚克难、化危为机、提能补短、带好队伍。

二、2020年目标任务和重点工作

今年是高水平全面建成小康社会和“十三五”规划收官之年，是应对疫情考验极不平凡的一年，更是践行习近平总书记要求浙江“努力成为新时代全面展示中国特色社会主义制度优越性的重要窗口”新目标新定位的第一年。做好今年工作，必须认真学习习近平总书记重要讲话精神，深刻领会“重要窗口”的丰富内涵、核心要义，落实好“七项重要任务”，以“两个维护”的政治自觉、“三个地”省会城市的使命担当，干在实处、走在前列、勇立潮头，确保习近平总书记的殷殷重托全面深入扎实地落实在杭州大地。

今年政府工作总体要求是：高举习近平新时代中国特色社会主义思想伟大旗帜，认真学习贯彻习近平总书记在浙江、杭州考察时的重要讲话精神，全面落实党中央和省委、省政府决策部署，坚持以“八八战略”为总纲，按照市委部署要求，坚持稳中求进工作总基调，坚持新发展理念，坚持一张蓝图绘到底、一任接着一任干，坚定不移“干好一一六、当好排头兵”，统筹推进“战疫情、促发展”，加大“六稳”力度，做好“六保”工作，大力提振服务业，持续做强数字经济和制造业高质量发展“双引擎”，拓展都市经济、幸福经济、未来经济三大新蓝海，推进新基建、新消费、新制造、新电商、新健康、新治理，着力补短板、堵漏洞、强弱项，积极探索具有杭州特点的大城市治理现代化新路子，确保高水平全面建成小康社会和“十三五”规划圆满收

官，奋力在我省打造“重要窗口”中走在前、作示范。

建议2020年全市经济社会发展主要预期目标是：地区生产总值增长6.5%左右，一般公共预算收入增长7%左右，全社会研发经费支出与地区生产总值之比3.5%左右，城镇、农村居民人均可支配收入分别增长7.5%和8.5%，全员劳动生产率稳步提高，能源和环境指标完成省下达的计划目标。

今年主要抓好以下八个方面工作：

（一）深化落实“八八战略”，不断开创打造“重要窗口”杭州实践的新境界

加强制度创新。坚持以“八八战略”统领各项工作，以改革开放推动思想解放，树立国际视野，增强大局意识，充分发挥杭州在体制机制、创新创业、生态文明、历史文化等方面的综合叠加优势，进一步强化政策创新、模式创新、治理创新，科学编制好“十四五”规划，争取国家重大战略、重大改革、重大政策、重大制度设计、重大平台、重大项目在杭州先行先试、落地落实，争取更多内容纳入国家、省“十四五”规划，争取土地、能源、减排等指标试点，大力推动杭州高质量发展，以打造独特韵味别样精彩世界名城的生动实践，全面展示中国特色社会主义制度的优越性。

扩大改革开放。积极贯彻长三角一体化国家战略。服务借力上海发展，推动“张江研究+杭州智造”落地，加快钱塘江金融港湾建设。协同打造杭州都市圈，建设杭衢黄省际旅游合作示范区。推进长三角发展廊带建设，联动打造G60科创大走廊、大运河文化带、杭绍甬城市连绵带、杭合创新带、宁杭生态带、杭黄生态经济带。深化区域合作。积极推进与衢州、丽水的山海协作，继续开展与长春市、长白山保护开发区管委会对口合作，深化新疆西藏青海等地对口支援。推进重点领域改革。完善市域统筹机制，进一步理顺市与区县（市）财政体制机制，加强重点资金全生命周期绩效管理，加大规划、土地、生态统筹力度。完善要素市场化配置机制，促进创新与资本对接，深化“亩均论英雄”和“标准地”改革，探索推进天然气、水务体制改革。开展产业园区嵌入式幼儿园试点。深化农村集体产权制度、农合联“三位一体”改革。全面完成事业单位改革。分层分类推进国企混合所有制改革。

打好“三大攻坚战”。坚决打赢精准脱贫攻坚战。深化与贵州黔东南州、湖北恩施州的东西部扶贫协作，全面提升“携手奔小康结对帮扶”工作精准度，在产业扶持、消费扶贫、技能培训、智力支援、劳务扶贫上持续发力，助推两地如期完成脱贫目标。坚决打赢污染防治攻坚战。突出精准治污、科学治污、依法治污，深入推进蓝天、碧水、净土、清废行动，扎实做好第二轮中央生态环境保护督察迎检和长江经济带生态环境问题排查整改工作。坚决打赢重大风险防范化解攻坚战。全面完成网络借贷风险处置，统筹做好防范化解隐性债务风险工作。树立大安全观，深入落实安全生产责任制，全力创成国家安全发展示范城市。

（二）守牢“外防输入、内防反弹”底线，慎终如始抓好疫情防控工作

建立健全疫情防控常态化工作机制，加强健康码准入管理，推进精密智控体系再优化再升级，持续巩固扩大防控成果。坚持把严防境外疫情输入和境内疫情反弹作为当前乃至较长一段时间工作的重中之重，充分发挥“大数据+网格化”作用，加强对入境来杭人员、无症状感染者等重点人群的服务管理，做好健康监测和人文关怀，进一步扩大核酸和抗体检测范围，做到应检尽检、应核尽核。构建“从国门到家门”的全方位防控链条，聚焦重点领域和关键环节，筑牢机场口岸“大门”第一道防线，守住社区厂区商区“小门”，管好开学复课学校“校门”，切实做到科学防控、闭环管控。精准落实生产生活各方面疫情防控要求，严控密闭环境下的聚集活动，坚决防止聚集性感染。

（三）同心合力推动经济复苏转稳，加快培育发展新动能

与企业携手共克时艰。全面落实“1+12”惠企政策，进一步加大减税减费减租减息减支力度，用好政商“亲清在线”数字平台，以更快速度更高效率释放政策红利，加快提振企业发展信心。聚焦难点堵点问题，全力保障供应链畅通，推动产业链协同复工达产。支持企业跨区域劳务合作，举办云聘会100场以上。深化“融资畅通工程”，鼓励金融机构增加中长期融资，支持企业上市发债，有效缓解融资难融资贵问题。创新“云上供地”模式，切实满足企业用地需求。完善“助企服务网格员”工作机制，推动“走亲连心三服务”常态化长效化，积极帮助企业走出困境、渡过难关。

千方百计扩大有效需求。加大投资力度。推进1686个亿元以上项目建设，其中产业项目534个。加快铁路杭州西站暨湖杭铁路、阿里全球总部、积海集成电路高端制造、杭州大会展中心等标志性工程建设。大力推进“铁公基”、老旧小区改造等传统基建，加快推进5G网络、数据中心、工业互联网等新基建。加快释放消费潜力。围绕打造国际消费中心城市，举办“杭州消费嘉年华”，促进旅游、文创等行业加快复苏。实施增加小客车指标、鼓励“以旧换新”等举措，扩大汽车消费。发展“夜经济”“首店经济”、假日节庆经济，鼓励健康、体育、养老、托幼等服务消费。加快布局建设新零售示范街区，完成湖滨步行街二期和延安路北段改造提升。支持外贸保份额优结构。用足用好出口退税等政策工具，提供商事法律帮助等服务。支持外贸企业适时调整市场布局，促进出口转内销。组织好实体展会、在线数字贸易展会，鼓励企业开拓“一带一路”等新兴市场。深化国家服务贸易创新发展试点，加快跨境电商发展，推动贸易和产业结构升级。

打造数字经济和制造业高质量发展“双引擎”。加快数字产业化。继续做强电子商务、信息软件、云计算、大数据、智能安防等优势产业，打造新一代信息技术及应用万亿级产业集群。加快国家新一代人工智能创新发展试验区建设，提升集成电路产业发展水平，拓展区块链技术应用领域，支持5G、量子通信等产业发展。加快产业数字化。大力发展智能制造，加快打造“1+N”工业互联网平台体系，组织实施机器换人、企业上云等示范项目，实现规上工业企业数字化改造覆盖率90%以上。加快产业链培育和产业集群集聚。大力发展生物医药、汽车、航天航空、高端装备、新能源、新材料等重点产业，强化关联产业配套。做强钱塘新区等高能级工业主阵地，加快建设万向创

新聚能城、紫金港数字信息等“万亩千亿”新产业平台，优化提升35个重点产业平台，新增小微企业园20个以上。深入实施鲲鹏计划、凤凰计划，积极培育一批具有国际竞争力的大企业大集团、专精特新“小巨人”企业。加快产业生态体系构建。全力推动杭州城西科创大走廊平台、人才、政策、要素集聚和体制机制创新，打造面向世界、引领未来、辐射全省的创新策源地。全力支持杭州高新区建设世界一流高科技园区，推动杭州临江高新园区提质进位。深入实施“三名”工程，支持之江实验室争创国家实验室、西湖大学建设新型高水平研究型大学，推进国科大杭州高等研究院、浙大杭州国际科创中心建设，加快中法航空大学、浙江数字经济实验室筹建。推进全国“双创”示范城建设，完善特色小镇、众创空间、军民科技协同创新平台、产业创新服务综合体功能，加快技术成果转化落地。认真筹办好世界知识产权大会、中国质量大会。

推动产业深度融合发展。深入实施乡村产业振兴行动计划，吸引乡贤、青年人才回归，带动科技、资金进乡村，培育家庭农场、农创客等新型农业经营主体，扶持发展茶叶、蚕桑、中药材等特色产业，鼓励发展农村电商、休闲农业、餐饮民宿，加快农村一二三产融合。积极推进浙江国家音乐产业基地、白马湖生态创意城建设，鼓励研学旅游、红色旅游、非遗旅游，打造全国文化旅游融合发展示范区。推动数字技术与制造业、服务业深度融合，培育在线购物、在线教育、在线娱乐等“宅经济”，打造全球一流快递之乡、物流之都，加快杭州国际金融科技中心建设，支持信息、金融、物流等产业集成发展。

以国际一流营商环境推进“双招双引”。对照世界银行标准，深化政府审批制度改革，加快“证照分离”，推行“数字证照”，实现企业开办、百姓办事“分钟制”，推动建设审批、不动产登记、水电气网报装、获得信贷等审批“小时制”。认真贯彻《外商投资法》及实施条例，保障民营企业公平参与市场竞争，深化信用杭州建设，营造公平公开透明的投资环境。深入推进“152”项目工程，推广招商专班模式，强化产业链精准招商，完善项目招商区域协同、利益共享机制，积极引导各类资本投向先进制造和数字经济等领域，力争落地总投资10亿元以上项目100个、50亿元以上项目20个、100亿元以上项目6个。实施全球英才杭聚、专项人才引育、青年人才弄潮等工程，打造人才生态最优城市，让杭州成为“敞开怀抱、拥抱人才”的天堂。

（四）深化拥江发展，加快提升城市能级

高起点规划城市空间。坚持全域规划、多规合一，统筹编制国土空间总体规划（2021–2035年），围绕主轴钱塘江，深化细化“东整、南启、西优、北建、中塑”空间布局，完善“多中心、网络化、组团式、生态型”城市框架。坚持功能一体化布局，在综合交通、产业发展、重点区域城市设计、教育医疗、海绵城市、生态文明等专项规划上形成高水平成果。

高效率推进城市建设。抓好重点区块建设。加快钱塘新区产城融合，探索湘湖和三江汇流区块“未来城市”实践区建设，加快杭州未来科技文化中心、南湖科学中心、城西枢纽门户中心建设。抓好交通基础设施建设。以“5433”现代综合交通大会战为重点，统筹推进航空网、铁路网、高速公路网、轨道交通网、快速路网建设。加快萧山机场三期扩建工程建设。推进4条高铁建设，总长198公里。建成地铁1号线三期、6号线一期、杭富线，新增里程133公里，推进机场轨道快线建设。加快杭绍甬智慧高速杭州段建设，建成绕城高速西复线、临金高速国高网段、千黄高速，新增里程169公里。建成6个快速路项目，新增里程36公里。积极推进运河二通道建设。抓好市政基础设施建设。新扩建城镇污水处理厂15个，完成固废处置项目10个，推动重点区域地下空间成片开发及地下综合管廊分级建设、连网成片，深化海绵城市建设，加快八堡泵站等防洪排涝工程建设，确保千岛湖供水工程城北线通水、闲林水厂一期基本建成，力争钱塘江取水口上移工程开工，积极推进白鹤滩至浙江特高压直流工程等重大电力设施建设。

高品质推进城市管理。开展“城市环境大整治、城市面貌大提升”集中攻坚行动，以“绣花”功夫做好环境卫生整治、市政设施养护、绿化亮化美化、园林园艺等工作，力求“无街不美景、无处不精细”。全面化解渣土运输困境，促进建筑工地规范文明施工，优化停车管理服务，着力破解建设阵痛期的管理难题。加快基层综合执法改革试点，强化职责权限划分，健全长效体制机制。

高标准推进城市国际化。以筹办亚运会和亚残运会为契机，大力推进八大城市行动，加快亚运村和各类场馆建设，广泛开展全民健身行动，大力培育国际品牌赛事，充分发挥体育亚运、城市亚运、品牌亚运效应，努力实现“办好一个会、提升一座城”。加快杭州国家级临空经济示范区建设，打造国际空港商务区。大力推进浙江自贸区杭州联动创新区、跨境电商综试区、eWTP示范区建设，加快建设“跨境电商全国第一城、全球第一流”，积极创建数字自由贸易试验区。完善涉外事务管理服务工作机制。加快建设国际学校、国际医院、国际社区。

高水平推进城乡融合。全力创建部省共建乡村振兴示范市。深化“六大西进”、区县（市）协作、联乡结村等机制，进一步缩小东西部发展差距。深入实施消薄和增收计划，全面消除年人均1万元以下低收入农户，力争经营性收入超过20万元的行政村比重达到90%以上。持续整治人居环境、优化公共服务，加快美丽城镇建设，争取10个以上成为省级样板。深化“千村示范、万村整治”工程，继续推进精品村、风情小镇、精品示范线、村落景区建设，探索数字乡村建设，美丽乡村覆盖面50%以上。完成大下姜乡村振兴三年行动计划，复制推广联合体发展模式。

（五）扎实推进文化建设，不断扩大文化影响力

加强文脉保护传承。优化整合西湖南线景区，高水平建设大运河国家文化公园、良渚古城遗址公园，谋划推进南宋临安城遗址和钱塘江古海塘遗址综合保护，开工建设德寿宫遗址公园暨南宋博物院一期工程，加快打造“世界遗产群落”。落实“千年古城”复兴计划，加快之江文化产业带建设，积极打造钱塘江唐诗之路。实施“城市记忆”和文化基因解码工程，加强文物保护和非遗传承。

优化公共文化服务。规划建设杭州音乐厅，持续推进杭州书房、农村文化礼堂、社区文化家园建设。继续举办戏剧汇演、美术展出、书法比赛、音乐舞蹈节等活动，开

展电影惠民、文化配送等服务，进一步丰富城乡文化生活。大力支持以杭州为题材的文化精品创作，加强“文艺杭军”建设。提升“杭+新闻”“杭州之家”客户端等新媒体影响力，推动县级融媒体中心提质增效。

加强精神文明建设。高质量建设新时代文明实践中心，深化“我们的价值观”主题实践，加强爱国主义、集体主义、社会主义教育，积极宣传抗疫事迹，推进志愿服务常态化，大力选树“最美杭州人”，力争蝉联全国文明城市“四连冠”。

扩大对外文化交流。继续办好西博会、文博会、动漫节等重大展会，建立首批杭州海外交流基地，打造“杭州国际日”金名片，加强国际文化艺术交流、学术交流、科技合作。加大与国际一流城市合作力度，向世界讲好“杭州故事”。

（六）加强生态文明建设，努力打造美丽中国样本

完善生态保护机制。深化美丽杭州建设，统筹好生产、生活、生态三大空间布局。全面推进淳安特别生态功能区建设，落实各项支持措施，完善生态补偿机制，积极探索生态环境质量与生态价值挂钩机制，努力打通“两山”转化通道。健全区域环境共保联治机制，加强与长三角区域和杭州都市圈城市的协调合作，推动污染治理措施同步、标准统一。落实最严格生态环境保护制度，完善生态空间管制制度，健全生态环境监测评价制度，严打破坏生态环境类犯罪，让生态红线成为不可碰触的“高压线”。

深化治水治气治废。加快推进燃煤锅炉淘汰、工业燃气锅炉改造，市区建成区公交车全面更换为新能源汽车，市域建成区国三柴油货车全面“清零”，创建标准化样板工地200个，加强挥发性有机物治理。持续推进“污水零直排区”、全域美丽河湖建设，提标改造农村污水治理终端2000个。高水平推进生活垃圾分类和处置，力争全市城乡生活垃圾总量零增长、零填埋。加强医疗废物监管，进一步提升医废处置能力。

加强生态建设。进一步巩固千岛湖临湖地带综合整治成果，严格保护西湖、西溪湿地、运河、湘湖，坚决清除整治各类违法建筑、各种形态的私人会所。持续推进“三江两岸”生态保护与流域治理，加快淳安、建德钱塘江源头区域生态修复项目建设，做好大江东滨海湿地生态修复工作。推进全域土地综合整治，积极争取全域整治国家级试点。实施绿化美化工程，新建和提升改造健身绿道500公里，新增绿地面积700万平方米，造林4.5万亩，稳步提高全市森林覆盖率，努力实现县域国家森林城市全覆盖，让绿色成为杭州发展最动人的色彩。

（七）创新社会治理方式，建设全国数字治理第一城

深化城市大脑建设。加快智慧城市建设，提升城市大脑能级，倒逼政府改革、资源整合、社会治理方式变革。用政府改革、经济社会变革推动城市大脑技术升级。加快把城市大脑打造成为城市治理体系和治理能力现代化的重要平台，让城市更聪明一些、更智慧一些。继续打破数据孤岛，完善数据资源互通共享机制。推动杭州健康码与医疗健康、电子社保、养老服务等公共服务深度融合，将应急治理效能固化为常态治理机制。加快城市大脑在城管、医疗、房管、应急管理、市场监管等领域的数字化应用，以“一键审批”结果为导向，探索打造“指尖上的行政服务中心”。用城市大脑的杭州实践，为全国提供可借鉴可推广的社会治理杭州模式。

夯实社会治理基层基础。持续完善“六和塔”工作体系，努力打造新时代“枫桥经验”的城市样本。深化“最多跑一次”改革，推进社会矛盾纠纷调处化解中心向镇街和村社延伸，积极预防化解各类苗头性趋势性问题。加强社会治理共同体建设，发挥群团、社会组织、行业协会、志愿服务者和基层自治组织作用。深化社区居委会、业委会、物业公司三方协同治理，探索城市小区精细化治理新模式。健全村级“三小”监督体系，深化清廉乡村建设。加强流动人口动态服务管理，促进公共服务均等化。

完善风险防范化解机制。结合城市大脑应用，深化全市应急管理体系和综合指挥平台建设，健全预案编制、风险研判、应急决策、协同处置等全过程风险防控机制，提高应急和安全管理的智能化、可视化、感知度。强化各类风险隐患排查治理，确保地铁施工、高层建筑消防、道路交通、危化品等重点领域安全生产形势稳定。深入推进食品安全城市创建工作，加强药品、特种设备等安全监管。深化防汛防台风基层体系建设，启动地质灾害防治能力提升三年行动计划。健全治安防控体系，深化扫黑除恶专项斗争，确保社会和谐稳定。

（八）优化公共服务供给，不断满足人民对美好生活的向往

加强民生保障。着重抓好高校毕业生、农民工、退役军人、残疾人等就业工作，城镇新增就业25万人。做好“米袋子”工作，落实市长“菜篮子”责任制，粮食播种面积稳定在133.2万亩以上、总产10亿斤以上，蔬菜年产量340万吨以上、肉产品18.5万吨以上，强化重要农产品保供稳价，做到困难群众基本生活应保尽保。推进全市社保一体化，加快桐庐、淳安、建德融杭步伐。坚持房子是用来住的、不是用来炒的定位，促进房地产市场平稳健康发展。推出公租房实物配租房源5000套、货币补贴保障家庭2万户，新开工公租房50万平方米、人才专项租赁房45万平方米，筹建蓝领公寓1.5万套。加快未来社区试点项目建设，打造老百姓幸福新平台。推动国防动员和后备力量建设再上新台阶，做好全国双拥模范城（县）创建工作，建设新时代枫桥式退役军人服务站。

深化“美好教育”行动。落实学前教育第三轮行动计划。实施公办初中提质强校行动，稳妥推进民办义务教育学校招生改革。打好儿童青少年近视防治攻坚战，加强中小学生心理健康教育疏导。实施新一轮中小学名师、名校长培养工程。加大跨层级、跨区域集团化办学力度，推动市域优质基础教育资源共建共享。深化职业教育质量提升工程。深化与浙江大学的全面战略合作，支持杭州师范大学、浙大城市学院等市属高校争创全国一流。

健全公共卫生服务体系。围绕公共卫生治理体系和治理能力现代化建设，完善相关法律法规体系。健全重大疫情响应机制，构建中西医结合的医疗救治体系，完善重大疾病医疗保险和救助制度。加强各级疾控中心、村（社区）卫生服务站建设。制定实施健康杭州行动计划，深入开展爱国卫生运动。实施高峰学科攀登计划，加强临床技

术创新。加快市西溪医院二期、市一医院良北院区、市老年病医院迁扩建项目建设。深化更高水平城市医联体和县域医共体建设，持续增强基层医疗服务能力。加强与浙江大学医学院、西湖大学等合作，加大医生、护士、公共卫生人员等人才培养引进力度。

同时，我们将更加注重办好老百姓家门口的事。前期，市政府从市民群众、"两代表一委员"等层面广泛征集民生实事，初步遴选形成12件候选项目。经本次人代会票决，以下10件确定为市政府2020年度民生实事项目：

1. 新建市本级生物安全加强型二级实验室1个，区、县（市）疾控机构实验室实现核酸检测全覆盖，全市新增负压救护车30辆。

2. 提升40万农村居民饮用水标准，城乡规模化供水工程覆盖人口比例90%以上，基本实现城乡居民同质饮水；实施100个老旧高层住宅小区二次供水设施改造。

3. 建设城乡放心农贸市场52家、农村家宴放心厨房80家、中小学和等级幼儿园食堂智能"阳光厨房"330家。

4. 实施300个老旧小区基础设施、小区环境、配套服务以及智慧安防、消防设施等方面综合改造提升；加快既有住宅电梯加装，以物业综合管理为重点，建设100个"美好家园"住宅示范小区。

5. 调整优化地铁配套公交线路45条；全面收官高品质"四好农村路"建设任务，新改建农村公路330公里、农村港湾式停靠320个、农村物流服务点170个。

6. 新建400家以上农村文化礼堂，基本实现五百人口规模以上村全覆盖；组织1500场以上文化惠民活动进农村文化礼堂，实现建成的农村文化礼堂惠民服务全覆盖。

7. 新建中小学、幼儿园70所，新增学位6.2万个；新增城镇公办幼儿园、中小学安装空调的教室5850个，教室空调覆盖率分别达到95%、65%以上；新增50家3岁以下婴幼儿照护服务机构，新增托位1500个，组织100场以上进社区的婴幼儿照护服务教育培训。

8. 建设镇街级示范型居家养老服务中心30家，新增养老机构床位2000张，开展1070户经济困难、高龄、失能失智、独居老年人家庭适老化改造。

9. 实施1450户困难残疾人家庭无障碍设施改造，提升60家星级"残疾人之家"。

10. 新建市级生活垃圾分类示范小区500个，新建大件垃圾"定时定点"投放和清运商业街40个、生活小区40个。

对市人大代表票选确定的上述民生实事项目，市政府将增强责任意识，细化分解任务，精心组织实施，主动接受市人大代表和社会各界监督检查，确保办实办好。

三、加强政府自身建设

面对新形势新任务，市政府将在市委领导下，深入学习贯彻习近平总书记在浙江、杭州考察时的重要讲话精神，进一步增强"四个意识"、坚定"四个自信"、坚决做到"两个维护"，全面加强政治建设，探索建立"不忘初心、牢记使命"制度，锤炼"深、严、细、实、快、勤、俭、廉"的工作作风，对标一流、创新实干、争先进位，努力提升政府治理体系和治理能力现代化水平，加快建设人民满意政府。

（一）强化法治政府建设

严格遵守宪法法律，全面推进依法行政，增强法治思维。自觉接受人大依法监督、政协民主监督，主动接受社会监督、舆论监督，认真听取人民群众意见建议。健全依法决策机制，规范重大行政决策程序。完善政府权责清单制度，健全行政执行的实施、评价、问责机制，强化对行政权力的制约和监督。

（二）强化数字政府建设

深化机关内部"最多跑一次"改革，大力推进政府部门流程再造、数据共享、智能联动，加快政务服务2.0平台建设，完善"杭州办事服务"APP功能，优化数字驾驶舱精准施策功能，不断提升"互联网+"政务服务、监管水平，加快打造整体智治的现代政府。

（三）强化效能政府建设

全面提升政府系统执行力，确保中央和省市委决策部署落地落实落细。深入企业、深入群众、深入基层，及时帮助解决实际问题。更加注重学习，不断增强改革创新、科学发展、群众工作、驾驭风险能力，努力建设高素质专业化公务员队伍。

（四）强化廉洁政府建设

深入落实全面从严治党主体责任，扎实推进政府系统党风廉政建设。坚决落实中央八项规定精神及其实施细则，切实转变工作作风，力戒形式主义、官僚主义，持续整治"文山会海"。厉行勤俭节约，带头过"紧日子"，压减"三公"经费5%以上，压减整合部门预算10%、专项资金20%。深化政务公开，以公开促规范促廉洁。

各位代表，让我们更加紧密团结在以习近平同志为核心的党中央周围，在省委省政府和市委的坚强领导下，推进"八八战略"再深化、改革开放再出发，全力夺取疫情防控和经济社会发展"双胜利"，为高水平全面建成小康社会，为打造新时代全面展示中国特色社会主义制度优越性的重要窗口作出更大贡献！

（说明：文中部分数据为统计快报数）

《政府工作报告》名词解释

"1+12"惠企政策："1"是指不折不扣把中央和浙江省有关政策决策落细落实落地。"12"是指杭州市的"12条具体措施"，包括降低企业融资成本、免收企业担保费用、临时性降低医保费率、降低企业住房公积金缴存比例、减免企业房租、补贴商贸服务企业、加大对物业企业扶持力度、发放企业员工租房补贴、统筹解决返工人员过渡性住宿、引导解决双职工家庭"看护难"、全力保障防疫物资采供、加大法律援助力度等。

"亲清在线"数字平台：以构建新型的"亲清"政商关系为目标，以杭州"1+12"惠企政策兑现为切入口，通过对政府部门的资源整合、数据协同，形成政商"直通车式"的在线服务系统。

"干好一一六、当好排头兵"：市委十二届四次全体（扩大）会议形成的重大决策部署，具体指：一城，即建设独特韵味别样精彩世界名城；一窗，即打造展示新时代中国特色社会主义的重要窗口；拥江发展、"三化融合"、文化兴盛、改革攻坚、民生福祉、强基固本"六大行动"和当好

"八八战略"再深化、改革开放再出发的排头兵。

"走亲连心三服务": 即各级领导干部开展服务企业、服务群众、服务基层活动,以实实在在措施帮助解决实际问题。

"152"项目工程: 又称省市县书记、县长工程,主要指省、市、县各级领导谋划招引一批100亿、50亿、20亿产业大项目好项目落地开工。

"三名"工程: 即"名校名院名所"建设工程。

"标准地": 指在完成相关区域评估基础上,政府制定固定资产投资强度、容积率、单位能耗、单位排放、亩均税收等标准,新增工业用地带着指标出让。

eWTP: 即电子世界贸易平台(Electronic World Trade Platform),由马云在2016年提出并写入G20杭州峰会公报。

"四好农村路": 2014年3月4日,习近平总书记作出重要指示,要求进一步把农村公路"建好、管好、护好、运营好",逐步消除制约农村发展的交通瓶颈。

"六大顽疾": 即"闭门施策""推诿扯皮""政令空转""留痕管理""督考过多""文山会海"。

"三类文件": 即规范性文件、议事协调机构成员类文件、通报类文件。

"七项重要任务": 即疫情防控要慎终如始,复工复产要化危为机,改革开放要不断深化,治理体系和治理能力要补齐短板,发展不平衡不充分问题要率先突破,生态文明建设要先行示范,全面从严治党要走向纵深。

"三个地": 指浙江作为中国革命红船起航地、改革开放先行地、习近平新时代中国特色社会主义思想重要萌发地。

"六稳": 指稳就业、稳金融、稳外贸、稳外资、稳投资、稳预期。

"六保": 指保居民就业、保基本民生、保市场主体、保粮食能源安全、保产业链供应链稳定、保基层运转。

产业园区嵌入式幼儿园: 指由产业园区兴办,面向所在园区各类人才及企业员工子女,因地制宜地提供学前教育普惠性服务(含托育)的幼儿园。

"首店经济": 指一个区域利用特有资源优势,吸引国内外品牌首次开设门店,使品牌价值与区域资源实现最优结合,并对该区域经济发展产生积极影响的一种经济形态。

"1+N"工业互联网平台体系: "1"是指培育一个跨行业、跨领域、具有国际水准的国家级工业互联网平台——SupET工业互联网平台。"N"指孵化N个行业级、区域级、企业级工业互联网平台。

鲲鹏计划: 即以培育领军企业和大企业大集团为重点内容的行动计划。

凤凰计划: 即以支持企业上市和并购重组为重点内容的行动计划。

"双招双引": 指招商引资、招才引智。

"5433"现代综合交通大会战: "5",是新建总里程552公里的快速路和高速公路。"4",是新建400公里轨道交通。第一个"3",是新建总里程350公里的4条铁路线。第二个"3",是京杭运河浙江段三级航道整治工程(运河二通道)、铁路杭州西站枢纽、萧山机场T4航站楼及综合交通中心项目等三大枢纽工程。

八大城市行动: 指健康城市打造行动、城市国际化推进行动、基础设施提升行动、绿水青山守护行动、数字治理赋能行动、产业发展提质行动、文化名城传播行动、城市文明共建行动。

"六大西进": 即科技西进、现代服务业西进、文创西进、旅游西进、交通西进和人才西进。

建成区: 指城市行政区范围内经过征收的土地和实际建设发展起来的非农业生产建设地段,包括市区集中连片的部分,以及分散在近郊区与城市有着密切联系、具有基本完善的市政公用设施的城市建设用地。

"六和塔"工作体系: 其基本内涵是构建六大体系、提升六大能力:构建党的领导体系,提升党建"领和"能力;构建群防群治体系,提升社会"协和"能力;构建纠纷化解体系,提升多元"调和"能力;构建科技支撑体系,提升智慧"促和"能力;构建平安宣传体系,提升文化"育和"能力;构建依法治理体系,提升法治"守和"能力。

村级"三小"监督体系: 即村级小微权力运行、小型工程建设、小额资金管理监督体系。

组织机构名录

【市级主要机构及负责人名单】
(2019年1月至12月)

中国共产党杭州市第十二届委员会

书　记:周江勇

副书记:徐立毅(至2019年6月)
　　　　张仲灿

常　委:周江勇　　徐立毅(至2019年6月)
　　　　张仲灿　　佟桂莉(女)
　　　　陈擎苍　　戚哮虎
　　　　许　明　　戴建平
　　　　毛溪浩
　　　　姚　峰(挂职,至2019年10月)
　　　　刘国洪(挂职,至2019年10月)
　　　　任明龙　　金　志
　　　　陈新华　　张振丰

委　员:(按姓氏笔画为序)
　　　　丁狄刚　　于跃敏(女)
　　　　王　宏　　王　敏
　　　　毛溪浩　　方　毅
　　　　卢春强　　冯国明
　　　　朱　华　　朱　欢
　　　　朱建明　　朱党其
　　　　任明龙　　刘　颖
　　　　刘国洪(挂职,至2019年10月)
　　　　许　明　　李　玲(女)
　　　　吴仁财　　吴玉凤(女)

何美华　　佟桂莉（女）
沈建平　　张仲灿
张如勇　　张振丰
陈　瑾（女）　　陈卫强
陈如根　　陈国妹（女）
陈红英（女）（至2019年1月）
陈春雷　　陈新华
陈震山　　陈擎苍
金　志　　金　翔
金承涛　　周江勇
胡海燕（女）　　洪庆华
姚　峰（挂职，至2019年10月）
骆安全　　柴世民
徐小林　　徐立毅（至2019年6月）
黄进宇　　黄海峰
戚哮虎　　章根明（至2019年10月）
章　燕（女）　　斯金锦
董　悦　　董毓民
童定干　　詹　敏（至2019年8月）
楼建忠　　缪承潮
滕　勇　　潘家玮
戴建平　　魏　颖（女）

候补委员：
郭东风　　范建军
高国飞　　何凌超
钱美仙（女）　　翁文杰
余新平　　邵立春（至2019年12月）
陈祥荣　　金志强
陈　健　　钮　俊

秘书长：许　明

市委工作部门：

市纪律检查委员会（市监察委员会）

书记（主任）：陈擎苍
副书记（副主任）：朱　华　　陈建华
邬月培　　张慧娟（女）
纪委常委：陈擎苍　　朱　华
陈建华　　邬月培
张慧娟（女）　　温洪亮（至2019年1月）
胡绍平（至2019年5月）
王伟平　　胡飞龙
沈海军　　金　伟
唐小辉　　方顺才（2019年8月始）
监委委员：胡绍平（至2019年6月）
沈海军　　金　伟
方顺才　　钟发根
俞　振　　王　伦（2019年6月始）

办公厅

主　任：郭东风

政策研究室

主　任：陈国强

深化改革办

主　任：许　明
第一副主任：戴建平

组织部

部　长：毛溪浩

宣传部

部　长：戚哮虎

统战部

部　长：陈新华

政法委员会

书　记：张仲灿

保密委员会

主　任：许　明

市委机构编制委员会办公室

主　任：柴宁宁（女）（至2019年4月）
何利松（2019年4月始）

军民融合办

主　任：戴建平

台湾工作办公室（台湾事务办公室）

主　任：陆献德

市委直属机关工委

书　记：郑书文

巡察办、巡察组

主　任：胡飞龙
组　长：魏　颖（女）　　朱小军
蒋杭平　　洪晓明
江小华

市委、市政府信访局

局　长：章登峰（至2019年11月）
周徐胤（2019年11月始）

老干部局

局　长：应敏扬（女）

党　校

校　长：毛溪浩

党史研究室

主　任：郎健华

市档案馆

馆　长：范　飞（女）

国际城市学研究中心（杭州研究院）

党组书记、主任（院长）：江山舞

杭州市第十三届人民代表大会常务委员会

主　任：于跃敏（女）
副主任：许勤华　　张建庭
郑荣胜
陈红英（女）（2019年1月始）
罗卫红（女）
秘书长：张如勇
委　员：丁忠芳（至2019年1月）
马利阳（2019年1月始）王　辉（女）
王木刚（2019年1月始）王荣富

毛文峰（女） 阮重晖
杜 卫 肖仁东
吴建华 吴锡根（至2019年12月）
邱卫星 应雪林（至2019年12月）
张永谊 张邢炜
张治芬（女） 陈 健
陈马多里 陈伟民（2019年1月始）
邵剑明 林国蛟（至2019年1月）
周先木 郑健波
赵 敏 赵 敏（桐庐）
钟文静（女）（至2019年12月）
俞雪坤 姚 坚
骆 寅 聂 江（至2019年12月）
钱伯皓（至2019年12月） 徐小林
徐建国 徐祖德
奚国强 龚志南
章一超 章国经
韩 勇（至2019年1月） 曾福明
楼卿捷（2019年1月始） 裘 超（女）
裘建平（2019年1月始） 管 军（至2019年12月）
解崇明 潘曙龙
薛滔菁（女）
党组书记：于跃敏（女）
党组副书记：许勤华 张建庭

杭州市第十三届人民代表大会专门委员会
法制委员会
主任委员：陈红英（女）（兼）（2019年1月始）
社会建设委员会（2019年1月始）
主任委员：陈红英（女）（兼）（2019年1月始）
内务司法委员会（至2019年1月）
主任委员：许勤华（兼）（至2019年1月）
监察和司法委员会（2019年1月始）
主任委员：许勤华（兼）（2019年1月始）
财政经济委员会
主任委员：许勤华（兼）
城乡建设环境保护委员会
主任委员：张建庭（兼）
教育科学文化卫生委员会
主任委员：罗卫红（女）（兼）
农业和农村委员会
主任委员：郑荣胜（兼）
民族宗教华侨、外事委员会
主任委员：张建庭（兼）
杭州市第十三届人民代表大会常务委员会各工作机构和工作委员会
办公厅
主 任：阮重晖
研究室
主 任：陈伟民（2019年1月始）
人事代表工作委员会
主 任：章一超
法制工作委员会
主 任：陈马多里
内务司法工作委员会（至2019年1月）
主 任：王 辉（女）（至2019年1月）
社会建设工作委员会（2019年1月始）
主 任：王 辉（女）（2019年1月始）
监察和司法工作委员会（2019年1月始）
主 任：王木刚（2019年1月始）
财政经济工作委员会
主 任：骆 寅
城乡建设环境保护工作委员会
主 任：王荣富
教育科学文化卫生工作委员会
主 任：姚 坚
农业和农村工作委员会
主 任：邱卫星
民族宗教华侨、外事工作委员会
主 任：周先木

杭州市人民政府
市 长：徐立毅（至2019年6月）
（空 缺）（2019年6月始）
副市长：戴建平 谢双成（至2019年1月）
陈红英（女）（至2019年1月）
柯吉欣（2019年4月始）
缪承潮 王 宏
胡 伟 姚 峰（至2019年10月）
刘国洪（至2019年10月）
陈国妹（女） 陈卫强
党组书记：徐立毅（至2019年6月）
（空 缺）（2019年6月始）
秘书长：丁狄刚

市政府工作部门：
办公厅
党组书记：丁狄刚
主 任：马杭军
研究室
党组书记、主任：鲍一飞
发展和改革委员会
党组书记、主任：洪庆华
人力资源和社会保障局
党组书记、局长：叶茂东
财政局
党组书记、局长：谢建华
国家税务总局杭州市税务局
党委书记、局长：许祖原（至2019年7月）
武建春（2019年7月始）
统计局
党组书记：富永伟
局 长：宦金元

审计局
党组书记、局长:王　剑
对口支援和区域合作局
党组书记、局长:杨　钊
经济和信息化局
党组书记、局长:夏积亮
应急管理局
党委书记、局长:孙国方
城乡建设委员会
党组书记、主任:孔春浩
交通运输局
党组书记、局长:郑翰献
住房保障和房产管理局
党组书记、局长:周　琪(女)
规划和自然资源局
党组书记、局长:陈祥荣
人民防空办公室(民防局)
党组书记、主任(局长):裘新谷
城市管理局(综合行政执法局)
党组书记、局长:李　磊
生态环境局
党组书记、局长:劳新祥
园林文物局
党组书记、局长:高小辉
农业农村局
党组书记、局长:赵国钦
林业水利局
党组书记、局长:钱美仙
商务局
党组书记、局长:孙璧庆
市场监督管理局
党委书记、局长:范建军
中国国际贸易促进委员会杭州市委员会
党组书记、会长:王国珍(女)
文化广电旅游局
党组书记、局长:张鸿斌
卫生健康委员会
党委书记、主任:孙雍容(女)
医疗保障局
党组书记:方健国
局　长:石连忠
体育局
党组书记、局长:金承龙
教育局
党委书记、局长:沈建平
公安局
党委书记、局长:金　志
国家安全局
党委书记、局长:陆永敏
司法局
党委书记、局长:吴声华

民族宗教事务局
党组书记、局长:邵根松
金融工作办公室
党组书记、主任:冯　伟
国有资产监督管理委员会
党委书记、主任:王　希
科学技术局
党组书记、局长:阳作军(至2019年5月)
邵立春(2019年5—12月)
民政局
党组书记、局长:何凌超
退役军人事务局
党组书记、局长:郑洪彪
外事办公室(港澳事务办公室)
党组书记、主任:王　进
机关事务管理局
党组书记、局长:韩　卫
数据资源管理局
党组书记、局长:郑荣新
投资促进局
党组书记、局长:王　翀

国防动员委员会
第一主任:周江勇
主　任:徐立毅(至2019年6月)
(空　缺)(2019年6月始)
中国人民解放军浙江省杭州警备区
党委第一书记:周江勇(兼)
党委书记:徐建国
司令员:任明龙
政治委员:徐建国

政协杭州市第十一届委员会
主　席:潘家玮
副主席:翁卫军　汪小玫(女)
叶鉴铭　谢双成(2019年1月始)
陈永良　王立华(女)
周智林　胡　伟(至2019年1月)
冯仁强
常务委员:陈建华　陈　键(2019年1月始)
金志强　方　方
包嘉颖(女)　宦金元
赵才苗　郭清晔
刘政奇　吴　静(女)
陈　凯　钟玉腾
何黎明　林　蔚(女)
龚勤芳(女)(2019年1月始)
吕芬芳(女)　单　敏(女)
高德康　张　莉(女)
唐龙尧(2019年1月始)　张慧慧(女)
郑利敏(2019年1月始)　陈国安

李莲萍（女）（2019年1月始）
杨宝庆（至2019年1月） 释月真
沈昼宁 刘秋敏
王利民 卓 超（2019年1月始）
姚 萍（女）（至2019年1月）
肖 锋 何明俊
吴持瑛（女） 范 渊（至2019年1月）
郭初民 陈国兴
李云龙（至2019年1月） 来 虹（女）
吕建平 郭 兵
申屠敏（女） 周常生
洪 明 谢春凤（女）
侯公林 陈金良
赵海燕 裘小民（女）
倪晓娟（女） 吴式琇
黄伟源 李玉美（女）
马 彦 赵喜凯
林 革 陈旭虎
蒋言清（女） 马利阳（至2019年1月）
翁仁营（至2019年1月） 朱明虬
张员书（至2019年1月） 沈小东
章 勤（女） 汤建新（2019年1月始）
唐 奕（女）（至2019年1月）
张 钎 蔡 瑾（女）
吴伟进 李正刚
吴再平 施永林
杜国忠（2019年1月始） 沈 翔（至2019年1月）
娄火明 朱 汉
金 波（至2019年1月） 温正胞
万光政 丁 华（女）
程华民（至2019年1月） 次登央吉（女）
苏 挺 孙彰道
王新宇（2019年1月始） 陶 骏
周旭一（2019年1月始）
阮文静（女）（至2019年1月）
沈 昱（2019年1月始） 庄凌云
周志刚（至2019年1月） 周定炎
江 冰 周 军（至2019年10月）
方 春（女） 杨建华（2019年1月始）
廖杰远（2019年1月始） 钱 峰（至2019年1月）
方健国 冯 镭
吴 隆

秘书长：陈 晨（至2019年1月）
金 翔（2019年1月始）

党组书记：潘家玮

党组副书记：翁卫军

市政协工作部门：

办公厅

主 任：郭初民

研究室

主 任：陈国兴

文化文史和学习委员会

主 任：王利民

提案委员会

主 任：姚 萍（女）（至2019年1月）
杨建华（2019年1月始）

经济委员会

主 任：杜国忠（2019年1月始）

农业和农村委员会

主 任：周定炎（2019年1月始）

港澳台侨和外事委员会

主 任：江 冰

社会法制和民族宗教委员会

主 任：周 军（至2019年10月）

城市建设和人口资源环境委员会

主 任：何明俊

委员工作委员会

主 任：吴持瑛（女）

教育科技卫生体育委员会

主 任：肖 锋

市中级人民法院

党组书记、院长：斯金锦

市人民检察院

党组书记、检察长：陈海鹰

市民主党派和工商联：

中国国民党革命委员会杭州市委员会

主 委：叶鉴铭

中国民主同盟杭州市委员会

主 委：宦金元

中国民主建国会杭州市委员会

主 委：郭清晔

中国民主促进会杭州市委员会

主 委：谢双成

中国农工民主党杭州市委员会

主 委：周智林

中国致公党杭州市委员会

主 委：胡 伟

九三学社杭州市委员会

主 委：罗卫红（女）

市工商业联合会

党组书记：徐祖德

主 席：冯仁强

部分社会团体：

市总工会

党组书记：王越剑

主 席：郑荣胜（兼）

中国共产主义青年团杭州市委员会

党组书记、书记：马利阳

市妇女联合会

党组书记、主席：楼倻捷（女）

市社会科学界联合会、市社会科学院
党组书记、主席（院长）：卓 超
市科学技术协会
党组书记、主席：郑健波
市归国华侨联合会
党组书记：裘建平
主 席：王立华（女）
市文学艺术界联合会
党组书记：应雪林（至2019年5月）
汪华瑛（女）（2019年5月始）
主 席：应雪林（至2019年7月）
竹雄伟（艾伟）（2019年7月始）
市残疾人联合会
党组书记、理事长：钟文静（女）（至2019年9月）
杨英英（女）（2019年9月始）

其他机构：
西泠印社社务委员会
西泠印社党委书记、社委会主任：龚志南
市邮政管理局
党组书记、局长：赵 武（至2019年10月）
何连忠（2019年10月始）
市气象局
党组书记、局长：张 力
市烟草专卖局（杭州烟草分公司）
党组书记、局长（经理）：林少华（女）
杭州大江东产业集聚区（杭州经济技术开发区）管理委员会（至2019年4月）
党工委书记：戴建平（兼）（至2019年4月）
主 任：何美华（至2019年4月）
杭州钱塘新区管理委员会（2019年4月始）
党工委书记：柯吉欣（兼）（2019年4月始）
主 任：何美华（2019年4月始）
杭州城西科创产业集聚区管理委员会
党工委书记、主任：李 玲（女）
杭州余杭经济技术开发区（杭州钱江经济开发区）管理委员会
党工委书记、主任：祝振伟
萧山经济技术开发区管理委员会
党工委书记、主任：叶建宏
杭州良渚遗址管理区管理委员会（浙江省杭州良渚遗址管理局）
党工委书记、主任（局长）：张俊杰
杭州高新技术产业开发区管理委员会
党工委书记：詹 敏（至2019年8月）
王 敏（2019年8月始）
主 任：李志龙
杭州之江国家旅游度假区管理委员会
党工委书记：章根明（至2019年11月）
高国飞（2019年11月始）
主 任：(空 缺)(至2019年12月）
董毓民（2019年12月始）

杭州西湖风景名胜区管委会
党委书记、主任：翁文杰
市钱江新城建设管理委员会（钱江新城建设指挥部、杭州铁路及东站枢纽建设指挥部）
党委书记、主任（总指挥）：黄昊明
杭州奥体博览城建设指挥部
党委书记、总指挥：黄昊明
市对口支援新疆阿克苏地区阿克苏市指挥部
党委书记、指挥长：杨国正（至2019年12月）
黄建正（2019年12月始）
市行政审批服务管理办公室（公共资源交易管理委员会办公室）
党组书记：赵金龙
主 任：林 革
市政府驻北京办事处
党组书记、主任：麻承荣
市政府驻上海（深圳）办事处
主 任：方志华
市供销合作社联合社
党委书记、主任：方月仙（女）（至2019年12月）
杨国正（2019年12月始）
市农业科学研究院
党委书记、院长：严建立

国网浙江省电力有限公司杭州供电公司
党委书记：徐嘉龙（至2019年7月）
朱 炯（2019年7月始）
总经理：司为国
中国邮政集团公司杭州市分公司
党委书记：陈祖明（至2019年9月）
邢林杰（2019年9月始）
总经理：邢林杰
中国电信股份有限公司杭州分公司
党委书记、总经理：章晓钫（女）
中国移动通信集团浙江有限公司杭州分公司
党委书记、总经理：王文生
中国联合网络通信有限公司杭州市分公司
党委书记、总经理：聂明岩（至2019年6月）
沈飞波（2019年6月始）
中国石化销售股份有限公司浙江杭州石油分公司
党委书记：华万潮
总经理：丁成伟（至2019年11月）
朱轶人（2019年11月始）
中国人民银行杭州中心支行
党委书记、行长：殷兴山
中国工商银行股份有限公司杭州分行
党委书记、行长：沈 忻（至2019年7月）
包伶捷（2019年7月始）
中国建设银行股份有限公司杭州分行
党委书记、行长：叶 进
中国农业银行股份有限公司杭州分行
党委书记、行长：朱文达

交通银行股份有限公司浙江省分行
党委书记、行长:乐晨科
中国人民财产保险股份有限公司杭州市分公司
党委书记、总经理:徐学德(兼)(至 2019 年 6 月)
朱俞震(2019 年 6 月始)
中国人寿保险股份有限公司杭州市分公司
党委书记、总经理:王忠伟(女)
中国太平洋财产保险股份有限公司杭州中心支公司
党委书记、总经理:程海彦
中国太平洋人寿保险股份有限公司杭州中心支公司
党委书记、总经理:刘余庆(至 2019 年 7 月)
杨 旻(2019 年 7 月始)
市实业投资集团有限公司
党委书记、董事长:沈 立
总经理:朱少杰
市交通投资集团有限公司
党委书记、董事长:章舜年
总经理:周建华
市城市建设投资集团有限公司
党委书记、董事长:冯国明
总经理:(空 缺)(至 2019 年 2 月)
李红良(2019 年 2 月始)
市运河综合保护开发建设集团有限责任公司
党委书记、董事长:陆晓亮
总经理:章维明
市地铁集团有限责任公司
党委书记、董事长:邵剑明
总经理:朱春雷
市钱江新城投资集团有限公司
党委书记、董事长:朱云夫
总经理:(空 缺)(至 2019 年 9 月)
於卫国(2019 年 9 月始)
市商贸旅游集团有限公司
党委书记、董事长:赵 敏
总经理:(空 缺)(至 2019 年 9 月)
钱伯皓(2019 年 9 月始)
杭州银行股份有限公司
党委书记、董事长:陈震山
行 长:宋剑斌
市金融投资集团有限公司
党委书记、董事长:张锦铭
总经理:虞利明
市千岛湖原水股份有限公司(至 2019 年 9 月)
党委书记、董事长:李红良(至 2019 年 9 月)
总经理:陈云龙(至 2019 年 9 月)
市水务集团有限公司(2019 年 9 月始)
党委书记、董事长:赵志仁(2019 年 9 月始)
总经理:叶淦平(2019 年 9 月始)
杭州文化广播电视集团
党委书记、管委会总裁:余新平
编委会总编辑:郑桂岚(女)
华数数字电视传媒集团有限公司
党委书记、董事长:(空 缺)(至 2019 年 2 月)
陆政品(2019 年 2 月始)
总经理:陆政品
杭州日报报业集团(杭州日报报业集团有限公司)
党委书记、社委会社长、公司董事长、总经理:董 悦
编委会总编辑:万光政
西泠印社集团有限公司
党委书记、董事长:钱伯皓(至 2019 年 9 月)
谭 飞(2019 年 9 月始)
总经理:谭 飞

【区县(市)主要机构及负责人名单】
(2019 年 1 月至 12 月)

中共杭州市上城区第十届委员会
书 记:陈 瑾(女)
杭州市上城区第十五届人大常委会
主 任:袁建强
上城区人民政府
区 长:金承涛
政协杭州市上城区第五届委员会
主 席:占仁义
中共杭州市上城区纪律检查委员会
书 记:金晓东
上城区人民法院
院 长:叶 青(女)
上城区人民检察院
检察长:孙 勇

中共杭州市下城区第十届委员会
书 记:刘 颖
杭州市下城区第十五届人大常委会
主 任:杨国琴(女)
下城区人民政府
区 长:柴世民
政协杭州市下城区第五届委员会
主 席:陈 晨
中共杭州市下城区纪律检查委员会
书 记:沈国祥
下城区人民法院
院 长:何 敏
下城区人民检察院
检察长:王晓光

中共杭州市江干区第十届委员会
书 记:滕 勇
杭州市江干区第十五届人大常委会
主 任:蔡建云
江干区人民政府
区 长:楼建忠

政协杭州市江干区第五届委员会
主　席：黄爱芳（女）
中共杭州市江干区纪律检查委员会
书　记：赵欣浩
江干区人民法院
院　长：楼军民
江干区人民检察院
检察长：江波均（女）

中共杭州市拱墅区第七届委员会
书　记：朱建明
杭州市拱墅区第七届人大常委会
主　任：吴才敏
拱墅区人民政府
区　长：章　燕（女）
政协杭州市拱墅区第五届委员会
主　席：周志辉
中共杭州市拱墅区纪律检查委员会
书　记：（空　缺）（至 2019 年 2 月）
　　　　熊　雄（2019 年 2 月始）
拱墅区人民法院
院　长：王美芳（女）
拱墅区人民检察院
检察长：罗有顺

中共杭州市西湖区第九届委员会
书　记：章根明（至 2019 年 10 月）
　　　　高国飞（2019 年 10 月始）
杭州市西湖区第十五届人大常委会
主　任：施迎利（女）
西湖区人民政府
代区长：高国飞（至 2019 年 3 月）
区　长：高国飞（至 2019 年 12 月）
代区长：董毓民（2019 年 12 月始）
政协杭州市西湖区第五届委员会
主　席：叶伟平
中共杭州市西湖区纪律检查委员会
书　记：（空　缺）（至 2019 年 2 月）
　　　　柴国庆（2019 年 2 月始）
西湖区人民法院
院　长：程建飞
西湖区人民检察院
检察长：陈平祥

中共杭州市滨江区第五届委员会
书　记：詹　敏（至 2019 年 8 月）
　　　　王　敏（2019 年 8 月始）
杭州市滨江区第五届人大常委会
主　任：韩建中
滨江区人民政府
区　长：李志龙
政协杭州市滨江区第二届委员会
主　席：俞少平（至 2019 年 9 月）
　　　　（空　缺）（2019 年 9 月始）
中共杭州市滨江区纪律检查委员会
书　记：黄利文
滨江区人民法院
院　长：池海江
滨江区人民检察院
检察长：陈云高

中共杭州市萧山区第十五届委员会
书　记：佟桂莉（女）
杭州市萧山区第十六届人大常委会
主　任：裘　超（女）
萧山区人民政府
区　长：王　敏（至 2019 年 9 月）
代区长：章登峰（2019 年 10 月始）
政协杭州市萧山区第十四届委员会
主　席：洪松法
中共杭州市萧山区纪律检查委员会
书　记：蒋金娥（女）
萧山区人民法院
院　长：施金良
萧山区人民检察院
检察长：王玉珹

中共杭州市余杭区第十四届委员会
书　记：张振丰
杭州市余杭区第十五届人大常委会
主　任：汪宏儿（至 2019 年 2 月）
　　　　阮文静（女）（2019 年 2 月始）
余杭区人民政府
区　长：陈如根
政协杭州市余杭区第十一届委员会
主　席：阮文静（女）（至 2019 年 1 月）
　　　　沈　昱（2019 年 1 月始）
中共杭州市余杭区纪律检查委员会
书　记：邵伟斌
余杭区人民法院
院　长：罗　鑫
余杭区人民检察院
检察长：陈　娟（女）

中共杭州市富阳区第一届委员会
书　记：朱党其
杭州市富阳区第十六届人大常委会
主　任：汤金华
富阳区人民政府
区　长：吴玉凤（女）
政协杭州市富阳区第九届委员会
主　席：陆洪勤

中共杭州市富阳区纪律检查委员会
书　记:胡志明
富阳区人民法院
院　长:赵　平
富阳区人民检察院
检察长:任　平

中共杭州市临安区第一届委员会
书　记:卢春强
杭州市临安区第十六届人大常委会
主　任:李文钢
杭州市临安区人民政府
区　长:骆安全
政协杭州市临安区第九届委员会
主　席:张含良
中共杭州市临安区纪律检查委员会
书　记:杨富强
杭州市临安区人民法院
代院长:王文柱（至2019年2月）
院　长:王文柱（2019年2月始）
杭州市临安区人民检察院
检察长:沈亚平（女）

中共桐庐县第十四届委员会
书　记:方　毅
桐庐县第十六届人大常委会
主　任:游　宏
桐庐县人民政府
代县长:齐　力（至2019年2月）
县　长:齐　力（2019年2月始）
政协桐庐县第九届委员会
主　席:王金才
中共桐庐县纪律检查委员会
书　记:张启成
桐庐县人民法院
院　长:陆忠明
桐庐县人民检察院
检察长:夏　涛

中共淳安县第十四届委员会
书　记:黄海峰
淳安县第十六届人大常委会
主　任:余永青（至2019年2月）
　　　　董文吉（2019年2月始）
淳安县人民政府
县　长:董毓民（至2019年12月）
代县长:张鸿斌（2019年12月始）
政协淳安县第九届委员会
主　席:刘小松
中共淳安县纪律检查委员会
书　记:徐恒辉
淳安县人民法院
院　长:陈奇策
淳安县人民检察院
检察长:杨　勇

中共建德市第十四届委员会
书　记:童定干
建德市第十六届人大常委会
主　任:童定干（至2019年2月）
　　　　叶万生（2019年2月始）
建德市人民政府
市　长:朱　欢
政协建德市第十四届委员会
主　席:吴铁民
中共建德市纪律检查委员会
书　记:柴国庆（至2019年2月）
　　　　周萍英（女）（2019年2月始）
建德市人民法院
院　长:毛志军
建德市人民检察院
检察长:高　翔

（市委组织部）

2019年杭州市国民经济和社会发展统计公报

2019年，全市坚持以习近平新时代中国特色社会主义思想为指导，深入贯彻党的十九大、十九届二中、三中、四中全会精神，坚持新发展理念，坚持稳中求进工作总基调，坚持"干好一一六、当好排头兵"目标，全力推动稳增长、调结构、促改革、惠民生、防风险、保稳定，着力提升城市能级和核心竞争力，经济社会发展实现稳中有进、进中提质，"十三五"规划主要指标进度符合预期，高水平全面建成小康社会取得新进展。

一、综合

（一）经济增长。

初步核算，全年地区生产总值15373亿元，比上年增长6.8%，其中第一产业增加值326亿元，第二产业增加值4875亿元，第三产业增加值10172亿元，分别增长1.9%、5.0%和8.0%。三次产业结构调整为2.1∶31.7∶66.2（根据第四次全国经济普查结果和我国GDP核算制度规定，2018年杭州GDP修订为14307亿元，三次产业增加值结构为2.1∶32.8∶65.1）。全市人均地区生产总值达152465元（按年平均汇率折算为22102美元）。

数字经济持续引领。数字经济核心产业增加值3795亿元，增长15.1%，高于GDP增速8.3个百分点，占GDP的24.7%。数字内容、软件与信息服务和电子商务分别增长16.3%、15.7%和14.6%。

全年民营经济增加值9378亿元，占GDP的61.0%，比上年提高0.5个百分点。年末，全市私营企业63.2万户，比上年末增长14.0%；个体工商户61.0万户，增长19.6%。

（二）财政收支。

全年财政总收入3650.0亿元，增长5.6%；一般公共预算收入1966.0亿元，增长7.7%，其中税收收入1791.2亿元，增长8.5%，占一般公共预算收入的91.1%。一般公共预算支出1952.9亿元，增长13.7%，其中民生支出1535.3亿元，增长15.2%，占一般公共预算支出的78.6%，比上年提高1个百分点。

2012—2019年一般公共预算收入及增速

（三）市场价格。

全年市区居民消费价格比上年上涨3.1%，其中医疗保健类价格上涨7.0%、食品烟酒类价格上涨6.3%。商品零售价格上涨3.1%。工业生产者出厂价格下降1.0%，工业生产者购进价格下降3.2%。

市区居民消费价格涨跌幅（%）

项目	2018年	2019年
市区居民消费价格	2.3	3.1
1. 食品烟酒	2.7	6.3
其中：粮食	0.7	1.1
鲜菜	8.6	3.4
畜肉类	−2.3	23.1
鲜瓜果	5.2	14.6
2. 衣着	1.4	1.3
3. 居住	3.7	0.9
4. 生活用品及服务	0.6	3.0
5. 交通和通信	1.3	−1.0
6. 教育文化和娱乐	1.5	4.3
7. 医疗保健	2.0	7.0
8. 其他用品和服务	0.0	2.8

（四）人口就业。

年末全市常住人口1036.0万人，比上年末增加55.4万人，其中城镇人口813.3万人，占常住人口的78.5%，比上年末提高1.1个百分点；人口出生率为11.1‰，自然增长率为6.0‰。全市户籍人口795.4万人，人口出生率为11.65‰，自然增长率为6.97‰。全市新增城镇就业人员34.0万人，安置失业人员再就业6.4万人。年末城镇登记失业率1.8%。

2019年末常住人口数及其构成

指标	年末常住人口数（万人）	比重（%）
常住人口	1 036.0	—
其中：城镇	813.3	78.5
乡村	222.7	21.5
其中：男性	530.7	51.2
女性	505.3	48.8
其中：0～14岁	133.7	12.9
15～64岁	769.7	74.3
65岁及以上	132.6	12.8

二、农业和农村

全年农林牧渔业增加值333亿元，增长2.1%，其中农业210亿元、林业48亿元、渔业30亿元，分别增长2.7%、3.9%和0.7%；农林牧渔专业及辅助性活动[illegible]亿元，增长9.2%；牧业37亿元，下降4.8%。

全年粮食总产量49.6万吨，蔬菜产量[illegible]0.1万吨，水果产量82.6万吨，水产品产量20.3万吨，肉类产量14.97万吨。市级“菜篮子”基地541个，其中新建27个。新启动4个省级重点历史文化村、72个市级精品村、7个风情小镇、8条精品示范线建设。农家乐（民宿）接待游客8489.8万人次，实现经营收入80.8亿元，分别增长23.3%和18.5%。农村电商销售额142.6亿元，增长[illegible]8.8%。

全年培训农村实用人才14426人。累计创建省级“田间学校”51家、市级农民教育培训实训基地67家。

三、工业和建筑业

全年工业增加值4288亿元，增长5.3%，其中规模以上工业增加值3482亿元，增长5.1%。规模以上工业中高新技术产业、战略性新兴产业、装备制造业增加值分别增长8.5%、13.1%和7.9%，占规模以上工业的62.6%、38.2%和47.1%；八大高耗能行业增加值占比23.6%。新产品产值率42.8%。规模以上工业企业实现利润1126亿元。规上工业全员劳动生产率34万元/人。规上工业单位增加值能耗下降7.2%，降幅比上年扩大1.3个百分点。

2012年—2019年规模以上工业增加值及增速

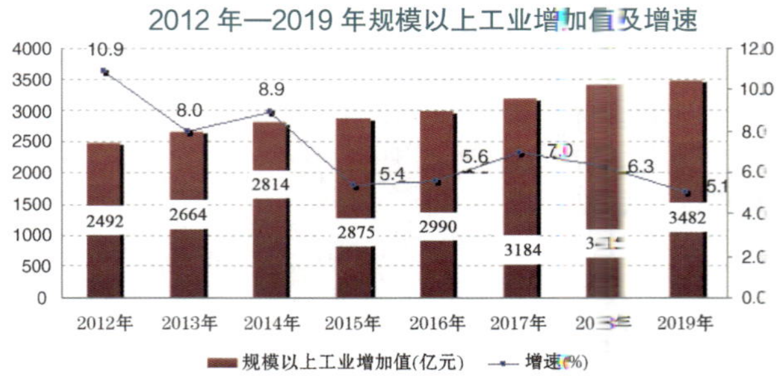

全年建筑业增加值588亿元，增长1.6%。

四、交通运输和邮电

全年交通运输、仓储和邮政业增加值 398 亿元，增长 4.4%。

全年货运量 3.6 亿吨，增长 3.2%。客运量 2.1 亿人次，增长 3.8%。至年末萧山国际机场开通航线 301 条，其中国际航线 63 条，港澳台航线 6 条。航空客运吞吐量达 4011 万人次，货物吞吐量 69.0 万吨，分别增长 4.9% 和 7.7%。地铁客运量 6.3 亿人次，增长 19.3%。

年末社会机动车保有量 297.6 万辆，增长 3.3%。民用汽车保有量 269.0 万辆，增长 12.7%，其中私人汽车 216.2 万辆，增长 4.1%。

全年邮政企业和规模以上快递服务企业实现业务收入 402.3 亿元，增长 10.3%，其中快递业务收入 326.8 亿元，增长 10.2%。年末固定电话用户 233.1 万户；移动电话用户 1817.9 万户；宽带用户 554.5 万户。

2019 年各种运输方式完成货运量和客运量

指标	绝对数	比上年增长（%）
全社会货运量（万吨）	36 384	3.2
铁路（万吨）	537	35.8
公路（万吨）	31 732	3.7
水路（万吨）	4 073	-4.0
航空（万吨）	41	9.8
全社会客运量（万人次）	20 888	3.8
铁路（万人次）	8 874	17.8
公路（万人次）	9 360	-6.7
水路（万人次）	610	1.1
航空（万人次）	2 044	4.5

五、金融

全年金融业增加值 1789 亿元，增长 9.1%。

年末金融机构本外币存款余额 45287.0 亿元，增长 13.8%；贷款余额 42245.2 亿元，增长 15.4%。

2019 年末金融机构本外币存贷款余额及增速

指标	年末数（亿元）	比上年末增长（%）
各项存款余额	45 287.0	13.8
其中：住户存款	11 901.3	16.7
非金融企业存款	20 280.3	16.5
各项贷款余额	42 245.2	15.4
其中：住户贷款	16 518.0	18.5
非金融企业及机关团体贷款	25 375.5	13.6
其中：短期贷款	8 113.7	5.7
中长期贷款	14 683.2	16.4
票据融资	1 627.3	44.5

年末上市公司 192 家，其中境内上市 146 家；全年新增上市公司 22 家，IPO 融资 162.3 亿元，增长 64.6%。中小板上市公司 34 家，创业板上市公司 43 家。

全年保费收入 846.3 亿元，增长 27.5%，其中财产险保费收入 248.0 亿元，人身险保费收入 598.3 亿元。支付各类保险赔款 243.1 亿元，增长 19.9%，其中财产险 152.6 亿元，人身险 90.5 亿元。

六、固定资产投资和房地产开发

（一）固定资产投资。

全年固定资产投资增长 11.6%，其中基础设施投资增长 5.2%，交通投资增长 16.9%；高新技术产业投资增长 8.4%。从产业投向看，第二产业投资增长 6.2%，其中工业投资增长 5.6%；第三产业投资增长 12.2%。

（二）房地产开发。

全年房地产开发投资增长 10.7%，其中住宅投资增长 12.6%，办公楼投资增长 13.4%，商业营业用房投资下降 5.9%。年末房屋施工面积 11996 万平方米，增长 2.1%；新开工面积 2435 万平方米，下降 10.1%；竣工面积 1728 万平方米，增长 5.5%。商品房销售面积 1514 万平方米，下降 9.7%。

2019 年房地产开发和销售主要指标

指标	实绩数	比上年末增长(%)
房地产开发施工面积（万平方米）	11 996	2.1
其中：住宅（万平方米）	6 263	1.7
房地产开发竣工面积（万平方米）	1 728	5.5
其中：住宅（万平方米）	964	14.5
商品房销售面积（万平方米）	1 514	-9.7
其中：住宅（万平方米）	1 284	-3.4

七、国内贸易

全年批发和零售业增加值 1225 亿元，增长 3.3%；住宿和餐饮业增加值 234 亿元，增长 4.0%。

全年社会消费品零售总额 6188 亿元，增长 8.8%，按消费类型统计，商品零售 5110 亿元，增长 8.8%，餐饮收入 1077 亿元，增长 8.6%。限额以上批零单位可穿戴智能设备零售额增长 38.4%，智能家用电器和音像器材增长 21.7%；限额以上批零单位通过公共网络实现的商品零售增长 20.0%，占限额以上批零单位商品零售总额的 25.5%。

2012 年—2019 年社会消费品零售总额增速

八、对外经济

（一）对外贸易。

全年货物进出口总额 5597 亿元，增长 6.7%，其中出口 3613 亿元，增长 5.7%，进口 1984 亿元，增长 8.5%。高新技术产品出口 569 亿元，增长 9.7%，机电产品出口 1550 亿元，增长 6.1%。对“一带一路”沿线国家出口 1177 亿元，占出口总额 32.6%。服务贸易出口 124.9 亿美元，增长 19.0%。

2012 年—2019 年货物进出口总额及增速

全年跨境电商进出口总额 952.1 亿元，增长 28.8%，其中出口 658.8 亿元，进口 293.3 亿元，分别增长 26.4% 和 34.6%。

（二）利用外资。

全年新引进外商投资企业 736 家，其中总投资 3000 万美元以上企业 118 家。实际利用外资 61.3 亿美元，增长 14.0%，其中第二产业 7.3 亿美元，第三产业 54.0 亿美元。至年末，126 家世界 500 强企业来杭投资 219 个项目。

（三）对外合作。

年末全市设立各类境外投资企业（机构）2237 个，增长 11.4%。对外承包工程和劳务合作营业额 27.4 亿美元，增长 6.0%。离岸服务外包合同执行额 71.9 亿美元，增长 3.9%。

九、人民生活和社会保障

（一）人民生活。

全年全市居民人均可支配收入 59261 元，增长 9.0%，扣除价格因素实际增长 5.7%。按常住地分，城镇、农村居民人均可支配收入分别为 66068 元和 36255 元，增长 8.0% 和 9.2%，扣除价格因素增长 4.8% 和 5.9%。

全年全市居民人均消费支出 40016 元，增长 7.1 %。按常住地分，城镇、农村居民人均消费支出分别为 44076 元和 26296 元，增长 5.9% 和 8.6 %，扣除价格因素增长 2.7% 和 5.3%。

2019 年全市城乡居民人均收支主要指标

指标名称	全体居民		城镇居民		农村居民	
	绝对数（元）	增速（%）	绝对数（元）	增速（%）	绝对数（元）	增速（%）
人均可支配收入	59 261	9.0	66 068	8.0	36 255	9.2
（一）工资性收入	34 136	8.9	37 845	7.9	21 601	9.1
（二）经营净收入	6 584	8.2	5 849	10.4	9 067	6.4
（三）财产净收入	8 111	12.6	10 045	10.6	1 574	14.1
（四）转移净收入	10 430	7.4	12 329	5.3	4 013	14.8
人均消费支出	40 016	7.1	44 076	5.9	26 296	8.6

年末城镇居民人均住房建筑面积 38.2 平方米，每百户居民家庭拥有家用汽车 62.6 辆、空调 250.2 台，分别增长 4.9% 和 2.9%，每百户居民家庭拥有家用电脑 89.8 台，下降 10.6%。农村居民人均住房建筑面积 74.1 平方米，每百户居民家庭拥有家用汽车 52.7 辆、空调 211.4 台，分别增长 3.5% 和 2.4%，每百户居民家庭拥有家用电脑 60.2 台，下降 14.5%。

（二）社会保障。

年末职工基本养老保险参保人数、城镇职工基本医疗保险参保人数分别为 704.7 万人和 671.1 万人，增长 5.0% 和 6.1%；年末失业、职工工伤保险参保人数分别为 486.7 万人和 556.7 万人，增长 5.9% 和 7.0%。主城区居民最低生活保障标准调整至每人每月 1041 元，增长 9.0%。年末全市最低生活保障对象 10.25 万人，全年发放困难家庭救助金 8.88 亿元，增长 3.6%。

社会保障相关待遇标准

指　标	2019 年	2018 年
失业保险金最低标准（市区城镇居民）	1 608 元 / 月	1 608 元 / 月
城乡最低生活保障标准（市区不含临安）	1 041 元 / 月	955 元 / 月
城乡最低生活保障标准（桐庐、淳安、建德）	833 元 / 月	764 元 / 月
城乡最低生活保障标准（临安）	989 元 / 月	860 元 / 月
职工最低工资标准（市区）	2 010 元 / 月	2 010 元 / 月

（三）社会福利。

年末全市拥有城乡社区居家养老服务照料中心 2898 个。拥有各类福利院、敬老院 328 所，床位 7.47 万张，收养人员 3.55 万人。儿童福利机构 8 个，床位 1040 张。全年发行各类福利彩票 30.27 亿元，下降 2.8%。

十、科学技术和教育

（一）科学技术。

全年发明专利申请量和发明专利授权量分别为 43357 件和 11748 件，增长 18.7% 和 14.4%。累计拥有市级以上企业技术中心 749 家，其中国家级 42 家；国家技术创新示范企业 11 家，省级技术创新示范企业 11 家。科技企业孵化器 178 家，其中国家级 41 家，省级 92 家。众创空间 180 家，其中省级 132 家。全年签订技术合同总量 15612 项 501.1 亿元，分别增长 12.7% 和 31.8%。

全年研究与试验发展（R&D）经费支出占地区生产总值比重 3.45%。财政一般公共预算支出中科技支出 148.2 亿元，增长 25.4%。

（二）教育。

年末全市拥有普通高等学校 40 所，在校学生 51.8 万人，增加 2.2 万人，其中研究生 7.2 万人，高等教育毛入学率 67.3%；普通高中 87 所，在校学生 11.8 万人，增加 0.4 万人；职高和中等专业学校 37 所，在校学生 6.1 万人，与去年持平；初中 269 所，在校学生 24.4 万人，增加 0.9 万人，初中毕业生升入各类高中比例为 99.75%；小学 489 所，在校学生 61.7 万人，增加 2.6 万人；幼儿园 1020 所，在园幼儿35.0万人，增加0.7万人，学前三年幼儿入园率为99.1%。累计解决义务教育阶段外来务工人员子女入学28.7万人。各级各类中外合作办学项目70个，其中市属高校项目8个，高中段学校项目7个。

十一、文化旅游、卫生健康和体育

（一）文化旅游。

全年文化创意产业增加值3735亿元，增长15.6%。年末全市拥有文化馆15个，公共图书馆16个。博物馆79个，全国重点文物保护单位48处。全年制作电视剧7部357集，网络电视剧6部，网络电影13部，网络动画片2部。放映电影274万场次，电影票款收入15.8亿元。年末有线电视注册用户298.1万户。“杭州刺绣”等24个非遗代表性项目入选首批浙江省传统工艺振兴目录。

全年旅游休闲产业增加值1191亿元，增长12.1%。旅游总收入4005亿元，增长18.3%；旅游总人数20813.7万人次，增长15.1%，其中接待入境过夜游客113.3万人次，增长5.7%。年末各类旅行社895家，增长5.5%。星级宾馆126家，其中五星级23家。A级景区103个，其中5A级3个。

（二）卫生健康。

全年健康产业增加值975亿元，增长12.5%。年末拥有各类医疗卫生机构5925个，其中医院343个，比上年末分别增长10.2%和8.5%。各类专业卫生技术人员12.7万人，其中执业（助理）医师4.9万人，注册护士5.5万人，分别增长8.2%、8.9%和10.2%。拥有床位8.6万张，其中医院床位8.0万张，分别增长5.5%和6.4%。全市医疗机构完成诊疗人数14640.7万人次，增长5.5%。全市婴儿死亡率和5岁以下儿童死亡率分别为1.65‰和2.35‰。孕产妇死亡率为2.75人/10万。

（三）体育。

全年运动员获得国际性比赛奖牌50枚，其中金牌23枚，银牌11枚；全国性奖牌410枚，其中金牌160枚，银牌114枚。十四届全国冬季运动会跳台滑草体能大比武单项第一名。举办杭州马拉松、国际（杭州）毅行大会、首届中国—新西兰青少年高尔夫球团体对抗赛、2019年杭州国际网球邀请赛等本土国际品牌赛事。

全年销售体育彩票33.97亿元，下降21.8%。

十二、城市建设

全年境内公路总里程达到16667公里，其中高速公路632公里。年末主城区公共交通运营线路402条，其中新辟线路15条，优化线路45条。地铁运营里程135.4公里，在建里程381公里。

全市用电量817亿千瓦时，增长2.5%，其中三次产业用电679亿千瓦时，增长1.6%；城乡居民生活用电138亿千瓦时，增长7.0%。

全市新建成停车泊位100021个，其中公共泊位11271个。

十三、环境保护和安全生产

全年市区空气优良天数287天，优良率78.6%。市区PM2.5平均浓度37.7微克/立方米，同比持平。二氧化氮年均浓度值41微克/立方米，上升2.5%；二氧化硫年均浓度值7微克/立方米，下降22.2%。市控以上断面达标率98.1%，提高1.9个百分点。全市森林覆盖率达66.84%。

全年共发生各类事故229起、死亡190人，分别下降27.3%和38.5%。

公报注释：

1. 本公报所列各项数据为年度初步数据。部分数据因四舍五入原因，存在分项与合计不等的情况。

2. 全市地区生产总值和各产业增加值绝对数按现行价格计算，增长速度按不变价格计算；三次产业划分执行国家统计局2018年修订的《三次产业划分规定（2012）》。

资料来源：

本公报中城镇新增就业、登记失业率、社会保障数据来自市人力社保局；私营企业、个体工商户、专利数据来自市市场监管局；财政数据来自市财政局；农业园区、美丽乡村、农家乐（民宿）数据来自市农业农村局；教育数据来自市教育局；货物进出口数据来自杭州海关；低保、社会服务和救助、福利彩票数据来自市民政局；公路里程、公交运营线路数据来自市交通局；航空客运吞吐量、货邮吞吐量、通航线路数据来自萧山机场；地铁运营数据来自市地铁集团；停车泊位数据来自市建委；生态建设、环境监测数据来自市生态环境局；各类事故发生起数、死亡人数来自市应急管理局；实际利用外资来自市投资促进局；对外承包工程、服务贸易数据来自市商务局；用电量数据来自国网杭州供电公司；户籍人口、机动车拥有数据来自市公安局；邮政业务数据来自市邮政管理局；货币金融数据来自人民银行杭州中心支行；保险业数据来自中国保监会浙江监管局；博物馆、纪念馆数据来自市园林文物局；科技创新、高新技术企业、研发中心、众创空间数据来自市科技局；旅游、艺术表演团体、公共图书馆、文化馆数据来自市文化广电旅游局；电影、动画片数据来自市委宣传部；上市公司数据来自市金融办；卫生数据来自市卫生健康委员会；医疗保险数据来自市医疗保障局；体育数据来自市体育局；建设用地数据来自市规划和自然资源局；森林覆盖率数据来自市林业水利局；价格、城乡居民收支、人均住房面积、百户居民耐用品数据来自国家统计局杭州调查队；其他数据均来自市统计局。

（市统计局）

统计表

杭州市土地面积、年末户数和人口数、人口变动情况
（2019年）

表76

指　标	计量单位	全　市	为上年（%）	市　区	为上年（%）
一、土地面积	平方千米	16 850	100	8 289	100
二、年末总户数（户籍）	万户	248.14	102.6	201.01	103.2
三、年末总人口数（户籍）	万人	795.37	102.7	656.56	103.3
按性别分					
男性	万人	394.26	102.6	324.39	103.2
女性	万人	401.11	102.9	332.17	103.5
按城镇、乡村分					
城镇人口	万人	535.96	104.1	488.16	104.0
乡村人口	万人	259.41	100.1	168.40	101.4
四、人口密度（按户籍）	人/平方千米	472	102.7	792	103.3
五、人口自然变动情况					
自然增长人口	人	54 676	113.5	50 485	115.0
本年出生人数	人	91 450	96.6	78 168	97.4
本年死亡人数	人	36 774	79.0	27 683	76.2
自然增长率					
本年	‰	6.97	—	7.82	—
上年	‰	6.31	—	7.02	—
六、人口机械变动情况					
（一）本年迁入人口合计	人	188 582	100.6	183 228	101.5
省内	人	71 249	93.9	69 659	94.4
省外	人	117 333	105.1	113 569	106.4
（二）本年迁出人口合计	人	29 572	92.2	20 379	90.4
省内	人	13 153	81.7	5 790	72.0
省外	人	16 419	102.8	14 589	100.6
（三）本年净迁入人口	人	159 010	102.3	162 849	103.1
七、年末常住人口	万人	1 036.0	105.6	911.9	106.4

杭州市国民经济主要指标（一）

表 77

指 标	计量单位	2014 年	2015 年	2016 年	2017 年	2018 年	2019 年
年末总人口（户籍）	万人	715.76	723.55	736.00	753.88	774.10	795.37
城镇人口（户籍）	万人	404.27	447.24	463.86	482.55	515.04	535.96
人口自然增长率	‰	6.94	4.21	7.58	6.19	6.31	6.97
市区	‰	8.13	5.44	8.49	6.85	7.02	7.82
年末从业人数	万人	654.92	663.03	676.95	681.06	696.10	720.00
地区生产总值（当年价格）	亿元	9 502.21	10 495.28	11 709.45	13 160.72	14 306.72	15 373.05
第一产业	亿元	266.62	278.98	293.63	299.96	305.56	325.70
第二产业	亿元	3 953.53	4 133.92	4 226.87	4 453.44	4 694.06	4 875.07
第三产业	亿元	5 282.07	6 082.38	7 188.96	8 407.32	9 307.10	10 172.28
地区生产总值指数（以 1978 年为 100）	—	8 945.0	9 854.2	10 808.8	11 691.7	12 476.7	13 319.3
人均生产总值（按户籍）	元	133 611	145 838	160 453	176 668	187 263	195 897
人均生产总值指数（以 1978 年为 100）	—	6 295.3	6 855.6	7 410.9	7 848.1	8 169.9	8 490.91
规模以上工业企业利税总额	亿元	1 538.07	1 559.68	1 655.64	1 772.81	1 800.26	1 854.99
全社会交通运输客运量	万人次	24 070	23 942	20 541	22 289	20 121	20 888
全社会交通运输货运量	万吨	29 335	29 384	30 170	34 785	35 180	36 384
固定资产投资	亿元	4 952.70	5 556.32	5 842.42	5 856.65	—	—
社会消费品零售总额	亿元	3 828.82	4 280.61	4 727.97	5 222.33	5 689.82	6 187.70
旅游总人数	万人次	10 933	12 382	14 059	16 287	18 403	20 814
实际利用外资（外商直接投资）	万美元	633 460	711 253	720 915	661 001	682 658	612 818

说明：2016 年之前城镇人口口径为非农业人口

杭州市国民经济主要指标（二）

表 78

指 标	计量单位	2014 年	2015 年	2016 年	2017 年	2018 年	2019 年
财政总收入	亿元	1 920.11	2 238.75	2 558.41	2 921.30	3 457.46	3 650.04
一般公共预算收入	亿元	1 027.32	1 233.88	1 402.38	1 567.42	1 825.06	1 965.97
金融机构年末存款余额	亿元	24 450.51	29 863.83	33 386.04	36 483.24	39 810.50	45 286.99
金融机构年末贷款余额	亿元	21 316.83	23 327.95	26 169.00	29 270.94	36 598.25	42 245.17
住户存款	亿元	6 767.20	7 617.75	8 493.27	8 670.60	10 198.52	11 855.87
全市非私营单位从业人员工资总额	亿元	1 982.27	2 152.40	2 714.60	2 646.72	2 864.69	3 298.52
全市非私营单位从业人员平均工资	元	69 209	76 073	85 022	93 891	103 798	117 339
市区居民消费价格指数（以 1978 年为 100）	—	787.63	801.82	822.67	843.23	862.62	889.36
市区商品零售价格指数（以 1978 年为 100）	—	573.35	574.50	583.12	588.95	600.73	619.35
城镇居民人均可支配收入	元	44 632	48 316	52 185	56 276	61 172	66 068
农村居民人均可支配收入	元	23 555	25 719	27 908	30 397	33 193	36 255
高等学校在校学生数	人	474 652	475 558	480 953	484 070	496 383	518 325
中等专业学校在校学生数	人	3 974	3 968	4 402	4 566	4 448	4 535
普通中学在校学生数	人	324 414	321 306	326 187	337 851	349 327	362 109
小学在校学生数	人	502 688	524 513	543 038	560 411	590 491	616 929
年末卫生机构数	个	4 198	4 428	4 691	4 933	5 377	5 925
医院	个	218	244	277	302	316	343
年末卫生技术人员	人	85 614	93 036	101 194	110 395	117 425	126 995
执业（助理）医师	人	31 977	34 832	38 172	41 833	44 896	48 962
年末床位数	张	55 779	63 632	69 452	75 948	81 215	85 708
医院床位	张	50 805	58 400	63 994	70 187	75 186	79 957

说明：2016 年前住户存款口径为城乡居民储蓄余额

杭州市历年生产总值及发展指数

表 79

年份	地区生产总值（万元，按当年价格计算）				地区生产总值发展指数			
	合计	第一产业	第二产业	第三产业	合计	第一产业	第二产业	第三产业
1978	284 046	63 372	169 344	51 330	100.0	100.0	100.0	100.0
1992	2 900 690	349 033	1 487 838	1 063 819	540.5	161.8	627.5	820.3
1995	7 620 055	692 510	4 100 008	2 827 537	1 065.2	198.3	1 410.5	1 479.6
1996	9 066 133	839 985	4 776 225	3 449 923	1 204.2	209.0	1 614.4	1 659.4
1997	10 363 299	913 611	5 415 017	4 034 671	1 361.4	223.2	1 821.7	1 905.0
1998	11 348 899	960 558	5 879 589	4 508 752	1 514.6	244.2	2 035.9	2 108.1
1999	12 252 795	975 821	6 307 510	4 969 464	1 668.6	257.7	2 242.4	2 343.0
2000	13 956 746	1 039 641	7 178 843	5 738 262	1 868.6	272.3	2 523.7	2 626.5
2001	15 829 368	1 114 569	8 031 554	6 683 245	2 097.0	292.5	2 844.2	2 954.8
2002	17 989 565	1 146 388	9 127 846	7 715 331	2 374.2	304.5	3 222.4	3 389.2
2003	21 187 148	1 265 890	10 877 415	9 043 843	2 735.8	322.8	3 820.5	3 814.9
2004	25 664 609	1 322 341	13 349 904	10 992 364	3 146.8	339.2	4 458.5	4 360.4
2005	29 737 445	1 402 851	15 242 521	13 092 073	3 559.0	350.8	4 973.8	5 078.7
2006	34 834 137	1 498 775	17 636 486	15 698 876	4 066.9	365.1	5 594.7	5 964.4
2007	41 558 438	1 628 498	20 851 510	19 078 430	4 666.5	375.2	6 400.6	6 934.1
2008	48 505 857	1 784 963	24 190 807	22 530 088	5 178.1	389.3	6 960.7	7 904.6
2009	51 818 020	1 884 452	24 049 182	25 884 387	5 695.2	401.4	7 376.0	9 068.4
2010	60 495 624	2 053 425	28 614 514	29 827 686	6 381.1	411.5	8 203.4	10 292.4
2011	71 530 334	2 323 187	33 263 386	35 943 761	7 025.3	421.8	8 897.2	11 546.9
2012	79 685 754	2 494 438	35 531 848	41 659 468	7 656.5	432.2	9 513.7	12 851.9
2013	86 399 093	2 547 447	36 496 248	47 355 398	8 268.5	438.1	10 151.5	14 075.1
2014	95 022 130	2 666 167	39 535 268	52 820 695	8 945.0	446.3	10 948.3	15 314.1
2015	104 952 793	2 789 754	41 339 248	60 823 790	9 854.2	454.5	11 554.4	17 542.9
2016	117 094 540	2 936 259	42 268 729	71 889 552	10 808.8	460.8	12 080.0	19 921.5
2017	131 607 164	2 999 567	44 534 382	84 073 215	11 691.7	468.7	12 655.4	22 025.9
2018	143 067 220	3 055 586	46 940 642	93 070 992	12 476.7	477.4	13 386.1	23 668.0
2019	153 730 458	3 256 976	48 750 711	101 722 772	13 319.3	486.7	14 049.7	25 556.5

说明：生产总值发展指数以 1978 年为 100，按可比价格计算；生产总值按当年价格计算

杭州市区和各区县（市）土地、人口情况及主要经济指标（2019 年）

表 80

指标	计量单位	全市合计	市区					桐庐县	淳安县	建德市
				萧山区	余杭区	富阳区	临安区			
土地面积	平方千米	16 850	8 289	1 414	1 228	1 821	3 119	1 829	4[illegible]8	2 314
年末总户数（户籍）	万户	248.14	201.01	39.07	33.71	21.81	18.89	14.95	1[illegible]9	17.50
年末总人口（户籍）	万人	795.37	656.56	134.84	116.18	68.81	53.95	41.88	4[illegible]7	51.07
人口自然增长率	‰	6.97	7.82	6.41	11.65	5.46	3.75	3.44	[illegible]2	3.03
地区生产总值	亿元	15 373	14 349	2 199	2 824	820	573	386	[illegible]4	383
社会消费品零售总额	亿元	6 188	5 843	837	758	369	205	146	[illegible]4	115
财政总收入	亿元	3 650	3 501	430.4	726.5	131.3	101.9	58.1	[illegible]2	54.1
一般公共预算支出	亿元	1 953	1 780	275.4	376.7	105.5	85.6	50.2	[illegible]9	54.2
非私营单位就业人员工资总额	亿元	3 298.52	3 175.50	332.55	384.03	137.82	77.60	45.27	3[illegible]4	40.71
非私营单位就业人员平均工资	元	117 339	118 337	90 606	137 961	84 359	102 323	100 238	93 [illegible]7	95 057

杭州市规模以上工业企业单位数、总产值
（2019年）

表81

类 别	全 市		市 区	
	单位数（个）	工业总产值（万元）	单位数（个）	工业总产值（万元）
规模以上工业企业合计	5 698	145 854 508	4 984	135 952 373
一、按轻重工业分				
轻工业企业	2 704	52 212 735	2 350	48 734 026
重工业企业	2 994	93 641 773	2 634	87 218 348
二、按经济类型分				
国有企业	7	1 776 196	6	1 649 607
股份合作企业	6	31 742	6	31 742
私营企业	4 149	52 207 438	3 592	47 209 833
有限责任公司	563	38 731 196	480	35 827 918
股份有限公司	227	17 322 583	203	16 404 287
外商及中国港澳台投资企业	747	35 785 353	697	34 828 985
三、按企业规模分				
大型企业	124	43 959 706	118	42 051 829
中型企业	557	39 911 250	512	37 514 517
小微企业	5 017	61 983 552	4 354	56 386 027

说明：规模以上工业企业口径为企业年主营业务收入2000万元及以上

杭州市规模以上工业企业主要经济指标
（2019年）

表82

项 目	总 计	国有企业	股份合作企业	有限责任公司	股份有限公司	私营企业	外商及中国港澳台投资企业
企业数（个）	5 698	7	6	563	227	4 149	747
亏损企业数（个）	1 034	1	1	109	37	717	167
工业总产值（万元）	145 854 508	1 776 196	31 742	38 731 196	17 322 583	52 207 438	35 785 353
主营业务收入（万元）	152 125 123	1 751 404	31 161	42 320 152	18 134 230	52 832 277	37 055 899
销售费用（万元）	7 891 803	278	795	1 034 189	1 394 002	2 366 695	3 095 844
管理费用（万元）	5 717 420	2 253	2 297	1 205 177	754 100	2 227 924	1 525 670
财务费用（万元）	1 141 841	2 123	356	289 000	122 300	564 135	163 928
利润总额（万元）	11 261 738	20 267	988	2 493 694	3 334 664	2 940 455	2 471 672
利税总额（万元）	18 549 922	65 507	2 283	6 063 546	4 160 588	4 762 904	3 495 095
流动资产合计（万元）	109 714 647	216 479	40 513	25 390 432	22 930 613	34 259 078	26 877 532
固定资产净额（万元）	30 657 208	653 665	3 737	11 273 839	3 441 269	9 130 830	6 153 868
累计折旧（万元）	52 750 855	887 519	6 810	34 264 100	2 745 220	7 980 631	6 866 575

杭州市主要工业产品生产量
（2019 年）

表 83

产品名称	计量单位	实　绩	为上年（%）
发电量	亿千瓦时	160.0	109.3
垃圾发电	亿千瓦时	13	98.1
水力发电	亿千瓦时	43	161.6
乳制品	吨	180 144	109.8
啤酒	千升	996 655	98.4
罐头	万吨	3	104.7
精制茶	吨	20 783	94.7
卷烟	亿支	514	101.4
方便面	吨	210 836	103.8
化学纤维	吨	9 755 530	124.8
合成纤维	吨	9 735 477	126.7
纱	万吨	39	87.6
布	万米	259 592	93.2
印染布	万米	556 854	93.5
蚕丝及交织机织物（含蚕丝≥50%）	万米	1 204	78.0
服装	万件	23 672	89.7
皮革鞋靴	万双	1 086	82.1
家具	万件	1 975	50.2
塑料制品	吨	3 703 573	97.4
机制纸及纸板	万吨	414	69.2
盐酸（含量 31% 以上）	吨	75 325	94.3
氢氧化钠（烧碱）（折 100%）	吨	246 010	110.2
碳酸钠（纯碱）	吨	317 372	94.4
初级形态的塑料（塑料树脂及共聚物）	吨	679 863	107.9
合成氨	吨	235 096	105.4
农用氮、磷、钾化学肥料总计（折纯）	吨	365 882	118.6
化学农药原药（折有效成分 100%）	吨	106 984	94.6
涂料（油漆）	吨	272 441	206.2
合成洗涤剂	吨	166 804	97.2
化学药品原药（化学原料药）	吨	1 922	74.0
中成药	吨	8 297	99.9
橡胶轮胎外胎	万条	7 167	110.5
水泥	万吨	1 663	101.3
钢材	万吨	392	95.6
精炼铜（电解铜）	吨	434 614	101.9
工业锅炉	蒸发量吨	7 057	85.3
金属切削机床	台	9 871	71.7
金属成形机床（锻压设备）	台	5 974	85.6
泵（液体泵）	万台	102	96.5
滚动轴承	万套	14 019	79.7
汽车	辆	158 065	73.1
叉车	台	151 867	107.6
两轮自行车	万辆	95	95.0
交流电动机	万千瓦	295	94.1
钢绞线	吨	65 491	157.7
通信及电子网络用电缆	万对千米	267	94.5
光缆（光纤通信电缆）	万芯千米	2 069	68.8
家用电冰箱	万台	72	110.3
家用洗衣机	万台	244	87.0
吸排油烟机	万台	351	99.0
电工仪器仪表	万台	4 569	141.7
工业自动调节仪表与控制系统	万台	376	113.2
电光源（灯泡）	亿只	5	92.8
微型计算机设备	万台	169	133.0

杭州市规模以上工业三大新兴产业发展情况

表 84

年份	高新技术产业		战略性新兴产业		装备制造业	
	增加值（亿元）	为上年（%）	增加值（亿元）	为上年（%）	增加值（亿元）	为上年（%）
2014	1 096.6	110.5	813.1	113.0	921.4	109.3
2015	1 212.6	109.8	877.3	109.4	1 086.1	113.5
2016	1 372.9	112.5	812.1	111.6	1 249.6	114.6
2017	1 605.5	113.6	979.5	115.0	1 384.2	111.0
2018	1 948.4	110.8	1 135.3	113.1	1 531.0	109.3
2019	2 178.4	108.5	1 328.6	113.1	1 640.5	107.9

杭州市"1+6"产业集群主要指标

表 85

产业分组	2018 年		2019 年	
	增加值（亿元）	增幅（%）	增加值（亿元）	增幅（%）
数字经济核心产业	3 356	15.0	3 795	15.1
文化创意产业	3 347	11.6	3 735	15.6
金融产业	1 205	8.8	1 791	9.1
旅游休闲产业	1 038	13.0	1 191	12.1
健康产业	809	10.0	975	12.5
时尚产业（制造业）	195	8.2	213	–1.5
高端装备产业（制造业）	643	3.5	653	1.2

杭州市规模以上服务业企业主要经济指标

表 86

单位：亿元

指 标	2012 年	2013 年	2014 年	2015 年	2016 年	2017 年	2018 年	2019 年
单位数（个）	4 571	4 770	4 393	3 238	3 486	3 744	4 145	4 303
资产总计	10 826	13 208	14 340	15 412	18 951	20 198	27 522	29 337
固定资产原价	2 195	2 399	2 716	2 847	3 129	3 657	4 319	4 915
本年折旧	120	138	156	177	207	234	303	396
负债合计	5 657	6 789	7 181	7 463	9 134	10 063	14 317	15 205
所有者合计	5 169	6 418	7 160	7 949	9 816	10 135	13 235	14 132
营业收入	3 014	3 719	4 353	5 236	6 639	8 557	11 158	12 866
营业成本	1 918	2 335	2 650	3 215	4 111	5 410	7 280	8 102
营业税金及附加	82	59	58	59	47	47	54	61
销售费用	196	221	257	314	341	457	651	724
管理费用	379	468	621	765	932	1 223	1 747	2 064
财务费用	70	70	62	65	43	53	37	58
营业利润	484	725	858	1 020	1 352	1 636	1 812	1 994
利润总额	560	795	934	1 110	1 443	1 689	1 853	2 073
所得税费用	65	76	123	110	174	196	192	240
应付职工薪酬	377	486	588	718	904	1 123	1 344	1 599
应交增值税	19	61	107	106	153	194	216	253
平均用工人数（万人）	48.70	57.74	60.29	63.22	68.92	76.24	81.15	85.43

杭州市农林牧渔业总产值

表 87

指 标	2018 年（亿元）	2019 年（亿元）	为上年（%）
农林牧渔业总产值	466.10	501.15	107.5
农业产值	282.71	295.34	104.5
林业产值	57.30	61.89	108.0
畜牧业产值	61.85	76.77	124.1
渔业产值	47.47	48.57	102.3
农、林、牧、渔专业及辅助性活动	16.77	18.58	110.8

杭州市主要农产品产量

表 88

指　标	2018 年（吨）	2019 年（吨）	为上年（%）
一、粮食	495 951	496 447	100.1
二、油料	66 139	70 593	106.7
油菜籽	55 584	59 303	106.7
花生	7 548	8 728	115.6
芝麻	2 785	2 343	84.1
三、棉花（皮棉）	240	292	121.7
四、麻类	6	5	83.3
五、糖类	30 833	49 886	161.8
六、药材	42 810	49 093	114.7
七、蔬菜	3 409 063	3 400 525	99.7
八、果用瓜	381 249	368 848	96.7
西瓜	283 377	276 084	97.4
草莓	44 280	45 015	101.7

杭州市外商直接投资情况

表 89

指　标	计量单位	2018 年	2019 年
项目个数	个	744	73[illegible]
协议总投资额	万美元	2 545 689	3 066 13[illegible]
协议利用外资	万美元	1 565 483	1 321 92[illegible]
实际利用外资	万美元	682 658	612 81[illegible]

杭州市进出口情况

表 90

指　标	2018 年（亿美元）	2019 年（亿美元）	为上年（%）
全市进出口总值（海关口径）	795.56	811.54	102.0
一、出口总额	518.23	523.83	101.1
1．国有企业	63.30	58.68	92.7
2．三资企业	107.84	105.49	97.3
（1）中外合作企业	0.81	0.40	49.1
（2）中外合资企业	49.35	46.94	95.1
（3）外商独资企业	57.68	58.16	100.3
3．集体企业	17.43	15.62	89.5
4．私营企业	329.34	338.76	102.9
二、进口总额	277.33	287.71	103.7

杭州市环境保护情况
（2019年）

表91

指 标	全 市	市 区
工业废水排放量（万吨）	20 346	19 042
工业废水中COD排放量（吨）	7 634	7 117
工业废水中氨氮排放量（吨）	243	214
工业二氧化硫产生量（吨）	96 939	68 707
工业二氧化硫排放量（吨）	8 177	4 913
工业氮氧化物排放量（吨）	21 088	12 736
工业烟（粉）产生量（吨）	3 256 074	1 528 723
工业烟（粉）尘排放量（吨）	12 022	6 057
一般工业固体废物综合利用率（%）	97.52	97.34
城市污水集中处理率（%）	95.96	96.02
城市生活垃圾无害化处理率（%）	100	100
空气质量优良天数（天）	—	287
集中式饮用水源地水质达标率（%）	100	100

杭州市区城市公用事业情况
（2019年）

表92

指 标	计量单位	数 值	指 标	计量单位	数 值
一、城市公共交通			四、城市供气		
年末公交运营线路条数	条	1 140	城市液化气供气总量	万吨	12.24
年末公交运营线路总长度	千米	18 547	家庭用气总量	万吨	5.15
年末运营公共汽（电）车	辆	10 708	天然气		
公交客运总量	万人次	155 496	家庭用气总量	万立方米	32 907
年末轨道交通运营长度	千米	135.40	家庭用气户数	万户	187.85
轨道交通客运总量	万人次	63 202	全社会气化率	%	100
二、城市供电			五、园林绿化		
全年用电总量	亿千瓦时	738.88	建成区园林绿地面积	公顷	23 986
工业用电	亿千瓦时	381.96	公共绿地	公顷	9 246
生活用电	亿千瓦时	125.83	建成区绿化覆盖率	%	40.58
三、城市自来水供应			公园景点个数	个	260
平均日供水	万吨	272	公园景点面积	公顷	3 208
供水能力	万吨/日	459	六、市政建设		
供水总量	万吨	99 156	年末实有道路面积	万平方米	9 341
生产用水	万吨	21 534	年末实有道路长度	千米	3 990
生活用水	万吨	40 117	年末实有桥梁数	座	1 545
用水普及率	%	100	年末排水管道长度	千米	9 125
			城市污水排放量	万立方米	80 447

杭州市固定资产投资总额发展指数

表 93

年　份	固定资产投资	第一产业	第二产业	第三产业
2014 年	116.2	227.0	100.3	120.2
2015 年	112.2	165.0	101.8	114.3
2016 年	105.1	125.1	95.2	107.0
2017 年	101.4	111.2	100.9	101.5
2018 年	110.8	28.7	88.1	114.2
2019 年	111.6	61.3	106.2	112.2

杭州市金融机构年末本外币存贷款余额

（2019 年末）

表 94　　　　单位：万元

指　标	全　市		市　区					桐庐县	淳安县	建德市
	绝对值	为上年（%）	小计	萧山区	余杭区	富阳区	临安区			
一、各项存款	452 869 942	113.76	437 946 336	48 720 506	37 997 915	13 396 796	9 806 328	5 755 521	3 795 092	5 372 993
（一）境内存款	446 205 803	112.82	431 318 503	48 509 855	37 938 217	13 369 235	9 802 305	5 725 092	3 794 357	5 367 851
1. 住户存款	119 012 969	116.70	110 826 488	20 010 664	14 772 692	5 879 562	3 981 041	3 186 764	1 956 247	3 043 471
（1）活期存款	50 828 963	114.28	47 814 565	6 653 368	5 346 418	2 601 106	1 754 290	1 151 661	773 233	1 089 504
（2）定期及其他存款	68 184 006	118.57	63 011 923	13 357 296	9 426 274	3 278 456	2 226 751	2 035 102	1 183 013	1 953 967
2. 非金融企业存款	202 802 755	116.49	198 313 199	18 390 950	13 147 898	5 446 650	3 652 146	1 830 420	1 051 599	1 607 538
（1）活期存款	76 279 501	111.40	73 367 188	7 742 620	6 248 247	2 787 583	1 973 848	1 163 888	630 656	1 117 768
（2）定期及其他存款	126 523 255	119.79	124 946 010	10 648 330	6 899 651	2 659 067	1 678 298	666 531	420 942	489 770
3. 广义政府存款	93 435 481	110.67	91 235 595	9 868 453	9 960 605	1 889 907	2 169 050	706 751	786 473	706 663
（1）财政性存款	18 501 265	99.58	18 132 864	1 494 225	2 235 386	138 389	347 202	79 133	139 880	149 388
（2）机关团体存款	74 934 217	113.80	73 102 731	8 374 229	7 725 219	1 751 517	1 821 849	627 618	646 593	557 275
4. 非银行业金融机构存款	30 954 597	88.46	30 943 221	239 788	57 023	153 116	66	1 158	39	10 179
（二）境外存款	6 664 139	256.55	6 627 833	210 651	59 697	27 561	4 023	30 429	735	5 142
二、各项贷款	422 451 656	115.43	409 258 262	44 287 658	26 292 408	14 899 948	8 031 955	5 558 189	3 118 729	4 516 477
（一）境内贷款	419 099 994	115.50	405 906 804	44 242 013	26 289 963	14 899 833	8 031 433	5 558 189	3 118 652	4 516 348
1. 住户贷款	165 180 005	118.45	158 711 760	15 049 345	12 135 674	5 606 220	3 832 290	2 553 807	1 811 109	2 103 330
（1）短期贷款	59 267 605	111.03	57 711 758	3 480 805	2 208 145	1 111 297	1 009 638	564 799	352 358	638 690
（2）中长期贷款	105 912 400	123.05	101 000 002	11 568 540	9 927 528	4 494 924	2 822 651	1 989 008	1 458 751	1 464 639
2. 非金融企业及机关团体贷款	253 754 944	113.62	247 030 000	29 077 668	14 154 290	9 293 613	4 199 143	3 004 381	1 307 544	2 413 019
（1）短期贷款	81 137 176	105.69	78 951 548	13 084 212	5 396 989	4 458 183	1 119 039	1 067 875	358 354	759 398
（2）中长期贷款	146 832 401	116.42	142 453 000	14 983 009	7 985 838	4 544 437	2 897 609	1 882 636	910 552	1 586 213
（3）票据融资	16 272 930	144.47	16 113 110	956 191	771 463	289 882	181 139	53 870	38 637	67 312
（4）融资租赁	9 313 274	106.41	9 313 274	—	—	—	—	—	—	—
（5）各项垫款	199 163	45.80	199 067	54 257	—	1 110	1 356	—	—	95
3. 非银行业金融机构贷款	165 044	342.35	165 044	115 000	—	—	—	—	—	—
（二）境外贷款	3 351 663	106.95	3 351 458	45 645	2 445	115	522	—	77	128

杭州市城镇常住居民家庭调查情况

表 95

项 目	计量单位	2013 年	2014 年	2015 年	2016 年	2017 年	2018 年	2019 年
调查户数	户	1 920	1 920	1 920	1 920	1 920	2 250	2 250
平均每户人口	人	2.79	2.79	2.79	2.80	2.91	2.93	2.96
平均每户就业人数	人	1.51	1.53	1.48	1.49	1.48	1.50	1.53
年人均可支配收入	元	40 925	44 632	48 316	52 185	56 276	61 172	66 068
年人均消费性支出	元	30 659	32 165	33 818	35 686	38 179	41 615	44 076
人均住房建筑面积	平方米	34.9	35.1	35.5	35.8	36.4	37.3	38.2

杭州市区城镇居民家庭每百户平均耐用消费品拥有量

表 96

项 目	计量单位	2013 年	2014 年	2015 年	2016 年	2017 年	2018 年	2019 年
家用汽车	辆	40.2	45.4	48.7	52.3	55.8	59.7	62.6
摩托车	辆	6.6	6.8	5.4	5.0	4.8	7.0	6.2
电冰箱	台	88.0	92.3	92.2	97.6	99.9	107.0	110.0
洗衣机	台	82.6	86.8	86.9	92.6	94.6	98.5	102.3
热水器	台	89.4	93.7	95.5	101.4	105.2	109.2	114.0
空调器	台	189.6	201.5	207.3	226.6	235.3	243.2	250.2
彩色电视机	台	166.4	174.0	174.1	183.1	187.3	187.9	193.8
照相机	架	50.6	54.4	51.5	48.4	49.9	34.9	28.9
计算机	台	103.7	110.6	110.1	112.0	115.1	100.5	89.8
接入互联网的计算机	台	92.5	100.2	99.8	100.8	104.9	92.9	86.0
固定电话	部	51.6	54.2	50.7	47.3	45.9	28.9	19.8
移动电话	部	217.4	227.9	229.9	242.1	245.4	258.3	259.0
接入互联网的移动电话	部	125.1	140.8	155.8	175.3	191.4	212.9	223.6

杭州市城镇常住居民家庭人均消费支出

表 97　　单位:元

项 目	2018 年	2019 年
人均消费支出	41 615	44 076
食品烟酒	10 160	10 651
衣着	2 470	2 432
居住	10 971	11 081
生活用品及服务	2 468	2 300
交通通信	6 743	7 446
教育文化娱乐	4 196	4 765
医疗保健	3 335	4 057
其他用品及服务	1 272	1 344

杭州市农村常住居民家庭调查情况

表 98

项 目	计量单位	2013 年	2014 年	2015 年	2016 年	2017 年	2018 年	2019 年
调查户数	户	1 280	1 280	1 280	1 280	1 280	950	950
平均每户人口	人	3.38	3.35	3.36	3.38	3.38	3.40	3.42
平均每户就业人数	人	2.03	2.05	2.02	2.03	2.03	2.05	2.01
年人均可支配收入	元	21 208	23 555	25 719	27 908	30 397	33 193	36 255
年人均消费支出	元	16 021	17 816	19 334	20 563	21 983	24 203	26 296
人均住房建筑面积	平方米	66.9	67.9	68.8	69.9	70.9	72.5	74.1

杭州市农村常住居民家庭人均消费支出

表 99　　　　单位：元

项　目	2018 年	2019 年
人均消费支出	24 203	26 296
食品烟酒	6 542	7 067
衣着	1 301	1 339
居住	6 739	7 242
生活用品及服务	1 351	1 375
交通通信	4 269	4 444
教育文化娱乐	1 856	2 070
医疗保健	1 670	2 210
其他用品及服务	475	549

杭州市区居民消费价格指数
（2019 年）

表 100

项　目	指　数	项　目	指　数
居民消费价格总指数	103.1	5. 鞋类	99.0
一、食品烟酒	106.3	三、居住	100.9
1. 食品	107.9	1. 租赁房房租	101.9
（1）粮食	101.1	2. 住房保养维修及管理	100.3
（2）薯类	106.1	3. 水电燃料	100.7
（3）豆类	109.9	4. 自有住房	101.0
（4）食用油	102.6	四、生活用品及服务	103.0
（5）菜	103.1	1. 家具及室内装饰品	102.3
（6）畜肉类	123.1	2. 家用器具	99.4
（7）禽肉类	108.2	3. 家用纺织品	102.2
（8）水产品	99.1	4. 家庭日用杂品	105.4
（9）蛋类	105.6	5. 个人护理用品	105.0
（10）奶类	104.1	6. 家庭服务	103.7
（11）干鲜瓜果类	112.8	五、交通通信	99.0
（12）糖果糕点类	101.2	1. 交通	98.5
（13）调味品	105.7	2. 通信	100.0
（14）其他食品类	101.9	六、教育文化娱乐	104.3
2. 茶及饮料	104.6	1. 教育	103.5
3. 烟酒	100.8	2. 文化娱乐	105.4
4. 在外餐饮	104.8	七、医疗保健	107.0
二、衣着	101.3	1. 药品及医疗器具	111.3
1. 服装	101.8	2. 医疗服务	104.1
2. 服装材料	100.0	八、其他用品及服务	102.3
3. 其他衣着及配件	99.4	1. 其他用品类	104.7
4. 衣着加工服务费	103.7	2. 其他服务类	101.5

说明：价格指数以上年为 100

杭州市社会保障情况
（2019 年末）

表 101 单位：人

地 区	职工基本养老保险参保人数	职工基本医疗保险参保人数	工伤保险参保人数	生育保险参保人数	失业保险参考人数
全 市	7 046 901	6 711 227	5 566 719	4 570 087	4 866 498
市 区	6 519 268	6 281 649	5 233 217	4 333 397	4 626 187
桐庐县	212 460	171 377	120 157	103 892	103 185
淳安县	104 727	104 072	92 685	51 195	52 243
建德市	210 446	154 129	120 660	81 603	84 883

杭州市主要经济指标占浙江省的比重
（2019 年）

表 102

指 标	计量单位	浙江省	杭州市	杭州市占全省比重（%）
地区生产总值	亿元	62 351.74	15 373.05	24.7
第三产业增加值	亿元	33 687.76	10 172.28	30.2
规模以上工业企业利税总额	亿元	7 860.71	1 854.99	23.6
社会消费品零售总额	亿元	27 343.81	6 187.70	22.6
出口总额	亿元	23 069.77	3 612.66	15.7
一般公共预算收入	亿元	7 048.00	1 965.97	27.9
实际利用外资	亿美元	135.59	61.28	45.2

杭州市主要经济指标在全国 15 个副省级城市中的位次
（2019 年）

表 103

城 市	地区生产总值（亿元）	服务业增加值（亿元）	社会消费品零售总额（亿元）	一般公共预算收入（亿元）	城镇常住居民人均可支配收入（元）	农村常住居民人均可支配收入（元）
杭 州	15 373	10 172	6 188	1 966	66 068	36 255
沈 阳	6 470	4 008	4 480	730	46 786	18 124
大 连	7 002	3 743	3 949	693	46 468	19 974
长 春	5 904	3 061	—	420	37 844	15 455
哈尔滨	5 249	3 553	—	371	40 007	18 238
南 京	14 030	8 699	6 136	1 580	64 372	27 636
宁 波	11 985	5 880	4 474	1 469	64 886	36 632
厦 门	5 995	3 475	1 732	768	59 018	24 802
济 南	9 443	5 835	5 162	874	51 913	19 454
青 岛	11 741	7 149	5 234	1 242	54 484	22 573
武 汉	16 223	9 855	7 450	1 564	51 706	24 776
广 州	23 629	16 923	9 976	1 697	65 052	28 868
深 圳	26 927	16 406	6 583	3 773	62 522	—
成 都	17 013	11 156	7 478	1 483	45 878	24 357
西 安	9 321	5 875	—	703	41 850	14 588
杭州位次	5	4	5	2	1	2

杭州市主要经济指标在长三角地区主要城市中的位次
（2019年）

表104

城　市	地区生产总值（亿元）	服务业增加值（亿元）	社会消费品零售总额（亿元）	一般公共预算收入（亿元）	城镇常住居民人均可支配收入（元）	农村常住居民人均可支配收入（元）
杭　州	15 373	10 172	6 188	1 966	66 068	36 255
上　海	38 155	27 752	13 497	7 165	73 615	33 195
南　京	14 030	8 699	6 136	1 580	64 372	27 636
无　锡	11 852	6 102	3 983	1 036	61 915	33 574
常　州	7 401	3 715	2 816	590	58 345	30 491
苏　州	19 236	9 909	6 089	2 222	68 629	35 152
南　通	9 383	4 353	3 260	619	50 217	24 303
扬　州	5 850	2 779	1 656	329	45 550	23 333
镇　江	4 127	1 982	1 434	307	52 713	26 785
泰　州	5 133	2 315	1 349	375	47 216	23 116
宁　波	11 985	5 880	4 474	1 469	64 886	36 632
嘉　兴	5 370	2 357	2 103	566	61 940	37 413
湖　州	3 122	1 393	1 429	316	59 028	34 803
绍　兴	5 781	2 802	2 207	528	63 935	36 120
舟　山	1 372	750	581	155	61 479	36 784
台　州	5 134	2 512	2 563	439	60 351	30 221
合　肥	9 409	5 702	3 235	746	45 404	22 462
杭州位次	3	2	2	3	3	4

（市统计局）

责任编辑　郦　晶

说明：

一、本类目设主题索引、照片索引和图表索引 3 个分目。

二、主题索引中文标目按汉语拼音顺序排列，同音字按笔画数从少到多排列。第一字相同，按第二字音序排列，依次类推。数字开头的标目则按数字 0 ～ 9 顺序排列。

标目后的阿拉伯数字表示内容所在页码。数字后的英文字母 a、b、c 分别表示从左到右第一、二、三栏。标目后有多个页码的，则表示相关信息在这些页码中均出现。

本年鉴的"特载""年度聚焦""大事记""附录"均未做主题索引。

三、照片索引仅标注所在页码，不标注分栏。图表索引按序号排列，仅标注所在页码，不标注分栏。

主题索引

0 ～ 9

A

B

C

G

H

M

N

O

P

Q

R

S

T

照片索引

0～9

A

B

C

D

图表索引

图书在版编目（CIP）数据

杭州年鉴. 2020 / 中共杭州市委党史研究室（杭州市人民政府地方志办公室）编. — 北京：方志出版社，2020. 11

ISBN 978-7-5144-4586-2

Ⅰ. ①杭… Ⅱ. ①中… Ⅲ. ①杭州—2020—年鉴

Ⅳ. ①Z525. 51

中国版本图书馆CIP数据核字（2020）第225772号

杭州年鉴（2020）

编　　者：中共杭州市委党史研究室（杭州市人民政府地方志办公室）

封面题字：沙孟海

封面摄影：盛淑彦（《良渚古城遗址公园》）

责任编辑：刘方圆

出 版 者：方志出版社

地址 北京市朝阳区潘家园东里9号（国家方志馆4层）

邮编 10021

网址 Http://www.fzph.org

发　　行：方志出版社图书经销中心

电话（010）67110500

经　　销：各地新华书店

制　　版：杭州林智广告有限公司

印　　刷：杭州捷派印务有限公司

开　　本：889mm×1194mm　1/16

印　　张：39.5

字　　数：1480千字

版　　次：2020年11月第1版　2020年11月第1次印刷

印　　数：0001~1500册

ISBN 978-7-5144-4586-2　　定价：320.00元